Wissenschaftliche Untersuchungen
zum Neuen Testament

Herausgeber / Editor
Jörg Frey

Mitherausgeber / Associate Editors
Friedrich Avemarie · Judith Gundry-Volf
Martin Hengel · Otfried Hofius · Hans-Josef Klauck

177

Roland Deines

Die Gerechtigkeit der Tora im Reich des Messias

Mt 5,13–20
als Schlüsseltext der matthäischen Theologie

Mohr Siebeck

ROLAND DEINES, geboren 1961; Studium der Ev. Theologie in Basel und Tübingen; 1997 Promotion und Ordination; 2004 Habilitation; Mitarbeiter am Corpus-Judaeo-Hellenisticum in Jena.

ISBN 3-16-148406-1
ISSN 0512-1604 (Wissenschaftliche Untersuchungen zum Neuen Testament)

Die Deutsche Bibliothek verzeichnet diese Publikation in der Deutschen Nationalbibliographie; detaillierte bibliographische Daten sind im Internet über *http://dnb.ddb.de* abrufbar.

© 2004 Mohr Siebeck Tübingen.

Das Buch wurde von Gulde-Druck in Tübingen auf alterungsbeständiges Werkdruckpapier gedruckt und von der Großbuchbinderei Josef Spinner in Ottersweier gebunden.

Wer eine Ehefrau – wie dich – gefunden hat,
der hat etwas Gutes gefunden und
Wohlgefallen erlangt vom HERRN.

Sprüche 18,22

Für Renate

der Gefährtin und Frau
seit über
fünfundzwanzig Jahren

Vorwort

Das vorliegende Buch stellt die leicht überarbeitete Fassung meiner im Frühjahr 2004 von der Evangelisch-Theologischen Fakultät der Universität Tübingen angenommenen Habilitationsschrift dar. Ihr Entstehen wurde maßgeblich durch ein Habilitationsstipendium der Deutschen Forschungsgemeinschaft (DFG) vom April 1999 bis September 2001 ermöglicht. Für den Druck wurde ein Teil der nach der Abgabe (Frühjahr 2003) erschienenen oder mir bekannt gewordenen Literatur eingearbeitet. Dabei habe ich – wie schon in der ursprünglichen Fassung – keine Vollständigkeit angestrebt, was angesichts der gegenwärtigen Literaturflut bei einem so zentralen Thema auch nicht erreichbar ist. Die dadurch entstandenen Lücken und Mängel sind mir selbst am meisten bewusst, zumal die Bibliographie, die ich mir während der Jahre anlegte, mehr Titel umfasst, als tatsächlich Berücksichtigung gefunden haben. Von der beeindruckenden Gemeinschaft derer, die sich dem Matthäus-Evangelium widmen oder gewidmet haben, habe ich gleichwohl viel gelernt und dankbar profitiert. Zahlreiche Bücher und Aufsätze wären es wert gewesen, intensiver diskutiert zu werden, als es hier möglich war. Dass mir dadurch manches Korrigierende und Bestätigende entgangen ist, bedaure ich sehr und kann an dieser Stelle nur um Nachsicht bitten.

Dass diese Arbeit überhaupt zum Abschluss gebracht wurde, verdanke ich einer Reihe von Personen und Wegbegleitern, die hier ausdrücklich genannt werden sollen. An erster Stelle steht wie schon bei der Dissertation Prof. Dr. Martin Hengel, dessen regelmäßige Anrufe mich immer wieder ermahnten und erinnerten, das angefangene Werk auch zu beenden. Seine Bereitwilligkeit, Teile davon in kürzester Zeit zu lesen, zu kommentieren und mit reichen Anmerkungen zu versehen, ist vorbildlich. Er hat auch das Erstgutachten erstellt. Das Zweitgutachten erstellte Prof. Dr. Hans-Joachim Eckstein, dessen detaillierte Kritik der Druckfassung ebenfalls zu Gute kam. Dafür beiden meinen herzlichen Dank. Zahlreiche Hinweise und Korrekturen schulde ich ferner den Freunden und Kollegen Prof. Dr. Markus Öhler, Pfr. Jürgen Schwarz und Pfr. Fritz Röcker, die das gesamte Manuskript gelesen und kommentiert haben. Dankbar sei ferner der gemeinsamen Arbeitswochen mit Dr. Beat Huwyler gedacht, die vor allem den gesamtbiblischen Aspekt der Arbeit förderten. Anregende und ermutigende Gesprächspartner waren mir in dieser Zeit außerdem Dr. Gerold Lehner, dazu die Professoren Dr. Peter Stuhlmacher, Dr. Emanuel Tov und Dr. Walter Ameling. An letzter Stelle, mit bewusst gesetztem Achtergewicht, steht Prof. Dr. Karl-Wilhelm Niebuhr, der mir die Gelegenheit zur Mitarbeit an dem von ihm neu initiierten Projekt *Corpus Judaeo-Hellenisticum Novi Testamenti* in Jena ermöglichte, es aber gleichwohl mit wohlwollender Unterstützung duldete, dass neben der Arbeit am CJH auch die Habilitationsschrift zu Ende gebracht wurde.

Prof. Dr. Jörg Frey danke ich herzlich für die unkomplizierte Aufnahme meiner Arbeit in die WUNT-Reihe, so dass sich die bewährte und erfreuliche Zusammenarbeit mit dem Verlag Mohr Siebeck fortsetzen kann, wobei das Interesse und Engagement von Dr. Henning Ziebritzki besondere Erwähnung verdient. Frau Tanja Mix hat mir bei der Herstellung der Druckvorlage sehr viel geholfen. Dass der Preis des Bandes trotz des Umfangs erträglich gehalten werden konnte, verdanke ich einem Druckkosten-Zuschuss der Dr. Heinz-Horst Deichmann Stiftung. Erwähnt zu werden verdient in diesem Zusammenhang, dass der Namensgeber der Stiftung sich die Zeit nahm, größere Teile der Arbeit selbst zu lesen.

Der Dank an die Familie steht, gattungskonform, am Ende. Wie viel meine Frau Renate zur Ermöglichung dieser Arbeit von Beginn an bis zur Erstellung der Register beigetragen hat, lässt sich – trotz der Widmung – kaum adäquat in Worte fassen. Dazu hat als neuer Erdenbürger unser Sohn Rouven das Entstehen dieses Buches mitbegleitet. Der Anfang des Schreibens und seine Geburt fallen in etwa zusammen. Seine zeitweilig hartnäckig wiederholte Frühstücksfrage „Ist dein Buch bald fertig?" hat mich mehr als einmal angespornt, nun wirklich auch fertig zu werden, damit Zeit bleibt für die (nicht nur) im Leben eines Sechsjährigen wichtigeren Dinge. Gleichwohl ließ er es sich nicht nehmen, mit seinen inzwischen erworbenen ersten Lesefähigkeiten bei der Erstellung des Autorenregisters zu helfen. Darüber hinaus nahm auch meine weitere Familie intensiv Anteil am Entstehen und Fortgang dieser Arbeit.

Der Abschluß der redaktionellen Arbeit erfolgte während meiner Zeit als Gastdozent an der Ben-Gurion University in Beer-Sheva. Hier gilt mein besonderer Dank Prof. Dr. Zipora Talshir und ihrem Mann, Prof. David Talshir, für ihre herzliche Aufnahme und anregende Gastfreundschaft.

Beer-Sheva, im November 2004   Roland Deines

Inhaltsverzeichnis

I. Gerechtigkeit und Tora in Mt 5,13–20
95

II. Die Tora, David und die Gerechtigkeit
453

Ergebnis

639

Formale Hinweise und Abkürzungen

1.) *Literaturangaben* werden an der ersten vorkommenden Stelle vollständig bibliographiert, danach mit Kurztitel angeführt. Das gilt auch für Artikel aus Lexika, die jedoch im Literaturverzeichnis nicht noch einmal eigens vermerkt sind. Die betreffenden Autoren bzw. Angaben sind über das Autorenregister jedoch leicht zu finden.

2.) Die *Numerierung der Anmerkungen* fängt in jedem Hauptabschnitt (Einleitung, I. bzw. II., Ergebnis) wieder mit „1" an. Verweise *innerhalb* eines solchen zusammenhängenden Hauptteils erfolgen darum durch die Angabe: siehe oben bzw. siehe unten (s.o./s.u.) und dann die entsprechende Anmerkungszahl. Bei Verweisen auf Anmerkungen in einem anderen Teil der Arbeit ist die Paragraphen-Ziffer vorangestellt, also: s.u. § 5 Anm. 3.

3.) Die unterschiedlichen *Anführungszeichen* sind wie folgt gebraucht:

„..."   Zitat
‚...'   Zitat im Zitat
'...'   kennzeichnet den uneigentlichen Gebrauch eines Wortes oder zeigt an, dass der Ausdruck im betreffenden Zusammenhang nicht völlig sachgemäß ist
»...«   kennzeichnet Fachbegriffe, die als solche eine spezifische Bedeutung haben können, der vom üblichen Sprachgebrauch abweicht

Darüber hinaus wurden in Zitaten bzw. Buchtiteln die dort verwendeten Anführungszeichen beibehalten.

4.) Alle *Abkürzungen* richten sich nach S. M. Schwertner, Internationales Abkürzungsverzeichnis für Theologie und Grenzgebiete, 2. Aufl. (= IATG^2). Wo keine eingeführte Abkürzung vorliegt, wurde der Reihen- oder Zeitschriftentitel ausgeschrieben. Bei antiken Texten wird der Titel bequemlichkeitshalber häufig vollständig angegeben. Die Abkürzungen bekannterer Werke sind so vollständig, dass Missverständnisse ausgeschlossen sein sollten.

Zusätzlich wurden lediglich folgende Abkürzungen verwendet:

GGNT   Hoffmann, E. G./Siebenthal, H. von, Griechische Grammatik zum Neuen Testament, Riehen 1985.
HALAT   Hebräisches und aramäisches Lexikon zum Alten Testament, 3. Aufl., bearb. von W. Baumgartner u.a.
MLLK   Metzler Lexikon Literatur- und Kulturtheorie. Ansätze – Personen – Grundbegriffe, hg. v. A. Nünning, Stuttgart u. Weimar 1998.

Abkürzungen und Zeichen innerhalb von Zitaten:

Hhg.R.D.   Hervorhebung Roland Deines
Hhg.Orig.   Hervorhebung im Original
(...)   größere Satzteile oder ganze Sätze wurden ausgelassen
...   =   nur einzelne Worte oder Wendungen wurden ausgelassen

Einleitung

§ 1 Gerechtigkeit, Rechtfertigung und das „Tun des Gerechten" – eine theologische und historische Problemanzeige

Das Matthäusevangelium ist für die Geschichte der christlichen Kirche bis heute das wichtigste Dokument für das Wirken und die Botschaft Jesu. Es galt bis ins 19. Jh. hinein als das älteste der vier Evangelien, und zugleich als von einem Jünger des Zwölferkreises und damit einem Augenzeugen Jesu verfasst.[1] Auch wenn diese historische Einordnung des Evangeliums inzwischen kaum mehr vertreten wird, blieb doch die fundamentale kirchliche Bedeutung desselben für Predigt und Unterricht erhalten.[2] Ein Grund dafür ist nicht

---

[1] Zu dieser traditionellen Auffassung, die in Gestalt der Griesbach-Hypothese (= Matthäus-Priorität, Markus als Exzerpt aus Matthäus und Lukas) auch heute noch vereinzelt vertreten wird, s. (aus der Perspektive eines Vertreters der Matthäus-Priorität) H.-H. STOLDT, Geschichte und Kritik der Markushypothese, Gießen ²1986 (1. Aufl. Göttingen 1977), 9–14. 215–225 (mit Lit.); zu den bedeutendsten Vertretern gehören WILLIAM R. FARMER und BERNHARD ORCHARD; auch ADOLF SCHLATTERS großer Matthäus-Kommentar von 1928 vertritt die Matthäus-Priorität, im Unterschied zur Griesbach-Hypothese ist für ihn Markus jedoch nur von Matthäus abhängig und steht chronologisch an zweiter Stelle; unter den neueren Kommentatoren sind W. F. ALBRIGHT u. C. S. MANN (vgl. Mt XXXVII–XLVIII. CLX–CLXXXVI) zu nennen. Vgl. außerdem TH. ZAHN, Einleitung in das Neue Testament, 2. Teil, Leipzig ³1907 (= Ndr. Wuppertal u. Zürich 1994), 258–276 (266.269) und seinen Matthäus-Kommentar. Er datiert das von einem Unbekannte übersetzte *griechische* Matthäus-Evangelium (er setzt nach Papias ein hebräisches Erstevangelium voraus, das um 61–66 vom Apostel Matthäus geschrieben worden sei) erst in die Zeit um 90 (vgl. Mt 15f), wobei er die griechische Fassung von Markus und Lukas beeinflusst denkt (Mt 19, vgl. Einleitung 266). Damit bereitet er den Weg für eine Position wie sie etwa R. H. GUNDRY vertritt, der unter Voraussetzung der Markus-Priorität als Verfasser des ersten Evangeliums gleichwohl den Apostel Matthäus annimmt (Mt 609–622) und das Evangelium – deutlich früher als Zahn – auf 65–67 n.Chr. datiert (ähnlich L. MORRIS, Mt 8–15; D. A. HAGNER, Mt I lxxiii–lxxvii); die Markus-Priorität wurde vereinzelt schon im letzten Viertel des 18. Jh.s vertreten (Belege bei W. G. KÜMMEL, Einleitung in das Neue Testament, Heidelberg ²¹1983, 22), ihren Durchbruch erlebte sie jedoch 1838 mit den zeitgleich, aber unabhängig voneinander entstandenen Arbeiten von CHRISTIAN GOTTLOB WILKE (1786–1854), Der Urevangelist oder exegetisch kritische Untersuchung über das Verwandtschaftsverhältniß der drei ersten Evangelien, Dresden u. Leipzig 1838 und CHRISTIAN HERMANN WEISSE (1801–1866), Die evangelische Geschichte kritisch und philosophisch bearbeitet, 2 Bde., Leipzig 1838. Ihren entschiedensten frühen Vertreter besaß die Zweiquellentheorie dann in HEINRICH JULIUS HOLTZMANN (1832–1910). Vgl. als Überblick H.-H. STOLDT, Markushypothese.

[2] Zur Bergpredigt in der Predigt vgl. URSULA BERNER, Die Bergpredigt. Rezeption und Auslegung im 20. Jahrhundert, GTA 12, Göttingen 1979 (²1983; ³1985), 48–52.157–162 (mit

zuletzt die Bergpredigt, deren Wirkungsgeschichte weit über den kirchlichen Raum hinausreicht und die zu den grundlegenden Dokumenten des christlichen Kulturkreises gerechnet werden muss.[3] Daraus ergibt sich für jede Generation die Notwendigkeit, sich neu mit diesem Text und seiner Wirkungsgeschichte zu befassen und ihn sich zu Eigen zu machen.

Dabei lassen sich jedoch auch Umgangsweisen mit dem ersten Evangelium beobachten, die je auf ihre Weise in der Gefahr stehen, die Botschaft des Matthäus für ein aktuelles theologisches Anliegen zu instrumentalisieren. Die dabei postulierte 'Aktualität' ist der Beschäftigung mit dem Evangelium allerdings nicht nur förderlich, weil diese zeitbedingten Anliegen (bei aller zugestandenen Berechtigung) eben nicht notwendig auch die Fragen sind, die den Verfasser des Matthäus-Evangeliums beschäftigt haben. Paradigmatisch wird darum in dieser Einleitung auf zwei solche grundlegenden Frontstellungen aufmerksam gemacht, wobei im ersten Fall eine theologische und im zweiten eine historische Fragestellung den Ausgangspunkt bilden. Beide Male besitzt das angemessene Verständnis von Gerechtigkeit und Gesetz – und damit das Thema dieser Arbeit – eine entscheidende Funktion, so dass nicht ausbleibt, dass exegetische und systematisch-theologische Interessen der Beteiligten sich gegenseitig beeinflussen. Dies ist m.E. unausweichlich und

---

Lit.); zu ihrer religionspädagogischen Bedeutung vgl. L. CORBACH, Die Bergpredigt in der Schule, Göttingen [2]1956; B. KRAUTTER, Die Bergpredigt im Religionsunterricht. Eine Untersuchung über ihre didaktisch-methodische Erschließung und ihren Bezug zu den exegetischen Ergebnissen seit der Wende zum 20. Jahrhundert, Freiburg i.Br. 1972, außerdem die Aufsätze: W. H. RITTER, Von der bildenden Kraft der Bergpredigt (173–215); V. OSTERMAYER, Die Bergpredigt – (K)ein Thema für Kinder in der Grundschule? (216–233); J. KUNSTMANN, Die Bergpredigt in Sekundarstufe I und II (234–265), alle in: Salz der Erde. Zugänge zur Bergpredigt, hg. v. R. Feldmeier, BTSP 14, Göttingen 1998.

[3] G. BARTH, Art. Bergpredigt I. Neues Testament, TRE 5, 1980, 603–618 (611): „Vom Römerbrief abgesehen gibt es kaum einen anderen Text des Neuen Testaments, der die Kirche so in Atem gehalten und immer wieder beunruhigt hat, wie die Bergpredigt." Eine Auslegungsgeschichte, die weniger an exegetischen Details als an den großen theologischen Linien und Entwicklungen vom 2. Jh. bis in die Mitte des 20. Jh. interessiert ist (unter Einschluss der nichtakademischen Auslegung) und darum eher eine *Wirkungsgeschichte* darstellt, bietet W. S. KISSINGER, The Sermon on the Mount. A History of Interpretation and Bibliography, ATLA.BS 3, Metuchen NY 1975, ähnlich auch M. STIEWE/F. VOUGA, Die Bergpredigt und ihre Rezeption als kurze Darstellung des Christentums, Neutestamentliche Entwürfe zur Theologie 2, Tübingen 2001. Zur Auslegungsgeschichte vgl. weiter BERNER, Bergpredigt; W. CARTER, What Are They Saying about Matthew's Sermon on the Mount?, New York 1994, und die nun vorliegende vollständige Kommentierung von U. LUZ in vier Bänden (EKK I/1–4). Für den ersten Band (I/1) liegt nun die „5., völlig neubearbeitete Auflage 2002" vor, deren Ergänzungen inbesondere die Wirkungsgeschichte betreffen (im Folgenden sind jeweils beide Seitenzahlen für EKK I/1 angegeben: Mt I[1–4] bezieht sich auf die ersten vier Auflagen [XI+420 S.], I[5] auf die Neubearbeitung [XIV+553 S.]). Vgl. außerdem die Literaturangaben unten Anm. 11, 29, 43–49.

sachlich sogar geboten. Methodische Konsequenz sollte allerdings sein, dass man sich dieser „hidden *agendas*" (bei sich selbst nicht weniger als bei den anderen am Diskurs Beteiligten) bewusst bleibt und nicht den Eindruck erweckt (bzw. sich der Selbsttäuschung überlässt), gleichsam unbeeinflusst von solchen Tagesaktualitäten den biblischen Texten zu begegnen.[4]

1. Das Matthäus-Evangelium zwischen 'Werkgerechtigkeit' und dem gebotenen „Tun des Gerechten"

Zu den die Matthäus-Exegese massiv beeinflussenden Debatten zählt das seit Luther die protestantische Theologie umtreibende Misstrauen gegen das erste Evangelium, dessen vermeintliche 'Werkgerechtigkeit'[5] immer wieder die Forderung nach theologischer Sachkritik nach sich zog.[6] Diesem Unbehagen gegenüber der mt Betonung des Handelns leistete zudem eine politische und gesellschaftlich orientierte 'Patchwork'-Theologie Vorschub, die sich allzu gerne mt Wendungen bediente und diese – ihres Kontextes beraubt – zu

---

[4]   Zu dieser „Positionalität" des Erkennens vgl. K. SYREENI, The Making of the Sermon on the Mount. Part I: Methodology and Compositional Analysis, AASF.DHL 44, Helsinki 1987, 57–74; R. DEINES, Die Pharisäer. Ihr Verständnis im Spiegel der christlichen und jüdischen Forschung seit Graetz, WUNT I/101, Tübingen 1997, 515–520.

[5]   Zum Vorwurf der Werkgerechtigkeit vgl. u.a. H. WEDER, Die »Rede der Reden«. Eine Auslegung der Bergpredigt heute, Zürich 1985 (³1994), 244f; M. HENGEL, Zur matthäischen Bergpredigt und ihrem jüdischen Hintergrund, ThR 52 (1987), 327–400 (399), jetzt in: DERS., Judaica, Hellenistica et Christiana. Kleine Schriften II, WUNT I/109, Tübingen 1999, 219–292 (291); U. LUZ, Die Jesusgeschichte des Matthäus, Neukirchen-Vluyn 1993, 59.163.168, der in Matthäus einen Autor sieht, der zwar „um das Prä der Gnade" weiß, „nach einem halben Jahrhundert Gnadenverkündigung in der Gemeinde" jedoch „den verpflichtenden Charakter der Gnade einschärft" (168); ähnlich interpretiert auch R. FELDMEIER die teilweise „unbestreitbare Härte der Bergpredigt" als Reflex auf die Erfahrung des Evangelisten „mit einer egozentrisch mißbrauchten Gnadenverkündigung" (Verpflichtende Gnade. Die Bergpredigt im Kontext des ersten Evangeliums, in: ders. [Hg.], Salz der Erde [s.o. Anm. 2] 15–107 [22]). Klassisch für diese Position ist DIETRICH BONHOEFFERS Kampf gegen die „billige Gnade" in seinem 1937 veröffentlichten Buch „Nachfolge" (hg. v. M. Kuske u. I. Tödt, Dietrich Bonhoeffer Werke, Bd. 4, München 1989), das bekanntlich zu großen Teilen aus einer Auslegung der Bergpredigt besteht. Hier definiert er „billige Gnade … als Lehre, als Prinzip, als System" und darin zugleich als „Leugnung des lebendigen Wortes Gottes" (29), weil es „Gnade ohne Nachfolge" (30) ist. Einige Seiten später schärft BONHOEFFER ein: „Man kann die Tat Luthers nicht verhängnisvoller mißverstehen als mit der Meinung, Luther habe mit seiner Entdeckung des Evangeliums der reinen Gnade einen Dispens für den Gehorsam gegen das Gebot Jesu in der Welt proklamiert" (35). Zur Auslegung von Mt 5,17–20 s. ebd. 115–121.

[6]   So E. JÜNGEL, Das Evangelium von der Rechtfertigung des Gottlosen als Zentrum des christlichen Glaubens. Eine theologische Studie in ökumenischer Absicht, Tübingen ²1999, 16, vgl. a. CH. LANDMESSER, Jüngerberufung und Zuwendung zu Gott. Ein exegetischer Beitrag zum Konzept der matthäischen Soteriologie im Anschluß an Mt 9,9–13, WUNT I/133, Tübingen 2001, 156.

wohlfeilen Schlagworten umfunktionierte, die zu einem einseitig diesseitig orientierten „Tun des Gerechten" aufriefen. Die bis zu ihrer endgültigen Verabschiedung sehr intensiv geführte Diskussion über die „Gemeinsame Erklärung zur Rechtfertigungslehre" verstärkte dieses Unbehagen und nährte das in der lutherischen Tradition gleichsam ursprüngliche Misstrauen gegen das erste Evangelium, was angesichts der sich vielfach auf Matthäus berufenden Beanspruchung des Menschen für eine von ihm zu schaffende Gerechtigkeit verständlich ist.[7] Denn wenn – mit Recht – alles zum Heil Nötige, d.h. aber die Rechtfertigung, besser Gerechtmachung (δικαίωσις[8]) des Gottlosen, einzig an Gottes Werk dem Menschen zu gut hängt, dann kann jede Rede vom gerechten Tun des Menschen, ja auch vom Gerechten selbst, der Verdunkelung der evangelischen Wahrheit verdächtigt werden.[9]

---

[7]   In der „Gemeinsame[n] Erklärung zur Rechtfertigungslehre" wird in § 9 über die „Biblische Rechtfertigungsbotschaft" das Matthäus-Evangelium (zusammen mit dem des Johannes, dem Hebräer- und Jakobusbrief) als einer der biblischen Zeugen angeführt (unter Verweis auf Mt 5,10; 6,33; 21,32), in denen „die Themen »Gerechtigkeit« und »Rechtfertigung« unterschiedlich behandelt" werden, wobei „unterschiedlich" offenbar als *im Unterschied zu Paulus* zu verstehen ist (zit. n. der Textsynopse im Anhang von DOROTHEA WENDEBOURG, Zur Entstehungsgeschichte der »Gemeinsamen Erklärung«, ZThK.B 10: Zur Rechtfertigungslehre, Tübingen 1998, 140–206 [175]).

[8]   Röm 4,25; 5,18 (die einzigen Belege im NT), vgl. E. JÜNGEL, Evangelium 180.182. Die Konsequenzen der Rechtfertigung für den Gerechtfertigten im Hinblick auf die Gerechtigkeit Gottes ist, wie die „Antwort der Katholischen Kirche auf die Gemeinsame Erklärung zwischen der Katholischen Kirche und dem Lutherischen Weltbund über die Rechtfertigungslehre" (vgl. Bollettino Nr. 255 vom 25.06.1998) und der „Annex" zur „Gemeinsamen Erklärung" zeigen – nach wie vor strittig. Genau an diesem Punkt besteht jedoch auch der Dissens im Verständnis der paulinischen Aussage bezüglich der Gerechtigkeit Gottes zwischen Luther und Schlatter, vgl. dazu H.-M. RIEGER, Adolf Schlatters Rechtfertigungslehre und die Möglichkeit ökumenischer Verständigung, AzTh 92, Stuttgart 2000, 189 u.ö.

[9]   Vgl. G. STRECKER, Handlungsorientierter Glaube, Stuttgart u. Berlin 1972, 47, der im Kontext der sozialpolitischen Debatte der siebziger Jahre des vergangenen Jahrhunderts auf dieses Problem hinwies: „Die theologische Diskussion ist offenbar zu sehr von dogmatischen Problemstellungen bestimmt, als daß sie den hier sich stellenden Fragen in angemessener Weise gerecht werden könnte. Anstatt die positiven Aspekte von gerade aus dem Geist der Bergpredigt theologisch motivierten 'Aktionen' zu würdigen und dabei auch die Möglichkeiten zu notwendigen Korrekturen zu nutzen, gerät sie in Gefahr, verändernde Initiativen ab ovo abzublocken, indem sie sich auf die angeblich unanfechtbare und uneinnehmbare Position der Rechtfertigungslehre zurückzieht und in neoorthodoxem Selbstbewußtsein darin das Kriterium der theologischen Wissenschaft finden zu können glaubt …" Ohne dieser – im übrigen gegen E. Jüngel gerichteten – Polemik inhaltlich zuzustimmen, benennt sie doch sehr deutlich die in der Auslegung der Bergpredigt auftretenden systematischen Implikationen, indem Strecker die mit seiner Habil.schrift (s.u. Anm. 36) über die mt Theologie gelegten Linien in die Ethik hinein auszieht und mit der Rechtfertigungslehre systematisch in Beziehung setzt. Aber auch Jüngel verweist mit Nachdruck darauf, dass aus der Rechtfertigung des Menschen selbstverständlich „Taten der Dankbarkeit hervorgehen" (Evangelium 220) und ein „Leben aus der Gerechtigkeit Gottes" (so die Überschrift zu § 6 [S. 221–234]) möglich ist: als Indikativ allerdings, nicht als Imperativ. Dagegen betont Strecker in einem späten Aufsatz

Auf die exegetischen Schwierigkeiten wies Gerhard Ebeling in seinem großen Frühwerk über die „Evangelische Evangelienauslegung" bereits hin:

„Die vornehmlich an der Paulusexegese gewonnene und behauptete Lehre von der Rechtfertigung des Sünders ohne Gesetzeswerke allein durch den Glauben steht ohne Frage angesichts der Evangelien vor exegetischen Schwierigkeiten. Die Frage ist kurz die: Wie steht es mit dem Gesetz im Evangelium? Werden hier nicht doch das Heil aus den Werken, freier Wille, Lohn und Verdienst gepredigt?"[10]

Ebeling macht weiter darauf aufmerksam, dass der Gegensatz zwischen Glaube und Werk „vornehmlich am Verständnis der Bergpredigt zum Ausdruck kommen" musste (ebd.). Das Unbehagen lutherischer Theologie an Matthäus ist in diesem Kontext bis heute so wenig gewichen wie umgekehrt die Berufung auf Matthäus bei denen, die den Menschen vom Evangelium her in Pflicht nehmen wollen. Die nachfolgenden Abschnitte über „Das Matthäus-Evangelium und die Bergpredigt bei Luther" (1.1) bzw. „Das Matthäus-Evangelium als Kronzeuge für ein ‚Christentums der Tat'" (1.2) geben dazu einen knappen Überblick.

1.1 Das Matthäus-Evangelium und die Bergpredigt bei Martin Luther[11]

Schon Sören Kierkegaard hatte Luther vorgeworfen, dass seine Lehre keine „Rückkehr zum ursprünglichen Christentum" gewesen sei, da er Paulus

---

noch einmal den imperativischen Charakter der Bergpredigt als *„das Gesetz des Kyrios"* (Das Gesetz in der Bergpredigt – die Bergpredigt als Gesetz, in: The Law in the Bible and in its Environment, hg. v. T. Veijola, SESJ 51 = Publications of the Finnish Exegetical Society 51, Göttingen 1990, 109–125: 121 [Hhg.Orig.]).

[10] G. EBELING, Evangelische Evangelienauslegung, Tübingen ³1991, 261; P. LUOMA-NEN, Entering the Kingdom of Heaven. A Study on the Structure of Matthew's View of Salvation, WUNT II/101, Tübingen 1998, 3–6.

[11] Vgl. dazu: G. EBELING, Evangelienauslegung; außerdem: W. VON LOEWENICH, Luther als Ausleger der Synoptiker, FGLP 10. R./Bd. 5, München 1954; P. ALTHAUS, Luther und die Bergpredigt, Luther 27 (1956), 1–16 (wiederabgedruckt als Einleitung in: D. Martin Luthers Auslegung der Bergpredigt. Matthäus 5–7, hg. v. E. Mühlhaupt, Göttingen 1961 [= Separatausgabe von: D. Martin Luthers Evangelien-Auslegung, 2. Tl.: Das Matthäus-Evangelium, Göttingen ³1960, 52–278], 3*–14*); KARIN BORNKAMM, Umstrittener 'spiegel eines Christlichen lebens': Luthers Auslegung der Bergpredigt in seinen Wochenpredigten von 1530 bis 1532, ZThK 85 (1988), 409–454 (mit weiterer Lit.); H.-G. GEYER, Luthers Auslegung der Bergpredigt, in: Wenn nicht jetzt, wann dann? FS H.-J. Kraus, Neukirchen-Vluyn 1983, 283–293; H. D. BETZ, The Sermon on the Mount. A Commentary on the Sermon on the Mount, including the Sermon on the Plain (Matthew 5:3–7:27 and Luke 6:20–49), Hermeneia, Minneapolis 1995, 13–18 (vgl. a. S. v: Das „Motto" seines Kommentars entnimmt Betz Luthers Bergpredigt-Auslegung); T. MEISTAD, Martin Luther and John Wesley on the Sermon on the Mount, Pietist and Wesleyan Studies 10, Lanham (Maryland) u. London 1999.

einseitig gegenüber den Evangelien bevorzugt habe.[12] Hinter solchen und ähnlichen Formulierungen[13] verbirgt sich – mehr oder weniger bis heute – der Verdacht, dass die Reformation zwar eine Wiederbelebung des (noch dazu missverstandenen) Paulinismus gewesen sei, der Botschaft der Evangelien und damit des historischen Jesus jedoch nicht gerecht geworden sei. Besonders in den Fragen nach der Rechtfertigung des Sünders und dem Verhältnis von Glaube und Werken seien die Evangelien zu Unrecht durch die paulinische Brille gelesen worden. Dem widersprechen allerdings die Aussagen Luthers über das Matthäus-Evangelium (und die anderen Synoptiker), da er sehr wohl die Unterschiede zwischen ihnen und Paulus herausstellte, und zwar so, dass er dem ersten Evangelium *die theologische Berechtigung für seine Verpflichtung zu einem tätigen Leben ausdrücklich zubilligte*. In seiner Auslegung zu Mt 5,16 schreibt er:

„Wenn er [= Jesus] sagt »auf daß die Leute eure guten Werke sehen euern Vater im Himmel preisen«, das ist nach Matthäus' Weise geredet, der so von Werken zu reden pfleget. Denn er und die andern zwei Evangelisten Markus und Lukas treiben ihr Evangelium nicht so hoch und viel auf den hohen Artikel von Christus, wie St. Johannes und Paulus tun; darum reden und vermahnen sie viel von guten Werken, wie es denn in der Christenheit sein soll, daß man beides, ein jegliches in seinem Wesen und Wert treibe: zuerst und am höchsten soll man den Glauben und Christus führen und darnach auch die Werke treiben. Weil nun der Evangelist [= Johannes] durch und durch den Hauptartikel aufs gewaltigste getrieben hat und daher mit Recht der höchste und vornehmste Evangelist ist, so haben Matthäus, Lukas und Markus auch das andre Stück vorgenommen und stark getrieben, damit es auch nicht vergessen werde, so daß sie in diesem Stück besser sind als Johannes und er wiederum in jenem."[14]

---

[12] Zit. b. G. EBELING, Evangelienauslegung 11. Zu Kierkegaards Umgang mit der Bergpredigt s. W. S. KISSINGER, Sermon 48–52.

[13] Vgl. z.B. U. LUZ, Jesusgeschichten 163: „Paulus ist der klassische Kirchenvater der protestantischen Großkirchen, deren Hauptevangelium nie Matthäus, sondern Johannes war." Das ist in Bezug auf Matthäus zu einseitig geurteilt.

[14] Luthers Auslegung der Bergpredigt 79f (s.o. Anm. 11 [= WA 32,352,33–353,6]); vgl. a. die zeitgleichen Bemerkungen in Luthers Predigten über Joh 6–8, die er ebenfalls zwischen 1530 und 1532 in Vertretung Bugenhagens gehalten hat (jeweils Samstags, im Unterschied zu den mittwöchlichen Predigten über Matthäus [s.u. S. 8]), so z.B. in der Predigt über Joh 6,48 vom 18. Februar 1531, wo sich Matthäus ebenfalls sagen lassen muss, dass er „den hohen, rechten Artikel vom Glauben an Christum nicht so sehr treibet als Johannes, sondern legt vielmehr aus das andere Stück, von den Werken und Früchten des Glaubens" (so Walch² VII 2313f nach dem Erstdruck; in der Handschrift Heidelberg fehlt der Teil ab „sondern", s. WA 33,167,15–20); dass der oben erwähnte Vorwurf, wonach die Evangelien von Luther zu sehr durch eine paulinische (bzw. johanneische) Brille gelesen wurden, vgl. die Predigt vom 11. Februar 1531 über Joh 6,47, wo Luther als hermeneutische Regel vorgibt: „Darum, wenn Matthäus und die andern Evangelisten von guten Werken reden, so muß man Johannem lassen vorgehen, der lehrt, wie wir zum ewigen Leben und zur Gerechtigkeit kommen, daß die Gerechtigkeit vor allen Werken müsse da sein, und daß erst der Glaube zuvor da sei, daß man den Sohn Mariä fasse mit dem Glauben, und darnach gute Werke Werke thue. Und wenn Matthäus und Lukas von guten Werken reden, so soll man sie nach dieser Regel verstehen

Trotz der erkennbaren Vorbehalte Luthers gegenüber einer allein auf die Synoptiker gestützte Soteriologie (die also nicht einfach paulinisch vereinnahmt wurde) sollte nicht übersehen werden, welche Bedeutung den Evangelien überhaupt und dem Matthäus-Evangelium im Besonderen in der reformatorischen Beschäftigung und Auslegung der Bibel zukommt. Zwar hat Luther selbst in den 32 Jahren seiner akademischen Lehrtätigkeit keine einzige Vorlesung über die Evangelien gehalten[15], aber das heißt nicht, dass dieselben an der Wittenberger Universität nicht ausgelegt worden wären: Melanchthon las 1519–20 über Matthäus[16], und nach den Fakultätsstatuten von 1533 gehörte es zu den Aufgaben des Stadtpfarrers, regelmäßig über das Matthäus-Evangelium Vorlesungen zu halten.[17]

Der eigentliche Platz der Evangelien, und auch hier wiederum an erster Stelle stehend des Matthäus-Evangeliums, war jedoch *die tägliche Predigt*, bei der Luther – wie die anderen Wittenberger Professoren auch – davon ausgehen konnte, dass die Studenten Teil der Hörergemeinde waren. Luthers völlig unrhetorische Behandlung des Bibeltextes in diesen Predigten, bei denen er in der Regel die Texte Vers für Vers abarbeitete, erlaubt nach Ebeling „keine grundsätzliche Scheidung zwischen explicatio und applicatio, 'wissenschaftlicher' und 'erbaulicher' Auslegung"[18]. Da sich Luther in den Sonn- und Feiertagspredigten weitgehend an die altkirchliche Perikopenordnung hielt, dominieren auch hier Texte aus den Evangelien. Zwar fielen etliche Textabschnitte infolge des Wegfalls von Heiligentagen und anderer Feste aus, aber nach Ebelings Zählung behielt Luther 72 Perikopen bei, über die er dann z.T. mehrfach gepredigt hat. Aus dem Matthäus-Evangelium stammen 23 Perikopen (Mk: 4/Lk: 28/Joh: 17).[19] Nicht enthalten ist in diesen

---

und urtheilen" (Walch² VII 2313 = WA 33,166,2–14). Zu dieser Unterscheidung s.a. K. BORNKAMM, »spiegel« 432f.

[15] G. EBELING, Evangelienauslegung 12f. Luther kündigte 1521 eine Vorlesung über die evangelischen Perikopen an (vgl. WA 7,459 Anm. 2), aber es ist nicht bekannt, ob dieselbe vor seiner Abreise nach Worms noch zustande gekommen ist (EBELING, ebd. 13 m. Anm. 6).

[16] Annotationes in Evangelium Matthaei iam recens in gratiam studiosorum editae (Basel 1523), vgl. dazu E. BIZER, Theologie der Verheißung. Studien zur theologischen Entwicklung des jungen Melanchthon 1519–1524, Neukirchen-Vluyn 1964, 86–128. Text in: Melanchthons Werke in Auswahl, hg. v. R. Stupperich, Bd. IV: Frühe exegetische Schriften, hg. v. R. Barton, Gütersloh 1963, 133–208.

[17] G. EBELING, Evangelienauslegung 13 (m. Belegen); K. BORNKAMM, »spiegel« 411f.

[18] Evangelienauslegung 28, vgl. a. 464.

[19] Nach G. EBELING, Evangelienauslegung Tabelle I (nach S. 456), sind 1978 Predigten Luthers erhalten, davon 698 Reihenpredigten und 1280 Einzelpredigten. Bei den Reihenpredigten entfallen 114 auf Matthäus (Mk: 1/Lk: 5/Joh: 134), bei den Einzelpredigten 257 (Mk: 45/Lk: 339/Joh: 204). Das starke Hervortreten von Lukas resultiert aus Luthers Festhalten an den Festen Johannes des Täufers, der Darstellung Jesu im Tempel, der Verkündigung Mariä und Mariä Heimsuchung, bei denen Texte aus Lk 1–2 Festperikopen waren. Auch die Weihnachtsgeschichte ist hier zu nennen. Von den Mt-Perikopen kamen

Zahlen die Passionsgeschichte, die jährlich in Gestalt einer Evangelienhar-
monie ausgelegt wurde, in die der gesamte Matthäus-Stoff integriert war.[20] Zu
den eigentlichen Predigten kommen die verschiedenen Predigtpostillen, für
die Luther Entwürfe oder Musterpredigten geliefert hat.[21]

Neben die Perikopenpredigt tritt aber bereits seit 1519 die *Reihenpredigt*
an den Wochentagen. Von den ersten Anfängen ist nicht allzu viel überliefert,
aber das ändert sich mit der Umsetzung der „Deutschen Messe" (1526) in
Wittenberg. Von da an ist die fortlaufende Auslegung des ersten Evangeliums
auf die Frühpredigt am Mittwoch festgelegt, und diese scheint auch streng
durchgeführt worden zu sein. Während der drei längeren Abwesenheiten von
Bugenhagen (1528/29; 1530–32; 1537–39) wird er von Luther vertreten. Aus
diesen Zeiten stammen dann auch die zusammenhängenden Kapitelfolgen
zum Matthäus-Evangelium (5–7; 11–15; 18–24), die durch Nachschriften
überliefert sind.[22] Diese größeren Einheiten sind „in der Lage, die Behandlung
der Evangelien in Vorlesungen zu ersetzen"[23]. Dazu kommen zwei von Luther
verfasste kommentarartige Predigtvorbereitungen von 1536, die ohne sein
Wissen veröffentlicht wurden.[24] Ein Jahr später erschienen die *Conciunculae
quaedam D. Marthini Lutheri amico cuidam praescriptae* (WA 45,421–464;
Walch[2] XII 1858–1927), in der fünf matthäische Perikopen ausgelegt sind.

---

jedoch bedeutende Texte auch außer Gebrauch, weil sie an nicht mehr begangenen Festen
und Feiertagen ihren liturgischen Ort hatten: Mt 2,13–18; 4,18–22; 5,1–12; 9,9–13; 11,25–30;
13,44–52; 16,13–19; 19,27–29; 23,34–39; 25,1–13. Ebeling charakterisiert alle von Luther
preisgegebenen Perikopen unter dem weitergefassten Stichwort der „Nachfolgegeschichten".
Möglicherweise liegt also bereits in dieser Entscheidung eine Wurzel für die spätere Entstehung des lutherischen Pietismus, dem gerade diese Texte und die damit verbundenen Themen
wichtig waren.

[20] Vgl. G. EBELING, Evangelienauslegung 24f, außerdem D. WÜNSCH, Evangelienharmonien im Reformationszeitalter. Ein Beitrag zur Geschichte der Leben-Jesu-Darstellungen,
AKG 52, Berlin u. New York 1983, der allerdings nur die exegetisch orientierten Harmonien
untersucht und die Passionsharmonien ausklammert.

[21] Zu den Postillen s. G. EBELING, Evangelienauslegung 30–37. Er zählt insgesamt 320
Bearbeitungen, von denen 85 auf Matthäus entfallen (Mk: 15/Lk: 84/Joh: 61), vgl. Tabelle IV
(nach S. 456).

[22] G. EBELING, Evangelienauslegung 29. Die Nachschriften Rörers zu Mt 11–15 (etwa
36 Predigten) aus den Jahren 1528/29 sind verloren gegangen (s. ebd. 457). Zu Mt 5–7 s.
K. BORNKAMM, »spiegel«; T. MEISTAD, Luther 9–80. Text: WA 32,299–544; Walch[2] VII
346–677.

[23] G. EBELING, Evangelienauslegung 30. LUTHER selbst nennt seine Auslegung von Mt
5–7 an anderer Stelle einen „commentarius" derselben (ebd. 37 Anm. 78).

[24] Annotationes D. M. Lutheri in aliquot capita Matthaei (1536), ein Werk, das Mt 1–6
kurz und 8–18 ausführlich auslegt (= WA 38,443–667; Walch[2] VII 1–347). LUTHER bezeichnete diese Arbeit als „non ... integer commentarius in Mattheum" (WA 38,447,18f), s.
G. EBELING, Evangelienauslegung 37f.

Außerdem hat Luther das Vaterunser in seiner matthäischen Gestalt mehrfach kommentiert.[25]

Die „Bibelzitatstatistik", soweit eine solche bisher vorliegt, ergibt, „daß Mt. das bei weitem am häufigsten zitierte biblische Buch ist, und daß die Evangelien insgesamt der Häufigkeit des Zitierens nach eine fast gleichwertige Gruppe sind neben den gesamten paulinischen Briefen einerseits und dem ganzen Alten Testament andererseits"[26]. Dieser Befund belegt, „daß das Fundament der theologischen und kirchlichen Arbeit Luthers entsprechend der Tradition der Kirche von ihren Anfängen an das Zeugnis vom Leben, Sterben und Auferstehen Christi war, wie es im Evangelium Mt. seinen wirkungsmächtigsten Niederschlag gefunden hat"[27].

Seine Auslegung der Bergpredigt ist dabei geprägt von der Frontstellung gegen die katholische Kirche einerseits und die 'Schwärmer' andererseits, denen Luther auf verschiedene Weise die mangelnde Unterscheidung der beiden Reiche vorwirft, von denen jedes seine eigene Gerechtigkeit habe: Im Reich der Welt ist diese Gerechtigkeit Sache des Christen, im Reich Gottes ist es eine fremde Gerechtigkeit, die nur empfangen werden kann.[28] Der weltlichen Gerechtigkeit rechnet er u.a. die Stellen Mt 5,6.10 zu, da sie s.E. nicht mit der Glaubensgerechtigkeit zu vereinen sind. Auch Mt 5,16 wird von ihm sehr kritisch kommentiert, da in dem Vers nicht deutlich genug erkennbar sei, wie die Werke aus dem Glauben folgten, was für ihn die einzig akzeptable Weise darstellt, 'evangelisch' von Werken zu reden.

In Bezug auf Mt 5,17–20 sieht sich Luther dagegen auf der Seite Jesu: Die Evangelischen, so legt er aus, stehen auf der Seite der exklusiv von Jesus ausgelegten (= erfüllten) Schrift (wobei es Luther hier ausschließlich um eine Erfüllung durch die *Lehre* geht, nicht um eine Erfüllung durch die *Tat*), während die katholische Kirche in die Rolle Israels gedrängt wird. Sie habe zwar „Gesetz und Propheten", aber sie gebrauche sie nicht schriftgemäß. Mit der Kritik an der katholischen Exegese verbunden ist die Kritik an Augustins Bergpredigt-Auslegung.[29] Luther interpretiert gegen Augustin Mt 5,17 im

---

[25] Belege bei G. EBELING, Evangelienauslegung 38 Anm. 85.

[26] G. EBELING, Evangelienauslegung 39. Auf Matthäus folgen die Psalmen, danach Röm, 1Kor, Lk und Joh. Innerhalb von Matthäus sind es 16,18f u. 18,15ff als die zwischen Rom und Luther am heftigsten umstrittenen Stellen, die am häufigsten zitiert sind (ebd. 256). Bei den größeren Einheiten gilt dagegen, dass „Mt. 5–7 die in Luthers Schriften am meisten zitierten Kapitel aus den Evangelien" sind (ebd. 261).

[27] G. EBELING, Evangelienauslegung 40.

[28] Vgl. dazu K. BORNKAMM, »spiegel« 410.423ff; T. MEISTAD, Luther 15.55f.65–67. 73f. Zur Notwendigkeit und Brauchbarkeit dieser Unterscheidung s. E. JÜNGEL, Evangelium 230–234.

[29] Vgl. G. EBELING, Evangelienauslegung 262. Die nicht unproblematische Bezeichnung für Mt 5–7 als „Berg*predigt*" geht auf Augustin zurück, der auch als erster diesen Text gesondert monographisch ausgelegt hat (Sancti Aurelia Augustini De Sermone Domini in

Sinne des 'Gesetzes', d.h. Jesus „predigt hier nicht den Hauptartikel, was er selbst ist und gibt, er predigt hier nicht Evangelium, sondern Gesetz, aber so, daß es zum Evangelium treibt."[30] Das ist aus Luthers Auseinandersetzung mit der katholischen Exegese heraus zu verstehen, indem er dem Verständnis der Bergpredigt als „evangelische Räte" (und damit eben nicht verbindliches Gebot für *alle* Christen) die exegetische Grundlage zu bestreiten sucht.[31]

Für Luther dient die Verschärfung der Gebote durch Jesus nicht einer Relativierung ihres Gehorsamsanspruches, wiewohl die Erfüllung auf Seiten der Gläubigen immer nur eine relative und unvollkommene sein kann (so zu 5,19). Das Ziel dieser 'gesalzenen' Lehre sei, dass die *Gläubigen* ihre Unfähigkeit erkennen, trotz Taufe und Glaube Gottes Willen zu tun und darum auch nach bestem Vermögen „doch nimmer dadurch vor GOtt bestehen" können,

„sondern müssen immer zu Christo kriechen, der alles aufs allerreinste und vollkommenste erfüllt hat, und sich mit seiner Erfüllung uns schenkt, daß wir durch ihn vor Gott bestehen, und das Gesetz uns nicht schuldigen noch verdammen kann. Also ist's wahr, daß alles muß geschehen und erfüllt werden durch bis auf den kleinsten Tüttel; aber allein durch diesen einigen Mann, davon anderswo genug ist gesagt."[32]

------

monte libros duos, hg. v. Almut Mutzenbecher, CChr.SL 35, Turnholt 1967), s. dazu K. BEY-SCHLAG, Zur Geschichte der Bergpredigt in der Alten Kirche, ZThK 74 (1977), 291–322 (295); W. S. KISSINGER, Sermon 12–16 u. 145–147 (Lit.).

[30] G. EBELING, Evangelienauslegung 263. Damit ist der Weg als „Beichtspiegel" zur Erkenntnis der Sündhaftigkeit und menschlichen Unvollkommenheit vorgezeichnet, den die Bergpredigt in der lutherisch geprägten Tradition genommen hat, vgl. als Überblick G. STRECKER, Die Bergpredigt. Ein exegetischer Kommentar, Göttingen 1984 ([2]1985), 13–15. Beispielhaft für diesen Auslegungstyp s. M. HENGEL, Das Ende aller Politik. Die Bergpredigt in der aktuellen Diskussion, EK 14 (1981), 686–690; DERS., Die Stadt auf dem Berge. Die Bergpredigt in der aktuellen Diskussion, EK 15 (1982), 19–22 (beide Aufsätze zusammen in: Christen im Streit um den Frieden, hg. v. Aktion Sühnezeichen/Friedensdienste, Freiburg 1982, 60–73; in diesem Band auch eine Replik gegen eine Position von E. KÄSEMANN, Bergpredigt – eine Privatsache?, ebd. 74–83), vgl. außerdem unten Anm. 37.

[31] Schon in „De votis monasticis" von 1521 (WA 8,564–669, dt.: Walch[2] XIX 1500–1665) geht LUTHER auf Mt 5,17 ein und erklärt: „Ergo quaecunque ibi docet, in hoc docet, ut lex impleatur, non ut consilia numerentur" (WA 8,581,35f). Etwas weiter heißt es zu 5,19, dass Lehren hier „Gebote geben" meint (Hic vides, ut aperte appellet mandata, quae docet, et verbum docendi ipsemet exponit esse id, quod tradere mandata [WA 8,581,40f]], vgl. Luthers Auslegung der Bergpredigt 82 [s.o. Anm. 11]; Walch[2] XIX 1515), vgl. a. G. EBELING, Evangelienauslegung 267; K. BORNKAMM, »spiegel« 432. In der Auslegung von Mt 5–7 in den Wochenpredigten weist er bereits in der Vorrede zur Druckausgabe darauf hin, dass in der Bergpredigt von Geboten und nicht von *Consilia Evangelii* die Rede sei (WA 32,299,24–300,28; Walch[2] VII 348). Im Zusammenhang der Auslegung von 5,17 erinnert Luther daran, dass damit dasselbe gesagt sei wie in Röm 3,31 (WA 32,356,39–357,12; Walch[2] VII 424).

[32] Walch[2] VII 425 zu Mt 5,19 (= WA 32,359,15–27), vgl. G. EBELING, Evangelienauslegung 263.

Das Gesetz dient den Gläubigen danach nur noch zur Erkenntnis der Sünde, aber es hat keine soteriologische Funktion mehr, da es in und durch Christus erfüllt ist (was Luther allerdings nicht bzw. nicht deutlich als Teil der Bergpredigt bzw. der mt Botschaft erkennt). So stellt gerade die Bergpredigt nach dem Verständnis Luthers vor die fundamentale Unterscheidung zwischen Gesetz und Evangelium. Die Antithesen, die er – m.E. zu Unrecht – eng mit dem Dekalog verbindet, gelten ihm als Illustrationen jener besseren Gerechtigkeit, die Jesus von seinen Jüngern in der Welt und vor der Welt *fordert*, ohne dass sie soteriologische Bedeutung haben. Hermeneutisch gelingt ihm dies durch den Rekurs auf die beiden Reiche, so dass er das Tun des in den Antithesen Gebotenen im gesellschaftlich-politischen Bereich aussetzen, aber gleichzeitig die Praktizierung im persönlich-individuellen Bereich von allen Christen fordern kann.[33]

Die lebenslange Hochschätzung der Bergpredigt als christlicher Lehr- und Pflichtenspiegel ist für Luther also in erster Linie darum möglich, weil er den hermeneutischen Schlüssel nicht in ihr selbst sucht und findet, sondern im paulinischen Evangelium von der Rechtfertigung des Sünders durch Glauben *sola gratia*.[34] Problematisch an seiner Auslegung bleibt jedoch, vielleicht abhängig von der nur partiellen Behandlung des ersten Evangeliums bzw. der Auslegungstradition, in dem er dieses vorfand, dass er keinen Versuch unternommen und es Matthäus offenbar auch nicht zugetraut hat, dass er *in seinem eigenen Evangelium* einen Schlüssel bereit hält für die fundamentale Einsicht, dass die Werke aus dem Glauben kommen müssen bzw. aus der Gerechtigkeit, die Jesus für seine Jünger und Nachfolger erfüllte. Darum blieb für die lutherische Tradition vor allem dieser eine Satz bestimmend, dass Matthäus von der Rechtfertigung nicht so zu schreiben wisse wie Paulus oder Johannes. Die politische und gesellschaftliche Inanspruchnahme des ersten Evangeliums in der zweiten Hälfte des 20. Jahrhunderts hat diese Vorbehalte noch verstärkt, zumal sie in den wirkungsgeschichtlich bedeutenden Kommentaren von Georg Strecker und Ulrich Luz ihre exegetische Begründung erhielten.

1.2 Das Matthäus-Evangelium als Kronzeuge für ein „Christentum der Tat"

Vor allem an der Bergpredigt wurde und wird der Theologe Matthäus gemessen und – je nach Standort des Maßnehmenden – gelobt oder getadelt. Während sie, vom reformatorischen Standpunkt aus gesehen, Matthäus 'verdächtig' macht, die paulinische Höhe des *sola gratia* nicht gehalten zu haben, dient sie umgekehrt als wichtiger Beleg dafür, in Matthäus einen Kronzeugen für ein „Christentum der Tat" sehen zu können. Als solcher wird er einer indi-

---

[33] Vgl. K. BORNKAMM, »spiegel« 436–446.
[34] Vgl. T. MEISTAD, Luther 70–77, vgl. a. 213–220.

vidualisierten, (angeblich) auf die eigene Frömmigkeit fixierten Kirchlichkeit als Mahner vor Augen gestellt, das gerechte Handeln nicht zu vergessen.[35] Die von Dietrich Bonhoeffer 1944 in der Haftanstalt in Tegel anlässlich der Taufe seines Neffen gebrauchte Formulierung vom „Tun des Gerechten" ist, seines Kontextes beraubt, zu einem kirchlichen Leitwort geworden, das scheinbar bei Matthäus seine stärkste biblische Begründung findet.[36] Dabei wird – anders als bei Bonhoeffer – allerdings weniger nach dem Gesamtzeugnis des Evangelisten gefragt. Auch ist dabei selten im Blick, was sich als matthäische Ethik material beschreiben ließe. Vielmehr sind (in der Zwischenzeit wohl besser: *waren*) es häufig tagespolitische Ereignisse und Debatten, die eklektisch ein Motiv aus dem Evangelium entlehn(t)en, um es dann in den breiteren Rahmen der Gerechtigkeitsforderung zu stellen.[37]

Dass Christen für Gerechtigkeit sein sollen, kann als ein Grundkonsens der kirchlichen Selbst- und Fremddarstellung benannt werden. Offiziellen Charakter bekam diese Forderung durch die sechste Vollversammlung des Ökumenischen Rates der Kirchen in Vancouver 1983, auf der die Mitglieds-

---

[35] Das ist eine der Hauptlinien der Interpretation von U. LUZ, vgl. Jesusgeschichte 170–173 unter der Überschrift: „Matthäus und wir"; DERS., Mt I[5] 541–553.

[36] Den entscheidenden Durchbruch für die ethische Interpretation bewirkte die Habilitationsschrift von GEORG STRECKER, die schon im Titel programmatisch den Leitbegriff nennt, für den fortan Matthäus der Kronzeuge wird: Der Weg der Gerechtigkeit. Untersuchung zur Theologie des Matthäus, FRLANT 82, Göttingen 1962 (die 2., um einen Nachtrag erweiterte Aufl. erschien 1966; noch einmal erweitert [3]1971); darin bestimmte er den δικαιοσύνη-Begriff an allen vorkommenden Stellen als „die ethische Haltung der Jünger" und als „Rechtschaffenheit", die nicht Gabe, sondern Forderung Jesu ist (157f u.ö.). Er wiederholte diese Position in seiner Arbeit: Glauben und Handeln in der Theologie des Matthäus, in: Handlungsorientierter Glaube (s.o. Anm. 9, 36–45 (+66f [Anmerkungen]) und in seinem Kommentar zur Bergpredigt (s.o. Anm. 30). Nachdrücklich vertritt diese Position auch die Schülerin Streckers, URSULA BERNER, Bergpredigt 10.106–108, die für „die heutige Zeit" anstelle einer „Orthodoxie" eine „Orthopraxie" fordert (107). Das Problem ist, dass hier ein falscher Gegensatz aufgestellt wird. Natürlich fordert die Bergpredigt Gehorsam, aber nicht anstelle, sondern aufgrund der 'richtigen Lehre'.

[37] Der Titel des Vortrags von H. SCHÄUFELE, Unterwegs zu einer besseren Gerechtigkeit. Ermutigung zu kleinen Schritten im sozialen Rechtsstaat (CH 105, Stuttgart 1969, vgl. DERS., Auf dem Weg der Gerechtigkeit ist Leben. Wort und Weisung, Freiburg 1979) ist Mt 5,20 entnommen; angelehnt an Mt 5,6 ist: J. MENDELSOHN, Die hungern und dürsten nach der Gerrechtigkeit. Rassenkampf und Bürgerrechtsbewegung in vierzehn Schicksalen, Berlin (Ost) 1969; am bekanntesten wohl F. ALT, Frieden ist möglich. Die Politik der Bergpredigt, München 1983 (seither zahlreiche Nachdrucke). Zum Zusammenhang von Friedensbewegung und Bergpredigt s.a. die knappe Übersicht bei G. STRECKER, Bergpredigt 22f. Eine Aufarbeitung von Gebrauch und Missbrauch der Bergpredigt in tagespolitischen und -theologischen Debatten steht noch aus, vgl. dazu u.a. die – ebenfalls in die aktuelle Diskussion eingreifenden – kritischen Stellungnahmen von M. HENGEL, Die Bergpredigt im Widerstreit, ThBeitr 14 (1983), 53–67; DERS., Wider den politischen Mißbrauch der Bergpredigt, in: Abschaffung des Krieges, hg. v. G. Brakelmann u. E. Müller, GTBS 1077, Gütersloh 1983, 44–51 (s. auch oben Anm. 30).

kirchen dazu aufgerufen wurden, in einen „konziliaren Prozeß gegenseitiger Verpflichtung (Bund) für Gerechtigkeit, Frieden und Bewahrung der Schöpfung einzutreten."[38] Dass diese zu erstrebende, notfalls auch zu erkämpfende Gerechtigkeit einen in erster Linie *innerweltlichen Charakter* besitzt, wird zumeist vorausgesetzt und kaum begründet.[39] Manfred Rohloff formuliert dezidiert: „So heißt Gottes Erkenntnis Praxis der Gerechtigkeit unter den Menschen."[40] Für Wolfgang Lienemann, der dem biblischen Ge-

---

[38] Zit. nach W. LIENEMANN, Gerechtigkeit, BenshH 75 (= Ökumenische Studienhefte 3), Göttingen 1995, 7 (vgl. ebd. 217–219 die Bibliographie zu „Gerechtigkeitskonzepte in der Geschichte der ökumenischen Bewegung"). Nur einige wichtige Positionen der letzten Jahrzehnte seien hier genannt (in chronologischer Folge): N. GREINACHER, Schrei nach Gerechtigkeit. Elemente einer prophetischen Theologie, München u. Zürich 1986; C. F. VON WEIZSÄCKER, Die Zeit drängt. Eine Weltversammlung der Christen für Gerechtigkeit, Frieden und die Bewahrung der Schöpfung, München u. Wien 1986 (danach zahlreiche Auflagen), darin 25–37 über „Soziale Gerechtigkeit" (unter dem Motto: „Kein Friede ohne Gerechtigkeit, keine Gerechtigkeit ohne Frieden") u. 77–84 über die christlich verstandene Gerechtigkeit als Beitrag zu einer „Theologie des Friedens". Der Abschnitt steht unter dem Motto von Mt 5,6, zu Mt 5,20 s. ebd. 79. Zur Fortführung u. Auseinandersetzung s.: Das Ende der Geduld. Carl Friedrich von Weizsäckers ›Die Zeit drängt‹ in der Diskussion, München u. Wien 1987; U. DUCHROW u. G. LIEDKE, Schalom. Der Schöpfung Befreiung, den Menschen Gerechtigkeit, Stuttgart 1988; an *kirchlichen Stellungnahmen* ist zu nennen: Für eine Zukunft in Solidarität und Gerechtigkeit. Wort des Rates der Evangelischen Kirche in Deutschland und der Deutschen Bischofskonferenz zur wirtschaftlichen und sozialen Lage in Deutschland (Gemeinsame Texte 9), Hannover u. Bonn 1997; „Aus der Gerechtigkeit jedes einzelnen erwächst der Friede für alle." Welttag des Friedens 1998, Arbeitshilfen 138, hg. v. Sekretariat der Deutschen Bischofskonferenz, Bonn 1998; Brot für die Welt: Den Armen Gerechtigkeit 2000. Herausforderungen und Handlungsfelder. Eine Erklärung, epd-Dokumentation Nr. 12/00 (6. März 2000).

In der *akademischen Diskussion* ist Gerechtigkeit eines der zentralen Themen im Bereich der Wirtschafts- und Sozialethik, vgl. J. RÖMELT, Jenseits von Pragmatismus und Resignation. Perspektiven christlicher Verantwortung für Umwelt, Frieden und soziale Gerechtigkeit, Handbuch der Moraltheologie 3, Regensburg 1999; M. ROHLOFF, Gottes Liebe will Gerechtigkeit. Zur Grundlegung einer christlichen Sozialethik, Neukirchen-Vluyn 2000 (zur „Haltung Jesu" und der „Forderung aus der Bergpredigt" – gemeint ist Mt 6,33 – s. 74f).

[39] Vgl. U. BERNER, Bergpredigt 10: Ziel des imperativischen Charakters der Bergpredigt sei es, dass das „Zusammenleben der Menschen ... menschlicher gemacht werden kann". Auch P. LAPIDE meinte, dass die „*richtig* verstandene Berglehre zur Grundlage für ein Programm des menschenwürdigen Überlebens und zum Wegweiser für den Weltfrieden werden" kann (Die Bergpredigt. Utopie oder Programm?, Mainz 1982, 144 [Hhg.Orig.]). Nach M. ROHLOFF, Gottes Liebe 138, ist das Ziel der biblischen Armenparänese: „Gerechtigkeit soll erblühen, die sich in einer konkreten Handlung oder Tat niederschlägt. Sie soll den Frieden erreichen: die Fülle des Lebens, an der alle Menschen teilhaben können, in der alle die Früchte der menschlichen Arbeit gerecht miteinander teilen können." Auch die in Anm. 37f genannten Arbeiten sind hier zu nennen. Als Überblick s. T. AUKRUST, Art. Bergpredigt II. Ethisch, TRE 5, 1980, 618–626 (619–621). Dass Matthäus offenbar etwas anderes meinte, zeigt schon Mt 26,11 (vgl. 4,4).

[40] Gottes Liebe 139. Als Begründung wird auf Mt 25,31–46 verwiesen, und kurz darauf heißt es unter Berufung auf Mt 5,1: „Dieses Tun der Praxis der Gerechtigkeit erwächst aus der Armut als geistige Kindschaft".

rechtigkeitsverständnis immerhin 3 1/2 Seiten widmet, bilden „die Goldene Regel und die Parteinahme für die Schwachen ... so etwas wie den roten Faden biblisch bezeugter Gerechtigkeitsvorstellungen."[41]

Dagegen ist bei Bonhoeffer die Wendung vom „Tun des Gerechten" eine Haltung, die darauf *wartet*, dass Gott selbst wieder zu Wort kommt, sie ist Ausdruck – hier ist der Begriff angebracht – einer Interimsethik, die von der Hoffnung genährt ist, wie sie Mt 5,16 beschreibt: dass die Welt im Handeln der Gemeinde Gott selbst zu ihrem eschatologischen Heil erkennt. Das „Tun des Gerechten" ist ein Mittel zu diesem Ziel und nicht das Ziel selbst. Der Kontext des Bonhoeffer-Zitats ist es wert, gehört zu werden:

„Unsere Kirche, die in diesen Jahren nur um ihre Selbsterhaltung gekämpft hat, als wäre sie ein Selbstzweck, ist unfähig, Träger des versöhnenden und erlösenden Wortes für die Menschen und für die Welt zu sein. Darum müssen die früheren Worte kraftlos werden und verstummen, und unser Christsein wird heute nur in zweierlei bestehen: im Beten und im Tun des Gerechten unter den Menschen. Alles Denken, Reden und Organisieren in den Dingen des Christentums muß neugeboren werden aus diesem Beten und diesem Tun. (...) Es ist nicht unsere Sache, den Tag vorauszusagen – aber der Tag wird kommen –, an dem wieder Menschen berufen werden, das Wort Gottes so auszusprechen, daß sich die Welt darunter verändert und erneuert. Es wird eine neue Sprache sein, vielleicht ganz unreligiös, aber befreiend und erlösend, wie die Sprache Jesu, daß sich die Menschen über sie entsetzen und doch von ihrer Gewalt überwunden werden, die Sprache einer neuen Gerechtigkeit und Wahrheit, die Sprache, die den Frieden Gottes mit den Menschen und das Nahen seines Reiches verkündigt. (...) Bis dahin wird die Sache der Christen eine stille und verborgene sein; aber es wird Menschen geben, die beten und das Gerechte tun und auf Gottes Zeit warten. Möchtest du zu ihnen gehören und möchte es einmal von Dir heißen: »Des Gerechten Pfad glänzt wie das Licht, das immer heller leuchtet bis auf den vollen Tag« (Sprüche 4,18)."[42]

---

[41] Gerechtigkeit 11. Zur Bergpredigt und Mt 5,20 vgl. 12f. Wenn LIENEMANN hier schreibt, dass die „größere Gerechtigkeit ... in der tätigen Übereinstimmung mit dem Willen Gottes, wie ihn Jesus offenbart hat," besteht, dann ist dem durchaus zuzustimmen. Strittig und klärungsbedürftig ist jedoch, *was* Jesus offenbart hat. Die ethische Forderung des Evangeliums von seiner die Ethik zuallererst ermöglichenden Soteriologie zu trennen, wie es hier geschieht, geht aber gerade an dem vorbei, was Jesus als seine grundlegende Aufgabe von seinem Vater her verstand. Zudem wird nicht beachtet, was das grundlegende *Motiv* für die von Jesus gelehrte Jüngerethik nach dem Matthäus-Evangelium ist. Das Ziel derselben ist nämlich nicht ein Mehr an irdischer Gerechtigkeit (vgl. ebd. 120f, über „Reich Gottes und Gerechtigkeit"), sondern eine wachsende, missionarische Gemeinde in der Welt. Das wird auch bei W. HUBER, Gerechtigkeit und Recht. Grundlinien christlicher Rechtsethik, Gütersloh [2]1999, 162–164.172.210–213, zu wenig beachtet, obwohl sich dieses Werk ansonsten positiv von zahlreichen hier genannten Beiträgen abhebt.

[42] Gedanken zum Tauftag von Dietrich Wilhelm Rüdiger Bethge (Mai 1944), in: Dietrich Bonhoeffer Werke Bd. 8: Widerstand und Ergebung, hg. v. E. u. R. Bethge u. C. Gremmels, Gütersloh 1998, 428–436 (435f).

Für „das Tun des Gerechten" als Schlagwort (und eben ohne die im obigen Zitat erkennbare theologische Einbettung) wird gerne auf Matthäus oder einfach auf 'die' Bergpredigt verwiesen. Christen sollten mehr nach der Bergpredigt leben – das ist eine vielfach geäußerte Forderung, nicht selten verbunden mit dem Hinweis auf Franz von Assisi[43], Mahatma Ghandi[44] und Martin Luther King[45], die es doch vorgemacht hätten, dass christliche Existenz und gesellschaftliches Handeln auf ihrer Grundlage möglich sei. Weitere Kronzeugen bzw. -zeuginnen sind John Wesley (1703–1791)[46], der Begründer der methodistischen Kirche(n), Leo Tolstoi (1828–1910)[47], Albert

---

[43] K. BEYSCHLAG, Die Bergpredigt und Franz von Assisi, BFChTh 57, Gütersloh 1955. Bekannt ist die Aussage von MAX WEBER über die Ethik der Bergpredigt als einer „Ethik der Würdelosigkeit – außer: für einen Heiligen". Als Beispiel verweist er neben Jesus und den Aposteln nur auf Franz von Assisi, in: Politik als Beruf, in: DERS., Wissenschaft als Beruf (1917/1919)/Politik als Beruf (1919), hg. v. W. J. Mommsen u. W. Schluchten, Max Weber Gesamtausgabe I/17, Tübingen 1992, 157–252 (235).

[44] Gandhi reflektierte selbst wiederholt über seine Haltung zur Bergpredigt, vgl. M. K. GANDHI, Eine Autobiographie oder Die Geschichte meiner Experimente mit der Wahrheit, Gladenbach ⁵1991, 70, vgl. a. 112–114.122–125.142–144 (dt. Ausgabe von MOHANDAS GHANDHI, An Autobiography, 2 Bde., Ahmedabad 1927+1929); DERS., Gandhiji's Autobiography. Abridged by Bharatan Kumarappa, Ahmedabad 1952, 54, über seine Lektüre der Bibel während seines Aufenthaltes in England: Obwohl er zum Alten Testament keinen Zugang fand, beeindruckte ihn das Neue, insbesondere die Bergpredigt: „But the New Testament produced a different impression, especially the Sermon on the Mount which went straight to my heart." Er zitiert Mt 5,39f und schreibt dazu: „The verses ... delighted me beyond measure ... My young mind tried to unify the teaching of the *Gita*, the *Light of Asia* and the Sermon on the Mount. That renunciation was the highest form of religion appealed to me greatly"; vgl. a. DERS., What Jesus Means to Me, Ahmedabad 1959; O. WOLFF, Mahatma und Christus, Berlin 1955; DERS., Christus unter den Hindus, Gütersloh 1965, 142–166 (zur Bergpredigt: 144.148.161f.165); H. STAFFNER, Gandhis letzter Jünger. Baba Amte – ein Hindu lebt die Bergpredigt, Erlanger Taschenbücher 160, Erlangen 1993.

[45] MARTIN LUTHER KING, Kraft zum Lieben, Konstanz 1964, vgl. G. STRECKER, Bergpredigt 22.

[46] Vgl. T. MEISTAD (s.o. Anm. 11). Von den 44 „standard sermons", die Wesley erstmals 1746 veröffentlicht hatte, sind 13 über die Bergpredigt, so dass diese „a significant part of the doctrinal basis of Methodism" bilden (ebd. 83). Für Wesley stellte die Bergpredigt, darin ganz modern, die Summe des christlichen Glaubens dar, dessen Ziel Heiligkeit ist (vgl. die Belege ebd. 89f). Die Summe der Bergpredigt wiederum ist für ihn Mt 7,12 (ebd. 91, vgl. a. 194–198), d.h. der ethische Aspekt dominiert den soteriologischen. Die starke soziale Komponente des Methodismus von seinen Anfängen bis in die Gegenwart verdankt sich neben den veränderten gesellschaftlichen Bedingungen zu Beginn des Industriezeitalters in Großbritannien in erster Linie dieser Dominanz der Bergpredigt. Einen Überblick über Wesleys Auslegung, abschnittsweise verglichen mit der Luthers, bietet MEISTAD ebd. 87–241.

[47] Worin besteht mein Glaube?, Leipzig 1885, vgl. K. HEIM, Tolstoi und Jesus (Vortrag 1919), in: Glaube und Leben, Berlin 1928, jetzt in: DERS., Zeit und Ewigkeit. Gesammelte Aufsätze und Vorträge, hg. v. A. Köberle, Moers 1987, 103–127; W. S. KISSINGER, Sermon 52–56; G. STRECKER, Bergpredigt 15 u. jetzt die ausführliche und lesenswerte Arbeit von M. MACHINEK, MSF, »Das Gesetz des Lebens«? Die Auslegung der Bergpredigt bei L. N. Tolstoj im Kontext seines ethisch-religiösen Systems, MThSt.S 25, St. Ottilien 1998. Zur

Schweitzer (1875–1965)[48] und Mutter Theresa[49]. Erhoben wird diese Forderung innerhalb und außerhalb der Kirche, wie überhaupt die Tendenz zugenommen hat, Christsein primär als ein Verhalten zu verstehen, das im weitesten Sinne mit „Nächstenliebe" zu beschreiben ist.[50]

Dass es im Evangelium und infolgedessen auch in der Kirche um das Verhältnis des Menschen zu seinem Schöpfer geht, und eben sehr wohl der Einzelne im Blick ist (und dann auch die Gemeinschaft derer, die als Einzelne glauben, aber miteinander die Gemeinde des einen Gottes in dieser Welt sind), wird dagegen gerne übersehen oder zurückgedrängt. Das mag damit zusammenhängen, dass auch Gerechtigkeit als Kollektivbegriff verstanden wird, der zwar häufig und in der Regel als Forderung auf eine Gruppe von Menschen, eine Gesellschaft, einen Staat, eine Staatengemeinschaft oder die gesamte Weltwirtschaft Anwendung findet, kaum einmal aber an den Einzelnen gerichtet ist (von einer Selbstermahnung oder -verpflichtung ganz zu schweigen).[51]

Hochschätzung Tolstois durch Ghandi s. Ghandiji's Autobiography Abridged 78; All Men are Brothers. Life and Thoughts of Mahatma Gandhi as Told in His Own Words, hg. v. Krishna Kripalani, Ahmedabad 1960, 128.

[48] Für Albert Schweitzer ist die Geltendmachung der „von der Bergpredigt Jesu … und vom Reich-Gottes-Geschehen" ausgehenden „ethische[n] Frömmigkeit" gegenüber der (dogmatischen) „Erlösungsfrömmigkeit" die grundlegende Aufgabe des modernen Christentums, so E. GRÄSSER, „Die ethische Denk-Religion". Albert Schweitzers Ablehnung einer doppelten Wahrheit, in: Geschichte – Tradition – Reflexion, FS M. Hengel, Bd. 2, hg. v. H. Lichtenberger, Tübingen 1996, 677–694 (690f). Übernommen wird die Position Schweitzers durch W. ZAGER, Was kann Reich Gottes für uns heute bedeuten? Ein Dialog mit Albert Schweitzer, in: DERS., Bergpredigt und Reich Gottes, Neukirchen-Vluyn 2002, 71–83 (vgl. a. D. u. W. ZAGER, Albert Schweitzer. Impulse für ein wahrhaftiges Christentum, Neukirchen-Vluyn 1997).

[49] Eindrücklich sind die Illustrationen der Seligpreisungen in: W. LAUBI, Kinderbibel. Illustriert von Annegret Fuchshuber, Lahr 1992, 216.218.220, die Martin Luther King (zu Mt 5,4), Mutter Theresa (zu 5,7) und Franz von Assisi (zu 5,9) zeigen. Auch J. KUNSTMANN, Die Bergpredigt in der Sekundarstufe I und II (s.o. Anm. 2), verweist in seinem Unterrichtsvorschlag auf Martin Luther King (244f.247) und Mahatma Gandhi (247). Er gibt aber doch zu bedenken, dass „Gandhi und King immer weniger Schüler wirklich begeistern können" (249).

[50] Zur Kritik an dieser Ethisierung der Theologie s. O. BAYER, Freiheit als Antwort. Zur theologischen Ethik, Tübingen 1995, 3f u.ö., zur Bergpredigt 26–40 („Sprachbewegung und Weltveränderung. Die Neusetzung des Ethos durch die Bergpredigt"). Er betont eindrücklich, dass christliche Ethik von dem lebt, was sie empfangen hat und verwahrt sich gegen den Automatismus, nach dem jede Gabe zur Aufgabe wird und allein darin ihren Zweck besitze (z.B. 234).

[51] Vgl. aber doch C. F. VON WEIZSÄCKER, Die Zeit drängt 80, der immerhin die Gefahr sieht, dass aus „gerechtfertigtem Zorn" sehr schnell Blindheit für die „eigene Ungerechtigkeit" werden kann. Aber auch für ihn steht im Vordergrund: „Die Theologie der politischen und sozialen Gerechtigkeit beschreibt nicht die persönliche Rechtfertigung, sondern ihre Auswirkung auf die Gesellschaft" (83). Bei W. LIENEMANN, Gerechtigkeit, ist der letzte Abschnitt überschrieben mit: „Akteure der Gerechtigkeit" (206–209), aber gerade da kommt

Der Forderung nach Gerechtigkeit, nach gerechtem Tun geht also nur selten die Forderung nach *dem* Gerechten oder *der* Gerechten einher. Das „Tun des Gerechten" ist als Tat des Einzelnen kaum je im Blick, sieht man einmal von der Verwendung dieses Titels in der israelischen Holocaust-Historiographie ab.[52] Noch weniger aber ist in solchen Verlautbarungen vom *Sein des Gerechten* die Rede. Christen bekennen zwar „allzumahl Sünder zu sein und des Ruhmes zu ermangeln, den es vor Gott zu haben gilt" (Röm 3,23), aber der nachfolgende Vers – δικαιούμενοι δωρεὰν τῇ αὐτοῦ χάριτι διὰ τῆς ἀπολυτρώσεως τῆς ἐν Χριστῷ 'Ιησοῦ – wird nicht mit derselben Emphase betont. Aus der rechtfertigenden Tat der Gerechtigkeit Gottes sind – im kirchlichen Denken und Sprechen – keine Gerechten geworden.[53] Es scheint, als wäre die einzige Forderung, die sich aus der *das Inidividuum* betreffenden Rechtfertigungsbotschaft ableiten lässt, die nach *überindividueller, sozialer und innerweltlicher* Gerechtigkeit.

Vielleicht liegt in der begrifflichen Abstrahierung das eigentliche Problem: Es läßt sich leichter „Gerechtigkeit" fordern als „Gerechte". Mit der begrifflichen Verdrängung ins Abstraktnomen geht vielfach ein inhaltliches Schweigen über den durch die Rechtfertigung gerechtfertigten „gerechten" Menschen einher, d.h. die soteriologische Dimension des eschatologischen Rechtfertigungsgeschehens findet häufig keinen adäquaten *individuellen* Ausdruck, sondern wird auf eine gesellschaftliche, innerweltliche Gerechtigkeit umgelenkt.[54] Damit wird aber zugleich Matthäus als der am häufigsten genannte

---

der Einzelne nicht in den Blick. Es ist der Staat, der einen „unverzichtbaren Kern strenger Abwehrnormen" (präzisiert als „den engen Kern der individuellen Menschenrechte und Justizgrundrechte") zuverlässig durchzusetzen habe, denn nur dann „läßt sich ein toleranter Pluralismus von Akteuren im Blick auf strittige Forderungen und Leistungen bezüglich materialer Verteilungsgerechtigkeit verwirklichen" (208). Eine solche Haltung, die zuerst dem Abstraktum „Staat" die Verantwortung zuschiebt, ehe der Einzelne etwas tut (sozusagen risikofrei, weil der Staat seine Rechte sichert), ist von der Gerechtigkeit, die sich um Jesu willen verfolgen lässt (Mt 5,10), diametral geschieden (ganz abgesehen von 5,38–48).

[52] Der Titel „Gerechter unter den Völkern" oder „Gerechte der Völker" wird – in Anlehnung an tSanh 13,2 (Z. 434), bSanh105a; bChul 92a und anderen rabbinischen Stellen über die Gerechten unter den Völkern, die Anteil an der kommenden Welt haben (können) – Nichtjuden verliehen, die sich aktiv für den Schutz von Juden während der Nazi-Verfolgungszeit eingesetzt haben. Sie erhalten eine Medaille und können in Yad VaShem in Jerusalem zur Erinnerung einen Baum pflanzen (vgl. Yad VaShem. Gedenkstätte für Holocaust und Heldentum, Jerusalem [4]1990, 37). Zu den rabb. Stellen s. K. MÜLLER, Tora für die Völker, SKI 15, Berlin 1994, 80–86.

[53] In der an sich richtigen Formulierung von den „gerechtfertigten Sündern" ist die Perspektive zumeist rückwärts auf die vergebene Schuld gerichtet und nur selten auf die daraus erwachsene Perspektive für ein verändertes Leben in Gerechtigkeit (vgl. Röm 6,13.18f; 2Kor 9,10; Eph 4,24). Vgl. aber E. JÜNGEL, Evangelium 221–234, wobei auch hier die Proportionen zu beachten sind.

[54] Dass dies auch mit den neuen exegetischen Methoden gelingt, zeigt als Beispiel WARREN CARTER, der in seinem Aufsatz: Evoking Isaiah: Matthean Soteriology and an

Kronzeuge in ein schiefes Licht gerückt, indem er in einen theologischen
Rahmen gezwängt wird, der nicht sein eigener ist. So nährt dieser Missbrauch
des ersten Evangeliums den Eindruck, dass in ihm der Imperativ zu einer
besseren und gerechteren Welt(ordnung) bestimmend sei und dieser über Heil
und Unheil entscheide (was ein oberflächlicher Blick auf Mt 25,31–46 zu
bestätigen scheint).

    Dieser knappe Überblick über die Verwendung der Bergpredigt bzw. der
Gerechtigkeitsforderung nicht nur in der kirchlichen Öffentlichkeit lässt die
Frage drängend erscheinen, was denn der Evangelist Matthäus selbst mit
Gerechtigkeit meinte. Dass dies nur möglich ist auf dem Hintergrund seines
Verständnisses von der Tora und dem geschichtlichen Handeln Gottes mit
seinem Volk, macht der unmittelbare Zusammenhang, in dem Mt 5,20 steht,
klar. *Dass* die Gerechtigkeitsthematik für ihn eine Zentralfrage darstellt,
ergibt der einfache Blick in Konkordanz und Synopse.[55] Und dass darüber
hinaus schon die Kirche des 2. Jahrhunderts (und von da an bis heute) erkannt
hat, dass hier eine der grundlegendsten Fragen ihres eigenen Seins angesprochen ist, ergibt sich aus der ungewöhnlichen Wirkungsgeschichte von
5,17. Wohl kaum ein Vers mußte sich so viele Adaptionen gefallen lassen, um
der jeweiligen Glaubensgemeinschaft als Beleg dienen zu können.[56] Es war
offenbar das Bedürfnis vorhanden, gerade mit diesem Text in Übereinstimmung zu leben und zu glauben. Es scheint, als ob der Gerechtigkeitsbegriff
sich ob seiner inhärenten Relationalität weigere, einfach okkupiert zu werden.
Die Gerechtigkeit fragt nach dem Gerechten.

Intertextual Reading of Isaiah 7–9 and Matthew 1:23 and 4:15–16, JBL 119 (2000), 503–520,
den Versuch unternimmt, dem Matthäus-Evangelium eine antiimperialistische, d.h. antirömi-
sche Absicht zu unterstellen: „As with Isaiah's Immanuel, the child Jesus is a sign of
resistance to imperial power" (513). Damit erhalten die Positionen der Globalisierungsgegner
eine theologische Begründung, aber auch das wird sich wohl bald als alter Wein in alten
Schläuchen erweisen. Vgl. außerdem DERS., Matthew and the Margins: A Socio-Political and
Religious Reading, JSNT.S 204, Sheffield 2000.
    [55] S. unten § 4/1.
    [56] Vgl. A. HARNACK, Geschichte eines programmatischen Worts Jesu (Matth. 5,17) in
der ältesten Kirche, SPAW[.PH] 1912, Berlin 1912, 184–207, auch in: DERS., Kleine
Schriften zur Alten Kirche 2, Opuscula IX/2, Leipzig 1980, 166–189; K. BEYSCHLAG,
Geschichte der Bergpredigt 310–312, sowie meine in Anm. 87 genannte Studie.

2. Die historische Fragestellung: Der angebliche Antijudaismus des Matthäus-Evangeliums und seine exegetischen Konsequenzen

Die Diskussion um die im Voranstehenden genannten theologischen und gesellschaftlichen Fragestellungen in Bezug auf das rechte Verständnis des Matthäus-Evangeliums ist nicht der einzige Bereich, in dem aktuelle Interessen die Beschäftigung mit dem ersten Evangelium prägen. Als weitere Debatte ist auf die in den letzten Jahrzehnten gewachsene Sensibilität hinsichtlich *antijüdischer Tendenzen im Neuen Testament* hinzuweisen, in der wiederholt das Matthäus-Evangelium als eine der Hauptquellen für den christlichen Antijudaismus ausgemacht wurde und wird.[57]

---

[57] Vgl. dazu in Auswahl (chronologische Ordnung): S. LÉGASSE, L'antijudaisme dans l'Évangile selon Matthieu, in: M. Didier (Hg.), L'Évangile selon Matthieu. Rédaction et Théologie, BEThL 29, Louvain 1972, 417–428; E. BUCK, Anti-Judaic Sentiments in the Passion Narrative According to Matthew, in: P. Richardson (Hg.), Anti-Judaism in Early Christianity, Bd. 1: Paul and the Gospels, Waterloo/Ont. 1986, 165–180; B. PRZYBYLSKI, The Setting of Matthean Anti-Judaism, in: P. Richardson (Hg.), ebd. 181–200; S. FREYNE, Vilifying the Other and Defining the Self: Matthew's and John's Anti-Jewish Polemic in Focus, in: J. Neusner u. E. Frerichs (Hg.), „To See Ourselves as Others See Us". Christians, Jews, „Others" in Late Antiquity, Chico/Ga. 1985, 117–143; J. D. G. DUNN, The Question of Anti-semitism in the New Testament Writing of the Period, in: ders. (Hg.), Jews and Christians. The Parting of the Ways A. D. 70 to 135, WUNT I/66, Tübingen 1992, 177–211 (203–210); S. MCKNIGHT, A Loyal Critic: Matthew's Polemic with Judaism in Theological Perspective, in: Anti-Semitism and Early Christianity: Issues of Polemic and Faith, hg. v. C. A. Evans u. D. A. Hagner, Minneapolis 55–79 (Lit.); N. A. BECK, Mündiges Christentum im 21. Jahrhundert, Die antijüdische Polemik des Neuen Testaments und ihre Überwindung, VIKJ 26 (amerik. Original: 1985), Berlin 1998 (zu Matthäus s. 205–233). Völlig überzogen und einseitig ist die Arbeit von F. GLEISS, Von der Gottesmordlüge zum Völkermord, von der Feindschaft zur Versöhnung, Horb 1995; DERS., Antijudaismus bei Matthäus. Zur antijudaistischen Endredaktion, DtPfrBl 97 (1997), 511–513. Sein Schlusssatz lautet: „Die Bearbeitungsmaxime des Matthäus-Endredaktors gegenüber seinen Quellen zielt darauf ab, positives Judentum zu eliminieren, negative jüdische Merkmale zu übertreiben und die Römer ganz aus der Verantwortung zu nehmen, um so Israel als alleinschuldig an der Kreuzigung hinzustellen." Gewährsmann für seine These ist u.a. P. LAPIDE, nach dem der „Endredaktor des Matthäus ... selten eine Gelegenheit versäumt, um polemische Spitzen und antijüdische Sticheleien in seine Vorlage einzuflechten" (Bergpredigt 89), vgl. a. D. FLUSSER, Zwei Beispiele antijüdischer Redaktion bei Matthäus, in: DERS., Entdeckungen im Neuen Testament, Bd. 1, hg. v. M. Majer, Neukirchen-Vluyn 1987, 78–96. Dieser ganze Ansatz scheitert daran, dass das Evangelium nicht von einem 'bösen' Endredaktor nachträglich antijudaistisch umgeprägt wurde, sondern in der Verarbeitung von Tradition und Redaktion das Werk *eines* Verfassers ist, der ihm durchgängig seinen theologischen Stempel aufprägt. Dieser ist allerdings nicht so grob geschnitten, wie dies Gleiss glauben machen will. Dazu kommt, dass seine Auffassung von der Stellung des historischen Jesus innerhalb des zeitgenössischen Judentums derart idealisiert und anachronistisch ist („die sogenannten Streitgespräche waren Fachdiskussionen unter Rabbinern zwecks endgültiger Ausgestaltung des Talmuds" [Antijudaismus 511]), dass eine Auseinandersetzung damit eigentlich nicht lohnt. Beruhigend immerhin, dass auf diesen Beitrag kritisch reagiert wurde (vgl. die Leserbriefe 637f).

Eine Reaktion darauf ist m.E. der Versuch, das Matthäus-Evangelium stärker als bisher als Beitrag zu einem *innerjüdischen Diskurs* zu verstehen und so die teilweise schroffen Äußerungen als innerjüdische Polemik darzustellen, gegen die der Vorwurf des Antijudaismus nicht erhoben werden kann.[58] Dass dieses apologetische Interesse erkenntnisleitende Funktion einnimmt, zeigt Anthony J. Saldarini, einer der wichtigsten Vertreter dieses „wachsenden Konsenses" in Bezug auf Matthäus, mit wünschenswerter Deutlichkeit, wenn er schreibt:

„For Christians well disposed toward Judaism and Jews, Matthew has become an embarrassment. If, as is argued here, Matthew is a Jew who follows Jesus and is in serious conflict with his fellow Jews, then his love for biblical teachings and interpretations, understood as Jesus taught them, his zeal for the 'lost sheep of the house of Israel' (10:6) and his passionate polemics all make coherent sense and can aid Christian theology to correct itself as it begins a new millenium."[59]

Die Frage nach der Herkunft des Evangelisten (konkret, ob er als Juden- oder Heidenchrist vorzustellen ist) bzw. des Evangeliums *innerhalb* seiner jüdischen *Mit*welt oder die Stellung *zu* seiner jüdischen *Um*welt[60] hat demnach über das rein historische Interesse hinaus Auswirkungen auf das gegenwärtige christlich-jüdische Verhältnis.[61] Wenngleich die Matthäus-

---

[58] Vgl. als repräsentativ für viele S. McKnight, Loyal Critic 78: Die innerjüdische Kritik des Matthäus entspricht der eines Amos oder Jeremia; D. C. Sim, The Gospel of Matthew and Christian Judaism. The History and Social Setting of the Matthean Community, Studies of the New Testament and its World, Edinburgh 1998, 5: „The evangelist and his readers are not antisemitic since they are Jews themselves." Dass auch diese Argumentation Grenzen hat, zeigt I. Broer, Das Verhältnis von Judentum und Christentum im Matthäus-Evangelium, Franz-Delitzsch-Vorlesung 1994, Münster 1995, 33f.

[59] Boundaries and Polemics in the Gospel of Matthew, Biblical Interpretation 3 (1995), 239–265. Vgl. dazu D. R. A. Hare, How Jewish is the Gospel of Matthew?, CBQ 62 (2000), 264–277, wo er zu diesem „growing consensus" (264) kritisch Stellung nimmt und unter der Überschrift „The Theological Significance of the Jewishness of Matthew" ebenfalls hervorhebt und mit weiteren Zitaten belegt: „Underlying the passionate debate regarding the Jewishness of Matthew is the issue of Anti-Semitism" (275).

[60] Zu dieser Unterscheidung vgl. R. Deines, Historische Analyse I: Die jüdische Mitwelt, in: Das Studium des Neuen Testaments, Bd. 1: Eine Einführung in die Methoden der Exegese, hg. v. H.-W. Neudorfer u. E. Schnabel, BWM 5, Giessen u. Wuppertal 1999 (²2000), 155–191 (155). Für das Judenchristentum ist das Judentum religiös und kulturell seine Mit-, die pagane Religion dagegen seine Umwelt. Entsprechend gilt, abhängig davon wie Matthäus beurteilt wird, dass das Judentum seine Mitwelt oder seine Umwelt darstellt.

[61] So A. J. Saldarini, Boundaries 262–265; Ders., Reading Matthew without Anti-Semitism, in: The Gospel of Matthew in Currrent Study, FS W. G. Thompson, hg. v. D. E. Aune, Grand Rapids, Mich. 2001, 166–184; vgl. a. die „Schlußreflexion" bei Marlies Gielen, Der Konflikt Jesu mit den religiösen und politischen Autoritäten seines Volkes im Spiegel der matthäischen Jesusgeschichte, BBB 115, Bodenheim 1998, 467–476 sowie den Ausblick bei M. Vahrenhorst, »Ihr sollt überhaupt nicht schwören.« Matthäus im halachischen Diskurs, WMANT 95, Neukirchen-Vluyn 2002, 416–419.

Forschung diesbezüglich von einem Konsens nach wie vor weit entfernt ist[62], so besteht doch derzeit eindeutig eine Tendenz dahin, in seinem Verfasser einen judenchristlichen Autor zu sehen[63], wobei noch einmal unterschieden werden muss, ob dieser in der Diaspora[64] oder im palästinisch-syrischen Raum beheimatet ist[65]. Damit eng verbunden ist die Frage, ob die Gemeinde, für die Matthäus schrieb[66], sich aus Angehörigen des jüdischen Volkes[67], aus

---

[62] Gute Überblicke über die ältere Forschung bei G. N. STANTON, The Origin and Purpose of Matthew's Gospel. Matthean Scholarship from 1945–1980, in: ANRW II 25.3, Berlin und New York 1984, 1889–1951 (1910–1921); K. C. WONG, Interkulturelle Theologie und multikulturelle Gemeinde im Matthäusevangelium, NTOA 22, Freiburg/CH u. Göttingen 1992, 1–27.

[63] Vgl. I. BROER, Einleitung in das Neue Testament, Bd. 1: Die synoptischen Evangelien, die Apostelgeschichte und die johanneische Literatur, NEB.NT Erg.bd. 2/1, Würzburg 1998, 107 (vgl. 103ff); U. SCHNELLE, Einleitung in das Neue Testament, UTB 1830, Göttingen [3]1999, 252f über die eindeutige „Tendenz[] der neueren Forschung", im ersten Evangelisten einen Judenchristen zu sehen. Ein guter Überblick über diese Frage jetzt bei M. VAHRENHORST, »Ihr sollt überhaupt nicht schwören« 4f, der sich selbst mit Nachdruck für einen judenchristlichen Verfasser einsetzt. Bis in die vierziger Jahre des 20. Jh. war die judenchristliche Herkunft des Matthäus-Evangeliums weitgehend unumstritten. Den Umschwung brachte der Aufsatz von K. W. CLARK, The Gentile Bias in Saint Matthew, JBL 66 (1947), 165–172 (dt. in: Das Matthäus-Evangelium, hg. v. J. Lange, WdF 525, Darmstadt 1980, 103–111). Sein Hauptargument war, dass die dem Evangelium unterstellte endgültige Verwerfung Israels keinem jüdischen Autor zuzutrauen sei. Ein erster wichtiger Vertreter dieser neuen Sicht war P. NEPPER-CHRISTENSEN, Das Matthäusevangelium. Ein judenchristliches Evangelium?, AThD 1, Aarhus 1958, (zur Kritik daran s. schon G. BORNKAMM, Enderwartung und Kirche im Matthäusevangelium, in: DERS./G. BARTH/H. J. HELD, Überlieferung und Auslegung im Matthäusevangelium, WMANT 1, Neukirchen 1960 [[4]1965], 13–47 [47 Anm. 2]). Breite Anerkennung fand diese Position jedoch erst mit W. TRILLING, Das wahre Israel. Studien zur Theologie des Matthäus-Evangeliums, EThSt 7, Erfurt 1959 (3. Aufl. StANT 10, München 1964), und G. STRECKER, Weg. Gegenwärtig ist der wichtigste Vertreter eines *heidenchristlichen Verfassers* J. P. MEIER, Art. Matthew, Gospel of, AncBD IV, 622–641 (625–627), vgl. schon DERS., Law and History in Matthew's Gospel. A Redactional Study of Mt 5,17–48, AnBib 71, Rom 1976, 14–21: Der Endredaktor ist ein „Gentile Redactor", der allerdings kaum von einem „'liberated' Hellenistic-Jewish Christian" zu unterscheiden sei (21).

[64] U. SCHNELLE, Einleitung 235–238, sieht im Verfasser den „Vertreter eines liberalen hellenistischen Diaspora-Judenchristentums" (237), ähnlich H. FRANKEMÖLLE, der das Evangelium auf einen „hell.-jüd. Theologen in heidenchristlicher Umgebung" zurückführt (Art. Matthäusevangelium, NBL II, 736–744 [738]).

[65] So mit der überwiegenden Mehrheit der älteren und neueren Arbeiten u.a. J. A. OVERMAN, Matthew's Gospel and Formative Judaism. The Social World of the Matthean Community, Minneapolis 1990, 158f, der mit Sepphoris als Entstehungsort galiläisches Kolorit annimmt; vgl. den ausführlichen Überblick über die verschiedenen diskutierten Orte bei D. C. SIM, Gospel 40–62.

[66] Zur Problematik dieser verbreiteten Haltung, wonach die Evangelisten jeweils nur für 'ihre' Gemeinde(n) geschrieben hätten, s.u. Anm. 241.

[67] So u.a. U. LUZ, Mt I[1–4] 61–65/I[5] 84–89, der aus Mt 5,17–19 zudem ableitet, dass diese Gemeinde auch noch das jüdische Ritualgesetz gehalten habe, obwohl sie in keinem lebendigem Zusammenhang mit dem Judentum mehr stand, sondern lediglich – innergemeindlich –

Juden und Heiden[68] oder vollständig aus Heidenchristen[69] zusammensetzte und wie dieselbe sich selbst verstand: ob als Teil Israels, als 'wahres' Israel[70] oder als eine neue Gemeinschaft eigener Art[71]. Für die Vertreter des „wachsenden Konsenses" kann diese Frage nur und ausschließlich mit der ersten der genannten Möglichkeiten beantwortet werden, d.h. die aktuelle Konfliktlinie, die über den grundsätzlichen Ansatz in der Matthäus-Exegese bestimmt, besteht nicht mehr zwischen den Vertretern einer judenchristlichen oder heidenchristlichen Auffassung bezüglich des Verfassers, sondern ob das erste Evangelium vor oder nach dem endgültigen Auseinandergehen der Wege von Juden und Christen geschrieben ist (oft als Perspektive „intra muros" oder „extra muros" bezeichnet).

Entscheidend ist demnach die Frage, ob sich die mt Gemeinde und der Evangelist selbst noch als innerhalb oder schon außerhalb ihres jüdischen Ursprungsmilieus verstanden, d.h. ob das Matthäus-Evangelium eine Situation widerspiegelt, in der der endgültige Bruch mit Israel noch bevorstand (so u.a.

„den Bruch mit Israel verarbeiten" musste (I$^{1-4}$ 71 [deutlich modifiziert in I^5 98]); vgl. DERS., Jesusgeschichte 22–28; J. A. OVERMAN, Matthew's Gospel 141–149; A. J. SALDARINI, Matthew's Christian-Jewish Community, Chicago 1994, 11–26.84–123 u.ö.; M. VAHREN-HORST, »Ihr sollt überhaupt nicht schwören« 6–16 (weitere Autoren ebd. 4 Anm. 6 und 20f Anm. 120).

[68] So u.a. J. GNILKA, Mt II 531 (vgl. 513–515); K.-CH. WONG, Interkulturelle Theologie, dessen Arbeit die Spannung zwischen judenchristlich und heidenchristlich orientierten Texten zum Ausgangspunkt seiner Arbeit (vgl. 28f) und seines Ergebnisses macht, indem er das Evangelium als bewussten Versuch versteht, beiden Strömungen in einer Gemeinde Raum zu geben (vgl. 194f); M. HENGEL, Bergpredigt 238 (= 346f), der als Adressatin eine „aus Heiden- und Judenchristen" gemischte Gemeinde annimmt, „die noch stark von jüdischer Tradition geprägt ist, für die aber das Ritualgesetz keine Gültigkeit mehr besitzt". Der Evangelist führe sie „in ihrem erbitterten Kampf gegen die nach 70 wieder erstarkte, von den pharisäischen Schriftgelehrten bestimmte Synagoge geistig" an, d.h. hier wird – auch geographisch – eine große Nähe vorausgesetzt; R. E. MENNINGER, Israel and the Church in the Gospel of Matthew, AmUSt.TR 162, New York u.a. 1994, 23–62, der nach einem Überblick über die verschiedenen Lösungsvorschläge eine gemischte Gemeinde voraussetzt „*extra muros* yet still in Debate with Judaism" (47). D. SENIOR, Between Two Worlds: Gentiles and Jewish Christians in Matthew's Gospel, CBQ 61 (1999), 1–23, sieht das erste Evangelium als den (gescheiterten) Versuch, das jüdische Erbe (inklusive des Haltens der Tora) in der neuen Gemeinde aus Juden und Heiden zu verankern, vgl. DERS., Mt 21–24.

[69] So P. NEPPER-CHRISTENSEN, Matthäusevangelium 207. Der letzte Satz des Buches lautet: „Wir sind zu der Erkenntnis gelangt, dass nichts die Behauptung bestätigt, das Matth. sei im Blick auf Juden oder Judenchristen geschrieben worden. Und nichts gibt uns bisher das Recht dazu, von dem Matth. als von einem judenchristlichen Evangelium zu sprechen."

[70] So, wie schon der Titel deutlich sagt, W. TRILLING in seiner Monographie über „Das wahre Israel" (s.o. Anm. 63) und danach mit Nachdruck wieder R. E. MENNINGER, Israel and the Church 135–166 u.ö.

[71] Ebenfalls deutlich im Titel erkennbar als Vertreter dieser Richtung ist G. N. STANTON, A Gospel for a New People. Studies in Matthew, Edinburgh 1992.

J. A. Overman, A. J. Saldarini, M. Gielen, M. Vahrenhorst; St. v. Dobbeler[72]) oder schon zurückliegt (so u.a. U. Luz, G. N. Stanton, R. E. Menninger). Im ersten Fall war die mt Gemeinde eine messianische Sekte ähnlich der Gruppe von Qumran[73], die sich innerjüdisch – werbend, apologetisch und polemisch – positionierte und legitimierte, während im zweiten Fall eine neue Identität in Abgrenzung gegen das Herkunftsmilieu gefunden werden musste.[74]

Im englischen Sprachraum werden die beiden Positionen auch terminologisch unterschieden. Die innerjüdisch verstandene Matthäus-Gemeinde ist eine „Christian-Jewish Community", d.h. die Bezugsgröße ist das Judentum, innerhalb dessen die an Jesus Glaubenden eine eigene Gruppe bilden. Abgelehnt wird dagegen die Bezeichnung „Jewish Christianity" bzw. Judenchristentum, weil die damit benannte Bezugsgröße „Christentum" noch gar nicht als eigenständiges gesellschaftliches und religiöses Phänomen existent war.[75]

---

[72] STEPHANIE VON DOBBELER, Auf der Grenze. Ethos und Identität der matthäischen Gemeinde nach Mt 15,1–20, BZ.NF 45 (2001), 55–79. Einen guten und kritischen Überblick über die neueren Ansätze zur sozialen Verortung des ersten Evangeliums (in Auseinandersetzung mit Stanton, Saldarini, Overman, Sim u. B. REPSCHINSKI, The Controversy Stories in the Gospel of Matthew. Their Redaction, Form and Relevance for the Relationship Between the Matthean Community and Formative Judaism, FRLANT 189, Göttingen 2000) bietet jetzt P. FOSTER, Community, Law and Mission in Matthew's Gospel, WUNT II/177, Tübingen 2004, 22–79. Er spricht im Gegensatz zu Hare (s.o. Anm. 59) nicht nur von einem „growing consensus", sondern schon von einem „new consensus" (78 u.ö.).

[73] So u.a. J. A. OVERMAN, Matthew's Gospel 30–34 u.ö.; J. A. SALDARINI, Boundaries 259f. Auch G. N. STANTON beschreibt die mt Gemeinde, obwohl sie sich selbst schon *extra muros* befand, soziologisch als Sekte, da sie ihre legitimatorische Basis immer noch maßgeblich in Abgrenzung zu ihrer „parent group" formulierte, vgl. Matthew's Gospel and the Damascus Document in Sociological Perspective, in: DERS., New People 85–107. Zur Kritik an der soziologischen Beschreibung der mt Gemeinde als Sekte, wie sie Overman, Saldarini und Stanton vertreten, s. P. LUOMANEN, The "Sociology of Sectarianism" in Matthew: Modeling the Genesis of Early Jewish and Christian Communities, in: Fair Play: Diversity and Conflicts in Early Christianity, FS H. Raisänen, Leiden u.a. 2002, 107–130; D. A. HAGNER, Matthew: Apostate, Reformer, Revolutionary?, NTS 49 (2003), 193–209 (199f).

[74] Verbunden damit ist, wie die jüdische Mit- bzw. Umwelt auf solche Selbstdefinitionen reagierte, doch fehlen dafür eindeutige Quellenaussagen. Zur Bedeutung der *Birkat ha-minim* in diesem Zusammenhang vgl. D. R. A. HARE, How Jewish? 267–269 (m. Lit.).

[75] Vgl. die Titel der Monographien von SALDARINI (Matthew's Christian-Jewish Community) und D. C. SIM (The Gospel of Matthew and Christian Judaism [s.o. Anm. 58], ausführlich zum Problem der Bezeichnung ebd. 24–27), außerdem J. A. OVERMAN, Matthew's Gospel 4f. PH. CUNNINGHAM machte den Vorschlag, von „christusgläubigen Juden" anstelle von »Judenchristen« zu sprechen, „um zu betonen, dass diese frühesten Mitglieder der Kirche sich nicht so verstanden, als hätten sie ihr jüdisches Erbe verlassen" und durch ihren Glauben an Christus aufgehört, Juden zu sein, so in: Die Darstellung des Judentums in den synoptischen Evangelien, in: Studien zu einer neutestamentlichen Hermeneutik nach Auschwitz, hg. v. P. Fiedler, SBAB 27, Stuttgart 1999, 53–88 (urspr. als: The Synoptic Gospels and Their Presentation of Judaism, in: Within Context. Essays on Jews and Judaism in the New Testament, hg. v. David P. Efroymson u.a., Philadelphia, Penn. u. Collegeville 1993, 41–65), 58 Anm. 15.

Entscheidendes Gewicht für die Beschreibung der mt Gemeinde als einer innerjüdischen Sondergruppe kommt dabei der Frage nach dem Halten des Gesetzes und damit verbunden Mt 5,17–19 zu. Für die Vertreter des „wachsenden Konsenses" ist die Voraussetzung basal, dass die Gemeinde des Matthäus die Tora vollständig gehalten hat, wenngleich in der Gewichtung, wie Jesus sie gelehrt hat. Die Konfliktgeschichten in Bezug auf die Tora gelten entsprechend als „legal debates", an denen Matthäus als „informed participant" teilnahm, um für seine bzw. Jesu Gesetzesinterpretation im Rahmen eines halachischen Diskurses zu werben.[76]

Gemeinsam ist allen diesen neueren Arbeiten, dass sie besonders die unter dem Verdacht des Antijudaismus stehenden Stellen des Evangeliums durch die historische Einordnung des Evangeliums zu verstehen suchen, wobei entweder soziologische[77] oder psychologische Deutungsmuster[78] zu Rate gezogen werden. Dass *am Anfang* theologische Überzeugungen bzw. diesen vorangehend ein subjektiv als unausweichliche Wahrheit erlebtes Widerfahrnis der Konfrontation mit Gottes heilschaffendem Handeln in der eigenen Zeitlichkeit steht, das dann – *als Folge* – auch konkrete soziologische Veränderungen und damit verbunden auch schmerzhafte psychologische Trennungsprozesse nach sich zog, wird dagegen zu wenig gewichtet.[79]

Dieser Überblick über die aktuelle Diskussion um die Stellung des Matthäus-Evangeliums in der jüdischen und frühchristlichen Geschichte macht deutlich, dass auch in diesen scheinbar rein historischen Fragen aktuelle Fragestellungen eine wichtige Rolle spielen. Ziel ist vielfach – ob

---

[76] A. J. SALDARINI, Boundaries 250–252, vgl. J. A. OVERMAN, Matthew's Gospel 86–90 und in Aufnahme von Saldarini die Arbeit von M. VAHRENHORST, „Ihr sollt überhaupt nicht schwören«, deren Untertitel „Matthäus im halachischen Diskurs" das Anliegen präzise zur Sprache bringt. Zur Kritik s. D. R. A. HARE, How Jewish? 270–273; D. A. HAGNER, Apostate 202–206. Eine Sonderstellung nimmt in dieser Frage U. LUZ ein (s.o. Anm. 67), wenn er einerseits betont, dass die mt Gemeinde die Tora in allen Einzelheiten hält, er ihren historischen Ort allerdings nach dem Bruch mit dem Judentum ansetzt. Luz verteidigt und begründet seine Position noch einmal in Mt III 392–394. Vgl. a. P. FOSTER, Community, der seine Ablehnung des „zunehmenden Konsenses" und seine eigene Position, wonach das erste Evangelium „reflects a community that had stepped outside the bounds of Judaism" (79) u.a. mit einer Auslegung von 5,17–20 begründet (144–217).

[77] S.o. Anm. 72, außerdem K. SYREENI, Making 217f.

[78] So besonders U. LUZ, der eine der Hauptfunktionen des Evangeliums darin sieht, „das Selbstverständnis der Gemeinde, die den Bruch mit Israel verarbeiten muß, zu stärken" (Mt I$^{1-4}$ 71/I^5 96 [Modell Nr. 4 m. Anm. 248, begründet 99f] vgl. auch III 394.399–401 unter Benennung sozialpsychologischer Modelle zur Erklärung von Geschwisterkonflikten).

[79] Hervorzuheben ist hier S. MCKNIGHT, Loyal critic 62; R. E. MENNINGER, Israel and the Church 63–102, der den Glauben an Jesu Messianität zum Ausgangspunkt der Gesetzesfrage macht; vgl. a. U. LUZ, Jesusgeschichte 141, wo er „nach dem theologischen Ursprung dieser Aggressionen" (es geht um Mt 23) fragt und den Ursprung derselben in der Christologie (und damit untrennbar in der Soteriologie) findet.

eingestanden oder nur unterschwellig – eine Interpretation des ersten
Evangeliums, die gegenwärtigen Empfindungen entgegenkommt. Dabei wird
nach meinem Eindruck einerseits die jüdische Prägung sehr betont, insbesondere was die Frage der Tora anbelangt, andererseits das christologische und
damit konfliktbergende Profil des Evangelisten[80] abgemildert. Die Tren-
nungsgeschichte zwischen Judentum und Judenchristentum (als dessen
Vertreter ich Matthäus ansehe)[81] sowie die rasche Rezeption gerade des ersten
Evangeliums in den sich etablierenden mehrheitlich heidenchristlich geprägten christlichen Gemeinden[82], die es gleichsam zur kirchlichen 'Norm'
erhoben, kann so aber historisch kaum mehr nachvollzogen werden. Die frühe
Bezeugung gerade dieses Evangeliums in der patristischen Literatur schon des
2. und frühen 3. Jh.[83], das seiner Herkunft nach weder direkt mit Petrus (wie
das Markus-Evangelium), noch mit Paulus (wie das Lukas-Evangelium über
den Paulusbegleiter Lukas) noch mit einem namhaften Apostel (wie das
Johannes-Evangelium) verbunden werden konnte, ist alles andere als
selbstverständlich. Durch die Vorrangstellung dieses Evangeliums in der alten

---

[80] D. R. A. HARE, How Jewish? 273–275, erhebt mit Nachdruck diesen Vorwurf, indem
er auf die auch im ersten Evangelium deutlich erkennbare Anbetung und gottgleiche
Verehrung Jesu hinweist, auf die erstmals L. HURTADO aufmerksam machte (One God, One
Lord: Early Christian Devotion and Ancient Jewish Monotheism, Minneapolis 1988; DERS.,
Pre-70 CE Jewish Opposition to Christ-Devotion, JThS 50 [1999], 35–58, und jetzt: Lord
Jesus Christ. Devotion to Jesus in Earliest Christianity, Grand Rapids, Mich. 2003 [zu Mt s.
316–340]), vgl. außer der bei Hare genannten Literatur auch MARKUS MÜLLER, Proskynese
und Christologie nach Matthäus, in: Kirche und Volk Gottes, FS J. Roloff, hg. v. M. Karrer
u.a., Neukirchen-Vluyn 2000, 210–224.

[81] Diese (alte) Einsicht ist keine Voraussetzung meiner Arbeit gewesen, sie steht aber als
eindeutiger und klarer Eindruck am Ende.

[82] Vgl. H. FRANKEMÖLLE, Das Matthäusevangelium als heilige Schrift und die heilige
Schrift des früheren Bundes. Von der Zwei-Quellen- zur Drei-Quellen-Theorie, in: The
Synoptic Gospels. Source Criticism and the New Literary Criticism, hg. v. C. Focant, BEThL
110, Leuven 1993, 281–310, auch in: DERS., Jüdische Wurzeln christlicher Theologie.
Studien zum biblischen Kontext neutestamentlicher Texte, BBB 116, Bodenheim 1998,
233–259 (239f).

[83] Vgl. dazu die klassische Studie von E. MASSAUX, Influence de l'Évangile de saint
Matthieu sur la littérature chrétienne avant Saint Irénée, Louvain/Gembloux 1950; neu hg. m.
einem von B. DEHANDSCHUTTER zusammengestellten Supplément Bibliographie 1950–1985
durch F. Neirynck, BEThL 75, Leuven 1986 (inzwischen ist auch eine engl. Übersetzung
erschienen: The Influence of the Gospel of St. Matthew on Christian Literature before Saint
Irenaeus, eingeleitet u. hg. v. A. J. Bellinzoni, New Gospel Studies 5/1–3, Macon, GA u.
Leuven 1990–1993 [Ndr. in einem Bd. 1994]); außerdem: CHRISTINE TREVETT, Approaching
Matthew from the Second Century. The Under-Used Ignatian Correspondence, JSNT 20
(1984), 59–67; W.-D. KÖHLER, Die Rezeption des Matthäusevangeliums in der Zeit vor
Irenäus, WUNT II/27, Tübingen 1987; J. P. MEIER, Matthew and Ignatius. A Response to
William R. Schoedel, in: Social History of the Matthean Community. Cross-Disciplinary
Approaches, hg. v. D. Balch, Minneapolis 1991, 178–186; D. J. BINGHAM, Irenaeus' Use of
Matthew's Gospel in "Adversus haereses", Traditio exegetica Graeca 7, Leuven 1998.

Kirche ist die Frage virulent geblieben, wer seiner Botschaft in Wahrheit gehorsam ist und die darin geforderten Glaubensfrüchte hervorbringt, die in dem bevorstehenden Gericht bestehen lassen. In der frühkirchlichen Auseinandersetzung mit dem Judentum und in der heftig umstrittenen Frage nach der Gültigkeit der mosaischen Tora war das Matthäus-Evangelium gerade für die heidenchristlichen Gemeinden gewiss kein einfacher Gesprächspartner und zudem kein Text, der dem zunehmenden heidenchristlichen, sich auf den Doketismus und Marcionismus zubewegenden Einfluss förderlich war. Dass Matthäus dennoch im Raum des heidenchristlichen (und damit 'gesetzesfreien') Christentums eine solche Wertschätzung besass, zeigt, dass man nicht gewillt war, das jüdische Erbe in einer veränderten Situation preiszugeben.[84]

Es stellt sich dann allerdings die Frage, wie diese Rezeption möglich gewesen sein soll, wenn die Tora für Matthäus – mit inhaltlichen Modifikationen zwar – grundsätzlich in Geltung blieb und auch Grundlage seiner Gemeinde(n) sein sollte, die Sendung Jesu für ihn also – im Hinblick auf die Tora – *keine* heilsgeschichtliche Veränderung mit einer damit verbundenen Neupositionierung der Tora bedeutete. Diese Frage stellt sich insbesondere dann, wenn man die Funktion der Christologie für die Soteriologie sieht.[85] Denn wenn das eschatologische Heil an die Stellung zu Jesus gebunden wird, was für das Matthäus-Evangelium unstrittig ist[86], welche Stellung kommt dann der

---

[84] Dass man auch in der heidenchristlichen Tradition im Matthäus-Evangelium zunächst das Evangelium *für Israel* sah, ergibt sich – unbeschadet des historischen Wertes dieser Überlieferung – aus den altkirchlichen Nachrichten über Matthäus als Verfasser eines Evangeliums für die „Hebräer", vgl. Irenäus, adv. haer. III 1,1: „So hat Matthäus bei den Hebräern in deren Sprache (gepredigt) und außerdem ein Evangelium in schriftlicher Form herausgegeben. Zur selben Zeit predigten Petrus und Paulus in Rom das Evangelium und gründeten die (dortige) Kirche" ([Übers. N. Brox]; vgl. Euseb, hist. eccl. III 24,6: „Matthäus, der zunächst unter den Hebräern gepredigt hatte, schrieb, als er noch zu anderen Völkern gehen wollte, das von ihm verkündete Evangelium in seiner Muttersprache; denn er suchte denen, von welchen er schied, durch die Schrift das zu ersetzen, was sie durch sein Fortgehen verloren" [Übers. Ph. Haeuser/H. A. Gärtner]). D.h. aber zugleich, dass die Rezipienten dieser Überlieferung nicht der Meinung gewesen sein konnten, das Matthäus-Evangelium schließe Israel vom Heil und der Evangeliumsverkündigung aus. In einem interessanten Aufsatz hat unlängst A. D. BAUM im Anschluss an die Papias-Notiz zu Matthäus die Möglichkeit erörtert, dass eine aramäische Vorform des ersten Evangeliums in Art der Targume im Gottesdienst griechischsprechender Gemeinden übersetzt wurde: Ein aramäischer Urmatthäus im kleinasiatischen Gottesdienst. Das Papiaszeugnis zur Entstehung des Matthäusevangeliums, ZNW 92 (2001), 257–272; so auch schon TH. ZAHN, Einleitung II 264.

[85] Dies führt zur Frage nach der Gerechtigkeit und dem Weg, der zu ihr führt, und damit zu dem unter 1.1 gestreiften Horizont.

[86] Das gilt auch dann, wenn man in der mt Soteriologie eine „sekundäre Konditionierung des Heils" sieht (CH. LANDMESSER, Jüngerberufung 141–149), denn diese ist nicht an die Erfüllung der Tora, sondern „an die Erfüllung des Willens Gottes, wie ihn Jesus seinen Jüngern erläutert hat, gebunden" (144). Die Vertreter einer nomistischen Auffassung von Mt 5,17–19 könnten jedoch einwenden, dass die Befolgung der ganzen Tora Teil der „Erfüllung

Tora zu? Ist die frühchristliche Entwicklung mit der Aufgabe großer Teile der Tora, insbesondere was den rituellen (Reinheits- und Speisegebote, Beschneidung) und kultischen Bereich (Sabbat und Festkalender, Tempelkult, Zehnt und Priestertum) anbelangt, als *ein Abweichen von der mt Linie* zu verstehen und also die Jahrhunderte alte jüdische Kritik an der christlichen Praxis in dieser Hinsicht gerechtfertigt?

Die Wirkungsgeschichte von 5,17–19 in der Auseinandersetzung um die angemessene Haltung zur Tora in der jüdisch-christlichen Kontroversliteratur belegt eindrucksvoll, wie gerade von jüdischer Seite aus in diesen Versen ein entscheidendes Argument gegen die Haltung des Christentums zur Tora gefunden wurde. Denn, so lautet der immer neu wiederholte Vorwurf, solange die Nachfolger Jesu nicht beachten, was dieser selbst lehrte, nämlich die Unvergänglichkeit und Verbindlichkeit der Tora in allen ihren Bestandteilen, können sie auch nicht erwarten, dass das Volk Israel in irgendeiner Weise sich von dieser Botschaft beeindrucken lässt. Befriedigende Antworten auf die jüdischen Anfragen sind dabei selten gefunden wurden, trotz des immensen exegetischen Fleißes und Scharfsinns, der für die Auslegung dieser wenigen Verse bisher aufgewandt wurde.[87]

3. Methodischer Ausgangspunkt und Aufbau der Arbeit

Eingedenk der dargestellten Problemanzeige hat die vorliegende Arbeit es sich zur Aufgabe gestellt, einen Beitrag zur Klärung der Frage nach dem matthäischen Tora- und Gerechtigkeitsverständnis zu leisten, wie es in Mt 5,13–20 formuliert ist. In ihm wird in einzigartiger Prägnanz das Verhältnis zwischen 'christlicher' und 'jüdischer' Gemeinde (bzw. um die in dieser Formulierung sich verbergenden Anachronismen zu vermeiden: das des Matthäus und seiner intendierten Leserschaft zu ihrer jüdischen Mitwelt) zur 'alttestamentlichen' (auch hier bin ich mir des Anachronismus bewusst) Überlieferung in Gestalt von Tora und Propheten und der daraus resultierenden Gerechtigkeit programmatisch thematisiert.

Der Schlußvers 5,20 (sowie die Fortsetzung 5,21ff) dieses kontroversen Abschnittes verdeutlicht, dass für den Evangelisten das *jesuanische Gesetzesverständnis* mit dem *schriftgelehrten pharisäischen Gerechtigkeitsverständnis* in einem Spannungsverhältnis steht, indem die im Rahmen des letzteren mögliche Gerechtigkeit als nicht ausreichend für den Eintritt in die – nun gegenwärtige – Königsherrschaft Gottes beurteilt wird. Der Evangelist lässt

---

des Willens Gottes" ist, wie ihn Jesus seine Jünger lehrte, d.h. der Tora verbliebe damit zumindest eine sekundäre soteriologische Funktion.

[87] Vgl. dazu meine Studie: Im Streit um die Bergpredigt. Jüdische Einwände gegen Jesus und seine »christliche« Interpretation, die im Zuge dieser Arbeit entstand, aber gesondert in den Biblisch-Theologischen Studien (Neukirchen-Vluyn) veröffentlicht werden soll (2005). In ihr geht es primär um die Rezeption von Mt 5,17 in der jüdisch-polemischen, d.h. in Auseinandersetzung mit dem Christentum geschriebenen Literatur.

mit den Versen 5,17–20 Jesus selbst seine Stellung zur Zentralfrage des Judentums – zur Zeit Jesu nicht weniger als zur Zeit des Evangelisten – formulieren, aber nicht, wie sonst üblich in Gestalt eines Streitgespräches mit den Pharisäern und/oder Schriftgelehrten[88], sondern in einer Unterweisung an seine eigenen Jünger.

3.1 Ein Beitrag zur Theologie des Matthäus-Evangeliums und seines Autors

Methodischer Ausgangspunkt ist die Endgestalt des Evangeliums. Damit ist impliziert, dass die Anworten anhand des literarischen Werkes gesucht werden, das der Evangelist hinterlassen hat. Dabei ist die Überzeugung leitend, dass der Gesamttext des Evangeliums eine stimmige, kohärente Einheit darstellt, deren Teile sich gegenseitig interpretieren, so dass jede Einzelstelle in erster Linie vom Kontext des Gesamtwerkes her zu interpretieren ist.[89]

Das vorliegende Evangelienbuch ist entsprechend als *Zeugnis des Evangelisten über die Botschaft und Wirksamkeit Jesu* verstanden, d.h. 'Matthäus' bezeugt, wie in seiner Perspektive das Reden und Handeln Jesu summarisch darstellbar ist. Dass er damit einer konkreten Gemeinde ein wegweisendes, normatives Bild von Jesus vor Augen stellen wollte, dürfte ebenso außer Frage stehen wie die grundsätzliche Annahme, dass der Evangelist mit dieser Gemeinde in einem engen persönlichen Zusammenhang stand, ohne dass damit ausgeschlossen ist, dass er die vielfältige Gestalt christlichen Lebens im letzten Drittel des 1. Jh. kannte und im Blick hatte.[90] Seine innergemeindliche

---

[88] 9,3–6.11–13; 12,2–8.10–13.24–30.38–42; 15, 1–11; 16,1–4 (Pharisäer und Sadduzäer); 19,3–9; 21,23–45 (die Hohenpriester u. pharisäischen Schriftgelehrten); 22,16–22.34–46; vgl. a. 9,14–17; 11,2–6 (Gespräche mit den Täuferjüngern); 13,54–58 (Jesus in der Synagoge von Nazaret); 22,23–32 (Sadduzäerfrage); 26,63–66 (Verhör vor dem Synedrium).

[89] Zur Diskussion um die von HANS-DIETER BETZ ausgelöste Kontroverse um die Stellung der Bergpredigt im Kontext des Matthäus-Evangeliums s.u. 3.2.

[90] Vgl. G. THEISSEN, Evangelienschreibung und Gemeindeleitung. Pragmatische Motive bei der Abfassung des Markusevangeliums, in: Antikes Judentum und Frühes Christentum, FS H. Stegemann, hg. v. B. Kollmann u.a., BZNW 97, Berlin u. New York 1999, 389–414: „Die Evangelisten schreiben weder als Sammler und Tradenten noch als freigestaltende Theologen, sondern als Leiter ihrer Gemeinden." (390). In fünf Punkten fasst er zusammen, was s.E. die Funktion der Evangelien für die ursprünglich angesprochenen Gemeinden darstellt: Sie bringen (1.) „den Konsens" innerhalb der Gemeinde zum Ausdruck, geben (2.) „Orientierung in ihrer Umwelt", wozu (3.) insbesondere „die Abgrenzung gegenüber der Herkunftsreligion" gehört. Sie dienen weiter (4.) der „innergemeindlichen Konfliktregelung" und damit dem Zusammenhalt der Gruppe und gestalten schließlich (5.) die „Autoritätsstruktur", innerhalb der die Gemeinde geleitet wird (390–392). Die hinter den Evangelien stehenden Verfasser leiten durch das Evangelium die Gemeinden, indem sie einen umfassenden Sinn- und Deutehorizont des Lebens Jesu mit der eigenen Gemeindegegenwart verbanden. Dieses auf eine konkrete Gemeinde hin konzipierte und in seiner Pragmatik zumindest für für das erste und vierte Evangelium überzeugende Modell ist jedoch dahingehend zu erweitern, dass

Stellung wird in der Forschung kontrovers beurteilt[91], ebenso die Situation seiner Gemeinde (s.o. 2.). Desgleichen ist umstritten, inwieweit der Evangelist authentische Jesustraditionen besaß bzw. in seinen Quellen vorfand, und inwieweit er auf Überlieferungen seiner Gemeinde fußte.[92] Damit zusammen hängt die Art und Weise seines Umganges mit der ihm vorliegenden Tradition.[93] Hinweise auf die Beantwortung dieser Fragen stehen bei dieser Arbeit nicht im Vordergrund, auch steht (bzw. stand) am Anfang kein festes Bild von Matthäus und der in seinem Evangelium vorausgesetzten Situation, mit Ausnahme der genannten allgemeinen Erwägung, wonach der Evangelist eine in sich stimmige Jesusdarstellung für die ihm verbundene(n) Gemeinde(n) schaffen wollte, die für deren Verhalten normative Geltung haben sollte.

Damit unterscheidet sich diese Arbeit methodisch von den redaktionsgeschichtlichen Untersuchungen, die seit der Bahn brechenden Arbeit von Günther Bornkamm am Matthäus-Evangelium im Jahr 1960 über lange Zeit hinweg die Matthäus-Exegese dominierten.[94] Dabei lag der Schwerpunkt auf

---

die Evangelisten darüber hinaus auch eine übergemeindliche, bleibend-universale Relevanz im Auge hatten, s.u. Anm. 241.

[91] Umstritten ist vor allem, ob seine Stellung angemessener als „Redaktor" (so G. STRECKER, Bergpredigt 12 und die ganzen redaktionsgeschichtlich orientierten Arbeiten) oder als „Autor" zu beschreiben ist (so M. HENGEL, Bergpredigt 239–243 [= 347–351]). Über seine Stellung in der Gemeinde reichen die Meinungen von einer eher abhängigen Stellung, bei der die theologische Hauptarbeit des Evangeliums „christlichen Schriftgelehrten" zugewiesen wird, zu denen Matthäus selbst aber nicht gehörte, sondern nur zu deren Gemeinde (so U. LUZ, Mt I$^{1-4}$ 60f.76/I^5 83f.105) bis hin zu einer dominierenden, markanten Lehrerpersönlichkeit (so u.a. HENGEL, ebd. 238.243 [= 346.351] u.ö., s.a. 234 [= 343] Anm. 28 die Charakterisierung als „christliches Schulhaupt").

[92] Vgl. dazu den Überblick bei W. CARTER, Some Contemporary Scholarship on the Sermon of the Mount, Currents in Research. Biblical Studies 4 (1996), 183–215 (184–192).

[93] Vgl. die Beschreibung durch M. HENGEL, Bergpredigt 239–241 (= 347–349) u. G. N. STANTON, Matthew as Creative Interpreter of the Sayings of Jesus, in: Das Evangelium und die Evangelien, hg. v. P. Stuhlmacher, WUNT I/28, Tübingen 1983, 273–287, jetzt in: DERS., A Gospel for a New People (s.o. Anm. 71), 326–345. Er sieht in ihm, ähnlich wie Hengel, „a conservative though creative redactor" (344); ausführlich zu dieser Frage auch K. SYREENI, Making 81–87. Er selbst beschreibt Matthäus als „creative transmitter" (84). Zur Frage nach dem Verhältnis der Bergpredigt zum historischen Jesus s. W. CARTER, Contemporary Scholarship 193–197; U. LUZ, Jesusgeschichte 159–163 („Matthäus und Jesus"). Grundsätzlich zu den Fragen des Überlieferungsprozesses und den Möglichkeiten, authentische Informationen zu erhalten s. S. BYRSKOG, Story as History – History as Story, WUNT I/123, Tübingen 2000 (zum Matthäus-Evangelium s. besonders 249–251.293–297).

[94] Vgl. den bereits erwähnten Sammelband (s.o. Anm. 63) von G. BORNKAMM und seinen beiden Doktoranden G. BARTH (Das Gesetzesverständnis des Evangelisten Matthäus) und H. J. HELD (Überlieferung und Auslegung im Matthäusevangelium [ebd. 155–287]). In der Folgezeit entstand eine Reihe vergleichbarer Arbeiten, die teilweise das redaktionsgeschichtliche 'Programm' im Untertitel jeweils ausdrücklich nennen. In chronologischer Folge erschienen (nur die wichtigsten sind genannt): W. TRILLING, Das wahre Israel (Erstauflage 1959); G. STRECKER, Weg, mit dem Untertitel: „Untersuchungen zur Theologie des Matthäus" (1962); R. HUMMEL, Die Auseinandersetzung zwischen Kirche und Judentum im

der für die jeweiligen Evangelisten charakteristischen *Unterscheidung* zwischen Tradition und Redaktion, da es – so formuliert Bornkamm in der Einleitung des in Anm. 63 genannten Sammelbandes – „zu den gesicherten Ergebnissen der Synoptiker-Forschung (gehört), daß die ersten drei Evangelisten in erster Linie Sammler und Redaktoren überkommener Traditionen sind"[95]. Diese Forschungsrichtung steht jedoch in der Gefahr, sich zu sehr auf die jeweiligen Besonderheiten eines Evangeliums bzw. seines Autors zu konzentrieren, um 'seine' Theologie zu erheben. Texte, die damit nicht in Einklang zu bringen waren, wurden dagegen auf seine Quellen zurückgeführt, die er zwar tradierte, aber deren theologische Position er nicht notwendig auch teilen musste.[96] Damit wurde ein Weg beschritten, auf dem angeblich Unvereinbares einfach nebeneinander stehen bleiben konnte, indem eine diachrone oder geographische Differenzierung der einzelnen Traditionen als ausreichende Erklärung angesehen wurde. Demgegenüber wird in der neueren Forschung zu Recht die Forderung erhoben, dass die Endgestalt des Textes eine in sich sinnvolle, kohärente und logische Darstellung sein will, die es zunächst einmal zu verstehen gilt, ehe daran dann gegebenenfalls Kritik geübt werden kann. Das bedeutet nicht, dass die redaktionsgeschichtliche Fragestellung abgelehnt würde, sondern dass ihre Ergebnisse als ergänzungsbedürftig angesehen werden, indem das Profil des Evangelisten sich nicht nur aus dem erkennen lässt, was er an seinen Vorlagen ändert, sondern auch in dem, wie er überlieferte Texte in seinen eigenen Entwurf einbindet und diese sozusagen 'stehen' lässt.[97]

Matthäusevangelium, BevTh 33, München 1963 (²1966); diese Arbeit stellt einen wichtigen Vorläufer für den oben unter 2. beschriebenen „wachsenden Konsens" dar, indem sie als Ergebnis festhielt, dass die „Kirche des Matthäus" zwar „ein stark geprägtes Eigenleben besitzt, aber doch noch dem jüdischen Synagogenverband angehört" (159); den Gegenentwurf dazu bildet R. WALKER, Die Heilsgeschichte im ersten Evangelium, FRLANT 91, Göttingen 1967, nach dem für Matthäus Israel bzw. die jüdische Gemeinschaft nur noch ein „zurückliegendes Phänomen der Heilsgeschichte" darstellt; H. FRANKEMÖLLE, Jahwebund und Kirche Christi. Studien zur Form- und Traditionsgeschichte des „Evangeliums" nach Matthäus, NTA 10, Münster 1974, verbindet redaktions- und formgeschichtliche Fragestellungen; A. SAND, Das Gesetz und die Propheten. Untersuchungen zur Theologie des Evangeliums nach Matthäus, BU 11, Regensburg 1974; J. P. MEIER, Law (s.o. Anm 63); H. GIESEN, Christliches Handeln. Eine redaktionskritische Untersuchung zum δικαιοσύνη-Begriff im Matthäus-Evangelium, EHS.T XXIII/181, Bern u.a. 1982. Eine Zusammenfassung und Wertung der redaktionsgeschichtlichen Arbeiten zum ersten Evangelium findet sich bei J. ROHDE, Die redaktionsgeschichtliche Methode. Einführung und Sichtung des Forschungsstandes, Hamburg 1966, 44–97.

[95] G. BORNKAMM, Einleitung 11.

[96] Vgl. als Beispiel G. STRECKER, Weg 32.34f.145f u.ö.; W. TRILLING, Das wahre Israel 215. Instruktiv ist in diesem Zusammenhang vor allem der Umgang mit Mt 5,18f (s. dort).

[97] So jetzt auch mit Nachdruck P. FOSTER in seinen Bemerkungen zur Redaktionskritik: „In other words, the very fact that an evangelist has incorporated source material without

3.2 Aufbau und Gliederung

Es hat sich im Laufe der Arbeit gezeigt, dass der anfängliche Verzicht auf eine primär historische Rekonstruktion sowohl der Textgenese wie der historischen Einleitungsfragen den Blick frei ließ für den Text und die in ihm enthaltene Theologie, die zuerst einmal für sich und aus sich selbst heraus zu verstehen gesucht wurde. Im Zentrum steht also die *Theologie* des ersten Evangeliums, und erst in zweiter Linie das Bemühen, diese auch in ihrer Genese zu verstehen. Das wirkt sich auch in dem gewiss ungewöhnlichen Aufbau dieser Arbeit aus, indem der Teil, den man als traditionsgeschichtliche Herleitung meiner Grundthese beschreiben könnte, ans Ende gestellt wird (§§ 12+13). Der Grund dafür ist, dass sich Mt 5,17 als Schlüsselvers für das Verständnis des ersten Evangeliums herausstellte, der mit seinem Verweis auf „Gesetz und Propheten" die Frage evoziert, woraufhin Matthäus seine Gewissheit stützen konnte, dass diese durch Jesus „erfüllt" worden seien. Indem der mt Ausgangstext m.E. als Ergebnis eine dreipolige Zuordnung von Tora, Messias und Gerechtigkeit vornimmt, richtet er den Blick des Lesers auf diese drei Themen und ihre interne Relationalität in den aufgerufenen Ko-Texten[98] von „Gesetz und Propheten". In § 13 wird darum der Versuch unternommen, aus der durch das Evangelium gewonnenen Perspektive diese Ko-Texte zu lesen, um so die Behauptung zu verstehen zu suchen, die Matthäus durch den Gebrauch der Erfüllungsterminologie aufstellt.

Der zweite Teil dieser Einleitung (§ 2 „Der literarische Charakter des Evangeliums und die Predigt des Evangeliums") dient der Begründung des weiteren Vorgehens, indem aus den neuen literaturwissenschaftlichen und rezeptionsästhetischen Methoden Einsichten für das »Lesen« und damit inhaltliche Nachvollziehen des Evangeliums gewonnen werden, wobei zugleich auf problematische Implikationen dieser Methoden hingewiesen wird. Darauf folgt der eigentliche exegetische Hauptteil, eine detaillierte Untersuchung von Mt 5,13–20 im Kontext des Evangeliums (§§ 3–11), woraufhin sich, wie oben erklärt, die Frage nach den zugrunde liegenden theologischen Wurzeln anschließt (§§ 12+13). Mit der Darstellung des Ergebnisses schließt sich der Kreis, indem noch einmal die systematisch-theologischen Fragestellungen der Einleitung berührt werden.

---

modification is plausibly an indication that he found the theological outlook of his predecessor's work congenial, and agreed with the views it expressed" (Community 8).

[98] Zur Unterscheidung von Kontext („der gesamte geistige Raum, in dem eine Äußerung steht, unter Einbeziehung seiner Geschichte" [H.-J. KLAUCK]) und Ko-Text (eine von einem Text selbst benannte sprachliche Einheit außerhalb seiner selbst) vgl. G. SEELIG, Religionsgeschichtliche Methode in Vergangenheit und Gegenwart. Studien zur Geschichte und Methode des religionsgeschichtlichen Vergleichs in der neutestamentlichen Wissenschaft (Arbeiten zur Bibel und ihrer Geschichte 7), Leipzig 2001, 280f.

3.3 Die Bergpredigt im Matthäus-Evangelium: Zur These von Hans Dieter Betz

Der exegetische Ausgangspunkt, dass *Mt 5,13–20 als prägender Bestandteil des Matthäus-Evangeliums* im Rahmen des Gesamttextes zu verstehen und zu interpretieren ist, bedarf seit den Arbeiten von Hans Dieter Betz einer zusätzlichen Begründung. Denn unter Aufnahme älterer Überlegungen zur Literarkritik und Redaktionsgeschichte setzt er sich mit Nachdruck dafür ein, die Bergpredigt (und entsprechend auch die Feldrede) zunächst und vorrangig als einen *eigenständigen* Text zu verstehen. Betz sieht in der mt Bergpredigt ein vollständig und unverändert von Matthäus in sein Evangelium übernommenes Dokument, das sich vom übrigen Evangelium in seiner Theologie deutlich unterscheidet und seinen Ursprung im Bereich der judenchristlichen Gemeinde Jerusalems um die Mitte des 1. Jh.s n.Chr. hatte.[99] Darum darf nach Betz die Bergpredigt auch nicht primär im Rahmen des Matthäus-Evangeliums interpretiert werden, da sie gewissermaßen einen Fremdkörper darstellt und von Matthäus in seinem Evangelium in einer Weise ausgelegt wurde, die sie dem theologischen Profil des ersten Evangelisten anpasste.[100] Erst mit der Integration ins Matthäus-Evangelium wurde die Bergpredigt zu einem 'christlichen' Text, während sie als eigenständiges Dokument „a consistent Jewish-Christian theology of a period earlier than Matthew" (ebd.) enthielt, die innerhalb der Grenzen des Judentums blieb.

„The doctrine of salvation propagated by the SM is Jewish, and there are no specificially Christian means for salvation" (Sermon 61), woraus sich als Konsequenz ergibt, dass zwar die Gemeinde der Bergpredigt die Tora hielt, dies von der mt Gemeinde aber nicht gesagt werden kann (ebd. 556). Wenn die Bergpredigt keine »christliche« Soteriologie kennt (und braucht), dann entsprechend dazu auch keine Christologie.[101]

---

[99] Vgl. Sermon 88.

[100] Vgl. Sermon 44: „Matthew assigned the SM to the important place of Jesus' first programmatic speech in the Gospel, but by the same token Matthew also relativized the SM. Taken as a whole, the Gospel of Matthew is a reinterpretation, revision, and correction of earlier sources, among them the SM." Vgl. ferner DERS., The Sermon on the Mount in Matthew's Interpretation, in: The Future of Early Christianity, FS H. Köster, hg. v. B. A. Pearson u.a., Minneapolis 1991, 258–275, jetzt in: DERS., Synoptische Studien. Gesammelte Aufsätze II, Tübingen 1992, 270–289.

[101] H. D. BETZ, The Problem of Christology in the Sermon on the Mount, in: Text and Logos: The Humanistic Interpretation of the New Testament, FS H. W. Boers, hg. v. Th. W. Jennings, Jr., Atlanta, Ga. 1990, jetzt in: DERS., Synoptische Studien (s.o. Anm. 100), 230–248. Zur Soteriologie vgl. ebd. 246 Anm. 68: Die Bergpredigt enthält „what is regarded as essential for the disciples to know", und dazu gehört keine Christologie, denn „Jewish theology with its soteriology is fully sufficient". Betz stellt angesichts dieser Aussage mit Recht die Frage, wie es dann zu einer Trennung der Wege zwischen Juden und Christen kommen konnte, denn „according to the SM there is indeed no reason for a split". Aber er vermag darauf keine befriedigende Antwort zu geben.

Die *Begründungen*, die er in dem genannten Aufsatz (die Seitenzahlen im Folgenden beziehen sich darauf) für das Fehlen der Christologie in der Bergpredigt gibt, sind allerdings nicht überzeugend. Das von Betz genannte Fehlen von Hinweisen auf Kreuzigung und Auferstehung (232) ist ja nur da ein Problem, wo man den Text von vornherein als selbständige Einheit sieht[102], im Rahmen des Evangeliums dagegen lässt sich dieses Argument nicht aufstellen, denn das gilt auch für die Reden in Kap. 10; 13 und 18. In ἕνεκεν ἐμοῦ in 5,11 sieht Betz darum auch nur das Vorurteil derer, die die Jünger wegen Jesus verfolgen, „not a christological affirmation" (233), aber da stellt sich die Frage, weshalb die Jünger wegen Jesus überhaupt verfolgt wurden. 5,17–20 würde – wenn darin ein Erfüllungsgeschehen gesehen werden dürfte – „indeed imply a christology of messianic authority" (ebd.), aber nach Betz ist dies eine apologetische Behauptung der Bergpredigt-Verfasser, deren Ziel es war „to prove that Jesus' interpretation was »orthodox« in Jewish terms" (234). Dass bereits 5,13–16 einen unerhörten Anspruch erhebt, der den Verdacht, der hinter 5,17 erkennbar wird, evoziert, sieht Betz nicht. Symptomatisch ist auch seine Behandlung von 7,21–23, wo er eine generelle Ablehnung der Kyrios-Christologie findet: „In conclusion, the SM not only lacks any christological affirmations, but even rejects those Christians who profess to have a *kyrios*-christology. In fact, there is no room for a christology in the SM" (237, vgl. 246). Die Bergpredigt ist darum nichts anderes als eine Summe der „authentic interpretation of the Torah" durch Jesus (ebd.). Wer nach dieser Toraauslegung (und d.h. nach Betz, nach dem ganzen Gesetz einschließlich der Beschneidung) lebt, dem ist das eschatologische Heil gewiss. Aber damit unterschlägt er, dass die Bergpredigt nicht nur eine Tora-Interpretation darstellt, sondern Bezug nimmt auf Gesetz *und* Propheten. Eine innerjüdische Gruppierung, wie Betz sie als hinter der Bergpredigt stehend schildert (vgl. 246f), ist m.E. völlig undenkbar. Nicht nur für das Jahr 50 in Jerusalem, wo er die Entstehung der Bergpredigt ansetzt, sondern von Anfang an. Denn niemand, der sich auf Jesus berief und dafür Verfolgungen in Kauf nahm, hat diesen nur als „the non-christological teacher of the Torah" verstanden (247).

Als unabhängiges Dokument diente die Bergpredigt (wie auch die Feldrede) nach Betz katechetischen Zwecken. Er rechnet sie zur Gattung der Epitome[103], die er deutlich von der der Rede abgrenzt.[104] Dass diese These auf

---

[102] Diese problematische Argumentation zeigt sich auch in Betz' Aufsatz: Eschatology in the Sermon on the Mount and the Sermon on the Plain, in: Society of Biblical Literature Seminar Papers 1985, Atlanta 1985, 343–350, jetzt in: Ders., Synoptische Studien (s.o. Anm. 100), 219–229: Zuerst wird ein Text isoliert und dann gefragt, warum er bestimmte Themen nicht enthält (obwohl beispielsweise Mt 5,18 durchaus eine apokalyptische Sprache spricht, vgl. ebd. 222), die im weiteren Kontext jedoch vorhanden sind. Als Antwort wird dann eine theologiegeschichtliche Entwicklung konstruiert (s. 229). Fraglich erscheint mir auch im Hinblick auf die behauptete fehlende Christologie, die Aussage von Betz: „Neither SM or SP is interested in apocalypticism, although they share the eschatological expectations to the degree that these expectations have been modified to express special Christian concerns" (229). Ist es vorstellbar, dass in einem Text, der katechetischen Zwecken dient, zwar die apokalyptischen Aussagen den „special Christian concerns" angepasst werden, gleichzeitig aber auf eine Christologie verzichtet wird?

[103] Sermon 44, vgl. 71–80, so auch schon in seinem Aufsatz: Die Bergpredigt: Ihre literarische Gattung und Funktion, in: Ders., Studien zur Bergpredigt, Tübingen 1985, 1–16 (urspr.: The Sermon on the Mount: Its Literary Genre and Function, JR 59 [1979], 285–297). Seine Definition lautet: „Ihrer literarischen Gattung nach ist die Bergpredigt eine Epitome, in

Kritik stieß, ist nicht verwunderlich[105], sie wird, so weit ich sehe, auch in keinem neuen Kommentar übernommen. Eine Hauptschwierigkeit ist, darauf hat bereits Graham Stanton hingewiesen, dass das sprachliche Profil der Bergpredigt keine Unterschiede zum übrigen Evangelium aufweist, es mit diesem vielmehr durch eine Vielzahl von Wendungen und Termini verbunden ist.[106] Betz geht darauf mit keinem Wort ein. Darüber hinaus ist auch sein Überlieferungsmodell für die Bergpredigt derart undeutlich, dass man – wenn man damit einem solchen intensiven Umgang mit der Bergpredigt und der sie betreffenden Literatur nicht bitterstes Unrecht täte – versucht ist zu glauben, dass Betz sich über die historischen Abläufe selbst kein eindeutiges Bild gemacht hat, sondern es bei eher vagen Andeutungen belässt. Das Folgende ist darum ein Versuch, ihn zu verstehen.

Ausgangspunkt ist für Betz die Q-Überlieferung[107]: Da Bergpredigt bzw. Feldrede einen ähnlichen Rahmen aufweisen (vgl. Mt 4,24–5,2 par. Lk

der die Theologie Jesu in systematischer Weise zusammengefaßt ist. Diese Epitome stellt eine Komposition dar, sorgfältig aus Sprüchen Jesu, zusammengestellt, die nach thematischen Lehrgegenständen von ausschlaggebender Bedeutung gruppiert sind. Die Funktion ist dementsprechend die, daß die Epitome den Jesusjünger mit den theologischen Hilfsmitteln versieht, die derjenige benötigt, der sich anschickt, ein Jesustheologe zu werden. (…) Um es pointiert zu sagen: Die Bergpredigt ist nicht bloß »Gesetz«, dem einfach Gehorsam zu erweisen ist, sondern Theologie im engeren Sinne, die intellektuell angeeignet und innerlich verarbeitet werden soll, um sie dann schöpferisch weiterzuentwickeln und in den konkreten Lebenslagen anzuwenden" (15). Mit der Kritik an diesem Ansatz setzt er sich in: Sermon 73–76, auseinander.

[104] Vgl. Sermon 71: Seit Augustins Auslegung wird von der Bergpredigt als einer Rede gesprochen. „This classification is, however, not satisfactory. *Sermo* is too broad a category, and it takes its clues from the SM in the Gospel of Matthew, which is secondary. Matthew makes the SM the first of the great »speeches« set into the framework of his narrative." Betz weist darauf hin, dass Matthäus die Bergpredigt als οἱ λόγοι bzw. als διδαχή bezeichnet.

[105] Vgl. u.a. W. CARTER, Contemporary Scholarship 189–191; CH. E. CHARLSTON, Betz on the Sermon on the Mount – A Critique, CBQ 50 (1988), 47–57; G. N. STANTON, The Origin and Purpose of Matthew's Sermon of the Mount, in: Tradition and Interpretation in the New Testament, FS E. E. Ellis, hg. v. G. F. Hawthorne u. O. Betz, Grand Rapids, MI u. Tübingen 1987, 181–192, jetzt in: DERS., A Gospel for a New People (s.o. Anm. 71) 307–325; K. SNODGRASS, A Response to H. D. Betz on the Sermon on the Mount, BR 36 (1991), 88–94; P. HOFFMANN, Betz and Q, ZNW 88 (1997), 197–210, U. LUZ, Mt I⁵ 258, vgl. a. die Rezensionen von D. C. ALLISON, JBL 117 (1998), 136–138; I. BROER, ThLZ 125 (2000), 1152–1155.

[106] Vgl. Origin 185f. Gegen die von Betz behauptete Minimal-Christologie der Bergpredigt, verweist STANTON (187f) mit Recht auf 5,11 (ἕνεκεν ἐμοῦ), 5,17 (Jesus als Erfüller der Tora) und 7,21–23 (Jesus als eschatologischer Richter). Alle diese Stellen bezeugen das „christologische Präferenzkriterium", wie es im ganzen Matthäus-Evangelium vorliegt (vgl. CH. LANDMESSER, Jüngerberufung 150).

[107] Vgl. dazu auch H. D. BETZ, The Sermon on the Mount and Q: Some Aspects of the Problem, in: Gospel Origins and Christian Beginnings, FS J. M. Robinson, hg. v. J. E. Goehring u.a., Sonoma, Calif. 1990, 19–34, jetzt in: DERS., Synoptische Studien (s.o. Anm. 100), 249–269.

6,17–20a bzw. Mt 8,5–13 par. Lk 7,1–10), ist es s.E. sicher, dass auch Q dazwischen eine Art Rede oder 'Predigt' hatte („In some form, therefore, Q must have contained a sermon" [Sermon 43]).[108] Diese 'Ur-Rede' wurde dann in zwei Richtungen weitergeformt, indem das gemeinsame Material zur Grundlage von zwei katechetischen Einheiten wurde, die zwar *demselben Zweck* (Unterweisung von solchen, die durch die Missionspredigt gewonnen wurden), aber zwei *grundverschiedenen* Adressatenkreisen galten: Während die mt Bergpredigt jüdische Konvertiten belehren sollte, richtete sich die lk Feldrede an neugewonnene Gläubige aus der griechisch-paganen Welt:

„My hypothesis is, therefore, that the two *epitomai* of the SM and the SP were created by the early Jesus movement, one (the SM) to instruct converts from Judaism, the other (the SP) to instruct those coming from a Greek background. The hypothesis can indeed explain the peculiar parallels and differences that exist between the SM and the SP. On the one hand, using the fundamental teachings of Jesus, the SM argues throughout for these teachings in terms of Jewish theology. On the other hand, the SP uses the same fundamental teachings and argues for them in terms of Greek ideas. While exposition of Torah and worship are found on the one side, Greek maxims, proverbs, imagery, and ideas are found on the other."[109]

Das Ergebnis ist jeweils ein in sich geschlossenes kompositorisches Ganzes[110], gestaltet von „presynoptic authors/redactors" (Sermon 44). Wohl das überraschendste Ergebnis bei Betz ist, dass er *beide Reden auf eine einzige Autoren-Gruppe zurückführt*:

„Both Sermons come from the same origin, presuppose the same authors originally, and had as their common purpose from the beginning to serve as teaching material for different constituencies of disciples."[111]

Bergpredigt und Feldrede bilden damit zwei selbständige Texteinheiten auf einer gemeinsamen Grundlage. Die beiden unterschiedlichen Bearbeitungen fanden auf dem Weg über zwei verschiedene Q-Sammlungen (= Q^{Mt} bzw. Q^{Lk}) jeweils *unverändert* ihren Weg in das betreffende Evangelium.

---

108 Vgl. The Sermon on the Mount and Q 266f, wo diese Rede als „Q Sermon" bezeichnet wird.

109 Sermon 88.

110 Vgl. Sermon 43: „… the SM and the SP represent two substantially different elaborations of in part the same materials (…) As elaborations, the SM as well as the SP have an *indedependent integrity of their own*, compositionally, functionally, and theologically" (Hhg. R.D.). Vgl. dazu auch BETZ' Aufsatz: The Sermon on the Mount in Matthew's Interpretation (s.o. Anm. 100).

111 Sermon 86f. Er verweist dazu auf die Aufteilung der Missionsaufgabe zwischen Petrus und Paulus bzw. zwischen Mission unter Juden und unter Heiden (Gal 2,1–10). Das in 1Kor 9,19–23 geschilderte Prinzip („den Juden ein Jude…") ist in den beiden Fassungen der 'Ur-Rede' gleichsam literarisch fassbar.

„I assume that the Gospels of Matthew and Luke incorporated separate versions of Q, which, even before their incorporation, had undergone a process during which they had also been subjected to modifications (Q^{Matt} and Q^{Luke}). That Q^{Matt} and Q^{Luke} share a great deal of material and roughly the same order means that at some earlier stage they must have come from a common source (Q). This hypothesis would explain why Q^{Matt} included the SM, while Q^{Luke} included the SP. Assuming this hypothesis, one can conclude that, prior to their incorporation, the SM and the SP existed in written form as independent textual units. In other words, the SM and the SP existed first as separate compositional units before they were incorporated into Q^{Matt} and Q^{Luke}. For their material they drew on the same pool of sayings of Jesus that Q drew on, so that in some instances a double representation of sayings resulted in Q^{Matt} and Q^{Luke} on the one hand, and in the SM and the SP on the other hand."[112]

Nicht völlig eindeutig scheint mir bei Betz die Frage des Verhältnisses der beiden Reden zu Q zu sein. Stand am Anfang eine Ur-Q-Fassung, die eine frühe Form der Rede enthielt (von mir als 'Ur-Rede' bezeichnet), aus deren Material in der beschriebenen Weise von derselben Trägergruppe zwei verschiedene katechetische *Epitomai* ausgearbeitet wurden?[113] Für den Fortgang der Entwicklung müsste man dann aber zusätzlich annehmen, dass auch 'Ur-Q' in irgendeiner Weise weiter tradiert wurde. D.h., um die Mitte des 1. Jh.s gab es nach Betz in Jerusalem drei Dokumente mehr oder weniger nebeneinander: 'Ur-Q' mit einer Rohform der Rede, Bergpredigt und Feldrede, die beide Stoffe aus 'Ur-Q' übernahmen, aber diese ergänzten und für die eigenen Zwecke umgestalteten. Weiter muss man annehmen, dass die

---

[112] Sermon 8, vgl. DERS. The Sermon on the Mount and Q 269: „All things considered, the evidence of the SM and the SP as well as the results of modern scholarship on Q favor the solution that the evangelists Matthew and Luke obtained their respective »sermons« from the version of Q available to them, $Q^{Matt.}$ and Q^{Luke} respectively."

[113] Vgl. einerseits Sermon 43, wonach in Q eine Rede gestanden haben muss (s.o. Anm. 108), und andererseits Sermon 44: „Rather than alterations of an already existing text, the SM and the SP constitute independent elaborations of a common stock of material." Es gibt demnach zwar eine Rede in Q, aber sie dient nicht als Vorlage, sondern nur als Materialgeber. Gleichwohl werden später die daraus entstandenen Reden (Bergpredigt bzw. Feldpredigt) wieder an die Stelle in Q eingefügt, wo ursprünglich die 'Ur-Rede' gestanden hat, die allerdings nicht als Vorlage gedient haben darf, obwohl man annehmen muss, dass die späteren Q^{Mt}- bzw. Q^{Lk}-Redakteure die Verwandtschaft zwischen der ursprünglichen Rede und ihren Neuformulierungen erkannten und sie darum durch dieselben ersetzten. Sie wurden also, wenn ich Betz richtig verstehe, an der Stelle unverändert wieder eingefügt, an der einst die 'Ur-Rede' stand, die zu ihrer Entstehung zumindest eine Grundlage lieferte.

Vgl. a. ebd. 559f über die Herkunft von Mt 7,24–27 par. Lk 6,47–49: ob die Vorlage dazu aus "original" Q stammt, sei nicht mehr zu beantworten „since whatever version the "original" Q/Sermon had the SM and the SP have reworked in completely different ways. At any rate, the two expanded versions that became part of Q/Matt and Q/Luke then contained the different forms of the double parable. The SM and the the SP must have taken over their versions of the parable either from the earlier version of Q or from the oral tradition. Which was the case is no longer discernible, but the origin in the earlier Q-version is more likely." Wenn aber 'Ur-Q' so eine prägende Gestalt besass, dann ist die Vorstellung von davon völlig isolierten Reden wenig überzeugend.

beiden Reden eine Zeit lang selbständig und unbeeinflusst vom übrigen Q-Stoff überliefert wurden, ehe beide in einem zweiten Schritt (erst durch die Evangelisten oder schon vorher?) wieder mit – nun allerdings ebenfalls differierenden – Q-Fassungen verbunden wurden, *ohne dabei allerdings redaktionellen Veränderungen unterworfen gewesen zu sein.*[114] M.E. operiert Betz mit zwei variierenden Modellen: Im einen Fall ist davon auszugehen, dass Bergpredigt und Feldrede unabhängige Texte blieben, die Matthäus bzw. Lukas neben ihren jeweiligen Q-Texten besassen. Als sie dann in Q die 'Ur-Rede' fanden, hätten sie die inhaltlichen Berührungen mit den ihnen vorliegenden Reden entdeckt und beide hätten dann, aber unabhängig voneinander, dieselbe Idee gehabt, nämlich die 'Ur-Rede' durch die ihnen vorliegende Bergpredigt bzw. Feldrede zu ersetzen, wobei wiederum beide unabhängig voneinander an diesen Reden keinerlei redaktionelle Eingriffe vorgenommen hätten (wohl aber am übrigen Q- und Markus-Stoff).

Diese – falls ich sie richtig verstanden habe – abenteuerliche Hypothese scheint mir die Version zu sein, die Betz in seinem großen Kommentar zu den beiden Reden voraussetzt, während der Aufsatz über „The Sermon on the Mount and Q" auch noch die Möglichkeit offenlässt, dass die beiden Reden schon vor den Evangelisten wieder in zwei unterschiedliche Q-Fassungen gelangten[115] und aus diesen von Matthäus und Lukas in ihre Evangelien übernommen wurden, wobei auch in diesem Fall beide Reden keinerlei Veränderungen erfahren haben sollen. Ganz unabhängig von der Problematik auch dieser Annahme (denn wieso ändern Matthäus und Lukas am Markus-Text und den übrigen Q-Bestandteilen, aber an den beiden Reden als Teilstück von Q nicht?) ist dann zu betonen, dass die beiden Evangelisten die Reden *nicht* als selbständige Einheiten vorfanden, sondern als Teil ihrer jeweiligen Q-Fassung. Aber wie gesagt, ich bin nicht sicher, ob Betz so verstanden werden will.

Die Schwierigkeit dieser Hypothesen ist, dass Betz sie nicht mit einer nachvollziehbaren historischen Entwicklung verbindet. Sein Verweis auf Jerusalemer Judenchristen in der Mitte des 1. Jh. n.Chr., die zunächst

---

[114] Schon diese Annahme ist schwierig: Wenn es wirklich diese Art von Q-Wachstum gab, wie sie Betz hier voraussetzt (vgl. The Sermon on the Mount and Q 269: „The SM and the SP were joined with Q at an advanced stage of development of Q. This fits with the growth of Q by inclusion of new materials, a kind of collection of collections"), dann ist es wenig plausibel, dass in einer sich so stark verändernden Sammlung wie Q ein so großer Text wie die Bergpredigt ohne Veränderungen übernommen und zumindest über einige Zeit tradiert wurde.

[115] So auch in: The Sermon on the Mount in Matthew's Interpretation 272, zu den beiden Q-Fassungen: „When they were included in the Gospels of Matthew and Luke, they were at an advanced stage of development and contained one of the sermons, the SM in Q$^{Matt.}$ and the SP in Q^{Luke}."

gemeinsam die vorliegende 'Ur-Rede' bearbeiteten (wohlgemerkt: ohne Christologie, aber mit dem Ziel der Jünger-Belehrung), um für die Gemeindegruppen der „Hellenisten" und „Hebräer" (vgl. Apg 6,1) eine Lehrgrundlage zu haben, reicht m.E. nicht aus. Sie setzt zudem voraus, dass diese Gemeindekreise völlig unbeeinflusst von der christologischen Entwicklung blieben (sieht man von der Ablehnung der Kyrios-Christologie einmal ab), wie sie in der Apostelgeschichte und den Paulusbriefen zu erkennen ist.

Verstehbar ist dieses kühne Hypothesengebäude m.E. nur, wenn man sich klar macht, *wogegen* Betz sich mit seiner Interpretation wendet. Ein Abschnitt in dem Aufsatz über „The Sermon on the Mount in Matthew's Interpretation" erscheint hier aufschlussreich. Hier stellt er die Frage, wie Matthäus die Bergpredigt komponiert haben könnte, die doch so „thoroughly Jewish in theology and thus different from his own theology" sei (276). Die Antwort kann s.E. nur sein, dass dann auch Matthäus als ein Jude angesehen werden müsse („it is then only consistent that those who attributed the SM to Matthew's authorship also regard the evangelist as a Jew"), oder gar als „a converted rabbi or scribe, or perhaps even the repentant and converted tax collector of Matt. 9:9; 10:3" (ebd.). Eine solche Beschreibung des Autors ist für Betz jedoch unvereinbar damit, dass Matthäus ein erkennbar christlicher Theologe ist:

„These scholars must minimize the fact that Matthew was a Christian theologian, writing at the end of the first century, whose theology was not based on the Jewish Torah but on the salvific death and resurrection of Jesus Christ. It is inconceivable, however, that an author for whom the separation between Judaism and Christianity was a historical fact and who advocated the inclusion of Gentiles in the church by baptism without ever mentioning circumcision, would compose a text that is pre-Christian in language and theology" (ebd.).

Warum der erste Evangelist dann überhaupt ein solcherart „vorchristliches" Dokument in sein Evangelium aufnahm, wäre immerhin zu fragen. Entscheidend ist jedoch, dass Betz ganz offenbar indirekt[116] gegen die oben unter 2. aufgezeigte Entwicklung Stellung beziehen will, die das Matthäus-Evangelium als Ganzes innerjüdisch zu verorten sucht. Da aber der Hauptbeleg für dieses jüdische Verständnis des ersten Evangeliums die Bergpredigt und hier wiederum insbesondere Mt 5,17–19 ist, gilt es, diesen argumentativ zu entkräften. Dem dient m.E. die Sonderstellung, die die Bergpredigt durch Betz erhält. Die Fortsetzung des obigen Zitats weist in diese Richtung:

„The hermeneutical consequences are clear: Those who consider a Jewish author of the Gospel to have composed the SM will tend to interpret that Gospel as a whole in terms closest

---

[116] Dass in der umfangreichen Bibliographie am Ende des Bergpredigt-Kommentars J. A. Overman u. A. J. Saldarini fehlen (ebenso wie andere Vertreter dieser Richtung, z.B. D. J. Harrington und Amy-Jill Levine), ist darum wohl kaum zufällig.

to Judaism, but this interpretation will not be capable of accomodating Matthew's Christology, soteriology, ecclesiology, and eschatology. Thus, there emerge two entirely different Matthews, depending on whether one views his theology as based on the Jewish SM or on the Christian gospel as contained in the entirety of Matthew's work."

Aus dieser klaren und eindeutigen Formulierung, die gleichsam vor die Alternative stellt: entweder eine jüdische Bergpredigt oder ein christliches Evangelium, ergibt sich ein klarer Aufgabenhorizont für die vorliegende Arbeit, indem zu prüfen sein wird, inwieweit sich Bergpredigt und Evangelium theologisch als Ausdruck *eines* Autors verstehen lassen.[117] Dies aber stellt die Frage nach dem Autor und seinem Gesamtwerk.

---

[117] Vgl. ebd. 289: Für BETZ ist Matthäus der Autor, der zu zeigen vermag, wie sich die Gemeinde Jesu aus dem Judentum heraus zur „worldwide Christian community" entwickelte. Innerhalb der Bergpredigt bilden die Verse 5,13–16 „the point of departure", d.h. sie bilden die Legitimation für die späteren Veränderungen, die das erste Evangelium bezeugt.

§ 2 Der literarische Charakter des Evangeliums
und die Predigt des Evangeliums

In den siebziger Jahren des 20. Jahrhunderts, als die redaktionsgeschichtliche Fragestellung die Matthäus-Forschung dominierte und eine Reihe bis heute wichtiger und viel zitierter Arbeiten vorlegen konnte, entstand – vielfach aus Unbehagen an deren Dominanz – eine neue Forschungsrichtung, die zunächst keine große Beachtung fand. Diese, in der Zwischenzeit etabliert und besonders die englischsprachige Buchproduktion zum Matthäus-Evangelium seit den neunziger Jahren stark beeinflussend, lässt sich schwer unter einen Oberbegriff fassen, weil in ihr ein vielfältiges, sich überschneidendes und ergänzendes Konglomerat von Analyse-Methoden und Texttheorien zur Anwendung gelangt.[118] Die hier sichtbare Vielfalt spiegelt auf ihre Weise die postmoderne Pluralität wider, die jeder und jedem erlaubt das auszuwählen, was ihm oder ihr sinnvoll erscheint. Nicht selten kommt es dabei zu sehr individuellen Kombinationen verschiedener texttheoretischer Ansätze, so dass *cum grano salis* gesprochen jede Arbeit ihre eigene Methodentheorie und entsprechend eine eigene Methodik besitzt. Das führt dazu, dass diese Studien untereinander nur schwer vergleichbar sind. Der dadurch erweckte Eindruck einer gewissen Beliebigkeit ist für die Rezeption zusätzlich erschwerend.[119]

---

[118] Eine einheitliche Terminologie für die differierenden Methoden ist nicht erkennbar und wird es wohl auch in Zukunft nicht geben, da die Vielfalt Programm ist. In den neueren Methodenbüchern zum Neuen Testament wird meist mit den Stichworten Kompositionskritik (bzw. -analyse), Narrative Analyse bzw. Exegese und Rezeptionsästhetik (oft auch Reader-Response-Criticism) o.ä. gearbeitet. Eine uneinheitliche Terminologie findet sich auch bei den Vertretern dieser Methode selbst, vgl. J. D. KINGSBURY, Matthew as Story, Philadelphia 1986, ²1988: in seinem Vorwort zur 2. Auflage charakterisiert er sein Buch als „a study in literary, or narrative, criticism" und bezeichnet „narrative criticism" als die neue Unterdisziplin der Evangelienforschung. Die Überschrift des ersten Kapitels lautet gleichwohl: „Understanding Matthew: A Literary-Critical Approach" (1). Vgl. als knappen Überblick und erste Einführung in Vorzüge und Probleme P. MÜLLER, „Verstehst du auch, was du liest?" Lesen und Verstehen im Neuen Testament, Darmstadt 1994, 120–147; TH. SÖDING, Wege der Schriftauslegung. Methodenbuch zum Neuen Testament, Freiburg u.a. 1998, 68–75; TH. A. SCHMITZ, Moderne Literaturtheorie und antike Texte. Eine Einführung, Darmstadt 2002.

[119] Zu unterscheiden sind zwei Hauptströmungen: *1. Textorientierte Methoden*, bei denen vom Text her gefragt wird. Dazu gehören die narrative (*narrative criticism*) und die rhetorische Analyse (*rhetorical criticism*, bei der wiederum die Analyse auf Grund der Anwendung klassischer rhetorischer Kategorien [und von daher grundsätzlich im Bereich der historischen Analyse bleibend, wenngleich die Textpragmatik im Mittelpunkt steht] von der *New Rhetoric* zu unterscheiden ist, die den historischen Zeitbezug methodisch außer Kraft

Als ein durchgängiger Zug der neuen Fragestellungen kann gleichwohl gelten, dass ein Unbehagen im Umgang mit den etablierten diachronen Auslegungsmethoden, insbesondere der redaktionsgeschichtlichen Fragestellung[120], den Ausgangspunkt bildete. In bewusster Abkehr von der traditionellen Exegese gilt die Aufmerksamkeit fast ausschließlich *dem vorliegenden Text in seiner Endgestalt und seinem eigenen Recht.*[121] Im Bereich der Synoptiker-

---

setzen will), d.h. die Frage nach dem erzählenden Gerüst und Verlauf der Interaktion der handelnden Personen einerseits ebenso wie die *vom Text* vorgesehenen und durch Erzählsignale generierte Rezeption. Eine gute Einführung in die meist außerdeutschen Ansätze bieten: J. ZUMSTEIN, Narrative Analyse und neutestamentliche Exegese in der frankophonen Welt, VuF 41 (1996), 5–27; G. SCHUNACK, Neue literaturkritische Interpretationsverfahren in der anglo-amerikanischen Exegese, VuF 41 (1996), 28–55; E. V. MCKNIGHT, Der hermeneutische Gewinn der neueren literarischen Zugänge in der neutestamentlichen Bibelinterpretation, BZ 41 (1997), 161–173, vgl. a. The New Literary Criticism and the New Testament, hg. v. ders./E. Struthers Malbon, Valley Forge, Penn. 1994; E. J. SCHNABEL, Rhetorische Analyse, in: Das Studium des Neuen Testaments (s.o. Anm. 60), 307–324 (Lit.).

2. *Die literarische Rezeptionskritik bzw. -ästhetik,* deren Schwerpunkt auf den *Textrezipienten* liegt (und somit mit dem *rhetorical criticism* Überschneidungen aufweist), ist ausführlich dargestellt und kritisch gewürdigt in M. MAYORDOMO-MARÍN, Den Anfang hören. Leserorientierte Evangelienexegese am Beispiel Matthäus 1–2, FRLANT 180, Göttingen 1998, 11–195; DERS., Rezeptionsästhetische Analyse, in: Das Studium des Neuen Testaments (s.o. Anm. 60), Band 2: Exegetische und hermeneutische Grundfragen, BWM 8, Wuppertal u. Giessen 2000, 33–58.

[120] Sie steht aber zugleich den literarkritischen Fragestellungen am nächsten, weshalb sich in den methodischen Einleitungen entsprechender Arbeiten auch häufig genaue Abgrenzungen gegenüber der Redaktionskritik finden, vgl. z.B. R. A. EDWARDS, Matthew's Narrative Portrait of Disciples. How the Text-Connoted Reader is Informed, Harrisburg, Penn. 1997, 1–3.

[121] Vgl. M. MAYORDOMO-MARÍN, Anfang 16f.19 u.ö., sowie die selbstkritische Bemerkung von HANS WEDER im Editorial zu VuF 41 (1996), Heft 1, das sich den neueren literaturwissenschaftlichen Methoden in der Auslegung des NTs widmet. Er schreibt: „Zwar müßte die Interpretation des Neuen Testaments sich auf die Auslegung der Texte konzentrieren, ihr faktischer Vollzug läßt aber erkennen, daß sie sich statt dessen oft auf die Produktionsbedingungen der Texte konzentriert, auf die Intention des Autors, auf die Welt der Adressaten, auf Überlieferungsprozesse hinter den Texten. Zwar ist theoretisch klar, daß diese Beschäftigung mit den Hintergründen nur um eines besseren Verständnisses der Texte willen gerechtfertigt und sinnvoll ist, aber faktisch hat sich *ein Ungleichgewicht zugunsten des Hintergrundes* ergeben. Die präzise Wahrnehmung des Gesagten, die genaue Erkenntnis des konkreten Textes, hat in exegetischen Arbeiten bisweilen nicht den Stellenwert, den man ihr wünschen würde" (Zu diesem Heft 1; [Hhg.RD]). Es ist allerdings zu fragen, ob die Intention des Autors wirklich nur zum *Hintergrund* eines Textes gehört. Mit dem Wechsel von der Literar- und Redaktionskritik zur Literaturkritik wiederholte sich im Bereich der Evangelienexegese, was in den Literaturwissenschaften in den dreißiger und vierziger Jahren des 20. Jh. ebenfalls als Protest gegen die Vorherrschaft literarhistorischer Fragestellungen, die die Bedeutung von Texten primär aus ursächlichen Faktoren (Verfasser, Verfasserintention, historischen, psychologischen und sozialen Umstände der Textentstehung etc.) ableitete, entstanden war (sog. *New Criticism*). Kritisiert wurde die Suche nach einem „Sub-Text", für den der vorhandene Text nur eine Art Vehikel darstellt, vgl. G. SCHUNACK, Interpretations-

Exegese ist vor allem der letztgenannte Punkt von Bedeutung, denn er markiert am deutlichsten die Abkehr von der redaktionsgeschichtlichen Fragestellung: Indem die Aussageintention eines Textes oder Autors nicht länger in erster Linie von dem her bestimmt wird, was ihn von den synoptischen Seitenreferenten *unterscheidet*, ist der entscheidende Schritt dazu getan, nicht nur sein Sondergut und seine (mutmaßlichen) redaktionellen Veränderungen zu untersuchen, sondern das von ihm hinterlassene, als Ganzes gestaltete Werk „with its own integrity"[122] zu würdigen. Von daher ist auch gelegentlich in der Literatur von werkimmanenten Methoden zu lesen.[123]

Den Übergang zwischen den beiden Forschungstraditionen markiert für das Matthäus-Evangelium Jack Dean Kingsbury, der, ausgehend von der Redaktionsgeschichte zum Wegbereiter des *literary criticism* in der Forschung zum ersten Evangelium geworden ist.[124] In seiner Auseinandersetzung mit Frans Neirynck über die Struktur des Matthäus-Evangeliums bemerkt er

---

verfahren 30–36. Von W. K. WIMSATT jr. u. M. C. BEARDSLEY kommt die inzwischen geflügelte Warnung vor dem „intentionalen Trugschluss" („intentional fallacy"), wonach „die Bedeutung eines Werkes ... identisch [sei] mit der Intention des Autors", vgl. dazu D. B. HOWELL, Matthew's Inclusive Story. A Study in the Narrative Rhetoric of the First Gospel, JSNT.S 42, Sheffield 1990, 34f; M. MAYORDOMO-MARÍN, Anfang 175–177. Als knapper Überblick u. erster Einstieg eignet sich hervorragend P. WENZEL, Art. *New Criticism*, Metzler Lexikon Literatur- und Kulturtheorie [fortan abgekürzt als: MLLK], hg. v. A. Nünning, Stuttgart u. Weimar 1998, 397–399.

In der literaturwissenschaftlichen Forschung schwingt das Pendel derzeit jedoch wieder zurück und der *Autor* rückt wieder stärker in den Focus, vgl. E. KLEINSCHMIDT, Autorschaft. Konzepte einer Theorie, Tübingen 1998, außerdem die beiden Kongressbände: Rückkehr des Autors. Zur Erneuerung eines umstrittenen Begriffs, hg. v. F. Jannidis u.a., Studien und Texte zur Sozialgeschichte der Literatur 71, Tübingen 1999; Autorschaft. Positionen und Revisionen [DFG-Symposion 2001], hg. v. Heinrich Detering, Berichtsbände Germanistische Symposien 24 (DVjs-Sonderband), Stuttgart u. Weimar 2002. Einen guten Überblick und eine Kritik am Konzept des „intentionalen Trugschlusses" bieten T. KINDT u. H.-H. MÜLLER, Was war eigentlich der Biographismus – und was ist aus ihm geworden? Eine Untersuchung, in: Autorschaft (s.o.) 355–375, vgl. außerdem N. CH. WOLF, Wie viele Leben hat der Autor? Zur Wiederkehr des empirischen Autor- und des Werkbegriffs in der neueren Literaturtheorie, ebd. 390–405.

[122] D. B. HOWELL, Matthew's Inclusive Story 13.

[123] Vgl. E. V. McKNIGHT, Gewinn 165. Die Anwendung des *narrative criticism* auf biblische Stoffe nahm seinen Ausgangspunkt beim Markus-Evangelium, als D. RHOADS und D. MICHIE damit experimentierten, das Markus-Evangelium wie eine »short story« zu lesen und zu interpretieren, vgl. DIES., Mark As Story. An Introduction to the Narrative of a Gospel, Philadelphia 1982 u. dazu G. SCHUNACK, Interpretationsverfahren 42f; etwas früher unternahm W. H. KELBER, Mark's Story of Jesus, Philadelphia 1979, den Versuch eines narrativen Kommentars, wobei auch die Art der Kommentierung dem narrativen Genus verpflichtet ist. Zur Schwierigkeit eines solchen Unterfangens s. SCHUNACK, ebd. 46f.

[124] Vgl. D. B. HOWELL, Matthew's Inclusive Story, der in seiner „Introduction" (13–51) eine durchaus kritische Darstellung dieses neuen Methodenkanons im Hinblick auf die Evangelienexegese gibt u. sich zugleich darum bemüht, sie mit den herkömmlichen Methoden in ein Verhältnis zu setzen (vgl. a. 259).

in einer autobiographischen Anmerkung: „The truth of the matter, however, is that following the publication of my doctoral dissertation (*The Parables of Jesus in Matthew 13* [London and Richmond, Va.: SPCK and John Knox, 1969]), I abandoned the redaction-critical view that the best way to approach Matthew was through Mark."[125] An die Stelle der Abweichungen von den Quellen tritt die „unified narrative":

„As a unified narrative, Matthew invites the reader or interpreter to concentrate precisely on the gospel story being told. In this respect, literary-critical method differs noticeably from the historical-biographical, the form-critical, and the redaction-critical approaches to Matthew. Interpreters taking one or the other of these approaches have tended to regard the gospel story chiefly as a source from which to obtain information about historical, social, or religious realities that existed beyond the boundaries of the story in the »real world« of the first century. Thus, uppermost in the minds of certain nineteenth- and early twentieth-century proponents of the historical-biographical approach was the use of Matthew to establish a factually sound portrait of the life and ministry of the historical Jesus. Following World War I, form critics viewed Matthew as a compilation from which to derive sayings or stories of Jesus that could be made to provide a sketch of the rise and development of the Gospel tradition between Easter and the time of the writing of the Gospels themselves. And in the years since World War II, redaction critics have largely scrutinized Matthew so as to reconstruct the theology of the first evangelist or the social situation of the community to which he belonged."[126]

Dieser kurze Text zeigt, inwieweit sich die neue Methodik von allen älteren Methodenschritten zu distanzieren bemüht, anstatt jeden einzelnen Schritt in seiner Berechtigung, wenn auch *begrenzten* Reichweite, zu würdigen.

Dahinter steht das erkennbare Misstrauen bzw. die Ablehnung jeglicher historischer Fragestellung, denn das Ziel aller dieser Methoden war und ist es (sie sind ja beileibe nicht ausgestorben!), ein „factually sound portrait of the life and ministry of the historical Jesus" zu erlangen. Der dagegen erhobene Vorwurf lautet, dass damit die 'Wahrheit' bzw. das 'Eigentliche', auf das es

---

[125] J. D. KINGSBURY, Matthew. Structure, Christology, Kingdom, Philadelphia 1975, [2]1989, xx Anm. 37. In dem der Neuauflage vorangestellten Vorwort (Preface ix–xxviii) geht er ausführlich auf die von ihm ausgelöste Diskussion und den weiteren Verlauf der Forschung in diesem Bereich ein. Zu seiner Auseinandersetzung mit F. NEIRYNCK und dessen Aufsatz Ἀπὸ τότε ἤρξατο and the Structure of Matthew, EThL 64 (1988), 21–59, s. ebd. xvi–xx (Zitat: xx Anm. 37). KINGSBURY wirft Neirynck vor, dass dieser darauf insistiere „that if one is to understand how Matthew has structured his Gospel, one must read Matthew's Gospel in terms of Mark" (xix).

[126] J. D. KINGSBURY, Story 2. Ähnlich abgrenzend auch D. B. HOWELL, Matthew's Inclusive Story 19–23. G. SCHUNACK, Interpretationsverfahren 32, macht deutlich: „Sofern ... Redaktions- und Kompositionskritik das literarische Evangelium noch als veranschaulichendes Medium kerygmatischer, theologischer Gehalte oder Sachverhalte betrachten, wird dessen literarischer Charakter verkannt."

dem Ausleger ankommt, nicht *im* sondern *hinter* dem Text gesucht wird, der Text also auf dem Weg der Auslegung 'verbraucht' werde.[127]

Weiter verbirgt sich dahinter das Zerrbild einer Exegese, die sich selbst in die Dogmatik hinein auflöst, indem sie die aus dem Text erhobenen 'Wahrheiten' in ein System überführt, das dann unabhängig von den konkreten Texten 'wahr' ist. Dem gegenüber wollen die neuen Methoden den Text in seiner literarischen Gestalt so wahrnehmen, dass *im Text* die eigentliche Botschaft oder Aussage gefunden wird bzw. wohl noch deutlicher, dass *der Text selbst* und zwar er allein unabhängig von seinem Autor, die Botschaft ist.[128] Ob dies überhaupt in einem absoluten und nicht nur methodisch-begrenzten Rahmen möglich ist, scheint mir grundsätzlich fraglich zu sein, weil Texte aufgrund ihrer Entstehung nun einmal keine von Raum und Zeit (und anderen literarischen Quellen) 'unabhängigen Kunstwerke' sind, sondern zu solchen aus analytischen Gründen erst isoliert werden müssen.

Ein solches methodisches Vorverständnis gleicht dem Bemühen, das Wesen eines Kindes zu begreifen unter Absehung von der Tatsache, dass es Eltern hat, die wiederum Eltern haben usw., dass es in einer bestimmten Zeit an einem bestimmten Ort in sehr konkrete Verhältnisse hinein geboren wurde. So sehr es richtig ist, Kinder als eigenständige Wesen zu erkennen, so falsch ist es doch, dies zu verabsolutieren als hätte man damit das Kind 'selbst' *verstanden.*

Dass – nun wieder auf Texte bezogen – eine solche zeitweilige, methodisch kontrollierte Isolation hermeneutisch durchaus sinnvoll sein kann, sei nicht bestritten. Abzulehnen ist jedoch der damit verbundene Anspruch, nun erst und nur so dem Text gerecht zu werden. Denn auch die ahistorische Analyse eines Textes unabhängig von seinem Verfasser und den Entstehungs-bedingungen gleicht einem 'Gestell' im Sinne Heideggers, indem der Exeget

---

[127] Vgl. W. ISER, Der Akt des Lesens, UTB 636, München ³1996, 13f; M. MAYORDOMO-MARÍN, Anfang 13.66. Dem ist entgegen zu halten, dass die christliche Auslegung der biblischen Texte weitgehend im Kontext der Predigtarbeit zu verstehen ist: Der zu predigende Text ist zu verstehen und auszulegen, damit er gepredigt werden kann. Es wird aber immer wieder neu der *Text* gepredigt und nicht seine Kommentierung. Es wird also gerade nicht der Text zu Lasten der Auslegung 'verbraucht', sondern umgekehrt: Viele Auslegungen werden während der Wirkungsgeschichte eines Textes im Dienst für eben diesen Text 'verbraucht'.

[128] S.o. Anm. 126. Welche Funktion hat dann aber der kreative Leser? Nach den dekon-struktionistischen Ansätzen konstituiert ja erst der Leser *seinen* persönlichen Sinn mit Hilfe des Textes. Ist damit aber die Problemstellung nicht einfach vom Autor auf den Leser verschoben worden, von der Vorgeschichte des Textes in seine Nach- bzw. Wirkungsge-schichte, aber nichtsdestoweniger so, dass nicht der Text allein und unabhängig redet, sondern sein 'Sinn' bzw. seine 'Bedeutung' nun eben statt von seinem Autor von seinen Rezi-pienten abhängig gemacht wird? Zur Kritik s.a. P. MÜLLER, Lesen 143: „Die Dekonstruktion nimmt den Selbstbehauptungswillen des Werkes nicht genügend wahr. So sehr ich die Aktivität des Lesers erkenne, kann ich es doch nicht als Intention des Lesens ansehen, von der Eigenheit einer Schrift und der Meinung eines Autors gänzlich freizukommen" (vgl. a. 195 Anm. 138 mit weiterer Literatur zur *voluntas auctoris*).

den zu untersuchenden Gegenstand so 'um-stellt', wie er ihn haben will, ohne zu fragen, ob er so *ist*. Er untersucht also nicht den Text an und für sich, sondern den Text, so wie er ihn sich 'her-gestellt' hat, d.h. er untersucht etwas 'Gestelltes'.[129]

Auch die literaturwissenschaftlichen Methoden üben, ob sie sich dessen bewusst sind oder nicht, *Macht* über die Texte aus. Das offenbart Edgar V. McKnight, einer der Protagonisten dieser Richtung, in einem allgemeinver-ständlichen Vortrag (s.o. Anm. 119), in dem er abschließend einen der Vorzüge dieses neuen methodischen Instrumentariums so benennt: „Dieser leserorientierte Zugang stellt für den Leser einen Sieg dar. Die Leser sind dazu befreit, für sich selbst einen Sinn herzustellen."[130]

Der Sieg des Lesers ist jedoch – was nicht gesagt wird, weil es in der schönen neuen Welt nur noch Sieger geben darf – erkauft durch die Nieder-lage des Autors, indem der Leser den Text zur Projektionsfläche seiner Bedürfnisse und Fähigkeiten macht. Er mag dadurch in der Tat *„für sich selbst* einen Sinn" herstellen, aber er hat keine Gewissheit darüber, ob dies auch der Sinn des Textes ist. Dass hier postmoderne Ideale aufblitzen ist unverkennbar, doch sollte sich eine *theologische* Exegese ernsthaft fragen, ob sie damit dem Wesen der ihr aufgetragenen Texte entspricht, vor allem aber, ob es ihr so gelingt, dem Leser oder Hörer des Evangeliums die *Gewissheit* zu geben, dass sein Leben mit dem Gottes unverrückbar verschränkt ist.[131] Das aber ist eine zentrale Aufgabe neutestamentlicher Theologie und wird es auch bleiben, solange in Theologie und Kirche die Inkarnation Gottes in der Gestalt Jesu von Nazareth als historisches Ursprungsphänomen des christlichen Glaubens geglaubt wird. Grundüberzeugung und konstitutiv dafür ist, dass die erzählte Welt der Evangelien keine 'neue' Welt neben oder außerhalb der

---

[129] M. Heidegger hat diese Terminologie auf den Umgang des Menschen mit der Natur durch die Technik angewandt, sie lässt sich m.E. jedoch auch auf die literaturwissen-schaftlichen Methoden übertragen, vgl. DERS, Die Technik und die Kehre, Pfullingen 1962; für die Theologie fruchtbar gemacht hat diesen Ansatz G. HUNTEMANN, Provozierte Theologie in technischer Welt, Wuppertal 1968. Auch die Intertextualität der allermeisten Texte, gewiss jedoch der biblischen Texte, widerspricht einer solchen verabsolutierenden Autonomisierung eines einzelnen Textes.

[130] Der hermeneutische Gewinn 172. Zur Kritik an dieser martialischen, gegen den Autor gerichteten Sprache vgl. B. TEUBER, Sacrificium auctoris. Die Anthropologie des Opfers und das postmoderne Konzept der Autorschaft, in: Autorschaft (s.o. Anm. 121), 121–141 (vgl. besonders 124f, wo Teuber darauf hinweist, dass dem Konzept vom Tod des Autors diesem eine quasi-religiöse Erlöserfunktion zugeschrieben wird; s. dazu auch: F. MARX, Heilige Autorschaft? *Self-Fashioning*-Strategien in der Literatur der Moderne, in: ebd. 107–120).

[131] Röm 8,38f; vgl. K. LEHMKÜHLER, Glaubensgewißheit – kann es sie im Zeitalter des Pluralismus geben? Zu Peter L. Bergers »Ökumene der Unsicheren«, Zeitwende 71 (2000), 147–163 (hier auch ältere Lit. z. Thema, u.a. von E. Jüngel u. W. Pannenberg); U. H. J. KÖRTNER, Der inspirierte Leser. Zentrale Aspekte biblischer Hermeneutik, Göttingen 1994, 105f.

'real world' konstituiert, sondern eine Geschichte erzählt, die sich als reales Geschehen in dieser Welt ereignete (wenngleich in ihrer Bedeutung diese transzendierend)[132] und zu der außer Jesus und seinen Jüngern auch Matthäus und die Leser und Ausleger des Evangeliums bis ins 21. Jahrhundert gehören.[133] Gegen dieses als monistisch oder positivistisch geschmähte Weltverständnis[134] erhebt sich die Forderung nach literarischen Eigenwelten:

„To approach Matthew's Gospel as a unified narrative, however, is to attend to the very story it tells. When one reads Matthew, one temporarily takes leave of one's familiar world of reality and enters into another world that is autonomous in its own right. This world, which possesses its own time and space, is peopled by characters and marked by events that, in varying degrees, are extolled or decried in accordance with this world's own system of values. By inhabiting this world one experiences it, and having experienced it, one leaves and returns, perhaps changed, to one's own world."[135]

Allein dieser *story*-Welt gelten jedoch die Bemühungen des narrativen *literary criticism* in seinen verschiedenen Facetten und Arbeitsschritten. Auch das wird an den Arbeiten von Kingsbury deutlich, die hier exemplarisch diskutiert werden sollen.[136]

---

[132] Vgl. U. SCHNELLE, Auf der Suche nach dem Leser, VuF 41 (1996), 61–66 (65f): „Der Wirklichkeitsbezug neutestamentlicher Texte konstituiert sich nicht erst durch die Rezeption der Hörer/Leser, sondern sie verweisen auf eine Wirklichkeit außerhalb ihrer selbst." Ähnlich äußert sich auch G. THEISSEN, Evangelienschreibung 389 Anm. 1, über den „reader-response criticism": „Alle diese ... an der Endgestalt des Textes orientierten Methoden können jedoch nicht davon absehen, daß die Texte geschichtlich entstanden sind: Sie sind Ergebnisse eines »Wachstumsprozesses« und beziehen sich auf eine historische Situation."

[133] Vgl. dazu das narratologische Modell von GÉRARD GENETTE, der Erzählung, Geschichte und Narration so unterscheidet, dass die *Erzählung* die sprachliche Wiedergabe der *Geschichte* darstellt. *Narration* bezeichnet dabei den „produzierenden narrativen Akt sowie im weiteren Sinne" die reale oder fiktive Situation, „in der er erfolgt" (Die Erzählung UTB 8083, München 1994 [²1998], 16). Genette beschränkt sich in seiner Analyse auf die Beziehung zwischen Erzählung, Geschichte und Narration, die von der Geschichte übermittelten Inhalte sind dabei zwar außer acht gelassen, aber damit gerade nicht negiert oder für obsolet erklärt. Es ist ein methodisch begrenztes narratologisches Modell und steht darum nicht in Konflikt zur historischen Analyse der Geschichte, sondern hilft ihr. Vgl. zu Genette auch J. ZUMSTEIN, Narrative Analyse 7–18. Zu einer positiven Würdigung als Modell bei der Analyse von „historischen Erzählungen" s. ebd. 14.

[134] Vgl. E. J. SCHNABEL, Rhetorische Analyse 310 (unter Verweis auf Ch. Perelman u. Lucie Olbrechts-Tyteca).

[135] J. D. KINGSBURY, Story 2. Zum letzten Satz notiert Kingsbury einen Hinweis auf BORIS USPENSKY, dessen Buch: A Poetics of Composition: The Structure of the Artistic Text and Typology of a Compositional Form, Berkeley 1973, immer wieder zitiert wird.

[136] Vgl. außerdem die Dissertationen seiner Schüler D. R. BAUER, The Structure of Matthew's Gospel. A Study in Literary Design, JSNT.S 31 (= Bible and Literature Series 15), Sheffield 1988 u. M. A. POWELL, The Religious Leaders in Matthew's Gospel: A Literary-Critical Study, Ph.D. diss., Union Theological Seminary in Virginia, 1988. Vor allem Letzterer arbeitete mit einschlägigen Veröffentlichungen an dem Thema weiter und Herausgeber der Festschrift für Jack Dean Kingsbury (1999), sowie – zusammen mit D. R. Bauer – von:

1. Das Matthäus-Evangelium als story

In seinem Buch „Matthew as Story" ist die grundsätzliche Orientierung bereits im Titel manifest, methodisch ist sie erstmals in seinem Buch „Matthew. Structure, Christology, Kingdom" von 1975 zu greifen. Es enthält eine Reihe von Aufsätzen, die er zwischen 1973 und 1975 veröffentlicht hat.[137] Ziel des Buches war, ein zutreffendes Verständnis der matthäischen *Heilsgeschichte* aufgrund der *Erzählstruktur* des Evangeliums zu gewinnen (1), die nach Kingsbury den Schlüssel zur matthäischen Theologie liefert, d.h. in diesem frühen Buch ist noch immer eine extratextuelle und eminent theologische Fragestellung leitend. Dabei grenzt er sich gegen die bisherigen Versuche ab, das Evangelium aufgrund der jeweils eine der großen Reden Jesu abschließenden, gleichlautenden Wendung καὶ ἐγένετο ὅτε ἐτέλεσεν ὁ Ἰησοῦς τοὺς λόγους τούτους ... (7,28; 11,1; 13,53; 19,1; 26,1) zu gliedern, d.h. er wendet sich gegen eine an den Reden orientierte Erzählstruktur.[138] Die zweite Abgrenzung erfolgt gegenüber denen, die das Matthäus-Evangelium durch die Herausstellung eines Leitthemas gliedern wollen. Dazu zählt er alle thematischen und heilsgeschichtlich orientierten Gliederungsvorschläge, obwohl er selbst ebenfalls eine heilsgeschichtliche Konzeption vertritt.[139] In seinem eigenen Ansatz dominiert jedoch die

---

Treasures New and Old. Recent Contributions to Matthean Studies, SBL Symposium Series 1, Atlanta, GA 1996. In ihrer „Introduction" (1–25) geben die beiden Autoren einen guten Überblick über die Entwicklung der narratologischen Exegese in ihrer Anwendung auf Matthäus (4–13). Unbestritten ist ihnen, dass „the most prominent figure" dabei eben Kingsbury ist (9). Zu einer Liste von Powells Aufsätzen s. die Bibliographie ebd. 418f.

[137] S.o. Anm. 125. Zu den bibliographischen Angaben der Aufsätze s. ebd. xxvii (Preface to the First Edition). Sie wurden für das Buch überarbeitet.

[138] Structure xiii.2–5; D. R. BAUER, Structure 26–35. KINGSBURY and BAUER führen diesen Ansatz auf B. W. BACON zurück: The 'Five Books' of Matthew against the Jews, The Expositor 15 (1918), 56–66; DERS., Studies in Matthew, London 1930. Bacon sah in der Fünfteilung die Arbeit eines zum Christentum konvertierten Rabbis, der gegen die Gesetzlosigkeit seiner Gemeinde im Evangelium ein neues Gesetzbuch für sie in Anlehnung an den Pentateuch vorgelegt habe. Doch hat bereits FRANZ DELITZSCH 1853 mit seiner Abhandlung „Die pentateuchische Anlage des Matthäus-Evangeliums nach dem Vorbilde der Thora" (in: Neue Untersuchungen über Entstehung und Anlage der kanonischen Evangelien. Erster Theil. Das Matthaeus-Evangelium. Leipzig 1853, 53–112) ausführlich das Konzept eines matthäischen Pentateuchs entwickelt, wenn auch noch nicht an den Redeeinheiten, sondern inhaltlichen Übereinstimmungen orientiert, vgl. 60f: Mt 1,1–2,15 entspreche der Genesis, 2,16–7,28 dem Exodus, Kap. 8+9 Leviticus, 10–18 Numeri und 19ff dem Deuteronomium. Allein schon die ungleiche Verteilung spricht gegen diesen Versuch, der dennoch als Wegbereiter für alle bis in die Gegenwart anhaltenden Versuche eine pentateuchische Struktur für das Matthäus-Evangelium aufzuweisen angesehen werden kann. Zu anderen Modellen einer Gliederung des Aufbaus (chiastisch, geographisch) s. KINGSBURY, Structure xiii; D. R. BAUER, Structure 22–26.36–40.

[139] J. D. KINGSBURY, Structure 1f. Als *Gegenkonzept* seiner Ansicht eines „topical outline" nennt er in erster Linie die Autoren, die dem Matthäus-Evangelium eine *heilsge-*

Erzählstruktur diese theologische Konstruktion, und wird nicht, wie er es seinen Vorgängern vorwirft, als ein theologisches Konzept des *Evangelisten* auf das Evangelium angewandt.[140] Dies erklärt auch die starke Rezeption von Kingsbury in der literaturwissenschaftlich orientierten Exegese, weil er mit seiner Kritik – damals noch ohne intensive theoretisch-methodische Reflexion – auf ein Prinzip aufmerksam machte, das für diese neue Denkrichtung grundlegend ist, nämlich weg von einer meist nur hypothetisch rekonstruierbaren *Autorintention*, die sich 'hinter' dem Text verbirgt, und hin zum gegebenen Text mit der Erwartung, dass darin alles enthalten ist, was zu seiner Erschließung nötig ist.

Nach Kingsbury hat das Aufkommen des „literary, or narrative, criticism" dazu geführt, die Frage nach der thematischen Gliederung *entscheiden* zu können, indem nach dem zu Grunde liegenden „Plot" der *story* gefragt wird. Diesen findet er im *Konflikt zwischen Jesus und Israel* (das durch seine 'Führer' repräsentiert ist), dessen Lösung Kreuz und Auferstehung darstellt. Alle Versuche, die Mitte bzw. das Zentrum des Matthäus-Evangeliums unabhängig von diesem Plot und seiner Lösung zu finden, sieht er zum Scheitern verurteilt:

„Thus, any salvation-historical or geographical approach leading one to find the culmination of Matthew's Gospel at a point other than the death (and resurrection) of Jesus can quickly be dismissed. Similarly, the untenability of both the Baconian and the chiastic approaches also becomes apparent: The chiastic approach misguidedly finds the center of Matthew's Gospel in either chapter 11 or chapter 13; and Bacon's approach suffers from the twin defects that, as a matter of principle, it subordinates narrative to discourse and, correspondingly, erroneously identifies not the death of Jesus but his great discourses, especially the Sermon on the Mount, as the climactic feature of the Gospel."[141]

---

schichtliche Konzeption zuweisen. Dazu zählt er die damals aktuellen deutschen redaktionsgeschichtlichen Arbeiten von Trilling, Strecker und Walker, aus dem englischsprachigen Bereich W. G. Thompson u. J. P. Meier, vgl. Structure xiiif.25–27; D. R. BAUER, Structure 45–54; D. B. HOWELL, Inclusive Story 55–78. Zu H. Frankemölle s. J. D. KINGSBURY, Structure 37–39; mit ihm zusammen als *Vertreter eines zweistufigen heilsgeschichtlichen Schemas* wird Kingsbury seinerseits dargestellt von D. B. HOWELL 78–92, der nun über Kingsbury hinaus das Hauptaugenmerk auf den impliziten Leser richtet (vgl. 86–89 seine Kritik an Kingsbury).

[140] Vgl. Structure 25: „The upshot of their work is that each in his own way has advanced the thesis that *Matthew's concept of the history of salvation, not the topical outline per se*, is the chief principle by which he organized the materials of his Gospels" (Hhg.RD.). Allerdings gilt auch für die von Kingsbury kritisierten Entwürfe, dass sie sich das Thema der Heilsgeschichte vom *Text des Evangeliums* geben ließen, das sie dann mit dem Autor Matthäus verbanden.

[141] Structure xiv. KINGSBURY räumt ein, dass die großen Redeeinheiten „are a highly significant feature of Matthew's Gospel", aber dies zu entdecken sei das eine, sie *über* die Erzählung zu stellen jedoch das andere: „The thing to observe, however, is that their place is »within«, not »above« or »apart from«, the narrative" (ebd.).

Seinen eigenen Ausgangspunkt bildet dagegen die Einsicht, dass mit den beiden gleichlautenden Wendungen ἀπὸ τότε ἤρξατο in 4,17 und 16,21 das Evangelium eine deutliche dreiteilige Struktur aufweist: Die Beschreibung der *Person* Jesu („The Person of Jesus Messiah" 1,1–4,16), sein öffentliches *Wirken* („The Proclamation of Jesus Messiah" 4,17–16,20), das wiederum in zwei Epochen unterteilt werden kann (4,17–11,1: „Jesus' ministry to Israel"; 11,2–16,20: „Israel's response to Jesus", vgl. Structure x) und abschließend *der Gang nach Jerusalem und die Passionserzählung* („The Suffering, Death, and Resurrection of Jesus Messiah").[142] Kingsbury versteht das Evangelium demnach als *eine* Erzählung (*story*), die anhand einer dreifachen „topical outline" entfaltet wird (vgl. Structure xii.xxvi), wobei 4,17 und 16,21 den Leser auf die zwei „most important turning points of the story" aufmerksam machen.[143] Entscheidend an dieser Bestimmung des Evangeliums als *story* ist die *Integration der Redeeinheiten in die Erzählstruktur*, diese also nicht umgekehrt das Gliederungsprinzip für die erzählenden Teile darstellen.[144] Das hat für das Gesamtverständnis des Evangeliums in der Tat weitreichende Folgen, denn es ist die Person des Messias Jesus, des Sohnes Gottes, die durch das Medium des Evangeliums *erzählt* wird. Dagegen betonten die Studien, die ihren Ausgangspunkt bei den fünf Redeeinheiten nahmen, fast immer die didaktisch-paränetische Funktion des Evangeliums in Form einer neuen Tora, wie dieselbe inhaltlich bestimmt wurde. Die textinternen Zusammenfassungen in 24,14; 26,13, vgl. 4,23; 9,35, die das Wirken von Jesus unter das Leitmotiv „Evangelium (vom Königreich)" subsumieren, bleiben dabei unbeachtet. Es ist nach Kingsbury die falsche Gliederung der Exegeten, die aus dem Evangelium ein Gesetzbuch machte.[145]

Verbunden mit dieser dreifachen Erzählstruktur ist Kingsburys heilsge-schichtliche Konzeption, die er im Unterschied zu Trilling, Strecker, Walker u.a. jedoch nicht in einer *dreifachen Periodisierung* der Geschichte durch den Evangelisten sieht, sondern in einer *zweifachen*, nämlich die Zeit Israels und die Zeit Jesu, letztere von der Geburt bis zur Parusie reichend. Ein eigenes

---

[142] Vgl. Structure xxxvi.9.161: die einleitenden Verse 1,1; 4,17; 16,21 dienen als „superscriptions" des nachfolgenden Stoffes.

[143] Als Kritiker seines Ansatzes nennt er u.a. U. LUZ, Mt I 16 (xiii Anm. 7). Zur Abgrenzung gegenüber anderen Gliederungsstrukturen s. ebd. xv–xix. Ihnen wirft er in der Regel vor, dass sie zu wenig auf „formal indicators found in the text itself" achteten, wie er sie in 4,17 und 16,21 meint gefunden zu haben (xv, vgl. 7–9).

[144] Vgl. Structure xivf: „To repeat, significant as the great discourses of Jesus are, they are not the central element of Matthew's Gospel; instead, they are firmly embedded within the story Matthew tells of Jesus' life." So auch K. SYREENI, Making 75–119, vgl. 82: „The story and teaching of Jesus belong together and make the whole of the Gospel."

[145] Vgl. Structure 4f.

Zeitalter der Kirche lehnt Kingsbury ab.[146] Dem Zeitalter Jesu korrespondiert die auf die Kirche beschränkte, aber universalen Anspruch erhebende Königsherrschaft Gottes und der christologische Titel „Sohn Gottes"[147], die Parusie dagegen bringt den Menschensohn, das letzte Gericht und die universal sichtbare und verwirklichte Gottesherrschaft.

Im Gefolge von Kingsbury entstanden abweichende narratologische Analysen, die aber gleichfalls vom *story*-Charakter des Matthäus-Evangeliums ausgehen und damit von der Einbettung der Reden in den Erzählduktus. Ihnen zu eigen ist gleichfalls ein dreiteiliger Aufbau, Differenzen bestehen insbesondere in der Abtrennung des letzten Teiles.

H. J. Combrink teilt in 1,1–4,17 („the setting"), 4,18–25,46 („the complication") und 26,1–28,20 („the resolution")[148], während D. O. Via, Jr. den 2. Abschnitt erst mit 27,34 enden lässt und seine drei Teile mit „initial state", „process" und „goal" ebenfalls sehr formal benennt.[149] Davon abweichend versucht F. Matera nachzuweisen, dass das Evangelium eine Abfolge von „kernels" besitze, die jeweils von „satellites" umgeben seien und gemeinsam mit diesen die „narrative blocks" bildeten. Er erkennt als solche Erzähleinheiten 1,1–4,11; 4,12–11,1; 11,2–16,12; 16,13–20,34; 21,1–28,15; 28,16–20.[150]

Kingsbury weist zu Recht darauf hin, dass diesen Modellen eindeutige textinterne Hinweise fehlen (Structure xv), und so verwundert es nicht, dass sich seine Einteilung unter denen, die mit dem Instrumentarium des *literary criticism* arbeiten (aber nicht nur bei diesen), als am Überzeugendsten erwies und zahlreiche Anhänger fand.[151] Gleichwohl besitzt auch die von Bacon inspirierte, an den fünf Reden orientierte Einteilung weiterhin gewichtige

---

[146] Vgl. Structure xxvi.27–37.163: „Matthew, unlike scholars today, does not distinguish between the pre-Easter proclamation of Jesus and the post-Easter proclamation of the church. On the contrary, his great concern is to underline the continuity that he holds exists between the message of the earthly Jesus and the message of his church." Zu dieser Diskussion s.a. K. Syreeni, Making 114–119.

[147] Für Kingsbury ist Sohn Gottes „the most comprehensive title Matthew employs: it embraces every facet of the "life of Jesus" from conception, birth, infancy, and ministry to death and resurrection and exaltation" (Structure xxvii).

[148] The Structure of the Gospel of Matthew as Narrative, TynB 34 (1982), 61–90.

[149] Structure, Christology, and Ethics in Matthew, in: Orientation by Disorientation: Studies in Literary Criticism and Biblical Literary Criticism, FS W. A. Beardsless, hg. v. R. A. Spencer, Pittsburgh 1980, 199–215.

[150] The Plot of Matthew's Gospel, CBQ 49 (1987), 233–253.

[151] Vgl. die Liste von Autoren, die seine Einteilung ganz oder modifiziert übernommen haben in: Structure xvf Anm. 24; außerdem Ch. Landmesser, Jüngerberufen 6–9.30–33, der in 4,17 und 16,21 ebenfalls Überschriften sieht, aus denen die „Dreiteilung des Evangeliums" ablesbar ist (33). Zur Kritik an der einseitigen Orientierung an dieser Struktur s. K. Syreeni, Making 107–114.

Fürsprecher[152], ebenso wie die traditionelle, auf eine Gesamtstruktur ganz verzichtende Auslegung.[153]

In seinem zweiten Werk, *Matthew as Story*, verteidigt Kingsbury den gewählten Ansatz und vertieft ihn durch weitere Beobachtungen zur Menschensohn-Thematik, der Funktion der Redeeinheiten, sowie den Handelnden der Erzählung neben Jesus: seine Widersacher („The Antagonists of Jesus"), seine Jünger und schließlich die Gemeinde des Matthäus.[154] Theoretischer Ausgangspunkt für Kingsbury ist die Unterscheidung Seymour Chatmans in „Story and Discourse".[155]

Als „story" gilt dabei die »erzählte Geschichte«. Sie ist das, *was* man erzählt, im Unterschied zur »Erzählung« („discourse") als der Weise, *wie* man die Geschichte erzählt. Eine vollständige narratologische Analyse umfasst beide Ebenen: Die *story* wird befragt nach Temporalität, Handlung, Akteuren und Erzählrahmen, der *discourse* dagegen nach den Modi, die der Erzähler einsetzt, um das Berichtete zu einer Erzählung zu formen. Es geht also um die Mittel der narrativen Rhetorik: Welche Perspektive vertritt der (textinterne) Erzähler und wie versucht er dieselbe zu vermitteln.[156]

Angewandt auf das Matthäus-Evangelium heißt dies:

„The »story« of Matthew is of the life of Jesus from conception and birth to death and resurrection. The »discourse« of Matthew is the means whereby this story of Jesus' life is

---

[152] Zu nennen ist hier in erster Linie der Kommentar von DAVIES/ALLISON, vgl. aber D. C. ALLISON, Matthew: Structure, Biographical Impulse and the *Imitatio Christi*, in: The Four Gospels 1992, FS F. Neirynck, 3 Bde., hg. v. F. van Segbroeck u.a., BEThL 100, Leuven 1992, II 1203–1221, wo er einen am Wechsel von Erzählung („narrative") und Rede („discourse") orientierten Aufbau vertritt.

[153] Vgl. die Kommentare von W. WIEFEL; J. A. OVERMAN u. unten § 3 Anm. 3.

[154] Erkennbar am Aufbau des Buches: Das erste Kapitel dient der Analyse des Evangeliums als „story", dann folgen drei Kapitel zu den drei Teilen der matthäischen *story*. In fünf weiteren thematischen Kapiteln werden anschließend die oben genannten Themen abgehandelt.

[155] So der Titel seines Hauptwerks. Der Untertitel zeigt allerdings bereits die Problematik, die sich aus der Übertragung auf die Evangelien ergibt: Narrative Structure in Fiction and Film, Ithaca NY 1993 (urspr. 1978).

[156] Vgl. J. ZUMSTEIN, Narrative Analyse 17; G. SCHUNACK, Interpretationsverfahren 39. In etwas anderer Terminologie liegt diese zweifache Analyse der Arbeit von MARLIES GIELEN zu Grunde (s.o. Anm. 61), die in ihrer Analyse der Konfliktgeschichte zwischen Jesus und Israel anhand „der religiösen und politischen Autoritäten seines Volkes" (als dem zentralen *plot* der *story*) für jede behandelte Perikope drei „Kommunikationsniveaus" unterscheidet. Dabei entspricht das „Kommunikationsniveau 1" der erzählten Welt (d.h. der *story*), während „Kommunikationsniveau 2 ... sich auf die Ebene der erzählenden Figuren" bezieht (d.h. den *discourse*), „wobei die Kommunikation zwischen fiktivem Erzähler und fiktivem Adressaten erfolgt" (19). Sie belässt es aber nicht dabei, sondern fügt als „Kommunikationsniveau 3" die Beziehung „zwischen realem Autor und realen Erstlesern" ein, in der sie eine diachrone Analyse vorlegt und damit ein gelungenes Beispiel für die Verbindung von synchron-textorientierten und diachron-historischen Methoden vorlegt (23).

told. In simple terms, the »story« is »what« is told, whereas the »discourse« is »how« the story is told."[157]

Die Frage danach, *wie* eine Geschichte erzählt wird, führt mit einer gewissen Notwendigkeit über die rhetorische Erzählanalyse zu der Frage nach den Personen oder dem Kreis, *dem* eine Geschichte in einer bestimmten Weise erzählt wird. Aber damit nicht genug: Wenn eine Geschichte *für* jemand erzählt wird, um damit bei dem Rezipienten etwas auszulösen oder zu bewirken (denn dazu sind die rhetorischen Mittel gebraucht), dann ist nicht nur nach dem Leser und der von ihm erwarteten Reaktion zu fragen (das ist dann der Schritt zum *Reader-Response Criticism,* s.u. 2.2), sondern auch nach dem *Autor,* der für den *discourse* seiner *story* verantwortlich ist.

Um diesen Rückgriff auf die Autorintention vermeiden zu können, wird in der literaturwissenschaftlich orientierten Exegese – allerdings nicht bei Kingsbury – dem intratextuellen Erzähler ein »impliziter Autor« zur Seite gestellt (definiert als *intentio operis*), der allein aufgrund und innerhalb des Textes selbst kommuniziert und ohne den Text nicht existent ist.[158] Es ist die in der Tiefenstruktur des Textes verborgene Intention, die dieser künstlichen Figur zugeschrieben und als für die Erzählrhetorik verantwortlich gedacht wird, indem sie „die Beurteilung des Textes durch den Leser schweigend und indirekt lenkt", weshalb der implizite Autor auch häufig als „das moralische Zentrum" gilt.[159] Er ist als ein über- und vorgeordnetes Prinzip von dem (möglichen) intratextuellen Erzähler, der mit einer eigenen Stimme im Text zu Wort kommt, zu unterscheiden[160], doch erweist sich gerade diese Doppelung als Hauptkritikpunkt, weshalb Ansgar Nünning das *anthropo-*

---

[157] J. D. KINGSBURY, Story 3.

[158] Vgl. M. MAYORDOMO-MARÍN, Anfang 80–97 (Exkurs 1: Der „implizite Autor"). Das Aufkommen dieses narratologischen Konzepts sei nur zu verstehen „auf dem Hintergrund der Verbannung des historischen Autors durch die Hauptvertreter des anglo-amerikanischen New Criticism" (81). H. ANTOR definiert (in: Art. Autor, impliziter, MLLK 29) den impliziten Autor als „personalisierte Version einer Abstraktion, nämlich der Vorstellung, die sich der Leser bei der Lektüre des Textes von dessen Autor, vom »Erfinder« des Erzählers, und von dessen Wertesystem macht". Zur Anwendung auf das Matthäus-Evangelium s. D. B. HOWELL, Inclusive Story 161–203; R. A. EDWARDS, Portrait (s.o. Anm. 120), wobei beide Arbeiten erkennen lassen, dass der eigentliche Skopus auf dem impliziten Leser liegt.

[159] H. ANTOR, Autor 29.

[160] Die Konzeption vom impliziten Autor und – dadurch angeregt – auch vom impliziten Leser (s.u. 2.) bildet in gewisser Weise den Versuch, die drei klassischen Elemente des Kommunikationsmodells (Sender – Medium – Empfänger) *in* den Text selbst zu legen, vgl. das Modell von SEYMOUR CHATMAN bei M. MAYORDOMO-MARÍN, Anfang 84. Damit ist zwar die Autonomie des Textes formal gewahrt, allerdings unter Verlust der theoretisch unaufhörlichen Interaktion von drei *unabhängigen* Beteiligten, die mit je eigenem Recht und Anspruch an dem durch den Text vermittelten Kommunikationsgeschehen teilhaben. Es wird aber abschließend (s.u. 3.2) zu fragen sein, ob für *die* Evangelien das dreiteilige Modell überhaupt hinreichend die Kommunikation *des* Evangeliums zu erklären vermag.

morphisierte Konzept des impliziten Autors ablehnt bzw. durch ein von der Textstruktur bestimmtes Konzept ersetzen will.[161]

Für die biblische Exegese *kann* die Unterscheidung von historischem Verfasser, intratextuellem Erzähler und implizitem Autor als methodischer Schritt für bestimmte Texte durchaus sinnvoll sein, weil in der Tat nicht immer eindeutig ist, ob der textinterne Erzähler dieselben Werturteile propagiert wie sein Erzeuger bzw. er ein ungewolltes Eigenleben entwickelt.[162] Es ist auch von vornherein möglich, dass der reale Verfasser seine Botschaft als Gegenentwurf zu der des textinternen Erzählers entwickelt und *e contrario* ans Ziel gelangt. Das ist jedoch nur möglich, wenn er die 'wahre' Botschaft seines Textes so dem Text encodiert, dass der Leser dies auch gegen den Erzähler entdecken kann. In diesem Fall ist es die Lesersteuerung über den impliziten Autor, die an das erwünschte Ziel führt. Nur: auch dann bleibt die Intention des *historischen* Verfassers bestehen, der den impliziten Autor kreiert und diesen den Leser auf das gewünschte Ziel hinlenken lässt.[163] Die Notwendigkeit der Unterscheidung zwischen *historischem Autor* und *textinternem Erzähler* leuchtet als heuristische Aufgabe dagegen unmittelbarer ein, wenngleich auch sie in der Exegese keineswegs selbstverständlich ist.

Ein gutes Beispiel dafür ist 4Esra und seine Wirkungsgeschichte. Gestaltet als autobiographischer Text ist der textinterne *Erzähler* Esra (vgl. 1,1 u.ö.; das Buch ist durchgängig als Bericht in der 1. Person Singular geschrieben). Erst im letzten Vers, in der zweiten Hälfte von

---

[161] A. NÜNNING, Renaissance eines anthropomorphisierten Passepartouts oder Nachruf auf ein literaturkritisches Phantom? Überlegungen und Alternativen zum Konzept des *implied author*, DVfLG 67 (1993), 1–25. Zur Kritik s.a. M. GIELEN, Konflikt 20–22.

[162] So kann etwa die doketische Inanspruchnahme des Johannes-Evangeliums als Folge der textinternen Erzählstruktur (und d.h. eben als Erzeugnis des impliziten Autors) verstanden werden, die dem eigentlichen Anliegen des historischen Verfassers diametral entgegen läuft; selbst eine Zuschreibung des vierten Evangeliums an Kerinth war – wenngleich aus anderen Gründen – möglich, vgl. M. HENGEL, Die johanneische Frage, WUNT I/67, Tübingen 1993, 26–28, zur Vorliebe der Valentianer für dasselbe s. ebd. 37–51. Das vierte Evangelium hat in dieser Hinsicht sehr viel mehr Beanspruchungen und Infragestellungen erdulden müssen als die Synoptiker, obwohl auch diese keinen Verfasser angeben. Der Grund dafür liegt in der Art und Weise der Erzählung, d.h. der »implizite Autor« des vierten Evangeliums ist schwerer mit (s)einem historischen Verfasser in Einklang zu bringen, als dies bei den Synoptikern der Fall ist.

[163] Das betont F. JANNIDIS, Zwischen Autor und Erzähler, in: Autorschaft (s.o. Anm. 121), 540–556: „Die Sprache der Erzählinstanz, ihr Weltwissen, ihr Esprit, ihre Intelligenz und ihr Humor ... werden der Erzählinstanz als direkt qualifizierende Merkmale mit Symptomqualität zugeschrieben. Es ist offensichtlich unsinnig, sie in dieser Form dem Autor zuzuschreiben, da der Autor ja seine Erzählinstanz relativ beliebig wählen kann. Aber tatsächlich nur relativ, nämlich zur eigenen Kompetenz. Im Regelfall bildet der jeweilige Grad der Autorkompetenz die Grenze dessen, was die Erzählinstanz an Merkmalen hat. Die Erzählinstanz kann nicht eine andere Sprache sprechen, mehr Wissen haben, dauerhaft witziger und intelligenter sein als der Autor" (548f). Vgl. dazu auch ANNE BOHNENKAMP, Autorschaft und Textgenese, in: ebd. 62–79.

14,47, nachdem Esra berichtete, wie er alles aufgeschrieben hat, wechselt die Perspektive und ein zweiter Erzähler in der 3. Person berichtet vom Ende Esras. Die Schwierigkeit in der Auslegung des Buches bestand bzw. besteht bis heute darin, dass die Intention des historischen Verfassers (zumindest nach der überzeugenden Analyse durch Egon Brandenburger) nicht über das ganze Buch hinweg mit der des Erzählers Esra übereinstimmt, d.h. der zu Beginn eingeführte Erzähler vertritt nicht in allen Dingen die Position des Verfassers, sondern wird dazu erst im Laufe des Buches gebracht. Der Verfasser lässt also seinen Erzähler die Phasen durchlaufen, die er auch von seinen Lesern erwartet oder erhofft. Dazu schreibt Brandenburger: „Daß der Autor am Gesetz verzweifelte oder gescheitert sei, daß also der 4Esr die Ohnmacht des Gesetzes lehre, kann man wiederum nur behaupten, weil man den Verfasser mit jenem Seinsverständnis verwechselt, gegen das er seine Apokalypse richtet."[164]. Das abgelehnte „Seinsverständnis" ist jedoch dasselbe, das der Erzähler anfangs vertrat, während das geforderte am ehesten als das des impliziten Autors gewertet werden könnte. Dieser ist dann aber in seiner Intention nur noch undeutlich vom historischen Verfasser abzugrenzen.

Im Gegensatz dazu sind in den Evangelien intratextueller Erzähler und impliziter Autor in ihrer Absicht (und damit in ihrer Einwirkung auf den Leser, was zugleich ihre Erkennbarkeit durch denselben bedeutet) identisch, da beide dasselbe Wertesystem besitzen.[165] Eine Unterscheidung ist darum nur begrenzt sinnvoll, gleichwohl nicht völlig wertlos. Der intratextuelle Erzähler bei Matthäus ist beispielsweise dadurch gekennzeichnet, dass er sich aus dem Text heraus den Lesern zuwendet, indem er sie direkt anspricht und sich damit sowohl in der erzählten als auch in der empirischen Welt als präsent und kompetent zu erkennen gibt. Das beste Beispiel hierfür ist Mt 24,15 (par. Mk 13,14), der Appell aus dem Text heraus (als Stimme des Erzählers): „Wer das liest, der merke auf!"[166] Damit gibt der Erzähler zu verstehen, dass er auf der Seite Jesu steht und die erzählte Geschichte für seine Adressaten handlungsleitende Bedeutung besitzen soll. Gleichzeitig gilt aber auch, dass der *historische Verfasser* mit den Zielen des Erzählers übereinstimmt.

Wenn aber alle drei Erzählinstanzen dasselbe Ziel besitzen, was trägt dann eine solche Unterscheidung aus? Die Antwort ergibt sich m.E. aus der Beobachtung, dass „die narratologische Erforschung der Evangelien ... übereinstimmend das Bild eines allwissenden und zuverlässigen Erzählers für alle

---

[164] E. BRANDENBURGER, Die Verborgenheit Gottes im Weltgeschehen. Das literarische und theologische Problem des 4.Esrabuches, AThANT 68, Zürich 1981, 148–157 (153). Zu solchen Verwechslungen vgl. schon Quintilian, Institutio Oratoria II 17,5 (erwähnt bei M. MAYORDOMO-MARÍN, Anfang 93 Anm. 233).

[165] D. B. HOWELL, Inclusive Story 165: „The lack of distance between the two means that both narrator and implied author espouse the same system of values in Matthew."

[166] Auch in der Zeitangabe „bis zu diesem Tag" in 27,8; 28,15 verlässt der Erzähler die erzählte Welt und äußert sich im Hinblick auf die empirische Welt der extratextuellen Erzähladressaten, vgl. D. B. HOWELL, Inclusive Story 166.

vier Evangelien"[167] zeichnet, d.h. der implizite Autor besitzt einen auktorialen Mehrwert, der nicht ohne Abstriche auf den *historischen* Verfasser übertragen werden darf, der sich zwar als kompetent und zuverlässig erkennen lassen will, dessen 'Allwissenheit' jedoch ein erzählerisches Moment und keine persönliche Eigenschaft ist. Aber auch der *intratextuelle Erzähler*, der sich sowohl in der erzählten wie der empirischen Welt als präsent erweist, gibt sich gerade dadurch als Teil *beider* Welten aus und ist damit auch ihren Begrenzungen unterworfen. Einzig der implizite Autor (der von den beiden anderen Erzählinstanzen nicht getrennt, wohl aber unterschieden werden kann) ist keiner Beschränkung unterworfen und damit 'Gott'. Es stellt sich also die Frage, ob die literaturwissenschaftliche Chiffre des impliziten Autors nicht der Platzhalter für das ist, was theologisch als Inspiration bezeichnet wird, und der implizite Autor damit in einem letzten Sinn der Heilige Geist ist (vgl. 2Tim 3,16f: Die hier genannte Funktion der inspirierten „Schrift" deckt sich auffällig mit den Anliegen des ersten Evangeliums). Auch wenn man, wie es in Fortschreibung des ursprünglichen Konzepts des impliziten Autors häufig geschieht, diesen als *Imaginationsleistung des Lesers aufgrund des Textes* versteht[168], ist für die Evangelienexegese diese Gleichsetzung sinnvoll. Sie erklärt einerseits, wieso der historische Verfasser und der intratextuelle Erzähler mit dem impliziten Autor übereinstimmen und zugleich leiten diese

---

[167] M. MAYORDOMO-MARÍN, Anfang 97, mit entsprechenden Belegen Anm. 247. Zu Matthäus vgl. D. B. HOWELL, Inclusive Story 166–168: Der Erzähler in der dritten Person mit einem übergeordneten Standpunkt eignet sich am besten „for a narrative which is ostensibly historical" (167). Es bleibt aber festzuhalten, dass ein intratextueller Erzähler im Matthäus-Evangelium nirgends wirklich Kontur gewinnt.

[168] Vgl. M. MAYORDOMO-MARÍN, Anfang 91f (unter Verweis auf G. GENETTE) u. 95, wo er seine eigene Position beschreibt. Er schlägt vor, unter dem Terminus des impliziten Autors das Bild zu verstehen, dass sich die jeweiligen Rezipienten vom Autor eines Textes durch die im Text angelegten Hinweise bilden (95). Der heuristische Wert eines solchen Konzeptes wäre, „daß es hilft, deutlich zwischen einem »realen« und einem »aus dem Text erhobenen« Autor zu unterscheiden". Einschränkend fügt er jedoch gleich hinzu: „Der Unterschied zwischen beiden kann aber nicht absolut gesetzt werden, denn es ist immerhin die Sprache des realen Autors, die uns die Fährten für die textuelle Autorengestalt gibt" (ebd.). Im Hinblick auf die Inspirationslehre wäre der letzte Satz dann allerdings umzudrehen, indem „die textuelle Autorengestalt" den realen Autor leitete. Dass die frühen Rezipienten in den Evangelien einen göttlichen Autor erkannten (bzw. aufgrund der Lektüre imaginierten), spricht für dessen Vermögen (konnte doch der historische Verfasser darauf verzichten, sein Werk durch Aufweis eines göttlichen Beistandes bei der Abfassung zu legitimieren). Vgl. dazu auch die Überlegungen von U. H. J. KÖRTNER, dass „der von den biblischen Texten *implizite* Leser ein vom Geist Gottes *inspirierter* Leser ist", d.h. auch er sieht die Möglichkeit, die traditionelle Inspirationslehre im Rahmen der Leseerfahrung neu zur Sprache zu bringen (Der inspirierte Leser 16).

beiden (nachgeordneten!) Erzählinstanzen den »Leser« dazu an, nach dem eigentlichen »Autor« zu fragen.[169]

2. Rezeptionsästhetik und der »implizite Leser«

Der nächste Schritt der literaturwissenschaftlichen 'Befreiungsgeschichte' von der Herrschaft des Autors wandte sich, ausgehend von der rhetorischen Erzählanalyse, konsequenterweise dem Rezipienten bzw. Adressaten zu, der in der Regel als Leser des Textes bestimmt wurde, weshalb dieses Analyseverfahren häufig als *Reader-Response Criticism* bezeichnet wird.[170] Entstanden in den siebziger Jahren hat es sich seit den achtziger Jahren zunehmend auch in der exegetischen Diskussion etabliert. Damit wurde der Leser, nachdem er von der Autorintention emanzipiert worden war, nun zunehmend auch von der Textintention 'befreit', indem am Ende dieser Entwicklung nicht länger der Sinngehalt des Textes seine Rezeption bestimmt, sondern der Leser dem Text das entnimmt, was sich ihm durch seine *individuelle Situation* als bedeutsam einprägt bzw. noch radikaler, was er ihm entnehmen *will*. Damit ist nicht nur der historische Autor der Folgen (und Früchte) seines Textes beraubt (oder im Falle einer negativen Wirkungsgeschichte: entlastet), sondern auch der Text selbst: was immer jemand aus ihm macht, liegt allein in der Verantwortung des Rezipienten.[171]

Dabei sind allerdings zwei Schulrichtungen zu unterscheiden: Der *Reader-Response Criticism* (oder Rezeptionsästhetik) als einem kontrollierten, inter-

---

[169] Wie sich dieser »implizite Autor« zu Wort melden kann, belegt eindrucksvoll ein Zitat des italienischen Regisseurs Pier Paolo Pasolini, der in einem Interview gefragt wurde, ob sein Film über das Matthäus-Evangelium, den er aufgrund einer besonderen Lektüre-Erfahrung mit dem Text gedreht hatte, ein marxistisches Werk sei. Darauf antwortete Pasolini: „Ich würde Ihnen gerne sagen können: ja, es ist ein marxistisches Werk, aber ich kann es nicht sagen. Ich glaube zwar, daß es das in meinem Bewußtsein als Autor ist, und als ich das Matthäusevangelium gelesen habe, habe ich es als Marxist gelesen, wie sollte ich es sonst lesen? (...) meine Lektüre des Evangeliums konnte nur die eines Marxisten sein, aber gleichzeitig (...) gab es diese irrationale Faszination des Göttlichen, die das ganze Evangelium bestimmt. Das ganze Evangelium ist bestimmt von diesem ganz anderen Sinn, den ich ihnen als Marxist nicht erklären kann und den Sie auch nicht erklären können" (zit. b. Ulrike BRAUNER, Pier Paolo Pasolini: Il Vangelo secondo Matteo. Pasolinis Änderungen gegenüber Matthäus Oder: Der Hahn kräht nicht!, in: Wenn drei das Gleiche sagen – Studien zu den ersten drei Evangelien, hg. v. St. H. Brandenburger u. Th. Hieke, Theologie 14, Münster 1998, 178–216 [179]).

[170] Vgl. J. D. KINGSBURY, Reflections on 'the Reader' of Matthew's Gospel, NTS 34 (1988), 442–460; J. FREY, Der implizite Leser und die biblischen Texte, ThBeitr 23 (1992), 266–290; G. SCHUNACK, Interpretationsverfahren 38f.48–52.

[171] Vgl. dazu die Bemerkungen von M. MAYORDOMO-MARÍN, Anfang 94f.

subjektiv kommunizierbaren methodischen Verfahren und der Dekonstruktionismus.

a) In der als Reaktion auf den *New Criticism* und seine Kritik an allen extratextuellen Faktoren entstandenen Rezeptionsästhetik wird gefragt, wie der Text, verstanden „als Netzwerk von an den Rezipienten gerichteten Appellstrukturen"[172], den Leser steuert und zu einer bestimmten Haltung, Sichtweise oder Handlung animieren will. Dahinter steht die Überzeugung, dass der Text nicht *an sich* ist, sondern nur in Bezug auf seine Rezipienten und sich die Bedeutung bzw. der Sinn eines Textes nur für und am Lesenden vollzieht. Das Vorverständnis[173] bzw. der Erwartungshorizont des Lesers sind notwendige Voraussetzungen der verstehenden Aneignung. Die damit verbundene Gefahr (bzw. für den Dekonstruktionismus: die damit verbundene Chance) der völlig subjektiven Lektüre ist dabei nicht zu verkennen, da nach Wolfgang Iser der *reale* Leser die „literarische Unbestimmtheit" des Textes „immer nur aus seinem historischen Erwartungshorizont heraus konkretisieren" kann[174].

Der Autor kann diesen Prozess zwar in eingeschränktem Maß durch den textimmanenten »impliziten Leser« beeinflussen, der gleichsam den vom Autor intendierten Idealleser prädisponiert[175], so dass er in die Lage versetzt

---

[172] H. ANTOR, Art. Rezeptionsästhetik, MLLK 458–460 (459).

[173] Hier macht sich der Einfluss von H.-G. GADAMERs Aufweis von der Notwendigkeit eines positiven Vorverständnisses bemerkbar, da ein solches kreativ auf die Rezeption des Textes wirkt, vgl. DERS., Hermeneutik I: Wahrheit und Methode, Gesammelte Werke Bd. 1, Tübingen [5]1986, 270–312; außerdem J. FREY, Leser 278f.

[174] H. ANTOR, Rezeptionsästhetik 459, vgl. DERS., Art. Unbestimmtheit, literarisch, MLLK 548. Das Konzept besagt, dass „fiktionale Texte in ihren Bestandteilen nie völlig bestimmt im Sinne einer einzig möglichen interpretativen Realisierung, Aktualisierung oder Konkretisierung sind". Das Kunstwerk gilt dabei als „prinzipiell unfertig", weil es „erst noch durch den Akt der Konkretisation im Sinne der Aktualisierung potentieller Elemente vollendet werden" muss. Vgl. a. W. ISER, Die Appellstruktur der Texte. Unbestimmtheit als Wirkungsbedingung literarischer Prosa, Konstanzer Universitätsreden 28, Konstanz [4]1974 ([1]1974; auch in: Rezeptionsästhetik, hg. v. R. Warning, UTB 303, München [4]1994, 228–252).

[175] Vgl. J. FREY, Leser 269f: Die Auswahl des Textrepertoires und seine Neuorganisation stellt das „Wirkungspotential" des Textes dar, wodurch er „Aufmerksamkeit *weckt*, die Art des Zugangs *lenkt* und den Rezipienten *zum Reagieren veranlaßt*". Das von Frey übernommene Zitat ist W. ISER, Der Akt des Lesens 101, entnommen (Hhg.RD.). Was hierin als Subjekt dem Text zugeschrieben ist (und damit die kursiv hervorgehobenen Verben), ist die Leistung des Autors, der dem Text sein „Wirkungspotential" verleiht, auch wenn er die Entfaltung dieses Potentials weder bestimmen noch begrenzen kann, da der Text als Text eine Eigendynamik entwickelt: Mit PAUL RICOEUR muss grundlegend zwischen mündlicher Rede und schriftlichem Text unterschieden werden: „Was der Text bedeutet, fällt nicht mehr mit dem zusammen, was der Autor sagen wollte. Wörtliche, d.h. *Text* gewordene, und nur gedachte oder psychologische Bedeutung haben von nun an unterschiedliche Schicksale", so in: Philosophische und theologische Hermeneutik, in: DERS./E. JÜNGEL, Metapher. Zur Hermeneutik religiöser Sprache, München 1974, 24–45 (28 [Hhg.Orig.]).

ist, das vom Verfasser ausgewählte und ausgebreitete Textrepertoire sachgemäß aufzunehmen und anzuwenden.

Diese Annäherung von *implizitem* und *intendiertem* Leser geht allerdings über Iser hinaus, ist in der Rezeption seines Ansatzes jedoch gelegentlich zu beobachten.[176] Das hängt damit zusammen, dass der von ihm eingeführte implizite Leser keine wirklich lesende Person ist, sondern ein aus der Stuktur des Textes erhobenes Konzept darstellt, „durch die der Empfänger immer schon vorgedacht ist". Er ist eine „strukturierte Hohlform", mit der die „Aktualisierungsbedingungen" (wobei die Aktualisierung die Aufgabe des realen Lesers darstellt) *vorgeprägt* werden, „die es erlauben, den Sinn des Textes im Rezeptionsbewußtsein des Empfängers zu konstituieren".[177] Die durchgängig passivischen Formulierungen bei Iser verweisen auf sein Bemühen, aus diesem Konzept die Autorintention völlig fernzuhalten. Der *Text* allein ist es, der eine solche „strukturierte Hohlform" im Sinne eines „Rollenangebot[s] des Textes" an den realen Leser anbietet und diesem damit eine „Leserrolle" offeriert, mit deren Übernahme er die vom Text gewollte Bewegung praktiziert.[178] Die Schwierigkeit der Unterscheidung von implizitem und dem vom Autor imaginierten, intendierten oder erhofften Leser hat dazu geführt, dass das gesamte Konzept des impliziten Lesers (wie das des impliziten Autors, s.o. Anm. 161) in der narratologischen Diskussion inzwischen ernsthaft in Zweifel gezogen wird.[179] Statt dessen wird überlegt, von der „Gesamtstruktur eines Textes" anstelle des anthropomorphisierten Konstrukts des impliziten Lesers zu reden. Dass hinter diesem Rollenangebot des Textes (zumindest) *auch* der Autor desselben steht, bleibt aus methodischen Gründen in der Regel ausgeblendet. Für die Gesamtinterpretation eines Textes wird man jedoch von der Befragung der Autorintention nicht absehen können.

Im Übrigen ist darauf zu achten, worauf Mayordomo-Marín völlig zu recht verwiesen hat, dass das Konzept des impliziten Lesers „nicht im Mittelpunkt der Wirkungsästhetik" und des Gesamtduktus von Iser steht.[180]

Das schon ältere Konzept des aus vielen Einzellesern kumulativ konstruierten »Archilesers« von Michael Riffaterre, einem der Väter des *Reader-Response Criticism*, stellt einen wichtigen Ansatz dar, um der Gefahr eines

---

[176] Vgl. J. FREY, Leser 286; M. MAYORDOMO-MARÍN, Anfang 68, die beide auf Umberto Ecos Konzept des „Modell-Lesers" als Parallele verweisen. Dieser stellt zunächst ebenfalls eine „Textstrategie" und keinen realen Leser dar, wenngleich Eco deutlicher als Iser darin den vom Autor anvisierten und erhofften *realen Leser* sieht, vgl. MAYORDOMO-MARÍN, ebd. 48f, zur verbleibenden Kritik 50f. Zur weitgehenden Gleichsetzung von idealem u. implizitem Leser s.a. D. B. HOWELL, Inclusive Story 209f.

[177] Alle Zitate aus W. ISER, Akt 61, vgl. dazu J. D. KINGSBURY, 'The Reader' 454–459; J. FREY, Leser 272–274; M. MAYORDOMO-MARÍN, Anfang 66–68.

[178] Vgl. W. ISER, Akt 241: „Der Leser bestimmt zwar nicht, was der Sinn ist; indem er ihm jedoch die Bedingung seiner Aktualisierung schafft, vermag er das zu erfassen, was ihm zu produzieren aufgegeben war."

[179] Vgl. M. WINKGENS, Art. Leser, impliziter, MLLK 310. M. MAYORDOMO-MARÍN, Anfang 97, kommt nach seiner ausführlichen u. würdigenden Darstellung Isers zu dem Befund, vom impliziten Leser lediglich im Sinne des im Text codierten „Erzähladressaten" zu sprechen, dem durch die Textstrategie eine bestimmte Rolle – und zwar vom Autor – zugedacht ist, vgl. a. ebd. 142f.

[180] Anfang 68.78f.

völligen Subjektivismus entgegen zu treten.[181] Eine weitere Instanz, die verhindert, dass der Rezeptionsprozess völlig relativ oder gar arbiträr wird, sind die von Stanley Fish in die Diskussion eingeführten „Interpretationsgemeinschaften"[182], die jedoch ihrerseits bereits wieder einen Versuch darstellen, den von Fish eine Zeit lang selbst favorisierten Subjektivismus, wonach jeder Leser seinen eigenen Text kreiert, wieder einzugrenzen. Indem Fish diese Interpretationsgemeinschaften mit einer institutionellen Professionalisierung verbindet (und damit weitgehend an die Universitäten und entsprechend ausgebildete Literaturwissenschaftler verweist), ist zwar einerseits die Autonomie der Rezipienten und Rezeptionsstrategien gegenüber dem Text gewahrt und damit die Idee einer 'richtigen' Interpretation negiert (worin er mit dem Dekonstruktionismus übereinstimmt), andererseits ist die Möglichkeit eines gemeinsamen Verstehens damit *nicht* negiert.

b) Noch einen Schritt weiter gehen dagegen die Literaturwissenschaftler, die grundsätzlich alle objektivierenden Verfahren und eine im Text vorfindliche Eigenwelt ablehnen und statt dessen nur die vom individuellen Leser konstruierten Bedeutungsstrukturen akzeptieren. Insbesondere der auf Jacques Derrida zurückgehende poststrukturalistische Dekonstruktivismus[183] ist hier zu nennen. Als »Dekonstruktion« wird dabei das literarkritische Analyseverfahren bezeichnet, das aufgrund der „irreduziblen Mehrdeutigkeit ... der kulturellen Zeichenaktivität" von einem unabschließbaren Prozess ausgeht und sich gegen die 'westliche', logozentrische Tradition des Denkens und der

---

[181] Vgl. M. MAYORDOMO-MARÍN, Anfang 32–36. Eingesetzt wird das theoretische Konzept des „Archilesers", um die Summe der textimmanenten Stimuli zu eruieren. Praktisch ist es ein Verfahren, mittels dessen unterschiedliche Rezeptionsweisen eines Textes verknüpft werden um festzustellen, inwieweit sie durch dieselben Textpartien evoziert wurden. Der Ausgangspunkt ist dabei die Stilanalyse, die Riffaterre unabhängiger von persönlichen Werturteilen machen wollte. Sein Bemühen galt dem angemessenen Verstehen des Textes, da er – entgegen der Mehrheitsmeinung innerhalb der Rezeptionsästhetik – den Leser eindeutig vom Text dominiert sein lässt (ebd. 35), vgl. F. MOSTHAF, Art. Riffaterre, Michael, MLLK 467.

[182] Vgl. M. MAYORDOMO-MARÍN, Anfang 103–120. Im Konzept der Interpretationsgemeinschaften bleibt das Grundaxiom, wonach der Leser den Sinn eines Textes konstituiert und derselbe keine normierende Instanz besitzt, jedoch gewahrt. Die Perpetuierung des Neulesens bei gleichzeitiger Diskursfähigkeit (im Sinne intersubjektiver Kommunikation) wird jedoch dadurch ermöglicht, dass sich die „Auslegungsgemeinschaften" (so übersetzt Mayordomo-Marín „interpretive communities") in einem unaufhörlichen und grundsätzlich unentscheidbaren Streit mit anderen Auslegungsgemeinschaften befinden. Unter Auslegungsgemeinschaften versteht Fish Lesergemeinschaften, die einen Text in derselben Weise re-konstruieren, weil sie sich gemeinsamen Konventionen verpflichtet wissen; s.a. H. ANTOR, Art. Interpretationsgemeinschaft, MLLK 240.

[183] Vgl. G. SCHUNACK, Interpretationsverfahren 52–55; H. ZAPF, Art. Dekonstruktivismus, MLLK 83–86; H. BERRESSEM, Art. Poststrukturalismus, MLLK 439f; TH. A. SCHMITZ, Literaturtheorie 126–154.

Textauslegung wendet. *Offenheit* und *Vieldeutigkeit* werden als Ideale der vereindeutigenden Interpretationstradition (bei der der 'Sinn', die 'Bedeutung' oder 'Wahrheit' eines Textes entweder in der *intentio auctoris* oder *operis* gefunden werden) entgegengesetzt, da – so der Vorwurf – das vorgebliche Streben nach eindeutiger Erkenntnis oder 'Wahrheit' häufig „nur ein Interesse der Machtausübung und der ideologischen Realitätskontrolle" darstellte.[184] Die Texte dienen in der dekonstruktivistischen Analyse den Lesenden nicht dazu, die Intention des Autors oder des Textes zu reproduzieren oder zu reaktualisieren. Sie dienen stattdessen als Spielmaterial für neue Einsichten, für Ein-Fälle und Horizontaufreißungen, die sich beim Lesen ergeben. Die freie Assoziation, das spielerische Verbinden mit anderen Texten (Intertextualität) sowie Wortspiele und Paronomasien sind wichtige interpretatorische Mittel. Ihre begrenzte Mitteilbarkeit und Nachvollziehbarkeit durch andere sichert sie vor einem allgemeinen Verstandenwerden – und bewahrt so das Konzept der Bedeutungslosigkeit des Textes an sich. Das aber ist der wirksamste Schutz gegen den Missbrauch eines Textes oder seiner erhobenen Bedeutung zur Legitimierung von Macht oder Herrschaft.

Es ist ein antihierarchischer und emanzipatorischer Impetus, der die Vertreter dieser Richtung, die sehr verschiedene Elemente in sich schließt, miteinander verbindet. Im Bereich der Exegese ist der Dekonstruktivismus bislang nicht allzu weit verbreitet, er spielt allerdings in befreiungstheologischen und feministischen Ansätzen eine gewisse Rolle.[185]

2.1 David B. Howell, *Matthew's Inclusive Story (1990)*

Eine der ersten Arbeiten, die über Kingsbury hinaus auch die Methodik des *Reader-Response Criticism* auf das Matthäus-Evangelium anwandte, ist die Dissertation von David Howell. Der Untertitel *A Study in the Narrative Rhetoric of the First Gospel* zeigt bereits an, dass hier der Hörer bzw. Leser des Evangeliums stärker in den Blick genommen wird, als dies bei den Arbeiten des *literary criticism* der Fall war. Die voran gestellte Forschungsgeschichte endet darum nicht zufällig mit Kingsbury, der als abschließender Vertreter der heilsgeschichtlichen Interpretationslinie vorgestellt wird, weil er den Text immer noch zu sehr in Bezug auf das historische Geschehen und zu wenig im Hinblick auf den Rezipienten verstehe, den der implizite Autor durch seine Erzählung in diese hineinziehen will.

---

[184] H. ZAPF, Dekonstruktion, MLLK 82f.

[185] Vgl. E. M. WAINWRIGHT, Towards a Feminist Critical Reading of the Gospel according to Matthew, BZNW 60, Berlin u. New York 1991, 17–25, sowie den kurzen Überblick bei M. MAYORDOMO-MARÍN, Anfang 146f.

Howell macht darauf aufmerksam, dass in den Evangelien, wo der Unterschied zwischen implizitem Autor und intratextuellem Erzähler marginal ist, auch die Differenzierung ihrer jeweiligen Abbilder auf Seiten des Empfängers, nämlich des impliziten Lesers und des intratextuellen Erzähladressaten („narratee"), keine große Rolle spielt. In seinem Kapitel „The Implied Reader in Matthew's Inclusive Story" zeigt er, dass es gleichwohl sinnvoll sein kann, den textinternen Leser/Rezipienten sowohl von den historischen Adressaten wie von einzelnen Gruppen innerhalb der erzählten Welt des Evangeliums zu unterscheiden. Seine Kritik richtet sich vor allem darauf, in den »erzählten« Jüngern Jesu die 'Platzhalter' für die Gemeinde des historischen Verfassers zu sehen, für die er sein Evangelium schrieb. Denn diese Gleichsetzung habe zur Konsequenz, dass (allein) deren Verhalten für den historischen Leser als nachahmenswertes Vorbild gelte, ohne dass ausreichend begründet sei, ob dies auch die Sicht des Erzählers sei. Dagegen hilft die Suche nach dem impliziten Leser „as the embodiment of the response Matthew was aiming at when he composed his Gospel"[186] zu erkennen, welche Werte und Normen der Erzähler durch seine *story* so kommunizieren will, dass sich davon im Idealfall auch der reale Leser leiten lässt. Der *implizite Leser* hat dabei den großen Vorteil gegenüber den erzählten Charakteren der Geschichte, dass der Erzähler ihn an seiner Perspektive und Kenntnis teilhaben lässt, ihm bestimmte Ereignisse kommentiert und Hintergrundinformationen liefert, die auf der Ebene der erzählten Welt den Handelnden so *nicht* zur Verfügung stehen (und nebenbei, auch nicht den historischen Personen, deren Geschichte erzählt wird). Beispielsweise weiß der implizite Leser über Jesus schon sehr viel mehr als die Jünger, wenn diese ihm erstmals im Evangelium begegnen (Mt 4,18–22), weil er über die Genealogie, Geburt, die Taufe und das Gespräch mit dem Täufer und den Verweis auf die erfüllten Schriftzitate bereits vorinformiert ist. Aus diesem Grund sei es falsch, eine bestimmte „character group" der Erzählung mit der vom Autor angesprochenen Gruppe zu identifizieren:

„No character group in the Gospel can thus be simply equated with the readers of the evangelist's community who are said to be included in the story. The Christian in Matthew's church would probably correspond more closely to the implied reader. It is to this figure that Matthew as narrator speaks and conveys information not available to any character in the story world of the Gospel, some of which is based in part upon the experiences of the post-Easter church."[187]

---

[186] D. B. HOWELL, Inclusive Story 210, vgl. J. D. KINGSBURY, Story 36; DERS., 'The Reader' 448–454.

[187] D. B. HOWELL, Inclusive Story 216f.

Dieses Konzept ermöglicht es, dass der reale Leser nicht nur die Jünger als Identifikationsfigur wählt bzw. im Sinne des Autors wählen soll, sondern er überall da zu einer positiven Reaktion angeleitet wird, wo ihm der Erzähler eine solche positiv zu besetzende „Hohlform" anbietet. Darum kann Matthäus beispielsweise das Unverständnis der Jünger und ihren Unglauben scharf attackieren (Mt 17,16f, vgl. 16,23), ohne dass dies seinen erzählerischen Interessen entgegenläuft.[188] Als Ziel des Erzählers ergibt diese Analyse, dass sich der implizite Leser, vermittelt durch die verschiedenen Akteure der Handlung, die als positive oder negative Identifizierungsangebote geschildert sind, an Jesus selbst als „model of righteousness"[189] orientiert, wenn er dem Angebot des impliziten Autors folgt.

Mit diesem einlinigen Ergebnis beraubt Howell seine Analyse allerdings ihres heuristischen Potentials, denn das vom Evangelium encodierte Ideal ist ja gerade nicht die Kopie *eines* Protagonisten der Erzählung in der Lebenswirklichkeit des realen Lesers (dann hätte er nur die Jünger als nachahmenswertes Vorbild durch Jesus ersetzt), sondern *eine Summe verschiedener Verhaltensweisen*, die – neben den Jüngern – u.a. von Josef (vgl. Mt 1,24), dem römischen Centurio (Mt 8,8–10), dem rechten Hörer des Gleichnisses vom Sämann (Mt 13,23), der kanaanäischen Frau (Mt 15,28) bis hin zur Frau des Pilatus (Mt 27,19) und dem römischen Hauptmann unter dem Kreuz (Mt 27,54) verkörpert werden und also sowohl historische wie rein erzählerische Figuren umfassen kann. Von diesen wiederum sind nicht alle berichteten Eigenschaften oder Verhaltensweisen in gleicher Weise auf eine *imitatio* in der extratextuellen Welt angelegt.

Zudem kann auch mit Mitteln der traditionellen Exegese gefragt werden, ob für den Evangelisten wirklich Jesus das maßgebliche und nachzuahmende

---

[188] Vgl. D. B. HOWELL, Inclusive Story 217.229–236. Dazu kommt, was bisher nicht bedacht wurde, dass es auf diese Weise dem historischen Autor möglich ist, die *erzählte* Geschichte in *Übereinstimmung* mit dem tatsächlich Geschehenen zu berichten, ohne bestimmte Sachverhalte kaschieren zu müssen, um seine intendierte Leser-Identifikation durchhalten zu können. Zugleich ermöglicht diese Betonung von Stärken und Schwächen, einschließlich des Versagens der Jünger, das Festhalten einer Theologie des „simul iustus et peccator" (vgl. E. JÜNGEL, Rechtfertigung 183–190), indem gerade die *mt Erzählstruktur* (und damit die des Evangelisten, dem immer wieder der Vorwurf des Perfektionismus und der Heilssicherung durch das eigene Tun vorgehalten wird) hinsichtlich der Jünger deutlich macht, dass nicht ihre Vollkommenheit, sondern ihre Berufung und Beauftragung durch Jesus sie zu ihrem Sein qualifiziert. Vgl. dazu etwa die abschließende Charakterisierung dessen, wie Jüngersein im ersten Evangelium encodiert ist, bei R. A. EDWARDS, Portrait of Disciples 143. Für die Konflikterzählungen vgl. M. GIELEN, Konflikt, die zu zeigen vermag, dass die erzählerische Nuancierung der „religiösen und politischen Autoritäten" Israels ebenfalls vielfältiger ist, als vielfach dargestellt, ohne dass damit ein ahistorisches Konstrukt verbunden ist.

[189] D. B. HOWELL, Inclusive Story 247, vgl. dazu das abschließende Kapitel 6: „Jesus as Exemplary for Discipleship" (249–259).

„model of righteousness" ist. Gleichwohl weist Howell zu Recht darauf hin, dass an diesem Punkt *der implizite Leser vom realen Leser eingeholt wird.* Denn die erzählerische Funktion des impliziten Lesers ist nur dann erfüllt und realisiert, wenn reale Leser in seine Rolle schlüpfen und in ihrer eigenen Realität tun, was der implizite Leser nur textuell vorzubilden vermochte.[190]

Genau an diesem Übertritt vom impliziten zum realen Leser setzt die Arbeit von Moisés Mayordomo-Marín ein, der mit seiner Arbeit über Mt 1–2 Anregungen und Hilfestellungen „zu einem operativen Modell für die rezeptionskritische Evangelienexegese" liefern will.[191]

2.2 Moisés Mayordomo-Marín: Vom »impliziten Leser« zum realen Erstleser

Mayordomo-Marín kommt das Verdienst zu, das komplexe Phänomen der Rezeptionsästhetik für die neutestamentliche Wissenschaft vorbildlich und nachvollziehbar im ersten Teil seiner Dissertation aufgearbeitet zu haben. Die zahlreichen Verweise im Voranstehenden auf sein Buch zeigen, wie viel auch diese Auseinandersetzung seiner Vorarbeit verdankt.

Im zweiten Teil seiner Arbeit geht er dazu über, ein eigenes Modell vorzustellen, das die theoretischen Ansätze der Leserperspektive aufnimmt, diese aber stärker als bisher mit den historischen Fragestellungen der klassischen Exegese verbindet. Er betont einleitend, dass er damit „nur eine mögliche Spielart leserorientierter Exegese" vorführt, „ohne den Anspruch zu erheben, daß dies die einzige oder die beste Fassung dieser äußerst komplexen und vielfältigen Fragestellung ist"[192]. Mayordomo-Marín gruppiert zunächst die verschiedenen möglichen Leserkonstrukte, indem er *intra-* („Leser im Text") und *extratextuelle* Leser („Leser vor dem Text"), und bei letzteren wiederum zwischen denen, die synchron zum Text (= zeitgenössische, intendierte oder historische Leser) und solchen, die diachron zu ihm stehen (= spätere Rezipienten, moderne, auch empirisch fassbare Leser), unterscheidet (Anfang 136). Das besondere Interesse Mayordomo-Maríns gilt dabei der *historischen Rezeptionsästhetik*, wie sie Hans Robert Jauß (1921–1997) in die Theoriedis-

---

[190] D. B. HOWELL, Inclusive Story 243; J. D. KINGSBURY, 'The Reader' 460: „In Matthew, the initial, rudimentary picture one gets of the implied reader is that he or she is a disciple of Jesus whose peculiar place in time is beyond the resurrection but short of the parousia (27. 15; 28. 15; cf. 24. 15). Situated at this place, the implied reader is told by the implied author the past story of Jesus of Nazareth, fully understands it, and responds appropriately to it." Kingsbury macht daran anschließend darauf aufmerksam, dass das Herausarbeiten des impliziten Lesers seine Fortsetzung finden kann in der Frage nach dem historischen Autor und den von ihm intendierten Lesern sowie nach dem Verhältnis der erzählten Welt zur „real world of the first evangelist".

[191] Anfang 132ff.

[192] Anfang 135.

kussion eingeführt hat.[193] Ihm ging es u.a. darum, „einen Zugang zu der ... Erfahrung zu gewinnen, die der historisch erste Adressat des Textes in seiner Lektüre gemacht haben kann"[194]. Übertragen auf die Evangelienrezeption heißt dies, dass es aus Mangel an Quellen zwar keinen Zugang zu der Erst-Rezeption geben kann, dass man sich dieser aber aus drei Richtungen annähern kann, nämlich (1.) über „die allgemeine Geschichte des Urchristentums", (2.) über „die Auswertung alter Rezeptionsdokumente", d.h. frühe Auslegungen, Zitate, textkritische Varianten und (3.) schließlich über „die textuelle Erschließung der intendierten Leserschaft". Während die ersten beiden Schritte extratextuelle Zugänge darstellen, ist die dritte Weise der Annäherung intratextuell. Damit ist methodisch die Forderung nach einer Integration von synchronen und diachronen Erklärungsschritten erhoben, und Mayordomo-Marín verweist mit Recht darauf, dass in den meisten Konzepten des *Reader-Response Criticism* zwar historische Gesichtspunkte aus der Zeit der Textentstehung vorkommen, diese jedoch selten in den Vordergrund gestellt werden, weil dadurch die Gefahr besteht, in historistische Auslegungskategorien zurückzufallen:

„Für den frühen FISH ist die zeitgenössische Leserschaft grundlegend, bei ECO hängt die enzyklopädische Kompetenz mit den sozio-kulturellen Faktoren zur Zeit der Textentstehung zusammen, ISER stellt mit seinem Begriff des Textrepertoires einen Bezug zur außerästhetischen Realität her, und JAUSS ist ohnehin primär an konkreten Rezeptionsdokumenten interessiert. Leserorientierte Interpretation will daher gar nicht die geschichtliche Fragestellung überwinden, sondern nur ein bestimmtes positivistisches Verständnis von Geschichtswissenschaft."[195]

Das Modell des »impliziten Lesers« übernimmt Mayordomo-Marín in einer abgewandelten Form, indem er darunter ausschließlich das „Rollenangebot des Textes" versteht, wobei er die Benennung als „Textstrategie" der anthropomorphen Redeweise vorzieht (142f; s.o. Anm. 161).

Ein entscheidendes Moment für die Rekonstruktion der Erstlektüre stellen die den Lesern zugetrauten „Kompetenzen" dar (151–163). Wichtig für deren Erkennen sind auf der inhaltlichen Ebene Bezugnahmen auf gemeinsame Erfahrungen (etwa durch ein 'wir', das Autor und Leser verbindet), Verweise auf andere Texte (die damit vom Verfasser als auch seiner Leserschaft

---

[193] Vgl. Anfang 51–65, zur Darstellung seines Konzepts und 138–142 zur Übernahme in MAYORDOMO-MARÍNs eigenem Ansatz. Zu Jauß s. einführend auch G. MÜLLER-OBERHÄUSER, Art. Jauß, Hans Robert, MLLK 250f.

[194] H. R. JAUSS, Ästhetische Erfahrung und literarische Hermeneutik, stw 955, Frankfurt a.M. 1982, 690, zit. b. M. MAYORDOMO-MARÍN, Anfang 63.

[195] Anfang 140, vgl. zur Diskussion der genannten Faktoren ebd. 43 (Fishs informierter Leser und dessen sprachliche und literarische Kompetenz, die es ihm erlaubt, die historische Verankerung eines Textes zu erkennen); 51 (Ecos enzyklopädische Kompetenz); 69f.79 (Isers Textrepertoire; s. dazu auch J. FREY, Leser 269f).

bekannt vorausgesetzt sind, im Falle von Matthäus „Gesetz und Propheten" bzw. die eindeutig markierten Textzitate), Fragen, die auf ein außertextuelles Wissen verweisen und Erklärungen des Autors, die erkennen lassen, was er für seine Leser für erklärungsbedürftig hält. Auf der sprachlichen Ebene können das literarische Niveau und Raffinement, Wortspiele u.ä., einen Hinweis auf das dem Verfasser vor Augen stehende Publikum sein.

Ein weiterer zu klärender Punkt ist die genaue Abgrenzung dessen, was als „Erstlektüre" bezeichnet wird. Mayordomo-Marín erinnert daran, dass „der Evangelientext kein absolutes Novum für die Erst-Rezipierenden" darstellte, weil ihnen *schriftliche oder mündliche Überlieferungen* schon vorher bekannt waren. Das aber bedeutet, dass die Lektüreerfahrung nicht in erster Linie durch die *story*, d.h. die erzählte Geschichte, sondern durch Art und Weise der Erzählung (*discourse*) ausgelöst wird:

> „Von daher hat die Erst-Rezeption bereits den Charakter einer *relecture*, obwohl durch die Reorganisation des zum Teil bekannten Inventars der Text ein neues Wirkungspotential entfaltet, weil sich den Rezipierenden in der vorliegenden Textgestalt neue Kombinations-möglichkeiten eröffnen."[196]

Gleichwohl erscheint mir auch diese Ausweitung der Leseerfahrung noch als zu *text*orientiert in dem Sinn, dass der Text als primärer Deutungsträger und Inspirator gesehen wird, obwohl er historisch gesehen in der Situation der Erst-Rezipienten eben nicht primär als schriftlicher »Text« (der mittels eines *discourse* eine *story* vermittelt), sondern als Medium einer extratextuellen Botschaft verstanden wurde, die ihre Bedeutung den Rezipienten schon eingestiftet hat. Die »Lektüre« (auch das ist ein der historischen Situation unangemessenes Wort) ist also Erinnerung, Vertiefung und Fortsetzung von etwas schon Gegebenem, mit dem sie interagiert, sie ist jedoch nicht gleichsam die 'Ursprungserfahrung'.[197] Das scheint mir aber eine der Prämissen dieses Analyseverfahrens zu sein, indem „die Linearität der Lektüre" als Argument „gegen Strukturanalysen, Gliederungen und Aufbaukonzepte, die bereits das Ganze im Blick haben", ins Feld geführt wird (ebd. 367). Für den impliziten Leser mag ein solches lineares Konzept durchführbar sein[198], ob damit allerdings die Erfahrungen und Einsichten eines realen Erstlesers auch nur annähernd aufgezeigt werden können, erscheint mir zweifelhaft.

---

[196] Anfang 156. Auch M. GIELEN, Konflikt 17, beschreibt als Ziel ihrer Analyse „ein besseres Verständnis der Kommunikation zwischen dem Autor und seinen Erstlesern über das Thema des Konflikts Jesu mit den religiösen und politischen Autoritäten seines Volkes."

[197] Das sieht M. MAYORDOMO-MARÍN durchaus, s. Anfang 369f, vgl. 156.

[198] Die Arbeit von R. A. EDWARDS, Portrait of Disciples, kann hierfür m.E. als Beispiel dienen, indem sie streng in der intratextuellen Welt verbleibt.

Darum ist die Frage zu stellen, ob *story* und *Leser* neben der intratextuellen Analyse auch für die historische Evangelienrezeption hinreichende und angemessene Zugangsweisen sind.

3. Story *und »Leser« als historisch fragwürdige Kategorien der Evangelienexegese*

3.1 Literaturwissenschaftliche und historische Exegese: Eine Problemanzeige

Die Vertreter der literaturwissenschaftlichen Methoden aus dem Bereich der Narratologie und des *Reader-Response Criticism* erheben in der Regel keinen exklusiven Anspruch auf die 'richtige' Auslegung eines Textes, sondern geben sie meist als zusätzliches Instrumentarium aus, das die klassischen historischen Methoden nicht verdrängen, sondern ergänzen will. So schreibt David B. Howell am Ende seiner Arbeit:

„The literary paradigm and methods used in this study should not be construed as rendering the methods of the historical critical paradigm obsolete. The different methods simply ask different types of questions. (…) The different methods of the paradigms can complement one another, however, and each should contribute to a responsible biblical interpretation."[199]

Diese Behauptung gehört in unterschiedlichen Nuancen zu den Standardformulierungen der literaturkritischen Arbeiten zum Neuen Testament.[200] Die in solchen Bemerkungen erkennbare bzw. eingeforderte *Gleichwertigkeit* der synchronen Analyseschritte mit den diachronen ist allerdings noch einmal kritisch auf ihre Sachgemäßheit in Bezug auf die neutestamentliche Literatur insbesondere die Evangelien zu befragen.[201] Damit soll jedoch nicht bestritten sein, dass die methodischen Neuerungen des *literary criticism* der Exegese wichtige Impulse gegeben haben, die auch in der vorliegenden Arbeit – wiewohl in einem eher beschränkten Rahmen – aufgenommen wurden.

Gleichwohl erscheint die Übertragung von an neuzeitlichen Gedichten und Romanen gewonnenen Kategorien auf die Evangelien als keineswegs selbstverständlich, da zu klären ist, ob sie dem Charakter der Evangelien als διηγήσεις περὶ τῶν πεπληροφορημένων ἐν ἡμῖν πραγμάτων, als „Berichte über die sich unter uns ereigneten Vorgänge" (Lk 1,1), die von solchen „überliefert"[202] worden sind, „die von Anfang an Augenzeugen und

---

[199] Inclusive Story 259.

[200] Vgl. M. MAYORDOMO-MARÍN, Anfang 141.

[201] So auch G. STRECKER, Literaturgeschichte des Neuen Testaments, UTB 1682, Göttingen 1992, 48.233.

[202] παραλαμβάνειν ist *terminus technicus* des Traditionsempfangs und der Traditionsweitergabe. Das lukanische Proömium „corresponds to the prefaces in the specialist scientific writings of antiquity, not least those by doctors" (M. HENGEL, The Four Gospels and the One

Diener des Wortes gewesen sind" (οἱ ἀπ' ἀρχῆς αὐτόπται καὶ ὑπηρέται γενόμενοι τοῦ λόγου), wirklich angemessen sind.[203] Lukas beansprucht für sich, „genau" (ἀκριβῶς) und in sachlich-chronologisch kontingenter Weise (καθεξῆς) darüber zu berichten, so dass sein intendierter (Erst-)Leser, der mit Theophilus sogar einen Namen besitzt, die Zuverlässigkeit des Berichteten zu erkennen vermag (nach Lk 1,2–4). Damit soll weder behauptet werden, dass eine aus solcher Vorgabe erwachsene Darstellung keinen narrativen Gesetz-mäßigkeiten und Gepflogenheiten folgt, noch dass die Evangelisten nicht versuchten – wie ja Lukas *expressis verbis* durch ἵνα ἐπιγνῷς ... vermerkt (vgl. a. Joh 20,31) – mit sprachlichen Mitteln ihre Leser zu lenken und zu einer Stellungnahme zum Gelesenen bzw. dem darin Berichteten zu bewegen.

Gleichwohl sind diese Vorgänge Teil eines grösseren Gesamtbezuges, der methodisch nicht ausgeblendet werden kann, wenn man wirklich ein Evan-gelium als Evangelium auslegen will. Dazu gehört in erster Linie, dass die *story* als Erzählinhalt nicht im Belieben des Evangelisten steht, sondern er selbst bereits von der Geschichte Jesu so in Anspruch genommen wurde, dass er nun darüber für andere schreibt (auch diese Beanspruchung durch ein Geschehen lässt sich als Inspiration verstehen). Die ontologisch vorgegebene Geschichte Jesu aber (und zwar verstanden als eine 'reale' Geschichte im Unterschied zu einer 'fiktiven', was gewisse fiktive Elemente der Darstellung nicht ausschließt[204]) besteht zunächst einmal aus einem historisch kontingen-

---

Gospel of Jesus Christ, London 2000, 101 unter Verweis auf LOVEDAY ALEXANDER, The Preface of Luke's Gospel, MSSNTS 78, Cambridge 1993). Diese Art „Fachliteratur" gehört aber formal und vom Anspruch her nicht zur eigentlichen Literatur und stellt schon damit die Frage, ob literaturwissenschaftliche Kategorien für das Verständnis angemessen sind. Vgl. dazu unten Abschnitt 3.1.2.

203 Vgl. außerdem Joh 21,24; Apg 1,1; 1Joh 1,1; 2Petr 1,16–18.

204 U. LUZ, Fiktivität und Traditionstreue im Matthäusevangelium im Lichte griechischer Literatur, ZNW 84 (1993), 153–177: Was Luz hier unter mt Fiktivität aufzählt, betrifft in erster Linie die historische Anordnung von Perikopen, sowie die (angenommene) Verdoppe-lung von Einzelperikopen. Was er unter „neugeschaffene Erzählungen" subsumiert (156–159), bleibt naturgemäß strittig. Für ihn steht Matthäus zwischen „ernsthafter antiker Geschichtsschreibung", für die seine Fiktionen „unverständlich und unerträglich" seien (175) und den antiken Romanen, die „ihrem Wesen nach ganz fiktiv sind", indem bei Matthäus „Fiktionen neben und innerhalb von geschichtlichen Traditionen vorkommen" (168). Das Problem dieses Vergleichs, der m.E. zu wenig zwischen erzählerischer Gestaltung und Fiktivem unterscheidet, ist jedoch die gewählte Vergleichsliteratur, zu der Matthäus weder positiv noch negativ anknüpfend Kontakt sucht oder besitzt; vgl. dazu M. REISER, Die Stellung der Evangelien in der antiken Literaturgeschichte, ZNW 90 (1999), 1–27, der hervorhebt, dass die stilistischen Vorlagen des ersten Evangeliums im Alten Testament bzw. der LXX zu suchen sind; zum Problem der historischen Zuverlässigkeit s. 19f. Reiser schließt sich dabei einer Formulierung von R. Alter an, wonach die Evangelien und die Apostel-geschichte weniger „historicized fiction" als „fictionalized history" sind, wobei das Ziel der Fiktivität eine Geschichtsdarstellung ist, in der „the feeling and the meaning of events are

ten Geschehen, das es nachzuerzählen und zu vermitteln gilt.[205] Dabei ist 'real' definiert als ein Seinsmodus, „der Sachverhalten aufgrund von gemeinsam geteilten … Wirklichkeitsvorstellungen zugeschrieben wird". Solchen realen Sachverhalten entsprechen referentielle Äußerungen, „denen unter dem geltenden Wirklichkeitskonzept eine realitätsbehauptende Funktion zukommt"[206].

Für die Evangelien ist davon auszugehen, dass sie nach ihrem eigenen Selbstverständnis und dem ihrer ersten Rezipienten in diesem Sinn *referentielle* Aussagen über das Leben, Wirken und Reden Jesu machen. Die damit vorausgesetzten Wirklichkeitsvorstellungen sind in der narratologischen Analyse der Evangelien genau zu beachten, insbesondere wenn die neutestamentliche Vorstellung von dem, was als real bezeichnet werden kann, in der Gegenwart des Auslegenden nicht dieselbe Verbindlichkeit besitzt und darum als fiktionale Äußerung angesehen wird (oder werden kann), die auf fiktive Sachverhalte verweist.[207] Ehe darum die Kategorie des Fiktiven (verstanden

---

concretely realized through the technical resources of prose fiction" (The Art of Biblical Narrative, New York 1981, zit. ebd. Anm. 98).

[205] Vgl. G. SCHUNACK, Interpretationsverfahren 29 (vgl. 47f), der es ein „bedrängend offenes Problem" nennt, dass mit der berechtigten Kritik an der traditionellen historisch-kritischen Exegese „auch der geschichtlich einmalige, uneinholbare und allem zuvorkommende Grund christlichen Redens von Gott ausgeblendet werden könnte." Auch J. FREY, Leser 276f, weist auf dieses Problem hin, er sieht darin aber – „bei einer bleibenden kritischen Distanz gegenüber dem Begriff der Fiktionalität" – mit Recht keinen Hinderungsgrund für die Anwendung der rezeptionskritischen Fragestellungen auf die biblischen Texte, sofern damit „kein apriorisch negatives Urteil über den Wirklichkeitsbezug der biblischen Erzähltexte impliziert ist oder gar im Gefolge eines strukturalistischen Dogmatismus die Rückfrage vom Text auf eine hinter diesem liegende Ebene der Geschichte prinzipiell ausgeschlossen wird" (277). Vgl. weiter M. GIELEN, Konflikt 18: „Die Fiktionalität der mt Jesusgeschichte gründet also im kerygmatischen Charakter der Erzählung und ist eine *Fiktionalität sui generis*" (Hhg.RD.), vgl. a. ebd. Anm. 81 der Verweis auf lateinisch *fingere*, das nicht notwendig *ersinnen, erdichten*, sondern auch (und so will sie es verstanden wissen) *gestalten* bedeuten kann. Zum Problem s.a. U. LUZ, Fiktivität.

[206] Nach der Zuordnung von real → referentiell und fiktiv → fiktional durch A. BARSCH, Art. Fiktion/Fiktionalität, MLLK 149f (150). Zu „Referenz" als Beziehung zwischen sprachlichem Zeichen und dem von ihm bezeichneten Objekt, vgl. PH. WOLF, Art. Referenz, MLLK 454.

[207] Vgl. dazu auch M. HENGEL, Gospels 111: „One effort brings together all four evangelists: there is a concern *to report a real past event* which is the foundation for present (and future) salvation, and this is done by relating 'stories' which together refer to a unique 'history'. For this purpose Mark created a new 'kerygmatic-biographical' genre *sui generis*, which deliberately set out to proclaim the story/stories, understood as a real event, as a saving message" (Hhg.RD.). Vgl. a. ebd. 278 Anm. 463 über die Unterschiede in der Wirklichkeitswahrnehmung zwischen den Evangelisten und der Gegenwart der Auslegenden. Dazu ferner U. LUZ, Fiktivität 154; M. REISER, Stellung 16: „Den Evangelien ist diese typisch romanhafte Art der Fiktionalität jedoch fremd; ihr Stoff ist geschichtlicher Stoff, ihre Figuren sind historische Figuren der jüngsten Vergangenheit, und was sie erzählen ist nicht frei erfunden,

als etwas bloß Gedachtes, Erfundenes oder Vorgestelltes, dessen Zuordnung zu einem außertextuellen Seinsbereich lediglich vom Autor im Sinne eines 'als ob' gesetzt gedacht wird[208]) auf das Neue Testament Anwendung findet, muss geklärt werden, von welchem Teilnehmer des Kommunikationszusammenhangs aus (Sender / Medium / Empfänger) das Element des Fiktiven als Metaebene eingetragen wird. Damit offenbart sich aber ein grundlegender Unterschied zur Analyse von fiktiven Texten, die von Anfang an und unbestritten im Bereich der Literarizität angesiedelt sind.[209]

3.1.1 Geschichtserzählung als Fiktion?

In der Regel lassen es narratologischen Konzepte zwar offen, ob sie auf eine reale oder fiktive Erzählung angewandt werden, aber Ausgangs- und Schwerpunkt der Theoriebildung waren immer fiktive Texte und die Abgrenzung wurde bewusst und dezidiert gegenüber der biographischen Textdeutung vollzogen[210], wozu auch die Warnung vor dem »referentiellen Trugschluss« gehörte. Dieser besagt, dass man in der Stimme des Erzählers *nicht* dem Autor und in der erzählten *nicht* der realen Welt begegnet[211], obwohl gerade Letzteres für die Evangelien ihrem eigenen Anspruch nach zu gelten hat. Es ergibt sich die Schwierigkeit, dass da, wo narratologische Konzepte auf die Geschichtsschreibung übertragen wurden, in der Regel schon die Einbettung von historischen Fakten in einen Handlungs- und Sinnzusammenhang (das sog. „emplotment") als Fiktion des Faktischen behauptet wurde.

Einflussreich wurde dabei der amerikanische Geschichtstheoretiker Hayden V. White, dessen in den siebziger Jahren entwickelten Thesen „den Konstruktcharakter historischer Erkenntnis" hervorheben und damit „die herkömmliche Zuversicht" demontieren (wollen), „objektive Geschichte

---

auch wo die imaginative Rekonstruktion notwendig mitgestaltet hat." Wo es „fiktionale Darstellungsarten" gibt, sind die Vorbilder nach Reiser im Alten Testament zu suchen.

[208] Dass die hier gegebene inhaltliche Konkretion des Fiktiven nicht notwendigerweise mit dem Konzept von »Fiktivität« verbunden sein muss, zeigen die oben Anm. 204f genannten Positionen.

[209] M. MAYORDOMO-MARÍN geht auf dieses Problem im Zusammenhang der Jungfrauengeburt bzw. der sich darin manifestierenden Vorstellung von Gottes Wirken in der Welt und damit verbunden der „Aufhebung der strengen Trennung zwischen Transzendenz und Immanenz" ein (Anfang 356). Er führt es dann exemplarisch weiter aus am dogmatischen Lehrstück der Vorsehung (357–365).

[210] Vgl. ST. METZELAERS, Art. Biographismus/Biographische Textdeutung, MLLK 50f.

[211] R. M. FOWLER, Let The Reader Understand. Reader-Response Criticism and the Gospel of Mark, Minneapolis 1991, 56, vgl. G. SCHUNACK, Interpretationsverfahren 4; M. A. POWELL, Expected and Unexpected Readings of Matthew: What the Reader Knows, AsbTJ 48/2 (1993), 419–435.

schreiben zu können"[212]. Nach White verändert die Entscheidung des Historikers für eine bestimmte Weise des *Emplotment* seiner Inhalte diese so sehr, dass das Ergebnis nicht mehr als objektive Geschichtsschreibung, sondern als *Dichtung* anzusehen ist. D.h. mit anderen Worten, das bloße Faktum der Literarizität reicht aus, um einen Text als fiktiv zu deklarieren:

„Während der Historiker traditionell in seinen Begriffen, Methoden und empirisch gewonnenen Theorien über das Instrumentarium zu verfügen meint, mit dem die historischen Fakten ermittelt, gedeutet und in einem erklärenden Zusammenhang gedeutet werden können, bevor dieses in die sprachliche Form einer angemessenen Darstellung gegossen wird, steht für Wh[ite] die präfigurative, ja ›prägenerische‹ Struktur der Sprache am Anfang. Geschichtsschreibung und Fiktion werden nivelliert; der Historiker, so Wh[ite] (1973, S. x), vollzieht einen »essentially poetic act«; sein Werk entspricht einem erzählerischen Konstrukt, einem »verbal artifact« (Wh. 1978, S. 122)."[213]

In der deutschsprachigen historiographischen Theoriediskussion stieß White weitgehend auf Ablehnung.[214] Aus der Sicht der Literaturwissenschaft wurde ihm durch Ansgar Nünning widersprochen, indem dieser Whites „Gleichsetzung der Technik des *Emplotment* mit Literarizität und Fiktionalität als Trugschluß zurückgewiesen" und so den Vorwurf, Geschichtsschreibung sei per se fiktional, abgewehrt hat.[215] Nichtsdestoweniger weisen diese Arbeiten auf die enge Beziehung zwischen historiographischen und fiktionalen Werken hin, die sich aus der beiden gemeinsamen, fundamentalen Bindung an die schriftliche, und d.h. immer auch literarische Gestaltung der Ergebnisse, ergeben.

Konstitutiv für die *Unterscheidung* der beiden literarischen Genera sind jedoch die unterschiedlichen institutionellen Rahmenbedingungen, in denen sie entstehen, sowie die *handlungsleitenden Konventionen*, gemäß denen

---

[212] L. VOLKMANN, Art. White, Hayden V., MLLK 566f (566), vgl. DERS., Art. *Emplotment*, ebd. 119. Weitere Vertreter erzähltheoretisch orientierter Geschichtstheoretiker nennt A. NÜNNING, Art. Historiographie und Literatur, ebd. 213f (213), vgl. außerdem H.-J. GOERTZ, Umgang mit Geschichte. Eine Einführung in die Geschichtstheorie, rowohlts enzyklopädie, Hamburg 1995, 80f.149–153; TH. A. SCHMITZ, Literaturtheorie 175–192.

[213] L. VOLKMANN, White 567. Die Zitate verweisen auf H. WHITE, Metahistory. The Historical Imagination in Nineteenth-century Europe, Baltimore 1973 (dt.: Metahistory. Die historische Einbildungskraft im 19. Jh. in Europa, Frankfurt a.M. 1991) bzw. DERS., Tropics of Discourse. Essays in Cultural Criticism, Baltimore 1978 (dt.: Auch Klio dichtet oder die Fiktion des Faktischen. Studien zur Tropologie des historischen Diskurses, Stuttgart 1991).

[214] Vgl. P. BAHNERS, Die Ordnung der Geschichte. Über Hayden White, Merkur 46 (1992), 506–521; G. WALTHER, Fernes Kampfgetümmel. Zur angeblichen Aktualität von H. Whites ›Metahistory‹, Rechtshistorisches Journal 11 (1992), 19–40.

[215] L. VOLKMANN, White 566. Er nimmt Bezug auf A. NÜNNING, Von historischer Fiktion zu historiographischer Metafiktion, Bd. 1: Theorie, Typologie und Poetik des historischen Romans, Trier 1995, 129–144; A. NÜNNING, Historiographie 213; vgl. außerdem D. FULDA, Wissenschaft aus Kunst. Die Entstehung der modernen deutschen Geschichtsschreibung 1760–1860, Berlin u. New York 1996, 5–48 u.ö.

historiographische Werke im Unterschied zu literarischen produziert und rezipiert werden. Darüber hinaus wurde im Bereich der Narratologie und Rezeptionsästhetik durch W. Iser, D. Cohn und G. Genette darauf hingewiesen, dass sich „fiktionale Erzähltexte auch in formaler Hinsicht von nichtfiktionalen durch eine Vielzahl von Fiktionalitätssignalen und fiktionalen Darstellungsprivilegien unterscheiden"[216].

Das Beispiel von White zeigt, wie narratologische Theoreme, wenn sie auf andere als fiktive literarische Gattungen angewandt werden, eine den Inhalt dominierende Funktion annehmen können, die dem zu untersuchenden Gegenstand nicht mehr gerecht zu werden vermag. Entscheidend ist also zunächst, ob ein zu untersuchender »Text« von sich aus ein literarisches Werk zu sein vorgibt bzw. als was ihn sein Autor ausgibt. Dabei ist es die Aufgabe des wissenschaftlichen Diskurses zu prüfen, inwieweit das erzählende und damit partiell immer fiktive Element, das jeder (guten) historischen Darstellung eignet, dazu dient, „die Wahrheit der historischen Fakten zu erschließen und zur Sprache zu bringen". Es geht also nicht um die Alternative „Fakten oder Fiktionen", wie White suggeriert, sondern darum, den sachgemäßen „Zusammenhang zwischen Fakten und Fiktionen" zu erkennen und immer neu kritisch zu überprüfen.[217]

---

[216] A. NÜNNING, Historiographie 213, vgl. DERS., Fiktion 153–199; W. ISER, Appellstruktur, beschreibt literarische Texte dergestalt, dass sie *keinen* „Gegenstand vorstellen oder mitteilbar machen, der eine vom Text unabhängige Existenz besitzt". Sie besitzen keine „genaue Gegenstandsentsprechung in der 'Lebenswelt'", während nach dieser Definition nichtliterarische Texte als „Exposition eines Gegenstandes" gelten (231), womit grundsätzlich die „Möglichkeit des Überprüfens" (232) verbunden ist. Weitere Kennzeichen literarischer Texte sind, „daß er in der Regel seine Intention nicht ausformuliert" (248) und „Konsequenzlosigkeit". All das gilt von den Evangelien gerade nicht. Eindrucksvoll illustriert dies G. KAISER (einer der germanistischen Kritiker von Iser) als persönliche Leseerfahrung in seinem wissenschaftlich-biographischen Rückblick: „Darauf leben und sterben – das kann man mit dem Evangelium, aber nicht mit Goethes »Faust« oder Musils »Mann ohne Eigenschaften«. Das eine ist Verkündigung. Die anderen sind Weltspiele, bei denen ich neugierig und gespannt darauf bin, was herauskommt. Das eine beansprucht mich unbedingt. Das andere lädt mich bedingungsweise ein, mir Erfahrungsräume und Weltperspektiven öffnen zu lassen" (Rede, dass ich dich sehe. Ein Germanist als Zeitzeuge, Stuttgart u. München 2000, 152).

[217] H.-J. GOERTZ, Umgang mit Geschichte 104. Das war allerdings auch schon in der Antike bekannt, vgl. S. BYRSKOG, Story as History 184–190.199–223.254–265; s.a. E. REINMUTH, Neutestamentliche Historik, Forum Theologische Literaturzeitung 8, Leipzig 2003, der allerdings die Sinnhaftigkeit historischen Geschehens zu ausschließlich der Interpretation bzw. Nachschreibung desselben zuweist, weshalb er darin lediglich „Sinnprojektionen und -produktionen" zu sehen vermag (47), die von außen herangetragen sind.

3.1.2 Die Evangelien als Literatur?

Genau darum ist es grundsätzlich von Bedeutung zu fragen, ob die Evangelien die angemessenen Objekte einer »definitorischen« narratologischen Analyse bilden[218], oder ob nicht ihr *nichtfiktiver*, referentieller und *primär nichtliterarischer* Charakter dem entgegensteht.[219] Zwar ist die Definition dessen, was einen Text zu Literatur macht (d.h. seine Literarizität), verständlicherweise kontrovers und nicht eindeutig zu klären, dennoch gibt es intra- und extra-textuelle Hinweise, die eine solche Einordnung eher begünstigen oder eher abgeraten erscheinen lassen. Nach R. Jakobson etwa ist ein literarischer Text „dadurch ausgezeichnet, daß die in ihm vorhandenen sprachlichen Funktionen von der poetischen Funktion dominiert werden"[220]. Weitere Hinweise ergeben sich, wenn untersucht wird, ob ein Verfasser überhaupt Literatur schaffen wollte, bzw. ob die Rezipienten das Produkt als solche ansahen, d.h. zu fragen ist nach der Werk-, Produktions- und Rezeptionsästhetik, ehe überhaupt einem nicht eindeutigen Text Literarizität zugeschrieben werden kann. Es sind die Handelnden in einem literarischen System, die darüber Auskunft geben, ob ein Text als 'literarisch' oder 'nichtliterarisch' angesehen wurde bzw. wird. Abhängig sind die Antworten jedoch vom jeweils geltenden

---

[218] Damit ist gemeint, dass eine narratologische Analyse der Evangelien selbstverständlich möglich und sinnvoll ist, es m.e. aber fraglich ist, ob diese in einer Weise definitorisch sein darf, dass dadurch die literarische Gattung Evangelium definiert und ihrem Wesen nach bestimmt wird.

[219] M. MAYORDOMO-MARÍN, Anfang 360f, scheint mir die damit verbundene Schwierigkeiten zu verharmlosen, indem er vom Realitätsgehalt des Fiktiven ausgeht: „Die Diskussion sollte m.E. jenseits der Frage geführt werden, welche Texte denn konkret als »fiktiv« zu bezeichnen sind. Es geht um das viel umfassendere Problem nach dem Wahrheitsanspruch fiktionaler Aussagen. Dabei ist eine genaue Grenzziehung zwischen Realem und Fiktivem kaum möglich, weil die Wiedergabe von Wirklichem ebenso mit fiktiven Elementen durchsetzt ist, wie fiktive Äußerungen Elemente der »Realität« aufnehmen. (…) Damit stehen sich aber Realität und Fiktion nicht einfach antithetisch gegenüber, sondern durchdringen sich gegenseitig. Der Fiktionalitätsverdacht sollte daher den biblischen Text nicht aus seinem Anspruch, Wahres sagen zu können, herausdrängen." Hier scheint mir die grundsätzliche Fiktionalität der Evangelien bereits vorausgesetzt zu sein und lediglich gesichert zu werden, dass sie gleichwohl „Wahres" sagen können (ähnlich schon U. LUZ, Fiktivität 176). Das aber ist nicht strittig, dass fiktionale Texte „Wahres" sagen können. Entscheidend ist der referentielle Charakter auf ein (zumindest partiell) verifizierbares historisches Geschehen. Lediglich die Elemente der Deutung und Interpretation bzw. die Überführung des Berichteten in einen übergeordneten, metaphysischen Kontext sind anders zu bewerten.

[220] So nach A. BARSCH, Art. Literarizität, MLLK 318 unter Verweis auf R. JAKOBSON, Linguistik und Poetik, in: Strukturalismus in der Literaturwissenschaft, hg. v. H. Blumensath, Köln 1972, 118–147, vgl. außerdem H. GRABES, Fiktion – Realismus – Ästhetik. Woran erkennt der Leser Literatur?, in: Text – Leser – Bedeutung, hg. v. ders., Grossen-Linden 1977, 61–81; P. J. BRENNER, Was ist Literatur, in: Literaturwissenschaft – Kulturwissenschaft. Positionen, Themen, Perspektiven, Opladen 1996, 11–47.

Literaturbegriff[221], d.h. davon, was in einer bestimmten Lesewelt überhaupt als Literatur gilt.

Damit stellt sich die Aufgabe, wo und wie die Evangelien als eine Form der textlichen Überlieferung zwischen Fiktion, Geschichtsbericht, Historiographie und Literatur anzusiedeln sind, da sie *weder* Geschichtsschreibung *noch* Literatur im eigentlichen Sinn darstellen. Ihre Stellung als Gattung *sui generis*[222], deren latent biographischer Charakter[223] sie der Historiographie annähert[224], verbietet es, sie ohne weiteres mit literaturwissenschaftlichen

---

[221] Vgl. A. BARSCH, Art. Literaturbegriff, MLLK 319f. Der Terminus bezeichnet „historisch kontingente Vorstellungen von Lit., die in einer sozialen Gruppe gemeinsam geteilt werden. L[iteraturbegriff]e bilden die Grundeinstellung gegenüber für literar. gehaltenen Texten und bestimmen in Verbindung mit literar. Konventionen und Vertextungsstrategien der Produktion und Rezeption den weiteren Umgang mit diesen Texten" (319).

[222] So G. STRECKER, Literaturgeschichte 25 Anm. 56, vgl. a. 30f.128–133; M. HENGEL, Gospels 90f.266 Anm. 368: „By the standards of antiquity they are βίοι, but as 'saving event' they have a unique, one might almost say incomparable, character. Ordinary biographies do not contain a message of faith which is decisive for eternal life and the last judgement. That is what is completely new about the 'genre' Gospel."

[223] Zur Einordnung der Evangelien in die griechisch-römische Biographieliteratur vgl. G. STRECKER, Literaturgeschichte 130.136.139–148 (Lit.); daneben ist die Nähe zur jüdischen Prophetenbiographie wichtig, vgl. ebd. 140f.147; M. REISER, Stellung 7–9.17–20; M. HENGEL, Gospels 49: „The unusual titles of the Gospels already indicate that the evangelists are not meant to appear as 'biographical' authors like others, but to bear witness in their works to the *one* saving message of Jesus Christ." Das neue literarische Genre der Evangelien bezeichnet HENGEL ebd. als „'religious' or 'kerygmatic' biography". Vgl. weiter P. STUHL-MACHER, Biblische Theologie des Neuen Testaments, Bd. II: Von der Paulusschule bis zur Johannesoffenbarung, Göttingen 1999, 123f; zum Vergleich mit griechischen bzw. römischen Biographien vgl. (chronol.): A. DIHLE, Die Evangelien und die griechische Biographie, in: Das Evangelium und die Evangelien (s.o. Anm. 93), 383–411; H. CANCIK, Die Gattung Evangelium in: Markus-Philologie, hg. v. ders., WUNT I/33, Tübingen 1984, 85–113; D. DORMEYER, Evangelium als literarische und theologische Gattung, EdF 263, Darmstadt 1989; Ders., Mt 1,1 als Überschrift zur Gattung und Christologie des Matthäus-Evangeliums, in: The Four Gospels (s.o. Anm. 152), II 1361–1383; G. N. STANTON, Matthew: βίβλος, εὐαγγέλιον, or βίος?, in: The Four Gospels (s.o. Anm. 152), II 1187–1201; R. A. BURRIDGE, What are the Gospels? A Comparison with Graeco-Roman Biography, MSSNTS 70, Cambridge 1992; DERS., Gospel Genre, Christological Controversy and the Absence of Rabbinic Biography: Some Implications of the Biographical Hypothesis, in: Christology, Controversy and Community, FS D. R. Catchpole, hg. v. D. G. Horrell u. Ch. M. Tuckett, NT.S 99, Leiden u.a. 2000, 137–156; D. FRICKENSCHMIDT, Evangelium als Biographie. Die vier Evangelien im Rahmen antiker Erzählkunst, TANZ 22, Tübingen 1997 und dazu kritisch M. REISER, Stellung 21 (mit weiterer Lit.).

[224] Zu den Evangelien als „Geschichtserzählung" s. M. GIELEN, Konflikt 18 m. Anm. 81 u. ebd. 24: „In der Form geschichtlicher Darstellung geschieht Verkündigung" (Zitat aus H. ZIMMERMANN, Neutestamentliche Methodenlehre, Stuttgart ⁶1978, 143), d.h. das gegebene und erkennbare „historische Interesse" der Evangelisten ist gleichwohl „dem kerygmatischen Interesse untergeordnet"; so auch J. R. C. COUSLAND, The Crowds in the Gospel of Matthew, NT.S 102, Leiden u.a. 2002, 25f, der u.a. aufgrund der zahlreichen „non-narrative elements" die dominante Anwendung literarkritischer Methoden kritisiert.

Kategorien, die der fiktiven Literatur entstammen, zu befragen. Grundlegend wird sein, ob es gelingt, einen Literaturbegriff für die Evangelien zu definieren, der ihrem referentiellen Bezug auf ontologische Sachverhalte angemessen ist. Die *literarischen* Texten üblicherweise zugeschriebene Funktionen sollten jedenfalls auf die damit verbundenen Probleme aufmerksam machen. So schreibt Achim Barsch:

„Für literar. gehaltene Texte werden in pragmatischer Sicht allg. nicht im Sinne von Handlungsanweisungen verstanden, sie dienen ästhetisch-unterhaltenden Zwecken und heben direkte Verwertungszusammenhänge auf."[225]

Das alles gilt für die synoptischen Evangelien *nicht* bzw. nur in sehr eingeschränkter und sekundärer Weise. Darum soll im Folgenden die Literarizität der Evangelien in ihrem historischen Ursprungszusammenhang geklärt werden. Von da aus ist dann auch ein Urteil möglich über den Versuch von Mayordomo-Marín u.a., mittels der Nachzeichnung der Lese-Erfahrung der Erstleser einen Beitrag zum Verstehen der Evangelien und ihrer Botschaft zu leisten.

3.2 Das schriftliche Evangelium als sekundäre Gestalt des Evangeliums[226]

Der erste Einwand gegen ein primäres Verständnis der Evangelien als Literatur ist, dass die schriftliche Gestalt des Evangeliums ein *abgeleitetes* Phänomen darstellt. Am Anfang stand *die Verkündigung Jesu in Wort und Tat* als Evangelium – und in der Weitergabe dieser Botschaft entstand das schriftliche Evangelium, das grundsätzlich mit dieser Ursprungsbotschaft verbunden blieb. Für das historische Verstehen des *schriftlichen* Evangeliums ist eine literaturkritische Entzeitlichung und Entörtlichung als eine Form des Doketismus abzulehnen, weil das verkündete und erzählte *Evangelium* (vgl. 1Kor 15,1–8), das dem Buch des Evangeliums vorangeht, im Horizont des Verfassers einen eindeutigen, unverwechsel- und unauswechselbaren konkreten Ort und eine konkrete Zeit besitzt (vgl. Mk 1,14f). Die im *literary criticism* üblichen Verwahrungen gegen die Verfasserintention als hermeneutischem Maßstab sind partiell berechtigt, wenn es darum geht, ein Kunstwerk zu schaffen, das seiner idealen Vorstellung nach einen gewissen zeit- und ortlosen Charakter besitzt (oder zumindest besitzen will[227]), aber sie

---

[225] Literarizität 318 (sic!).

[226] Vgl. LOVEDAY ALEXANDER, The Living Voice: Scepticism towards the Written Word in Early Christianity and in Graeco-Roman Texts, in: The Bible in Three Dimensions. Essays in Celebration of Forty Years of Biblical Studies in the University of Sheffield, hg. v. D. J. A. Clines u.a., Sheffield 1990, 221–247; S. BYRSKOG, Story as History 107–127.

[227] Wobei sich hinter diesem „will" aber dann doch der historische Urheber verbirgt und nicht ein wie auch immer gearteter 'Wille' des Kunstwerkes.

sind kaum zutreffend für die Verfasser der Evangelien. Bei den Evangelien handelt es sich im weitesten Sinne um religiöse Texte, die ihrem eigenen Selbstverständnis nach – das zudem von ihren Rezipienten geteilt wurde[228] – Berichte über ein von Gott ausgehendes eschatologisches Geschehen in dieser Welt sind, das sie berichten, erinnern und deuten. Sie verstehen sich selbst in keiner Weise als fiktionale Texte (auch nicht als Mythen), sondern als erzählte Aufforderungen und Anleitungen, diesem Geschehen angemessen zu entsprechen.

Die Ermöglichung einer solchen Entsprechung (die dem 'ent-sprechenden', d.h. hörenden und gehorchenden Menschen sein von Gott ermöglichtes Heil zu-spricht) ist aber nicht die Leistung des Textes, liegt auch nicht im Vermögen des Textes (geschweige seines Autors), sondern allein in der des Geistes Gottes, der in und durch das gepredigte Evangelium wirkt.[229] Das Wissen um diese Unverfügbarkeit ist da zu erkennen, wo Paulus Glaube aus der ἀκοή ableitet, diese aber durch bzw. aus dem Wort Christi ergeht (διὰ ῥήματος Χριστοῦ [Röm 10,17]).

Aber auch Papias und mit ihm die frühe Kirche schätzte die lebendige und bleibende Stimme für höher und nützlicher ein als alles, was man „aus Büchern" erfahren kann.[230] Die „vom Herrn dem Glauben gegebenen *Gebote*"

---

[228] Die Kanonisierung belegt eine solche Sonderstellung der neutestamentlichen Schriften, die vielleicht in gewisser Weise von den Autoren schon beabsichtigt war, deren *Durchsetzung* bzw. *Anerkennung* jedoch nicht mehr in ihrer Macht lag. Es war die Qualität der Texte in Bezug auf das Widerfahrnis des Glaubens, das sie schließlich zu verbindlichen, kanonischen Texten werden ließ. Dass Matthäus sein Evangelium als integralen Bestandteil und Abschluss von Tora, Propheten und Schriften verstanden wissen wollte, versucht mit guten Gründen B. STANDAERT, L'Èvangile selon Matthieu: Composition et genre littéraire, in: The Four Gospels (s.o. Anm. 152), II 1223–1250, zu zeigen (1248f). Zur Frage der Anwendung der Methoden des *literary criticism* auf religiöse Texte vgl. a. P. MÜLLER, Lesen 143–145.

[229] Joh 20,31 widerspricht dem nur scheinbar. Der Evangelienbericht ist nach dieser Selbstvorstellung geschrieben, damit die durch ihn Erreichten „glauben, dass Jesus der Messias, der Sohn Gottes ist, und damit die, die glauben, das Leben haben in seinem Namen". Damit ist zum einen ausgedrückt, dass das Ziel des geschriebenen Evangeliums außerhalb seiner selbst liegt, zum anderen ist „glauben" bzw. „glauben können" auch im Johannes-Evangelium ein Werk des Heiligen Geistes (Joh 16,13), dessen Wirken gleichwohl an das geschriebene Evangelium gebunden bleibt, so dass hier ein Zirkel entsteht.

[230] Euseb, hist. eccl. III 39,4, vgl. Hieronymus, De vir. ill. 18 (= Zitat Nr. 7 ed. Körtner, SUC III 61). Vgl. a. 1Clem 42,1: „Die Apostel empfingen die frohe Botschaft für uns vom Herrn Jesus Christus" (Οἱ ἀπόστολοι ἡμῖν εὐηγγελίσθησαν ἀπὸ τοῦ κυρίου Ἰησοῦ Χριστοῦ [Übers. J. A. Fischer, SUC I 77]), d.h. auch in dieser Traditionsübergabe ist die Mündlichkeit noch vorherrschend (vgl. 42,4). Auch 2Joh 12 und 3Joh 13 belegen, dass das bevorzugte Medium das Gespräch und nicht das geschriebene Wort war. Vgl. dazu S. BYRSKOG, Story as History 223–253 („Autopsy in Early Christian Texts"), zu Papias s. 244f: „For Papias, evidently, the tradition that is firmly based on the oral history of the original eyewitnesses has most value. *Literary compositions are essentially nothing else but the written outcome of the oral history of those who were present …*" (245 [Hhg.Orig.]).

stehen für Papias an erster Stelle, nicht die geschriebenen Evangelien, obwohl er diese gewiss nicht gering achtete.[231] Eine weitere Nachricht dieser Art findet sich bei Euseb, der die Fülle dessen, was die Apostel und Paulus mit Christus erlebt hatten, hervorhebt, und in Kontrast dazu auf die relativ bescheidenen Werke hinweist, die sie hinterlassen haben. Das hängt s.E. mit ihren ungenügenden sprachlichen Fähigkeiten zusammen, mehr aber noch damit, dass sie nicht in eigener Vollmacht schreiben wollten, sondern sich auf die Kraft Gottes verließen (hist. eccl. III 24,3–5):

„Sprachlich waren sie allerdings unbewandert, doch verließen sie sich auf die ihnen vom Erlöser gegebene göttliche, wunderwirkende Kraft. Sie konnten und wollten die Lehren ihres Meisters nicht in schmeichelnden, kunstvollen Worten vortragen, sondern hielten sich an den Erweis des göttlichen Geistes, der ihnen half, und an die in ihnen sich vollendende wundertätige Kraft Christi. So predigten sie auf dem ganzen Erdkreis die Erkenntnis des Himmelreiches, ohne viel Sorgfalt auf Schriftstellerei zu wenden. Sie handelten so, weil sie mit einem wichtigeren, Menschenmaß übersteigenden Dienst betraut waren. Paulus etwa, obwohl der wortgewaltigste und geistreichste von allen, hat uns nur seine ganz kurzen Briefe hinterlassen. (…) Auch die übrigen Schüler unseres Erlösers, die zwölf Apostel, die siebzig Jünger und außerdem noch unzählige andere waren nicht ohne Kenntnis der göttlichen Geheimnisse geblieben. Doch von allen haben uns nur Matthäus und Johannes *Erinnerungen an die Lehrvorträge unseres Herrn* hinterlassen; aber auch diese Männer haben, wie berichtet wird, sich *nur gezwungen zum Schreiben herbeigelassen*."[232]

Diese Charakteristik der Evangelien durch Eusebius darf nicht vergessen werden, wenn es darum geht, ihnen als eigenständiges Kunstwerk, als Text im literaturwissenschaftlichen Sinn gerecht zu werden. Denn sie zeigt, dass das Wollen der Evangelisten, wie es die Evangelien selbst auch erkennen lassen, nämlich Erinnerungen und Verweis auf Jesu Lehren und Wirken zu sein, bis

---

[231] Zit. b. Euseb, hist. eccl. III 39,3 (= Nr. 5 ed. Körtner, SUC III 55). Vgl. dazu A. D. BAUM, Papias, die *viva vox* und die Evangelienschriften, NTS 44 (1998), 144–151. Zu überlegen ist m.E., ob nicht im Hintergrund dieser Ablehnung der Schriftlichkeit (insbesondere wegen des Signalwortes der Gebote) das Wissen um den neuen Bund im Jeremiabuch steht, bei dem Gottes Gebot nicht länger auf totem Material, sondern ins Innere des Menschen geschrieben sein wird. Wenn die Christen dies für sich in Anspruch nahmen, dann war eine erneute Schriftlichkeit mit der Gefahr verbunden, nun wiederum in einen Buchstabendienst zu verfallen (vgl. 2Kor 3,6). Die Botschaft des Evangeliums sucht darum mehr Hörer als Leser, weil das Ziel Gehorchende sind.

[232] Übers. Ph. Haeuser/H. A. Gärtner 173 (Hhg.RD), vgl. auch M. REISER, Stellung 1f.20f, über den Umgang des Origenes mit der sprachlichen Schlichtheit der neutestamentlichen Texte; vgl. ferner den Anfang der *Stromateis* des Clemens von Alexandria: Sie seien kein sorgsam geformtes Schriftstück, sondern „es sind nur meine für das Alter aufbewahrten Notizen, ein »Mittel gegen die Vergesslichkeit«, nichts weiter als ein grobes Abbild, ein Schatten von jenen klaren und lebendigen Worten, die ich zu hören für würdig befunden wurde" (zit. b. A. R. MILLARD, Pergament und Papyrus, Tafeln und Ton. Lesen und Schreiben zur Zeit Jesu, BAZ 9, Giessen 2000, 200f). Auch wenn diese Aussage rhetorisches *understatement* ausdrückt, zeigt sie doch, wie stark noch Anfang des 3. Jh. der Vorrang des Mündlichen vor dem Schriftlichen empfunden wurde.

ins 4. Jh. hinein von den Lesern gewusst und verstanden wurde. Das Entscheidende ist die *in ihnen* enthaltene Botschaft, deren geschriebene Fassung nichts
weiter als ein – wendet man Eusebs Aussage *stricte sensu* an – notwendiges
Übel darstellt.

Das gilt jedoch nicht nur für die Evangelien, sondern auch für andere Teile
der antiken Gebrauchsliteratur. Die schriftliche Niederlegung von Reden,
Vorträgen und Vorlesungen wurde nämlich oftmals nur darum als nötig empfunden, weil Plagiate und Pseudepigraphen im Umlauf waren. Gegen beides
mussten sich die Autoren absichern[233], und das geschah durch 'autorisierte',
von den Verfassern selbst verantworteten Ausgaben ihrer Arbeiten[234], die –
und allein darum geht es hier – in ihrer *schriftlichen Gestalt* ebenfalls als ein
sekundäres Phänomen zu begreifen sind.

3.2.1 Die Glaubensgemeinschaft zwischen dem Evangelisten und seiner »Leserschaft«

Eine weitere Einschränkung, die m.E. notwendig ist, bezieht sich auf den Ort
und die Umstände des Lesens.[235] Es ist ein Unterschied, ob ein Autor einen
Roman schreibt, der über den Buchmarkt auf eine völlig anonymisierte

---

[233] Schon Paulus muss sich mit ihm unterschobenen Behauptungen auseinander setzen
(Gal 1,6–8, vgl. 2Thess 2,2) und ähnlich klagen antike Autoren, dass ihre (mündlich vorgetra-
genen) Texte in nichtautorisierten Fassungen im Umlauf seien, vgl. z.B. Galen von Ephesus,
De libris propriis pr. (ed. I. Müller, Scripta Minora, Leipzig 1891, Bd. 2, 91–93, zit. m. dt.
Übers. bei A. D. BAUM, Pseudepigraphie und literarische Fälschung im frühen Christentum,
WUNT II/138, Tübingen 2001, 226–231, vgl. a. ebd. 18f u.ö.; E. FANTHAM, Literarisches
Leben [s. u. Anm. 235] 13); Dion von Prusa beklagt sich halb scherzhaft in Oratio 42,4, dass
seine „Reden von einem zum anderen weitergereicht [werden], nicht in ihrer ursprünglichen
Form, sondern, je nach Begabung, sogar noch verbessert" (zit. b. H.-J. KLAUCK, Dion von
Prusa: Olympische Rede oder Über die erste Erkenntnis Gottes, SAPERE 2, Darmstadt 2000
[=²2002], 21). Das erinnert an die Bemerkung des Papias über die mehr oder weniger gelun-
genen Übersetzungsversuche in Bezug auf das hebräische Matthäus-Evangelium (bei Euseb,
hist. eccl. III 39,16). S. BYRSKOG, Story as History 116, macht für die antike Literatur
deutlich: „Writing was not avoided as such, but functioned mainly as a memorandum of what
the person already should remember from oral communication."
[234] Vgl. Euseb, hist. eccl. II 15,2: Petrus „autorisierte" (κυρῶσαι) die Niederschrift seiner
Vorträge durch Markus.
[235] Zur Frage der Literatursoziologie vgl. P. MÜLLER, Lesen 127 m. Lit.; L. SIMONIS, Art.
Literatursoziologie, MLLK 325–327 und grundlegend ELAINE FANTHAM, Literarisches Leben
im antiken Rom. Sozialgeschichte der römischen Literatur von Cicero bis Apuleius, Stuttgart
u. Weimar 1998 (amerik. Originalausgabe: Roman Literary Culture. From Cicero to Apuleius, 1996). Die Anwendung dieser Fragestellung auf das NT verdankt sich im deutschen
Sprachraum der Arbeit von G. THEISSEN, Wanderradikalismus. Literatursoziologische Aspekte der Überlieferung von Worten Jesu im Urchristentum, ZThK 70 (1973), 245–271
(245–279), jetzt in: DERS., Studien zur Soziologie des Urchristentums, WUNT I/19, Tübingen
³1989, 79–105 (79–83); DERS., Zur forschungsgeschichtlichen Einordnung der soziologischen
Fragestellung, in: Studien (s.o.) 3–34 (11f).

Leserschaft trifft, die zu unterhalten und beeinflussen (sofern das überhaupt intendiert ist) er außer durch seinen Text keine Möglichkeit hat[236], oder ob eine Person für einen Kreis, in der sie be- und anerkannt ist, einen Text verfasst, der ein in dieser Gruppe bekanntes Anliegen traktiert oder bestärkt. Zum Teil lässt sich dies in der Gegenwart in der Art und Weise beobachten, wie ein neues Buch eines bekannten Autors vermarktet wird, wenn es seiner Fan- bzw. Leser*gemeinde* (!) vorgestellt wird. Im kleineren Maßstab gilt dies beispielsweise für den innerchristlichen Buchmarkt: Es sind bestimmte Verlage bzw. bestimmte Autoren, denen der informierte Leser (der in den meisten Fällen zugleich der vom Autor intendierte Leser ist) von vornherein mit einer gewissen Erwartung begegnet, die im Extremfall von kritikloser Zustimmung bis zur unhinterfragten Ablehnung reicht. Für die Entstehungsverhältnisse der Evangelien sind aber von vornherein enge und gute, d.h. vertrauensvolle Bekanntschaftsverhältnisse zwischen Verfasser und *Hörer*- bzw. *Lesergemeinde* vorauszusetzen.[237]

Das belegen u.a. die Nachrichten über *die Entstehung des Markus-Evangeliums*, das demnach in erster Linie für die von Petrus besuchten Gemeinden in Rom verfasst wurde. So berichtet Euseb (hist. eccl. II 15,1f) über die Reaktion der Zuhörer des Petrus unter Verweis auf Clemens Alexandrinus (in den Hypotyposen) Folgendes: „Mit vielfältigen Bitten flehten sie Markus an, den Begleiter des Petrus, dessen Evangelium im Umlauf ist, er möchte ihnen durch eine Schrift ein Denkmal der mündlich weitergegebenen Lehre hinterlassen (διὰ γραφῆς ὑπόμνημα τῆς διὰ λόγου παραδοθείσης ... διδασκαλίας). Und sie ließen nicht eher ab, bis sie den Mann gewonnen hatten, und auf diese Weise wurden sie die Urheber (αἰτίους) der Schrift des sogenannten Evangeliums nach Markus." Der Grund für ihr Bitten lag darin, dass sie sich mit dem einmaligen Hören (τῇ εἰς ἄπαξ ... ἀκοῇ [vgl. Röm 10,17]) der „nicht aufgeschriebenen Lehre der göttlichen Verkündigung (τῇ ἀγράφῳ τοῦ θείου κηρύγματος διδασκαλίᾳ) nicht begnügen wollten." Das Evangelium ist in diesem Zitat zweimal als διδασκαλία benannt: die mündliche Predigt hat diesen Charakter genauso wie der davon abhängige schriftliche Bericht. *Darin kommt die Anspruchshaltung der ursprünglichen Textrezipienten gegenüber dem Autor ebenso zum Ausdruck wie dessen Bemühen,*

---

[236] Aber auch hier ist eine Einschränkung vorzunehmen: Nicht nur der Text in seiner semiotischen Gestalt beeinflusst die Lesenden, sondern auch seine gesamte *Ausstattung*: ein repräsentativer Einband, entsprechendes Papier und Drucktype erzeugen ein anderes Leseverhalten bzw. ein anderes Vorverständnis als etwa ein vergilbtes Taschenbuch. In den ersten drei Jahrhunderten stehen prachtvollen Ausgaben der Tora auf Rollen die billigen Codices der christlichen Bücher gegenüber, vgl. A. R. MILLARD, Pergament 67. Zum eher nichtliterarischen Charakter der äußeren Form der Evangelien s.u. 3.2.2 (Ende).

[237] D.h. Verfasser und Rezipienten stehen miteinander in einer „Interpretationsgemeinschaft", deren Teilnehmer im Bereich der Evangelien allerdings nicht gleichrangig sind. Statt dessen ist von einem Gefälle des Verfassers zu seinen Lesern auszugehen: Es ist der in besonderer Weise bevollmächtigte Autor, der seine Leser mit und durch (aber nicht nur!) seinen Text in eine Heilsgeschichte hineinziehen bzw. sie darin bestärken, belehren und orientieren will, vgl. P. MÜLLER, Lesen 142, und insbesondere HANS WEDER, der mit Recht von einem Anspruch der Texte an seine Leser spricht, der auf die Intention des Autors zurückgeht (Neutestamentliche Hermeneutik, Zürich 1986, 211ff).

genau diesen Anforderungen zu entsprechen. Petrus, als er davon erfährt, „autorisierte die Schrift für die Predigt in den Gemeinden" (κυρῶσαί τε τὴν γραφὴν εἰς ἔντευξιν ταῖς ἐκκλησίαις), d.h. auch die Verwendung des Textes wird benannt und in einen ihn dominierenden Kontext, die „Unterweisung" (Körtner übersetzt mit „Predigt") – und zwar „in den Gemeinden" – eingebunden.

In dem ausführlicheren Bericht über das Markus-Evangelium durch Papias ist dessen unliterarischer, beinahe zufälliger Charakter noch mehr betont.[238] Demnach schrieb Markus auf, woran er sich erinnerte, Reden und Taten, zwar „genau", aber „ohne Ordnung", sondern angelehnt an die Vorträge (διδασκαλίαι) des Petrus, der sich stärker an den Bedürfnissen der Zuhörenden orientierte, als um eine zusammenhängende Darstellung der Herrenlogien besorgt zu sein.[239]

Auch in den Nachrichten bei Irenäus und Euseb über das Matthäus-Evangelium dominiert der ursprünglich mündliche Charakter. Das Evangelium sei für die hebräischsprachigen Gemeinden verfasst worden, die der Evangelist – im Verständnis der hier zu besprechenden Überlieferung – gegründet hatte und die er nun im Begriff stand zu verlassen.[240] Auch hier ist das literarische Werk Ersatz für die persönliche Anwesenheit des Apostels. Schon einleitend zum dritten Buch gab Irenäus zu verstehen, dass die Erkenntnis des Heils „durch niemand anderen ... als durch diejenigen, durch die das Evangelium zu uns kam" möglich geworden war, m.a.W.: die *Evangelisten* sind in erster Linie die Träger der Heilsbotschaft, nicht ihr zur Schrift gewordenes Werk. Und so heißt es dann weiter: „Was sie damals mündlich verkündigten", haben sie den Gemeinden „nach Gottes Willen *später* in schriftlicher Form in die Hand gegeben", damit fortan dies „Fundament und Säule unseres Glaubens" sei. Am Anfang steht für die Autoren des 2. Jh. also die *mündliche* Botschaft Jesu, die von seinen Aposteln *mündlich* weitergegeben wurde, und dann erst, als dieses ursprüngliche Zeugnis nicht mehr möglich war, in schriftlicher Form von denselben Zeugen für die Gemeinden niedergelegt wurde.

Ganz unabhängig von der historischen Zuverlässigkeit dieser Angaben zeigen sie, wie sich die frühen christlichen Schriftsteller des 2. und 3. Jh. die Evangelisten als Autoren vorstellten: nämlich als solche, die für *ihre* Gemeinden aus einem konkreten Bedürfnis heraus schrieben (für die vielfältige Briefliteratur gilt dies ja noch viel eindeutiger), ähnlich wie sie es selbst taten.

---

[238] Zit. b. Euseb, hist. eccl. III 39,15 (= Nr. 5, ed. Körtner, SUC III 54–59). Das Verhältnis von hist. eccl. II 15,1f zu III 39,15 ist umstritten, da nicht klar ist, wie viel aus II 15,1f wirklich auf Papias zurückgeht und was davon Ausschmückung ist, die auf Euseb selbst oder eine andere Quelle zurückzuführen ist, vgl. dazu U. H. J. KÖRTNER, SUC III 93f Anm. 9 (m. Lit.).

[239] ὃς [= Petrus] πρὸς τὰς χρείας ἐποιεῖτο τὰς διδασκαλίας, ἀλλ' οὐχ ὥσπερ σύνταξιν τῶν κυριακῶν ποιούμενος λογίων ... Zu erinnern ist in diesem Zusammenhang, dass Philo und Josephus in ihren Darstellungen des Synagogen-Gottesdienstes deren lehrhaften Charakter betonen; Philo bezeichnet die synagogalen Gebetsstätten (προσευκτήρια) in VitMos II 216 ausdrücklich als „Lehrstätte" (διδασκαλεῖον). Zu Josephus s. Ap II 175 (= Euseb, Praep. ev. VIII 8,11). Auch die Jerusalemer Theodotos-Inschrift gibt als Funktionsbezeichnung die „Verlesung des Gesetzes und den Unterricht in den Geboten" an.

[240] Euseb, hist. eccl. III 24,6; Irenäus, adv. haer. III 1,1 (Text s.o. Anm. 84; s. dazu auch M. HENGEL, Gospels 34–38), vgl. a. Papias b. Euseb, ebd. III 39,16.

Es ist also davon auszugehen, dass der Evangelist für eine konkrete Gemeinde schreibt, was nicht ausschließt, dass er darüber hinaus weitere *Gemeinden* im Blick hat, wahrscheinlich sogar überzeugt ist, über seine eigene Zeit hinaus eine bleibende Botschaft zu vermitteln (vgl. Mk 14,9 par. Mt 26,13; Mt 28,20b).[241] Dennoch sind die primären Bekanntheitsverhältnisse zwischen Evangelist und Gemeinden bzw. 'Vorlesern', für die er sein Werk verfasst, für das historische Verständnis von unaufgebbarer Bedeutung. In diesem Zusammenhang ist es sinnvoll, auf der *historischen Ebene* nach dem Verhältnis zwischen Autoren und Leserschaft in der Antike zu fragen, wobei auch hier zwischen religiöser und sonstiger Literatur differenziert und die dem Gegenstand angemessenen Unterscheidungen vorgenommen werden müssen.[242]

3.2.2 Vortrag und Hörer

Die altkirchlichen Berichte über die Entstehungsverhältnisse der Evangelien legen es nahe, als Vergleichsphänomen für die Verschriftung der ursprünglich mündlichen Jesusüberlieferung und dem Unterricht der Evangelisten die *Autoren- und Lehrvorträge* in der antiken Überlieferung heranzuziehen. Mayordomo-Marín zitiert in seiner Arbeit eine Äußerung von H. Jauss über die Erzählweise von Gen 22:

„Das Fehlen aller Beschreibung um ihrer selbst willen, das Unausgesprochene nur erratbarer Absichten und Affekte, die Lückenhaftigkeit des Ereignishaften, die Hintergründigkeit der Handlung – all dies verlangt schon von sich aus nach Ausdeutung des Ungesagten ...“[243]

Die darin angesprochenen Merkmale der alttestamentlichen Erzählweise treffen nach Mayordomo-Marín „durchaus auch auf die neutestamentliche

---

[241] Vgl. dazu insbesondere den von R. Bauckham edierten Sammelband: The Gospels for All Christians: Rethinking the Gospel Audiences, Grand Rapids, Mich. 1998. Die Autoren gehen davon aus, dass aus gattungsspezifischen und historischen Gründen nichts dafür spricht, die Evangelien nur jeweils an eine Gemeinde (nämlich die des Autors) gerichtet zu sehen, sondern sie – wie der Titel des Sammelbandes ausdrückt – *allen Christen* gelten. Vgl. dazu P. STUHLMACHER, Theologie II 129; M. HENGEL, Gospels 94.106–115 („The Gospel as a message of salvation for the whole world") u.ö.; D. MOODY SMITH, When did the Gospels become Scripture?, JBL 119 (2000), 3–20; R. H. GUNDRY, In Defense of the Church in Matthew as a Corpus Mixtum, ZNW 91 (2000), 153–165 (159); P. FOSTER, Community 3–6.

[242] Vgl. K. QUINN, The Poet and His Audience in the Augustan Age, ANRW II 30.1, Berlin u. New York 1982, 75–180; C. H. ROBERTS, Books in the Graeco-Roman World and in the New Testament, CHB I, Cambridge 1970, 48–66; T. C. SKEAT, Early Christian Book Production: Papyri and Manuscripts, CHB II, Cambridge 1969, 54–79. Es ist jedoch auffällig, dass die meisten literaturwissenschaftlichen Arbeiten an den Fragen der antiken Buchproduktion bzw. -rezeption kaum Interesse zeigen.

[243] Anfang 61 (aus H. JAUSS, Ästhetische Erfahrung und literarische Hermeneutik, stw 955, Frankfurt/M. 1982).

Erzählliteratur" zu (Anfang 60). Die „Ausdeutung des Ungesagten" ist nach Jauss und Mayordomo-Marín eine Leistung der *Lesenden*, aber dies wiederum blendet die für antike Verhältnisse typische Situation, wie sie Elaine Fantham beschreibt, gerade aus:

> „Der Autor war in Rom in vielen Gattungen und zu den meisten Zeiten Verfasser und Vortragender bzw. Aufführender in einer Person. Das Werk wurde von ihm geplant, und er kontrollierte auch seine Umsetzung, ob als Leiter einer Mimentruppe oder formeller als Redner vor Gericht, im Senat oder in der öffentlichen Versammlung; auch als Dichter oder Grammatiker *präsentierte er sein eigenes Werk* oder diskutierte dasjenige anderer gewöhnlich in mündlichem Vortrag ..."[244]

Fantham macht ferner darauf aufmerksam, dass viele Bücher *aus* dem Unterricht *für* den Unterricht entstanden, wobei die schriftliche Fassung – ganz ähnlich wie in den oben zitierten Belegen in Bezug auf die Evangelien – als *sekundär* (wenngleich unverzichtbar) gegenüber der mündlichen Unterweisung angesehen wurde:

> „Wir haben uns so sehr daran gewöhnt, schriftlichen Quellen den Vorrang vor mündlichen zu geben, daß wir vergessen, daß die Antike keinen derartigen Snobismus kannte und Demetrios' [= Kyniker und Lehrer Senecas] Worte oder seine Interpretation der Lehre des Chrysipp wahrscheinlich höherschätzte als einen Text, der seine Unklarheiten nicht abklären oder die Fragen, zu denen die in ihm vorgetragene Lehre Anlaß gab, nicht beantworten konnte."[245]

---

[244] Literarisches Leben 2 (Hhg.RD.). Vgl. ebd. 7, wo sie auf die Unterschiede von Theaterliteratur (die viel stärker Bearbeitungen durch Schauspieler und Regisseure bzw. der veranstaltenden Beamten ausgesetzt war) und epischer Literatur eingeht. Über Letztere gilt: Sie wurde „normalerweise vom Autor selbst rezitiert; seine Interpretation konnte der Rezitation vorangehen oder folgen." Fantham verweist dazu auf Suetons Biographien von Literatur- und Redelehrern (De grammaticis et rhetoribus), nach denen schon die ersten römischen Dichter, Livius und Ennius, „auch als Literaturkritiker tätig waren und nicht nur ihr eigenes Werk, sondern auch dasjenige anderer lasen und interpretierten" (gramm. 1). Über den „Vortrag im Freundeskreis ... als die wichtigste Form der »Publikation«" s.a. M. REISER, Evangelien 21; S. BYRSKOG, Story as History 140 („In fact, even the ancient scribes, who were among the most literate ain their society, can be seen as *performers*, not merely copyists, of written texts, being deeply influenced by the oral culture in which they lived" [Hhg.R.D.]), außerdem mit weiteren Hinweisen aus der antiken Literatur, insbesondere Plinius d. Jüngeren, P. MÜLLER, Lesen 18–30.

[245] E. FANTHAM, Literarisches Leben 14. Auch im Phaidros des Platon wird dem mündlichen Vortrag der Vorrang vor der schriftlich abgefassten Rede gegeben, vgl. 275a–e u.ö.; dazu A. R. MILLARD, Pergament 197–199, der aber zu Recht darauf hinweist, dass die Überlegenheit der mündlichen Rede kein Argument gegen die schriftliche Abfassung als sozusagen zweitbeste Möglichkeit ist, s. ebd. 205–210; P. MÜLLER, Lesen 22f. Fantham macht ferner darauf aufmerksam, dass die literaturkritischen Erörterungen der Römer einen eher moralischen oder politischen Bewertungsansatz besitzen, während sie gleichzeitig eine gewisse „Gleichgültigkeit gegenüber Fragen der Struktur und der thematischen Kohärenz" aufweisen (ebd. 17).

Auch für die Entstehungsverhältnisse der Evangelien sind analoge Verhältnisse vorauszusetzen, etwa wenn die Evangelisten im Kreis der Gemeinden
berichteten und sich wohl auch berichten ließen:

> „In Rom war es während des 1. Jahrhunderts üblich, dass ein Autor Lesungen von Entwürfen
> des Werkes, an dem er gerade arbeitete, im Kreise seiner Freunde oder sogar in der Öffent-
> lichkeit hielt. Nach jeder Lesung wertete er die Reaktionen seiner Zuhörer, ihre Kommentare
> und ihre Kritiken aus, um bei der Überarbeitung Verbesserungen vorzunehmen, bevor das
> Werk einer breiteren Leserschaft zugänglich gemacht und veröffentlicht wurde."[246]

Bezieht man auch die *äußere Form* der frühesten christlichen Bücherproduk-
tion mit ein, dann ergibt sich ein weiteres Argument gegen eine Überbetonung
ihrer Literarizität. Während literarische Werke nahezu ausnahmslos auf
Rollen geschrieben und verbreitet wurden[247], weisen die ältesten christlichen
Texte von Anfang an nahezu ausschließlich die Kodexform auf, die sich aus
Notizbüchern und -tafeln entwickelt hatte und vor allem in den Verwaltungen,
im Geschäfts- und Unterrichtsbetrieb verbreitet war.[248] Millard nennt in
seinem Buch vier weitere Unterschiede zwischen literarischen Texten (zu
denen auch die jüdischen Bibelmanuskripte der Zeit gehören) und den christlichen aus der Zeit des 2. und 3. Jh., die alle darauf hinweisen, dass hier nicht
literarische Gepflogenheiten nachgeahmt wurden, sondern – wenn überhaupt
– in der Tradition jüdischer Schreiberschulen *liturgische bzw. schulische Ge-
brauchstexte* hergestellt wurden. Diese Charakteristika haben Parallelen in
dokumentarischen, amtlichen und juristischen Dokumenten dieser Epoche[249]

---

[246] A. R. MILLARD, Pergament 187, vgl. E. J. KENNEY, Books and Readers in the Roman
World, in: The Cambridge History of Classical Literature, Bd. 2: Latin Literature, hg. v. ders.
u. W. V. Clausen, Cambridge 1982, 3–32 (10–15); P. MÜLLER, Lesen 26f mit Verweis auf
Plinius, Epist. 5,3, wo die Interaktion zwischen Vortragendem und Zuhörern genau beschrieben ist; auf neutestamentliche Verhältnisse angewandt von F. G. DOWNING, Word-Processing
in the Ancient World: The Social Production and Performance of Q, JSNT 64 (1996), 29–48;
für die Evangelienlesung im christlichen Gottesdienst, die eine vergleichbare „performance"
darstellt, s. M. HENGEL, Gospels 27f.96.269f m. Anm. 397. Mit diesen Vorträgen und Vorlesungen gingen die ersten schriftlichen Entwürfe einher, die dann im Nachhinein überarbeitet
wurden, vgl. a. D. E. AUNE, The New Testament in Its Literary Environment, LEC 8,
Philadelphia 1987, 82.128; C. S. KEENER, Mt 23.
[247] Vgl. E. FANTHAM, Literarisches Leben 14f; A. R. MILLARD, Pergament 23.58–60. Der
erste römische Dichter, der die Kodexform für seine Gedichte erwähnt, ist Martial (Epi-
gramme 84f, vgl. MILLARD, ebd. 61; M. HENGEL, Gospels 120f), doch scheint er sich mit
seiner Empfehlung im Hinblick auf die bessere Handhabbarkeit nicht durchgesetzt zu haben.
Unter den in Ägypten gefundenen Manuskripten sind erst für das 2. Jh. n.Chr. zwei oder drei
literarische Texte als Pergamentkodex bezeugt (MILLARD, ebd. 61). Dazu kommen rund 15
Papyrus-Bücher bis zum 2. Jh., von denen jedoch sieben christlicher Herkunft sind.
[248] Vgl. M. HENGEL, Gospels 118–122; A. R. MILLARD, Pergament 60–66.
[249] Vgl. A. R. MILLARD, Pergament 66–71.

und verweisen damit in gewisser Weise auf den literarischen Stellenwert, den die Texte in den christlichen Gemeinden besaßen. Diese Punkte sind bei den Fragen der Rezeptionsgeschichte ernster zu nehmen als dies bisher der Fall ist.[250]

3.2.3 Das Evangelium im Gottesdienst und in der Predigt

Neben die materiale Gestalt tritt als weitere Voraussetzung die *Situation der Predigt*, bzw. die Frage, ob die Evangelienverfasser überhaupt an ein lesendes Publikum dachten, oder nicht viel mehr an ein Hörendes.[251] In diesem Fall ist die Frage zu stellen, welche Funktion der Vorleser besaß, bzw. in welchem Rahmen eine solche Vorlesung stattfand. Darauf verweist Lars Hartmann, wenn er fragt:

„Als das Markusevangelium »erschien«, hatte dann der Evangelist (und/oder die ihm vorangehende Tradition) gewissen Konventionen Folge geleistet, und umgekehrt, als Leute seinen Text lasen – oder vorgetragen hörten –, gab es darin und in der umgebenden Situation Signale, die bei ihnen gewisse Erwartungen hervorriefen und sie zu einer gewissen Haltung dem Text gegenüber einluden?"[252]

Hartmann fragt darum nach der typischen *soziolinguistischen Situation*, die zu den Kommunikationskonventionen einer Gattung gehört, da der enge Bezug einer Gattung zu einer bestimmten soziolinguistischen Situation häufig auch über ihre Funktion Aussagen macht (ebd. 151). Er erinnert ferner daran, dass

---

250 J. VAN HAELST, Les origines du Codex, in: Les débuts du codex, hg. v. A. Blanchard, Bibliologia 9, Brepols 1989, 13–35, sieht in der Übernahme des Codex durch die Christen den Versuch, das Evangelium als eine Art Fachbuch bzw. Ratgeber in Umlauf zu bringen (32–35). Über die Bedeutung von Fachbüchern für den römischen Buchmarkt s. E. FANTHAM, Literarisches Leben 13.

251 Vgl. J. FREY, Leser 275f.285. Wenn die für die Texte beabsichtigte Aktualisierung durch das Vorlesen im Gottesdienst geschehen soll, und dies „gilt für den Großteil der biblischen Texte, die *zur öffentlichen, gottesdienstlichen Verlesung verfaßt* bzw. redigiert sind" (276 [Hhg.Orig.]), dann sind literarische und rhetorische Mittel anders zu gebrauchen als im Hinblick auf einen reinen Lesetext. *Hörbare* Stilmittel stehen dann im Vordergrund, ebenso ist mit Redundanz, Rückverweisen, Erinnerungshilfen u.ä. zu rechnen. Zu den Evangelien als gottesdienstlichen Lesetexten s.a. M. HENGEL, Die Evangelienüberschriften, SHAW.PH 3/1984, Göttingen 1984, 33–37; DERS., Gospels 116–127 u. unten Anm. 255. Für einen interessanten Versuch, die Bergpredigt nach akustisch wahrnehmbaren Lautsignalen zu gliedern s. B. BRANDON SCOTT/MARGARET E. DEAN, A Sound Map of the Sermon on the Mount, in: Treasures (s.o. Anm. 136) 311–378. Ihr methodischer Ausgangspunkt ist: „Reading is *Recitatio*" (311). Der in christlichen Kreisen wohl weitverbreitete Analphabetismus in Bezug auf Literatur muss ebenfalls in Betracht gezogen werden, denn die meisten Gemeindeglieder waren wohl auf auf das Vorlesen angewiesen, s.a. unten Anm. 260.

252 L. HARTMANN, Das Markusevangelium, „für die lectio solemnis im Gottesdienst abgefaßt"?, in: Geschichte – Tradition – Redaktion, FS M. Hengel, Bd. III: Frühes Christentum, hg. v. H. Lichtenberger, Tübingen 1996, 147–171 (150). Vgl. a. G. THEISSEN, Evangelienschreibung (s.o. Anm. 90).

für die ersten „Leser" (besser würde man hier von Rezipienten sprechen) „die Gattung durch den Gebrauch deutlich gemacht" wurde (162), d.h. ein Evangelien-Text stand nicht einfach eines Tages in einer Bibliothek oder Buchhandlung und wartete auf Leserschaft, sondern wurde durch seinen Verfasser (oder dessen Tradenten, vgl. Joh 21,24f) eingeführt und durch einen bestimmten Gebrauch im Gemeinde-Gottesdienst bekannt. Die allgemein vorausgesetzte Beziehung zwischen dem Evangelisten und 'seiner' Gemeinde(n) bedeutet doch, dass sowohl Entstehung wie Einführung von diesen Gemeinden verfolgt, begleitet und bewusst wahrgenommen wurde. Die Zeugnisse des Papias sind hier für das historische Kolorit (ungeachtet der Faktizität) erneut von Bedeutung und sie passen in das Bild, das Elaine Fantham von der Entstehung, Rezitation und Verbreitung von Literatur zeichnet. So ist es weder für Matthäus noch für Markus vorstellbar, dass sie ihre Evangelien gleichsam 'heimlich' hinterließen und sofort mit der Veröffentlichung vollständig aus dem Horizont der Empfänger verschwanden. Vielmehr ist davon auszugehen, dass sie – und das ist für die Rekonstruktion der »Erstlektüre« m.E. fundamental – den Rezipienten bzw. Adressaten als erste Ausleger (und wohl auch Vorleser) ihres Werkes zur Verfügung standen! Die erste »Interpretationsgemeinschaft« umfasste also nicht nur »Leser«, sondern eben auch den Autor, so dass auch von dieser Seite aus der Text nicht 'allein' war.

Nach den frühesten Zeugnissen, die es über die Verwendung der Evangelienschriften gibt, besteht kaum Zweifel daran, dass sie in den Gottesdiensten der christlichen Gemeinden vorgelesen und ausgelegt wurden.[253] Anknüpfend an die Tradition der Synagogenpredigt wurden im christlichen Gottesdienst anstelle der Tora-Lesung die ἀπομνημονεύματα τῶν ἀποστόλων vorgelesen (Justin, Apol I 67,3, vgl. 66,3), daneben prophetische Schriften (τὰ συγγράμματα τῶν προφητῶν), womit alttestamentliche Texte gemeint

---

[253] Das anerkennt auch M. MAYORDOMO-MARÍN, Anfang 154, aber er setzt diese Phase offenbar vom Erstgebrauch ab. Erst „die spätere Kanonisierung der Evangelien" setze einen solchen Sitz im Leben und den damit verbundenen „sehr intensiven und mehrmaligen Gebrauch dieser Texte" voraus. Zum Gebrauch der neutestamentlichen Texte im frühchristlichen Gottesdienst s. J. FREY, Leser 287; J. CH. SALZMANN, Lehren und Ermahnen. Zur Geschichte des christlichen Wortgottesdienstes in den ersten drei Jahrhunderten, WUNT II/59, Tübingen 1994, s. Register unter „Evangelienlesung" bzw. „Brieflesung" (528f). Hinweise zum Vertrieb und Handel mit Bibelteilen sowie zur Verwendung in der persönlichen Frömmigkeit (hier haben dann auch die »Leser« und »Leserinnen« ihren Platz) seit dem 2. Jh. bietet CH. MARKSCHIES, Zwischen den Welten wandern. Strukturen des antiken Christentums, Frankfurt/M. 1997, 100–110, vgl. a. H. Y. GAMBLE, Books and Readers in the Early Church. A History of Early Christian Texts, New Haven u. London 1995.

sein dürften (Apol I 67,3).[254] Justin beschreibt in diesem Zusammenhang sehr genau die Vorgänge: Die genannten Texte „werden vorgelesen, solange es angeht. Hat der Vorleser aufgehört, so gibt der Vorsteher (προεστώς) in einer Ansprache eine Ermahnung und Aufforderung zur Nachahmung all dieses Guten." Es sind demnach neben den Hörenden ein Vorleser und ein Interpret des jeweils gelesenen Textes vorausgesetzt, der Text selbst ist präsent als eine Art Adhortativ für die versammelte Gemeinde. Von dem Interpreten ist anzunehmen, dass er den ganzen Text und nicht nur den aktuell gelesenen kennt (und darüber hinaus die unterschiedlichen Elemente der christlichen Überlieferung, angefangen von der LXX bis zu weiteren neutestamentlichen oder sonstigen christlichen Texten, aber auch Lieder, Bekenntnisse o.ä.). Diese Kenntnis wird dann auch seine Auslegung des gelesenen Textes mitbestimmt haben.

Hartmann versucht in seinem Aufsatz weiter, aus der Beschreibung eines urchristlichen Gottesdienstes in Kol 3,16 die soziolinguistische Funktion der Evangelien für den Gottesdienst schon für die Zeit vor Justin nachzuweisen, indem er diesen Vers auf dem Hintergrund des synagogalen Gottesdienstes versteht. Das „Wohnen" des Wortes Gottes unter den Kolossern versteht er in Anlehnung an Sir 24,8.23 als ein Wohnen Christi in Gestalt des Evangeliums in der Gemeinde. Das Evangelium ist aber s.E. nur in Form einer wie auch immer gearteten *schriftlichen* Evangelientradition (noch nicht *der* Evangelien) denkbar, die Grundlage der Belehrung und des Ermahnens bildete (vgl. a. Kol 1,5f).[255] Unter Annahme einer solchen, sehr frühen Verwendung von Jesustraditionen (gleich ob in mündlicher oder schriftlicher Form) im christlichen Gottesdient, liegt es m.E. nahe, dass die Verfasser der Evangelien eine solche Situation bei der Abfassung ihrer Texte vor Augen hatten. Dann aber muss mitbedacht werden, dass z.B. auch Lieder und Gebete sowie die Feier des Abendmahls fester Bestandteil des Gottesdienstes waren (und die Evangelisten dies wussten), der schriftliche Evangeliumtext also nicht der einzige gelesene, gehörte, gesungene und gebetete Text war, sondern Teil eines Textensembles bildete, zu dem Hören, Vorlesen, Auslegen und gemeinsamen

---

[254] Vgl. M. HENGEL, Gospels 122f. Für eine ausführliche Diskussion der Beschreibung des ganzen Gottesdienstes bei Justin s. J. CH. SALZMANN, Lehren und Ermahnen 235–257, zu Lesung u. Predigt ebd. 246–253.

[255] L. HARTMANN, Markusevangelium 165, vgl. aber auch seine einschränkende Bemerkung ebd. Anm. 78. Zu der Kolosserstelle vgl. außerdem seinen Aufsatz: Code and Context. A Few Reflections on the Parenesis of Col 3:6–4:1, in: Tradition and Interpretation (s. Anm. 105), 237–247. Gegen eine Beziehung von Kol 3,16 auf Herrenworte s. J. CH. SALZMANN, Lehren und Ermahnen 84f, doch zeigt gerade seine Beschreibung vom Wohnen des Worts in der Gemeinde, dass ein solches äußerst schwer vorstellbar ist, wenn es nicht als eine feste Tradition vorliegt, aufgrund der gelehrt und ermahnt werden kann.

Singen (und Sprechen?) gehörten.[256] Verbindet man aber die Evangelien von Anfang an mit einer möglichen Funktion als gottesdienstliche Texte, dann wird auch von dieser Seite aus klar, dass ihr inhärentes Sinnpotential *verweisenden Charakter* hat, indem nicht sie selbst Endzweck sind, sondern die im Gottesdienst angestrebte Begegnung mit Gott:

„Diese Begegnung bedeutet u.a., daß göttliche Taten der Vergangenheit im Kultus vergegenwärtigt und auf die Kultusteilnehmer und ihre Situation bezogen werden. Im jüdischen Sabbatgottesdienst geschah dies durch die Schriftlesungen und durch die darauf (eventuell) folgende Auslegung. So wurde auch durch die Verlesung des Evangeliums und in der damit verbundenen Belehrung und Ermahnung sowie – warum nicht, wie in Kol 3,16 – in Gesängen das Vergangene vergegenwärtigt und für das aktuelle Leben fruchtbar gemacht."[257]

Auch für das Matthäus-Evangelium kann m.E. angenommen werden, dass eine vergleichbare Situation dem Verfasser vor Augen stand.[258] Zum einen, weil Matthäus als judenchristlicher Autor mit dem Synagogen-Gottesdienst vertraut war, zum anderen, weil das Matthäus-Evangelium selbst Verweise auf eine solche gottesdienstliche Struktur enthält. Das fängt mit dem ersten Vers an, der deutlich an Genesis 5,1 LXX anknüpft und durch das dezidierte

---

[256] Schon die Didache setzt einen Gottesdienst mit Mahlfeier und festem eucharistischem Gebet voraus (Did 9,1–4; 10,1–6; vom Vaterunser wird nicht gesagt, dass es zu den gottesdienstlichen Gebeten gehört, vgl. 8,2f; den Propheten ist zudem ein freies Dankgebet erlaubt, 10,7). Das rechte Verhalten bei der Eucharistie wird mit einem Herrenwort begründet (9,5). Zu den Liedern als fester Bestandteil des christlichen Gottesdienstes vgl. M. HENGEL, Das Christuslied im frühesten Gottesdienst, in: Weisheit Gottes – Weisheit der Welt, FS Joseph Kardinal Ratzinger, hg. v. W. Baier u.a., EOS Buch 185, St. Ottilien 1987, Bd. 1, 357–404; unter den erhaltenen Resten dieser Dichtung dominiert das „Christuslied", in dem „Werk, Wesen und Geschick des gekreuzigten und erhöhten Herrn dargestellt wurde", so DERS., Hymnus und Christologie, in: Wort in der Zeit, FS K.-H. Rengstorf, hg. v. W. Haubeck u. M. Bachmann, Leiden u. Köln 1980, 1–23 (20); s. außerdem J. CH. SALZMANN, Lehren und Ermahnen 260–277; P. WICK, Die urchristlichen Gottesdienste. Enstehung und Entwicklung im Rahmen der frühjüdischen Tempel-, Synagogen- und Hausfrömmigkeit, BWANT 150, Stuttgart ²2003, 214–219.227.

[257] L. HARTMANN, Markusevangelium 167. Dazu kommt die Bedeutung des Alten Testaments als der Bibel Jesu. Sie war als heiliger Text noch vor den Evangelien Teil der urchristlichen Gottesdienste und wurde auch dann nicht aufgegeben, als es ein 'Neues Testament' gab. Nach CH. MARKSCHIES „konnte und wollte die frühe Kirche ... die Bibel Jesu nicht aufgeben, weil sie sonst den Deutungsrahmen, innerhalb dessen Jesu Wirken für sie verständlich wurde und auch von ihm selbst gesehen wurde, verworfen hätte" (Welten 102). Vgl. dazu auch J. FREY, Leser 287f; M. MAYORDOMO-MARÍN, Anfang 368, der das Problem der „nichtmarkierten Intertextualität" jedoch allzu sehr auf die Quellenfrage einschränkt.

[258] Für Markus behauptet dies ausdrücklich L. HARTMANN, Markusevangelium 162–166, vgl. a. M. HENGEL, Gospels 124: Die Überschrift Mk 1,1, die von Anfang an zum Evangelium gehörte und vom Evangelisten selbst stammt, „already indicates public reading in worship"; abgrenzend fährt er dann fort: „the Gospel of Jesus Christ does not primarily have individual private edification in view".

βίβλος an das 'Buch' schlechthin erinnert.[259] Hervorgehoben wird in der Literatur ferner die liturgisch geprägte Fassung des Vaterunsers, der Einsetzungsworte und des Taufbefehls.[260]

Es ist aber m.E. für die soziolinguistische Funktion nicht entscheidend, ob die Textstruktur des Evangeliums schon auf die Predigtsituation hin orientiert ist. Das zeigt erneut der Vergleich mit der Synagoge bzw. dem Pentateuch als synagogaler Predigtgrundlage: *Er ist, obwohl nicht als Predigttext abgefasst, dennoch zum Predigttext geworden*. Dasselbe gilt für die prophetischen Bücher des Alten Testaments. Wichtig scheint mir diese gottesdienstliche Verortung des Evangeliums im Hinblick auf die gegenwärtige Methodendiskussion zu sein, indem die hier dargestellten Vorgänge in gewisser Weise eine Relativierung der Ansätze sind, die das Matthäus-Evangelium (bzw. die Evangelien überhaupt) ausschließlich als einen Text im Sinne des *literary criticism* sehen wollen, der sein Sinnpotential exklusiv in sich selbst berge und sich dem Leser *allein* aus seiner sprachlichen Verfasstheit erschließe.

Wenn ein Text, der gleichsam als 'Predigtnachschrift' entstanden ist (wie es Clemens von Alexandrien für das Markus-Evangelium im Hinblick auf Petrus beschreibt), wiederum als Grundlage weiterer Predigten dient (und gemäß der Intention seines Verfassers auch dienen soll), dann trägt er einen anderen Charakter. Dann ist er schon als Text auf *Vermittlung* angelegt (was nicht ausschließt, dass er in sich eine sinnvolle, abgeschlossene und kohärente Einheit darstellt), und er ist geschrieben für eine Gemeinde, deren Mitglieder sich einzig zusammengefunden haben aufgrund der Geschichte, die das Evangelium *noch einmal* erzählt und in Erinnerung ruft. Es ist also auch bei der rezeptionsästhetischen Analyse damit zu rechnen, dass sich die Evangelisten kaum Nichtchristen als Leser vorstellten (beim Lukas-Evangelium

---

[259] Vgl. P. MÜLLER, Lesen 109: „βίβλος kann ebenso wie βιβλίον die Schriften des AT bezeichnen. Mit diesem Stichwort und dem Hinweis auf den Beginn der Genesis setzt der Evangelist einen sehr betonten Anfang. Daß ein solches »Buch« (wie Genesis) auch zur Lesung im Gottesdienst diente, legt sich von diesem Anfang her nahe". In dieselbe Richtung argumentieren u.a. DAVIES/ALLISON I 187 (s.a. 149–155); D. MOODY SMITH, Scripture 8 u.a. Zu weit geht dagegen der Versuch von MICHAEL GOULDER, der seit längerem zu zeigen versucht, dass die interne Gliederung des Evangeliums 64 in etwa gleich grosse Einheiten ergibt, die für einen einjährigen Lesezyklus bestimmt seien, in denen die jüdischen Feste noch (mit)gefeiert wurden, vgl. Sections and Lections in Matthew, JSNT 76 (1999), 79–96, u. seine ältere Arbeit: The Evangelist's Calendar. A Lectionary Explanation of the Development of Scripture, London 1978; zu seinem Ansatz s. M. S. GOODACRE, Goulder and the Gospels. An Examination of a New Paradigm, JSNT.S 133, Sheffield 1996, bes. 294–362, der seinen Ansatz kritisch, aber im Ganzen zustimmend, weiterführt. Ansonsten erfuhren seine Thesen weithin Ablehnung auch von solchen, die der Grundannahme einer Abfassung der Evangelien für den Gottesdienst durchaus zustimmen, wie z.B. L. HARTMANN, Markusevangelium 163 Anm. 65.

[260] Vgl. U. LUZ, Mt I¹⁻⁴ 59f/I⁵ 82f, über „Die Verwurzelung im Gottesdienst".

könnte an heidnische Sympathisanten gedacht werden, vgl. die Darstellung der 'Gemeinde' in Apg 10,24), sondern Menschen, die bereits Vieles wussten und daran glaubten, dass Jesus der Herr ist.

Weiter ist davon auszugehen, dass sowohl die Evangelisten als auch ihre Leser andere Jesusüberlieferungen in mündlicher und schriftlicher Form kannten.[261] Auch die Evangelienüberschriften verweisen von Anfang darauf, dass man sich bewusst war, das *eine* Evangelium nach dem Bericht des Matthäus, oder Lukas, oder Markus, oder Johannes zu lesen, aber keines der schriftlichen Evangelien für sich in Anspruch nehmen konnte, *das* Evangelium schlechthin zu beinhalten.[262] Christoph Markschies erinnert ferner daran, dass ein grosser Teil der byzantinischen NT-Handschriften aus Lektionaren besteht, dazu sind eine Vielzahl von alttestamentlichen Florilegien bezeugt[263], wie sie beispielsweise auch aus Qumran bekannt sind. Auch bei Justins Verwendung des Alten Testament wird häufig von einer Florilegiensammlung ausgegangen, ebenso für die sogenannten Reflexionszitate bei Matthäus. Auch hier gilt: Unabhängig davon, ob sich eine solche Verwendung nachweisen lässt, ist allein schon die Tatsache wichtig, dass eine solche Verwendung ihrer Schriften im Horizont der neutestamentlichen Autoren lag. Konkret bedeutet dies: Das 'Lesemodell', das ihnen vor Augen gestanden haben dürfte, war nicht das der unterhaltsamen oder erbaulichen Privatlektüre, bei der ein zusammenhängendes Lesen des ganzen Textes von Anfang bis Ende das Normale ist, sondern eher *die perikopenweise Lesung* im gemeinsamen Gottesdienst, verbunden mit anderen gottesdienstlichen Texten und Erläuterungen des Gelesenen.[264] Denn, was ebenfalls bedacht zu werden verdient, die Mehrzahl derer, die Christen waren und am Evangelium

---

[261] Bei Matthäus etwa in Gestalt des Markus-Evangeliums (nach Th. Zahn, M. Hengel u.a. sogar des Lukas-Evangeliums). Vgl. dazu S. BYRSKOG, Story as History 139f, der davor warnt, mündliche und schriftliche Überlieferung gegeneinander auszuspielen bzw. in ein chronologisches Nacheinander zu bringen. Vielmehr sei davon auszugehen, dass die schriftliche Überlieferung wiederum eine mündliche Weitergabe und Entwicklung auslösen kann, d.h. Traditionswachstum geschieht „through a constant process of textualization, re-oralization, textualization, re-oralization, etc., with a steady feedback between the two media."

[262] Vgl. CH. MARKSCHIES, Welten 102, unter Verweis auf M. HENGEL, Evangelienüberschriften 47–51.

[263] Vgl. CH. MARKSCHIES, Welten 108f.

[264] Zu den alttestamentlichen Vorbildern der Evangelien s. U. LUZ, Fiktivität 175f u. M. REISER, Stellung 17–20; zum eigentümlichen „Stil" derselben 21f: „Wo die Evangelisten derartiges (nämlich die lebendige, am Dialog orientierte Erzählweise [R.D.]) gelernt haben, ist schwer zu sagen. Vieles spricht dafür, daß sie durch die mündliche Erzähl- und Vortragstradition vermittelt sind" (22), vgl. a. ebd. 23: Die Evangelisten „sind vor allem durch die Septuaginta und die lebendige Tradition mündlichen Erzählens geschult".

interessiert, dürften nicht in der Lage gewesen sein, einen solchen Text allein zu lesen.[265]

Daraus ergibt sich für das Verständnis der Evangelien als Literatur: Am Anfang steht weder ein Text, noch ein »Leser«, noch ein Autor, dessen Ziel ein literarisches Werk war, sondern eine *Botschaft*, die ihren Ursprung nach dem Urteil derer, die davon berichten, in Gott hat und darum *dringlich* ist. Diese *Dringlichkeit* oder *Unbedingtheit* aber, die keinen Aufschub und keine willkürliche Veränderung duldet, schafft sich ihr eigenes Medium: die Predigt des Evangeliums, den Gottesdienst und schließlich die schriftliche Gestalt der Evangelien, die dieser Botschaft (und damit wiederum Predigt und Gottesdienst) dienen. Diese wollen auch gelesen werden. Aber nicht als *Literatur*, die sich ihre eigene Welt erschafft, sondern – wenn überhaupt – als 'Sachbuch', das in der realen Welt den Weg zur nicht minder real gedachten ewigen Welt Gottes nicht nur weist, sondern eröffnet.

4. Zusammenfassung und Ausblick

Wie lassen sich die voranstehend beschriebenen methodischen Einsichten trotz der gemachten Einwände für die exegetische Arbeit fruchtbar machen? M.E. nur so, dass die einzelnen Methoden in ihrer Begrenztheit akzeptiert und nicht gegeneinander ausgespielt werden.[266] Ziel sollte es sein, von beiden Richtungen das zu lernen und zu übernehmen, was das Verstehen der Evangelien fördert. Es ist Howell zuzustimmen, wenn er schreibt: „The issue is therefore not whether the biblical critic must choose between historical criticism or a literary interpretation of the Gospel narrative, but how the methods peculiar to each perspective may both contribute to a fuller understanding of Matthew's Gospel."[267]

---

[265] Vgl. M. HENGEL, Gospels 28; A. R. MILLARD, Pergament 154–169, geht von einer hohen Lesefähigkeit innerhalb der jüdischen Gesellschaft aus, macht aber deutlich, dass „das Lesen von Dokumenten und Briefen … mehr Mühe [erforderte] als das Lesen literarischer Texte, weil die Handschrift kursiver und nicht mit der Deutlichkeit niedergeschrieben war, die man bei Büchern erwartete" (169). Die frühchristlichen Bibelhandschriften sind jedoch nicht in der literarischen Buchschrift geschrieben, sondern ähneln „den besseren dokumentarischen Handschriften der Periode"; erst im 3. Jh. tauchen Handschriften mit größerer und klarerer Schrift auf. Darum kommt auch er zu dem Schluss, „dass die meisten Menschen die Bücher nur dadurch kennenlernten, dass sie ihnen vorgelesen wurden" (ebd. 67).

[266] Das ist ebenfalls eine vielfach zu lesende Aufforderung (z.B. G. SCHUNACK, Interpretationsverfahren 29; M. MAYORDOMO-MARÍN, Anfang 17; D. B. HOWELL, Inclusive Story 27–32; vgl. a. die kritische Bilanz b. P. MÜLLER, Lesen 140–147), die zunehmend in der exegetischen Praxis auch verwirklicht wird (zu nennen sind u.a. die Arbeiten von Mayordomo-Marín, M. Gielen und der Matthäus-Kommentar von H. Frankemölle).

[267] D. B. HOWELL, Matthew's Inclusive Story 29.

Für die *traditionelle Exegese* zeigte sich, dass die Dominanz der Redaktionsgeschichte in der Matthäusforschung durch die literaturwissenschaftlichen Arbeiten hilfreich aufgebrochen wurde und viel stärker als früher wieder nach der Botschaft des gesamten Werkes gefragt wird.[268] Man reduziert den Evangelisten Matthäus nicht auf seine Veränderungen an den ihm vorliegenden Quellen, sondern lernt es wieder, das Evangelium als Ganzes zu würdigen. Die großen Kommentare von Davies/Allison, Luz und Frankemölle[269] zu Matthäus stehen je für sich für eine solche veränderte Betrachtungsweise.

Wenn in der vorliegenden Arbeit auch nur ein relativ knapper Abschnitt aus dem Matthäus-Evangelium im Mittelpunkt steht, so dient dessen Analyse gleichwohl dem Verständnis des *ganzen* Evangeliums und seiner Theologie. Es bezieht für seine Auslegung darum das ganze Evangelium mit ein, dazu wird abschließend nach den grundlegenden, formativen Traditionen gefragt, zu denen es, durch die Zitateinführungen und die Verweise auf „Gesetz und Propheten" markiert, in Beziehung stehen *will* (vgl. § 13).

Für die Vertreter des *literary criticism* bzw. des *reader-response criticism* gilt m.E., dass sie die genannten historischen Umstände und die Besonderheit der schriftlichen Evangelien als sekundäres Phänomen stärker gewichten müssten, als dies geschieht, d.h. die Modifizierung der literaturwissenschaftlichen Methoden im Hinblick auf genuin religiöse Texte mit einem ganz eigenen Anspruch ist noch ernster zu nehmen. Ein solcher historisch orientierter Ansatz stößt zwar möglicherweise auf die Ablehnung durch methodische Puristen, weil er die jeweiligen Grunddogmen, nämlich die Autonomie von Text und »Leser«, in Frage stellt, aber es zeigt sich, dass bei denen, die sich bemüht haben, diese Methoden auf die Evangelien konkret anzuwenden, vielfach ein ebensolches Abrücken von allzu starrem Dogmatismus beobachtet werden kann bzw. von Anfang an ein sehr eklektizistischer und auch experimentierfreudiger Umgang mit diesem Instrumentarium vorherrschte.

Die inzwischen standardisierte Vorgehensweise, ein Thema dem Erzählvorgang entlang zu entwickeln unter der Voraussetzung, dass die Information für den Lesenden von Anfang bis Ende allmählich entfaltet wird, erweist sich dabei sowohl als Hilfe wie als Hindernis. Hilfreich ist, die Entfaltung eines Themas zu beobachten und zu sehen, wie der Autor den Hörer oder Leser

---

[268] Vgl. TH. SÖDING, Schriftauslegung 118: „Erst nachdem die Fixierung auf die Diachronie gelöst und die Evangelisten (wieder) als ernst zu nehmende Schriftsteller entdeckt worden waren, setzt sich auch in der Synoptiker-Exegese die Kontextanalyse wiederum als wichtiger Methoden-Schritt durch." Ausführlich zu dieser Methodik bekennt sich J. R. C. COUSLAND, Crowds 23–27, dessen Arbeit eine solide, im besten Sinn unmodische Methodik besticht (vgl. meine Rezension in ThBeitr 35 [2004], 114–116).

[269] Der Kommentar von H. FRANKEMÖLLE (2 Bde. 1994–1997) legt erstmals für den deutschsprachigen Bereich das Matthäus-Evangelium konsequent mittels einer rezeptionsästhetischen Theorie aus. Zur Begründung seiner Methode s. Mt I 34–76.

leitet, weshalb darauf im Folgenden auch immer wieder rekurriert wird. Problematisch erscheint mir dagegen, wenn daraus die Rekonstruktion der *Lektüre*erfahrung der Erstrezipienten versucht wird, die idealer Weise als *blank space* vorgestellt ist und ihre Information erst durch die Lektüre erhält. Das ist gewiss die Leseerfahrung bei fiktiver Literatur, bei der der Leser im Voraus nicht wissen kann, was ihn erwartet, da in einem neuen Roman grundsätzlich sehr vieles möglich ist. Für die Evangelien gilt jedoch, dass der Inhalt durch die Botschaft, deren Kommunikation sie als Medium dienen, vorgegeben und vorgeprägt ist, so dass es nur ausnahmsweise (und vom Autor m.E. nicht intendiert) eine unvorbereitete, unkommentierte Erst*lektüre* gab[270], weshalb alle „Erst-Rezeption bereits den Charakter einer *relecture*" hat[271]. Aber trotz dieser Konzession steht auch in Mayordomo-Maríns Arbeit immer noch die Lese-Erfahrung und nicht die gottesdienstliche Situierung im Vordergrund, zudem bleibt *die Gegenwart des Autors* als dem ersten Kommentator bei diesen Analysen methodisch ausgeklammert.

Dazu kommt, dass das im Matthäus-Evangelium erkennbare primäre Zielpublikum am ehesten Gemeindeleiter und Schriftgelehrte sind, die über ein hohes Maß an Vorkenntnissen verfügten, welches der Evangelist anhand der ihm bekannten Überlieferung und seines eigenen theologischen Verständnisses festigen und prägen wollte. Solchen diente die Lektüre jedoch nicht zum Kennenlernen, sondern zum Vertiefen und gegebenenfalls Überprüfen. Zudem ist damit zu rechnen, dass solche Lehrer Teile des Evangeliums relativ schnell auswendig konnten und darum das Ganze beständig präsent hatten, damit also mit dem ganzen Inhalt *gleichzeitig* waren, und nicht – wie das Lektüre-Modell voraussetzt – *nacheinander* die Geschichte durchlebten und erst am Ende gleichsam am Ziel sind.[272]

---

[270] Der von Justin dargestellte Jude Tryphon gibt immerhin vor, „in dem sogenannten Evangelium" (ἐν τῷ λεγομένῳ Εὐαγγελίῳ, gemeint ist wohl dem des Matthäus) „mit Interesse gelesen" (ἐμοὶ γὰρ ἐμέλησεν ἐντυχεῖν αὐτοῖςπαραγγέλματα θαυμαστά des Evangeliums]) zu haben (Dial. 10,2). Seine Leseerfahrung, über die Näheres zu wissen in der Tat spannend wäre, ist allerdings nur über Justin vermittelt und damit als historisches Zeugnis nicht zu verwerten. Unergiebig für diese Frage ist D. ROKÉAH, Justin Martyr and the Jews, Jewish and Christian Perspective Series 5, Leiden u.a. 2002, vgl. 4f.12–19, der auf die zitierte Stelle nicht eingeht; auch bei E. MASSAUX, Influence 10–109; W.-D. KÖHLER, Rezeption 161–265, wird im Rahmen der Mt-Stellen nirgends auf diese Stelle Bezug genommen.

[271] M. MAYORDOMO-MARÍN, Anfang 156. Zur Kritik an dieser Rekonstruktion einer Erstrezeption s. G. N. STANTON, Literary Criticism: Ancient and Modern Genre, in: A Gospel for a New People (s.o. Anm. 71), 54–84 (71–76); zur Diskussion aus der Perspektive einer Vertreterin des „rhetorical literary criticism" s. JANICE C. ANDERSON, Matthew's Narrative Web. Over, and Over, and Over Again, JSNT.S 91, Sheffield 1994, 222f.

[272] Hier wäre auch an das zu erinnern, was W. ISER über die „Zweitlektüre" (Apellstruktur 235f) eines Textes schreibt (was sozusagen der neutestamentliche 'Normalfall' ist), die „oftmals einen von der Erstlektüre abweichenden Eindruck produziert" und dem Lesenden eine Fülle neuer Eindrücke und Einsichten ermöglicht: „Bei einer Zweitlektüre ist man

Diese *Gleichzeitigkeit des Ganzen* entspricht auch dem jüdischen Umgang mit „Tora und Propheten" zur Zeit des Matthäus, der ebenfalls von Einzelperikopen, dem Verbinden verschiedener Abschnitte aus unterschiedlichen Schriften, dem Achten auf gleichlautende Textsignale und eine gewisse konkordante Methodik gekennzeichnet war. Vor diesem Hintergrund lässt sich „Matthew's Narrative Web" (s. Anm. 271) als rezeptionssteuernde Verweisstruktur durch gleichlautende Wendungen, Stichwort-cluster u.ä. beschreiben, die dem informierten Benützer des Evangeliums erlaubt, durch Vor- und Zurücklesen und schließlich durch den inneren Besitz des ganzen Evangeliums (samt seinem Sitz im Leben im Gottesdienst und den damit gegebenen Ko-Texten) die Botschaft zu verstehen, der sich Matthäus verpflichtet weiß. Die Exegese wird also gut daran tun, dieser *Gleichzeitigkeit des Ganzen* zu entsprechen, wenn sie die Botschaft des Matthäus nachvollziehen will.

---

mit ungleich größerer Information über den Text ausgestattet, vor allem dann, wenn der zeitliche Abstand relativ kurz ist. Diese zusätzliche Information bildet die Voraussetzung dafür, daß nun die unformulierten Beziehungen zwischen den einzelnen Textsituationen sowie die dadurch gewährten Zuordnungsmöglichkeiten anders, vielleicht sogar intensiver genutzt werden können. Das Wissen, das nun den Text überschattet, gewärtigt Kombinierbarkeiten, die in der Erstlektüre oftmals dem Blick noch verschlossen waren. Bekannte Vorgänge rücken nun in neue, ja sogar wechselnde Horizonte und erscheinen daher als bereichert, verändert und korrigiert."

I. Gerechtigkeit und Tora in Mt 5,13–20

Einleitung: Mt 5,17–20 als ein Zentraltext des Evangeliums

Unter der in § 2 begründeten Voraussetzung, dass in Matthäus ein Autor von Rang und kein bloßer Redaktor begegnet[1], ist es unmöglich, einen Einzeltext des Evangeliums isoliert vom Gesamttext zu untersuchen.[2] Darauf insistieren mit Recht die neueren literaturwissenschaftlichen (synchronen) Methoden, ohne dass darum die historischen (diachronen) vernachlässigt werden dürfen. In beiden Bereichen ist freilich darauf zu achten, dass die Methode sich dem Text anpasst und seine Eigenarten zu verstehen sucht.

Für das Matthäus-Evangelium bedeutet dies u.a. das Bemühen, seiner besonderen Gesamtstruktur gerecht zu werden, die sich nicht allein dadurch erschließen lässt, dass man den Text von Anfang bis Ende durchliest. Die zahlreichen, sich widersprechenden Versuche in Bezug auf die Gliederung des Evangeliums sind ein beredtes Beispiel dafür, dass sich dasselbe allzu einlinigen Schemata verweigert. Eher könnte man davon reden, dass sich in ihm verschiedene Gliederungssignale überlagern ohne sich jedoch gegenseitig zu widersprechen oder zu stören. So ist die Gliederung des Evangeliums anhand der fünf großen Redeeinheiten ebenso einsichtig zu machen wie die vor allem von Kingsbury vertretene Dreiteilung anhand der gleichlautenden Trennformel in 4,17 und 16,21. Daneben besitzen auch die Arbeiten, die in einzelnen Kapiteln das Zentrum sehen, eine gewisse Plausibilität. Anstatt diese Einsichten aber gegeneinander auszuspielen ist es sinnvoller, sie als einander ergänzende Gliederungssignale anzusehen, so dass das Evangelium unter verschiedenen Aspekten gelesen und rezipiert werden kann.[3]

---

[1] Eine Einsicht, die sich auch in der mit herkömmlichen Methoden arbeitenden Exegese mehr und mehr gegen die Beschreibung als „Redaktor" (so u.a. G. STRECKER, Bergpredigt 12) durchgesetzt hat, vgl. M. HENGEL, Bergpredigt 239–243 (= 347–351), der in ihm eine dominierende, markante Lehrerpersönlichkeit sieht (vgl. 343 Anm. 28 die Charakterisierung als „christliches Schulhaupt"). Damit einher geht die Würdigung des Evangelisten als Theologe, Lehrer und Schriftsteller, in dessen „bis aufs letzte durchreflektierten Werk ... nichts »unbeabsichtigt«" geschieht (ebd. 345).

[2] Vgl. Einleitung § 2/4.

[3] Zu den Schwierigkeiten einer Gliederung vgl. A. SAND, Matthäus-Evangelium 40; R. H. GUNDRY, Mt 10f („We conclude that the Gospel of Matthew is structurally mixed"). Einen ausführlichen Überblick bieten DAVIES/ALLISON, Mt I 58–72, die ihrerseits auf den triadischen Aufbau der Kapitel 1–12 und der Redeeinheiten verweisen (69f), die Frage einer

Aber nicht nur die Gliederung anhand formelhafter Wendungen ist für Matthäus charakteristisch, sondern auch die Verknüpfung von Themen durch markante, bis ins Formelhafte gehende Wendungen und Begriffe. Ulrich Luz hat in seinem Kommentar wiederholt auf die Bedeutung von „Schlüsselworten" im Aufbau des Matthäus-Evangelium verwiesen (Mt I$^{1-4}$ 21/I^5 28), die primär als mnemotechnisches Mittel für das Ordnen und Erlernen mündlicher Überlieferungskomplexe dienen.

Die rabbinische Literatur, besonders im Bereich des halachischen Lernstoffes, bietet reichlich Beispiele für thematische Blöcke, die durch ein gemeinsames Leitwort zusammengehalten sind, das mitunter sehr verschiedenartiges Material umfassen kann; diese zusammenhängenden Überlieferungseinheiten stören manchmal sogar den Makrokontext des Traktats, indem Stoffe vorkommen und teilweise auch diskutiert werden, die nicht zum eigentlichen Thema gehören. In der Mischna lässt dies auf fertige Traditionseinheiten schließen, die dem Werk inkorporiert wurden, ohne dass dabei größere redaktionelle Eingriffe vorgenommen worden wären.

Als Teil einer schriftlichen Komposition dienen sie dazu, dem Hörer bzw. Leser einerseits Abschnittsverbindungen anzuzeigen ('Mikrogewebe') und andererseits über Leitbegriffe oder -themen auf größere Zusammenhänge ('Makrogewebe') innerhalb des Gesamttextes hinzuweisen:

„Mt wünschte sich eine zusammenhängende und nicht nur perikopenweise Lektüre, denn nur dann können Schlüsselworte den Sinn größerer Abschnitte erschließen. Wahrscheinlich wünschte er sich eine intensive Lektüre, mit der Möglichkeit auch des Zurückblätterns; nur dann wird der größere Zusammenhang fruchtbar für den einzelnen Text und nur dann offenbaren Schlüsselworte ihre Bedeutungsfülle."[4]

Diese Einsicht, die auch dann gilt, wenn man im Evangelium nicht primär einen Lese- sondern einen regelmäßig gebrauchten *Vor*lesetext im Rahmen einer Interpretationsgemeinschaft sieht, ist fruchtbar zu machen, wenn es darum geht, einen einzelnen Text des Evangeliums in extenso auszulegen. Es

---

Gesamtstruktur aber offen lassen und sich ausdrücklich Gundrys Urteil („structurally mixed") anschließen (72). Die Ursprünge der Dreiteilung sehen sie zum einen in der Verkündigung von Jesus selbst (unter Verweis auf: C. L. MITTON, Threefoldness in the Teaching of Jesus, ET 75 [1964], 228–230), wobei die Dreiteilung als mnemotechnisches Mittel dient, zum anderen in der jüdischen Umwelt: Sie verweisen darauf, dass auch in mAv 1 vielfach triadische Spruchreihen vorliegen. Eine einleuchtende Verbindung der die *Reden* aufeinander beziehenden Formel καὶ ἐγένετο (7,28f; 11,1; 13,53f; 19,1; 26,1f) mit der die *Erzählung* strukturierenden Formel ἀπὸ τότε legte K. SYREENI vor (Making 75–91.107–119). Zum Aufbau des Matthäus-Evangeliums s.a. CH. LANDMESSER, Jüngerberufung 5–48.

[4] U. LUZ, Mt I$^{1-4}$ 21, gekürzt in I^5 28; vgl. dazu den forschungsgeschichtlichen Überblick bei J. C. ANDERSON, Narrative Web 12–25. Besonders hervorzuheben ist dabei C. H. LOHR, Oral Techniques in the Gospel of Matthew, CBQ 23 (1961), 403–435 (dazu ANDERSON ebd. 21–23). Eine Zusammenstellung der wörtlichen Wiederholungen im ersten Evangelium bietet ANDERSON 226–242, deren Auswertung allerdings dürftig bleibt, vgl. außerdem die Listen bei LUZ, Mt I$^{1-4}$ 21f; I^5 29f; DAVIES/ALLISON, Mt I 88–92.

gilt, die innermatthäische 'Verwebung'[5] bzw. die dem Evangelium zu Grunde liegende „Partitur"[6] zu entdecken, um sie für das Verständnis des Einzeltextes fruchtbar zu machen.

Die matthäische Kompositionstechnik erschließt sich aber nicht ausreichend, wenn man nur den *einzelnen* Begriffen und ihrer Verwendung innerhalb des Evangeliums nachgeht. Genauso wichtig ist es daneben auf die Kombination von Schlüsselwörtern zu achten, weil auf diese Weise die einzelnen Themeneinheiten miteinander verwoben werden.[7] Dabei lassen sich

---

[5] Ich gebrauche diesen Begriff in Anlehnung an die „Teppiche" (Στρωματεῖς) des Clemens Alexandrinus, womit aber nicht gesagt werden soll, dass sich Matthäus dieser Gattung bediente. Es ist mehr der Hinweis auf ein in Teilen verwandtes literarisches Phänomen, das dazu hilft, manche Eigentümlichkeiten zu verstehen, da eine solche literarische Form für damalige Leser nichts Ungewöhnliches darstellt, vgl. B. ALTANER/ A. STUIBER, Patrologie, Freiburg u.a. [8]1978, 193: „Der von Klemens gewählte Titel soll das Werk als zu einer in der antiken Literaturgeschichte öfters vorkommenden Literaturgattung gehörend bezeichnen, die es gestattete, die verschiedensten Fragen in bunter Reihenfolge ohne strenge Gliederung und festen Plan zusammenzufassen." Letzteres trifft auf das Matthäus-Evangelium allerdings nicht zu, ist aber nach LOUIS ROBERTS, The Literary Form of the *Stromateis*, The Second Century 1 (1981), 211–222, auch nicht kennzeichnend für diese Gattung. Er beschreibt als Kennzeichen „a network of reciprocal relations" (216), wobei die Abfolge der Texteinheiten stärker logischen als narrativen Gesichtspunkten folge („The sequence of texts in the *Stromateis* involves logical rather than narrative development"). Ersetzt man „logisch" durch „theo(-logisch)" gilt dies auch für das Matthäus-Evangelium. Insbesondere die Redeblöcke sprengen zumeist ihren erzählten Rahmen. Ziel der *Stromateis* ist (1.) die Bewahrung bzw. Wiederherstellung der Lehre, (2.) ihre Verteidigung und (3.) die Einweisung in dieselbe (213: „conservation and restoration", „apologetics", „initiation"). Die Gattung besitzt einerseits sammelnden Charakter, was der Erinnerung dient („memory aids"), aber im Sinne von „unified works rather than simple sets of notes" (212). *Der Sinn der Webtechnik ist die Stimulierung zu einer aktiven und kreativen Aneignung des Dargelegten.* Es soll nicht nur Wissen vermittelt, sondern in das zu Grunde liegende Denken eingeführt werden (ebd. 213). Das achte Buch der Stromateis „enthält nur Skizzen und Vorarbeiten, die schon bei der Ausarbeitung früherer Bücher benützt wurden und wahrscheinlich gar nicht zur Veröffentlichung bestimmt waren" (ALTANER/STUIBER, ebd. 193). Diese Exzerptsammlung könnte ein wichtiger Hinweis darauf sein, wie man sich literarische Vorstudien, Materialzusammenstellungen u.ä. vorzustellen hat. Zu solcher literarischer 'Webarbeit' vgl. auch D. SCHINKEL, Das Magnifikat Lk 1,46–55 – ein Hymnus in Harlekinsjacke?, ZNW 90 (1999), 273–279, der das seit Aristophanes bekannte Stilmittel des „Cento" als eine Technik beschreibt, um „aus Textbestandteilen einen neuen und sinnvollen Text herzustellen" (273).

[6] So das von H. FRANKEMÖLLE vorgeschlagene Beschreibungsmodell: „Der Begriff Partitur ist besonders geeignet, das Matthäus-Evangelium zutreffend zu umschreiben, weil Matthäus – wenn nicht alles täuscht – anders als Markus, Lukas und Johannes die verschiedenen Elemente seines Evangeliums wie bei einer Notenschrift als unterschiedliche Stimmen gleichsam auf einzelnen übereinanderliegenden Liniensystemen anordnet. Ist doch sein Evangelium in einzigartiger Weise geprägt vom Neben- bzw. Ineinander von Erzähl- und Redeteilen" (Mt I 78, vgl. das ganze Kapitel 2: „Das MtEv als Partitur", ebd. 77–127). Frankemölle spricht daneben aber auch von „Gewebe" (Mt I 46).

[7] Vgl. U. LUZ, Die Wundergeschichten von Mt 8–9, in: Tradition and Interpretation in the New Testament, FS E. E. Ellis, hg. v. G. F. Hawthorne u. O. Betz, Grand Rapids, Mich. u.

zwei 'Webmuster'[8] voneinander unterscheiden, die im Folgenden als 'Makro-bzw. 'Mikrogewebe' bezeichnet sind. Erstere sind Themen, die sich durch das ganze Evangelium hinziehen und das Gesamtmuster als Leitstruktur vorgeben. Dazu gehören einerseits 'Webfäden', die eine Vielzahl von Belegen aufweisen (z.B. βασιλεία τῶν οὐρανῶν [32mal, im NT nur bei Matthäus], aber auch υἱὸς τοῦ ἀνθρώπου [29mal] bzw. insgesamt die Titulatur in Bezug auf Jesus[9]), und andererseits solche, deren Bedeutung nicht in erster Linie an der Häufigkeit, sondern an der Qualität und kompositorischen Exponiertheit der Belege fest zu machen ist.[10] Dazu zählt z.B. πληροῦν *erfüllen* (16mal). Desgleichen ist die Auseinandersetzung mit den Schriftgelehrten und Pharisäern ein Makrogewebe durch das ganze

---

Tübingen 1987, 149–165 (151), unter Verweis auf W. G. THOMPSON, Reflections on the Composition of Mt 8,1–9,34, CBQ 33 (1971), 365–388: „Ein Ueberblick ergibt, dass die Stichwortverbindungen nicht nur innerhalb der Einzelgeschichten, sondern auch zwischen den Geschichten und Geschichtengruppen ausserordentlich intensiv sind." Was hier in Bezug auf Mt 8+9 formuliert ist, gilt auch für Mt 5+6.

[8] Vgl. dazu die Formulierungen von U. LUZ, Mt II 6 über Mt 8–9: „Die Behandlung der »Themen« gleicht am ehesten einem Seil oder einem ›Zopf‹, der bald den einen, bald den andern Strang in den Vordergrund treten läßt." Vgl. DERS., Wundergeschichten 151.163 Anm. 24. Das Bild des ›Zopfes‹ diene vor allem dazu, die „Zielgerichtetheit der mt Erzählung" zu betonen.

[9] Vgl. dazu U. LUZ, Eine thetische Skizze der matthäischen Christologie, in: Anfänge der Christologie, FS F. Hahn, hg. v. C. Breytenbach u. H. Paulsen, Göttingen 1991, 221–235; MOGENS MÜLLER, The Theological Interpretation of the Figure of Jesus in the Gospel of Matthew: Some Principal Features in Matthean Christology, NTS 45 (1999), 157–173. Beide heben hervor, dass eine 'Titelchristologie' dem Evangelium nicht angemessen ist, da es den Inhalt dieser Titel nicht einfach übernimmt, sondern durch die Erzählung gestaltet. Zudem wird deutlich, dass es nicht möglich ist, einen einzelnen Titel herauszunehmen, da diese nicht in Konkurrenz zueinander gebraucht werden, sondern in kumulativer Weise einander ergänzen, vgl. M. HENGEL, Jesus der Messias Israels, in: DERS./ANNA MARIA SCHWEMER, Der messianische Anspruch Jesu und die Anfänge der Christologie, WUNT I/138, Tübingen 2001, 1–80 (13f).

[10] Nur angemerkt sei hier, dass ein Teil dieser Wendungen und Themenkombinationen sich auch bei den beiden anderen Synoptikern findet und wohl weitgehend auf Jesus und seine Verkündigung selbst zurückgehen. Aber diese historische Rückfrage steht hier nicht im Mittelpunkt. Dass der Evangelist Matthäus aber ein alles in allem sehr sorgfältiger und konservierender Tradent der ihm vorgegebenen Überlieferung ist, der da, wo er Stoffe aus gestalterischen Gründen neu- bzw. umbildet nach Möglichkeit auf bereits geprägte Formulierungen zurückgreift und diese multipliziert (weshalb seine Sprache bisweilen sehr formelhaft klingt), kann als eine gemeinsame Überzeugung der neueren Matthäusforschung gelten, vgl. den Überblick bei C. S. KEENER, Mt 24–36 („How Reliable Are Jesus' Teachings in Matthew?"); vgl. außerdem G. N. STANTON, Matthew as a Creative Interpreter (s. § 1 Anm. 93): Er beschreibt Matthäus als „creative but not innovative: he is committed to the traditions at his disposal, but he endeavours to elucidate them for his own community" (286); E. RAU, Jesus – Freund von Zöllnern und Sündern. Eine methodenkritische Untersuchung, Stuttgart u.a. 2000, 50f. S.a. unten Anm. 12.

Evangelium hin[11], das u.a. mit dem Wortstamm δικ- verbunden ist (vgl. Mt 5,20; 21,32 [unter Einbeziehung von 21,23.45 als Rahmen der Gesprächsszene]; 23,29).

Neben diese umfassenden Einheiten treten kleinere 'Webstücke', die wiederum entweder verteilt auf das ganze Evangelium nur an wenigen Stellen auftreten, aber dennoch miteinander in einem Verweissystem stehen, oder konzentriert nur in einem Abschnitt begegnen, der dann durch Schlüsselwörter mit dem Gesamtzusammenhang verbunden ist. Zu den Mikrogeweben der ersten Art kann z.B. die Rede von „Gesetz und Propheten" (5,17; 7,12; 11,13; 22,40) gezählt werden, zu denen der zweiten beispielsweise das Stichwort διώκειν (5,10.11.12.45; 10,23; 23,34). Es ist meine These und Ausgangspunkt dieser Untersuchung, dass diese Leitbegriffe bzw. 'Leitfäden', die häufig zum Vorzugsvokabular des Evangelisten gerechnet werden[12], bei ihrem Vorkommen jeweils ihre *gesamte Bedeutungsbreite* mitbringen bzw. diese sich beim wiederholten Lesen oder Hören des Evangeliums erschließt, so dass sie nach der erzählerischen Absicht des Evangelisten dann jeweils mitbedacht (bzw. ganz konkret: in der Predigt des Abschnitts miteinbezogen) wird.[13] Aber nicht nur der Rezeptionsvorgang

---

[11] Vgl. J. D. KINGSBURY, Matthew as Story 115–127 („The Antagonists of Jesus") u. jetzt ausführlich M. GIELEN, Konflikt; B. REPSCHINSKI, Controversy Stories.

[12] Die Bezeichnung einer Wendung als redaktionell bzw. die Zuweisung eines Wortes oder einer Wendung an die mt Redaktion bedeutet im Folgenden *keine Entscheidung darüber*, ob es sich dabei um eine Bildung des Evangelisten oder um eine sprachliche Bearbeitung von bereits vorliegender Tradition handelt. Nach meinem Eindruck ist die sprachliche Überformung und Vereinheitlichung von Traditionen sehr viel häufiger wahrscheinlich zu machen, als dass der Evangelist die betreffenden Teile selbst verfasst hat. Indem er an dem überkommenen Material signifikante 'Marker' anbringt, ist es ihm möglich, eine geschlossene, eigenständige, aber eben dennoch 'konservative' Beschreibung dessen zu geben, wer Jesus war und was er tat. Dies ermöglichte ihm ein hohes Maß an Treue gegenüber dem vorliegenden Überlieferungsgut und zugleich die Verwirklichung seiner gestalterisch-theologischen Kompetenz innerhalb des durch das Markus-Evangelium vorgegebenen Rahmens. Vgl. dazu die Charakteristik durch M. HENGEL, Bergpredigt 239f {= 347f): „Dieser im frühen Christentum wirksamste Evangelienentwurf offenbart den *Autor* als einen theologischen Denker von hohem Rang … Man unterschätzt seine eigene gestaltende Rolle, wenn man ihn als bloßen »(konservativen) *Redaktor*« bezeichnet. Seine Größe zeigt sich gerade darin, daß er trotz einer »konservativ«-schonenden Behandlung der Überlieferung nicht nur dem ganzen Werk – und hier der Bergpredigt im besonderen – einen eindrücklich klaren Aufriß gibt, sondern auch präzise und wirkungsvolle theologische Akzente setzt und damit die Kirchengeschichte des 2. Jh.s stärker beeinflußte als alle anderen urchristlichen Schriftsteller."

[13] Von U. LUZ beschrieben als „Uebersummativität des Makrotextes", womit er besagen will, dass das Gesamt-Evangelium „den Sinn seiner einzelnen Teile bestimmt" (Wundergeschichten 150). Es ist kein Zufall, dass der einflussreiche Aufsatz von E. v. DOBSCHÜTZ, Matthäus als Rabbi und Katechet, ZNW 27 (1928), 338–348 (auch in: Das Matthäus-Evangelium, hg. v. J. Lange, WdF 525, Darmstadt 1980, 52–64 [ich zitiere hiernach]) mit Beobachtungen zu mt Formeln und gleichlautenden Wendungen beginnt (53–57) und

dient solcher Entdeckung von Querverweisen, sondern – insbesondere am Anfang – *die Auslegung des Evangeliums durch den Evangelisten selbst*. Ein Teil dieser internen Querverweise könnte sogar das Resultat solcher mündlicher Unterweisungen des Evangelienstoffes sein, ehe das Evangelium schriftliche Gestalt annahm.[14] Zugleich bedeutet dieses Verständnis des

---

daraufhin die Frage stellt, woher „diese Neigung zum Stereotypen und Formelhaften" komme (57). Die – heute allerdings nicht mehr befriedigende Antwort, weil sie zu unkritisch spätere rabbinische Verhältnisse in die Zeit des Evangelisten überträgt – war, dass dies eben „Rabbinenart" sei (57), woraus die These gewonnen wurde, dass der Evangelist ein konvertierter Schüler Jochanan ben Zakkais gewesen sei. Hilfreicher und fruchtbarer erwies sich dagegen die zweite Begründung (s.u. Anm. 14), die auf das *katechetische Interesse* des Evangelisten verwies (59f): „Der jüdische Rabbi war ein christlicher Lehrer geworden und stellt nun seine katechetische Übung in den Dienst des Evangeliums" (60). Weitergeführt wurde dieser Ansatz von W. GRUNDMANN, Die Arbeit des ersten Evangelisten am Bilde Jesu, in: Christentum und Judentum. Studien zur Erforschung ihres gegenseitigen Verhältnisses, hg. v. ders., Leipzig 1940, 55–77 (auch in: Das Matthäus-Evangelium [s.o.], 73–102), der den Zeitläufen (1940!) und seiner eigenen Überzeugung entsprechend die Arbeit des „Schriftgelehrten palästinischer Herkunft", der „Christ geworden" war (100) als Rejudaisierung beschreibt, indem er versucht, Jesus „in die von ihm gesprengte Lebensverfassung des palästinischen Judentums wiedereinzuordnen" (87 u.ö.). Insbesondere die Darstellung Jesu als „zweiten Moses" (75) und das daraus abgeleitete Gesetzesverständnis werden von Grundmann als Beleg dafür herangezogen. Zur Fortsetzung dieser Position durch E. STAUFFER s.u. Anm. 156.

[14] Zu der alten These des Matthäus-Evangeliums als „Lehrbuch" bzw. „katechetisches Lehrbuch" vgl. A. SAND, Matthäus-Evangelium 107–110.160–167. Entscheidend ist dabei allerdings, an wen sich dieses „Lehrbuch" richtet. M.E. kommen dafür nicht die Katechumenen in Betracht, sondern *die Leiter der Gemeinde* bzw. die Lehrer der Katechumenen (so auch W. TRILLING, Israel 222f; SAND, ebd. 167: ein „katechetische[s] Handbuch (nicht: Katechismus)". Die primäre Zielgruppe des Evangeliums als literarischer Komposition kommt in 13,52 am deutlichsten zum Ausdruck, so schon A. SCHLATTER, Mt 449f: „Der Beruf der Jünger wird mit dem die Gemeinde jetzt führenden Lehrstand verglichen". Vgl. a. G. SCHILLE, Bemerkungen zur Formgeschichte des Evangeliums. II: Das Evangelium des Matthäus als Katechismus, NTS 4 (1957/58), 101–114 (113), das den Missionaren der mt Gemeinden als Handbuch dienen sollte; übernommen von W. GRUNDMANN, Mt 45 (vgl. a. 357). Eine andere einflussreiche Auslegungstradition will das Evangelium dagegen in erster Linie mit der *gottesdienstlichen Predigt* verbinden: G. D. KILPATRICK, Origins 72–100 (seinen Ansatz beschreibt TRILLING, ebd. 218f als „Perikopenbuch"),. dazu auch M. GOULDER, Sections and Lections in Matthew, JSNT 76 (1999), 79–96; auch U. LUZ, Mt I[1–4] 59f/I[5] 82f verweist auf die auffälligen gottesdienstlich-liturgischen Elemente für die Bestimmung des Sitzes im Leben. Allerdings erscheint es mir nicht nötig, eine schroffe Alternative zwischen Katechese und Predigt bzw. Gottesdienst aufzustellen, da die dafür Verantwortlichen vielfach dieselben gewesen sein dürften und die einzelnen Bereiche sich wohl noch stark überlappten. Auch der Evangelist wird sowohl Lehrer (und dafür auch Schriftgelehrter) als auch Prediger gewesen sein, wobei der alte Vorschlag einer Katechetenschule nach wie vor plausibel ist, wenngleich nicht unbedingt in der Form, wie KRISTER STENDAHL sie in seiner klassischen Monographie beschrieben hat (The School of St. Matthew, Uppsala 1954); zur Kritik weniger an der Gesamtthese als an der Begründung primär aufgrund der Erfüllungszitate s. B. GÄRTNER, The Habakkuk Commentary (DSH) and the Gospel of Matthew, StTh 8 (1954), 1–24, dt. als: Der Habakuk-Kommentar (1QpHab) und das Matthäus-Evangelium, in:

Textes als eines internen Verweissystems, dass auch die Einheiten, die von solchen 'Leitfäden' gerahmt sind, sich von diesen her erklären lassen. Angewandt auf einen konkreten Textabschnitt etwa heißt das, dass 5,13–16, wo das Stichwort „Gerechtigkeit" nicht vorkommt, dennoch von diesem Leitbegriff, der den ganzen Abschnitt, wenn nicht gar Kap. 5+6 der Bergpredigt überhaupt dominiert, verstanden werden muss.

Wie bereits angedeutet ist das Anbrechen der βασιλεία τῶν οὐρανῶν durch das Werk und die Botschaft Jesu für das Matthäus-Evangelium einer der zentralsten, wenn nicht sogar der zentrale 'Faden' schlechthin. Aufgrund seiner Bedeutung auch für den Abschnitt 5,17–20, in dem immerhin dreimal das Stichwort von der βασιλεία τῶν οὐρανῶν vorkommt, soll im Folgenden diese Linie exemplarisch entfaltet werden. Zugleich ist es so möglich zu zeigen, wie andere Themen darin verflochten werden.

Das Matthäus-Evangelium (s.o. Anm. 13), 174–204 (198). Gärtner verweist zudem darauf, dass „eine Wechselbeziehung zwischen Predigt und Lehre" anzunehmen ist (200).

§ 3 Die βασιλεία τῶν οὐρανῶν als matthäischer Leitfaden

Die herausragende Bedeutung der βασιλεία-Thematik (nicht nur) für das Matthäus-Evangelium ist allgemein anerkannt und braucht nicht *in extenso* begründet zu werden.[15] Sie zeigt sich allein schon anhand des statistischen Befundes: mit 55 Belegen für βασιλεία ([= 2,59mal/1000 Wörter] davon 32mal in der ausschließlich von ihm gebrauchten Wendung βασιλεία τῶν οὐρανῶν, dazu – ohne Mt 6,33 – noch 4mal βασιλεία τοῦ θεοῦ) steht Matthäus gegenüber den übrigen Evangelisten an der Spitze (Mk: 20 [= 1,53mal/1000 Wörter], davon 14mal in der Wendung βασιλεία τοῦ θεοῦ / Lk: 46 [2,05mal/1000 Wörter], davon 31mal als βασιλεία τοῦ θεοῦ / Joh: 5).[16] Als durchgängig redaktionell gilt die in Entsprechung zu מלכות(ה)שמים (hebr.) bzw. מלכותא דשמיא (aram.) gebildete Wendung βασιλεία τῶν οὐρανῶν[17] und die dreimalige Wendung vom εὐαγγέλιον τῆς βασιλείας.

---

[15] Vgl. J. D. KINGSBURY, Structure 128–160; DERS., Matthew, Nappanee [Indiana] ³2000 (überarb. Aufl. von: Matthew, Proclamation Commentary, Philadelphia ²1986), 66–81: „The single most comprehensive concept in the First Gospel is the 'kingdom of heaven (God).'" (66); A. SAND, Matthäus-Evangelium 48–52; A. WOUTERS, »… wer den Willen meines Vaters tut«. Eine Untersuchung zum Verständnis vom Handeln im Matthäusevangelium, BU 26, Regensburg 1992, 69–103. Auch bei Markus und Lukas kommt der Königsherrschaft Gottes eine wichtige Funktion zu, was nicht verwundert, da die Botschaft von der nahe gekommenen, ja schon gegenwärtigen Basileia „das Zentralthema der öffentlichen Verkündigung Jesu" gewesen ist, so J. JEREMIAS, Neutestamentliche Theologie. Erster Teil: Die Verkündigung Jesu, Gütersloh 1971, 99 (s.a. 40–43); vgl. a. H. MERKLEIN, Die Gottesherrschaft als Handlungsprinzip. Untersuchung zur Ethik Jesu, FzB 34, Würzburg ²1981; DERS., Jesu Botschaft von der Gottesherrschaft. Eine Skizze, SBS 111, Stuttgart 1983; H. MERKEL, Die Gottesherrschaft in der Verkündigung Jesu, in: Königsherrschaft Gottes und himmlischer Kult, hg. v. M. Hengel u. Anna Maria Schwemer, WUNT I/55, Tübingen 1991, 119–162; P. STUHLMACHER, Theologie I, 6–75; M. PHILONENKO, Das Vaterunser, UTB 2312, Tübingen 2002, 53f; U. WILCKENS, Theologie des Neuen Testaments I. Geschichte der urchristlichen Religion, Teilbd. 1: Geschichte des Wirkens Jesu in Galiläa, Neukirchen 2002, 131–184 („Gottes Herrschaft und Reich als zentrales Thema Jesu"); W. ZAGER, Reich Gottes in der Verkündigung und im Wirken Jesu, in: DERS., Bergpredigt und Reich Gottes, Neukirchen 2002, 45–62.

[16] Auf irdische Reiche bezogen nur in Mt 4,8; 12,25 u. 24,7 (2mal), vgl. außerdem 12,26, wo – allerdings nur metaphorisch – vom Reich Satans die Rede ist (vgl. 12,24–26).

[17] Dass für Matthäus οὐρανοί eine Umschreibung Gottes darstellt (vgl. auch seine Wendung πατὴρ ἡμῶν/ὑμῶν ἐν τοῖς οὐρανοῖς [15mal] bzw. ὁ πατὴρ ὁ οὐράνιος [7mal]), ist allgemein bekannt, vgl. U. SCHOENBORN, Art. οὐρανός, EWNT II², 1992, 1328–1338: „Himmel" ist insbesondere bei Matthäus zur „Ersatzkategorie für Gott geworden" und so „repräsentiert Himmel die Herrschaft Gottes" (1330). Dieser Sprachgebrauch wird in der

Die Wurzeln der Vorstellung von Gottes (Königs-)Herrschaft reichen weit in das Alte Testament zurück[18] und zur Zeit des Frühjudentums ist sie fester Bestandteil der – im engeren Sinne – Theologie und Eschatologie.[19] Das Gebet und die Liturgie im Tempel sind die Orte, an denen Gottes Herrschaft in eindrucksvoller und regelmäßiger Form zugleich als gegenwärtig bekannt und als universal-offenbar zukünftig erhofft wurde.[20] Durch ihre Verankerung in den Gebetstexten ist die Metapher von Gott als König bis heute einflussreich. Verbunden mit der Vorstellung von Gottes Königtum ist die des Davididen bzw. des göttlichen Gesalbten (s. dazu unten § 13), dessen eschatologisches Königtum mit dem Gottes nicht in Konkurrenz steht, sondern dessen sichtbarer Ausdruck ist. Das zeigt – worauf Marc Philonenko aufmerksam machte[21] – deutlich der Übergang von 2Sam 7,16 zu 1Chr 17,14: aus dem Königtum der Davididen, das durch Gott auf ewig bestehen soll[22], wird ein Reich innerhalb von Gottes eigenem Haus und Reich.[23]

Regel in Anlehnung an den rabbinischen erklärt, vgl. J. JEREMIAS, Theologie 100f, da die Wendung von der „Himmelsherrschaft" für die Zeit vor 70 nicht belegt ist.

[18] E. ZENGER, Art. Herrschaft Gottes/Reich Gottes II. Altes Testament, TRE 15, 1986, 176–189; B. JANOWSKI, Das Königtum Gottes in den Psalmen, ZThK 86 (1989), 389–454.

[19] Vgl. O. CAMPONOVO, Königtum, Königsherrschaft und Reich Gottes in den frühjüdischen Schriften, OBO 58, Freiburg (CH) u. Göttingen 1984 u. daran kritisch anknüpfend M. HENGEL/ANNA MARIA SCHWEMER, Vorwort, in: Königsherrschaft Gottes (s.o. Anm. 15), 1–19 (zu vergleichen ist der ganze Aufsatzband).

[20] J. JEREMIAS, Theologie 102f. Zum Königtum Gottes im Qaddiš–Gebet s. A. LEHNARDT, Qaddish. Untersuchungen zur Entstehung und Rezeption eines rabbinischen Gebetes, TSAJ 87, Tübingen 2002, 20.23.26.33f.36f.40f (zu der Wendung „… und seine Königsherrschaft möge kommen, und seine Erlösung möge wachsen, und sein Messias möge schnell kommen…" in den verschiedenen Versionen des Qaddiš (vgl. außerdem 381 Register s.v. „Königsherrschaft Gottes"); im Shemaʿ: TH. LEHNARDT, Der Gott der Welt ist unser König. Zur Vorstellung von der Königsherrschaft Gottes im Shema und seinen Benedictionen, in: Königsherrschaft Gottes (s.o. Anm. 15), 285–308; im Tempelgottesdienst: M. HENGEL/ANNA MARIA SCHWEMER, Vorwort 2f.

[21] Vaterunser 53.

[22] Nathan verheißt David: וְנֶאְמַן בֵּיתְךָ וּמַמְלַכְתְּךָ עַד־עוֹלָם לְפָנֶיךָ כִּסְאֲךָ יִהְיֶה נָכוֹן עַד־עוֹלָם: LXX ändert das Personalpronomen, so dass die Verheißung in erster Linie auf Salomo begrenzt zu denken ist und nicht mehr eine Dynastiezusage an David ist: καὶ πιστωθήσεται ὁ οἶκος αὐτοῦ καὶ ἡ βασιλεία αὐτοῦ ἕως αἰῶνος ἐνώπιον ἐμοῦ καὶ ὁ θρόνος αὐτοῦ ἔσται ἀνωρθωμένος εἰς τὸν αἰῶνα. Vgl. dazu M. PIETSCH, »Dieser ist der Sproß Davids …« Studien zur Rezeptionsgeschichte der Nathanverheißung im alttestamentlichen, zwischentestamentlichen und neutestamentlichen Schrifttum, WMANT 100, Neukirchen-Vluyn 2003, 144.

[23] וְהַעֲמַדְתִּיהוּ בְּבֵיתִי וּבְמַלְכוּתִי עַד־הָעוֹלָם וְכִסְאוֹ יִהְיֶה נָכוֹן עַד־עוֹלָם: „Und ich werde ihm Bestand geben in meinem Haus und in meinem Königreich auf ewig und sein Thron wird festgemacht sein auf ewig" (Übers. S. JAPHET, 1Chr 311, vgl. a. 317f). Die LXX zögert, diese Aussage voll zu übernehmen: καὶ πιστώσω [πιστόω = aufrichten, einsetzen] αὐτὸν ἐν οἴκῳ μου [bis hierher folgt die Übersetzung noch dem masoretischen Text] καὶ ἐν βασιλείᾳ αὐτοῦ [!] ἕως αἰῶνος … Anders, aber nicht überzeugend M. PIETSCH, »Sproß Davids« 155f.

1. Die mit der Botschaft von der Basileia sich vollziehende Scheidung

Die dreimal gleichlautend wiederholte Botschaft von der nahe gekommenen „Herrschaft der Himmel" (ἤγγικεν γὰρ ἡ βασιλεία τῶν οὐρανῶν) gibt dem ersten Teil des Evangeliums seinen Rhythmus vom Täufer (3,2) über Jesus (4,17) zu den Jüngern (10,7). Zwischen die beiden Eckpunkte eingeschaltet ist die nur bei Matthäus begegnende Wendung vom εὐαγγέλιον τῆς βασιλείας[24], die bezeichnenderweise in den gleichlautenden Summarien 4,23 und 9,35 begegnet und damit die Lehre und Wirksamkeit Jesu in den übergeordneten Rahmen der Basileia einordnet, diese aber zugleich als Frohbotschaft qualifiziert.[25] Das dritte Vorkommen dieser Wendung in 24,14 weist über Jesus hinaus in die Zeit nach seinem irdischen Wirken bis zur Parusie: in ihr wird und soll τοῦτο τὸ εὐαγγέλιον τῆς βασιλείας von seinen Jüngern, die in 10,7 damit betraut wurden, gepredigt werden.[26]

Es fiel schon immer auf, dass die öffentliche, allen gleichermaßen geltende Einladung Jesu für das Himmelreich nach der Beauftragung der Jünger abnimmt, wenn nicht sogar ganz aufhört.[27] Die Wende in der Himmelreich-

---

[24] Ausgangspunkt der mt Formulierung ist Mk 1,14f, von wo Matthäus sowohl den Ruf zur Umkehr (μετανοεῖτε vgl. Mt 3,2; 4,17) angesichts der nahe herangekommenen Gottesherrschaft als auch die Beschreibung der Botschaft als εὐαγγέλιον übernommen hat (πιστεύετε ἐν τῷ εὐαγγελίῳ).

[25] J. SCHNIEWIND, Mt 8: Die Berichte über den „Messias des Wortes" (Mt 5–7) und den heilend-helfenden „Messias der Tat" (Mt 8+9) werden damit gerahmt, vgl. a. E. SCHWEIZER, Mt 115.

[26] Nach P. STUHLMACHER ist das vorangestellte τοῦτο Hinweis darauf, dass Matthäus hier seine *eigene* Evangeliumsdarstellung im Blick hat (Theologie II, 156, vgl. a. Mt 26,13 m. Mk 14,9), vgl. dazu auch M. HENGEL, Gospels 267 Anm. 379 u. 291 Anm. 549.

[27] H. B. GREEN, The Structure of St. Matthew's Gospel, StEv IV, hg. v. F. L. Cross, TU 102, Berlin 1968, 47–59, versuchte aufgrund dieser inhaltlichen Wende zu zeigen, dass Kap. 11 die kompositorische Mitte des Evangeliums darstellt (vgl. dazu auch D. R. BAUER, Structure 39f), indem ab da von der Ablehnung Jesu die Rede ist. Auch J. D. KINGSBURY unterteilt in seiner Dreiteilung des Evangeliums den langen mittleren Abschnitt in 4,17–11,1 und 11,2–16,20, vgl. Matthew as Story 59–76: der erste Teil behandelt „the Ministry of Jesus to Israel" (59ff), der zweite „Israel's Repudiation of Jesus" (72ff), so auch CH. LANDMESSER, Jüngerberufung 37f; zu der Scharnierfunktion von 11,2–19 vgl. a. FRANCES T. GENCH, Wisdom in the Christology of Matthew, Lanham u.a. 1997, 161f. Die andere, immer wieder erwähnte Beobachtung ist der Wechsel in der redaktionellen Arbeitsweise, indem sich der Evangelist ab Kap. 14 enger als in 1–13 an den Aufbau des Markus-Evangeliums anlehnt. CELIA M. DEUTSCH hat in ihrer Studie: Lady Wisdom, Jesus, and the Sages. Metaphor and Social Context in Matthew's Gospel, Valley Forge, Penn. 1996, 46–65 gezeigt, dass 11,2–13,58 eine zusammenhängende Darstellung von Jesus als Gottes Weisheit bildet, die durch ihre Worte, Werke und Einladung bezeugt, dass mit Jesus „mehr als Salomo" gekommen ist: „Thus Matthew's adaptation shows Jesus … to be not only the envoy of Wisdom and therefore the eschatological prophet and preacher, but also Wisdom personified and the Teacher of Wisdom – and so the Interpreter of Torah and the revealer of eschatological mysteries" (65).

Verkündigung erfolgt nach der Aussendungsrede mit Kapitel 11[28] und ist von Matthäus durch eine Reihe von *Signalbegriffen* kunstvoll eingeflochten: Zwar setzt Jesus nach der Aussendung der Jünger (11,1) seine Lehr- und Predigttätigkeit „in ihren Städten" scheinbar unverändert fort. Aber daran ist Matthäus zu diesem Zeitpunkt offensichtlich nicht sonderlich interessiert, denn er fährt unmittelbar fort mit der Anfrage des Täufers, ob Jesus der Kommende sei. Diese Szene verwendet Matthäus, um eine erste Zäsur zu setzen:

(1.) Καὶ μακάριός ἐστιν ὃς ἐὰν μὴ σκανδαλισθῇ ἐν ἐμοί erhalten die Täuferjünger als Abschluss der Antwort auf ihre Frage (11,6 par. Lk 7,23) mit auf den Weg. Mit dem *Makarismus* nimmt Matthäus erstmals wieder die Form auf, mit der die Verkündigung Jesu begonnen hatte (5,3ff). Die erste und die achte Seligpreisung enthielten die Zusage der Basileia, die in der neunten charakteristisch zugespitzt wurde auf das Bekenntnis zu Jesus hin. Diese Linie nimmt Matthäus im 11. Kapitel wieder auf, nachdem er in den Kapiteln 8–9 auf die entstandenen Konflikte bereits hingewiesen hatte (8,11f; 9,3.34, vgl. auch die „Warum"-Fragen in 9,11.14) und in Kapitel 10 Jesus seine Jünger darauf vorbereiten lässt, dass sie mit ihrer Predigt vom Reich Feindschaft auslösen werden (vgl. 10,16–39). Darum gilt von nun an der Makarismus nicht mehr allgemein der angesprochenen und eingeladenen Volksmenge, sondern denen, die sich nicht an ihm stoßen, d.h. dem Jüngerkreis (13,16 par. Lk 10,23) bzw. dessen Repräsentanten Petrus (16,17). Beim Kommen des Menschensohns ist es der Sklave, der den Willen seines Herrn tut, dem die Seligpreisung gilt (24,46 par Lk 12,43, vgl. a. Lk 12,37f).

(2.) Auch mit σκανδαλίζειν lässt Matthäus in 11,6 ein neues Gewebe beginnen, indem er *Jesus* als den über das Heil entscheidenden Anstoß benennt.

Ausgehend von 11,6 folgen bis zur letzten Stelle in 26,33 immerhin weitere 11 Belege des Verbs und damit signifikant mehr als bei den anderen Synoptikern.[29] Es ist Jesu Lehre

---

[28] Von U. Luz, Mt I[1-4] 19/I[5] 26; II 162, als Übergangskapitel bezeichnet, das den ersten Hauptteil des Evangeliums abschließt und zum zweiten überleitet (der nach Luz von 12,1 bis 16,20 reicht und unter der Überschrift steht: „Jesus zieht sich aus Israel zurück").

[29] Vorher gebraucht er das Verb nur in 5,29f in Bezug auf die Begierde, die dem Menschen zum Anstoß wird. Markus hat das Verb immerhin 8mal, Lukas und Johannes dagegen nur je 2mal. Das Substantiv σκάνδαλον fehlt bei Markus und Johannes, Lukas verwendet es nur einmal in 17,1, während es bei Matthäus 5mal vorkommt. Er übernimmt demnach das Wortfeld von Markus bzw. Q, gestaltet es aber wie viele andere Ausdrücke seiner Vorlagen gemäß seiner eigenen Intention, d.h. er arbeitet mit dem Überlieferungsgut konservativ, indem er die vorgegebenen Sprachtraditionen übernimmt, diese aber kompositorisch zu 'Geweben' oder 'Leitfäden' verknüpft. Lediglich Mk 9,45 hat keine Entsprechung bei Matthäus. Zur Verwendung vgl. H. Giesen, Art. σκανδαλίζω, EWNT III², 1992, 592–594. Demnach bedeutet das Verb „den Anstoß, der zum Heilsverlust führt. Je nachdem, ob jemand schon glaubt oder nicht, bedeutet es Glaubensabfall oder -verweigerung" (592). Entsprechend bezeichnet das Substantiv (die urspr. Bedeutung „Stellholz einer Falle" ist nicht

(13,57; 15,12) bzw. die durch sie verursachte Verfolgungssituation (13,21; 24,10, vgl. a. 26,31.33), an der sich Menschen aufhalten und damit abhalten lassen vom Eingehen in das Reich. Nach 17,27 lehrt Jesus seine Jünger, sich der religiösen Ordnung (Tempelsteuer) zu beugen, um keinen Anstoß zu erregen, auch wenn das neue Sein der Jünger als „Söhne" sie davon eigentlich frei macht.[30] In 18,6–9 kommt 3mal das Verb und 3mal das Substantiv vor, doch geht es dabei um solche σκάνδαλα, die Menschen einander bzw. sich selbst bereiten im Hinblick auf das Hineingehen in das Himmelreich bzw. das Leben (vgl. das εἰσελθεῖν in 18,3.8f). Von diesem Bezug der σκανδαλ-Wortgruppe auf das eschatologische Heil ist dann auch 16,23 zu verstehen: Der Versuch des Petrus, Jesus von seinem Leidensweg abzuhalten, stellt für diesen das satanische Skandalon schlechthin dar, weil damit der Weg verhindert werden soll, der den Weg in die Basileia überhaupt eröffnet (vgl. 13,39–41: hier sind es vom Teufel verursachte Anstösse, die aus dem Weg geräumt werden müssen).

(3.) Ist so mit 11,6 das eschatologische Heil sowohl positiv (μακάριος) als auch negativ (σκανδαλίζεσθαι) mit der Person Jesu verbunden, sind also gleichsam die Fäden geknüpft, die in den nachfolgenden Kapiteln zu einem Muster gewebt werden, so wird – ehe in 11,16 durch das Stichwort γενεά ein weiteres Gewebe anfängt – mit 11,11–13 auch eine *heilsgeschichtliche Zeitenwende* ausgesagt, die die Umwertung der bestehenden Hierarchien miteinschließt: Johannes ist zwar in der Epoche, die dem Reich Gottes voraus geht, der größte und entscheidende Prophet (weil er der letzte ist, der auf sein Kommen hinweist und die Tür dazu mit seinem Wirken als Elija redivivus und Täufer des Messias aufstößt), doch selbst seine herausragende Stellung im zu Ende gehenden Äon ist nicht zu vergleichen mit der grundstürzenden Wende, die mit der Zeit des Reiches Gottes anhebt. Der notorisch schwierige V. 12 (ἀπὸ δὲ τῶν ἡμερῶν Ἰωάννου τοῦ βαπτιστοῦ ἕως ἄρτι ἡ βασιλεία τῶν οὐρανῶν βιάζεται, καὶ βιασταὶ ἁρπάζουσιν αὐτήν) lässt durch seine Stellung zwischen 11,6 und 11,16 doch wohl so viel erkennen, dass die βιασταί die vollgültige Durchsetzung der Basileia verhindern bzw. verzögern. Die von Luz (Mt II 178) und vielen Neueren vertretene Deutung des Verses auf „die Gegner des Johannes und Jesu ..., die das Gottesreich gewaltsam wegnehmen" dürfte darum dem Kontext am ehesten entsprechen, obwohl auch die von Gerd Theissen vorgeschlagene Lösung nicht von der Hand zu weisen ist.[31]

---

bezeugt) „Anstoß zum Unglauben, Ursache des Heilsverlusts, Verführung", so DERS., Art. σκάνδαλον, EWNT III[2], 1992, 594–596 (594).

[30] So auch, mit weiteren Vertretern, D. E. GARLAND, The Temple Tax in Matthew 17:24–25 and the Principle of not Causing Offense, in: Treasures New and Old. Recent Contributions to Matthean Studies, hg. v. D. R. Bauer u. M. A. Powell, SBL Symposium Series 1, Atlanta, GA 1996, 69–98, außerdem P. FOSTER, Community 254f.

[31] Vgl. a. J. D. KINGSBURY, Matthew 70; DAVIES/ALLISON, Mt II 254f (mit einem Überblick über die verschiedenen Vorschläge). So schon A. SCHLATTER, Mt 368f; O. BETZ, Jesu Heiliger Krieg, NT 2 (1957), 116–137, jetzt in: DERS., Jesus. Der Messias Israels, WUNT I/42, Tübingen 1987, 77–98 (89f). Dagegen hat G. THEISSEN, Jünger als Gewalttäter

Von der Fortsetzung 11,16ff her ist in jedem Fall die öffentliche Ablehnung Jesu durch das Volk und seine Führer das entscheidende Hindernis für das endgültige Anbrechen der Basileia, unabhängig davon, ob diese mit den Gewalttätigen in 11,12 gemeint sind oder diesen kontrastiv entgegen gestellt sind (die scheinbar Gewalttätigen handeln im Sinne Gottes, während die anerkannten Vertreter von Gottes Sache diese gerade verfehlen). Dazu passt, dass in Mt 12 der Konflikt mit den Pharisäern, der sich am Ende von Kap. 9 abzuzeichnen begann[32], endgültig aufbricht und in 12,14 in den Todesbeschluss bezüglich Jesus mündet. In 23,13 wird den Schriftgelehrten und Pharisäern schließlich eine Art negativer Schlüsselgewalt im Hinblick auf das Verschließen der Basileia zugebilligt.

(Mt 11,12f; Lk 16,16). Der Stürmerspruch als Selbststigmatisierung einer Minorität, in: Mighty Minorities? Minorities in Early Christianity. Positions and Strategies, FS J. Jervell, Oslo 1995, 183–200, zu zeigen versucht, dass die „Gewalttätigen" die Anhänger Jesu seien, die einen negativ konnotierten Begriff (d.h. auch er akzeptiert die philologischen Argumente zugunsten der Interpretation in *malam partem*) auf sich übertragen, um zu zeigen: „Die vermeintlichen Gewalttäter und Rebellen sind die wahren Besitzer der Herrschaft Gottes" (194). Der Vorteil dieser Deutung ist, dass er einen besseren Zusammenhang zu 11,13 herstellt. Damit wird, so Theissen, eingeräumt, dass diese Gewalt sich auch „gegen Gesetz und Propheten richtet" (195), weil beide in der hereinbrechenden Gottesherrschaft nicht mehr in der Weise gelten, wie dies bis dahin der Fall war. Ausdrücklich betont er, dass sich in diesem, s.E. authentischen Jesuslogion der Gedanke Bahn bricht, „daß die von der Thora bestimmte Epoche durch eine andere abgelöst wird, die sie überbietet: durch die Zeit der Gottesherrschaft" (200), und weiter: „In der liberalen [Theissen erklärt diesen missverständlichen Ausdruck auf S. 198] Gesetzespraxis Jesu und seiner Anhänger kommen Gesetz und Propheten zur Erfüllung" (199), d.h. ohne dass er Mt 5,17 ausdrücklich erwähnt, stimmt Theissens Auslegung doch mit einem heilsgeschichtlichen Verständnis dieses Verses, wie es unten in § 8 vertreten wird, überein.

[32] Vgl. 9,33f: Während die Volksmenge (οἱ ὄχλοι) am Ende der Sammlung von Wunderberichten Kap. 8+9 staunend anerkennt, dass solche Wundertaten „in Israel" noch nie geschehen sind (wie schon am Ende der Bergpredigt 7,28f dieselbe Volksmenge die Lehre Jesu über die der Schriftgelehrten stellte) und damit an der entscheidenden Kehre hin zum „Sohn Davids" steht (9,27: nur dieser Titel steht in einem logischen Zusammenhang zu „Israel" in 9,33), sind es die Pharisäer, die sein Wirken als dämonisch in Verruf bringen und damit, wie die weitere Entwicklung zeigt, Gehör finden, so dass „diese Generation" sich in ihrer Mehrheit dem „Evangelium vom Reich" (9,35) verschließt. In Mt 12,23f wird diese Situation fast gleichlautend noch einmal vorgeführt: Während die Volksmassen (erneut οἱ ὄχλοι) angesichts seiner Wunder fragen: „Ist dieser nicht doch der Sohn Davids?" sind es auch hier die Pharisäer, die mit dem Dämonen-Vorwurf diese 'Einsicht' zunichte machen. Ähnlich gestaltet ist ferner 15,31 (nach einem Heilungssummarium lobt das Volk [ὁ ὄχλος] den Gott *Israels*), gefolgt von der Speisung der 4000 (weil Jesus Mitleid mit dem Volk hat, V. 32: σπλαγχνίζομαι ἐπὶ τὸν ὄχλον), die allerdings ohne »Chorschluss« bleibt, und so über die Reaktion des Volkes nichts verlautet. In 16,1–4 lässt Matthäus dann aber erneut die Pharisäer (diesmal zusammen mit den Sadduzäern) auftreten, die mit ihrer Zeichenforderung erneut das Gerichtswort über „diese Generation" provozieren (16,4).

(4.) Die Pharisäer und Schriftgelehrten stellen so die religiösen Repräsentanten bzw. einflussreichsten Vertreter „dieser Generation" (τὴν γενεὰν ταύτην) dar, die dadurch gekennzeichnet ist, dass sie sich Jesu Ruf verschließt.[33] Abgesehen vom Stammbaum Jesu (1,17) verwendet Matthäus γενεά lediglich zwischen 11,6 und 24,34 insgesamt 9mal, wobei alle Stellen bis auf 12,45 wiederum Mk bzw. Q entstammen.[34] Bei Mt 12,45 οὕτως ἔσται καὶ τῇ γενεᾷ ταύτῃ τῇ πονηρᾷ handelt es sich um einen redaktionellen Schlusssatz, mit der er den »Rückfallspruch« Mt 12,43–45 par. Lk 11,24–26 (nahezu gleichlautend überliefert) „zum Gleichnis für »diese Generation« werden läßt" (Luz, Mt II 273) und damit den Abschnitt 12,39–45 zu einer Einheit über „diese Generation" zusammen bindet.

Dahinter steht offenbar die auch sonst im Matthäus-Evangelium beobachtbare Erfahrung, dass Jesusjünger diesen (bzw. die Gemeinde) wieder verließen und sich in die Reihe derer einreihten, die seinen Anspruch zurückwiesen, d.h. der religiöse *mainstream* erwies sich für nicht wenige als unwiderstehlicher Sog.[35] Obwohl die Zeichen der hereingebrochenen Herrschaft Gottes sichtbar geworden waren (12,39 und noch einmal 16,4: in beiden Fällen sind Schriftgelehrte und Pharisäer diejenigen, die um ein Zeichen bitten), verschließt sich „diese Generation" dem Umkehrruf Jesu und wird darum mit dem Gericht konfrontiert (23,36: als Abschluss der Weherufe über Schriftgelehrte und Pharisäer). Der verzweifelt-unwillige Ausruf Jesu in Mt 17,17 über „diese ungläubige und verdrehte Generation" zeigt, dass bis in den engsten Jünger- und Gemeindekreis diese Auseinandersetzung geführt wurde (vgl. auch 17,20 den Vorwurf der ὀλιγοπιστία gegenüber den Jüngern). Zugleich gewährt diese bedrängende Nähe einen Hinweis auf die soziokulturelle Situation, in der das Matthäus-Evangelium geschrieben wurde.

---

[33] Vgl. dazu insbesondere R. HUMMEL, Auseinandersetzung 126f; MARLIS GIELEN, Konflikt 152 (als Zusammenfassung ihrer Auslegung der Konfliktgeschichte von Kap. 9–12); M. MEISER, Die Reaktion des Volkes auf Jesus. Eine redaktionskritische Untersuchung zu den synoptischen Evangelien, BZNW 96, Berlin u. New York 1998, 229–261; H.-J. ECKSTEIN, Weisung Jesu 391 Anm. 56.

[34] Mt 11,6 par. Lk 7,31; Mt 12,39 par. Lk 11,29 (vgl. Mk 8,12); Mt 12,41 par. Lk 11,32; Mt 12,42 par. Lk 11,31 (in der Perikope über das Zeichen des Jona Mt 12,38–42 par. Lk 11,29–32 verwendet Lk γενεά 5mal, Mt nur 3mal); Mt 17,17 (parr. Mk 9,20; Lk 9,42); Mt 23,36 par. Lk 11,51; Mt 24,34 parr. Mk 13,30; Lk 21,32.

[35] Versucht man, sich dafür ein historisches Szenario vorzustellen, dann ist am ehesten an die innerjüdische Konsolidierung nach dem ersten Aufstand gegen die Römer zu denken. Mögen durch die Unruhen des Kriegs manche Anschluss an die christlichen Gemeinden gesucht haben (vielleicht aus dem naheliegenden Grund, der Verfolgung und Vernichtung zu entgehen, die die jüdischen Gemeinden in Syrien 66/67 n.Chr. erlitten), so kehrten diese, nachdem die Situation sich wieder normalisiert hatte, in den Schoß der Synagogen-Gemeinschaften zurück. Auch die von jüdischer Seite nach 70 betriebene aktive Ausgrenzung der Judenchristen (vgl. das johanneische ἀποσυνάγωγος in Joh 9,22; 12,42; 16,2) mag den Schritt zurück von der christlichen Gemeinde befördert haben.

Es ist für das gemeindliche Umfeld des Evangelisten *die eigene Generation und unmittelbare Nachbarschaft,* die sich dem Glauben an Jesus verweigert und darüber hinaus sogar solche gefährdet(e), die schon zur Gemeinde gehör(t)en.[36] Aus der letzten Stelle, an der γενεά gebraucht wird (24,34), geht hervor, dass der Evangelist das Konzept der ungläubig bleibenden Generation bis zur Parusie ausweitet und damit die Zeit Jesu mit seiner eigenen verbindet.[37]

2. Die Verwirklichung der Basileia im Jüngerkreis[38]

Die *Konzentration der Himmelreichsverkündigung auf den Jüngerkreis* und damit die Gemeinde ab dem 11. Kapitel wird von Matthäus dadurch unterstrichen, dass er in 13,11 (d.h. nachdem er in Kap. 11+12 mit verschiedenen Akzenten die Ablehnung Jesu durch „diese Generation" und ihre Führer, die Pharisäer, dargestellt hatte) Jesus etwas überraschend (und einmalig) von den „Geheimnissen des Himmelreiches"[39] reden lässt, die *nur und exklusiv* den Jüngern zu verstehen „gegeben sind, jenen aber nicht gegeben sind":

---

[36] Die von Matthäus an den Abschluss dieser Auseinandersetzung mit den Pharisäern und „dieser Generation" gestellte Perikope über seine Mutter und Brüder (12,46–50 parr. Mk 3,31–35; Lk 8,19–21) weist ebenfalls in diese Richung, indem die Auseinandersetzung und Trennung bis in die eigene Familie reicht. Dass der erste Evangelist in Kap. 12 den ihm vorliegenden Stoff (weitgehend Mk und einiges aus Q) bewusst gestaltete (wenn auch in Anlehnung an Mk), belegen die zahlreichen Abweichungen und Umstellungen in Bezug auf seine Vorlagen.

[37] Dass darin eine gescheiterte Naherwartungstradition gesehen werden muss, wie U. LUZ dies tut (Mt III 443f), leuchtet mir nicht ein.

[38] Vgl. dazu grundlegend A. SCHLATTER, Die Kirche des Matthäus, BFChTh 33/1, Gütersloh 1930; G. BORNKAMM, Enderwartung (s. § 1 Anm. 63), 13–47: Der Aufsatz zeigt eindrucksvoll die Verflechtung der beiden Themenkreise durch das ganze Evangelium, wobei Bornkamm für *Basileia* den Terminus „Enderwartung" und für *Jüngerkreis* „Kirche" gebraucht; F. WILK, Jesus und die Völker, zeigt ebenfalls, dass es ab Kap. 12 „um die Bildung einer *Gemeinschaft* von Jüngern *innerhalb* Israels geht" (96), da der Widerstand der Pharisäer verhinderte, dass das Volk als Ganzes sich Jesu Ruf öffnete, vgl. a. 111–123: „Das Eintreten der Jüngerschar Jesu in die Israel zugedachte Rolle als Gemeinschaft der Kinder Abrahams"; J. R. C. COUSLAND, Crowds 241–260 zu Mt 13, der ebenfalls hervorhebt, dass hier die Volksmenge im Kontrast zu den Jüngern geschildert wird: „The people of Israel have received the word, but have failed, thus far, to respond to it" (259).

[39] Matthäus übernimmt hier Mk 4,11 (vgl. Lk 8,10), verändert aber deutlich, indem er stärker als die beiden anderen Synoptiker eine schroffe Alternative zwischen den Jüngern und „jenen (anderen)" aufstellt. Das zeigt das nur bei Matthäus vorkommende αὐτοῖς in V. 11 u. 13, das die Hauptaussage rahmt und ebenso das gleichfalls nur bei ihm begegnende Zitat von Jes 6,9f in 13,15f, dem er die Seligpreisung über die Jünger 13,16 entgegen stellt: Jene hören und verstehen nicht, was den Jüngern zu hören und sehen *gegeben* ist (der Makarismus ist hier eindeutig als Gnadenzusage zu verstehen). Auch hier zeigt sich, dass Matthäus da, wo er Markus folgt, deutlich seine eigenen Akzente setzen kann und damit *sein* gestalterisches Profil und theologisches Denken erkennen lässt.

ὑμῖν　　　δέδοται γνῶναι τὰ μυστήρια τῆς βασιλείας τῶν
　　　　　οὐρανῶν,
ἐκείνοις δὲ οὐ δέδοται.

Die in Kap. 13 beginnende *Gleichnisverkündigung*[40] verbindet Matthäus, anders als das Markus- oder Lukas-Evangelium fast durchgängig schon mittels der Einleitung der Gleichnisse auf charakteristische Weise mit dem 'Himmelreich-Gewebe'.

Kein anderer Evangelist hat die Gleichnis-Überlieferung so eindeutig in die Reich Gottes-Verkündigung eingebunden wie Matthäus (vgl. U. Luz, Mt II 367). Bei *Markus* sind nur die beiden Gleichnisse von der selbstwachsenden Saat (4,26–29/SG) und vom Senfkorn (4,30–32 parr. Mt 13,31f; Lk 13,18f, häufig zur Q-Überlieferung gezählt) schon durch die Einleitung als Gleichnisse über das Reich Gottes gekennzeichnet; wegen des kommentierenden Summariums in 4,10–12 ist zudem das Gleichnis vom Sämann (4,3–9 parr. Mt 13,3–9; Lk 8,4–8) als solches zu bestimmen (die Bildworte Mk 4,21f.24f können kaum als ausgeführte Gleichnisse gelten und bleiben hier unberücksichtigt). *Matthäus* übernimmt diese Vorgaben, nur dass er vom „Reich der Himmel" an Stelle des Reiches Gottes schreibt.

Für den gemeinsamen Stoff zwischen Matthäus und Lukas zeigt sich, dass außer dem Senfkorn-Gleichnis (s.o.) nur das vom Sauerteig (Mt 13,33 par. Lk 13,20f) eindeutig auf die Basileia verweist. Das Hausbau-Gleichnis zum Abschluss der Feldrede bzw. Bergpredigt (Lk 6,47–49 par. Mt 7,24–27) wird durch Mt 7,21 eindeutig als Illustration für das Eingehen in das Himmelreich gedeutet (vgl. das verbindende ποιεῖν in V. 21 u. 24). Auch die von Matthäus gegenüber Lukas stark veränderte Fassung des Gleichnisses vom verlorenen Schaf (Mt 18,10–13, vgl. Lk 15,3–7) ist durch die Kommentierung in 18,14 zurückgebunden an die Jüngerfrage in 18,1 über das Eingehen in das Himmelreich (vgl. 18,2–5 u. das zweimalige εἰσελθεῖν in V. 8f). Das Gleichnis von der Hochzeit des Königssohnes (so Mt 22,1–14) bzw. vom großen Festmahl (so Lk 14,15–24) ist bei Lukas nicht eindeutig auf die Basileia zu beziehen. Leidiglich der voranstehende Makarismus über den, der sein Brot im Reich Gottes essen wird, erinnert an diesen Kontext. Während der erste Evangelist von einem „königlichen Menschen" bzw. dem König u. seinem Sohn schreibt, ist es bei Lukas nur „ein gewisser Mensch". Von den neun Sondergut-Gleichnissen des Lukas (12,16–21 [Vom törichten Kornbauern]; 13,6–9 [Unfruchtbarer Feigenbaum]; Lk 14,7–11 [Von der Rangordnung der Gäste beim Mahl]; 15,8–10 [Von der verlorenen Drachme]; 15,11–32 [Verlorener Sohn];

---

[40] Mt gebraucht παραβολή konsequent erst ab dem Gleichniskapitel 13,3 und nahezu ausschließlich in Bezug auf echte Gleichnisse (15,15 stellt m.E. die einzige Ausnahme dar). Zu der mt Gleichnisüberlieferung s. den Exkurs bei U. LUZ, Mt II 366–375. Er zeigt überzeugend, dass die Plazierung der Gleichnisse im Makrotext des Evangeliums die eigentliche literarische Leistung des Matthäus darstellt und darin in besonderer Weise seine Deutung derselben sichtbar wird. Ihre Verteilung auf drei Blöcke (in den Kap. 13; 21f; 24f) spiegelt jeweils einen bestimmten Aspekt wider: Die Verkündigung gegenüber Israel im ersten Block (aber schon unter der oben geschilderten Unterscheidung zwischen Jüngern und 'jenen'), die heilsgeschichtliche Deutung im zweiten Block (womit vor allem innergemeindlich erklärt wird, warum sich Israel in der Mehrheit der Botschaft Jesu verweigerte) und im dritten schließlich die Gemeinde und das Gericht mit der Ermahnung zu anhaltender Wachsamkeit (vgl. ebd. II 371). Vgl. dazu jetzt: CH. MÜNCH, Die Gleichnisse Jesu im Matthäusevangelium. Eine Studie zu ihrer Form und Funktion, WMANT 104, Neukirchen-Vluyn 2004, zum Gebrauch von παραβολή ebd. 73–128.

16,1–9 [Vom ungerechten Haushalter]; 16,19–31 [Reicher Mann und armer Lazarus]; 18,1–8 [Vom Richter und der bittenden Witwe]; Lk 18,9–14 [Pharisäer und Zöllner]) ist keines durch Einleitung, Inhalt oder Kommentierung mit der Reich Gottes-Thematik verflochten, während Matthäus *ausnahmslos alle* Sondergut-Gleichnisse entweder in der einleitenden Bemerkung (Mt 13,24–30.36–42 [Unkraut unter dem Weizen u. seine Deutung]; 13,44 [Schatz im Acker]; 13,45f [Von der kostbaren Perle]; 13,47–50 [Vom Fischnetz]; 18,23–35 [Schalksknecht]; 20,1–16 [Arbeiter im Weinberg]; 25,1–13 [Zehn Jungfrauen]) oder durch die Auslegung (13,51f [Vom Hausvater]; 21,28–31 [Von den beiden Söhnen]) mit dem 'Webfaden' vom Himmelreich verknüpft.

Damit lässt sich sagen, dass Matthäus im Grunde genommen die gesamte Gleichnis-Verkündigung direkt mit der βασιλεία τῶν οὐρανῶν verbindet. Anders allerdings Luz, der eine Reihe von Bildworten zu den Gleichnissen zählt und teilweise die Bezüge zum Kontext unterbewertet, wenn er Mt 7,9.24; 11,16; 12,43; 13,3.52; 18,12; 21,28.33; 24,32.43.45; 25,14 als „eine stattliche Reihe von Gleichnissen" bezeichnet, „die nicht zu Himmelreichgleichnissen geworden sind."[41]

Mit dieser Verkündigung richtet sich Jesus zwar weiterhin an die ὄχλοι (vgl. 13,2), aber nun nicht mehr in einer werbend-einladenden Weise, sondern so, dass in ihrem Hören ohne Erkennen ihr Abgewendetsein vom Glauben zum Ausdruck kommt. Das zeigt schon die Auslegung des Sämanngleichnisses in 13,19ff, in dem zwischen den einzelnen Hörern unterschieden wird. Im Blick sind zwar „*alle*, die das Wort vom Reich hören" (V. 19)[42], aber bei denen, die es nicht verstehen (V. 19b) bzw. es sich von den Anfeindungen von außen (V. 21) oder weltlichen Verlockungen (V. 22) wieder rauben lassen, bringt das Hören keine Frucht und ist insofern wirkungslos. Auch die Auslegung des Sondergutgleichnisses über das Unkraut unter dem Weizen ist betont als *Jüngerunterweisung* gestaltet, *nachdem* die Volksmenge gegangen war (13,36). In der Auslegung ist dreimal das Leitwort βασιλεία aufgenommen und zwar so, dass nur noch die Jüngergemeinde zu ihr gehört: Sie sind als οἱ υἱοὶ τῆς βασιλείας der gute Same, den der Menschensohn in den Acker der Welt (= τῆς βασιλείας αὐτοῦ) gesät hat, damit er Frucht bringt (V. 38.41), die in der συντέλεια αἰῶνος, der Vollendung der Weltzeit als Entscheidungs- und Bewährungszeit, eingesammelt wird (V. 39), nachdem zuvor alles heraus gelesen worden ist, das als Saat des Teufels aufgegangen ist.[43] Dann, nach der Auslese auf dem Acker (V. 40–42), werden die

---

[41] Mt II 367. Zur Unterscheidung von Gleichnissen u. Bildworten s. CH. MÜNCH, Gleichnisse 129f.

[42] Bezeichnenderweise verstärkt Matthäus in der Auslegung des Sämann-Gleichnisses den Bezug zur Basileia, indem er als einziger den ausgestreuten Samen als ὁ λόγος τῆς βασιλείας bezeichnet.

[43] Im Sondergut-Gleichnis über das Fischnetz (13,47–50), das parallel zum Unkraut-Gleichnis formuliert ist, wird nicht von einer Saat des Teufels gesprochen, so dass dieser Zug nicht überbetont werden sollte. Hier ist es vielmehr als sozusagen unvermeidlicher Vorgang geschildert, dass beim Fischen mit einem Schleppnetz für den Verkauf bzw. Verzehr taugliche und untaugliche Fische gefangen werden.

Gerechten wie die Sonne „in der Basileia ihres Vaters", d.h. Gottes, leuchten (V. 43, vgl. 5,14).[44]

Nach den Gleichnissen über das Himmelreich, deren „Geheimnisse" den Jüngern vorbehalten bleiben, ist es in 16,19 Petrus, der mit den „Schlüsseln des Himmelreichs" betraut wird[45], d.h. der Evangelist richtet die Aufmerksamkeit immer stärker auf *die Realisierung der Basileia in Gestalt der* ἐκκλησία. Matthäus, der dieses Wort als einziger unter den Evangelisten verwendet, gebraucht ihn hier zum ersten Mal und dann noch zweimal in 18,17.[46] Luz überschreibt in seinem Kommentar den Abschnitt 16,21–20,34 zutreffend mit „Jesu Wirken in der Gemeinde" (Mt II 484), und dem fügen sich auch die Belege für die βασιλεία τῶν οὐρανῶν ein (18,1.3f.23; 19,12.14.23f; 20,1.21):

Die Jünger, die schon dazu gehören, werden durch den Vergleich mit den Kindern auf die angemessene Haltung hingewiesen (18,1.3f; vgl. 19,14; 20,21, auch 20,1 ist von 19,27 her als Jüngerermahnung zu verstehen), das Himmelreichs-Gleichnis vom Schalksknecht (18,23) ist ausgelöst durch die Frage des Petrus, wie oft er seinem „Bruder" vergeben müsse (18,21). Damit ist nach 18,15–17 eindeutig das Gemeindemitglied gemeint. Die Wiederholung der Binde- und Lösegewalt in 18,18 in diesem Kontext macht sie zu einer innergemeindlichen Funktion. Auch die Aussagen über die Ehe (19,12) und den Reichtum (19,23f) sind Teil der Jüngerbelehrung (vgl. 19,10.23). Diese Bezogenheit auf die Gemeinde bzw. den Kreis derer, die Jesus nachfolgen, prägt auch die meisten übrigen Stellen bis zum Ende. Das Gleichnis von der königlichen Hochzeit (22,2) ist durch die matthäische Sondergut-Ergänzung (22,11–14) zum Bild für eine innergemeindliche Auslese geworden (wie auch 25,1), und die Predigt „des Evangeliums vom Reich" (24,14) ist nach 10,7 (vgl. 28,19f) ebenfalls Aufgabe der Jünger, d.h. der Gemeinde. Auch die verheißene zukünftige Mahlgemeinschaft „im Reich meines Vaters" (26,29 und damit der letzte Basileia-Beleg im Evangelium) ist eine Zusage an die Jünger und markiert noch einmal eine heilsgeschichtliche Zäsur, indem dann das Wirken

---

[44] Die hier erkennbare Abfolge vom Reich des Menschensohnes und dem Gottesreich (beide synonym zu deuten [so u.a. D. A. HAGNER, Mt I 394] ist angesichts der matthäischen Gestaltung kaum denkbar) erinnert an 1Kor 15,23–28 (so auch U. LUZ, Mt II 342). Sie lässt ferner Raum für die Annahme, dass auch bei Matthäus zwei Gerichtsszenarien voneinander zu unterscheiden sind (so auch P. LUOMANEN, Kingdom of Heaven 164): Das Gericht im Raum und Rahmen der Basileia (entsprechend, wenn auch unterschiedlich nuanciert, 1Kor 3,9–15) und das mit der allgemeinen Totenauferstehung verbundene Endgericht. Vgl. dazu Mt 19,28: Wenn die Jünger mit Jesus richten werden, dann müssen sie zuvor selber gerichtet worden sein, s.a. unten Anm. 54.

[45] Schon in 13,51f überträgt Matthäus die Gleichnisverkündigung in die Obhut der christlichen Schriftgelehrten, womit der Evangelist wohl auf ein festes Amt in den ihm vertrauten Gemeinden verweist (23,34a vgl. a. 23,8–10), so R. HUMMEL, Auseinandersetzung 27f, anders E. SCHWEIZER, Mt 114f.355. Da die Schriftgelehrsamkeit als ihren Gegenstand immer die biblischen (atl.) Schriften und hier insbesondere die Tora voraussetzt, ist auch innerchristlich vor allem mit dieser Gruppe die Auseinandersetzung um das rechte Verständnis der Tora zu führen (vgl. a. Apg 15,1.5 u. 21,20: ζηλωταὶ τοῦ νόμου).

[46] Vgl. dazu H. FRANKEMÖLLE, Jahwe-Bund 264–272.

Jesu und seiner Nachfolger ihr endgültiges Ziel erreicht hat, d.h. die mit Jesus angefangene Zeit der 'Kirche' ist vom eigentlichen Eschaton geschieden.

Lediglich Mt 23,13 fügt sich auf den ersten Blick nicht in dieses Gesamtbild, aber es fällt doch auf, dass diesem ersten Wehewort gegen die Schriftgelehrten und Pharisäer unmittelbar eine Ermahnung an die christlichen Gemeindeleiter (23,8–12, vgl. a. 23,3) vorangeht, so dass diese *via negationis* auf die Handhabe der ihnen anvertrauten Basileia-Schlüssel angesprochen werden.

Eine kontrovers diskutierte Frage ist, ob Matthäus die Wendung βασιλεία τοῦ θεοῦ (nur 12,28 [par. Lk 11,20]; 19,24 [parr. Mk 10,25; Lk 18,25]; 21,31.43 [beide SG][47]) lediglich als „sprachliche Variation ... aus jeweils verschiedenen Gründen" (so U. Luz, Mt II 367 Anm. 37) oder als zwei zu unterscheidende Größen verstand.[48] Für Mt 12,28 lassen sich gute Gründe dafür vorbringen, dass Matthäus hier bewusst vom Reich *Gottes* spricht[49] und die Wendung nicht einfach auf eine bloß mechanische Übernahme aus Q/Lk 11,20 zurückzuführen ist. Dagegen spricht die vom Evangelisten planvoll

---

[47] Ich lasse Mt 6,33 (par. Lk 12,31) weg, da hier τοῦ θεοῦ als Genitiv hinter βασιλείαν textkritisch unsicher ist. Sinaiticus und Alexandrinus (in vertauschter Wortfolge) lesen ohne Genitivergänzung, desgleichen die sahidische u. bohairische Überlieferung sowie Euseb. Der lateinische Codex k aus dem 4./5. Jh. sowie eine Minuskelhandschrift (Nr. 1, 12. Jh.) bezeugen ebenfalls die kürzere Lesart. Aber auch die Langversion mit τοῦ θεοῦ ist breit und früh bezeugt (u.a. die gesamte syrische Überlieferung, dazu Vetus Latina, Vulgata u. die mittelägyptische Übersetzung). Sie wird auch vom Mehrheitstext vertreten. Dennoch wird sie bei BRUCE M. METZGER nur mit einem {C} bewertet (= „considerable degree of doubt whether the text or the apparatus contains the superior reading"), vgl. Textual Commentary 18f. Gegen die Ursprünglichkeit von τοῦ θεοῦ spricht, dass es keinen Grund für den Wegfall dieser verbreiteten Wendung gibt und zudem das bei Matthäus ungewöhnliche Fehlen einer Genitiv-Ergänzung die Einfügung derselben ohne weiteres erklärt. Letzteres wird dann allerdings auch als Hauptargument gegen die Ursprünglichkeit vorgebracht, doch überzeugt dies angesichts von Mt 6,10; 8,12; 13,38; 24,14 kaum. Dazu kommt, dass in 6,33 das Possessivpronomen αὐτοῦ hinter δικαιοσύνην auch auf βασιλείαν bezogen werden kann (so u.a. TH. ZAHN, Mt 299 Anm. 17; G. BARTH, Gesetzesverständnis 130; J. GNILKA, Mt I 250; H. D. BETZ, Sermon 481f Anm. 458). Was ferner eindeutig gegen ursprüngliches τοῦ θεοῦ spricht, ist die Vielzahl der Varianten in Bezug auf die Genitiv-Ergänzung (τῶν οὐρανῶν bzw. αὐτοῦ), die in Nestle-Aland[27] (anders GNT[4] z.St.) allerdings nicht sichtbar werden, auf die aber bereits ZAHN aufmerksam gemacht hatte. G. STRECKER (Bergpredigt 144) hält ebenfalls die kürzere Lesart für ursprünglich. S.E. hat Matthäus καὶ τὴν δικαιοσύνην vor αὐτοῦ eingeschoben, da es wahrscheinlich sei, dass alle δικαιοσύνη-Belege im Evangelium redaktionell sind (so auch U. LUZ, Mt I[1–4] 364 Anm. 4/I[5] 473 Anm. 3). DAVIES/ALLISON, Mt I 660 Anm. 25 halten beide Varianten als ursprünglichen Text für möglich, geben aber gleichwohl τοῦ θεοῦ den Vorzug.

[48] So M. PAMMENT, The Kingdom of Heaven according to the First Gospel, NTS 27 (1980/81), 211–228, die die βασιλεία τοῦ θεοῦ als gegenwärtige Größe von der erst zukünftigen βασιλεία τῶν οὐρανῶν unterscheiden will. Zur Kritik und überzeugenden Widerlegung (insbesondere Mt 19,23f machen eine solche Deutung unmöglich) vgl. ALLISON/ DAVIES, Mt I 391, während P. LUOMANEN, Kingdom of Heaven 163f, der These von Pamment zumindest eine gewisse Berechtigung zubilligt.

[49] Vgl. R. H. GUNDRY, Mt 235; D. A. HAGNER, Mt I 343.

durchgeführte 'Verwebung' der Einheit in ihren unmittelbaren Kontext, wodurch insbesondere die Aussage über die Sünde gegen den heiligen Geist vorbereitet und erklärt wird.[50]

Ergibt sich aber aus dieser bewussten Gestaltung eine Differenzierung innerhalb der mt Basileia-Aussagen? Luz lehnt dies mit dem Argument ab, dass aus ἔφθασεν nichts anderes geschlossen werden darf als das, was auch 4,17 und 10,7 aussagen: Das Himmelreich ist zwar nahe herbeigekommen, aber nichts desto weniger bleibt es zukünftig (Mt II 260).[51] Dagegen haben Allison und Davies überzeugend gezeigt, dass „Himmelreich" zwar einerseits nichts anderes ist als „a stylistic variation" für „Königreich Gottes" (wobei sie auf den Sprachgebrauch bei Markus, Lukas und dem Thomas-Evangelium verweisen, die alle eine gewisse Variabilität aufweisen) und beide Ausdrücke für Gottes Herrschaft stehen, die sie aber als „present and coming" verstehen.[52] Das entspricht zweifelsohne dem mt Verständnis, denn die Ablehnung Jesu, wie sie „dieser Generation" als Schuld angerechnet wird, bekommt damit ihre eigentliche Dramatik: Obwohl die Königsherrschaft schon zum Greifen nahe war, haben die Zeitgenossen ihre Zeichen als dämonisch verkannt. Damit wird in der Fortsetzung des Evangeliums die Königsherrschaft Gottes einerseits zu einer ekklesiologischen Größe[53], indem im Raum der Gemeinde diese schon Realität ist, andererseits zu einer noch ausstehenden Erwartung im Hinblick auf ihre universale Durchsetzung und Anerkennung.

---

[50] Auffällig ist die Ersetzung des sicher ursprünglichen ἐν δακτύλῳ θεοῦ (Lk 11,20) in ἐν πνεύματι θεοῦ, vgl. dazu M. HENGEL, Der Finger und die Herrschaft Gottes in Lk 11,20, in: La Main de Dieu/Die Hand Gottes, hg. v. R. Kieffer u. J. Bergman, WUNT I/94, Tübingen 1997, 87–106.

[51] φθάνειν in den Evangelien nur hier und in der Parallele Lk 11,20. Im NT darüber hinaus noch 5mal bei Paulus: Röm 9,31; 2Kor 10,14; Phil 3,16; 1Thess 2,16; 4,15. Bis auf die letzte Stelle ist es wie bei Matthäus und Lukas immer im Aorist gebraucht und bezeichnet eindeutig etwas schon Angekommenes, Gegenwärtiges und damit Wirksames (in 1Thess 2,16 ist es Gottes Zorn, in 2Kor 10,14 das Evangelium). Es auf etwas noch in der Zukunft Liegendes zu beziehen, wie Luz dies tut, ist darum kaum möglich, vgl. R. H. GUNDRY, Mt 235 („recent arrival of God's Kingdom"); DAVIES/ALLISON, Mt II 340.

[52] Mt I 392, vgl. ihre gesamte Diskussion 389–392. M. HENGEL u. A. M. SCHWEMER zeigen, dass die strikte Alternative gegenwärtig oder zukünftig an den Texten vorbei geht, vgl. Vorwort 10–16. Ausführlich begründet auch J. D. KINGSBURY, Matthew 68–72, die zugleich gegenwärtige *und* zukünftige Gottesherrschaft.

[53] Vgl. Mt 21,43: „This 'nation,' of course, is the 'church,' and the 'kingdom' is the rule of God as a present reality", so J. D. KINGSBURY, Matthew 80.

3. Die Vollendung der Basileia und das Gericht

Mit der zukünftigen Vollendung der Basileia ist notwendig das *Gericht* ver-
bunden. Dennoch zielen im Grunde genommen alle Himmelreich-Gleichnisse
bei Matthäus auch und m.E. sogar primär auf die *Gegenwart* und nicht auf die
Zukunft, selbst wenn in der Bildhälfte jeweils ein zukünftiges Ereignis am
Ende steht. Was in den Gleichnissen jedoch geschieht: das *Säen* des
Evangeliums (und des Unkrauts), das *Wachsen* des Senfkorns, das *Durch-
säuern* des Teigs, das *Finden* von Schatz und Perle, das *Auswerfen* des
Schleppnetzes, das *Suchen* des verlorenen Schafs, das *Arbeiten* im Weinberg,
das *Annehmen* der Einladung zur Hochzeit (und das Anziehen des
angemessenen Gewands), das *Bewachen* und treue *Versorgen* des Hauses, die
Bereithaltung von Öl für die Lampen und das *Wirtschaften* mit dem
anvertrauten Kapital – das alles betrifft als Tätigkeit die Gemeinde und *nur*
die Gemeinde, wenngleich man zwischen den Gleichnissen in Kap. 13 und
den nachfolgenden noch differenzieren muss, indem bei ersteren das in Jesus
präsente Wirken Gottes im Vordergrund steht. Gleichwohl klingt bei den
Deutungen die Situation der Gemeinde zwischen Auferstehung und Parusie
bereits deutlich an. Der zukünftige Aspekt ist ebenfalls in allen Gleichnissen
enthalten und bildet den eschatologischen Horizont ab, unter dem die
Gemeinde lebt oder, anders ausgedrückt, das Himmelreich als Reich des
Sohnes schon jetzt heranwächst, indem auf dem Acker der Welt gesät und
gearbeitet wird und Frucht heranreift. Was noch aussteht ist die letzte,
abschließende große Ernte und Scheidung zwischen Unkraut und Weizen.
Diese bleibt vom Evangelisten Gott allein mit seinen Engeln vorbehalten (vgl.
aber 9,37f). Hier vollzieht sich die öffentliche Anerkennung des Wirkens
derer, die Jesu Ruf in die Nachfolge gehört und ihm gehorsam waren, und
ebenso die Scheidung von denen, die im Strahlfeld der Basileia lebten ohne
wirklich zu ihr zu gehören.[54] Von dieser 'internen' Scheidung innerhalb der
Gemeinde ist m.E. das Gericht über Israel[55] ebenso zu unterscheiden wie das

---

[54] Ohne ins Detail gehen zu können, scheinen folgende Texte auf die 'interne' Scheidung
hinzuweisen: 7,21–23 (bzw. 13–23); 13,36–43 (?); 13,47–50, 18,6–9; 18,35; 22,11–14;
25,1–13.14–30; der Ausschluss aus der Gemeinde (18,17f) kann als eine Art Vorwegnahme
dieses Gerichts verstanden werden. Zu diesem Bereich zählen m.E. auch die Aussagen über
das Festhalten am Bekenntnis zu Jesus in gegenwärtiger oder zukünftiger Verfolgung (vgl. a.
10,22.32f.38f; 16,26; 24,9–11). Auch die Sammlung der Auserwählten durch den Menschensohn und seine Engel (24,30f, vgl. 39ff) impliziert möglicherweise eine solche Vorweg-
Scheidung, ehe es zum großen Gericht kommt (vgl. 1Thess 4,15f). Zu dem damit verbundenen Verständnis der mt Gemeinde s. R. H. GUNDRY, *Corpus Mixtum*.

[55] Hierzu gehören m.E. folgende Texte: 3,7–11; 8,11f; 10,15; 11,20–24; 12,41f; 19,28 (die
Jünger werden zusammen mit dem Menschensohn, der auf dem Thron seiner Herrlichkeit
sitzt, die Stämme Israels richten; die vielfach vorgeschlagene Deutung von κρίνειν als
herrschen überzeugt nicht, vgl. U. LUZ, Mt II 129); 21,31f (?); 21,41–45; 22,7; 23,33–36

Menschensohn-Gericht über alle Völker (Mt 25,31–46)[56], das unter der Voraussetzung steht, dass zuvor das Evangelium allen Völkern gepredigt worden ist (24,14; 28,19).[57] Es ist m.E. jedoch nicht nötig, die Dreiteilung der Gerichte absolut zu setzen oder auf drei verschiedene Zeitpunkte zu verteilen. Es sind eher drei Aspekte eines umfassenden Geschehens, so dass in 25,31ff auch der Zielpunkt aller Gerichtsaussagen gemeint sein kann und dann, wie überhaupt im Matthäus-Evangelium, der Schwerpunkt auf der Ermahnung der Gemeinde liegt, die guten Früchte zu bringen.[58] Für eine solches aspektives

---

(vgl. 18,6: Die Pharisäer haben in Bezug auf das Volk dieselbe Funktion wie die Anstoss Bereitenden in der Jüngergemeinde: Sie verunmöglichen denen, die glauben wollen, dass sie glauben können, und darum sind sie verantwortlich für den Unglauben „dieser Generation" und am Geschick Jerusalems 23,37f; vor einem solchen Verhalten warnt Matthäus nachdrücklich; als 'Täter' kommen möglicherweise die „Falschpropheten" in 7,15 in Frage).

[56] In der Auslegung dieser Perikope ist umstritten, ob hier summarisch das Gericht über jeden einzelnen Menschen beschrieben wird (so die Mehrheit der gegenwärtigen Ausleger, u.a. Frankemölle, Gundry [der aber immerhin einräumt: „Thus the δέ in v 31a contrasts this general judgement with the foregoing parables dealing with true and false disciples in the church" (Mt 511 zu 25,31)], Davies/Allison, Luz, Gnilka, von den älteren u.a. Hieronymus, Augustin, Chrysostomus, Erasmus, Zwingli, Bengel, Schlatter, Schniewind, Bornkamm), oder ob es um das Gericht über die nichtchristliche Welt geht, so u.a. N. WALTER, Die Botschaft vom Jüngsten Gericht im Neuen Testament, in: Eschatologie und Jüngstes Gericht, hg. v. ders. u.a., FuH 32, Hannover 1991, 10–48, jetzt in: DERS., Praeparatio Evangelica. Studien zur Umwelt, Exegese und Hermeneutik des Neuen Testaments, hg. v. W. Kraus u. F. Wilk, WUNT I/98, Tübingen 1997, 311–340 (322–324); R. H. GUNDRY, *Corpus Mixtum* 160. Innerhalb dieser beiden Hauptlinien wird die letztgenannte Möglichkeit in der Forschung noch weiter differenziert, vgl. dazu W. S. GRAY, The Least of My Brothers: Matthew 25:31–46: A History of Interpretation, SBL.DS 114, Atlanta 1989; knappe Überblicke über die Auslegungstraditionen auch bei D. A. HAGNER, Mt II 742; ALLISON/DAVIES, Mt III 422f u. weiteren Kommentaren. Für eine Differenzierung zwischen den Völkern und den Jüngern Jesu jetzt auch F. WILK, Jesus und die Völker 122. Er sieht darin die Wirksamwerdung der Abrahamsverheißung, indem die „Existenz der Jüngergemeinschaft *unter den Völkern* die Verheißung Gottes an Abraham erfüllt" (Hhg.Orig.).

[57] Nach 10,40–42 bemisst sich das Urteil über die Einzelnen aus Israel entsprechend dem Urteil über die Angehörigen aus den Völkern: Selbst die geringste Wohltat für einen Jünger *qua* Jünger wird nicht unbelohnt bleiben, sondern Lohn erhalten (vgl. dagegen Mt 6,2.5.16) und nach Mt 25,34–40 den Weg vom Gericht ins Gottesreich bahnen. Dass dies keine nur nebenbei gemachte Aussage darstellt, zeigt das feierlich-einleitende ἀμὴν λέγω ὑμῖν. Anders U. LUZ, Mt II 152f, der den Vers auf sesshafte Christen bezieht, denen für die Aufnahme von christlichen Wanderpropheten ein über die Maßen reicher Lohn verheißen ist. Luz gibt aber zu, dass von 10,11–14 her auch an „nichtchristliche Häuser" gedacht werden könnte. In der Situation der Aussendungsrede können damit aber nur *jüdische* Häuser gemeint sein. Dann wäre diese Stelle ein wichtiger Hinweis darauf, dass Matthäus, nachdem er das Reich vom jüdischen Volk genommen sieht (8,12; 21,41), diesem aber wie allen anderen Völkern auch auf diese Weise den Weg in die Gottesherrschaft offen hält.

[58] JOHANNES FRIEDRICH hat in seiner Arbeit zur Stelle (Gott im Bruder? Eine methodenkritische Untersuchung von Redaktion, Überlieferung und Traditionen in Mt 25,31–46, CThM.A 7, Stuttgart 1977) zu zeigen versucht, dass Matthäus eine ihm vorliegende universale Gerichtsschilderung in eine solche umarbeitete, die nur noch das Gericht über die

Gerichtsbild sprechen besonders Mt 12,36f und 16,27. An beiden Stellen ist ein Gericht geschildert, dessen Maßstäbe zwar gleichermaßen alle Menschen betreffen, aber sie in ihrer konkreten Zugehörigkeit zu Israel (12,36f) bzw. zu Jesus (16,27, vgl. 16,24–26) unterscheidet. Die gleiche Differenzierung in Bezug auf die Heidenvölker könnte auch für Mt 25,31ff bestimmend sein. Der Gedanke wäre dann, dass der Menschensohn alle Menschen richten wird, aber differenziert nach der Maßgabe dessen, was er den Einzelnen anvertraut hat. Dann wird Israel anders gefragt werden als die Jüngergemeinde, und von dieser wiederum wird mehr gefordert als von den Völkern.[59]

Unter Voraussetzung einer solchen Unterscheidung von Jesus-Gemeinde und Israel, wie sie den zweiten Teil des Evangeliums in der Entwicklung von Kap. 11 bis 16 prägt, ist dann doch noch einmal zu fragen, ob nicht zumindest das zweimalige Vorkommen von βασιλεία τοῦ θεοῦ in den Sondergut-Stellen 21,31.43 im Unterschied zu dem die *Gemeindeparänese* dominierenden βασιλεία τῶν οὐρανῶν von Matthäus bewusst gesetzt worden ist, um die damit verbundenen Anklagen gegen *Israel* hervorzuheben bzw. abzugrenzen. Es ist immerhin auffällig, dass er ausgerechnet an diesen beiden Sondergut-Stellen nicht die von ihm geschätzte Formel von der Himmelsherrschaft gebraucht, durch die er ansonsten das ihm in der Mk- bzw. Q-Überlieferung

---

Nichtchristen im Blick hatte (so auch H. KLEIN, Bewährung 118.122f). Immer wieder ist auch überlegt worden, ob die Perikope nicht überhaupt als Gleichnis zu lesen sei und so für verschiedene 'Lesarten' offen war, vgl. u.a. J. JEREMIAS, der 25,32f als eigentliches Bildwort und das übrige als *m ašal* (= „apokalyptische Offenbarungsrede") ansieht (Gleichnisse 204–207); als Gleichnis interpretieren auch: H.-TH. WREGE, Sondergut 114.117–123; N. WALTER, Botschaft 323: „nach einem gleichnisartigen Einstieg V. 32b–34a" geht der Text „zu direkter, belehrender Aussage" über. Vgl. außerdem G. GAY, The Judgement of the Gentiles in Matthew's Theology, in: Scripture, Tradition, and Interpretation, FS E. F. Harrison, hg. v. W. W. Gasque u. W. S. LeSor, Grand Rapids 1978, 199–215.

[59] Gegen G. BORNKAMM, Enderwartung, und viele andere, die betonen, dass der Akzent der Schilderung des Endgerichts gerade darauf liege, dass darin weder „zwischen Juden und Heiden" noch „zwischen Gläubigen und Ungläubigen ... unterschieden wird", vielmehr alle „nach »einem« Maßstab gerichtet [werden], nämlich nach der Liebe, die den Geringsten erwiesen oder versagt ist" (21). Dagegen auch J. JEREMIAS, Gleichnisse 206f. Der Wert von NICOLA WENDEBOURG, Der Tag des Herrn. Zur Gerichtserwartung im Neuen Testament auf ihrem alttestamentlichen und frühjüdischen Hintergrund, WMANT 96, Neukirchen-Vluyn 2003, ist dadurch eingeschränkt, dass sie ihre Behandlung der mt Gerichtsaussagen (216–235.269–279) auf die Stellen beschränkt, in denen vom „Tag des Gerichts" (10,15 par. Lk 10,12; 11,22 par. Lk 10,14; 11,24; 12,36) bzw. von „jenem Tag" (7,22 [24,36ff wird nicht behandelt]) die Rede ist. Die Wendung ἡμέρα κρίσεως, die für Matthäus gerade nicht typisch ist, wird von ihm ausschließlich in Bezug auf das Volk Israel, soweit es sich in seiner Zeit dem Umkehrruf Jesu verschloß, gebraucht (was Wendebourg, ebd. 276f auch sieht). Dass alle diesbezüglichen Stellen in Kap. 10–12 auftauchen, unterstreicht erneut, dass hier ein Wechsel der Perspektive vom Volk als Ganzem zur Gemeinde aus dem Volk vorliegt. Darum ist es misslich, wenn die genannten Gerichtsstellen im Licht von Mt 7,21–23 (s. ebd. 217–223, vgl. 273f) gelesen werden, zumal diese innergemeindliche Gerichtsschilderung nicht vom Bezug auf 7,15 getrennt werden darf, wie es bei Wendebourg geschieht.

überkommene βασιλεία τοῦ θεοῦ ersetzte. Zudem ist zumindest an diesen beiden Stellen die zeitliche Dimension so zu bestimmen, dass an beiden Stellen von der Gegenwart des Reiches auszugehen ist: Die Zöllner und Sünder (d.h. die religiös Ausgegrenzten Israels) gehen den Hohenpriestern und Ältesten des Volkes (d.h. den anerkannten Repräsentanten Israels, vgl. 21,23) voraus ins Gottesreich hinein. Die präsentische Aussage setzt die Anwesenheit des Reiches voraus. Ebenso ist für die Perspektive, aus der Matthäus schreibt, die in 21,43 als noch zukünftig angekündigte Übertragung des Gottesreiches von einem Volk auf ein anderes bereits geschehen. Auch dies setzt – für die Zeit des Evangelisten – dessen Gegenwart ebenso voraus wie seine Bezugnahme auf Israel.

4. Vom Hineingehen und Verbleiben in der Basileia

Verbunden mit dem Kommen der Basileia Gottes sind die Bedingungen des Hineingelangens und des Verbleibens in ihr.

Zu εἰσέρχεσθαι in Vbg. mit βασιλεία τῶν οὐρανῶν s. Mt 5,20; 7,21; 18,3; 19,23f; negativ in 23,13 im ersten Wehewort gegen die Pharisäer, die weder in die Basileia hineingelangen noch die hineingehen lassen, die dieses wollen; zu προάγειν εἰς τὴν βασιλείαν τοῦ θεοῦ s. 21,31; für die parallele Wendung εἰσέρχεσθαι εἰς τὴν ζωήν s. 7,13f; 18,8f; 19,17 (vgl. 25,10: ἀπέρχεσθαι εἰς ζωὴν αἰώνιον).

Das Verbleiben ist bei Matthäus nicht selbstverständlich, worauf im Zusammenhang der Gleichnisse bereits hingewiesen wurde: Die hier erkennbare 'interne' Scheidung erinnert die Gemeinde (am Beispiel Israels![60]) daran, dass man die Zugehörigkeit zur Basileia auch wieder verlieren kann. Das zeigt insbesondere die von Matthäus aus Q (13,28) übernommene, dann aber redaktionell noch fünfmal gebrauchte Formel vom Hinausgeworfenwerden an einen Ort[61], wo Heulen und Zähneklappern sein wird. In Q, wo diese Wendung nur einmal vorkommt, sind die Adressaten dieser Gerichtsansage nicht eindeutig zu bestimmen. Der Kontext bei Lukas erlaubt es, darin sowohl eine Mahnung an die Jünger (Auslöser für dieses Wort Jesu ist die Frage eines

---

[60] In 8,12 (par. Lk 13,28) ist Israel als erster Adressat der Verkündigung Jesu und als erstgeborene „Kinder des Reiches" von diesem Geschick bedroht: οἱ δὲ υἱοὶ τῆς βασιλείας ἐκβληθήσονται εἰς τὸ σκότος τὸ ἐξώτερον· ἐκεῖ ἔσται ὁ κλαυθμὸς καὶ ὁ βρυγμὸς τῶν ὀδόντων. Das Bildwort erhält seine Bedeutung aus dem Gegensatz von Licht und Finsternis: Die Botschaft Jesu bringt den dunklen Gefilden das eschatologische Heilslicht (4,15f als Zitat von Jes 8,23–9,1). Jüngerschaft bedeutet eine Existenz im Licht und als Licht (5,14; 13,43). Die Verweigerung der Nachfolge dagegen belässt in der Finsternis und macht diese noch finsterer, weil sie vom Licht gestreift wurde. Das Ende ist Verzweiflung. Vgl. a. 6,23.

[61] „Die äußerste Finsternis" in 8,12; 22,13; 25,30; „in den Feuerofen" (aus Dan 3,6 übernommen) in 13,42.50. Ohne Ortsangabe in 24,51.

Ungenannten, der ihn mit κύριε anredet [13,23]) als auch eine Gerichtsaussage über Israel zu sehen.

Bei Matthäus ist die erste Stelle 8,11f ebenfalls noch sehr offen formuliert, wie es der Stellung im vorderen, einladenden Basileia-Abschnitt entspricht. Enthalten ist darin (im Anschluss an die Heilung des Dieners des römischen Centurio) die Mahnung an ganz Israel (wozu auch die Jünger gehören, deren Kleinglaube für Matthäus durchaus ein Thema ist: 6,30; 8,26; 14,31; vgl. a. 17,17), sich nicht auf ihre genealogische Abrahamskindschaft zu verlassen (vgl. schon 3,9f). An allen anderen Vorkommen (13,42.50; 22,13; 24,51; 25,30) ist es eine formelhafte Abschlusssequenz für ein Gleichnis (bzw. in 13,42 der Auslegung), deren paränetische Zielrichtung die Jüngergemeinde ist. Matthäus verbindet auf diese Weise die fünf Gleichnisse miteinander und es wäre reizvoll, sie einmal als eine 'verknüpfte' Einheit zu interpretieren.

Die *textpragmatische Funktion der Formel* ist jedoch nicht (auch nicht der vergleichbaren Aussagen in 3,10.12; 5,20.22.25b–26.29f; 7,13b.19.22f; 10,15; 11,22–24, 12,41f; 15,13f; 18,6.8f.34f; 24,40f; 25,12.41.46), die *zukünftige Aussonderung* als unveränderliches Schicksal zu predigen, sondern auf *die gegenwärtige Haltung* der Gemeinde einzuwirken, sie zur tätigen Wachsamkeit zu ermutigen und ihr das Ziel ihres Glaubens vor Augen zu stellen: Die Basileia Gottes, die ihnen verheißen ist (5,3–12.20), der Lohn, der ihnen zugesagt ist (5,12.19b; 6,4.6.18, vgl. 16,27), der Weg, der zum Leben führt (7,14, vgl. 18,8f; 19,17), die Bewahrung der „Seele" (10,39; 16,25b) und das ewige Leben als Erbe (19,29, vgl. 25,46). Die letzte diesbezügliche Stelle 25,46, die die beiden Fäden der Annahme und Verwerfung im Gericht 'zusammenknotet', ist von prägnanter Kürze: „Diese werden eingehen zur ewigen Strafe, die Gerechten aber ins ewige Leben" (καὶ ἀπελεύσονται οὗτοι εἰς κόλασιν αἰώνιον, οἱ δὲ δίκαιοι εἰς ζωὴν αἰώνιον). Das Ziel und das letzte Wort zur Sache ist das ewige Leben (vgl. Röm 6,23). Es ist den Gerechten verheißen. Und der Weg zur Gerechtigkeit ist durch Jesus gebahnt.[62] Das Thema der (Jünger-)Gerechtigkeit ist damit innerhalb des Makrogewebes der βασιλεία τῶν οὐρανῶν abgeschlossen.

---

[62] Vgl. Nicola Wendebourg, Tag des Herrn 268f, die in diesem Zusammenhang auf Mt 26,29 verweist. Der letzte Hinweis auf den „Tag des Herrn" gibt diesem „den Charakter eines umfassenderen, heilsgeschichtlichen Ereignisses." Möglich wird dies, weil Jesus sein Leben hingibt „zur Vergebung der Sünden". Das Heil, das Jesus seinen Jüngern zuspricht (denn die gewisse Zusage der künftigen Mahlgemeinschaft im Reich des Vaters ist eine – unkonditionierte – Heilsaussage) „verdankt sich also dem vorausgegangenen Gericht" – dem, das Jesus auf sich genommen hat. Wendebourg betont die „strengere" Gestalt der synoptischen (insbesondere mt) Gerichtsaussagen im Vergleich zu Paulus, streicht aber zugleich ihre Funktion als – zumeist innergemeindliche – „Motivierung der Paränese" heraus, die jedoch nur da wirksam werden kann, wo die „Möglichkeit endzeitlicher Rettung" die Voraussetzung bildet (273).

§ 4 Gerechtigkeit als Zugangsbedingung zur Basileia

1. Einleitung

Die eben genannte Stelle Mt 25,46 ist der letzte Beleg im Evangelium, wo von „den Gerechten" die Rede ist, sie besitzt auch von daher deutlich resultativen Charakter. Bei den noch folgenden Belegen sowohl für den Stamm δικ- wie für die βασιλ-Terminologie steht dagegen *die christologische Komponente* im Mittelpunkt: im Verhör und bei der Kreuzigung wird Jesus in erster Linie mit dem Königstitel angesprochen (27,11.29.37.42), und er selbst erinnert beim letzten Mahl mit seinen Jüngern diese an die Wiederholung desselben ἐν τῇ βασιλείᾳ τοῦ πατρός μου (26,29). Das einzige Vorkommen der δικ-Wortgruppe in der Passionsgeschichte ist in 27,19, wo Matthäus die Frau des Pilatus ihrem Mann während der Verhandlungen sagen lässt: Μηδὲν σοὶ καὶ τῷ δικαίῳ ἐκείνῳ, πολλὰ γὰρ ἔπαθον σήμερον κατ' ὄναρ δι' αὐτόν. Mit dem abschließenden *Titel* des „Gerechten" aus dem Munde einer heidnischen Frau entlässt der erste Evangelist seine Zuhörer und Leser aus dem 'Gerechtigkeits-Gewebe' und fasst damit zusammen, was er diesbezüglich über Jesus mitzuteilen hatte: Dieser verschmähte „König der Juden" ist „der Gerechte" und auch die Heidenwelt steht unter der Drohung, an diesem Stein zu zerschellen, wenn sie sich seinem Anruf verweigert.[63] Zugleich evoziert der Evangelist mit dieser letzten Stelle die Erinnerung an Mt 3,15, in der Jesus es als seine Aufgabe ankündigte πληρῶσαι πᾶσαν δικαιοσύνην. Vom Ende her verweist er seine Zuhörer und Leser also wieder an den Anfang und lädt sie ein, die Gründe dafür zu entdecken, dass Jesus „der Gerechte" ist.[64]

---

[63] Die Zusammenstellung 27,19 u. 20 erinnert an die oben Anm. 32 genannten Stellen über das Volk und die Pharisäer, die verhinderten, dass das Volk sich auf die Seite von Jesus stellte, vgl. dazu J. R. C. COUSLAND, Crowds 235f. Hier nun sind es die „Hohenpriester und Ältesten", die das Volk überreden und damit die Intervention der Frau des Pilatus zunichte machen. Dahinter können sich Konflikte spiegeln, wie sie aus der Apostelgeschichte bekannt sind (vgl. 13,5ff; 14,2.19 u.ö.). Das letzte Bekenntnis zu Jesus im Evangelium ist dennoch das eines Heiden, des römischen Centurio (und derer, die mit ihm zusammen die Hinrichtung durchführten!), der erkennt, was weder das Volk (27,40), noch die Repräsentanten Israels erkannten (27,41–43): Ἀληθῶς θεοῦ υἱὸς ἦν οὗτος.

[64] „Gerechter" ist in der Apostelgeschichte als christologischer Titel gebraucht, vgl. besonders 7,52: die Propheten haben sein Kommen angekündigt, d.h. hier ist eindeutig der Messias genannt, verbunden mit der Tradition des leidenden Gerechten; auch 22,14 ist eindeutig christologisch zu verstehen (s.a. 3,14). Im NT noch 1Petr 3,18; 1Joh 2,1.29; 3,7. Nach JOACH. JEREMIAS sind alle diese Stellen über äthHen 38,2; 53,6 (vgl. a. Sap 2,10–20; 5,1–7)

Matthäus ordnet die Frage nach der Gerechtigkeit (und damit verbunden die nach dem Halten des Gesetzes) in einen größeren theologischen Zusammenhang ein. Er gebraucht eine Klammer, die sowohl das Anliegen des Gesetzes (und damit die Interessen des Judenchristentums als Teil des jüdischen Volkes) als auch die Botschaft Jesu, die Juden und Heiden gilt und beide zu einer Gemeinschaft zusammenschließen will, umfasst. Diese Klammer bzw. dieses Leitthema ist „Gerechtigkeit" (δικαιοσύνη).[65] Matthäus benützt damit einen für die jüdischen Gruppen der Zeit Jesu (und wohl auch seiner eigenen) hochbedeutenden und kontroversen Begriff und versucht anhand dessen zu zeigen, wie Jesus eine der wichtigsten Erwartungen seines Volkes aufgenommen und – zumindest in den Augen des Matthäus – auch erfüllt hat. Er will sagen (so meine These): Die Gerechtigkeit, die das jüdische Volk erhoffte und in der Hauptsache über die Tora erstrebte (vgl. § 13), ist in Jesus erfüllt.[66] Dabei konvergieren in der Darstellung Jesu durch Matthäus zwei Linien, von

---

auf Jes 53,11 zurückzuführen, vgl. Παῖς (θεοῦ) im Neuen Testament, in: DERS., ABBA, Göttingen 1966, 191–216 (202f.205); vgl. außerdem L. RUPPERT, Jesus als der leidende Gerechte? Der Weg Jesu im Lichte eines alt- und zwischentestamentlichen Motivs, SBS 59, Stuttgart 1972, der bereits darauf hinwies, dass für die neutestamentliche Verwendung dieses Motivs das herkömmliche Verständnis allein nicht ausreicht (74f), so auch M. HENGEL, Jesus der Messias Israels 14.57.78f; DERS., Jesus als messianischer Lehrer der Weisheit und die Anfänge der Christologie, in: DERS./A. M. SCHWEMER, Der messianische Anspruch Jesu (s.o. Anm. 9), 81–131: „Freilich hat die nachösterliche urchristliche Erhöhungschristologie (ja im Grunde Jesus selbst) von Anfang an dieses verbreitete Motiv [= des leidenden Gerechten] überboten, denn während der ‚leidende Gerechte' als fester Typos auf jeden Märtyrer, der um seiner Treue zum Gebot Gottes willen leiden mußte, bezogen werden konnte, erhielten Jesu Tod und Auferstehung einen einmaligen, unwiederholbar definitiven Offenbarungscharakter, ein grundlegendes Motiv, das m.E. an Jesu Deutung von Jes 53 beim letzten Mahl mit seinen Jüngern anknüpft" (129); vgl. dazu weiter DERS., Zur Wirkungsgeschichte von Jes 53 in vorchristlicher Zeit, in: Der leidende Gottesknecht, hg. v. B. Janowski u. P. Stuhlmacher, FAT 14, Tübingen 1996, 49–91 (75–85; auch in: DERS., Judaica, Hellenistica et Christiana, Kleine Schriften II, WUNT I/109, Tübingen 1999, 72–114 [98–108]).

[65] So schon PAUL WERNLE, Die synoptische Frage, Freiburg i.Br. 1899, 224–226: Die von ihm zu Q gezählten Texte Mt 5,3–48; 7,1–6.16–27; Lk 6,20–49; 11,33; 12,58f; 16,17f fasst er unter den Titel „Gerechtigkeitsrede" (zit. b. H. D. BETZ, Sermon 29); vgl. a. O. BETZ, Bergpredigt und Sinaitradition. Zur Gliederung und zum Hintergrund von Matthäus 5–7, in: DERS., Jesus. Der Messias Israels (s.o. Anm. 31), 333–384: „Die Gerechtigkeit als Thema der Bergpredigt" (338–345); K. SYREENI, Making 207–211; F. VOUGA, Matthäus 5,17–20. Der Gott des Tausches und der Geist der Gabe: Das theologische und existentielle Programm der Bergpredigt, in: Was ist ein Text?, hg. v. Oda Wischmeyer u. Eve-Marie Becker, Neutestamentliche Entwürfe zur Theologie 1, Tübingen und Basel 2001, 43–64, der ebenfalls betont, dass Matthäus die Erfüllung von Gesetz und Propheten „vom Prinzip der Gerechtigkeit her versteht und auslegt" (50).

[66] Den entscheidenden Beleg dafür sehe ich neben 5,17–20 in Mt 11,11–15, wo zahlreiche Stichworte von 5,17–20 wieder auftauchen und durch den Täufer zugleich mit 3,15 und 21,32 verbunden sind, vgl. dazu auch O. BETZ, Bergpredigt 371–373.

denen die erste schon seit langem gesehen wurde. Joachim Jeremias schrieb dazu (Theologie 101 [Hhg.R.D.]):

Das Wort מלכותא „bezeichnet die königliche Herrschaft Gottes in actu, zunächst im Gegensatz zu irdischer Königsherrschaft, dann aber zu aller Herrschaft im Himmel und auf der Erde. Ihr Hauptkennzeichen ist, daß Gott das ständig ersehnte, auf Erden nie erfüllte *Königsideal der Gerechtigkeit* verwirklicht."

Ähnlich formuliert Peter Stuhlmacher in seiner Theologie (I 70) in Bezug auf den Terminus „Gottesherrschaft":

„Seine Konkretion gewinnt er dadurch, daß es bei der Gottesherrschaft stets um die Wirksamkeit und Durchsetzung der heilschaffenden Gerechtigkeit Gottes geht" (mit Verweis auf die „berühmten" Texte von der gerechten Herrschaft des Messias aus Jes 9,1–6; 11,1–9; Jer 23,5–6).

Wie in § 13 nachgezeichnet wird, steht diese erwartete, umfassende Gerechtigkeit in einem doppelten Zusammenhang: Einmal mit der Tora, zum anderen mit den Davidssohn-Erwartungen. Denn eine kontextuelle Untersuchung der Begrifflichkeit von Tora und Gerechtigkeit (insbesondere der Stellen, an denen beide Komplexe verbunden auftreten) im Alten Testament verdeutlicht, dass die messianische Erwartung eines gerechten Davididen, der Gerechtigkeit schafft oder bringt, häufig eng mit diesen Texten verknüpft ist. Dass mit dem Davidssohn nicht nur ein königlicher Herrscher, sondern zugleich ein 'Toraausleger' und als solcher der Erfüller bzw. Bringer der eschatologischen Gerechtigkeit erwartet wird, ist m.E. die entscheidende Weiterführung der bisher schon erkannten Zusammenhänge. Die Verknüpfung von *Davidssohnschaft und Toraerfüllung* erweist sich dann möglicherweise als Schlüssel zum Verständnis der mt Gerechtigkeitstheologie, die bisher zumeist über Jesus als einen zweiten Moses gesucht wurde.[67]

In diesem und den nachfolgenden Paragraphen wird darum zunächst gezeigt, *wie* Matthäus das Thema der Gerechtigkeit zu einem 'Leitfaden' seines Evangeliums macht, und als zweites, wie er die Frage nach der Tora integriert. Im zweiten Teil der Arbeit werden die traditionsgeschichtlichen Zusammenhänge aufgezeigt, auf die sich die mt Theologie gründen konnte.

---

[67] S. dazu unten § 12. Die von mir gewählte Bezeichnung 'Toraausleger' (die 'Häkchen' verweisen auf das Ungenügen des Begriffs) ist nur als eine vorläufige zu werten. Der erwartete Davidide legt die Tora nicht aus wie ein Schriftgelehrter, sondern er bringt ihre Gerechtigkeit ans Licht. In diesem Sinne steht er positiv zur Tora, aber er ist mehr als ein vollkommener Täter oder Ausleger derselben. Vgl. dazu auch A. CHESTER, Messianism, Torah and Early Christian Tradition, in: Tolerance and Intolerance in Early Judaism and Christianity, hg. v. G. N. Stanton u. G. G. Stroumsa, Cambridge 1998, 318–341.

2. Die Verwendung der Gerechtigkeitsterminologie bei Matthäus (Überblick)[68]

Der erste Evangelist verwendet im Unterschied zu Lukas nur relativ wenige Ableitungen der Wurzel δικ-.[69] Zahlenmäßig an erster Stelle steht *das Adjektiv* δίκαιος (17mal)[70], das von 1,19 bis 27,19 über das ganze Evangelium

---

[68] Grundlegende Literatur: M. J. FIEDLER, Der Begriff δικαιοσύνη im Matthäusevangelium, auf seine Grundlagen untersucht, Diss. masch. (Halle-Wittenberg) 1957; DERS., Gerechtigkeit im Matthäus-Evangelium, TheolVersuche (Berlin/Ost) 8 (1977), 63–75; G. STRECKER, Gerechtigkeit 149–158; D. HILL, Δίκαιοι as a Quasi-Technical Term, NTS 11 (1964/65), 296–302; B. PRZYBYLSKI, Righteousness in Matthew and His World of Thought, MSSNTS 41, Cambridge 1980; H. GIESEN, Handeln; W. POPKES, Die Gerechtigkeitstradition im Matthäus-Evangelium, ZNW 80 (1989), 1–23; J. KAMPEN, 'Righteousness' in Matthew and the Legal Texts from Qumran, in: Legal Texts & Legal Issues. Proceedings of the Second Meeting of the International Organization for Qumran Studies, FS Joseph M. Baumgarten, hg. v. M. Bernstein, F. García Martínez u. J. Kampen, STDJ 23, Leiden 1997, 461–487; R. BEATON, Messiah and Justice: A Key to Matthew's Use of Isaiah 42.1–4?, JSNT 75 (1999), 5–23.

[69] In alphabetischer Reihenfolge: ἀδικέω (Mt 1/Mk -/Lk 1); ἀδικία (Mt -/Mk -/Lk 4); ἄδικος (Mt 1/Mk -/Lk 4); ἀντίδικος (Mt 2/Mk -/Lk 2); δίκαιος (Mt 17/Mk 2/Lk 11); δικαιοσύνη (Mt 7/Mk -/Lk 1); δικαιόω (Mt 2/Mk -/Lk 5); τὸ δικαίωμα (Mt -/Mk -/Lk 1); δικαίως (Mt -/Mk -/Lk 1). D.h. bei Matthäus begegnen sechs verschiedene Wörter, die aus dem Stamm δικ- gebildet sind, bei Lukas sind es neun (nimmt man die Apg hinzu, erhört sich der Wert noch einmal). Markus dagegen gebraucht den Stamm nur in einer einzigen Ableitung!

[70] Zum Vergleich: Mk nur 2mal, Lk 11mal, Joh 3mal. Von den Belegen des Matthäus ist nur 9,13 parr. Mk 2,17; Lk 5,32 eindeutig seiner Vorlage entnommen: οὐ γὰρ ἦλθον καλέσαι δικαίους ἀλλὰ ἁμαρτωλούς; zu den verschiedenen Auslegungsmöglichkeiten dieser Stelle, die im 2. Jh. viel zitiert wurde (Barn 5,9; 2Clem 2; Justin, Apol I 15,8) s. DAVIES/ALLISON, Mt II 106f (Luz geht auf diesen Versteil überhaupt nicht ein): Von den ihres Erachtens vier möglichen Deutungen: (a) die Gerechten sind bereits gerettet und darum außerhalb des Interesses Jesu; (b) die scheinbar Gerechten sind zu halsstarrig, um der Botschaft Jesu zu folgen und werden von ihm darum gar nicht angesprochen; (c) das Schwergewicht der Aussage liegt ganz auf den „Sündern", die „Gerechten" bilden dazu nur die „dialektische Negation" (unter Berufung auf H. KRUSE, Die »dialektische Negation« als semitisches Idiom, VT 4 [1954], 385–400); (d) Jesus setzt voraus, daß alle Sünder sind (7,11) und darum ruft er alle; die vermeintlich 'Gerechten' sind es nicht wirklich („in other words, 'righteous' refers to subjective opinion, not objective fact" [so schon Chrysostomos, Hom. Mt 30,5]), halten sie die letzten beiden für den historischen Jesus für denkbar, für Matthäus auch noch die zweite Lösung. Sie selbst enthalten sich einer näheren Entscheidung, doch scheint mir die letztgenannte Möglichkeit am ehesten dem mt Sprachgebrauch für δίκαιος (vgl. 23,28: die Schriftgelehrten und Pharisäer als vermeintliche Gerechte) zu entsprechen, so auch H. GIESEN, Handeln 194 u. CH. LANDMESSER, Jüngerberufung 106f. Die zweite Stelle bei Markus (6,20), in welcher der Täufer als ἄνδρα δίκαιον καὶ ἅγιον charakterisiert wird, fehlt bei Lukas ganz, Matthäus ersetzt (entsprechend seinem Verständnis der Propheten als den Gerechten par excellence [s.u. § 5/3.2]) durch προφήτην. Von den Lukas-Belegen gehören 1,6.17; 2,25; 14,14 und 18,9 zum Sondergut, lk Redaktion dürfte in 12,57 (Q); 15,7 (Q); 20,20 (Mk); 23,47 (Mk) und 23,50 (Mk) vorliegen, d.h. Matthäus hat nur einen einzigen

verteilt in unterschiedlicher Verwendungsweise begegnet. Es kann eher allgemein gebraucht werden wie in 5,45, wo mit „Gerechten und Ungerechten" die Totalität aller Menschen ausgesagt ist (parallel zu ἀγαθός und in Opposition zu ἄδικος resp. πονηρός).[71] Indirekt sind an dieser Stelle jedoch die Jünger gemeint, denn diese werden zu Söhnen Gottes, wenn sie in der *imitatio dei* ihre Feinde lieben, so wie Gott es auch über die Bösen und Ungerechten regnen lässt.[72] Ebenfalls können konkrete einzelne Personen als „Gerechte" bezeichnet werden (1,19: Josef, der Vater Jesu; 23,35: Abel; 27,19: Jesus [s.o.]). Ob mit den „Gerechten" in 10,41 ursprünglich „eine besondere Gruppe von Frommen" gemeint war, ist in der Forschung umstritten.[73] Auf der Ebene des Evangeliums ist es jedoch kaum wahrscheinlich, weil Gerechtigkeit bzw. gerecht sein für Matthäus die *allen* nötige Voraussetzung für die Zugehörigkeit zur Gottesherrschaft ist (13,43.49; 25,37.46: alle Stellen bezogen auf das eschatologische Gericht des [wieder-]kommenden Menschensohnes).

Die *Zusammenstellung der Gerechten mit den Propheten* ist für Matthäus typisch (vgl. 13,17; 23,29; 23,35 [vgl. die Q-Parallele Lk 11,50, die nur von Propheten spricht]). Adjektivisch im Sinne von „angemessen" ist δίκαιος in 20,4 gebraucht. Durch ἀδικέω in 20,13 gewinnt es unter Umständen eine theologische Nuance, indem in δίκαιος – vom Ende her gesehen – bereits der Gedanke der über den eigentlichen Verdienst hinausreichenden Großzügigkeit Gottes vorbereitet ist. Gottes (bzw. auf der Ebene des Gleichnisses: des Weinberg-Besitzers) Güte ist darin erkennbar, dass es zu seinem Gerechtsein gehört, auch Weniges reich zu entlohnen (womit das Gleichnis auf der Linie von 10,41f; 25,31ff liegt).[74]

Versucht man anhand der Belege für δίκαιος vorläufig zu definieren, was die Gerechten auszeichnet, dann ist das wohl wichtigste Charakteristikum *die*

Beleg sicher übernommen, alle übrigen gehen auf sein Sondergut zurück bzw. sind Ausdruck seiner redaktionellen Tätigkeit.

[71] Auch Mt 9,13 könnte hierher gehören, wenn man in der Stelle einfach einen vergleichbaren Gegensatz wie in 9,11 zwischen den Starken und den Kranken sieht. Dagegen spricht allerdings die spezifische Verwendung der δικ–Terminologie durch Matthäus.

[72] Mt 5,44f: ἐγὼ δὲ λέγω ὑμῖν, ἀγαπᾶτε τοὺς ἐχθροὺς ὑμῶν καὶ προσεύχεσθε ὑπὲρ τῶν διωκόντων ὑμᾶς, ὅπως γένησθε υἱοὶ τοῦ πατρὸς ὑμῶν τοῦ ἐν οὐρανοῖς, ὅτι τὸν ἥλιον αὐτοῦ ἀνατέλλει ἐπὶ πονηροὺς καὶ ἀγαθοὺς καὶ βρέχει ἐπὶ δικαίους καὶ ἀδίκους. Nach G. THEISSEN ist für das Matthäus-Evangelium charakteristisch, dass die „imitatio dei im Zentrum der Motivation zur Feindesliebe" steht, vgl. Gewaltverzicht und Feindesliebe (Mt 5,38–48/Lk 6,27–38) und deren sozialgeschichtlicher Hintergrund, in: DERS., Studien zur Soziologie des Urchristentums, WUNT I/19, Tübingen ³1989, 160–197 (161).

[73] So U. LUZ, Mt II 151. E. SCHWEIZER, Gemeinde 156f, sieht darin keine gesonderten Funktionsträger, hält es aber für möglich, „daß Matthäus bei den »Gerechten« an Gemeindeglieder denkt, die durch ihre Lehre und ihr Verhalten das Leben nach den Geboten Gottes exemplarisch vorleben."

[74] Vgl. F. AVEMARIE, Das Gleichnis von den Arbeitern im Weinberg (Mt 20,1–15) – eine soziale Utopie?, EvTh 62 (2002), 272–287 (285f).

Übereinstimmung von Handeln und Gottes Willen, wobei letzterer bei Matthäus ein weites Spektrum umfasst und nicht auf ein ethisches Tun (etwa das der Gebote, der Tora, Nächstenliebe o.ä.) reduziert werden kann.[75] Insbesondere die Auszeichnung Josefs, des Vaters von Jesus, ist hier zu nennen. Seine Gerechtigkeit besteht darin, dass er entsprechend dem eschatologischen Heilswillen Gottes handelt, wie Heinz Giesen gezeigt hat: „Josef ist gerecht, weil er nicht seinem eigenen Willen, sondern dem Willen Gottes folgt. Der Wille Gottes aber ist es, daß der Gottessohn als Davidssohn geboren wird (vgl. schon 1,2–16)."[76] Jesus erfüllt durch seinen Leidensweg den Willen seines Vaters zum Heil der Menschen, wie es das Gebet in Getsemane zeigt (26,39). Dieses Geschehen aber *ist* (wie auch das der Geburt und ihrer besonderen Umstände) die Erfüllung „der Schriften" (26,54) bzw. „der Schriften der Propheten" (26,56).

Wenn darum Josef, der Sohn Davids (1,20), der durch die Übernahme der Vaterschaft von Jesus diesen erst eigentlich zum Davidssohn und damit zum Erfüller der Verheißungen machte, als Gerechter bezeichnet wird, wie am Ende des Evangeliums Jesus selbst, und auch der Täufer in besonderer Weise mit der Gerechtigkeit verbunden ist (als letzter der Propheten, die ebenfalls Gerechte sind!), dann ist die damit gemeinte Gerechtigkeit allein schon durch die intratextuelle 'Verwebung' als eine *heilsgeschichtlich-eschatologische* qualifiziert: Gerecht ist, wer den gegenwärtigen Anruf Gottes hört und sich in seinem Handeln entsprechend bestimmt sein lässt. Die von den Jüngern erwartete Gerechtigkeit ist dann ebenfalls von daher grundlegend zu bestimmen als *Übereinstimmung mit dem Willen Gottes*, wie es Jesus seine Jünger auch zu beten lehrt: „Dein Wille geschehe". Die Pharisäer als die wichtigsten Antipoden für Matthäus sind gerade darin gekennzeichnet, dass ihr Anspruch auf Gerechtigkeit in gewisser Weise berechtigt ist (vgl. 5,20; 9,13; 23,28), sich aber letztlich doch als trügerisch erweist, weil sie dem in Jesus offenbar werdenden und Gehorsam verlangenden Willen Gottes widersprechen.

Von noch größerem Gewicht als das Adjektiv (das durch die Bedeutung des Substantivs aufgewertet wird) ist das Substantiv δικαιοσύνη. Die sieben

---

[75] Vgl. dazu besonders H. GIESEN, Handeln 197–235 („Gerechtigkeit und Vaterwille").

[76] Handeln 189 (als Ergebnis einer ausführlichen Diskussion ebd. 179–189). Vgl. außerdem H. FRANKEMÖLLE, Mt I 185: „gerecht" ist Josef, weil er „die Pläne Gottes erfüllt". Im Muster der traditionellen Gerechtigkeit hätte er Maria heimlich verlassen, aber „diese Art von Gerechtigkeit [wird] durch den Engel und im Tun Josefs durchbrochen, so daß sich bereits hier die in 5,20 von den Christen eingeforderte ‚bessere Gerechtigkeit' zeigt"; vgl. a. A. WOUTERS, „… wer den Willen meines Vaters tut" 209–213, der ebenfalls das Gerechtsein Josefs von der Gesetzeserfüllung abgrenzt; ähnlich auch M. MAYORDOMO-MARÍN, Anfang 258: „Josef als Prototyp des matthäischen Frömmigkeitsideals". Vgl. a. ProtevJak 14,1 (= NTApo I[5] 344): Josef befürchtet, als Übertreter des Gesetzes zu gelten, wenn er Maria nicht „überführt" und ausliefert.

Belege erscheinen, wenn man daraus einen *Leitbegriff* machen will, sehr wenig zu sein. Der Vergleich mit den Synoptikern zeigt jedoch, dass hier ein genuin matthäisches Anliegen zur Sprache kommt: in Markus fehlt der Begriff ganz, bei Lukas kommt er nur einmal, bei Johannes nur zweimal vor.[77] Aber nicht nur Quantität ist für die Evaluation eines Begriffes von Bedeutung, sondern auch die Qualität, d.h. die Art und Weise der Verwendung. Dass für Matthäus δικαιοσύνη eine herausragende Rolle spielt, ist unschwer festzustellen und auch weitgehend anerkannt.[78] Das zeigt schon das erste Vorkommen im Evangelium.

3. Der äußere Rahmen: Die „ganze Gerechtigkeit" als der „Weg der Gerechtigkeit" (Mt 3,15; 21,32)

3.1 Der Täufer, Jesus und das Erfüllen der „ganzen Gerechtigkeit" (Mt 3,15)

In der einzigen Begegnung zwischen dem Täufer und Jesus, als jener sich weigert, diesen zu taufen, entgegnet Jesus – und das ist überhaupt *seine erste Äußerung im Evangelium:* Ἄφες ἄρτι, οὕτως γὰρ πρέπον ἐστὶν ἡμῖν πληρῶσαι πᾶσαν δικαιοσύνην. Mit dieser Aussage definiert Jesus seine eigene Aufgabe, die die des Täufers umgreift („uns"), d.h. nach Matthäus ist die von Jesus (!) zu erfüllende δικαιοσύνη ein geeigneter Begriff, um programmatisch die 'Mission' Jesu zu beschreiben. Die Aufgabe des Täufers und die Aufgabe Jesu war es, die „ganze Gerechtigkeit" zu erfüllen.[79] Damit

---

[77] Lk 1,75; Joh 16,8.10; Apg 4mal: 10,35; 13,10; 17,31; 24,25. Zum Vergleich: Röm 32mal.

[78] Eine Ausnahme bildet B. PRZYBYLSKI, Righteousness, der es für methodisch falsch hält, zu viel Gewicht auf den mt Gerechtigkeitsbegriff zu legen (vgl. 3 u.ö.). Dies ist s.E. forschungsgeschichtlich darum der Fall, weil die paulinische Gerechtigkeitstheologie als Vergleich und Maßstab herangezogen wurde. „The Pauline categories of righteousness by faith versus righteousness by works are not applicable to the Gospel of Matthew. In comparison to the Pauline literature, the concept of righteousness has an entirely different function in the Gospel of Matthew" (3). Zu seinem Ergebnis s. die beiden abschließenden Kapitel seiner Arbeit, die unter den bezeichnenden Überschriften „The Relative Significance of the Concept of Righteousness in the Gospel of Matthew" (105–115) und „The Provisional Function of the Matthean Concept of Righteousness" (116–123) stehen. Sein letzter Satz lautet: „The Matthean concept of righteousness, in contrast to the Pauline one, is not a primary Christian theological concept. The Matthean concept of righteousness is essentially a Jewish concept, used in a provisional way to provide a point of contact between contemporary Jewish religious understanding and the teaching of Jesus as Matthew understood it." Diese Sicht wird von K. SYREENI, Making 209ff, teilweise übernommen, der dem ersten Evangelisten zudem einen „Defective Covenantal Nomism" (211ff) vorwirft. Der Grund dafür ist, dass Syreeni den Gerechtigkeitsbegriff ausschließlich als ethische Forderung versteht (207f). Zur Diskussion mit Przybylski s.a. P. FOSTER, Community 200–203.

[79] Da „Gerechtigkeit" ein Signalwort für das pharisäische religiöse Ideal darstellt, ist hier möglicherweise auch schon die Auseinandersetzung mit dem Pharisäismus um die rechte

kann kaum gemeint sein, wie oft in den Kommentaren zu dieser Stelle zu lesen ist, dass Jesus einfach wie alle Israeliten das ganze Gesetz, alle „Rechtsordnungen Gottes" bzw. „eine zu erfüllende Rechtsforderung" eingehalten habe[80]. Auch Streckers Interpretation, abhängig von seiner Deutung der δικαιοσύνη-Belege in den Kap. 5 und 6 auf „das rechte Verhalten ..., wie es von den Jüngern gefordert ist", ist abzulehnen. Denn die Taufe Jesu ist dann nichts weiter als eine vorbildhafte „Verwirklichung der geforderten Frömmigkeit" und würde insofern „als Teil der δικαιοσύνη auch selbst zu einer Rechtsordnung", der sich die Gemeinde zu unterwerfen habe.[81] Wenn Luz zudem schreibt, daß πᾶσα δικαιοσύνη „nicht eine besondere, nur von Jesus zu erfüllende Gerechtigkeit des Gottessohns, sondern »alles, was gerecht ist«" meint, liegt darin eine nicht unerhebliche Banalisierung, die dem programmatischen Charakter dieser Aussage kaum entspricht. „Alles, was gerecht ist", kann man zwar tun, aber doch nicht „erfüllen"[82]. Zudem ist das betonte „wir" an dieser Stelle kaum so gemeint, dass es Jesus mit allen Christen und ihrer Aufgabe zusammenschließt.[83] Einzig nämlich auf diese Taufe hin öffnet sich der Himmel, kommt der Heilige Geist in Gestalt einer Taube herab und

---

Gerechtigkeit vorbereitet (vgl. 5,20). Dass der Täufer in einem weiteren Sinn Parallelen zu den Pharisäern aufwies und diese mit ihm sympathisierten, hat jetzt JOAN E. TAYLOR wahrscheinlich gemacht (was nicht bedeutet, ihre Hauptthese, wonach der Täufer „not a proto-Christian" [317] sei, zu übernehmen): The Immerser: John the Baptist within Second Temple Judaism, Grand Rapids u. Cambridge 1997, 155–211 (168–172: „The Pharisees as Righteous"). Die pseudoklementinischen Rekognitionen (1,54) erwähnen ausdrücklich, dass sich Pharisäer von Johannes taufen ließen. Dasselbe stand nach Epiphanius auch im hebräischen Matthäus-Evangelium der Judenchristen (Panarion XXX 13,4; TAYLOR, ebd. 199f).

[80] So U. LUZ, Mt I^{1-4} 154/I^5 212, vgl. a. E. SCHWEIZER, Mt 29: gemeint sei das bewußte „Aufsichnehmen des Gottesgebotes, das weit über das geschriebene Gesetz hinausgeht" durch Jesus. Das Gesetz erfüllen ist s.E. identisch mit das Gesetz tun; dagegen schon E. KLOSTERMANN, Mt 25: „man sollte statt δικαιοσύνη im Sinne von ‚Rechtsordnung' freilich δικαίωμα erwarten" (wie in Röm 1,32; 2,26; 8,4; dennoch schließt er sich dieser Auslegung an). Da Matthäus δικαιοσύνη sehr pointiert einsetzt und das Wort nirgends „formal obedience to the divine commands" meint (so DAVIES/ALLISON, Mt I 326), ist davon auszugehen, dass er an dieser Stelle eben nicht „Rechtsordnung" meinte; zu weiteren Auslegungen s. die Überblicke bei H. LJUNGMANN, Gesetz 97–100; O. EISSFELDT, Πληρῶσαι πᾶσαν δικαιοσύνην in Matthäus 3,15, ZNW 61 (1970), 209–215; DAVIES/ALLISON I 326f.

[81] G. STRECKER, Weg 179f, so auch K. SYREENI, Making 208f, der darin zudem die Begründung der Taufe als „new Christian entrance rite" begründet sieht.

[82] Das sieht LUZ durchaus, denn durch πληροῦν werde „ein christologischer Gesichtspunkt ... indirekt angedeutet" (Mt I^{1-4} 155/I^5 213g). Der Vers hat s.E. „Signalcharakter" und weise auf 5,17 voraus. Zum Sprachgebrauch vgl. TestDan 3,2: ... ἵνα ποιήσῃ πᾶσαν ἀνομίαν bzw. 6,10: ἀπόστητε οὖν ἀπὸ πάσης ἀδικίας.

[83] Gegen G. STRECKER, Gerechtigkeit 180; H. GIESEN, Christliches Handeln 31–33. Exklusiv auf Jesus und den Täufer beziehen dagegen G. BARTH, Gesetzesverständnis 129f; J. GNILKA, Mt I 77; H. FRANKEMÖLLE, Mt I 185; CH. LANDMESSER, Jüngerberufung 23f; H.-CH. KAMMLER, Sohn Gottes und Kreuz. Die Versuchungsgeschichte Mt 4,1–11 im Kontext des Matthäusevangeliums, ZThK 100 (2003), 163–186 (172–175).

verkündet die Himmelsstimme, dass dieser „der geliebte Sohn ist" (οὗτός ἐστιν ὁ υἱός μου ὁ ἀγαπητός, ἐν ᾧ εὐδόκησα). Dieses Zeugnis des Vaters über seinen Sohn wird bei der Verklärung noch einmal wiederholt (17,5). Es ist ein exklusives christologisches Bekenntnis, das die besondere Stellung Jesu hervorhebt: In 3,17 ist der Täufer der Zeuge dieser Offenbarung Gottes, auf dem Berg der Verklärung sind es die drei Jünger Petrus, Jakobus und Johannes. Die Verklärungsszene wird von den Leidensweissagungen gerahmt (16,21; 17,12.22) und stellt damit eindeutig den Bezug zur Passion her und beschreibt diese als den von Gott gewiesenen Weg (vgl. das erstmalige δεῖ in 16,21 und das zweimalige μέλλει in 17,12.22, das in dieser, eine heilsge-schichtliche Notwendigkeit ausdrückenden Weise, nur an den beiden genann-ten Stellen vorkommt[84]).

Dennoch dürfte es zu weit gehen, bereits in 3,15 einen *sicheren* Hinweis auf die Passion zu sehen (wiewohl sich dies für den – vorauszusetzenden – informierten Leser nahelegt), wie immer wieder vorgeschlagen wird. So übernimmt Gerhard Barth von seinem Doktorvater Gerhard Bornkamm die Formulierung: „Mit der Taufe tritt Jesus auf den Weg der Passion und der Auferstehung."[85] Zutreffender scheint mir zu sein, mit John P. Meier, abhängig von der sonstigen Verwendung des Verbs πληροῦν bei Matthäus, darin einen Verweis auf die vom Täufer und Jesus zu erfüllende Gerechtigkeit in Bezug auf Gottes Heilswillen zu sehen: „to fulfill every detail of God's eschatological plan for salvation, marked out beforehand in prophecy."[86] Die

---

[84] Von daher ist zumindest überlegenswert, ob das singuläre πρέπον ἐστίν in 3,15 (πρέπον kommt in den Synoptikern nur hier vor) nicht in ähnlicher Weise auf ein über Jesu Leben von Anfang an verhängtes Geschick verweist und insofern zumindest die Passion am Horizont aufleuchten lässt. Vgl. dazu G. BARTH, Gesetzesverständnis 130; H. FRANKEMÖLLE, Jahwe-Bund 94 Anm. 54: „Das πρέπον ἐστίν rückt in 3,15 fast in die Nähe des δεῖ, ein Zug, den Mt in der Passionsgeschichte red. hervorgehoben hat (vgl. 26,1f.18)." Er erinnert ferner daran, dass in der Koine πρέπον „ein göttliches Müssen" meine (unter Hinweis auf die Belege bei W. GRUNDMANN, Mt 97; vgl. außerdem O. DREYER, Untersuchungen zum Begriff des Gottgeziemenden in der Antike. Mit besonderer Berücksichtigung Philons von Alexandrien, Spudasmata 24, Hildesheim u. New York 1970); s.a. H. FRANKEMÖLLE, Mt I 185 u. jetzt CH. LANDMESSER, Jüngerberufung 23 mit Anm. 74, der darin einen eindeutigen Hinweis auf den zu erfüllenden Gotteswillen sieht.

[85] Gesetzesverständnis 132 (das Zitat aus G. BORNKAMM, ThBl 17 [1938], 45). Weitere Vertreter dieser Ansicht nennt G. STRECKER, Weg 180 Anm. 1, vgl. auch die ausführliche Auseinandersetzung mit dieser Position durch B. PRZYBYLSKI, Righteousness 91–93, der selber eine mittlere Position zwischen der von Strecker, Luz u.a. einerseits und der von J. P. Meier u.a. andererseits vertritt, wenn er 3,15 auf Johannes und Jesus bezieht, die den umfassenden Willen Gottes tun („John and Jesus are to carry out the total will of God", ebd. 94), ohne dass er dies mit den messianischen bzw. prophetischen Erwartungen in Beziehung bringt. CH. LANDMESSER, Jüngerberufung 24–27, setzt sich erneut für eine Deutung auf den stellvertretenden Sühnetod Jesu ein, so auch H.-CH. KAMMLER, Sohn Gottes 175.

[86] Law 79. Zur Bestätigung wird darauf hingewiesen, dass in der Himmelsstimme 3,17 auf Ps 2,7 u. Jes 42,1 angespielt wird. Diese heilsgeschichtliche Auslegung wird in mehr oder

Unterschiede sind freilich gering, nur scheint mir bei Meier deutlicher zu werden, dass Gerechtigkeit bei Matthäus in Bezug auf Gott eher dessen eschatologischen Heilswillen bezeichnet und weniger das konkrete soteriologische Geschehen, wie es der direkte Bezug auf Kreuz und Auferstehung nahelegt.

Die Bedeutung des Verbs πληροῦν für Matthäus ist unbestritten.[87] Es stellt ebenfalls einen wichtigen und durchgehenden 'Leitfaden' dar. Von den 16 Belegen im Evangelium (Mk 2/Lk 9/Joh 15) beziehen sich 13 auf die formelhafte Einleitung eines Schriftzitats (1,22; 2,15.17.23; 4,14; 8,17; 12,17; 13,35; 21,4; 27,9, vgl. a. 13,14: ἀναπληροῦν) oder stehen allgemein mit der Erfüllung der Schrift in Beziehung (5,17; 26,54.56, via negationis auch 23,32).[88] Nur an einer einzigen Stelle ist es in einem profanen Sinn gebraucht (13,48).[89] Es steht also in der Regel da, wo der *erste Evangelist*[90] auf eine prophetische Weissagung verweist, von der er sagen will: Das hat sich mit dem Kommen Jesu erfüllt.[91] Damit hat das Verb „erfüllen" aber eine *doppelte* Richtung: Es verweist in die *vergangene* Geschichte Gottes mit seinem Volk, die hier an einen Zielpunkt gebracht wird, der zugleich als solcher Bestand hat und eine *neue Gottesgeschichte* begründet und einleitet. „Erfüllen" meint also nicht 'erledigen', und damit für abgetan erklären, sondern in einem neuen Sinn damit oder davon zukünftig leben.[92]

„Erfüllen" ist jedenfalls, das ist aus der Mehrzahl der Belege eindeutig zu erweisen, mehr als das Gesetz *tun*, zumal bei Matthäus πληροῦν *dem prophetischen Wortfeld* zugehört und nicht dem nomistischen. Damit stimmt er mit dem Gebrauch des Wortes in der LXX überein,

---

weniger modifizierter Form auch von anderen vertreten, vgl. H.-TH. WREGE, Überlieferungsgeschichte 46 Anm. 4: „Mt faßt den ihm von der Tradition vorgezeichneten Jesusweg unter der Chiffre »Gerechtigkeit« als göttlicher Legitimation zusammen"; H. FRANKEMÖLLE, Jahwebund 94f; DERS. Mt I 184f; F. HAHN, Mt 5,17 – Anmerkungen zum Erfüllungsgedanken bei Matthäus, in: Die Mitte des Neuen Testaments, FS E. Schweizer, hg. v. U. Luz u. H. Weder, Göttingen 1983, 42–54, schreibt zu 3,15: „So ist auch Jesu Wirken, wie es in den großen Zitaten Mt 4,14–16; 12,17–21 und 13,14f aber auch in Mt 21,4f beschrieben wird, nichts anderes als ein vollmächtiges Verwirklichen des verheißenen Heils" (45); O. BETZ, Bergpredigt 371; D. HAGNER, Mt I 56f; DAVIES/ALLISON I 326f.

[87] Vgl. dazu unten § 7/3., außerdem MORNA D. HOOKER, Creative Conflict 123f; wichtig auch J. M. GIBBS, Son of God 42f: Er versucht nachzuweisen, dass πληροῦν von Matthäus im Sinne von „to embody by action" gebraucht wird (mit Ausnahme von 13,48), während τελεῖν für das Lehren Jesu stehe.

[88] So R. H. GUNDRY, Mt 469.

[89] Aber auch im Kontext dieses Himmelreichsgleichnis vom gefüllten Schleppnetz ist das Verb zumindest mehrdeutig, indem „hinter der vordergründigen Bedeutung der Gedanke an das Vollwerden der von Gott bestimmten Zeit oder des von Gott bestimmten Maßes" anklingt, so U. LUZ, Mt II 359; D. A. HAGNER, Mt I 399 („eschatological fulfillment"), anders DAVIES/ALLISON, Mt II 441.

[90] Dass es sich hier um eine matthäische Besonderheit handelt, geht daraus hervor, dass lediglich einer von den 16 Belegen eine synoptische Parallele besitzt.

[91] Zur narratologischen Funktion der 'Erfüllungszitate' vgl. J. C. ANDERSON, Narrative Web 53.

[92] MORNA D. HOOKER, Creative Conflict 127: „Prophets and law are not abolished in the new era but fulfilled", vgl. a. K. SYREENI, Making 119; F. VOUGA, Der Gott des Tausches 47.

wo πληροῦν an keiner Stelle mit dem Gesetz in Verbindung steht, aber sehr wohl mit den prophetischen Weissagungen.[93]

Auffällig ist bei der Verwendung von πληροῦν durch Matthäus auch die Verwendung von Aktiv und Passiv: Angewandt auf die Schriftzitate benützt er nur das Passiv, während einzig von Jesus in 3,15 (hier zusammen mit dem Täufer) und 5,17 ein aktives „Erfüllen" ausgesagt wird. Die einzige Ausnahme ist Mt 23,32, wo der mt Jesus gegenüber den Pharisäern und Schriftgelehrten sagt: καὶ ὑμεῖς πληρώσατε τὸ μέτρον τῶν πατέρων ὑμῶν. Damit drückt der Evangelist pointiert den *Gegensatz* zwischen diesen und Jesus aus: Während Jesus den Willen Gottes erfüllt, wie ihn Schrift und Propheten bezeugen, machen die Pharisäer nur das Maß ihrer Väter voll, d.h. hier schwingt in der Wortbedeutung (wie im vordergründigen Sinn von 13,48) der Gedanke des Auffüllens und Vollmachens mit, der zwar sonst im NT gut bezeugt ist[94], bei Matthäus aber vermieden wird. Es ist jedoch deutlich, dass er den Widersachern Jesu keine heilsgeschichtliche Erfüllung zubilligen will.

Dass er aber von Jesus (und Johannes) ein aktives „Erfüllen" aussagen kann, rückt Jesus in eine einzigartige Handlungsgemeinschaft mit Gott selbst.

---

[93] Vgl. 1Kön 2,27: לְמַלֵּא אֶת־דְּבַר יְהוָה אֲשֶׁר דִּבֶּר עַל־בֵּית עֵלִי LXX: πληρωθῆναι τὸ ῥῆμα κυρίου ὃ ἐλάλησεν ἐπὶ ...; 8,24: Salomo im Tempelweihgebet über das eingehaltene Versprechen Gottes gegenüber „David, deinem Knecht, meinem Vater": וַתְּדַבֵּר בְּפִיךָ וּבְיָדְךָ מִלֵּאתָ כַּיּוֹם הַזֶּה LXX: καὶ ἐλάλησας ἐν τῷ στόματί σου καὶ ἐν χερσίν σου ἐπλήρωσας ὡς ἡ ἡμέρα αὕτη par. 2Chr 6,15; 36,21: לְמַלֹּאות דְּבַר־יְהוָה בְּפִי יִרְמְיָהוּ LXX: τοῦ πληρωθῆναι λόγον κυρίου διὰ στόματος Ιερεμιου; vgl. Jer 44,25. Besondere Bedeutung besitzt in diesem Zusammenhang Dan 9,2: das hebr. אֲנִי דָּנִיֵּאל בִּינֹתִי בַּסְּפָרִים מִסְפַּר הַשָּׁנִים אֲשֶׁר הָיָה דְבַר־יְהוָה אֶל־יִרְמְיָה הַנָּבִיא לְמַלֹּאות übersetzt LXX (nicht Theodotion): ἐγὼ Δανιηλ διενοήθην ἐν ταῖς βίβλοις τὸν ἀριθμὸν τῶν ἐτῶν, ὅτε ἐγένετο πρόσταγμα τῇ γῇ ἐπὶ Ιερεμιαν τὸν προφήτην ἐγεῖραι εἰς ἀναπλήρωσιν ... („ich, Daniel, untersuchte in den Schriften die Zahl der Jahre, welche dem Land durch Jeremia den Propheten *als Vorschrift* auferlegt worden ist zur Erfüllung"), d.h. hier ist mit πρόσταγμα auch ein Gebotsterminus (der aber als Prophetie interpretiert wird) in die Übersetzung eingeflossen, auf den sich die „Erfüllung" bezieht, was für Mt 5,17 wichtig ist. Vgl. dazu B. GÄRTNER, Habakuk-Kommentar 189 m. Anm. 27 (S. 202f): Es entspricht der deuteronomistischen Geschichtsdarstellung, „daß das Wort Jahwes sich erfüllte und nichts von dem, was er verkündet hatte, ungeführt blieb" – das setzt aber eine relativ freie und keinesfalls wörtliche »Erfüllung« voraus, und das dürfte auch für Matthäus gelten; s. auch J. P. MEIER, Law 75, der ferner darauf verweist, dass im ganzen NT πληροῦν nur in Gal 5,14 (vgl. 6,2: ἀναπληροῦν); Röm 13,8–10 (und evtl. Röm 8,4) in Bezug auf die Tora gebraucht wird. Bei allen Stellen geht es um die Erfüllung derselben durch das Liebesgebot, wie es auch Matthäus prominent vertritt (vgl. 22,34–40, außerdem 7,12; 19,18f). Gleichwohl verwendet Matthäus an den genannten Stellen trotz seiner Vorliebe für dieses Verb nie πληροῦν, während umgekehrt Paulus πληροῦν an keiner Stelle für die Erfüllung prophetischer Verheißungen benützt. Daraus schließt MEIER zu Recht: „Clearly, Mt's use of *plēroō* should not be too quickly assimilated to Paul's. Mt's usage must be judged on its own merits" (76).

[94] Von der Zeit vgl. Mk 1,15; Lk 1,20, 21,24; Joh 7,8 u.ö., vom Raum Lk 3,5; Apg 2,2, übertragen Lk 2,40; Apg 5,3 u.ö. Diese vielfältigen Verwendungsmöglichkeiten vermeidet Matthäus. Zu Mt 13,48 s.o. Anm. 89.

Denn das Passiv πληρωθῇ bzw. πληρωθῶσιν ist als *passivum divinum* zu begreifen.[95] Gott erfüllt im letzten Sinn die Aussagen der Schrift über seinen Sohn, und genau so lässt Lukas auch Petrus in Jerusalem sagen: ὁ δὲ θεὸς ἃ προκατήγγειλεν διὰ στόματος πάντων τῶν προφητῶν παθεῖν τὸν Χριστὸν αὐτοῦ ἐπλήρωσεν οὕτως (Apg 3,18). Wenn Jesus die Schrift erfüllt, dann macht er, was nur Gott kann. Das paulinische Äquivalent ist 2Kor 1,20: ὅσαι γὰρ ἐπαγγελίαι θεοῦ, ἐν αὐτῷ (= Jesus, dem Sohn Gottes) τὸ ναί, wobei gilt, dass der „Träger" der Verheißungen „immer Gott ist."[96]

Gefragt werden muss aber, ob die exklusiv von Jesus zu erfüllende Gerechtigkeit Gottes hier in erster Linie als Antwort auf die Forderung Gottes[97], als Ermöglichung der Gerechtigkeit Gottes als Heilsgabe[98] oder als beides zusammen zu verstehen ist. Eine Beantwortung ist erst in einem größeren Zusammenhang möglich. Dann kann auch noch einmal gefragt werden, wie der Zusatz „ganz" im Hinblick auf die Gerechtigkeit zu verstehen ist und ob er möglicherweise auf eine Art eschatologische Gerechtigkeit hinweist.[99] Wichtig scheint mir jedoch schon jetzt zu sein, dass die Bußtaufe, die Johannes predigte, etwas Neues war: Sie gehört nicht mehr zum alten Äon, sie steht *außerhalb* der von der Tora gedeckten Glaubenspraxis. Im ersten Evangelium bildet sie die Schwelle zur kommenden Welt, zur nahe gekommenen βασιλεία τῶν οὐρανῶν.

3.2 Der Täufer und der Weg zur Gerechtigkeit (Mt 21,32)

Ohne die offenen Fragen hier schon klären zu wollen, ist es gleichwohl bezeichnend, dass Matthäus die erste Aussage von Jesus der „Gerechtigkeit" gelten lässt, die er mit Hilfe des Täufers zu erfüllen hat. Und es ist kein Zufall

---

[95] So auch A. SAND, Gesetz 184f.

[96] H.-J. KLAUCK, 2Kor 25.

[97] So G. BORNKAMM, Enderwartung 33, zu 3,15: „Verkündigung und Erfüllung der von Gott geforderten δικαιοσύνη also ist die hier auf Erden dem Messias obliegende Funktion." Auch DAVIES/ALLISON, Mt I 327, beziehen die Stelle auf „moral conduct: Jesus, knowing the messianic prophecies of the OT, obediently fulfils them and thereby fulfils all righteousness."

[98] So insbesondere H. LJUNGMAN, Gesetz 104–114; O. BETZ, Bergpredigt 340–345.375.

[99] Vgl. H. D. BETZ, Sermon 556, der in 3,15 die gesamte mt Theologie zusammengefasst findet und zugleich den Grund dafür, dass die mt Gemeinde die Tora nicht mehr gehalten habe: „Matthew's church included not only former Jews but mostly Gentiles, Christians who did not obey the Jewish Torah. There is in effect no indication that the Matthean Christians observed the Jewish Torah. Consequently, their status in the last judgement had to be put on a different foundation from that of the faithful Jewish disciples of the SM. This is done, according to Matthew, by declaring that Jesus, through his life, death, and resurrection, has 'fulfilled all righteousness' (Matt 3:15, which refers to more than simply baptism). On account of this righteousness, he was enthroned as lord of the universe, and in this function he is the eternal protector of his church, notwithstanding that this church is a mixed body of the righteous and the unrighteous (Matt 28:18–20)."

sondern gestalterische Absicht, dass auch die letzte Stelle, an der Matthäus δικαιοσύνη gebraucht (21,32)[100], von dem gleichgerichteten Tun von Jesus und dem Täufer handelt.[101] Zudem 'flicht' dieser Beleg einen weiteren Faden in die Gerechtigkeits-Thematik ein, indem das Stichwort „Glaube" hier erstmals im Kontext einer Gerechtigkeits-Aussage vorkommt.[102] Mit Kapitel 21 hatte der Evangelist das Passionsgeschehen eingeleitet. Jesus ist im Vorangehenden im Gespräch mit den „Hohenpriestern und Ältesten des Volkes" geschildert (21,23), wobei letztere für Matthäus zweifelsohne die Pharisäer repräsentieren (vgl. 21,45). Ihnen erzählt Jesus das Gleichnis von den zwei ungleichen Söhnen (21,28–31a). Die Absicht des Gleichnisses ist auf der Ebene des Evangeliums nicht mehr nur, wie der ursprüngliche Schluss in V. 31 anzeigt, die Rechtfertigung der Annahme der als Sünder Angesehenen, sondern eine Gerichtsansage über den Unglauben und die Unbußfertigkeit der jüdischen Führer, indem ihnen das Eingehen in das Reich Gottes abgesprochen wird (21,31b–32): λέγει αὐτοῖς ὁ Ἰησοῦς, Ἀμὴν λέγω ὑμῖν ὅτι οἱ τελῶναι καὶ αἱ πόρναι προάγουσιν[103] ὑμᾶς εἰς τὴν βασιλείαν τοῦ

---

[100] 3,15 und 21,32 bilden so eine Art Klammer um die Gerechtigkeitsaussagen in Kap. 5 und 6, zugleich verweisen sie auf Kap. 11, wo ebenfalls Jesus und der Täufer im Mittelpunkt stehen. Zu dieser bewussten Gestaltung vgl. u.a. H.-TH. WREGE, Überlieferungsgeschichte 46 Anm. 4; R. H. GUNDRY, Mt 423; F. T. GENCH, Wisdom 165f.

[101] Vgl. dazu J. JEREMIAS, Gleichnisse 78f.

[102] Matthäus nimmt das Thema des Glaubens erstmals nach der Bergpredigt in Kapitel 8 auf. Und da ist es bezeichnenderweise ein römischer Centurio, dem Jesus Glauben zubilligt (8,10). Dass die Thematisierung des Glaubens von Matthäus hier gewollt war, zeigt sowohl der Vergleich mit der Parallele in Lk 7,29f als auch das auffällige, dreimalige πιστεύειν innerhalb eines Verses. Auch sonst sind die Unterschiede im Wortlaut – ganz abgesehen von der Stellung im Gesamtaufbau – zwischen Matthäus und Lukas so groß, dass hier von einem deutlichen Gestaltungsinteresse auf der Seite von Matthäus auszugehen ist. Zu einer Liste der mt Stileigentümlichkeiten in V. 32 s. R. H. GUNDRY, Mt 422f.

[103] „Vorausgehen" kann hier nicht so verstanden werden, dass die Angesprochenen noch nachkommen, sondern es besitzt „exkludierende Bedeutung", s. J. JEREMIAS, Gleichnisse 126 Anm. 2. Gleichwohl meint es nicht, dass sie überhaupt nicht mehr ins Reich Gottes eingehen könnten: Die enge Pforte ist eine grundsätzlich allen, auch den Juden offenstehende Tür, nur dass sie manche schwerer finden als andere. Vgl. dazu die Auseinandersetzung zwischen U. LUZ u. H. KVALBEIN, die letzterer mit: Has Matthew abandoned the Jews?, in: The Mission of the Early Church to Jews and Gentiles, hg. v. J. Ådna u. H. Kvalbein, WUNT 127, Tübingen 2000, 45–62, eröffnet hat (eine verkürzte dt. Fassung ist: Hat Matthäus die Juden aufgegeben? Bemerkungen zu Ulrich Luz' Matthäus-Deutung, ThBeitr 6 [1998], 301–314); darauf dann: U. LUZ, Has Matthew abandoned the Jews? A Response to Hans Kvalbein and Peter Stuhlmacher concerning Matt 28:16–20, in dem erwähnten Sammelband 63–68. Der erwähnte Aufsatz von P. STUHLMACHER ist: Zur missionsgeschichtlichen Bedeutung von Mt 28,16–20, EvTh 59 (1999), 108–130 (engl. als: Matt 28:16–20 and the Course of Mission in the Apostolic and Postapostolic Age, ebenfalls in dem genannten Sammelband 17–44). Einen extremen Versuch, den Missionsbefehl so zu interpretieren, dass für die mt Gemeinde als Verpflichtung *nur die Mission unter Juden* übrigbleibt, stellt D. C. SIM, The Gospel of Matthew and the Gentiles, JSNT 57 (1995), 19–48, dar. Zur Kritik s. P. FOSTER, Community

θεοῦ. ἦλθεν γὰρ Ἰωάννης πρὸς ὑμᾶς ἐν ὁδῷ δικαιοσύνης, καὶ οὐκ ἐπιστεύσατε αὐτῷ, οἱ δὲ τελῶναι καὶ αἱ πόρναι ἐπίστευσαν αὐτῷ· ὑμεῖς δὲ ἰδόντες οὐδὲ μετεμελήθητε[104] ὕστερον τοῦ πιστεῦσαι αὐτῷ. Mit dem Täufer hat der „Weg der Gerechtigkeit", der in die Basileia Gottes führt, angefangen. Aber die, die bisher als die Gerechten galten und sich selber als Gerechte sahen (vgl. 23,28), weigern sich, *diesen* Weg zu gehen. Sie glauben nicht, daß dies Gottes Weise ist, viele zu retten. Es ist evident, dass der Vergleich mit dem Täufer einen Vergleich mit Jesus einschließt. So wenig wie sie dem „Weg der Gerechtigkeit" glaubten, den der Täufer predigte, so wenig glauben sie jetzt dem Weg und Wort Jesu.

Mit der in der LXX geläufigen Wendung „Weg (bzw. Wege) der Gerechtigkeit" greift der Evangelist zu einer geprägten Metapher aus dem Bereich der Weisheit (vgl. Hi 24,13; Ps 23/LXX 22,3; Prov 2,20; 8,20; 12,28; 16,31; 21,16.21; Tob 1,3; 4Q420 = 4QWays of Righteousness[a] Frg. 1, Kol. IIb, Z. 5; vgl. 4Q421 = 4QWays of Righteousness[b] Frg. 1, Kol. IIa–b, Z. 12f: „wandeln auf Wegen Gottes, zu üben Gerechtigkeit"), die in der Lage ist, zusammenfassend die Wirksamkeit Jesu (die sich im Täufer spiegelt) darzustellen[105]: Die Weisheit lädt dazu ein, Erkenntnis zu gewinnen, indem der Mensch zu ihr umkehrt (Prov 1,23ff; 8,4ff; 9,1ff) und bei ihr einkehrt, um aus ihrer Belehrung das rechte Verhalten zu lernen, das zum Leben führt (Prov 2,1ff; 8,14ff). Der „Weg der Gerechtigkeit" kann so durchaus als ein „Weg zur

---

242–246, dessen eigene Position die Bedeutung der Mission für das erste Evangelium hervorhebt (vgl. 218–252). Im Hinblick auf die Frage, wer Objekt der Missionsbemühungen ist, sieht Foster den Schwerpunkt auf der Heidenmission bei gleichzeitigem Festhalten des Wirkens unter Israel. Das Evangelium bemüht sich s.E. um „re-prioritizing the group's emphases" von Israel auf die nichtjüdische Welt (250).

[104] μεταμέλεσθαι gebraucht von den Evangelisten nur Matthäus (21,29.32; 27,3 [von Judas]). Sonst im NT nur noch 2Kor 7,8bis u. Hebr 7,21 (als Zitat aus Ps 110,4), jeweils in der Bedeutung (eine Tat) *bereuen*. In der LXX ebenfalls eher selten (13mal), im weisheitlichen Kontext in unmittelbarer Nähe zur Wegmetapher nur Prov 5,11.

[105] So im NT auch 2Petr 2,21 (ein Text, der das Matthäus-Evangelium wohl schon kannte): κρεῖττον γὰρ ἦν αὐτοῖς μὴ ἐπεγνωκέναι τὴν ὁδὸν τῆς δικαιοσύνης ἢ ἐπιγνοῦσιν ὑποστρέψαι ἐκ τῆς παραδοθείσης αὐτοῖς ἁγίας ἐντολῆς. Parallel zu ἡ ὁδὸς τῆς δικαιοσύνης steht in 2,2 ἡ ὁδὸς τῆς ἀληθείας. Die heilvolle Seinsweise ist geprägt von der „Erkenntnis des Herrn", die sich in einem entsprechenden Verhalten äußert. Ihr herausragender Repräsentant in diesem Abschnitt ist Noah, als „Herold der Gerechtigkeit" (2,5). W. GRUNDMANN verweist darauf, dass im weisheitlichen „Bild des Weges", das auch die Stellen im 2.Petr prägt, die „sich verwirklichende Lebenslehre" gemeint ist, die nicht in Theorie und Praxis zerfällt, sondern „eine innere Einheit von Lebenserkenntnis und dementsprechendem Lebenswandel" meint (vgl. Exkurs 4: Das Wegemotiv in der Petrus-Tradition und seine Herkunft, in: 2Petr, 89–91). Dass sowohl bei Matthäus als auch im 2Petr der verweigerte Gehorsam gegenüber dem Gebot bzw. der Forderung Gottes als Ausweis der fehlenden bzw. wieder verloren gegangenen Erkenntnis genannt wird, hängt damit zusammen, dass man einen Menschen (wie einen Baum) nur an seinen Früchten erkennen kann. Die Wurzel, die ihn trägt, sieht man nicht.

Gerechtigkeit" und insofern als ein Weg zum Leben sowohl in dieser wie in der zukünftigen Welt verstanden werden.[106] Im Proverbienbuch ist der Gerechtigkeitsbegriff zentral, die LXX hat dies noch verstärkt (vgl. z.B. 1,23). Gemeint ist damit eine umfassende Lebenshaltung, bei der das richtige Handeln aus der richtigen Einsicht folgt.

Das für Mt 21,32 vorgeschlagene Verständnis des Ausdrucks im Sinne von „moral demands" (bzw. Johannes als „a moral model")[107] greift darum zu kurz und verfehlt nicht nur den biblisch-alttestamentlichen Bedeutungsgehalt, sondern missachtet auch die internen matthäischen Verknüpfungen: Schon der klare Rückverweis von 21,32 auf 3,15 (und in gewisser Weise auf das, was in Kap. 5+6 über die δικαιοσύνη gesagt wurde) lässt es wenig wahrscheinlich erscheinen, in dem vom Täufer (und dann auch von Jesus) gepredigten „Weg" einfach spezielle „moral demands" zu sehen. Auch ist bei Matthäus die mit dem Stamm πιστ- gebildete Terminologie nie auf das Befolgen von Geboten bezogen, sondern zumeist auf die vertrauensvolle Zuwendung zu Jesus. Auch die Bußterminologie meint nicht in erster Linie ein verändertes Verhalten, sondern eine veränderte Ausrichtung der Gesamtexistenz.

Im Hintergrund von 21,32 steht zudem die Erwähnung des Täufers in Kapitel 11,7–19: Auch da illustriert Jesus die Unbußfertigkeit „dieser Generation" an ihrem Verhalten zum Täufer, in dessen Geschick abgebildet ist, was auch Jesus widerfährt: dass die Einladung zur Umkehr abgelehnt wird.[108] Und gleichwohl gilt auch hier wie in Mt 11,19: καὶ ἐδικαιώθη ἡ σοφία ἀπὸ τῶν ἔργων αὐτῆς. Die Weisheit ist es, die den Weg zum Leben weist, das ist sozusagen die überkommene Tradition der alttestamentlichen Offenbarung, die sich von „Weltordnungserkenntnis" zur „Erkenntnis der Weisheit Gottes" weiterentwickelte.[109] Im Täufer und in Jesus lädt die Weisheit ein auf diesen

---

[106] Vergleichbar ist der lk Sprachgebrauch, wo die missionarische Botschaft des Paulus (neben der häufigen, eher allgemeinen Benennung als ὁδός: Apg 9,2; 22,4; 24,14) zusammenfassend als ὁδὸς σωτηρίας bezeichnet werden kann (16,17); wenn Lukas Paulus vor Felix und Drusilla in knapper Form erklären lässt, was es mit dem Glauben an den Messias Jesus auf sich hat, charakterisiert er seine Antwort in 24,5 mit den drei Stichworten: δικαιοσύνη, ἐγκράτεια und τὸ κρίμα τὸ μέλλον.

[107] So DAVIES/ALLISON, Mt III 170f. Ihre Begründung basiert darauf, dass in der LXX ὁδός in der Wendung „Weg der Gerechtigkeit" als Äquivalent für „commandment" fungiere (170 Anm. 43). Ähnlich auch U. LUZ, Mt III 212: ein „dem Willen Gottes entsprechende[r] Lebenswandel".

[108] Zur „unique paralleling of the ministries of the Baptist and Jesus" durch Matthäus s. FRANCES T. GENCH, Wisdom 149f.164–166 u.ö. (Zitat: 149), außerdem J. P. MEIER, John the Baptist in Matthew's Gospel, JBL 99 (1980), 383–405. Gleichwohl dürfen darüber die Unterschiede nicht übersehen werden, insbesondere die nur Jesus zugeschriebene Errettung von den Sünden, vgl. dazu CH. LANDMESSER, Jüngerverheißung 12f.20–23.

[109] H. GESE, Die Weisheit, der Menschensohn und die Ursprünge der Christologie als konsequente Entfaltung der biblischen Theologie, SEÅ 44 (1979), 77–114 (82), auch in: DERS., Alttestamentliche Studien, Tübingen 1991, 218–248 (222).

Weg zum Leben bzw. in die Basileia: Der Weg dazu führt über die Gerechtigkeit, auch das ist biblisches Erbe. Wie diese jedoch jetzt, angesichts der nahe gekommenen Basileia, aussieht, ist zu entfalten. Denn „alle Propheten und das Gesetz haben bis Johannes geweissagt" (11,13). Johannes aber ist Elija, der kommen soll (11,14), damit die „Sonne der Gerechtigkeit" über denen aufgeht, die Gottes Namen fürchten (Mal 3,20).[110]

---

[110] Zur Funktion und Bedeutung Elijas s. M. ÖHLER, Elia im Neuen Testament. Untersuchungen zur Bedeutung des alttestamentlichen Propheten im frühen Christentum, BZNW 88, Berlin u. New York 1997; DERS., Elija und Elischa, in: Alttestamentliche Gestalten im Neuen Testament, hg. v. ders., Darmstadt 1999, 184–203; J. E. TAYLOR, Immerser 283–288.

§ 5 Die 'Verwebung' der Gerechtigkeitsaussagen in der Einleitung zur Bergpredigt

Für das Textgewebe „Gerechtigkeit" sind die ersten beiden Kapitel der Bergpredigt zentral, wobei der Schwerpunkt auf Kapitel 5 liegt.[111] Das zeigt die auffällige Konzentration des Terminus δικαιοσύνη (5,3.6.10.20; 6,33). Der Auftakt bzw. Eingang der Bergpredigt ist geprägt von dem viermaligen Gebrauch von δικαιοσύνη, der in 5,17–20 als 'Zentraltext'[112] kulminiert. Gerahmt wird er von den Seligpreisungen und den Beispielen für die jesuanische Tora-Interpretation (Antithesen). Eine vermittelnde Funktion nimmt die kleine Sammlung von Jüngersprüchen in 5,13–16 ein, die aber ebenfalls unter dem Leitbegriff der Gerechtigkeit verstanden werden können.

1. „Selig die Hungernden und Dürstenden nach der Gerechtigkeit ..." (Mt 5,6)

Achtmal werden in den Seligpreisungen Menschen mit einer bestimmten Eigenschaft, einer bestimmten Haltung oder einem bestimmten Tun selig gepriesen (μακάριοι οἱ ...), zuletzt dann, in der abschließenden neunten Seligpreisung, durch einen Wechsel der Anrede noch unterstrichen, die Jünger Jesu: μακάριοί ἐστε ...[113] Dabei fällt sofort auf, dass in den Charakterisierungen der Seliggesprochenen sich lediglich der Begriff δικαιοσύνη zweimal findet: In der vierten und achten Seligpreisung, d.h. jeweils als

---

[111] Vgl. G. STRECKER, Bergpredigt 28, für den Gerechtigkeit das Thema der Bergpredigt überhaupt darstellt; so schon TH. SOIRON, Die Bergpredigt Jesu. Formgeschichtliche, exegetische und theologische Erklärung, Freiburg 1941, 117–119, der in 5,20; 6,1; 6,33 jeweils die Einleitung zu einem der drei (jeweils siebenteiligen) Hauptteile der Rede sieht. Er stellt dies unter die Überschriften: „Die Vollkommenheit der neuen Gerechtigkeit", „die Ausübung der neuen Gerechtigkeit" und „die Wichtigkeit und Notwendigkeit der neuen Gerechtigkeit". Ebenfalls an den Gerechtigkeitsaussagen orientiert sich die Gliederung von G. H. STASSEN, The Fourteen Triads of the Sermon on the Mount (Matthew 5:21–7:12), JBL 122 (2003), 267–308. Er gliedert in „The Better Righteousness (5:21–48)" (270), „Practicing Righteousness in God's Presence" (6:1–18) (283) u. „Righteousness toward Possessions and Enemies (6:19–7:12)" (285).

[112] U. LUZ, Mt I[1–4] 21/I[5] 28; W. GRUNDMANN, Mt 53: „Mittelpunktperikopen"; O. BETZ, Bergpredigt 367: die Verse 5,17–20 bilden den „Höhepunkt des Proömiums" (Hhg.Orig.).

[113] Zu „Makarismen in frühjüdischen und rabbinischen Texten" s. ausführlich M. HENGEL, Bergpredigt 224–233 (= 332–341). Zum Wechsel von der 3. Person Plural in die 2. Person in der neunten Seligpreisung s. unten Abschnitt 1.3.

Abschluss einer Viererreihe[114], werden diejenigen selig gepriesen, denen die Gerechtigkeit das höchste Ziel ist.[115] Am Ende der ersten Reihe heißt es: μακάριοι οἱ πεινῶντες καὶ διψῶντες τὴν δικαιοσύνην, ὅτι αὐτοὶ χορτασθήσονται (Mt 5,6). Essen und Trinken sind elementare Bedürfnisse des Menschen. Essen und Trinken bedeutet (Über-)Leben. Hungern und Dürsten sind entsprechend das existentielle Verlangen nach dem Lebensnotwendigen in einer durch Mangel gekennzeichneten Situation. Selig gepriesen werden hier also die Menschen, deren existentielles Verlangen sich auf die Gerechtigkeit als dem einen Gut richtet, ohne das es kein Überleben gibt.[116] Selig sind nach Jesus die, denen die Gerechtigkeit mehr bedeutet als Essen und Trinken (in einem 'Mikrogewebe' wird in 6,25–33 diese Seligpreisung kommentiert und erläutert). Ihnen wird zugesagt, dass sie „satt werden sollen".

Es ist hier nicht gesagt, womit sie gesättigt werden sollen. Davies/Allison weisen darauf hin, „that a direct correspondence between character and reward does not obtain in most of the beatitudes" (Mt I 452), aber eine solche ist eo ipso auch nicht ausgeschlossen, wie Mt 5,4.7 zeigen. Da „hungern und dürsten" und „gesättigt werden" demselben semantischen Feld entstammen, ist die nochmalige Nennung von *Gerechtigkeit* in der zweiten Vershälfte nicht eigens nötig.[117] Zugleich lässt diese »Leerstelle«[118] Raum für ein noch

---

[114] Die Zweiteilung wird auch unterstrichen durch die π-Alliteration der ersten Vierergruppe; sie wird u.a. vertreten durch A. SCHLATTER, Mt 137; J. SCHNIEWIND, Mt 40, der darauf hinwies, dass beide Strophen jeweils exakt 36 Wörter aufweisen, während die 9. Seligpreisung 35 Wörter besitzt; W. GRUNDMANN, Mt 199; H. GIESEN, Christliches Handeln 83–87; R. H. GUNDRY, Mt 73; U. LUZ, Mt I[1-4] 199f/I[5] 269; H. FRANKEMÖLLE Mt I 209; H. WEDER, »Rede« 39f; W. PETERSEN, Zur Eigenart des Matthäus. Untersuchung zur Rhetorik in der Bergpredigt, Osnabrücker Studien zur Jüdischen und Christlichen Bibel 2, Osnabrück 2001, 136f. Für eine 3 x 3-Struktur der Seligpreisungen plädieren dagegen G. STRECKER, Bergpredigt 31; DAVIES/ALLISON, Mt I 429–431, die für das ganze Evangelium „the pervasiveness of triads" voraussetzen (vgl. die Übersichten I 62–72).

[115] Die vielfältigen redaktionellen Bearbeitungen brauchen hier nicht im Detail behandelt zu werden, da dies in allen großen Kommentaren ausführlich geschieht. Als gesichert kann gelten, dass Matthäus die in Lk 6,20f erkennbare Vorlage bewusst gestaltet und mit 5,6 eine erste Zäsur setzt.

[116] So J. BEHM, Art. διψάω, δίψος, ThWNT II, 1935, 230f, der zu Mt 5,6 schreibt: „Leidenschaftlich verlangen nach einem geistigen Gut, ohne das man nicht leben kann" (230); TH. SOIRON, Bergpredigt 165–173; W. BAUDER/W. GRIMM, Art. πεινάω, TBLNT[2] I, 1997, 426–429. Dem entspricht der johanneische Sprachgebrauch in Joh 7,37; Apk 21,6, vgl. Joh 4,14; 6,35.

[117] Vgl. A. SCHLATTER, Mt 137.

[118] Zu dieser Formulierung s. M. MAYORDOMO-MARÍN, Anfang 76f (nach W. ISER, Der Akt des Lesens 284–327). Leerstellen sind Textsignale, die Erwartungen nicht erfüllen und in verschiedener Weise (vgl. die Klassifikation bei MAYORDOMO-MARÍN, ebd. 79) einen Unterbruch bewirken, die den Leser zwingen, aus dem „Einbettungszusammenhang" heraus nach der Kohärenz der betreffenden Textstelle zu suchen bzw. diese herzustellen. Es sind also die Stellen, die – wohl vom Autor gewollt – zum Nachdenken und -fragen zwingen.

umfassenderes Verständnis, das sich erst aus dem Kontext des ganzen Evangeliums erschließt, woraus Bauder/Grimm schließen: „Die so Hungernden sind nach Mt die Glaubenden, die nach Gottes Herrschaft und nach Gottes Gerechtigkeit verlangen (6,33). Ihre Sättigung beginnt mit dem Kommen Jesu."[119] Für Luz und viele andere Ausleger ist dagegen in den Seligpreisungen überhaupt und darum auch bei δικαιοσύνη *ausschließlich* an aktives „menschliches Verhalten" zu denken, wie es inhaltlich in 5,20–48 näher beschrieben wird (Mt I[1-4] 210f/I[5] 283f). „Hungern und Dürsten" ist dabei verstanden als „sich mühen um".[120] Die metaphorische Verwendung[121] von Hungern und Dürsten in den biblischen und jüdischen Texten stützt die aktive Deutung im Sinne von „sich mühen um" jedoch an keiner einzigen Stelle.

διψᾶν kommt in der LXX 38mal vor, dazu je 16mal ἡ δίψα bzw. τὸ δίψος *Durst* sowie einmal das in substantivierter Form gebrauchte Adjektiv διψώδης *durstig* in Prov 9,12.[122] Das Verb πεινάω ist 53mal bezeugt. Dazu kommt die mit λιμός *Hunger, Hungersnot* verbundene Wortgruppe mit insgesamt 117 Belegen in der LXX.[123] Die Verbindung der

---

[119] πεινάω 428.

[120] Mt I[1-4] 210/I[5] 284, Belege Anm. 85 bzw. 108. Luz räumt ein, dass die Entscheidung, ob in den genannten Belegen eher „sich sehnen nach" oder eindeutig „sich mühen um" gemeint ist, oft unentschieden bleiben muss. Auch nach G. STRECKER, Bergpredigt 39, bezeichnen Hunger und Durst „ein aktives, tatkräftiges Verlangen ..., ein entschlossenes Sich-Bemühen um die Verwirklichung der Gerechtigkeit", so dann auch C. F. VON WEIZSÄCKER, Die Zeit drängt 80: „Hungern und dürsten nach Gerechtigkeit heißt in der Bergpredigt danach hungern und dürsten, ein Gerechter zu sein, also gerade nicht sich schon als gerecht anerkennen" (Ziel ist also, mit dem Erreichten nicht zufrieden zu sein); vgl. außerdem W. ZAGER, Die Ethik der Bergpredigt, in: DERS., Bergpredigt (s.o. Anm. 15), 1–16 (6f). Weitere Belege bei M. HENGEL, Bergpredigt 259 (= 367), dessen alttestamentlich-jüdische Belege allerdings die ethisch-aktive Deutung gerade nicht stützen (vgl. aber 252f [= 360f]). Hinter dieser Entscheidung steht meist die unabhängig von dieser Stelle getroffene Auffassung, dass alle δικαιοσύνη-Belege mt Redaktion darstellen und einheitlich ethischen Charakter besitzen (s.u. die Tabelle S. 154). Gegen das *dominierende* ethische Verständnis der Seligpreisungen, das mit wenigen Ausnahmen seit Streckers Arbeit zum mt Gerechtigkeitsbegriff die Diskussion bestimmt, s. H. WEDER, »Rede« 44f (und dann seine Auslegung zu jedem einzelnen Makarismus; Schlusszusammenfassung 83f), der mit Recht feststellt: „Das ethische Verständnis scheitert vollkommen an der Seligpreisung der Trauernden (2), der Hungernden (6), der Verfolgten (8/9)." So auch W. KLAIBER, Gerecht vor Gott. Rechtfertigung in der Bibel und heute, BThS 20, Göttingen 2000, 171f, der in Anm. 250 bemerkt, dass die alttestamentlichen Beispiele, die Luz, anführt, seine eigene Auffassung widerlegen. Zu einer eindeutig ethisch geprägten Makarismenreihe s. slHen 42,6–14, die ähnlich wie bei Matthäus neun Glieder umfasst (s.o. Anm. 114 und unten Anm. 171+173).

[121] Dass auch bei Matthäus von einer metaphorischen Deutung auszugehen ist, wird kaum bestritten. Für einen Überblick über die vertretenen Deutungen s. H. GIESEN, Christliches Handeln 89f.

[122] Es gibt meist eine Ableitung der hebr. Wurzel צמא (seltener von עיף) wieder. Inhaltlich ergeben sich keine Unterschiede, vgl. U. KELLERMANN, Art. צמא, ThWAT 6, 1989, 1065–1068 (1068).

[123] In Prov 10,3 (der einzige Beleg für λιμοκτονεῖν *hungern lassen, durch Hunger töten*) wird dem Gerechten verheißen, dass ihn der Herr nicht hungern lässt, denn „δικαιοσύνη

beiden Verben πεινᾶν und διψᾶν begegnet 13mal, davon 6mal in einem metaphorischen Zusammenhang.[124] Von diesen Stellen ist für das Verständnis des Matthäus auszugehen, da auch die übrigen Seligpreisungen einen mehr oder weniger deutlichen Bezug auf alttestamentliche Texte aufweisen.

(1.) An der Grenze zum metaphorischen Gebrauch steht dabei Ps 107(LXX 106),5.9[125], indem das aufgenommene Bild (der sichere Weg durch die wasserlose Wüste, V. 4f) einerseits an Israels Wüstenzeit erinnert, andererseits die Verse 2f diese konkrete Erfahrung in einen verallgemeinerten Kontext stellen: gemeint sind alle, die Gottes befreiendes Handeln (vgl. das zweimalige λυτροῦν in V. 2) in den Ländern des Ostens und des Westens, des Nordens und des Südens erfahren haben. In vier nach einheitlichem Schema aufgebauten Strophen schildert der Psalm (1–9.10–16.17–22.23–32) exemplarische Notsituationen und ruft mit einer festen liturgischen Formel die daraus Erretteten auf, Gott zu danken (6+8.13+15.19+21.18+31). In der ersten Strophe sind es so die „Hungrigen und Durstigen" (πεινῶντες καὶ διψῶντες), die Rettung erfahren, indem Gott sie auf einem geraden Weg in eine Stadt führt, in der sie wohnen können (V. 7: καὶ ὡδήγησεν αὐτοὺς εἰς ὁδὸν εὐθεῖαν τοῦ πορευθῆναι εἰς πόλιν κατοικητηρίου). Auch hier ist vordergründig wohl an Jerusalem gedacht (das Bild des zweiten Exodus durch das wasserlose Land – Jes 41,18; 43,19 u.ö. – ist deutlich erkennbar), zugleich transzendiert dieses Finden einer Stadt in der Wüste die irdischgeschichtliche Bedeutung. Es geht nicht nur um das Finden des rechten Weges in der Wüste[126], sondern im weisheitlichen Sinn um den Weg des rechten Lebens. Abschließend heißt es in der LXX zur Begründung der Aufforderung zum Lob: ὅτι ἐχόρτασεν ψυχὴν κενὴν καὶ ψυχὴν πεινῶσαν ἐνέπλησεν ἀγαθῶν. Deutlicher als im Hebräischen ist Hunger und Durst ausgeweitet auf die Abhängigkeit der menschlichen Existenz von Gottes Hilfe: Er sättigt (χορτάζειν wie in Mt 5,6!) die „leere Seele" und füllt die hungernde mit Gutem, indem er ihr seine Güte (חסדו / τὰ ἐλέη αὐτοῦ) und seine Wundermacht (נפלאותיו / τὰ θαυμάσια[127] αὐτοῦ) erweist (V. 8.15.21.31).

---

errettet vom Tod" (10,2, vgl. 11,4–6). Der Gerechte ist in diesem Kapitel der Weise, sein Widerpart und Gegenbild der ἄνομος, παράνομος bzw. der ἀσεβής (vgl. 10,2.4–8). Der Gerechte wird zwar an seinem Tun erkannt, aber der Grund seines Gerechtseins ist die gelernte und praktizierte Weisheit, d.h. die Erkenntnis im Sinne einer Existenzverortung geht dem Tun begründend voraus (vgl. 2,1–9), indem der Weise immer auch der Gerechte, der Gerechte immer auch der Weise ist. Dass die im Proverbienbuch beschriebene Gerechtigkeit eine ethische ist, braucht nicht bestritten zu werden. Nur ist zu beachten, dass ihre Praktizierung nicht mit „hungern" oder „dürsten" beschrieben wird, sondern mit Verben, die ein betont aktives Verhalten ausdrücken: 11,18 (Gerechtigkeit *säen* זרע); 15,9; 21,21 (רדף *nachjagen*), 21,3 (עשׂה *tun*), vgl. aber auch 2,9 (בין *verstehen*).

[124] 2Sam 17,29; Hi 22,7; Ps 107 (LXX 106),5 (met.); Prov 25,21; 28,15; Sir 24,21 (met.); Jes 29,8; 32,6 (met.); 49,10 (met.); 65,13 (met.); Jer 31 (LXX 38),12.25 (met.).

[125] Auf diese Stelle verweist auch der Randapparat von Nestle-Aland[27].

[126] So H.-J. KRAUS, Ps II 912; K. SEYBOLD, Ps 428; auch die Verse 35–38 des Schlussteils sind kaum so zu verstehen, dass hier eine „Stadtgründungslegende" (430) erzählt wird, sondern als weisheitliches Bild (vgl. V. 43).

[127] Von allen Evangelisten verwendet nur Matthäus dieses Substantiv einmal in 21,15 und zwar in einem Kontext, der an Ps 107 (der die Situation der Toda-Feier voraussetzt) erinnert: Nach der Tempelreinigung berichtet Matthäus als einziger, dass Blinde und Lahme von Jesus im Tempel geheilt wurden (eine sicher unhistorische Aussage, die aber theologisches Gewicht besitzt). Die Hohenpriester und Schriftgelehrten sehen diese „Wundertaten" (wobei hier wohl summarisch an die Wunder Jesu zu denken ist und nicht nur an die gerade im

Das metaphorische Verständnis der nach Gottes Heilserweisen dürstenden Seele belegen auch Ps 42(LXX 41),3[128]; 63(LXX 62),2[129] und 143(LXX 142),6[130]. In dem JHWH-Königspsalm 146 (LXX 145),7 ist das Sättigen des Hungrigen Teil eines umfassenden Makarismus (V. 5–9), der dem gilt, der seine Hoffnung auf Gott setzt, d.h. dem Gerechten (s. 5b.8c). Seltener als διψᾶν wird auch πεινᾶν allein metaphorisch zusammen mit ψυχή gebraucht. Am eindrucksvollsten ist zweifellos Bar 2,18, wo die Gemeinde in einem Bußgebet vor Gott um Vergebung fleht. Sie erinnert Gott daran, dass ihm nicht die Toten Ehre und Gerechtigkeit erweisen (ὅτι οὐχ οἱ τεθνηκότες ... δώσουσιν δόξαν καὶ δικαίωμα τῷ κυρίῳ 2,17, vgl. Ps 6,6; 30,10 u.ö.), sondern „die bis aufs Äußerste (?) betrübte Seele, wer gebückt und schwach einhergeht, die verschmachtenden Augen und die hungernde Seele: Sie werden dir, Herr, Ehre und Gerechtigkeit erweisen" (... καὶ ἡ ψυχὴ ἡ πεινῶσα δώσουσίν σοι δόξαν καὶ δικαιοσύνην, κύριε). Diese Aufzählung erinnert außer an Mt 5,6 auch an 5,3f. Am Ende des Gebets steht die Erinnerung an den ewigen Bund, den Gott mit seinem Volk aufrichten will (Bar 2,35 unter deutlichem Verweis auf Jer 31,31–34).

(2.) Eine vergleichbare Stelle zu Ps 107,5 ist Jes 49,10 als Teil einer Selbstmitteilung des Gottesknechtes (Jes 49,8–12). Für den angekündigten zweiten Exodus aus Babylonien verheißt Gott seinem Volk, dass sie – wie schon zur Zeit Moses[131] – „weder hungern noch dürsten", sondern Weide und Wasser auf ihrem Heimweg nach Jerusalem finden werden (vgl. 43,19f; 44,3f; 48,21). Die wörtliche Bedeutung steht noch deutlich im Hintergrund, gleichwohl vermittelt der Text eine umfassende, heilvolle Zuwendung und Fürsorge Gottes für die Heimkehrer-Gemeinde.

(3.) Jes 32,1–8, ein zusammengesetzter weisheitlicher Text, zeichnet in (wenngleich schwachen) messianischen Farben eine Situation, in der ein König in Gerechtigkeit herrscht und Fürsten dem Recht gemäß regieren. Eine solche Herrschaft (die von der LXX auf dem Zion lokalisiert wird) gleicht Wasserbächen im dürstenden Land (V.2 MT ≠ LXX).[132] Damit

---

Tempel geschehen), aber diese lösen bei ihnen gerade nicht das Einstimmen in den Toda-Jubel aus: Es sind die Kinder im Tempel, die den Jubelruf anstimmen: ὡσαννὰ τῷ υἱῷ Δαυιδ!

[128] ἐδίψησεν ἡ ψυχή μου πρὸς τὸν θεὸν τὸν ζῶντα·
πότε ἥξω καὶ ὀφθήσομαι τῷ προσώπῳ τοῦ θεοῦ; zur zweiten Vershälfte vgl. Mt 5,8b: ὅτι αὐτοὶ τὸν θεὸν ὄψονται. Dem διψᾶν in V. 3 entspricht das zweimalige ἐπιποθεῖν in V. 2.

[129] Ὁ θεὸς ὁ θεός μου, πρὸς σὲ ὀρθρίζω·
ἐδίψησέν σοι ἡ ψυχή μου. Vgl. a. die Verse 3f: Der Beter will Gottes δύναμις und δόξα sehen.

[130] LXX liest ἡ ψυχή μου ὡς γῆ ἄνυδρός σοι, Aquila dagegen: γῆ διψῶσα.

[131] Vgl. die zahlreichen rückblickenden Stellen, die auf die Wüstenzeit Israels Bezug nehmen und an die Hilfe erinnern, die das Volk von Gott erhielt, so dass es weder Hunger noch Durst litt (Ex 17,3; Dtn 8,15; 32,10; Neh 9,15.20; Sap 11,4.8, vgl. a. Ps 63,2). Die Funktion dieser Stellen ist jedoch, umfassend an Gottes barmherzige, unverdiente Hilfe und Zuwendung zu erinnern: Das vergangene Geschehen wird so zum Typos für die zukünftig erhoffte Hilfe (vgl. Jes 48,21).

[132] Während in der LXX und im MT der Anschluss von V. 2 zu V. 1 unklar ist, weil nicht eindeutig ist, wer mit dem in V. 2 genannten Menschen gemeint ist, verbindet das Targum beide Verse, indem es die „Fürsten" in V. 1 mit „Gerechte" wiedergibt und diese auch zum Subjekt von V. 2 macht: Die Gerechten verstecken sich vor den Frevlern (רשיעיא), aber sie werden zurückkehren. Dann wird ihre Lehre (אולפהון) so gierig angenommen werden wie Wasserströme in einem dürstenden Land.

ist *der gerechte König* das Gegenbild des Toren auf dem Thron (5f), der die hungernden und dürstenden Seelen leer ausgehen lässt: „Denn der Törichte wird Törichtes und sein Herz wird Leeres denken, um Gesetzlosigkeiten zu vollenden und um Verführung zu reden gegenüber dem Herrn, indem er die hungernden Seelen und die Seelen, die dürsten, zerstreut, damit sie Leeres tun" (Jes 32,6 [LXX]).[133] Der weisheitliche Kontext des Abschnitts lässt keinen Zweifel daran, dass Hungern und Dürsten metaphorisch gemeint sind. Bezieht man den „messianischen Klang"[134] dieser Verse (der in der LXX noch verstärkt wurde) mit ein, dann lässt sich der Abschnitt so zusammenfassen: Im Reich des gerechten Königs wird der Durst der Seelen nach Einsicht (als Gegenbegriff zu πλάνησις) gestillt. Das aber geschieht, wenn *Gottes Geist* aus der Höhe ausgegossen wird (32,15–20 mit Gerechtigkeit als Leitmotiv, die sich in der Bewässerung und Fruchtbarmachung des Ödlandes erweist).[135] Am Ende des Kapitels werden diejenigen selig gepriesen (MT und LXX), die an diesen Wassern säen können. Die LXX – anders als der hebräische Text – beginnt auch das Kapitel 32 mit einer Seligpreisung („Dies sagt der Herr: Selig ist, wer in Zion Nachkommenschaft und Blutsverwandte in Jerusalem besitzt"[136]) und bildet so eine markante *inclusio.*

Zum Verständnis und zur Reichweite der Aussage von Jes 32,1–6 lohnt es, auf die sowohl bei Proto- als auch bei Deutero-Jesaja gebrauchte Metapher des *dürstenden* bzw. *wasserlosen Landes* (γῆ διψῶσα bzw. ἄνυδρος) einzugehen, die für die Erlösungsbedürftigkeit und -sehnsucht des Volkes steht, die einzig durch Gottes Eingreifen gestillt werden kann.[137] Die Botschaft von der blühenden Wüste gilt den Müden und Verzagten, die sich selber nicht helfen können. Besonders eindrucksvoll ist *Jes 35,* wo gleich zu Beginn die dürstende Wüste (ἔρημος διψῶσα V. 1) aufgefordert wird, in Jubel auszubrechen, weil Gottes Eingreifen unmittelbar bevorsteht. Dem „dürstenden Land" (γῆ διψῶσα V. 6+7) werden Wasser und Quellen verheißen (V. 6f). Diese Metapher steht für das Öffnen der blinden Augen, der tauben Ohren und das Lösen der Zunge des Stummen (35,5f). Matthäus zitiert diese Verse in 11,5, um die „Werke des Messias" (vgl. 11,2.19) zu schildern. In *Jes 41,17–20* sind die Armen und Elenden (οἱ πτωχοὶ καὶ οἱ ἐνδεεῖς) als solche geschildert, die Wasser suchten und nicht fanden und deren Zunge vor Durst vertrocknete: Ihnen sagt Gott die Erhörung ihrer

---

[133] ὁ γὰρ μωρὸς μωρὰ λαλήσει, καὶ ἡ καρδία αὐτοῦ μάταια νοήσει τοῦ συντελεῖν ἄνομα καὶ λαλεῖν πρὸς κύριον πλάνησιν τοῦ διασπεῖραι ψυχὰς πεινώσας καὶ τὰς ψυχὰς τὰς διψώσας κενὰς ποιῆσαι. Das Targum geht den oben angedeuteten Weg weiter: Die hungernden und dürstenden Seelen sind die der Gerechten, die „sich nach Lehre sehnen wie ein Hungernder nach Brot und nach den Worten der Tora wie ein Dürstender nach Wasser." Während die Frevler vergehen, bleiben die Gerechten aufgrund ihrer Wahrheit bestehen (V. 9).

[134] So O. KAISER, Jes II 255, vgl. a. H. WILDBERGER, Jes III 1252.1261: Der erwartete Heilskönig trägt messianische Züge.

[135] Zum Geist Gottes als lebensgebendem Wasser in dürstendem Land vgl. besonders Jes 44,3f: ὅτι ἐγὼ δώσω ὕδωρ ἐν δίψει τοῖς πορευομένοις ἐν ἀνύδρῳ, ἐπιθήσω τὸ πνεῦμά μου ἐπὶ τὸ σπέρμα σου καὶ τὰς εὐλογίας μου ἐπὶ τὰ τέκνα σου...

[136] Neben μακάριος kommt auch der Stamm σπειρ- in beiden Versen vor: Μακάριος ὃς ἔχει ἐν Σιων σπέρμα (31,9b); μακάριοι οἱ σπείροντες ἐπὶ πᾶν ὕδωρ (32,20).

[137] Vgl. G. BERTRAM, Beilage: διψάω und Verwandte in LXX, ThWNT II, 1935, 231f, der auf die typologische Bezugnahme des »dürstenden Landes« auf das Exodusgeschehen verweist: „Wie Jahwe dem Volk Wasser gespendet hat in der Wüste, wie er es in den Gefahren des dürren Landes bewahrt hat, so bewahrt er und rettet er überhaupt die lechzende Seele, die durstigen, nach dem Heil verlangenden Menschen in der und aus der Wüste des Lebens" (231).

Gebete zu und öffnet für sie Wasserquellen in der Wüste. Auch *der leidende Gottesknecht,* der die Sünden des Volkes trägt, sprosst auf aus dürstendem Land (ὡς ῥίζα ἐν γῇ διψώσῃ Jes 53,2). Wie an den vorangegangenen Stellen ist auch hier das „dürstende Land" Metapher für das erlösungsbedürftige 'arme' Gottesvolk, das darauf wartet, dass ihm Gott selbst zu Hilfe eilt. In *Kap. 55* sind abschließend noch einmal die Dürstenden aufgefordert, das ihnen von Gott umsonst bereitete Heil anzunehmen (55,1–2b, vgl. Mt 11,28f[138]), zum Wasser zu kommen, indem sie auf Gott hören, der ihnen das Sattwerden ihrer Seelen verheißt: „Hört auf mich und ihr werdet Gutes essen, ja, eure Seele wird sich erfreuen an Gutem" (V. 2). Denen, die hören, wird Leben verheißen und darüber hinaus ein ewiger Bund gemäß den „unverbrüchlichen Gnadenzusagen an David"[139] (V. 3, vgl. 2Chr 6,42; Ps 89,50). Dieser dichte Vorstellungskomplex: Hungern und Dürsten nach Erlösung, in der Sprache Jesajas: nach der rettenden Gerechtigkeit Gottes, nach dem Knecht, der die Sünde trägt und den Gnadengaben Davids, nach dem Gesättigtwerden durch Gott selbst – all das klingt auch in Mt 5,6 an, ohne dass es schon entfaltet wäre.

(4.) In Jes 65,13 gehört Hungern und Dürsten dagegen zur Gerichtssprache[140], während den Knechten Gottes das Gesättigtwerden zugesagt ist: „Deswegen spricht dieses der Herr: Siehe, die mir dienen (οἱ δουλεύοντές μοι) werden essen, ihr aber werdet hungern; siehe, die mir dienen werden trinken, ihr aber werdet dürsten; siehe, die mir dienen werden Freude haben, ihr aber werdet beschämt werden." Im Hintergrund steht das Bild von der eschatologischen Mahlgemeinschaft Gottes mit seinem Volk. Die vierte Seligpreisung erweist sich in der Zusammenschau mit diesem Vers als Zuspruch an diejenigen, die sich danach sehnen, daran teilhaben zu dürfen.

(5.) Auch Jer 31 (LXX 38) gehört durch seine Rahmenverse[141] zu den Kapiteln, die den zweiten Exodus und eine neue Blütezeit für Jerusalem zum Thema haben (vgl. V. 2.4). Letztere zeigt sich in der Fruchtbarkeit des Landes und der Rückführung der (so der ursprüngliche Bezug) Nordreich-Gola (5–17). Wie bei Deutero-Jesaja ist dabei auch das Motiv der von Gott geöffneten Wasserbäche auf dem Weg verarbeitet (V. 9). In reichem Maße gibt Gott seine Gaben (ἀγαθά, vgl. oben zu Ps 107,9), so dass die Seele(n) der Heimkehrer „wie ein fruchtbarer Baum sind und sie nicht länger hungern werden" (V.12: ... καὶ ἔσται ἡ ψυχὴ αὐτῶν ὥσπερ ξύλον ἔγκαρπον, καὶ οὐ πεινάσουσιν ἔτι). Die Verse

---

[138] Vgl. die von W. GRIMM/K. DITTERT, DtJes 465f, zusammengestellten Parallelen; sie weisen darauf hin, dass sowohl das Targum als auch die rabbinische Tradition das Wasser mit der Tora gleichsetzte, während Jesus zu der Annahme seines *eigenen* Jochs (und gerade nicht der Tora) einlädt.

[139] So übersetzt C. WESTERMANN, DtJes 255. In seiner Auslegung betont er (unter Verweis auf Paul Volz u. Gerhard von Rad), dass in diesem Vers „die dem David und seinem Haus zugesagten Gnadenerweisungen jetzt Israel zugesagt werden" (228). Offen bleibt dabei allerdings, wie sich dies mit der sonstigen deuterojesajanischen Messiaserwartung verträgt. In Apg 13,34 ist die LXX-Version von 55,3 ([δώσω] ὑμῖν τὰ ὅσια Δαυὶδ τὰ πιστά) zitiert und so auf Jesus (in 13,23 ausdrücklich als Nachkomme Davids benannt) bezogen, dass den Zuhörern in der Synagoge des pisidischen Antiochien klar werden sollte, dass „durch diesen die Vergebung der Sünden verkündigt werden soll" sowie – was das Gesetz Moses nicht vermochte – die Rechtfertigung für jeden, der glaubt (23,38f).

[140] Auch einzeln bezeichnen beide Verben gelegentlich die Auswirkung von Gottes Gericht als Hungern (Jes 8,21; 9,19 [20]; 28,12, vgl. 5,13) bzw. Dürsten (Jes 29,8, vgl. 5,13; 50,2; 65,13; Hos 2,5; Sap 11,14).

[141] Vgl. W. THIEL, Die deuteronomistische Redaktion von Jeremia 26–45, WMANT 52, Neukirchen-Vluyn 1981, 20–28.

23–25 beinhalten eine Heilsweissagung für Juda, die in der Form eines „Segenswunsches"[142] gestaltet ist. Darin heißt es, dass man über Jerusalem wieder sagen werde, nachdem Gott das Schicksal der Stadt gewendet hat: „Es segne dich Jahwe, du Aue der Gerechtigkeit (נְוֵה־צֶּדֶק), du heiliger Berg." Die Einwohner der Städte Judas sollen in der Stadt wohnen, dazu Bauern und umherziehende Hirten. Die abschließende Begründung lautet: כִּי הִרְוֵיתִי נֶפֶשׁ עֲיֵפָה וְכָל־נֶפֶשׁ דָּאֲבָה מִלֵּאתִי „Denn ich erquicke die ermüdete Seele und jede verschmachtende Seele fülle ich." Die LXX übersetzt (38,25): ὅτι ἐμέθυσα πᾶσαν ψυχὴν διψῶσαν καὶ πᾶσαν ψυχὴν πεινῶσαν ἐνέπλησα und bringt so das Begriffspaar Hungern und Dürsten markanter zum Ausdruck als der MT: „Denn ich lasse vollaufen[143] jede dürstende Seele und jede hungernde Seele fülle ich." Diese Heilszusage endet im Jeremiabuch mit der Verheißung des neuen Bundes, dessen Kennzeichen die ins Herz geschriebene Tora, die unmittelbare Beziehung und Erkenntnis Gottes sowie die Sündenvergebung durch Gott ist (31,31–34). Dass dem Verfasser des ersten Evangeliums das Kapitel Jeremia 31 vertraut war, geht aus Mt 2,17f, wo im mt Sondergut Jer 31,15 zitiert wird, mit Sicherheit hervor.[144] Versteht man vor diesem Hintergrund Mt 5,6, dann sind die Angesprochenen diejenigen, die sich danach sehnen, dass Jerusalem wieder zur gerechten Gottesstadt wird, in der die Weisung Gottes den Menschen unverlierbar eingestiftet ist und die Schuld der Vergangenheit vergeben ist.

(6.) Eine letzte wichtige Stelle aus der LXX stellt Sir 24,21 dar. In dieser Selbstoffenbarung der mit der Tora verschmolzenen Weisheit lädt sie alle zu sich ein, die sie begehren (ἐπιθυμεῖν), damit sie von ihren Erzeugnissen erfüllt werden (V. 19). Denen, die der Einladung folgen, gibt sie die Verheißung (V. 21): οἱ ἐσθίοντές με ἔτι πεινάσουσιν, καὶ οἱ πίνοντές με ἔτι διψήσουσιν. „Die, die mich essen, werden (nach mir) noch mehr hungern, und die, die mich trinken, werden (nach mir) noch mehr dürsten."[145] Schon in 15,1–3 war die Weisheit als eine Mutter bzw. junge Frau (Braut?) dargestellt, die den bei sich aufnimmt und bewirtet, der den Herrn fürchtet (ὁ φοβούμενος κύριον) und sich im Gesetz übt (ὁ ἐγκρατὴς τοῦ νόμου): „Sie wird ihn speisen (ψωμιεῖ) mit dem Brot der Einsicht, und mit Wasser der Weisheit wird sie ihn tränken (ποτίσει)." In 51,23ff lädt die Weisheit ein, bei

---

[142] A. WEISER, Jer 291.

[143] Zur ungewöhnlichen Verwendung von μεθύσκειν, das sonst im griechischen Alten Testament „stets mit negativer Bedeutung von dem Zornesbecher Jahwes gebraucht wird" s. G. BERTRAM, Beilage 232. Anders allerdings in Sir 32,13, wo dem Weisheitsschüler gesagt ist, dass ihn Gott mit seinen Gütern „trunken macht" (μεθύσκοντά σε ἀπὸ τῶν ἀγαθῶν αὐτοῦ).

[144] Der Randapparat in Nestle-Aland[27] verzeichnet Anspielungen auf Jer 31,20 in Mt 3,17, auf 31,31.34 in Mt 26,28 und auf 31,34 in Mt 23,8. Sie sind allerdings allesamt nicht eindeutig. O. BETZ, Bergpredigt, sieht in der Bergpredigt das „Gesetz des neuen Bundes" (333), wobei dieses Gesetz seine Ermöglichung dem Wirken Jesu verdankt und damit als Ganzes von seiner Heil schaffenden Gerechtigkeit abhängig ist. Es ist also insbesondere der gnadenhafte Charakter des verheißenen neuen Bundes, der nach Betz die Bergpredigt bestimmt, vgl. 334.336f.343f.377; s.a. A. CHESTER, Messianism 321f u. unten Anm. 547.

[145] So die Übersetzung von G. SAUER, Jesus Sirach / Ben Sira, ATD.A 1, Göttingen 2000, 178, zur Auslegung s. 184: „Das Sichsättigen an Weisheit macht nur noch mehr Appetit; wer davon trinkt, wird nur noch mehr dürsten." Die handschriftliche Überlieferung (s. J. Ziegler, Sapientia Iesu Filii Sirach, Septuaginta Bd. XII,2, Göttingen ²1980, 239) zeigt allerdings, dass diese Interpretation nicht überall verstanden wurde: die beiden Minuskel-Handschriften 543 und 795 lesen οὐκέτι (MS 755 sogar noch verstärkt durch οὐ), die äthiop. Übersetzung gleicht den Vers an Joh 4,14 an (vgl. a. Joh 6,35; 7,37). Gemeinsam ist allen, eine endgültige Sättigung auszusagen.

ihr in die Schule zu gehen, wo es ohne Geld Weisheit zu erwerben gibt. Die „sehr dürstenden Seelen" (V. 24) werden aufgefordert, nun ihren Teil dazu beizutragen, den Durst zu stillen. Gerade diese Stelle zeigt, dass im Dürsten selbst noch kein aktives Tun enthalten ist, sondern erst dazu aufgefordert werden muss (vgl. Jes 55,1–3). Im Sirachbuch geht es zweifelsfrei darum, sich *aktiv* um die Weisheit als Quelle zum rechten Leben zu bemühen (vgl. u.a. Sir 6,18–37; 14,20–27). Die *Sehnsucht* danach wird durch Dürsten ausgedrückt, aber gerade nicht das – vom Siraciden erstrebte – aktive Tun. Aber auch unter Berücksichtigung dieser aktiven Komponente ist festzuhalten, dass es die Weisheit und damit Gott selbst ist, die einladen und das Erstrebte überhaupt erst ermöglichen. Was die Weisheit anbietet (vgl. Prolog 14.35; 24,23 u. 51,26) ist die Weisung des Mose, die Tora als Inhalt und Quelle zu einem gottgefälligen und der menschlichen Gemeinschaft nützlichen, und d.h. zu einem gerechten Leben.[146]

(7.) Neben dem verbalen Begriffspaar begegnet einmal auch das substantivische „Hunger und Durst" als metaphorische Aussage für das Verlangen nach einem 'geistlichen' Gut. In Am 8,11 kündigt der Prophet in einer Gerichtsaussage an, dass Tage kommen werden, in denen die Menschen Hunger haben werden, „aber kein Hunger nach Brot und kein Durst nach Wasser, sondern Hunger danach, das Wort Jahwes zu hören." Hier ist Hunger und Durst wie in Jes 65,13 negativ konnotiert. Zwar werden die Menschen sich bis aufs Äußerste bemühen, ihren Hunger und Durst zu stillen, aber es gelingt ihnen nicht (8,12). Damit gewinnt die Seligpreisung von Mt 5,6 eine weitere Nuance hinzu, weil es weder selbstverständlich ist, dass das Hungern und Dürsten gestillt wird, noch dass überhaupt die Ermöglichung in Aussicht gestellt ist. Auch das widerspricht völlig dem Verständnis eines aktiven eigenen Bemühens um die Gerechtigkeit, so als ob dieselbe im Bereich des eigenen Vermögens liege.

In 1QH XII (= alt IV)10f ist eine ähnliche Situation vorausgesetzt: Diejenigen, die glatte Reden führen (Z. 7), die „Trugdeuter", attackierten den Beter, damit er die Tora, die Gott ihm ins Herz gegeben hatte, gegen חלקות „Glattheiten" (d.h. eine falsche Lehre) vertauschen solle. Das letzte Wort des Satzes לעמכה „für dein Volk" ist sowohl auf die Tora als auch auf ihr Substitut zu beziehen: Die Tora ist dem Beter für das Volk gegeben worden, und er soll sie eintauschen gegen eine falsche Lehre, die dann ebenfalls das Volk betrifft. Diejenigen, die den Beter bedrängen, werden anschließend so charakterisiert: „Sie verschließen Erkenntnistrank (משקה דעת) Durstenden und tränken sie mit Essig gegen ihren Durst" (Übers. J. Maier). Vom Kontext ist es naheliegend, in den nach Erkenntnis Dürstenden die zu verstehen, die nach dem 'richtigen' Verständnis der Tora Verlangen haben. Der Beter hätte es ihnen geben können, wurde jedoch daran gehindert durch den Einfluss seiner theologischen Widersacher. Die Dürstenden, das ist deutlich, sind auch hier weitgehend passiv gedacht: über ihr Geschick entscheidet der Konflikt zwischen den beiden Kontrahenten, die über die Tora 'verfügen'.

---

[146] Vgl. M. HENGEL, Judentum und Hellenismus, WUNT I/10, Tübingen ³1988, 289–291; E. J. SCHNABEL, Law and Wisdom from Ben Sira to Paul, WUNT II/16, Tübingen 1985, 69–92. Das Ziel der Weisheit wie der Tora ist Gerechtigkeit, indem der Gerechte (bzw. der Verständige) Annahme und Hilfe bei Gott findet (z.B. 35,5f, vgl. 44,10). Aufschlussreich ist Sir 38,34: Das von den meisten HSS bezeugte παιδείαν gibt der Vaticanus mit δικαιοσύνην wieder und bezeugt damit in gewisser Weise die Austauschbarkeit der beiden Begriffe. In 34,18 steht ἄδικος im Parallelismus zu ἄνομος und belegt, dass auch für Sirach das δίκαιος-Sein in der Tora Quelle und Maßstab besitzt (vgl. a. 26,28: δικαιοσύνη als Gegenbegriff zu ἁμαρτία). Allerdings fällt auf, dass im Sirachbuch der Gerechtigkeitsbegriff sehr zurückhaltend und eher unspezifisch gebraucht wird. Nach SCHNABEL gilt (ebd. 77): „To keep the law and to be wise is, in the end, the same."

Der Durchgang durch die alttestamentlichen Belege für Hungern und Dürsten in einem metaphorischen Sinn hat eindeutig ergeben, dass mit den Verben *allein* nirgends ein aktives Bemühen um das ersehnte Objekt impliziert ist, vielmehr das Ersehnte häufig überhaupt nicht in der menschlichen Verfügungsgewalt steht.

Das darin zum Ausdruck kommende *Abhängigkeitsverhältnis* lässt sich auch bei dem Gebrauch von χορτάζειν „satt machen, sättigen" beobachten. Matthäus verwendet das Verb nur viermal, wobei alle Stellen entweder aus Q oder Mk stammen. Den Beleg aus Mk 7,27 vermeidet Matthäus (vgl. 15,26). Die passiven Belege (5,6; 14,20; 15,37) lassen sich alle als *passivum divinum* interpretieren: Während die Jünger noch fragen, wie sie die große Menschenmenge, die Jesus gefolgt war, ἐν ἐρημίᾳ sättigen sollen (Mt 15,33 par. Mk 8,4, vgl. Mt 14,16 parr.), steht darüber bereits die Verheißung von 5,6: sie sollen (von Gott) gesättigt werden (ἐχορτάσθησαν 14,20 parr. Mk 6,42; Lk 9,17; Mt 15,37 par. Mk 8,8). Auch dass zuvor das Dankgebet, das Jesus sprach, mitgeteilt wird (14,19; 15,36), weist in diese Richtung (s.a. unten § 11/2.).

In der LXX ist χορτάζειν 14mal gebraucht, 13mal ist Gott Subjekt (einzige Ausnahme Ps 59 [LXX 58],16). Gott sättigt die Wüste mit Regen, so dass sie Gras sprossen lässt (Hi 38,27, vgl. a. Ps 104 [LXX 103],13.16), aber auch sein Volk oder Einzelne werden satt durch sein Tun, wobei neben das heilvolle Gesättigtwerden (Ps 37 [LXX 36],19; 81 [LXX 80],17; 132 [LXX 131],15) auch ein solches zum Gericht treten kann (Ps 17 [LXX 16],14; Jer 5,7). Der Übergang zum metaphorischen Gebrauch ist fließend, da im Gesättigtwerden durch Gott immer eine umfassenderes Heilsgeschehen durch den Kontext nahegelegt wird. Eindeutig metaphorischen Charakter besitzen Klgl 3,15.30, wo der Beter klagt, dass ihn Gott mit Bitterkeit (πικρία) und Schmähungen (ὀνειδισμοί) sättigt. Dem steht auf der positiven Seite die Sehnsucht der Beter gegenüber, dass Gott die „leere Seele sättigt" (Ps 107 [LXX 106],9) und er gesättigt wird durch das Offenbarwerden von Gottes Herrlichkeit (Ps 17 [LXX 16],15):

> ἐγὼ δὲ ἐν δικαιοσύνῃ ὀφθήσομαι τῷ προσώπῳ σου,
> χορτασθήσομαι ἐν τῷ ὀφθῆναι τὴν δόξαν σου.
> „Ich aber werde in Gerechtigkeit angesehen werden vor deinem Angesicht,
> ich werde gesättigt werden durch das Anschauen deiner Herrlichkeit."

Die LXX-Übersetzung weicht besonders in der zweiten Vershälfte vom MT ab. Das Verständnis von δικαιοσύνη meint ursprünglich die Gerechtigkeit des Betenden (vgl. 17,1–5), die durch das Futur allerdings einen schwebenden Charakter erhält: Erst wenn sie da ist, erfüllt sich die Sehnsucht des Beters. Der Inhalt des Gesättigtwerdens, die überwältigende Gegenwart Gottes, steht jedoch eindeutig *außerhalb der Möglichkeiten des Beters*. Sie kann nur erhofft werden. Im Hungern und Dürsten nach Gerechtigkeit wird gleichsam die Voraussetzung ersehnt, um Gottes Angesicht schauen zu können (vgl. Mt 5,8).

Dass mit Mt 5,6 *nicht* die menschliche Bemühung um Gerechtigkeit im Sinne von Gesetzeserfüllung oder durch Taten der Barmherzigkeit gemeint ist, geht zudem auch aus Tob 12,9 vor:

Langform (Vaticanus u. Alexandrinus)	Kurzform (Sinaiticus)
ἐλεημοσύνη γὰρ ἐκ θανάτου ῥύεται	ἐλεημοσύνη ἐκ θανάτου ῥύεται
καὶ αὐτὴ ἀποκαθαριεῖ πᾶσαν ἁμαρτίαν·	καὶ αὐτὴ ἀποκαθαίρει πᾶσαν ἁμαρτίαν·
οἱ ποιοῦντες ἐλεημοσύνας	οἱ ποιοῦντες ἐλεημοσύνην
καὶ δικαιοσύνας	
πλησθήσονται ζωῆς·	χορτασθήσονται ζωῆς·

Der erste Versteil hat keine Entsprechung bei Matthäus, er benennt jedoch das Thema: Die sühnende Funktion von Taten der Barmherzigkeit, wie sie Tobit vorbildhaft vollbrachte. Die letzte Zeile formuliert mit den Verbformen im *passivum divinum* den Gewinn eines heilvollen Lebens. Die Voraussetzung dafür ist hier eindeutig das aktive Tun, nämlich die Ausübung von Taten der Barmherzigkeit (Plural).[147] Die ethische Interpretation der vierten Seligpreisung versteht οἱ πεινῶντες καὶ διψῶντες τὴν δικαιοσύνην offensichtlich analog zu der Tobit-Stelle, aber gerade der Vergleich lehrt, dass Matthäus etwas anderes meint. Da ποιεῖν zu den von ihm geschätzten Vokabeln gehört und er das Verb sowohl mit δικαιοσύνη als auch mit ἐλεημοσύνη verbindet (Mt 6,1f), ist es unwahrscheinlich, dass er in 5,6 eigentlich ποιεῖν meint, aber Hungern und Dürsten sagt.[148] Dies und die genannten alttestamentlichen Belege für dieses Begriffspaar lassen diesen Schluss m.E. nicht zu.

---

[147] Eine exakte Parallele dazu stellt TestLevi 13,5 dar, wo der Vater seine Nachkommen dazu auffordert: ποιήσατε δικαιοσύνην, τέκνα μου, ἐπὶ τῆς γῆς, ἵνα εὕρητε ἐν τοῖς οὐρανοῖς. Davor ermahnt er sie, selbst nach dem Gesetz zu leben und die zu lehren, die nach dem Gesetz zu leben begehren (13,1–4), dgl. TestGad 3,1 wo als „Wort der Wahrheit" dazu aufgefordert wird, τοῦ ποιεῖν δικαιοσύνην καὶ πάντα νόμον ὑψίστου, vgl. a. TestBenj 10,3. Die geforderte δικαιοσύνη lässt sich hier eindeutig als die Gerechtigkeit verstehen, die *das Gesetz dem Menschen zu tun* ermöglicht, vgl. K.-W. Niebuhr, Gesetz und Paränese. Katechismusartige Weisungsreihen in der frühjüdischen Literatur, WUNT II/28, Tübingen 1987, 142 (mit weiteren Belegen aus den TestXIIPatr). In Jes 56,1 lautet die Aufforderung ποιήσατε δικαιοσύνην und zwar angesichts des nahegekommenen Heils (ἤγγισεν γὰρ τὸ σωτήριόν μου παραγίνεσθαι), d.h. hier ist der Imperativ im Heilshandeln Gottes begründet, wobei an der Jesaja-Stelle offen bleibt, ob dieses dem menschlichen Tun vorausgeht oder seinerseits dadurch überhaupt erst ermöglicht wird. Zum Einfluss von Jes 56,1 auf Jesu Botschaft und das erste Evangelium s. O. Betz, Jesu Evangelium vom Gottesreich, in: Das Evangelium und die Evangelien, hg. v. P. Stuhlmacher, WUNT I/28, Tübingen 1983, jetzt in: Ders., Jesus. Der Messias Israels (s.o. Anm. 31), 232–254 (244f); Ders., Bergpredigt 340–345.

[148] Vgl. Davies/Allison, Mt I 451: als redaktionell gilt zumeist καὶ διψῶντες τὴν δικαιοσύνην, vgl. Lk 6,21a; zur Stelle s.a. G. Barth, Gesetzesverständnis 116; H. Giesen, Christliches Handeln 88f; U. Luz, Mt I[1–4] 209–211/I[5] 283f, zum unklassischen Akkusativ s. B. Weiss, Mt 92f Anm. **; BDR § 171,1; Giesen, ebd. 93. Wenn aber wirklich Matthäus den Makarismus in dieser Weise ergänzte und damit den Bezug zu den biblischen Formulierungen über Hungern *und* Dürsten bewusst gestaltet hat, dann geht daraus entgegen Davies/Allison nicht „active seeking" hervor, weil dies bei den betreffenden Stellen gerade nicht im Vordergrund steht. H. D. Betz, Sermon 129 Anm. 285, weist diese Ergänzung aufgrund

Damit ergibt sich, dass es keinen Grund gibt, Mt 5,6 anders zu verstehen als dass hier Menschen angesprochen sind, die sich zutiefst nach einer Gerechtigkeit sehnen, deren Verwirklichung nicht in ihrem Vermögen liegt, sondern gänzlich von Gottes Entgegenkommen und Gewähren erwartet wird. Das heißt noch nicht, dass hier paulinische Vorstellungen eingetragen werden, da mit Gerechtigkeit auch der heilvolle, gerechte Zustand zwischen Menschen bzw. deren Verhalten in Bezug auf Gottes Urteil gemeint sein könnte.[149] Zudem ist darauf zu achten, dass Matthäus in seinem Evangelium beständig zwei Zeitebenen miteinander verschränkt[150] und darum der Begriff der Gerechtigkeit in der erzählten Welt mehrdeutig bleibt: Als Heilszusage *Jesu* an seine ersten Zuhörerinnen und Zuhörer in Galiläa (so die mt Verortung im

---

seiner These von der Bergpredigt als einer „pre-Matthean composition" zurück, in der die Gerechtigkeits-Belege bereits enthalten gewesen seien.

[149] So z.B. F. A. G. THOLUCK, Ausführliche Auslegung der Bergpredigt Christi nach Matthäus. 3. Ausgabe. Neue Bearbeitung, Hamburg 1845, 98: „Δικαιοσύνη ist der dem Gesetz Gottes entsprechende Zustand", der aber vom Menschen trotz allem Mühens nicht verwirklicht werden kann, so dass er darauf angewiesen ist, dass Gott ihm zu Hilfe kommt; vgl. weiter B. WEISS, Mt 92; G. SCHRENK, Art. δικαιοσύνη, ThWNT II, 1935, 194–214 (200): Er versteht unter δικαιοσύνη bei Matthäus durchgängig „das mit Gottes Willen übereinstimmende, ihm wohlgefällige, rechte Verhalten des Menschen, die Rechtschaffenheit des Lebens vor Gott, die Rechttat vor seinem Urteil", er betont aber mit Verweis auf Mt 5,6, dass „die δικαιοσύνη als Gabe angesehen wird, die Gott den nach ihr Verlangenden schenkt" (so auch B. WEISS, ebd.). Dagegen u. für ein Verständnis *im Sinne einer forensisch-eschatologischen Gerechtsprechung* durch Gott s. R. BULTMANN, Theologie 269; G. BARTH, Gesetzesverständnis 116 m. Anm. 2.

[150] Diese Aussage betrifft die *literarische* Gestaltung, nicht seine heilsgeschichtliche Epochengliederung, bei der gefragt werden muss, ob für Matthäus die Zeit Jesu eine eigene heilsgeschichtliche Epoche bildet, wie dies insbesondere G. STRECKER, Weg 184f u.ö., zu zeigen versuchte. S.E. grenzt der Evangelist die Zeit Jesu von der der Kirche ab, indem er sie historisiert. Daran ist zwar richtig gesehen, dass Matthäus eine vor- und nachösterliche Epoche unterscheidet, aber zu wenig gewichtet, dass beide durch den Missionsbefehl des Auferstandenen gerade *miteinander verbunden* bleiben. M.E. ist darum für Matthäus die Zeit Jesu und die Zeit der Gemeinde bis zur „Vollendung der Welt" *eine* Epoche, die mit der Erfüllung der Schriften durch Jesus (5,17) angefangen hat und andauert „bis alles geschieht" (5,18d), womit für Matthäus das Ende von Himmel und Erde gemeint ist. Danach kommt das Eschaton, an dem er jedoch kein erkennbares Interesse hat. Die von H. FRANKEMÖLLE und J. D. KINGSBURY vertretene Zweiteilung der Heilsgeschichte (als 'irdische' Geschichte) in die Zeit von „Gesetz und Propheten" bis zu Johannes und die Zeit der Erfüllung seit Jesus erscheint mir darum angemessener, vgl. dazu oben § 2 Anm. 146; J. D. KINGSBURY, Structure 145–148; K. SYREENI, Making 116–118 („The deep-level aspects of fulfilment and foundation do not suggest a threefold division, but rather two overlapping twofold divisions" [118]), und D. B. HOWELL, Matthew's Inclusive Story 59–92, der die bisherige Begründung der zweiteiligen Sicht methodisch kritisiert und narratologisch besser zu begründen versucht, indem er zeigt, dass der „implied reader" des Erzählers den Leser in die Lage versetzt, in die Geschichte Jesu involviert zu werden. Das bestätigt die oben genannte Verschränkung der beiden Zeitebenen, indem das Evangelium seine Hörer direkt mit Jesus konfrontiert, der von 1,23 ab der eine Immanuel ist.

Erzählzusammenhang, die unabhängig von Echtheitsurteilen gilt) konnte darunter von innerweltlicher bis zur eschatologischen Gerechtigkeit alles gemeint sein, wonach sich Menschen in einer konkreten, bedrängten Situation sehnen. Auf der *Ebene des Evangeliums* geht es Matthäus jedoch darum zu zeigen, welche Funktion oder Bedeutung Jesus in Bezug auf diese Gerechtigkeit besitzt, d.h. er ist darum bemüht, seine Leser bzw. Hörer zu einem bestimmten Verständnis anzuleiten, ohne dass er den Rahmen sprengt, der ihm durch die Gattung Evangelium vorgegeben ist. Er kann bzw. will nicht in Gestalt eines theologischen Traktats oder Lehrbriefs verdeutlichen, wie Jesus und die s.E. heilsnotwendige Gerechtigkeit zusammen gehören, sondern er tut dies, indem er die Worte und Taten des Messias Jesus überliefert und durch relativ zurückhaltende redaktionelle Eingriffe kommentiert bzw. verdeutlicht. Frankemölle ist darum zuzustimmen, wenn er zu 5,6 bemerkt, dass dem Leser zu diesem Zeitpunkt innerhalb der Erzählung „noch nicht klar ist, worin denn die Gerechtigkeit, die der Mensch erstreben soll, besteht" (Mt I 211). Abzulehnen ist jedoch seine Formulierung „die der Mensch erstreben *soll*", weil diese ein Vorverständnis von Gerechtigkeit als Tat einträgt, die sich aus der Seligpreisung selbst nicht erheben lässt (und auch nicht aus den voranstehenden Seligpreisungen).

Im Vordergrund steht in 5,6 vielmehr ein Verständnis von Gerechtigkeit, das diese als „Gabe"[151] oder (m.E. noch deutlicher) als eschatologisches

---

[151] Als „Gabe" u.a. verstanden bei: A. SCHLATTER, Mt 137: „Die Gerechtigkeit ist ... als Gabe beschrieben, die durch Gottes königliches Wirken der Menschheit bereitet wird"; J. SCHNIEWIND, Mt 44; TH. SOIRON, Bergpredigt 169–171: es geht hier um „die Gerechtigkeit, die reines Geschenk der göttlichen Gnade ist"; G. BARTH, Gesetzesverständnis 116.131; H.-TH. WREGE, Überlieferungsgeschichte 19: die Gerechtigkeit ist „eschatologisch als Gabe und rettender Sieg Gottes" zu verstehen; M. J. FIEDLER, Begriff 114–118; J. P. MEIER, Law 77: „God's gift of salvation which man cannot attain by his own efforts"; P. STUHLMACHER, Gerechtigkeit 190: betont ist in Mt 5,6 „Gottes eigenes Werk des Rechtes"; E. SCHWEIZER, Mt 53: „die Sehnsucht nach dem kommenden Reich und der darin verwirklichten Gerechtigkeit Gottes" ist hier wie in 2Petr 3,13 gemeint. Er bemerkt m.E. zutreffend: „Selbst wenn bei Matthäus der Ton auf der Verwirklichung dieser Gerechtigkeit durch die Jünger liegt, kann kein vom Alten Testament geprägter Jude dabei vergessen, daß die eigentliche Erfüllung Gottes endzeitliche Tat sein wird"; ähnlich H. GIESEN, Handeln 87–103, der ausführlich alle bisher vertretenen Lösungsvorschläge diskutiert und dann zu einer vermittelnden Position neigt, allerdings mit klarer Voranstellung der Gabe vor der Aufgabe: „Somit wäre in Mt 5,6 ausgesagt, daß Gott den danach verlangenden Menschen seine Gerechtigkeit schenkt, damit sie ein ihm wohlgefälliges Leben führen können. Die Christen können also nur deshalb die Gerechtigkeit erfüllen, weil Gott ihnen diese Gerechtigkeit schenkt" (100); die Erfüllung der Sehnsucht ist bei Giesen rein eschatologisch, das Hungern und Dürsten bleibt Existential der Christen bis zum jüngsten Tag (vgl. 102); H. WEDER, »Rede« 64: „Die Gerechtigkeit ist hier die in der Gottesherrschaft ausgeteilte Gerechtigkeit. Man könnte auch sagen: es ist die Gerechtigkeit, die Gott schafft"; R. H. GUNDRY, Mt 70 verweist auf Jes 61 als Hintergrund, so dass δικαιοσύνη zu verstehen sei als „right conduct on God's side, i.e., to the exercise of divine justice that finally results in the vindication longed for by the persecuted". Diese

Erfüllungsgeschehen[152] verstand. Unter Verweis auf Am 8,11 schreibt Hans Weder:

„Hunger nach Gerechtigkeit ist dementsprechend das Verlangen danach, von Gott selbst zurecht gebracht zu werden. Denn die Gerechtigkeit Gottes, welche in der Gottesherrschaft zum Zuge kommen wird, ist ja nicht eine göttliche Messung menschlichen Verhaltens. Sie ist vielmehr die göttliche Verwandlung des Menschen. Aus dem, der in seinem Sein *und* seinem Verhalten Gott nicht entspricht, wird einer, der Gott entspricht, der zurechtgebracht wird von Gott. Es ist klar, daß diese Zurechtbringung des Seins auch das Verhalten betrifft. Denn ein gerechtes Sein ohne gerechtes Verhalten ist undenkbar. Im Hunger nach Gerechtigkeit sind die Hungernden bezogen auf den Gott, der die Zurechtbringung zu seiner Sache machen wird. Die Seligkeit dieser Hungernden besteht genau darin, daß sie die Gerechtigkeit Gottes Sache sein lassen können, weil sie ganz und gar nicht ihre Sache ist."[153]

---

ersehnen damit zugleich ihre eigene Rechtfertigung im Sinne von Jes 61,3; auch H. D. BETZ, Sermon 131, versteht hier „righteousness" durchaus als Gottes Gabe, aber er schränkt ein: „however, in Jewish, not in Christian (Pauline), terms. Righteousness is given to Israel and to humanity as a constitutive principle of creation, and the Torah is the guide on the way of righteousness. Thus, the Torah, interpreted rightly, is the means by which the hunger and thirst for righteousness can be met." So zutreffend diese Beschreibung ist (sie deckt sich auch mit 1QH 12,10f [s.o.]), so zweifelhaft ist ihre Zuweisung an das Evangelium (was BETZ selber einräumt, aber für ihn kein Problem darstellt, da s.E. die Bergpredigt eine eigene, selbständige und vom Evangelium unabhängige Größe darstellt).

W. POPKES, geht einen eigenen Weg um die Alternative Gabe oder Aufgabe zu überwinden (Gerechtigkeitstradition 2), indem er die Gerechtigkeits-Terminologie mit der Taufunterweisung verbindet. Er verweist als Begründung darauf, dass Matthäus „das Wort nirgendwo näher erläutert oder kommentiert, vielmehr als Interpretament verwendet und somit offenbar als bekannt voraussetzt" (5). Diese Bekanntheit rührt s.E. aus der Verwendung in der „frühchristliche[n] Tauf- bzw. neophytenkatechetische[n] Tradition" her (ebd.). Darin war, wie „ein erster Blick auf das über verschiedene Teile des Neuen Testaments verstreute Material zeigt (…) von der δικαιοσύνη in der Weise die Rede, daß sie uns von Gott her entgegengebracht wird als Offenbarung und Geschenk, daß sie uns zuteil wird als Sündenvergebung, Heiligung und Neuschöpfung, daß wir ihr zugleich verpflichtet werden, in ihren Dienst zu treten, Frucht … bringen und dabei auch in Bedrängnis geraten können" (13 unter Aufnahme von U. SCHNELLE, Gerechtigkeit und Christusgegenwart. Vorpaulinische und paulinische Tauftheologie, GTA 24, Göttingen ²1986). Aus diesem Ansatz ergibt sich ein Verständnis von Gerechtigkeit als in der Taufe „geschenkte[r] Aktivitätsmöglichkeit" (22f). Die Rahmung von Mt 3,15 und 21,32 um die stärker katechetischen Teile der Bergpredigt dienten dann der Voranstellung des göttlichen Handelns in seinen eschatologischen Beauftragten, die zuallererst ermöglichten, was in Mt 5f dann als neue Lebenswirklichkeit beschrieben ist.

[152] So schon J. SCHNIEWIND, Mt 44: es geht hier nicht um die paulinische Rechtfertigungslehre, aber sehr wohl um das, „was die Voraussetzung für Paulus ist, die Hoffnung der Psalmen und des Deuterojesaja; Jesus spricht ihr die Erfüllung zu." Und weiter schreibt er: „Es ist nämlich bei unserer Seligpreisung nicht anders als bei den drei vorangehenden: die Erfüllung dieser Hoffnung wird von der messianischen Zeit erwartet" (unter Verweis auf Jer 23,6; 33,16; Jes 11,1–4; PsSal 17,42; 18,8); ähnlich auch W. GRUNDMANN, Mt 127: „Gerechtigkeit [ist] Gabe der messianischen Zeit" (unter Verweis auf dieselben Stellen wie Schniewind); O. BETZ, Bergpredigt 339f u.ö.

[153] »Rede« 65. Im Hintergrund von Weders Formulierung steht erkennbar die Verheißung des neuen Bundes, die eine „göttliche Verwandlung des Menschen" durch das Einschreiben

Auch die mt Leserführung legt ein solches Verständnis von Gerechtigkeit als Gabe bzw. 'erfüllter' Gerechtigkeit nahe: Für Mt 3,15 wurde gezeigt, dass nur eine exklusive Deutung auf Jesus und den Täufer dem Text angemessen ist. Auf *ihnen* liegt die göttliche Verpflichtung „alle Gerechtigkeit zu erfüllen" (und dem Leser stellt sich dadurch die Frage: für wen?). *Sie* predigen die nahegekommene Königsherrschaft (3,2; 4,17.23) und eröffnen durch ihren Bußruf den Zugang zu ihr. Wenn darum in 5,6 erstmals wieder von der Gerechtigkeit die Rede ist (ohne dass bisher von Jesus irgendeine Forderung erhoben worden wäre außer dem Ruf zur Umkehr 4,17 und in die persönliche Nachfolge 4,19.21, die nicht im ethischen Sinn verstanden werden können), weist in der bisherigen Darstellung *nichts* auf einen ethischen Imperativ hin. Im Gegenteil: in 4,17–27 ist Jesus als Evangelist des Himmelreichs beschrieben, der in seine Nachfolge ruft und dem Volk in umfassender Weise Heil und Heilung bringt.

Es kann zudem gefragt werden, ob Matthäus mit πεινᾶν in 5,6 nicht bewusst zurückverweist auf 4,2–4: Jesus hungerte (ἐπείνασεν), nachdem er vierzig Tage in der Wüste gefastet hatte, und wurde in dieser Situation mit der Aufforderung versucht, sich selbst aus Steinen Brot zu machen, d.h. Gottes Hilfe vorzugreifen bzw. irdische Notwendigkeiten mit den drängenderen geistlichen zu verwechseln. Dieses Ansinnen wehrt Jesus mit dem Hinweis auf Dtn 8,3 ab: ὁ δὲ ἀποκριθεὶς εἶπεν, γέγραπται, οὐκ ἐπ' ἄρτῳ μόνῳ ζήσεται ὁ ἄνθρωπος, ἀλλ' ἐπὶ παντὶ ῥήματι ἐκπορευομένῳ διὰ στόματος θεοῦ. Im Deuteronomium dient das 8. Kapitel dazu, dem Volk einzuschärfen, dass sich die Landnahme trotz der äußeren Kooperation zwischen Volk und Gott (vgl. 8,1) nicht dem eigenem Vermögen verdankt, sondern Gott es ist, der dazu die Voraussetzungen schafft (Dtn 8,17f). Die Gebotsparänese auf das Halten der Gebote *im Land* (8,6.11.19) folgt auf Gottes Gewähren und Bereiten des Landes für sein Volk, das Befolgen der Gebote ist jedoch nicht deren Voraussetzung.[154] Die Seligpreisung gilt aus dieser Perspektive denen, die darum wissen, dass sie nicht aus eigener Kraft und Stärke (vgl. Dtn 8,17: ἡ ἰσχύς μου καὶ τὸ κράτος τῆς χειρός μου) Gottes Gerechtigkeit erlangen können. Am Ende der Versuchungsgeschichte lässt Matthäus erkennen, dass die materiellen Nöte – nachdem Gottes Ehre

---

der Weisung Gottes in den 'inneren' Menschen (Jer 31,33, vgl. Jes 59,21) begründet. Zur Bedeutung des neuen Bundes bei Matthäus s.u. § 13/3.2.

[154] Vgl. P. C. CRAIGIE, Dtn 189: „Yet precisely because the purpose of God was achieved through cooperation with man, there was inevitably a temptation for man to boast of his achievements." Es ist also die dem Menschen von Gott eingeräumte und zugewiesene *cooperatio*, die scheinbar den Menschen zum Erzeuger seines eigenen Heiles macht. Dabei wird allerdings übersehen, dass schon die Ermöglichung der *cooperatio* ein vorlaufendes Heilshandeln Gottes ist.

gegenüber dem Versucher gewahrt blieb – gleichwohl nicht bedeutungslos sind: „Engel kamen und dienten ihm" (4,11).[155]

Die *Erfüllung* der in 5,6 enthaltenen Verheißung ist aber ebenfalls noch im Evangelium selbst zu finden. Es wurde oben gezeigt, dass Jer 31(LXX 38),25 und der damit in unmittelbarem Zusammenhang stehende *neue Bund* für den metaphorischen Gebrauch von Hungern und Dürsten wichtig ist (vgl. unten § 13/3.2). Blickt man von diesem Befund herkommend auf die mt Fassung der Einsetzungsworte zum Abendmahl, dann fällt auf, dass er als einziger die konkreten Imperative φάγετε und πίετε (Mt 26,26f) gebraucht. „Esst", „trinkt", d.h. doch: ihr, die ihr hungert und dürstet nach Gerechtigkeit, esst und trinkt euch satt. Das verheißene Gesättigtwerden ist, versteht man diese konkreten Imperative als Rückverweise, die Teilhabe am neuen Bund, an der von Jesus ermöglichten Gerechtigkeit, die den Zugang zur Basileia eröffnet, wo am Ende die vollkommene Mahlgemeinschaft zwischen Jesus und seinen Jüngern im Reich Gottes stattfinden wird (vgl. 26,29).

Zusammenfassend lässt sich die erste Strophe der Seligpreisungen, die durch 5,6 zum Abschluss kommt, als *eine* große Verheißung lesen: Die „geistlich Armen", die darum wissen, dass sie auf Gottes Entgegenkommen angewiesen sind, denen gilt die Verheißung der Basileia. Der Weg zur Basileia führt über die Gerechtigkeit (vgl. 5,20). Aber das „gesättigt werden", d.h. das reichliche und ausreichende Empfangen dieser Gerechtigkeit ist denen verheißen, die danach hungern und dürsten. Wie das möglich ist? Weil Jesus gekommen ist, um „alle Gerechtigkeit zu erfüllen" (3,15). Was ihn dazu bevollmächtigt? Er ist der verheißene Davidssohn, der Immanuel, mit dem sich die Verheißungen der Schrift erfüllen. Er ist es, von dem Gott selbst bezeugt: Οὗτός ἐστιν ὁ υἱός μου ὁ ἀγαπητός, ἐν ᾧ εὐδόκησα (3,17).

Die zweite Strophe der Seligpreisungen kann in ihren Verheißungen geradezu als Entfaltung dessen gelesen werden, was diese Gerechtigkeit bedeutet: die Erfahrung von Gottes Erbarmen (7b), die unverstellte Nähe zu Gott (8b), die Gewissheit der Gotteskindschaft (9b) und trotz Verfolgung *wegen genau dieser Gerechtigkeit* die Teilhabe an der Königsherrschaft Gottes. Damit ist die Richtung für das Verständnis von 5,10 vorgegeben.

Appendix: Die Behandlung der einzelnen mt Gerechtigkeitsbelege ist in der Regel vom jeweiligen Gesamtverständnis des Exegeten bestimmt, so dass die einzelnen Texte häufig nicht für sich betrachtet werden. Entscheidend ist dabei für viele Mt 5,20, ein Vers, der in Verbindung mit 5,17–19 und den nachfolgenden Antithesen dazu verführt, die mt Gerechtigkeit als eine *zu erfüllende Forderung und Einlassbedingung in die Basileia* zu verstehen.

---

[155] S. dazu H.-CH. KAMMLER, Sohn Gottes 178.182f. Darüber hinaus lässt sich 4,8–10 mit Mt 5,5 und 4,5–7 mit 5,8 verbinden.

Damit verbunden ist die jeweils vorausgesetzte Stellung des Evangeliums bzw. des Evangelisten zum zeitgenössischen Judentum und zur Tora, die die konkrete Gestalt der mt δικαιοσύνη dominiert.

Dazu kommt, dass viele Ausleger von einem einheitlichen δικαιοσύνη-Gebrauch bei Matthäus ausgehen und die Stellen, bei denen der semantische Befund keineswegs eindeutig ist, von den scheinbar klareren Stellen her interpretieren. Zu diesen zählt u.a. Georg Strecker, für den alle δικαιοσύνη-Belege „die ethische Haltung der Jünger" meinen, mithin „eine Rechtschaffenheit, wie sie der wesentliche Gegenstand der Forderung Jesu ist". Sie ist, darauf kommt es ihm an, keine „»Gabe« …, die dieser Forderung vorausginge".[156] Er räumt ein, dass sich Mt 5,6 nur schwer in diesen Rahmen fügt, aber er umgeht diese Schwierigkeit, indem er zuerst die anderen Stellen behandelt und dann, nachdem er dort das ethische Verständnis nachgewiesen hat, dieses auch für 5,6 postuliert.[157] Ähnlich argumentiert auch Luz: „Δικαιοσύνη *kann* an allen matthäischen Stellen als menschliches Verhalten verstanden werden; an einigen *muß* sie so verstanden werden" (Mt I 210, Hhg.Orig.); aus der Parallelität mit 5,10, die s.E. eindeutig ethisch zu verstehen sei, ergibt sich für ihn, dass dann auch in 5,6 der ethischen Deutung der Vorzug zu geben sei, die inhaltlich in 5,20–48 entfaltet werde.[158]

---

[156] Weg 157f, vgl. 180f.187. Gegen Schrenk (s.o. Anm. 149), mit dem Strecker jedoch das einheitliche Verständnis auf das menschliche Tun teilt. Eine ähnliche Position vertritt B. PRZYBYLSKI, Righteousness; er geht aber über Strecker hinaus, indem er den Inhalt der Gerechtigkeit ausschließlich an die Tora bindet. Nach ihm ist δικαιοσύνη gebraucht „to describe the demand of God upon man to live according to a certain norm, the law" (105; zur Abgrenzung gegenüber Strecker s. 107). Am radikalsten interpretierte wohl E. STAUFFER die mt Gerechtigkeitsterminologie als Aufforderung zum (bei ihm: moralischen) Tun, indem er δικαιοσύνη als „das judenchristliche Programmwort des Matthäuskreises" sieht und darin – abhängig von seiner Deutung von 5,20 – ein „Bekenntnis zum Superpharisäismus" als Folge der sehr früh einsetzenden „Rejudaisierung" der Botschaft Jesu, vgl. Die Botschaft Jesu damals und heute, DTb 333, Bern u. München 1959, 38.

[157] Weg 156f. Vgl. DAVIES/ALLISON, Mt I 453: „hungering and thirsting for conformity to the will of God". Sie betonen aber zu Recht, dass nicht die Gerechten selig gepriesen werden, sondern die, die sich danach sehnen.

[158] So auch DAVIES/ALLISON Mt I 453, für die ebenfalls der Sprachgebrauch an den anderen Stellen argumentativ den Ausschlag gibt, denn bei der Auslegung von 3,15 hatten sie noch etwas vorsichtiger geschrieben, dass 5,6 möglicherweise die Ausnahme darstellt zu der von ihnen ansonsten angenommenen Bedeutung von δικαιοσύνη im Sinne von „moral conduct in accord with God's will" (I 327). Ein einheitlich ethisches δικαιοσύνη-Verständnis vertreten auch J. GNILKA, Mt I 77.124.127.149.202.250f; II 222; K. SYREENI, Making 207–209; W. WIEFEL, Mt 59.86f.90.104.143, dessen Auslegung allerdings ein Beispiel dafür ist, wie das einmal behauptete ethische Verständnis dann auch da vertreten wird, wo es nicht mehr wirklich passt (bes 86f zu 5,6), ehe am Ende zu 21,32 dann doch noch – ohne allerdings entfaltet zu werden – „im Verständnis der δικαιοσύνη eine neue Dimension" akzeptiert wird (368). Vgl. a. R. FELDMEIER, Salz der Erde 26f, der den Gabe-Charakter deutlich erkennt („»Gerechtigkeit« wird zum Synonym des Glaubens und der Christusbindung!" [29]) und betont, dann aber aufgrund von 5,20; 6,1, wo von „eurer Gerechtigkeit" die Rede ist, diesen

Davon zu unterscheiden sind diejenigen, die den semantischen Gehalt von „Gerechtigkeit" vom jeweiligen Kontext abhängig machen. Dazu gehört Hans Dieter Betz, für den es methodisch unnötig ist „to force the same meaning on a term each time it occurs" (Sermon 130). Er steht damit für eine lange Reihe von Auslegern, die die mt δικαιοσύνη-Bedeutung je nach Kontext differenzieren, ohne dass dabei Einigkeit erzielt worden wäre. Die folgende paradigmatische Übersicht, bei der auf die einzelnen Nuancen und Begründungen keine Rücksicht genommen wird, zeigt aber doch gewisse Tendenzen auf.

Zur Erläuterung der Tabelle: „eth." bedeutet ein Verständnis der Stelle, wonach hier ein menschliches Handeln gemeint ist, das sich an der Forderung Gottes auszurichten habe. Inhaltlich kann darunter entweder die Tora oder allgemeiner der ganze Gotteswillen bzw. die fordernde Gerechtigkeit Gottes gemeint sein. Das Stichwort „Gabe" impliziert dagegen ein Verständnis von Gerechtigkeit, deren Ermöglichung oder Verwirklichung als von Gott abhängig gedacht ist. Dabei kann der Anteil des Menschen als Folge davon unterschiedlich bewertet sein. Entscheidend für diese Qualifizierung ist, dass Gottes Handeln zum Wohl und Heil des Menschen als Voraussetzung verstanden wird für dessen antwortendes Tun. Mit einem Fragezeichen wird angedeutet, dass der Autor unsicher ist, welchen von beiden Möglichkeiten die betreffende Stelle zuzuordnen ist. Steht ein Fragezeichen hinter „eth." oder „Gabe", dann geht aus den Erläuterungen des Autors (für mich) nicht eindeutig hervor, welche Position er bezieht, während „k.A." für „keine Angaben" besagt, dass auf die betreffende Stelle in dem genannten Buch oder Aufsatz nicht eingegangen wurde.

Autor (alphabetisch)	3,15	5,6	5,10	5,20	6,1	6,33	21,32
O. Betz, Bergpredigt	Gabe	Gabe	eth.	eth.	eth.	Gabe	eth.
R. A. Guelich, Sermon	k.A.	Gabe	eth.	eth.	eth.	Gabe	k.A.
D. A. Hagner, Mt[159]	Gabe	Gabe	Gabe?	eth.	eth.	eth.	Gabe
F. Hahn, Mt 5,17 (Anm. 35)	Gabe	Gabe	eth.?	eth.	eth.	Gabe	Gabe
H.-Ch. Kammler, Sohn Gottes (s.o. Anm. 83) 172	Gabe	eth.	eth.	eth.	eth.	eth.	eth.
J. P. Meier, Law 77–79	k.A.	Gabe	eth.	eth.	eth.	Gabe	?
A. Sand, Mt	Gabe	Gabe	Gabe	eth.	eth.	Gabe	Gabe?
E. Schweizer, Mt	eth.	Gabe	?	eth.	eth.	Gabe	eth.
Th. Soiron, Bergpredigt 169f	eth.	Gabe	Gabe	eth.	eth.	Gabe	eth.
H. Weder, »Rede« 64	k.A.	Gabe	Gabe	eth.	eth.	Gabe	k.A.
W. Zager, Ethik 6	eth.	eth.	eth.	eth.	eth.	Gabe	eth.

---

wieder abschwächt, offenbar aus der Sorge heraus, dass Matthäus Paulus zu nahe kommt (vgl. den kleinen Exkurs 29–31).

[159] Vgl. DERS., Righteousness in Matthew's Theology, in: Theology and Ministry in the Early Church, FS R. P. Martin, hg. v. M. J. Wilkins u. T. Paige, JSNT.S 87, Sheffield 1992, 101–120.

2. „Selig die Verfolgten wegen Gerechtigkeit ...“ (Mt 5,10)

Zum Abschluss der zweiten Viererreihe werden in der achten Seligpreisung erstmals Gerechtigkeit und Himmelreich ausdrücklich miteinander in Beziehung gesetzt: μακάριοι οἱ δεδιωγμένοι ἕνεκεν δικαιοσύνης, ὅτι αὐτῶν ἐστιν ἡ βασιλεία τῶν οὐρανῶν. Damit gelingt Matthäus eine doppelte Verknüpfung: durch die Wendung βασιλεία τῶν οὐρανῶν verweist er auf die erste Seligpreisung und bildet so eine eindrucksvolle *inclusio*[160]. Daniel Patte interpretiert in seinem strukturanalytischen Kommentar diese Rahmung so:

„The use of the rhetorical device of inclusion shows that it is taken for granted that participation in the kingdom is the ultimate blessing. The other blessings (5:4–9) express specific instances of what it means to participate in the kingdom.“[161]

Die zweite strukturelle Klammer innerhalb der Seligpreisungen ist δικαιοσύνη (hier wie in 3,15 ohne Artikel), womit der Autor sowohl auf 5,6 zurück- als auch auf 5,20 vorverweist und zudem die Zweiteilung der Seligpreisungen in zwei Viererreihen unterstreicht. Zugleich sind V. 10 und 11 durch eine Reihe von Stichworten verknüpft: neben dem einleitenden μακάριοι die erstmalige Nennung einer Verfolgungssituation, markiert durch das ‘Mikrogewebe’ διώκειν (außer in 10f auch noch einmal in V. 12)[162], die im bisherigen Erzählgang des Evangeliums völlig unvermittelt erscheint, und schließlich die zweimalige Verwendung der uneigentlichen Präposition ἕνεκεν. In V. 10 werden die Jünger ἕνεκεν δικαιοσύνης verfolgt, in V. 11 ἕνεκεν ἐμοῦ. Die Präposition besitzt bei Matthäus mit Ausnahme von V. 10 exklusiv-christologischen Charakter (vgl. 10,18.39; 16,25; 19,29[163]) und es legt sich von daher nahe, in ἕνεκεν δικαιοσύνης eine bewusste Parallelisierung zu ἕνεκεν ἐμοῦ zu sehen.[164] Reinhard Feldmeier behauptet dies

---

[160] Für die Zweiteilung (s.o. Anm. 114) spricht auch, dass die erste und achte Seligpreisung den Inhalt der Verheißung präsentisch zusprechen, während die mittleren Makarismen allesamt das Futur für die Heilszusagen gebrauchen.

[161] Mt 66. Er weist ferner darauf hin, dass die Seligpreisungen zu den Segnungen zählen und damit zur performativen Rede: „they have the power of positing a new reality“ (67).

[162] Durch das ‘Mikrogewebe’ διώκειν wird die Reihe der Seligpreisungen auf die Jünger zugespitzt und zum Ziel gebracht: μακάριοί ἐστε ὅταν ὀνειδίσωσιν ὑμᾶς καὶ διώξωσιν καὶ εἴπωσιν πᾶν πονηρὸν καθ’ ὑμῶν [ψευδόμενοι] ἕνεκεν ἐμοῦ. χαίρετε καὶ ἀγαλλιᾶσθε, ὅτι ὁ μισθὸς ὑμῶν πολὺς ἐν τοῖς οὐρανοῖς· οὕτως γὰρ ἐδίωξαν τοὺς προφήτας τοὺς πρὸ ὑμῶν. Vgl. dazu unten Abschnitt 3.

[163] In 19,5 verwendet Matthäus einmal die attische Form ἕνεκα in nichtchristologischem Gebrauch im Zitat von Gen 2,24, obwohl sowohl die LXX als auch die Parallele in Mk 10,7 ἕνεκεν lesen. Dazu kommt, dass in der Q-Parallele zu Mt 5,11 (Lk 6,22) ebenfalls ἕνεκα steht. Das macht es überlegenswert, ob Matthäus ἕνεκεν bewusst für den christologischen Gebrauch reservieren wollte, auch wenn keine Bedeutungsdifferenz zu ἕνεκα vorliegt.

[164] F. A. G. THOLUCK, Bergpredigt 98.113 mit Verweis auf 1Petr 3,14; 4,14: „Die Angeredeten werden bereits im Besitz der δικαιοσύνη gedacht und, wie ἕνεκεν ἐμοῦ zeigt, der

ausdrücklich, wenn er schreibt: „Die Verfolgung der Jünger um der Gerechtigkeit willen (5,10) ist deshalb gleichbedeutend mit der Verfolgung um Jesu willen (5,11)."[165]

Für das Verständnis dessen, was Matthäus mit Gerechtigkeit meint, ist 5,10 wichtig, weil sich auch diese Stelle nur schwer mit dem ethischen Verständnis, wie es Strecker u.a. für *alle* δικαιοσύνη-Belege sowie *alle* Seligpreisungen behaupten, in Einklang bringen lässt: Zu 5,6 hatte er geschrieben, dass die Zusage des Himmelreiches denen gilt, „die sich angestrengt um die Verwirklichung der Gerechtigkeit bemühen" (Bergpredigt 40), womit er erkennbar auf die in der Einleitung gestreifte Diskussion über die Bergpredigt im Rahmen einer sozial-politischen Gerechtigkeit, wie sie die bundesdeutsche theologische Diskussion der siebziger und achtziger Jahre des vergangenen Jahrhunderts prägte, Bezug nahm.[166] Unter diesen Prämissen wird 5,10 zu

---

von Christo ausgegangenen" (113). Vgl. a. die handschriftliche Überlieferung zu ἕνεκεν ἐμοῦ in V. 11: Kodex D und die Itala lesen statt ἐμοῦ wie in V. 10 δικαιοσύνης. Nach G. STRECKER, Bergpredigt 47, gibt diese sekundäre Angleichung „die Ansicht des Matthäus richtig" wieder, da Jesu Auftreten durch Gerechtigkeit gekennzeichnet ist und dies darum auch die Haltung seiner Jünger prägen soll.

[165] Salz der Erde 27, aber er nimmt diese Behauptung (die er im Kontext der Auslegung von 5,6 machte) dann bei der Auslegung von 5,10 teilweise wieder zurück, wenn er schreibt: „Nur wegen eines Verhaltens kann man verfolgt werden – nicht wegen einer Sehnsucht nach Gottes Gerechtigkeit" (29), d.h. hier bestimmt wieder das ethische Verständnis die Auslegung. Die Alternative „Verhalten" vs. „Sehnsucht" ist allerdings wenig hilfreich, denn die Verfolgung geschieht ja nicht wegen einer *Sehnsucht*, sondern wegen Jesus, wie Feldmeier auf S. 26 selbst schrieb, und d.h. wegen des *Bekenntnisses* zu ihm, dass mit einem entsprechenden Verhalten verbunden war. Dass man „nur wegen eines Verhaltens" verfolgt werden kann, ist zumindest eine sehr missverständliche Aussage, wenn man auf die Geschichte der religiös motivierten Gewalt und Verfolgung blickt, wo fast immer Bekenntnisfragen im Mittelpunkt standen. BEDA VENERABILIS etwa bezieht in seinem Kommentar zum Jakobusbrief Mt 5,10 auf die in Apg 8,1 beschriebene Verfolgung der judenchristlichen Gemeinde Jerusalems: Sie wurden „wegen der Gerechtigkeit" (propter iustitiam) verfolgt, womit nach Apg 7,52 eindeutig eine Verfolgung um Jesus, „des Gerechten", willen gemeint ist (In Epistulam Iacobi Expositio, übers. u. eingeleitet v. M. Karsten, Fontes Christiani 40, Freiburg u.a. 2000, 68f).

[166] Zu dem damit verbundenen rigorosen ethischen Aktivismus vgl. DERS., Bergpredigt 36, zur zweiten Seligpreisung: „Freilich ist es nicht die Intention der matthäischen Makarismenreihe, nur Trost zuzusprechen, sondern es soll eine ethische Haltung provoziert werden, welche die eschatologische Verheißung für sich hat"; die dritte Seligpreisung „enthält den indirekten Aufruf zu einem aktiven Handeln, welches das neue Gesetz Christi erfüllt: aktive Hingabe an das hohe Ziel der Sanftmut, der Freundlichkeit und der Milde, ein Handeln, das nicht durch Zorn, Brutalität oder Feindschaft, sondern gänzlich durch Güte bestimmt ist" (37); ebd. 39 zu 5,6: das Bild vom Hungern und Dürsten „mahnt zum entschlossenen ethischen Einsatz, der alles daran setzt, die Gerechtigkeit *hic et nunc* zu verwirklichen"; zu 5,7 schreibt Strecker: „Das barmherzige Tun verlangt den menschlichen Einsatz ohne jeden Vorbehalt" (41), das „reine Herz" in 5,8 besitzt der, „der die Forderung der Gerechtigkeit tut" (41); auch mit 5,9 wird „durch einen Makarismus eine Forderung erhoben" (43). Eindrucksvoll ist die Einseitigkeit, mit der Strecker den Imperativ in den Vordergrund stellt

einer Ermutigung für diejenigen, die zivilen Ungehorsam für eine gerechte Sache wagen: „Solche Verfolgung kann die Gewißheit des Glaubens bestätigen" (Bergpredigt 45). Andererseits schreibt gerade Strecker zu 5,10:

„Die Person Jesu steht also in engster Beziehung zur ‚Gerechtigkeit‘. Als der Lehrer der Gerechtigkeit weist er den ‚Weg der Gerechtigkeit‘ (21,32). Da sein Auftreten durch ‚Gerechtigkeit‘ bestimmt ist, kann der Anlaß der Verfolgung sowohl die Zugehörigkeit zur Person Jesu als auch die Haltung der Gerechtigkeit sein. Beide Male handelt es sich um dieselbe Zielsetzung: Die Gemeinde, die sich durch das Wort Jesu gerufen weiß, ist auf den Weg der Gerechtigkeit gestellt."[167]

Wenn aber diese Gerechtigkeit nach Strecker nichts anderes darstellt als „die Verwirklichung des im alttestamentlichen Gesetz und in den Propheten ausgesprochenen Gotteswillens" (Bergpredigt 63), der sich ethisch in erster Linie als Gottes- und Menschenliebe bzw. in der Goldenen Regel äußert, dann ist fraglich, wie es deswegen zu einer Verfolgungssituation kommen kann, wie sie in 5,10 vorauszusetzen ist. Für die jüdischen Anhänger Jesu bestand, solange sie in Gemeinschaft mit ihrem Volk lebten, keine Gefahr, aufgrund der Einhaltung des Gesetzes – und sei es in der 'radikalisierten' Form der »Antithesen«[168] – verfolgt zu werden. Ein solches Verhalten löste vielleicht Spott, aber kaum Verfolgung aus.[169] Aber auch für Heidenchristen ist keine

---

und weit über das in den Texten Enthaltene verstärkt. Die von Strecker vorgenommene radikale Ethisierung ist im eigentlichen Sinn des Wortes *gnaden*los.

[167] Bergpredigt 47f.

[168] Zu diesem gebräuchlichen, gleichwohl problematischen Gattungsbegriff vgl. D. SCHELLONG, Christus fides interpres Legis. Zur Auslegung von Mt 5,17–20, in: Jesus Christus als die Mitte der Schrift, FS O. Hofius, hg. v. Ch. Landmesser u.a., BZNW 86, Berlin 1997, 659–687 (679f Anm. 47). Ich halte die Bezeichnung für der mt Theologie unangemessen und setze sie daher in »spitze« Klammern. Zu meinem eigenen Verständnis s.u. § 10/3.

[169] Das gilt noch mehr für U. LUZ, Mt I[1–4] 214/I[5] 289, der die Schwierigkeit dieser Stelle mit seinem eigenen Bild der mt Gemeindesituation zu schnell übergeht. Da s.E. die Gemeinde des Matthäus die „uneingeschränkte[] Gültigkeit des Gesetzes" bejaht (I[1–4] 68 u.ö.), er aber Gerechtigkeit als ethisches Verhalten auch im Sinne des Gesetzes versteht, fragt man sich, weswegen eine solche Gemeinde verfolgt worden sein soll. Bei der Auslegung von 5,10 heißt es darum merkwürdig allgemein: „Zur Gerechtigkeit gehören christliche Praxis *und* Bekenntnis zu Jesus" – letzteres allerdings sofort wieder ethisch begrenzt: „Das Bekenntnis zu Christus manifestiert sich in Taten (7,21–23; 25,31–46)". Aber, so muss eingewandt werden: Diese Taten allein verursachen keine Verfolgung, sondern einzig und allein, dass sie um Jesu willen bzw. in seinem Namen und als Ausweis der *in ihm* nahe gekommenen Basileia getan werden (10,18.39; 16,25; 19,29). Es ist mit anderen Worten die 'erfüllte' Gerechtigkeit' von 3,15, die zur Verfolgung führt, weil diese untrennbar mit Jesu Anspruch und Geschick verbunden ist. Vgl. dazu H. WEDER, »Rede« 79, der richtig in der „fundamentale[n] Beziehung zum Christus" den Grund der Verfolgung sieht: „Gewiß meint die Verfolgung wegen Gerechtigkeit *auch* die Verfolgung aufgrund eines bestimmten *Verhaltens*; aber eines Verhaltens, das gerade nicht an der Gerechtigkeit des Gesetzes orientiert ist, sondern an der Gerechtigkeit des Christus" (Hhg.Orig.).

Verfolgungssituation wegen eines bestimmten ethischen Verhaltens denkbar: weder von jüdischer noch von römischer Seite. Von daher ist es ratsam, sich bei der von Matthäus gemeinten „Gerechtigkeit" nicht von vornherein auf eine quantitativ bessere Erfüllung des Gesetzes – wie es die »Antithesen« (angeblich) formulieren – festzulegen. Wie schwierig dies selbst für Strecker ist, zeigt der Widerspruch in seiner Darstellung der Gerechtigkeitsaussagen: Während er einerseits, ausgehend von 5,20, „das quantitative Mehr" der von den Jüngern erwarteten Gerechtigkeit hervorhebt (Bergpredigt 62), ist in seinem letzten Abschnitt dann plötzlich doch von einer auch *qualitativ* anderen Gerechtigkeit die Rede. Damit ist einerseits gemeint, dass einzig diese neue und andere Gerechtigkeit „den Eingang in die Basileia" eröffnet und als ein „eschatologisches Phänomen" eine besondere Qualität besitzt. Aber dann heißt es noch weiter:

„Die qualitative Andersartigkeit ist aber vor allem durch die Person dessen begründet, der die Forderung der Gerechtigkeit erhebt: Der Bergprediger ist der mit eschatologischer Vollmacht lehrende Kyrios-Gottessohn; er ist der Gekreuzigte und Auferstandene, der gegenwärtige Herr seiner Gemeinde. Seine Forderung ist unverwechselbar mit seiner Person und mit seinem Anspruch verbunden. Es ist also die christologische Dimension, welche die geforderte Haltung der Gerechtigkeit zu einer neuen, anderen, besseren macht."[170]

Wenn aber der Gekreuzigte und Auferstandene der Grund und Inhalt der neuen Gerechtigkeit ist (wenngleich nach wie vor als „Forderung" verstanden), dann ist damit auf eine Dimension verwiesen, die sich der einseitig ethischen Beschränkung verweigert und die Frage der präzisen Bestimmung von Christologie und Jünger-Gehorsam im Kontext der Gerechtigkeitsterminologie neu stellt. Die Entfaltung des Gerechtigkeitsbegriffes geschieht bei Matthäus also sehr zielgerichtet, indem von 3,15 an über 5,6 und nun 5,10 der Bezug zu Jesus selbst hergestellt wird. Hans Weder weist darum erneut in die richtige Richtung, wenn er schreibt: „Historisch gesehen ging es um das Messiasbekenntnis zum Gekreuzigten, welches die Judenchristen außerhalb des Tolerablen versetzte. Dieses Bekenntnis entließ auch Kritik am Gesetz aus sich heraus" (»Rede« 79).

3. „Selig seid ihr..." (Mt 5,11f)

Die beiden Viererreihen der zweigliedrigen Kette der Seligpreisungen werden mit der neunten Seligpreisung zusammengebunden wie eine Kette durch das Schloss. Mit ihr wendet sich Jesus direkt an seine Jünger.[171] Das auffällige

---

[170] Bergpredigt 64.

[171] Zu diesem mehrfach bezeugten Formprinzip, wonach in einer Makarismen-Reihe jeweils die erste oder letzte einen Personenwechsel aufweist bzw. erweitert ist, vgl. 4Q525 (=

μακάριοί ἐστε in 5,11 bereitet die zweimalige direkte Anrede in 5,13.14 vor: Ὑμεῖς ἐστε … [172] Den Abschluss der Seligpreisungen bildet jedoch, wiederum in der direkten Anrede an seine Jünger, eine nachdrückliche Aufforderung, sich trotz Schmähungen und Verfolgungen zu freuen: Χαίρετε καὶ ἀγαλλιᾶσθε, ὅτι ὁ μισθὸς[173] ὑμῶν πολὺς ἐν τοῖς οὐρανοῖς· οὕτως

4QBeatitudes) Frg. 3, Kol. II: der erste Makarismus ist unsicher u. ergänzt, die folgenden drei sind an Adressaten in der 3. Person Plural gerichtet, während der fünfte, abschließende Makarismus eine stark erweiterte Anredeform in der 3. Person Singular aufweist; zu diesem Text s. E. PUECH, 4Q525 et les péricopes des béatitudes en Ben Sira et Matthieu, RB 98 (1991), 80–106; die Reihe in 4Q185 (2mal 3. Person Singular) ist zu fragmentarisch, um daraus Schlüsse zu ziehen; slHen 42,6–14 umfasst eine Reihe von neun Seligpreisungen sehr unterschiedlicher Länge; während die ersten acht in der 3. Person Singular formuliert sind, wechselt die abschließende neunte in die 3. Person Plural (dass dies aber keine feststehende Regel ist, zeigt slHen 52: sieben alternierende Paare mit je einer Seligpreisung und einer Verfluchung, die alle in der 3. Person Singular gebildet sind; vielleicht ist die Ergänzung im ersten Paar „selig ist der Mensch" bzw. „verflucht ist jeder Mensch" [handschriftlich allerdings nicht einheitlich] im Unterschied zu den nachfolgenden „selig ist, wer …" bzw. „verflucht ist, wer …" eine Reminiszenz an das Stilmittel der Hervorhebung des ersten oder letzten Makarismus, so auch Tob 13,15f); auch die verschiedenen Reihen von Weherufen im sog. Brief des Henoch (äthHen 92–105) folgen häufig diesem Schema: 94,6–11: drei Weherufe, die ersten beiden 3. Person Plural, der dritte dagegen 2. Person Plural; 95,4–7: vier Weherufe, alle in der 2. Person Plural, die letzten beiden Anreden sind erweitert; 96,4–8: fünf Weherufe, alle in der 2. Person Plural, die erste und die letzte Anrede ist erweitert (vgl. 94,6f); 97,7f: zwei Weherufe in der 2. Person Plural, die erste Anrede erweitert; 98,9–99,2: acht Weherufe in der 2. Person Plural (bei den letzten beiden ist die handschriftliche Überlieferung allerdings geteilt: ein Teil liest die 3. Person Plural), die ersten beiden Anreden erweitert (evtl. ist der erste Weheruf gesondert zu sehen); 99,11–16: fünf Weherufe, alle in der 2. Person Plural (in den letzten drei schwankt die Überlieferung jedoch zwischen der 2. und 3. Person), sonst keine besonderen Merkmale; 100,7–9: drei Weherufe, 2. Person Plural; Sir 2,12–14: drei Weherufe, zweimal in der 3. Person (zuerst Plural, dann Singular), während das dritte Wehe „euch" gilt; ThEv 68f: drei Makarismen, der erste als 2. Person Plural formuliert, die beiden nachfolgenden in der 3. Person Plural. In den von M. HENGEL angeführten rabbinischen Reihungen finden sich immerhin einige Beispiele für einen solchen Wechsel der Person: tSukka 4,2 (Z. 198): drei Makarismen, der erste in der 3. Person Singular, die beiden folgenden in der 2. Person Singular (Bergpredigt 229 [= 337]); MMish 9,20 zu Prov 9,2 (ed. Buber p. 31b): vier Makarismen, die ersten drei in der 2. Person Plural, die vierte in der 2. Person Singular (ebd. 230 [= 338]).

[172] Vgl. U. LUZ, Mt I[1-4] 221/I[5] 297 Anm. 19 bzw. 20: seit Augustin wird auf diese Beziehung hingewiesen und V. 11–16 darum oft als eine Perikope aufgefaßt. B. WEISS, Mt 100 Anm.*, vgl. a. 97, sieht dagegen den Zusammenhang von 5,17ff mit den Seligpreisungen „durch die Einschaltung des Evangelisten (V. 13–16) verdunkelt"; so auch P. GAECHTER, Mt 154: 5,13–16 sind ein „loses Traditionsstück", das „weder zum Vorausgehenden noch zum Nachfolgenden" in einer inneren Beziehung steht.

[173] Zu fragen ist, ob mit μισθός nicht ein Verweiswort auf das Thema „Gerechtigkeit" vorliegt. Ist es nicht so, dass – zumindest in der Volksfrömmigkeit – Lohn als Ergebnis gerechten Verhaltens erwartet wurde? Vgl. z.B. Mt 20,4.13 („gerechte" Bezahlung der Arbeiter im Weinberg), aber auch slHen 51,3 nach einer Reihung ethischer Mahnungen: „Jedes mühsame und schwere Joch, wenn es über euch kommt um des Herrn willen, trägt alles und löst es, und so werdet ihr euren Lohn finden am Tag des Gerichts" (Übers.)

γὰρ ἐδίωξαν τοὺς προφήτας τοὺς πρὸ ὑμῶν. Der Grund zur Freude geht aus der Aufforderung eindeutig hervor: Es ist der „große Lohn in den Himmeln". Zu klären ist allerdings, *wofür* den Jüngern Lohn zugesagt ist: für gute Taten im Sinne der ethischen Interpretation der Seligpreisungen oder dafür, dass sie – den Propheten gleich – Gottes Willen ausrichten?

Für Weder ist die Gleichsetzung der um Jesu willen erduldeten Verfolgung der Jünger mit der der biblischen Propheten ein eindeutiger Hinweis darauf, dass die Ursache derselben „nicht auf das Tun beschränkt werden kann", denn: „Gerade die Propheten wurden ja nicht etwa aufgrund dessen verfolgt, was sie taten, sondern vielmehr aufgrund dessen, was sie sagten."[174] Gilt dann aber auch die Lohnverheißung der prophetischen Aufgabe der Jünger? Zur Beantwortung ist zunächst nach einem möglichen Bezug von Lohn und Propheten zu fragen und erst danach nach der matthäischen Bedeutung des „Lohnes im Himmel".

3.1 Propheten und Jünger bei Matthäus

Dafür ist es nötig, das Prophetenverständnis, wie es im ersten Evangelium entfaltet wird, in das Textgeflecht zum Thema Gerechtigkeit miteinzubeziehen. Dass für Matthäus die Propheten eine wichtige Vorbildfunktion sowohl für den Täufer als auch für Jesus selbst und seine Jünger bildeten, ist unschwer zu erkennen.

Zur literarischen Herkunft und Bearbeitung der mt Prophetenbelege[175]: (a) Der *Täufer wird als Prophet* bezeichnet bzw. mit ihnen verglichen in 11,9 (vgl. 13) par. Lk 7,26 (Q) und Mt 21,26 parr. Mk 11,32; Lk 20,6. Im mk Bericht über den Tod des Täufers (6,14–29) fehlt für diesen die Bezeichnung προφήτης, statt dessen ist er als ἀνὴρ δίκαιος καὶ ἅγιος charakterisiert (6,20), was Matthäus in 14,5 mit „Prophet" wiedergibt. Es zeigt sich also, dass Matthäus die Prophetenbelege für Johannes aus seinen Vorlagen Markus und Q übernimmt

---

Ch. Böttrich). Hier werden die Gerechten wie bei Matthäus in bedrängter Lage auf den zukünftigen himmlischen Lohn verwiesen. Aber das eigentliche Motiv für das angemahnte Handeln ist nicht Lohn, sondern Gerechtigkeit, denn es heißt: „Selig ist, wer ein gerechtes Gericht hält, nicht um eines Lohnes, sondern um der Gerechtigkeit willen, ohne danach irgendwelche Dinge zu erhoffen" (slHen 42,7). Zur Lohnfrage s.a. M. HENGEL, Bergpredigt 262f (= 370f).

[174] »Rede« 80. Zu den Propheten als Vermittlern der göttlichen Botschaft vgl. neben der Botenspruchformel und ähnlich geprägten Wendungen sowie den Beauftragungs- und Berufungsberichten (Jer 15,19; Ez 3,17–21; 33,7–9) insbesondere Jer 18,18: wie man vom Weisen „Rat" und vom Priester „Weisung" erwartete, so vom Propheten das „Wort" (דָּבָר, LXX: λόγος; die Werkzeuge des Propheten sind Zunge und Worte), vgl. a. Sach 1,6: Gott hat seinen Knechten, den Propheten, τοὺς λόγους μου καὶ τὰ νόμιμά μου anvertraut; über den masoretischen Text hindurch ergänzt LXX als Medium der Beauftragung ἐν πνεύματί μου.

[175] Es geht hier zunächst nur um die Stellen, wo auf das Geschick bzw. das Vorbild der Propheten rekurriert wird, nicht dagegen um die Verweise auf die Propheten als Teil der Schrift bzw. in der Einleitung zu Schriftzitaten. Auch die Sondergut-Belege in 5,17; 7,12 und 22,40 gehören sachlich in den Zusammenhang der Erfüllung der Schrift.

und zusätzlich Mk 6,20 entsprechend formuliert: Wie in 11,9a; 21,26 hält *das Volk* Johannes für einen Propheten, während Jesus seinen Jüngern erklärt, dass der Täufer „mehr als ein Prophet" ist (Mt 11,9b: περισσότερον προφήτου). Lediglich die lk Sondergutstelle 1,75 hat bei ihm keine Entsprechung.

(b) Matthäus gestaltet im Unterschied dazu die Darstellung von *Jesus als Prophet* stärker. Das ist erkennbar an der Aussage der galiläischen Festpilger gegenüber der Jerusalemer Stadtbevölkerung über ihren 'Landsmann' Jesus: Οὗτός ἐστιν ὁ προφήτης Ἰησοῦς ὁ ἀπὸ Ναζαρὲθ τῆς Γαλιλαίας (21,11 [SG]), vgl. 21,46, wo Matthäus gegen Mk 12,12 und Lk 20,19 Jesus in den Augen der ὄχλοι noch einmal (wie in 21,11) als Prophet bezeichnet. Die beiden Stellen 21,11.46 könnten durch 21,26 par. Mk 11,32 (der Täufer wird vom Volk als Prophet angesehen) angeregt und von Matthäus aus erzähltechnischen Motiven gebildet worden sein und erweisen sein Interesse, Jesus wie Johannes (wenigstens) als Propheten im Bewußtsein des Volkes zu verankern, obwohl dies für ihn kein ausreichendes Bekenntnis darstellt. Von den mk Prophetenbelegen, die Jesus als Prophet charakterisieren, übernimmt Matthäus alle mit Ausnahme von Mk 6,15, teilweise mit redaktionellen Veränderungen[176]. Das verdeutlicht insbesondere Mk 8,28 parr. Mt 16,14; Lk 9,19. Auf die Frage Jesu an seine Jünger, für wen ihn die Leute halten, antworten diese: (1.) für Johannes den Täufer (Mk, Mt, Lk), (2.) für Elija (Mk, Mt, Lk), (3.) für *Jeremia* (Mt) oder (4.) für einen der Propheten (Mk, Mt, Lk). Die Einfügung von Jeremia hebt sich deutlich ab und verweist auf das besondere Interesse des Matthäus an Jeremia.[177] Angesichts dieser Einfügung ist es kein Zufall, dass der erste und der letzte namentlich genannte Prophet im ersten Evangelium eben Jeremia ist (2,17 bzw. 27,9)[178]. Besonders die letzte Stelle erweckt den Eindruck einer bewußt gesetzten 'Jeremia-Klammer', denn dort wird vorrangig Sach 11,12f und eben nicht Jeremia zitiert, wenngleich bei diesem Mischzitat auch Elemente aus Jeremia vorkommen.[179] Dass er Jeremia nennt, hängt offensichtlich mit seiner Vorliebe für diesen Propheten zusammen.

---

[176] Προφήτης bei Markus insgesamt 6mal; auf Jesus bezogen: 6,4 par. Mt 13,57; 6,15 par. Lk 9,8 (Mt 14,1f ist eine stark verkürzte Darstellung von Mk 6,14–16: dieser Kürzung fiel auch der Vergleich von Jesus mit einem der Propheten zum Opfer) und 8,28 par. Mt 16,14; die übrigen Stellen (11,32) beziehen sich auf den Täufer bzw. den Propheten Jesaja (1,2).

[177] Vgl. dazu M. KNOWLES, Jeremiah in Matthew's Gospel, JSNT.S 68, Sheffield 1993 u. CH. WOLFF, Jeremia im Frühjudentum und Urchristentum, TU 118, Berlin 1976.

[178] Ansonsten werden von Matthäus noch *Jesaja* (3,3; 4,14; 8,17; 12,17, außerdem 13,14: ἡ προφητεία Ἠσαΐου [einziger Beleg mit ἡ προφητεία in den Evangelien] u. 15,7 [mit προφητεύειν verbunden; so auch Mk 7,6]), *Jona* (12,39–41 par. Lk 11,29f.32; Mt 16,4 [ohne Prophetenbezeichnung]) und *Daniel* (24,15) ausdrücklich als Prophet bezeichnet (das ist darüber hinaus die einzige namentliche Nennung Daniels im ganzen NT). Zum Vergleich: *Markus* nennt nur einmal Jesaja (1,2), bei *Lukas* sind nur Jesaja (3,4; 4,17) und Elischa (4,27) ausdrücklich so bezeichnet (außerdem in 2,36 Hanna als προφῆτις). Auch dieser Befund zeigt das mt Interesse an den Propheten, sowohl ihrer Geschichte als auch ihrer Überlieferung. Dazu kommt die namentliche Erwähnung Elijas, der bei Matthäus allerdings nach 16,14 etwas von den Propheten abgerückt wird und auch sonst nie die Prophetenbezeichnung erhält (vgl. 11,14; 16,14; 17,3f.10–12; 27,47.49 insgesamt 9mal [so auch Markus und Lukas: sieben Belege]); der einzige SG-Beleg ist 11,14, wo auf die heilsgeschichtliche Funktion Elijas verwiesen wird. Es scheint, dass Matthäus unter den Propheten in erster Linie die Schriftpropheten versteht.

[179] Jer 32,6–9: Ackerkauf; außerdem die Überlieferung vom Haus des Töpfers, dem Kauf des Topfes und der Zeichenhandlung Jeremias im Hinnomtal (18,3f; 19,1f.11). Wenn

In der *Q-Tradition*[180], deren Logien sehr stark an alttestamentlich-prophetischen Gattungen orientiert sind[181], finden sich mit 10 Belegen auffällig viele für „Prophet"[182], von denen sich alle bis auf Q 7,26 par. Mt 11,9 (zweimal) auf Jesus beziehen: Lk 6,23 par. Mt 5,12; Lk 10,24 par. Mt 13,17; Lk 11,47f[bis] par. Mt 23,29–31ter; Lk 11,49 par. Mt 23,34; Lk 13,34 par. Mt 23,37; Lk 16,16 par. Mt 11,13. Eine gewisse Unsicherheit besteht bezüglich Lk 11,50, da in der Parallele Mt 23,35 „Propheten" fehlt. Es erscheint aber wahrscheinlich, dass auch Matthäus in seiner Vorlage „Propheten" las und an dieser Stelle durch das Adjektiv δίκαιος, das er auch sonst mit den Propheten verbindet (vgl. unten § 5/3.3.1), ersetzt hat (vgl. Mt 23,30, wo Matthäus über seine Vorlage hinaus τῷ αἵματι τῶν προφητῶν eingefügt hat, so dass πᾶν αἷμα δίκαιον in Mt 23,35 als variierende Formulierung aufzufassen ist). Damit übernimmt Matthäus auch alle Q-Belege und fügt darüber hinaus das Wort in Lk 11,29 par. Mt 12,39 ein (aus „Jona" wird der „Prophet Jona", vgl. das analoge Phänomen in 24,15 par. Mk 13,14) und erweitert einmal die Q-Vorlage um einen Beleg (11,47f, s.o.). Auch Mt 7,12 ist gegenüber der Q-Vorlage (6,31) ergänzt durch οὗτος γάρ ἐστιν ὁ νόμος καὶ οἱ προφῆται (vgl. die Erweiterung Mt 22,40 par. Mk 12,31: ἐν ταύταις ταῖς δυσὶν ἐντολαῖς ὅλος ὁ νόμος κρέμαται καὶ οἱ προφῆται). Trotz dieser Übernahmen und Modifikationen ist deutlich, dass für Matthäus das Geschick Jesu in prophetischen Kategorien nicht ausreichend beschrieben werden kann. Das zeigt seine im Vergleich zu Lukas relativ zurückhaltende Ausgestaltung der prophetischen Aussagen.[183]

Matthäus in 27,7 den „Töpferacker" nennt, dann können für ihn die entsprechenden Jeremia-Überlieferungen als bekannt vorausgesetzt werden. Vgl. dazu J. GNILKA, Mt II 447–449; W. WIEFEL, Mt 467f u. besonders M. KNOWLES, Jeremiah 52–81.

[180] Ich orientiere mich dabei an J. M. ROBINSON, P. HOFFMANN und J. S. KLOPPENBORG, Critical Edition of Q. Synopsis including the Gospels of Matthew and Luke, Mark and Thomas with English, German, and French Translation of Q and Thomas, Leuven 2000, dazu als zweisprachige Studienausgabe: Die Spruchquelle Q, hg. v. P. Hoffmann u. C. Heil, Darmstadt 2002. Vgl. außerdem TH. HIEKE, Die Logienquelle, Beilage zu: BiKi 54 (1999), Heft 2, das der Logienquelle gewidmet ist. Ich bin allerdings skeptisch, was die Möglichkeit dieser Rekonstruktion anbelangt, weil sie sich zu sehr auf das Postulat *einer* exakt abgrenzbaren Quelle, die am Anfang stand, konzentriert, vgl. dazu M. HENGEL, Gospels 171–178.

[181] Vgl. M. SATO, Q und Prophetie, WUNT II/29, Tübingen 1988, der Q als „prophetisches Buch" zu erweisen sucht. Zur Auseinandersetzung mit dieser Position s. J. M. ROBINSON, Die Logienquelle: Weisheit oder Prophetie? Anfragen an Migaku Sato, Q und Prophetie, EvTh 53 (1993), 367–389 u. SATOs Antwort darauf, Q: Prophetie oder Weisheit? Ein Gespräch mit J. M. Robinson, ebd. 389–404. Zum prophetischen Element in Q s. ferner: D. R. CATCHPOLE, The Law and the Prophets in Q, in: Tradition and Interpretation in the New Testament, FS E. E. Ellis, hg. v. G. F. Hawthorne u. O. Betz, Grand Rapids, Mich. u. Tübingen 1987, 95–109.

[182] Das ist auch darum so auffällig, weil Q keine Schriftzitate kennt, in deren Einleitung „Prophet" auftauchen könnte.

[183] Vgl. die lk Ergänzungen der Markus-Vorlage: stark erweitert ist der Bericht über Jesu Predigt in der Synagoge von Nazaret 4,16–30 parr. Mk 6,1–6a; Mt 13,53–58. In zwei größeren Einschüben wird zum einen auf eine Stelle aus dem *Propheten* Jesaja hingewiesen (4,17–21), zum anderen auf das Vorbild von Elija und Elischa (4,25–27, wobei nur Elischa ausdrücklich als Prophet bezeichnet wird: V. 27). Auch Lk 18,31 ist gegenüber Mk 10,33 par. Mt 20,18 erweitert: Ἰδοὺ ἀναβαίνομεν εἰς Ἰερουσαλήμ, καὶ τελεσθήσεται πάντα τὰ γεγραμμένα διὰ τῶν προφητῶν τῷ υἱῷ τοῦ ἀνθρώπου (hier verwendet Lukas τελεῖσθαι exakt in der Weise, wie Matthäus πληροῦσθαι gebraucht, vgl. 26,54.56); ob Lk 7,36–50 (Jesus im Haus des Pharisäers Simon, der das Prophet-Sein Jesu anzweifelt, weil dieser nicht

(c) Auch der Gebrauch von ψευδοπροφῆται durch Matthäus unterstreicht sein 'prophetisches' Interesse: Von den insgesamt elf neutestamentlichen Belegen finden sich fünf in den Synoptikern (fehlt bei Joh), davon drei bei Matthäus und je einer in Markus (13,22 par. Mt 24,24) und im lk Sondergut (6,26): οὐαὶ ὅταν ὑμᾶς καλῶς εἴπωσιν πάντες οἱ ἄνθρωποι· κατὰ τὰ αὐτὰ γὰρ ἐποίουν τοῖς ψευδοπροφήταις οἱ πατέρες αὐτῶν. In Q scheint das Wort nicht vorgekommen zu sein, Matthäus übernimmt den einzigen Beleg des Markus weitgehend wörtlich und hat in seinem Sondergut zwei zusätzliche Belege: 24,11, das von 24,24 her beeinflusst sein kann (καὶ πολλοὶ ψευδοπροφῆται ἐγερθήσονται καὶ πλανήσουσιν πολλούς) und 7,15 (προσέχετε ἀπὸ τῶν ψευδοπροφητῶν, οἵτινες ἔρχονται πρὸς ὑμᾶς ἐν ἐνδύμασιν προβάτων, ἔσωθεν δέ εἰσιν λύκοι ἅρπαγες). Die Pseudopropheten stehen wohl auch im Hintergrund von 7,21–23 (vgl. das προφητεύειν in 7,22), d.h. ihr Kennzeichen sind Wunder und besondere Charismen. Da ihr Tun jedoch nicht im Einklang mit dem Willen des himmlischen Vaters (7,21) steht, gewährt es keinen Eingang in die Basileia. Zugleich ist deutlich, dass vor der Gemeinschaft mit diesen Falschpropheten gewarnt wird, indem sie als Verführer dargestellt sind (24,11.24: πλανᾶν).

Ausgangspunkt für die Verknüpfung von Jüngerergehen und prophetischem Geschick ist zunächst die Erfahrung der scheinbaren Erfolglosigkeit des Propheten, gebündelt in der Aussage, wonach ein solcher nirgendwo weniger angesehen ist als in seiner Vaterstadt (Mt 13,57 parr. Mk 6,4; vgl. Lk 4,24; Joh 4,44). Im Geschick des Täufers und von Jesus wiederholte sich die Ablehnung der Propheten durch das Volk bzw. seine Herrscher, die in der Gegenwart des Evangelisten auch ihm (?) und anderen christlichen Propheten und Lehrern begegnete. Die letzte Steigerung der Ablehnung der Propheten und ihrer Botschaft ist ihre Ermordung, wie sie Matthäus in 23,29–36 ungleich ausführlicher darstellt als die Parallele Lk 11,47–51.[184] Von diesem

---

erkannte, dass ihm eine Sünderin die Füße wusch und ihn salbte) auf Mk 14,3–9 par. Mt 26,6–13 (vgl. a. Joh 12,8) basiert, ist aufgrund der Unterschiede nicht eindeutig, weshalb die Stelle u.U. dem lk Sondergut zuzurechnen ist; eine lk Q-Erweiterung liegt wohl vor in 13,28 (par Mt 8,11): ἐκεῖ ἔσται ὁ κλαυθμὸς καὶ ὁ βρυγμὸς τῶν ὀδόντων, ὅταν ὄψεσθε Ἀβραὰμ καὶ Ἰσαὰκ καὶ Ἰακὼβ καὶ πάντας τοὺς προφήτας ἐν τῇ βασιλείᾳ τοῦ θεοῦ, ὑμᾶς δὲ ἐκβαλλομένους ἔξω); Lk 13,33: πλὴν δεῖ με σήμερον καὶ αὔριον καὶ τῇ ἐχομένῃ πορεύεσθαι, ὅτι οὐκ ἐνδέχεται προφήτην ἀπολέσθαι ἔξω Ἰερουσαλήμ ist Teil einer kleinen Sondergut-Spruchreihe (V. 31–33), von der angenommen wird, dass Lukas sie (entgegen seiner Gewohnheit) zwischen Q-Texte eingeschoben hat (13,34f par. Mt 23,37–39); nicht auszuschließen ist jedoch, dass sie Teil der ihm vorliegenden Logientradition war. Zum eigentlichen Sondergut gehören 1,76 (Johannes als „Prophet des Höchsten"); 7,16 (Reaktion des Volkes auf die Auferweckung des jungen Mannes in Nain: ἔλαβεν δὲ φόβος πάντας καὶ ἐδόξαζον τὸν θεὸν λέγοντες ὅτι προφήτης μέγας ἠγέρθη ἐν ἡμῖν καὶ ὅτι ἐπεσκέψατο ὁ θεὸς τὸν λαὸν αὐτοῦ); 16,29.31 (die Brüder des Reichen sollen auf Mose und die Propheten hören); Emmaus-Perikope: 24,19 (bezogen auf Jesus); 24,25.27.44 (Schriftbeweis für das Leiden und Sterben Jesu). D.h. bei Lukas ist die Tendenz da, einerseits Jesu Geschick als Erfüllung der Schrift (so auch Matthäus) und andererseits ihn selbst als Propheten darzustellen (so Matthäus nicht, weil für ihn die Jünger die Funktion der Propheten besitzen).

[184] Bei Lukas ist das Märtyrerschicksal der Propheten knapp geschildert mit den Verba ἀποκτείνειν (V. 47.48.49) und διώκειν (V. 49). Dagegen steht bei Matthäus für das erste,

Schicksal betroffen sind – neben dem Täufer und Jesus – die von Jesus ausgesandten „Propheten und Weisen und Schriftgelehrten"[185], d.h. seine Jünger (zu denen sich nach 13,52 auch der Evangelist selbst zählt), die in ihrer *lehrenden* und *verkündigenden* Funktion das Erbe und damit zugleich Geschick der biblischen Propheten repräsentieren. Darauf hat u.a. auch Gerd Theißen hingewiesen, indem er die christlichen Propheten des Matthäus-Evangeliums mit den Wandercharismatikern verband, die die Nachfolger der von Jesus als seine Boten ausgesandten Jünger waren.[186]

Das Interesse des Matthäus an der Gestaltung der Prophetentradition ist durch seinen Umgang mit den ihm vorliegenden Quellen deutlich geworden. Als weiterer Schritt kann gezeigt werden, dass Matthäus darüber hinaus die Propheten in besonderer Weise mit dem Ehrentitel der „Gerechten"[187] verbindet und damit ebenfalls eine *Parallelisierung mit den Jüngern Jesu* erreicht.

Diese Ineinssetzung von Propheten und Gerechten entspricht zeitgenössischem jüdischem Sprachgebrauch, vgl. TestDan 2,3: „Wer sich vom Zorn beherrschen lässt, ist blind für die Wahrheit, so dass er seine Eltern hasst und seinen Bruder nicht mehr kennen will" (so weit

---

eher neutrale ἀποκτείνειν das scharf anklagende φονεύειν (V. 31), in V. 34 ist ἀποκτείνειν durch σταυροῦν und μαστιγοῦν in „ihren Synagogen" und vom Verfolgen von Stadt zu Stadt ergänzt. Beiden bis in den Wortlaut gemeinsam ist dagegen die Q zugerechnete Wehklage über Jerusalem Lk 13,34 par. Mt 23,37–39, in der vom „Töten" und „Steinigen" der Propheten die Rede ist. Hinter dieser Aussage stehen konkrete Erfahrungen, wie sie auch aus Joh 9,22; 12,42; 16,2 hervorgehen (vgl. a. 2Kor 11,23–25). Es darf nicht vergessen werden, dass zur Zeit des Matthäus hinter den christlichen, und hier insbesondere den judenchristlichen Gemeinden Palästinas (und wohl auch Teilen von Syrien), ein gutes halbes Jahrhundert liegt, in denen sie immer wieder mehr oder weniger stark von jüdischer Seite aus verfolgt wurden. Dies beginnt unmittelbar nach der Kreuzigung Jesu, setzt sich im Wirken des Verfolgers Paulus fort, der dann selbst zum Verfolgten wird. Neben Einzelpersonen sind es immer wieder auch die offiziellen Organe, die sich in diesem Sinne 'antichristlich' betätigten. Auch der messianische Nationalismus der beiden Aufstände gegen Rom konnte sich gegen Christen richten, die Jesus als friedensstiftenden Messias für Juden und Heiden proklamierten, auch wenn darüber nur spärliche Nachrichten vorhanden sind. Vgl. als grundlegende Arbeit nach wie vor O. H. STECK, Israel und das gewaltsame Geschick der Propheten, WMANT 23, Neukirchen-Vluyn 1967 (289–316 über Matthäus), vgl. a. ANNA MARIA SCHWEMER, Prophet, Zeuge und Märtyrer. Zur Entstehung des Märtyrerbegriffs im frühesten Christentum, ZThK 96 (1999), 320–350: Sie macht deutlich, dass es die Zugehörigkeit zu Jesus und die an ihn gebundene *Verkündigung* ist, die das urchristliche „Zeuge"-Sein prägt (335), auch wenn dieser Zug bei Lukas stärker ausgeprägt ist als bei Matthäus.

[185] Vgl. dagegen Lk 11,49: die Weisheit Gottes sendet „Propheten und Apostel" aus. Zu den „Propheten" als einem eigenen Amt in den Gemeinden des Matthäus vgl. E. SCHWEIZER, Gemeinde 142f.

[186] Gewaltverzicht und Feindesliebe (Mt 5,38–48/Lk 6,27–38) und deren sozialgeschichtlicher Hintergrund, in: DERS., Studien (s.o. Anm. 72), 160–197 (183–187.191f), s.a. DERS., Wanderradikalismus 87–89 zu den Jüngerpropheten als Trägern der Botschaft Jesu.

[187] Als Einzelpersonen bezeichnet Matthäus nur Josef, den Vater Jesu (1,19), Abel (23,35) und einmal indirekt Jesus selbst (27,19: im Munde der Frau des Pilatus) als δίκαιος.

die 'biographische' Erfahrung Dans im Hinblick auf die versuchte Tötung Josefs). Aber die Blindheit geht noch weiter: „dem *Prophet* des Herrn gehorcht er nicht, den *Gerechten* sieht er nicht und den *Freund* beachtet er nicht."[188] SyrBar 85,12 nennt als Fürbitter in einer Reihe nacheinander die Väter, Propheten und Gerechten (vgl. a. syrBar 85,1–3). Zum rabbinischen Sprachgebrauch s. den Anhang II bei R. Mach, Zaddik 242–245, der mit Stellenangaben in der rabbinischen Literatur alle alttestamentlichen Gestalten aufführt, die durch צדיק in prädikativer oder attributiver Stellung gekennzeichnet werden. Darunter sind zahlreiche Propheten: Amos, Daniel, Elija, Elischa, Jesaja, Jona, Mose (vgl. Dtn 34,10), Obadja, Samuel, Sacharja, Zefanja, außerdem Abraham, Adam, Abel, David, Henoch, Noah u.a., die gelegentlich oder auch öfters mit prophetischen Eigenschaften verbunden werden. Insgesamt listet Mach 52 Männer und 11 Frauen auf.

Der erste Beleg für das genannte mt Prophetenverständnis ist Lk/Q 10,24, wo Jesus die Jünger um deswillen selig preist, dass sie den Anbruch der messianischen Heilszeit mit ihren eigenen Augen sehen. In der Fortsetzung ist der Makarismus dann begründet: λέγω γὰρ ὑμῖν ὅτι πολλοὶ προφῆται καὶ βασιλεῖς ἠθέλησαν ἰδεῖν ἃ ὑμεῖς βλέπετε καὶ οὐκ εἶδαν, καὶ ἀκοῦσαι ἃ ἀκούετε καὶ οὐκ ἤκουσαν. Matthäus ersetzt in seiner Fassung des Logions βασιλεῖς durch δίκαιοι (13,17). Ähnlich auch in Mt 23,35 par. Lk 11,50: „das gerechte Blut" bei Matthäus steht anstelle des Blutes „aller der Propheten" bei Lukas (s.o.). Am eindeutigsten parallelisiert Matthäus die Propheten mit den Gerechten jedoch in 23,29, wo er die Q-Vorlage: οὐαὶ ὑμῖν, ὅτι οἰκοδομεῖτε τὰ μνημεῖα τῶν προφητῶν, οἱ δὲ πατέρες ὑμῶν ἀπέκτειναν αὐτούς (11,47) durch einen synonymen[189] *parallelismus membrorum* erweitert zu: Οὐαὶ ὑμῖν, γραμματεῖς καὶ Φαρισαῖοι ὑποκριταί, ὅτι οἰκοδομεῖτε τοὺς τάφους τῶν προφητῶν *καὶ κοσμεῖτε τὰ μνημεῖα τῶν δικαίων*.[190]

Die mt Fassung und Erweiterung von Lk/Q 10,16 Ὁ ἀκούων ὑμῶν ἐμοῦ ἀκούει, καὶ ὁ ἀθετῶν ὑμᾶς ἐμὲ ἀθετεῖ· ὁ δὲ ἐμὲ ἀθετῶν ἀθετεῖ τὸν ἀποστείλαντά με folgt demselben Muster, indem erneut ein synonymer *parallelismus membrorum* Propheten und Gerechte gleichsetzt, und, das ist für das weitere entscheidend, beide 'Ämter' als Vergleich zu dem der ausgesandten Jünger stellt (10,40f):

Ὁ δεχόμενος ὑμᾶς ἐμὲ δέχεται, καὶ ὁ ἐμὲ δεχόμενος δέχεται τὸν ἀποστείλαντά με.
ὁ δεχόμενος προφήτην εἰς ὄνομα προφήτου μισθὸν προφήτου λήμψεται, καὶ
ὁ δεχόμενος δίκαιον εἰς ὄνομα δικαίου μισθὸν δικαίου λήμψεται.

Die Fortsetzung in Mt 10,42 erwähnt mit den μικροί noch eine weitere Jüngerbezeichnung: καὶ ὃς ἂν ποτίσῃ ἕνα τῶν μικρῶν τούτων ποτήριον

---

[188] Zu dieser Trias, die an Mt 10,41f erinnert, vgl. J. GNILKA, Mt I 402.

[189] In der Fortsetzung 23,30 ist dementsprechend nur wieder von den Propheten die Rede.

[190] Zu den Gräbern der Propheten s. ANNA MARIA SCHWEMER, Studien zu den frühjüdischen Prophetenlegenden. Vitae Prophetarum, 2 Bde., TSAJ 49+50, Tübingen 1995–1996.

ψυχροῦ μόνον εἰς ὄνομα μαθητοῦ, ἀμὴν λέγω ὑμῖν, οὐ μὴ ἀπολέσῃ τὸν μισθὸν αὐτοῦ. In dem die Aussendungsrede abschließenden Vers (11,1) sind „seine 12 Jünger" ausdrücklich als Adressaten dieser Rede benannt.

Was sich also in 5,11f abzuzeichnen begann, die strenge Parallelisierung der Jünger mit den Propheten[191], findet hier seine konsequente Fortsetzung. Die Jünger als Botschafter der herangenahten Königsherrschaft Gottes stehen mit ihrem Auftrag in der Sukzession der Propheten.[192] Wie diese sind sie Gerechte[193] und d.h. jener Gerechtigkeit teilhaftig, die den Eingang in die Basileia der Himmel (5,20) bzw. in das ewige Leben gewährt (25,37.46). Die Sonderstellung der Jünger ist auf der erzählten Ebene ausdrücklich festzuhalten.

Dem steht allerdings die Meinung entgegen, dass in 10,40–42 von verschiedenen *Ämtern* innerhalb der mt *Gemeinde* die Rede sei.[194] Doch scheitert diese Ansicht m.E. daran, dass die „Schriftgelehrten", die für Matthäus zweifelsohne eine wichtige Funktion besaßen, nicht genannt sind (vgl. dagegen 23,34) und es vom direkten Kontext her nur um die „zwölf Apostel" geht.[195]

---

[191] Das heben besonders hervor: A. SCHLATTER, Mt 144f: Die Jünger Jesu haben „die Stellung von Propheten. Durch sie kommt das neue göttliche Wort zur Gemeinde"; P. NEPPER-CHRISTENSEN, Art. μαθητής, EWNT II², 1992, 915–921: Jesus „berief Menschen, ihm nachzufolgen … wie Gott im AT Propheten auserwählte und berief" (919); R. H. GUNDRY, Mt 74f: die redaktionelle Änderung, die die Jünger in eine Reihe mit den Propheten stellt (durch: „die vor euch waren", vgl. Gal 1,17) geschieht „to imply that Jesus' disciples are now Prophets"; HAUBECK/V. SIEBENTHAL, Schlüssel I 20: „die Jünger werden in eine Reihe m. den atl. Propheten gestellt"; im Überblick: A. SAND, Matthäus-Evangelium 81f; DERS., Mt 103. Vgl. a. Mt 21,35f; 22,3f.6. Schon A. THOLUCK, Bergpredigt 14.16f.113.117 u.ö., verwies auf diese Parallelisierung, um damit „den Charakter des Lehramtes hervor[zu]heben", der die Apostel im Besonderen auszeichnet, aber darüber hinaus allen Christen gilt, „da ja das christliche Zeugniß in Wort und That sich nicht bloß auf den Lehrstand beschränkt, wie denn Phil. 2, 15., 1 Petr. 2, 9. von allen Christen gesagt ist, was 5, 14. von dem nächsten apostolischen Jüngerkreise" (16f).

[192] Vgl. J. GNILKA, Mt I 401: In der Verkündigung der Jünger „vollziehen sich – wie in der Verkündigung Jesu – Heil und Gericht."

[193] Anders U. LUZ, Mt II 151f: „Für Matthäus sind »Gerechte« alle Christen, die sich auf dem Weg zur Vollkommenheit befinden (5,20.48)." Die ethische Einschränkung bei Luz ist unverkennbar, obwohl in 10,40f die Identifikation Jesu mit seinen Jüngern ohne Bedingung ausgesagt ist. Hier zeigt sich dieselbe Nivellierung, wie auch bei seiner Auslegung von 3,15.

[194] So schon im frühen 2. Jh., vgl. die Belege bei U. LUZ, Mt II 150. Mit den Propheten wären dann die Gemeindeleiter gemeint (und die Gerechten sind die Gemeindeglieder), so vor allem E. KÄSEMANN, Die Anfänge christlicher Theologie, ZThK 57 (1960), 162–185, jetzt in: DERS., Exegetische Versuche und Besinnungen II, Göttingen 1964, 82–104 (89f); nicht in diesem Sinn darf G. THEISSEN, Gewaltverzicht 88f, interpretiert werden (vgl. LUZ, ebd. 151), da die von ihm mit den Propheten identifizierten Wandercharismatiker kein »Amt« innehatten, sondern in der unmittelbaren Fortsetzung der von Jesus gesandten Jünger standen. Zur Kritik s.a. J. GNILKA, Mt I 402f.

[195] Vgl. 10,2–4: ἀπόστολοι verwendet Matthäus nur hier, vgl. 10,5: τούτους τοὺς δώδεκα ἀπέστειλεν ὁ Ἰησοῦς…

Zudem ist V. 41 kein selbständiges Textelement, sondern illustriert und unterstreicht das in V. 40 und 42 Gesagte. Angesprochen sind also zunächst die zwölf *Jünger* (V. 40: ὑμᾶς), die – nachdem ihre Beauftragung mit der der Propheten (= den Gerechten) verglichen worden ist – nun als „diese Kleinen" gleichsam wieder relativiert werden, womit in der erzählten Welt eindeutig auf die zwölf Jünger hingewiesen wird. Durch τούτων markiert dies der Evangelist, indem er Jesus auf die Zwölf weisen lässt[196] (als größeres Auditiorium über den engsten Jüngerkreis ist dann, wie in der Bergpredigt, eine zuhörende Menge zu denken).[197] Die Bezeichnung als „Kleine" drückt ihre äußere Ohnmacht, ihr fehlendes gesellschaftliches Ansehen und ihre wenig herausragende soziale Stellung aus, d.h. alles das, was sie für ein Propheten- und Botendasein im Dienst des Messias äußerlich gesehen gerade *nicht* prädestiniert erscheinen lässt.

Das Entscheidende ist jedoch, dass sie den Jüngernamen (μαθητής) tragen.[198] Zwar sind für Matthäus in Kap. 18 die „Kleinen" in besonderer

---

[196] Vgl. Mt 10,5 wo auffälligerweise auf die Zwölf ebenfalls mit τούτους verwiesen wird. Das ist darum zu bemerken, weil Matthäus die Jünger als Gesamtheit sonst nirgends mit attributiv gebrauchtem Demonstrativpronomen bezeichnet; zu diesem Gebrauch des Demonstrativpronomens, das nicht auf einen Textbezug sondern auf eine textlich beschriebene Situation verweist, vgl. a. Mt 20,21: Die Mutter der Zebedaiden; auch ihre vor Jesus vorgebrachte Bitte erzeugt beim Leser das Bild, wie sie mit der Hand auf ihre beiden Söhne weist, während sie spricht. So auch Mt 3,9 (diese Steine); 6,29 (eine von diesen [Blumen]). Bezogen auf Personen auch in 18,6: ἕνα τῶν μικρῶν τούτων ist vom unmittelbaren Kontext und der Leseführung her auf das Kind zu beziehen, das Jesus herangerufen hat, um an seinem Beispiel die Jünger über das Großsein im Himmelreich zu belehren, vgl. V. 1f; auch in 18,10.14 steht auf der Erzähllebene noch immer das Kind bei Jesus inmitten der Jünger, d.h. auch hier erzeugt der Evangelist die Vorstellung, dass Jesus, während er dies sagt, jeweils auf das Kind zeigt; auch in 25,40.45 weist der König bildhaft auf „diese seine geringsten Brüder hin", während er den vor Gericht Stehenden ihr Urteil verkündet. Das Demonstrativpronomen verweist in solchen Fällen „in die außersprachl. Situation" (so die treffende Bezeichnung zu Apg 20,34 bei HAUBECK/V. SIEBENTHAL, Schlüssel I 811).

[197] So auch D. PATTE, Mt 156, der darüber hinaus als einer der wenigen Kommentatoren erkennt, dass in der Anrede der Jünger als Propheten und Gerechte auf Mt 5,11f.20 zurückverwiesen wird: „And who are the disciples? They are prophets (10:41a), sheep among wolves (10:16a; cf. 7:15), people persecuted for Jesus' sake (5:11–12). They are righteous (10:41b), indeed people with an overabundant righteousness (5:20ff) who let their ‚light shine before men' (5:16), as is the case when they out their mission in the towns and villages of Israel (10:11–14)." Vgl. außerdem S. BYRSKOG, Jesus the Only Teacher. Didactic Authority and Transmission in Ancient Israel, Ancient Judaism and the Matthean Community, CB.NTS 24, Stockholm 1994, 224–228 über „The Disciples and the Major Speeches of Jesus", wo er zeigt, dass in allen Reden in erster Linie die Jünger angesprochen sind.

[198] Zu dieser mt Vorzugsvokabel und den damit verbundenen Konzepten vgl. M. J. WILKINS, The Concept of Disciple in Matthew's Gospel As Reflected in the Use of the Term Μαθητής, NT.S 59, Leiden u.a. 1988. Zu 10,42 vgl. 131: Die Einfügung von μαθητής dient hier wie häufig bei Matthäus der „purposeful identification" in aus der Tradition übernommenen Texten, deren referentieller Bezug nicht eindeutig war.

Weise die Angehörigen der Gemeinde (vgl. 18,6.10–14; Mk 9,42), aber daraus folgt nicht, die „Kleinen" in 10,42 in derselben Weise verstehen zu müssen (zumal in 18,10 die Zwölf von den „Kleinen" deutlich unterschieden sind). In Kap. 18 geht es bei den „Kleinen" um die Schwachen in der Gemeinde, die durch falsche Lehre und falsches Vorbild verführt und zu Fall gebracht werden können (vgl. Röm 14,1–15,2). Abgewehrt wird in Mt 18 – wie auch sonst im Evangelium – ein Streben danach, als „der Größte", d.h. als etwas Besonderes in der Gemeinde gelten zu wollen (18,1, vgl. 23,8–12). Das aber ist genau die Gefahr und Verführung, in der die *Jünger* stehen, deren im Evangelium erzähltes Vorbild nicht in erster Linie auf durchschnittliche Gemeindegliedern zielt, sondern auf in und für die Gemeinde *Verantwortliche*, ohne dass daraus im strengen Sinn ein Amt abzuleiten wäre[199]. Die Hauptfunktion der Jünger Jesu wie ihrer prophetischen Vorgänger war aber die *Ausrichtung der anvertrauten Botschaft*, die von beglaubigenden Zeichen begleitet werden konnte.[200]

Das zeigt erneut die Aussendungsrede, nach der die Jünger in Israels Städten und Dörfern τοὺς λόγους in die Häuser bringen, in die sie eingelassen werden (10,14). Die „Worte" erwähnt nur Matthäus, die Parallelen Mk 6,11 und Lk 9,4f; 10,5 nennen zwar die Aufnahme ins Haus, Markus auch das „hören" (so auch Lk in 10,16), aber Matthäus verdeutlicht, dass auch in den Häusern an die Verkündigung der Königsherrschaft Gottes gedacht ist. Im Unterschied dazu wird der Verkündigungsauftrag an die Jünger bei Markus nur am Ende der Aussendungsinstruktion knapp berichtet (6,12), während Matthäus die Beauftragung mit dem

---

[199] Dass es solche gegeben hat, sollte allerdings nicht bestritten werden. Ein „unhierarchisch-geschwisterliches Gemeindeverständnis" (U. LUZ, Mt II 152) ist sicherlich nicht das, was Matthäus im Blick hatte. Er hat aber, wohl weil er selber zu den Schriftgelehrten gehörte und darum um die besondere Versuchlichkeit der Gelehrten wusste, seine 'Kollegen' eindrücklich davor gewarnt, sich auf ihr Wissen oder ihre Funktion etwas einzubilden (vgl. Jak 3,1f). Zur Frage eines leitenden Amtes bei Matthäus s. E. SCHWEIZER, Matthäus und seine Gemeinde, SBS 71, Stuttgart 1974, 159–163; DERS., Mt 116f; zu den Schriftgelehrten besonders R. HUMMEL, Auseinandersetzung 27f. Zu dem hier vorgeschlagenen Verständnis von μαθητής vgl. a. P. S. MINEAR, The Disciples and the Crowds in the Gospel of Matthew, AThR.SS 3 (1974), 28–44 (vgl. DERS., Matthew: The Teacher's Gospel, New York 1982); eine Übersicht der verschiedenen Deutungen bei M. J. WILKINS, Concept 168f.

[200] Vgl. die Schilderung der „Pseudopropheten" in 7,15–23: Auch bei ihnen steht das προφητεύειν an erster Stelle, erst danach folgen Exorzismen und Wundertaten (V. 22). Es ist nun allerdings falsch, als Alternative dazu in erster Linie auf das ethische Verhalten der Jünger zu rekurrieren. Die prophetische Tätigkeit ist auch ihnen in erster Linie aufgetragen, die Schwierigkeit für die Gemeinde ist jedoch, die 'echten' Propheten und Jünger Jesu von den anderen zu unterscheiden. Und dazu ist das ethische, an Jesu Geboten ausgerichtete Verhalten ein hilfreicher Maßstab (vgl. a. Apk 2,14f.20). Aber wiederum: man darf die Früchte (als sekundäres Phänomen) nicht mit dem Baum verwechseln, nur weil man anhand der Früchte den Baum identifiziert. Vgl. dazu R. HEILIGENTHAL, Werke als Zeichen. Untersuchungen zur Bedeutung der menschlichen Taten im Frühjudentum, Neuen Testament und Frühchristentum, WUNT II/9, Tübingen 1983, 52–58: „Ἔργον als Unterscheidungskriterium von 'richtigen' und 'falschen' Lehrern: Mt 7,15–23".

Imperativ κηρύσσατε einleitet (10,7, vgl. Lk 9,2.6). Was ist der Inhalt dieser λόγοι? Der Bericht von Jesu Taten und Worten als Bericht von Gottes gnädiger Heimsuchung seines Volkes? Wie ist V. 7+8 diesbezüglich zu interpretieren: ... κηρύσσετε λέγοντες ὅτι ἤγγικεν ἡ βασιλεία τῶν οὐρανῶν. ἀσθενοῦντας θεραπεύετε, νεκροὺς ἐγείρετε, λεπροὺς καθαρίζετε, δαιμόνια ἐκβάλλετε. Deutlich ist, dass bei Matthäus die Botschaft der Jünger mit der des Täufers (3,2) und Jesu (4,17) übereinstimmt, desgleichen entsprechen die ihnen aufgetragenen Taten den „Werken des Messias“ (11,2), deren Höhepunkt die Verkündigung des Evangeliums an die Armen ist: καὶ πτωχοὶ εὐαγγελίζονται (11,5, s. dazu unten § 6/5.1). Darum gilt für Matthäus, dass „der wandernde Missionar deshalb Jesu Stimme ist, weil er seine Worte tradiert, weil er sein Bote ist.“[201]

Der Evangelist wendet sich durch sein Evangelium an die gegenwärtigen Nachfolger der Propheten und Jünger (wobei in erster Linie an die christlichen Lehrer bzw. Schriftgelehrten zu denken ist, die aber – wie später noch erkennbar wird – in einem missionarischen Kontext zu sehen sind, so dass es m.E. weniger „Wandercharismatiker“ als vielmehr durch Jesus belehrte und in den Schriften unterwiesene Wanderprediger sind[202]), denen ebenfalls die Weisung Gottes und seines Messias anvertraut wird (vgl. Mt 24,14; 26,13: „dieses Evangelium“ kann durchaus das des Matthäus meinen[203]). So wie die Propheten für ihren gefährlichen und innerweltlich oft erfolglosen Auftrag gleichwohl „Lohn“ erhalten, so ist er auch denen zugesagt, die in ihrer Nachfolge die Botschaft vom Reich Gottes und seiner Gerechtigkeit ausrichten. Hengel dürfte Recht haben mit seiner Bemerkung, dass das Matthäus-Evangelium „was aimed at reading in worship, but at least as much at *intensive use in catechetical and ethical instruction* in the Christian communities“ (Gospels 99 [Hhg.R.D.]). Verantwortlich für Unterricht und Gottesdienst waren jedoch die lese- und schriftkundigen Lehrer, denen – das ist die erzählerische Leistung des Matthäus – die Botschaft (insbesondere die in den großen Reden zusammengefasste) zuallererst selbst gilt (wie den Jüngern), die sie dann aber zugleich predigend weiterzugeben und durch ihr eigenes Leben und Verhalten zu verantworten haben.

---

[201] G. THEISSEN, Wanderradikalismus 88; vgl. dazu auch R. RIESNER, Jesus als Lehrer, WUNT II/7, Tübingen ³1993, 468–475; S. BYRSKOG, Jesus the Only Teacher 267–275.

[202] Vgl. G. THEISSEN, Gewaltverzicht 186. Für Matthäus stehen die Jünger und deren lehrende und predigende Nachfolger in der Linie der Propheten und haben Teil an ihrem oft gewaltsamen Schicksal, ohne dass diese Lehrerpropheten mit dem Begriff der „Wandercharismatiker“ angemessen beschrieben wären. Auch die biblischen Propheten, zumal die von Matthäus bevorzugt herangezogenen Jesaja und Jeremia, waren keine „Wandercharismatiker“. Vgl. schon O. H. STECK, Geschick 259, zu Mt 5,11f: „Die letzte Seligpreisung ist Paränese nicht einfach für leidende Christen als solche, sondern sofern sie als Prediger in Israel wirken und in ihrem Wirken am eigenen Volk von Juden schmähliche und verleumderische Abweisung erfahren.“

[203] So M. HENGEL, Gospels 93.97 u. 267 Anm. 379: „The written Gospel here appears as a special form of the generally preached oral Gospel.“

Entscheidend und für das Verständnis der Bergpredigt ausschlaggebend ist also, dass die Paränese, die alle diese Texte zweifellos enthalten, von ihrem *Ziel* her, nämlich *der Verkündigung des Reiches Gottes*, verstanden wird. Diese kann nur glaubhaft geschehen, wo Wort und Tat übereinstimmen (das Auseinanderklaffen ist ja der Hauptvorwurf gegen die Pharisäer), aber diese Beglaubigung der Botschaft durch zeugnishaftes Handeln und damit die missionarische Ausrichtung des Evangeliums ist zu unterscheiden von der Matthäus vorgehaltenen »Werkgerechtigkeit«.

3.2 Prophetenlohn und Jüngerlohn

Die Gemeinsamkeiten zwischen den biblischen Propheten und den Sendboten Jesu erstreckt aber sich nicht nur negativ auf das Verfolgungsschicksal, sondern auch positiv: Wie den (gerechten) Propheten ist auch den Jüngern *Lohn*, μισθός[204], verheißen, der für sie „in den Himmeln" bereitliegt.[205] Der „Lohn" in Mt 5,12 ist demnach als *Prophetenlohn* zu bestimmen, der zugleich die innerweltliche Rechtfertigung der Propheten impliziert: Die um der Gerechtigkeit des Himmelreiches bzw. um ihrer Zugehörigkeit zu Jesus willen verfolgten Jünger-Propheten sind die, denen nach der Ausrichtung ihres Auftrags göttlicher Lohn verheißen ist, der schon jetzt, inmitten bestehender Verfolgung und Anfeindung, Grund zur Freude und zum Jubel ist.[206]

---

[204] Von den 29 Belegen im NT finden sich zehn im Matthäus-Evangelium (Mk 1mal/Lk 3mal/Joh 1mal), überwiegend im SG (6,1.2.5.16; 10,41bis; 20,8), zweimal dürften sie aus der Q-Vorlage stammen (5,12 par. Lk 6,23; Mt 5,45 diff. Lk/Q 6,32: μισθός statt des lk χάρις [im Sinne von „Gegenleistung"], vgl. aber Lk 6,35 wo Lukas in einem Vers, der Mt 5,45f nahesteht, μισθός bezeugt; zur Ursprünglichkeit von μισθός s. F. BOVON, Lk I 317; anders J. JEREMIAS, Sprache 50.144: s.E. stammt χάρις aus der Tradition), einmal ist er aus Mk übernommen (10,42 par. Mk 9,41). Dagegen fehlt bei Matthäus eine direkte Parallele zu Lk 6,35: πλὴν ἀγαπᾶτε τοὺς ἐχθροὺς ὑμῶν καὶ ἀγαθοποιεῖτε καὶ δανίζετε μηδὲν ἀπελπίζοντες· καὶ ἔσται ὁ μισθὸς ὑμῶν πολύς, καὶ ἔσεσθε υἱοὶ ὑψίστου, ὅτι αὐτὸς χρηστός ἐστιν ἐπὶ τοὺς ἀχαρίστους καὶ πονηρούς. Bei diesem Text handelt es sich wohl um die lk Erweiterung der Q-Vorlage (so u.a. F. BOVON, Lk I 315f; G. STRECKER, Bergpredigt 90), deren Substanz Matthäus in der sechsten »Antithese« gestaltet hat. Für Matthäus bedeutet dies, dass er alle Belege für μισθός aus seinen Quellen übernommen hat, und darüber hinaus als Sondergut sieben weitere Vorkommen beisteuert. Damit ist sein Interesse an diesem Terminus evident.

[205] Zum Vertrauen auf Gottes Lohn bzw. Vergeltung in verfolgter Situation s.a. Hebr 10,35 (μισθαποδοσία, das Wort nur im Hebr, vgl. a. 2,2 [negativ]; 11,26 [positiv auf Mose bezogen]). Zum Lohngedanken im Hebr s. E. GRÄSSER, Hebr III 70–73. In der Apokalyptik gehört die Verheißung zukünftigen himmlischen Lohnes für die Frommen, die jetzt noch leiden müssen, zu den festen Topoi, vgl. äthHen 103,3; 104,13; 108,10; syrBar 52,7; 54,16; 4Esr 4,35; 7,35.84; 8,33.39 u.ö.

[206] Das Wortpaar χαίρειν καὶ ἀγαλλιᾶν nur hier bei Matthäus (zugleich der einzige Beleg für ἀγαλλιᾶν). Auch für χαίρειν ist kein besonderes Profil nachzuweisen (nur Mt 2,10; 18,13; 26,49; 27,29; 28,9). Das spricht dafür, dass Matthäus in 5,12 eine ihm bereits geprägt vorliegende Tradition wiedergibt. Zu dem Wortpaar s.a. Apk 19,7, außerdem Tob

Das *Motiv des Prophetenlohns* ist traditionsgeschichtlich allerdings schwer zu greifen[207], obwohl es im Neuen Testament nicht ganz selten ist. Einige Hinweise dazu müssen genügen, die jedenfalls so viel verdeutlichen, dass bei den Rezipienten des ersten Evangeliums eine Vertrautheit mit diesem Topos erwartet werden kann.

(a) *Alttestamentliche Traditionen:* Die feste Vorstellung eines Prophetenlohnes lässt sich im Alten Testament nicht nachweisen, wenngleich in den erzählenden Teilen zumindest Ansätze dazu zu erkennen sind (vgl. 1Sam 9,7–9; 2Kön 4,8–12; 5,5.15f, vgl. a. Micha 3,11). Von den alttestamentlichen Belegen für das Substantiv שָׂכָר[208] ist keiner auf Propheten bezogen. Das Verb שׂכר im Qal in der Bedeutung „anwerben, besolden, dingen", immer bezogen auf eine Person, nie auf eine Sache, wird dagegen u.a. für Bileams Beauftragung durch den König von Moab (Dtn 23,5; Neh 13,2, vgl. Num 22,5ff)[209] und für den von Nehemias Feinden angeheuerten Propheten von Jerusalem (Neh 6,12f) gebraucht. Ansonsten fehlt dem Verb jeglicher Bezug zum prophetischen Tun. Auch die Vorstellung eines göttlichen Lohnes bzw. einer eschatologischen oder jenseitigen Belohnung sind sehr selten, vgl. Jes 40,10; 62,11 vom Lohn, den Gott mit sich bringt, ähnlich Jer 31,16. Dem neutestamentlichen und späteren rabbinischen Sprachgebrauch am nächsten steht 2Chr 15,7, wo der Prophet Asarja König Asa ermahnt: „Laßt eure Hände nicht sinken, denn euer Werk hat seinen Lohn."[210] Mit „Werk" ist die Ordnung des Lebens im Land nach dem Gesetz Gottes gemeint (vgl. 15,3ff.12ff). In Prov 11,18 hat der „sicheren Lohn", der Gerechtigkeit sät (die Gegenbegriffe sind gottlose Arbeit bzw. Leben und Tod).

Der wichtigste Beleg ist jedoch zweifellos Jes 49,4, wo der Prophet im Kontext des zweiten Gottesknechtsliedes bekennt: „Ich aber sagte: »Umsonst mich gemüht, für nichts und gar nichts meine Kraft erschöpft. Fürwahr, mein Recht ist bei Jahwe und mein Lohn (hebr.

13,15 (Aufruf an Jerusalem, sich über die Nachkommen der Gerechten zu freuen); äthHen 104,13: die Gerechten werden den von Henoch hinterlassenen Büchern „glauben und sich an ihnen freuen und alle Gerechten werden jubeln weil sie aus ihnen alle Wege der Wahrheit gelernt haben" (... καὶ ἀγαλλιάσονται πάντες οἱ δίκαιοι μαθεῖν ἐξ αὐτῶν πάσας τὰς ὁδοὺς τῆς ἀληθείας [M. BLACK, Apocalypsis Henochi Graece, PVTG 3, Leiden 1970, 43]); ParJer 6,17: Baruch schreibt Jeremia χαῖρε καὶ ἀγαλλιῶ. Weitere Belege b. D. E. AUNE, Apk III 1029.

[207] Nach O. H. STECK, Geschick 258 Anm. 4, „fehlt die Anwendung des Lohnmotivs auf die Propheten" im Alten Testament und Frühjudentum überhaupt.

[208] Vgl. E. LIPINSKI, Art. שָׂכָר, ThWAT 7, 1993, 795–801 (die Art. in ThWNT u. EWNT sind leider weniger am Wortgebrauch als an theologischen Wertungen interessiert).

[209] Vom Lohn Bileams ist noch einmal in 2Petr 2,15 die Rede, wo über ihn gesagt wird, dass er „den Lohn der Ungerechtigkeit" (μισθὸν ἀδικίας) liebte, d.h. „aus Geldgier ... Unrecht tat" (A. VÖGTLE, 2Petr 205) bzw. dazu verleitete. In V. 16 ist er ausdrücklich als Prophet bezeichnet. In Jud 11 sind es „Träumer" (V. 8), die sich dem Betrug Bileams hingeben „um Lohn" (*genitivus pretii*). Im Hintergrund steht wohl auch hier, dass Bileam ein gedungener Prophet war. Zu fragen ist allerdings, ob hinter der negativen Formulierung nicht auch eine positive Wertung zu vermuten ist, im Sinne eines „Lohnes der Gerechtigkeit", der jenen zusteht, die nicht um falscher Absichten willen als Gottes Propheten auftreten.

[210] וְאַתֶּם חִזְקוּ וְאַל־יִרְפּוּ יְדֵיכֶם כִּי יֵשׁ שָׂכָר לִפְעֻלַּתְכֶם. LXX: καὶ ὑμεῖς ἰσχύσατε, καὶ μὴ ἐκλυέσθωσαν αἱ χεῖρες ὑμῶν, ὅτι ἔστιν μισθὸς τῇ ἐργασίᾳ ὑμῶν.

פְּעֻלָּה/LXX: ὁ πόνος) bei meinem Gott«.[211] Der Kontext 49,1–6 zeigt eine doppelte Aufgabe des Propheten: einmal sein Amt in Israel (1b–3), auf dessen scheinbares Scheitern V. 4a zurückblickt, dann die Rekapitulation dieser Beauftragung in V. 5 als Grundlage für die Sendung des Knechtes zu den Völkern in V. 6, die die ursprüngliche Beauftragung von 1b–3 weiterführt. Die Kompliziertheit des Aufbaus erklärt sich nach Hermisson daraus, dass da, „wo sich der Knecht der Völkerwelt vorstellt ..., er sogleich auf seine (königliche) Berufung im Mutterleib und auf seine Bestimmung zum Weltamt hinweisen" muss. „Wo aber das weltweite Amt näher reflektiert wird, da ist auf das vorangehende Israelamt als die (bleibende) Mitte des Weltamts hinzuweisen" (181f).[212] Dieses Motiv der Israel- und Weltbeauftragung prägt nach Hermisson auch die anderen Gottesknechtlieder. Sein erster Auftrag ist es, „daß ... Israel zu Jahwe zurückgeführt werden müsse" und zwar so, dass es um den Gott versammelt wird, „der Heil schafft und als solcher geglaubt sein will" (187). Im dritten Gottesknechtslied ist der „Lohn" in 50,7–9 beschrieben, d.h. wie in 49,4 ist es die Gewissheit, dass Jahwe ihm zum Recht verhilft, „indem er seine Sache zum Ziel führt – durch den Knecht", d.h. sein eigentlicher „Lohn" ist die Gewissheit, dass seine Sache die Gottes ist. Das vierte Gottesknechtslied eröffnet seine Aussage mit der Verheißung Jahwes (52,13): „Siehe, mein Knecht wird Erfolg haben, wird hoch und erhaben und sehr groß sein" (192). Der Erfolg des Knechts, und damit zugleich sein Lohn aber ist: „Jahwe erobert die Welt durch das Wort seines Knechts, und so wäre die Beute, der Lohn, der Erfolg: die Völker oder viel genauer die Rettung der Völker, die Heilswende für die Welt" (195). Für das Verhältnis des Knechts zu Israel bedeutet dies: „Weil Israel durch den Knecht zu Jahwe zurückkehrt, darum wird der Plan Jahwes durch ihn gelingen, dann kommen auch die Völker zum Heil" (195f). Der Lohn des Knechtes ist also, dass durch ihn Menschen zum Heil kommen.[213]

Matthäus ist mit dem Jesajabuch wohlvertraut, in 12,18–21 zitiert er das ganze erste Gottesknechtslied.[214] Wenn er darum in einem Kontext, der von Prophetenverfolgung, Schmähungen und Gerechtigkeit gekennzeichnet ist, von Lohn redet, der im Himmel und d.h.

---

[211] Übers. H.-J. HERMISSON. Ich folge bei der Auslegung dieses Verses seinem Aufsatz: Der Lohn des Knechts, in: Die Botschaft und die Boten, FS H. W. Wolff, Neukirchen-Vluyn 1981, jetzt in: DERS., Studien zu Prophetie und Weisheit. Gesammelte Aufsätze, hg. v. J. Barthel u.a., FAT 23, Tübingen 1998, 177–196. Eingeklammerte Seitenzahlen im Text beziehen sich auf diesen Aufsatz.

[212] Vgl. H.-J. HERMISSON, Israel und der Gottesknecht bei Deuterojesaja, ZThK 79 (1982), 1–24, jetzt in: DERS., Studien (s.o. Anm. 211), 197–219.

[213] Vgl. dazu auch B. JANOWSKI, Er trug unsere Sünden. Jes 53 und die Dramatik der Stellvertretung, in: Der leidende Gottesknecht (s.o. Anm. 64), 27–48 (35f.41).

[214] Das ist zugleich mit 61 Wörtern das längste alttestamentliche Zitat in den Evangelien überhaupt, nur die Apostelgeschichte und der Hebräerbrief haben längere zusammenhängende Zitate. Das zweitlängste Zitat in den Evangelien ist Jes 6,9f mit 47 Wörtern in Mt 13,14f (auch Apg 28,26f). Vgl. a. P. STUHLMACHER, Jes 53 in den Evangelien und in der Apostelgeschichte, in: Der leidende Gottesknecht (s.o. Anm. 64), 93–105 (101f) u. zur Bedeutung von Jes 42,1–4 für Matthäus s. J. NEYREY, The Thematic Use of Isaiah 42,1–4 in Matthew 12, Bib. 63 (1982), 457–473; P. FIEDLER, "The Servant of the Lord": Israel (Isaiah 42:1–4) and Jesus (Matthew 12:18–21), in: To Hear and Obey, FS F. C. Holmgren, hg. v. B. J. Bergfalk u. P. E. Koptak (= The Covenant Quarterly, North Park Theological Seminary, Jg. 55, Heft 2/3), Chicago (IL) 1997, 119–129; R. BEATON, Messiah and Justice, DERS., Isaiah's Christ in Matthew's Gospel, MSSNTS 123, Cambridge 2002; LIDIJA NOVAKOVIC, Messiah, the Healer of the Sick. A Study of Jesus as the Son of David in the Gospel of Matthew, WUNT II/170, Tübingen 2003, 133–151

bei Gott bereitliegt, so ist es immerhin wahrscheinlich, dass dieser Text zumindest *auch* im Hintergrund stand. Er würde jedenfalls als Einleitung der Verse 13–16 wunderbar passen, indem als Aufgabe des Knechtes in 49,6 genannt wird, dass er zum „Licht für die Völker" (εἰς φῶς ἐθνῶν) und zu ihrem Heil eingesetzt wird „bis an die Enden der Erde".

Obwohl das Stichwort „Lohn" in *Dan 12,2f* nicht vorkommt, muss auch dieser Text herangezogen werden, wenn es um Belohnung für die Propheten bzw. in diesem Fall die Lehrer geht. Den weisen Lehrenden[215], d.h. denen, die den vielen zur *Gerechtigkeit* verhelfen (vgl. Jes 53,11: בְּדַעְתּוֹ יַצְדִּיק צַדִּיק עַבְדִּי לָרַבִּים), ist nach der Auferstehung verheißen, dass sie strahlen werden wie der Strahlenglanz der Himmelsfeste (וְהַמַּשְׂכִּלִים יַזְהִרוּ כְּזֹהַר הָרָקִיעַ וּמַצְדִּיקֵי הָרַבִּים כַּכּוֹכָבִים לְעוֹלָם וָעֶד). Das ist gleichsam der Lohn für die Verständigen im Volk, die unter massiven Verfolgungen zu leiden hatten (11,33). Matthäus bezeichnet Daniel ausdrücklich als Prophet (24,15) und die Kenntnis dieses Buches ist für ihn voraussetzbar. Wie in Mt 5,11f.14 steht die Lichtmetaphorik in Verbindung mit der Gerechtigkeit, darüber hinaus gilt die Verheißung den um ihrer Lehre (die zur Gerechtigkeit führt) willen Verfolgten. So lässt sich neben Jes 49,4 auch dieser Vers als Hintergrund dafür angeben, was Matthäus mit 5,11f aussagen wollte. Zudem bekommt das Motiv der Freunde und des Jubels angesichts dieser Stellen Bedeutung: Es ist die Freude über Gottes Sieg und über Gottes Heil, die im Vordergrund steht und an der seine Boten partizipieren (vgl. Mt 13,16f).

Lohn und Propheten im Sirachbuch: In Sir 36,18 erscheint μισθός im Kontext eines längeren Bittgebets des Volkes (36,1–17 [19]).[216] Darin wird Gottes Zorn und Strafgericht gegen Israels äußere Feinde herbeigerufen und zugleich um die Wiederherstellung Israels und Jerusalems gebeten. Der Realgrund dieses Bittens und der darin geäußerten Erwartungen sind Gottes Taten in der Vergangenheit und die prophetischen Verheißungen. Gott wird angerufen, entsprechend seiner früheren Taten zu handeln. Im synthetischen Parallelismus dazu heißt es: „erwecke die Weissagungen, die in deinem Namen (gesprochen)" (36,17b: ἔγειρον προφητείας τὰς ἐπ᾽ ὀνόματί σου). Der nachfolgende Vers führt das Stichwort der Prophetie fort:

> δὸς μισθὸν τοῖς ὑπομένουσίν σε,
> καὶ οἱ προφῆταί σου ἐμπιστευθήτωσαν.
>
> „Gib Lohn denen, die aushalten bei dir
> und deine Propheten mögen als vertrauenswürdig erscheinen." [217]

Es erscheint naheliegend, dass zu „denen, die bei dir ausharren", auch die Propheten der zweiten Vershälfte gehören, dazu all jene, die auf die Erfüllung ihrer Prophetie hoffen. Der „Lohn", um den hier gebeten wird, ist das *Erleben der Erfüllung des Geweissagten* (das zugleich der Wahrheitsbeweis für die Propheten ist, vgl. Jer 28,9). Das Ziel dieses Bittens ist es, dass alle auf der Erde Lebenden erkennen, dass der Herr Gott ist in Ewigkeit (36,19, vgl. Mt 5,16):

---

[215] שכל im Hif'il wird auch in Jes 52,13 verwendet und dort mit „Erfolg haben" übersetzt, vgl. H.-J. HERMISSON, Der Lohn des Knechts 192f.

[216] Zitat nach J. Ziegler, Sapientia Iesu Filii Sirach 291f (zahlreiche Varianten).

[217] ἐμπιστεύειν = anvertrauen. G. SAUER, Jesus Sirach, JSHRZ III/5, Gütersloh 1981, 592 übersetzt mit: „und deine Propheten mögen verläßlich erscheinen!", in seinem ATD-Kommentar dagegen mit: „Gib denen, die auf dich hoffen, ihren Lohn, so werden sich deine Propheten als verläßlich erweisen" (248).

εἰσάκουσον, κύριε, δεήσεως τῶν οἰκετῶν σου
κατὰ τὴν εὐδοκίαν περὶ τοῦ λαοῦ σου,
καὶ γνώσονται πάντες οἱ ἐπὶ τῆς γῆς
ὅτι σὺ εἶ κύριος ὁ θεὸς τῶν αἰώνων.

„Erhöre, Herr, das Flehen deiner Knechte
entsprechend dem Wohlgefallen an deinem Volk,
und alle, die auf Erden sind, sollen erkennen,
dass du der Herr bist, der Gott des Alls."

Dieses Gebet kommt Mt 5,11f zumindest im Verständnis dessen, was als „Lohn" bezeichnet
wird, nahe. Im Unterschied zur mt Situation sind bei Sirach jedoch die Propheten mit dem
Volk verbunden und stehen in großem Ansehen (vgl. 44,6–8). Die Traditionen des Propheten-
mordes und des prophetischen Leidens fehlen bei ihm völlig.

(b) *Neutestamentliche Parallelen:* In Mt 5,12 geht es um *das eschatologische Heilsgut des
himmlischen Lohnes,* der für die Jünger – analog zu den biblischen Propheten – bereit liegt.
Vergleichbare Vorstellungen finden sich auch bei *Paulus* im Zusammenhang mit der Predigt
des Evangeliums. Dass Paulus für das Verständnis des eigenen Auftrages das Vorbild der
biblischen Propheten, insbesondere des Mose, Amos und Jeremia wegweisend war, geht u.a.
aus 1Kor 9,16 hervor. Die Evangeliumsverkündigung steht nicht in seinem Belieben, sondern
ist ihm wie den genannten Propheten als Verpflichtung auferlegt worden (ἀνάγκη γάρ μοι
ἐπίκειται).[218] In den apologetischen Teilen des Briefes (vgl. 1Kor 9,3) verwendet auch
Paulus das Begriffspaar Lohn und Werk, um die Würde und Bedeutung der Gemeinde
gründenden Verkündigung deutlich zu machen: Der, der pflanzt und der, der gießt, stehen auf
einer Stufe, aber ἕκαστος δὲ τὸν ἴδιον μισθὸν λήμψεται κατὰ τὸν ἴδιον κόπον (1Kor
3,8).[219] Der Lohn, den einer empfangen wird (Futur), richtet sich nach dem, was als Frucht
der eigenen Mühen[220] von eines jeden Werk bleibt (3,13–15: 4mal ist in diesen Versen τὸ
ἔργον gebraucht): εἴ τινος τὸ ἔργον μενεῖ ὃ ἐποικοδόμησεν, μισθὸν λήμψεται (1Kor
3,14). Ebenfalls wie in Mt 5,19b (s.u.) ist der „Lohn" jedoch zu unterscheiden vom Eingang
in das ewige Leben, da nach 1Kor 3,15 auch derjenige „gerettet wird", dessen Werk ver-
brennt und der deshalb keinen Lohn erlangt.[221] In 1Kor 9,1.17f sind die gläubigen Korinther
die Frucht der paulinischen Missionspredigt. Sie sind sein „Werk" (9,1: τὸ ἔργον μου ὑμεῖς
ἐστε ἐν κυρίῳ)[222], für das ihm – zunächst einmal von den Korinthern selbst – „Lohn"

---

[218] Vgl. W. SCHRAGE, 1Kor II 323f; allgemein zum paulinischen Selbstverständnis als
Prophet s. K. O. SANDNES, Paul – One of the Prophets? A Contribution to the Apostle's Self-
Understanding, WUNT II/43, Tübingen 1991, zu 1Kor 9,16 s. 125–129.

[219] Vgl. außerdem Röm 4,4f. Zum Lohn bei Paulus s. E. JÜNGEL, Jesus und Paulus,
HUTh 2, Tübingen ⁶1986, 68.

[220] Gut rabbinisch (mAv 5,23 und die Illustration dazu in ARN B 27 [ed. Schechter
28a–b], vgl. schon Sap 10,17) ist der Lohn entsprechend dem eigenen Mühen, vgl.
W. SCHRAGE, 1Kor I 292 Anm. 88. Aber nicht nur der Ertrag, sondern auch die Intention
zählt vor Gott und wird im Gericht ans Licht gebracht (vgl. 1Kor 9,17), wo sie von Gott mit
Lob (ἔπαινος) bedacht wird (1Kor 4,5), das hier synonym zu „Lohn" verstanden werden
kann, vgl. SCHRAGE, ebd. 326 Anm. 65, unter Verweis auf LIESELOTTE MATTERN, Das
Verständnis des Gerichtes bei Paulus, AThANT 47, Zürich 1966, 183f.

[221] So W. SCHRAGE, 1Kor I 302f.

[222] Vgl. a. Phil 1,6: die Gemeindegründung wird als „gutes Werk" bezeichnet. Als Urheber ist hier Gott gemeint, aber derjenige, der die Gemeinde gründete, war Paulus.

zustehen würde (vgl. 9,4–14). Paulus weist dies jedoch zurück, weil er nicht freiwillig diesen Dienst tut, sondern aufgrund der unentrinnbaren Verpflichtung (ἀνάγκη), die ihm Gott auferlegt hat. Darum erwartet er von den Korinthern keine Entlohnung, aber mit der abschließenden Frage in V. 18 weist er sie darauf hin, dass er eines anderen Lohnes gewiss ist, nämlich der Teilhabe am Werk der Evangeliumsverkündigung. Diesem zunächst ganz irdischen, uneigentlichen Lohn eignet gleichwohl eschatologische Qualität: „Der Lohn ist durchaus eschatologisch bestimmt, nur ist eschatologischer Lohn gerade hier (wie in V 17) nicht eo ipso ein ausschließlich zukünftiger Lohn im Endgericht.“[223]

Aber nicht nur bei Matthäus und Paulus ist ein Zusammenhang von Prophetenamt, Lohn und Werk zumindest in Umrissen erkennbar, sondern auch in der *Johannes-Apokalypse* (11,18), wenn die vierundzwanzig Ältesten Gott auffordern (nachdem die Welt zum Herrschaftsraum des Messias geworden ist [11,15]), nun die Toten zu richten καὶ δοῦναι τὸν μισθὸν τοῖς δούλοις σου τοῖς προφήταις καὶ τοῖς ἁγίοις καὶ τοῖς φοβουμένοις τὸ ὄνομά σου, τοὺς μικροὺς καὶ τοὺς μεγάλους ... Erkennbar an dem aufzählenden καί nennt der Vers drei Gruppen: (1.) die Knechte Gottes, die Propheten[224], (2.) die Heiligen und (3.) die den Namen Gottes Fürchtenden, bei denen wiederum die Großen und die Kleinen unterschieden werden. Bei den Propheten ist vom Kontext her zunächst an die zwei getöteten und wiedererweckten Zeugen (=Propheten) zu denken, deren Wirken in Apk 11,3–12 beschrieben ist, aber darüber hinaus wohl an alle, die unter den Ehrentitel des δοῦλος fallen, der zwar nicht auf die Propheten begrenzt, aber gleichwohl stark von ihnen geprägt ist.[225]

Das legt auch die zweite Stelle in der Offenbarung nahe: Angesichts der unmittelbar bevorstehenden Verwirklichung der geoffenbarten Botschaft (22,10), die in eine Reihe mit der der Propheten gestellt wird (22,9), ist es der erhöhte Jesus selbst (vgl. 22,16), der zu Johannes sagt (22,11f):

ὁ ἀδικῶν ἀδικησάτω ἔτι καὶ ὁ ῥυπαρὸς ῥυπανθήτω ἔτι,
καὶ ὁ δίκαιος δικαιοσύνην ποιησάτω ἔτι καὶ ὁ ἅγιος ἁγιασθήτω ἔτι.
Ἰδοὺ ἔρχομαι ταχύ, καὶ ὁ μισθός μου μετ᾽ ἐμοῦ
ἀποδοῦναι ἑκάστῳ ὡς τὸ ἔργον ἐστὶν αὐτοῦ.

Wieder begegnen die Stichworte „Lohn“ und „Werk“ (nur hier in der Apk im Singular) im Kontext von Propheten bzw. der ihnen anvertrauten prophetischen Botschaft (vgl. 22,9f.18f).

---

[223] So W. SCHRAGE, 1Kor II 327, zu 9,18, und 325 Anm. 276, zum Verhältnis von 9,18 zu 3,8.14f: Der Unterschied ist, dass für Paulus in 9,18 der Lohn nicht in erster Linie eschatologisch ist, sondern schon hier zu seinem „Ruhm“ gehört.

[224] So auch Apk 10,7; 22,6.9, aber auch 1,1; die Vorstellung ist abhängig von Amos 3,7. Als einzelne Gestalt ist Mose der Knecht Gottes par excellence: Apk 15,3. Denkbar ist aber auch, die Reihe mit den Propheten beginnen zu lassen und „Knechte“ als allgemeinen Oberbegriff zu wählen; für die letztgenannte Möglichkeit spricht, dass in 16,6 und 18,24 die Propheten und die Heiligen zwei verschiedene Gruppen bilden. Zum Problem s. D. E. AUNE, Apk II 645, und die Gliederung ebd. 635. Aune selbst votiert für die Verbindung von Propheten und Knechten als *einer* Gruppe.

[225] Apk 1,1; 2,20; 6,11; 7,3; 19,2.5; 22,3. Dieser Sprachgebrauch findet im Johannes-Evangelium keine Entsprechung, wo die Jünger gerade keine δοῦλοι sind (15,15, vgl. a. 13,16; 15,20). In den Johannesbriefen fehlt der Begriff ganz. Definiert sind die δοῦλοι an den Stellen, wo von den Engeln als „Mitknechten“ die Rede ist: nach 19,10 haben sie τὴν μαρτυρίαν Ἰησοῦ, wobei μαρτυρία erklärt wird als τὸ πνεῦμα τῆς προφητείας; in 22,9 bezeichnet sich der Engel als „Mitknecht deiner Brüder, der Propheten und derer, die die Worte dieses Buches bewahren“.

Teil derer, die Gottes Willen tun (= die Gerechtigkeit tun), sind „die die Worte dieses Buches bewahren" (22,9, vgl. a. V. 18). Die Leitvokabel ihrer Beschreibung ist neben Heiligkeit – wie bei Matthäus – δίκαιος bzw. δικαιοσύνη (bzw. deren negative Entsprechung ἀδικεῖν 22,11). Mit dem *Tun der Gerechtigkeit* ist dabei ein aus der Bindung an Jesus erwachsendes Handeln gemeint, kein an die Tora oder sonst eine äußere Norm gebundener Gehorsam.[226] Ein bestimmtes ethisches Verhalten ist darum bedeutsam, weil und sofern es die Bezogenheit auf Jesus ausdrückt (vgl. 12,17; 14,12). Wohl deshalb ist die ethische Mahnung häufig verbunden mit der Aufforderung zur Abkehr von Irrlehrern und -lehrerinnen (2,14f.20, vgl. Kap. 13), weil durch sie die Gefahr bestand, die exklusive Bindung an Jesus (und damit das Heil) zu verlieren.[227]

Auch in den übrigen *johanneischen Schriften* ist mit δικαιοσύνη nicht primär ein *Tun*, sondern eine *(Glaubens-)Haltung* gemeint[228], die sich entsprechend betätigt (1Joh 2,29; 3,7.10)[229] und deren Gefährdung – ähnlich wie in der Apk – von ψευδοπροφῆται (4,1)[230] herrührt: Ihre Lehre ist eine falsche Christologie (4,2), die Folge davon ein Verhalten, das dem Gebot Jesu widerstreitet (4,21). Das bezeugt auch der 2. Johannesbrief, der vor den πλάνοι warnt, die ebenfalls eine falsche Christologie und damit verbunden eine falsche Ethik propagieren (2Joh 7, vgl. das dreimalige Vorkommen von διδαχή in V. 9f, einmal als διδαχὴ τοῦ Χριστοῦ). Dem Festhalten am christologischen Bekenntnis aber ist Lohn verheißen: βλέπετε ἑαυτούς, ἵνα μὴ ἀπολέσητε ἃ εἰργασάμεθα ἀλλὰ μισθὸν πλήρη ἀπολάβητε (V. 8). Das „wir" dieses Verses (das textkritisch allerdings unsicher ist) blickt auf das apostolische Werk („das, was *wir* gewirkt haben") der Gemeindegründung zurück, der „Lohn" steht aber – ähnlich wie in 1Kor 3,8 – auch denen zu, die das angefangene Werk

---

[226] Vgl. Apk 19,7f: ἦλθεν ὁ γάμος τοῦ ἀρνίου καὶ ἡ γυνὴ αὐτοῦ ἡτοίμασεν ἑαυτὴν καὶ ἐδόθη αὐτῇ ἵνα περιβάληται βύσσινον λαμπρὸν καθαρόν· τὸ γὰρ βύσσινον τὰ δικαιώματα τῶν ἁγίων ἐστίν. Das *passivum divinum* ἐδόθη beschreibt ein Handeln Gottes, wie überhaupt die Metapher des reinen Gewandes denjenigen gilt, die Sünde und Verführung widerstanden (vgl. 3,5; 7,13f). Δικαιώματα kann an dieser Stelle als „righteous acts" verstanden werden (der Versteil 8b wird in der Regel als erklärende Glosse angesehen), wie dies D. E. AUNE, Apk III 1031 u.a., tun, aber dies ist nicht zwingend. Aune weist darauf hin, dass in der Apokalypse mit Ausnahme dieser Stelle (dabei übersieht er allerdings 22,11) die δικ-Terminologie „is used only of God", und diesem Verständnis steht auch an dieser Stelle nichts entgegen, zumal in 15,4 δικαιώματα für *Gottes heilschaffendes Handeln* gebraucht ist, vgl. J. ROLOFF, Apk 159: „Alle werden dann, so sehr sie sich jetzt auch noch dagegen sträuben mögen, Gottes »gerechte Taten« sehen, d.h. sie werden erkennen, daß dies Handeln von Anfang an darauf ausgerichtet war, Heil zu schaffen und dem Leben Raum zu geben."

[227] Vgl. W. SCHRAGE, Ethik des Neuen Testaments, GNT 4, Göttingen 1982, 272–274.

[228] Vgl. Joh 16,8.10 (die einzigen δικαιοσύνη-Belege bei Johannes). „Gerechtigkeit" ist darüber hinaus das Kennzeichen des Gerichtes, das Jesus halten wird (Apk 19,11, vgl. Joh 5,30), und Gott allein kommt im vierten Evangelium der Ehrentitel des δίκαιος zu (Joh 17,25; im 1Joh ist es neben dem Vater [1,9] auch der Sohn [2,1.29; 3,7]). Würden Jesu Gegner sein Verhalten δίκαιος (d.h. in Übereinstimmung mit Gottes Wollen) beurteilen, dann nähmen sie keinen Anstoß an seiner Heilung am Schabbat (Joh 7,24). In Apk 15,3f ist es Gott in Identität mit dem Sohn, der als gerechter Gerichtsherr gepriesen wird (vgl. a. Apk 16,5.7; 19,2).

[229] Als Vorbild verweist der Verfasser des 1Joh auf Kain und Abel, verständlicherweise, da sich für ihn die Glaubenshaltung zuerst im Gebot der Bruderliebe äußert. Indem er die „Werke" Abels als „gerecht" bezeichnet (wieder: die enge Zusammengehörigkeit von ἔργον und δίκαιος), wendet er einzig an dieser Stelle das Lexem δικ- auf einen Menschen an.

[230] Vgl. 2,4; 4,20: ψεύστης ist, wer das Liebesgebot nicht hält.

pflegen („damit *ihr* vollen Lohn empfangt").[231] Es ist hier, ebenso wie in den Parallelen aus dem Johannes-Evangelium, an ein „zukünftiges Heilsgut" (H.-J. Klauck, 2Joh 60) zu denken, an dem die Gläubigen schon jetzt Anteil haben. Dem apostolischen Werk stehen dabei die „bösen Werke" der Irrlehrer gegenüber (2Joh 11, vgl. a. 3Joh 10 im Kontrast zu V. 5).

Zusammenfassung: Die angeführten Stellen belegen, dass der Lohn-Begriff wie in Mt 5,12 auch im übrigen Neuen Testament da Verwendung finden konnte, wo auf die *Ausrichtung von Gottes Botschaft* (häufig in Verbindung mit bedrängenden Situationen für die Boten) verwiesen wird. Dieses umfassende Verkündigungsgeschehen hat den Charakter eines besonderen *Werkes*, dem ein eschatologischer *Lohn* verheißen ist. Eine im eigentlichen Sinn ethische Konzeptualisierung des Lohnmotivs findet sich hierbei ebenso wenig wie die rabbinische Vorstellung von guten Werken, die belohnt werden[232], aber auch die Beschreibung als 'Gnadenlohn' trifft das hier Verhandelte nicht wirklich. Eher geht es in der Lohn-Verheißung darum, die Gewissheit derer zu bestärken, die durch ihre Verkündigung bzw. das Festhalten an einer bestimmten Lehre in Bedrängnis geraten sind, dass Gott sie 'rehabilitieren', d.h. die Wahrheit ihres Lehrens und Tuns öffentlich machen wird.

Was Erich Grässer in Bezug auf Hebr 10,35 schreibt, gilt auch für Mt 5,12, indem auch hier wie bei Paulus der Lohngedanke nicht „eigenständig thematisiert" ist, sondern „vor allem zur Begründung der Paränese" dient.[233] Gerade darum erscheint mir die Annahme erlaubt, dass die Gleichgestaltung des Jüngergeschicks mit dem der Propheten der eigentliche Grund der Freude ist, der himmlische Lohn dagegen nur eine Folge davon, dessen feste Zusage keinerlei Kondition unterliegt.[234] Die Propheten waren Träger des göttlichen Wortes und Künder von Gottes Gerechtigkeit in Israels Geschichte, sie waren es, die dem Volk den Weg gewiesen haben – obwohl sie verfolgt waren. Sie bzw. die Botschaft, die ihnen anvertraut war, waren „Licht" und „Salz".

---

[231] Vgl. Joh 4,36; 6,27–29: Der „Lohn" ist hier im Bildwort der „Speise, die bleibt bis ins ewige Leben", gefasst.

[232] Zu den unterschiedlichen rabbinischen Lohnvorstellungen s. BILL. IV/1, 484–500.

[233] Hebr III 72. Vgl. dazu auch M. WINTER, Art. Lohn I. Neues Testament, TRE 21, 1991, 447–449, der einerseits den paränetischen Charakter der neutestamentlichen Lohnaussagen hervorhebt, andererseits aber auch „die Einbettung des Lohngedankens in die Basileia-Verkündigung Jesu" betont (447). Aufgrund von Mt 20,1–15; 25,21.23 und anderen Stellen ergibt sich, dass der Lohn „in keinem Äquivalenzverhältnis zur Leistung" steht, sondern „überschwengliche, unverdiente Gabe" ist (ebd.).

[234] So auch H. GIESEN, Handeln 157f, gegen G. STRECKER, Weg 165, der im ersten Evangelium nur eine „geradlinige Lohn- und Straflehre" zu erkennen vermag, die in nichts von Gottes Geben ausschließlich von des Menschen Tun zu beeinflussen ist. Von daher ist auch die Matthäus vorgeworfene fehlende „Heilsgewißheit" in der Gegenwart zu hinterfragen (vgl. CH. LANDMESSER, Jüngerberufung 148). Wer inmitten einer bedrängten Situation aufgerufen wird, über den schon bereit liegenden Lohn zu jubeln, dessen „eschatologisches Geschick" steht bis zum Endgericht gerade nicht mehr „auf dem Spiel" (ebd. 149).

4. Auswertung und Weiterführung

Die Interpretation von Mt 5,10–12 erweist sich als zentral für das gesamte Verständnis der Bergpredigt. Denn daran entscheidet sich, ob die nachfolgenden Verse eine allgemein gültige Zusammenfassung der von Jesus gelehrten Ethik darstellen, oder ob sie eine *Einweisung der Jünger in ihren Auftrag als Boten des Himmelreiches* darstellen. Der Duktus der Verse spricht eindeutig für die zweite Deutung, die allerdings immer mit dem Vorurteil der Repristination eines Zwei-Stufen-Modells zu kämpfen hat, wonach es sich bei den Geboten der Bergpredigt um *consilia* handle, die nur für Mönche oder Kleriker gelten[235], so dass die 'gewöhnlichen' Christen davon nicht betroffen sind (für die gelten dann die 10 Gebote). Eine solche dauerhafte Zweiteilung ist für Matthäus jedoch nicht nur nicht erkennbar, sondern geradezu unvorstellbar.[236]

Sein Evangelium zeigt vielmehr ein *sachliches Nacheinander* auf, das in seiner heilsgeschichtlichen Theologie begründet ist. Und so werden *zuerst* die Jünger als die von Jesus ausgewählten Repräsentanten Israels in ihre Aufgabe eingewiesen und darüber belehrt, was ihre Würde und ihr einzigartiger Auftrag ist. *Danach* sollen eben diese Jünger, die von Jesus selbst belehrt und unterwiesen wurden, die Menschen zu Jüngern machen, d.h. diese wiederum in ihre Aufgabe einweisen und sie „lehren, alles zu halten", was er ihnen geboten hat.

Dabei weiß Matthäus m.E. den Anfang von den Folgen (den daraus erwachsenen „Früchten") zu unterscheiden, d.h. er erzeugt nicht illusorisch die Fiktion einer nur aus Jüngerpropheten bestehenden Gemeinschaft, die gleichsam einen perpetuierten Wanderradikalismus zur Norm der Jüngerschaft macht. Matthäus *weiß* um ortsfeste Gemeinden und er *will* ortsfeste Gemeinden, darum kann er die 'statische' Bildwelt von Haus, Hof und Familie, von Säen und Ernten, Wachstum und Reife, genauso verwenden wie die radikalen

---

[235] Vgl. dazu U. LUZ, Mt I$^{1-4}$ 193–196/I^5 262–265, der darauf hinweist, dass dieses Schema, das vor allem in der reformatorischen Auseinandersetzung mit dem Mönchtum eine Rolle spielte, für die Auslegungsgeschichte der Bergpredigt nicht zentral ist.

[236] Richtig ist jedoch, worauf J. R. C. COUSLAND, Crowds 163 (s.a. 153–159), hinweist, dass im Matthäus-Evangelium zwischen der *Aufforderung* zur Nachfolge Jesu und der *Einladung* in die Königsherrschaft Gottes unterschieden werden muss. Erstere gilt Individuen, letztere dem Volk. Daraus ergibt sich keine Zwei-Stufen-Ethik, aber es ist eindeutig, dass die Berufung in die Nachfolge von den Berufenen mehr verlangt als von den Eingeladenen gefordert wird: „... being called to come to Jesus is to be categorically distinguished from being called to follow him. One is very clearly an invitation; the other is a command." Auch die Gerichtsaussagen des ersten Evangeliums müssen in diesem Kontext verstanden werden. A. THOLUCK, Bergpredigt, 16f.118f u.ö., unterscheidet ebenfalls zwischen den besonderen Anweisungen an die Jünger im engeren Sinn und denen an alle Christen. Diese Differenz ist darin begründet, dass Tholuck die Apostel primär als „Diener des Wortes" versteht (118).

Forderungen nach ungeteilter Hingabe an die Sache des Reiches Gottes, die kein irdisches Sorgen mehr neben sich duldet.

Das *Ziel* ist für Matthäus entscheidend und darauf verpflichtet er durch die Worte Jesu alle, die diesem nachfolgen wollen. Das Vorbild der Nachfolge in der nachösterlichen Zeit sind jedoch die Jünger, d.h. ihre Beauftragung und Unterweisung durch Jesus spiegelt die Beauftragung der Gemeinde Jesu wider. Sie ist damit aber nicht einfach identisch, sondern transparent für diese, indem die einmalige und unwiederholbare Zeit Jesu konsequent als Anfangsgeschehen geschildert ist, so dass sich alles, was daraus erwächst, an diesem Anfang orientieren kann aber auch messen lassen muss.

Entscheidend ist dabei die *Botschaft*, die den Jüngern aufgetragen ist. Ihre *Verkündigung* steht – nicht anders als bei den Propheten – im Zentrum.[237] Inhalt der Botschaft ist nach V. 10 die Gerechtigkeit, die sich als nicht ablösbar von Jesus erweist. Es ist also die von ihm *erfüllte* Gerechtigkeit (samt den daraus sich ergebenden Folgerungen und Forderungen) zu verkündigen, weil sie den Einladungsruf zur Umkehr und zum Eingang in die Basileia allererst ermöglicht hat. Das ist der einzigartige und nicht von anderen wahrnehmbare Auftrag der Jünger (und durch sie vermittelt auch der Jüngergemeinden), wie in 5,13–16 eindrucksvoll beschrieben wird. Mit einer wie auch immer ʻintensiviertenʼ, ʻradikalisiertenʼ oder ʻvertieftenʼ Toraauslegung ist der Inhalt dieser Verkündigung nicht angemessen zu erfassen, denn damit ist dem in 3,15; 5,17; 11,12f beschriebenen Geschehen nicht ausreichend Rechnung getragen. Zudem passt die Anknüpfung an die biblischen Propheten nur bedingt zu einer Torainterpretation, wenn das Tun der Tora selbst das Ziel ist, dagegen sehr gut, wenn das Ziel die Gerechtigkeit ist, die Gott gemäß ist.

Ulrich Luz sieht dies deutlich, wenn er eingangs seiner Auslegung der Bergpredigt schreibt, dass sich diese unter der Überschrift „die Gerechtigkeit des Himmelreichs" zusammenfassen lässt und „zentraler Inhalt auch der christlichen Missionsverkündigung war" (Mt I$^{1-4}$ 188/I^5 259f). Aber er beraubt sich des daraus resultierenden Interpretationsschlüssels, wenn er „Gerechtigkeit" einseitig ethisch definiert, so dass die „christliche Praxis" das erste Ziel der Bergpredigt darstellt[238], und diese „Praxis" trotz der Betonung,

---

[237] Zwar ist die zentrale Aussage der Botschaft des Täufers identisch mit der Jesu und seiner Jünger (vgl. 3,2; 4,17; 10,7), auch die Begründung der Notwendigkeit der Umkehr mit dem Hinweis auf die nahe Königsherrschaft ist identisch. Verschieden ist allerdings die Art und Weise, wie die Menschen motiviert werden sollen, nun auch wirklich umzukehren. Während der Täufer im Stil eines Gerichtspropheten auftritt (vgl. 3,7–10), verkündigen Jesus und seine Jünger das Evangelium und heilen die Kranken (4,17; 10,8; 11,5).

[238] Vgl. die als Einleitung in seine Bergpredigt-Auslegung formulierten sieben Grundsätze, mit denen er den „Sinn der Bergpredigt bei Matthäus" (Mt I$^{1-4}$ 188) zu umfassen versucht. In der 5. Aufl. ist dieser Abschnitt ans Ende gestellt und leicht modifiziert (541–546).

dass „das Evangelium der Tat ... *Ausdruck der Gnade*" ist (Mt I$^{1-4}$ 188 [Hhg.R.D.], I^5 542) und also christologisch fundiert sein muss, nicht anders als eine ethisch verstandene „bessere Gerechtigkeit" (190) verstehen will. Richtig ist, dass die Bergpredigt „Jüngerethik" und „nicht Sonderethik eines für sich lebenden Kreises von Jesusanhängern ist". Angemessener wäre m.E. statt von „Jüngerethik" von Jünger*beauftragung* zu reden, um deutlich zu machen, dass diese Ethik ihr Ziel nicht in sich bzw. in Bezug auf die eigene Person besitzt, sondern 'Ethik' für etwas (nämlich das Reich Gottes) bzw. für andere ist (nämlich die Menschen, die für dieses Reich gewonnen werden sollen). Diese Zielangabe ist aber nicht so zu definieren, dass „durch die Verkündigung der Jünger die ganze Welt *beansprucht*" wird (Luz, ebd. [Hhg. RD.]). Denn die *Beanspruchung* hat für Luz und vergleichbaren Positionen als primäres Ziel die „Erfüllung von Gesetz und Propheten" *durch die Jünger*, und so verstanden formuliert die Bergpredigt „die Einlaßforderungen für das Himmelreich" (ebd.) bzw. „die Einlaßbedingungen ins Gottesreich" (189).

Demgegenüber ist festzuhalten, dass *Jesus* es ist, der zuerst „alle Gerechtigkeit" und damit „Gesetz und Propheten" erfüllt, und es gerade *nicht* die primäre Aufgabe der Jünger ist, dies zu tun (das lässt sich aus 7,12 nicht ableiten), so wenig es als Beschreibung für das Tun der alttestamentlichen Propheten passend wäre. Inhalt der den Jüngern aufgetragenen Botschaft ist das Reich Gottes und seine Gerechtigkeit, und das heißt, die in Jesus erfüllte und ermöglichte Gerechtigkeit, die allen gilt und von der niemand mehr unter Berufung auf die Tora ausgegrenzt werden soll (s.u. § 10/2.). Das ist die einzigartige Botschaft, für die sie mit ihrer ganzen Existenz eintreten sollen und wegen der sie verfolgt und unter falsche Anklagen gestellt werden.

Darum gelten ihnen *zuerst* auch die *Forderungen*, wie sie die Bergpredigt unzweifelhaft erhebt. Aber nicht, um damit das eigene Eingehen in die Königsherrschaft zu sichern, sondern um sie denen, zu denen sie gesandt sind, zu ermöglichen. Sie sollen selbst tun, was sie andere lehren und andere lehren, was sie selbst getan haben. Weil die Boten nur zu überzeugen vermögen, wo Reden und Handeln in Übereinstimmung stehen, darum gilt die erste und grundlegende Belehrung Jesu seinen Jüngern, die er als seine Boten berufen hat und nun im Begriff ist zu beauftragen. Ihnen hat er durch den Ruf in die Nachfolge (4,19) die Teilhabe an der Königsherrschaft Gottes zugesagt (5,3.10), sie sind es, die Gottes Barmherzigkeit erfahren (5,7) und „Kinder Gottes" genannt werden (5,9). Ihr Tun soll die Verherrlichung *ihres* Vaters unter allen Menschen bewirken. Das Ziel der Bergpredigt ist, dies zu ermöglichen.[239]

---

[239] Vgl. dazu CH. BURCHARD, Versuch, das Thema der Bergpredigt zu finden, in: Jesus Christus in Historie und Theologie, FS H. Conzelmann, hg. v. G. Strecker, Tübingen 1975, 409–432, jetzt in: DERS., Studien zur Theologie, Sprache und Umwelt des Neuen Testaments,

Wenn der von Luz gewählte Begriff „Jüngerethik" zutreffen soll, dann nur, indem durch das Adjektiv *missionarisch* die Zielvorgabe des von Jesus geforderten Verhaltens klar gemacht wird. Sachlich berechtigt ist dies durch die Gleichsetzung des Jüngergeschicks mit dem der Propheten. Damit ist zugleich die zu verkündigende Botschaft dem Tun so vorgeordnet, dass letzteres dem ersteren dient und nicht umgekehrt. Wort und Tat darf nach Matthäus gewiss nicht auseinandergerissen werden, aber genauso wenig darf die Reihenfolge verwechselt werden. Denn, das zeigt der nachfolgende Abschnitt, unentbehrlich als „Salz" und „Licht" für die Welt sind die Jünger aufgrund der ihnen anvertrauten Botschaft, die sie mit ihrer ganzen Existenz *verkündigen* sollen.

---

hg. v. D. Sänger, WUNT I/107, Tübingen 1998, 27–50: Die Bergpredigt ist eine Anweisung „an solche, die das Evangelium von der Basileia erfaßt haben und nun in der Zeit bis zum Eschaton in der Welt leben" (32), wobei das Ziel ihres Handelns ist, „dass durch ihre Praxis die Nichtchristen ebenfalls zu Nachfolgern werden sollen" (50). Darum ist Mt 5,16 s.E. „so etwas wie das Thema der Bergpredigt" (38), wobei er den Bezug zu Mt 4,19 ausdrücklich benennt. Vgl. a. DERS., Jesus für die Welt. Über das Verhältnis von Reich Gottes und Mission, in: Fides pro mundi vita. Missionstheologie heute, FS H.-W. Gensichen, hg. v. Th. Sundermeier, Gütersloh 1980, 13–27, jetzt in: DERS., ebd. 51–64.

§ 6 Die Jüngerbeauftragung (Mt 5,13–16) im Kontext der Gerechtigkeitsaussagen der Bergpredigt

Nach dem durch die Makarismenreihe bestimmten Prolog bilden 5,13–6,34 den inhaltlichen Hauptteil der Bergpredigt in Bezug auf Frage nach der Gerechtigkeit.[240] Ehe mit dem programmatischen Text 5,17–20, der in einer δικαιοσύνη-Aussage gipfelt, die einleitenden Teile ihren Abschluss finden, ist mit 5,13–16 ein wichtiger Abschnitt zwischengeschaltet. In der direkten, mit V. 11 beginnenden und durch vorangestelltes ὑμεῖς in V. 13 zusätzlich betonten Anrede an die Jünger[241] fängt die eigentliche *Jüngerbeauftragung*[242] (und implizit damit verbunden auch ihre Belehrung) an, bei der aber kein

---

[240] Die Gliederungsvorschläge zur Bergpredigt sind zahlreich und widersprüchlich. Sie brauchen hier nicht diskutiert zu werden, da Matthäus es versteht, seinen Stoff mehrschichtig zu gliedern. Ein so kunstvoller Aufbau, wie ihn etwa U. LUZ (Mt I[1–4] 186/I[5] 254) oder H. D. BETZ (Sermon 50–58, vgl. ebd. 44–49, wo er ältere Gliederungsmodelle diskutiert) vorschlagen, ist als Rezeptionsleistung des Auslegers zu würdigen, aber kaum in der Form bewusst vom Autor gestaltet. Ein hilfreicheres Schema, weil klarer und knapper, bietet m.E. H. WEDER, »Rede« (letzte Seite [zum Ausklappen]). Zudem scheint mir die Verwendung von Inklusionen ein bewusst gesetztes Gliederungsmerkmal zu sein, so dass für die Frage der Gerechtigkeit der Weg von 5,6 zu 6,33 führt, für die Frage nach der bleibenden Bedeutung von Gesetz und Propheten dagegen von 5,17–7,12, für die Basileia von 5,3 zu 7,21(–27), wobei dieser 'Faden' in 5,20 mit der Gerechtigkeitsthematik eng verknotet ist (und damit, aufgrund des 'Zusammenhängens' von 5,17–20, auch mit „Gesetz und Propheten").

[241] Gegen U. LUZ, Mt I[1–4] 221/I[5] 297, ist in 13ff wie in 11f nicht in erster Linie an die „Gesamtgemeinde", sondern an die von ihm abgelehnte Eingrenzung auf „die Apostel oder die Verkündiger" zu denken (vgl. aber ebd. 219/295, wo er zu ὑμεῖς schreibt: „Es ist also wiederum ganz besonders von den Jüngern die Rede"). Zur Betonung des ὑμεῖς vgl. HAUBECK/V. SIEBENTHAL, Schlüssel I 20; GGNT § 139a: Der Nominativ des Personalpronomens wird in den meisten Fällen „hinzugesetzt, wenn er die Person hervorheben soll, vor allem bei Gegensätzen". Vgl. a. W. PETERSEN, Eigenart 158: durch ἐστε (in 5,11.13.14) wird eine Verbindung zwischen den Seligpreisungen und der nachfolgenden Jüngerbeauftragung hergestellt, die eigentliche Betonung der Anrede liegt jedoch erst in ὑμεῖς.

[242] Vgl. J. B. SOUČEK, Salz der Erde und Licht der Welt, ThZ 19 (1963), 169–179 (173): „Berufungs- und Auftragswort", vgl. a. LOHMEYER/SCHMAUCH, Mt 99: der Vers beginnt „mit einem gleichsam erwählenden ‚Ihr seid'" und erinnere an Ex 19,6. Was dort allerdings „futurisch und imperativisch" formuliert sei, ist hier „präsentisch und indikativisch". Zum Gebrauch der Salzmetaphorik für Gelehrtenschüler in rabbinischen Texten s. W. NAUCK, Salt as a Metaphor in Instructions to Discipleship, StTh 6 (1953), 165–178. Die Belege sind allerdings sehr spät (DEZ 1,1, was aufgrund von bQidd 29b interpretiert wird), sehr vereinzelt und zudem textkritisch unsicher (vgl. M. VAN LOOPIK, The Ways of the Sages and the Way of the World, TSAJ 26, Tübingen 1991, 174f), so dass daraus kein fester Topos in der Schülerunterweisung gefolgert werden darf.

konkretes Handeln im Vordergrund steht (wie in 10,5–14), sondern ihr *Sein*
als Jünger: Sie sind „Salz" und „Licht" – ohne dass ausdrücklich erwähnt
wird, wodurch bzw. durch wen. *Dass* sie es sind, ist zweifelsfrei, die Frage ist
nur: leben bzw. handeln sie diesem Sein gemäß, oder sind sie 'salzloses Salz'
und 'lichtloses Licht', das sich zu verbergen sucht, anstatt zu leuchten?

Der Grundgedanke, der im Folgenden entfaltet und belegt werden soll,
lautet: Licht und Salz der Jünger sind Metaphern für die *Gerechtigkeit*, die sie
repräsentieren bzw. für das neue Sein, das ihnen in der Gemeinschaft mit
Jesus, dem Messias und Gottessohn (Mt 16,16) zugesprochen wird und durch
ihre Beauftragung als Jesu Jünger und Boten in die Welt kommen soll.
Ausgangspunkt ist dabei die Aussage über das Lichtsein der Jünger, da es
eine lange Tradition gibt, in der die Lichtmetaphorik im Kontext von Gerechtigkeitsaussagen zu finden ist. Dahinter steht die hier nicht weiter zu
begründende und zu entfaltende Grundüberzeugung, wonach Licht für die
lebensfördernden Kräfte und Mächte steht im Unterschied zur Finsternis, die
die bedrohliche und Leben gefährdende Seite der menschlichen Existenz
versinnbildlicht.[243] Die religionsgeschichtlich weit verbreitete Lichtmetaphorik findet sich in der gesamten semitischen Religionswelt und somit auch
in Israel und im Judentum.[244] Für die Salz-Metapher lässt sich dies nur mit
Einschränkungen behaupten, weil damit keine vergleichbar eindeutig geprägte

---

[243] Vgl. als Überblick H. CONZELMANN, Art. φῶς κτλ., ThWNT 9, 1973, 302–349;
O. BÖCHER, Licht und Feuer I. Religionsgeschichtlich, TRE 21, 1991, 83–90.

[244] Vgl. O. BÖCHER, Licht und Feuer II. Altes Testament und antikes Judentum, TRE 21,
1991, 90–97; III. Neues Testament, 97–107. Das Licht als erstes Schöpfungswerk wird als
„gut" bezeichnet, während die Trennung von Licht und Finsternis nur konstatiert wird (Gen
1,2–5); der Morgen als Aufgang der Sonne gilt als eine Zeit der Freude und der göttlichen
Hilfe (Jes 33,2; Zef 3,5; Ps 5,4; 30,6; 46,6 u.ö., vgl. dazu B. JANOWSKI, Rettungsgewißheit
und Epiphanie des Heils. Das Motiv der Hilfe Gottes »am Morgen« im Alten Orient und im
Alten Testament, Bd. I: Alter Orient, WMANT 59, Neukirchen-Vluyn 1989). Die Finsternis
ist nur für den Menschen finster, aber der heilvolle Lebensraum ist im Licht (Ps 139,11f). Das
Licht steht für Gottes Hilfe und Schutz (Ps 27,1; Klgl 3,2) und ist sein Kennzeichen (Ps
104,1f.31; Dan 2,22, vgl. außerdem die Lichterscheinungen bei seiner Epiphanie). Gottes
Licht leitet zur Quelle des Lebens (Ps 36,10); Licht ist die Metapher für Frieden, Finsternis
dagegen für Unheil (Jes 45,7). Entsprechend verbinden sich eschatologische Erwartungen mit
der Licht-/Finsternismetapher, vgl. u.a. Am 5,18–20: der Tag des Herrrn wird nicht Licht
sein, sondern Finsternis (s.a. Jes 30,26; 60,1–5.19f; Sach 14,6f). Der Grund ist das Fehlen von
Recht und Gerechtigkeit (5,7.24) und die Bedrängnis des Gerechten und Armen (5,12). In
Hos 6,5 vollzieht Gott durch den Mund der Propheten das Gericht am Volk, „damit mein
Recht wie das Licht hervorkomme". Die, die Gott erkennen („in deinem Lichte sehen wir das
Licht") erbitten sich seine Gerechtigkeit (Ps 36,10f, vgl. 7). Wichtig als *Ganzes* ist Ps 37. In
Jes 60,19f ist Gott das ewige Licht seines Volkes in der erneuerten Endzeit.
    Zur Aufnahme der Erwartung im Neuen Testament, dass das zukünftige eschatologische
Heil ein lichtvolles Ereignis ist, s. Röm 13,12f; 2Petr 1,19. Das Licht als Bild für die
Heilsbotschaft: Mt 4,16; Lk 2,32; Joh 1,7; 2Kor 4,4; 1Petr 2,9; Apk 21,24. Die von der
Heilsbotschaft Erfassten leben im Licht: Joh 3,19; Eph 5,8f. u.ö.

Metapher mit entsprechend großen Wirkungsgeschichte bzw. Verbreitung vorliegt.[245] Sie ist jedoch ohne Schwierigkeit in diesem Sinne einsetzbar. Die vermittelnde Position zwischen den Seligpreisungen (sowie ihrer Zuspitzung in 11f) und dem Bekenntnis Jesu zu seiner 'erfüllenden' Funktion in 5,17 macht es jedenfalls wahrscheinlich, dass auch dieses Zwischenstück im Kontext von Jüngerbeauftragung und Gerechtigkeitsproblematik gelesen sein will. Dem dient die folgende Überprüfung.

1. Die Jünger als Salz für die Menschen und Licht der Welt (Mt 5,13–16)

Einzig Matthäus überliefert eine parallel formulierte Fassung der beiden Bildworte über das Salz- und Lichtsein der Jünger, während Markus (9,49f; 4,21) und Lukas (14,34f; vgl. Lk 8,16; 11,33) die beiden Logien gesondert überliefern und an unterschiedlichen Stellen in ihren Textbestand integrieren (Lukas verwendet das Wort vom Licht sogar zweimal). Matthäus hat also beide Worte in seinen Quellen vorgefunden, doch die eindrucksvolle parallele Formung ist sein Werk. Die Struktur der Sätze ist klar erkennbar:[246]

I) Erste Zusage:	Ὑμεῖς ἐστε τὸ ἅλας τῆς γῆς·
II) Entfaltung in Form eines Eventualis,	ἐὰν δὲ τὸ ἅλας μωρανθῇ,
einmündend in eine Frage:	ἐν τίνι ἁλισθήσεται;
III) Beschreibung der Folge als Antwort:	εἰς οὐδὲν ἰσχύει ἔτι
(negierter indikativischer Hauptsatz,	εἰ μὴ βληθὲν ἔξω
inhaltlich fortgeführt durch einen	καταπατεῖσθαι ὑπὸ τῶν
Konsekutivsatz[247]).	ἀνθρώπων.

Der Konditionalsatz bringt *via negationis* zum Ausdruck, wozu das Salz dient: Es soll „salzen" (ἁλίζω nur hier und Mk 9,49, Lk: ἀρτύω, so auch Mk 9,50, außerdem Kol 4,6), weil dies seinem inhärenten Wesen ebenso entspricht wie seinem menschlichen Gebrauch. Wo dies nicht geschieht, weil das Salz seine ihm eigentümliche Fähigkeit verloren hat, da wird es als unbrauchbar weggeschüttet, so dass es „von den Menschen" zertreten wird. Aus dem ausgeführten zweiten Beispiel wird klar (V. 16b), was damit gemeint ist: Es sollte den Menschen durch seine Fähigkeit zu salzen so dienen, wie eine Lampe, die im Haus auf einem Lampenständer brennt. Das zweimalige τῶν ἀνθρώπων in 13 und 16b dient dabei als *inclusio*

---

[245] Vgl. jedoch J. E. LATHAM, The Religious Symbolism of Salt, ThH 64, Paris 1982, 23f.

[246] Vgl. DAVIES/ALLISON Mt I 470; U. LUZ, Mt I[1–4] 219/I[5] 295; W. PETERSEN, Eigenart 157–159, der darauf verweist, dass V. 13a und 14a bis in die Wort- und Silbenzahl hinein (6 bzw. 9) identisch sind und so ein „reines *Isokolon*" bilden (158). Vgl. a. die Analyse nach dem hörbaren Rhythmus und Gleichklang bei B. B. SCOTT/M. E. DEAN, Sound Map (s. Einl. Anm. 247), 325: die syntaktische Struktur entspricht exakt der des Hörens.

[247] Vgl. GGNT § 286b. „Es ist zu nichts weiter tauglich, außer nach draußen geworfen zu werden." Die Infinitivkonstruktion kann finalen oder konsekutiven Charakter haben, vgl. ebd. §§ 220f.

(und zugleich als Rückverweis auf 4,19: καὶ ποιήσω ὑμᾶς ἁλιεῖς ἀνθρώπων).[248] Der Text enthält keinen expliziten Imperativ und auch keine versteckte Gerichtsandrohung[249], sondern

---

[248] Ob die phonetische Parallelität zwischen ἁλιεῖς und ἅλας (abgeleitet von ἁλίζειν *salzen* [BAUER-ALAND, Wörterbuch 73 s.v.], in der LXX nur ein einziges Mal in Tob 6,5 [Sin] vom Pökeln eines Fisches als Reiseproviant gebraucht) beabsichtigt ist, ist schwer zu entscheiden, aber nicht ausgeschlossen. Immerhin gibt es einen engen, direkten Konnex zwischen Fischern und Salz, der zudem in unmittelbarer Umgebung von Kapernaum einen wichtigen Wirtschaftszweig bildete. Das belegt der Ortsname Tarichäa (= Magdala), der eine Ableitung des Stammes ταριχ- darstellt, dem *terminus technicus* für Pökeln und Konservierung von Fleisch und Fisch mittels Salzlake (vgl. als einzigen LXX-Beleg des Stammes EpJer 27 ταριχεύειν vom Einsalzen des Fleisches). Die Wortgruppe fehlt gänzlich im NT und bei Josephus mit Ausnahme des Ortsnamens Tarichäa (Bell 1,180; Ant 14,120; 20,159; Vita 96 u.ö. [insgesamt 38mal bei Josephus], der auf eine intensive Fischindustrie und entsprechenden Handel verweist (vgl. G. DALMAN, Orte und Wege Jesu, Darmstadt [4]1967, 134). Auch der aram. Ortsname von Tarichäa, Migdal Nunayya, weist auf den Fischreichtum hin (נונא = Fisch), vgl. G. REEG, Die Ortsnamen Israels nach der rabbinischen Literatur, BTAVO.B 51, Wiesbaden 1989, 391f. Die Bedeutung Tarichäas für den Fischhandel kennt auch der griechische Geograph Strabon (63 v.–19 n.Chr.). Er erwähnt, dass der See „treffliche Gelegenheit zum Einsalzen von Fischen bietet" (Geogr. XVI 2,45), während Plinius d.Ä. den Ort lediglich als am Ufer des Sees Genezaret gelegen nennt (n.h. V 15,71). Die in Magdala-Tarichäa zu vermutenden Fischpökeleien benötigten große Mengen Salz, das wohl entweder vom Mittelmeer oder vom Toten Meer her bezogen wurde (anders R. J. FORBES, Art. Salz, BHH III, 1966, 1653f, der eine Salzgewinnung aus dem See Genezaret in Magdala selbst annimmt [1653]).

[249] So U. LUZ, Mt I[1–4] 219–223/I[5] 294–299, der „das Gewicht des Logions" auf der Drohung sieht. Vor allem die beiden Verben βάλλειν und καταπατεῖν wecken s.E. „Assoziationen an Gerichtsterminologie" (223/299 [für βάλλειν ἔξω bzw. ἐκβάλλειν s.u. Anm. 293; daneben gibt es aber auch eine breite Verwendung ohne Gerichtskontext, vgl. Mt 7,4f par. Lk 13,28; 9,25 par. Mk 5,40; Mt 9,38; 12,35; 13,52; 15,17 u.ö.]). Die Deutung als Drohung ist mehrheitlich in den Kommentaren zu finden, vgl. TH. SOIRON, Bergpredigt 219f; LOHMEYER/SCHMAUCH, Mt 100; W. GRUNDMANN, Mt 138; J. GNILKA, Mt I 133–135: während das Wegwerfen mt Gerichtssprache darstellt, ist das Zertretenwerden „altes prophetisches Gerichtsbild" (vgl. Jes 25,10; 63,3.6); W. WIEFEL, Mt 96: vorsichtiger, aber in dieselbe Richtung weisend H. D. BETZ, Sermon 160. Dagegen F. A. G. THOLUCK, Bergpredigt 125: nach Erörterung der Gerichtsimplikationen kommt er zum Schluss, dass ἔξω βληθῆναι „nur dazu dient, in konkreter Anschaulichkeit den Gegensatz zum nützlichen Gebrauch in der Haushaltung anzudeuten", vgl. auch die vorsichtigen Formulierungen bei TH. ZAHN, Mt 203; nach R. HEILIGENTHAL, Werke 116 Anm. 66, handelt es sich um eine indikativische Aussage, der „kein paränetischer Charakter" zukommt (dieser wird aus V. 16 eingetragen). W. PETERSEN, Eigenart 158, versteht das betont vorangestellte ὑμεῖς als „metaphorischen Appell", der die Jünger auffordert, auch zu sein, was sie sind. In diesem Sinn ist der Text paränetisch, nur dass Paränese nicht mit Drohung verwechselt werdem darf. Eine hilfreiche Definition bietet PETERSEN, ebd. 118–124, im Rahmen einer Bestandsaufnahme der Imperative in der Bergpredigt. Den Begriffsinhalt von Paränese umschreibt er so: „Derjenige, der sie (aus)übt, meint es gut mit dem, dem er seinen Rat erteilt. Er besitzt aber auch Kompetenz und Autorität, die ihn in die Lage versetzen, Ratschläge zu erteilen, doch darf er auch Akzeptanz erwarten. Diese Art von Autorität ist nicht auf Gewalt gegründet, sie befiehlt nicht und setzt ihre Vorstellungen nicht mit Druck durch, vielmehr basiert sie auf der Überzeugungskraft des Redenden und dem guten Willen des Hörenden. Darüber hinaus ermuntert sie, aus einer gewonnenen Einsicht Konsequenzen zu ziehen und sie in die Tat umzusetzen" (120). Für das

beschreibt zunächst ohne jede Wertung innerhalb der Bildhälfte, was mit unbrauchbar gewordenem Salz geschieht. Zur inhaltlichen Deutung der Salzmetapher s. unten (1.).

I) Zweite Zusage (V. 14): Ὑμεῖς ἐστε τὸ φῶς τοῦ κόσμου.

II) Entfaltung: das inhärente Wesen des Zugesagten (und seine Folge bzw. sein Resultat) in Form von zwei Bildworten:

1A. negative Generalisierung	οὐ δύναται πόλις κρυβῆναι ἐπάνω ὄρους κειμένη·
1B. positive Generalisierung	– fehlt –[250]
2A. negative Generalisierung (V. 15)	οὐδὲ καίουσιν λύχνον
2a. 'unsinnige' Konsequenz	καὶ τιθέασιν αὐτὸν ὑπὸ τὸν μόδιον·
2B. positive Generalisierung	ἀλλ' ἐπὶ τὴν λυχνίαν,
2b. 'logische' Konsequenz	καὶ λάμπει πᾶσιν τοῖς ἐν τῇ οἰκίᾳ.

III) Applikation (V. 16): Jüngerbeauftragung mit Angabe des Zielpublikums	οὕτως λαμψάτω τὸ φῶς ὑμῶν ἔμπροσθεν τῶν ἀνθρώπων,
IV) Zweiteiliger Finalsatz[251]	
1. Beschreibung des Ziels der Beauftragung und	ὅπως ἴδωσιν ὑμῶν τὰ καλὰ ἔργα
2. der damit verbundenen Folge	καὶ δοξάσωσιν τὸν πατέρα ὑμῶν τὸν ἐν τοῖς οὐρανοῖς.

Wichtig ist auch hier zunächst, dass V. 14+15 *keinen* Imperativ enthalten und auch keinen andeuten, sondern Sachverhalte darlegen, die den Zuhörenden aus ihrer Alltagserfahrung (die sichtbare Stadt) sowie ihrer alltäglichen Tätigkeit (Licht im Haus anzünden) vertraut sind und sie zur Zustimmung veranlassen. Erst in V. 16 wird aus den gegebenen Beispielen eine Folgerung gezogen, doch bezeichnenderweise ist der einzige Imperativ dieses Textgefüges *nicht* in der 2. Person Plural und damit direkt an die Jünger gerichtet formuliert.[252]

Verständnis der Bergpredigt als Jüngerbeauftragung und -belehrung ist von dieser Form der Paränese auszugehen, deren grammatische Form zwar der Imperativ, deren Überzeugungskraft aber die Beziehung zwischen dem Jünger und seinem Herrn ist, die auf *Einverständnis* basiert. M.a.W.: die Jünger *wollen* tun, was Jesus sie lehrt.

[250] In Analogie zu 5,15f ist diese verkürzte Formulierung so aufzulösen: *Niemand baut eine Stadt auf einen Berg, um sie zu verstecken, sondern [auf einen Berg] um sie weithin den Menschen sichtbar zu machen.* (So sollt ihr wie eine Stadt auf dem Berg für die Menschen sein, damit sie eure guten Werke sehen und euren Vater im Himmel preisen.)

[251] Zu ὅπως mit Konjunktiv in finaler Bedeutung s. GGNT § 252,45. Der damit eingeleitete Schlussteil „erweist sich strukturell als »Überschuß«, der deshalb ein besonderes Gewicht trägt" (U. Luz, Mt I¹⁻⁴ 220/I⁵ 295).

[252] Vgl. K. Berger, Formgeschichte 30: Der Vergleich ist ein häufiges Stilmittel im Rahmen symbuleutischer Argumentationen, aber für letztere ist die Anrede in der 2. Person typisch (vgl. 18), die hier gerade fehlt. Berger rechnet Mt 5,14f zu den Gleichnissen im engeren Sinn, näherhin zu denen, „die etwas Unsinniges oder Unmögliches nennen" (45–47).

Die Klassifizierung der ganzen Einheit als „begründete Mahnrede", bei der indikativische Heilsaussagen die Mahnung legitimieren, passt darum – abhängig von dem, was unter Mahnung genau verstanden wird – nur bedingt.[253] Zudem kann der Imperativ neben einem Befehl auch „einen Zuspruch" bzw. „eine Einladung" bezeichnen, so dass statt „so *soll* euer Licht leuchten" übersetzt werden kann mit „so wird euer Licht (gewisslich) leuchten."[254] Dass darin ein Appell enthalten ist, ist selbstverständlich. Aber m.E. weniger im Sinne einer Mahnung oder gar Drohung, sondern eher als mutmachende Anstiftung zu einem konkreten Tun entsprechend der gewährten Beauftragung. Bevor der abschließende Finalsatz οὕτως λαμψάτω τὸ φῶς ὑμῶν ἔμπροσθεν τῶν ἀνθρώπων vorschnell ethisch im Sinne von sozialem Wohlverhalten verstanden wird, das es – gar noch zur Erzielung der 'besseren' Gerechtigkeit von 5,20 – zu tun gilt, ist daran zu erinnern, dass die Jünger in 6,1 ausdrücklich davor gewarnt werden „*ihre* Gerechtigkeit" so zu tun, dass sie von den Menschen gesehen wird.

2. Salz als Metapher der Jünger-Gerechtigkeit?

Die Bedeutung des Salzwortes ist im Gegensatz zu dem über das Licht schwieriger zu bestimmen. Entscheidend ist, dass die Aussageabsicht dieses Logions in der Sicht des Matthäus aufgrund der Parallelität zu 5,14 sowie seiner Stellung gefunden werden muss. Dabei ist fraglich, ob die Voranstellung vor das Lichtwort besagen will, dass schon das Salzwort *alleine* die Bedeutung dessen zu tragen vermochte, was hier ausgesagt werden soll, oder ob sich der verkürzte Vergleich in V. 13 erst durch den ausgeführteren in 5,14f erschließt, also eine Steigerung vorliegt. Dafür könnte sprechen, dass in 5,16 auf der Bildseite lediglich 5,14f eine explizite Aufnahme erfährt (φῶς, λάμπειν), doch ist durch das zweimalige τῶν ἀνθρώπων auf der jeweiligen Anwendungsseite auch 5,13 in das abschließende Logion 'eingebunden'.

Angesichts dieser Ausgangslage ist es nötig, die Bedeutungsbreite dessen, was mit Salz gemeint sein kann, in den Blick zu bekommen und dann in einem zweiten Schritt zu fragen, was sowohl zu der Parallele über das Licht wie auch zum weiteren Thema 'Gerechtigkeit' als Aussageintention passen könnte.

---

[253] Gegen K. BERGER, Formgeschichte 159, vgl. a. 38f zur metaphorischen Personalprädikation, die dem Angesprochenen „eine *einmalige* und unersetzliche hoheitsvolle *Rolle*" zusprechen (Hhg.Orig.). Gerade der Vergleich mit den Ich-bin-Prädikationen zeigt allerdings, dass es hier nicht um eine „Rolle" geht, die einer *zeitweise* einnimmt, sondern um ein Sein, das ihn charakteristisch kennzeichnet.

[254] Vgl. GGNT § 212a. Der Aorist kann hier als ingressiver Aorist verstanden werden: die aufgeforderte Handlung soll angefangen werden (ebd. § 212d). Der Imperativ in der 3. Person ist in der Bergpredigt selten (in Kapitel 5 nur noch 5,31 als Zitat; in 6,3 ist es die linke Hand, die *pars pro toto* für den ganzen Menschen steht). Prominent ist er in den ersten drei Bitten des Vaterunsers (6,9f). Ansonsten sind alle Imperative in der 2. Person formuliert.

2.1 Exkurs: Salz und Salzen im Alten Testament und der Umwelt des Neuen Testaments[255]

Abgesehen von den geographischen Bezeichnungen, die mit מלח gebildet wurden und alle im Bereich des Toten Meeres (= ים המלח) zu lokalisieren sind[256], besitzt 'Salz' ausgesprochen ambivalente Konnotationen, indem es einerseits zu den Grundnahrungsmitteln zählt (a), dessen gemeinsamer Genuß verpflichtende Gemeinschaftsbande schafft (b), und darüber hinaus im Kult (c) und als Heilmittel (d) Verwendung findet, andererseits aber direkt oder indirekt auch im Zusammenhang mit dem Gericht Gottes begegnet (e). Erst spät ist Salz in einem Vergleich mit der Tora gebraucht (f).

(a) *Salz als Grundnahrungs- und Konservierungsmittel:* Diese selbstverständliche Funktion und Verwendungsweise des Salzes spielt in der Bibel *expressis verbis* nahezu keine Rolle. Die wenigen Stellen zeigen aber, dass Salz als grundlegender Bestandteil der Speise (Hi 6,6; vgl. Sir 39,26; mAv 6,6; bBer 34a) gilt, der als so unentbehrlich angesehen wurde, dass in Ez 47,11 ausdrücklich die „Teiche und Lachen" im Gebiet des Toten Meeres von der Heilung durch die eschatologische Tempelquelle ausgenommen werden, um die Salzgewinnung nicht zu verunmöglichen: „Aber die Teiche und Lachen daneben sollen nicht gesund werden, sondern man soll daraus Salz gewinnen." Selbst in der Endzeit, wenn paradiesische Zustände herrschen werden, braucht es Salz.[257] In der römischen Literatur gilt Salz neben Brot als Urspeise.[258]

---

[255] *Literatur:* V. HEHN, Das Salz. Eine kulturhistorische Studie, Berlin [2]1901 ([1]1873, Ndr. 1964 [mir war nur die Erstauflage zugänglich, alle Zitate hiernach]); H. BLÜMNER, Art. Salz, PRE 2. Reihe, 1. Band, Stuttgart 1920, 2075–2099; F. HAUCK, Art. ἄλας, ThWNT I, 1933, 229; G. DALMAN, Arbeit und Sitte in Palästina Bd. IV: Brot, Öl und Wein, Gütersloh 1935 (Ndr. Hildesheim 1964), 49–58; I. LÖW, Das Salz, in: Jewish Studies in Memory of George A. Kohut, 1874–1933, hg. v. S. W. Baron u. A. Marx, New York 1935, 429–462; F. C. FENSHAM, Salt as Curse in the OT and the Ancient Near East, BA 25 (1962), 48–50; R. J. FORBES, Studies in Ancient Technology III, Leiden [2]1965, 164–209 („Salts, Preservation Processes, Mummification"); M. WEIPPERT, Art. Salz, BRL[2], 1977, 264–267; J.-F. BERGIER, Die Geschichte vom Salz, Frankfurt/M. 1989 (franz. Original Une histoire du sel, Fribourg 1982); V. (A.) HUROWITZ, Salted Incense – Exodus 30,35; Maqlû VI 111–113; IX 118–120, Biblica 68 (1987), 178–194; G. LEHNER, Art. Salz, GBL III, 1989, 1323f; S. A. M. ADSHEAD, Salt and Civilization, Houndmills u.a. 1992, 27–37 (über Salz in der Antike); R. GERMER/H. J. NISSEN, Art. Salz I. Alter Orient und Ägypten, DNP 10, 2001, 1275.

[256] Gen 14,3; Num 34,3.12; Jos 3,16; 12,3; 15,2.5; 18,19. Die „Salzstadt" עיר המלח ist nur in Jos 15,62 erwähnt und wird gelegentlich mit der Ortslage von Qumran identifiziert (vgl. K. ELLIGER, Art. Salzstadt, BHH 3, 1966, Sp. 1654), aber das ist wenig wahrscheinlich, vgl. V. FRITZ, Josua 168; O. KEEL/M. KÜCHLER, Orte und Landschaften der Bibel Bd. 2, Zürich u.a. 1982, 455. Das mehrfach erwähnte „Salztal" (גיא [ה]מלח) liegt im Bereich Edoms auf der Ostseite des Toten Meeres (2Sam 8,13; 2Kön 14,7; 1Chr 18,12; 2Chr 25,11; Ps 60,2). Eine Ortsangabe bezieht sich ferner auf eine babylonische Stadt, in der judäische Exulanten wohnten (Esr 2,59; Neh 7,61).

[257] Zu Redewendungen aus der palästinischen Beduinenkultur s. G. DALMAN, Arbeit und Sitte IV 49, zu Belegen aus der rabb. Literatur ebd. 57. Josephus erwähnt zweimal den Mangel an Salz in einer belagerten Stadt: Ant 9,62 (Samaria; Salz über 2Kön 6,25 hinaus ergänzt); Bell 3,181 (Jotapata). Nach Plinius d.Ä., n.h. 31,88 ist ein Leben ohne Salz menschenunwürdig. Seine außerordentliche Bedeutung ist s.E. der Grund, „daß sein Begriff sogar auf außerordentliche Freuden des Geistes übergegangen ist; denn man bezeichnet [den Witz] mit dem [Wort] Salz, und alle Annehmlichkeiten des Lebens, höchste Heiterkeit und Ruhe

Der älteste ausdrückliche Beleg für die *konservierende Funktion* des Salzes bildet die bereits erwähnte Tob 6,5Sin, wo vom Einpökeln (ἁλίζειν) eines Fisches die Rede ist (s.o. Anm. 248).[259]. Diese Funktion wird auch von Philo in der Beschreibung von Salz als Opfergabe herausgestellt (SpecLeg I 175.289), indem Salz „vollständige Bewahrung bedeute" (τὴν εἰς ἅπαν διαμονὴν αἰνίττεται). Damit gleicht das Salz der Seele, indem es wie diese „alles zusammenhält und in gewisser Weise unsterblich macht" (καὶ τρόπον τινὰ ἀθανατίζοντες). Dieselbe Vortellung liegt auch bNidda 31a zugrunde, wo R. Papa ein volkstümliches Sprichwort über das Sterben zitiert: „Schüttle das Salz weg (und du kannst) das Fleisch den Hunden geben". Das Salz wird damit dem göttlichen Anteil am Menschen (Geist und Atem רוח ונשמה) verglichen. So wie Fleisch ohne Salz fault, so vergeht der Mensch ohne Gottes Lebenshauch. Plutarch bezeugt denselben Gedanken in seinen Tischgesprächen (Quaestiones convivales IV 4,3 [669A]; V 10,3 [685B–C]).[260]

(b) *Salz als gemeinschaftsstiftende und verpflichtende Symbolspeise:* Die überlebenswichtige Funktion des Salzes spiegelt sich auch in seiner Funktion als gemeinschaftsstiftende und verpflichtende Symbolspeise wider, obwohl es auch hierfür nur wenige biblische Belege gibt. Erkennbar ist jedoch, dass das gemeinsame Essen von Salz die daran Beteiligten zu gegenseitiger Hilfe verpflichtet (Esr 4,14).[261] Auch in der griechischen und römischen Antike besaß Salz eine gemeinschaftsstiftende Funktion. Schon Homer schreibt vom „heiligen Salz" beim gemeinsamen Mahl der Kampfgefährten und Freunde (Ilias 9,214)[262], und mehrfach ist

---

nach der Arbeit lassen sich durch kein anderes Wort besser kennzeichnen" (Übers. R. König). Auch die Bezeichnung des militärischen Lohns (salarii) ist nach Plinius von Salz (sal) abgeleitet. Im Symposium Platons ereifert sich Phaidros, dass er zwar vor kurzem eine wundervolle Lobrede (ἔπαινον θαυμάσιον) auf das Salz gehört habe, aber es keine Gesänge für Eros gäbe (Symp. 177b).

[258] So Varro, zit. bei Plinius d.Ä., n.h. 31,89, vgl. a. Horaz, Sat. II 2,17; Plutarch, Quaestiones Convivales V 10,3 (685B): das Salz gilt als göttlich, weil es so unentbehrlich ist wie Wasser, Licht, die Jahreszeiten und die Erde (s. HEHN 10), vgl. a. QuaestConv IV 4,3–4 (668E–F). Auch die rabbinische Literatur kennt die Verbindung von Brot und Salz, vgl. bBer 2b; bBQ 92b. Nach Philo bestand das Sabbatmahl der Therapeuten aus Brot und Salz (VitCont 37, vgl. 73). Dass Salz auch als Beilage zu Getränken dient, um deren Geschmack zu verstärken, bezeugt ebenfalls Plutarch in QuaestConv IV 4,3 (669B). Der Kontext dieser Aussagen ist ein Redewettbewerb darüber, ob das Land oder das Meer die besseren Speisezutaten liefert, wobei das Salz als Produkt des Meeres vielfältig erwähnt wird. Weitere Belege bei H. BLÜMNER, Salz 2088f.2092f.

[259] Zu Salz als Bestandteil der Ernährung und Tierfütterung s. A. GIOVANNINI, Art. Salz II. Griechisch-römische Antike, DNP 10, 2001, 1275–1278 (1275f). Besonders in der ökonomischen Literatur (Cato, Columella, Plinius d.Ä.) wird darüber gehandelt.

[260] Vgl. H. BLÜMNER, Salz 2093; J. E. LATHAM, Salt 64–72.

[261] Vgl. J. E. LATHAM, Salt 51f; zur Schutz gewährenden Symbolik von Salz bei palästinischen Beduinen noch zu Beginn des 20. Jh. s. G. DALMAN, Arbeit und Sitte IV 50f; LATHAM, ebd. 52. Zu Mk 9,50 s.u. Vgl. außerdem mit zahlreichen Belegen von der Antike bis in die Gegenwart A. L. KATCHEN, The Covenantal Salt of Friendship, Jewish History 6 (Sondernummer), The Frank Talmage Memorial Volume I, hg. v. B. Walfish, Haifa 1993, 167–180.

[262] Ähnlich auch noch Heliodorus von Emesa (3./4. Jh. n.Chr.), Aethiopica 4,16. Der byzantinische Gelehrte Eustathios (ca. 1115–1195) erklärt in seinem Kommentar zur Ilias (zu 1,499): „Das Salz ist das Symbol der Freundschaft" (φιλίας οἱ ἅλες σύμβολον). Vgl. Plutarch, QuaestConv V 10,1 (684F), wo die Homer-Stelle zitiert wird. Der Zusammenhang ist ein Tischgespräch über die Frage, wer als „Salz- und Bohnenfreunde" bezeichnet wird

ein Sprichwort überliefert, wonach die Qualität einer Freundschaft davon abhängig ist, wie viel Salz die Freunde miteinander gegessen haben.[263] „Das Salz brechen ist daher ... bei den Griechen so viel als die Treue brechen."[264] Für den jüdischen Bereich belegt Philo die feste Verbindung von Salz (als Symbol der Tischgemeinschaft) und Freundschaft (vgl. Jos 210: Salz als σύμβολα γνησίου φιλίας, s. außerdem SpecLeg III 96; Somn II 210; Praem 154; VitCont 41). In diesem Kontext ist wohl auch das im NT nur in Apg 1,4 belegte συναλί-ζεσθαι, das als „zusammen essen" (ἀλίζειν, abgeleitet von ἅλς „Salz") oder als „zusammen kommen" (ἁλίζειν mit langem Alpha am Beginn, abgeleitet von ἁλής „zusammengedrängt", „versammelt") verstanden werden kann (vgl. Bauer-Aland, Wörterbuch 1564 s.v.). Die textkritischen Varianten tragen nichts zum Verständnis bei, sie zeigen lediglich, dass der Sinn dieses Wortes nicht mehr überall verstanden wurde. Daneben stehen die von Latham (Salt 58–62) gesammelten Zeugnisse aus den Pseudoklementinen und den Kirchenvätern, die belegen, wie lebendig die Bedeutung des Salzes als Symbol für eine verpflichtende und dauerhafte Gemeinschaft noch war.

(c) *Salz als Opfermaterie:* Beide Elemente, das Lebensnotwendige des Salzes ebenso wie seine gemeinschaftsstiftende Funktion, finden Ausdruck in den biblischen Opferbestimmungen, nach denen zumindest kein Speiseopfer (vgl. Lev 2,13) ohne Salz dargebracht werden durfte[265]. Auch das Räucheropfer wurde nach Ex 30,35 mit Salz vermischt.[266] Zahn

---

(V 9–10,4 = 684E–685F). Gemeint sind damit so enge Freunde, die auch dann zu einem halten, wenn man ihnen nur Salz und Bohnen vorsetzen kann (10,1 = 684E/F).

[263] Cicero zitiert in seiner „Rede über die Freundschaft" (= Laelius) das Sprichwort: „Man muss zuvor viele Scheffel Salz miteinander essen, ehe die Aufgabe der Freundschaft erfüllt ist" (multos modios salis simul edendos esse, ut amicitiae munus expletum sit), so schon Aristoteles, Nikomachische Ethik VIII 3,8 u. Eudemische Ethik VII 2,46, vgl. a. Sir 9,15. Für weitere Belege für „festeste Bündnisse" durch gemeinsamen Genuß von Salz (bzw. Brot u. Salz) vgl. F. HAUCK, ἅλας 229 Anm. 5; V. HEHN, Salz 8f; H. BLÜMNER, Salz 2092f; J. E. LATHAM, Salt 54–57.

[264] V. HEHN, Salz 9. Als Belege nennt er u.a. Archilochus (um 650 v.Chr.), Frg. 96; Demosthenes (384–322 v.Chr.), De falsa legatione 191.

[265] Die Bestimmung in 2,13b bezüglich Salz für „alle Opfergaben" geht wohl kaum über das Speiseopfer hinaus, da in Lev 3–7 Salz nicht mehr genannt wird, so H. EISING, Art. מלח, ThWAT 4, 1984, 911–913 (913), I. LÖW, Salz 440. Zu Ez 43,24 s. ebd: die Bestimmung, auch Brandopfer mit Salz zu bestreuen, ist eine „spätere Ausweitung des Gebrauchs", der auch bei Josephus bezeugt ist (Ant 3,227, so auch Jub 21,11; TestLevi 9,14; TestLev Frg. [aram.] 26.29; [griech.] ebd. u. 37; 11QT 20,13f; mMid 5,3). Anders die jüdischen Kommentatoren B. A. LEVINE, Lev 13 u. J. MILGROM, Lev I 191f, die davon ausgehen, dass von Anfang an alle Opfer mit Salz dargebracht wurden (vgl. a. bMen 20a–21a). Nach Milgrom ist der Opfernde verantwortlich für die Zugabe des Salzes, nur bei den Opfern nach Ez 43,24 ist es der Priester. Das zu verwendende Salz stammt aber aus Tempelbeständen (Ant 12,140, vgl. Esr 6,9; 7,22). Für die spätere Zeit jedenfalls ist Salz bei allen Opfern „sicher im Gebrauch", so auch G. DALMAN, Arbeit und Sitte IV 57, unter Verweis auf mTam 4,3; mZeb 6,5f; mMen 3,2; tMen 6,1; Sifra 12b, vgl. a. Ex 24,7LXX gegen den MT. Zur obligatorischen Verwendung von Salz bei den römischen Opfern (*mola salsa* = gesalzenes Schrotmehl, von *mola* = „Mühlstein", dann auch „das Gemahlene" insbesondere der „Opferschrot"; *salsus* = „salzig", „gesalzen", dann auch: „witzig", „geistvoll") s. Plinius d.Ä., n.h. 31,89 (außerdem 12,83); weitere Belege bei H. BLÜMNER, Salz 2093–2095 (auch im Hauskult war Salz wichtig); J. E. LATHAM, Salt 31. Die ältesten griechischen Opfer sind dagegen ungesalzen, vgl. V. HEHN, Salz 25; LATHAM, ebd. 31–34; den ägyptischen Priestern war Salz nach Plutarch, De Iside 5

vermutet als Grund für die Verwendung des Salzes im Opferkult seine „vor Fäulnis bewahrende Kraft": „Es bildet den Gegensatz zu Sauerteig und Honig, die vom Opfer ausgeschlossen sind, weil sie zwar wie das Salz die Speise schmackhaft machen, aber auch Gärung und Fäulnis erzeugen."[267] Schon Philo verwies in seiner Auslegung von Lev 2,13 auf die konservierende Bedeutung des Salzes und bestätigt somit die Interpretation Zahns (SpecLeg I 289). Die spätere traditionelle jüdische Exegese sieht im Salz das Abbild der rechten Gesinnung, die Gott beim Opfer fordert (1Sam 15,22; Prov 21,3).[268] Im Zusammenhang der Opferbestimmungen ist in Lev 2,13 die singuläre Wendung vom „Salz des Bundes deines Gottes" / אלהיך ברית מלח gebraucht. Daneben schloß Gott mit den Priestern einen besonderen, „ewigen Salzbund" (עולם מלח ברית Num 18,19), der gleichsam die gemeinsame Nutzung der Opfer in einer Art Mahlgemeinschaft regelt. Der Terminus „Salzbund" begegnet in zwei unterschiedlichen Kontexten: einmal in Num 18,19 bei der Regelung der priesterlichen Anteile an Israels Opfer, zum zweiten im Anspruch des Davididen Abija auf die Herrschaft über ganz Israel, die David und seinen Söhnen „für immer" / לעולם zugesagt worden sei durch einen Salzbund (2Chr 13,5). Damit wird deutlich, dass es sich nicht um einen auf den kultischen Bereich begrenzten Terminus handelt, sondern die *Umschreibung für eine dauerhafte Stiftung Gottes* darstellt.[269]

Ob zur Besiegelung eines solchen Verhältnisses eine 'Salzzeremonie' vorzustellen ist, geht aus den Texten nicht hervor, ist aber nicht auszuschließen, sondern aufgrund von Ri 9,45 und der Verwendung von Salz bei Vertragsabschlüssen in Israels Umwelt[270] durchaus wahrscheinlich. Dabei wurde möglicherweise die Unverbrüchlichkeit ('Ewigkeit') des Vertrages mittels des Salzes dargestellt, wobei dessen konservierender Charakter[271] als Symbolspender dienen konnte. Demnach würde das Salz in Lev 2,13 der *Erinnerung und Bekräftigung des Bundes dienen, den Gott mit seinem Volk in einer Mahlzeremonie geschlossen hat* (Ex 24,8–11). Die Verwendung des Salzes bei den täglichen Opfern bestätigte so das Bundesverhältnis Gottes zu seinem Volk in Analogie zu der durch die Tisch- bzw. Salzgemeinschaft

---

u. 32 (vgl. ders., QuaestConv V 10,1f [684F–685A]) überhaupt im Stand der Reinheit verboten, sie verwendeten jedoch Salz bei Opfern, vgl. Arrian, Anabasis III 4,4.

[266] Vgl. a. Sir 49,1 (nur im Hebr.): „Der Name Josias ist wie duftender Weihrauch, der wohlgewürzt (ממולח) ist …". Nach G. DALMAN, Arbeit und Sitte IV 57, blieb aber das Räucherwerk in der Regel „wohl ungesalzen", anders mit guten Gründen V. (A.) HUROWITZ, Salted Incense: In der nachexilischen Zeit wurde s.E. die Erwähnung von gesalzenem Weihrauch wegen der Nähe zu paganer Kultpraxis unterdrückt.

[267] Mt 199 Anm. 53. Allerdings gilt der Ausschluß des Sauerteigs vom Kult nicht uneingeschränkt: in Lev 23,17 werden für Schavuot zwei gesäuerte Brote als „Schwingopfer" festgelegt, die nach V. 20 den Priestern gehören sollen; auch zum privaten Toda-Opfer gehört gesäuertes Brot, das ebenfalls den Priestern zugesprochen wird (Lev 7,13f; anders Am 4,5, wo Sauerteig offenbar als Opfer verbrannt wurde).

[268] Vgl. die Zitate bei A. L. KATCHEN, Salt of Friendship 169f.

[269] Vgl. a. MidrTeh zu Ps 132,13f: das Salz in den Bünden mit Aaron und David wird als Zeichen der Erwählung verstanden (vgl. a. Jer 33,14–27 über diese beiden ewigen Bünde). Waren bis zu dem Zeitpunkt der Erwählung Aarons bzw. Davids zu ihrem jeweiligen Dienst alle Israeliten tauglich für Priester- oder Königtum, so markiert der Salzbund eine unaufhebbare Auswahl.

[270] Vgl. F. C. FENSHAM, Salt as Curse in the Old Testament and the Ancient Near East, BA 25 (1962), 48–50.

[271] Belege bei J. MILGROM, Lev I 191. Wichtig offenbar Tg. Pseudo-Jonatan zu Lev 2,13.

Verpflichteten.[272] In besonderer Weise kommt diese dauerhafte Verbindung mit Gott jedoch in den beiden zentralen Institutionen Israels zur Entfaltung, dem Priestertum und dem davidischen Königshaus, mit denen Gott jeweils einen ewigen Salzbund geschlossen hatte. Die Parallelität von Num 18,19 mit 2Chr 13,5 verbietet es m.E., das „Bundessalz" (bei dem es konkret um die Opfermaterie „Salz" geht) mit dem „Salzbund" für synonym zu erklären, wie dies u.a. bei Levine und Milgrom der Fall ist: Das Salz beim Opfer ist Verpflichtung und damit Symbolträger für *ganz Israel*, während es sich bei den beiden Salzbünden um Stiftungen Gottes handelt, deren *Beständigkeit durch das Salz* abgebildet wird. Die Repräsentanz der andauernden Bundesbeziehung Israels mit Gott durch das Salz geht ferner aus einer Ergänzung zu den Bestimmungen über die Schaubrote hervor (Lev 24,7), die die LXX gegenüber dem masoretischen Text vornimmt. Nach der LXX sollen die Brote mit Weihrauch „und Salz" auf den Tisch gelegt werden εἰς ἀνάμνησιν ... τῷ κυρίῳ.[273] Das Salz auf dem Schaubrottisch und bei den Opfern ist das „Salz des Bundes", den Gott mit seinem Volk geschlossen und in einer Mahlzeremonie auf dem Sinai feierlich bestätigt hat. Verbunden mit der Konnotation der Beständigkeit, die dem Salz als Symbolträger anhaftet, versinnbildlicht der sakrale Gebrauch von Salz „that the mosaic covenant continued to be in vigor"[274].

Für den neu zu organisierenden nachexilischen Tempelkult ist Salz unter den staatlichen Lieferungen in persischer (Esr 6,9; 7,22) und seleukidischer Zeit (Ant 12,140) ausdrücklich genannt, und Antiochus III. befreit die Angehörigen der Jerusalemer Gerusia und das gesamte Tempelpersonal von der Salzsteuer.[275] Daran zeigt sich, dass der Salzhandel und die Gewährung von Privilegien, die mit Salz verbunden sind, Teil der königlichen Macht sind. In mMid 5,3 sind eine „Salzkammer" an der Nordseite des inneren Hofes zur Aufbewahrung des Salzes und eine weitere Kammer für das Einsalzen der Häute der Opfertiere ausdrücklich erwähnt (s.a. tMen 6,2), tSheq 2,14 nennt zudem einen eigenen Beamten, der darüber die Aufsicht führte.

(d) *Salz als Heilmittel:* Zu den Eigenschaften des Salzes gehört seine heilkräftige Wirkung, die in der ganzen antiken Welt bekannt und geschätzt war[276], in der biblischen Tradition aber ebenfalls nur in wenigen Beispielen vorkommt: So vollbringt Elischa als erste Tat nach der Entrückung Elijas die 'Heilung' der Quelle in Jericho, deren Wasser als 'böse' galt, weil es Fehlgeburten verursachte (2Kön 2,19). Er schüttete Salz in sie hinein, wobei er die Worte sprach: „So spricht der Herr: Ich habe dieses Wasser geheilt. Nicht länger noch sei von dorther Tod und Fehlgeburt" (20f).[277] Feierlich heißt es abschließend (22): „Und das Wasser

---

[272] So auch J. E. LATHAM, Salt 43–49 u.ö.

[273] So auch Jub 21,11; TestLevi 9,14; Philo, VitMos II 104.

[274] J. E. LATHAM, Salt 63, unter Verweis auf den Gebrauch von Salz an Stelle von Wein bei den Mahlfeiern, die die Pseudoclementinen beschreiben. Damit sei von judenchristlicher Seite aus die fortbestehende Gültigkeit der Moses-Tora demonstriert worden.

[275] Der Text ist handschriftlich bezüglich Salz allerdings nicht völlig sicher, aber sehr wahrscheinlich; auch in der nachfolgenden Geschichte bildet die Aussetzung der Salzsteuer ein wichtiges Element, wenn es darum geht, sich die Gunst der hasmonäischen Führer zu sichern, vgl. 1Makk 10,29 (par. Ant 13,49); 11,35 (par. Ant 13,128). In Rom wurde die Salzsteuer gegen Ende des 3. Jh. v.Chr. eingeführt, vgl. Livius 2,9,6; 29,37,3f; H. BLÜMNER, Salz 2097; S. A. M. ADSHEAD, Salt 32f.

[276] Vgl. Pinius d.Ä., n.h. 31,96–105. Weitere Belege bei H. BLÜMNER 2090f; I. LÖW, Salz 454.

[277] Die Erwähnung der Fehlgeburten erinnert daran, dass Salz auch als Aphrodisiakum und Fruchtbarkeitsförderer bei Tieren angesehen wurde, vgl. Plutarch, QuaestConv V 10,4 (685D–F).

wurde gesund bis auf diesen Tag, gemäß dem Wort des Elischa, das er sprach." Es ist nach dem Verständnis dieses Textes nicht in erster Linie das Salz, das die Heilung verursachte, auch nicht der Prophet selbst, sondern das Gotteswort, das der Prophet im Namen Jahwes spricht.[278] Auch die zweite Stelle, an der eine heilende Wirkung des Salzes intendiert ist (Ez 16,4), setzt als Kontext voraus, dass Gott selbst die ausgesetzte 'Tochter Jerusalem' abgenabelt, mit Wasser gewaschen und mit Salzlösung eingerieben und gewickelt hat (vgl. Ez 16,5f)[279]. Dennoch ist jeder Anthropomorphismus vermieden, indem die göttliche Fürsorge und Annahme als Wortgeschehen geschildert ist (V. 6). Gleichwohl fällt auf, wie an beiden Stellen Salz Bestandteil eines helfenden, heilvollen Eingreifens Gottes zugunsten der Menschen bzw. Jerusalems ist.

Bei *Josephus* findet sich eine bemerkenswert detailreiche und ausgeschmückte Darstellung der Heilung der Quelle in Jericho durch Elischa in Bell 4,459–465 (keine Parallele in den Antiquitates). Elischa wird von Josephus vorgestellt als einer der Propheten und „Schüler und Nachfolger Elijas" (460). Er wurde von den Einwohnern Jerichos gastlich aufgenommen und dies vergalt er den Bewohnern der Stadt „und darüber dem ganzen Land mit einer ewig bleibenden Wohltat" (αἰωνίῳ χάριτι), indem er die bisher für die Erde, die Bäume und die Menschen schädliche Quelle 'heilte'. Der eigentliche Heilungsvorgang ist zu einem mehrteiligen Geschehen ausgeweitet: „Er trat nämlich an die Quelle und warf in den Strudel ein mit Salz gefülltes Tongefäß (so viel besagt auch die biblische Vorlage), dann hob er seine *gerechte* Rechte zum Himmel (εἰς οὐρανὸν δεξιὰν ἀνατείνας δικαίαν) und goß besänftigende Trankopfer auf die Erde (γῆς). Diese bat er, den Strudel zu mildern und ihm süßere Wasseradern zu öffnen, den Himmel aber, dem Strudel fruchtbarere Lüfte beizumischen und den Bewohnern dieser Gegend sowohl reiche Ernten als auch Kindersegen zu schenken und es für sie an dem in beider Hinsicht lebenszeugenden Wasser so lange nicht fehlen zu lassen,

---

[278] Nach E. WÜRTHWEIN, 2Kön 277, sind die Worte „So spricht Jahwe" eine sekundäre Theologisierung, mit der die „Heilwirkung dem Jahwewort ..., nicht aber der eigenständigen Wunderkraft Elischas" zugeschrieben wurde. Die ursprüngliche „Anekdote" soll dagegen dem Elischa „magische Kräfte" zugeschrieben haben. Unabhängig von der Richtigkeit dieser Behauptung zeigt Würthweins Behandlung der Stelle, dass die „Botenformel" hier eine auffällige Stellung besitzt und dem Text sein Gepräge gibt. Diese Geschichte steht offenbar im Hintergrund der sehr früh einsetzenden Tradition, den Katechumenen vor der Taufe geweihtes Salz als Symbol für die „heilsame Lehre" (Tit 1,9) zu reichen (spätestens seit dem 3. Jh. umfassend belegt, vgl. J. E. LATHAM, Salt 87–147) und Weihwasser Salz beizugeben, dem apotropäische Fähigkeiten nachgesagt wurden, vgl. V. (A.) HUROWITZ, Salted Incense 187–192 (mit Belegen aus der assyrischen Beschwörungssammlung *Maqlû*); E. HERTZSCH, Art. Salz, liturgisch, RGG³ V, 1961, 1347f; O. BÖCHER, Dämonenfurcht und Dämonenabwehr. Ein Beitrag zur Vorgeschichte der christlichen Taufe, BWANT 90, Stuttgart u.a. 1970, 235–238.318; LATHAM, ebd. 148–159 („Salt in Holy Water"); J.-F. BERGIER, Salz 150–153; J. A. STEIGER, „Salz der Erde" 157.

[279] Zu den mit dem Salz verbundenen Sitten, die in Pälästina noch bis ins 20. Jh. hinein nachgewiesen sind, vgl. W. ZIMMERLI, Ez I 349 z.St.; das Einreiben mit Salz berichtet auch A. M. RHIBANY, Morgenländische Sitten im Leben Jesu, Basel ⁵1962, 26f. Vgl. außerdem bShab 129b. Der Vorgang wird gelegentlich mit der apotropäischen Funktion von Salz in Verbindung gebracht (u.a. T. CANAAN, Dämonenglaube im Lande der Bibel, Morgenland. Darstellungen aus Geschichte und Kultur des alten Orients 21, Leipzig 1929, 42). Dagegen aber G. DALMAN, Arbeit und Sitte IV 57f, der weitere Beispiele aus dem pälästinischen Brauchtum nennt (ebd. 51).

als sie gerechte Menschen verblieben (ἕως μένουσι δίκαιοι).[280] In diesem Abschnitt begegnen die Begriffe „Salz" (als Heilmittel), „Erde" und „gerecht" in einem Kontext: Die Gerechtigkeit Elischas macht ihn zu einem vollmächtigen Beter (vgl. analog dazu über Elija Jak 5,16f), der mittels Salz todbringendes Wasser in wunderbar fruchtbringendes verwandeln kann, indem er Erde und Himmel um Mithilfe bittet. Die Dauerhaftigkeit des wunderbar Gewirkten (trotz der Charakterisierung als einer „ewigen Wohltat") ist jedoch an die Gerechtigkeit der Nutznießer der Quelle gebunden. Das Wunder ist bei Josephus als Dank für die gewährte Gastfreundschaft geschildert, die biblisch ebenfalls in der Salz-Symbolik darstellbar ist.

Eine *Parallele* im eigentlichen Sinn zu Mt 5,13 liegt damit natürlich nicht vor, wichtig ist allerdings zu sehen, dass bei der Ausschmückung der biblischen Erzählung Josephus zweimal δίκαιος einfügt. Dahinter *könnte* eine metaphorische Verwendung von Salz für Gerechtigkeit stehen, die assoziativ wirksam wurde, indem der *gerechte* Beter durch Salz heilt und die Wirkung dieses Heils solange erhalten bleibt, wie die Empfänger *gerecht* bleiben. Das in der Erzählung anklingende Motiv der Gastfreundschaft erinnert zudem an Mt 10,11–15: auch die Jünger bringen in das Haus bzw. das Dorf oder die Stadt den eschatologischen „Frieden", der bei denen bleibt, die ihre Rede hörbereit aufnehmen.

In der *rabbinischen* Literatur wird die 'Heilung' des Wassers durch Elischa in MekhRShY Beschallach 15,25 (ed. Epstein/Melamed p. 104; par. TanB Beschallach 18) im Zusammenhang der Heilung des bitteren Wassers in Mara (Ex 15,23) durch Mose zitiert. Die Rabbinen diskutieren, welche Holzart Gott dem Mose gezeigt habe, um das Wasser genießbar zu machen. Von Rabbi Shimon ben Jochai, einem Schüler Rabbi Aqibas, stammt dabei die Auslegung auf den „Baum des Lebens" (Prov 3,18), der mit der Tora gleichgesetzt wird. Nach dieser Auslegung sprach Mose Worte der Tora über dem Wasser, das dadurch süß wurde. Aufgenommen ist damit auch die rätselhafte Notiz am Ende von Ex 15,25, wonach Mose an diesem Ort das Volk „Satzung und Rechtsbrauch" lehrte. Dem Salz des Elischa (verbunden mit dem Gotteswort) der biblischen Vorlage entsprechen bei Shimon ben Jochai die über dem Wasser gesprochenen Worte der Tora. Das ist, neben Sof 15,8 (s.u.) meines Wissens die einzige Stelle, an der *Salz als Metapher für die Tora* gebraucht wird.

(e) *Salz als Gerichtssymbol:* Das sprichwörtliche Symbol für den Gerichtscharakter des Salzes ist Lots Frau (Gen 19,26), die – ungehorsam dem Befehlswort der Engel – zur Strafe in eine Salzsäule (נציב מלח) verwandelt wurde[281], ebenso wie Sodom und Gomorra in unfruchtbare Salzgruben, wodurch diese Städte zum Bild für das noch ausstehende Gericht Gottes an Moab und Ammon (Zef 2,9) werden. Aber auch Israel ist davon bedroht, wenn es den Geboten ungehorsam wird (Dtn 29,17f.22). Als Folge des göttlichen Strafhandelns bilden sich die lebensfeindlichen Wüsteneien[282], die durch Versalzung entstehen (Sir 39,23). So wie Fruchtbarkeit Erweis des Segens ist, so ist die Versalzung als Verunmöglichung von Fruchtbarkeit Zeichen des Gerichts (Ps 107,34).[283] In Jer 17,6 ist es die lebensfeindliche

---

[280] Text und Übersetzung: De Bello Judaico / Der jüdische Krieg (ed. Michel/Bauernfeind) II/1 74f.

[281] Wie lebendig diese Tradition in neutestamentlicher Zeit war, zeigen Sap 10,7; Lk 17,32; Ant 1,203; 1Clem 11,2. Vgl. außerdem J. E. LATHAM, Salt 69–72. Zu „Salz" in Fluchworten s. I. LÖW, Salz 435f.

[282] מלחה, 4mal im AT (einschl. Sir 39,23), davon 1mal neutral für die natürliche Heimat des Wildesels (Hi 39,6).

[283] Vgl. a. die Entgegensetzung des Toten Meeres als ἁλμυρώδης καὶ ἄγονος mit dem „Meer von Tiberias" als γλυκεῖα καὶ γόνιμος in Bell 4,456.

Salzwüste, die dem als Wohnort zugewiesen wird, der von Gott abweicht. Die Unfruchtbarkeit der Wüste ist das Bild für die Gerichtssituation, in der dieser Mensch steht, so wie das Gepflanztsein an frischen Wasserbächen Bild ist für den gesegneten Menschen (Jer 17,7f, vgl. Dtn 29,18)[284]. In Ri 9,45 (vgl. Ant 5,248) dürfte es sich um einen analogen Kriegsritus handeln: Die zerstörte Stadt wird symbolisch mit Salz bestreut und so zu einer Wüstenei erklärt.

(f) *Salz als Symbol für die Tora:* Ohne direkten biblischen Anhalt (abgesehen davon, dass der Bund Gottes mit seinem Volk, der in der Salzgabe zum Opfer repräsentiert wird, und die Tora aufs Engste zusammen gehören) ist die allerdings erst spät und nur einmal bezeugte Verbindung von Salz und Tora in dem außerkanonischen Talmudtraktat Soferim.[285] Der Kontext der Stelle Sof 15,8 (41a) handelt allerdings nicht vom Bund, sondern vom Verhältnis der Tora zu Mischna und Gemara. Dabei überliefern Halacha 7 und Halacha 8 zwei parallele Dreierreihen:

(15,7) „Aber sie (= d. Weisen) sagten: Die Schrift (המקרא) wird verglichen mit Wasser, und die Mischna mit Wein und der Schas (הש"ס)[286] mit Gewürzwein. Unmöglich kann die Welt sein ohne Wasser, und unmöglich kann die Welt sein ohne Wein, und unmöglich kann die Welt sein ohne Gewürzwein, aber ein reicher Mann versorgt sich mit allen dreien. So ist es unmöglich, für die Welt ohne Wasser und ohne Wein zu sein und (erst recht) ohne den Schas zu sein. (15,8) Und weiter wurde die Tora (התורה) mit Salz verglichen, und die Mischna mit Pfeffer und der Schas mit den Gewürzen. Und unmöglich kann die Welt sein ohne Salz, und unmöglich kann die Welt sein ohne Pfeffer, und unmöglich kann die Welt sein ohne Gewürze, aber ein reicher Mann versorgt sich mit allen dreien. So ist es unmöglich, für die Welt ohne die Schrift (מקרא)[287] zu sein, und unmöglich für die Welt, ohne Mischna zu sein, und unmöglich für die Welt, ohne den *Schas* zu sein."

Auch die nächste Halacha betont noch einmal die besondere Bedeutung des *Schas*, den es zu studieren gilt, ohne dabei die Schrift und die Mischna zu vernachlässigen. Die Vorrangstellung der Gemara ist aber in allen drei Sentenzen deutlich. Der Vergleich der Tora mit Salz nimmt auf dessen Charakter als unentbehrliches Gewürz Bezug, eventuell ist auch der konservierende Charakter mit gemeint. Salz ist wie Wasser das unbedingte Minimum, aber nicht die Haute Cuisine. Eine feste Verbindung von Salz und Tora kann damit nicht behauptet werden, aber erkennbar ist, wie leicht das vielfältig verwendbare Symbol „Salz" auch in diesen Kontext einfügbar ist.

Als *Ergebnis* ergibt sich vorerst: Salz ist als natürliches Element geschätzt, doch ist man sich seines zweifachen Charakters bewusst. Ohne Salz schmeckt die Speise fade, aber zu viel

---

[284] Vgl. a. Am 5,24: die Gerechtigkeit soll fließen wie ein nie versiegender Bach (d.h. hier liegt die Umkehrung von Ps 107,34 vor).

[285] Die jetzige Gestalt des Traktats entstand nicht vor der Mitte des 8. Jh., allerdings sind „frühere Vorformen anzunehmen", so G. STEMBERGER, Einleitung in Talmud und Midrasch, München [8]1992, 226. Die Stelle auch bei BILL. I 235.

[286] Eigentlich die Abkürzung für ששה סדרים, d.h. die „sechs Ordnungen" der Mischna, hier aber offenkundig die Gemara allein. Eine Parallele in bBM 33a liest auch Gemara, vgl. I. W. SLOTKI z.St. (Hebrew-English Edition of the Babylonian Talmud: Minor Tractates, hg. v. A. Cohen, London 1984).

[287] Die Austauschbarkeit von Tora und *Miqra'* an dieser Stelle ist zu beachten. Sie zeigt, wie leicht Tora für die ganze Schrift stehen kann, ein Argument, das bei der Auslegung von Mt 5,18 wichtig ist, s.u. § 8/3.2.2 mit Anm. 733.

verdirbt das Erdreich und macht es unfruchtbar. Salz ist eine heilkräftige Substanz, aber in Gottes Hand auch Gerichtswerkzeug (Lots Frau). Salz gehört zur Opfermaterie und ist darüber hinaus Symbol von *auf Dauer angelegten* göttlichen Stiftungen ('Salz-Bünde'). Gemeinsamer Salzgenuß verbindet und verpflichtet Menschen (und Gott) füreinander. Es ist Sirach, der abschließend die ambivalente Bedeutung von Salz – die es mit zahlreichen anderen Symbolspendern teilt – als Gerichts- wie als Heilungssymbol in eine theologische Formel bringt: Wasser, Feuer, Eisen, Salz, Milch und Honig, Wein, Öl und Kleidung – „all das erweist sich als gut für die Guten, zugleich wendet es sich für die Bösen zum Bösen" (39,27, vgl. Philo, QuaestGen IV 52). Trotz der quantitativ relativ wenigen Stellen ist die Bedeutungsbreite sichtbar, die den symbolischen und metaphorischen Bereich miteinschließt. In Bezug auf die Jüngerexistenz ist für diese doppelte Wirkweise insbesondere auf Mt 10,11–15.40–42 und möglicherweise auch auf 18,18 (vgl. 16,19; Joh 20,23) zu verweisen. Die Jünger können in ihrem Wirken unter den Menschen mit Salz verglichen werden: Sie repräsentieren einerseits das Heil (in der angebotenen Botschaft bzw. Vergebung) und damit die Bewahrung im Gericht, andererseits aber auch das Gericht als Verurteilung, indem sie die, die sich ihrer Botschaft verweigern, bei ihrer Schuld behaften. Heilvoll wirken können sie aber nur, weil ein anderer das Heil – auch für sie – ermöglicht und ihnen diese Heilsbotschaft dann anvertraut hat. Sie können nicht von sich aus Salz sein, sie können nur von sich aus ihr Salzsein verderben.

2.2 Das Untauglichwerden des Salzes bei Matthäus

Sieht man vom aufgezeigten biblischen Hintergrund aus auf das in seiner Bedeutung umstrittene Verb μωραίνειν in Mt 5,13, dann kommen ausschließlich die positiven Eigenschaften des Salzes in Betracht. Denn die von Jesus gestellte Frage will ja gerade deutlich machen, dass *wirksames* Salz nötig ist. Was aber meint dann Matthäus an dieser Stelle mit μωραίνειν? Dass ihm an diesem Wort etwas liegt und er es nicht einfach seiner Vorlage verdankt (Lk/Q 14,34), zeigt auch hier die Vokabelverteilung: von den 24 neutestamentlichen Belegen für den Stamm μωρ-[288] finden sich allein sieben im ersten Evangelium[289], während er sonst außer Lk 14,34 in den Evangelien fehlt.

Dem „törichten Mann" (ἀνδρὶ μωρῷ) steht für Matthäus der „vernünftige" (ἀνδρὶ φρονίμῳ) gegenüber, der sich dadurch auszeichnet, dass er die Worte der Bergpredigt hört und sie tut (7,24.26; derselbe Gegensatz auch in Mt 25,1ff). In 23,17 sind die Pharisäer und Schriftgelehrten als μωροὶ καὶ τυφλοί bezeichnet, weil sie das verbindliche Schwören mit halachischen Finessen versehen (und damit entgegen der Gebotsauslegung Jesu, wie sie in 5,33–37 vorliegt, handeln).[290] An den genannten Stellen geht es in erster Linie darum, etwas zu wissen und sich nicht entsprechend zu verhalten (so auch Röm 1,22). Die Wortgruppe zielt

---

[288] Aufgeteilt in das Substantiv μωρία (5mal, alle Belege in 1Kor 1–3, dazu einmal μωρολογία in Eph 5,4 für „dummes Geschwätz"), das Adjektiv μωρός (12mal) und das Verb (4mal). Vgl. als Überblick P. FIEDLER, Art. μωρία κτλ., EWNT II², 1992, 1105–1108.

[289] Außer dem Verb 6mal das Adjektiv μωρός in 5,22 (als schimpfliche Bezeichnung für einen Menschen [SG]); 7,26 par. Lk 6,49 (mt Redaktion); 23,17 (SG); 25,2.3.8 (SG).

[290] Vgl. aber Mt 5,22: die schimpfliche Bezeichnung eines Menschen mit μωρέ verdient das höllische Feuer.

also nicht nur bei Matthäus, sondern in allen neutestamentlichen Belegen auf ein fehlorientiertes Verhalten aufgrund einer *kognitiven Verweigerung* von Gottes Willen.[291]

Die für Mt 5,13 par. Lk 14,34 in der Regel angegebene Wortbedeutung „unschmackhaft machen" (Bauer-Aland, Wörterbuch 1075 s.v.) ist dagegen philologisch nicht nachweisbar, sondern aus dem Kontext und der Parallele Mk 9,50 (ἐὰν δὲ τὸ ἅλας ἄναλον γένηται) erschlossen.[292] Die Grundbedeutung „als Torheit erweisen" (Bauer-Aland, ebd.) ergibt jedoch einen guten Sinn, wenn der Gedanke von 5,12 weitergeführt wird: Die Jünger sind in ihrer Funktion als prophetische Botschafter (d.h. als Empfänger und Träger „dieser Worte" [vgl. 7,24]) das Salz der Erde. Wenn aber die Jünger ihre Botschaft *als Torheit erweisen*, was dann der Fall ist, wenn ihre „Werke" (als umfassender Begriff für Lebensführung) nicht ihren Worten bzw. ihrer Botschaft entsprechen, erweisen sie das Salz (d.h. die von ihnen vertretene Botschaft, die nach 5,10 summarisch als δικαιοσύνη bezeichnet werden kann, und letztlich Jesus selbst) als *salz- und kraftlos*, so dass es den Menschen nicht nützt, sondern hinausgeworfen wird[293], um dort von den Menschen zertreten zu werden.[294]

---

[291] J. E. LATHAM, Salt 198, beschreibt den LXX-Sprachgebrauch der Wurzel μωρ- als „not so much a lack of intelligence as the perversion of a will turned away from God".

[292] Vgl. LIDDELL/SCOTT/JONES 1158 s.v. μωραίνω. Für die Bedeutung *to become insipid* nennen sie als einzigen Beleg Mt 5,13. TH. ZAHN, Mt 201 Anm 55, vertrat die Meinung, dass μωρός in seiner ursprünglichen Bedeutung „fade, geschmacklos" bedeutet habe und darum Mk 9,50 ἄναλον γίνεται sinngemäß wiedergibt. LIDDELL/SCOTT/JONES 1159 s.v. μωρός, geben die Bedeutung *insipid, flat* immerhin mit einigen Belegen an, die jedoch kaum auf eine weite oder gebräuchliche Verwendung schließen lassen. BAUER-ALAND, Wörterbuch 1075 s.v. μωρός, nennen lediglich *töricht, dumm*, wobei der Bezug auf Personen oder Sachen unterschieden werden kann. Ausführlich J. E. LATHAM, Salt 195–202.

[293] Als Beispiel könnte auf Jona verwiesen werden, dem als Prophet Gottes (Jona 1,9: δοῦλος κυρίου) der λόγος κυρίου (Jona 1,1) anvertraut war. Als er versagte, wurde auch er nach draußen geworfen (vgl. Jona 1,15: ἐκβάλλειν, in 1,12 fordert Jona die Schiffsleute auf, ihn ins Meer zu werfen: ἐμβάλετέ με εἰς τὴν θάλασσαν). Die Jona-Überlieferung ist bei Matthäus vorausgesetzt, er bezeichnet ihn darüber hinaus als einzigen bei seiner ersten Erwähnung mit dem Prophetentitel (12,39). Seine Funktion war die Umkehrpredigt, die vorbildhaft Jesu eigene Wirksamkeit abbildet (12,39–41 par. Lk 11,29–32 mit den Stichworten κήρυγμα und μετανοεῖν). Matthäus erwähnt weiter das Zeichen des Jona zweimal (nach 12,39ff auch noch in 16,4). Zu βάλλειν ἔξω (bzw. ἐκβάλλειν, manchmal noch zusätzlich mit ἐκ) als Terminus der Gerichtssprache (s. aber auch oben Anm. 249) und des Ausschlusses aus dem Reich Gottes vgl. Mt 8,12 (vgl. Lk 13,28); Mt 13,48 (vgl. V. 50); 22,13; 25,30; Joh 15,6 (vgl. 6,37; 12,31).

[294] καταπατεῖν bei Matthäus nur hier und 7,6 (von den Schweinen, die das Heilige, das ihnen vorgeworfen wurde, zertreten). Subjekt des Zertretens sind in 5,13 die Menschen und das spricht m.E. *gegen* eine Gerichtsankündigung, da nirgends im Matthäus-Evangelium (oder sonst im NT) Menschen das eschatologische Gericht durchführen (Mt 18,15–17; 1Kor 5,12f sind davon zu unterscheiden als innergemeindliche Vorgänge). In 7,6 sind es die Schweine, die die Perlen zertreten, d.h. Matthäus bleibt auf der Bildebene und deutet diese nicht. M.E. ist so auch hier zu interpretieren: Das unbrauchbar gewordene Salz wird von den

Die auf den Eventualis folgende Frage ist nach diesem Verständnis – entgegen weitverbreiteter Meinung[295] – besser mit „womit soll gesalzen werden?"[296] zu übersetzen. Subjekt wäre demnach nicht das Salz („womit soll *es* gesalzen werden", in der Parallele Mk 9,50 ist das Objekt durch αὐτό eindeutig auf das Salz bezogen), sondern die Erde als Wirkort der Jünger. Jesus stellt seinen Jüngern also nicht eine paradoxe Frage (Salz kann nicht „gesalzen" werden), sondern fragt, woher das lebensnotwendige Salz kommen soll, wenn nicht von ihnen?[297] Das entspricht auch dem Licht-Vergleich: wie sollen die Hausbewohner etwas sehen, wenn das Licht verdeckt ist? Es geht nicht darum, das Licht wieder anzuzünden (in Analogie zum Resalzen des Salzes), sondern das vorhandene Licht sinnvoll zu gebrauchen. Dem Gleichnischarakter der zweiten Hälfte des Salzwortes entspricht als Sachbezug der Verweis auf tatsächlich vorkommende Umstände. Es ist hier also kaum eine unmögliche Möglichkeit vorausgesetzt (echtes Salz kann seine chemischen Eigenschaften weder verlieren noch wiedergewinnen)[298], sondern eine Alltagserfahrung mit unreinem Salz, wie sie für Palästina vorausgesetzt werden kann, wenngleich die geologischen und chemischen Erklärungen keine völlige Eindeutigkeit bieten.[299]

Menschen zertreten, denen es eigentlich nützen soll. Auf den Menschen, für die die Jünger etwas bewirken sollen, liegt also das Augenmerk, nicht auf dem möglichen Versagen der Jünger.

[295] Vgl. TH. ZAHN, Mt 202 (vgl. ebd. Anm. 56: schon in einzelnen Handschriften werden beide möglichen Subjekte ergänzt); J. SCHNIEWIND, Mt 51; P. GAECHTER, Mt 155; E. SCHWEIZER, Mt 60; D. A. HAGNER, Mt I 99; U. LUZ, Mt I[1-4] 219 Anm. 2 (in I[5] 294 fehlt die Anm., in der Übersetzung steht zudem „es" nun in Klammern: „… womit wird man [es] salzen"); dagegen bemerken LOHMEYER/SCHMAUCH m.E. mit Recht, dass die Bezugnahme auf die Erde „dem gedanklichen Zusammenhang … klarer entspricht" (Mt 99); so auch W. GRUNDMANN, Mt 137f; G. STRECKER, Bergpredigt 51f; M. LATTKE, Salz der Freundschaft in Mk 9,50c, ZNW 75 (1984), 44–59 (47); H. D. BETZ, Sermon 159.

[296] Matthäus verwendet hier als einziger ἁλίζειν, während Markus und Lukas ἀρτύειν *würzen* gebrauchen: in Mk 9,50 aktivisch als Frage: „Womit wollt ihr es (= das Salz) würzen?", in Lk 14,34 ist wie bei Matthäus das Passiv gebraucht: ἐν τίνι ἀρτυθήσεται?

[297] Vgl. W. GRUNDMANN, Mt 138: „Die Frage, womit man salzen solle, meint nicht die Wiedergewinnung der Salzkraft wie Mark. 9,50, sondern fragt, was an seine Stelle treten könne, um zu antworten: nichts." Damit folgt er der von K. BORNHÄUSER, Die Bergpredigt. Versuch einer zeitgenössischen Auslegung, BFCTh II/7, Gütersloh 1923, 40, vertretenen Deutung, wonach das Salzwort die Jünger davor warnt, „törichte Lehrer" zu werden.

[298] So z.B. E. SCHWEIZER, Mt 60; H. FRANKEMÖLLE, Mt I 216. TH. ZAHN, Mt 201 Anm. 55, verweist darauf, dass von den patristischen Auslegern lediglich der „Gallier" Hilarius von Poitiers, „dessen Stammesgenossen, die Kelten von ältesten Zeiten her die Meister im Salzbergbau und in der Salzsiederei gewesen sind (…), starke Bedenken gegen die Naturgemäßheit des Gleichnisses äußert" (natura salis semper eadem est, nec immutari unquam potest). Die Begründung dieser Auffassung mit bBekh 8b lässt sich nicht halten, vgl. M. HENGEL, Bergpredigt 264 (= 372).

[299] Vgl. TH. ZAHN, Mt 202 Anm. 55: die grammatische Konstruktion als Realis widerspricht der Auslegung, dass Jesus „absichtlich einen unmöglichen Fall gesetzt habe",

In der Regel wird dabei auf das am Toten Meer gewonnene Salz hingewiesen, das nicht in reiner Form vorlag, sondern mit Zusatzstoffen vermischt war, „die, wenn das Salz durch Feuchtigkeit aufgelöst wird, als unbrauchbare Reste zurückbleiben"[300]. Zahn verweist ferner auf das in Epirus durch Sieden gewonnene Salz aus salzhaltigen Quellen, das nach Plinius d.Ä. *salem inertem nec candidum* (iners = *ungeschickt, träge*; *schlaff machend*; *zaghaft*; candidus = *strahlend, weiß*) gewesen sei (n.h. 32,82). Die Ursache dafür kann, wie *nec candidum* erhellt, nur seine Vermischung mit anderen Stoffen gewesen sein. Der Arzt und Autor medizinischer Fachliteratur Galenus (um 130–199 n.Chr.) berichtet nach eigenen Untersuchungen des am Toten Meer gewonnenen Salzes über dessen bitteren Beigeschmack.[301] Die Stellen zeigen, dass „Salz" in der Umwelt des Evangelisten durchaus seinen Geschmack verlieren konnte, am ehesten wohl dadurch, dass die Zusatzstoffe geschmacklich überwogen und so das „Salz" als Salz nicht mehr zu gebrauchen war. Die Frage Jesu: „Womit soll man salzen?" (ohne Ergänzung von „Salz" als Subjekt, s.o. Anm. 296f), erscheint auch vor diesem Hintergrund plausibler als die nach einem paradoxen Resalzen des Salzes.

2.3 Die Salzmetaphorik im Neuen Testament abgesehen von Mt 5,13

Für Matthäus ergibt sich als besondere Schwierigkeit, dass er zwar den Stamm μωρ- in seinem Evangelium wiederholt gebraucht und damit eine Verständnishilfe gibt, wie s.E. das Salzwort zu verstehen ist. Da aber Salz nur an dieser einen Stelle vorkommt, ist es notwendig, zunächst die wenigen übrigen neutestamentlichen Salz-Belege durchzusehen. Möglicherweise erlauben sie dann auch eine profiliertere Deutung von Mt 5,13.

---

außerdem sei die Warnung an die Adresse der Jünger nur sinnvoll, wenn der angedrohte Fall zumindest ab und zu auch eintrat; ähnlich argumentieren u.a. J. GNILKA, Mt I 134; U. LUZ, Mt I[1–4] 222f/I[5] 298f; M. HENGEL, Bergpredigt 263f (= 371f).

[300] So J. JEREMIAS, Gleichnisse 169: bei dieser Erklärung ist dann aber überhaupt kein Salz mehr da, sondern nur noch die Zusatzstoffe; gegenteilig erklärt R. J. FORBES, Art. Salz 1654: „Das Roh-S., das bei den Speisen verwandt wurde, enthielt allerlei Zusätze von bitteren und anderen Beigeschmäckern und diente mehr oder weniger als Gewürz. Es verlor diese Zusätze durch den Einfluß von Feuchtigkeit oder Sonne und wurde dann wertlos"; vgl. a. F. HAUCK, Art. ἅλας 229: er verweist auf Plinius d.Ä. (n.h. 31,34: *tabescit*), doch ist die Stellenangabe falsch und das von ihm angeführte Verb *tabescere* bedeutet bei Plinius „zergehen" und zwar im positiven Sinn: Salz zergeht „auf zahllose Arten zum Gaumenkitzel" (n.h. 31,95). TH. ZAHN sieht in der Plinius-Stelle „immerhin eine sprachliche Parallele zu dem μωραίνεσθαι, ἄναλον γίνεσθαι der Evv und dem *evanescere, infatuari* der altlat. Versionen" (Mt 202 Anm. 55). Die Ungenauigkeit in der Redeweise der Evangelisten sei nicht größer als in Sir 29,10; EpJer 12,24 u. Jak 5,3 über das Rosten von Gold und Silber. Die in der Literatur beständig begegnende Bezugnahme auf Ofenplatten aus Salz (vgl. die bibliographischen Angaben bei JEREMIAS ebd. Anm. 1) ist mit Gewissheit *nicht* gemeint, weil es weder der Alltagserfahrung der Menschen entsprach (es handelt sich um eine Besonderheit von Berufsbäckern) noch ein allgemein wahrnehmbares Phänomen darstellte (und darum geht es in diesem Gleichnis).

[301] Hinweis bei TH. ZAHN, Mt 202 Anm. 55 (mit Belegstellen). In der rabbinischen Literatur ist dieses Salz häufig unter der Bezeichnung מלח סדמית (entspricht ἅλες Σοδομηνοί) erwähnt, vgl. I. LÖW, Salz 437f.

(a) *Mk 9,49f:* Bei Markus steht das Salzwort am Ende einer Spruchreihe, die in Mt 18,6–9 und Lk 17,1f ihre nächsten Parallelen hat: Es geht um das unbedingte Eingehen in das Reich Gottes (9,47), das durch Glaubensabfall (der sich offenbar in Gestalt von bestimmten *Handlungen* manifestiert, wie die Worte über Hand, Fuß und Auge nahelegen) gefährdet ist. Statt dem Eingehen in das Gottesreich droht das Geworfenwerden in die Feuerhölle: βληθῆναι εἰς τὴν γέενναν, woran als Abschluss das Zitat aus Jes 66,24 über den nicht sterbenden Wurm und das unauslöschliche Feuer gestellt ist. Als mk Sondergut heißt es anschließend in V. 49, offenbar durch das Stichwort πῦρ motiviert, jedoch ohne dass eine klare syntaktische Rückbindung an V. 48 erkennbar ist (das γάρ ist dafür zu schwach): Πᾶς γὰρ πυρὶ ἁλισθήσεται.[302] In der Regel erklärt man den Dativ instrumental: „durch Feuer gesalzen werden"[303], denkbar wäre aber auch ein Dativ der Hinsicht oder Beziehung (*dativus respectus vel relationis*)[304]: „Denn jeder muss im Hinblick auf das Feuer (des Gerichts) gesalzen werden." Dann wäre das Salz ein Bild für das, was vor bzw. im Gericht bewahrt. Die Fortsetzung in V. 50 mit καλὸν τὸ ἅλας würde dazu passen, indem das Salz positiv hervorgehoben ist und die Jünger abschließend ermahnt werden, Salz (d.h. das bewahrende und rettende Element) bei sich bzw. miteinander zu haben. Die Sequenz endet, wieder verschieden von den synoptischen Parallelen, mit einer Ermahnung zum Frieden untereinander: „Habt (= teilt) untereinander Salz und haltet Frieden miteinander" (ἔχετε ἐν ἑαυτοῖς ἅλα καὶ εἰρηνεύετε ἐν ἀλλήλοις).[305] Das verweist zurück auf den Anfang in V. 33, wo die Jünger darum stritten, wer unter ihnen der Größte sei. Es ist der Abschluss einer besonderen

---

[302] J. WELLHAUSEN, Mk 77 (= 397), charakterisiert 9,33–50 als ein „Geröll isolierter und paradoxer Aussprüche Jesu …, die sich da ausnehmen wie unverdaute Brocken"; ebenso M. LATTKE, Salz der Freundschaft 45: die Verse 49f „folgen wie lose Brocken".

[303] Vgl. HAUBECK/V. SIEBENTHAL, Schlüssel I 286. Die instrumentale Deutung wird in den Kommentaren jedoch nicht begründet, obwohl fast regelmäßig über die Schwierigkeit des Verses geklagt wird. Eine Übersicht über die Kommentarmeinungen b. M. LATTKE, Salz der Freundschaft 50–52 (allerdings nur auf V. 50 bezogen).

[304] Vgl. GGNT § 178. In den Kommentaren wird diese Möglichkeit so weit ich sehe nirgends erwogen.

[305] M. LATTKE, Salz der Freundschaft, hat m.E. überzeugend gezeigt, dass beide Satzteile als synonymer Parallelismus zu verstehen sind und die übliche Übersetzung „Habt Salz bei euch" weder philologisch noch sachlich zu stützen ist. Dann geht es hier um die Tischgemeinschaft und die daraus entstehende Verpflichtung füreinander, wie sie auch im Alten Testament, bei Philo und in der griechisch-römischen Welt bezeugt ist (s.o. § 6/2.2.1[b]). Die nächste neutestamentliche Parallele ist Apg 1,4. Die Zusammenstellung von 50c mit V. 49.50a.b ist dagegen für das Verständnis nicht konstitutiv, sondern basiert wohl wie der zwischen V. 48 und 49 (πῦρ) auf Stichwortverbindung (ἅλας), so J. WELLHAUSEN, Mk 76 (= 396); W. NAUCK, Salt 171. Was Lattke (und vor ihm schon Wellhausen u.a.) dagegen unterschätzt, ist die Verklammerung mit der Einheit ab 9,33 (gegen ebd. 45 u.ö.).

Jüngerbelehrung, die von ihrer herausgehobenen Stellung ausgeht. Gerade darum sollen sie „aller Diener" (πάντων διάκονος) sein (35).

Auch die *Erzählung vom fremden Wundertäter* (38–41) fügt sich diesem Bild ein: Markus lässt Jesus seine Jünger ermahnen, denen die Anerkennung nicht zu versagen, die in seinem Namen wirken, auch wenn sie nicht wie sie selbst Jesus nachfolgen. Die Mahnung vor der Verführung zum Abfall (42) und die Gefahr des eigenen Abfalls (43ff) lassen sich ebenfalls auf diesem Hintergrund verstehen: Die Jünger tragen aufgrund ihrer Stellung mehr Verantwortung für das rechte Verhalten und Lehren. Und darum gilt ihnen die doppelte Schlussermahnung, erstens in Gestalt der Warnung: Jeder, also auch sie, muss im Hinblick auf das Feuer (= das Gericht) 'gesalzen' sein (49.50a.b)[306], und zweitens der Aufforderung, untereinander im Frieden zu wirken und zu leben. Die Teilhabe am Salz ist dann im ersten Teil im Hinblick auf Jesus oder Gott gebraucht (das Passiv eventuell als *passivum divinum* verstanden), im zweiten im Hinblick auf das Verhältnis der Jünger (und ihrer Nachfolger!) zueinander. „Gesalzen sein" in V. 49f ist dann am ehesten als *Ausdruck einer wechselseitigen Beziehung* (die ein entsprechendes Verhalten nach sich zieht) zwischen den Jüngern und Jesus zu verstehen: So wie das gemeinsame Essen von Salz miteinander verbindet, so sind die Jünger und Jesus miteinander verbunden.[307]

Das Salz dieses Bündnisses bzw. das dadurch gestiftete Verhältnis ist gut, so wie das Salz gut ist. Wenn dieses Bündnis, das im Hinblick auf das Feuer des Gerichts rettet, „salzlos wird" (d.h. seine Salzkraft verliert), gibt es nichts,

---

[306] J. WELLHAUSEN, Mk 76 (= 396): „Das Feuer ist hier aber nicht das Höllenfeuer, sondern ein Fegefeuer, das jeder Mensch zu bestehn hat, das nur das Schlechte an ihm verzehrt, aber das Gute, die Hauptsache, grade umgekehrt konserviert und also die Wirkung des Salzes hat." Dann enthält dieser Vers im Grunde nichts anderes als 1Kor 3,13.15, worauf Wellhausen selbst hinweist. Dieser Auslegung kann Ignatius, Magn 10,2 an die Seite gestellt werden. Der Märtyrer-Bischof fordert die Gemeinde auf, sich dem neuen Sauerteig, der Jesus Christus ist, zuzuwenden und fährt dann fort: ἁλίσθητε ἐν αὐτῷ, ἵνα μὴ διαφθαρῇ τις ἐν ὑμῖν, ἐπεὶ ἀπὸ τῆς ὀσμῆς ἐλεγχθήσεσθε. „Lasst euch salzen in/durch ihn, damit nicht einer unter euch verderbe, denn wegen des Geruchs würdet ihr überführt werden." Kontext ist auch hier das Gericht, in dem der besteht, der sich durch Jesus salzen lässt und d.h. der als Jünger „nach christlicher Weise lebt" (κατὰ Χριστιανισμὸν ζῆν [10,1]). Ähnlich auch W. NOACK, Salt 171–173, der zudem auf bBer 5a verweist, wo in einem Diktum von Rabbi Shimon ben Laqish Lev 2,13 und Ez 20,37 verbunden sind, so dass das Salz für die Züchtigungen steht: beide machen tauglich (das Opfer bzw. den Menschen) vor Gott. Allerdings setzt diese Stelle deutlich die Zerstörung des Tempels voraus, indem die Züchtigungen als Ersatz für das Opfersalz interpretiert werden.

[307] Eindrucksvoll hat Leonardo da Vinci diesen Zusammenhang in seinem Bild vom letzten Abendmahl dargestellt: Judas nimmt mit seiner Rechten den Geldbeutel in die Hand, stößt dabei das Salzgefäß um und verschüttet seinen Inhalt auf dem Tisch (vgl. J.-B. BERGIER, Salz 150 mit Abb. 119). Das Salzbündnis zwischen ihm und Jesus ist zerbrochen, am Ende steht der Tod.

das es ersetzen könnte. Darum sollen die Jünger Salz untereinander teilen (d.h. ihre Beziehung zu Jesus stärken, anstatt einander oder „einem der Kleinen" Anstoß zu bereiten) und so Frieden halten.[308] Geht man davon aus, dass Matthäus die Feststellung καλὸν τὸ ἅλας in die Jüngerzusage ὑμεῖς ἐστε τὸ ἅλας τῆς γῆς verändert hat[309], dann ist der mk Grundgedanke darin durchaus enthalten, indem er die Jünger als diejenigen beschreibt, die von Jesus damit beauftragt wurden, Salz zu sein für die Menschen, d.h. sie mit der Gerechtigkeit zu salzen (was bei Matthäus heißt, sie zu Jüngern zu machen und sie Jesu Botschaft zu lehren), die vor dem Gerichtsfeuer bewahrt.[310]

(b) *Lk 14,34f:* Auch bei Lukas ist das Salz-Wort Teil einer vom Evangelisten zusammengestellten Logiensammlung über „die Bedingungen der Jüngerschaft"[311]. Zentrales Thema ist, wer ein Jünger sein kann (vgl. das dreimalige οὐ δύναται εἶναί μου μαθητής in V. 26.27.33). Umrahmt von dieser Formel ist das Doppelgleichnis vom Turmbau und der Kriegsvorbereitung. Die Gleichnisse werden von Lukas abschließend mit der direkten Anrede an die Zuhörenden gedeutet: „So nun kann jeder unter euch (οὕτως οὖν πᾶς ἐξ ὑμῶν, vgl. Mk 9,49: πᾶς γάρ ...), der nicht allen seinen Gütern entsagt, nicht mein Jünger sein." Daran schließt sich, ähnlich unvermittelt und ein wenig überraschend wie bei Markus, das Salzwort an, das sowohl Elemente der mk wie der mt Version enthält: καλὸν οὖν τὸ ἅλας· ἐὰν δὲ καὶ τὸ ἅλας μωρανθῇ, ἐν τίνι ἀρτυθήσεται; οὔτε εἰς γῆν οὔτε εἰς κοπρίαν εὔθετόν ἐστιν, ἔξω βάλλουσιν αὐτό. ὁ ἔχων ὦτα ἀκούειν ἀκουέτω. Das erste kleine Sätzchen identifiziert die Jüngerschaft mit dem Salz. Sie ist eine „gute" Sache. In καλός schwingt, wie François Bovon gezeigt hat, in den christlichen Texten eine neue Bedeutung mit: „in Übereinstimmung mit dem Willen Gottes, in Harmonie mit den letzten Gütern, in Symmetrie zu den biblischen Verheißungen und im Gegensatz zur herrschenden jüdischen Exegese."[312] In gewisser Weise entspricht diese Definition von καλός dem mt Gebrauch von δίκαιος, dessen Hauptmerkmal ein mit Gottes gegenwärtigem Willen und Anspruch verbundenes Verhalten ist.

---

[308] Vgl. J. GNILKA, Mk II 67: Ziel dieser „Jüngerbelehrung" ist die Stärkung der „Jüngergemeinschaft", die von „Rangstreit, Privilegiensucht, Ärgernissen, Verachtung der Minderbemittelten bedroht" ist.

[309] So mit vielen anderen R. H. GUNDRY, Mt 75.

[310] Vgl. Mt 3,12 (par. Lk 3,17), wo ebenfalls, wie in Mk 9,43.48 vom „unauslöschlichen Feuer" die Rede ist. Davor bewahrt wird nur, wer „mit heiligem Geist und Feuer" getauft ist, was von der Textpragmatik her äquivalent zu „gesalzen werden" in Mk 9,49 verstanden werden kann.

[311] F. BOVON, Lk II 532, vgl. 524: er überschreibt 14,25–35 mit „Überlegte Jüngerschaft."

[312] F. BOVON, Lk II 545, vgl. DERS., »Schön hat der heilige Geist durch den Propheten Jesaja zu euren Vätern gesprochen« (Act 28,25), ZNW 75 (1984), 226–232 (231).

Wie Matthäus und Markus hebt auch Lukas die Unersetzlichkeit des brauchbaren Salzes und damit der Jüngerschaft hervor. Lediglich in der Beschreibung der Konsequenzen geht er eigene Wege: Wirkungsloses Salz taugt weder für das Erdreich (den Boden) noch für den Misthaufen, sondern muss als völlig nutzlos weggeworfen werden. Lukas offenbart damit nicht ein Verständnis von Salz als Düngemittel, das ihm den (ungerechtfertigten) Vorwurf einbrachte, hier seine „Unwissenheit eines Städters" zu offenbaren (F. Bovon, Lk II 547). Gemeint ist wohl eher ein Vergleich mit anderen Nahrungsmitteln, die, wenn sie für den Genuss untauglich geworden sind, immer noch als Dünger dienen konnten. Salz dagegen, wenn es seinen Geschmack verloren hat, ist nicht einmal dazu zu gebrauchen, weil sonst die Gefahr der Versalzung des Bodens besteht.

Gelegentlich wird die mehr oder weniger in den meisten Kommentaren (und Predigten[313]) selbstverständliche Gleichsetzung von ἅλας mit Kochsalz (Natriumchlorid) in Frage gestellt und statt dessen mit einem mineralischen Düngemittel (Pottasche [Kaliumkarbonat], Phosphate, Ammoniumsalze, Soda [Natriumkarbonat, auch „Aschensalz" genannt]) verbunden.[314] Hauptargument ist der Genitiv τῆς γῆς, das im Sinne von Erdreich, Boden, Humus verstanden wird. Dazu kommt, dass dieses Bild mit der übrigen Botschaft Jesu besser in Einklang zu stehen scheint, da Jesus nirgends als konservierend geschildert wird: „Disciples of Jesus are not merely keepers of the good society, neither are they merely pleasant folk, adding flavour to the good already present. More powerfully and positively, disciples of Jesus are life-bringers in an otherwise sterile culture."[315] Dieses Argument ist jedoch hinfällig, wenn man die Salz-Metaphorik nicht auf die Konservierung einschränkt, sondern stärker den gemeinschafts- und bündnisstiftenden Charakter betont. Für Mt 5,13 ist diese Deutung darüber hinaus völlig unmöglich, weil γῆ eindeutig im Parallelismus zu κόσμος in V. 14 steht.

---

[313] Vgl. den Berichtsband über den Kirchentag 1999 in Stuttgart, der unter dem Motto stand: „Ihr seid das Salz der Erde."

[314] Vgl. Plinius d.Ä., n.h. 31,106ff: Die Beschreibung von Natron (ein Sammelbegriff für verschiedene Natriumverbindungen) schließt sich unmittelbar an die des Salzes an, da es sich „nicht viel vom Salz unterscheidet" (non multum a sale distans). Erst ab dem 18. Jh. wurde durch chemische Analysen Kochsalz von diesen anderen Salzarten eindeutig unterschieden, vgl. J.-F. BERGIER, Salz 22f. Er weist zudem darauf hin, dass „zähflüssige Salzmaische aus Meerwasser oder die Sole einer Salzquelle … mehrere Salzarten in gelöster Form" enthalten. Um reines Speisesalz zu gewinnen, „bedarf es heute wie früher einer genau kontrollierten Verdampfung", um Gips, Magnesium- und Kalisalze herauszulösen (23). Da das Salz des Toten Meeres nicht zu den besonders qualitätvollen Salzen der römischen Zeit zählte, kann davon ausgegangen werden, dass es zumeist in einer Mischform angeboten wurde. Besonders die Magnesiumbestandteile machten das Salz bitter, weshalb bei der Salzgewinnung aus Meerwasser Regenwasser nötig war, um das Magnesium auszuscheiden (vgl. Plinius d.Ä., n.h. 31,81; S. A. M. ADSHEAD, Salt 31). In der regenlosen und süsswasserarmen Gegend des Toten Meeres ein kaum anwendbares Verfahren.

[315] V. G. SHILLINGTON, Salt of the Earth? (Mt 5:13/Lk 14:34f), ET 112 (2001), 120f (121). Vgl. a. R. H. GUNDRY, Mt 75, der ebenfalls Salz als „fertilizer" deutet. Zur Verwendung von Salz als Düngemittel s. ferner E. P. DEATRICK, Salt, Soil, Savior, BA 25 (1962), 41–48, der diese Bedeutung auch für Mt 5,13 vertritt (dagegen J. E. LATHAM, Salt 204).

Entscheidend ist an der Lukasstelle, das macht der Kontext deutlich, dass ohne den Dienst der Jünger das unbedingt notwendige Salz fehlt. Die Aufforderung, sich von allem zu lösen, was ihren Auftrag behindern könnte, ist im Bild des Salzes möglicherweise aufgenommen: Auch das Salz taugt nur, wenn es ohne Beimischungen vorkommt, die seinen Geschmack verderben. So sollen die Jünger ganz und 'rein' und ungeteilt in der Nachfolge Jesu stehen. Das Ziel bzw. das entscheidende inhaltliche Element ihrer Nachfolge ist aber auch bei Lukas die *Verkündigung* des Evangeliums vom Reich Gottes (vgl. 10,9 und die ganze Apostelgeschichte).

(c) Eine letzte Stelle über das Salz findet sich in *Kol 4,6*. Darin ermahnen die Verfasser (Timotheus und Paulus, vgl. 1,1[316]) die Gemeinde: ὁ λόγος ὑμῶν πάντοτε ἐν χάριτι, ἅλατι ἠρτυμένος, εἰδέναι πῶς δεῖ ὑμᾶς ἑνὶ ἑκάστῳ ἀποκρίνεσθαι. Aus der Gegenüberstellung mit Eph 4,29[317], wo die Epheser ermahnt werden, kein „faules Wort"[318] zu verbreiten, wird deutlich, was mit einer 'gesalzenen' Rede gemeint ist: sie dient dem Leben, ist aufbauend, dem Frieden dienend, den anderen bewahrend und ihm wohltuend. Sie stellt eine Gnadengabe[319] für die Hörenden dar.

In Kol 4,6 liegt dagegen der Schwerpunkt auf der Wirkung der Rede gegenüber Nichtchristen, während komplementär dazu V. 5 „von der missionarischen Wirkung des christlichen Verhaltens" handelt.[320] Schon in 4,3 hatten die Briefschreiber die Gemeinde zur Fürbitte für sich aufgefordert, damit „das Wort" (τοῦ λόγου) eine offene Tür finde und sie „das Geheimnis

---

[316] Dazu E. SCHWEIZER, Kol 26f.

[317] πᾶς λόγος σαπρὸς (als Gegenteil der 'gesalzenen Rede') ἐκ τοῦ στόματος ὑμῶν μὴ ἐκπορευέσθω, ἀλλὰ εἴ τις ἀγαθὸς πρὸς οἰκοδομὴν τῆς χρείας, ἵνα δῷ χάριν τοῖς ἀκούουσιν.

[318] σαπρός, *faul, moderig*, dann auch *unbrauchbar* und übertragen *schlecht, häßlich* (vgl. BAUER-ALAND, Wörterbuch 1485 s.v.). Im NT vor allem von Matthäus gebraucht (7,17f von morschen Bäumen, die schlechte Früchte bringen, vgl. 12,33 par. Lk 6,43: faule Früchte von morschen oder unbrauchbaren Bäumen; 13,48 faulende Fische). Sonst nur noch Eph 4,29.

[319] In Eph 4,29 ist die Wirkung als χάρις das Ziel (Finalsatz) des Redens, nach Kol 4,6 soll jedes Wort ἐν χάριτι gesprochen werden, vgl. dazu E. LOHSE, Kol 238 m. Anm. 10. Keine der beigebrachten Parallelen bezieht χάρις allerdings auf das Salz, so dass die immer wieder vorgeschlagene Übersetzung mit „Anmut" sich nicht darauf beziehen kann. Die seit M. DIBELIUS (Kol z.St.) immer wieder genannten Plutarch-Belege beziehen alle Salz nicht auf die Rede, sondern gebrauchen es als Vergleich, wobei die Notwendigkeit des Salzes für die Speise der Bildspender ist. Vgl. dazu H. BLÜMNER, Salz 2091, der darauf hinweist, dass „die Übertragung auf witzige oder bissige Reden ... im Griechischen bei weitem nicht so häufig anzutreffen ist wie im Lateinischen". Den einzigen Beleg für den „übertragenen Gebrauch des Singulars", den er gelten lässt, ist Kol 4,6 (ebd. 2092), dessen Bedeutung jedoch zumeist aufgrund der fehlinterpretierten Plutarch-Stellen festgelegt wurde. Will man für Kol 4,6 diese Bedeutung im Sinne einer 'scharfen Rede' aufrecht erhalten, dann kann dies nur über lateinische Parallelen geschehen, wo *sal* schon früh „die Bedeutung von Witz, Humor, Ironie bekommen" hat (ebd.).

[320] P. POKORNÝ, Kol 158.

Christi sagen können" (λαλῆσαι τὸ μυστήριον). Der ganze Brief ist von der Thematik des gepredigten und zu predigenden Evangeliums geprägt (1,5f. 23.25–28; 3,16f, vgl. a. 2,4; 3,8). Die mit Salz gewürzte Rede ist vor diesem Hintergrund eine von Jesus geprägte (vgl. Kol 3,17) missionarische Gesprächsfähigkeit. Dabei ist möglicherweise eine auch sonst gelegentlich gebrauchte Redewendung aufgenommen worden, die bei Plutarch begegnet. Er schreibt, dass „das Salz ... von einigen als deren [= d. Rede] Reiz bezeichnet wird". Die Einschränkung „von einigen" zeigt, dass es zumindest für ihn keine feste Metapher war.[321] Mit Recht schreibt Schweizer, dass hier „der Gesichtspunkt ... nicht ein rein rhetorischer" ist, „für den Anmut der Rede an und für sich schon erstrebenswert" wäre, sondern „das Anliegen" ist „die missionarische Verantwortung gegenüber den Fragen der außerhalb der Gemeinde Lebenden"[322].

Der Vergleich mit dem Salz dient, das ergeben sowohl der unmittelbare Kontext als auch die innerneutestamentlichen und paganen Parallelen, der *Wirksamkeit* der Rede. Daneben findet sich im Brief wie in Mt 5,14f auch die Lichtmetaphorik auf die Gemeinde bezogen.[323] Das zu bewirkende Ziel ist im

---

[321] E. SCHWEIZER nennt hierfür als Beleg Plutarch, QuaestConv V 10,2 (685A), doch da findet sich dieses Zitat nicht; die von Schweizer genannte Stelle ist (allerdings zu Unrecht) der Hauptbeleg in den griechischen Lexika dafür, dass eine 'gesalzene Rede' eine feststehende Redewendung gewesen sei; dagegen s. schon H. BLÜMNER, Salz 2091 (oben Anm. 311). Vgl. außerdem De garrulitate 23 (514E/F), wo es ebenfalls um einen Vergleich geht. Plutarch erwähnt drei Weisen des sinnvollen Redens: es soll (1.) entweder das einem selbst Nötige benennen oder (2.) den Zuhörenden einen Nutzen bringen, oder es soll (3.) denen, die miteinander ihre Zeit verbringen oder eine gemeinsame Arbeit tun „eine gewisse gegenseitige Annehmlichkeit bereiten, gleichsam mit Salz die Angelegenheiten würzen" (χάριν τινὰ παρασκευάζοντες ἀλλήλοις ὥσπερ ἁλσὶ τοῖς λόγοις ἐφηδύνουσι). D.h. die das Tun begleitenden Reden machen den menschlichen Umgang miteinander so angenehm wie das Salz die Speise (vgl. dazu E. LOHSE, Kol 238 Anm. 10). Auf die missionarische Situation des Kolosserbriefes übertragen würde das bedeuten, dass auch die Christen ihre Taten mit entsprechenden Worten versehen sollten, d.h. die Einheit von Tat und Wort bzw. die Kommentierung des Tuns durch die begleitende Verkündigung könnte gemeint sein. In Dion von Prusas (= Dio Chrysostomos) 18. Rede über „Die Übung im öffentlichen Reden", in der er eine Anleitung gibt, sich in einer Art Selbststudium die notwendigen Fähigkeiten eines Redners anzueignen, verweist er auf die „sokratische Grazie", die für die gefällige Form der Rede so nötig ist, wie das Salz in der Suppe (Orat. 18,13). Auch da dient das Salz allerdings nur dem Vergleich, es wird nicht auf die Rede selbst angewandt.

[322] E. SCHWEIZER, Kol 173f, so auch P. POKORNY, Kol 158: In Vers 6 geht es „um die Bedeutung der »passiven Verkündigung« ..., die in der überzeugenden Beantwortung der Fragen der Außenstehenden besteht."

[323] Vgl. 1,12: Die Heiligen sind von Gott zu *Anteilseignern am Erbe des Lichts* gemacht. Das ist in den Briefen eine zwar nicht allzu häufige, aber gleichwohl mit Nachdruck vertretene Aussage. Die wichtigste Parallele ist (neben Eph 5,8f) 2Kor 6,14: hier werden die Christen mit dem Licht verglichen, wobei das Licht im Parallelismus zu Gerechtigkeit steht; vgl. außerdem 1Thess 5,5: Christen, υἱοὶ φωτός ἐστε καὶ υἱοὶ ἡμέρας bzw. in Phil 2,15 als solche, die scheinen wie Sterne im All (φαίνεσθε ὡς φωστῆρες ἐν κόσμῳ). Der Kontext ist

Kolosserbrief nicht anders als in Mt 5,13ff, dass die ihnen anvertraute Botschaft des Evangeliums Frucht wirkt (1,5f), die sich „in jeglichem guten Werk" (ἐν παντὶ ἔργῳ ἀγαθῷ καρποφοφοῦντες [1,10], vgl. 3,23: ὃ ἐὰν ποιῆτε, ἐκ ψυχῆς ἐργάζεσθε ὡς τῷ κυρίῳ καὶ οὐκ ἀνθρώποις) erweist. Dafür erhalten sie die Zusage der göttlichen Vergeltung (ἀνταπόδοσις *Vergeltung, Lohn* [3,24], nur hier im NT). Der Brief enthält damit eine Entfaltung mehrerer Elemente, die auch in Mt 5,13–16 begegnen, ohne dass damit irgendeine literarische Abhängigkeit behauptet werden soll.[324] Es zeigt lediglich, welche Vorstellungen mit der mt Ausdrucksweise verbunden sein können.

(d) *Zusammenfassung*: Die genannten Stellen weisen alle auf eine enge Verbindung von Salzmetaphorik und Jüngerschaft hin. Diese bewährt sich einerseits in einem solidarisch-geschwisterlichen, aufbauenden (als Gegensatz zum Anstoß bereitenden) Verhalten nach innen, d.h. im Raum der Gemeinde, und andererseits in einem an Jesus gebundenen Wirken nach außen, dessen wichtigstes Kennzeichen die Verkündigung des Evangeliums darstellt. Zieht man hinzu, dass in der außerbiblischen Metaphorik Salz dem Bereich der gewinnenden Rede (durch die inhaltliche Überzeugungskraft des Dargelegten wie durch die rhetorische Kunst) zugehören kann, dann kristalliert sich für Mt 5,13 unter den von Luz genannten Alternativen (Salz sei zu beziehen „auf die Weisheit der Jünger, ihre Verkündigung, ihre Opferbereitschaft und ihren Lebenswandel") ein deutliches Übergewicht der ersten beiden Möglichkeiten heraus, die Luz jedoch unter dem Stichwort „Mißverständnisse" einordnet, da er darin eine »Eisegese« des (von ihm abgelehnten) „besondere[n] Verkündigungsamt[s]" in den Text zu Lasten des von ihm betonten „Christentums der Tat" sieht.[325]

2.4 Die Funktion des Salzseins der Jünger

Das Logion Mt 5,13 beschreibt weniger die konkreten Aufgaben der Jünger als vielmehr die Folgen, wenn sie ihrer von Jesus übertragenen Funktion nicht nachkommen. Der unmittelbare Kontext macht jedoch deutlich, dass es um den „missionarischen Auftrag" der Jünger bzw. der Gemeinde geht.[326] Georg

---

jeweils das Verhalten der Christen gegenüber ihrer nichtgläubigen Umwelt, verbunden mit der Ermahnung zu einem entsprechenden Verhalten.

[324] P. POKORNÝ, Kol 159, verweist ausdrücklich auf Mt 5,13–16 als neutestamentliche Parallele für die Verwendung der Salz-Metapher „im Zusammenhang mit der Mission".

[325] Mt I 222.225f. In der patristischen Exegese dominieren diese beiden Bereiche, vgl. J. E. LATHAM, Salt 169–177.

[326] Nach U. LUZ, Mt I[1-4] 221/I[5] 297, ist der Skopus der Verse 13–16, „die verfolgte Gemeinde auf ihren missionarischen Auftrag" hinzuweisen, vgl. DAVIES/ALLISON, Mt I 472.479: „the Gentile mission is presupposed", so auch H. FRANKEMÖLLE, Mt I 215: während es der Auftrag Jesu ist, Licht zu sein für das jüdische Volk und das „Galiläa der Heiden" (vgl.

Strecker schreibt am Ende seiner Auslegung von 5,13: „An der Durchführung des Missionsauftrages *entscheidet* sich das Jüngersein."[327] In dieser Formulierung spiegelt sich das Verständnis dieses Verses als „Mahnung" wider (ebd.), was zwar angemessener ist, als darin die Drohung mit dem Verworfenwerden der Jünger im Gericht zu sehen; gleichwohl liegt m.E. nicht *darauf* das Gewicht (das Lichtwort kommt sogar völlig ohne vergleichbare Mahnung aus), sondern auf der Dringlichkeit, Unverzicht- und Unersetzbarkeit dessen, was den Jüngern mit dem Salzwort anvertraut ist. Darum ist entscheidend, was die Jünger als Salz der Erde sind und was umgekehrt die Erde entbehren müsste, wenn sie es *nicht* sind. Für Strecker sind die Jünger „im Hören auf das Wort Jesu, im Tun der Gerechtigkeit … für die Welt, was das Salz für die Nahrung ist, ein notwendiger, unverzichtbarer Bestandteil" (ebd.). Nach Luz sind es vor allem die „guten Werke" (die sich inhaltlich kaum von dem unterscheiden, was Strecker „Tun der Gerechtigkeit" nennt) in V. 16, die das Salzsein der Gemeinde konstituieren.

Die Frage ist jedoch: Was würde der Welt fehlen, wenn *diese* „Werke" fehlen würden? Barmherzigkeit, Vergebungsbereitschaft, Nächstenliebe (je nach Auslegung bis hin zur umstrittenen Feindesliebe), der Einsatz für Gerechtigkeit und Frieden: das alles gibt es im jüdischen Kontext (aber nicht nur dort!) auch. Sich auf diese Auslegungstradition einzulassen, bedeutet nichts anderes, als den unsäglichen Streit um die bessere Ethik zwischen jüdischer und christlicher Wissenschaft seit dem 19. Jahrhundert in veränderter Gestalt fortzusetzen.[328] Wenn dies der unverzichtbare Bestandteil der

---

4,15f), „so haben die Jünger diese Aufgabe für die ganze Welt". Dagegen sieht D. A. HAGNER, Mt I 97, den Schwerpunkt auf der ethischen Forderung zu leben „ in a way that reflects the good news of the kingdom", d.h. er interpretiert die Verse stärker im Sinne einer Kontrastgesellschaft, auf die die Welt aufmerksam werden soll; die Verse betonen s.E. nicht primär ihre Verkündigung, sondern „their mission … in the deeds of their daily existence" (102). Nur ist im unmittelbaren Kontext von einem täglich-alltäglichen Leben gerade nicht die Rede: die Jünger sind von Jesus aus diesem Alltagskontext ja gerade herausgenommen worden.

[327] Bergpredigt 52 (Hhg.Orig.).

[328] Vgl. dazu meine Studie: Im Streit um die Bergpredigt (s. § 1 Anm. 87). Es zeigte sich bei diesem Gang durch fast 2000 Jahre Auslegungs- und Wirkungsgeschichte, dass zwar Mt 5,17–19 in der Diskussion durchgehend eine Rolle spielten, Mt 7,12 (und damit verbunden 5,20) dagegen erst im 19. Jh. zum Streitfall wurde, nachdem sich die Auseinandersetzung zwischen Judentum und Christentum von der christologischen auf die ethische Seite verlagert hatte. Letztlich ging der Streit darum, ob die positive oder negative Fassung der Goldenen Regel dem kategorischen Imperativ Kants (der als das von beiden Seiten anerkannte Ideal, fast möchte man sagen »Evangelium« galt) näherstand bzw. wer mit mehr Recht die Urheberschaft dieser Regel für sich in Anspruch nehmen darf. Dieser Disput prägt, ohne dass dies den Beteiligten ausreichend klar ist, bis heute die Auslegung der Bergpredigt, insbesondere von Mt 5,20. Vgl. außerdem KLAUS MÜLLER, Diakonie im Dialog mit dem Judentum. Eine Studie zu den Grundlagen sozialer Verantwortung im jüdisch-christlichen Gespräch, VDWI 11, Heidelberg 1999, 40–62.

missionarischen Jüngerexistenz wäre, bräuchte Matthäus kein Evangelium erzählen, das über die Johannestaufe bis zur Kreuzigung und Auferstehung reicht. Im Zitat von Strecker ist mit dem Hinweis auf das „Hören auf das Wort Jesu" immerhin angedeutet, dass das Tun allein noch nicht alles ist. Aber auch da gilt: Das bloße Hören und auch das „Tun der Gerechtigkeit" (wenn man dies nur im Sinn von Gebotserfüllung versteht) macht aus Juden und Nichtjuden noch keine Jünger, d.h. die von Strecker und anderen betonte missionarische Beauftragung, die diese Verse enthalten, wird nicht wirklich erkennbar. Wenn also, wie vielfach betont, diese missionarische Aufgabe der Jüngerschaft in der Salzmetapher abgebildet ist, dann muss auch als das Ziel derselben akzeptiert werden: πορευθέντες οὖν μαθητεύσατε πάντα τὰ ἔθνη (Mt 28,19a). Die Gewinnung der Völker für die Jüngerschaft geschieht durch die Taufe auf den Namen des Vaters und des Sohnes und des Heiligen Geistes, und damit verbunden ist die Unterweisung in der Lehre Jesu (19b.20). Das heißt aber nichts anderes, als dass die Verkündigung der Jünger (bei der Tat und Wort nicht getrennt werden können, wenngleich das Erstere dem Letzteren dient und nicht umgekehrt) das *entscheidende, unverzichtbare* Element darstellt, ohne das die Völker keinen Anteil am eschatologischen Heil Gottes haben. In diesen mt Webfaden, der von der Taufe Jesu über die Berufung der Jünger zu Menschenfischern, der Aussendungsrede in Kap. 10 bis zu diesem letzten, bleibenden Auftrag reicht, sind die Jünger-Worte vom Salz und Licht einzuordnen.[329] Salz und Licht sind die Jünger kraft der ihnen anvertrauten Botschaft, die sie in eine Reihe mit den biblischen Propheten stellt.[330] Inhalt der ihnen anvertrauten Botschaft ist eine Gerechtigkeit, von

---

[329] Vgl. A. SCHLATTER, Mt 146: „Das letzte Wort des Evangeliums: εἰς πάντα τὰ ἔθνη 28,19 ist auch das erste, das den Jüngern ihren Beruf zeigt [Schlatter übersieht hier allerdings Mt 4,19, aber die Stelle widerspricht seiner Aussage nicht, sondern unterstreicht sie]. Das ist nur dann auffallend und sogar unglaublich, wenn der messianische Wille Jesu gestrichen und in der Bergpredigt noch keine Christologie gefunden wird." Zur Bedeutung von Mt 28,16–20 als Schlüssel zur Interpretation des ganzen Evangeliums vgl. D. R. BAUER, Structure 109–128, der den Missionsbefehl als „Climax with Inclusio" bezeichnet, indem 1,23 und 28,20 eine inclusio bilden und auch sonst die verschiedenen Linien des Evangeliums auf diese letzten Verse hinlaufen und dort kulminieren; so auch H.-J. ECKSTEIN, Weisung Jesu 380, m. weiterer Lit. ebd. Anm. 6.

[330] So möglicherweise schon Ignatius, vgl. IgnMagn 8,2 (vgl. 9,2). Dass an dieser Stelle ein Bezug auf Mt 5,11f vorliegt (vgl. J. FISCHER, SUC I 167 z.St., anders W.-D. KÖHLER, Rezeption 93), erscheint angesichts des unmittelbaren Kontextes nicht unwahrscheinlich. Ignatius ist in Kap. 9+10 darum bemüht, einem sich aus Mt 5,17–19 (oder vergleichbaren Aussagen) ableitenden Verständnis zu widersprechen. Er fordert die Gemeinde auf, sich an den Jüngern Jesu zu orientieren (8,1f) und sich in Jesus salzen zu lassen (10,2), damit keiner verdirbt (ἁλίσθητε ἐν αὐτῷ, ἵνα μὴ διαφθαρῇ τις ἐν ὑμῖν). Die Verderbnis, so fährt er fort, sei am Geruch zu erkennen, woraus sicher hervorgeht, dass ihm hier die konservierende, vor der Fäulnis (übertragen: dem Gericht) bewahrende Funktion des Salzes als Bildspender dient. Zugleich verweist diese Aussage auf Mt 5,13 (in 9,1 ist zudem eindeutig Bezug

der äquivalent zu Jesus (vgl. 5,10f) gesprochen werden kann: die in Jesus erfüllte eschatologische Gerechtigkeit Gottes, welche die Tür zur Königsherrschaft Gottes geöffnet hat.

Es kann nun aber darüber hinaus noch gefragt werden, wie im Rahmen dieses mehrdeutigen Symbols des Salzes die Wirkung desselben – ausgehend von der Deutung auf die Verkündigung der Jünger – vorgestellt werden kann. Weist doch der zweite Teil des Logions darauf hin, dass das Salz nur so lange als Salz zu gebrauchen ist, wie es seiner Natur nach wirkt. *Theodor Zahn* bestimmte in seinem Kommentar – zusammen mit vielen anderen[331], aber ungleich gründlicher, weshalb er hier als Hauptzeuge dienen soll – die Aufgabe der Jünger von der doppelten Funktion des Würzens und Konservierens des Salzes. Er hebt hervor, dass die Jünger zwar von der übrigen Menschheit abgesondert sind, obwohl sie qua ihrer eigenen Existenz ebenfalls zu der des Salzes bedürftigen Menschheit gehören. Daraus ergibt sich für Zahn, „daß eben das, was *diese* Menschen zur Jüngerschaft macht, ihr Verhältnis zu Jesus und ihr dadurch bestimmtes Verhältnis zu Gott, sie auch zu der Wirkung auf die übrige Menschheit befähigt, welche jener zwiefachen Wirkung des Salzes [nämlich würzen u. konservieren (R.D.)] auf die Speisen vergleichbar ist" (Mt 201). Damit unterstreicht Zahn ein entscheidendes Moment des Textes hervor: Das, was den Jüngern durch ihr Verhältnis zu Jesus als Sein zugesagt (gemeint ist: sie erfahren durch ihre Bindung an Jesus die ʻkonservierendeʼ, bewahrende Seite des Salzes) und als Konsequenz daraus (das ist strictu senso zu sehen!) als Aufgabe (nämlich zu „würzen") aufgetragen ist, kann nicht loslösbar von ihrer Beziehung zu Jesus gedacht werden. Die in 5,11 durch ἕνεκεν ἐμου ausgedrückte Bindung ist also auch in V. 13 in ihrer positiven Bedeutung ernst zu nehmen. Konkret beschreibt Zahn die Funktion der Jüngerschaft in ihrer eschatologischen Dimension als Zeugen des Messias so:

„Die Welt ist so beschaffen, daß sie über kurz oder lang dem Verderben, bildlich zu reden, der Fäulnis und Verwesung anheimfallen muß, wenn und sofern nicht die Jüngerschaft durch Mitteilung des ihr eigentümlichen Wesens die Welt vor dem Verderben bewahrt. (...) Daß die

---

genommen auf Mt 23,8). Der vehemente Satz ἄτοπόν ἐστιν, Ἰησοῦν Χριστὸν λαλεῖν καὶ ἰουδαΐζειν in 10,3 (vgl. 8,1) kann sehr wohl gegen Christen gesagt sein, die sich auf Mt 5,17–19 beriefen.

[331] Vgl. A. SCHLATTER, Mt 146 (der entscheidende Vergleichspunkt ist s.E., dass die Jünger ihr Salzsein nicht für sich, sondern für die Welt, d.h. für andere empfangen); TH. SOIRON, Bergpredigt 217–221 (der ganze Abschnitt unter der Überschrift „Der Beruf der Jünger" [208]); J. SCHNIEWIND, Mt 51; LOHMEYER/SCHMAUCH Mt 99 (mit Bezug auf das Salz bei den Opfern, das dieselben vor Gott angenehm macht); J. GNILKA, Mt I 134; U. LUZ, Mt I¹⁻⁴ 222/I⁵ 298 (Vergleichspunkt ist „die alltägliche Verwendung des Salzes als Würze"); nach W. GRUNDMANN, Mt 137 ist mit dem Salz als Vergleichspunkt lediglich die *Unverzichtbarkeit* der Jüngeraufgabe ausgedrückt, ohne dass „daraus auf eine Beurteilung des Weltzustandes durch Jesus zurückgeschlossen werden" dürfe; so auch D. A. HAGNER, Mt I 99; DAVIES/ALLISON I 473; W. WIEFEL, Mt 94.

Welt abgesehen von der Jüngerschaft Gottes Wohlgefallen nicht hat, sondern für ihn dasselbe ist, was für den Menschen eine fade, ungesalzene Speise, und daß sie allmählich, aber unfehlbar dem Verderben entgegengeht, soweit sie sich nicht von dem eigentümlichen Wesen der Jüngerschaft ergreifen und vor dem Verderben bewahren läßt: dies beides ist im Grunde ein und dasselbe. (…) auf dem Vorhandensein der Jüngerschaft in der Welt, um deretwillen Gott diese Welt sich noch gefallen läßt, beruht auch die Möglichkeit und Hoffnung, daß aus der Welt noch etwas anderes werde als ein verwesender Leichnam" (ebd.).

Die Funktion der Jüngerschaft steht so in Kontinuität zur Täuferbotschaft (Mt 3,7–13), die ebenfalls die Bewahrung im Endgericht verheißt, wenn καρπὸν ἄξιον τῆς μετανοίας (3,8) an die Stelle von falscher Erwählungssicherheit tritt (3,9). Als biblische Beispiele der rettenden Funktion eines Einzelnen für andere verweist Zahn zum einen auf *Noah und seine Familie* zur Zeit der Sintflut, zum anderen auf *Abraham und Lot* im Hinblick auf die Vernichtung Sodoms (ebd. 202; beide Geschichten sind in Lk 17,26–32 als Beispiele verbunden).

(1.) *Noah und seine Familie:* Wie bei den Jüngern (und der von ihnen zu gründenden Gemeinde) ist die Gruppe, die im Gericht bestehen soll, schon vor dem eigentlichen Gericht vorhanden, um angesichts dessen Kommen Gerechtigkeit zu predigen und so – in der nachbiblischen Deutung – einen Aufschub desselben zu erwirken. Der Vergleich mit Noah ist insofern wichtig, weil in Mt 24,36–39 die Zeit Noahs mit derjenigen vor der endzeitlichen Parusie des Menschensohnes verglichen wird, d.h. die Aufgabe der Jünger ist dieselbe wie die Noahs angesichts des bevorstehenden Gerichts.[332] Noah ist eine der wenigen alttestamentlichen Einzelpersonen, die als צדיק bezeichnet wird (Gen 6,9; 7,1). In der nachbiblischen Tradition wird er geradezu zum exemplarischen „Prediger der Gerechtigkeit" (vgl. δικαιοσύνης κῆρυξ in 2Petr 2,5).[333] Ausdrücklich erwähnt das Jubiläenbuch bei Noahs erstem

---

[332] Der Vergleich mit der Parallele Lk 17,26–32 zeigt, dass Matthäus auch in diesem, wohl Q entnommenen Text (dessen Umfang allerdings unklar ist) eigene Akzente setzte oder – im Unterschied zu Lukas – übernahm. So verbindet er die Zeit Noahs ausdrücklich mit der παρουσία des Menschensohns, während Lukas nur sehr allgemein von „den Tagen des Menschensohns" schreibt. In den Evangelien gebraucht nur Matthäus παρουσία (Mt 24,3.27. 37.39), und sie ist für ihn eindeutig die Wiederkunft Jesu (in 24,3 fragen die Jünger Jesus: „was ist das Zeichen für *deine* Parusie …"), d.h. die Identifikation des Menschensohns mit Jesus ist bei ihm weder offen gelassen noch zweifelhaft. Vgl. außerdem Mt 16,28 parr. Mk 9,1; Lk 9,27: auch hier ersetzt Matthäus das etwas blasse „bis sie sehen werden das Reich Gottes (nur Markus: in Kraft)" durch „bis sie sehen werden *den Menschensohn* kommend in seinem Reich" und verdeutlicht damit den Bezug auf die Parusie.

[333] J. C. VANDERKAM, The Righteousness of Noah, in: Ideal Figures in Ancient Judaism, hg. v. J. J. Collins u. G. W. E. Nickelsburg, SBL.SCS 12, Chico, CA 1980, 13–32. Zu Noah als exemplarischem Gerechten vgl. u.a. Ez 14,14.20; Sir 44,17f; Sap 10,4.6; Jub 5,19; äthHen 67,1; slHen 35,1; Sib 1,280 (s.a. 125.269.272); Philo, Abr 27; Migr 125; Det 121 Josephus, Ant 1,75.99: „Gott liebte Noah wegen seiner Gerechtigkeit" (ὁ δὲ θεὸς τοῦτον μὲν τῆς δικαιοσύνης ἠγάπησε [1,75]); dieselbe Aussage wird am Ende des Sintflutberichts noch einmal als Begründung dafür wiederholt (… ὁ θεὸς ἐπὶ δικαιοσύνῃ τὸν ἄνδρα ἀγαπῶν … [1,99]), dass Gott keine weitere Sintflut auf die Erde kommen lassen werde. Dies hatte Noah zuvor von Gott erbeten (1,98), und Gott versprach, ihm in allem zu willfahren (1,99.101). Noah ist hier aufgrund seiner Gerechtigkeit als Fürbitter verstanden (so auch Ez 14,14.20),

Opfer nach dem Verlassen der Arche *Salz* als Opfermaterie (Jub 6,3, so nicht in der biblischen Vorlage). Es fehlt dagegen beim Opfer des Noah anläßlich der ersten Weinernte (Jub 7,3–5), obwohl es nach Jub 21,10f in den „Worten Henochs und in den Worten Noahs" heißt: „Auf alle deine Opfer streue Salz! Und der Bund des Salzes soll nicht aufhören bei allen deinen Opfern vor dem Herrn." Diese Nennungen belegen zumindest für Teile des Judentums eine gewisse Popularität dieses Salzbundes.

Noch einen weiteren Aspekt bietet Josephus, der in Ant 1,73–103 die Sintflutgeschichte nacherzählt. Hierin ermahnt Noah ohne göttliche Aufforderung seine Generation zu einem besseren Wandel (1,74) und verlässt, nachdem sie nicht gewillt sind auf ihn zu hören, das Land mit seiner Familie. Auch nach bSanh 108a predigte „Noach ha-Zaddiq" seinen Mitmenschen עשו תשובה „Tut Buße!" (vgl. Mt 3,2; 4,17), in BerR 30,7 (ed. Theodor/Albeck p. 273) ist Noah wie in 2Petr 2,5 als „Herold" (כָּרוֹז = κῆρυξ) beschrieben: „Ein Herold wurde für Gott im Geschlecht der Flut, das war Noah."[334] Die Vorstellung von Noah als Buß-Prediger vor dem bevorstehenden Gericht ist demnach im Umfeld des Neuen Testaments gut bezeugt.

Als einen weiteren Beleg für das von Zahn vertretene Verständnis der Bewahrung im bzw. des Aufschubs des Gerichts kann auf bSanh 108b verwiesen werden: In der Erklärung von Gen 7,10 (erst sieben Tage nachdem Noah in die Arche gegangen war, setzt die Sintflut ein) wird gesagt, dass diese sieben Tage die Klagezeit für Methusalach waren, denn „das Klagen für die (oder auch: das Klagen der) Gerechten hindert die bevorstehende Vergeltung/Strafe" (הספדן של צדיקים מעכבן את הפורענות לבא).[335] Den *rettenden Charakter* des vollkommen gerechten Noah bezeugt auch Sirach 44,17–19: Νωε εὑρέθη τέλειος δίκαιος, ἐν καιρῷ ὀργῆς ἐγένετο ἀντάλλαγμα[336]· διὰ τοῦτον ἐγενήθη κατάλειμμα[337] τῇ γῇ, ὅτε ἐγένετο κατακλυσμός· διαθῆκαι αἰῶνος ἐτέθησαν πρὸς αὐτόν, ἵνα μὴ

---

der ein zukünftiges Strafgericht verhindert. Auch in der rabbinischen Literatur ist Noah sehr häufig mit dem Titel eines צדיק belegt, vgl. u.a. TanB Noach 2–16 (ed. Buber p. 15a–21b); weitere Stellen bei R. MACH, Zaddik 243f. Zu *Noah als „Prediger der Gerechtigkeit"* (so auch 1Clem 7,6, vgl. 9,4 u. 2Clem 6,8) vgl. Sib 1,125, wo Noah von Gott beauftragt wird, seiner Generation Umkehr zu predigen (1,147–198 schildert seine Predigt; nach J. J. COLLINS stammt dieser Teil der Sibyllinischen Orakel aus der Zeit gegen Ende des 1. Jahrhunderts v.Chr. [OTP I 331]); im Jubiläenbuch ist es die Enkel-Generation nach der Flut, die er vor einem weiteren Abfall warnt und zu einem Leben in Gerechtigkeit ermahnt (Jub 7,20–39, vgl. besonders 20.26.34.37, wo „Gerechtigkeit" expressis verbis vorkommt).

[334] So R. Abba b. Kahana (um 310), vgl. BILL. III 769; außerdem R. MACH, Zaddik 125 mit weiteren Parallelstellen.

[335] Vgl. schon tSota 10,3. Ein Teil der handschriftlichen Überlieferung sieht diese sieben Tage als letzte Möglichkeit zur Umkehr, vgl. H. BIETENHARD, Soṭa 179 Anm. 23. Auch in ARN A 32 (ed. Schechter 46b). Vgl. dazu u. zu vergleichbaren Überlieferungen R. MACH, Zaddik 131f.

[336] BAUER-ALAND, Wörterbuch 544 s.v.: *d. Tauschmittel, d. Gegenwert*. Im NT nur Mk 8,37 par. Mt 16,26 (bei Lukas fehlt der entsprechende Satzteil). In Sir 44,17 kann durchaus mit „Lösegeld" übersetzt werden, denn das Simplex ἄλλαγμα gibt in der LXX in Jes 43,3 den terminus technicus für „Existenzstellvertretung" כֹּפֶר wieder (vgl. B. JANOWSKI, Sühne 169f); auch in Am 5,12 übersetzt LXX כֹּפֶר mit ἄλλαγμα (Vaticanus: ἀντάλλαγμα), zu dieser Stelle s. JANOWSKI, ebd. 167.

[337] Das Wort fehlt im NT, in der LXX 20mal in der Bedeutung *Rest, Überrest* oder *Nachkommenschaft* (vgl. LUST/EYNICKEL/HAUSPIE II 237f: *remnant* bzw. *offspring*). Zu übersetzen ist: „Wegen diesem (= Noah) wurde der Erde (dat. resp.) ein Rest ...", d.h. die vollkommene Gerechtigkeit Noahs ermöglichte den Menschen das Überleben.

ἐξαλειφθῆ κατακλυσμῷ πᾶσα σάρξ. Zugleich nennt diese Stelle den „ewigen Bund", den Gott mit Noah geschlossen hat, damit nicht noch einmal „alles Fleisch" vernichtet werde.

(2.) *Abraham und Lot:* In der Geschichte von der Errettung Lots und seiner Familie und insbesondere in dem Gespräch Gottes mit Abraham darüber ist dieser Gedanke, dass die Gerechten die Welt retten können, zentral (Gen 18,16ff). Am Ende des Gesprächs sind es zehn Gerechte, die die Städte hätten vor dem Vernichtungsgericht bewahren können (18,32). Aber ähnlich wie in der Noah-Überlieferung wird das zum Erhalt offenbar nötige Minimum nicht erreicht, weshalb der einzige Gerechte (Lot) auch als einziger Rettung findet.[338] Aber auch seine Gerechtigkeit (nach Gen 19,29 ist es allerdings Abrahams wegen) besitzt die Fähigkeit, andere zu retten: Die Boten Gottes fordern ihn auf, die Verlobten seiner Töchter und alle Menschen, die zu seinem Clan gehören, zu warnen und aus der Stadt zu führen. Doch Lots Aufforderung, sich ihm anzuschließen, blieb ohne Erfolg (Gen 19,12–14).[339] Dass für *Matthäus* die Traditionen über diese beiden Städte lebendig waren, zeigt ihre Erwähnung in 10,15 (SG)[340] und 11,23f (nur Sodom, vgl. Lk 10,12–15 mit deutlichen Unterschieden), wo an beiden Stellen vorausgesetzt ist, dass auch die Hörer bzw. Leser mit den bloßen Namen die betreffende Geschichte assoziieren konnten. Was bei Matthäus im Unterschied zu Lukas fehlt ist der Hinweis auf die zur Salzsäule gewordene Frau Lots (vgl. 17,32). Der Grund dürfte darin zu suchen sein, dass er die Salzmetapher als positives Bildwort (wie Licht) einsetzt und darum die ihm anhaftende Konnotation des Gerichts nicht aufrufen will.

Gefragt werden muss nun allerdings, inwieweit das Bildwort über die Jünger als Salz der Erde diese Verbindung mit Noah (die mir näher liegender erscheint) und Abraham wirklich intendiert, d.h. wollte *Matthäus*, auf den das Logion in der vorliegenden Gestalt und an dieser Stelle zurückgeht, dass die Empfänger seines Evangeliums diese Beziehung herstellen?

---

[338] Dahinter steht die Überzeugung, dass Gottes Gerechtigkeit sich (im Unterschied zur menschlichen, die bei Eroberungen einer Stadt keinen Unterschied zwischen Guten und Bösen mehr kennt, sondern alle niedermacht) darin erweist, dass er den Gerechten *nicht* wie den Ungerechten behandelt (so auch Josephus, Ant 1,199: Abraham *ermahnte* Gott, in Sodom nicht die Gerechten und Guten [τοὺς δικαίους καὶ ἀγαθούς] zusammen mit den Bösen [τοῖς πονηροῖς] zu vernichten). Deswegen bemühen sich die rabbinischen Gelehrten auch um den Nachweis, dass die ganze Sintflutgeneration bzw. alle Einwohner Sodoms und Gomorras böse waren, jeweils mit Ausnahme Noahs bzw. Lots. Doch ein einziger Gerechter vermag das Urteil nicht abzuwenden, so u.a. TanB Noach 10 (ed. Buber p. 18b). Dieser Topos ist in der rabbinischen Literatur weit verbreitet, vgl. R. MACH, Zaddik 109f.124–137, wobei die Zahl der nötigen Gerechten schwankt. Sie wurden von Gott auf die Generationen verteilt, weil er vorhersah, dass es nur wenige geben würde (bYoma 38b). Damit verbunden ist die Vorstellung, dass beim Tod eines Gerechten dessen Nachfolger bereits geboren ist (vgl. bYoma 38b; bQid 72b u. MACH, ebd. 134–137), denn „sogar wegen eines Zaddiq wird die Welt erhalten (oder: bleibt bestehen)": אפילו בשביל צדיק אחד העולם מתקיים (bYoma 38b).

[339] Vgl. TanB Bereschit 21 (ed. Buber 8b): aus Prov 13,20 wird ein in diesem Abschnitt mehrfach wiederholter und mit Beispielen ausgeführter Makarismus abgeleitet: „Heil den Gerechten und denen, die sich ihnen anschließen!" Er besagt, dass die Rettung, die den Gerechten in besonderen Situationen widerfährt, auch denen zuteil wird, die sich an sie halten.

[340] Gomorra im NT nur Mt 10,15; Röm 9,29; 2Petr 2,6 und Jud 7. Zur Wirkungsgeschichte vgl. JUDITH H. NEWMAN, Lot in Sodom: The Post-Mortem of a City and the Afterlife of a Biblical Text, in: The Function of Scripture in Early Jewish and Christian Tradition, hg. v. C. A. Evans u. J. A. Sanders, JSNT.S 154, Sheffield 1998, 34–44.

Dagegen spricht, dass er sie selbst nicht erwähnt. Aber das ist m.E. kein hinreichendes Argument, da Matthäus (wie alle Evangelisten) vieles nicht nennt, was nach Meinung vieler Exegeten ebenfalls zur Sache gehört hätte. Zudem verändert Matthäus zwar häufig die ihm bekannten Jesustraditionen, aber er 'erfindet' nicht einfach etwas dazu. Dagegen spricht ferner, dass die Noah-Geschichte keinen direkten Haftpunkt für „Salz" bietet (anders als die Abraham-Loterzählung), obwohl die erwähnte Stelle aus dem Jubiläenbuch zumindest ein Hinweis darauf ist, dass diese Verbindung nicht sachfremd ist.

Für eine Anspielung auf die Noahgeschichte als ein bekanntes und auch innerjüdisch viel gebrauchtes Beispiel für einen Gerechten, der im Gericht besteht und dabei andere rettet, aus denen dann ein neues Geschlecht unter Gottes Bund und Verheißung entsteht, lässt sich die Verbreitung der Noah-Erzählungen anführen, auf die oben exemplarisch hingewiesen wurde. Weiter spricht dafür, dass Jesus selbst die Zeit bis zu seiner Parusie mit der Zeit vor der Sintflut verglichen hat. Wenn er seine Jünger für diese Zeit als seine Boten aussendet, damit sie bis dahin als „Salz" und „Licht" wirken, dann ist ihre Aufgabe mit der Noahs als „Prediger der Gerechtigkeit" nahe verwandt (vgl. 5,10: in ihrer Funktion als Jüngerprophenten werden sie ἕνεκεν δικαιοσύνης verfolgt). So wie die Vernichtung durch die Sintflut die ganze Erde betraf, so sind sie nun umgekehrt „Salz der Erde"[341]. Ein weiteres Argument ist, dass gerade im 1. Petrusbrief, der inhaltlich vom Matthäus-Evangelium stark beeinflusst ist[342], die Noah-Typologie wieder auftaucht (1Petr 3,20f; vgl. 2Petr 2,5–8, wo ebenfalls Noah und Abraham/Lot nacheinander als Beispiel vorkommen). Gerade die Offenheit von Salz als Metapher zwang die Hörer viel mehr zum Nachdenken (und damit zum Suchen nach *biblischen,* d.h. alttestamentlichen Beispielen[343]), als dies bei dem unmittelbar einleuchtenden Lichtvergleich der Fall war.[344]

---

[341] Vgl. die auffällige Häufigkeit von γῆ in dem Abschnitt Gen 6,1–9,19 (insgesamt 59mal), wobei γῆ sehr oft wie in Mt 5,13 die *Menschenwelt* meint. Es scheint, als ob dies die höchste Dichte von γῆ im gesamten AT ist (Gen 1–3 etwa weist nur 45 Belege auf).

[342] Vgl. zur Verhältnisbestimmung der beiden Schriften R. METZNER, Die Rezeption des Matthäusevangeliums im 1. Petrusbrief, WUNT II/74, Tübingen 1995, der auf die parallele Noah-Tradition allerdings nur am Rande eingeht (227f). Seine Arbeit zeigt aber gleichwohl, dass mit den von ihm ausführlich behandelten Parallelen Mt 5,10 (s. 1Petr 3,14); 5,11f (s. 1Petr 4,13f) u. 5,16 (s. 1Petr 2,12) der vorliegende Textzusammenhang enge Beziehungen zum 1. Petrusbrief aufweist.

[343] Es wird m.E. zu wenig beachtet, dass für das Neue Testament allgemein und auch für Matthäus in nicht geringem Maße das Alte Testament die mit Abstand wichtigste Quelle für Beispiele, Illustrationen, Vorbilder u.ä. ist. Die in 1Kor 10,6.11 erkennbare Hermeneutik ist allgemeines urchristliches Gut.

[344] Auch die exegetische Literatur zeigt, dass das Salzwort sehr viel anregender wirkte und viel variabler ausgelegt wurde als das Lichtwort. Vgl. a. U. LUZ, Mt I$^{1-4}$ 221/I^5 297.

So viel scheint mir positiv auf alle Fälle feststellbar zu sein, dass für das Umfeld des Matthäus ein Bezug von 5,13 auf die Noah- (und evtl. auch Abraham-)geschichte in Übereinstimmung mit der Absicht des Evangelisten plausibel gemacht werden kann. Entscheidender Bezugspunkt ist dabei, dass die Jünger mit ihrer Botschaft vom Reich Gottes und seiner Gerechtigkeit (vgl. Mt 6,33) die Träger dieser rettenden Heilsbotschaft sind. Auch sie könnten als „Prediger der Gerechtigkeit" bezeichnet werden, deren Aufgabe es ist, vor der bevorstehenden Parusie einer gleichgültigen oder ablehnenden Mitwelt Jesus als rettende Gerechtigkeit Gottes zu verkündigen.

Anders als Zahn und die oben Anm. 331 Genannten glaube ich allerdings nicht, dass dem Gedanken der Fäulnis der Welt in diesem Bildwort eine tragende Bedeutung zukommt. Die völlig negative Charakteristik der Welt in dem zitierten Abschnitt aus Zahns Kommentar widerspricht m.E. dem mt Gottesbild, wie es beispielsweise in 5,45 begegnet (vgl. a. 9,36). Es ist vielmehr *der positive Aspekt*, der nicht nur in 5,13, sondern auch in 5,14f (in Entsprechung zu 4,14–16) dominiert. Es geht, wie 5,16 zeigt, um die Verherrlichung Gottes als des Vaters. Das Gericht ist bei Matthäus gewiss nicht ausgeblendet, aber er schreibt ein *Evangelium*, dessen Ziel es ist, dass Menschen Jünger werden und Gott als *ihren* Vater preisen können.

Die positive Wirkung des Salzes ist seine erhaltende Funktion, die auch als Grund dafür gelten kann, dass es zum Repräsentanten des Bundes zwischen Gott und seinem Volk beziehungsweise den besonderen, auf Dauer angelegten Stiftungen Gottes in Gestalt des Priestertums und der Davididen-Herrschaft werden konnte. Wenngleich die Repräsentanz des Bundes durch Salz nicht überbetont werden sollte, so kann für spätere Hörer des Textes sich gleichwohl ein Bezug zu Mt 26,26–29 ergeben: Das Brot als Repräsentant des Leibes ($\sigma\hat{\omega}\mu\alpha$) und die Stiftung einer auf Dauer angelegten universalen $\delta\iota\alpha\theta\acute{\eta}\kappa\eta$ (wie sie auch am Ende der Noah-Erzählung steht) erlauben den Rückbezug auf das „Salz des Bundes" ebenso wie auf das Dauer symbolisierende Vermögen des Salzes. Latham bemerkt dazu: „It may be said that, just as salt is a sign of the eternal covenant, uniting God and His people, so the disciples are a sign of the New Covenant, uniting Christ and those who are called to salvation."[345]

Wie der bestehende Bund inhaltlich durch die Tora bestimmt ist (und die Tora darum auch – wenngleich selten – mit Salz verglichen werden kann), so ist der Inhalt des Bundes, den Jesus im Begriff ist zu begründen, in der Botschaft enthalten, die er seinen Jüngern anvertraut. Im Kontext der anderen beiden Bildworte von der Stadt auf dem Berg und dem Lichtsein der Jünger ergibt sich daraus ein deutliches Bild: „In these three cases, the disciples and

---

[345] Salt 206.

the Christian community inherit the function and titles of honor of Israel."[346] Bezogen auf die beiden Salzbünde heißt dies: Sie tun den priesterlichen Dienst der Versöhnung und verwirklichen in den Gemeinden das Reich Gottes, dessen Herrscher der Nachkomme Davids und Gottessohn Jesus ist.[347] Für Matthäus ist eine dem kultischen Bereich entlehnte Interpretation nicht unmöglich (auch nicht für Jesus), zumal bei ihm ein gewisses Interesse am Bereich des Kults als Bildspender zu beobachten ist.[348] Der Tempel war, was nicht vergessen werden darf, bis zum Jahr 70 in Betrieb, d.h. der Brauch, die Opfer zu salzen (womit zumindest die Erinnerung an den Salzbund Gottes mit den Priestern verbunden ist), war zur Zeit Jesu noch selbstverständliche Praxis. Was damit an Deutungen, Interpretationen und frommem Brauch verbunden war, ist leider nicht bekannt.[349] Zieht man abschließend in Betracht, dass es in 5,13–16 um eine Beauftragung der Jüngergemeinde geht, der sich in ihrer kosmischen Dimension eigentlich nur die des Gottesknechtes in Deuterojesaja an die Seite stellen lässt, dann ist der Gedanke, dass die Jünger die Heilsstiftungen Gottes an Israel verkörpern und damit ungleich mehr sind als das Salz in der Suppe in einer ansonsten faden Welt, m.E. nicht von der Hand zu weisen.

2.5 Ergebnis: Salz als Metapher für die den Jüngern anvertraute Heilsbotschaft

Das Salz ist „das Wort ..., das die Jüngergemeinde besitzt", so kommentiert m.E. zu Recht Julius Schniewind diese Stelle (Mt 51).[350] „Ihr seid das Salz

---

[346] J. E. LATHAM, Salt 211. Vgl. dazu auch O. BETZ, Bergpredigt 364, der die Beauftragung von Mt 5,13–16 mit Ex 19,5f in Verbindung setzt.

[347] Auffällig, dass auch hier die nächsten Parallelen im 1. Petrusbrief zu finden sind, vgl. 1Petr 2,5.9. Gerettet und damit beauftragt sind die Christen aber, weil Christus als „der Gerechte" für die Ungerechten starb (3,18).

[348] Vgl. die Sondergut-Erwähnungen von θυσιαστήριον in 5,23f; 23,18–20; nur 23,35 hat als Parallele Lk 11,51 (Lukas sonst nur noch 1,11, ansonsten fehlt das Wort bei ihm [auch in Apg] ebenso wie bei Markus und Johannes), außerdem das zweimalige Hos 6,6-Zitat in Mt 9,13; 12,7 (in den übrigen Evangelien θυσία nur noch Mk 12,33; Lk 2,24; 13,1). Zu beachten sind auch die Unterschiede zwischen Mt 8,4 und den Parallelen Mk 1,44; Lk 5,14: Matthäus ergänzt τὸ δῶρον, aber er lässt – bezeichnenderweise – περὶ τοῦ καθαρισμοῦ σου weg, da dies für ihn ein christologisches Geschehen ist, das nicht (mehr) durch eine Ordnung Moses bewerkstelligt wird.

[349] Vgl. I. LÖW, Salz 440–444; A. L. KATCHEN, Covenantal Salt 168–171.

[350] LOHMEYER/SCHMAUCH, Mt 99, deuten das Salz in erster Linie von seiner Funktion als Opferzutat her: Die Jünger sind das Salz, worunter auch sie das anvertraute „Wort" verstehen, mit dem Menschen und Völker „zu einer ‚wohlgefälligen Gabe werden, geheiligt im heiligen Geiste'" (Röm 1516)". Mit dieser Auslegung verbinden sie das rabbinische Diktum über die Tora als Salz (Sof 15,8): Was bisher von der Tora für das Volk Israel galt, gilt nun von den Jüngern Jesu für die ganze Welt (diese Auslegung zeigt allerdings, dass der Kontext von Sof 15,8 nicht beachtet wurde, wo die Tora ja gerade keine singuläre Bedeutung besitzt);

der Erde" kann im Rahmen der mt 'Verflechtung' (bei der hier zusätzlich auf extratextuelle Verknüpfungen eingegangen werden musste) als Zusage an die Jünger verstanden werden, dass sie in ihrer Funktion das leisten, was die Propheten (und Noah) vor ihnen taten: Sie predigen die Gerechtigkeit, die Gott gemäß ist (als Gabe und Aufgabe verstanden und auf Jesus bezogen). Sie werden – wie die Propheten – um ihrer Gerechtigkeitsbotschaft willen verfolgt, weil diese von Jesu messianischem Anspruch nicht ablösbar ist. Um Jesu willen verfolgt werden ist darum dasselbe wie um der Gerechtigkeit willen. Diese Gleichung ist aber nur darum möglich, weil Jesus „alle Gerechtigkeit" erfüllte.

Die Jünger sind als Jesu Boten Salz der Erde. Das Salz, das sie sind, ist das Wort, das sie gehört haben und für dessen Wirkung unter den Menschen sie sich mit ihrer ganzen Existenz einsetzen. Die enthaltene Mahnung ist keine Drohung mit der Verdammnis, sondern die Erinnerung daran, dass nur sie der Welt geben können, was sie braucht. Die Bewahrung der „Salznatur" (Th. Zahn, Mt 201) ist darum die entscheidende Aufgabe der Jünger, deren „Selbsterhaltung im Stande der Jüngerschaft" (ebd. 203) nichts anderes bedeutet, als die Worte Jesu *hören* und *tun* (vgl. 7,24). Diese Auslegung hat sich nun anhand der nachfolgenden Verse zu bewähren.

3. Licht als Metapher für die den Jüngern anvertraute und aufgetragene Gerechtigkeit

Ausgehend von der Deutung des Salzes können die beiden anderen Bildworte ungleich kürzer abgehandelt werden, indem nur geprüft wird, ob das erzielte Ergebnis mit den beiden Aussagen über die Stadt auf dem Berg und das Licht der Welt übereinstimmt. Während Mt 5,14 mt Sondergut darstellt, stammt V. 15 aus dem Markus-Evangelium (4,21 par. Lk 8,16, der den Vers in 11,33 leicht verändert noch einmal wiederholt, vgl. außerdem Joh 8,12). Die Parallelisierung von V. 13 und 14 zeigt, dass Matthäus beide Verse in derselben Weise verstanden wissen will. Diese 'Vorschaltung' vor V. 15 bedeutet eine Ausweitung des Bildwortes, wie sie weder bei Markus noch Lukas vorliegt (nur Joh 8,12 kann hier Matthäus an die Seite gestellt werden). Denn erst das betonte τὸ φῶς τοῦ κόσμου (ebenso wie V. 14b οὐ δύναται πόλις κρυβῆναι ἐπάνω ὄρους κειμένη) nimmt dem Bild von der Lampe seinen hausbackenen Charakter (vgl. a. Lk 15,8). Eine Lampe, die denen, die *im*

P. Gaechter, Mt 156: die „Salzkraft" der Jünger ist „die von Jesus empfangene Heilslehre"; E. Schweizer, Mt 59: sie sollen „als Gottes Propheten und Jesu Jünger der Welt das von ihrem Meister neu ausgelegte Gesetz verkünden und selbst danach leben" (allerdings ist bisher vom Gesetz noch überhaupt nicht die Rede gewesen).

Haus sind, ihr Licht spendet, ist für die Beauftragung, die hier vollzogen wird, ein unangemessenes, weil zu enges Bild. Dass Matthäus an dieser Öffnung des Bildwortes lag, belegt auch die Fortführung in dem ebenfalls nur bei Matthäus bezeugten Vers 16: *„die Menschen"* sollen das Licht der Jünger sehen, und diese Bezeichnung nimmt den universalen Zug von τοῦ κόσμου aus V. 14 wieder auf.[351]

Der Horizont der Verse ist demnach die Welt, die Funktion des Lichtes ist auf die Menschen bezogen: Die Lampe auf dem Ständer leuchtet denen im Haus, und so sollen die Jünger für die Menschen auf der ganzen Welt Licht sein, damit sie durch dieses Licht den Vater erkennen. Ob die Stadt auf dem Berg als leuchtend vorzustellen ist, geht aus dem Text nicht hervor, ist aber m.E. wenig wahrscheinlich.[352] Hell erleuchtete Städte auf dem Berg sind ein Phänomen der Neuzeit. Die antike Stadt in Galiläa und Judäa war in der Nacht wohl kaum zu sehen. Die Fenster dieser Häuser waren winzig klein, das Licht der Öllampen war schwach und drang kaum nach außen. War die Stadt von einem Mauerring umgeben, dann dürfte sie nachts völlig unsichtbar gewesen sein, da die Mauern selbst sicher nicht beleuchtet waren, aber alles Licht, das aus der Stadt hätte dringen können, verschluckten. Das Vergleichsmotiv kann also in diesem Fall nur die gute Sichtbarkeit schon auf weite Entfernung sein.

Doch wofür steht dieses Licht, das alle Menschen sehen sollen? Ausgehend von der Auslegung von 5,13 ist zu fragen, ob und welchen Bezug die Lichtmetapher zu Jesus und der von ihm erfüllten Gerechtigkeit haben kann, die Inhalt der den Jüngern anvertrauten Botschaft und damit Ziel ihrer Beauftragung und Bevollmächtigung ist.

3.1 Die innermatthäische Verwendung der Lichtmetapher

Wie Lukas, aber anders als Markus, beschreibt auch Matthäus den Beginn der öffentlichen Wirksamkeit Jesu mit einem messianischen Text aus dem Jesajabuch (Lk 4,18f zitiert Jes 61,1f; Mt 4,14–16 dagegen Jes 8,23; 9,1), der als Vorzeichen das nachfolgend Berichtete in ein grundsätzliches Verhältnis zur vorhergegangen Gottesgeschichte mit Israel stellt.[353] Der programmatische Charakter dieser Zitate bei Matthäus und Lukas kann kaum überschätzt

---

[351] Dieser Wechsel von Innen- und Außenperspektive ist u.U. ebenfalls Teil jener mt Konzeption eines gleichzeitigen Israel- und Weltbezugs.

[352] Gegen C. S. KEENER, Mt 173 („the brightness of a typically elevated ancient city at night").

[353] Das ist auch im Markus-Evangelium zu beobachten, nur dass dieser schon das *Wirken des Täufers* mit einem Jesajazitat einleitet (Mk 1,2f). Auch der Prolog des Johannes-Evangeliums ist ein Text, der als Brücke zwischen der Glaubensgeschichte Israels und Jesus dient.

werden. Für Matthäus aber heißt das: Die Metapher vom Licht ist s.E. wie keine andere geeignet zu beschreiben, welche Wirkung von Jesus ausgeht (4,16/Jes 9,1):

ὁ λαὸς ὁ καθήμενος   ἐν σκότει   φῶς εἶδεν μέγα καὶ
τοῖς καθημένοις   ἐν χώρᾳ καὶ σκιᾷ θανάτου φῶς ἀνέτειλεν αὐτοῖς.

Der Text entspricht nicht der LXX, sondern ist eine unabhängige Übersetzung des hebräischen Textes, bei der die Parallelität der beiden Aussagen stärker betont ist als in der LXX. Das zeigt sich in der Wiederholung von καθῆσθαι in den beiden Vershälften (die LXX hat ὁ πορευόμενος bzw. οἱ κατοικοῦντες), die zudem das völlig passive Ausgeliefertsein an die Finsternis mehr herausstreicht als die LXX-Übersetzung. Aber auch die 'Befreiung' ist bei Matthäus eindrucksvoller gestaltet, indem er φῶς jeweils direkt vor das deklinierte Verb stellt (im ersten Versteil ist es das direkte Objekt, im zweiten Subjekt). Zudem verwendet er mit ἀνατέλλειν das dynamischere Verb im Unterschied zum mehr statischen λάμπειν der LXX.[354]

Die Verben bezeichnen in Bezug auf den Zentralbegriff φῶς ein zweifaches Geschehen: Die in der Finsternis Sitzenden „sehen ein großes Licht". Dieses aber ist in der zweiten Vershälfte Subjekt: „das Licht geht auf *für sie.*" Durch das pleonastisch verwendete Personalpronomen αὐτοῖς unterstreicht der Evangelist sein Verständnis dieses Vorgangs als eines Heilsgeschehens (im hebräischen Text und davon abhängig in der LXX strahlt das Licht „auf sie" oder „über ihnen"). Zugleich lenkt er damit den Blick noch einmal auf die Empfänger dieses Heilsgeschehens, die in V. 15 mit dem Zitat aus Jes 8,23 schon angesprochen sind: das (galiläische) Gebiet von Sebulon und Naftali, die hier *pars pro toto* für das Zwölfstämmevolk Israel stehen, dazu im *parallelismus membrorum* der „Weg am Meer" (d.h. die Küstenebene) und das Land jenseits des Jordan, d.h. die Grenzregionen im Westen und Osten der genannten Stammesgebiete, zusammengefasst unter der Bezeichnung „Galiläa der Völker". Diese Wendung ist für Matthäus zentral, indem er darin den Weg des Evangeliums von Israel zu den Völkern (vgl. 28,19) vorgezeichnet sieht.[355] Entscheidend ist hier nicht eine exakte Geographie[356],

---

[354] Das Verb λάμπειν wird dann aber in 5,15f und noch einmal von Jesu Angesicht, das „leuchtete wie die Sonne" (17,2), in der Perikope von der Verklärung, gebraucht. Zu ἀνατέλλειν als messianischem Begriff s.u. Anm. 357.

[355] Das ist nicht im Sinne einer Ablösung oder Ersetzung Israels durch die Kirche bzw. die Völker gemeint, sondern so, dass Gottes Heil in Israel aufzustrahlen beginnt und *neben* Israel auch die Völker in dieses Heil einbezieht.

[356] Gegen U. LUZ, Mt I¹⁻⁴ 169/I⁵ 233, der den Evangelisten durch den Kontext „in erhebliche[n] Schwierigkeiten" sieht, weil Jesus mit seinem Umzug von Nazaret nach Kapernaum doch das Gebiet Sebulons verlassen habe (was in V. 13 allerdings gerade nicht steht). Aber für Matthäus ist dies auch keine Abkehr von Nazaret (der Aufenthalt dort ist durch das Reflexionszitat in 2,23 zudem christologisch gewertet). Dass Jesus den Titel Nazoräer trägt (und zwar bleibend, vgl. Mt 26,71), zeigt die bleibende Bedeutung dieser Herkunft, desglei-

sondern eine heilsgeschichtlich gedeutete, die erneut die mt Verschränkung von Israel-Partikularismus und Völkeruniversalismus bezeugt, wie sie schon in der Magierperikope (Mt 2,1–12) angedeutet wurde.[357] In diesem Gebiet, wo Juden und Nichtjuden nebeneinander und miteinander lebten, da geht mit Jesus für beide das eschatologische Heilslicht auf.[358] Wenn unmittelbar im Anschluss an dieses Zitat Matthäus fortfährt mit: ἀπὸ τότε ἤρξατο ὁ Ἰησοῦς κηρύσσειν καὶ λέγειν, μετανοεῖτε· ἤγγικεν γὰρ ἡ βασιλεία τῶν οὐρανῶν (4,17), dann ist das mit „Licht" bezeichnete klar benannt: Es ist der Inhalt dessen, was Jesus „verkündigte", es ist „das Evangelium vom Reich", zu dessen Verkündigung als sichtbares Zeichen auch die Heilung von Krankheit gehört (vgl. 4,23).[359]

Zwischen den beiden Versen 17 und 23, die durch das jeweils von Jesus ausgesagte κηρύσσειν (dazu die beidmalige Nennung der βασιλεία) aufeinander bezogen sind (so schon bei Markus, vgl. 1,14.21), steht die Berufung der beiden Brüderpaare Petrus und Andreas sowie Johannes und Jakobus als „Menschenfischer" (par. Mk 1,16–20). Damit erklärt der Rahmen, was mit dem ansonsten unverständlichen „Menschenfischer" gemeint ist bzw. zukünftig damit verbunden sein wird.[360] Wo das „Evangelium vom Reich" gepredigt

---

chen seine Rückkehr nach Nazaret, um dort zu predigen (Mt 13,53–58 parr. Mk 6,1–6a; Lk 4,16–30; Matthäus hält sich in seiner Fassung dieser Erzählung mit Kritik an den Einwohnern deutlich zurück, wie insbesondere der Vergleich mit Lukas lehrt). Dazu kommt, dass Matthäus beim Einzug in Jerusalem noch einmal sagen lässt (im Munde der Jerusalemer), dass Jesus „der Prophet aus dem Nazaret der Galiläer" ist (21,11). Es ist also von Nazaret aus das Licht ausgegangen und der Weg an den See Genezaret ist gleichsam der Übergang von Sebulon nach Naftali, damit beide Angaben ihre Erfüllung finden.

[357] Auffällig ist das betonte ἐν τῇ ἀνατολῇ, wo der Stern zu sehen war (2,2.9, vgl. 2,1: ἀπὸ ἀνατολῶν; der Plural bedeutet hier „Osten"). In 4,16 gibt Matthäus Jes 9,1 das φῶς λάμψει der LXX (das dem masoret. Text entspricht) durch φῶς ἀνέτειλεν wieder, d.h. er gebraucht dieselbe Wurzel, die auch ἀνατολή zugrunde liegt. Der Singular bedeutet hier „Aufgang". In der Verwendung von ἀνατέλλειν liegt wohl ein Hinweis auf die Bileamsweissagung in Num 24,17f (ἀνατελεῖ ἄστρον) vor, die auch für die Magierperikope wichtig ist. Zu den zahlreichen Traditionen über „das Aufstrahlen des messianischen Lichts im Norden" s. jetzt R. RIESNER, Bethanien jenseits des Jordan. Topographie und Theologie im Johannes-Evangelium, BAZ 12, Gießen 2002, 83–131, zu Mt 4,13–17 in diesem Kontext 94–97.

[358] Vgl. Mt 1,1: Der Messias ist der Sohn Abrahams und der Sohn Davids, d.h. der Heilbringer für Israel und die Völker.

[359] Vgl. a. TestSeb 9,8, wo die Rückkehr aus dem Exil mit der Verheißung verbunden ist: „Und nach diesem (d.h. der Umkehr des Volkes im Exil) wird euch der Herr selbst aufgehen als Licht der Gerechtigkeit (φῶς δικαιοσύνης bzw. τὸ φῶς τῆς δικαιοσύνης), und Heilung und Mitleid sind unter seinen Flügeln. Er selbst wird alle Gefangenschaft der Menschenkinder von Beliar erlösen und jeden Geist der Verführung wird er zertreten", d.h. das mt »Programm« ist hier bereits angelegt: das Licht der Gerechtigkeit ist Gott selbst und mit ihm kommen Heilung und Befreiung.

[360] Mt 4,19 parr. Mk 1,17; Lk 5,10. Das Wort, dessen Traditionsgeschichte (Jer 16,16; Ez 13,18; 1QH 5,8) einen „überwiegend negativen Klang" besitzt (vgl. M. HENGEL, Nachfolge

und Menschen aus ihren Bindungen an Krankheit und Dämonen befreit werden (vgl. 4,24), da erfüllt sich die Verheißung des Jesaja. Gerade in den Teilen, die über den Markus-Bericht hinausgehen, zeigt sich das kompositorische Geschick des Matthäus, der durch Schriftzitate und kleinere Ergänzungen das spätere Geschehen interpretatorisch vorbereitet, indem er sorgfältig Verweise 'webt'.

Damit ist der Bogen zu der Jüngerbeauftragung in 5,14–16 leicht zu schlagen. In ihrer Beauftragung setzt sich das Aufgehen des eschatologischen Heilslichtes fort. Inhalt ihrer Beauftragung ist dann aber – ebenfalls wie bei Jesus – die Verkündigung der Gottesherrschaft mit dem Ziel, dass Menschen den Weg in dieses Reich und damit in die von Gott gewährte Gemeinschaft finden.

Die enge Verbindung der Lichtmetapher mit der Verkündigung Jesu, die Matthäus in 4,15–17 andeutet, entspricht dem Verständnis des Bildworts von der Lampe auch bei Markus und Lukas. In beiden Evangelien folgt dieser Vers unmittelbar nach der Deutung des Gleichnisses vom vierfachen Ackerfeld durch Jesus. Der ausgesäte Samen wird dabei mit der „Botschaft von der Königsherrschaft" verglichen (so Mt 13,19; Lk 8,11: „das Wort Gottes", Mk 4,14: „das Wort"), die unterschiedlich Frucht bringt, je nachdem wie Menschen sie hören und annehmen (Mk 4,20 parr. Lk 8,15 und Mt 13,23 mit typischen Ergänzungen). Während Matthäus unmittelbar mit dem Sondergut-Gleichnis vom Unkraut unter dem Weizen fortfährt (13,24ff), fügen die anderen Synoptiker hier das Bildwort von der Lampe unter dem Scheffel oder unter dem Bett ein (Mk 4,21 par. Lk 8,16), gefolgt von dem Logion über das Offenbarwerden von allem Verborgenen und abschließender Hörformel als Aufmerksamkeitsforderung (Mk 4,22–25[361] par. Lk 8,17f; Matthäus überliefert diese Logien in 10,26 und 13,12, d.h. in anderen Kontexten, die aber gleichwohl vom Hören und Verkündigen geprägt sind). Durch seine Umstellung und Umformulierung gibt Matthäus deutlich zu verstehen, wie er das Bildwort vom Licht versteht: als Ausdruck für die Botschaft vom Reich, die nicht – im wahrsten Sinn des Wortes – unter den Tisch fallen darf, sondern auf den Leuchter gehört, d.h. öffentlich verkündigt werden soll (vgl. 10,26f).

Durch die Voranstellung von 5,14a und die Identifizierung der Jünger mit dem „Licht der Welt" verdeutlicht Matthäus, was er bei Markus nur angedeutet gefunden hat: Die Beauftragung der Jünger, wie der Sämann im Gleichnis das Wort auszuteilen, weil dieses Wort nicht unter den Scheffel gestellt werden darf.[362] Durch die Voranstellung und Parallelisierung mit 5,13

---

und Charisma. Eine exegetisch-religionsgeschichtliche Studie zu Mt 8[21]f. und Jesu Ruf in die Nachfolge, BZNW 34, Berlin 1968, 87), wird durch Jesus mit einem neuen Inhalt gefüllt, vgl. dazu R. RIESNER, Bethanien 112f, der auf Ez 47,8–10 und tSuk 3,3–10 (s. BILL. III 854f) hinweist.

[361] Bei Markus ist mit dem Logion über Maß für Maß in 4,24b noch ein weiteres Logion eingeschoben, das bei Matthäus in 7,2 begegnet.

[362] Dass auch Lukas den Text so verstanden haben kann, zeigt seine Wiederholung dieses Verses in 11,33 unmittelbar im Anschluss an die Predigt Jonas in Ninive. Allerdings passt die Fortsetzung 11,34–36 par. Mt 6,22f nicht zu dieser Thematik, aber diese Verse müssen auch

hebt er darüber hinaus mit einer Klimax die Unersetzbarkeit desselben hervor. Denn noch nötiger als das Salz ist das Licht.[363] Das zweite Bildwort vom Licht in der Bergpredigt steht in 6,22f (par. Lk 11,34f; Lk 11,36 ist eine lk Ergänzung) und ist damit Teil jener Paränese, die sich von 6,19–34 erstreckt und die Jünger zu ungeteilter Aufmerksamkeit und Hingabe für „das Reich Gottes und seine Gerechtigkeit" (6,33) auffordert (s.u. § 11/2.). In der Zuordnung zur Ermahnung des Nichtsorgens und der Aufforderung, sich Schätze im Himmel statt auf Erden zu sammeln, ist das „als Leuchte (λύχνος wie in 5,15) des Leibes" bezeichnete Auge[364] das Organ der Begehrlichkeit.[365] Nur da, wo das Auge sein Licht (dessen Quelle „im" Menschen zu denken ist) gleichsam auf das rechte Ziel richtet und also das Wollen „ohne Nebengedanken"[366] ist, da ist auch der Leib, d.h. die gesamte

---

nicht unbedingt von Anfang an mit 11,33 verbunden gewesen sein, auch wenn sie in der Logienquelle möglicherweise schon (aufgrund von Stichwortverbindung?) nacheinander standen.

[363] Einige wenige Texte belegen neben Mt 5,13–16 eine Nebeneinandernennung von Licht und Salz, ohne dass dies allerdings auf einen festen Sprachgebrauch hinweist. Auf einen direkten sachlichen Zusammenhang macht R. J. FORBES aufmerksam, wenn er auf die Funktion von Salz als Leuchtkraftverstärker hinweist. Demnach wurde Salz „nach äg. Brauch dem Öl in den Lampen zugefügt, um die Flamme heller zu machen" (Art. Salz 1654, allerdings ohne Nachweise). Salz als Leuchtkraftverstärker in einer Öllampe ist auch in einer Baraita in bShab 67b erwähnt. Im Zusammenhang der medizinischen Verwendung von Salz zitiert Plinius d.Ä. (n.h. 31,102) als eine allgemeine Erfahrung bzw. als eine Art Sprichwort: „Für den ganzen Körper ist nichts nützlicher als Salz und Sonne (totius corporibus nihil esse utilius sale et sole)." U. LUCK will aufgrund des „internationalen Charakter[s] sprichwörtlicher Weisheit" hierin die Ursache für die mt Zusammenstellung von Salz- und Lichtwort sehen (Mt 61), aber das ist kaum nachweisbar. Gleichwohl bilden Licht und Salz auch sonst ein gelegentlich gebrauchtes Paar für positive Gegebenheiten. So ist für Plutarch Salz das einzige unentbehrliche Gewürz, so unentbehrlich für den Geschmack wie Licht für die Farben (QuaestConv IV 4,4 [668F]). Hier dient Licht lediglich als Vergleich für das Salz, beide Elemente stehen also nicht gleichwertig nebeneinander.

[364] Dahinter steht offenbar die seit Empedokles bezeugte Vorstellung, wonach die Augen als Lampen dienen, die nach außen scheinen, vgl. H. D. BETZ, Matthäus 6,22–23 und die griechischen Sehtheorien, in: DERS., Studien zur Bergpredigt, Tübingen 1985, 62–77 ([68] = dt. Übers. von: Matthew vi. 22f and ancient Greek theories of vision, in: Text and Interpretation, FS M. Black, hg. v. E. Best u. R. McL. Wilson, Cambridge 1979, 43–56), vgl. a. DERS., Sermon 437–453.

[365] Vgl. Gen 4,5–7; zur „Einfalt der Augen" s. TestIss 3,4; 4,6; zum Blindmachen der Seele durch Hurerei und Habsucht s. TestJud 18,2f; Zum Problem der 'Augensünden' vgl. a. Hi 31,1; Sir 26,9; TestIss 2; TestBenj 6,3 u. dazu K.-W. NIEBUHR, Gesetz und Paränese 260 Register s.v. ὀφθαλμός.

[366] ἁπλοῦς nur hier im NT und in der Parallele Lk 11,34 (auch in der LXX nur einmal in Prov 11,25). Vgl. aber das Substantiv ἁπλότης in Röm 12,8; 1Kor 1,12; 8,2; 9,11.13; 11,3; Eph 6,5; Kol 3,22. Im Zusammenhang mit Reichtum vgl. TestIss 4,2: ὁ ἁπλοῦς χρυσίον οὐκ ἐπιθυμεῖ, τὸν πλησίον οὐ πλεονεκτεῖ ... Die Terminologie, die in der LXX noch selten ist, findet sich gehäuft in den TestXIIPatr, s. K.-W. NIEBUHR, Gesetz und Paränese 113.116

kreatürliche Existenz „lichtvoll" (φωτεινός, nur hier und 17,5), d.h. besitzt eine Art Ausstrahlung nach außen (und darauf kommt es Matthäus an). Wenn aber die Lichtquelle im Innern des Menschen „dunkel ist" (εἰ οὖν τὸ φῶς τὸ ἐν σοὶ σκότος ἐστίν, τὸ σκότος πόσον), was sich daran zeigt, dass sich das Auge den „bösen" Dingen zuwendet, dann ist die Finsternis übergroß, weil das Auge, das doch seiner Bestimmung nach leuchten soll, nicht mehr leuchtet. Matthäus verwendet also die 'physiologische' Beschreibung des Auges und des Sehvorganges (V. 22a) als Bild für eine ethische Belehrung.

Die Voranstellung von 5,13f bietet einen Hinweis, wie der Evangelist 6,22f verstanden wissen wollte: Die Jünger, die Licht sind, haben dieses Licht in sich, weil es ihnen von Jesus zugesprochen worden ist. Wenn dieses Licht allerdings Finsternis geworden ist (im Kontext durch die Verführung des Reichtums, der hier für alles steht, was die Jünger hindert, ungeteilt nach Gottes Reich zu trachten), dann geschieht dasselbe, wie wenn Salz keine Würzkraft mehr hat. Es ist zu nichts mehr zu gebrauchen. Die Folgen sind nicht nur für die Jünger schlimm (obwohl dieser Gedanke m.E. für Matthäus hier nicht im Vordergrund steht), sondern für die Welt. Wie groß ist die Finsternis, wenn *dieses Licht* nicht mehr leuchtet.[367]

Unter der Voraussetzung, dass es in 6,19ff um die ungeteilte Bereitschaft zu einer missionarischen Existenz geht, ist 6,22f als Pendant zu Mt 5,13b zu lesen. Begehrlichkeit und Sorgen verhindern, dass das Licht des Jüngers ausstrahlt. Aber damit nimmt Matthäus exakt die Interpretation des Gleichnisses vom vierfachen Ackerfeld auf, in dem „die Sorge um das weltliche Leben und die Verführung des Reichtums das Wort erstickt und es fruchtlos wird" (ἡ μέριμνα τοῦ αἰῶνος καὶ ἡ ἀπάτη τοῦ πλούτου συμπνίγει τὸν λόγον καὶ ἄκαρπος γίνεται [13,22 parr. Mk 4,19; Lk 8,14]). So lässt sich Mt

---

u. 258 Register s.v. ἁπλότης (ἁπλοῦς). Zur ἀφελότης καρδίας als Kennzeichen der ersten Gemeinde in Jerusalem s. Apg 2,46.

[367] Eine exakte Parallele dazu ist TestLevi 14,3, wo Jakob zu Levi sagt: „Ihr, die Lichtbringer Israels (οἱ φωστῆρες Ἰσραήλ [ein Teil der Handschriften liest: τοῦ οὐρανοῦ]), (seid) wie die Sonne und der Mond", d.h. Levi und seinen Söhnen gilt, was Jesus seinen Jüngern in 5,14 zusagt (vgl. a. TestLevi 4,3). Wichtig ist die Fortsetzung TestLevi 14,4: „Was sollen alle Völker tun, wenn ihr durch Gottlosigkeit verfinstert? Und ihr werdet über unser Geschlecht Fluch heraufführen, für die das Licht des Gesetzes gegeben wurde zur Erleuchtung jedes Menschen (ὑπὲρ ὧν τὸ φῶς τοῦ νόμου τὸ δοθὲν ἐν ὑμῖν εἰς φωτισμὸν παντὸς ἀνθρώπου)" (Übers. J. Becker, Die Testamente der zwölf Patriarchen, JSHRZ III/1, Gütersloh ²1980, 57). Die Leviten sind Lichtträger nicht nur für Israel, sondern für die ganze Welt. Wenn sie in ihrer Aufgabe versagen, dann bleibt die Welt im Finstern. Den Leviten ist das Gesetz als Licht für die Welt anvertraut, den Jüngern Jesu dagegen die Botschaft von der Basileia und ihrer Gerechtigkeit (Mt 6,33). Phil 2,14–16 ist eine paulinische Paränese, die dieselben Elemente wie Mt 6,25–33 aufweist: Die Christen, dsich durch ihr Verhalten als Kinder Gottes erweisen, „leuchten wie Sterne in der Welt, indem sie festhalten am Wort des Lebens". Damit bestätigen sie die Fruchtbarkeit der Missionspredigt des Paulus.

6,19–34 unter die Überschrift stellen: die Bereitung des guten Landes, auf dem das Wort vielfältig Frucht bringt (13,23). Im Bildwort der vielfältigen Frucht sieht Matthäus die Ausbreitung des Reiches Gottes (vgl. 13,24–30 und die Auslegung dazu 13,36–43 [mit V. 43, der auf Dan 12,3 verweist, als Abschluss]).

Das letzte Lichtwort, das auf die Jünger bezogen ist, steht in 10,26f par. Lk 12,3 und ist Teil der Aussendungsrede: Μὴ οὖν φοβηθῆτε αὐτούς· οὐδὲν γάρ ἐστιν κεκαλυμμένον ὃ οὐκ ἀποκαλυφθήσεται καὶ κρυπτὸν ὃ οὐ γνωσθήσεται. ὃ λέγω ὑμῖν ἐν τῇ σκοτίᾳ εἴπατε ἐν τῷ φωτί, καὶ ὃ εἰς τὸ οὖς ἀκούετε κηρύξατε ἐπὶ τῶν δωμάτων. Die Aufforderung zu mutigem Verkündigen, das auch das Martyrium nicht scheut (10,28), wird hier angesichts der unmittelbar bevorstehenden Sendung noch einmal betont, wobei die Rückverweise auf die Bergpredigt ebenfalls deutlich sind: Neben dem Gegensatzpaar „Licht" und „Finsternis" sind es die Sperlinge in 10,29, die an die Vögel in 6,26 erinnern, und die Gewissheit, dass der himmlische Vater um die irdischen Existenznöte weiß (6,32b), wird in 10,30 buchstäblich an den Haaren herbeigezogen.

Zusammenfassung: Die Zusage an die Jünger, dass sie das „Licht der Welt" sind (5,14), bleibt im Matthäus-Evangelium kein leeres Wort, sondern wird eindrucksvoll zu einem starken Band verflochten. Als „Licht der Welt" haben die Jünger Licht in sich (6,23), und dieses Licht soll und kann leuchten (5,15f), indem sie offen und *unbesorgt* (in einem umfassenden Sinn) am hellen Tag von den Dächern predigen, was sie von Jesus erfahren und begriffen haben (13,23; 10,27a), dessen Teilhabe am Licht Gottes in 17,2.5 noch einmal unterstrichen ist (vgl. a. 27,45).

3.2 Die Übertragung der Lichtmetapher auf die Jünger als Absage an andere Lichter

Gottes Erscheinen und Handeln ist im Alten Testament vielfältig mit Licht und Feuererscheinungen verbunden. Entsprechend werden auch eng mit ihm verbundene Eigenschaften oder Einrichtungen häufig mit der Lichtmetaphorik ausgezeichnet. Indem Matthäus Jesus seine Jünger als „*das* Licht der Welt" beauftragen lässt, überträgt er auf sie eine Würdebezeichnung, die bisher von *anderen* Ämtern und Institutionen beansprucht wurde. In dieser Zusage liegt darum zugleich eine Absage an andere Lichter. Im Vergleich zum Salzwort enthält die exklusive Zusage des Lichtseins an die Jünger ein deutlicheres Konfliktpotential, da der konkurrierende Anspruch gegenüber denen, die traditionell beanspruchten, „Licht" zu sein, sehr viel offensichtlicher ist.

Der folgende knappe Überblick versucht eine Art Hierarchie dessen, was durch „Licht" ausgezeichnet werden kann.

3.2.1 Die Tora als Licht

Zwar gibt es im *Alten Testament* keine explizite Gleichsetzung der Tora mit Licht, aber insbesondere die weisheitlich geprägten Texte gebrauchen gerne die Lichtmetaphorik, um die heilvolle Wirkung des Umgangs mit der Weisung Gottes zu beschreiben (Prov 6,23; Ps 119,105.130).[368] Das Leuchten von Gottes Antlitz über seinem „Knecht" ist dem Psalmbeter des 119. Psalms gleichbedeutend mit dem Unterricht in den Geboten (119,135, vgl. Ps 19,8f). Der später zu Jes 2,1–4 hinzugefügte Vers 5 beschreibt das Ziel der Völkerwallfahrt zum Zion als ein Wandeln Israels im Licht des Herrn, womit nach V. 3 ein Leben nach der Weisung (Tora) Jahwes gemeint ist.[369]

Die Verbindung von Tora und Licht ist in der *nachalttestamentlichen Literatur* ebenfalls breit bezeugt: *TestLevi* 14,4 nennt τὸ φῶς τοῦ νόμου, das den Leviten anvertraut ist zur Erleuchtung der Menschen (s.o. Anm. 367), in 19,1 fordert Jakob Levi und seine Nachkommen auf, „das Licht oder die Finsternis, das Gesetz des Herrn oder die Werke Beliars (ἢ νόμον κυρίου ἢ ἔργα Βελιάρ)" zu wählen, d.h. Licht repräsentiert auch hier eindeutig die Tora Gottes (vgl. a. TestAss 5,2–4). Im *Liber Antiquitatum Biblicarum* ist die Gesetzgebung am Sinai als Erleuchtung der Welt beschrieben (11,1f). Gott spricht zu Mose:

... Deus ... dixit: Dabo lumen mundo, et illuminabo inhabitabilia, et disponam testamentum meum cum filiis hominum, et glorificabo populum meum super omnes gentes, in quem eiciam excelsa sempiterna, que eis erunt in lumine, impiis vero in punitionem. (11,2 ...) Et postea ascendes ad me, et dabo verba mea in ore tua, et illuminabis populum meum in eo quod dedi in manus tuas legem sempiternam, et in hac omnem urbem iudicabo.

---

[368] Im Hintergrund steht die Sinaitheophanie, in der sich Gott „im Feuer" offenbarte (Ex 19,18, vgl. 24,17) und Mose durch den Empfang der Gebote Anteil am göttlichen Lichtglanz bekam (Ex 34,29–35; Ps-Philo, LAB 12,1, vgl. 9,8; 2Kor 3,7–18). Auch die Stiftshütte als der Ort der Lade und der Gebotstafeln wird bei ihrer Einweihung von der Lichtherrlichkeit Gottes erfüllt, die in der Nacht als Feuer sichtbar war (Ex 40,34–38; Num 9,15f), d.h. der Ort des Gesetzes ist zugleich ein Ort des Lichtes. Vgl. G. VERMES, The Torah is a Light, VT 8 (1958), 436–438.

[369] Vgl. H. WILDBERGER, Jes I 77.88: „In späterer Zeit ist das von Jahwe ausgehende Licht faktisch identisch mit der תּוֹרָה." Vgl. auch Bar 4,1f: Israel soll umkehren zur Tora (bzw. zur Weisheit) und auf dem Weg gehen, der von ihrem Licht erleuchtet wird; s. außerdem Sir 24,27; das Gesetz (24,23) lässt παιδεία „aufleuchten wie Licht" und wer sich mit ihm beschäftigt, lässt seine παιδεία leuchten (24,32). Im Lob der Väter wird von Aaron gesagt, dass er durch das Gesetz Israel erleuchtet (καὶ ἐν νόμῳ αὐτοῦ φωτίσαι Ισραηλ). Nach LAB 19,16 ist noch das von Gott gemachte Grab Moses ein Licht für die ganze Welt (*in lumine totius orbis*). Zu diesem nicht ganz eindeutigen Text s. H. JACOBSON, A Commentary on Pseudo-Philo's *Liber antiquitatum biblicarum*. With Latin Text and English Translation, 2 Bde., AGJU 31, Leiden u.a. 1996, 657f. Er übersetzt die Stelle mit: „He buried him with his own hands in a high place as a light for the whole world" (123).

„Ich werde der Welt Licht geben und ich werde erleuchten die bewohnten (Gegenden) und ich werde einen Bund schließen mit den Söhnen der Menschen und werde meine Volk verherrlichen über alle Völker; in ihm habe ich ewige Erhabenheit angeordnet, die ihm zum Licht dienen wird, den Gottlosen indes zur Bestrafung. (11,2 …) Ich werde meine Worte in deinen Mund geben, und du wirst mein Volk erleuchten darum, weil ich in deine Hände das ewige Gesetz legen werde, und durch dieses werde ich den ganzen Kreis (der Erde) richten."[370]

Mose ist als der berufene Träger des göttlichen Wortes derjenige, der der Erde das Licht Gottes gibt (11,2; vgl. 12,2; 53,8 [jeweils *illuminare*]; dagegen ist es in 15,6 [… et descendi incendere lucernam populo meo]; 19,4.6; 23,10 wie in 11,1 Gott selbst, der durch das Gesetz das Volk erleuchtet bzw. ihm „eine Leuchte" anzündet), genauso wie Jesus es seinen Jüngern zuspricht[371], ohne dass die Tora dabei eine vergleichbare Funktion besitzt. Die Jünger sind das Licht allein durch das, womit sie an Jesus Anteil haben, und dies ist nach dem unmittelbaren Zusammenhang der Verse seine Gerechtigkeit (5,10.20).

Auch in der *syrischen Baruch-Apokalypse* begegnet der Zusammenhang von Gesetz und Licht, indem das Volk im Exil beklagt, dass „die Hirten Israels umgekommen sind, die Lampen, die uns Licht gaben, sind erloschen, und die Quellen haben ihre Ströme zurückgehalten" (77,13), d.h. der Verlust der Führerschaft wird beklagt. In der Trias ist möglicherweise ein Hinweis auf das davidische Königtum sowie die Priester und Propheten enthalten, gegen die sich die Kritik des biblischen Jeremia als den für das Volk Verantwort-lichen in erster Linie richtete (Jer 13,13, vgl. a. 1,18; 5,31; 6,12 u.ö.). Auf

---

[370] Text: H. JACOBSON, Pseudo-Philo's *Liber antiquitatum biblicarum* 16 (Kommentar zu diesen Text ebd. 445–448); Übers. Ch. Dietzfelbinger, Pseudo-Philo: Antiquitates Biblicae, JSHRZ II/2, Gütersloh 1975, 129. Diese universale Bedeutung des Lichtes der Tora begegnet auch in Sap 18,4: Die Ägypter werden mit Finsternis bestraft (Ex 10,21–23), weil sie Israel gefangen hielten, „durch welche der Welt das unvergängliche Licht der Tora gegeben werden sollte" (δι' ὧν ἤμελλεν τὸ ἄφθαρτον νόμου φῶς τῷ αἰῶνι δίδοσθαι [zur Weisheit als Licht s. 7,26.29f]).

[371] Auch das zeigt, dass die Mose-Typologie in Bezug auf Jesus zu kurz greift, indem *die Jünger* und eben nicht Jesus in der Stellung des Mose stehen, während das Handeln Jesu ganz auf die Seite Gottes gehört. Vgl. dazu LAB 9,8, wo Gott davon spricht, dass er für und in Mose sein Licht anzünden will, womit das Licht gemeint ist, das Gott dem Mose offenbart: Ego Deus incendam pro eo lucernam meam que habitet in eo, et ostendam ei testamentum meum quod non vidit ullus; et patefaciam ei superexcellentiam meam et iusticias et iudicia, et lumen sempiternam luceam ei … („Ich, Gott, will für ihn mein Licht anzünden, das wohnen soll in ihm, und ich will ihm meinen Bund zeigen, den keiner sah, und ich will ihm meine Erhabenheit enthüllen und die Rechtssatzungen und die Urteile und das ewige Licht, daß es ihm leuchte"); in 33,1.3 ermahnt die sterbende Debora das Volk „als eine Frau Gottes" und „erleuchtet" es so (33,1), indem sie zum Gesetzesgehorsam aufruft: „Jetzt also, ihr meine Söhne, hört auf meine Stimme, solange ihr die Zeit des Lebens habt, und richtet eure Wege auf das Licht des Gesetzes (legis lumen)" (Übers. Ch. Dietzfelbinger). Vgl. weiter LAB 51,3–6, das Lied der Hanna, bei dem Samuel als Lichtträger bezeichnet wird und auf eine Stufe mit Mose und Aaron gestellt wird.

diese Klage antwortet Baruch: „Hirt und Lampen und Quellen: sie stammen aus dem Gesetz; wenn wir auch fortgehen, so bleibt doch das Gesetz bestehen"[372], d.h. die entscheidende Gabe Gottes an das Volk sind nicht seine Hirten, sondern das Gesetz (vgl. a. 19,3; 59,1f; 4Esr 14,20f).

Eine Besonderheit stellen die *Qumrantexte* in diesem Zusammenhang dar. Die Mitglieder der Sekte bezeichnen sich zwar selbst als „die Söhne des Lichts" (1QS I 9; II 16; III 13; 1QM I 1.3 u.v.a.m.), aber dieses Licht ist nicht einfach in der Tora zu finden, sondern nur in der Lehre der Gemeinschaft, d.h. der speziellen Schriftinterpretation, wie sie in Qumran praktiziert wurde (1QS I 1–18, vgl. besonders 9a).[373] Die Erleuchtung für diese Wahrheit geschieht durch Gott selbst (1QS II 3; XI 3.5; 1QH IV [neu XII] 6). In den Segenssprüchen 1QSb liegt nach der Auslegung von Johannes Zimmermann und anderen in IV 22–28 ein Segensformular für den endzeitlichen Hohepriester vor. Darin heißt es über ihn: „... und er mache dich heil[ig] in seinem Volk und zu einer Leuchte [...] für den Erdkreis durch Erkenntnis, und zu erleuchten das Angesicht vieler [...]"[374]. Die eigene Zugehörigkeit zum Licht ist Ausgangspunkt für die Erleuchtung der anderen, und dies geschieht im Verständnis der Qumrangruppe durch die inspirierte endzeitliche Lehre und Unterweisung.[375] So kann gesagt werden, dass auch die 'Qumran-Tora' Licht ist, deren Befolgung Menschen zu Kindern des Lichts macht.[376] Neben die Lichtterminologie tritt in *allen* genannten Texten (die sich leicht vermehren ließen) die damit korrespondierende Gerechtigkeit, denn die „Söhne des Lichts" sind zugleich die „Söhne der Gerechtigkeit" (1QS III 20). Erleuchtet sein ist gleichbedeutend mit gerecht sein, und das Licht Gottes ist ihre Gerechtigkeit (vgl. z.B. 1QS III 19: „Quelle des Lichts" mit XI 6: „Quelle der Gerechtigkeit"), die in Qumran, ganz ähnlich wie bei Matthäus, nicht zuerst

---

[372] 66,15. Übers. A. F. J. Klijn, Die syrische Baruch-Apokalypse, in: JSHRZ V/2, Gütersloh 1976, 105–191 (174). Vgl. a. syrBar 17,4: Mose brachte das Gesetz und im Parallelismus dazu: „und zündete eine Leuchte an dem Stamm Israel" (ebd. 134). In 18,1–19,3 wird dieses Bildwort dann variiert, neben das Licht tritt die „Lampe" (18,2).

[373] Vgl. O. BETZ, Offenbarung und Schriftforschung in der Qumransekte, WUNT 6, Tübingen 1960, 111–114 („Die Offenbarung als Licht").

[374] Z. 27, Übers. J. ZIMMERMANN, Messianische Texte aus Qumran, WUNT II/104, Tübingen 1998, 281, zur Analyse des Textes s. ebd. 277–285.

[375] Die Unterweisung in dieser endzeitlichen Lehre ist die Aufgabe der zadokidischen Priester, vgl. 4Q541 Frg. 9 Z. 3–5, vgl. J. ZIMMERMANN, Messianische Texte 258–261, der zudem auf die Nähe dieses Textes zu TestLevi 18,2f verweist. Aber auch der Beter der individuellen Hodayot, wohl identisch mit dem zadokitischen Lehrer der Gerechtigkeit, preist Gott dafür, dass dieser ihm sein vollkommenes Licht offenbarte (1QH IV [neu XII] 23), so dass er mit den ihm dadurch erschlossenen Geheimnissen „das Angesicht der Vielen erleuchtete" (IV [neu XII] 27, vgl. a. XVIII [neu X] 1–29 [sehr fragmentarisch]).

[376] Daneben steht aber die deterministische Vorstellung, die den Lichtanteil im Menschen mit seinem Geburtshoroskop verbindet, vgl. 4Q186 Frg. 1, Kol. II 5–9; 1QS III 19–IV 17.

als Forderung, sondern als heilschaffende Tat Gottes verstanden wurde (1QS XI 2f.10–12).

Während für die essenischen Qumranschriften die metaphorische Gleichsetzung der Tora mit Licht also nur bedingt gilt, ist für die *rabbinische Literatur* eine weitgehende Gleichsetzung ohne eschatologischen Vorbehalt vorauszusetzen. Die Belege sind allerdings nicht allzu häufig und in keiner Weise formelhaft, so dass nicht von einem festen Sprachgebrauch gesprochen werden kann. Ausgangspunkt sind zumeist die oben genannten alttestamentlichen Stellen, insbesondere Prov 6,23. Die in der Sekundärliteratur am meisten zitierte Stelle ist bBB 4a (vgl. Bill. I 237), die ähnlich wie syrBar 77,13 eine Hierarchie aufstellt: Herodes hatte durch die Ermordung der Rabbinen „das Licht der Welt" ausgelöscht[377], und nun fragt er Ben Buta, welche Hilfe es für ihn noch gibt. Dieser verweist ihn auf den Tempel, der unter Verweis auf Jes 2,2 ebenfalls als אורו של עולם bezeichnet wird (indem נהר *strömen* in Jes 2,2 im Sinne von נהר *leuchten* interpretiert wird). Die Fortsetzung des Babli-Textes beschäftigt sich dann auch mit dem Tempelbau.

Einen festen Haftpunkt besitzt die Lichtmetaphorik im Bezug auf die Tora in der Auslegung von Num 6,25 („Jahwe lasse leuchten sein Angesicht über dir"), indem darin der Hinweis auf „das Licht der Tora" (מאור תורה) gefunden wird.[378] In *Devarim Rabba* (*Ki Tavo* Par. 7,3 zu Dtn 28,1) wird die Tora mit fünf Dingen verglichen: Wasser, Wein, Honig, Milch und Öl, die nacheinander aus einem Schriftvers hergeleitet werden. Nach der Begründung für das Öl heißt es: „Wie dieses Öl Leben für die Welt ist, so sind auch die Worte der Tora Leben für die Welt. Wie dieses Öl Licht für die Welt ist, so sind auch die Worte der Tora Licht für die Welt" (דברי תורה אורה לעולם). Auch dies zeigt, dass *Licht* keine besonders herausgehobene Bezeichnung für die Tora darstellt[379] und zudem keine exklusive Aussage, da auch Gott, Israel, einzelne Menschen bzw. der Tempel so bezeichnet werden können.

---

[377] Weil durch die Rabbinen die Tora, die durch Zitat von Prov 6,23 als Licht eingeführt wird, in die Welt kommt. Damit sind aber *die Rabbinen* als אורו של עולם bezeichnet und nicht die Tora. In der Fortsetzung findet sich eine parallel formulierte Version des Gesprächs zwischen Herodes und Ben Buta, bei dem die Rabbinen bzw. die Tora nicht als „Licht", sondern als „Auge der Welt" bezeichnet werden. Das zeigt, dass bBB 4a als Hauptbeleg für den Sprachgebrauch über die Tora als Licht der Welt nur bedingt taugt.

[378] SifBam § 41 zu 6,25 unter Verweis auf Prov 6,23 (ed. Horovitz p. 44), vgl. a. BamR Naso' 11,6 zu Num 6,25 (ed. Liebermann p. 109); TanB Naso' 10 (ebenfalls mit Prov 6,23); bBer 17a; bKet 111b.

[379] Weitere Belege finden sich im Midrasch zu den Psalmen (zu 17,7; 27,2 u.ö.). Dazu kommen die Stellen, bei denen das Studium der Tora das Angesicht leuchten macht: WaR 19,1 (ed. Margulies p. 416), vgl. ebd. 19,3 (Anfang) und als erweiterte Parallele ShirR 5,11. Zum Lichtglanz des Mose in der rabb. Literatur s. R. MACH, Zaddik 102; BILL. III 514f. Weit verbreitet ist auch die Verwendung der Lichtterminologie als Metapher für Erkenntnis, wobei im jüdischen Kontext zumeist die Tora als Medium der Erleuchtung im Hintergrund steht

Für die Lichtmetaphorik im Hinblick auf die Tora bleibt *zusammenfassend* festzuhalten: sie ist einerseits das Licht für Israel, aber zugleich ist es Israels Aufgabe, dieses Licht an die Völker weiterzugeben. Die Belege dafür sind durch das jüdische Schrifttum breit gestreut, so dass hier von populären Vorstellungen ausgegangen werden kann. Umso pointierter ist dann aber Mt 5,14 zu verstehen: Was die Tora für Israel und durch Israel für die Welt sein soll(te), sind die Jünger durch Jesus.

3.2.2 Der Messias und das Licht

Diese weit verbreitete Konnotation[380], die, wie oben gezeigt (3.1), auch bei Matthäus eine wichtige Funktion innehat, kann zum Verständnis des Verses nur indirekt beitragen, da die Jünger zwar *die Gesandten des Messias*, aber nicht dieser selbst sind. Zentraler Ausgangspunkt sind auch hier die Gottesknechtslieder des Jesajabuches, auf deren Bedeutung für Matthäus ebenfalls schon hingewiesen wurde (s.o. § 5/3.2). Der Gottesknecht wird von Jahwe „in Gerechtigkeit" gerufen für eine zweiteilige Aufgabe: Er soll „zu einem Bund für das Volk" und „zu einem Licht für die Völker" werden (לִבְרִית עָם לְאוֹר גּוֹיִם [42,6]). Diese Berufung wird in 49,6 ausdrücklich wiederaufgenommen und weiter entfaltet. In einer weiteren Bearbeitungsschicht ist diese Aussage dann in 51,4 akualisiert worden[381], indem statt des Gottesknechtes seine Weisung und sein Recht zum „Licht der Völker" wird (כִּי תוֹרָה מֵאִתִּי תֵצֵא וּמִשְׁפָּטִי לְאוֹר עַמִּים אַרְגִּיעַ). Die Fortsetzung in 51,7f zeigt ferner, dass Gerechtigkeit und Tora als Parallelaussagen dienen.

Auch im letzten Gottesknechtslied wird dieser mit dem Licht in Verbindung gebracht (53,11). Sein Verdienst ist es, dass durch ihn, den Gerechten, viele Gerechtigkeit erlangen, d.h. in der Verheißung, dass der zu Tode geschlagene Knecht „Licht sehen" wird, drückt sich die Gewissheit des Erfolges des Knechtes trotz seines scheinbar offenkundigen Scheiterns aus.[382] Die Übertragung der Gerechtigkeit des Gerechten auf die, die er gerecht macht,

---

bzw. zu denken ist, vgl. u.a. Dan 5,11.14; Hos 10,12LXX; TestLevi 4,3; TestBenj 11,1 (Ms. β); 1QSb IV 27; 4Q541 Frg. 9 Z. 3; s. dazu J. ZIMMERMANN, Messianische Texte 258–260; syrBar 18,1f; außerdem O. BÖCHER, Licht und Feuer II 95.

[380] Vgl. O. BÖCHER, Licht und Feuer II. 92; W. HORBURY, Jewish Messianism and the Cult of Christ, London 1998, 99f (s.a. ebd. 85.90–97 u.ö.).

[381] Vgl. H.-J. HERMISSON, Gottesknecht und Gottes Knechte. Zur ältesten Deutung eines deuterojesajanischen Themas, in: Geschichte – Tradition – Reflexion, FS M. Hengel, Bd. 1: Judentum, hg. v. P. Schäfer, Tübingen 1996, 43–68 (47–55), auch in: DERS. Studien (s.o. Anm. 211), 241–266 (246–252).

[382] Vgl. H.-J. HERMISSON, Das vierte Gottesknechtslied im deuterojesajanischen Kontext, in: Der leidende Gottesknecht (s.o. Anm. 64) 1–25 (18), jetzt in: DERS., Studien (s.o. Anm. 211), 220–240 (236f). Zur Lesung des Textes mit 1QJes^(a+b) u. LXX s. ebd. 227f m. Anm. 36; außerdem BHS App. z.St. Zu dieser Vorstellung des Wandelns im Licht als einer eschatologischen Heilshoffnung s. äthHen 92,3f.

geschieht zumindest nach der masoretischen Textabtrennung durch „seine Erkenntnis" (בְּדַעְתּוֹ). Damit ist nach Klaus Baltzer (unter Verweis auf Jes 40,14;
50,4; 52,15) das vom Gottesknecht den Völkern vermittelte Gottesrecht gemeint, das mit der Mosetora nicht einfach identisch ist (aber dazu auch nicht
im Widerspruch steht), sondern das besondere Wissen des Knechtes aufgrund
dessen, was er von Gott erfahren hat, darstellt: „Es ist ein werbendes Zeugnis,
das die Grenzen Israels überschreitet und an Sympathisanten gerichtet ist."[383]
Damit enthält Jes 53,11 die Voraussetzung für Mt 5,14: Die Jünger können
das Messiaslicht weitertragen, das zur Gerechtigkeit verhilft, weil Jesus der
Gottesknecht ist, der für dieses Heil die Voraussetzungen erfüllt.[384]

3.2.3 Israel bzw. einzelne Personen als Licht

Das Selbstverständnis Israels, das Licht der Welt zu sein, ist pointiert erkennbar in Jes 49,3: Wo ursprünglich der Gottesknecht allein zum „Licht der
Völker" (vgl. 49,6) berufen ist, *nachdem* er Israel zurechtgebracht hat, ist es
in dieser letzten und wirkungsgeschichtlich bedeutsamen Redaktion Israel
selbst, das sich in der Rolle des Gottesknechtes wiederfindet.[385] Allerdings ist
dies in der nachfolgenden Literatur eher selten zu einer allgemeinen Behauptung gemacht worden.[386] Die Tora ist das entscheidende Licht und Israel

---

[383] DtJes 538, zur Übersetzung vgl. ebd. 494f. Vgl. außerdem Jes 51,4f, wo die LXX in
V. 5 „mein Heil" durch ὡς φῶς ergänzt, d.h. die Heilsbotschaft von Gottes rettender Gerechtigkeit ist „wie Licht".

[384] Zudem erinnert das Sattwerden in Jes 53,11 an Mt 5,10: Indem Gott den Gottesknecht
rechtfertigt, erfüllt er dessen Hoffnungen und sättigt ihn. Aber wie beim Licht weist dieses
Geschehen über das eigene Geschick hinaus auf die zu erfüllende 'Mission' des
Gottesknechtes in Bezug auf Israel und die Völker der Welt. Vgl. dazu auch äthHen 48,1, wo
Henoch „die Quelle der Gerechtigkeit" sieht, von der aus „viele Quellen der Weisheit"
flossen, an denen „alle Durstigen tranken". An diesem Ort und zur Zeit dieses Sehens wird
der Menschensohn offenbart, der vor der Sonne und den Sternen geschaffen worden ist
(48,3). Über den Menschensohn heißt es dann: „Und er wird für die Gerechten ein Stab sein,
damit sie sich auf ihn stützen und nicht fallen, und er wird das Licht der Völker und die
Hoffnung derer sein, die in ihrem Herzen Kummer haben" (48,4; Übers. S. Uhlig, Das
Äthiopische Henochbuch, JSHRZ V/6, Gütersloh 1984, 590).

[385] Vgl. Jes 41,8; 43,10 u.ö. Zur Frage, inwieweit zwischen der kollektiven Deutung des
Knechtes auf „Israel" und der auf eine einzelne Gestalt unterschieden werden muss, vgl. H.-J.
HERMISSON, Israel und der Gottesknecht; DERS., Neue Literatur zu Deuterojesaja (II), ThR 65
(2000), 379–430 (414ff).

[386] Vgl. die Belege bei BILL. I 237, die sich an biblischen Vorgaben (Jes 60,3) orientieren; s.a. BILL. II 105. Zu nennen ist zudem PesK 21, eine Auslegung zu Jes 60,1–3:
Mehrfach wiederholt wird darin der Satz, den Gott zu Israel sagt: „Meine Kinder, weil mein
Licht euer Licht ist und euer Licht mein Licht, darum lasst uns – ich und ihr – hingehen und
für Zion leuchten (gemäß dem Schriftvers): Stehe auf, leuchte, denn dein Licht kommt!"
(21,1.3.4). Diese Wendung drückt die unvergleichliche Zusammengehörigkeit zwischen Gott
und Israel aus. Das Ziel dieses gemeinsamen Erleuchtens ist, dass von Jerusalem aus das
Licht in die Welt hinausgeht. Was mit diesem Licht gemeint ist, wird in PesK 21 erst im

partizipiert als Volk der Tora an ihrem Licht (vgl. Röm 2,17–20). Darum sind es sehr viel häufiger einzelne Menschen und insbesondere Lehrer der Tora (bzw. allgemeiner formuliert: Gerechte[387]), die mit der Lichtmetaphorik beschrieben werden, wobei gerade die Betonung ihrer (auf der Tora begründeten) Gerechtigkeit auf die Tora als den eigentlichen Lichtspender verweist. Licht sind sie dabei immer für andere (das gilt auch für Israel als Ganzes), sowohl innerhalb Israels als auch für die Völker der Welt.

Einige Beispiele mögen genügen: Auf die besondere Bedeutung der Leviten als Lichtträger in TestLevi 4,3; 14,3f wurde bereits hingewiesen (vgl. ebd. 18,3.9; 4Q541 Frg. 9 Z. 3–5[388]; TestNaph 5,3f; zur Lichtmetaphorik in Bezug auf das Priestertum s.a. Sir 50,6f über den Hohepriester), ebenso auf die Hirten Israels in syrBar 77,13. Dazu gehört, dass Jochanan ben Zakkai bei seinem Sterben als „Leuchte Israels" (נר ישראל [bBer 28b]) bzw. „Leuchte der Welt" (נר העולם) in der Parallele ARN A 25[389]) bezeichnet wurde. Damit wird ein Attribut Davids aus 2Sam 21,17 (vgl. 22,29) auf Jochanan übertragen, d.h. in gewisser Weise schlüpfen die Rabbinen in die Rolle des Königs und des Messias.[390]

---

letzten Satz und nur in zwei Handschriften gesagt (21,6): Israels Licht ist die Tora, die es am Berg Sinai angenommen hat, während die Völker der Welt in der Finsternis leben, weil sie die Tora abgelehnt haben. Wenn die Völker nun zum Zion ziehen, dann empfangen sie dort das Licht der Tora (vgl. ed. Mandelbaum I 324 App. zu Z. 10).

[387] Vgl. Prov 13,9: אור־צדיקים ישמח ונר רשעים ידעך „Das Licht der Gerechten brennt fröhlich, aber die Leuchte der Frevler wird verlöschen" (zum 2. Versteil s.a. Hi 18,5f). Zur Bezeichnung einer besonders engen Beziehung zu Gott (ebenfalls häufig mit der Gerechtigkeitsterminologie verbunden [die entsprechenden Stellen sind durch * gekennzeichnet]) dient die Lichtmetaphorik auch in Ri 5,31; Mi 7,9*; Mal 3,20*; Ps 37,6*; Sap 3,7*; äthHen 1,7–8*; 5,6f*; 22,9*; 38,2–4*; 39,7*; 41,8*; 43,2*; 50,1*; 58,3f*; 102,3f*; 104,2; 106,5.10 (Noah leuchtet bei seiner Geburt); 108,11–15*. Zum reichhaltigen rabbinischen Material s. W. F. SMELIK, On Mystical Transformation of the Righteous into Light in Judaism, JJS 26 (1995), 122–144.

[388] Der Text über den eschatologischen Priester weist eine starke Nähe zu TestLevi 18 auf. In dem aramäischen Text heißt es über diesen zukünftigen Priester:
„Und er wird Sühne schaffen für alle Söhne seines Geschlechts,
    und er wird gesandt werden zu allen Söhnen(?) seines [Volkes(?)].
Sein Wort (ist) wie das Wort des Himmels
    und seine Lehre gemäß dem Willen Gottes.
Seine ewige Sonne wird leuchten
    und ihr Feuer wird entbrennen an allen Enden der Erde,
und über die Dunkelheit wird sie leuchten.
Dann wird die Dunkelheit weichen [vo]n der Erde
und die Finsternis vom Erdboden." (Übers. J. ZIMMERMANN, Messianische Texte 255f).

[389] Handschriftlich mit vielen Varianten, vgl. ed. Schechter/Kister 40a.

[390] Zu David als „Licht" s.a. Ps 132,17; 2Sam 23,4: Dem, der gerecht herrscht, ist verheißen, dass er sein wird wie das Licht des Morgens, wie die Sonne aufstrahlt an einem wolkenlosen Morgen (וכאור בקר יזרח־שמש בקר לא עבות). In 11QPsª Kol. XXVII folgt auf 2Sam 23,7 (der Text davor kann am Ende von Kol. XXVI gestanden haben) unmittelbar der

3.2.4 Zusammenfassung

Die Tora, der Messias, Israel, einzelne herausragende Gerechte und gelegentlich auch die Gerechten überhaupt – das sind die Lichter in der Welt, indem
sie an Gott als dem wahren Licht partizipieren bzw. durch diesen ihr Licht
erhalten.[391] Verbunden ist mit allen diesen Vorstellungen die Gerechtigkeit[392]
als Kennzeichen und Gabe Gottes: in der Tora findet der Mensch zur
Gerechtigkeit, der Messias ist der Bringer und Vollender der Gerechtigkeit
und die einzelnen Gerechten sind entweder Vorbilder und *Typoi* des Messias
oder Lehrer der Tora. Wo Menschen als Lichter angesprochen werden, da
geht es jedoch in den meisten Texten um das Licht, das sie *für andere* sind,
sie sind als von Gott Erleuchtete diejenigen, die andere zum Licht führen
oder erleuchten sollen. Nun spricht aber Jesus seinen Jüngern zu, „das Licht

---

Prosaabschnitt David's Composition (XXVII 2–11), der mit den Worten beginnt: „Und
David, der Sohn Isais, war weise und ein Licht wie das Licht der Sonne und ein Dichter (חכם
ואור כאור השמש וסופר) und verständig und untadelig in allen seinen Wegen vor Gott und den
Menschen und Jahwe gab ihm einen verständigen und erleuchteten Geist (רוח נבונה ואורה)
und er schrieb ...“ (es folgt die Liste seiner Kompositionen), vgl. M. KLEER, »Der liebliche
Sänger der Psalmen Israels«. Untersuchungen zu David als Dichter und Beter der Psalmen,
BBB 108, Bodenheim 1996, 58f.291; zu 11QPsᵃ im Hinblick auf David, Tora und
Gerechtigkeit s.u. § 13/4.8.

[391] Dazu kommen, ohne dass dies für den vorliegenden Zusammenhang wichtig ist, die
Engel, die in der Regel mit Feuer oder Licht assoziiert werden (s. O. BÖCHER, Licht und
Feuer II. 92; III. 100), wodurch sie als Repräsentanten Gottes gekennzeichnet sind. Vereinzelt
wird auch *Jerusalem* „als Licht der Welt" (אור העולם) bezeichnet (BerR 59,5 [ed. Theodor/
Albeck p. 634] nach Jes 60,3), aber das Licht Jerusalems ist Gott selbst (Jes 60,20), d.h. auch
hier ist die Partizipation an Gottes Licht entscheidend. Auch PesK 21,4 (ed. Mandelbaum p.
322) begründet, ausgehend von Jes 60,3, Jerusalem als Licht der Welt (s.o. Anm. 386). Vgl.
außerdem Sib 5,260ff. Zum „Licht der guten Werke" in TestBenj 5,3 (die möglich sind, weil
Gott die Seele erleuchtet, vgl. 6,4) s. R. HEILIGENTHAL, Werke 122; zu den textkritisch
unterschiedlichen Fassungen s. J. Becker, JSHRZ III/1, 134.

[392] Auf einzelne Stellen, die Gerechtigkeit und Licht in einen direkten Zusammenhang
bringen, wurde schon hingewiesen (s.o. Anm. 387), zu den biblischen Stellen s.a. § 13.
Darum hier nur einige Hinweise: In den Klageliedern des Einzelnen findet sich häufig als
Vertrauensäußerung oder Bitte der Wunsch, Gottes Licht zu erfahren, womit gemeint ist, dass
die Rechtfertigung und d.h. die Gerechtigkeit des Beters ans Licht kommt und Anerkennung
findet (vgl. Ps 4,2.6f; 18,21–31; 31,17–19; 34,6.16–18; 36,7.10f; 37,6; 43,1.3; 97,10–12; vgl.
außerdem Ps 13,4; 27,1; 80,4.8.20; auch die Hoffnung auf das Aufstrahlen der Gerechtigkeit
am Morgen bzw. beim Erwachen verbindet Licht und Gerechtigkeit bis hin zur „Sonne der
Gerechtigkeit", vgl. Ps 17,15); in 1Q27 Frg. 1 I 5–6 stehen Licht und Gerechtigkeit der
Bosheit und Finsternis antithetisch gegenüber: „die Bosheit wird vor der Gerechtigkeit verschwinden, wie Dunkelheit vor dem Licht verschwindet", vgl. a. 4Q300 Frg. 3 (J. MAIER,
Qumran-Essener II 266); in Sap 5,6 erkennen die Frevler, die den Gerechten zu Tode
brachten: „Wir irrten tatsächlich vom Weg der Wahrheit, und das Licht der Gerechtigkeit
leuchtete uns nicht, und die Sonne ging nicht für uns auf" (Übers. D. Georgi, Weisheit
Salomos, JSHRZ III/4, Gütersloh 1980, 416f).

der Welt" zu sein. Auch damit ist, das macht das voranstehende Salzwort nicht weniger deutlich als 5,15f, ein Lichtsein für andere gemeint. Die Möglichkeit dieses Lichtseins für andere ist aber nicht ihre herausragende Gelehrsamkeit, nicht ihre damit anerkannte Torafrömmigkeit, nicht die sich aus ihrem Verhalten ergebende Gerechtigkeit und auch nicht ihre Zugehörigkeit zu Israel, sondern einzig und allein ihr Anschluss an Jesus, der sie als seine Boten bevollmächtigt. Als Messiasboten sind sie das Licht der Welt, indem sie von dem zeugen, der alle Gerechtigkeit erfüllt.

4. Die „Stadt auf dem Berg" als Bild der Jüngergemeinschaft, von der Weisung ausgehen soll und wird

Das Bildwort von der Stadt in Mt 5,14b ist als einziges nicht ausgeführt und ist darum von seinem unmittelbaren Kontext her zu bestimmen. Es ist aber möglich, dass Matthäus hier bewusst verkürzte, und sich im Thomas-Evangelium (Logion 32 par. Pap.Oxyrhynch. 1) eine vollständige Version der Tradition erhalten hat.[393] Sie zeigt, wie leicht sich der in Mt 5,14b nur angedeutete Vergleich in eine kunstvolle zweigliedrige Sentenz verwandeln lässt. Zugleich wird deutlich, dass die ausgeführte Gestalt des Logions ohne weiteres für eine militant-zelotische Grundstimmung in Anspruch genommen werden konnte:

Λέγει Ἰ(ησοῦ)ς·
(1) πόλις οἰκοδομημένη ἐπ' ἄκρον [ὄ]ρους ὑψηλοῦς (2) καὶ ἐστηριγμένη
(2*) οὔτε πε[σ]εῖν δύναται (1*) οὐδὲ κρυ[β]ῆναι
(Text: Aland, Synopse 77).

„Jesus sprach:
Eine Stadt, erbaut auf dem Gipfel eines hohen Berges und befestigt,
kann weder fallen noch sich verbergen."

Das Logion besitzt einen klaren chiastischen Aufbau: 1 2 ‖ 2* 1* (bauen – befestigen ‖ fallen – sich verstecken). Der Grund für die Nichtausführung des Bildes von der Gottesstadt bei Matthäus könnte damit zusammenhängen, dass die Inanspruchnahme des Motives von der unüberwindlichen Gottesstadt auf dem Berg (= Jerusalem) durch die Zeloten bzw. in anderer Form durch die

---

[393] Vgl. R. MCL. WILSON, Studies in the Gospel of Thomas, London 1960, 61.75.147. Auffällig ist, dass das nachfolgende Logion 33 mit Mt 5,15 (in Kombination mit Mt 10,27/Lk 11,33) fortführt, d.h. diese beiden Logien stellen einen der wenigen Fälle dar, in denen das Thomas-Evangelium synoptisches Material in derselben Reihenfolge wie dieses bietet. Lediglich eine „erweiterte Variante" von 5,14b sieht dagegen J. JEREMIAS in Logion 32, vgl. Unbekannte Jesusworte, 3. Aufl. unter Mitarb. von O. Hofius, Gütersloh 1963, 13f.

Qumrangruppe diesem ein einseitiges politisch-militärisches Gepräge gab, an dessen Repristination Matthäus nicht gelegen war.[394]

Bei Matthäus ist der Halbvers V. 14b οὐ δύναται πόλις κρυβῆναι ἐπάνω ὄρους κειμένη zunächst nur ein Vergleich aus der alltäglichen Erfahrung. Es ist ein unmittelbar einleuchtender Vergleich, der im wahrsten Sinne des Wortes täglich im hügeligen Galiläa und im gebirgigen Judäa vor Augen lag.[395] Die Städte und Dörfer lagen zumeist auf den Hügelkuppen, um das tiefer liegende, landwirtschaftlich nutzbare Gebiet nicht durch Wohnbebauung zu verknappen. Die älteren Ortslagen waren zudem aus strategischen Gründen auf den Höhen angelegt worden, doch zeigt sich seit der hellenistischen Zeit durchaus ein Zug hin zu den bequemeren Tallagen. Das betrifft aber mehr die größeren Städte als die kleinen Dörfer. Dass der Vergleich nicht ausgeführt, sondern nur angedeutet ist, weist darauf hin, dass Matthäus auf ihn nicht den Schwerpunkt legen will, sondern in der vorliegenden Form lediglich der Verstärkung und Verdeutlichung der beiden anderen Beispiele dient.

Die Stadt auf dem Berg kann auf der historischen Ebene des Lebens Jesu auch nicht auf Jerusalem bezogen werden, denn noch ist nicht „alles geschehen" (5,18d), was *in Jerusalem* geschehen *muss*, wie Mt 16,21 parr. Mk 8,31; Lk 9,22 zeigt. Nur Matthäus verbindet das eine heilsgeschichtliche Notwendigkeit ausdrückende δεῖ ausdrücklich mit Jerusalem (εἰς Ἱεροσό-

---

[394] Zur zelotischen Ideologie im Hinblick auf die Unüberwindlichkeit Jerusalems bzw. des Tempels s. M. HENGEL, Die Zeloten, AGJU 1, Leiden ²1976 (¹1961), 226–229.247–249. Zur „Stadt" als Metapher für eine besonders erwählte oder beauftragte Gruppe vgl. die Hinweise bei O. BETZ, Stadt und Gegenstadt. Ein Kapitel zelotischer Theologie, in: DERS., Jesus. Der Messias Israels (s.o. Anm. 31), 25–38 (33–35): In Qumran gab es das Bild einer von Gott gegründeten, befestigten Stadt, die ein Bollwerk gegen das Böse darstellt, vgl. 1QH VI [neu XIV] 25–36 (vgl. a. 1QS VIII 7f). Zugrunde liegt diesem Bild das Orakel Jes 28,16f, wonach Gott auf dem Zion einen bewährten Stein und köstlichen Eckstein legen wird. Dieser Vers begegnet im NT als direktes Zitat in Röm 9,33; 10,11; 1Petr 2,4–8, als Anspielung in Mt 21,42 par. Lk 20,17 (Zitat von Ps 118,22f als Abschluß des Weinberggleichnisses); Eph 2,19–22 (erbaut auf dem Grund der Apostel [!] und Propheten, d.h. hier kann Mt 5,14 im Hintergrund stehen) und 2Tim 2,19. Ein verwandtes Bild stellt Apk 14,1 dar, das Lamm inmitten seiner Gemeinde auf dem Berg Zion, die aus denen gebildet ist, die ihm folgten, wohin er sie führte. Auch Gal 4,26, das „obere Jerusalem", das „unsere Mutter ist", ist hier zu erwähnen (dazu: ANNA MARIA SCHWEMER, Himmlische Stadt und himmlisches Bürgerrecht bei Paulus [Gal 4,26 und Phil 3,20], in: La Cité de Dieu. Die Stadt Gottes, 3. Symposium Strasbourg, Tübingen, Uppsala 19.–23. September 1998 in Tübingen hg. v. M. Hengel u.a., WUNT I/129, Tübingen 2000, 195–243).

[395] So H. FRANKEMÖLLE, Mt I 215f („Selbstverständlichkeit menschlicher Erfahrungen"), vgl. a. A. SCHLATTER, Mt 148 (das Bild drückt die Selbstverständlichkeit der Wirkung aus: „Mit dem, was die Jünger durch Jesus wird, erfüllt er seine Sendung", so auch J. JEREMIAS, Gleichnisse 215); P. GAECHTER, Mt 157f; U. LUZ, Mt I¹⁻⁴ 223/I⁵ 299, unter ausdrücklicher Ablehnung der Deutung auf Jerusalem, so auch G. STRECKER, Bergpredigt 52f; L. MORRIS, Mt 105.

λυμα ἀπελθεῖν). Dass Jerusalem Ziel der Sendung Jesu ist, wird in den Evangelien und auch bei Matthäus immer wieder deutlich.[396] Darum ist auf der Ebene des Evangeliums und somit gleichsam aus der Perspektive des wissenden Lesers eine sekundäre Bezugnahme auf die eigentliche Gottesstadt auf dem Berg Zion nicht von der Hand zu weisen[397], zumal

---

[396] Mt 2,1.3: „ganz Jerusalem" ist über die Kunde der Magier „bestürzt", in 3,5 par. Mk 1,5 strömen „Jerusalem und ganz Judäa" zum Täufer, d.h. erzähltechnisch sind sie Zeuge der Taufe Jesu; als nach seinem ersten Predigen und Wirken sich die Kunde von ihm „in ganz Syrien" ausbreitete (4,24, gemeint ist hier m.E. die römische Provinz, deren Teilgebiete in 4,25 aufgezählt sind), da kommen auch ὄχλοι πολλοί aus Jerusalem, um ihn zu hören (4,25 parr. Mk 3,7; Lk 6,17). Angesichts dieser Mengen (ἰδὼν δὲ τοὺς ὄχλους) steigt er auf „den Berg" und belehrt vor aller Ohren seine Jünger über das Reich Gottes (5,1ff), d.h. auch hier sind in der erzählten Welt Jerusalemer unter den Zuhörenden. Nur Matthäus überliefert die »Antithese« betreffs des Schwörens und erwähnt dabei ausdrücklich Jerusalem, denn sie ist „die Stadt (im Griechischen ohne Artikel wie in 5,14) des großen Königs" (5,35), d.h. Jerusalem als Gottesstadt und das irdische Jerusalem sind hier nicht einfach deckungsgleich. Auch Matthäus lässt (wie Markus, vgl. 3,22; 7,1) Pharisäer und Schriftgelehrte aus Jerusalem zu Jesus nach Galiläa kommen (15,1), wo er sich mit ihnen auseinandersetzt; die dritte Leidensankündigung nimmt noch einmal ausdrücklich Bezug auf Jerusalem als den Ort des nun unmittelbar bevorstehenden Leidens (20,17f parr. Mk 10,32f; Lk 18,31); die zweimalige Nennung Jerusalems in 21,1 (parr. Mk 11,1; Lk 19,28; vgl. Joh 12,12) und 21,10 (par. Mk 11,11) rahmt die Einzugsgeschichte des Zionskönigs in seine Stadt, die dennoch verwundert fragt: „Wer ist dieser" (21,10); die erzählerisch belanglosen, weil tautologischen Stellen Mk 11,15.27 (jeweils nacheinander Jerusalem und Tempel genannt) kürzt Matthäus um den Jerusalembezug, wohl weil er selbstverständlich voraussetzen kann, dass seine Hörer und Leser wissen, dass mit dem Tempel nur der Jerusalemer gemeint sein kann; mit dem Klagewort über Jerusalem in 23,37–39 par. Lk 13,34f (nur hier bei Matthäus das für Lukas typische Ἰερουσαλήμ) endet bei Matthäus die Erwähnung Jerusalems unter diesem Namen (bei Markus noch einmal in 15,41 in einem unspezifischen Zusammenhang). Während bei Lukas (vgl. 21,20.24; 23,28; 24,13.18.33.47; Apg 1,12.19 u.ö.) zwischen Kreuzigung und der Gemeindegründung in Jerusalem kein Ortswechsel sondern ein gleitender Übergang stattfindet, ist für Matthäus (auch Johannes erwähnt Jerusalem letztmals in 11,55) der Ort der Begegnung mit dem Auferstandenen und der Aussendung in Galiläa (28,10.16), während Jerusalem nur noch „die Stadt" ist, in der über Jesus falsche Gerüchte verbreitet werden (28,10–15). Rätselhaft bleibt 27,53, die Vorausauferstehung der Heiligen und ihr Eintreten in die „heilige Stadt" (καὶ ἐξελθόντες ἐκ τῶν μνημείων μετὰ τὴν ἔγερσιν αὐτοῦ εἰσῆλθον εἰς τὴν ἁγίαν πόλιν καὶ ἐνεφανίσθησαν πολλοῖς). Es ist m.E. nicht ausgeschlossen, dass Matthäus hier an das himmlische Jerusalem denkt, so H. ZELLER, Corpora Sanctorum, SKTh 71 (1949), 385–465 (456ff), vgl. U. LUZ, Mt IV 366. Zur Bedeutung Jerusalems in der frühchristlichen Theologie allgemein s. P. STUHLMACHER, Die Stellung Jesu und des Paulus zu Jerusalem. Versuch einer Erinnerung, ZThK 86 (1989), 140–156.

[397] Die Deutung auf Jerusalem ist seit den pseudoclementinischen Homilien belegbar (3,67,1); sie wird außerdem vertreten von G. V. RAD, Die Stadt auf dem Berge, EvTh 8 (1948/49), 439–447, auch in: DERS., Gesammelte Studien zum Alten Testament, TB 8, München 1958, 214–224 (224); K. M. CAMPBELL, The New Jerusalem in Mt 5,14, SJTh 31 (1978), 335–363; W. GRUNDMANN, Mt 139 (unter Verweis auf Jes 2,2–5, wo Bergstadt und Licht nebeneinander stehen); J. GNILKA, Mt I 135, mit ausdrücklichem Hinweis auf die Völkerwallfahrt zum Zion (in Konkurrenz zu Israel, das sich nach Röm 2,19 als Licht der Völker verstand); R. H. GUNDRY, Mt 77, hält die Deutung auf Jerusalem für möglich, der

wenn für das Salzwort ein kultischer Bezug angenommen werden kann. Dann ist die Funktion der heiligen Stadt (bzw. des Tempels)[398] ebenfalls auf die Jünger übertragen worden.[399]

Die bildhafte Verbindung vom Zion als Licht der Welt mit einer Lampe und einem Lampenständer findet sich ebenfalls in der schon mehrfach erwähnten *Pisqa* 21 des Rav Kahana:

R. Hoschaja (sagte) im Namen von R. Efes: zukünftig macht Jerusalem eine hölzerne Fackel[400] für die Völker der Welt und sie werden kommen zu seinem Licht. Und was ist der Schriftbeleg hierfür? *Die Heiden werden zu deinem Licht gehen usw.* (Jes 60,3). R. Acha sagte: Man vergleicht Israel mit einer Olive (wie es heißt:) *einen wohlgefälligen, schönen Ölbaum mit guter Frucht* (Jer 11,16) und es gleicht der Heilige einer Lampe (נר) (wie es heißt:) *die Lampe Gottes* (נר אלהים) *ist die Seele des Menschen* (Prov 20,27). Was ist der Weg des Öls? Dass es in eine Lampe gegeben wird und sie beide brennen wie eines. So sagte der Heilige, gepriesen sei er, zu Israel: meine Kinder, weil mein Licht euer Licht und euer Licht mein Licht ist, lasst uns – ich und ihr – hingehen und für Zion leuchten (gemäß dem Schriftvers): *Stehe auf, leuchte, denn dein Licht kommt!*"

---

fehlende Artikel (vgl. aber Mt 5,35) und die Parallelisierung mit „einer Lampe" spricht aber s.E. eher dagegen; D. A. HAGNER, Mt I 100 („a metaphor that has unavoidable associations with Jerusalem on Mount Zion"); H. D. BETZ, Sermon 161f; W. WIEFEL, Mt 96 (die Stadt auf dem Berg ist das „neue Jerusalem" und so „Symbol der Gemeinde"); F. ZEILINGER, Himmel und Erde 61f (beide Deutungen stehen nebeneinander). Auch F. WILK, Jesus und die Völker 116, sieht in der Stadt auf dem Berg einen Hinweis auf Jerusalem (wie in 5,35). Im Hintergrund stehen s.E. Stellen wie Jes 2,2–5; 60,1–3: „Das in Israel aufleuchtende Licht führt die Völker zum Gott Israels." Der Gang nach Jerusalem ist auch bei Matthäus als ein *Hinaufziehen* beschrieben (Mt 20,17f parr. Mk 10,32f; Lk 18,31), was ebenfalls Jerusalem und die „Stadt oben auf dem Berg" verbindet.

[398] Vgl. dazu die schon erwähnte, Jes 60,1–3 auslegende *Pisqa* 21 von PesK (s.o. Anm. 386). In ihr wird das Licht, das Gott und Israel gemeinsam für die Völker am Zion erstrahlen lassen wollen, in einem Abschnitt (21,5) auf den Tempel bezogen. Darin wird geschildert, dass die Fenster des Tempels im Unterschied zu einem Triklinium so gebaut wurden, dass sie nach innen zu eng und nach außen hin weit sind, „damit sein Licht nach draußen in die Welt dringt" (כדי להוציא אורה לעולם) [3mal, s. ed. Mandelbaum, p. 323 Z. 4. 7.10], vgl. ebd. Z. 2: die Fenster im Tempel waren so, dass „das Licht durch sie hinausging in die Welt [ומהם היתה אורה יוצאת לעולם]), während sonst die Fenster so gestaltet sind, dass das Licht von außen ins Innere dringt (Z. 6). Das Zionslicht dringt also ganz konkret vom Tempel selbst in die Welt.

[399] Zum Bild der Jüngergemeinde als einer Stadt s.o. Anm. 394. Auch TH. ZAHN, Mt 205, sieht in diesem Bildwort die Vorstellung abgebildet, „daß seine (= Jesu) Jüngerschaft ein von der sie umgebenden Welt abgesondertes Gemeinwesen sei, welches nicht unbemerkt bleiben kann, solange es seine Eigenart und seine eigenartige Stellung in der Welt bewahrt."

[400] קסילפונס, wohl zusammengesetzt aus ξύλον und φάνος, vgl. M. JASTROW, Dictionary 1396, während G. DALMAN, Handwörterbuch 385, es von βηξιλλόφανος ableitet und mit „hochgetragene Leuchte" übersetzt. Die handschriftliche Überlieferung ist allerdings sehr uneinheitlich und zeigt, dass das Wort später nicht mehr verstanden wurde, vgl. ed. Mandelbaum I 322 App. z. St.

So wie es nach diesem Text Israels Aufgabe ist, in Verbindung mit Gott als Fackel oder hochgetragene Leuchte (s. Anm. 398) den Völkern vom Zion aus Licht zu geben, so setzt Jesus seine Jünger ein als Licht der Welt.[401] Die universale Beauftragung ist dabei ebenso unverkennbar wie der Bezug auf geprägte biblische Sprache. Die Stadt auf dem Berg, von der das Licht ausgeht und die leuchten soll, kann den Zion assoziieren, aber die mit ihm verbundenen Erwartungen und Hoffnungen sind auf die Jünger Jesu übertragen, wobei auch hier die Gerechtigkeit eine herausragende Rolle einnimmt[402]. *Sie* sollen in der Welt und „allen im Haus" (5,15c) leuchten.

5. Die καλὰ ἔργα der Jünger als Ausweis ihrer Gerechtigkeit

Die Beschreibungen der Jüngerschaft in den Bildworten von Salz und Licht werden in 5,16 zusammengefaßt (zur Struktur der Texteinheit s.o. 1). Das einleitende οὕτως ist rückverweisend auf die Verse 13–15 und vermittelt deren Inhalt dem Imperativ λαμψάτω.[403] Zwar nimmt die erste Vershälfte mit dem Stichwort φῶς nur auf 14f Bezug, aber dies ist als *pars pro toto*-Konstruktion zu verstehen, da mit dem Stichwort οἱ ἄνθρωποι schon äußerlich der Bezug zu V. 13 hergestellt wird: „Von den Menschen" wird das hinausgeworfene, salzlos gewordene Salz zertreten, aber genau ihnen gilt gleichwohl die Beauftragung der Jünger: „Vor den Menschen" sollen sie ihr Licht leuchten lassen. Diese sprachliche Klammer drückt nun ihrerseits noch einmal aus, was sich auch bei der Analyse von γῆ (V. 13) und κόσμος (V. 14) nahelegte, dass damit die bewohnte Erde bzw. die Menschenwelt gemeint ist.[404]

Auch syntaktisch läßt sich dies belegen: Eingeleitet wird die zweite Satzhälfte mit dem vergleichenden Relativum ὅπως, das hier in Verbindung mit nachfolgendem Konjunktiv finalen Charakter besitzt.[405] Es ist die einzige Finalkonstruktion[406] des ganzen Abschnitts

---

[401] Der Einwand von U. Luz (Mt I[1-4] 220/I[5] 295), dass V. 14b weder zur Einleitung 14a noch zur Anwendung in V. 16 passe, weil da „von einem Verhalten, nicht von einem Zustand die Rede ist", erübrigt sich angesichts dieser Parallelen. Auch in den rabbinischen Parallelen stehen Seinsaussagen und damit verbundenes Verhalten nebeneinander.

[402] Vgl. Jes 1,21–27; 32,1 (gemeint ist der Zion vgl. 31,9); 46,13; Jer 31,23; 33,15f; 51,10; Sach 8,2–8: zu den Stellen s. die Hinweise in § 13. Vgl. a. Bar 5,1–9, wo Licht als Metapher für die eschatologische Gerechtigkeit Jerusalems gebraucht ist.

[403] So auch in Mt 12,45; 13,49; 18,14; 20,16, vgl. G. STRECKER, Bergpredigt 54; U. Luz, Mt I[1-4] 224/I[5] 300.

[404] Dem entspricht auch die Ausführung des Bildwortes V. 14 durch V. 15: das Anzünden des Lichtes soll allen denen dienen, die im Haus sind. Der damit beschriebene Horizont lässt es erneut wenig wahrscheinlich erscheinen (vgl. § 2 Anm. 241), dass das Matthäus-Evangelium nur für *eine* Gemeinde konzipiert wurde. Vielmehr ist der Auftrag der ganzen Kirche im Blick.

[405] Vgl. GGNT §§ 252,45 u. 278a–b sowie §§ 61c u. 142a.

13ff, womit auch formal die zusammenfassende Funktion dieses Versteils unterstrichen ist. Subjekt des so eingeleiteten Finalsatzes sind „die Menschen" der ersten Vershälfte, wodurch der Bezug zu V. 13 hergestellt wird: Nicht das Zertreten des salzlosen Salzes soll am Ende stehen, womit den Menschen nicht geholfen ist, die Jünger sich selbst aber geschadet haben, sondern die im Lobpreis vollzogene Anerkennung Gottes angesichts der „guten Werke" der Jünger. Wo dies geschieht, ist den Menschen geholfen, und die Jünger haben getan, wozu sie befähigt und beauftragt wurden.

Die Bündelung und Weiterführung der Jünger-Zusagen in 5,13–16a durch die finale Bestimmung in V. 16b ὅπως ἴδωσιν ὑμῶν τὰ καλὰ ἔργα καὶ δοξάσωσιν τὸν πατέρα ὑμῶν τὸν ἐν τοῖς οὐρανοῖς scheint durch die Wendung καλὰ ἔργα das ethische Verständnis der Seligpreisungen zu bestätigen.[407] Dafür werden die „guten Werke" häufig im rabbinischen Sinne als Liebeswerke[408] oder allgemein als „gute Taten" verstanden[409], wie man sie

---

[406] V. 15b besitzt semantisch finalen Charakter, aber dieser ist syntaktisch nicht markiert.

[407] Vgl. J. SCHNIEWIND, Mt 52; P. GAECHTER, Mt 159f (der aber sieht, dass diese Auslegung nicht wirklich zu V.14f passt, weshalb er V. 16 als nur lose mit V. 13–15 verbunden sieht); G. STRECKER, Bergpredigt 54f; U. LUZ, Mt I$^{1-4}$ 225/I^5 301; D. A. HAGNER, Mt I 100f u.a. Vgl. auch F. A. G. THOLUCK, Bergpredigt, der aufgrund seiner Auslegung der V. 13ff auf den Verkündigungsdienst der Apostel in den καλὰ ἔργα den Hinweis findet, dass deren „Zeugniß nicht bloß ein Zeugniß durch das Wort, sondern auch durch das Leben seyn" soll, indem die Werke der „Ausfluß des Lichtes" sind, das die Apostel sind (127).

[408] Im Sinne der מעשים טובים deuten G. FRIEDLANDER, Sermon 31; A. SCHLATTER, Mt 150 (nicht dagegen BILL. z.St.!); J. GNILKA, Mt I 137; M. HENGEL, Bergpredigt 265 (= 373); W. WIEFEL, Mt 97; CH. BURCHARD, Thema 37 m. Anm. 38, weist diese verbreitete Gleichsetzung zurück. Die Gleichsetzung der mt καλὰ ἔργα mit den rabbinischen מעשים טובים leidet allerdings darunter, dass nirgends der Versuch unternommen wird, anhand der rabbinischen Texte zu beschreiben, was eigentlich die „guten Taten" sind. In der Regel werden diese undifferenziert mit den גמילות חסידים und den Werken der צדקה in eins gesetzt, vgl. BILL. IV/1 536. Eine Tendenz in diese Richtung ist nicht zu bestreiten, aber das ist kaum die ursprüngliche Bedeutung dieser Wendung. Viel zu wenig wird beachtet, dass die מעשים טובים fast immer im Zusammenhang mit der Tora (gemeint ist in der Regel: Torakenntnis oder das Studium der Tora) vorkommen und zwar additiv, indem „Tora und gute Werke" den vollkommenen Frommen und Gerechten ausmachen (mAv 6,9; ARN A 22: auf ihn wird Ps 1,3 angewandt; wer dagegen nur große Torakenntnisse besitzt, aber keine guten Werke ist wie die Tamariske in der Wüste Jer 17,6). Für das Ideal der Einheit von beidem vgl. besonders ARN A 24, wo in vier Doppelgleichnissen in exakt identischem Schema diejenigen, die gute Werke *und* Torakenntnisse besitzen, denen gegenübergestellt werden, die *nur* Torakenntnisse besitzen. Letztere gleichen u.a. dem, der ein Haus mit Lehmziegeln im Fundament baut und darüber Steinen, mit der Folge, dass es beim nächsten Regen zusammenfällt (vgl. Mt 7,24; die Stelle auch bei BILL. I 469). An diesen Stellen, in denen Tora und gute Werke zusammengestellt sind, geht es exakt wie in Mt 7,24 um *die konstitutive Zusammengehörigkeit von Theorie und Praxis*, d.h. um das Lernen der Tora und ihre praktische Umsetzung, weil eines ohne das andere nichts wert ist. Eine weitere Reihe von Texten gebraucht dieses Ideal, um auf eine besonders schwere Sünde hinzuweisen mit den Worten: wer das und das tut, „der hat, auch wenn er Tora und gute Werke besitzt, keinen Anteil an der kommenden Welt" (mAv 3,12; ARN A 26; yPea 1,1 16b; yPes 6,2 33b; bBer 61a; bSanh 99a; vgl. bSota 4b). W. BELTZ, Art. Gute Werke I. Religionsgeschichtlich, RGG^4 III, 2000, 1343f, bringt diesen Zusammenhang knapp auf den Punkt: „Die Befolgung der 613

inhaltlich in den Seligpreisungen und nachfolgenden Antithesen konkretisiert findet. Luz sieht in 5,16 „das matthäische Prae der Tat vor dem Wort" (Mt I 225), übersieht aber dabei, dass die Jünger spätestens seit 5,12 durch den Vergleich mit den Propheten in die Reihe derer gestellt sind, denen die Botschaft Gottes anvertraut ist und die mit der Verkündigung derselben ihre „guten Werke" tun, die nur *sie allein* als „Salz" und „Licht" tun können.[410] Damit soll kein schroffes „Wort" oder „Tat" (eine m.E. falsche Alternative) behauptet werden, da die Beauftragung der Jünger durch Jesus selbstverständlich auch das gesamte Verhalten prägen will. Es geht vielmehr darum zu zeigen, dass die „guten Werke" nicht so ohne weiteres einfach auf soziale und wohltätige Aktionen beschränkt werden können, wie man sie insbesondere in Mt 25,31ff beschrieben findet. Es geht bei dieser Aufforderung m.E. eher darum, die Verkündigung der Basileia dadurch zu unterstützen, dass Reden und Handeln in Einklang stehen, d.h. die Tat dient der Botschaft und beglaubigt sie. Die „guten Werke" sind also zum einen im Zusammenhang mit den Werken des Messias (s.u. 5.1) zu sehen, zum anderen im Gehorsam gegenüber der Weisung Jesu (was ab 5,18ff entfaltet wird).

Es lohnt sich darum, der Frage noch einmal nachzugehen, wie Matthäus diesen Vers in seinem Text 'verwebt'. Die Verbfolge ὁρᾶν – δοξάζειν drückt zunächst ein logisches Nacheinander aus: das „Sehen" soll zum „Preisen" führen. Darum ist nach dem Objekt von ὁρᾶν zu fragen. Die semantische Nähe des Verbs zum Bildwort von der Lampe legt nahe, dass die „guten Werke" die sichtbaren Folgen vom Licht(- und Salz)sein der Jünger sind. Dies entspricht weitgehend dem rabbinischen Gebrauch von טבים מעשים als der praktischen Seite eines Lebens nach der Tora. Was aber bezeichnet der Evangelist mit καλὰ ἔργα, wenn mit der Beauftragung zu „Salz" und „Licht" nicht ein Leben nach der Tora, sondern die Beauftragung zu einer missionarischen Existenz in der Welt gemeint ist? Die Antwort: So wie die מעשים טבים zum Besitz der Tora als ihrer tätigen Seite dazugehören, die Tora also nur 'nützt', wenn sie getan wird, so gehören auch für Jesu Jünger die „guten

---

Gebote entspricht intentional dem Begriff g.[ute] W.[erke]" (1344), m.a.W., die guten Werke sind nichts anderes als das Tun der Tora. Für die Jünger heißt dies: ihre guten Werke sind die Betätigung ihrer Beauftragung durch Jesus.

[409] So G. STRECKER, Bergpredigt 54 (der aber an dem Ausdruck merkwürdig wenig Interesse hat); U. LUZ, Mt I¹⁻⁴ 224f/I⁵ 300f; DAVIES/ALLISON, Mt I 478: die guten Werke sind das in 5,17–7,12 genannte Verhalten, d.h. der Ausdruck wäre völlig synonym zu δικαιοσύνη gebraucht, so auch C. S. KEENER, Mt 175, der 5,16 und 6,1 ausdrücklich parallelisiert und nur unterscheidet, ob die Zielrichtung der Werke Gott oder die Menschen sind. Gegen eine solche Auslegung spricht die mt Tendenz zu einem formelhaften Sprachgebrauch. Anhand der übrigen Belege für ἔργα bei Matthäus lässt sich die Gleichsetzung mit den rabbinischen Wohltätigkeitstaten nicht aufrechterhalten.

[410] Vgl. immerhin E. SCHWEIZER, Mt 355.

Werke" zu ihrem Auftrag dazu. „Salz" und „Licht" zu sein nützt so wenig etwas, wie wenn einer die Tora ohne מעשים טובים hat. Aber so wie die מעשים טובים nicht etwas anderes als die Tora selbst sind, sondern lediglich die Tora *in actu* meinen, so sind auch die guten Werke der Jünger nicht etwas anderes, zusätzliches, das zu ihrem Sein als „Salz" und „Licht" noch hinzukommen müsste, sondern *dieses Sein in Wirkung*. Die Funktion dieser Wendung besitzt demnach in den rabbinischen Texten eine Parallele, aber nicht der Inhalt. Das aber wird regelmäßig verwechselt, indem man den Inhalt der rabbinischen Wendung (in der problematischen Gleichsetzung von מעשים טובים mit den Werken der rabbinischen Barmherzigkeit und Liebestätigkeit) in den mt Text einträgt, ohne vorher intratextuell zu überprüfen, was eigentlich der Evangelist selbst zum Thema „Werke" schreibt. Es ist also geboten, dem mt 'Webfaden' von den Werken nachzugehen, den er hier erstmals in seine Darstellung einflicht.

Der mt Sprachgebrauch von ἔργα erweist sich dabei als vielschichtig und ist nicht ohne weiteres auf eine traditionelle Weise der Wohltätigkeitsübungen eingrenzbar. Denn diese werden in 6,2ff unter dem zutreffenden Leitwort ἐλεημοσύνη behandelt und sollen nach mt Verständnis, um dafür Lohn erwarten zu dürfen, *im Verborgenen* geschehen, während die καλὰ ἔργα missionarische und d.h. *öffentliche* Bedeutung haben. Bernhard Weiss führte darum schon vor über 100 Jahren in seinem Matthäus-Kommentar eine hilfreiche Unterscheidung ein, wenn er die καλὰ ἔργα als die „trefflichen Werke" der Jünger, „welche die ihnen verliehene *Erkenntniss der Wahrheit* nach selbstverständlicher Voraussetzung in ihnen gewirkt hat" unterscheidet von ihrer „pflichtgetreue[n] Wirksamkeit, ihre[n] spezifischen Jüngerwerke[n]"[411]. Weiss hebt darüber hinaus das betont vorangestellte ὑμῶν hervor (vgl. τὸ φῶς ὑμῶν), das auf die direkten Anreden in V. 11 und 13.14 zurückweist und deutlich macht: Es geht um die Werke derer, die Jesus als Salz und Licht bezeichnet, nicht allgemein um gute Taten, wie sie allen Gläubigen (bzw. allen Menschen) aufgetragen und möglich sind.[412] Die besonderen Jüngerwerke sieht Weiss in der *Verkündigung* der „Liebe des Vaters …, deren höchste Offenbarung in seinem Messias" erkennbar ist (Mt 100).[413] Die Ver-

---

[411] Mt 100 (Hhg.R.D.).

[412] Vgl. a. R. HEILIGENTHAL, Werke 123: „die in 5,16 geforderte missionarische Existenz [ist] nichts anderes als eine Rückbesinnung auf diese bereits zugesprochene Identität".

[413] B. WEISS gehört zu den Auslegern, die diese besondere Jüngerbeauftragung und -belehrung in erster Linie auf deren Verkündigung, Lehre und Predigt beziehen. Diese Auslegungstradition zieht sich von der alten Kirche über die Reformation bis in die Neuzeit, wird aber, soweit ich sehe, in der Gegenwart nicht mehr vertreten. Die Gründe dafür sind gewiss nicht nur, wahrscheinlich nicht einmal in erster Linie, exegetischer Natur, sondern spiegeln die veränderte Stellung des Predigtamtes in den christlichen Kirchen wider. Einen

kündigung muss jedoch von einem entsprechenden, überzeugenden Wandel begleitet sein, wenn die Jüngerexistenz wirklich zu Salz und Licht für die Menschen werden soll, indem der Weg der Erkenntnis (dessen Ziel der Lobpreis Gottes ist) von außen nach innen bzw. vom Sichtbaren zum Unsichtbaren, Geistlichen geht.

Bei Strecker und den meisten Neueren ist dagegen alles Gewicht auf die praktisch-ethische Seite gelegt, die nicht zwischen Zusage und Aufgabe unterscheidet. Seines Erachtens ist die Zusage nur wirkmächtig, insofern die Jünger die „guten Werke" auch sichtbar tun. „*Ecclesia visibilis* heißt für Matthäus: Die christliche Gemeinde *muß* durch den Einsatz für die Gerechtigkeit unter den Menschen der Forderung Jesu entsprechen" (54 [Hhg.R.D.]). In 5,16 sieht Strecker ferner eine Vorwegnahme von 5,20, indem die dort geforderte reichere Gerechtigkeit sich im Tun der guten Werke erweist. Die von Strecker für die Seligpreisungen postulierte „ethische Tendenz", die Matthäus „den ursprünglich parakletischen Makarismen aufgeprägt" haben soll (31), findet in diesem Verständnis der „guten Werke" ihre konsequente Fortsetzung, zumal Strecker in der goldenen Regel 7,12 den „Höhepunkt" der Bergpredigt findet (28).[414] Dieses Verständnis der καλὰ ἔργα, das sich cum

---

ersten Überblick über diese Auslegungstradition findet sich bei F. A. G. THOLUCK, Bergpredigt 15–17.118f.

[414] Ein solches Verständnis kann sich lediglich auf die Wirkungsgeschichte dieses Wortes in der Neuzeit berufen, abhängig von der immer wieder hervorgehobenen Nähe zum kategorischen Imperativ von Immanuel Kant (s.o. Anm. 328). Auch das Druckbild vieler Bibelausgaben (einschließlich Nestle-Aland) erweckt den Eindruck, als sei 7,12 eine isolierte und damit hervorzuhebende bzw. hervorgehobene Aussage. Dabei wird gerne übersehen, dass 7,7–14 eine klar gegliederte und vielfach ineinander 'verwobene' Einheit bildet, deren entscheidende Leitbegriffe „bitten" (αἰτεῖν in V. 7.8.9.10.11) und „finden" (εὑρίσκειν in V. 7.8.14: *inclusio* um den ganzen Abschnitt) sind. Dieses übergeordnete polare 'Gewebe' (das „Bitten" auf Seiten des Menschen und als Folge davon das vom Gott gewährte – vgl. V. 11 – „Finden") bestimmt die Motive des „Suchens" (ζητεῖν in V. 7.8.13) und der Pforte (V. 13f) mit „anklopfen" (V. 7), „öffnen" (V. 7) und „hineingehen" (V. 13). Die „goldene Regel" ist dann nichts anderes (auch formal erkennbar an dem aus einem Relativsatz gebildeten Konditionalgefüge, das den Vers als »Anwendungsbestimmung« für das Voranstehende kennzeichnet, s.u. § 9/1.) als eine Erläuterung zu 7,11: so wie der himmlische Vater denen Gutes zu geben vermag, die ihn bitten (vgl. die Erläuterung dieses Satzes in Mt 20,1–15), so sollen sich auch die verhalten, die von ihm Gutes erfahren haben (zur Erläuterung vgl. Mt 18,21–35). Dieser Zusammenhang ist in der Parallele Lk 6,30f noch deutlicher erkennbar. Die theologische Verstärkung, die Matthäus durch den Nachsatz οὗτος γάρ ἐστιν ὁ νόμος καὶ οἱ προφῆται dieser fast banalen Klugheitsregel gibt, ist überraschend, aber doch folgerichtig. Denn er nimmt *für die inhaltliche Bestimmung von „Gesetz und Propheten"* Gottes rettendes *Handeln für die Menschen zum Vorbild* (denn das Ziel des Bittens ist der Eingang durch die enge Pforte und damit ins „Leben" – hier gleichbedeutend mit der βασιλεία τῶν οὐρανῶν) und macht dieses zum alleinigen Maßstab. Eine wie auch immer geartete *halachische* Interpretation dieses Verses ist damit für Matthäus – anders als für die Rabbinen, die sich Gott durchaus vorstellen können, wie er sich die Gebetsriemen umbindet (bBer 6a; 7a; bMen 35b, vgl. a. bAZ 3b, wonach Gott drei Stunden täglich in der Tora studiert) – ausgeschlossen.

grano salis in den meisten neueren Mt-Kommentaren findet[415], soll im Folgenden kritisch geprüft werden.

5.1 Der Wortgebrauch von ἔργον/ἔργα im Matthäus-Evangelium

Die vielfach notierte Beobachtung über den redaktionellen bzw. vollständig matthäischen Charakter von V. 16[416] wird durch die Statistik in Bezug auf den Gebrauch von ἔργον bestätigt: den sechs Belegen bei Matthäus stehen nur je zwei bei Markus und Lukas gegenüber (zum Vergleich: Joh 27mal; Apg 10mal). In zwei Fällen gebraucht allein Matthäus den Begriff in Stoffen, die er mit Lukas gemeinsam hat (Mt 11,2 par. Lk 7,18; Mt 11,19 par. Lk 7,35), in Mt 26,10 geht er auf die Mk-Vorlage zurück (14,6), dreimal steht er im mt Sondergut (5,16; 23,3.5). Andererseits scheint Matthäus in Mk 13,34 den Begriff gemieden zu haben (vgl. Mt 25,15: die gesamte mk Perikope ist von Matthäus nur sehr frei übernommen worden, sofern es sich überhaupt um eine echte Parallele handelt), der inhaltlich nicht zum mt Sprachgebrauch passt. Schwieriger ist das Urteil bei Lk 11,48. Die Stelle wird üblicherweise zu Q gerechnet, doch weist Matthäus hier eine stark abweichende Fassung auf (23,29–31 par. Lk 11,47f). Matthäischer Sprachgebrauch in 23,3.5 zeigt, dass er das Wort genau wie Lukas im Sinne von „Taten" gebrauchen kann, die das Wesen eines Menschen qualifizieren bzw. in diesem Fall disqualifizieren. Lk 24,19 dagegen ist lk Sondergut und kann außer Betracht bleiben.[417]

Für das mt Verständnis der ἔργα ist insbesondere 11,2.19 wichtig, wo der Evangelist entweder im Gegensatz zu Lukas das Wort aus der Tradition übernimmt oder – was wahrscheinlicher ist – selbst in diese einfügt. In 11,2 „hört" (ἀκούειν) der Täufer τὰ ἔργα τοῦ Χριστοῦ und schickt deswegen seine Jünger zu ihm. In τὰ ἔργα ist alles enthalten, was von Jesus zwischen 4,17 und 11,1 erzählt wurde, d.h. seine Lehre und seine sie beglaubigenden Taten.[418] Die Antwort Jesu (11,4f) enthält die Aufforderung an die Boten,

---

[415] Vgl. U. LUZ, Mt I[1–4] 225/I[5] 301: „Inhaltlich zu füllen sind die »guten Werke« von den vorangegangenen Seligpreisungen und von den folgenden Antithesen her." Darin sieht Luz einen weiteren Beleg für das „Christentum der Tat", das s.E. für Mt charakteristisch sei.

[416] Vgl. DAVIES/ALLISON, Mt I 478 Anm. 21: Auch ὅπως und καλός sind mt Vorzugsvokabeln; bei U. LUZ, Mt I[1–4] 42/I[5] 64, fehlt dagegen καλός in der entsprechenden Übersicht; er rechnet dafür über DAVIES/ALLISON hinaus noch ἔμπροσθεν und πατὴρ ὑμῶν ἐν τοῖς οὐρανοῖς dazu, weniger eindeutig auch λάμπω und ἄνθρωποι, vgl. I[1–4] 220/I[5] 295 m. Anm. 5 bzw. 4.

[417] Die Doppelung ἐν ἔργῳ καὶ λόγῳ als umfassende Beschreibung der Wirksamkeit eines Menschen ist paulinischer Sprachgebrauch, vgl. Röm 15,18; 2Kor 10,11; Kol 3,17; 2Thess 2,17, vgl. a. Apg 7,22 (Plural). Er steht m.E. dem rabbinischen „Tora und gute Werke" nahe (s.o. Anm. 408).

[418] Vgl. dazu besonders F. T. GENCH, Wisdom 169. Das mt Interesse an den ἔργα erhellt auch der Vergleich mit Lk 7,18.

dem gefangenen Johannes zu verkünden, was sie hören (ἀκούειν) *und* sehen (βλέπειν)[419], und dieses wird nachfolgend mit einer an Jes 35,5f; 61,1 (vgl. a. 8,14f; 26,19f; 28,18f) orientierten Beschreibung der „Werke" Jesu illustriert:

(I) τυφλοὶ ἀναβλέπουσιν[420]   (II) καὶ χωλοὶ περιπατοῦσιν[421],

(III) λεπροὶ καθαρίζονται[422]   (IV) καὶ κωφοὶ ἀκούουσιν[423],

(V) καὶ νεκροὶ ἐγείρονται

(VI) καὶ πτωχοὶ εὐαγγελίζονται[424].

(VII) καὶ μακάριός ἐστιν ὃς ἐὰν μὴ σκανδαλισθῇ ἐν ἐμοί.

Das erste Doppelpaar der Werke Jesu nimmt chiastisch die Stichworte „hören" und „sehen" von 4b wieder auf.[425] Die Johannesjünger sollen „hören" und „sehen", wie durch Jesu Wirken Menschen wieder „hören" und „sehen" können. Ohne Anhalt in der LXX–Vorlage ist dagegen das fünfte Glied, in welchem die Heilungswunder der vorangestellten vier Glieder gesteigert sind durch den Hinweis auf die Totenauferstehung[426]. Den Abschluss bildet ein äußerlich gesehen eher unspektakuläres Werk, das aber durch seine Stellung und den nachfolgenden Makarismus als Klimax herausgehoben ist. Die

---

[419] Vgl. die umgekehrte Reihenfolge in Lk 7,22 (ἀπαγγείλατε Ἰωάννῃ ἃ εἴδετε καὶ ἠκούσατε), die die mt Betonung des Hörens (und damit der Verkündigung) unterstreicht (vgl. a. 11,15). CELIA M. DEUTSCH sieht diese Veränderung (dazu kommt der Gebrauch des Präsens im Unterschied zum Aorist bei Lukas) in Übereinstimmung „to the stress on perception and understanding that characterizes the longer literary unit of 11:2–13:58" (Lady Wisdom 51).

[420] Vgl. Jes 35,5a; Ps 146,8a.

[421] Vgl. Jes 35,6a.

[422] Für diesen messianischen Akt fehlen prophetische Vorbilder. Als Wirken des Messias ist καθαρίζειν jedoch in PsSal 17,22.30; 18,5 (vgl. a. 17,36.45) gebraucht, wenngleich bezogen auf die Sünden Jerusalems und nicht im Zusammenhang mit Krankheiten.

[423] Vgl. Jes 35,6b.

[424] Vgl. Jes 61,1b.

[425] Zur Analyse vgl. J. GNILKA, Mt I 405; F. T. GENCH, Wisdom 143–147.

[426] Die jedoch durchaus alttestamentliche Vorbilder hat. GNILKA verweist dazu auf Jes 26,19, aber an dieser Stelle fehlt das handelnde Subjekt. Näherliegender scheint mir, an die Totenerweckungen des Elija bzw. Elischa zu denken, zumal in Mt 11,14 Elija genannt ist. Dafür spricht auch, dass in 1Kön 17,17ff die Auferweckung des Kindes durch Elija mit dem Bekenntnis der Mutter über die Anerkennung von Elijas Prophetenamt endet: Ἰδοὺ ἔγνωκα ὅτι ἄνθρωπος θεοῦ εἶ σὺ καὶ ῥῆμα κυρίου ἐν στόματί σου ἀληθινόν. Das *Sehen* des Wunders führt zum Hören bzw. Anerkennen des Propheten als Träger des Gotteswortes. Als messianisches Werk ist das Lebendigmachen der Toten jetzt möglicherweise in 4Q521 Frg. 2 II Z. 12 in einem Kontext bezeugt, der die Heilstaten Jahwes, wie sie in Ps 146,7f (Z. 8) und Jes 61,1 verheißen sind, auf den Messias (Z. 1, was allerdings umstritten ist) und die Zeit der Gottesherrschaft (vgl. Z. 7) bezieht. Die folgenden Zeilen (9–10) sind stark beschädigt, aber sie verweisen auf das Neue, das mit dem Handeln Gottes anfängt, Z. 11 ist eine schöne Parallele zu Mt 13,17; Z. 12 nennt die Heilung von Erschlagenen, „und Tote wird er lebendig machen; *Armen wird er die frohe Botschaft verkünden* (Jes 61,1)." Zur Auslegung und Übersetzung vgl. J. ZIMMERMANN, Messianische Texte 344–365, zum Problem der Messiaskonzeption dieses Textes vgl. 379–387.

Verkündigung des Evangeliums an die *Armen* (hier als „Zöllner und Sünder" und damit als die religiös Ausgegrenzten identifiziert) ist demnach das letzte, entscheidende Werk in dieser Kette.[427] Es ist das messianische Werk schlechthin.[428] An ihm vor allem vermag sich der Anstoß zu entzünden.[429] *Der mt Inhalt des* εὐαγγελίζεσθαι *ist demnach das Hauptwerk, das die Jünger des Johannes „hören" und „sehen" sollen.* Zugleich verweist die Nennung der πτωχοί in 11,5 zurück auf 5,3, die erste Seligpreisung und Auftakt der Verkündigung Jesu. Beim Abschluss der Jesusrede über den Täufer, die sich bei Matthäus und Lukas unmittelbar anschließt, nimmt Matthäus das einleitende Stichwort der ἔργα inkludierend noch einmal auf: Den „Werken des Messias" in V. 2 entspricht nun die σοφία, die „durch ihre Werke" (ἀπὸ τῶν ἔργων αὐτῆς) gerechtfertigt wird (11,19).[430] Damit identifiziert Matthäus den

---

[427] So auch J. GNILKA, Mt I 405, in der Analyse des Abschnitts. In seiner Auslegung dominieren jedoch die ersten 5 Glieder eindeutig das Verständnis von ἔργα, so dass das letzte Glied in seiner Bedeutung unerklärt bleibt (s.u. Anm. 429). Vgl. dagegen F. T. GENCH, Wisdom 170 u. 195 Anm. 114: Sie beobachtet richtig, dass die ersten vier Teilsätze paarweise angeordnet sind, während die letzten beiden als Einzelaussagen zu verstehen sind. Der Akzent liegt dabei als Achtergewicht auf der letzten Aussage: „Matthew's individuation of the preaching of good news to the poor and its prominent position at the conclusion of the catalogue again reflects Matthew's great interest in Jesus' verbal ministry."

[428] Anders in 4Q521 Frg. 2 II, wo nach dem Zitat von Jes 61,1 in Z. 12 noch die Rückführung der Vertriebenen und die Speisung der Hungernden genannt werden (Z. 13, allerdings sehr beschädigt; zur Interpretation s. J. ZIMMERMANN, Messianische Texte 364f), d.h. in diesem Dokument wäre der Höhepunkt der Heilszeit nicht die Verkündigung der Frohbotschaft, sondern die Rückführung aus dem Exil. Allerdings verbietet der fragmentarische Zustand weitergehende Interpretationen. In Frg. 7, wo in Z. 7 ebenfalls die Totenerweckung Israels erwähnt wird, heißt es in der nächsten Zeile (nach einer Lücke): „und wir wollen euch verkündigen die gerech[ten Ta]ten (?) des Herrn, die er/der …", d.h. die Gerechtigkeitserweise Gottes (צדקות) sind der Inhalt der Verkündigung (s. ZIMMERMANN, ebd. 371–374). Dieser alttestamentliche Ausdruck (vgl. Ri 5,7; 1Sam 2,7; Mi 6,5 und Ps 103,6) lässt sich am ehesten im Sinne von Verheißungen, die Gott seinem Volk erfüllt, verstehen (s.u. § 13 Anm. 160 u. 549).

[429] Vgl. P. STUHLMACHER, Theologie I 72f. Anders J. GNILKA, Mt I 409, nach dem „das Ärgernis … seinen Grund in den von Jesus erwähnten Taten der Barmherzigkeit" habe. Das erscheint aus mehreren Gründen unwahrscheinlich: Die Taten Jesu, die Ärgernis hervorrufen, sind seine Exorzismen (vgl. 9,32–34; 12,22–30), aber die sind in 11,5 gerade nicht genannt. Sie fehlen auch im AT völlig. Wo Matthäus jedoch von einem Anstoß an Jesus erzählt, da steht seine Predigt bzw. sein proklamierendes Handeln, wozu insbesondere die Tischgemeinschaft mit den Sündern gehört, im Vordergrund, aber niemals seine „Taten der Barmherzigkeit" (13,53–58; 21,33). Auch da, wo Matthäus das von ihm bevorzugte Verb σκανδαλίζειν (29mal im NT, davon allein bei Mt 14mal, Mk 8mal, Lk und Joh dagegen nur je 2mal) in Bezug auf Jesus gebraucht, ist der Bezug die Verkündigung Jesu (13,21.57; 15,12) oder seine Person selbst (24,10; 26,31.33). Vgl. a. oben § 3/1. (S. 106–108).

[430] Lukas, der in diesem Abschnitt weitgehend mit Matthäus übereinstimmt, lässt die Weisheit stattdessen gerechtfertigt sein ἀπὸ πάντων τῶν τέκνων αὐτῆς. Nach J. GNILKA, Mt I 422 ist das lukanische τῶν τέκνων ursprünglich: „Mt änderte, denn er greift auf V2 (Werke des Christus) zurück und stellt seine Auffassung sicher, daß die Weisheit mit Christus

Messias mit der Sophia.[431] Darüber hinaus sind von dieser Stelle her die „Werke" noetisch konnotiert und bezeichnen nur bedingt die „heilenden und helfenden Taten der Barmherzigkeit"[432].

Dass die Werke des Messias mehr sind als seine Heilungswunder, zeigt die unmittelbare Fortsetzung in Mt 11,20–24. Hier ist die „Heilertätigkeit" Jesu zweimal unter dem Stichwort δυνάμεις zusammengefasst, während das Ziel

---

indentisch ist." So auch M. HENGEL, Messianischer Lehrer 154; C. M. DEUTSCH, Lady Wisdom 49f. Zu einer Verbindung der Weisheit mit den ἔργα Gottes s. schon Prov 8,22LXX: κύριος ἔκτισέν με ἀρχὴν ὁδῶν αὐτοῦ εἰς ἔργα αὐτοῦ, d.h. die Weisheit ist nicht wie im hebräischen Text das erste Schöpfungswerk, sondern sie ist ein Anfang vor dem Anfang, erschaffen „für seine Werke", d.h. die Schöpfungsmittlerschaft ist hier angesprochen und die ἔργα sind, was durch sie geschaffen ist; vgl. dazu G. SCHIMANOWSKI, Weisheit und Messias 27f.35–38. Zur Verborgenheit der Werke Gottes vor den Menschen (als Warnung davor, äußeren Glanz der σοφία ταπεινοῦ vorzuziehen) vgl. Sir 11,5.

[431] Vgl. dazu M. HENGEL, Messianischer Lehrer 154.156.160: Während in der Q-Fassung die Rechtfertigung der Weisheit sich auf den Täufer und Jesus bezieht, die „als irdische Vertreter der einen göttlichen Weisheit betrachtet" werden, überwiegt bei Matthäus die „Tendenz, die Weisheit mit Jesus zu identifizieren". So auch C. M. DEUTSCH, Lady Wisdom 52 u.ö. Dagegen betont F. T. GENCH, dass der Täufer, Jesus und ihrer Auslegung nach auch die Jünger, deren Wirken in Kap. 10 mit dem von Jesus parallelisiert wird (10,7f nennt eine 11,5 durchaus vergleichbare Liste von „Werken"), auch noch auf der Ebene des Matthäus-Evangelium als Repräsentanten der Weisheit Gottes zu gelten haben, da auch Mt 11,25–30 den Heilswillen des *Vaters* betont, den Jesus erfüllt: „Therefore, it is reasonable to suppose that the reference to "Wisdom" in 11:19 is to be understood in association with *God*. Thus, one is to understand that despite the rejection of John and Jesus by Israel (11:16–19), God's wise, salvific plan will be vindicated, for the ministries of John, Jesus, and the disciples will achieve their divinely appointed ends. Despite the repudiation which John, Jesus, and the disciples suffer, the eschatological age of salvation is inaugurated in their ministries. (…) Thus, God's righteousness will ultimately be vindicated, for in the ministries of John, Jesus, and the disciples, God's wise, salvific purposes are known. The reference to "Wisdom" in 11:19b should therefore be regarded as a traditional circumlocution, which refers in periphrastic fashion to God and God's wise, saving purposes for humankind" (Wisdom 181; eine ausführliche Darstellung der abweichenden Positionen ebd. 183–188).

[432] R. SCHNACKENBURG, Mt I 406. Auf die „Werke" in 11,19 geht er überhaupt nicht gesondert ein, sondern verweist lediglich auf 11,2. Hier bezieht er die Werke des Christus auf die in Mt 8f erzählte Wirksamkeit Jesu, besonders seine „Heilertätigkeit". Von daher überrascht es nicht, dass in seinem Kommentar jeder Hinweis auf den Inhalt des εὐαγγελίζεσθαι fehlt. Aber auch in den Arbeiten, die sich mit der mt Weisheits-Christologie beschäftigen, wird auf die ἔργα wenig Sorgfalt verwendet. Obwohl etwa C. M. DEUTSCH und F. T. GENCH die Verkündigung an die Armen als entscheidendes Werk in 11,5 würdigen, steht am Ende doch wieder nur „a vital interest in the moral substance fo Christian existence" bzw. „Matthew's striking ethical interest" (GENCH, ebd. 181, vgl. a. M. HENGEL, Messianischer Lehrer 154: die redaktionelle Einfügung der „Werke" passt „allzugut in die matthäische Theologie des Tatgehorsams"), ohne dass diese – unbestrittene! – Emphase mit seiner Betonung der Evangeliumsverkündigung in eine plausible und nicht nur oberflächliche Beziehung gesetzt wird. Zudem übersehen viele Exegetinnen und Exegeten, dass die „Werke" hier nicht in erster Linie die der Jünger sind, sondern die von Johannes und Jesus, bzw. unter Voraussetzung der mt Identifikation von Weisheit und Messias sogar nur die von Jesus. Kann man aber, gerade angesichts Mt 11,25–30, in Bezug auf Jesus von „Tatgehorsam" reden?

derselben als μετανοεῖν bezeichnet wird (20f). Die *Einsicht* aufgrund der Wundertaten blieb in den gescholtenen Städten jedoch aus. Es sind die νήπιοι (11,25 par. Lk 10,21)[433], die Ohren haben um die rettende Heilsbotschaft zu hören (vgl. 11,15), während die σοφοί καὶ συνετοί in ihrer Weisheit die Weisheit Gottes in Jesus gerade nicht erkennen (11,25).

Die ἔργα sind demnach im mt Verständnis am ehesten eine summarische Bezeichnung für die *zur Umkehr rufende messianische Wirksamkeit* Jesu, d.h. seine Verkündigung, seine Wunder und sein Umgang mit den religiös Ausgegrenzten, die am Ende als gerechtfertigt, d.h. als übereinstimmend mit dem Willen des Vaters und unter dessen εὐδοκία (11,26, vgl. 3,17; 17,5) stehend offenbar sein wird.

Wie wenig selbstverständlich und ausschließlich καλὰ ἔργα bei Matthäus auf Taten der Barmherzigkeit oder auf Mitmenschlichkeit bezogen werden können, illustriert die Geschichte der Salbung Jesu im Haus Simons des Aussätzigen in Bethanien (Mt 26,6–13 par. Mk 14,3–9; abweichende Paralleltraditionen sind auch Lk 7,36–50; Joh 12,1–8). Die Jünger sind unwillig über die Frau, die kostbare Salbe 'vergeudete', um Jesus damit zu salben. Sie hätten das dafür aufgewandte Geld lieber den Armen gegeben (Mt 26,9 parr. Mk 14,5; Joh 12,5). Doch Jesus verwehrt ihnen ihre Kritik am Verhalten der Frau und bezeugt ihr, dass sie ein gutes Werk an *ihm* getan hat (Mt 26,10: ἔργον γὰρ καλὸν ἠργάσατο εἰς ἐμέ par. Mk 14,6: καλὸν ἔργον ἠργάσατο ἐν ἐμοί). Die kleinen Änderungen gegenüber der Markusvorlage (Nachstellung des Adjektivs, Einfügung von γάρ, Änderung der Präposition) zeigen, dass auch hier Matthäus nicht einfach übernimmt, sondern stilistisch verbessert. Ob die Nachstellung von καλόν als Unterscheidung zu den καλὰ ἔργα gedacht ist, lässt sich ebenfalls lediglich fragen[434], aber nicht überzeugend beantworten, das Adjektiv ist durch das dazwischen geschobene γάρ jedenfalls stark betont. Aufschlussreich ist zudem die Fortsetzung dessen, was Jesus seinen Jüngern sagte: „Denn Arme habt ihr allezeit bei euch, mich aber habt ihr nicht allezeit" (Mt 26,11 parr. Mk 14,7; Joh 12,8). Die mt Fassung stimmt in den zitierten Teilen völlig mit der des Markus überein, nur dass bei Markus zwischen den beiden Satzteilen ein zusätzliches Konditionalgefüge steht, καὶ ὅταν θέλητε δύνασθε αὐτοῖς εὖ ποιῆσαι, das Matthäus schlicht übergeht. Gerade der Evangelist, dem das soziale und gerechte Tun so sehr am Herzen liegen soll, lässt diese Möglichkeit zu einer weiteren Ermahnung aus, weil es ihm hier *allein um Jesus* geht. Das Tun der Frau richtet sich auf

---

[433] Die νήπιοι (außer hier und der lk Parallele in den Evangelien nur noch Mt 21,16 im Zitat von Ps 8,3) entsprechen hier den πτωχοί in 11,5 (und wohl auch den „Armen im Geist" in 5,3).

[434] Vorangestelltes attributives καλός gebraucht Matthäus in 13,23.24.27.37.38.45, nachgestelltes in 3,10; 7,17.18.19; 12,33bis; 13,8; 26,10.

Jesus, ihre Tat hat christologische Bedeutung. Darum ist es ein gutes Werk, das nicht vergessen sein soll, wo „dieses Evangelium in der ganzen Welt *gepredigt* werden wird" (26,13).

5.2 Die „Werke des Messias" und die „Werke des Sohnes" – ein Vergleich zwischen Matthäus und Johannes

Bekanntermaßen spielt die Terminologie des ἔργον bzw. der ἔργα im Johannes-Evangelium und darüber hinaus in der johanneischen Literatur eine dominierende Rolle.[435] Nur im Corpus Johanneum finden sich Parallelen zum mt Sprachgebrauch, wie er in 11,2.19 vorliegt: in Joh 5,36 werden die „Werke" des Sohnes denen des Täufers als größere entgegengestellt, und ihre Absicht, den Sohn als Gesandten des Vaters zu legitimieren, hervorgehoben (vgl. 5,20). In 10,24f antwortet Jesus auf die Frage, ob er der χριστός ist, mit dem Hinweis auf seine Werke, die er im Namen seines Vaters tut, damit sie für ihn zeugen (so auch 10,37f; 14,11f; 15,24, vgl. a. 7,3). Das Ziel seiner Werke ist also, den *Glauben* an ihn und seine Sendung durch den Vater zu erwecken.[436] Den Werken des Sohnes korrespondieren die des Vaters, indem der Sohn tut, was ihm der Vater zeigt (5,20.36; vgl. 9,3f; 10,25.37; 14,10f u. Apk 15,3).

Neben dem Plural τὰ ἔργα, bezogen auf Gott bzw. Jesus, begegnet im Johannes-Evangelium aber auch der Singular τὸ ἔργον, und zwar ausschließlich in Bezug auf Gott.[437] Dabei ist wie bei den Pluralformulierungen Jesus der Gesandte Gottes, der dessen Werk „vollendet" (4,34; 17,4). Inhaltlich ist vor allem 6,29 bedeutsam. Auf die Frage seiner Zuhörer: τί ποιῶμεν ἵνα ἐργαζώμεθα τὰ ἔργα τοῦ θεοῦ[438] antwortet Jesus: τοῦτό ἐστιν τὸ ἔργον τοῦ θεοῦ, ἵνα πιστεύητε εἰς ὃν ἀπέστειλεν ἐκεῖνος. Der Glaube an die Sendung und Bevollmächtigung Jesu durch den Vater ist das *eine* entscheidende Werk Gottes, dem seine und die Werke seines Beauftragten

---

[435] Vgl. dazu R. HEILIGENTHAL, Werke 135–142; P. W. ENSOR, Jesus and His ‚Works'. The Johannine Sayings in Historical Perspektive, WUNT II/85, Tübingen 1996.

[436] In allen genannten Stellen außer 15,24 findet sich im unmittelbaren Kontext der ἔργα auch das Stichwort πιστεύειν. In 15,24 ist der verweigerte Glaube nur noch als ἁμαρτία präsent. Vgl. a. 8,39f: „Abrahams Werken" würde in der Generation von Jesus entsprechen, dass sie ihm glaubten, dass er die Wahrheit redet, wie er sie von Gott gehört hat, d.h. an ihn glauben.

[437] Der Singular in 10,32 von einem Werk Jesu ist vom Kontext her gefordert und gehört sachlich zu den „Werken" Jesu.

[438] Vgl. dazu Sir 24,22b: οἱ ἐργαζόμενοι ἐν ἐμοὶ οὐχ ἁμαρτήσουσιν; Joh 3,21: die Werke, die ἐν θεῷ ἐστιν εἰργασμένα, kommen ans Licht, weil sie das Gericht nicht zu fürchten haben. Vgl. dazu J. FREY, Die johanneische Eschatologie, Bd. 3: Die eschatologische Verkündigung in den johanneischen Texten, WUNT I/117, Tübingen 2000, 298–300.

dienen (vgl. den Wechsel vom Plural zum Singular: die Werke dienen dem einen Werk).

Beim theologischen und christologischen Gebrauch dominiert im johanneischen ἔργον/ἔργα-Begriff der Wortcharakter über den Tatcharakter. Die „Werke", die Jesus tut, sind nicht in erster Linie seine Wunder (nur 5,20; 7,21; 9,3f stehen überhaupt im Kontext von Wunderberichten), schon gar nicht verstanden als Taten der Barmherzigkeit, sondern es ist seine *Verkündigung*, die die Wunder zwar umfaßt, diese aber völlig dem Ruf zum Glauben einordnet.[439] Dies gilt auch für die ἔργα καλά Jesu in 10,32 (bzw. καλὸν ἔργον in 10,33)[440]: Sie sind Teil eines längeren Streitgespräches zwischen

---

[439] Zu 5,20 vgl. J. FREY, Eschatologie 157: die größeren Werke, die die Jünger tun werden, sind ihre „eschatologische – lebensspendende und richtende – Wirksamkeit, die der Verkündigung der nachösterlichen Gemeinde zukommt", so dass die Zeit der nachösterlichen Gemeinde gegenüber der Zeit des irdischen Wirkens Jesu eine „noch *gesteigerte Heilszeit*" darstellt (157, Hhg.Orig.); dagegen sieht H.-CH. KAMMLER, Christologie und Eschatologie, WUNT I/126, Tübingen 2000, 38–74, in den „größeren Werken" exklusiv die „Wirksamkeit des *erhöhten* Christus" (41), worunter er „das in V. 21 erwähnte lebendigmachende Wirken Jesu" versteht (40).

[440] Die Verbindung καλὰ ἔργα bzw. καλὸν ἔργον ist im NT signifikant verschieden: sie begegnet einmal als Sing. bei Mk (14,6 par. Mt 26,10), als Plural in den Evangelien nur Mt 5,16 u. Joh 10,32a (und davon abhängig zweimal der Sing. in 32b.33). In der Briefliteratur findet sich die Wendung, meist im Plural, häufig in den Pastoralbriefen (1Tim 3,1 [Sing.]; 5,10 [2mal, davon 1mal Sing.].25; 6,18; Tit 2,7.14; 3,8.14), sowie je 1mal im Hebr (10,24) und im 1Petr (2,12; enge Parallele zu Mt 5,16). Während in den Pastoralbriefen ἀγαθόν bzw. ἀγαθά synonym zu καλόν/καλά gebraucht ist (1Tim 2,10 [Pl.]; 5,10; 2Tim 2,21; 3,17; Tit 1,16; 3,1 [alle Sing.]), fehlt bei Paulus die Verbindung von καλός mit ἔργον überhaupt, d.h. seine Entgegensetzung zwischen Glaube/Gnade und Werke richtet sich nicht gegen die „guten Werke", sondern gegen die ἔργα νόμου (Röm 3,20.27f; Gal 2,16; 3,2.5.10) bzw. die ἔργα ohne jede nähere Beschreibung (4,2.6; 9,12.32; 11,6, vgl. Eph 2,9), die jedoch mit den „Werken des Gesetzes" identisch sind (in der Entgegnung des Jakobusbriefes 2,14ff ist entsprechend adjektivloses ἔργα 12mal gebraucht, und zwar immer im Plural). Als ἔργον ἀγαθόν gilt ihm dagegen das geduldige Streben nach den „eschatologischen Güter[n]", das denen, die „im Gutestun verweilen" das ewige Leben einträgt (so H. SCHLIER, Röm 72f, zu Röm 2,7; vergleichbar [!] ist hierzu Jak 1,25 [s.a. 1,4]). Gott ist es, der nach Paulus auch das Leben der Christen überfließend reich macht εἰς πᾶν ἔργον ἀγαθόν (2Kor 9,8, vgl. Eph 2,10; 2Thess 2,17), aber zugleich ist auch der Glaubensstand der Philipper ein ἔργον ἀγαθόν Gottes (Phil 1,6, vgl. Röm 14,20). Daneben kann Paulus ἔργον ἀγαθόν aber auch völlig neutral für das öffentliche Verhalten der Christen im Staat verwenden (Röm 13,3), wobei der Gegenbegriff das ἔργον κακόν ist. Darüber hinaus gebraucht Paulus noch einen weiteren „Werk"-Begriff, wobei sich „in den ἔργα ... die menschliche Existenz" vollendet, „so daß diese letztlich von daher zu beurteilen ist" (SCHLIER, ebd 72). Dazu gehören die Aussagen, dass Gott jedem κατὰ τὰ ἔργα αὐτοῦ vergelten wird (Röm 2,6, vgl. a. 2Kor 11,15), ebenso wie 1Kor 3,13–15 und Gal 6,4. Ein einzelnes Werk kann über einen Menschen entscheiden (vgl. 1Kor 5,2; Kol 1,21), woraus sich die Ermahnung ergibt, „die Werke der Finsternis" abzulegen, und statt dessen „die Waffen des Lichtes" anzuziehen (Röm 13,12, vgl. Gal 5,19ff). Der hier vorliegende Parallelismus „Werke" – „Waffen" zeigt den unspezifischen Charakter des Werk-Begriffes, der in keiner Weise eingeengt werden darf auf ein wie auch immer geartetes Verständnis von verdienstlichen „guten Werken". Auch die Wendung τὸ

„den Juden" und Jesus, das von den beiden Stichworten ἔργα und πιστεύειν geprägt ist (10,24–38). Der Makrokontext ist die Hirtenrede, und das Ziel des Hirten Jesus ist nach V. 28, seinen Schafen „das ewige Leben" und die unaufhebbare Gemeinschaft mit dem Vater zu geben. Wenn dann Jesus, als seine Zuhörer ihn steinigen wollen, auf die „vielen guten Werke" verweist, die er ihnen vom Vater her (ἐκ τοῦ πατρός) gezeigt hat und fragt, wegen welchem von diesen er das Todesurteil verdient habe, dann zielt diese Frage (ebenso wie die Antwort) vordergründig wohl am ehesten auf seine Heilungen, *hintergründig* jedoch auf das ganze Werk Gottes, dessen Ziel johanneisch formuliert in der Teilgabe am ewigen Leben besteht, die Jesus im Auftrag des Vaters am Kreuz „vollendete" (vgl. 17,2–4). Auch die „Werke" der Menschen bzw. des Teufels, wie sie im Johannes-Evangelium begegnen, sind nicht einfach nur „Taten", sondern „Lebenshaltungen", äußere Wider-spiegelungen der Stellung zu Gott (3,19f; 7,7). Für die Jünger gilt, dass sie am Werk Jesu teilhaben und sogar „größere Werke" als er selbst vollbringen werden (5,21; 14,12).

Roman Heiligenthal betont in seiner Arbeit über „Werke als Zeichen", dass der Zusammenhang von Wundertaten mit der Botensendung der Legitimie-rung des göttlichen Boten und seiner *Botschaft*, auf der der eigentliche Akzent seiner Sendung liegt, dient. Er verweist als Parallele zu Joh 5,19–30 auf Sir 48,14f (die Wunder Elischas [θαυμάσια ἔργα] sollten der Bekehrung [μετανοεῖν] des Volkes dienen) u. Philo, VitMos I 90f (Mose vollbringt vor dem Volk Wunder, damit sie vom Unglauben zum Glauben kommen). Auch Mt 11,2 versteht er in diesem Kontext.[441] Das Konzept „Werke als Zeichen der Legitimation" ist aber m.E. nicht nur die adäquate Überschrift für Mt 11,2, sondern auch für Mt 5,16. Heiligenthal behandelt Mt 5,13–16 ausführ-lich und hilfreich unter der Überschrift „Werke als "Werbung" im Dienste frühchristlicher Missionspropaganda" (114–123)[442].

5.3 Die „guten Werke" der Jünger als Beglaubigung ihrer Botschaft

Liest man manche neueren Kommentare zu Mt 5,16, dann fällt auf, dass sie mit einer gewissen Genugtuung feststellen, „daß bei Matthäus die Bewegung

---

ἔργον τῆς πίστεως parallel zu ὁ κόπος τῆς ἀγάπης und ἡ ὑπομονὴ τῆς ἐλπίδος (1Thess 1,3) zeigt, dass der qualifizierte Werk-Begriff für Paulus selbstverständlicher Teil seiner Beschreibung christlicher Existenz darstellt (auch die schon erwähnte Formel „durch Wort und Werk" [s.o. Anm. 417] gehört hierher, vgl. ferner Kol 1,10), und er auch sein eigenes apostolisch-missionarisches Wirken damit bezeichnen kann (1Kor 9,1; 16,10; Phil 1,22, vgl. a. Phil 2,30 über Epaphroditus u. 1Thess 5,13 über die örtlichen Gemeindeleiter).

[441] Werke 139–141. Auf Mt 11,19 geht er in seiner Arbeit nicht ein.

[442] Vgl. besonders 122, wo er auf TestBenj 5,3 eingeht: auch das hier erwähnte „Licht der guten Werke" gehört in den „Bereich der Missionspropaganda", wie sie das hellenistische Judentum praktizierte.

hin zur Welt in keiner andern Gestalt geschieht als in der Gestalt der guten Werke"[443]. Es spiegelt sich darin eine zeitgenössische Scheu vor der Verkündigung als dem zentralen Element christlicher Unterweisung wider. Aber es wird dabei vergessen, dass Matthäus Jesus seine Jünger darüber belehren lässt, was ihre prophetengleiche Aufgabe ist. Sie sollen – von Mt 28,19f her betrachtet – als Missionare „dieses Evangelium" lehren. Es sind darum gute Gründe, nach denen die guten Werke der Jünger in Analogie zu „den Werken des Messias" (τὰ ἔργα τοῦ Χριστοῦ Mt 11,2, vgl. 10,7f) zu verstehen sind, wobei der Akzent auf πτωχοὶ εὐαγγελίζονται liegt (11,5, vgl. 10,7, wo die Reihe der Jüngerbeauftragung mit πορευόμενοι δὲ κηρύσσετε λέγοντες ὅτι ἤγγικεν ἡ βασιλεία τῶν οὐρανῶν anfängt).

Damit würde 5,16b nicht nur den ersten Teil der Bergpredigt bündeln, sondern zugleich auf die Jüngerberufung zurückverweisen: Δεῦτε ὀπίσω μου, καὶ ποιήσω ὑμᾶς ἁλιεῖς ἀνθρώπων (Mt 4,19). Hier findet sich bei Matthäus (abgesehen von dem Zitat Dtn 8,3 in 4,4 [Singular]) ἄνθρωποι zum ersten Mal. Die Berufung der Jünger dient dem Menschenfischen, d.h. als ihre grundlegende Aufgabe gilt die „Missionstätigkeit"[444]. Mt 5,13.16 stellen aber nach 4,19 das zweite Vorkommen von ἄνθρωποι dar, und auch hier ist die missionarische Existenz der Jünger angesprochen. Deren Hauptkennzeichen ist die Verkündigung der Umkehrbotschaft mit der Einladung zur Taufe und der daraus folgenden, den Geboten Jesu gehorsamen Existenz (28,19f).[445] Die

---

[443] So H. WEDER, »Rede« 89. Unmittelbar davor warnt er zwar vor dem gegeneinander Ausspielen einer Verkündigung durch Werke gegen eine durch Worte, aber dann ist auch bei ihm nur noch von Taten der Liebe die Rede als der einzigen Sprache, die die Welt (angeblich) versteht.

[444] U. LUZ, Mt I[1–4] 175/I[5] 240 erweitert an diesem Punkt die Argumentation, indem außer auf 13,47 auch auf 10,5–16; 28,19f verwiesen wird. Der Ausdruck „Menschenfischer" wird als „Leerstelle" verstanden, „der erst in späteren Teilen des Evangeliums inhaltlich gefüllt wird" (so nur I[5] 240). Für eine das ganze Evangelium umfassende *inclusio* von 4,12–16 bis 28,19f argumentiert auch E. CH. PARK, The Mission Discourse in Matthew's Interpretation, WUNT II/121, Tübingen 2000, 180f, der zudem Mt 5,13.14–16 im Kontext des Missionsbefehls versteht (181).

[445] So hat schon Luther, wenn auch aus anderen Beweggründen (er musste sich gegen die Auslegung wehren, die in den „guten Werken" eine Stütze für die Lehre von den *verdienstlichen* Werken sah) den Vers ausgelegt: „So mußt du auch hier, wenn er sagt ‚daß sie eure guten Werke sehen' dieselben nicht als solch glaublose Werke ansehen, wie es unsre geistlichen guten Werke bisher gewesen sind, sondern als solche, die der Glaube tut und die ohne den Glauben und außer dem Glauben nicht geschehen können. Denn gute Werke heißet er hier das, wenn man die Lehre von Christus und dem Glauben übet, treibet und bekennet und darüber leidet. Denn er redet von solchen Werken, mit denen man leuchtet, Leuchten aber ist das rechte Glaubens- und Lehramt, mit dem wir andern Leuten auch zum Glauben helfen" (Evangelien-Auslegung II 80). Dazu muss sich Luther allerdings von LUZ sagen lassen (Mt I[1–4] 226/I[5] 302): „Gründlicher könnte der Text nicht mißverstanden werden!" Der Hochschätzung des Predigtamtes durch Luther steht dessen Nivellierung bei LUZ (vgl. I[1–4] 225/I[5] 301) gegenüber. Gleichwohl verweist Luther m.E. auf die richtige Spur, wenn er die

„guten Werke" sind dabei integraler Bestandteil ihrer missionarischen Existenz als Salz und Licht für die Welt, genau in der Reihenfolge, wie sie auch Mt 28,19f voraussetzt: Am Anfang steht der Ruf in die Jüngerschaft und Nachfolge, deren Kennzeichen die Taufe ist (V. 19). Dies entspricht der Jüngerbeauftragung von 5,13–15. Darauf folgt das Lehren der Gebote Jesu, das selbstverständlich von einem entsprechenden Verhalten begleitet ist, obwohl hier nicht ποιεῖν sondern τηρεῖν steht (28,20b). Dem korrespondiert die summarische Aussage in 5,16.

So wenig allerdings in 28,19f der Hauptakzent auf dem Tun der Gebote Jesu liegt (das ist vielmehr vorausgesetzt), sondern auf dem Auftrag der Verkündigung, bei der Wort und Tat *nicht* gleichberechtigt nebeneinander stehen, sondern das Wort ein uneinholbares Prae vor der Tat besitzt, so wenig darf dieser Gedanke in 5,16 eingetragen werden. Die „guten Werke" der Jünger sind *auch* das eigene Tun dessen, was Jesus ihnen geboten hat. Doch was er *seinen Jüngern* in erster Linie gebietet, ist die Verkündigung des Reiches Gottes.[446]

„Salz" und „Licht" sind sie also, indem sie für die Gerechtigkeit eintreten, die Jesus bei seiner Taufe am Jordan als seine Aufgabe übernommen hat. Als Zeugen und Botschafter ist ihr Reden über Jesus als den endzeitlichen Gerechten Gottes aber wirkungslos, wenn es nicht auch von einem Verhalten begleitet ist, das der Gerechtigkeit (bzw. Vollkommenheit) Gottes entspricht.[447] Darin liegt die *particula veri* der traditionellen Auslegung.[448]

---

guten Werke mit der Aufgabe der Jünger als Botschafter bzw. Zeugen Jesu verbindet. Und wie bei Luther gute Werke keine rechtfertigende Funktion haben, sondern Früchte des Glaubens sind, die in der „Freiheit des Glaubens" getan werden, „in der Glaubende mit Freuden das tun, was Gottes Gebot will" (W. KRÖTKE, Art. Gute Werke II. Dogmatisch, RGG⁴ III, 2000, 1344f), stellt auch Matthäus die guten Werke der Jünger in keinen soteriologischen Zusammenhang. Sie sind da, wo Jesus beauftragt, in einem guten Sinn selbstverständlich, auch wenn der menschlichen Trägheit durch wohlmeinende Imperative immer wieder aufgeholfen werden muss.

[446] In der direkten Ansprache an die Jünger ist überhaupt nur Mt 6,2–4 ein Tun erwähnt, das zu den חסידים גמילות bzw. zu den rabbinischen Werken der צדקה gezählt werden kann. Die Mehrzahl der mit diesen Begriffen verbundenen Taten (vgl. BILL. IV/1 536–610; K. MÜLLER, Diakonie 120–144 u.ö.: Kleidung für die Nackten, Auslösung von Gefangenen, Versorgung umherziehender Armer, Aussteuer für arme Bräute und Versorgung von Witwen, Rechtsschutz für Waisen, Bereitstellung von Wohnung und Unterkunft, Versorgung [im Sinne von Pflege] von Kranken und Alten, Armenbegräbnisse) spielt bei Matthäus (und darüber hinaus im ganzen Neuen Testament) kaum eine Rolle und dieses Fehlen kann nicht durch den Hinweis auf 25,31ff kompensiert werden, wo es nicht primär um die Jüngerbeauftragung geht.

[447] Vgl. Mt 5,45 (dazu unten § 10/3.), außerdem 2Clem 13,1.

[448] Eventuell ist καλός der sprachliche Träger für dieses sekundäre Element, obwohl das Johannes-Evangelium zeigt, dass auch die im eigentlichen Sinn christologisch konnotierten Werke mit dem Adjektiv καλός qualifiziert werden können. Matthäus gebraucht καλός 21mal, in der Bergpredigt noch 3mal in 7,17–19 für die guten Früchte des guten Baumes.

Roman Heiligenthal meint, dass aufgrund von TestNaph 8,4; TestBenj 5,1–5 und ähnlichen Stellen nachgewiesen werden kann, „daß die Verbindung von sittlichem Handeln und Verherrlichung Gottes, wie sie in Mt 5,16 vorliegt, bereits in der jüdisch-hellenistischen Missions*predigt* eine Rolle spielte" (Werke 121). Daraus geht m.E. hervor, dass die Predigt, für die Jünger also die Jesusverkündigung, das entscheidende Element ist, dem weitere 'gute' Werke beglaubigend zur Seite treten sollen, ohne dass dieselben von der Botschaft des Evangeliums ablösbar sind noch einen Eigenwert haben.[449] Strecker ist also zuzustimmen, wenn er zu 5,16 schreibt, dass „die christliche Gemeinde … durch den Einsatz für die Gerechtigkeit unter den Menschen der Forderung Jesu entsprechen [muß]" (Bergpredigt 54), nur dass unter „Gerechtigkeit" die durch Jesu Kommen erfüllte und nur im Anschluss an ihn mögliche Gerechtigkeit zu verstehen ist, die ganz und gar Gottes eschatologische Heilsgabe darstellt. Denn noch immer war im Fortgang des mt Berichts – beugt man sich nicht von vornherein der ethischen Interpretation der Seligpreisungen – nicht von *Forderungen* an die Jünger die Rede, sondern von dem, was ihnen zugesagt und verheißen ist.

Aber auch hier sind es die Früchte der *Propheten* oder eben Pseudopropheten, die auf dem Prüfstand stehen, d.h. auch hier dienen die Früchte der Beglaubigung ihrer Botschaft. Ebenso sind es in 3,10; 12,33bis die guten Früchte, an denen man die Ernsthaftigkeit der Umkehr bzw. den Geist, aus dem heraus geredet wird, erkennen soll. Wo das Wort vom Reich Gottes auf *gutes* Land gesät ist, da bringt es Frucht (13,8.23) und der Menschensohn sät als *guten* Samen die Söhne des Reiches (13,24.27.37.38, vgl. 13,45: die *guten* Fische, die den eigentlichen Ertrag bilden). Das Adjektiv, als Attribut gebraucht, besitzt sehr häufig eine qualifizierende Konnotation im Hinblick auf das Reich Gottes bzw. das eschatologische Heil. Was in diesem Sinne „gut" ist, hat Bestand. Mit Ausnahme von 26,10 ist jedoch nie eine einzelne Tat als „gut" qualifiziert.

[449] R. HEILIGENTHAL, Werke 118, verweist als Parallele ferner auf die kynisch-stoischen Wanderprediger, „die sich in ihren Reden der Diatribe als typischer Gattung bedienten" und zu deren Programm es gehörte, „durch tugendhafte Handlungen Menschen zu den eigenen Überzeugungen zu bekehren". Auch das zeigt die Zugeordnetheit der Werke auf die Verkündigung, vgl. zudem ebd. 14–21: das Tun gilt generell in der griechischen Philosophie und Ethik als Beglaubigung einer Lehre bzw. einer inneren Einstellung oder Haltung. Das gilt entsprechend auch für die jüdische Literatur, vgl. 4Makk 7,9 und Josephus, Ant 6,285, wo David gegenüber Saul äußert: „… Reden täuschen sehr leicht, während man aus den Werken die wahre Gesinnung erkennt (σαφὴς δ' ἀπόδειξις εὐνοίας τὰ πραττόμενα). Worte können wahr und falsch sein, Taten (ἔργα) allein offenbaren die Seele, wie sie ist. Aus meinen Taten aber kannst du erkennen … " (zit. ebd. 119 Anm. 78). Die mt Kritik an den Werken der Schriftgelehrten und Pharisäer entspricht diesem Modell: Sie tun nicht, was sie sagen und wenn sie etwas tun, dann aus Eigennutz, obwohl sie vorgeben, damit Gottes Willen zu tun (23,3–5). D. R. BAUER, Structure 71, sieht darin das erzählerisch entscheidende Moment im Bezug auf die Gegner Jesu: sie verfehlen die Erfüllung von Gottes Willen, weil sie diesen nicht erkennen (können), wobei der Evangelist für die einzelnen Gegnergruppen zwar unterschiedliche Gründe nennt, sie aber in diesem Verkennen miteinander verbindet.

5.4 Die Verherrlichung des himmlischen Vaters durch die Menschen als Ziel der Jüngerbeauftragung

„Euer Licht" und „eure guten Werke", damit die Menschen „euren Vater" preisen – das sind für Matthäus die Koordinaten der Jüngerexistenz. Mit τὸν πατέρα ὑμῶν τὸν ἐν τοῖς οὐρανοῖς ist dieses Gewebe in einen weiteren wichtigen matthäischen Webfaden eingeflochten, der in dreifacher Weise Entfaltung findet: die irdischen Väter als Eltern, die Vaterschaft Gottes in Bezug auf Jesus und die daraus resultierende Vaterschaft Gottes in Bezug auf die Jünger Jesu, die er im Folgenden entfaltet.

Während Markus mit 18 Belegen für πατήρ auskommt, steigt die Zahl bei Matthäus auf 63 (Lukas: 56). Lediglich das exzeptionelle Johannes-Evangelium mit 137 Belegen hat eine höhere Konzentration. Die Verteilung im ersten Evangelium ist sehr unterschiedlich, die Bergpredigt ist mit 17 Stellen vertreten und bildet damit ein eigenes Mikrogewebe, das insbesondere dadurch gekennzeichnet ist, dass Jesus seine Jünger in ein Verhältnis zu ihrem himmlischen Vater setzt.

In 5,16 redet Matthäus erstmals im Evangelium von „eurem Vater" und das ist wie im Salz- und Lichtwort als eine unkonditionierte Zusage zu sehen. Die Jüngerbelehrung in der Bergpredigt dient in erster Linie dazu, dass sie sich als Söhne ihres Vaters erweisen (5,45.48), denen der „Lohn" dieses Vaters vorrangiges Ziel ihres Handelns ist (6,1). In Kapitel 6 variiert Matthäus zwischen der 2. Person Singular (4.6bis.18bis) und Plural (6.14.15.26.32 und noch einmal in 7,11), in der Gottesanrede des Vaterunsers 6,9 steht die singuläre Anrede Πάτερ ἡμῶν, mit der Jesus seine Jünger zur familia dei verbindet. Einzig der letzte Beleg in der Bergpredigt, 7,21, bringt – erstmals im Evangelium – im Munde Jesu die exklusive Inanspruchnahme der Vaterschaft Gottes (dann wieder 11,25–27).

Dass die Vaterschaft Gottes keine Selbstverständlichkeit darstellt, die jedem Menschen oder zumindest allen Juden schon immer zukommt, zeigt Matthäus auch sonst: die Verwendung von „euer Vater" ist streng begrenzt auf die Jünger (10,20.29; 18,14; 23,9). In verkürzter Form drückt damit Matthäus aus, was auch für das Johannes-Evangelium kennzeichnend ist: Die Jüngerinnen und Jünger Jesu gehören durch ihren Anschluss an den Sohn Gottes zur familia dei, was die bestehenden Pflichten gegenüber den Eltern zwar nicht aufhebt (15,4–6; 19,19), aber zu Gunsten der neuen Familie Gottes doch stark relativiert (8,21; 10,35.37; 12,50, vgl. schon 4,21f). Eine Sonderstellung nimmt nur Mt 13,43 ein: Nachdem der Menschensohn mit seinen Engeln gekommen ist, um Unkraut und Weizen zu scheiden, werden „die Söhne des Reiches" (13,38) als „Gerechte leuchten wie die Sonne im Reich ihres Vaters" (τοῦ πατρὸς αὐτῶν [die einzige Verwendung des Possessivpronomens der 3. Person in Bezug auf πατήρ]). Hier ist die

Lichtmetapher von 5,14–16 und zugleich die familiäre Bindung der Jünger über Jesus (als dem Gerechten) an Gott (als Söhne des Reichs) wieder aufgenommen. Der Vers nimmt deutlich auf Dan 12,3 Bezug, mit dem den verfolgten Lehrern im Volk (vgl. 11,33), deren Kennzeichen es ist, dass sie „die vielen zur Gerechtigkeit führten", zugesagt wird, dass sie leuchten und strahlen werden wie die Sterne am Himmel.

Das Ziel der Jüngerexistenz ist die *Verherrlichung* Gottes des Vaters: Im Kreis derer, die zu Gott gehören (vgl. 6,10b.c), wie darüber hinaus unter allen Menschen in der ganzen Welt. Das hier gebrauchte Verb δοξάζειν ist bei Matthäus relativ selten: In 6,2 steht es in einem vergleichbaren Zusammenhang mit Barmherzigkeitstaten, doch dort beschreibt δοξάζειν das Suchen der eigenen Ehre vor Menschen, d.h. 6,2 bildet den negativen Kontrast zu 5,16. In Mt 9,8 (par. Mk 2,12; Lk 5,26) beschreibt das Verb die Reaktion des Volkes auf die Heilung des Gichtbrüchigen, die durch die Kritik an Jesu Sünden vergebendem Handeln ausgelöst worden war. Der Lobpreis gilt also nicht nur der Heilung, sondern dem tieferliegenden Geschehen der Sündenvergebung. Charakteristisch ist auch hier wieder, wie Matthäus über Markus hinaus und anders als Lukas das δοξάζειν begründet: ἰδόντες δὲ οἱ ὄχλοι ἐφοβήθησαν καὶ ἐδόξασαν τὸν θεὸν τὸν δόντα ἐξουσίαν τοιαύτην τοῖς ἀνθρώποις. Obwohl nur Jesus in der vorliegenden Geschichte Sünden vergibt und heilt, lässt der Evangelist die ἐξουσία dazu „den Menschen" gegeben sein. Für die Empfänger des ersten Evangeliums ist es naheliegend, dass damit nicht einfach alle Menschen gemeint sind, sondern die Jünger Jesu (vgl. 10,1; 16,19; 18,18, vgl. 28,18). Die Beauftragung der Jünger hat demnach im Dienst Jesu ihre Ermöglichung und ihr maßgebliches Modell. An der letzten Stelle, Mt 15,31, sind es erneut die ὄχλοι, die „den Gott Israels" preisen angesichts der Wundertaten Jesu[450], die ähnlich wie in 11,5 aufgezählt sind. Es fehlt hier allerdings die Verkündigung der Frohbotschaft, doch ist diese wohl in 15,29.32 implizit enthalten.[451] Der Verherrlichung Gottes entspricht in gewisser Weise die Rechtfertigung der Weisheit in 11,19b.

---

[450] Lukas verwendet δοξάζειν häufiger als Matthäus und gerne als Abschluss einer individuellen Heilungsgeschichte (vgl. 5,25f; 7,16; 13,13; 17,15; 18,43 [par. Mt 20,34, aber ohne die Erwähnung der individuellen Reaktion]; 23,47 [par. Mt 27,54, aber ohne δοξάζειν]). Noch häufiger ist das Verb im Johannes-Evangelium (23mal/NT gesamt 61mal).

[451] Wenn in 15,29 (wie in 5,1) geschildert wird, dass Jesus auf einen Berg stieg und sich dort niedersetzte, ist damit die Situation der Bergpredigt wiederholt und dem Leser vermittelt: Jesus predigte. Dass das Volk nach 15,32 drei Tage bei ihm verweilte, verweist ebenfalls auf ein anhaltendes Lehren Jesu, so auch D. A. HAGNER, Mt II 445. Dass hier dennoch die Heilungen im Vordergrund stehen, ist der Perspektive im Hinblick auf die ὄχλοι geschuldet, die in Jesus den Heiler suchten.

6. Auswertung und Weiterführung

Die den Jüngern von Jesus anvertraute Aufgabe des Salz- und Lichtseins für die Welt verwirklicht sich, daran lässt der Fortgang und das Ende des Evangeliums keinen Zweifel, in ihrer missionarischen Existenz mit dem Ziel, Israel und die Völker in die Gemeinschaft mit diesem Herrn zu rufen. Dem allein dient die ihnen aufgetragene Predigt von der nahegekommenen Königsherrschaft Gottes, die im Reich des Davids- und Gottessohnes ihren sichtbaren Ausdruck findet (vgl. oben § 4/2.). Darum gehört zur Basileia-Verkündigung der Jünger auch die Proklamation des messianischen Königs dieser Basileia. Erwartet wird mit diesem Reich und König eine Gerechtigkeit, die heilvoll die Beziehung zu Gott und dem Nächsten stiftet (vgl. §§ 12+13). Die Former und Tradenten der Heiligen Schriften Israels wussten, zumindest ahnten sie es, dass dies letztlich eine Gerechtigkeit ist, auf die man nur warten, nach der man sich nur sehnen kann (Mt 5,6), weil sie im Letzten Gottes Gabe und Werk allein ist. Zwar gibt es immer schon in der jeweiligen Gegenwart die Verpflichtung zu einem gerechten Leben, und die Tora weist schon jetzt den Weg dazu, aber dass diese vorläufige Gerechtigkeit nicht das Ziel der Hoffnungen Israels ist, wird vielfach deutlich. Erwartet wird trotz der bereits ergangenen Forderung nach gerechtem Tun Gottes *heilstiftende Gerechtigkeit*, deren Kommen verheißen ist im Zusammenhang mit dem neuen Bund und dem neuen Hirten, den Gott für sein Volk erstehen lassen will. Dieses Reich des Davidssohn-Messias ist gegründet auf eine umfassende Reinigung von aller Schuld. Gott vergibt, wenn er seinen neuen Bund aufrichtet. Das ist seine Gerechtigkeit. Darum ist die zukünftige Stadt auf dem Berg eine Aue der Gerechtigkeit, auf der die Gerechten als Pflanzung Gottes grünen und Frucht bringen.

Die Verwirklichung dieses Reiches und seiner Gerechtigkeit ist nach dem Matthäus-Evangelium Jesu Tat allein, indem er „alle Gerechtigkeit erfüllt" (3,15). Wegen dieser Gerechtigkeit, mit der er sein Volk von seinen Sünden rettet (1,21) und „mit ihm" (1,23) ist, beruft Jesus seine Jünger, damit sie vom Kommen dieses Reiches „den verlorenen Schafen des Hauses Israel" herolden (10,6f).[452] Dazu lehrt er sie, diese Gerechtigkeit zu verstehen (Mt 5,1ff) und bevollmächtigt sie, Repräsentanten dieser Gerechtigkeit, die nicht ablösbar von ihm selbst ist, zu sein (5,13–16). So kann sie fortan von ihnen verantwortet werden (5,10.20). Sie ist darum auch Inhalt ihrer Verkündigung. Diese Gerechtigkeit sich zu eigen zu machen bedeutet, den von Gott gebahnten Weg zur Gerechtigkeit als Zugang zur Gottesherrschaft zu *glauben* (21,32). Die Jünger Jesu haben dagegen keinen Verkündigungsauftrag im Hinblick auf die

---

[452] Die „verlorenen Schafe" evozieren auch hier das Bild des verheißenen zukünftigen Hirten aus dem Hause Davids, in dem Gott selber sich seiner Schafe annimmt (vgl. Mt 9,36).

Tora. Sie ist als eigenständige Größe, gar als Weg oder Mittel zur Gerechtigkeit, funktionslos geworden, weil auch sie erfüllt ist. Sie zu halten, bedeutet fortan dem Frieden (insbesondere innerhalb des Volkes Israel) zu dienen (23,2, vgl. 17,27), wie Jesus selbst an ihr zum „Diener der Beschneidung" (Röm 15,8) zu werden, um „mehr zu gewinnen" (1Kor 9,19f). Die dienende Funktion der Tora aber, die sie als Wegweiser zur Gerechtigkeit innehatte, ist auf die Jünger bzw. die von ihnen repräsentierte Botschaft übergegangen. Sie sind das Licht für den Weg des Glaubens, sie bilden als Gemeinde die Stadt auf dem Berg, zu der die Völker der Welt hinströmen, um Gerechtigkeit zu erlangen. Sie sind es, die das Salz des Bundes fortan verkörpern, indem sie Priester und Könige zugleich sind (18,18.21; 19,28: mit Vergeben und Richten als den beiden zentralen Funktionen dieser 'Ämter'). Aber gerade weil in diesen Versen so Ungeheures ausgesagt bzw. im Hinblick auf das Evangelium vorbereitet und angelegt ist, kommt mit dem nächsten Abschnitt 5,17–20 eine Klarstellung, die das christologische Fundament dieser Jünger-bevollmächtigung und -beauftragung enthält.

§ 7 „Erfüllen" als Ziel des Kommens Jesu (Mt 5,17)

1. Einleitung

Erst *nach* diesem langen Anlauf, in dem schon einiges über die Gerechtigkeit, aber noch nichts über das Gesetz[453] gesagt worden ist, nimmt Matthäus das Thema Gesetz *und* Gerechtigkeit auf, weil für das Judentum zur Zeit Jesu wie zur Zeit des Evangelisten über Gerechtigkeit im Hinblick auf Gott nicht gesprochen werden konnte, ohne die Tora zu nennen, die als schlechthinniges Mittel zur Gerechtigkeit verstanden wurde. In einem prägnant formulierten Eingangssatz lässt er Jesus sagen:

Μὴ νομίσητε
  ὅτι ἦλθον
    καταλῦσαι τὸν νόμον ἢ τοὺς προφήτας·
  οὐκ ἦλθον
    καταλῦσαι ⟦τὸν νόμον ἢ τοὺς προφήτας⟧
  ἀλλὰ ⟦ἦλθον⟧
    πληρῶσαι ⟦τὸν νόμον καὶ τοὺς προφήτας⟧.

Mit einem prohibitiven Konjunktiv, der zumeist ein spezielles, unmittelbares Verbot ausdrückt und darum den Charakter einer direkten Anrede besitzt (vgl. GGNT § 210e), leitet Matthäus diesen neuen Abschnitt ein. Keine Partikel oder Konjunktion knüpft direkt an das Voranstehende an. Diese asyndetische Verknüpfung von Einheiten widerspricht griechischem Sprachempfinden, ist aber für die biblische Sprache typisch.[454] Matthäus gelingt damit eine markante Einteilung der Bergpredigt.[455] Die Verbindung zum Vorhergehenden bleibt aber dennoch gewahrt, indem die 2. Person Plural in νομίσητε das dreimalige ὑμῶν von 5,16

---

[453] Abgesehen von der Versuchungsgeschichte Mt 4,1–11, in der Jesus mit Dtn 8,3; 6,16 und 6,13/10,20 die Anmutungen des Satans zurückweist. Gerade darin erweist er sich jedoch als Erfüller aller Gerechtigkeit, indem er auf dem von Gott gewiesenen Weg bleibt. Jesu Wirken dient der Ehre Gottes, sein Sohnsein (4,3) bedeutet keine Infragestellung der alleinigen Verehrung Gottes (Dtn 6,13/10,20).

[454] Vgl. W. PETERSON, Eigenart 112 (s.a. 170). Das Hinzufügen von Begründungen, Motivationen und Kausalitäten ist auch ein typisches Merkmal der Neuformulierung der biblischen Berichte durch Josephus (vgl. CH. BEGG, Josephus' Story of the Later Monarchy [*AJ* 9,1–10,185], BEThL 145, Leuven 2000, Register 705 s.v. „Motivations/purposes, Josephus' supplying of" u. 706 s.v. „Psychologizing, Josephus' accentuation of", sprachliches Merkmal dafür ist die Ersetzung der Parataxen durch Hypotaxen, vgl. 703 s.v. Hypotaxis) und zeigt, was den biblischen Texten aus der Sicht hellenistischer Leser fehlt. Matthäus vermeidet solche Begründungen nicht, aber er forciert sie auch nicht.

[455] Vgl. die Analyse bei W. PETERSEN, Eigenart 112–114.

ebenso aufnimmt wie die Anrede ἐστε in 5,13+14 und so deutlich macht, dass immer noch die Jünger direkt angesprochen sind.[456]

Abhängig von dem verneinten Konjunktiv mit imperativischer Funktion ist jedoch nur der erste Teilsatz in indirekter Rede (eingeleitet durch ὅτι) 17aα, während mit der Wiederholung der Negation durch οὐκ in 17bα bereits die positive Beschreibung dessen, was angenommen werden soll, eingeleitet wird und zwar in direkter Rede. Die Wende von der Negation in die Position findet also zugleich mit dem Wechsel von der indirekten Rede in die direkte vor und mit οὐκ ἦλθον statt. Verknüpft sind die beiden Versteile durch den in beiden Fällen von ἦλθον abhängigen finalen Infinitiv (s.u. 3.) καταλῦσαι. Der mit diesem Verb beschriebene Inhalt wird damit in doppelter Form zurückgewiesen, im zweiten Fall zwar verkürzt um das Objekt, das aber zweifelsfrei aus 17a zu ergänzen ist. Das zweimalige Zurückweisen eines Verhaltens lenkt die ganze Erwartung auf die positive Aussage, die Matthäus mit der „Partikel des scharfen Gegensatzes" ἀλλά (GGNT § 252,1: nach einer Negation in der Bedeutung *sondern, vielmehr*) einleitet, ebenfalls gefolgt von einem finalen Infinitiv. Durch die Nachstellung (verstärkt noch dadurch, dass in 17a die positive Entgegensetzung fehlt) legt er alles Gewicht auf die Aussage, auf die es ihm am stärksten ankommt: πληρῶσαι. Auch hier ist als Objekt zweifelsfrei hinzuzudenken: das Gesetz und die Propheten. Antithetisch stehen sich damit καταλῦσαι und πληρῶσαι gegenüber. Durch die bisherige Leserführung ist πληρῶσαι bereits positiv konnotiert, und darum geht es Matthäus auch hier. Er will mit allem Nachdruck dem Eindruck wehren, dass das Auftreten Jesu im Widerspruch zu den von Gesetz *und* Propheten vorgegebenen Erwartungen steht.

Dass Matthäus bereits an diesem Punkt dem Missverständnis wehren muss oder will, als würde Jesus das Gesetz *oder* die Propheten[457] auflösen (und

---

[456] Vgl. a. W. SCHELLONG, Christus fidus interpres Legis, der – ausgehend vom parallel formulierten μὴ νομίσητε in 10,34 – darauf hinweist, dass die beiden Verse im Bezug zum Voranstehenden „keine tiefe Zäsur" vornehmen, sondern als „Überleitung" zu verstehen seien (667).

[457] Der Akzent liegt zunächst, begründet in der durch das Vorangestellte erzeugten Erwartungshaltung (und wohl auch durch das Verb καταλύειν), auf νόμος. Auch der etwas holprige Anschluss der Propheten durch ἤ bestätigt zunächst scheinbar diese Gewichtung auf die Tora. Die fast einhellige moderne Identifikation von ἤ τοὺς προφήτας als mt Redaktion belegt eindrücklich, dass es dem Autor gelungen ist, diese Präponderanz von νόμος darzustellen – wenn sie denn gewollt war. Das Gegenteil davon scheint mir nämlich richtig zu sein: Bisher lag für Matthäus in seiner Darstellung alles Gewicht auf den Propheten, und von der Erfüllung der in ihnen enthaltenen Botschaft ist auch das Verhältnis zur Tora bestimmt. Der scheinbar etwas unbeholfene Anschluss mit ἤ erweist sich dann als eine angedeutete Betonung, die mit der Lesererwartung spielt und eine veränderte Blickrichtung provoziert. Aus Mt 11,13 geht dieselbe Gewichtung (Propheten vor der Tora) hervor (s.u. Anm. 466). Vgl. dazu auch A. SAND, Gesetz 185f, der mit Nachdruck darauf aufmerksam macht, dass V. 17 nach dem Willen des Matthäus keine Aussage über Jesu Auftrag in Bezug auf das Gesetz einleitet, sondern in Bezug auf „das in »Gesetz und Propheten« prophetisch Gesagte: daß es jetzt, im Reden und Tun Jesu, erfüllt werde"; ähnlich auch, unter Berufung auf Sand, J. P. MEIER, Law 71; K. SNODGRASS, Matthew and the Law, in: Treasures New and Old (s.o. Anm. 30), 99–127, der zu 5,17 bemerkt: „Clearly Matthew does not want his readers to conceive of the law as an entity by itself. One should not think merely of the law, but of the law and the prophets. (...) To discuss only Matthew's understanding of the law is to misunderstand him. For him the law cannot be understood apart from the prophets" (107).

zwar im unmittelbaren Kontext gegenüber seinen Jüngern, nicht gegenüber irgendwelchen Anklägern von außen), hängt doch wohl mit der erzählerischen Abfolge zusammen. In zweifacher Weise kann dadurch nämlich der Eindruck entstehen, dass die Tora als Bundesurkunde außer Kraft gesetzt wird.[458]

(1.) In den Seligpreisungen wird Menschen die Zugehörigkeit zum Reich Gottes zugesprochen, *ohne* dass vom Gesetz oder den Propheten überhaupt bzw. vom Halten des Gesetzes die Rede wäre. Zwar wird zweimal das Ziel des Gesetzes und der prophetischen Hoffnung genannt, nämlich „Gerechtigkeit", aber der Weg zu diesem Ziel, nämlich das Halten des Gesetzes, ist dabei nicht erwähnt, auch werden die Angesprochenen nicht als Gerechte bezeichnet, sondern als solche, die nach der Gerechtigkeit intensiv verlangen. Dennoch wird ihnen die Zugehörigkeit zum Reich Gottes und seinen Segnungen zugesagt. Nicht nur einem Pharisäer und Schriftgelehrten muss da die Frage gekommen sein: Wie kann Jesus es wagen, den Menschen solches zu verheißen, ohne dass er die Verheißungen an die Einhaltung des Gesetzes als Ausdruck von Gottes Willen und Israels Bundesverpflichtung knüpft?[459]

(2.) Wenn die Jünger in die Stellung der Propheten einrücken, wenn sie Salz und Licht sind und damit Eigenschaften zugesprochen erhalten, die sonst mit der Tora, der Gerechtigkeit, Israel als ganzem, Jerusalem, einzelnen herausragenden Frommen oder Gerechten bzw. dem Messias verbunden sind, dann erhebt sich auch hier die Frage: Wie ist es möglich, dass Jesus einer unbedeutenden Gruppe von galiläischen Fischern eine solche universale Mission, wie sie das Ende des Evangeliums noch einmal bekräftigt, übertragen kann? Und dahinter steht die Frage: Wie ist dies in Einklang zu bringen mit „Gesetz oder Propheten"? Besteht ein Zusammenhang zwischen den Aussagen über die Außenwirkungen der Jüngerschaft und der Belehrung über die Funktion von Gesetz und Propheten? Und inwiefern ist das Ziel des Jüngerseins, wie es in den Bildworten über Licht und Salz ausgedrückt ist, verbunden mit den Stichworten „lehren", „tun" und „Gerechtigkeit" in den Versen 17–20?

---

[458] Vgl. zum Folgenden schon TH. ZAHN, Mt 211f: die eschatologische Naherwartung trägt in sich die Gefahr, antinomistisch zu werden; TH. SOIRON, Bergpredigt 234f, weist vor allem darauf hin, dass Jesu Tischgemeinschaft mit den Sündern und andere messianische Grenzüberschreitungen den Eindruck erwecken konnten, die Zeit des Gesetzes könne vergangen sein; LOHMEYER/SCHMAUCH, Mt 107. Auch Paulus musste sich gegenüber solchen Missverständnissen abgrenzen (vgl. Röm 3,5.8).

[459] Das wird auch von P. FOSTER, Community 161–163 gesehen. Noch viel schärfer stellt sich diese Frage bei der lk Form der Seligpreisungen (6,20b–22). Dennoch halte ich es für undenkbar, dass Lukas (oder auch Jesus) mit ihnen sagen will: weil ihr arm seid oder hungert oder weint, gehört euch das Reich Gottes, quasi via Armut, Hunger oder Weinen. Es ist doch bei Lukas noch viel deutlicher als bei Matthäus, dass die Seligpreisungen zu den μαθηταί (V. 20a) gesagt sind. Vgl. dazu H. WEDER, »Rede« 47–50.

Diese Fragen sind darum von Bedeutung, weil zwar Mt 5,17–20 allgemein als Auftakt und hermeneutischer Vorspann zu den »Antithesen« gilt, der Abschnitt 5,13–16 dagegen in seiner Funktion weder zum Vorhergehenden noch zum Nachfolgenden deutlich bestimmt wird. Nimmt man dagegen die beiden Teile zusammen, dann bilden sie gemeinsam die Achse, die von den Seligpreisungen zur Bergpredigt hinüberführt. Auffällig ist dabei die Voranstellung der universalen Aussagen über das Salz- und Lichtsein der Jünger „für die *Welt*" vor das Bekenntnis über die Erfüllung von „Gesetz und Propheten", das auf einen primär innerjüdischen Kontext verweist. Der das Evangelium auch sonst bestimmende Wechsel der Perspektive zwischen Jesu Dienst an Israel und seinem Wirken für die Welt[460] lässt sich also auch in der Bergpredigt festmachen und die Voranstellung von 5,13–16 kann als ein Hinweis darauf gelesen werden, dass die folgenden Aussagen über Tora und Propheten nicht partikularistisch missverstanden werden dürfen. Unterstützt wird diese Beobachtung durch den auffälligen Befund, dass in der Bergpredigt nicht nur innerjüdische Vergleiche vorkommen (wie in 5,20; 6,5), sondern auch auf das Verhalten der „Heiden" (οἱ ἐθνικοί) Bezug genommen wird (5,47; 6,7, vgl. 6,32 par. Lk 12,30 [τὰ ἔθνη]), was in dieser Weise ebenfalls eine mt Besonderheit darstellt.[461]

---

[460] Vgl. schon in 1,1: vom Sohn Davids zum Sohn Abrahams und damit von Israels Heilskönig zur Hoffnung auf das Heil für alle Völker der Erde (Gen 12,3: πᾶσαι αἱ φυλαὶ τῆς γῆς, so auch 28,14 in Erneuerung der Verheißung an Jakob, mit dem Zusatz allerdings: ἐν σοὶ ... καὶ ἐν τῷ σπέρματί σου, vgl. 18,18: πάντα τὰ ἔθνη τῆς γῆς u. so auch Gen 22,18; 26,4; aufgenommen in Mt 28,19: πάντα τὰ ἔθνη [τῆς γῆς] klingt in V. 18 an]); weiter Mt 2,1f in Verbindung mit 4,14–17: die Magier aus dem Osten als Vertreter der Völker, denen ein Stern den Weg weist, und Sebulon und Naftali als Vertreter Israels, denen ebenfalls ein Licht aufgeht (der Stamm ἀνατελλ- als verbindendes Element) und 10,6 in Bezug auf 28,18–20, vorbereitet durch 8,10–12; 15,24–28. Vgl. dazu auch W. D. DAVIES, Matthew 5:17, 18, in: Mélanges Bibliques en l'honneur dè A. Robert, Paris 1957, 428-456, jetzt in: DERS., Christian Origins and Judaism, London 1962, 31-66, der Jesu Stellung zum Gesetz mit der Beschränkung seines eigenen Dienstes auf Israel parallelisiert: So wie der irdische Jesus, dessen Haltung von Jes 42,1–4 bestimmt gewesen sei, nur partiell und zeichenhaft vorausdeutend die Öffnung seiner Sendung zu den Heiden gelebt habe, um seine Aufgabe an Israel nicht zu beeinträchtigen, so sei auch sein Umgang mit der Tora von einer doppelten Intention geprägt: ihre gehorsame und vollständige Erfüllung als Zeichen für Israel, aber zugleich ihre zeichenhafte Überschreitung im Hinblick auf die Ausgestoßenen in Israel und die nichtjüdische Welt. Die Wende habe Jesus, sowohl im Blick auf die Mission wie auf die Tora, erst nach seinem Tod erwartet, ohne dass er darüber klare Vorstellungen geäußert hätte.

[461] ἐθνικός bei Matthäus nur noch in 18,17, ansonsten im NT nur in 3Joh 7. Auch in Mt 10,18 ist im Horizont der Aussendungsrede, die Israel zum Ziel hat (10,6), das Zeugnis vor den Völkern trotz 10,5 (εἰς ὁδὸν ἐθνῶν μὴ ἀπέλθητε) gleichwohl mit im Blick (εἰς μαρτύριον αὐτοῖς καὶ τοῖς ἔθνεσιν), vgl. weiter 12,18–21 (= Zitat Jes 42,1–4): „auf seinen Namen werden die Völker hoffen" und 24,14 (wiederum: trotz 24,9). Für O. HANSSEN, Zum Verständnis der Bergpredigt. Eine missionstheologische Studie zu Mt 5,17–18, in: Der Ruf Jesu und die Antwort der Gemeinde, FS Joachim Jeremias, hg. v. E. Lohse u.a., Göttingen 1970, 94–111 (110), ist Mt 28,18–20 nicht nur der „Schlüssel zur Theologie des

2. Gesetz und Propheten

Matthäus macht in seiner Anordnung der Jesus-Worte deutlich, dass er um die Spannung zwischen partikularer und universaler Mission weiß und wohl auch – schließlich liegen für den Evangelisten Matthäus die Kämpfe um die Geltung des Gesetzes, wie sie die Apostelgeschichte und die Paulusbriefe bezeugen, schon einige Zeit zurück – um den darin auf(ge)treten(d)en Konflikt um die Gültigkeit insbesondere der Tora.[462] Darum überliefert er dieses Bekenntnis Jesu zur Geltung des Gesetzes, aber auch hierin ist deutlich: Das Gesetz bleibt nicht dasselbe, wenn Jesus gekommen ist, es zu erfüllen, d.h. die Ergänzung „oder die Propheten" bedeutet mehr als einfach nur eine Zufügung. Das Bekenntnis gibt den Rahmen vor, in dem die Tora nach Matthäus verstanden werden *muss*.[463] Die rabbinische Nachordnung der Propheten (und Schriften) unter die Tora teilt der erste Evangelist nicht.[464]

Νόμος wird hier erstmals im Evangelium gebraucht und bezeichnet zusammen mit den Propheten die gesamte 'Heilige Schrift' Israels.[465] In 5,18 verstärkt der Evangelist das Bekenntnis Jesu zur Tora (wobei hier Tora durchaus die ganze 'Schrift' meinen kann), indem er die Unaufhebbarkeit ihrer kleinsten Bestandteile betont. Das Stichwort „Gesetz und Propheten" bildet darüber hinaus ein wichtiges Mikrogewebe durch die Stellen 5,17; 7,12;

---

ganzen Evangeliums" sondern zugleich der geeignete Ausgangspunkt für „das Verständnis der Bergpredigt", wie er es an 5,17f zu zeigen versuchte. Zum Problem von Partikularismus und Universalismus, wie er in 5,13–16 und 5,17–19 zum Ausdruck kommt, s. ebd. 95f.

[462] Vgl. H.-J. ECKSTEIN, Weisung Jesu 389.

[463] Vgl. F. HAHN, Mt 5,17, der davor warnt, V. 17 „einseitig auf das Gesetz" zu beziehen. „Zwar steht dies innerhalb des Kontextes im Vordergrund, aber gerade die Zuordnung zur Erfüllung der Prophetie ist von entscheidender Bedeutung" (51 Anm. 23).

[464] In yMeg 1,7 70d,60–64 ist eine Diskussion zwischen R. Jochanan bar Nappacha u. R. Simeon ben Laqisch (zweite amoräische Generation, Mitte bis Ende des 3. Jh.) überliefert. Ersterer sagte: „Die Propheten und Schriften werden in der Zukunft aufgehoben werden. Aber die fünf Bücher der Tora werden in der Zukunft nicht aufgehoben werden", wogegen R. Simeon einwandte, dass auch die Estherrolle und die Halachot nicht aufgehoben werden (Übers. F. G. Hüttenmeister, Megilla-Schriftrolle, ÜTY II/10, Tübingen 1987, 27f). Zum Verhältnis der „Propheten" (einschließlich der „Schriften") zur „Tora" im engeren Sinn s. BILL. I 246f.601f.

[465] Neben αἱ γραφαί, vgl. Mt 21,42 in der Einleitung zum Zitat aus Ps 118,22f (parr. Mk 12,10; Lk 20,17); 22,29 (par. Mk 12,24) in der Abwehr der sadduzäischen Auferstehungsleugnung; das nachfolgende Schriftzitat Ex 3,6 ist mit τὸ ῥηθὲν ὑμῖν eingeleitet (22,31f); ohne direktes Zitat, sondern als summierende Zusammenfassung der Auslieferung des Judas und der Flucht der Jünger in 26,54 (Sondergut) und 26,56 par. Mk 14,49. An der letzten Stelle verändert Matthäus das mk αἱ γραφαί in αἱ γραφαὶ τῶν προφητῶν. Zu der zweiteiligen Bezeichnung der ganzen Schrift s.a. 2Makk 15,9; 4Makk 18,10. Nach K. SNODGRASS, Matthew and the Law 114, ist die Absicht der zweiteiligen Nennung „to place the rest of the scriptures on a par with the law and as the means to a proper understanding of the law". Seine Folgerung daraus, die auf einer Verkennung der Bedeutung von πληρῶσαι beruht, ist allerdings abzulehnen: „Matthew's point is that Jesus came so that people would live according to the scriptures" (115).

11,13 (in umgekehrter Reihenfolge, d.h. die Tora wird – wie auch sonst im frühen Christentum – der prophetischen Botschaft subsumiert[466]) und 22,40. An allen diesen Stellen wird ihre bleibende Bedeutung hervorgehoben, aber 5,17 und 11,13 machen deutlich, dass sich mit Jesus und der mit ihm anbrechenden Gottesherrschaft die (heilsgeschichtlichen) Rahmenbedingungen für Gesetz und Propheten verändert haben. Auch in diesem Punkt erweist sich Kapitel 11 als eine wichtige Zäsur. In 7,12 und 22,40 (Jesu Antwort ist durch die Frage nach dem größten Gebot im Gesetz ausgelöst [22,36]) geht es dagegen um den *Inhalt* der Tora, der durch Jesus nicht halachisch entfaltet, sondern auf die positiv formulierte goldene Regel bzw. das Doppelgebot der Liebe konzentriert wird. Damit in Einklang steht Mt 23,23f: Οὐαὶ ὑμῖν, γραμματεῖς καὶ Φαρισαῖοι ὑποκριταί, ὅτι ἀποδεκατοῦτε τὸ ἡδύοσμον καὶ τὸ ἄνηθον καὶ τὸ κύμινον καὶ ἀφήκατε τὰ βαρύτερα τοῦ νόμου, τὴν κρίσιν καὶ τὸ ἔλεος καὶ τὴν πίστιν· ταῦτα [δὲ] ἔδει ποιῆσαι κἀκεῖνα μὴ ἀφιέναι. ὁδηγοὶ τυφλοί, οἱ διϋλίζοντες τὸν κώνωπα, τὴν δὲ κάμηλον καταπίνοντες. Der halachischen Präzisierung des Zehntgebots lässt Matthäus Jesus die 'Schwergewichte' des Gesetzes entgegen stellen, wobei in der Dreierliste das Liebesgebot fehlt, das hier wohl unter dem Begriff ἔλεος miteingeschlossen zu denken ist. Aus der Konzentration auf die „schwereren (Elemente)" der Tora (wobei Tora als umfassender Begriff für die ganze Schrift als Ausdruck des Willens Gottes zu verstehen ist [s.u. Anm. 733]) folgt zwar nicht die Vernachlässigung der anderen, aber die Beschäftigung damit steht durch V. 24 dennoch unter dem ständigen Verdacht des Mückensiebens und Kameleverschluckens.[467] Die dadurch gemachte Bedeutungsrelativierung (nicht:

---

[466] Vgl. Lk/Q 16,16 u. dazu D. KOSCH, Tora des Menschensohnes 427–444; Critical Edition 464f; J. P. MEIER, Mt 46f: „Mt is turning the Jewish canon of Law and prophets on its head. The touchstone becomes the prophecy, and the Law must be interpreted in analogy with prophecy. Like the prophets, the Law pointed ahead to Jesus the Messiah. And Jesus, when he comes, fulfills both Law and prophets with an eschatological fulness that spills over the top of the old vessel, that sometimes transcends the old letter in the very process of fulfilling it. For Mt, Jesus, not the Law, stands as the decisive center of his religious universe. The key question is: what is the Law's relation to *the* center of our faith, Jesus? – and not vice versa" ([Hhg.Orig.], vgl. a. 123). Diese Beschreibung der Akzentverschiebung von der Tora zu Jesus im Matthäus-Evangelium entspricht weitgehend dem Ergebnis von Kosch in Bezug auf die Stellung Jesu zum Gesetz nach der Logienquelle, vgl. ebd. 445–456 u. 473–483.

[467] Die polemische Konnotation bei βαρύτερα ergibt sich auch aus dem Rückverweis auf 23,4, wo von den Pharisäern und Schriftgelehrten gesagt ist, dass sie schwere Lasten für die Schultern anderer schnüren (δεσμεύουσιν δὲ φορτία βαρέα [καὶ δυσ-βάστακτα] καὶ ἐπιτιθέασιν ἐπὶ τοὺς ὤμους τῶν ἀνθρώπων). Nur an diesen beiden Stellen gebraucht Matthäus βαρύς, so dass sie sich wechselseitig interpretieren. Φορτίον ist außer hier nur noch in 11,30 gebraucht, ebenso wie das dazugehörige Verb φορτίζειν in 11,28. Als Oppositum zu βαρύς begegnet in 11,30 zudem noch ἐλαφρός (im NT sonst nur noch 2Kor 4,17, vgl. zudem Ex 18,26LXX, wo schwere und leichte Gerichtsfälle unterschieden sind). Da in 11,29 mit ζυγός ein weiteres Signalwort für ein gottgefälliges Leben aufgegriffen ist (zum „Joch der Königsherrschaft Gottes" bzw. „zum Joch der Tora" oder „der Gebote", vgl. Gal 5,1; Apg 15,10, zu rabb. Belegen s. BILL. I 608–610), ist die Entgegensetzung zwischen Mt 11,28–30 und 23,3f.23 (wobei 23,13–26 den Kommentar zu den genannten Versen bilden) sicherlich gewollt und von Matthäus bewusst gesetzt. Mit dem Joch Jesu in 11,29 ist seine Auslegung der Tora im Unterschied zu der der Pharisäer gemeint (vgl. u.a. H. D. BETZ, The Logion of the Easy Yoke and of Rest [Matt. 11:28–30], JBL 86 [1987], 10–24, jetzt in: DERS., Synoptische Studien. Gesammelte Aufsätze II, Tübingen 1992, 1–17 [15]; P. STUHLMACHER, Theologie I 79; P. LUOMANEN, Entering the Kingdom of Heaven 117) und verweist die Leser auf die „allerkleinsten Gebote" (vgl. 5,19), die er seinen Jüngern anvertraut hat.

Aufhebung) des Zehntgebots (das *pars pro toto* für die Bereiche steht, die eine intensive halachische Bearbeitung und Entwicklung durchgemacht haben[468]) ist m.E. unverkennbar und die Bemerkung ταῦτα [δὲ] ἔδει ποιῆσαι nicht mehr als eine Einräumung um des (innergemeindlichen[?]) Friedens willen (vgl. 17,27; 23,3a).[469]

Neben νόμος treten in 5,17 die von Matthäus hochgeschätzten *Propheten*.[470] Vor der Stelle 5,17 hat er sie als Zeugen für das Geschick Jesu schon mehrfach aufgerufen. Programmatisch erscheint mir auch hier die erste Stelle in 1,22f (zugleich das erste »Erfüllungszitat«), wo der Evangelist mit Jes 7,14 die besondere Ursprungsgeschichte von Jesus abschließt. Das Interesse des Evangelisten gilt jedoch gar nicht in erster Linie der wundersamen Entstehung des *Messias* (vgl. 1,16f), sondern seinem Namen Jesus-Immanuel. In ihm ist das Messiasprogramm enthalten: die Rettung seines Volkes aus seinen Sünden (1,21b unter Rückgriff auf Ps 130,8) und die Verwirklichung der Erwartung „mit uns ist Gott" (1,23). In diesem Geschehen *erfüllt* sich (πληροῦν wie in 5,17), was durch den Propheten gesagt wurde. Auch in 2,5f bezieht sich die Erfüllung des Prophetenwortes auf den *Messias* (2,4).[471] Mit dem nächsten Prophetenzitat (2,15: Hos 11,1) wird – erstmals im Evangelium – die Gottessohnschaft Jesu als Erfüllungsgeschehen dargestellt: der Sohn Davids und Abrahams (1,1), der Sohn aus der Jungfrau Maria, dessen Vater ein Sohn Davids ist (1,20), ist damit als Gottes Sohn durch die Propheten bezeugt (definitiv dann in 3,17). Auch der nicht eindeutig geklärte Nazoräer-Titel Jesu ist prophetisches Erfüllungsgeschehen (2,23, vgl. außerdem noch 2,17). In 4,14; 8,17;

---

[468] Vgl. die Mischnatraktate Demai (Zweifelhaftes, d.h. wie ist bei Produkten zu verfahren, deren Verzehntung durch den Produzenten nicht sicher ist), Ma'asrot (über den Leviten-Zehnt) und Ma'aser Sheni (über den zweiten Zehnt). Eine erste Übersicht bei E. P. SANDERS, Judaism: Practice and Belief. 63 BCE-66 CE, London/Philadelphia 1992, 146–169.

[469] Zu diesem wichtigen Motiv bei Matthäus s. D. E. GARLAND, Temple Tax. Es entspricht aber zugleich einer Haltung, die sich auch sonst im Neuen Testament findet (Apg 16,3; 23,3–5; 1Kor 9,19f, vgl. a. Apg 21,20–26), die nur da ihre Grenze hat, wo das Bekenntnis zu Jesus unterbunden werden soll (Apg 5,28–32). Zu Mt 23,2f vgl. in diesem Sinn I. BROER, Freiheit vom Gesetz 128–130; K. SNODGRASS, Matthew and the Law 123f, der davor warnt, diese rhetorische Hyperbel aus ihrem unmittelbaren Kontext herauszulösen und damit für Matthäus zu behaupten, „that he was legalistic in observance of the law".

[470] Von 144 Belegen im NT entfallen allein 37 auf das Matthäus-Evangelium (Mk: 6; Lk: 29; Joh: 14). Grundlegend A. SAND, Gesetz und Propheten, vgl. DERS., Matthäus-Evangelium 61–63.

[471] Dass in 2,5 γέγραπται an Stelle von πληρωθῇ (wie in 1,22; 2,15.23) bzw. ἐπληρώθη (2,17) verwendet ist, hängt möglicherweise damit zusammen, dass in 2,5 die von Herodes um Rat gefragten Schriftgelehrten die Antwort vortragen: Sie wissen zwar, dass dies über den Messias geschrieben steht, aber sie erkennen nicht, dass es sich vor ihren Augen „erfüllt" hat. Erfüllungscharakter mit Jesus selbst als dem Erfüllenden hat γέγραπται nirgends. In 4,4.6.7.10; 11,10; 21,13 ist γέγραπται als neutrale Einführungsformel für ein Schriftzitat gebraucht. Mt 26,24.41 sind wie 3,3; 11,10 zu verstehen: die Stellen beziehen sich zwar direkt auf das Geschick Jesu, aber ihre 'Erfüller' sind nicht er selbst, sondern andere für oder gegen ihn. Umgekehrt gilt, dass die *Form* πληρωθῇ (immer im Finalsatz im Konjunktiv Aorist) von Matthäus nur für Jesus gebraucht ist (1,22; 2,15.23; 4,14; 8,17; 12,17; 13,35; 21,4, vgl. a. 26,54.56); an zwei Stellen (2,17; 27,9) verwendet er stattdessen den Indikativ ἐπληρώθη als konstatierende Aussage: „Damals erfüllte sich, was gesagt ist durch den Propheten Jeremia": gemeint ist damit das Geschick der Kinder in Betlehem und die Selbsttötung von Judas, d.h. hier ist kein direkt auf Jesus selbst bezogenes Erfüllungsgeschehen ausgesagt (dazu gehört auch Mt 13,14, wo es über die Zuhörerinnen und Zuhörer von Jesus heißt: καὶ ἀναπληροῦται αὐτοῖς ἡ προφητεία Ἠσαΐου ἡ λέγουσα).

12,17; 13,14.35; 21,4; 27,9[472] wird πληροῦν verwendet, um Jesu öffentliches Reden und Handeln als Erfüllung prophetischer Verheißungen (die jeweils zitiert werden) darzustellen. D.h. alle Belege, bei denen πληροῦν mit einem Schriftzitat verbunden ist, weisen exklusiv auf Jesus hin, während da, wo Matthäus andere Personen oder Ereignisse durch ein Schriftzitat in das eschatologische Erfüllungsgeschehen einreiht, er die Einleitung derselben mit πληροῦν vermeidet.[473] Das gilt in Mt 3,3 auch in Bezug auf den Täufer, dessen Wirken er durch den Propheten Jesaja vorhergesagt findet[474], in 15,7–9, wo das pharisäische Verhalten durch Jesaja „prophezeit" worden war (Jes 29,13) und in 26,24 (καθὼς γέγραπται) bezogen auf Judas (allerdings ohne Schriftzitat). Das *Erfüllungsgeschehen* ist bei Matthäus also strikt und exklusiv auf Jesus selbst beschränkt (s.o. § 4/2.).

Diese breit entfaltete Darstellung von prophetischer Erfüllung in den Kapiteln 1–4 ist bei 5,17 mitzubedenken. Es ist also kein programmatisches Bekenntnis, das erst noch durch die Wirklichkeit eingeholt werden muss, sondern blickt erzähltechnisch bereits auf geschehene *prophetische* Erfüllung zurück. Zugleich verweist es auf die nachfolgende Geschichte Jesu, wie sie Matthäus darstellt (8,17; 12,17; 13,14.35; 21,4; 26,54.56; 27,9). Was als Begründung der Jüngerflucht steht, reflektiert das mt Verständnis für das ganze Geschick Jesu: τοῦτο δὲ ὅλον γέγονεν ἵνα πληρωθῶσιν αἱ γραφαὶ τῶν προφητῶν.

Die parallele Form πληρῶσαι in 3,15 und 5,17 ist als weitere sprachliche Klammer zu sehen. Syntaktisch ist der Infinitiv als „Infinitiv der Absicht" zu deuten, der finalen Charakter besitzt[475], womit die beiden summarischen Erfüllungsaussagen im Munde Jesu auch formal den Erfüllungszitaten nahestehen. „Betonte Matthäus bislang anhand von Schriftzitaten, daß sich alles

---

[472] Das ist die einzige Stelle, wo eine Bezugnahme auch auf das Geschick des Judas denkbar wäre. Die Benennung als „Blutacker" ist nach 27,4.6 jedoch nicht auf das Blut des Judas (dessen Selbsttötung durch Erhängen 27,5 zudem ein ‘unblutiges’ Geschehen darstellt) zu beziehen, sondern auf das unschuldig vergossene Blut Jesu.

[473] Allerdings sind nicht alle alttestamentlichen Zitate, die von Matthäus eindeutig auf Jesus bezogen werden, notwendigerweise mit πληροῦν eingeleitet, vgl. 2,5f (Mi 5,1.3 eingeleitet durch γέγραπται); 10,35f (eingeleitet durch ἦλθον); 11,5.29; 12,39f (Hinweis auf „Jona den Propheten"); 21,9; 21,42 (Ps 118,22f unter Verweis auf die „Schriften"); 22,41–45 (Ps 110,1); 26,31 (Sach 13,7 eingeleitet durch γέγραπται); 27,35 [vgl. App. z.St.: zahlreiche Handschriften fügen hier die „Erfüllungsformel" ein].43.46; vgl. a. – die zukünftige Erfüllung erwartend – 23,39 (Ps 118,26); 24,15.29f; 26,64; nicht in diesen Zusammenhang gehört der argumentative Umgang mit der Schrift, bei dem sich ebenfalls γέγραπται, aber eben nie πληροῦν findet, vgl. 4,4.6.7.10 (ähnlich 21,16.42; 22,24.32); zu diesem Sprachgebrauch gehört auch das ἐρρέθη in 5,21.27.31.33.38.43. Ein Teil der Zitate, und zwar immer solche, die nicht eigens gekennzeichnet sind, spiegeln dagegen den von der Schrift geprägten Sprachstil wider, so etwa 7,23; 9,36; 13,32; 13,42.50; 16,27; 26,38 (evtl. auch 11,29). Dazu kommen die Stellen, in denen Schriftzitate als bleibend gültige Norm bzw. Ausdruck des Gotteswillens zitiert werden 9,13 u. 12,7 (Hos 6,6); 19,4f (Gen 1,27; 2,24); 19,18f (Ex 20,12–16; Lev 19,18); 21,13 (Jes 56,7); 22,37 (Dtn 6,5), wozu auch 18,16 gehört.

[474] Auch an den beiden anderen Stellen, an denen die Sendung des Täufers durch Schriftbelege erläutert wird, fehlt πληροῦν, s. 11,10 (Zitat von Ex 23,20 u. Mal 3,1) u. 17,10–12 (Zitat von Mal 3,23).

[475] GGNT § 220.

im Leben Jesu gemäß der Schrift ‚erfüllte' (1,22f; 2,5f.17f.23; 3,3; 4,14–16), so bestätigt der matthäische Jesus in 3,15 und 5,17 ausdrücklich auch selbst eben dieses Verständnis." Und er folgert daraus mit Gnilka zu Recht: „So liegt eine christologische Interpretation von 5,17–20 nahe ..."[476] Nur unter dieser Voraussetzung sind diese Verse zu verstehen.

3. Die Selbstvorstellung Jesu

Aber nicht nur durch πληρῶσαι verweist Matthäus zurück auf die Taufe Jesu durch Johannes, sondern auch durch die erste „Ich bin gekommen"-Aussage im Evangelium.[477] Der Täufer verkündigte den nach ihm Kommenden als den Stärkeren (3,11, vgl. 11,3), und in 5,17 stellt sich Jesus als der vor, der gekommen ist, um zu erfüllen.

J.-A. Bühner hat gezeigt, dass die Formulierung „ich bin gekommen" einen festen Platz innerhalb der Selbstvorstellung eines Boten bzw. Gesandten besitzt. „Er verbindet damit den Sendenden, sich selbst und den Adressaten, um die folgende Botschaft so vorzubereiten, daß die Intention des Sendenden, die Legitimität des Boten und die Adressierung der Botschaft erkennbar werden."[478] Dabei ist die auf ἦλθον folgende finale Bestimmung eine *inhaltliche*

---

[476] H. FRANKEMÖLLE, Mt I 218 unter Verweis auf J. GNILKA, Mt I 144, vgl. a. CHRISTINE HEUBÜLT, Mt 5,17–20. Ein Beitrag zur Theologie des Evangelisten Matthäus, ZNW 71 (1980), 143–149 (146f: „ein schwerwiegender christologischer Begriff"); U. LUZ, Mt I[1–4] 236/I[5] 314: weil πληροῦν „ein exklusiv-christologisches Verb" darstellt, ist 5,17 so zu interpretieren, dass es „Jesu ganz besondere Sendung" ist, „Gesetz und Propheten voll und umfassend zu erfüllen." Vgl. a. C. F. D. MOULE, Fulfilment-Words in the New Testament: Use and Abuse, NTS 14 (1967/68), 293–320, der ausgehend von den s.E. authentischen Jesusworten in Mk 1,15; Mt 26,54; Lk 4,21; 22,16 (alle mit πληροῦν im Passiv) argumentiert, dass Jesus selbst diese Terminologie in Bezug auf seine Sendung anwandte und auch Mt 5,17 ein im Kern echtes Jesuswort mit heilsgeschichtlichem Klang darstelle (s. nächste Anm.); so auch A. FEUILLET, Morale ancienne et morale chrétienne d'après Mt 5 V. 17–20; Comparaison avec la doctrine de l'Épître aux Romains, NTS 17 (1970/71), 123–137 (124f); R. BANKS, Matthew's Understanding of the Law: Authenticity and Interpretation in Matthew 5,17-20, JBL 93 (1974), 226–242 (231–233).

[477] Zu den Sprüchen vom Gekommensein Jesu s. E. ARENS, The HΛΘΟΝ-Sayings in the Synoptic Tradition. A Historico-Critical Investigation, OBO 10, Göttingen u. Freiburg (CH) 1976; J.-A. BÜHNER, Der Gesandte und sein Weg im 4. Evangelium, WUNT II/2, Tübingen 1977, 138–152; T. SCHRAMM, Art. ἔρχομαι, EWNT II², 1992, 138–143 (141f); K. BERGER, Formgeschichte 263f: Gegenüber der klassischen Formgeschichte (R. Bultmann) werden die Worte vom Gekommensein in der gegenwärtigen Diskussion nicht mehr *in toto* als Gemeindebildungen verstanden, sondern zumeist wenigstens in Teilen auf Jesus selbst zurückgeführt. Zur möglichen Authentizität von 5,17 s. R. BANKS, Matthew's Understanding 231–233 („All this suggests that rather than being a Matthean construction, or a creation of the early Palestinian church, the saying is substantially authentic"); P. STUHLMACHER, Theologie I 104f. Ablehnend U. LUZ, Mt I[1–4] 236/I[5] 306; P. FOSTER, Community 170.

[478] J.-A. BÜHNER, Gesandte 145. Dabei stellt das ἦλθον-Wort eine Kurzfassung des Botenselbstberichtes dar, in der der Sendende völlig hinter den Boten zurücktreten kann. „In

Vorwegnahme der Botschaft, eine „vorausweisende Zusammenfassung"[479] dessen, was dann nachfolgend dem Adressaten häufig in Form eines Imperativs gesagt wird. Das ἦλθον-Wort dient als „Legitimationsausweis des Boten, der Gehorsam für seine Botschaft verlangt bzw. sein Verhalten als im Einklang mit seinem Auftrag befindlich erklärt"[480]. Joachim Jeremias hat darüber hinaus durch rabbinische Parallelen gezeigt, dass das aramäische אתא + ל mit Infinitiv die Bedeutung *beabsichtigen, wollen, sollen, die Aufgabe haben* annimmt, d.h. nicht nur die Gesandtenterminologie ist zu bedenken, sondern auch die damit verbundene willentliche Übernahme dieser Sendung.[481]

In den Kommentaren wird der ἦλθον-Aussage weniger Beachtung geschenkt als den davon abhängigen Infinitiven.[482] Deren Gewicht wird allerdings erst erkannt, wenn die formspezifischen Merkmale des ganzen Satzes berücksichtigt werden. Wie die πληρωθῇ-Aussagen beschreiben auch die ἦλθον-Worte einen finalen Sachverhalt, indem jeweils mittels eines final gebrauchten Infinitivs ein Ziel der jesuanischen Sendung benannt wird.[483] Auffälligerweise sind die Sätze über das Gekommensein immer so formuliert, dass zwei alternative Möglichkeiten einander gegenüber gestellt werden, von denen die zuerst genannte zurückgewiesen wird. Das verdeutlicht insbesondere das einleitende μὴ νομίσητε ὅτι ἦλθον, eine einzig im Matthäus-Evangelium zweimal begegnende Formulierung.[484]

Beim zweiten Vorkommen in 10,34 geht es ebenfalls darum, dass Jesus ein Missverständnis seiner Sendung abwehrt (bezeichnenderweise wieder in einer Rede an den engeren Jüngerkreis): Μὴ νομίσητε ὅτι ἦλθον βαλεῖν εἰρήνην ἐπὶ τὴν γῆν· οὐκ ἦλθον βαλεῖν εἰρήνην ἀλλὰ μάχαιραν. Der Aufbau von 5,17–20 und 10,34–39 weist auch über die gemeinsame Einleitung hinaus *Parallelen* auf: der negierenden Abwehr („*Meint nicht, dass ich gekommen bin um...*) folgt in beiden Fällen eine antithetische positive Aussage über den

---

der Kurzform 'ich bin gekommen' + finale Bestimmung ist nur noch aus der Situation, der Person des Redenden oder dem Charakter des in der finalen Angabe ausgedrückten Willens auf eine dahinterstehende Autorität zu schließen" (146).

[479] J.-A. BÜHNER, Gesandte 146.

[480] J.-A. BÜHNER, Gesandte 147. Gesandtenchristologie spiegelt sich in Mt 9,13; 10,40; 11,18f; 15,24; 20,28 wider.

[481] Theologie 87, die Belege dafür in: DERS., Die älteste Schicht der Menschensohn-Logien, ZNW 58 (1967), 159–167.

[482] Vgl. H. D. BETZ, Sermon 173–179. In 173f Anm. 43, nennt er zwar die einschlägige Literatur, ohne dass dies allerdings für die Interpretation relevant würde; auch U. LUZ, der 5,17 ausführlich kommentiert (Mt I¹⁻⁴ 232–236/I⁵ 308–314 behandeln nur V. 17), widmet ἦλθον nur knapp 4 Zeilen (236/314). Etwas ausführlicher DAVIES/ALLISON, Mt I 483.

[483] Außer Mt 5,17 noch 9,13 (parr. Mk 2,17; Lk 5,32); 10,34f (par. Lk 12,51–53 allerdings nicht in Form eines Ich-bin-gekommen-Worts); 20,28 (par. Mk 10,45).

[484] Neben Matthäus benützt nur Lukas νομίζειν, allerdings in völlig unspezifischer Weise (2,44; 3,23) im Sinne von „meinen", wobei in beiden Fällen das Gemeinte nicht dem tatsächlichen Sachverhalt entspricht. So einmal auch in Mt 20,10.

Grund des Kommens („ich bin nicht gekommen…, *sondern* …“).[485] Nach diesem rhetorisch einprägsam gestalteten Auftakt wird die positive Aussage an einem konkreten *Beispiel* ausgeführt (5,18f bzw. 10,37f), ehe die Sequenz mit einer *christologisch-eschatologischen Prinzipalisierung* abgeschlossen wird (5,20 bzw. 10,39).[486] Dabei handelt es sich jeweils um Spitzensätze des Evangeliums, die das Entscheidende prägnant auf den Punkt bringen. Mt 9,13b und 20,28 stellen eine verkürzte Fassung dieser Spruchform dar. Nimmt man Bühners Ergebnisse auf, wonach es sich in diesen Sätzen um eine „vorausweisende Zusammenfassung" handelt, dann bedeutet dies, dass der Skopus der Aussage nicht das Verneinte, sondern die zu erfüllende Beauftragung darstellt. Damit lässt Matthäus Jesus in 5,17 programmatisch und einleitend sagen, dass er gekommen sei, um Gesetz und Propheten jetzt und hier zu *erfüllen*.

Auf eine damit verbundene Besonderheit weist Klaus Berger hin, der in den „synoptischen Worte[n] vom Gekommen- und Gesandtsein … eine einheitliche theologische Absicht" erkennt:

„Jesus betont den Eigenwert der Zeit *seiner Sendung* und seiner Tätigkeit und setzt sie ab von der des kommenden Gerichtes oder des Endes überhaupt. Der Eigenwert der Zeit des Gesandten ist: Jetzt ist die Zeit zu Umkehr und Rettung, die Zeit der Annahme der Sünder, in der auch der Richter noch nicht richtet, sondern dient."[487]

In gewisser Weise lässt sich die Beobachtung Bergers noch präzisieren, indem die jeweils abgelehnte Möglichkeit als eine zeitlich nur zurückgestellte zumindest angedeutet ist. In diesem Fall wäre in diesen Sätzen ausgedrückt: Ich bin (noch) nicht gekommen, um Gesetz und Propheten aufzulösen (das wird erst geschehen, wenn auch Himmel und Erde vergehen werden, vgl. 24,35), sondern um sie zu erfüllen. Die zweite Stelle 9,13 (parr. Mk 2,17; Lk 5,32) ließe sich paraphrasieren: Ich bin (noch) nicht gekommen, Gerechte zu rufen (das wird am Ende geschehen, vgl. 13,43; 25,37.46), sondern Sünder (damit sie durch mich in Wahrheit Gerechte werden). Mt 10,34f (par.

---

[485] Das Zwischenstück 10,35f nimmt ἦλθον noch einmal auf und fügt ein Schriftzitat zur Begründung ein. Die ganze Einheit 10,34–36 stammt aus Q, vgl. Lk 12,51–53. Ob 10,35f eine nachträgliche Erläuterung von 10,34 darstellt, oder 34–36 von Anfang an ein einheitliches Logion bildeten, ist umstritten, vgl. die Darstellung der Diskussion bei U. LUZ, Mt II 135, der sich für die Einheitlichkeit ausspricht und mit der Möglichkeit eines echten Jesuswortes rechnet, vgl. a. Critical Edition of Q 380–387 u. unten Anm. 530.

[486] Vgl. dazu J. WANKE, „Bezugs- und Kommentarworte" in den synoptischen Evangelien, EThSt 44, Leipzig 1981, 76–81, der in 10,39 ein Kommentarwort zu dem Bezugswort in V. 38 sieht, in dem „das eschatologische Gericht mitbedacht wird" (80). In 5,20 ist mit dem Eingehen ins Reich Gottes dieser eschatologische Horizont ebenfalls im Blick, doch ist es umstritten, ob der Vers als Zusammenfassung von 5,17–19 oder als Einleitung von 5,21ff zu lesen ist (s.u. § 10/3.).

[487] Formgeschichte 263 (Hhg.Orig.).

Lk 12,51–53) müsste dann gelesen werden: Ich bin (noch) nicht gekommen, um den eschatologischen Frieden zu bringen, sondern um die notwendige Scheidung unter den Menschen hervorzurufen. Und Mt 20,28 (par. Mk 10,45) würde dann besagen: Ich bin nicht gekommen, um mir dienen zu lassen (d.h. noch nicht in meiner herrscherlichen Funktion, vgl. 26,64 u. 4,11b), sondern um zu dienen.

Der Vers 5,17 ist, auch das darf nicht vergessen werden, im Matthäus-Evangelium die erste *öffentliche* Aussage Jesu, in der er selbst über das Ziel seiner Sendung redet.[488] Durch die Selbstvorstellung als Gesandter bringt er zum Ausdruck, dass er als Beauftragter handelt. Zugleich ist durch den unmittelbaren Kontext jedoch vorgegeben, dass er *nicht* einer der Propheten ist. Er hat seine Jünger in die prophetische Aufgabe eingewiesen, aber er ist ihnen gegenüber der Beauftragende und Sendende, d.h. schon in den vorangegangenen Abschnitten handelt er seinen Jüngern gegenüber an der Stelle Gottes.[489] Auch die Seligpreisungen offenbaren, wenn man sie nicht in erster Linie ethisch interpretiert, einen ungeheuren Vollmachtsanspruch, indem in ihnen das eschatologische Heil zugesprochen wird. Im Salz- und Lichtwort drückt sich darüber hinaus sogar die Gewissheit aus, für die ganze Welt und alle Menschen handeln zu können. Die Position der Selbstvorstellung hinter den genannten Texten fokussiert diese Aussagen auf Jesus in einer Weise, die alles Gewicht auf das letzte Wort legt: πληρῶσαι. Nur wenn sich der dahinter verborgene Anspruch als wahr erweist, ist die in Jesu Worten erkennbare Vollmacht innerhalb der jüdischen Glaubensgeschichte legitimierbar, deren grundlegendes Zeugnis die Schrift in Gestalt von Gesetz *und* Propheten bildet. Aus diesem Grund liegt das Gewicht der Verse 17–19 auf der Tora, denn die mt Vorgeschichte hat mit Hilfe der Erfüllungszitate die Wahrheit dieses Anspruchs in Bezug auf die Propheten bereits hinlänglich gezeigt.

---

[488] Vgl. H. FRANKEMÖLLE, Mt I 217: Der Vers 5,17 bietet „dem Leser eine Interpretation des Selbstverständnisses Jesu … auf der Basis der Heiligen Schrift" an.

[489] Diese Beobachtung ist nicht neu, vgl. M. HENGEL, Nachfolge und Charisma 80: „Wie Gott selbst im AT einzelne Propheten aus Beruf und Familie herausrief – (…) – so ruft Jesus einzelne aus allen menschlichen Bindungen heraus, daß sie ihm nachfolgen." Ihre Bedeutung liegt aber u.a. darin, dass sie ein *Hauptargument* gegen die Darstellung von Jesus als neuem Mose darstellt. Vgl. dazu J. M. GIBBS, The Son of God as the Torah Incarnate in Matthew, der gegen W. D. DAVIES, einen der Hauptvertreter der Mose-Jesus-Typologie, betont, dass die *Jünger* bei Matthäus in einer Weise gestaltet sind, die Mose entspricht, während Jesus selbst die Funktion Gottes einnimmt, d.h. die Jünger stehen zu Jesus wie Mose zu Gott! Erstaunlicherweise ergibt sich ein solches Bild auch in der Betrachtung von MORNA D. HOOKER, Creative Conflict 123–131 vgl. insbesondere 130, in der sie auf die Parallelen zwischen Ex 3 (brennender Dornbusch) und Missionsbefehl im Matthäus-Evangelium hinweist. Sie will zwar zeigen, dass Jesus in der Mose-Typologie steht (auch wenn er ihrer Meinung nach mehr als Mose ist), aber das Bild, das sie zeichnet, entspricht viel eher dem von Gibbs: Jesus nimmt die Stelle Gottes ein, die Jünger die des Mose.

3.1 „Erfüllen" und nicht „auflösen"

Das Verständnis dessen, was hier mit πληρῶσαι gemeint ist, ist nicht ablösbar vom Verständnis der Gerechtigkeitsterminologie bei Matthäus. Das wurde schon bei Mt 3,15 (s.o. § 4/2.) deutlich, wo das Verb πληροῦν entweder als ethische Forderung, die es zu tun gilt, oder als prophetischer Terminus verstanden wird, dem ein entsprechendes Erfüllungs*geschehen* korrespondiert. Im vorliegenden Kontext hat sich also zu zeigen, ob der Weg, den Matthäus weist, in erster Linie der einer gesteigerten oder verbesserten Tora-Gerechtigkeit im Sinne eines neuen Ethos ist, oder ob die exklusive 'Erfüllung' von Gesetz *und* Propheten durch Jesus überhaupt erst die Voraussetzung für eine neue, 'bessere' Gerechtigkeit bildet.

Charakteristisch für die erstgenannte Alternative ist Georg Strecker, der den Übergang von 5,16 auf 17 mit den Worten kommentiert: „Rechte Haltung der Jünger Jesu ist der Toragehorsam."[490] Die geforderten „guten Werke" von 5,16 sind „nichts anderes als die Verpflichtung auf ‚das Gesetz und die Propheten'". Die Aussage Jesu in V. 17 will dann nicht mehr begründen, als dass „das Gesetz des Kyrios" nicht im Widerspruch zur „Tora des Alten Testaments" steht, da beide „die eschatologische Forderung" aussprechen, „deren Befolgung die Jüngerschaft Jesu Christi kennzeichnet"[491]. Diese fast völlige Gleichsetzung vom „Gesetz des Kyrios" mit der „Tora des Alten Testaments" durch Strecker[492] ignoriert jedoch die durch das ganze Evangelium begegnende Spannung zwischen Jesus und der Tora bzw. ihren Vertretern in Gestalt der Pharisäer und Schriftgelehrten. Wenn die Tora-Auslegung Jesu nach Matthäus tatsächlich nichts anderes gewesen ist als eine neue Inkraftsetzung der Tora Moses, dann lässt sich die Auseinandersetzung, die

---

[490] Bergpredigt 56. Vgl. DERS., Handlungsorientierter Glaube 36–45, bes. 41.

[491] Bergpredigt 56. Unklar ist mir bei Streckers Formulierung, was in Bezug auf die alttestamentliche Tora deren „eschatologische Forderung" sein soll, die zu befolgen den Jüngern aufgetragen ist. Meint er damit, dass sich das eschatologische Heil des Menschen aus seiner Haltung zur Tora (bzw. zur Weisung Jesu) ergibt? Vgl. a. DERS., Gerechtigkeit 143f: „In Wahrheit unterscheidet Matthäus nicht grundsätzlich zwischen der ethischen Verkündigung Jesu und den Weissagungen des Alten Testaments." Entsprechend versteht er unter „Gesetz und Propheten" (wie in 7,12 und 22,40) den alttestamentlichen Kanon unter ethischem Gesichtspunkt, d.h. „das gesamte Alte Testament" ist „wesentlich als 'Gesetz' verstanden", wie auch die Fortführung des Gedankens mit einfachem νόμος in V. 18c zeigt (ebd. 144). Der nicht in dieses Bild passende Vers 11,13 wird dagegen als vorredaktionell interpretiert.

[492] Vgl. Bergpredigt 57: das Erfüllen der Tora durch Jesus geschieht zum einen durch sein „vorbildhafte[s] Auftreten", zum anderen durch seine Lehre, indem er die Tora „zum vollen Maß bringt" und so „in ihrer eigentlichen Bedeutung bestätigt", da sie „ihre Gültigkeit nicht in sich selbst" trage, sondern „des verwirklichenden Nachvollzuges und der autorisierenden Bestätigung durch Jesus Christus" bedürfe. Die Mosetora wird demnach von Jesus modifizierend bestätigt, aber nicht grundsätzlich soteriologisch neu gewichtet. S. dazu auch unten Anm. 502.

um diese Frage in der Folgezeit geführt wurde, nicht verstehen: weder auf der
Ebene des Wirkens Jesu, dessen Tod zumindest *auch* mit seiner Haltung zur
Tora zusammenhing, noch auf der Ebene des Matthäus und seinem Empfän-
gerkreis, die zu ihrer jüdischen Mitwelt – unabhängig von der genauen
Ansetzung des historischen Ortes des Evangeliums – in einem gespannten
Verhältnis standen und die Erfahrung der Verfolgung durch eben diese erlebt
hatten oder noch erlitten.[493]

Zugleich repräsentiert Strecker einen Zugang zu der Perikope 5,17–20, der
nahezu ausschließlich am Gesetz orientiert ist, obwohl er richtig bemerkt,
dass mit Gesetz und Propheten „das ganze Alte Testament" gemeint ist.[494]
Gleichwohl sieht er hier nur den „nomologisch[en] und ethisch[en]" Aspekt
angesprochen, so dass καταλύειν und πληροῦν *ausschließlich auf das Gesetz*
zu beziehen seien.[495] Von daher ergibt sich dann auch die Schwierigkeit in
Bezug auf πληροῦν, das eben *kein* typischer Begriff für die Befolgung von
Geboten darstellt.[496]

Da die Interpretation von πληροῦν, an der für das Verständnis des Ganzen
außerordentlich viel hängt, umstritten ist, sei hier zunächst das dazu in
Opposition stehende und durch Wiederholung betonte Verbum καταλύειν

---

[493] Mt 5,10 ist kaum verständlich, wenn die darin angesprochene δικαιοσύνη das
Ergebnis einer gesteigerten (vgl. 5,20), aber dennoch dem ganzen Gesetz verpflichteten Toraobservanz wäre, wie G. STRECKER, Handlungsorientierter Glaube 39f, voraussetzt (s.o.
§ 5/2.). Zur Verfolgungssituation vgl. R. D. A. HARE, The Theme of Jewish Persecution of
Christians in the Gospel according to St. Matthew, MSSNTS 6, London u. New York 1967 u.
den treffenden Titel des Kommentars von R. H. GUNDRY „A Commentary on His Handbook
for a Mixed Church under Persecution".

[494] Bergpredigt 56.

[495] So auch H. LJUNGMAN in seiner Studie zu Mt 5,17ff, die schon durch den Titel „Das
Gesetz erfüllen" die einseitige Betrachtungsweise zu erkennen gibt; vgl. weiter R. BANKS,
Matthew's Understanding 228 „the imperative, not the predictive, aspect … is stressed";
U. LUZ, Erfüllung 414: „das Alte Testament als forderndem Gotteswillen"; P. LUOMANEN,
Entering the Kingdom of Heaven 80.

[496] Vgl. U. LUZ, Erfüllung 415f, wo er trotz seiner Belege von πληροῦν im Zusammenhang mit Geboten (415 Anm. 84) feststellt, dass πληροῦν τὸν νόμον ein „im ganzen doch
recht unjüdische[r] Ausdruck" ist, vgl. a. DERS., Mt I[1-4] 235f/I[5] 313f. Wo es so gebraucht wird
(TestNaph 8,7; 1Makk 2,55 passt – gegen Luz – nicht hierher, vgl. V. 53), entspricht es dem
Sprachgebrauch des Paulus (vgl. Röm 8,4; 13,8; Gal 5,13; 6,2), wo der Akzent auf dem
konkreten Tun liegt. Aber das will Matthäus hier nicht von Jesus sagen. Gegen die Auslegung
von Luz ist die von ihm erwähnte Stelle 1Kön 8,15LXX jedoch ein gutes Beispiel *für* den mt
Sprachgebrauch, indem sich eine David von Gott gegebene Zusage mit der Tempelein-
weihung „erfüllt" (καὶ ἐν ταῖς χερσὶν αὐτοῦ ἐπλήρωσεν [Subjekt ist Gott], hebr. מִלֵּא).
Hier sollte man nicht von einer „Erfüllung von Worten durch Tun" reden, da die Erfüllung in
einem *Geschehen* liegt, das sich Gottes Wirken verdankt. Völlig abwegig ist Ant 5,145f als
Beleg für „Erfüllung von Worten durch Tun", indem hier der Sinn eindeutig das Befriedigen
sexueller Gier ist. Ant 14,486 ist das Erfüllen eines Versprechens oder einer Abmachung
durch das ausgemachte Handeln gemeint, gleichsam die profane Variante des Schemas
Verheißung und Erfüllung.

behandelt, das unbestritten in Bezug auf ein Gesetz „auflösen" bzw. „abschaffen" heißen kann.[497] Das Kompositum ist in dieser Bedeutung allerdings singulär im gesamten Neuen Testament[498], während das Simplex λύειν etwas häufiger in Bezug auf die Geltung der Schrift (Joh 10,35) oder einzelner Gebote (Mt 5,19; Joh 5,18; 7,23) gebraucht ist.[499] Besonderes Gewicht hat m.E. Joh 10,35, wo Jesus in einem Streitgespräch Ps 82,6 zitiert und dies mit dem „Axiom"[500] begründet: καὶ οὐ δύναται λυθῆναι ἡ γραφή. Ähnlich argumentiert Gamaliel in der Verhandlung gegen die Apostel in Apg 5,38f, wonach es unmöglich sei, ein von Gott ins Werk gesetztes Geschehen aufzuhalten bzw. aufzulösen: ὅτι ἐὰν ἦ ἐξ ἀνθρώπων ἡ βουλὴ αὕτη ἢ τὸ ἔργον τοῦτο, καταλυθήσεται, εἰ δὲ ἐκ θεοῦ ἐστιν, οὐ δυνήσεσθε καταλῦσαι αὐτούς, μήποτε καὶ θεομάχοι εὑρεθῆτε.

Überträgt man diesen Grundsatz auf Mt 5,17, dann ergibt sich daraus eine Auslegung, die weit mehr dem mt Gesamtduktus entspricht als eine reduzierte Bezugnahme auf das Gesetz als gebietende Größe.[501] Denn dann lässt

---

[497] Zur Verwendung von καταλύειν i.S.v. „Aufheben der Gesetze" s. u.a. 2Makk 2,22 (als Gegenbegriff dient hier ἐπανορθῶσαι); 4,11 (Objekt sind τὰ νόμιμα, Gegenbegriff ist καινίζειν παρανόμους ἐθισμούς) u. 4Makk 5,33, wo als Objekt τὸν πάτριον νόμον genannt ist. Auf die Aufhebung des Sabbatgebots bezogen bei Philo, Somn II 123, synonym dazu ἀναιρεῖν. Weitere Beispiele sind Josephus, Ant 16,35; 20,81. Eine direkte Anspielung auf Mt 5,17, wenn nicht gar ein Zitat, stellt Sib 1,332 dar, wo es von Jesus heißt: αὐτὸς πληρώσει δὲ θεοῦ νόμον, οὐ καταλύσει, während in Sib 8,299f gesagt wird, dass mit dem Tod Christi πᾶς λύεται νόμος, ὅστις ἀπ᾽ ἀρχῆς δόγμασιν ἀνθρώποις ἐδόθη διὰ λαὸν ἀπειθῆ. Zu nichtjüdischen Belegen s. LIDDELL/SCOTT/JONES s.v.

[498] 17mal im NT. Das Wort ist üblicherweise gebraucht vom Zerstören eines Bauwerkes (Mk 14,58; 15,29 par Mt 26,61; 27,40; Apg 6,14, vgl. Joh 2,19: λύειν) oder seiner Teile (Mk 13,2 parr Mt 24,2; Lk 21,6), wobei dieser „Bau" auch übertragene Bedeutung haben (2Kor 5,1) bzw. das Werk Gottes im Menschen sein kann (Röm 14,20). In Gal 2,18 verwendet Paulus καταλύειν als Bezeichnung für das, was er im Hinblick auf die Werke des Gesetzes als Weg zur Rechtfertigung vor Gott aufgehoben hat: der Gegenbegriff ist οἰκοδομεῖν, d.h. das zerstörerische Element bei καταλύειν klingt noch mit durch. Die Unmöglichkeit, dass ein Werk Gottes von Menschen zunichte gemacht wird, drückt Apg 5,38f (Gamalielrede) aus. Im Sinne von *rasten, einkehren* ist das Wort ferner gebraucht in Lk 9,12; 19,7.

[499] Vier von 42 Belegen im NT: bei Matthäus ist λύειν außer in 5,19 nur für die Lösegewalt des Petrus bzw. der Jünger gebraucht (Mt 16,19; 18,18: je 2mal) u. in 21,2 für das Losbinden eines Esels. Im Hinblick auf die Lösegewalt hat das Verb ebenfalls eschatologische Bedeutung, indem es den Weg zur Königsherrschaft Gottes eröffnet.

[500] So C. K. BARRETT, Joh 384.

[501] Gegen U. LUZ, Erfüllung 415; DERS., Mt I[1–4] 235 (anders in I[5] 313, vgl. I[1–4] 232 mit I[5] 310: die heilsgeschichtliche Auslegungsmöglichkeit wird nicht einmal mehr genannt), der aus der Verwendung von καταλύειν schließen will, dass die heilsgeschichtliche Deutung von 5,17 nicht möglich sei, da das Verb keine semantische Nähe zum Bereich Weissagung oder Erfüllung habe, vielmehr der nomistische Sinn dominiere. Vgl. dagegen F. HAHN, Mt 5,17, nach dem καταλύειν und πληροῦν „eschatologische Sachverhalte" bezeichnen. Zudem sieht Hahn richtig, dass mit Gesetz und Propheten „die beiden Hauptelemente alttestamentlicher Überlieferung bezeichnet werden" und die Tora dabei in ihrer Funktion als „Bundes- und Lebensordnung" (42).

Matthäus Jesus sagen, dass er nicht gekommen ist, um irgendeine der von Gott gesetzten Ordnungen und Verheißungen (man könnte fast sagen: nichts von der göttlichen Heilsökonomie), wie sie in Gesetz und Propheten bezeugt sind, außer Kraft zu setzen, weil dies – so lässt sich aufgrund der Parallelverse verdeutlichen – auch gar nicht (schon gar nicht durch Menschen) möglich ist. Positiv ausgedrückt ist dies das Bekenntnis Jesu zu Gottes ganzem Ratschluss. Er ist in dem, was er sagt und tut, kein θεομάχος, sondern er ist im Gegenteil der Erfüller des *ganzen* göttlichen Willens. Die Reduktion der Aussage auf das Aufheben eines konkreten Einzelgebotes oder der Tora als gebietender Größe überhaupt führt in die Irre. Es ist, wie auch die einleitende Stellung nahe legt, ein grundsätzliches Bekenntnis zu Israels Erbe.

Bestimmt man von diesem Ausgangspunkt her das korrespondierende πληρῶσαι, dann geht es primär – nach den drei klassischen Auslegungstraditionen[502] – weder um die fortdauernde Gültigkeit der Tora[503], noch in erster

---

[502] Eine ältere Übersicht über die vorgeschlagenen Lösungen bei H. LJUNGMAN, Gesetz 19–34, der drei Hauptrichtungen unterscheidet: *„Erstens:* ‚Erfülltwerden' des Gesetzes heisst, dass das Gesetz ‚geschieht', dass es durch ‚Geschehen' oder ‚Getanwerden' Inhalt bekommt, ‚gefüllt' wird. *Zweitens:* ‚Erfülltwerden' des Gesetzes heisst, dass der Gotteswille durch Jesu Auftreten und Verkündigung seine ‚abschließende' Form erhält. Jesus ‚vollendet' das alttestamentliche Gesetz. *Drittens:* hinter πληρῶσαι–καταλῦσαι steckt eine Entsprechung zu den rabbinischen Worten בטל–קים. Πληρῶσαι würde nach dieser Deutung besagen, dass Jesus die bleibende Gültigkeit des Gesetzes im Gegensatz zu dessen ‚Aufhebung' durch ihn, Jesus, verkündigt" (33f); ähnlich F. HAHN, Mt 5,17, der als die drei Hauptpositionen „die Verwirklichung durch Tun, durch Lehre oder durch das messianische Geschehen" nennt (43, mit ausführlichen Lit.angaben 51 Anm. 18–21); eine gute Übersicht auch bei Y.-E. YANG, Jesus and the Sabbath 109f, der weitere Vertreter der jeweiligen Richtung nennt. DAVIES/ ALLISON, Mt I 485f, nennen neun verschiedene Deutungsmöglichkeiten, die sich in der Mehrzahl als Nuancierungen der von Ljungman genannten Positionen verstehen lassen; U. LUZ, Erfüllung 413f bzw. Mt I[1–4] 232–235/I[5] 309–313 unterscheidet die verschiedenen Deutungsmöglichkeiten dagegen daraufhin, ob sie sich auf *Jesu Lehre* (er legt den wahren Sinn offen, indem er entweder etwas hinzufügt oder etwas vervollkommnet) oder auf *sein Tun* beziehen (wobei die heilsgeschichtliche Erfüllung und der konkrete Toragehorsam des irdischen Jesus gemeint sein können). Ob dieser Schematismus Lehre/Tun der biblischen Sprache allgemein und Matthäus im Besonderen gerecht wird, bezweifle ich. Gerade wenn man, wie auch Luz dies tut, Mt 5–7 einerseits und 8+9 andererseits als das Programm des Messias in Wort *und* Tat versteht, ist es nicht recht plausibel, hier nur die Lehre Jesu zu sehen. Er ist als Gesandter Gottes in allem der Erfüller von Gesetz und Propheten. Gleichwohl hat die Deutung auf Erfüllung durch Lehre weitgehende Anerkennung gefunden, allerdings in großer Bandbreite: D. FLUSSER, der diese Position vertritt, erkennt in der Lehre Jesu keinerlei Widerspruch zur Tora, sondern eine Toraauslegung, wie sie damals innerjüdisch möglich war (s. Die Tora in der Bergpredigt, in: DERS., Entdeckungen im Neuen Testament, Bd. 1 [s.o. § 1 Anm 57], 21–31 [26f]), während z.B. H.-J. ECKSTEIN, der die Erfüllung ebenfalls dezidiert auf die Lehre Jesu bezieht (Weisung Jesu 396 Anm. 75), darin einen klaren Widerspruch zur Tora Moses sieht (s. 400–403).

[503] Das hat mit Nachdruck G. DALMAN, Jesus-Jeschua 52–62 vertreten, indem er dem griechischen Begriffspaar πληροῦν und καταλύειν das hebr./aram. Paar קַיֵּם/קוּם *aufrichten, bestätigen, beständig machen* und בַּטֵּל/בְּטֵל *auflösen, aufhören machen* entgegen stellt; so

Linie um ihre 'Erfüllung' durch ein ihr entsprechendes 'gesetzestreues' Verhalten oder Lehren[504], noch um ihre abschließende Auslegung[505], sondern

---

auch BILL. I 241. Nach Dalman läuft „der ganze Zusammenhang auf dauernde Geltung des Gesetzes" hinaus, die Propheten sind „nur nachträglich eingeschaltet". Jesus denke dabei „an Aufhebung und Geltendmachung durch Lehre", wie aus V. 19 und dann 21ff hervorgehe (58). Im Ganzen interpretiert er 5,17–19 als eine jesuanische Kampfansage an die Schriftgelehrten: „Sie sollen den Triumph nicht haben, daß nur sie die Vertreter des Gesetzes bis zum letzten Buchstaben seien. Er spitzt deshalb auch den Unterschied zwischen ihnen und ihm nicht zu auf den Gegensatz von Buchstaben und Geist, wie es Paulus Röm. 7,6, 2Kor. 3,6f. tut. Sie sollen vielmehr wissen, daß gerade seine Lehre dem Buchstaben Geltung verschafft und zwar in weiterem Umfang, als sie es für sich in Anspruch nehmen können, und daß er sogar den Platz in der Gottesherrschaft davon abhängig macht, daß andere ebenso verfahren wie er. Der Bergprediger setzt voraus, daß die stolzen Inhaber von Moses Stuhl ihn nicht verdienen. Er wird zu beweisen haben, weshalb er selbst überzeugt ist, dem Gesetze und seinem Buchstaben die Stellung zu geben, die ihm nach Gottes Willen zukommt" (62). Bei Dalman folgt dann die Auslegung der »Antithesen«, wo der Bergprediger s.E. den geforderten Beweis bringt. Aber er übergeht das mit seiner Auslegung gestellte Problem, indem er sich darauf beschränkt und nichts über die übrigen Gebote der Tora sagt. Hält man Dalmans Auslegung für richtig, dann bedeutete dies, dass Jesus seine Jünger auf das Befolgen der Tora in allen ihren Einzelgeboten bleibend verpflichtet, und diese nur einfach in den ethischen Belangen noch in der Weise der »Antithesen« vertieft. In einzigartiger Entschlossenheit und Radikalität vertritt dies dann TH. ZAHN, Mt 211–221, vgl. 220: „Die Scheu, den klaren Sinn von v. 17 bis 19 gelten zu lassen, beruht größtenteils auf einer voreiligen Vergleichung der späteren Entwicklung der Gemeinde Jesu mit diesen Worten ihres Herrn." Er schafft sich dann aber mit seiner Auslegung von 5,18 doch eine gewisse Ermöglichung dafür, dass Teile des Gesetzes „als erfüllt, und daher als hinfällig zu betrachten" seien, wenngleich Jesus darüber keine Auskunft gegeben habe, „sondern es der von Gott gelenkten geschichtlichen Entwicklung" überließ, „hierin die Jünger recht zu leiten" (ebd.). Die Positionen (1) – (2) bei DAVIES/ ALLISON, Mt I 485f, lassen sich dem zurechnen, evtl. auch (7).

[504] DAVIES/ALLISON, Mt I 486, die Positionen (3) – (4). Wichtigster Vertreter, dessen Begründung immer noch häufig angeführt wird, ist TH. ZAHN (s. obige Anmerkung). Das Gesetz wird erfüllt, indem es getan wird, es also dadurch „geschieht". Ausgangspunkt ist das Mt 23,32 entnommene Bild (καὶ ὑμεῖς πληρώσατε τὸ μέτρον τῶν πατέρων ὑμῶν), wonach das Schriftwort einem leeren Gefäß gleicht, „welches den ihm entsprechenden Inhalt durch Handlungen, Ereignisse, Tatsachen erhalten soll. (…) Das weissagende Wort wird erfüllt, indem das geweissagte Ereignis eintritt, das gebietende Wort, indem die gebotene Handlung geschieht" (Mt 212f, vgl. 81). Damit wendet sich Zahn gegen alle Deutungen, „welche darauf hinauslaufen, daß Jesus das unvollkommene Gesetz habe vervollständigen und ergänzen oder durch geistliche Umdeutung vervollkommnen wollen" (zu dieser Auslegungtradition s. die nächste Anm.). Weil das Gefäß vorgegeben ist, so Zahn, kann das Füllen des Gefäßes dieses nicht zugleich verändern.

Eine vergleichbare Deutung vertritt auch A. SCHLATTER, der allerdings deutlich macht, dass dieses Erfüllen durch Tun *die einzigartige und unwiederholbare Tat Jesu* ist: „Indem Jesus darin das Ziel seines Kommens sieht, das Gebot der Schrift zu tun und ihm den ganzen Gehorsam zu leisten, spricht er aus, daß die Gemeinde der Schrift nicht gehorche und nicht gehorchen könne. Sein Ziel liegt über dem, was die anderen tun und können. Bisher blieb Gottes Gesetz übertreten; nun aber ist der gekommen, der das von Gott Gebotene tut" (Mt 154, vgl. ebd. 89 zu Mt 3,15: Jesus und der Täufer erfahren einen neuen Anspruch Gottes an sich, und indem sie ihm gehorchen, d.h. diesem Anspruch gemäß handeln, „machen sie ihre Gerechtigkeit ganz"). Zugleich fordert Jesus von seinen Jüngern (wobei die Ermöglichung in um das rechte Verständnis dessen, wer *Jesus* ist und was er durch sein Kommen bewirkt. Er ist das Subjekt und die Schrift das Objekt! Matthäus stellt die Sendung Jesu dar als in vollkommener Übereinstimmung mit der Glaubensgeschichte Israels. Daraus ergibt sich dann auch ein bestimmtes Verhalten und Lehren in Bezug auf die Schrift, das diesem erfüllenden Charakter entspricht. Und in dieser Hinsicht haben auch die genannten Lösungen alle etwas Richtiges gesehen, so dass sie nicht alternativ gegeneinander gestellt werden müssen. *Entscheidend ist aber, dass die Lösung nicht von der Tora, sondern von Jesus her gesucht wird, und zwar in Bezug auf die ganze Schrift.* Es geht also in 5,17 *nicht* um ein Bekenntnis Jesu zur Tora, sondern zusammenfassend um sein Verhältnis zu den geheiligten Traditionen seines Volkes. Zu diesen besteht nach Auffassung des Matthäus kein Widerspruch, aber es ist auch nicht einfach ihre Wiederholung oder

---

Jesu Forderung enthalten ist), nun auch ihrerseits im Anschluss an ihn, ihre Gerechtigkeit zu tun: „Erst Jesus sagt, was deshalb geschehen muß, weil Gottes Herrschaft nahe ist [gemeint sind die »Antithesen«], und deshalb geschehen kann, weil sie gegenwärtig ist" (ebd. 154). Bei Schlatter überlagern sich demnach ethische und heilsgeschichtliche Deutung in Bezug auf das „Erfüllen", wobei die erstere eindeutig dominiert.

[505] DAVIES/ALLISON, Mt I 486, Positionen (6) und (8), auch (5), d.h. die frühere Deutung von W. D. DAVIES, Matthew 5:17,18 (vgl. S. 33f) liegt auf dieser Linie. Dieses Deutungsmuster geht von einer Bedeutung „vollkommen machen", „vollenden" für πληροῦν aus. Seine Vertreter sehen in 5,17 eine kritische Aussage gegenüber dem Gesetz, das durch Jesus vollendet und damit in seiner bisherigen Gestalt an ein Ende gebracht worden ist (d.h. im Hintergrund steht Röm 10,4). Ein dezidierter Vertreter dieses Verständnisses war ADOLF VON HARNACK, Geschichte eines programmatischen Worts Jesu (s.o. § 1 Anm. 56). Nach ihm bejahte Jesus (Harnack sah wie Zahn in 5,17 ein echtes Jesus-Wort) „die alttestamentliche Schrift und Religion" und erkannte in ihrer „*Vollendung*" (Hhg.Orig.) seine Mission. Gegen Zahns Auslegung wendet er ein: „Jesus erklärt, daß er das Gesetz vollkommen mache (vollende), indem er es, auf die Gesinnung – letztlich auf die Liebe und die innere Wahrhaftigkeit – zurückgehend, vertieft, ja sogar gewissen Zulassungen des Gesetzes im Interesse der sittlichen Vollkommenheit entgegentritt. Ebendeshalb hat er sich nicht damit begnügt, dem »Niederreissen« ein blosses »Konservieren« oder »Beglaubigen« entgegenzusetzen, sondern hat das Wort »Vollenden« gewählt. Er bezeichnet sich also selbst indirekt als Gesetzgeber, und zwar als konservierenden, weil abschließenden Gesetzgeber" (185). Den inhärenten Konflikt zwischen *bejahen* und *vollenden* habe Jesus nicht erkannt, er wurde aber durch sein Verhalten bereits der ersten christlichen Generation aufgezwungen, indem *vollenden* den Gedanken impliziert, dass das nun Vollendete vorher „in irgendeinem Sinne unvollkommen" war und jetzt, nachdem es vollendet worden ist, nicht länger mehr in der unvollendeten Form behauptet oder praktiziert werden kann (ebd. 186). Damit einher ging die Vorstellung, dass Jesus den wahren Willen Gottes verkündigte, wie er in den Worten der Tora – bisher (!) – verborgen war. So „erfüllt" er das Gesetz, das dadurch zugleich grundsätzlich in seiner Bedeutung verändert wird. Im Grunde genommen gehören alle Auslegungen, die die Erfüllung des Gesetzes im Doppelgebot der Liebe bzw. der Weisung Jesu sehen, zu diesem Auslegungstyp, sofern sie sich dafür auf Mt 5,17 berufen bzw. daraus ableiten. D.h. der Einwand gegen diese Auslegung richtet sich nicht gegen ihren Inhalt, sondern gegen ihre Begründung aufgrund von V. 17.

Bestätigung.[506] Das Kommen Jesu bedeutet vielmehr den Beginn des Satt-werdens (Mt 5,6), es bedeutet den Anbruch der Königsherrschaft Gottes. M.E. ist der Formulierung von Robert Banks zuzustimmen: „It is not so much *Jesus'* stance towards the Law that he is concerned to depict: it is how the Law stands with regard to him, as the one who brings it to fulfilment and to whom all attention must now be directed."[507]

3.2 Erfüllung der Schriften als heilsgeschichtliche Wende

Damit wird eine Position aufgenommen und modifiziert fortgeführt, die Davies/Allison in ihrem Kommentar unter (9) führen: „The 'fulfilment' is eschatological: the *telos* which the Torah anticipated, namely, the Messiah, has come and revealed the law's definitive meaning. Prophecy has been realized" (486). Der Schwerpunkt der Aussage liegt bei Davies/Allison allerdings ebenfalls auf der Tora hinsichtlich ihrer Gebote, was mit dem ihrem Kommentar zu Grunde liegenden Gesamtansatz zusammenhängt, nach dem die Verheißung aus Dtn 18,15–20 über den zukünftigen Propheten wie Moses den Schlüssel zum Verständnis der mt Christologie und davon abhängig auch seiner Gesetzestheologie darstellt.[508] Matthäus habe – wie Lukas auch (vgl.

---

[506] So auch R. BANKS, Matthew's Understanding 231: „The word "fulfill" in 5:17, then, includes not only an element of discontinuity (that which is more than the Law has now been realized) but an element of continuity as well (that which transcends the Law is nevertheless something to which the Law itself pointed forward)."

[507] R. BANKS, Jesus and the Law in the Synoptic Tradition, MSSNTS 28, London 1975, 210.

[508] Mt I 493. Nur noch angedeutet ist die früher von W. D. DAVIES vertretene Deutung auf eine besondere messianische Tora, die Jesus gebracht habe. Diese These, wonach es eine alte jüdische Erwartung gewesen sei, dass die messianische Zeit einhergehe mit einer Aufhebung oder doch starken Veränderung der Tora, begegnet erstmals um die Wende vom 19. zum 20. Jh. in der exegetischen Literatur, vgl. E. BAMMEL, Νόμος Χριστοῦ, TU 88, Berlin 1964, 120–128, jetzt in: DERS., Judaica et Paulina. Kleine Schriften II, WUNT I/91, Tübingen 1997, 320–326 (320f); P. SCHÄFER, Die Torah der messianischen Zeit, ZNW 65 (1974), 27–42, jetzt in: DERS., Studien zur Geschichte und Theologie des rabbinischen Judentums, AGJU 15, Leiden 1978, 198–213 (198 Anm. 1); S. MEISSNER, Die Heimholung des Ketzers. Studien zur jüdischen Auseinandersetzung mit Paulus, WUNT II/87, Tübingen 1996, 81.237–240 (er zeigt, dass diese These in der jüdischen Paulusforschung des 19. Jh. ihren Ausgangspunkt hat; die Aufhebung der Tora gilt ihr als Ermöglichung der Heiden-mission); A. CHESTER, Messianism 318f. Einen ersten Überblick geben die Belege bei BILL. IV/1 1-3 unter dem Stichwort „Der Messias der alten Synagoge als Ausleger der Tora"; wirkungsvoll wurde dieser Ansatz vor allem durch Davies' einflussreiches Buch: Torah in the Messianic Age and/or the Age to Come, JBL.MS 7, Philadelphia 1952, das nahezu unverändert enthalten ist in: DERS., The Setting of the Sermon on the Mount, Cambridge 1964, 109–190 (eine verkürzte dt. Ausgabe stellt sein Buch: Die Bergpredigt, München 1970, dar; zur messianischen Tora s. ebd. 45–78). Zur Kritik daran s. insbesondere den erwähnten Aufsatz von P. Schäfer.

Apg 3,22–26; 26,22f) – Mose bzw. den Pentateuch als Prophetie verstanden, so dass „the 'fulfilment' of the law is a concept congenial to Matthew's theology" (Mt I 487).

Hauptbeleg für Davies/Allison ist *Mt 17,5* bzw. die Verklärungsperikope überhaupt, die sie unter der Überschrift kommentieren: „The Son of God transfigured: A Greater than Moses" (II 684–709). Aber auch hier ergibt sich, dass Matthäus die unbestreitbar vorhandenen Bezüge auf Mose nicht verstärkt[509], sondern eher abschwächt: So wird aus dem mk ῥαββί (9,5, vgl. ἐπιστάτα Lk 9,33), das deutliche Bezüge zu Lehren und Lernen (und damit zur mosaisch-schriftgelehrten Welt) aufweist, durch das hoheitliche κύριε ersetzt (Mt 17,4). Nur Matthäus beschreibt die Verwandlung Jesu durch einen Vergleich mit Sonne (ὡς ὁ ἥλιος) und Licht (ὡς τὸ φῶς), was weit über die glänzende bzw. 'verherrlichte' Haut Moses in Ex 34,29–35 hinausgeht (zweimal als δεδόξασται bezeichnet [34,29.35, vgl. a. V. 30: δεδοξασμένη]), indem Jesus *selbst* als die Quelle des Lichtes dargestellt ist und dieses nicht nur widerspiegelt.[510] Dass er entgegen Markus aber wie Lukas Mose vor Elija nennt (17,3, parr. Mk 9,4; Lk 9,30), kann dagegen kaum als stärkere Gewichtung Moses gewertet werden, sondern stellt eine stillschweigende Korrektur der richtigen chronologischen Reihenfolge dar.

Einzig unter den Synoptikern ergänzt Matthäus darüber hinaus die Himmelsstimme (17,5) οὗτός ἐστιν ὁ υἱός μου ὁ ἀγαπητός durch ἐν ᾧ εὐδόκησα in Entsprechung zu 3,17. Damit verweist Matthäus auch hier auf Ps 2,7 und Jes 42,1 (MT), d.h. er kennzeichnet Jesus als den Sohn und Knecht Gottes. Davies/Allison (Mt II 702) nehmen dies erneut als Beleg für die mosaische Typologie dieser Perikope, da Mose der „'ebed or παῖς *par excellence*" sei. Die Betonung liegt allerdings auf dem *Sohn*, und als solcher wird Mose gerade nicht bezeichnet, sondern nur der davidische König in seiner Funktion als der Gesalbte Gottes (vgl. Ps 2,2: κατὰ τοῦ κυρίου καὶ κατὰ τοῦ χριστοῦ αὐτοῦ).[511] Die Reaktion der Jünger auf

---

[509] Es fällt auf, dass Matthäus Dtn 18,15 nirgends zitiert und das Geschehen bei der Verklärung *nicht* als Erfüllungsgeschehen darstellt. Das zeigt der Vergleich mit der Lukas-Fassung (9,28–36), die – allerdings eher ungeschickt – die Perikope in 9,31f mit Blick auf die Geschehnisse in Jerusalem interpretiert, die Jesus im Begriff ist zu erfüllen (ἔλεγον τὴν ἔξοδον αὐτοῦ, ἣν ἤμελλεν πληροῦν ἐν Ἰερουσαλήμ; in 9,51 beginnt der Gang nach Jerusalem: ἐγένετο δὲ ἐν τῷ συμπληροῦσθαι τὰς ἡμέρας τῆς ἀναλήμψεως αὐτοῦ καὶ αὐτὸς τὸ πρόσωπον ἐστήρισεν τοῦ πορεύεσθαι εἰς Ἰερουσαλήμ). Matthäus dagegen belässt den Skopus auf dem ἀκούετε αὐτοῦ (Mt 17,5; Mk 9,7), das bei Lukas nach 9,31f nicht mehr recht passt, und betont stärker als Markus die Einzigkeit dessen, den es zu hören gilt.

[510] Vgl. DAVIES/ALLISON. Mt II 685f zu Ex 34,29ff u. 696f zu dem Vergleich mit Sonne u. Licht. Aufgrund der jüdischen Parallelen, die den Glanz Moses mit der Sonne vergleichen (Philo, VitMos I 70; SifNum 140) bzw. diesen sogar übertreffen lassen (LAB 12,1), schließen sie auf „another Mosaic parallel". Dem entgegen stehen jedoch die Belege, die Sonne und Licht mit Gott, dem Messias bzw. den Gerechten in Beziehung setzen (s.o. zu Mt 5,13), so dass Mose hier bestenfalls einer unter vielen ist. Die Erwähnung von φῶς kann auch als Rückbezug auf 5,13 gelesen werden: denn wer anderen Vollmacht und Beauftragung verleiht, „Licht der Welt" zu sein, muss selbst über „Licht" verfügen. Dass Matthäus φῶς deutlich mit Gott assoziiert, zeigt auch seine Qualifizierung der überschattenden Wolke als νεφέλη φωτεινή, worin Davies/Allison mit Recht einen Hinweis auf die Schechina sehen.

[511] Zu meiner Sicht, dass nicht Mose, sondern David bzw. der messianische Davidssohn für Matthäus in seiner Christologie leitend sind, s.u. § 12. Gegen eine Überbetonung der mosaischen Bezüge s.a. U. LUZ, Mt II 507f, der die Erzählung von Ps 2,7 her stärker als Inthronisationsbericht über den Gottessohn verstehen will.

die Gottesstimme erinnert an apokalyptische Offenbarungsszenen (vgl. Dan 10,4–11 u.ö.) und weniger an die Sinaioffenbarung (vgl. aber immerhin Ex 34,30). Sie hören die ihnen gebietende Stimme aus der Wolke und „fallen auf ihr Angesicht und fürchten sich sehr" (17,6: man vergleiche die klare biblische Sprache des Matthäus im Unterschied zu Mk 9,6; Lk 9,32–34!), d.h. hier wird eine Art Proskynese vollzogen, die erst durch das Hinzutreten, Berühren und Ansprechen Jesu aufgehoben wird: „Erhebt euch und fürchtet euch nicht" (17,7).

Dass die Himmelsstimme „in their broader Matthean context points to Jesus as an ethical teacher" (Davies/Allison, Mt II 686) ist eine zu starke Einschränkung. Er ist nicht nur *ein* Weisheits- oder Gesetzeslehrer, sondern „the Only Teacher"[512], und das rechte Verhalten ihm gegenüber ist nicht nur Hören und Lernen, sondern Glaube. Das zeigt die nachfolgende Perikope 17,14–20, in der in nuce der Weg von ἄπιστος (V. 17) über ὀλιγοπιστία (V. 20) zur πίστις (ebd.) gewiesen wird.[513]

Gleichwohl sehen Davies/Allison richtig, dass die Konsequenz von 5,17 in Bezug auf das Gesetz entscheidende Verschiebungen nach sich zieht: „First, he who fulfils the law and the prophets displaces them in so far as he must become the centre of attention: the thing signified (Jesus) is naturally more important than the sign (the law and the prophets) pointing to it." Sie verweisen in diesem Zusammenhang mit Recht auf Mt 11,13, eine in ihrer Tragweite für 5,17–20 m.E. zu wenig gewichtete Stelle, die – weil ursprünglich Teil der Logienquelle (vgl. Lk 16,16)[514] – für die mt Theologie als offenbar wenig aussagekräftig angesehen wird.[515] So weit ich sehe hat vor allem J. P. Meier auf die hermeneutische Funktion von 11,13 für 5,17f hingewiesen, ohne dass dies allerdings genügend Beachtung gefunden hat.[516] Denn dort werden „alle

---

[512] S. BYRSKOG, Only Teacher, der allerdings auf 17,5 (u. 3,17f) nur in nebensächlichen Belangen eingeht (317f.321–323).

[513] Wie ich bei Gelegenheit zu zeigen hoffe, stellt diese Heilungsgeschichte innerhalb des Evangeliums die entscheidende Zäsur des mt Glaubensverständnisses dar.

[514] Vgl. Critical Edition of Q 464–467. Zu 5,17 als mt Umarbeitung von Q 16,16, s. K. SYREENI, Making 189–194; P. FOSTER, Community 166–170.

[515] So geht G. STRECKER, Weg, auf diese Stelle nur beiläufig ein (in seinem Bergpredigt-Kommentar kommt sie gar nicht vor), dgl. ist er nur marginal erwähnt bei I. BROER, Freiheit (vgl. 124 Anm. 5); Fehlanzeige auch im Stellenindex von H. D. BETZ, Sermon; in dem monumentalen Kommentar von U. LUZ sind der Auslegung von 11,13 ganze fünf Zeilen gewidmet (s. Mt II 180), im Zusammenhang von 5,17–20 kommt sie, so weit ich sehe, nicht vor, obwohl doch die für Q vorauszusetzende unmittelbare Fortsetzung Lk 16,17 in Mt 5,18 ihre Parallele besitzt. D.h. unter Zugrundelegung der Annahme, dass Lukas die Q-Reihenfolge bewahrt hat, ist es *Matthäus* gewesen, der den Zusammenhang löste und 16,16 einen Interpretationsrahmen gab, der in Q fehlte. Zu den Auslegungsproblemen der Spruchfolge s. D. KOSCH, Tora des Menschensohnes 433–435; J. SCHRÖTER, Erwägungen zum Gesetzesverständnis in Q anhand von Q 16,16–18, in: DERS., Jesus und die Anfänge der Christologie. Methodologische und exegetische Studien zu den Ursprüngen des christlichen Glaubens, BThSt 47, Neukirchen-Vluyn 2001, 118–139 (urspr. in: The Scriptures in the Gospels, hg. v. C. Tuckett, BEThL 131, 441–458).

[516] Law 85–87.165; DERS., Mt 46.122f u. oben Anm. 466; Beachtung findet Mt 11,13 dagegen bei W. TRILLING, Das wahre Israel 173.178f; R. BANKS, Matthew's Understanding

Propheten und das Gesetz" (ein in dieser Reihenfolge singulärer Ausdruck) in ein Zeitverhältnis zu Johannes dem Täufer als dem in Maleachi verheißenen wiedergekommenen Elija gesetzt: πάντες γὰρ οἱ προφῆται καὶ ὁ νόμος ἕως 'Ιωάννου ἐπροφήτευσαν. Matthäus macht aus der (angenommenen) Q-Vorlage (... νόμος καὶ οἱ προφῆται ⟦ἕως⟧ 'Ιωάννου) eine eindeutige Vergangenheitsaussage[517] über eine Periode, die mit Johannes endete[518] und zugleich eine Epoche einleitete, über die Aussagen nur im Präsens möglich sind: „Von den Tagen des Johannes bis jetzt bricht sich die Königsherrschaft der Himmel mit Gewalt Bahn und Gewalttätige reißen sie an sich" (ἀπὸ δὲ

231; K. SYREENI, Making 189ff; R. E. MENNINGER, Israel and the Church 107f, verweisen auf die Bedeutung von 11,13. Inwieweit Matthäus damit das Gesetzesverständnis von Q veränderte, kann hier außer Betracht bleiben. Nach K. BERGER, Gesetzesauslegung Jesu 219; D. KOSCH, Tora des Menschensohnes 438f, meint die ihrer Ansicht nach ursprüngliche Formulierung „das Gesetz und die Propheten" „den zur Tat verpflichtenden Willen Gottes" (Berger) und keine „Begrenzung der normativen Geltung von Gesetz und Propheten auf die Zeit vor dem Täufer" (KOSCH, ebd. 439, so auch J. SCHRÖTER, Anfänge 138).

[517] Zur Bestimmung des Aorists vgl. J. P. MEIER, Law 86, der darin einen „aoristus complexivus" sehen will: „what was in reality a long period of time is viewed as a simple past fact." HOFFMANN/V. SIEBENTHAL beschreiben diese Verwendungsweise des komplexiven Aorist als 'zusammenfassend', „wo ein vergangener Vorgang oder Zustand, der länger andauerte oder wiederholt wurde, zwecks schlichter Nennung gleichsam zu einem Punkt zusammengefasst wird" (GGNT § 199c, vgl. BDR § 332). Je nachdem, ob der Anfangs- oder Endpunkt im Vordergrund steht, kann zusätzlich zwischen einem ingressiven oder effektiven Gebrauch unterschieden werden (§ 199 d+e). Mt 11,13 kann so als komplexiv-effektiver Aorist bestimmt werden.

[518] ἕως als uneigentliche Präposition in Verbindung mit Eigennamen kann nach BDR § 216[11] sowohl inkludierend als auch exkludierend gebraucht werden, sie selbst interpretieren Mt 11,13 als exkludierend wegen V. 12: ἀπὸ δὲ τῶν ἡμερῶν 'Ιωάννου τοῦ βαπτιστοῦ ἕως ἄρτι ... Dagegen votieren DAVIES/ALLISON, Mt II 253f, für eine inklusive Bestimmung (so auch J. P. MEIER, Mt 132), so dass der Täufer bereits zur neuen Zeit, die bestimmt ist von der Gegenwart des Reiches, gehört. Zur Begründung dafür ließe sich u.a. das fehlende Interesse des Matthäus an der Geburtsgeschichte des Täufers (sofern er sie kannte) anführen, indem er ihn erst auftreten lässt, *nachdem* in Kap. 1+2 klar geworden ist, dass die Zeit der Erfüllung *mit Jesus* begonnen hat. Zwar ist auch das Wirken des Täufers Erfüllung prophetischer Weissagung (3,3), das christologische Vorzugswort πληρῶσαι wird ihm jedoch nur in Verbindung mit Jesus zuerkannt (3,15). Andererseits verweist der Vergleich in 11,11 eher darauf, dass Johannes der 'alten' Zeit zuzurechnen ist: Es gibt keinen größeren unter den von den Propheten und dem Gesetz abgedeckten Zeit, aber nach den Maßstäben der nun angebrochenen Basileia ist er der Kleinste (wobei das keine soteriologische Qualifizierung darstellt, sondern eine hyperbolische Gegenüberstellung), d.h. die Zeit der Verheißung und die Zeit der Erfüllung sind qualitativ unvergleichlich. Gefragt werden kann allerdings mit C. S. KEENER, Mt 338 Anm. 13, ob diese exakte Zuschreibung zum alten oder neuen Äon der mt Intention entspricht, oder ob Johannes nicht „as somewhat transitional" zu verstehen ist, der in seiner Person die Grenzlinie zwischen altem und neuem Äon verkörpert. Seine Botschaft ist jedenfalls die der Königsherrschaft Gottes, die Jesus aufnimmt und als *nun gegenwärtig* seine Jünger weitergibt; zu diesem letzten Aspekt s. M. HENGEL, Jesus der Messias Israels, in: DERS./A. M. SCHWEMER, Der messianische Anspruch Jesu und die Anfänge der Christologie, WUNT I/138, Tübingen 2001, 1–80 (33.70).

τῶν ἡμερῶν Ἰωάννου τοῦ βαπτιστοῦ ἕως ἄρτι ἡ βασιλεία τῶν οὐρανῶν βιάζεται, καὶ βιασταὶ ἁρπάζουσιν αὐτήν).[519] Diese beiden Verse belegen, dass Matthäus ein theologisches Zeitverständnis besaß, das heilsgeschichtlich zwischen vorher, jetzt und zukünftig sehr genau zu differenzieren wusste.[520] Zusammenfassend interpretiert John P. Meier:

„We submit, then, that 5:17-18 and Mt's whole theology of Law demand a full appreciation not only of salvation-history in Mt but also of the transcendent nature of Christ's person and mission. Ultimately, the whole Law-question in Mt is Christologically grounded. It is Jesus in whom all prophecies are fulfilled, Jesus who authoritatively interprets, radicalizes, and rescinds the Mosaic Law, Jesus who, by his death-resurrection, brings about the turning of the ages, Jesus who now rules the cosmos as exalted Son of Man. In Mt, the Law-question is a question of salvation-history, prophetic fulfillment, realized eschatology, and high Christology. No one who misses that point can interpret 5:17-18 correctly."[521]

Die von Meier in diesem Zitat vorausgesetzte Interpretation von Mt 5,18d auf Tod und Auferstehung Jesu ist allerdings zu Recht bestritten worden (s.u.), doch davon ist seine Gesamtanschauung nicht betroffen.

---

[519] Zur Übersetzung s. M. HENGEL, Jesus der Messias Israels 33; zu den Schwierigkeiten des Verses s. G. THEISSEN, Gewalttäter, 183–200, die beide die hier beschriebene 'Gewalt' als positiven Ausdruck werten, dagegen J. SCHRÖTER, Anfänge 125f Anm. 260. Zu den Implikationen für das Tora-Verständnis s. besonders THEISSEN, ebd. 195–200, der hier mit Recht die Anfänge eines Epochenschemas findet, wonach „die von der Thora bestimmte Epoche durch eine andere abgelöst wird, die sie überbietet: durch die Zeit der Gottesherrschaft". Den Ursprung dieses Gedankens und auch des Stürmerspruchs geht s.E. auf Jesus selbst zurück (200), vgl. oben § 3 Anm. 31.

[520] Vgl. dazu die knappen und nicht befriedigenden Aussagen von G. STRECKER, Das Geschichtsverständnis des Matthäus, EvTh 26 (1966), 57-74, jetzt in: DERS., Eschaton und Historie, Göttingen 1979, 90-107 (98f); ebenfalls wenig hilfreich R. WALKER, Heilsgeschichte, der zu sehr von übergeordneten Themen und zu wenig von philologischen Beobachtungen her argumentiert (zur Kritik s. schon STRECKER, Gerechtigkeit 267–271 [Nachtrag zur 3. Aufl.]; J. P. MEIER, Law 25–40 („Salvation-History in Matthew: in Search of a Starting Point"). Einige Hinweise müssen genügen, das Thema wäre eine eigene Untersuchung wert: Mt 9,33f schließt Kapitel 8–9 mit der Stellungnahme der Menge ab: οἱ ὄχλοι λέγοντες, οὐδέποτε ἐφάνη οὕτως ἐν τῷ Ἰσραήλ (vgl. ganz ähnlich 7,28f als Abschluss von 5–7), gefolgt vom Einspruch der Pharisäer, die diese heilsgeschichtliche Einschätzung gerade nicht teilen (wie die Schriftgelehrten in 7,29 als Gegenbild von Jesu Lehre erwähnt sind). Das οὐδέποτε in Mt 9,33 wirft ein Licht auf seine Verwendung in 21,16.42, wo es zusammen mit dem Lesen der Schrift gebraucht wird (so auch Mk 2,25). Hier könnte der Gedanke mitschwingen: sie haben zwar die Schrift gelesen, aber noch nie richtig verstanden, bzw. verstehen können, weil erst jetzt ihre Erfüllung 'da' ist. Die Zeitaussagen des Matthäus lassen sich einteilen in solche über die Vergangenheit bis zur Gegenwart (z.B. 9,33; 11,12f; 13,17; 23,35, dazu die Aussagen über das Erfülltwerden von prophetischen Verheißungen) und solche, die von der Gegenwart in die Zukunft weisen (12,28; 23,39; 26,29.64, vgl. 11,3 u.ö.).

[521] J. P. MEIER, Law 89; vgl. a. W. D. DAVIES, Matthew 5:17, 18, der ebenfalls im Tod Jesu den entscheidenden Wendepunkt für die Gültigkeit der Tora sieht (58–61), dgl. R. E. MENNINGER, Israel and the Church 104.108 u.ö.. Auch P. FOSTER, Community 215, gehört zu diesem Auslegungstypus, wenngleich mit deutlichen Abgrenzungen gegenüber Meier.

Das Zitat leitet zugleich über zu dem zweiten Punkt, den Davies/Allison als grundlegende Folgerung des heilsgeschichtlichen Verständnisses von Mt 5,17 erwähnen: „Secondly, if the law is fulfilled, it cannot on that account be set aside. Fulfilment can only confirm the Torah's truth, not cast doubt upon it. And while Jesus' new demands may surpass the demands of the OT, the two are not contradictory" (Mt I 487). Es geht Matthäus also nicht darum, Jesus *gegen* das Gesetz oder die Propheten zu stellen, sondern der Tora ihren *neuen* Platz aufgrund der veränderten heilsgeschichtlichen Konstellation in der Gottesherrschaft zuzuweisen. Was für die Propheten mühelos gelingt, da in ihnen die Erwartung der Erfüllung inhärent ist, muss für die Tora dagegen begründet werden. Dies unternimmt Matthäus, indem er die *Ganzheit* der Schrift hervorhebt.

4. „Gesetz und Propheten" als Kanon- bzw. Integritätsformel

Die Stelle Mt 5,17 ist eine Aussage über die ganze heilige Schrift und gehört damit im weitesten Sinn (vor allem, wenn man 5,18f mitberücksichtigt), in den Bereich der sogenannten „Kanonformeln" (Dtn 4,2; 13,1 [= 12,32]; vgl. Prov 30,5f; im NT: Apk 22,18f).[522] Sind die genannten biblischen Belege von ihrer Intention her imperativisch und fordern dazu auf (entweder durch den grammatischen Imperativ, oder einen semantischen Imperativ, indem das Übertreten mit einem Fluch bedroht wird), die gesamte überlieferte Botschaft (deren Umfang jedoch nicht exakt definiert ist) zu bewahren und zu beachten, so stehen daneben Bekenntnisse, die eine solche treue Bewahrung behaupten und damit indirekt auf die imperativische Struktur verweisen.

Das umstrittene Zitat von Mt 5,17 in bShab 116b ist m.E. eine polemische Bearbeitung des Matthäustextes, durch die der Bezug zu Dtn 4,2; 13,1 *verstärkt* wurde, um auf diese Weise den unglaubwürdigen Umgang der Christen mit der Tora anzuprangern. Das Zitat ist Teil einer Erzählung, in der Rabban Gamaliel II. und seine Schwester Imma Schalom das Ansehen eines (christlichen) Philosophen beeinträchtigen wollten. Dieser stand in dem Ruf, keine Bestechung anzunehmen. Da ging zuerst Imma Schalom mit einem goldenen Leuchter als Bestechungsmittel zu ihm und bat um seine Rechtshilfe, die er auch gewährte, indem er sagte: Seit dem Tage, da ihr aus eurem Lande in die Verbannung getrieben seid, ist die Tora Moses aufgehoben und das Evangelium[523] gegeben, und in ihm steht geschrieben[524]: Sohn und

---

[522] E. REUTER, „Nimm nichts davon weg und füge nichts hinzu!" Dtn 13,1, seine alttestamentlichen Parallelen und seine altorientalischen Vorbilder, BN 47 (1989), 107–114; D. E. AUNE, Apk III 1208–1213 mit reichem Material, der zudem vorschlägt, statt dem anachronistischen „canonization formula" von „integrity formula" bzw. „Sicherungsformel" zu reden. Er erinnert ferner daran, dass die Integritätsformel auch fester Teil von Verträgen ist, bei denen festgelegt werden kann, dass nur von beiden Vertragspartnern *gemeinsam* Dinge hinzugefügt und weggenommen werden dürfen, so z.B. 1Makk 8,30.

[523] Die Lesart אָוֶן גִּלְיוֹן, eigentlich „Unheilspergament", die einen Kakophemismus für εὐαγγέλιον bildet, ist durch die Handschrift München bezeugt, daneben finden sich auch die

Tochter sollen gemeinsam erben. Am nächsten Tag geht Rabban Gamaliel zu dem Philosophen und bringt ihm einen Esel als Bestechungsgeschenk mit. Daraufhin ändert er seinen Spruch zugunsten Gamaliels mit der an Mt 5,17 angelehnten Begründung: „Ich habe weiter unten im Evangelium nachgesehen, und da steht geschrieben: Ich, Evangelium[525], bin nicht gekommen, um von der Tora Moses wegzunehmen, sondern um zur Tora Moses hinzuzufügen bin ich gekommen (אנא לא למיפחת מן אורייתא דמשה אתיתי אלא[526] לאוספי על אורייתא דמשה אתיתי)."[527]

Die bekanntesten Beispiele für solche Integritätsformeln in der jüdischen Literatur liefern der Verfasser des Aristeasbriefes in Bezug auf die LXX (§§ 310f, vgl. Philo, VitMos II 34) und Josephus in seiner Einleitung zu den Antiquitates. Während die LXX-Übersetzung des Pentateuchs immerhin mit einigem Recht für sich in Anspruch nehmen darf „gut, fromm und völlig genau" zu sein (καλῶς καὶ ὁσίως διηρμήνευται καὶ κατὰ πᾶν ἠκριβω-μένως)[528], ist dies bei Josephus nicht so ohne weiteres der Fall, obwohl auch

---

Lesarten: „ein anderes Gesetz" (אורייתא אחריתא) bzw. „ein anderes Buch". Da das folgende Zitat nicht dem Neuen Testament entstammt, kann die Lesart „ein anderes Gesetz" ursprünglich sein, vgl. J. MAIER, Jüdische Auseinandersetzung mit dem Christentum in der Antike, EdF 177, Darmstadt 1982, 78.222f m. Anm. 178 (zum Ausdruck „ein anderes Gesetz" vgl. a. Röm 7,23). Seine eigene Analyse ist allerdings zu sehr von dem Bemühen geprägt, jeden Bezug dieser Stelle zu Mt 5,17 zu bestreiten, was nicht zu überzeugen vermag.

[524] Das folgende Zitat fehlt im Neuen Testament, wo Jesus die Aufforderung, Erbschlichter zu sein, deutlich von sich weist (vgl. Lk 12,14). Eine freie Anwendung von Gal 3,28 ist dagegen denkbar.

[525] „Evangelium" gilt vielfach mit gutem Grund als Einschub, vgl. J. MAIER, Auseinandersetzung 223 Anm. 184.

[526] Umstritten ist, ob ursprünglich אלא „sondern" (so Handschrift München) oder ולא (nach anderen Textzeugen) „und nicht" zu lesen ist, was seit M. GÜDEMANN, Die Logia des Matthäus als Gegenstand einer talmudischen Satyre. Bab. Sabb. 116 a und b, in: DERS., Religionsgeschichtliche Studien, Leipzig 1876, 65–97 (69f), immer wieder erwogen wird. Zur Diskussion dieser Stelle und der Bedeutung der unterschiedlichen Varianten s. J. JEREMIAS, Theologie 88 m. Anm. 49; J. MAIER, Auseinandersetzung 78–93. M.E. ist die Veränderung von אלא in ולא das Ergebnis einer jüdischen Korrektur, die den Text an Dtn 4,2; 13,1 anpassen wollte. Abzulehnen sind dagegen die Versuche, aus dem Babli-Zitat den ursprünglichen Wortlaut oder gar den wahren Sinn von Mt 5,17 entnehmen zu wollen (gegen Jeremias ebd. 88f u. davon abhängig P. STUHLMACHER, Theologie I 104f, dem die aramäische Fassung als ein Beleg dafür dient, dass bei Matthäus „Jesus als der messianische Vollender der Tora vom Sinai" verstanden ist).

[527] Beibehalten wurde von der Vorlage Mt 5,17 die Reihenfolge, so dass καταλῦσαι vor πληρῶσαι steht, während Dtn 4,2; 13,1 das Hinzufügen (ausgedrückt durch das Hif'il von יסף, derselben Wurzel wie bei לאוספי) vor dem Wegnehmen (= hebr. גרע+מן) nennt (das aramäische Pendant למיפחת von פחת *verringern*).

[528] In der Fortsetzung wird jeder verflucht, der zum vorliegenden Text etwas hinzufügt oder verändert (εἴ τις διασκευάσει προστιθεὶς ἢ μεταφέρων τι) bzw. etwas wegnimmt (ἢ ποιούμενος ἀφαίρεσιν), doch Josephus ändert in seiner Paraphrase des Aristeasbriefes genau diesen Passus (Ant 12,108f), vgl. dazu M. HENGEL (zus. mit R. Deines), Die Septuaginta als „christliche Schriftensammlung", ihre Vorgeschichte und das Problem ihres

er verspricht, die Heiligen Schriften seines Volkes genau und in der angemessenen Ordnung vorzulegen, „indem ich nichts hinzufüge und auch nichts
wegnehme" (οὐδὲν προσθεὶς οὐδ' αὖ παραλιπών [Ant 1,17]). Das hindert
ihn aber bekanntlich nicht daran, umfangreiche Textpartien (insbesondere im
Bereich der Gesetzgebung) auszulassen, bzw. Textzusammenhänge neu zu
arrangieren (was er selbst ausdrücklich benennt, vgl. Ant 4,197) und außer-
biblische Texte und Traditionen seinem Werk einzuverleiben.[529] Zum Abschluss lobt er sich gleichwohl selbst und hebt noch einmal die Exaktheit und
Genauigkeit hervor, mit der er seine Aufgabe bewältigt hat (Ant 20,259–266).
Es ist bekannt, dass Josephus mit diesem Bekenntnis zu seiner Vorlage einem
in der griechischen Historiographie verbreiteten Brauch folgt.[530]

Auch die Qumrantexte lassen einen normativen Umgang mit den biblischen Schriften erkennen, der bei aller Betonung, den wahren Sinn der Schrift
zu kennen, nicht an ihrer Unabänderlichkeit und buchstabentreuen Wörtlichkeit interessiert ist.[531] „Man war zu der Zeit noch mehr am Stoff als am Text
orientiert."[532] Eindrucksvollstes Beispiel ist neben der Tempelrolle[533] und
dem Jubiläenbuch[534] der halachische Brief 4QMMT. Im abschließenden Teil

---

Kanons, in: Die Septuaginta zwischen Judentum und Christentum, hg. v. M. Hengel u. Anna
Maria Schwemer, WUNT I/72, Tübingen 1994, 182–284 (237f).

[529] Vgl. D. L. BALCH, The Greek Political Topos *Peri nomōn* and Matthew 5:17, 19, and
16:19, in: Social History of the Matthean Community, hg. v. D. L. Balch, Minneapolis 1991,
68–94, der auf Josephus als Beispiel für Matthäus verweist.

[530] Die klassische Studie hierfür ist W. C. VAN UNNIK, De la règle Μήτε προσθεῖναι,
μήτε ἀφελεῖν dans l'histoire du canon, VigChr 3 (1949), 1–36, jetzt in: DERS, Sparsa
Collecta II, NT.S 30, Leiden 1980, 123–156; DERS., Flavius Josephus als historischer Schrift-
steller, FDV.N.F., Heidelberg 1978, 26–40; L. H. FELDMAN, Judean Antiquities 1–4. Trans-
lation and Commentary (= Bd. 3 von: Flavius Josephus, Translation and Commentary, hg. v.
S. Mason), Leiden u.a. 2000, 7f; R. WEBER, Das „Gesetz" bei Philon von Alexandrien und
Flavius Josephus. Studien zum Verständnis und zur Funktion der Thora bei den beiden
Hauptzeugen des hellenistischen Judentums, Arbeiten zur Religion und Geschichte des
Urchristentums 11, Frankfurt a.M. u.a. 2001, 197–199: Die Kanonformel zielt nicht „auf skla-
vische Texttreue, sondern auf die sachlich getreue Wiedergabe, ohne subjektiv-willkürliche
Entstellungen".

[531] Vgl. dazu K.-W. NIEBUHR, Bezüge auf die Schrift in einigen »neuen« Qumran-
Texten, in: Mitteilungen und Beiträge 8, hg. v. der Forschungsstelle Judentum, Theologische
Fakultät Leipzig, Leipzig 1994, 37–54; DERS., Die Antithesen des Matthäus. Jesus als
Toralehrer und die frühjüdische weisheitlich geprägte Torarezeption, in: Gedenkt an das
Wort, FS W. Vogler, hg. v. C. Kähler u.a., Leipzig 1999, 175–200 (177–181); grundlegend
nach wie vor O. BETZ, Offenbarung und Schriftforschung in der Qumransekte, WUNT I/6,
Tübingen 1960.

[532] J. MAIER, Zur Frage des biblischen Kanons im Frühjudentum im Licht der
Qumranfunde, JBTh 3 (1988), 135–146 (139).

[533] Sie zitiert Dtn 13,1 (= 12,32), d.h. sie nimmt die biblische Integritätsformel für ihr
eigenes, verändertes Werk in Anspruch.

[534] Das Werk versteht sich selbst als Darstellung der Sinaioffenbarung an Mose (1,1–4).
Ihm wird – wie in Ex 34,27 – aufgetragen, alles, was er dabei hört, in ein Buch zu schreiben,

fordern die Absender den Empfänger des Schreibens auf (C 10f), sich „im Buch Moses und in den Büchern der Propheten und in Davids [Schriften (?)] und in den [Geschehnissen (?)] der Geschlechter" verständig zu machen (תבין)[535], d.h. mit der Aufzählung ist eindeutig eine Zusammenstellung heiliger Schriften gemeint, die autoritative Geltung sowohl beim Sender wie beim Empfänger besaßen, auch wenn eine genaue inhaltliche Abgrenzung derselben nicht möglich ist.[536] Entscheidend ist, dass diese Berufung auf die autoritativen Schriften nicht bedeutet, dieselben auch in einem buchstäblichen Sinn zu gebrauchen. Die 11mal gebrauchte Zitationsformel כתוב leitet nämlich an keiner Stelle ein direktes biblisches Zitat ein, sondern verweist auf einen biblischen Sachzusammenhang, aus dem die Verfasser des Schreibens eine bestimmte Halacha abgeleitet haben, die sie als „geschrieben" ansehen, obwohl sie sich der exegetischen Arbeit (oder im Falle Qumrans: der geistgewirkten Auslegung) verdankt. Unmittelbar in Fortsetzung der zitierten Passage heißt es [...] ובספר כתוב, dann folgt eine Lücke von einer knappen halben Zeile, so dass das Zitierte nicht zugewiesen werden kann. Fraglich ist auch, was hier mit ספר gemeint ist: die Tora oder summarisch die unmittelbar davor genannten Teile des 'Kanons'? In Zeile 12 ist jedoch erneut die Einleitung ואף כתוב bezeugt, danach kommt eine sehr freie Paraphrase von Dtn 30,1–3 „in an idiosyncratic form that is at the same time both abbreviated and supplied with explanatory additions that date the promise in Deuteronomy to the end of the days."[537]

Für das Verständnis von Mt 5,17(–19) ergibt sich aus den genannten Beispielen, die sich unschwer vermehren ließen, als Konsequenz, dass mit einer summarischen Aussage über „das Gesetz oder die Propheten" weder ein 'fundamentalistisches' Schriftbekenntnis abgelegt wird, das ein exakt abgegrenztes Corpus von Schriften bis in alle Einzelheiten hinein und in vollem

---

das als Zeugnis zwischen Gott und dem Volk dienen soll, d.h. hier ist, auch ohne ausdrückliche Integrationsformel, vorausgesetzt, dass das Buch ohne Veränderung so überliefert werden soll, wie es Mose empfangen hat (1,5).

[535] Text und Ergänzungsvorschläge nach E. QIMRON u. J. STRUGNELL, Qumran Cave 4, Bd. 5: Miqsat Ma'aśe Ha-Torah, DJD X, Oxford 1994, 58f. Zur historischen Situierung s. R. DEINES, The Pharisees Between "Judaisms" and "Common Judaism", in: Justification and Variegated Nomism: A Fresh Appraisal of Paul and Second Temple Judaism, Bd. 1: The Complexities of Second Temple Judaism, hg. v. D. A. Carson u.a., WUNT II/140, Tübingen 2001, 443–504 (461–474).

[536] Erkennbar ist auf alle Fälle eine Dreiteilung in Tora, Propheten und (David-)Schriften. Vermutet werden kann, ob hinter דור ודור [במעשי] in Z. 11 sich das Chronikbuch verbirgt, wo allerdings die sonst im AT häufige Wendung דור ודור überhaupt nicht begegnet.

[537] E. QIMRON u. J. STRUGNELL, Miqsat Ma'aśe Ha-Torah 59; K.-W. NIEBUHR, Bezüge 48–50.

Umfang für sakrosankt erklärt[538], noch auf halachische Observanz und Gesetzestreue rekurriert wird, die alles ohne Unterschiede tut. Zwar wird ein solches Verständnis unterschwellig häufig an Mt 5,17 herangetragen, aber dies widerspricht dem damals üblichen Sprachgebrauch ebenso wie dem konkreten Umgang mit den heiligen Schriften. Und dies gilt, wie zu Mt 5,18 gezeigt werden kann, nicht nur für die stärker an hellenistischen Vorbildern orientierte jüdische Literatur, sondern auch für das Schriftverständnis der Rabbinen. Grundsätzlich ist also Karl-Wilhelm Niebuhr zuzustimmen, wenn er schreibt:

„Treue zur Tora kann im Frühjudentum nicht an der Treue zu ihrem Wortlaut gemessen werden, sondern allein daran, ob die im gegenwärtigen Alltag gültige und praktizierte Lebens- und Glaubensweise bewußt der Autorität der Tora vom Sinai, der Weisung Gottes für Israel unterstellt wird. Was aus moderner Perspektive als willkürlicher Umgang mit Überlieferungsgut erscheinen mag, entspringt im Zusammenhang des im Frühjudentum gelebten Selbstverständnisses Israels dem Bemühen, der Intention des Gotteswillens, wie er in der schriftlich fixierten Mosetora zum Ausdruck kommt, unter den Bedingungen einer völlig veränderten Gegenwart im Alltag gerecht zu werden."[539]

Dennoch entspricht diese Haltung nicht exakt der von Jesus, wie sie Matthäus hier ausdrückt, zumindest unter Voraussetzung des hier vertretenen Verständnisses von πληρῶσαι. Richtig ist, dass Jesus sich zu der Israel von Gott gegebenen Glaubensweise ohne Einschränkung bekennt, aber es ist keine Unterstellung unter die „Autorität der Tora vom Sinai", sondern eine Aussage aufgrund der eigenen, nicht einer abgeleiteten Autorität.[540] Zudem ist darin der Anspruch enthalten, die in Israels Glaubenstraditionen enthaltenen *Verheißungen*, zu denen eine neue Weise des Gehorsams, eine neue Weise, mit dem Gesetz zu leben und eine neue, von Gott ermöglichte und bewirkte Gerechtigkeit gehören, zu *erfüllen*. Nach Kari Syreeni ist es die Leistung des Evangelisten Matthäus, die schon vorgeprägte Wendung „Gesetz und Propheten" konsequent mit dem Gedanken der Erfüllung zu verbinden:

„Matthew's favourite expression is thus very much like a terminus technicus for the 'ful-filled' law. In fact this is what 5,17 gives at hand immediately. The hermeneutical logic of

---

[538] Vgl. M. HENGEL, „Schriftensammlung" 263f: „Die Frage nach einem abgegrenzten Kanon war kein Problem, das – nach den uns erhaltenen Quellen – reflektiert oder diskutiert wurde: Was »Heilige Schrift« war, glaubte man in ganz selbstverständlicher Weise zu wissen und konnte daher auf jede definitive Abgrenzung verzichten."

[539] Antithesen 179. F. VOUGA, Der Gott des Tausches 53f: „Das Gesetz und die Propheten stehen für den Willen Gottes, wie er seinen Ausdruck in der Schrift findet" (54), so auch G. THEISSEN, Gewalttäter 196 Anm. 35: „Gesamtheit des Willens Gottes".

[540] Was K.-W. NIEBUHR am Ende seines Aufsatzes auch deutlich als Ergebnis benennt (Antithesen 199). Vgl. a. H.-TH. WREGE, Überlieferungsgeschichte 37: V. 17 ist „nicht in erster Linie als Äußerung Jesu zur Schrift" zu verstehen, „sondern vielmehr als christologische Kategorie."

Matthew's idea of fulfilment is obvious. The law is completely valid – in the 'fulfilled' way, that is. And as the law was 'fulfilled', it became Jesus' teaching. Actually the Torah is not identical with Jesus' teaching, but 'the law and the prophets' as an intermediary term conceals the fact rather successfully. (…) That is, he was convinced that the law, when properly understood, really is in accord with Jesus' words and manifests God's eternal will."[541]

Auf diese Weise ordnet Matthäus die Tora dem Erfüller aller Gerechtigkeit unter. Weil Jesus aber alle Gerechtigkeit erfüllt, das ist gleichsam der Ausgangspunkt der mt Torakonzeption, ist alles, was Jesus über die Tora lehrt oder im Umgang mit ihr tut, ihre *Erfüllung* und nicht ihre *Auflösung*. Diese – ganz offensichtlich kontroverse – Einsicht vermittelt er durch sein Evangelium und am prägnantesten durch die überlegte Zusammenordnung der Verse 5,17–20.[542] Aus dem vorausgesetzten Redaktionsprozess wird nun aber häufig

---

[541] Making 188, vgl. den ganzen Abschnitt 185–206. Zwar steht Syreeni, so weit ich ihn verstehe, diesem mt Konzept skeptisch bis ablehnend gegenüber (s. 203 Anm. 4), gleichwohl hat er die Bedeutung der mt Erfüllungschristologie deutlicher als viele erkannt. S.E. ist die mt Christologie geprägt von zwei basalen Konzepten: Jesus als dem „Fulfiller" und dem „Founder". Beide Konzepte werden mit der vergangenen und gegenwärtigen Geschichte Israels in der Weise verbunden „that the rejected Fulfiller became the Founder". Daraus folgt für ihn ekklesiologisch, dass die mt Gemeinde sich selbst als das 'wahre' oder 'neue' Israel versteht „that has replaced the old one" (119). So u.a. auch W. TRILLING, Das wahre Israel 97ff u.ö.; R. E. MENNINGER, Israel and the Church 135–166. Es ist offenbar diese Konsequenz, die Syreeni das mt heilsgeschichtliche Konzept ablehnen lässt, doch ist m.E. zu fragen, ob Matthäus eine so geradlinige Ersetzung 'Israels' durch die Kirche voraussetzt.

[542] Dass die vorliegende *Komposition* das Werk des Evangelisten ist, ist allgemein anerkannt und bedarf keiner eigenen Begründung (ausführlich jetzt wieder P. FOSTER, Community 165–181). Die nächste Parallele dafür ist die Einheit Mt 10,34–39 (s.o. Anm. 485), die ebenfalls von Matthäus aus ursprünglich drei getrennten Einheiten geschaffen wurde (vgl. die Übersicht bei F. BOVON, Lk II 528). Dass in Mk 8,34f zwei der drei Logien schon verbunden sind, verweist lediglich darauf, dass es vor Matthäus schon eine zweifache Verknüpfung gab. Die Dreiergruppe aber ist sein Werk, wobei er weitgehend Q-Material (teilweise auch bei Markus) verwendete: 10,34–36 par. Lk 12,51–53; 10,37f par. Lk 14,26f; 10,39 par. Lk 17,33 (Zugehörigkeit zu Q unsicher, vgl. M. SATO, Q 22f; dafür: Critical Edition of Q 456f). Dass er dabei unterschiedliche Traditionen verschmolz ist ebenfalls deutlich, auch wenn über deren Herkunft und Umfang keine Gewissheit erzielt werden kann. Entscheidend für die vorliegende Arbeit ist einzig der Ausgangspunkt, dass Matthäus mit den Versen 17–20 ausdrückt, was s.E. grundlegend war für Jesu Umgang mit den Traditionen seines Volkes, unter denen die Tora an erster Stelle steht. Der Evangelist sah sich darin selbstverständlich im Einklang mit Jesus selbst (vgl. O. BETZ, Bergpredigt 334.376f). Da aber auch für ihn die grundlegende Haltung gilt, dass der Inhalt wichtiger ist als die präzise Wiedergabe der originalen Formulierung, ist es weder wahrscheinlich, dass er für jede seiner Überlieferungen ein 'echtes' Jesuswort als Beleg brauchte noch möglich, dieselben zweifelsfrei zu eruieren. Über die Glaubwürdigkeit seiner Jesus-Darstellung entscheidet also nicht seine Treue zur Wörtlichkeit, sondern sein Verständnis und seine Treue zum Inhalt des Wirkens Jesu. Dass der irdische Jesus mit solchen Anschuldigungen und Fragen konfrontiert wurde, wie sie diese Verse widerspiegeln, sie also dort ihren Sitz im Leben gehabt haben können, machten auf unterschiedlichem Weg W. D. DAVIES (Matthew 5:17, 18 [34–37]) und H. SCHÜRMANN, „Wer daher eines dieser geringsten Gebote auflöst …" Wo fand Matthäus das Logion Mt 5,19?, BZ 4 (1960), 238–250 (jetzt in: DERS., Traditionsgeschichtliche Unter-

geschlossen, dass zwar 5,17 seinem Gehalt nach auf Jesus zurückgehen kann (bzw. die Position des Matthäus widerspiegelt, wenn man den ganzen Vers für eine mt Bildung hält), aber nicht zugleich auch die Verse 18+19, so dass diese in irgendeiner Weise sekundär sein müssen (s. dazu unten §§ 8+9).

Nun zeigt aber das Beispiel des Josephus, dass selbst die Betonung der Unversehrtheit von „den Gesetzen und den mit diesen (verbundenen) Schriften" bis hin zur Buchstäblichkeit und zum Martyrium dafür, nicht verwechselt werden darf mit einem wörtlich zu verstehenden Gehorsam. Das geht vor allem aus Contra Apionem I 38ff deutlich hervor. Darin beschreibt Josephus den biblischen Kanon: die fünf Bücher Moses, dann dreizehn prophetische Bücher (zu denen er wohl einen Teil der Schriften zählt, die in masoretischer Tradition den „Schriften" zugehören) und vier Bücher, enthaltend „Hymnen an Gott und Lehrdichtungen für das menschliche Leben"[543]. Als Beweis für die Reverenz, die sein Volk (Josephus gebraucht die 1. Person Plural „wir") den eigenen Schriften entgegenbringt, nennt Josephus, dass trotz der langen Zeitspanne „es keiner gewagt hätte, etwas hinzuzufügen noch wegzunehmen noch abzuändern" (οὔτε προσθεῖναί τις οὐδὲν οὔτε ἀφελεῖν αὐτῶν οὔτε μεταθεῖναι τετόλμηκεν).[544] Es sei Juden vielmehr von Geburt eingepflanzt, diese „für Gottes Verfügungen zu halten (τὸ νομίζειν αὐτὰ θεοῦ δόγματα) und in ihnen zu verbleiben und für diese, wenn sie es müssen, gerne zu sterben". Das hätten auch zahlreiche Kriegsgefangene bewiesen, die in den Theatern (d.h. anlässlich ihrer öffentlichen Hinrichtung) Martern und zahlreiche Todesarten erduldeten, „dabei aber kein Wort gegen die Gesetze und die mit ihnen verbundenen Schriften vorbrächten".

Nach R. Weber macht die Stelle im Hinblick auf das Tora-Verständnis des Josephus zweierlei deutlich: die von ihm bezeugte „Unantastbarkeit der Thora als Text wie als Gesetz" weist dieselbe als etwas Heiliges aus und die ihr entgegengebrachte Verehrung „ist ein Implikat des Glaubens an ihre göttliche Herkunft", die sie von den Gesetzen und der Literatur der Griechen unterscheidet (vgl. Ap I 44f). Daneben geht es in Ap I 42, als Folge dieser Haltung, auch *„um die Sicherung des Buchstabens der Schrift,* um ihre dauer- und gewissenhafte Erhaltung und Festschreibung, gerade im Unterschied zu

---

suchungen zu den synoptischen Evangelien, KBANT, Düsseldorf 1968, 126–136), plausibel, vgl. a. R. BANKS, Matthew's Understanding 237f; U. LUZ, Erfüllung 404; G. THEISSEN, Stürmerspruch 195–200.

[543] Die genaue Abgrenzung ist für die vorliegende Fragestellung ohne Belang, da es hier nur darum geht, dass Josephus mit diesem Verzeichnis und dem Bekenntnis der Inspiriertheit der darin genannten Schriften ein klares Kanonverständnis repräsentiert, dem es sowohl auf die genaue Überlieferung wie die gegenwärtige Weitertradierung ankommt. Vgl. dazu M. HENGEL, Septuaginta 259–263.

[544] Zur dreigliedrigen Integritätsformel, die für die rabbinische Literatur typisch ist, vgl. D. E. AUNE, Apk III 1210.

profanen, heidnischen Schriftwerken"[545]. Ein freier, sinn- und sachgemäßer
Umgang mit der Schrift, wie ihn Josephus für sich und andere bezeugt, und
ein Bewahren des Buchstabens (dessen Konsequenz gerade kein Buchstaben-
gehorsam ist) bis hin zum Martyrium schließen sich demnach nicht aus.

Gleichwohl dürfen auch die Unterschiede von 5,17 zur Integritätsformel
nicht außer Acht bleiben. Jesus steht nicht durch einen konkreten Schreibvor-
gang in der Gefahr, etwas hinzuzufügen oder wegzulassen. Er ist weder
Schriftgelehrter noch Meturgeman[546] und auch kein Historiker der jüdischen
Geschichte. Seine Treue zum Buchstaben ist keine antiquarische, bloß konservierende. Am ehesten ist Jesu Aussage mit der Präambel eines *neuen
Vertrages* zu vergleichen[547], der das bisherige Vertragsgeschehen positiv
voraussetzt und gleichzeitig die *vertragskonforme Einlösung der im bestehenden Vertrag formulierten Zukunftsklauseln ankündigt.*

---

[545] „Gesetz" 199 (Hhg.R.D.), vgl. a. 322 und 331: „Josephus nimmt als Historiker und
Apologet im wesentlichen eine zweifache Stellung zur Thora ein: Sie ist für ihn einerseits als
die heilige Schrift der Juden die grundlegende Geschichtsurkunde seines Volkes, aus der es sich
seine traditionsgeleitete Identität für die Gegenwart je neu zu gewinnen hat, durch die es sich
seiner Herkunft und Zukunft wie seines Wesens beständig selber vergewissern muß und
durch deren aktuelle Präsenz qua Erinnerung es seine Eigenart bewahrt und sich seine
religiöse Bedeutung wie seinen geschichtlichen Auftrag vor Augen führt. Darum gilt der
Thora das äußere und das innere Bemühen, die sorgfältige Überlieferung (des Buchstabens
wie des Inhalts) und das stetige Lernen, die Paideia im Gesetz. Damit ist schon der zweite
Aspekt des Verhältnisses des Josephus zur Thora ausgesprochen. Hier kommt sie vor allem
als Nomos in den Blick, als jüdisches Staats- und Religionsgesetz. Es ist Israel durch Mose
vermittelt und verlangt absoluten Gehorsam. Als die Norm des gemeinschaftlichen Lebens
der Juden in der Welt garantiert es deren Zusammenhalt und Besonderheit."

[546] Zu dessen 'Schrifttreue' vgl. D. E. AUNE, Apk III 1210 (m. Lit. u. Belegen).

[547] Auf die Verwendung in Verträgen hat ebenfalls D. E. AUNE, Apk 1209f, hingewiesen
(s. auch oben Anm. 522). Zum Vertragscharakter der lk Feldrede vgl. J. LAMBRECHT, Ich
aber sage euch. Die Bergpredigt als programmatische Rede Jesu (Mt 5–7, Lk 6,20–49),
Stuttgart 1984, 231f, der darüber hinaus Mt 28,18–20 nach dem orientalischen Vertrags-
schema aufgebaut sehen will (233–235). Dass 5,17 vom neuen Bund in Jer 31,31–34 zu
verstehen ist, versucht u.a. R. A. GUELICH, Sermon 140, zu zeigen, übernommen von Y.-E.
YANG, Jesus and the Sabbath 110, vgl. außerdem O. BETZ, Bergpredigt 334.370, u. oben
Anm. 144. Auch MOGENS MÜLLER, The Theological Interpretation of the Figure of Jesus in
the Gospel of Matthew: Some Principal Features in Matthean Christology, NTS 45 (1999),
157–173 (169f), verbindet Jesu Gesetzeserfüllung als heilsgeschichtliches Ereignis („new
achievement in salvation history") mit der Inauguration des von Jeremia verheißenen neuen
Bundes: „Jesus' death becomes the historical basis for the talk of two covenants that makes
possible the sending of the disciples to the Gentiles by creating new identification factors for
God's people. In this connection it is especially interesting that the fulfilment of the Law is
made a result of salvation." Vgl. dazu auch DERS., The Hidden Context. Some Observations
on the Concept of the New Covenant in the New Testament, in: Texts and Contexts, FS
L. Hartmann, hg. v. T. Fornberg u. D. Hellholm, Oslo 1995, 649–658.

§ 8 Die andauernde Gültigkeit der von Jesus erfüllten »Tora«[548] (Mt 5,18)

1. Das Satzgefüge von Mt 5,18 als Ausgangspunkt der Interpretation

In dem nachfolgenden Vers 5,18 setzt sich die hoheitsvolle Selbstoffenbarung Jesu gegenüber seinen Jüngern fort, indem das Bekenntnis Jesu zur religiösen Tradition seines Volkes nun in Bezug auf die – im Vergleich zu den Propheten – strittigere Tora zugespitzt wird:

ἀμὴν γὰρ λέγω ὑμῖν	Einleitung
ἕως ἂν παρέλθῃ ὁ οὐρανὸς καὶ ἡ γῆ,	1. Zeitbestimmung (kosmologisch)
ἰῶτα ἓν ἢ μία κεραία	Tora (materiale Gestalt)
---------- οὐ μὴ παρέλθῃ ------ //Spiegelachse//------------	Hauptaussage -------
- ἀπὸ τοῦ νόμου,	Tora (inhaltliche Gestalt)
ἕως ἂν πάντα γένηται.	2. Zeitbestimmung (heilsgesch.)

Der formale Aufbau des vierteiligen Logions ist überaus kunstvoll: Die Einleitung (= V. 18a) stellt die Verbindung zu V. 17 her und ist der Obersatz, von dem die nachfolgende dreiteilige Sequenz abhängig ist. Diese ist bestimmt von der Mittelstellung der Hauptaussage (= V. 18c) mittels der inckludierenden Rahmung durch die beiden parallelen Nebensätze (= V. 18b und 18d). Die zweifache Verwendung von παρέρχεσθαι in 18b und 18c entspricht dabei der mt 'Betonungsweise' der Hauptaussagen mittels Wiederholung. Diese Doppelungstechnik belegen ferner die Merismen „Himmel und Erde" sowie „Jota und Häkchen", die durch ihre chiastische Stellung von ἰῶτα ἓν ἢ μία κεραία zusätzlich betont sind.

Durch das feierliche ἀμὴν γὰρ λέγω ὑμῖν ist erneut die direkte Anrede in der 2. Person Plural hervorgehoben (vgl. schon 5,11.12.13.14.16.17). Die Jünger sind die Adressaten des ersten Amen-Wortes im Evangelium, durch γάρ ist ein Begründungszusammenhang mit dem voranstehenden Vers hergestellt. Damit ist erneut eine grundsätzliche Aussage zu erwarten, auf die die Zuhörenden durch das den Satz einleitende Amen aufmerksam gemacht werden.

Das einleitende, nichtresponsorische Amen ist eine Besonderheit der Evangelienliteratur, wobei die Verfasser allerdings unterschiedliche Akzente setzen.[549] Es kommt nur im Munde

---

[548] Das Setzen in Anführungszeichen soll ausdrücken, dass es nicht eindeutig ist, ob Tora hier *terminus technicus* für den Pentateuch ist oder wie „Gesetz und Propheten" in 5,17 Ausdruck für die ganze heilige Schrift. S. dazu unten Anm. 733.

[549] Von den 130 Belegen im Neuen Testament entfallen 101 auf die Evangelien, davon allein 50 auf die 25 Doppel-Amen-Aussagen, die einzig das JohEv kennt (bei ihm fehlt das einfache Amen ganz). Lukas fällt mit nur sechs Belegen deutlich ab (d.h. er meidet die seinen gebildeten Lesern als barbarisch vorkommenden Semitismen so weit als möglich), Mk 13mal

Jesu vor und erklärt sich am einfachsten, wenn man darin eine typisch jesuanische Redeweise überliefert findet[550], mit der er „bewußt" die prophetische Vollmachtsformel „so spricht der Herr" „überboten" habe.[551] Darin offenbart er seinen „einzigartigen unableitbaren, in Gott selbst gegründeten Autoritätsanspruch".[552] Inhaltlich folgt auf diese einleitende Formel in der Regel eine Jüngerbelehrung, die, „vor allem bei den Synoptikern, fast durchweg einen im wieteren Sinn apokalyptischen Inhalt" hat.[553] Durch das einleitende Amen sind die folgenden Logien als „Lehrzusammenfassungen" gekennzeichnet, „die auswendig gelernt werden sollten"[554].

Bei Matthäus findet sich die Wendung ἀμὴν λέγω ὑμῖν insgesamt 25mal, dazu kommt zweimal ἀμὴν λέγω σοι (5,26; 26,34) und viermal ἀμὴν γὰρ λέγω ὑμῖν (5,18; 10,23; 13,17; 17,20). Offenbar weiß er um diese für Jesus typische Sprachform und ahmt sie darum wohl zuweilen auch nach, um einer Aussage besonderes Gewicht zu verleihen.[555]

Ob γάρ eine inhaltliche Nuancierung darstellt oder lediglich den Anschluß an das Vorangehende herstellen will, ist nicht eindeutig. Es sprechen aber eine Reihe von Gründen dafür, dass γάρ hier – wie auch sonst im ersten Evangelium – bewusst eingefügt ist[556], um zu zeigen „that 5.18 establishes the basis for 5.17"[557]: Weil V. 18 gilt, darum steht V. 17 mit Recht als zusam-

---

(dazu einmal in 16,8 dem kurzen Markus-Schluss, der mit Amen endet, hier eindeutig als liturgische Abschlussformel). Matthäus ist mit 31 Belegen (einschließlich des textkritisch unsicheren 18,19) derjenige, der am häufigsten Jesusworte mit dieser das Folgende betonenden Einleitung verbindet.

[550] Vgl. J. JEREMIAS, Art. Amen I. Biblisch-theologisch, TRE 2, 1978, 386–391 (388f); R. RIESNER, Lehrer 378–382. In Apk 3,14 ist τὸ ἀμήν geradezu zu einem Namen für Jesus geworden, vgl. a. 2Kor 1,20.

[551] M. HENGEL, Nachfolge 77; R. RIESNER, Lehrer 378.

[552] M. HENGEL, Nachfolge 77.

[553] J. JEREMIAS, Amen I. 389.

[554] R. RIESNER, Lehrer 379, unter Berufung auf W. GRUNDMANN, Mk 114 (112–115): Exkurs über „Die Amen-Worte").

[555] Nach R. BANKS, Matthew's Understanding 233, ist auch in 5,18 die Einleitung das Werk des Evangelisten und Beispiel für „Matthew's deliberate heightening of the christological factor in a saying related to the Law".

[556] Matthäus gebraucht γάρ mit 124 Belegen signifikant häufiger als Markus (64mal) und Lukas (97mal), zudem gibt es bei den drei anderen Evangelien keinen einzigen Beleg für ἀμὴν γὰρ λέγω…, lediglich in Mk 14,9 findet sich mit ἀμὴν δὲ λέγω… eine vergleichbare Einfügung. Auch dass Matthäus γάρ nur an vier Stellen von insgesamt 25 gebraucht, lässt eher an eine absichtsvolle Verwendung denken, so auch P. FOSTER, Community 187f.

[557] So DAVIES/ALLISON, Mt I 489, vgl. H. D. BETZ, Sermon 182: γάρ bezeichnet V. 18 als „the basis as well as the consequence of vs 17". Dazu beruft er sich auf G. BORNKAMM, Wandlungen 76. Zur grammatikalischen Funktion von γάρ als „Begründungspartikel" s. GGNT § 252,9. Auch die übrigen ἀμὴν γὰρ λέγω ὑμῖν-Stellen des Matthäus-Evangeliums zeigen eine klare Verklammerung mit dem Vorherigen im Sinne einer Begründung; es handelt sich dabei in allen Fällen um Jüngerbelehrungen, in 10,23 und 13,17 ist zudem eine zeitliche Dimension erkennbar, die auf die Besonderheit der Gegenwart hinweist: die Jünger sehen, wonach Propheten und Gerechte sich sehnten (13,17), und ihre Verfolgung in Israel nimmt mit dem Kommen des Menschensohnes ein Ende, ehe sie überhaupt in allen seinen

menfassende Überschrift voran, d.h. V. 18 liefert den Nachweis für die grundsätzliche Aussage in V. 17. Oder anders herum formuliert: V. 17 kann behauptet werden, weil V. 18 folgt.

Durch *die Nachordnung der Begründung* verstärkt Matthäus die Autorität der *voranstehenden* Aussage. *Sie* benennt den eigentlichen Inhalt. Sie gilt als Zusage (vgl. Mt 13,16) oder Befehl (vgl. Mt 10,23) unbedingt. Dass sie begründet wird, ist eine Art Konzession an den Unglauben oder das Misstrauen derer, die mit Jesu Botschaft konfrontiert werden. Dahinter steht die didaktische Leistung des ersten Evangelisten, der an Jesu Vollmacht und Anspruch nicht zweifelt, aber dennoch denen zum Verstehen verhelfen will, die nicht in dieser Weise gewiss sind. Dies geschieht zum einen durch seine Anordnung der Logien, zum anderen durch die behutsame Präzisierung ihres Inhalts.

Für das Verständnis dieses notorisch schwierigen Verses ist, wie die oben dargestellte Gliederung verdeutlicht, grundlegend, die singuläre Konstruktion durch die beiden mit ἕως ἄν eingeleiteten adverbialen Temporalsätze (18b und 18d) zu verstehen, die den Rahmen der Hauptaussage bilden. Die folgende Tabelle zeigt die mit Amen eingeleiteten Sätze im ersten Evangelium, die wie 5,18 im Hauptsatz durch οὐ μή und Konjunktiv Aorist eine absolute Verneinung ausdrücken.[558] Zugleich zeigt die Übersicht die Verbindung mit durch ἕως ἄν eingeleitete Temporalsätze. Formal dazu gehört auch Mt 23,39 (par. Lk 13,35), obwohl hier das einleitende Amen fehlt[559]:

Städten gewesen sind (10,23). Der terminus ad quem ist auch in 10,23 mit ἕως ἄν gefolgt von einem Verb im Konjunktiv des Aorist angegeben.

[558] Zu dieser „stärksten Verneinung zukünftigen Geschehens" durch Verwendung des voluntativen Konjunktivs s. GGNT § 210b+f.

[559] Nicht dazu gehört jedoch Mt 26,29 parr. Mk 14,25; Lk 22,18 (vgl. a. 16), auch wenn der Vers im Zusammenhang mit den anderen Stellen immer genannt wird (vgl. DAVIES/ALLISON, Mt I 488). Das in 26,29 vorliegende Satzmuster bei Matthäus und Markus (anders Lukas) folgt nicht exakt dem hier verhandelten Schema, da der durch ὅταν (gefolgt von einem Konj. Präs.) eingeleitete temporale Nebensatz *attributiv* zu der Zeitsage des Hauptsatzes (ἕως τῆς ἡμέρας ὅταν αὐτὸ πίνω μεθ' ὑμῶν ...) gebraucht ist, während es sich an den anderen Stellen um einen *adverbialen* Nebensatz handelt. KLAUS BERGER, Amenworte Jesu 73f, will aufgrund der genannten Stellen ein neutestamentliches Satzmuster folgender Gestalt aufweisen: ἀμὴν λέγω ὑμῖν – οὐ μή + prophetisches Futur + Temporalsatz mit ἕως oder μέχρις. Vgl. dazu DAVIES/ALLISON, Mt I 487f u. D. PEABODY, A Pre-Markan Prophetic Sayings Tradition and the Synoptic Problem, JBL 97 (1978), 391–409; B. CRAWFORD, Near Expectation in the Sayings of Jesus, JBL 101 (1982), 225–244; S. BYRSKOG, Jesus the Only Teacher 354–356.

Stelle	Einleitung	Nebensatz *vor* dem Hauptsatz	Hauptsatz	Nebensatz *nach* dem Hauptsatz
5,18	ἀμὴν γάρ λέγω ὑμῖν	+ἕως ἄν+Konj. Aor.	+οὐ μή+Konj.Aor.	+ἕως ἄν+Konj.Aor.
5,26	ἀμὴν λέγω σοι	-----------	+οὐ μή+Konj.Aor.	+ἕως ἄν+Konj.Aor.
10,23	ἀμὴν γάρ λέγω ὑμῖν	-----------	+οὐ μή+Konj.Aor.	+ἕως ἄν+Konj.Aor.
10,42	ἀμὴν λέγω ὑμῖν	-----------	+οὐ μή+Konj.Aor.	-----------
16,28	ἀμὴν λέγω ὑμῖν	[Rel.satz = Subj. d. HS]	+οὐ μή+Konj.Aor.	+ἕως ἄν+Konj.Aor.
18,3	ἀμὴν λέγω ὑμῖν	+ἐὰν μή+Konj. Aor.	+οὐ μή+Konj.Aor.	-----------
23,39	---- λέγω γάρ ὑμῖν	-----------	+οὐ μή+Konj.Aor.	+ἕως ἄν+Konj. Aor.
24,2	ἀμὴν λέγω ὑμῖν	-----------	+οὐ μή+Konj.Aor.	[+Rel.satz als Subj.erg.]
24,34	ἀμὴν λέγω ὑμῖν	-----------	+οὐ μή+Konj.Aor.	+ἕως ἄν+Konj.Aor.

Zu den synoptischen Parallelen: 10,42 par. Mk 9,41; 16,28 par. Mk 9,1; 18,3 parr. Mk 10,15; Lk 18,17; 24,34 parr. Mk 13,30 (wobei Mk statt ἕως ἄν und Konj. Aor. μέχρις οὐ gefolgt von Konj. Aor. hat); Lk 21,32. Bei Mk 14,25 par. Mt 26,29 hat Matthäus das einleitende Amen weggelassen, ansonsten ist die Struktur identisch: (Amen) ich sage euch+οὐ μή+Konj. Aor.+ἕως τῆς ἡμέρας ἐκείνης ὅταν+Konj. Präs.

Grammatikalische Analyse der adverbialen Temporalsätze: ἕως gehört zu den „uneigentlichen Präpositionen" (BDR § 216,3; GGNT § 185a) und dient dazu, Orts- oder Zeitbestimmungen auszudrücken. Sie kann im nichtpräpositionalen Gebrauch auch als Konjunktion verwandt werden, gelegentlich auch in Verbindung mit οὐ oder ὅτου, aber immer in der Bedeutung „solange bis; bis dass; solange als". Als Konjunktion leitet ἕως *adverbiale Temporalsätze* ein und gibt Antwort auf die Frage, wie lange „der Prädikatsinhalt der übergeordneten Konstruktion verwirklicht" wird (GGNT § 276a). Verbunden ist ἕως dabei entweder mit dem Indikativ oder dem prospektivem, durch die Modalpartikel ἄν gekennzeichnetem Konjunktiv (wobei ἄν im NT auch fehlen kann, vgl. GGNT §§ 210i; 252,3). Der prospektive Konjunktiv im Nebensatz verweist darauf, dass das Satzgefüge entweder der Zukunft angehört oder ein allgemeingültiges ('zeitloses') Geschehen aussagen will (GGNT § 276b). Innerhalb des Satzgefüges, das als Ganzes der Vergangenheit, Gegenwart oder Zukunft zugehören kann, steht der temporale Nebensatz mit ἕως in den Verhältnissen der Gleichzeitigkeit (z.B. Mt 14,22) oder Nachzeitigkeit (Mt 1,25; 5,18.26; 10,11; 17,9 u.ö., vgl. GGNT § 267h) in Bezug auf den Hauptsatz, d.h. Haupt- und Nebensatz liegen auf derselben Zeitebene oder das Geschehen des Hauptsatzes ereignet sich erst *nach* dem im Nebensatz genannten, das durch den prospektiven Konjunktiv zugleich als Bedingung der Realisierung des Hauptsatz-Inhalts gekennzeichnet ist.

ἕως *(ἄν) bei Matthäus:* Eine deutliche Vorliebe für die (uneigentliche) Präposition und Konjunktion ἕως ist beim ersten Evangelisten erkennbar. Zu den insgesamt 146 NT-Belegen trägt er allein 49 bei (Mk: 15/Lk: 28/Joh: 10/Apg: 22). Er gebraucht das Wort in seiner ganzen Verwendungsbreite: als temporale (22mal) und lokale (6mal) Präposition, als Konjunktion ohne Ergänzung (2,9; 24,39, jeweils mit Ind. Aor.) oder in Verbindung mit οὐ (1,25; 14,22; 17,9; 18,34; 26,36), ὅτου (nur 5,25, mit Ind. Präs.), und am häufigsten mit ἄν (2,13; 5,18.26; 10,11.23; 12,20; 16,28; 22,44; 23,39; 24,34, jeweils gefolgt von einem Verb im Konjunktiv des Aorists). Dazu kommt 18,30, wo ἄν fehlt, aber gleichwohl vorauszusetzen ist (vgl. Haubeck/v.Siebenthal, Schlüssel I 120 z.St.). Der Konjunktiv Aorist will andeuten,

„dass der Eintritt des Ereignisses von Umständen abhängig ist" (GGNT § 276h; Bauer-Aland s.v. ἕως I.1.b.). Am häufigsten verwendet Matthäus ἕως ἄν zur Bezeichnung eines *nachzeitigen Satzverhältnisses, das insgesamt noch in der Zukunft liegt* (2,13; 5,18.26; 10,11.23; 12,20; 16,28; 22,44; 23,39; 24,34, vgl. a. 17,9), wobei bei vielen dieser Stellen ἕως ἄν den Eintritt eines *eschatologischen, mit der Wiederkunft Jesu verbundenen* Geschehens bezeichnet: das Kommen des Menschensohnes (10,23; 16,28: der dazugehörende Hauptsatz ist jeweils eine οὐ μή+Konj. Aor.-Konstruktion, so auch 23,39), das Durchführen des Gerichtes (12,20 LXX-Zitat, der Hauptsatz ist eine οὐ+Fut.-Konstruktion), das Unterwerfen der Feinde (22,44 LXX-Zitat, der Hauptsatz ist imperativisch formuliert) und das Eintreten der endzeitlichen Katastrophen (24,34, ebenfalls mit οὐ μή+Konj. Aor. im Hauptsatz).[560]

Sieht man von den beiden Stellen ab, an denen Matthäus die LXX zitiert, dann ergibt sich, dass er immer da, wo er eigenständig syntaktisch formuliert, für die Beschreibung der zukünftigen eschatologischen Wende ein festes Schema verwendet (das er von Markus übernommen hat und dann auch auf weitere Stoffe anwendet): οὐ μή mit Konjunktiv Aorist im Hauptsatz, und nachzeitig dazu *die Angabe eines zukünftigen Ereignisses mit ἕως ἄν, dessen Eintreten die Aufhebung des mit οὐ μή verneinten Verhaltens bewirkt.* Als Besonderheit von 5,18 gilt es festzuhalten:

(1.) Es ist der einzige Vers, in dem der Hauptsatz von einer *doppelten* temporalen Aussage gerahmt wird, so dass insbesondere die Frage zu klären ist, in welchem Verhältnis die beiden Temporalsätze zueinander stehen. Die Lösung wird in der Regel anhand traditions- und redaktionskritischer Überlegungen gesucht, wobei das Verständnis von V. 17 oftmals vorentscheidend wirkt. Auch die hier vorgeschlagene Lösung (s.u. 3.3) reiht sich hierin ein, versucht aber stärker als bisher den ganzen Vers als Einheit zu verstehen.

(2.) Auffällig ist, dass *alle* vier Teilsätze von V. 18 ein eigenes Subjekt aufweisen. Bei den in der obigen Tabelle aufgeführten Stellen kommt ein solcher Subjektwechsel zwischen Haupt- und Nebensatz außer in 5,18 nur noch in 10,23 und 24,34 vor. Der letztgenannte Vers ist darüber hinaus als Parallele wichtig, da 5,18d ἕως ἄν πάντα γένηται wörtlich mit 24,34 (ἕως ἄν πάντα ταῦτα γένηται) übereinstimmt und so den gesamten Vers auf der Ebene des Evangeliums mit diesem in ein Verhältnis setzt.

(3.) Dazu kommt als ein weiteres sprachliches Signal die Inkongruenz von πάντα (Neutrum Plural) in 18d mit νόμος (Maskulinum Singular) in 18c, die als Indiz dafür gewertet kann, dass die Verbindung zwischen diesen beiden Versteilen nicht zu eng zu ziehen ist und Matthäus hier möglicherweise nicht

---

[560] Vgl. K. BERGER, Formgeschichte 289–295: Die Verse gehören zu den Vaticinien, die „allein auf der Autorität ihres Verkünders" beruhen und deren „Evidenz allein durch ihr Eintreffen" erlangt wird (289). Eine große Gruppe der Vertreter dieser Gattung bezieht sich „auf die eschatologische Zukunft" (290). Eine wichtige Untergruppe beschäftigt sich dabei mit der Frage des Zeitpunktes des Endes (295).

einfach – gleichsam als gedankliche Fortsetzung von 5,18b.c – das gehorsame Befolgen der einzelnen Toragebote meint.[561]

Die syntaktische Analyse verdeutlicht also, dass für Matthäus das in den beiden Nebensätzen Benannte (ἕως ἂν παρέλθῃ ὁ οὐρανὸς καὶ ἡ γῆ bzw. ἕως ἂν πάντα γένηται) chronologisch *vor* dem liegt, was der Hauptsatz beschreibt (ἰῶτα ἓν ἢ μία κεραία οὐ μὴ παρέλθῃ ἀπὸ τοῦ νόμου). Dessen zentrale Aussage gilt dem Nomos in seiner materialen Gestalt: Nichts soll von ihm vergehen, bis alles geschehen ist, was die Nebensätze ankündigen. Damit knüpft der Hauptsatz direkt an V. 17 an: Die Erfüllung von Gesetz und Propheten bedeutet positiv formuliert, dass weder ein Jota noch ein „Häkchen" davon wegfallen bzw. vergehen wird. Darum ist zuerst zu fragen: ist mit dieser Formulierung nicht doch ein Bekenntnis zu einer bis in alle Einzelheiten (alle „Häkchen") observanten Gesetzesfrömmigkeit gemeint, so dass V. 17 von hierher verstanden werden muss?

2. Jota und „Häkchen" als Beleg für eine halachisch observante Frömmigkeit? Ein Exkurs in die rabbinische Literatur

Jota und Häkchen in 5,18c sind, das geht zweifelsfrei aus dem Versteil selbst hervor, Bestandteile dessen, was mit νόμος bezeichnet wird. Der zweifache Gebrauch des Zahlwortes „ein" macht darüber hinaus die argumentative Struktur im Sinne eines *Qal wa-chomer* (a minore ad maius)-Schlusses deutlich: wenn nicht einmal einer der genannten kleinsten Bestandteile vergehen wird, wieviel weniger das Ganze. Es ist allerdings nicht eindeutig, was genau mit ἡ κεραία bzw. τὸ ἰῶτα hier gemeint ist – und zwar sowohl auf der philologischen Ebene wie auf der referentiellen. Das herkömmliche Verständnis versteht darunter unter Rückgriff auf rabbinische Texte einen Hinweis auf die

---

[561] Vgl. O. HANSSEN, Verständnis 107f, der daraus die Konsequenz zieht, dass es, wie auch γένηται nahelegt, um den „Ereignischarakter des πάντα" geht (wie in 24,34). Unterstützt wird dies dadurch, dass νόμος und γίνεσθαι nicht zusammenpassen, da das Verb nicht im Sinne von *tun* oder *halten* verstanden werden kann (s.u. Anm. 703, 721f); so jetzt auch, unter Berufung auf Hanssen, F. ZEILINGER, Himmel 66; außerdem P. LUOMANEN, Kingdom 82, dessen eigene Lösung allerdings auch nicht überzeugt« wenn er es auf den ursprünglichen apokalyptischen Sitz des Logions bezieht. Diejenigen, die eine nomistische Deutung von V. 18 vertreten, beziehen πάντα trotz der Inkongruenz zumeist auf νόμος bzw. auf „Jota und Häkchen", vgl. I. BROER, Freiheit vom Gesetz 47; A. SAND, Mt 107; M. VAHRENHORST, »Ihr sollt überhaupt nicht schwören« 245; zur heilsgeschichtlichen Interpretation des πάντα s. die Übersicht bei Y.-E. YANG, Jesus and the Sabbath 113, der drei Möglichkeiten unterscheidet: (1.) πάντα bezieht sich auf das Ende der Zeiten bzw. die Parusie (hier ist wie bei Luomanen der vermutete ursprüngliche Kontext des Logions in Mk 13,30f bzw. allgemein in einer Endzeitrede ausschlaggebend); (2.) „alles" meint die Ereignisse von Tod und Auferstehung (vgl. Mt 26,56 ὅλον und 28,11 πάντα τὰ γενόμενα, so vor allem J. P. MEIER [s.u. Anm. 731f]); (3.) „Jesus' entire career" (so Yang selbst).

Gültigkeit der Tora bis in ihre kleinsten (meist: rituellen) Bestandteile, aus den „Häkchen" (s.u.) wird oft geschlossen, dass in dieser Aussage nicht nur die Tora, sondern auch die sie auslegende halachische Tradition eingeschlossen ist.[562] Von daher ergaben sich die Schwierigkeiten, diesen Vers (zusammen mit V. 19) auf Jesus oder den Evangelisten zurückzuführen, so dass hier zumeist streng judenchristliche Kreise bemüht werden, deren Anliegen Matthäus entweder als belanglos gewordene Tradition ohne viel Nachdenken einfach weitertradierte, oder, was bei der Art seines Umgangs mit der Tradition von vornherein wahrscheinlicher wäre, bewusst in die Spruchgruppe 17–20 integrierte, um sie durch die entsprechenden Rahmenverse auszulegen (und gleichsam zu 'entschärfen').[563]

Die *Voraussetzungen für diese Auslegungen* basieren alle auf einem aus rabbinischen Quellen abgeleiteten Verständnis der Jota- und Häkchen-Aussage, das nachfolgend überprüft werden soll, da dieser Versteil als einer der Kronzeugen dafür gilt, im Matthäus-Evangelium ein der rabbinischen Tradition nahestehendes und auch inhaltlich verpflichtetes Dokument zu sehen.[564] Diese Überprüfung geschieht *aus methodischen Gründen* sehr ausführlich. In der Matthäus-Exegese wird häufig mit rabbinischen Parallelstellen argumentiert, die zumeist aus Billerbecks monumentalem Matthäus-Kommentar übernommen sind (der seinem Umfang nach alle anderen neutestamentlichen Bücher weit überragt). Nur selten werden diese jedoch in ihrem eigenen Kontext behandelt (was nicht Billerbecks Absicht war, sondern Aufgabe desjenigen ist, der sein Werk benützt[565]), indem man zumindest auf die inner-rabbinischen Parallelen und ihre jeweiligen textpragmatischen Funktionen achtet. Insbesondere bei haggadischen Überlieferungen innerhalb von halachischen Textpassagen ist darauf zu achten, welche *halachische* Fragestellung

---

[562] In diesem Sinn ist wohl auch M. VAHRENHORST, »Ihr sollt überhaupt nicht schwören« zu verstehen, vgl. 242, wo er von der sich „aus Text und Tradition konstituierende[n] Tora" spricht (im Hinblick auf Mt 5,17f), vgl. ebd. 249: Jesus konkretisiere, das bezeuge diese Ansage in 5,17–20, mit den »Antithesen« die Tora „zur Halacha, die dem Willen Gottes, bzw. die Gott und seiner Vollkommenheit in der Gegenwart entspricht".

[563] S. dazu unten 3.2.1.

[564] Wobei hier die unten 3.2.1 aufgezeigten Auslegungsmodelle unterschiedliche Wege gehen. Während das eine Modell in 18d eine mt Bekräftigung der nomistisch verstandenen Aussage in 18b.c sieht, versteht das andere in 18d eine Korrektur desselben im Sinne einer Modifizierung oder heilsgeschichtlich-christologischen Deutung. Allen gemeinsam ist jedoch der Ausgangspunkt bei „Jota und Häkchen", die ohne weitere Überprüfung als Ausdruck für das Gesetz gelten, das „bis ins kleinste Element" (W. WIEFEL, Mt 102) zu halten sei. Die gesammelten protestantischen Vorurteile gegen sogenannte jüdische 'Gesetzlichkeit' und katholische 'Werkgerechtigkeit' spielen in die Auslegung dieses Versteils hinein. Es wurde allerdings nie gefragt, ob er denn wirklich das sagen will, was man ihm immer schon zu sagen unterstellte, weil man meinte, auch die rabbinischen Parallelen würden dies sagen.

[565] Vgl. R. DEINES, Pharisäer 257–262.

bzw. Festlegung dadurch illustriert werden soll, wobei die Funktion solcher Illustrationen ebenfalls verschieden sein kann. In diesem Sinn will die nachfolgende Analyse exemplarisch deutlich machen, welche Wege bei der Heranziehung rabbinischer Texte (einmal ganz abgesehen von der Datierungsproblematik) für die Auslegung des Neuen Testaments zu gehen sind. Zugleich vermag dieser Durchgang zu zeigen, dass eine solche ausgreifende Durchsicht durchaus neue Einsichten zu vermitteln vermag.

2.1 Jota und Yod als unzerstörbarer Bestandteil der Tora in der rabbinischen Tradition

Einfacher ist zunächst das nur hier im NT gebrauchte ἰῶτα, das semantisch den griechischen Buchstaben *Jota* meint, vom Bezug zu νόμος aus gesehen allerdings das *Yod* als hebräisches Pendant zum Jota bezeichnet.[566] Das nachgestellte Zahlwort ἕν ahmt zudem die hebräische Wortstellung nach: יוד אחד. Während es sich beim Jota eindeutig um den kleinsten Buchstaben des griechischen Alphabets handelt, ist dies im Hebräischen zur Zeit Jesu nicht so eindeutig, wie durch die Buchstabenanalysen der Qumran-Rollen ersichtlich ist, die Ada Yardeni durchgeführt hat.[567] Auf den Hasmonäermünzen, deren Legenden zumeist in paläohebräischer Schrift ausgeführt sind und die im 1. Jh. n.Chr. in Palästina noch im Umlauf waren, gehört das *Yod* ebenfalls zu den Buchstaben mittlerer Größe. Es empfiehlt sich von daher, die Fragerichtung nach der Bedeutung des *Yod* nicht von vornherein auf seine Größe zu beschränken, zumal im Text selbst nichts über die Größe des *Yod* gesagt ist, der Gedanke vielmehr aus V. 19 eingetragen wird.

Trotz dieser Einschränkung besteht kein Zweifel, dass die Betonung der Unentbehrlichkeit des *Yod* in den rabbinischen Texten darin begründet ist, dass es als der kleinste Buchstabe galt (und im Zuge der Schriftentwicklung auch immer mehr wurde). Darauf verweisen die allesamt späten rabbinischen

---

[566] Das ist nicht strittig und die übliche Auskunft in Wörterbüchern und Kommentaren, vgl. aber jetzt P. FOSTER, Community 175, der darin eine bewusste mt Setzung zu Gunsten der Heidenchristen sieht: „The inclusion of the phrase ἰῶτα ἕν appears to be another small piece of evidence that shows that Matthew's gospel does have an eye toward the Gentile world, and is attempting to make their Jesus kerygma more accessible to non-Jews, who are now being welcomed into the group."

[567] Vgl. ADA YARDENI, The Book of Hebrew Script. History, Palaeography, Script Styles, Calligraphy & Design, Jerusalem 1997. Im Paläohebräischen, Aramäischen und Samaritanischen gehört das *Yod* von der Größe her zu den mittleren Buchstaben. In der herodianischen Schrift, in der die meisten Qumran-Rollen geschrieben sind, lassen sich *Waw* und *Yod* von der Größe her oft nicht unterscheiden. Auch das *Zayyin* gehört zu den sehr kleinen Buchstaben (vgl. z.B. ebd. 175 die Buchstabentafel von 1QM). Die mögliche Verwechslung von *Waw* und *Yod* (neben anderen sich ähnelnden Buchstaben) bei unsorgfältiger Schreibweise ist ein auch in der rabbinischen Literatur häufig benanntes Problem, vgl. SifDev § 36 u. 2.2.2. Zur Schriftgröße jetzt auch U. LUZ, Mt I⁵ 307 mit Anm. 18.

Texte, in denen sich das *Yod* erfolgreich bei Gott darüber beschwert, weil es entweder von Gott selbst oder von Salomo aus der Tora entfernt werden soll-te. In den Texten begegnen beide Fassungen häufig unmittelbar miteinander und oft noch mit weiteren Buchstaben-Haggadot verbunden. Die Geschichte der Beschwerde des *Yod* gegen Salomo ist ein fester Bestandteil der exegeti-schen Literatur zu Mt 5,18, und so erstaunt es, dass Martin Vahrenhorst über „Matthäus im halachischen Diskurs" (so der Untertitel) diese „kleine Erzäh-lung" als „bisher kaum zur Kenntnis genommen" charakterisiert.[568]

2.1.1 Das Yod im Streit mit Salomo

In der also schon lange bekannten und für den vorliegenden Zusammenhang wichtigsten Stelle, die mehrfach in der rabbinischen Literatur überliefert ist, wird Beschwerde vor Gott darüber geführt, dass das *Yod* von ירבה in dem Vers Dtn 17,16f von König Salomo missachtet werde, indem er sich entgegen dem Verbot *viele* Frauen nahm. Nach Rabbi Jehoshua ben Levi (um 250) war es das *Yod* selbst, das ihn vor Gott anklagte, nach Rabbi Shimon ben Jochai (3. tannaitische Generatiom, zwischen 130 und 160) war es das ganze Buch Deuteronomium, das sich der Missachtung eines seiner Buchstaben wider-setzte:

„Rabbi Shim'on-ben-Yohai lehrte: das Buch Mishne Tora (= Dtn) stieg hinauf, warf sich vor dem Heiligen, gesegnet sei er, nieder (und) sagte vor ihm: Herr der Welt, du hast in deiner Tora geschrieben: jedes Testament (דייתיק' < διαθήκη), wo ein Teil ungültig ist, ist ganz ungültig (כל דייתיקי שבטלה מקצת בטלה כולה). Und siehe, Salomo will ein *Yod* aus mir herausreißen (והרי שלמה מבקש לעקור יו"ד ממני)! Der Heilige, gesegnet sei er, sagte zu ihm: Salomo und tausend wie er werden ungültig werden (בטילין), aber ein Wort von dir wird nicht ungültig werden (דבר ממך אינו בטל)."[569]

Die Stelle lässt ein Mehrfaches erkennen, was für das Verständnis von Mt 5,17f von Bedeutung ist:

(1.) Das *Yod* steht als einzelner Bestandteil der Tora *pars pro toto* für ihre gesamte Gültigkeit, ohne dass daraus für das rabbinische Tora-Verständnis eine statische Buchstabenfixiertheit abzuleiten ist. Der Inhalt der Tora hängt zwar an ihren einzelnen Buchstaben, von denen jeder – wie eben das *Yod* in Dtn 17,17 demonstriert – halachische Relevanz besitzen kann. Gleichwohl kennen auch die Rabbinen Gewichtungen innerhalb der Tora. Je nach den

---

[568] »Ihr sollt überhaupt nicht schwören« 243 Anm. 153. Erwähnt ist die Stelle (außer bei BILLERBECK und damit sozusagen unübersehbar) u.a. bei TH. ZAHN, Mt 216 Anm. 79; A. SCHLATTER, Mt 156; W. GRUNDMANN, Mt 148; J. P. MEIER, Law 50f; R. A. GUELICH, Sermon 144; M. HENGEL, Bergpredigt 373f; D. A. HAGNER, Mt I 106.

[569] ySan 2,7 20c,47–52; Übers. G. A. Wewers, ÜTY IV/4, 75, vgl. a. BILL. I, 244; Text: Synopse zum Talmud Yerushalmi IV, hg. v. P. Schäfer u. H.-J. Becker, TSAJ 47, Tübingen 1995.

Umständen können Gebote außer Kraft gesetzt (Prosbul) bzw. veränderten Umständen angepasst werden. Dennoch ist dadurch das Grundbekenntnis, wonach kein Wort in der Tora ungültig wird, nicht aufgehoben. Dieser sinngemäße Umgang mit der Tora erhellt auch daraus, dass das hier angeführte 'Zitat' („du hast in deiner Tora geschrieben ...") sich im wörtlichen Sinn weder in der Tora noch sonst im AT findet, gleichwohl ist ein solches Verständnis außer in Mt 5,19 auch in Gal 5,3 und Jak 2,10 bezeugt.[570]

(2.) Das angeführte Zitat zeigt ferner, dass die Abrogation eines einzelnen Tora-Gebotes mit עקר bezeichnet wird und die daraus abgeleitete Infragestellung der ganzen Tora vorzugsweise mit dem Verb בטל ausgedrückt wird. Das geht eindeutig aus der Anklagerede des Yod hervor: In der Zitation des zugrundeliegenden Rechtsprinzips wird בטל gebraucht, während die Tat des Salomo dann mit עקר charakterisiert ist. Das Verb בטל bezeichnet also die Aufhebung des Vertrages als Ganzen und ist sinngemäß mit *für ungültig erklären, aufheben* zu übersetzen, eine Bedeutung, die sich auch für καταλύειν in Mt 5,17 nahelegt.[571]

(3.) Die Baraita über die Anklage Salomos durch das *Yod*, auch das will beachtet sein, findet sich innerhalb der rabbinischen Literatur mehrfach, d.h. es sind verschiedene Kontexte, die ein Rekurrieren auf dieses Traditionsstück ermöglichen bzw. nötig machen. Darum ist zu untersuchen, in welchen Zusammenhängen diese Haggada vorkommt und welche textpragmatische Funktion sie jeweils hat.

1. Im *Talmud Yerushalmi* ist die Perikope Teil der Auslegung des Mischna-Abschnittes San 2,3–8, in dem das Recht des Königs und seine juristisch-halachische Behandlung verhandelt wird. San 2,6+7 sind dabei dem deuteronomischen Königsgesetz (Dtn 17,16–19) gewidmet. Die nachfolgende Gemara beurteilt in der Hauptsache Salomo nach diesem Gesetz. Dabei sind die Rabbinen in ihrem Urteil gespalten: die einen sehen in Salomo einen Übertreter, die anderen versuchen die Aussagen über Salomos Reichtum, seine vielen Pferde und Frauen mit dem Gebot in Einklang zu bringen. In diesem Zusammenhang erhebt sich die Frage, wer ihn angeklagt hat. Daraufhin folgt der oben zitierte Text. Wohl durch Stichwortverbindung ist

---

[570] Es ist hier also die gleiche Freiheit zu erkennen, die auch beim Umgang mit der Integrationsformel (s.o. § 7/4.) zu beobachten war. Zu diesem grundlegenden und viel zu wenig beachteten Sachverhalt vgl. KARLHEINZ MÜLLER, Beobachtungen zum Verhältnis von Tora und Halacha in frühjüdischen Quellen, in: Jesus und das jüdische Gesetz, hg. v. I. Broer, Stuttgart u.a. 1992, 105–134; DAVIES/ALLISON, Mt I 491f.

[571] Da wo auf eine hebr./aram. Vorlage von 5,17 geschaut wird, wird in der Regel auf בטל als Äquivalent verwiesen, aber es wird interpretiert wie עקר!

ihm eine weitere Beschwerde des *Yod* vor Gott angehängt, die weder mit Salomo noch mit dem Thema von Sanhedrin etwas zu tun hat:

„Rabbi Huna im Namen von Rabbi Aḥa: (der Buchstabe) *Yod*, den der Heilige, gesegnet sei er, (aus dem Namen) von unserer Mutter Sara wegnahm (שרי < שרה, vgl. Gen 17,15), gab er zur Hälfte auf Sara und zur Hälfte auf Abraham (אברם < אברהם, vgl. Gen 17,5). Rabbi Hoshaʻya lehrte (als Baraita): das *Yod* stieg hinauf, warf sich vor dem Heiligen, gesegnet sei er, nieder und sagte: Herr der Welten, du hast mich (aus dem Namen) von dieser Gerechten herausgerissen (עקרתני)!? Der Heilige, gesegnet sei er, sagte zu ihm: geh hinaus! Vorher wurdest du in den Namen einer Frau getan und (zwar) am Ende des Wortes; bei deinem Leben (ist gewiß), daß ich dich in den Namen eines Mannes tue und (zwar) an den Anfang des Worts. Das ist es, was geschrieben steht: *Und Mose nannte den Hosea-bin-Nun: Josua* (Num 13,16)."[572]

Auch in dieser Einheit spielt der Gedanke der Kleinheit höchstens eine sekundäre Rolle[573], denn aus dem einen *Yod* machte Gott zwei *He*. Es ist naheliegend, dass diese eher spielerische Beschwerde (die zudem zwei verschiedene Beschwichtigungen erfährt) in Analogie zu der Salomo-Tradition geschaffen wurde, mit der sie häufig verbunden ist. Der Hauptakzent liegt darauf, dass auch Gott selbst nicht gleichsam willkürlich über die Tora verfügen, sie verändern oder vermindern kann.[574] Er kann sie aber nach dieser

---

[572] ySan 2,7 20c,52–58; Übers. nach G. A. Wewers, ÜTY IV/4, 75f. Die Parallelen sind: BerR 47,1 (ed. Theodor/Albeck p. 471); WaR 19,2 (ed. Margulies p. 421f); ShirR 5,11; Tan Qoraḥ 12 (ed. Zundel 74a). Wie in ySan 2,7 20c folgt sie unmittelbar auf die Salomo-Perikope in ShirR 5,11. In WaR 19,2 ist die voranstehende Salomo-Perikope leicht erweitert. Eine beträchtlich erweiterte Liste von Namensveränderungen findet sich in MekhRShY Yitro 18,1 (ed. Epstein/Melamed p. 128). Ausgangspunkt ist die Veränderung des Namens von Moses Schwiegervater von יתר/Jeter (so Ex 4,18) in יתרו/Jitro, wodurch ein Buchstabe dazu gekommen ist. Als Grund dafür wird angegeben, dass er „gute Werke" getan habe und das *Waw* als Belohnung dafür erhielt, ebenso wie dies bei Abram, Sarai, und Josua (von הושע zu יהושע) gewesen sei. Es wird aber daneben eine Liste von Beispielen genannt, wo ein Name um einen Buchstaben *verringert* wurde, weil jemand sündigte (bzw. man das Verschwinden eines Buchstabens damit in Verbindung brachte), so Efron in Gen 23,16, wo er je einmal עפרון und עפרן genannt ist, und J(eh)onadab 2Kön 10,15 im Unterschied zu Jer 35,6. Die Wegnahme eines Buchstabens war also auch ohne 'Beschwerde' möglich, außerdem betrifft es in den genannten Fällen das *Waw* und *He*, d.h. diese Thematik ist nicht notwendig an das *Yod* als vermeintlich kleinsten Buchstaben gebunden. Möglicherweise spielt auch der Zahlenwert der Buchstaben bei diesem Austausch des *Yod* (= 10) durch *He* (=5) eine Rolle (Hinweis Prof. Hengel). Denn wenn das weggenommene *Yod* aus Sara*i* sich in zwei *He* in Sara*h* und Abra*h*am wiederfindet, dann hat sich zwar der Buchstabenbestand, nicht aber der Zahlenwert der Tora verändert. Allerdings passt diese Lösung nicht auf die übrigen Beispiele.

[573] Ausdrücklich als „kleinster" Buchstabe ist das *Yod* lediglich in der Fassung BerR 47,1 (ed. Theodor/Albeck p. 471) bezeichnet: בשביל שאני קטן האותיות הוצאתני משם הצדקת „... weil ich der kleinste bin unter den Buchstaben, nimmst du mich heraus aus dem Namen der Gerechten ..."

[574] Das geht aus der argumentativen Verwendung der Stelle in bSan 107a hervor, die keine direkte Parallele darstellt, jedoch die Überlieferung über die Beschwerde des *Yod* als bekannt voraussetzt: Als David Gott darum bittet, dass seine Sünde mit Batseba nicht aufge-

Stelle, auch das ist ein wichtiges Element im Hinblick auf Mt 5,18, verändern, wenn dadurch eine *Verbesserung* eintritt: das *Yod* aus Sara*i* ist verschwunden, aber dafür ist aus ihr Sara*h* und aus Abram Abra*ham* geworden als Zeichen dafür, dass sich die Verheißung der Nachkommenschaft gewiss erfüllt (Gen 17,5ff.15f).

2. Im *Midrasch Rabba zum Hohenlied* ist die Beschwerde des *Yod* Teil der Auslegung von Vers 5,11 (רֹאשׁוֹ כֶּתֶם פָּז קְוֻצּוֹתָיו תַּלְתַּלִּים שְׁחֹרוֹת כָּעוֹרֵב), der als ganzer auf die Tora und ihre Teile bezogen wird: das „Haupt" ist die Tora selbst, das „gediegene Gold" (כֶּתֶם פָּז) sind die Worte der Tora, die „herabfallenden Locken" (קְוֻצּוֹתָיו תַּלְתַּלִּים) sind die Linien (סרגול), auf denen geschrieben wird, und „schwarz wie ein Rabe" sind die Buchstaben (אותיות). Nach dieser knappen, alle Versteile behandelnden Auslegung zu Beginn folgen konkurrierende Erklärungen und weiteres damit verbundenes Traditionsgut. Zunächst sind es die Locken, die aufgrund der Ähnlichkeit von קווצות „Locken" mit קוצים „Häkchen" bzw. „Dornen" in diesem Sinn verstanden werden:

„Eine andere Auslegung für קְוֻצּוֹתָיו תַּלְתַּלִּים: (Ihre „Locken" verstanden als Häkchen im Sinne von den kleinsten Buchstabenelementen sind in Wahrheit) תלי תלים Hügel über Hügel.[575] Eine andere Auslegung: Rabbi Azarjah sagt: sogar Dinge, die du ansiehst als seien es Dornen in der Tora (קוצים בתורה): sie sind (wie) »gelockte Locken« (קווצי קווצים).[576] Rabbi Eliezer und Rabbi Jehoshua sagen: Hügel über Hügel (d.h. sie sind in erster Linie wichtig). Eine andere Auslegung: Rabbi Azarjah sagt: Sogar Dinge, die du ansiehst als seien es (bloße) Häkchen in der Tora: Hügel an Hügel sind sie.[577] Durch wen werden sie aufgestellt/erhalten (מתקיימות) [der fem. Plural verweist zurück auf die קְוֻצּוֹתָיו des Ausgangsverses Hld 5,11])?

---

schrieben bleibt, versagt ihm Gott diese Bitte und verweist als Begründung auf das weggenommene *Yod* im Namen der Sara hin, welches so lange vor ihm protestiert habe, bis es von Josua an seinen Namen angefügt worden war. Das Thema ist dabei die Unveränderbarkeit der »Tora« im Sinne der ganzen Schrift (des Tanach). Selbst Gott kann an ihr nichts ändern.

[575] D.h. gewichtige (oder auch zahlreiche) Bestandteile der Tora und eben nicht bloß ein Strichlein mehr oder weniger. Die eigentliche Bedeutung von תַּלְתַּלִּים gilt nach wie vor als ungeklärt, vgl. HALAT 1603f s.v. Als möglich werden genannt: „Dattelrispe", „Blütenscheide der Dattelpalme" oder „(schwankender) Palmzweig".

[576] Gemeint ist entweder: *wohlgeordnet* (d.h. die Tora bzw. die Halacha ist kein Dornengestrüpp, sondern eine sorgfältig gestaltete Einheit) oder *schön, angenehm, lieblich.*

[577] Die zwei fast völlig parallel laufenden Aussagen von R. Azarjah, die durch das Diktum der beiden anderen Rabbinen unterbrochen sind, lassen sich entweder so deuten, dass Azarjah sich der Meinung seiner Kollegen angeschlossen hat, oder so, wie ich es in meiner Übersetzung auszudrücken versuchte, dass mit der zweifachen Bedeutung von קוץ gespielt wird: was aussieht wie (ungeordnete) Dornenstacheln (graphisch auf die Spitzen an den Buchstaben zu beziehen), zeigt in Wahrheit an, dass die Tora geordnet ist wie es gepflegte Locken sind. Was, so wäre dann der zweite Satz zu verstehen, so aussieht als wären es bloße Häkchen oder Strichlein, sind grundlegend wichtige Elemente.

(Antwort: Durch die) ‚die schwarz wie ein Rabe sind' (Hld 5,11), (d.h.) durch den, der sich morgens und abends mit ihnen beschäftigt."

Vom weiteren Kontext her ist es naheliegend, dass die Interpretation von den קוצים auf die תלי תלים als Hinweis auf die zahlreichen Halachot verstanden wurde, die aus den einzelnen Strichen herausgelesen werden können, wobei es sich hier m.E. ursprünglich nur um die Striche handelt, aus denen die einzelnen Buchstaben gebildet sind, und *nicht um die Verzierungen, wie es die traditionellen rabbinischen Kommentare nahelegen.* Der ganze nachfolgende Text handelt von der Beschäftigung mit den Halachot, aber nirgends ist ein Hinweis darauf enthalten, dass diese aus irgendwelchen Buchstabenverzierungen abgeleitet sind.[578] Gemeint ist mit dem Hinweis auf „Locken", von denen keine zu missachten sei, jedoch in erster Linie die Integrität der ganzen Tora. Der Mensch soll sich also nicht das Recht herausnehmen, in ihr Wichtiges von Unwichtigem zu unterscheiden, sondern, wie die nachfolgenden Texte zeigen, sie im Ganzen lernen.

Es folgt eine knappe Diskussion darüber, ob die Nacht oder der Tag besser geeignet sind für das Tora-Studium. Gemeint ist damit ganz offenbar das Studium der halachischen Interpretation der Tora, denn R. Jochanan von Sepphoris geht anschließend der Frage nach, wie man diese große Menge an Halachot überhaupt lernen kann (5,11 [2]). Sein Rat: statt תלתלים bzw. תלי תלים soll man תלוליות של עפר „Erdhügel" lesen. Dazu vergleicht er die zu lernenden Halachot mit einem großen Haufen, den es zu entfernen gilt. Während der Törichte einfach die Unmöglichkeit des Unterfangens mit der Frage konstatiert: מי יכול לקצות את זה „Wer kann diesen abtragen?" (die Anspielung auf die קוצים, d.h. die Chiffre für die Halachot, ist durch den Gebrauch des Verbs קצה deutlich hervorgehoben) und damit begründet, dass er überhaupt nichts tut, sagt der Kluge: „Siehe, ich will zwei Körbe am Tage abtragen (הריני קוצה) und zwei in der Nacht ... und morgen wieder so bis ich ihn ganz abgetragen habe." Ausdrücklich wird das Beispiel dann auf das Lernen der Halachot (30 Kapitel *Neziqin*, 30 Kapitel *Kelim*) bezogen. Es folgt ein weiterer Vergleich derselben Art durch R. Jannai, der darüber belehrt, dass regelmäßiges Lernen und Wiederholen schlussendlich doch zum Erfolg führt, selbst wenn vieles wieder vergessen wird. Zudem gelte, dass Gott den Lohn nach der Mühe gibt.

Daraufhin kehrt die Argumentation an den Ausgangspunkt des Abschnitts zurück: „Denn hat nicht R. Levi gesagt: Sogar die Dinge in der Tora, die du als (bloße) Strichlein (קוצין) ansiehst, sind so erheblich (wörtlich: תלי תלים

---

[578] Der Grund für diese häufig anzutreffende Deutung ist die durch nichts veranlasste Eintragung der Aqiba-Stelle über die „Krönchen" an der Tora (s.u. 2.2.2.1) in diesen Zusammenhang.

„Hügel über Hügel"), dass sie die Welt zu zerstören und in einen Schutthaufen (תל) zu verwandeln vermögen …?" Als Beispiel dafür werden acht Schriftzitate gebracht, bei denen die Verwechslung auch nur eines Buchstabens verheerende Auswirkungen hätte. Dabei geht es um die Buchstaben ד und ר (Dtn 6,4; Ex 34,14), ח und ה (Lev 22,2; Jes 8,17; Ps 150,6), ב und כ (Jer 5,12; Hos 5,7; 1Sam 2,2).[579] Damit ist es vom Gesamtkontext unzweifelhaft, dass mit קוצין *die kleinen Buchstabenstriche* gemeint sind, die zwei ähnlich aussehende Buchstaben eindeutig identifizieren, nicht jedoch irgendwelche Verzierungsstrichlein ohne semantische Valenz.[580]

Der nächste Abschnitt (5,11 [3]) legt die letzten beiden Worte des Bibeltextes (Hld 5,11 „schwarz wie eines Raben") aus. Er beginnt mit einem Vergleich des ansonsten unbekannten Rabbi Alexandr(a)i-bar-Agr(a)i [es existieren zahlreiche Varianten für den Vaternamen] und Rabbi Alexandr(a)i[581], die als „Vorbeter"[582] charakterisiert werden:

„Selbst wenn alle Menschen (zusammen kämen, um) den Flügel eines Rabens weiß zu machen (d.i. die Aufnahme der Metapher aus Hld 5,11), könnten sie es nicht, so wenig wie selbst alle Menschen zusammen auch nur ein Yod (aus der Tora) herausreißen können, obwohl es der kleinste Buchstabe in der Tora ist (לעקור יו"ד שהוא קטן האותיות שבתורה)."

Die Parallelstelle in WaR 19,2 (ed. Margulies p. 419,5ff) spricht im Unterschied dazu nicht von einem speziellen Buchstaben, sondern allgemein von einem Wort (דבר אחד מן התורה), das selbst „alle Völker der Welt" nicht aus der Tora reißen können (לעקור). Als Begründung dafür wird in beiden Texten auf das Beispiel von Salomo verwiesen, der vom *Yod* bzw. dem Deuteronomium vor Gott angeklagt worden war. Die Kleinheit des *Yod* ist nur in jeweils *einer* Fassung erwähnt (vgl. oben Anm. 573), woraus hervorgeht, dass die Bezeichnung des *Yod* als kleinster Buchstabe für die Aussageintention ursprünglich wohl *nicht* konstitutiv ist.

Es folgt, wiederum parallel in ShirR und WaR die Klage des *Yod* wegen seiner Wegnahme aus dem Namen der Sara.[583] Ihr wird in ShirR als Analogie

---

[579] Vgl. die nächste Anm. u. unten Anm. 590.

[580] Vgl. dazu als wichtige Parallele SifDev § 36 (zu Dtn 6,9, auch in bShab 103b) über das korrekte Schreiben von Tora-Handschriften. Besonders genannt werden darin die Buchstaben, bei denen Verwechslungsgefahr entweder aufgrund akustischer (*Alef* und *Ayyin* als Beispiel) oder graphischer Ähnlichkeit besteht. Dazu zählen: *Gimel* und *Zadeh*, *Dalet* und *Resch*, *He* und *Ḥet*, *Waw* und *Yod*, *Zayyin* und *Nun* sowie *Tet* und *Pe*. Die Überlieferung ist anonym. Vgl. außerdem bSota 20a: auch das Auslassen oder Hinzufügen von einzelnen Buchstaben zur Tora kann die Welt zerstören, vgl. unten Anm. 578.

[581] Palästinischer Amoräer der zweiten Generation, vgl. G. STEMBERGER, Einleitung 93f.

[582] קרובין; die Wortbedeutung ist allerdings nicht völlig sicher, vgl. die Parallele in WaR 19,2 und die Hinweise bei Margulies ebd. (p. 419).

[583] ShirR 5,11 (4) überliefert es im Namen von R. Jehoshua ben Qarḥa, in WaR 19,2 ist es Rav Huna im Namen von Rabbi Aḥa.

die Beschwerde des *Alef* nachgestellt, dass sich vor Gott darüber ausließ, von ihm zwar an die Spitze der Buchstaben gestellt worden zu sein, aber ohne dass mit ihm auch die Welt erschaffen worden sei (das beanspruchte das *Bet* für sich[584]). Darauf erwidert ihm Gott, dass die Welt und was darinnen ist durch nichts anderes als die Gültigkeit der ganzen Tora (בזכות התורה) erschaffen wurde, die Übergabe des Gesetzes an Israel aber mit einem *Alef* beginne.[585] Somit wird zwar das *Alef* getröstet, aber der Sinn ist doch eher die Zurückweisung einer Verselbständigung oder Hervorhebung einzelner Buchstaben *zugunsten der Tora als Einheit*, in der alles bis ins Kleinste von Gott geordnet ist. Es folgen noch einige weitere Auslegungen, die aber nicht mehr auf einzelne Buchstaben bezogen sind, sondern aus weiteren Assoziationen und Anspielungen zu den rabenschwarzen Locken bestehen.

3. In *Wayyikra Rabba* 19,1–3 ist die Klage des *Yod* Teil einer längeren Peticha, die sich darum bemüht, den Vers Hld 5,11 mit dem auszulegenden Vers Lev 15,25 zu verbinden. Daher besteht ein hohes Maß an Übereinstimmung zwischen WaR und ShirR 5,11, auf die oben bereits hingewiesen worden ist. Auch in WaR werden zunächst die einzelnen Versteile aus Hld 5,11 auf die verschiedenen Bestandteile der Tora bezogen. Die „schwarzen (Locken) wie von einem Raben" werden am Anfang erklärt als: אילו אותיות bzw. (im Erstdruck) אילו קוצי אותיות[586]. D.h. die „schwarzen Locken" des Geliebten sind auf die Buchstaben der Tora bzw. aufgrund der Wortbildähnlichkeit von „Locken", hebr. קוצות mit קוץ „Dorn" bzw. „Häkchen" auf die kleinsten Bestandteile derselben bezogen. Der Text ist allerdings von enigmatischer Kürze (קוצי ר' אליעזר וקוצי ר' יהושע) und nur verständlich

---

[584] Vgl. yHag 2,1 77c,41–49; BerR 1,10 (ed. Theodor/Albeck p. 8f); TanB Yitro 16 (zu Ex 20,2/ed. Buber p. 40a); PesK 12,24 (ed. Mandelbaum p. 222f); PesR 21 § 52–54.56 (§§-Zählung nach der Neu-Edition von R. Ulmer). In Konkurrenz dazu stehen die Aussagen, wonach die gegenwärtige Welt durch das *He*, die zukünftige aber durch das *Yod* geschaffen wurden (s.u. bei Anm. 597). Die Aussagen stehen unverbunden nebeneinander, teilweise direkt hintereinander, was für den haggadisch-unverbindlichen Charakter dieser Auslegungsart spricht.

[585] Ex 20,2 beginnt mit אנכי „ich". Als Parallelen vgl. BerR 1,10 (ed. Theodor/Albeck p. 8f), TanB Yitro 16 (ed. Buber p. 40a) u.a. Zur Übersetzung von זכות an diesen Stellen vgl. P. EGGER, Verdienste vor Gott? Der Begriff z*e*khut im rabbinischen Genesiskommentar Bereshit Rabba, NTOA 43, Freiburg (CH) u. Göttingen 2000, 45–52, dessen Deutung ich jedoch für überzogen halte. Zur Sache vgl. außerdem bSan 104a: Israel wird mit einem Akrostichon bestraft (bezogen auf Klgl 1–4, wo in vier Akrosticha die Zerstörung Jerusalem beklagt wird, weil es die Tora übertreten hat, die mittels des *Alef-Bet* gegeben worden war (באל"ף בי"ת מפני שעברו על התורה שניתנה באל"ף בי"ת). Hier wird im Gegensatz zu der voranstehenden Stelle kein einzelner Buchstabe hervorgehoben, sondern wie die Tora aus allen Buchstaben zusammen besteht, so auch die Strafe für ihre Übertretung.

[586] Ed. Margulies p. 413,5f. Zu der schwierigen Stelle vgl. den Apparat und die Anmerkungen von M. MARGULIES z.St.

aufgrund der Parallelen.[587] In der handschriftlichen Überlieferung ist die Passage teilweise durch Zusätze, wie sie in ShirR 5,11 vorkommen, erweitert. Zumindest so viel geht zweifelsfrei hervor, dass auch in WaR die קוֹצִים als kleinste Buchstabenbestandteile gedeutet und mit תִּלְתַּלִּים im Sinne von „Hügel" verbunden wurden: was aussieht wie bloße Strichlein in der Tora sind in Wahrheit große und wichtige Dinge (vgl. Mt, 5,19).

Wie in ShirR geht es auch in WaR anschließend um die rechte Zeit des Lernens (am Tag oder in der Nacht) und um den Umfang des halachischen Lernstoffes, ebenfalls abgeschlossen mit dem Diktum (allerdings im Namen von R. Zeira):

„Selbst Dinge, die du ansiehst, als ob sie קוֹצִים seien, in der Tora sind sie תִּלְתַּלִּים; sie können die ganze Welt zerstören und sie zu einem Tell (Schutthügel) machen, dem entspricht, dass es heißt: und sie (= die götzendienerische Stadt) soll ein Schutthaufen (תל) sein für immer, nicht soll sie wieder bebaut werden (Dtn 13,17)."[588]

Dieser Gedanke der Bedeutsamkeit des kleinsten Elements in der Tora wird dann (ab hier ändert sich die Perikopenfolge zwischen ShirR und WaR) mit den bereits erwähnten Texteinheiten exemplifiziert. Zuerst kommt das Diktum der beiden Alexandr(a)i und als Begründung die Geschichte mit dem *Yod*, das Salomo anklagt. Die Handschrift München liest statt יוד אֶחָד an dieser Stelle עוּקְצָה אַחַת und bringt damit noch einmal eine Steigerung der Aussage, die aber sehr gut in den Gesamtkontext passt, da mit עוּקְצָה deutlich auf קוֹץ verwiesen wird.[589] Dann folgt die Erklärung der Namensänderung von Sara und Abraham, daran schließen sich die aus WaR bekannten Beispielsätze

---

[587] MARGULIES verweist in seinem Kommentar zur Stelle auf die Buchstabenkrönchen (s.u.). Vgl. auch die stark interpretierende Übersetzung von J. NEUSNER (Judaism and Scripture. The Evidence of Leviticus Rabbah, Chicago Studies in the History of Judaism, Chicago u. London 1986, 362), der aus den vier hebräischen Wörtern herausliest: „A. ["His locks" (QWWSWTYW) (Song 5:11):] B. As to the pointed strokes (QWSY), [above the letters of the Torah] R. Eliezer would find meaning in them. C. And as to the pointed strokes, R. Joshua would find meaning in them."

[588] WaR 19,2 (ed. Margulies p. 419). Bei dem Spiel mit der Mehrdeutigkeit ist von der Anlage der *Peticha* und ihrem Abschluss in 19,3 auch möglich, dass hier zugleich auf קוּץ „sich ekeln" angespielt wird: Auch wenn die Gebote über den Blutfluss (darum geht es in der Ausgangsstelle Lev 15,25) manchen als ein unangenehmes Thema erscheinen mögen, so sind sie dennoch wichtig und vor Gott so schön wie die schwarzen Locken des Geliebten. So auch ShirR 5,11 (5): Während R. Jehuda den Vers auf die Schüler der Weisen auslegte (obgleich sie in dieser Welt hässlich und schwarz wie der Rabe erscheinen, werden sie einst wie Blitz und Flamme leuchten, vgl. Nah 2,5), bezog R. Samuel bar Jizchak den Vers auf die Lehren des Gesetzes (תורה של תלמודות), die hässlich und schwarz wie der Rabe erscheinen und sich darum zu öffentlichen Vorträgen nicht eignen, über die Gott dennoch sagt: sie sind mir angenehm (Mal 3,4). Als Begründung verweist er darauf, dass die Abschnitte Lev 15,24 und 25–33 nicht zusammen, sondern jeder für sich gesagt worden sind, d.h. die Differenzierungen, die Gott vorgenommen hat, belegen sein Interesse an den genannten Themen.

[589] Vgl. M. Margulies, ebd. 421,1 u. Apparat z.St.

an, die illustrieren, wie auch nur die kleinste Veränderung an einem Buchstaben den Sinn eines Verses völlig verdrehen kann.[590] Damit endet dieser kleine Exkurs.[591] Er zeigt, dass auch in WaR die Thematik nicht allein am *Yod* verhandelt wurde und der Gedanke des 'kleinsten' Buchstabens auch hier nicht im Vordergrund steht, sondern eher die Bedeutsamkeit jedes Buchstabens eingeschärft werden soll. Darauf verweisen auch die Verwechslungs-Beispiele, da sie zeigen, dass *jeder Strich*, aus dem die Buchstaben zusammengesetzt sind, eine wichtige semantische Funktion besitzt.

4. In *TanhumaB* findet sich die Beschwerde des *Yod* gegen Salomo bei der Auslegung von Ex 6,2 in Verbindung mit Qoh 7,7.[592] Der Midrasch versteht die Qohelet-Stelle dahingehend, dass weltliche Beschäftigungen (durch Vertauschen von *Schin* durch *Samech* entsteht aus עושק „Bedrückung" das Verb עסק „sich beschäftigen") von der Beschäftigung mit der Tora abhalten und darum aus einem Weisen einen Toren machen. Dies wird an einer Reihe von Beispielen illustriert, unter denen Salomo am ausführlichsten behandelt wird. Obwohl von Gott gewarnt (das wird aus Prov 30,1 erklärt), missachtete er den Vers Dtn 17,17, was durch die Beschwerde des *Yod* angezeigt wird. Der Abschlusssatz Gottes an das Deuteronomium (das die Klage des *Yod* vertrat) lautet hier:

„Bei deinem Leben, Salomo hörte auf und hundert wie er, aber kein Buchstabe (meiner Tora) wird jemals abgeschafft" (חייך שלמה בטל ומאה כיוצא בו, ואות אחת אינו בטל).

Als Begründung für dieses Fehlverhalten erklärt der Midrasch, dass Salomo zu sehr mit Dingen beschäftigt war, die ihn eigentlich nichts angingen. Darauf folgt als weiteres Beispiel erstaunlicherweise Mose: nicht nur Salomo, auch Mose kann nach dem Midrasch in dieser Hinsicht angeklagt werden, da er in

---

[590] So wenn *Dalet* und *Resh* in Dtn 6,4 bzw. Ex 34,14 verwechselt werden und aus יהוה אחד bzw. אל אחר das gegenteilige יהוה אחר bzw. אל אחר wird (ed. Margulies p. 422,3–5), oder wenn *He* und *Het* in Lev 22,23 bzw. Ps 150,6 verwechselt werden und so aus הלל „preisen" חלל „entweihen" wird (p. 422, 5–7). Es folgen drei Beispiele aus Jer 5,12; Hos 5,7 und 1Sam 2,2, die illustrieren, was passiert, wenn *Bet* und *Kaf* verwechselt werden (p. 422,7–423,2).

[591] Vgl. J. NEUSNER, Judaism and Scripture 366: „… the entirely tangential theme that the various letters of the Hebrew alphabet play an important role in the framing of the Torah's rules. None of the added materials pretends to relate to the intersecting verse" (d.h. zu Hld 5,11).

[592] TanB Wayyera 2 (ed. Buber p. 9b). Als Übersetzung vgl. J. T. Townsend, Midrash Tanhuma. Translated into English with Indices and Brief Notes (S. Buber Recension), Bd. II: Exodus and Leviticus, Hoboken NJ 1997, 28f. In Tan Wayyera 5 (ed. Zundel p. 73a) ist die Stelle verkürzt wiedergegeben: nur das Deuteronomium beschwert sich bei Gott, das *Yod* wird überhaupt nicht gesondert erwähnt. Ansonsten stimmt Tan in Aufbau und Reihenfolge an dieser Stelle mit TanB überein.

Ex 5,1 nicht die Botschaft ausgerichtet habe, die ihm Gott in Ex 3,18 aufgetragen hatte (statt „der *Herr*, der Gott der Hebräer" stellten er und Aaron sich
nur als Abgesandte des Gottes Israel vor und reihten Gott damit in die Reihe
der Nationalgottheiten ein, was die Frage des Pharao in Ex 5,2 provozierte; in
5,3 'korrigieren' Mose und Aaron diesen Fehler). Der Grund ist, dass auch
Mose mit anderen Dingen zu sehr beschäftigt war (wohl Anspielung auf die
Volksversammlung Ex 4,29–31, die ihm nicht geboten war), darum einen Teil
seiner Botschaft vergaß und damit die Verschärfung der Knechtschaft verschuldete (Ex 5,17ff).[593] Der Gedanke der ganzen *Peticha* ist demnach, dass
man sich davor hüten soll, die Beschäftigung mit der Tora wegen sonstiger
Geschäfte und Obliegenheiten zu vernachlässigen. Die Beispiele von Salomo
und Mose zeigen dabei, dass schon das Vergessen von scheinbaren Kleinigkeiten schlimme Folgen nach sich ziehen kann.

5. Die letzte Parallele dieser Stelle ist *Shemot Rabba* 6,1 zu Ex 8,16. Hier
wird Qoh 2,12 als *Peticha*-Vers mit Ex 6,1 verbunden und auf Salomo und
Mose bezogen. Erneut ist es das *Yod*, das Beschwerde gegen Salomo führt,
obwohl Gott doch gesagt habe, „dass kein Buchstabe der Tora annulliert
werden würde" (אין אות בטלה מן התורה לעולם). Die Klage wird gegenüber den
anderen Fassungen noch dadurch gesteigert, dass das Vergehen Salomos zu
einem Präzendenzfall stilisiert wird: „damit er nicht heute einen (Buchstaben)
tilgt und morgen einen anderen bis die ganze Tora aufgehoben sein wird
(עד שתתבטל כל התורה כלה)." In der Antwort Gottes heißt es, dass Salomo
und seinesgleichen vergehen werden, aber „keinen *Buchstabenstrich* von dir
hebt er auf" (וקוצה ממך איני מבטל [pi]).

Es folgt eine veränderte Fassung der Geschichte des *Yods* im Namen der
Sara. Sie ist hier nicht als eine zweite Beschwerde gestaltet (wie in WaR),
sondern als Beleg dafür, dass wenn ein *Yod* aus der Tora weggenommen wird,
es an einer anderen Stelle wieder eingefügt wird. Es folgt, wiederum in einer
veränderten (hier erweiterten) Fassung, die auf Salomo bezogene Auslegung
von Prov 30,1, ohne dass noch einmal auf Dtn 17,17 rekurriert würde.

Abschließend bietet ShemR ein Beispiel zu Mose, das ebenfalls von dem
in TanB berichteten abweicht. Diese wohl späteste Fassung geht sehr selektiv
mit der Überlieferung um.[594] Das Interesse gilt aber auch hier *der Unverletzlichkeit der Tora als Ganzer* (durch die Stilisierung als Präzedenzfall sogar

---

[593] Vgl. zum Text ed. Buber p. 10; zur Übersetzung J. T. Townsend, Tanḥuma II 30f m.
Anm. 25. Eine verkürzte Version liegt vor in der von H. Bietenhard übersetzten Handschrift:
Midrasch Tanḥuma B, Bd. 1, JudChr 5, Bern u.a. 1980, 313f.

[594] Vgl. G. STEMBERGER, Einleitung 304: der erste Teil von ShemR (zu Ex 1–10) stammt
möglicherweise aus dem 10. Jh.

noch verstärkt) und weniger einem Insistieren auf einzelnen Buchstaben. Die Salomo-*Yod*-Perikope dient dabei als bekanntes Beispiel.

2.1.2 Auswertung

Betrachtet man alle Stellen in ihrem Kontext, dann kann als generelle Intention die Hervorhebung der Bedeutung jedes einzelnen Buchstabens bzw. jedes einzelnen Wortes in der Tora angegeben werden. Neben dem *Yod* sind die Buchstaben erwähnt, bei denen Verwechslungen sehr leicht möglich sind, und das erklärt auch die gelegentlichen Hinweise auf die „Häkchen" (in den genannten Texten immer als קוֹצִים bezeichnet) als den kleinsten Bestandteilen der Buchstaben. Sie garantieren die Eindeutigkeit der Tora und bewahren davor, dass sie versehentlich fehlerhaft (mit umstürzenden Folgen) ausgelegt wird. Dass nicht einmal ein Häkchen vergehen soll, ist an den bisherigen Stellen nirgends eindeutig mit Halachot begründet, die daraus zukünftig abzuleiten wären, sondern verweist darauf, dass der Wortlaut der Tora in keiner Weise verändert werden kann und darf. Lediglich der Gedanke ist angedeutet, dass jeder einzelne Buchstabe auch halachische Relevanz besitzen *kann*, weshalb die genaue Beachtung der Buchstaben (und damit das Achten auf jedes Häkchen, das den Buchstaben charakterisiert und Verwechslungen verhindert) eine wichtige Grundvoraussetzung für das Erkennen von Gottes Willen darstellt.[595]

Interpretiert man von hier aus Mt 5,18, dann heißt das soviel wie: nicht im Geringsten soll an der »Tora« (hier im Sinne des *Tanach* zu verstehen, da auch in den rabbinischen Texten Beispiele aus der Tora und den übrigen biblischen Büchern gebracht werden) etwas geändert oder abrogiert werden, sondern sie bleibt als Gottes Werk unversehrt bestehen. Betont ist also zweierlei: (1.) kein Mensch (nicht einmal Salomo[596]) kann, auch wenn er es will, etwas aus der Tora wegnehmen, um sie damit für ungültig zu erklären (genau dasselbe meint m.E. das καταλύειν in Mt 5,17, s.o. § 7/3.1). (2.) Auch Gott handelt in Bezug auf die Tora nicht willkürlich, gleichwohl hat er das Recht und die Möglichkeit zu ihrer Veränderung im Sinne einer qualitativen Steigerung (vgl. Sara*h* und Abra*ha*m).

---

[595] Vgl. dazu E. TOV, Der Text der Hebräischen Bibel. Handbuch der Textkritik, Stuttgart u.a. 1997, 26: viele Halachot wurden „auf der Grundlage der exakten Rechtschreibung [sic] der Worte festgesetzt". Für Beispiele verweist er auf Y. Y. YELIN, הדקדוק כיסוד בהלכה, Jerusalem 1973, 336–356.

[596] Es fällt auf, dass Salomo der einzige ist, dem ein solches Verhalten vorgeworfen wird, obwohl es in Israels Geschichte nach ihm wahrlich größere Gesetzesübertreter unter den Königen gegeben hat. Ist Salomo darum genannt, weil er der Sohn Davids ist und damit der Typos für den zukünftigen messianischen Davidsnachkommen? Die Frage kann hier nur gestellt werden.

Die häufige Zusammenstellung bzw. Ersetzung von Buchstabe und Buchstabenstrich legt es nun aber nahe, auch das Verhältnis von κεραία zu ἰῶτα in dieser Weise zu verstehen. Zuvor aber als Appendix und zur Abrundung dieses Traditionskomplexes noch einige Hinweise auf die rabbinische Buchstabenhaggada und die Funktion des *Yod* darin.

2.1.3 Appendix: Das Yod, die zukünftige Welt und die Gerechten in späten Texten

Es gibt noch zwei weitere rabbinische Traditionen, in denen das *Yod* eine zentrale Funktion besitzt: zum einen als Schöpfungsmittler und damit verbunden als Abbild der Gerechten in der himmlischen Welt. So heißt es in yHag 2,1 77c in der Auslegung der Mischna, die sich mit dem für die Öffentlichkeit verbotenen Arkanwissen über die Inzuchtsfälle, das Schöpfungswerk und die himmlischen Thronwagen befasst:

„Rabbi Abbahu im Namen von Rabbi Yoḥanan: durch zwei Buchstaben wurden zwei Welten erschaffen: diese Welt und die zukünftige Welt, eine durch He und eine durch Yod. Was ist der Grund? *Denn durch Yod-He ist der Herr der Bildner der Welt* (Jes 26,4)[597]. Aber wir wissen nicht, welche von ihnen durch *He* und welche durch *Yod* erschaffen wurde. Aber (es gibt eine Andeutung dafür) von dem, was geschrieben steht (in Gen 2,4): *Dieses sind die Entstehungen des Himmels und der Erde, als sie erschaffen wurden* (בהבראם)[598], (daraus kann man lesen): Durch das *He* schuf er sie (ב-ה בראם). Das meint: diese Welt wurde durch *He* erschaffen, und die zukünftige Welt wurde durch *Yod* erschaffen.“[599]

Verbunden mit dieser Auslegung ist an allen Stellen, wenn auch in variierender Gestalt, eine Deutung der äußeren Gestalt der beiden Buchstabenformen *He* und *Yod*. Bezüglich des *Yod* wird gefragt (yHag 2,1 77c,57f):

„Weshalb ist das *Yod* gebeugt? (Antwort:) So werden alle, die in die (zukünftige, durch das *Yod* geschaffene) Welt kommen, gebeugt sein, (denn es heißt in Jer 30,6): *Und alle Angesichter werden sich in Blässe umkehren.*“

Diese schwer verständliche Deutung wird durch die Parallelüberlieferungen deutlicher. In bMen 29b heißt es:

---

[597] Jes 26,4: עוֹלָמִים צוּר יְהוָה בְּיָהּ כִּי עֲדֵי־עַד בִּטְחוּ בַיהוָה. Zu יה als einem der Gottesnamen, der bei einem Korrekturvorgang nicht ausradiert werden darf (Nif. von מחק „1. wegwischen, austilgen; 2. abstreichen, abschaben" [W. DALMAN, Handwörterbuch s.v.]), vgl. yMeg 1,11 71d,59–66 (par. bShevu 35a/b). Zu weiteren Belegen für die zahlreichen halachischen Regelungen zur Verwendung des Gottesnamens *Yod-He*, s. tBer 6,26 (bei den Benediktionen, vgl. yBer 9,1/8 12b); SifBam § 14–15 zu 5,21–22 (beim Schwören); § 143 zu 28,8 (bei der Opferdarbringung) u.ö.

[598] Gen 2,4a: אֵלֶּה תוֹלְדוֹת הַשָּׁמַיִם וְהָאָרֶץ בְּהִבָּרְאָם.

[599] Übers. nach G. A. Wewers, ÜTY II/11, 46. Mit leichten Varianten auch in BerR 12,10 (ed. Theodor/Albeck p. 108f); bMen 29b. Weitere Parallelen sind PesR 21 § 54f (ed. Ulmer); MidrTeh 114 § 3 (ed. Buber p. 236a).

„Warum wurde die kommende Welt durch das *Yod* erschaffen? (Antwort:) Weil die Gerechten in ihr so wenig sind. Warum ist sein (= d. *Yod*) Kopf (ראשו) gebeugt (כפוף)? (Antwort:) Weil die Gerechten in ihr ihren Kopf כפוף halten, weil ihre Taten einander nicht ähnlich sind."

In diesem Text ist das *Yod* als kleinster Buchstabe möglicherweise vorausgesetzt, denn die erste Frage bekommt zusätzliche Prägnanz dadurch, wenn es der kleinste Buchstabe ist, durch den die zukünftige Welt geschaffen wurde. Die Antwort auf die zweite Frage weist in dieselbe Richtung wie in yHag, allerdings verzichtet sie auf das Schriftzitat und bringt das darin Gemeinte direkt zur Sprache: In der zukünftigen Welt werden die Gerechten leben, aber mit vor Scham gesenktem Kopf, weil sie sehen, welche Taten von den anderen vollbracht wurden. Die auch in Apk 14,13 gebrauchte Vorstellung von den Werken, die den Auferstandenen nachfolgen, steht hier im Hintergrund, aber auch an Mt 5,19 ist zu erinnern.

In Pesiqta Rabbati 21 § 55 findet sich neben der genannten Erklärung der Form des *Yod* noch eine weitere. Darin wird gefragt, warum das *Yod* jeweils „einen Punkt" (נקודה אחת) oben und unten hat.[600] Die Antwort interpretiert den unteren Punkt als Hinweis (רמז) darauf, dass alle Verstorbenen in den Gehinnom hinabsteigen müssen, den oberen, dass Gott sie wieder lebendig macht und von dort heraufführt (unter Zitierung von 1Sam 2,6).

Wenigstens hingewiesen sei in diesem Zusammenhang auf die verschiedenen Interpretationen des *Yod* in den beiden Fassungen des Alphabet-Midrasch des R. Aqiba, einer nachtalmudischen Komposition, die ins 7.–9. Jh. datiert wird.[601]

In der ersten, längeren Fassung (Jellineks „Erste Recension") werden die einzelnen Buchstaben nach Form und Bedeutung ausgelegt. Dem liegt jedoch kein einheitliches Muster zu Grunde. Häufig basiert die Interpretation auf dem Buchstabenbestand des Namens, indem dieser als Notarikon verstanden wird. Gelegentlich dient auch die grafische Gestalt des Buchstabens oder eine aus dem Buchstabenbestand seines Namens ableitbare Bedeutung als Grundlage. Mit den Buchstaben *Yod* und *Kaf* ist das Thema der künftigen Welt verbunden, wobei der Abschnitt über das *Yod* (Jellinek 32f/Wünsche 235–238) von der zukünftigen Erwartung der Gerechten bestimmt ist. Im Sinne eines Al-Tiqra-Midrasch wird zu Beginn

---

[600] Mit dem unteren „Punkt" kann nur die nach unten weisende Spitze des *Yod* gemeint sein, da dessen graphische Gestalt in allen Beispielen, die ADA YARDENI bietet, immer nur aus einem oder zwei Strichen besteht. In den Formen mit zwei Strichen ist dieser 2. Strich immer oben am Buchstaben. Vgl. die Beispiele ebd., Hebrew Script 197.199.201.205. Die Parallele in MidrTeh 114 § 3 (ed. Buber p. 236b) bezeugt entsprechend אותה עקיצה „Buchstabenspitze", so auch die unter 2.2.2.2 behandelten Parallelen.

[601] Als knapper Überblick vgl. G. STEMBERGER, Einleitung 339f. Die beiden Fassungen wurden ediert von A. Jellinek, Bet ha-Midrash III, xiv–xvii (Einl.) u. 12–64 (Texte). Eine Übersetzung liegt vor in: A. WÜNSCHE, Aus Israels Lehrhallen, Bd. IV: Kleine Midraschim zur jüdischen Ethik, Buchstaben- und Zahlensymbolik, Leipzig 1909 (Ndr. Hildesheim 1967), 168–198 (= „Zweite Recension" von Jellinek). 199–269 (= „Erste Recension" von Jellinek). Bei Wünsche sind die Bezeichnungen vertauscht: die „Erste Recension" Jellineks wird bei ihm als „Zweite (jüngere) Rezension" bezeichnet.

erklärt: „Lies nicht *Yod*, sondern *Yad*" unter Verweis auf die Formulierung *Yad wa-Shem* in Jes 56,5[602]. Daraus wird gefolgert, dass Gott den Gerechten einen ewigen Namen in der zukünftigen Gottesstadt geben wird. Zusammen mit dem Messias, dem Sohn Davids, der hier in besonderer Weise als erster unter den Gerechten hervorgehoben wird, werden sie an der Königsherrschaft Gottes teilhaben. Das Leben der Gerechten wird ein Leben im Licht sein. Weder auf die Größe des Buchstabens noch auf seine graphische Gestalt wird eingegangen, ebenso fehlt eine Bezugnahme auf die Salomo-Anklage durch das *Yod*. Es ist also eine völlig eigenständige *Yod*-Tradition, die hier vorliegt.

Die in Jellineks Ausgabe als *„Zweite Recension"* bezeichnete Fassung schildert im Unterschied dazu einen Wettstreit der Buchstaben, die vom *Taw* angefangen bis zum *Alef* vor Gott erscheinen und Gründe dafür vorbringen, warum Gott mit ihnen sein Schöpfungswerk beginnen soll. Der Anfang des Textes lautet: „Rabbi Aqiba hat gesagt: Dies sind die 22 Buchstaben, mit denen die *ganze Tora* den Stämmen Israels gegeben worden ist, und sie sind eingegraben mit Flammengriffel auf der furchtbaren und schrecklichen Krone (כתר) des Heiligen, gepriesen sei er!" An allen Buchstaben findet Gott jedoch einen Makel, erst das *Bet* erscheint ihm passend, weil damit auch ברוך beginnt.[603] Weil sich das *Alef* darüber beschwert, wird ihm zugesagt, dass mit ihm der Dekalog beginnt, d.h. hier sind die älteren, oben bereits erwähnten Traditionen verarbeitet. Das *Yod* begründet seine Tauglichkeit für die Schöpfungsmittlerschaft mit Jes 26,4 (s.o. yHag u.ö.) und Ps 145,10 (Jellinek 53/Wünsche 176), wird aber von Gott mit der Begründung zurück gewiesen: „Weil ich durch dich zukünftig den bösen Trieb (יצר הרע) erschaffen will, damit er die Menschheit verführt, wenn sie in die Welt kommt, wie es heißt: *Denn der Trieb des menschlichen Herzen ist böse von Jugend an usw.* (Gen 8,21)."

In einem zweiten Teil des Textes (Jellinek 55ff) werden alle Buchstaben ihrem äußeren Aussehen nach besprochen und erläutert. Über das *Yod* heißt es: „Warum ist es der kleinste von allen Buchstaben? Um dich zu lehren, dass jeder, der sich selbst klein macht, es verdient (זוכה), dass er zu den Besitznehmern der zukünftigen Welt gehört, die durch das *Yod* geschaffen wurde, wie es heißt: *Denn durch Yod-He schuf Gott die Welten* (Jes 26,4). Durch das *He* wurde diese Welt erschaffen, und durch das *Yod* wurde die kommende Welt erschaffen. Und warum wurde sie durch das *Yod* erschaffen? Weil die Gerechten, die die Söhne der kommenden Welt sind, die Geringen in dieser Welt sind. Und weshalb geht die »Krone« des *Yod* gegen sein Gesicht/seine Vorderseite?[604] Weil jeder einzelne Gerechte genießen wird gemäß dem Lohn für seine Taten, und seine Gerechtigkeit geht vor ihm her wie es heißt: *Vor dir (wird hergehen) deine Gerechtigkeit* (Jes 58,8)."

Für die Interpretation von Mt 5,17–20 ist die Bezugnahme der Deutung des *Yod* auf die Gerechten und die zukünftige Welt ein interessanter Hinweis, wenngleich es keine Möglichkeit gibt, diese wohl sehr späten Überlieferungen zeitlich zu fixieren und damit etwa eine matthäische Bezugnahme auf diese

---

[602] וְנָתַתִּי לָהֶם בְּבֵיתִי וּבְחוֹמֹתַי יָד וָשֵׁם טוֹב מִבָּנִים וּמִבָּנוֹת שֵׁם עוֹלָם אֶתֶּן־לוֹ אֲשֶׁר לֹא יִכָּרֵת.

[603] Das *Zadeh* etwa empfiehlt sich damit, dass es wie Gott mit der Gerechtigkeit verbunden ist; aber es wird abgelehnt, weil auch die Nöte (צרות) aus ihm gebildet sind.

[604] ומפני מה תגו של י"וד כלפי פניו. Mit תגא „Krone" ist keine Verzierung gemeint, sondern der kurze Abstrich, der oben am Längsstrich so angebracht wurde, dass er sich nach rechts zum Längsstrich hin öffnete (vgl. als Beispiele A. YARDENI, Hebrew Script 173.175.177.179. 181.183.193.197.199.201.207). Zum 'Gesicht' des *Dalet*, das sich in der Reihenfolge der Buchstaben weg vom *Gimel* wendet, vgl. bShab 104a.

Vorstellungen zu behaupten.[605] Völlig ausgeschlossen werden kann sie zwar ebenfalls nicht, da es sich bei den talmudischen Belegen um anonym überlieferte hebräische Traditionsstücke handelt.[606] Eine gewisse thematische Parallelität ist jedenfalls gegeben: Nach dem babylonischen Talmud sind die Gerechten als Bewohner der zukünftigen Welt durch das *Yod* präfiguriert, während im Matthäus-Evangelium denen der Eingang in die Königsherrschaft Gottes verheißen ist, die die von Jesus geforderte Gerechtigkeit erfüllen, die u.a. dadurch gekennzeichnet ist, dass sie weder ein Jota noch einen Buchstabenstrich von der Tora entfernt.

Dass es sich beim *Yod* zudem um *keine feste Metapher* für die Gerechten handelt, verdeutlicht die Interpretation des *Yod* in BerR 12,10 (ed. Theodor/Albeck p. 108f par. MidrTeh 114 § 3 [ed. Buber p. 236b]). Nachdem wie in yHag aufgrund von Jes 26,4 erklärt wurde, dass Jahwe durch *Yod-He* die Welten erschaffen habe, heißt es über das *Yod*:

„Und die kommende Welt wurde durch das *Yod* erschaffen. Aber warum ist die Gestalt des *Yod* gebeugt? (Weil) so die Frevler (sein werden): ihre Gestalt wird gebeugt und ihr Angesicht verfinstert sein in der zukünftigen Zeit, wie geschrieben ist: Und der Hochmut des Menschen muss sich beugen ... (Jes 2,17). Was werden (die Frevler) dann sagen? Und die Götzen werden völlig verschwinden (Jes 2,18)."

Im Gegensatz zu den übrigen Stellen steht das *Yod* hier als Repräsentant der Frevler, die in der zukünftigen Welt schamvoll gebeugt gehen. Die *haggadische* Interpretation der *Buchstabenformen*, das wird hieran deutlich, erlaubt ein hohes Maß an assoziativer Freiheit und ist in keiner Weise festgelegt. Ein möglicherweise frühes, aus der Zeit des Matthäus stammendes Beispiel für solche Buchstabenmystik bietet auch Josephus in *Contra Apionem* II 190,

---

[605] Dazu kommt, dass in bShab 104a eine vergleichbare Interpretation für *Nun* und *Zadeh* vorkommt: das „gebeugte (כפופה) *Nun*" (= נ) steht für den „Vertrauenswürdigen" (נאמן) in dieser Welt (in der er gebeugt gehen muss), das „gerade *Nun*" (= ן) für den „Vertrauenswürdigen" in der zukünftigen Welt (wo er aufrecht gehen kann) – so die Interpretation von Raschi zu dieser verkürzten Aussage. Eine andere Interpretation bei M. JASTROW s.v. כפף „*Nun* bent, *Nun* straightened, faithful when bent (in distress), faithful when straightened (raised up)" (661). Entsprechendes wird über den Zaddiq gesagt und dann gefragt, was dann der Unterschied zum *Nun* bzw. zum ne'eman sei. Die Antwort: „Die Schrift fügt für dich hinzu Demut (wörtlich „Bücken") zu seiner Demut. Von hier ist (zu entnehmen), dass die Schrift gegeben wurde mit Nicken des Kopfes (als Zeichen der Einwilligung)." Dass zwei Buchstaben dieselbe Funktion besitzen, wird offenbar als eine Verstärkung der Bedeutung verstanden.

[606] Bezüglich yHag ist allerdings zu überlegen, ob die Interpretation der Buchstabenform nicht Teil des Traditionsstückes ist, das Rabbi Abbahu (palästinischer Amoräer der 3. Generation, gest. um 309) im Namen seines Lehrers Rabbi Jochanan (bar Nappacha, palästinischer Amoräer, gest. 279) zitiert (vgl. 77c,50). In bMen *kann* es als Teil einer längeren Antwort Rabbi Ammis (wie Abbahu ein Schüler von R. Jochanan, Ende 3./Anf. 4. Jh.) an Rabbi Jehuda II. Nesia gelesen werden.

wenn er Gott als ἀρχὴ καὶ μέσα καὶ τέλος bezeichnet (α-μ-τ = אמת „Wahrheit")[607]

Zusammenfassend gilt: Vor dem Hintergrund der zitierten Aussagen könnte Mt 5,18 auch so gelesen werden, dass nichts, was zur Gerechtigkeit im Hinblick auf die kommende Welt nötig ist, weggenommen werden wird. Für rabbinisch geschulte Ohren würde dies bedeuten: kein *Yod* wird aus der Tora entfernt werden. Für einen Christen wie Matthäus könnte darin der Hinweis verborgen sein: der eine Gerechte hat den Weg zur Königsherrschaft Gottes gebahnt und damit gezeigt, dass kein *Yod* in Tora (und Propheten) ohne seine Erfüllung blieb. Aber das ist nicht mehr Exegese im üblichen Sinn, sondern haggadisches Spiel. Doch genau so darf man sich auch die rabbinischen 'Buchstaben-Predigten' vorstellen (s.u.). Allerdings: Einen Hinweis darauf, dass das *Yod* repräsentativ für die kleinen bzw. 'leichten' oder gar die rituellen Gebote steht, gibt es nicht.[608]

2.2 Die „Häkchen" in der Tora – Verzierungen oder kennzeichnende Bestandteile der hebräischen Buchstaben?

Die Behandlung der rabbinischen Stellen über das *Yod* hat die in der Überschrift genannte Alternative bereits zu Gunsten der zweiten Möglichkeit präjudiziert. Da in der relevanten Literatur jedoch, beeinflusst durch die von Billerbeck genannten Parallelen und seine Interpretation derselben (I 248f), die Deutung von κεραία auf die „Häkchen, Krönchen, Strichelchen", die „einzelne Buchstaben des hebräischen Alphabets als Zierat haben", eine dominierende Position einnimmt, ist dieser Frage, der in der Regel wenig Aufmerksamkeit geschenkt wird, in einem eigenen Arbeitsgang nachzugehen.

Drei grundsätzliche Möglichkeiten lassen sich unterscheiden: (1.) Sehr alt und wohl schon auf Origenes zurückgehend ist die Deutung der κεραία auf die kleinen graphischen Elemente, die ähnlich aussehende Buchstaben voneinander unterscheiden.[609] Diese Deutung kann sich

---

[607] Dass Gott durch אמת repräsentiert wird (als dem ersten, mittleren und letzten Buchstaben des Alphabets, wobei dies für das *Mem* als 13. von 22 Buchstaben nur ungefähr gilt), findet sich auch in ySan 1,1 18a (63–68). Vgl. dazu H. St. J. Thackeray, LCL Josephus I 369 u. F. Siegert, Zwischen Hebräischer Bibel und Altem Testament. Eine Einführung in die Septuaginta, MJSt 9, Münster u.a. 2001, 130.

[608] So u.a. U. Luz, Mt I¹⁻⁴ 241/I⁵ 322 (verändert): die „Jotas und Häkchen des Ritualgesetzes". In der *Yod*-Salomo-Perikope geht es immerhin um die Frage der Ehepraxis, was schon von vornherein hätte davor warnen sollen, das Jota zu einseitig auf die rituellen Gebote zu beziehen (vgl. Lk 16,17f; Mt 5,31f: auch in den Evangelien steht das „Häkchen" in unmittelbarer Nähe zum Ehegebot).

[609] Vgl. Origenes, Selecta in Psalm. XI 363 (ed. Lommatzsch), der auf die Ähnlichkeit zwischen *Bet* und *Kaf* verweist und als einzigen Unterschied angibt: ὡς κατὰ μηδὲν ἀλλήλων διαλλάττειν ἢ βραχείᾳ κεραίᾳ μόνῃ; dazu u. zu weiteren patristischen Belegen s. F. Sutcliffe, One Jot or Title, Mt. 5,18, Bib. 9 (1928), 458–462 (461), der ausdrücklich gegen Billerbeck diese Deutung vertrat. In der *älteren Forschung* vor Billerbeck wurde meist

auf die oben genannten Stellen (SifDev § 36 zu Dtn 6,9; bShab 103a; ShirR 5,11[2]; WaR 19,3 [s. 2.1.1 (2.)+(3.)]) stützen und ist m.E., wie im Folgenden gezeigt werden kann, die einzig mögliche. (2.) Eine zweite Richtung sieht darin dezidiert die Zierstriche ohne semantische Valenz. Damit verbunden ist meist ein negatives Bild der jüdischen 'Gesetzlichkeit' im Sinne von äußerster Buchstabengläubigkeit, die selbst vor den Buchstabenverzierungen nicht Halt macht. Billerbeck hat diese Position vertreten und durch seine Interpretation der Aqiba-Erzählung (s.u. 2.2.2.1) zu begründen versucht.[610] (3.) Die Mehrzahl benennt beide Möglichkeiten, ohne sich wirklich zu entscheiden.[611] Aber gerade dieses häufig zu beobachtende Offenlassen der Frage führt letztlich dazu, den Versteil nomistischer auszulegen, als er ist.

---

nur sehr allgemein „der kleinste Theil eines Buchstabens" bzw. die „Häkchen und Hörnchen an demselben" genannt, so beispielsweise bei B. Weiss, Mt 103 und Th. Zahn, Mt 216, der aber die „Hörnchen oder Häkchen" dahingehend präzisierte, dass es die Buchstabenbestandteile sind, „wodurch ähnliche Buchstaben sich von einander unterscheiden"; A. Schlatter, Mt 156f: die Striche, aus denen die Buchstaben bestehen. So weit ich sehe waren W. F. Albright und C. S. Mann, Mt 58f, die ersten (1971), die auf Grund des paläographischen Materials auf die Unsicherheit der bisherigen Deutung[en] (sie verweisen lediglich auf die „small horns attached to some letters to guard against confusion with each other") aufmerksam machten: „It is not possible to determine what meaning the word might have had at the time of Jesus. We cannot know whether the Gr. *keraia* referred to the small horns, with any real certainty" (mit Verweis auf J. M. Grintz, Hebrew as the Spoken and Written Language in the Last Days of the Second Temple, JBL 79 [1960], 32–47).

[610] Einige Beispiele: J. Schniewind, Mt 54: Das Gesetz soll „bis auf den kleinsten Schnörkel der Verzierung … bestehen bleiben"; W. Grundmann, Mt 147: Krönchen als „Verzierung" (unter Abgrenzung gegen die Auslegung des Origenes); E. Schweizer, Mt 64: „Zierstriche, die der fromme Abschreiber anbringt"; U. Luz, Mt I¹⁻⁴ 236: „Zierstrich an hebräischen Buchstaben" (er setzt dahinter allerdings ein Fragezeichen, ohne im übrigen der Frage weiter nachzugehen; in I⁵ korrigiert zu „etwas sprichwörtlich Kleines wie z.B. Akzente oder Spiritus"); J. Gnilka, Mt I 144f: „Zierat der Schrift, vielleicht das Häkchen, das man schwungvoll auf den Kopf des Jod zu setzen pflegte"; W. Wiefel, Mt 102: „mit dem Häkchen können sowohl die Spiritus und Akzente des Griechischen wie die dem Schreiber erlaubten Verzierungen hebräischer Texte gemeint sein".

[611] Lohmeyer/Schmauch, Mt 109 nennen neben den von Billerbeck genannten „Krönchen" auch die richtige Alternative: „die Strichelchen, welche die Buchstaben ב ר ה von den ähnlichen כ ד ח unterschieden"; P. Gaechter, Mt 165: „kleine Zier- *oder* Unterscheidungsstrichlein an verschiedenen Buchstaben"; G. Strecker, Bergpredigt 58: das zwischen ähnlichen Buchstaben unterscheidende „Strichlein" *oder* der blosse „Zierrat" (so auch in: Ders., Gesetz 118). Eine etwas andere Richtung nahm die neuere englischsprachige Forschung: Davies/Allison, Mt I 491 nennen alle bisher diskutierten Möglichkeiten, ohne sich allerdings festzulegen: „the exact meaning … has yet to be established beyond doubt, although the general connotation – smallness, insignificance … – is palpable"; sie weisen jedoch mit Recht darauf hin, dass „within the context of Matthew it is only the written Torah itself that is being upheld", ohne daraus allerdings die Konsequenzen zu ziehen: denn dann müsste auch mit κεραία in jedem Fall ein Bestandteil der *schriftlichen* Tora gemeint sein; auch R. H. Gundry, Mt 80, referiert nur die bisherigen Lösungsversuche ohne sich festzulegen; für ihn ist es überhaupt fraglich, ob sich dahinter ein hebräisches Äquivalent verbirgt, da er den Versteil als „editorial insertion aimed at Greek readers" betrachtet; auch H. D. Betz, Sermon 182, interessiert sich für die Bedeutung der κεραία nicht, sondern begnügt sich mit der Aussage, dass damit ein Hinweis auf den hebräischen Wortlaut der Tora gegeben wurde, der bis zum kleinsten Buchstaben gelte. Diesen s.E. ungewöhnlichen Rückverweis auf

2.2.1 κεραία *im griechischen Sprachgebrauch*

Wie κέρας bedeutet auch κεραία zunächst „Horn" und davon abgeleitet alles, was irgendwie hornähnlich ist, ohne dass der Begriff auf ein bestimmtes semantisches Feld festgelegt wäre: Neben den Fühlern von Insekten werden Segelstangen, Kranbalken, Palisaden u.ä. damit bezeichnet, aber auch die überstehenden Teile der Hüftknochen und die spitzen Enden des Mondes. Als geographischer Terminus ist das Wort ebenfalls für verschiedene Phänomene bezeugt.[612]

Von besonderer Bedeutung für die Auslegung von Mt 5,18 sind jedoch die Belege, in denen κεραία Schriftzeichen, Buchstaben o.ä. bezeichnet. Liddell/Scott/Jones[613] geben für die Verwendung von κεραία „in writing" als Bedeutung „apex of a letter" an, womit sowohl das Längenzeichen über den Vokalen als auch die Spitze eines bestimmten Buchstabens gemeint sein kann. Als Beleg verweisen sie zum einen auf die Inschrift IG II, Nr. 4321, Z. 10 aus dem 4. Jh. v.Chr.[614], zum anderen auf eine Stelle bei dem alexandrinischen Philologen Apollonius Dyscolus (1. Hälfte des 2. Jh. n.Chr.), von dessen 29 Werken nur vier erhalten sind[615]. Der fragliche Beleg entstammt dem ersten Buch über die Syntax (Περὶ Συντάξεως/De constructione I 47). In einem Beispielsatz für das Setzen oder Weglassen des Artikels gebraucht er κεραία als Bezeichnung des Längsstriches beim *Alpha*

---

den hebräischen Wortlaut in einem ansonsten griechischsprechenden Milieu („... the SM itself is written in Greek and was part of the Greek linguistic milieu") interpretiert BETZ als „delimitation": Nur die »wahre«, ursprüngliche Tora ist gültig. Dahinter verbirgt sich s.E. möglicherweise wie in den Pseudo-Clementinen die Vorstellung einer verfälschten Tora, so dass der Verfasser der Bergpredigt einerseits auf die Unverbrüchlichkeit der ganzen Tora verweisen kann und andererseits ihre Ursprünglichkeit als kritisches Element eintragen kann.

[612] Zu den entsprechenden Belegen vgl. LIDDELL/SCOTT/JONES 939 s.v. κεραία.

[613] Vgl. dagegen den wenig hilfreichen Eintrag bei BAUER-ALAND, Wörterbuch, 871 s.v. Für die Verwendung des Wortes „v. Akzenten und Spiritus" verweisen sie außer auf die Inschrift IG II 4321 (s. nächste Anm.) auf Apollonius Dyscolus (ohne Stellenangabe, s. übernächste Anm.) und auf Plutarch, Numa 13,9. An der letzten Stelle bezeichnet κεραία allerdings die Spitze eines bestimmten Schildes.

[614] Inscriptiones Graecae Bd II/5: Inscriptiones Atticae aetatis quae est inter Euclidis annum et Augusti tempora, hg. v. U. Koehler, Berlin 1895, 290f. In dieser stark zerstörten Inschrift wird eine Art Kurzschrift beschrieben und in diesem Zusammenhang das Ypsilon, auf dessen „beide äußerste Enden" ([δὺ᾽ ἐπ᾽ ἄκ|ραι]ς κεραίαις ἀμφο[τέ|ραις]) zwei gerade Striche gehören. Als κεραῖαι werden also den Buchstaben kennzeichnende Striche bezeichnet.

[615] Abhandlungen über die Pronomina, die Konjunktionen, die Adverbien und die Syntax. Textausgabe: R. Schneider u. G. Uhlig, Apollonii Dyscoli quae supersunt, Grammatici Graeci II.1–3, Leipzig 1878–1910 (Ndr. Hildesheim u. New York 1979); Übersetzung: F. W. Householder, The Syntax of Apollonius Dyscolus, Amsterdam Studies in the Theory and History of Linguistic Science III.23, Amsterdam 1981. Zu Werk und Bedeutung s. F. MONTANARI, Art. Apollonios [11, Dyskolos], DNP 1, 1996, 881–883.

(„vertical stroke") oder als Längenzeichen für die Silbe.[616] Ein Beleg für die Verwendung von κεραία im zweiten Sinn findet sich auch in den Scholien zum Grammatiker Dionysios Thrax (170–90 v.Chr.), der die älteste griechische Elementargrammatik schrieb. Darin wird κεραία als Zeichen für lange Silben beschrieben, das mittels eines langen geraden Striches dargestellt werden soll.[617] Κεραία kann demnach im Kontext der Schrift- bzw. Lautlehre einerseits gemäß der Grundbedeutung einen Strich bzw. etwas Strichartiges bezeichnen, oder aber ein Unterscheidungsmerkmal, das zwei graphisch gleiche Buchstaben in ihrem Lautwert differenziert und somit ihre semantische und syntaktische Funktion eindeutig bestimmt. Von daher wäre zu überlegen, ob nicht auch κεραία in Mt 5,18 in diesem Sinn verstanden werden kann. Es entspräche dann dem hebr. טעם, pl. טעמים, das in den rabbinischen Texten für die Akzente gebraucht wird. Mit diesen Akzenten wurde die Wortbetonung bzw. die syntaktische Beziehung zwischen Worten und Satzteilen hergestellt.[618]

Als zu vergleichende Stellen zu den genannten Belegen bieten Liddell/Scott/Jones neben Mt 5,18 und Lk 16,17 drei weitere Angaben:

1. Bei dem Arzt und medizinischen Schriftsteller Antyllus aus der 1. Hälfte d. 2. Jh. n.Chr.[619], dessen Werke nur als Zitate bei seinem späteren Kollegen Oreibasios/Oribasius und Leibarzt Kaiser Julians (4. Jh. n.Chr.)[620] erhalten sind (Buch 45 25,3,2). Im Kontext einer Amputationsschilderung wird an einem „H" verdeutlicht, wie die Haut aufzuschneiden ist. Dabei werden die das H bildenden *Linien* (griech. γραμμή) erwähnt und die Endpunkte derselben (am ehesten mit „Spitzen" oder „Enden" zu übersetzen) als κεραία bezeichnet (μέχρις τῶν κεραιῶν τῶν γραμμῶν). Das entspricht exakt der Bedeutung der verschiedenen hebräischen Bezeichnungen für die Striche oder Spitzen eines Buchstabens, die über die eigentliche Kontur hinausragen (s.u. 2.2.2.2 Ende).

---

[616] Die Unsicherheit des mit κεραία Bezeichneten zeigt sich schon bei der Übersetzung von HOUSEHOLDER. Im fortlaufenden Text übersetzt er: „He erased the vertical stroke of the A." (36). In seiner Einleitung gebraucht er jedoch denselben Satz als Beispiel für das Schulmilieu, aus dem heraus Apollonius zu verstehen sei. Und hier übersetzt er mit: „He erased the point of the A." (6, allerdings mit falscher Stellenangabe). Die Herausgeber des griechischen Textes dagegen verstanden κεραία, das nur einmal bei Apollonius vorkommt, als „signum sillabae longae", vgl. Index 517 s.v. κεραία und die Erläuterungen zur Stelle.

[617] Vgl. den App. der Ausgabe von R. Schneider u. G. Uhlig, II.2,41. ... ἡ κεραία σημεῖόν ἐστι τῆς μακρᾶς. ἔστιν οὖν εἰπεῖν, ὅτι ἡ κεραία εὐθεῖα πεπερασμένη. „Die Keraia ist das Zeichen der Länge. Zu sagen ist, dass die Keraia eine gerade Linie sein soll."

[618] E. TOV, Text 54–58. DAVIES/ALLISON, Mt I 491, erwägen immerhin diese Möglichkeit.

[619] Vgl. R. L. GRANT, Antyllus and his medical works, Bulletin of the History of Medicine 34 (1960), 154–174; VIVIAN NUTTON, Art. Antyllos [2], DNP 1, 1996, 818.

[620] Vgl. A. TOUWAIDE, Art. Oreibasios, DNP 9, 2000, 15. Textausgabe: J. Raeder (Hg.), Corpus Medicorum Graecorum VI/1,1–VI/3, 1928–1933.

2. Plutarch (45– ca. 125 n.Chr.), in *Non posse suaviter vivi secundum Epicurum* (= 1086C–1107C [1100A]): Das Verhalten Epikurs gegenüber seinem Lehrer Demokrit wird als ζυγομαχεῖν περὶ συλλαβῶν καὶ κεραιῶν beschrieben, was mit „streiten über Silben und Buchstaben" oder „streiten über Silben und Akzente" zu übersetzen ist.[621] Der polemische Kontext lässt unschwer erkennen, dass damit ein Streit bis in das letzte Detail einer Lehre hinein gemeint ist, wobei κεραία Ausdruck für das kleinste bedeutungsrelevante Element ist. Ganz ähnlich ist auch die in der Kommentarliteratur vielgenannte (aber nie übersetzte bzw. kontextualisierte[622]) Stelle aus Philo (Flacc 131) zu verstehen. Der Zusammenhang ist die Schilderung der juristischen Tätigkeit Lampons, einer der Gegner der Juden Alexandrias und Ankläger gegen den Präfekten Flaccus. Das Volk denunzierte ihn als καλαμοσφάκτης, d.h. als einen Schreibrohrmörder ('Schreibtischtäter'), weil er die Prozessakten systematisch durch Hinzufügen oder Streichungen manipulierte (μεταποιῶν καὶ μετατιθεὶς καὶ στρέφων ἄνω κάτω τὰ γράμματα), aber gleichzeitig als „Buchstabenbuckler" (γραμματο-κύφων, Schmähwort für einen Sekretär oder Schreiber) für „jede Silbe, ja mehr noch für jedes einzelne Häkchen" (κατὰ συλλαβὴν μᾶλλον δὲ καὶ κεραίαν ἑκάστην) Geld verlangte. Eindeutig ist auch hier κεραία das kleinste Element in einem offiziellen Schriftstück, wobei der Kontext zusätzlich auf das Problem der willkürlichen Veränderungen von Justizakten verweist. Wer sich, so könnte man paraphrasieren, jeden Buchstabenstrich einzeln bezahlen lässt, von dem sollte man auch erwarten können, dass er seine Sache entsprechend ordentlich und genau macht.

3. Die letzte bei Liddell/Scott/Jones genannte Stelle (Dionysios von Halikarnass, De Dinarcho 7) bezeichnet mit κεραία das kleinste Element eines Textes, bis zu dem der Stil eines Autors erkennbar ist. Der unmittelbare Kontext ist eine Anweisung des Dionysios an

---

[621] B. Einarson/P. H. de Lacy, Plutarch's Moralia XIV, LCL 428, London/Cambridge, Mass. 1967, 103 übersetzen: „... was he (= Epikur) not himself in such a fury of tense and palpitating passion for renown that he not only disowned his teachers, quarelled with Democritus (whose doctrines he filched word for word) about syllables and serifs ..."

[622] Das gilt auch für die übrigen in der Literatur zu Mt 5,18 genannten griechischen Parallelstellen. Genannt wird immer dieselbe Auswahl an Texten, ohne dass ihre *ratio* wirklich aufgewiesen würde. Dazu gehört außer den genannten noch Dion von Prusa (= Dio Chrysostomos 14 [31],86): In seiner Rede an die Rhodier attackiert er deren Sitte, Statuen durch eine Änderung der Inschrift umzuwidmen, um Kosten zu sparen. Dion hält dies für ein todeswürdiges, dem Tempelraub gleichkommendes Verbrechen (81f), da es die verdienten Wohltäter der Stadt auf eine Stufe mit Verbrechern stellt, deren Namen vor ihrer Hinrichtung ebenfalls aus den Bürgerlisten gestrichen werden (84f). Dion verweist zum Vergleich auf die Schwere des Verbrechens, „wenn jemand auch nur ein Wort von einer Gesetzessäule kratzt". Dieser wird zum Tod verurteilt „ohne lange zu fragen, welches Wort es war und worauf es sich bezog." Dann heißt es weiter: „Wenn jemand in das Gebäude eindringt, in dem ihr eure öffentlichen Urkunden aufbewahrt, und ein Tüpfelchen von Gesetz oder auch nur eine Silbe aus einem Volksbeschluß streicht (κεραίαν νόμου τινὸς ἢ ψηφίσματος μίαν μόνην συλλαβήν, μᾶλλον δὲ καὶ κεραίαν ἑκάστην), werdet ihr euch gebärden, als hätte jemand ein Stück von eurem Wagen [gemeint ist das Gespann des Sonnengottes, das Lysipp gefertigt und das der Stolz der Rhodier war] geraubt" (Übers. W. Elliger, Dion Chrysostomos. Sämtliche Reden, BAW.GR, Zürich 1967, 390). In diesem Text ist κεραία *das kleinste Element eines Gesetzestextes*, noch kleiner als eine Silbe. Die Übersetzung „Tüpfelchen vom Gesetz" bei Elliger ist allerdings von Mt 5,18 beeinflusst, der zweite Satzteil mit κεραία bleibt bei ihm unübersetzt. Zudem zeigt diese Stelle, wie schwer im Altertum der Verdacht wog, einen Gesetzestext zu ändern.

seine Leser, wie sie durch einen Stilvergleich die Reden des Demosthenes von denen des Dinarchos unterscheiden können, da in der Überlieferung falsche Zuweisungen vorliegen. Von Demosthenes ist als echt anzusehen, was „die Angemessenheit des Ausdrucks, die Originalität der Komposition, die Empfindsamkeit der Gefühle und den sich über jeden Buchstaben erstreckenden scharfen und intellektuellen Geist und Klugheit in allem darbietet" (ἡ τῆς λέξεως μεγαλοπρέπεια καὶ ἡ τῆς συνθέσεως ἐξαλλαγὴ καὶ τὸ τῶν παθῶν ἔμψυχον καὶ τὸ διὰ πάσης κεραίας διῆκον πικρὸν καὶ νοερὸν τό τε πνεῦμα καὶ ἡ δεινότατης πᾶσι παρέπηται.[623] D.h. der Stil des Demosthenes ist bis in den letzten Buchstaben hinein spürbar, womit hier eindeutig das kleinste semantische Element gemeint ist und nicht eine wie auch immer geartete Buchstabenverzierung.

Trotz der vielfältigen Verwendungsmöglichkeiten ist κεραία im *jüdisch-hellenistischen Schrifttum* selten. Der einzige Beleg bei Josephus ist Bell 3,419 in der Beschreibung der Form der Küstenlinie bei Joppe, d.h. „Horn" (im Plural) dient hier der geographischen Beschreibung. In der LXX fehlt das Wort gänzlich. Bei Philo ist der oben bereits erwähnte Beleg ebenfalls der einzige.

Nach der Konkordanz von Denis stammen die einzigen Belege des Wortes in dem ausgewerteten Schrifttum aus nur 22 Versen zu Beginn des fünften Buchs der *Oracula Sibyllina*. Der Abschnitt 1–51, dessen ursprüngliche Zugehörigkeit zum fünften Buch kontrovers ist[624], enthält einen gematrisch-verschlüsselten Geschichtsüberblick über die römische Kaiserzeit bis Hadrian. In den Versen 21–42 kommt κεραία insgesamt 8mal vor und bezeichnet jeweils den ersten Buchstaben im Namen, der zugleich als Zahlenwert Bedeutung hat. Gauger übersetzt darum wahlweise mit „Buchstabe" (21.25) oder „Zeichen" (24.28.37.38.40; 42 bleibt bei ihm unübersetzt).[625]

Zusammenfassung: Das griechische κεραία ist vielfältig verwendbar, aber im Bereich des semantischen Feldes von Schrift und Buchstaben eindeutig als kleiner bzw. kleinster Bestandteil eines schriftlichen Dokuments verstehbar. Wo es neben συλλαβή (das in diesem Kontext *Silbe* oder *Buchstabe* heißen kann) gebraucht wird, liegt der Ton auf dem *noch kleiner sein*. Damit entspricht es genau der mt Verwendungsweise neben ἰῶτα: „weder ein Buchstabe noch der Strich eines Buchstabens ..." (während es in Lk 16,17 wohl

---

[623] Ed. H. Usener/L. Radermacher, De antiquis oratoribus, in: Dionysii Halicarnasei quae exstant, Bd. 5: Opuscula I, BSGRT, Leipzig 1899 (Ndr. Stuttgart: 1997), 297–321.

[624] Vgl. J.-D. GAUGER, Sibyllinische Weissagungen. Griechisch-deutsch, Düsseldorf u. Zürich 1998, 454f: Die Datierung von Buch fünf ist davon abhängig, ob 1–51 als ursprünglicher Bestandteil gilt, und so rangieren die Vorschläge zwischen 80 und 130 n.Chr., vgl. dazu auch M. HENGEL, Messianische Hoffnungen in der Diaspora, in: Apocalypticism, hg. v. D. Hellholm, Tübingen ²1989, 655–686, jetzt in: DERS., Judaica et Hellenistica. Kleine Schriften I, WUNT I/90, Tübingen 1996, 314–343 (326–337).

[625] J.-D. GAUGER, Sibyllinische Weissagungen 124–127.

eher im Sinne von Buchstabe zu verstehen ist).[626] Keinen Hinweis gibt es in den genannten Texten darauf, dass es sich um ein bloßes Buchstabenornament handeln könnte.

2.2.2 Die „Häkchen" in der rabbinischen Tradition

Es war wie gesagt Billerbeck, der das Augenmerk auf rabbinische Äquivalente zu κεραία gelegt hat. Er selbst führte קוֹצָה bzw. קוֹץ „Dorn", תָּגָא bzw. כֶּתֶר „Krone" und נְקוּדָה „Punkt" an. Als Belege verweist er auf die nachfolgend näher zu untersuchenden Stellen aus bMen 29b; bShab 104a und ShemR 6,1 (s.o. 2.1.1[5.]). Für den Gebrauch von נְקוּדָה nennt er als einzige Stelle yHag 2,1 77c Z. 45. Billerbeck beginnt seine Zitatenreihe mit der berühmten Geschichte über Moses Himmelsreise, die im Lehrsaal von Rabbi Aqiba endete (bMen 29b). Es empfiehlt sich darum, diese Passage, die offenbar auf die Interpretation der anderen Stellen einwirkte, ebenfalls an den Anfang zu stellen und zugleich auf den Kontext aufmerksam zu machen, in dem sie überliefert ist.

2.2.2.1 Aqiba und die Kronen der Tora (bMen 29b) – oder warum mit κεραία keine Zierstriche gemeint sind

(a) Die Ausgangsstelle bMen 29b

Dass im Traktat über das Speiseopfer über die Buchstabenformen, aus denen die Tora besteht, nachgedacht wird, ist keine Selbstverständlichkeit. Den Anlass dazu bot eine längere Einheit in mMen 3,6–4,4, die – ausgelöst durch eine Frage das Speiseopfer betreffend – eine Zusammenstellung der Gegenstände bietet, die einander in ihrer halachischen Tauglichkeit beeinflussen. In einer langen Reihe sehr verschiedener Dinge werden auch der Inhalt der *Mezuzot* und der *Tefillin*kapseln genannt. Wenn auch nur einer der beiden bzw. vier vorgeschriebenen Texte in ungültiger Form geschrieben ist, dann sind auch die übrigen Texte für die Erfüllung dieses Gebots nicht tauglich. Jeweils wiederholt wird für *Mezuzot* und *Tefillin* der Satz (mMen 3,7 bzw. bMen 28a): „Sogar ein Buchstabe hebt die Tauglichkeit auf" (אפילו כתב אחד מעכבן). In bMen 29a wird die Mischna betreffs der *Mezuzot* wiederholt und

---

[626] Das spricht auch gegen die gelegentlich vorgeschlagene Deutung, κεραία auf das hebräische *Waw* zu beziehen, da dessen Wortbedeutung wie beim griechischen Äquivalent *Haken* bzw. *Häkchen* sein kann, vgl. G. SCHWARZ, ἰῶτα ἓν ἢ μία κεραία (Matthäus 5 18), ZNW 66 (1975), 268f. Die Bedeutung würde aber nur denen einleuchten, die in beiden Sprachen zu Hause sind, zudem ist weder eine entsprechende Wendung „Jota und Waw" im Hebräischen bezeugt (im Gegensatz zu „*Yod* und Buchstabenstrich"), noch wäre dies eine besonders eindrucksvolle Wendung. Der Sinn des Parallelismus ist doch eindeutig eine Steigerung: kein Buchstabe, ja nicht einmal ein Buchstabenstrich soll vergehen. Dies drückt die griechische Wendung präzise aus und lässt sich auch für ein hebräisches Original wahrscheinlich machen.

daran schließt sich ein umfänglicher Exkurs über die Abfassung von gültigen Schriftrollen an (bis 34a, danach bis 37b über die *Tefillin*). Die Gemara fragt eingangs: „Ist das nicht offenkundig?", d.h. sie fragt nach dem Sinn dieser Bestimmung, da fehlerhafte Buchstaben auch sonst Schriftrollen untauglich machen. Eine erste Antwort darauf lautet: „Rav Jehuda (= bar Jechezqel, gest. 299, babyl. Amoräer) sagte im Namen von Rav[627]: Sie (die Bestimmung der Mischna) ist nicht nötig außer in Bezug auf das Häkchen des *Yod* (לקוצה של יוד)" – m.a.W.: die Mischna will besagen, dass beide Texte in einer *Mezuzah* schon dann halachisch untauglich sind, wenn auch nur an einem *Yod* das Häkchen fehlt. Der Gedanke dürfte sein: Selbst am kleinsten Buchstaben darf nicht einmal der kleinste Bestandteil fehlen.

Aber auch auf diese Antwort kommt der Einwand: „Aber ist nicht auch dies offenkundig?" – d.h. eine bekannte Tatsache, die nicht noch einmal halachisch geregelt werden muss? Wieder wird eine Antwort Rav Jehudas gegeben, die er im Namen Ravs überliefert: „Jeder Buchstabe (אות), der nicht an allen vier Seiten von Pergament umgeben ist, ist untauglich." Diese Bestimmung ist nötig, weil nur so ein Buchstabe eindeutig gelesen werden kann. Stößt dagegen ein Buchstabenstrich an den Rand, ist zumindest mancher Buchstabe nicht zweifelsfrei zu lesen (z.B. ein *Kaf*, dessen rechte Linie auf dem Blattrand verläuft, ist nicht von einem *Bet* zu unterscheiden, da dessen unterer Querstrich, der über die rechte Linie hinausragt, nicht mehr sichtbar wäre; ähnlich könnte ein *Dalet* mit einem *Resh* verwechselt werden, wenn am oberen Rand kein Platz mehr wäre). Außerdem sollte auf diese Weise vermieden werden, dass Buchstaben zu eng aufeinander geschrieben wurden, was ebenfalls zu Verlesungen führen kann.[628]

Nachdem also diese Frage gelöst ist, werden zwei vergleichbare Probleme diskutiert: ein *He* ist tauglich, auch wenn im Innenraum des Buchstabens ein Loch ist (weil alle graphischen Elemente davon unberührt sind und alle Striche von Pergament umgeben bleiben), aber es ist untauglich, wenn sein ירך (= „Oberschenkel" oder einfach „gerader Strich") perforiert ist. Der Grund ist auch hier denkbar einfach: es geht um die Eindeutigkeit des Buchstabens. Dies wird in einem weiteren Gesprächsgang präzisiert und dann mit einem Beispiel abgeschlossen: Agra, dem Schwiegervater von Rabbi Abba, war es geschehen, dass der „Unterschenkel" bzw. „Fuß" des *He* (im Unterschied zu den beiden voranstehenden Fällen steht statt ירך nun כרעא) in dem Wort העם aus Ex 13,3 perforiert war. Da aber noch so viel übrig war, dass der ganze Buchstabe, wenn auch verkleinert, erkennbar war, erklärt R. Abba den Text für gültig. Darauf folgt ein zweites Beispiel, bei dem es um die

---

[627] Abba Arikha, gest. 247, babyl. Amoräer der ersten Generation, der in Palästina bei Rabbi Jehuda ha-Nasi lernte und 219 nach Babylon zurückkehrte.

[628] Zum Problem der Mehrdeutigkeit von Ligaturen vgl. E. TOV, Text 205f.

Verwechslung von *Waw* und *Yod* in ויהרג aus Ex 13,15 geht, wenn die כרעא des *Waw* perforiert ist (das damit wie ein *Yod* aussieht, so dass ייהרג statt ויהרג zu lesen wäre). Die gebotene Lösung ist äußerst pragmatisch: Man nehme ein nicht zu kluges Kind und lasse es den Text lesen – liest es richtig, ist er gültig, liest es falsch, ungültig.

Nach diesen halachischen Definitionen folgt ohne Übergang die Haggada über Mose und Aqiba, vorgetragen von Rav Jehuda im Namen Ravs, wie auch schon im Eingangsteil der Gemara über das Häkchen des *Yod*. Die Motivation, sie an dieser Stelle zu bringen, ist vom geschilderten Kontext her eindeutig zu bestimmen: Nachdem *halachisch* festgelegt ist, wie wichtig jeder einzelne Buchstabe und seine Teile sind, wird nun in Form einer lehrhaften Geschichte noch einmal verdeutlicht, warum dies so wichtig ist: Weil spätere Generationen (zumindest theoretisch) aus jedem Buchstaben eine Halacha ableiten können, die dazu hilft, die Krone der Tora zu erlangen. Es geht, so meine Deutung dieser Stelle, um die *Krone der Tora* und nicht um die verzierenden *Krönchen* ihrer Buchstaben, wie fast durchweg zu dieser Stelle zu lesen ist.[629] Zwar heißt es zu Beginn dieser Erzählung, nachdem Mose in die Höhe aufgefahren ist: „Er (= Mose) fand den Heiligen, gepriesen sei er, wie er saß und Kronen *für* (nicht: *an*) die Buchstaben band (ויושב וקושר כתרים לאותיות)“. Da aber כתר *keter* nicht für die Buchstaben-Verzierungen gebraucht wird, sondern fester Begriff ist für die von Gott *den Umkehrenden* (so auch in bMen 29b im unteren Drittel der Seite[630]), *den Barmherzigen* (bShab 104a) und *den sich um die Tora Bemühenden*[631] verliehene Krone, ist es m.E.

---

[629] Vgl. schon Raschi zur Stelle und von da an fester Bestandteil aller Talmudausgaben, die Raschi mit abdrucken. Auch L. GOLDSCHMIDT, Der babylonische Talmud, Bd. 8, Haag 1933, 514 z.St. erklärt: „Od. Krönchen (תאניּן); darunter sind wol [sic] die Häkchen, die sich auf manchen Buchstaben der älteren Gesetzesrollen befinden, zu verstehen." Vgl. weiter BILL. I 248; P. LENHARDT/P. V. D. OSTEN-SACKEN, Rabbi Akiva, ANTZ 1, Berlin 1987, 323f; E. CASHDAN in der zweisprachigen Soncino-Ausgabe des Babli z. St. (London 1989): „These are the *Taggin*, i.e., three small strokes written on top of the letters שעטנזגץ in the form of a crown."

[630] In einer haggaddischen Auslegung der Buchstabenform des *He* heißt es, dass er eine „Krone" (תאנא) besitzt, weil Gott sagte: „Wenn er umkehrt, binde ich ihm [dem Umkehrenden] eine Krone". Der Wortlaut קושר לו כתר (so zu lesen, vgl. die Verbesserung in der Wilnaer Ausgabe und HS München p. 416b [Z. 3]) entspricht der Aussage über Gottes Tun in der Aqiba-Erzählung. Zur Stelle s.u. 2.2.2.2.

[631] Vgl. das rabbinische Theologumenon von den „drei Kronen" (שלשה כתרים), der des Königtums, des Priestertums und der Tora, wobei letztere allein *allen* zu erwerben offen steht, s. mAv 4,13 u. dazu ARN A 41/ARN B 48; bYoma 72b (der hier gebrauchte Begriff זיר für „Krone" ist abgeleitet aus dem bibelhebr. זר, das eine Art Zierleiste um die heiligen Geräte bezeichnet: Ex 25,11.24f u.ö.); in bBer 17a bekommen die Gerechten in der kommenden Welt „Kronen" (hier allerdings als עטרות bezeichnet). Zur Krone der Tora, die allen offensteht, vgl. außerdem SifBam § 119 (ed. Horowitz p. 144). Zu den Kronen, die Israel am Sinai empfangen hat, vgl. BILL. III 116f mit zahlreichen Belegen. Vgl. a. 4Makk 17,15 für die Krone derjenigen, die um der Tora willen zu Märtyrern wurden.

naheliegend, dass auch in der Aqiba-Erzählung von der „Krone der Tora" die Rede ist, die Gott denen bereit hält, die zu ihm bzw. zur Tora umkehren.[632] Dass diese Kronen von Gott an die Buchstaben geknüpft werden, will besagen, dass man sie nur durch die Tora erwerben kann, wofür Aqiba das beste Beispiel ist, indem er jeden Strich in der Tora auslegte und schließlich seine Liebe zur Tora mit seinem Märtyrertod besiegelte (er starb in der Erfüllung des Gebots der *Shemaʿ*-Rezitation, vgl. bBer 61b). Die Ausgangs-bitte Moses an Gott, er möge ihm den Lohn Aqibas zeigen, ist also bereits erfüllt, nur hat es Mose nicht gemerkt: Die Kronen an der Tora sind für Aqiba bestimmt! Zur vielfältigen Verwendung dieser Vorstellung im NT (verbunden mit dem Begriff στέφανος) kann u.a. auf 1Kor 9,25; Phil 4,1; 1Thess 2,19; 2Tim 4,8; 1Pt 5,4; Jak 1,12 und Apk 2,10 verwiesen werden. Die Nähe dieser Metaphorik zur jüdisch-rabbinischen ist ebenso unverkennbar wie der ent-scheidende Unterschied: Nicht die Umkehr zur oder die Beschäftigung mit der Tora qualifiziert für diese Krone, sondern der Dienst für und das Aus-harren bei Jesus.

Dass mit den „Kronen" nicht die „Krönchen" gemeint sind, lässt sich auch aus der entscheidenden Passage selbst erkennen. Als Mose Gott fragt, warum er solches tue, antwortet ihm dieser:

„Es gibt einen Mann, der wird auftreten nach dem Ablauf einiger Generationen, und Aqiba ben Josef ist sein Name, der wird aus jedem einzelnen Buchstabenstrich haufenweise Halachot erforschen (שעתיד לדרוש על כל קוץ וקוץ תילין תילין של הלכות). Er sagte vor ihm: Herr der Welt, zeige ihn mir!"

Verbunden mit den an die Buchstaben geknüpften Kronen ist dies der *locus classicus* für die populäre Vorstellung über Aqiba, der sogar noch aus den Verzierungen an den Buchstaben Berge von Halachot ableitete. Nun legt aber weder der bisherige Gebrauch von קוץ noch der unmittelbare Kontext ein solches Verständnis nahe. Dazu kommen zwei weitere Argumente, die in der Diskussion anscheinend überhaupt nicht präsent sind: *Erstens* gibt es keine Halachot, weder von Aqiba noch sonst von jemand, die aus den Verzierungen abgeleitet sind, und *zweitens* fehlt jeder Hinweis in der Entwicklung der heb-räischen Schrift, dass die Verzierungen, die man später als „Krönchen" bezeichnete, schon zur Zeit Aqibas (oder überhaupt in der tannaitischen Zeit) gebräuchlich waren.

zu 1.) Die Aqiba zugeschriebene Auslegungsmethode ist zwar durchaus an den einzelnen Buchstaben als Bedeutungsträgern orientiert, aber eine *halachi-sche* Interpretation der Buchstaben*formen* oder gar ihrer *Ornamente* ist

---

[632] Das Bild von der Krone der Gerechten ist alt, vgl. TestAbr A 17/B 13; AscJes 7,22; 8,26; 9,10.

nirgends bezeugt und darum auch an dieser Stelle wohl nicht gemeint.[633] Die *haggadische* Auslegung einzelner Buchstabenformen, die in der rabbinischen Literatur gelegentlich begegnet[634], belegt zwar eine anschauliche Predigtweise mit volkstümlichen Elementen, sie verweist aber nicht auf einen gleichsam metaphysischen Charakter der Buchstabenformen oder gar ihrer Verzierungen, als ob diese selbst Offenbarungscharakter besäßen. Die meisten zusammenhängenden Buchstaben-Deutungen verweisen sogar ausdrücklich auf *das Lehrhaus und das Lernen der Kinder*, d.h. sie besitzen eine pädagogische und dem Lernen dienende Funktion.[635] Dass es sich bei der Aqiba-Erzählung um eine Sondergutüberlieferung des Babli handelt, verweist möglicherweise darauf, dass diese Form der Buchstaben-Haggada in Babylonien besonders beliebt war, obwohl sich Elemente davon auch im Yerushalmi bzw. in palästinischen Midraschim finden.

zu 2.) Im 1. Jh. n.Chr. (und z.T. schon einige Jahrzehnte davor und noch eine unbestimmte Zeit danach) stellt die herodianische Buchschrift („Herodian book-hand") die Normschrift dar. Sie ist in einer frühen und einer späteren Fassung bezeugt. Nach Ada Yardeni nahm die Zahl der „ornamental additions" während der herodianischen Periode zu, desgleichen entstanden Buchstabengruppen mit vergleichbaren graphischen Elementen, d.h. in der

---

[633] Das gilt auch für den sehr späten Alphabet-Midrasch des R. Aqiba (Otijjot de Rabbi Aqiba), der in zwei Fassungen überliefert ist (s.o. Anm. 601) und ausschließlich haggadische Überlieferungen enthält. Zu der Auslegungsmethode Aqibas s. A. GOLDBERG, Rede und Offenbarung in der Schriftauslegung Rabbi Aqibas, FJB H. 8 (1980), 61–79 (jetzt in: DERS., Mystik und Theologie des rabbinischen Judentums, Gesammelte Studien 1, hg. v. Margarete Schlüter u. P. Schäfer, TSAJ 61, Tübingen 1997, 337–350), außerdem die Bemerkungen bei P. LENHARDT/P. V. D. OSTEN-SACKEN, Rabbi Akiva 227.318–324.

[634] Zu Ḥet und He vgl. bMen 29b (unmittelbar im Anschluss an Rabas Diktum über die sieben Buchstaben, die eine besondere Kennzeichnung brauchen); zum Yod vgl. ebd. (par. yHag 2,1 77c,57f u. unten 2.1 [die Stelle auch bei BILL. I, 247f]). Zu Bet vgl. yHag 2,1 77c,41–44 par. BerR 1,10 (ed. Theodor/Albeck p. 8). Zu He vgl. außerdem yHag 2,1 77c,55–57. Vgl. auch die nächste Anm.

[635] Die ausführlichste Interpretation des Alphabets überhaupt findet sich in bShab 104a. Sie wird eingeführt als eine Überlieferung, die die Rabbinen dem palästinischen Amoräer und berühmten Haggadisten Rabbi Jehoshua ben Levi (1. Hälfte des 3. Jh.s) erzählten und zwar ausdrücklich als etwas, was *die Kinder im Bet Midrasch von sich aus* entdeckten. Das spielerische Element ist dadurch zumindest angedeutet. Das gilt auch für die haggadische Erklärung der Finalbuchstaben der Gruppe מנצפ״ך, die ebenfalls auf eine Entdeckung durch Kinder zurückgeführt wird, vgl. yMeg 1,11 71d,32–42 (par. BerR 1,11 [ed. Theodor/Albeck p. 10]). Vgl. dazu schon A. WÜNSCHE, in: Aus Israels Lehrhallen IV (s.o. Anm. 589), 168f: „Alle diese späteren Buchstabenbetrachtungen, wie sie in dem Alphabet-Midrasch des R. 'Akiba vorliegen, und sicher das, was im babylon. Traktat Schabbat 104a über die Deutung des hebräischen Alphabets bemerkt ist, zur Voraussetzung haben, wollen aller Wahrscheinlichkeit nach *mnemotechnischen Zwecken* dienen. Die Schüler sollen gewissermassen spielend sich die Grundelemente kosmischer, metaphysischer und ethischer Anschauungen und Wahrheiten einprägen" (Hhg.R.D.). Dies wird bestätigt durch F. DORNSEIFF, Das Alphabet in Mystik und Magie, ΣΤΟΙΧΕΙΑ 7, Berlin ²1925, 17–20.136f.

Regel zusätzlichen Abstrichen, über deren Bedeutung kein eindeutiges Urteil möglich ist.[636] In manchen Fällen lässt sich vermuten, dass durch die zusätzlichen Abstriche (die sich durchaus als „Häkchen" bezeichnen lassen, da die grundlegende Buchstabenform, d.h. in erster Linie die 'langen' Striche, nicht verändert wurden) Verwechslungen zwischen ähnlichen Buchstaben eher vermieden werden konnten. *Waw* und *Yod* wurden sich allerdings in dieser Zeit ähnlicher, beide haben gelegentlich „a triangular loop to the left of their top"[637]. Mit der „post-Herodian book-hand" (ca. 70–135 n.Chr.) wird diese Entwicklung fortgeführt, ohne dass es zu einschneidenden Veränderungen kommt. Kennzeichen sind die zahlreichen zusätzlichen Abstriche, von Ada Yardeni als „ornaments" bezeichnet (182). Ob es sich um reinen Zierat handelt, ist nicht klar, da instruktive Texte fehlen.[638]

(b) Die זיונין *(„Krönchen") auf der Buchstabengruppe* שעטנז"ץ *(bMen 29b) und die Parallele in bShab 105a*
Als sicher kann aufgrund des epigraphischen Befundes gelten, dass die in bMen 29b unmittelbar im Anschluss an die Mose-Aqiba-Erzählung von Raba (bar Josef bar Chama, gest. 352, babyl. Amoräer[639]) als obligatorisch genannten „drei Krönchen(?)" (זיונין) auf den Buchstaben שעטנז"ץ in Texten aus dem 2. Jh. *nicht* nachzuweisen sind und die beiden Texte darum bei einer historischen Betrachtung auch nicht einfach miteinander kombiniert werden dürfen:

אמר רבא שבעה אותיות צריכות שלשה זיונין ואלו הן שעטנ"ז ג"ץ „Raba sagte: Sieben Buchstaben benötigen drei »Krönchen(?)«" und dies sind *Shin, Ayyin, Tet, Nun, Zayyin, Gimel* und *Zadeh.*"

---

[636] A. YARDENI, Hebrew Script 174, vgl. die Tafeln 6 (S. 175) u. 7 (S. 177), die die Entwicklung innerhalb der herodianischen Buchschrift zeigen. Erkennbar ist insbesondere die Verstärkung der kurzen Abstriche an den 'Endpositionen' einer Reihe von Buchstaben.

[637] A. YARYDENI, Hebrew Script 174, vgl. a. 178f: Zahlreiche herodianische Ossuarinschriften weisen eine von ihr als „Loop mode" bezeichnete Besonderheit auf, nach der bei vielen Buchstaben die Serifen (vertikale Abstriche) durch eine Art Dreieck oder Schlaufe ersetzt wurden. Daneben existiert seit dem frühen 1. Jh. n.Chr. eine Halbkursive („Herodian semi-cursive script"), vgl. ebd. 180f. Hier sind *Waw* und *Yod* „clearly distinguished from each other".

[638] Auch die griechische Schrift der Zeit ist von zusätzlichen waagrechten Querstrichen am Fuß der Buchstaben geprägt (sog. „Zierstil"), vgl. W. SCHUBART, Griechische Palaeographie, HAW 4. Abt., 1. Bd., 1. Hälfte, München 1925, 97ff (über die Entwicklung der „Schön-" bzw. „Buchschrift"); über die Laufzeit des „Zierstil" vom 1. Jh. n.Chr. bis zum Ende des 1. Jh. n.Chr. s. ebd. 111–114. So weit ich sehe wurden diese ornamentierenden Striche nicht als κεραία bezeichnet.

[639] Raba ist über 6000 Mal im babylonischen Talmud genannt und gehört zu seinen einflussreichsten Lehrern. Er ist stark an palästinischen Traditionen interessiert, vgl. G. STEMBERGER, Einleitung 101.202.

Der kurze Text, der im vorliegenden Kontext von bMen 29b ohne erkennbare Verbindung ist (weder wird die von ihm gebrauchte Terminologie davor oder danach aufgenommen, noch spielt die genannte Buchstabengruppe in der Diskussion eine Rolle, und auch der Urheber der Bestimmung, Raba, taucht nur hier auf[640]), wurde dennoch vielfach zur Erklärung der Aqiba-Stelle herangezogen. Und das, obwohl die Bedeutung des entscheidenden Begriffs זיון eher rätselhaft ist. Die Auskunft in den Wörterbüchern zeigt dies deutlich, indem einfach die traditionelle Interpretation auf die Buchstabenverzierung als Wortbedeutung angegeben wird.[641] Als Belege nennen Levy und Jastrow allerdings lediglich bMen 29b für das hebräische und bShab 105a für das aramäische Äquivalent (זיונא).

Ausgangspunkt für die zweite Stelle ist das Verbot, am Sabbat zwei (oder mehr) Buchstaben zu schreiben (mShab 12,3–6). Zwei konkurrierende Meinungen, die sich aus mShab 12,4f ergeben, werden einander gegenübergestellt: Einer, der versehentlich in *einem* Moment der Unachtsamkeit zwei Buchstaben schreibt, ist schuldig (12,4), aber einer, der ein *Het* schreiben wollte, aber versehentlich zwei *Zayyin* schreibt, ist unschuldig (12,5):

„Es wird gelehrt: Wenn jemand beabsichtigt, einen Buchstaben zu schreiben, aber es stiegen zwei in seine Hand (d.h. er schrieb versehentlich zwei): er ist schuldig. Aber wir haben (auch) gelernt: er ist (im Falle eines beabsichtigten *Het*, das versehentlich zu zwei *Zayyin* wurde) unschuldig!? (Antwort:) Das ist kein Widerspruch: der eine (Buchstabe) braucht ‚Krönchen‘ (זיונין), der andere braucht keine ‚Krönchen‘."

---

[640] Er wird in 28a und dann wieder in 32b zitiert, aber nur dieses eine Mal im unmittelbaren Zusammenhang der Einheit über die Buchstaben.

[641] זיונין, abgeleitet von dem Verb זין bzw. זָיֵן „rüsten", „bewaffnen", wird als „Rüsten" bzw. „in den Krieg ziehen" (G. DALMAN, Handwörterbuch s.v., J. LEVY, Wörterbuch über die Talmudim und Midraschim I 529: abgeleitet von זין „Waffe, eig. wohl: Schmuck", d.h. die den freien Mann schmückende Kriegsbewaffnung, vgl. bBB 4a) übersetzt, außerdem findet sich – neben „Verwaltung" – in den Wörterbüchern auch die hier vorausgesetzte Bedeutung: „das Versehen einiger Buchstaben der Schrift mit Strichen, Sain's, welche die Krönchen derselben bilden; eine Art kalligraphischer Verzierung" (LEVY ebd., der offenbar eine mögliche Ableitung von dem Buchstabennamen זין in Erwägung zieht, wenn er für das Verb als weitere Bedeutung neben „bewaffnen" vorschlägt: „ein Sain bilden, d.h. die Köpfe einiger Buchstaben in der Gesetzrolle mit Sain ähnlichen Strichen versehen"), „Krönchen auf die Buchstaben setzen" (Dalman) bzw. „the decoration of letters with crownlets" (M. JASTROW, Dictionary s.v.); S. KRAUSS, Talmudische Archäologie III, GGJ, Leipzig 1912 (Ndr. Hildesheim 1966), 301 Anm. 22 geht für die Interpretation des seltenen Wortes von einer Grundbedeutung „Bewaffnung" aus, und sieht darin – ausgehend von der Tatsache, dass das Wort in bMen 29b im Zusammenhang (der allerdings nur redaktionell ist) mit קוץ „Dorn" steht – eine Art Spieß bezeichnet, „und drei solcher »Spieße« oder Striche ergeben den verlangten Buchstabenschmuck". Es zeigt sich aber auch in dieser Auslegung in erster Linie der Versuch, das schwer verständliche Wort mit der späteren Tradition zu harmonisieren. Als Beispiel für den in diesen Erklärungen vorausgesetzten späten Schrifttyp vgl. A. YARDENI, Hebrew Script Tf. 44 (S. 269).

Das heißt, weil erst die zusätzlichen Abstriche, die das *Zayyin* nach b*Men* 29b benötigt, die versehentlich entstandenen *Zayyin* komplettieren würden und diese Zusatzarbeit – so ist vorausgesetzt – nicht „aus Versehen" geschieht, gilt in diesem Fall die Unschuldsannahme (weil nichts dafür spricht, dass der Schreibende doch zwei Buchstaben schreiben wollte, und die beiden *Zayyin* auch noch nicht 'fertig' sind, also auch keine komplettierende Arbeit vorliegt).[642]

Unmittelbar davor, am Ende von bShab 104b, war gefragt worden, wie es kommt, dass man zwar schuldfrei ist, wenn man einen Buchstaben schreibt, aber schuldig wird, wenn man nur einen Buchstaben korrigiert. Als Antwort erklärt Rabbi Sheshet (babyl. Amoräer der 3. Generation), dass die Umstände darüber entscheiden, ob die Korrektur eines Buchstabens zur Verschuldung führt. Dies ist – zumindest verstehe ich den Text so – etwa dann der Fall, wenn *ein* Buchstabe so korrigiert wird, dass daraus *zwei* entstehen; genannt ist als Beispiel, dass einer das „Dach" (גג) eines *Ḥet* ausradierte und daraus zwei *Zayyin* entstanden.[643] Dagegen bleibt unschuldig[644], wer durch das Wegradieren der „Krone" (תגא) eines *Dalet* dieses in ein *Resh* korrigierte, da in diesem Fall nur *ein* Buchstabe neu geschrieben wurde (so Raba).

Zwar nimmt Ada Yardeni aufgrund der rabbinischen Überlieferung (wobei sie allerdings das Diktum Rabas mit dem unmittelbar davor stehenden über Rabbi Aqiba verbindet) an, dass die in b*Men* vorausgesetzte Buchstabenform mit den „Krönchen" über den genannten sieben Buchstaben die korrekte Schreibweise zwischen dem 2. und 4. Jh. darstellt. Das älteste Schriftdokument jedoch, das sie damit in Verbindung bringen kann, ist eine Genesis-Rolle aus der Kairoer Geniza aus dem 7./8. Jh. (T-S NS 3.21), geschrieben in der „»Eastern« biblical book-hand of the 7th or 8th century". Diese Handschrift weist als erste bei allen von Raba genannten Buchstaben deutlich am äußersten linken Längsstrich des Buchstabens (bzw. beim Längsstrich überhaupt, wenn es nur einen gibt) einen kleinen Winkel auf, der nach oben

---

[642] Bei dieser auf das *Zayyin* eingegrenzten Erklärung wird demnach die Kennzeichnung des *Zayyin*, wie sie b*Men* 29b vorschreibt, als bekannt vorausgesetzt; interpretiert man den Fall in einem allgemeineren Sinn, geht es grundsätzlich um die *Vervollständigung der Buchstaben* durch zusätzliche kleine Striche oder Häkchen.

[643] Hier fehlt jeder Hinweis auf die „Krönchen", aber das hängt möglicherweise mit der Entstehungszeit zusammen. Wie leicht durch das Entfernen des Querbalkens aus einem *Ḥet* zwei *Zayyin* werden können, demonstriert die Semi-Kursive aus Dura-Europos aus dem späten 2. oder frühen 3. Jh. (A. YARDENI, Hebrew Script 193). In der weiteren Schriftentwicklung wird das *Zayyin* ausgeprägter und dadurch weniger verwechslungsanfällig.

[644] Anders Raschi z.St., wonach jemand auch durch die Korrektur nur eines Buchstabens in einen anderen schuldig wird. Vorausgesetzt ist dabei allerdings, dass dies sozusagen die abschließende und letzte Korrektur ist, wodurch die Schriftrolle fertig wird. Die Herstellung eines fertigen Endprodukts ist jedoch am Sabbat verboten.

hin geöffnet ist: „This ornament was sometimes shaped like a small cross."[645]
Die Vergleichstafel auf S. 213 (fig. 206) zeigt die Entwicklung dieser Buchstabengruppe vom Habakuk-Pesher aus Qumran (um 50 v.Chr.) bis ins 9. Jh.
Daraus geht hervor, dass Ansätze zu einem solchen Winkel *bei einem Teil*
dieser Gruppe erstmals bei den Genesis-Fragmenten aus dem Wadi Murabba'at (Ende 1./Anfang 2. Jh.) nachweisbar sind. Bei den anderen Buchstaben
der Gruppe ist für diese Zeit lediglich ein nach unten weisender Abstrich auf
dem (falls zwei: linken) Längsstrich zu beobachten. Aber auch an anderen
Buchstaben, die nicht zur genannten Gruppe gehören, gibt es zusätzliche
Abstriche nach rechts. Die Inschriften auf Mosaikfußböden in Synagogen (Tf.
18, S. 201; 6. Jh.) und den „Incantation Bowls" (Tf. 21, S. 207) weisen bei
einem Teil der Buchstaben ebenfalls eine deutliche Profilierung des (linken)
Längsstriches auf.

Was mit den „drei זיוני" gemeint sein *könnte*, illustriert am deutlichsten die
Mosaikinschrift von Reḥov, bei der der oberste rechteckige oder quadratische
Stein des Längsstrichs bei den Buchstaben *Zayyin, Tet, Nun* (die alle zur
Siebener-Gruppe gehören) von drei dreieckigen Steinchen flankiert ist, die an
eine Krone denken lassen. Allerdings gilt auch hier, dass die übrigen vier
Buchstaben der Siebener-Gruppe diese Art der Bekrönung nicht besitzen,
sondern davon abweichende „ornamental additions", die zudem auch an anderen Buchstaben vorkommen.[646]

c) Zusammenfassung

Vom vorhandenen Buchstabenbestand her gibt es also keinen Grund, in den
von Rabbi Aqiba ausgelegten „Häkchen" (קוצים) etwas anderes zu sehen als
die die Buchstaben charakterisierenden Abstriche, sofern damit nicht überhaupt nur die einzelnen Striche gemeint sind, aus denen sich ein Buchstabe
graphisch zusammensetzte. Dass damit die späteren dreizackigen „Kronen"
auf der Buchstabengruppe שעטנז ג"ץ gemeint waren, ist – immer unter der
freilich erst zu beweisenden Annahme, dass es sich bei der Überlieferung über
Aqiba, überhaupt um eine zutreffende Information über den 'historischen'
Aqiba handelt – m.E. völlig zu verwerfen.[647] Der Sinn dieser Aussage ist also,

---

[645] A. YARDENI, Hebrew Script 210, vgl. Tafel 22 (S. 211).

[646] A. YARDENI, Hebrew Script 138 (fig. 164) u. 201 (Tf. 18). Die weitere Entwicklung
zeigt, dass es vorwiegend die aschkenasische Tradition war, in der die »Krönchen« gepflegt
wurden (und über Raschi auch Eingang in zahlreiche Erklärungen der genannten Stellen
fanden), während die mittelalterlichen sephardischen Handschriften keine diesbezügliche
Auffälligkeit zeigen. In der Neuzeit haben sich beide Traditionen angenähert, vgl. YARDENI,
ebd. 215–271.

[647] Vgl. auch A. YARDENI, Hebrew Script 212: „The interpreters of the Talmud in later
periods were responsible for the creation of the forms of the ornaments appearing in modern
Torah scrolls, *which do not resemble the ancient forms*" (Hhg.R.D.).

dass Aqiba in seiner halachischen Exegese jedes *Wort* der Tora bis hin zum einzelnen *Buchstaben* (auf deren Unterscheidung die קוֹצִים verweisen) genau genommen hat, weil nichts davon ohne Bedeutung ist.

Für dieses Verständnis spricht nicht zuletzt auch die Perikopenfolge in bMen, denn auch in der Fortsetzung der Diskussion geht es lediglich darum, dass *die Buchstaben der Tora korrekt und eindeutig geschrieben werden*, jedoch nicht um irgendwelche Verzierungen. Unmittelbar nach Rabas Diktum berichtet nämlich Rabbi Ashi, wie er bei „den sorgfältigsten Schreibern" gesehen habe, dass sie „das Dach des *Ḥet* mit einem vertikalen Strich versahen" (wobei die Wortbedeutung des hierfür gebrauchten Verbs חטר nicht sicher ist) und „das Bein (כרעא) des *He* hängen lassen" (gemeint ist wohl, einen Zwischenraum zwischen linkem Längsstrich und oberem Querstrich lassen, um das *He* eindeutig vom *Ḥet* unterscheiden zu können). Erklärt werden diese Besonderheiten jedoch mit haggadischen Interpretationen.[648] Die weitere Fortsetzung des Textes befasst sich mit der Tauglichkeit einer *Mezuza*-Rolle bei fehlenden oder zu viel geschriebenen Buchstaben bzw. bei anderen Mängeln. Das Thema der Tauglichkeit einzelner Buchstaben ist mit dem Dargestellten abgehandelt.

Dabei hat sich gezeigt: קוֹץ bzw. כרעא werden häufig genannt, um einen kurzen bzw. längeren Buchstabenstrich zu bezeichnen, der jedoch immer Teil des Buchstabens selbst ist. Mit תאגא „Krone" wird zweimal ein weiterer Buchstabenbestandteil benannt, der entweder das *Dalet* vom *Resh* unterscheidet oder für das *He* (wohl: im Unterschied zum *Ḥet*) charakteristisch ist. In beiden Fällen kann es sich *nicht* um die als זיונין bezeichneten „Krönchen" handeln (wie Billerbecks Darstellung nahelegt), die das rätselhafte Diktum Rabas für eine Gruppe von sieben Buchstaben vorschreibt, da weder das *Dalet* noch des *He* zu dieser Gruppe gehören.[649] Mit Ausnahme des Raba-Diktums betreffen alle anderen, halachisch bzw. haggadisch angesprochenen Fälle die Buchstaben *Yod* und *Waw*, *He* und *Ḥet* sowie *Resh* und *Dalet*, und d.h. *eindeutig solche Buchstaben, bei denen wegen der graphischen Nähe Verwechslungsgefahr bestand.*[650] Dazu kommt aus der herangezogenen Parallele bShab 105a das besondere Problem der Verwechslung von *Ḥet* und

---

[648] Der vertikale Strich des *Ḥet* verweise auf den Ort des „Lebendigen" (חי) im Himmel. Zur Erklärung des *Yod* s.o. 2.1.3, zum *He* s.u. 2.2.2.2. Der Sinn dieser Haggadot ist m.E., diese Schreibweise durch solche pädagogisch-erbaulichen Erläuterungen zu fördern, d.h. zu normieren.

[649] Es spricht m.E. viel dafür, das Diktum Rabas als ein völlig isoliertes Traditionsstück zu betrachten, von dem schon die Talmudredaktoren nicht mehr wussten, was es besagte. Durch die Locierung in den Kontext von bMen gaben sie zu verstehen, dass sie darunter *eine Anweisung für das korrekte Schreiben bzw. Lesen* sahen. Fraglich bleibt allerdings, warum gerade diese sieben Buchstaben genannt werden, die eben in ihrer Mehrheit nicht zu den schwierig zu lesenden bzw. zu unterscheidenden gehören. Es ist jedenfalls methodisch nicht ratsam, das rätselhafteste und isolierteste Diktum des gesamten Abschnitts als Kriterium zu nehmen, nach dem die übrigen Aussagen interpretiert werden. Es ist die Wirkungsgeschichte dieses Wortes in der aschkenasischen Tradition, die hier den Blick verstellt.

[650] Das wird unterstrichen durch die Analyse der Qumranbibeltexte, vgl. E. Tov, Text 201–205.

Zayyin durch eine zu enge Buchstabenfolge. Einzig hier war ein Bezug auf die ornamentalen „Krönchen" beim *Zayyin* denkbar, die jedoch als זיונא und nicht als „Kronen" bezeichnet wurden. Von diesem Befund, der auch durch die graphische Entwicklung der Schrift gestützt wird, ist darum auch für das Verständnis von Mt 5,18 auszugehen.

Auch die nachfolgende Überprüfung der übrigen von Billerbeck neben קוֹצָה bzw. קוֹץ in die Diskussion eingebrachten Begriffe תָּגָא bzw. כֶּתֶר „Krone" und נְקוּדָה „Punkt" bestätigt dieses Ergebnis.

2.2.2.2 κεραία als Äquivalent von תָּגָא in dessen Funktion als Synonym für כֶּתֶר „Krone"?

Die bereits erwähnte haggadische Auslegung der graphischen Gestalt des *He* in bMeg 29b (s.o. Anm. 630) kann mit ihren Parallelen als Ausgangspunkt dafür dienen, um die durchweg in Bezug auf Buchstaben *unspezifische Verwendung* der von Billerbeck genannten Begriffe zu verdeutlichen. Ziel der nachfolgenden Bemerkungen ist es zu zeigen, dass תאגא (bzw. תגא) *kein* Synonym für die verzierenden „Krönchen" darstellt, die von Raba in bMen 29b als זיונין bezeichnet und für eine bestimmte Buchstabengruppe verpflichtend gemacht worden waren. Stattdessen wird erkennbar, dass auch תאגא (und das diesbezüglich seltenere נקודה) nichts anderes meint als die kleinen Abstriche oder überstehenden Elemente in Bezug auf das Buchstabenskelett.

In bMen 29b wurde (zum Kontext s.o.), nachdem erklärt worden war, dass diese Welt durch *He* und die zukünftige durch *Yod* geschaffen ist, gefragt, warum dies so sei. Eine Antwort, die aber erst folgt, nachdem durch eine exegetische Ableitung die Frage entschieden ist, verweist dazu auf die *Form* der beiden Buchstaben. Meines Erachtens ist dies am ehesten als eine mnemotechnische Stütze anzusehen. Demnach ist die bestehende Welt durch das *He* erschaffen worden,

„weil es einer Exedra ähnlich sieht: jeder, der hinausgehen will, geht hinaus. Was ist der Grund, dass (das linke) Bein (des *He*) hängt (oder: aufgehängt ist)? (Um anzuzeigen:) Dass wenn einer umkehrt in Buße (die Tür offen ist). Warum treten sie nicht wieder hinein (in der Weise, wie sie herausgingen)? Wie (soll das gehen), (wenn ihnen) nicht geholfen wird? [Darum die zusätzliche Öffnung beim *He*].[651] (...) Und was ist der Grund, dass das *He* eine

---

[651] Aus dem zitierten Text geht hervor, dass das *He* mit einem Zwischenraum zwischen dem linken „Fuss" und dem horizontalen Querstrich („Dach") vorgestellt ist (in der Parallele BerR 12,10 [ed. Theodor/Albeck p. 109,3] als חלון „Fenster" bezeichnet). Die vorausgesetzte Schreibweise ist erst relativ spät bezeugt, die Schrifttafeln bei ADA YARDENI zeigen, dass im 1. Jh. die geschlossene Schreibung noch allgemein üblich war. Ohne eine solche Lücke auf der linken Seite präsentieren sich die „Herodian book-hand" (Tf. 6, S. 175), die auf den Masada-Ostraka gebrauchte Schrift (Abb. 188, S. 176), die „late Herodian" und die „post-Herodian book-hand" (Tf. 7, S. 177 bzw. Tf. 10, S. 183), sowie die auf den Ossuaren der herodianischen Zeit gebrauchte Schrift (Tf. 8, S. 179). Einzig in den seit dem 1. Jh. begeg-

‚Krone' (תאגא) hat? Der Heilige, gepriesen sei er, sagte: Wenn er dahin zurückkehrt, flechte ich ihm (d.h. dem Umkehrenden) eine Krone (zu lesen ist כתר „Krone" statt קשר „Knoten")."

Eine verkürzte Parallele dazu findet sich in yHag 2,1 77c, ebenfalls im Kontext der oben 2.1.3 zitierten Überlieferung, dass durch *He* und *Yod* die beiden Welten erschaffen worden sind. Hier heißt es über das *He* (Z. 55–57):

„Weshalb ist das *He* nach unten hin offen? Das ist ein Hinweis für alle, die in die Welt kommen, dass sie (einst) in die Unterwelt hinabsteigen (müssen). Weshalb hat das *He* einen Punkt (נקודה) oben? (Antwort:) Nachdem sie hinabgestiegen sind, steigen sie (auch wieder) hinauf. Warum ist das *He* nach jeder Seite offen? So ist eine Öffnung offen für alle Umkehrenden (לכל בעלי תשובה)."

Es liegt nahe, in der נקודה von yHag (und in der Parallele PesR 21 § 55) dasselbe Buchstabenelement zu sehen, das bMen als תאגא bezeichnet. Dass damit mehr gemeint ist als ein oberer vertikaler Abstrich am linken Buchstabenrand bzw. die Verlängerung des oberen Querstriches über den linken Fuß hinaus (oft der einzige erkennbare Unterschied zwischen *He* und *Het*), ist angesichts des überlieferten Buchstabenbestandes unwahrscheinlich.[652]

---

nenden Kursivschriften ist die „Lücke" in einigen Schriftstilen nachweisbar (vgl. Tf. 9, S. 181; Tf. 12, S. 187; Tf. 14, S. 193, wobei die Belege in Tf. 9 u. 12 beide Formen aufweisen; ohne »Lücke« Tf. 11, S. 185; Tf. 13, S. 191). Bei den Inschriften aus Bet Shearim in Galiläa ist die Lücke ebenfalls noch nicht vorausgesetzt (Tf. 15, S. 195). Daneben entwickelte sich jedoch eine „book-hand", die zwischen dem 3. und 6. Jh. vor allem auf Papyri bezeugt ist, die eindeutig den linken Längsstrich des *He* von seinem „Dach" absetzt (Tf. 17, S. 199).

[652] Dafür spricht auch die Parallelüberlieferung in BerR 12,10 (ed. Theodor/Albeck p. 109,3), wo gefragt wird, warum das *He* einen „Dorn" (עוקץ) oben habe. Mit dem Wort werden sonst echte Dornen und Stacheln (etwa von Skorpionen) bezeichnet, außerdem ist es der Fachbegriff für die Stile an Früchten (vgl. den gleichnamigen Traktat עוקצים/„Stile"). Nach J. LEVY, Wörterbuch über die Talmudim und Midraschim III 686f: „der Stiel (sic), Stachel, Spitze, überh. der untere Theil eines Gegenstandes", vgl. ebd. 687 s.v. עוקצא bzw. עוקצא (aram.) „Stachel, Spitze, unterer Theil eines Gegenstandes". Der Begriff verweist demnach lediglich übertragen auf den *spitz zulaufenden Strich, der über die Buchstabenkontur hinaus ragt* und ist in dieser Bedeutung eher selten, vgl. noch BerR 1,10 (ed. Theodor/Albeck p. 9) in einem Abschnitt, der Belege dafür nennt, warum die Welt durch das *Bet* erschaffen wurde. Eine Antwort lautet: Weil das *Bet* „zwei Stacheln (עוקצים) hat, einen nach oben und einen nach hinten. Man fragte es (= das *Bet*): Wer hat dich erschaffen? Und es zeigt ihnen seinen Stachel, der nach oben weist, und sagt: der, der oben ist, hat mich erschaffen. Und was ist sein Name? Und es zeigt ihnen mit dem Stachel, der hinter ihm ist: J"J ist sein Name (das *Bet* verweist auf das voranstehende *Alef*, das als אחד auf den *einen* Gott verweist)." In WaR 19,2 (ed. Margulies p. 421, App. zu Z. 4) ergänzt Handschrift München 117 in der Aussage: „und ein *Yod* von dir wird in Ewigkeit nicht vergehen" durch: „und ein *Yod und ein Strich* ... (אחד ועוקצה)". Gemeint ist damit: weder ein Buchstabe noch ein Teil davon kann aus der Tora herausgenommen werden. Aus allen Belegen geht hervor, dass mit עוקץ ganz offensichtlich in erster Linie die über die Hauptlinie des Buchstabens hinausragenden kurzen „Spitzen" gemeint sind, aber keine rein ornamental zu verstehenden „Krönchen".

Mit etwas Phantasie (die bei dieser Form der Buchstabendeutung überhaupt das entscheidende Element ist) lässt sich in diesem Abstrich bzw. der
dadurch gebildeten vorspringenden Ecke, die in yHag noch sehr unpoetisch
als Punkt bezeichnet wurde, auch eine „Krone" sehen.[653] Gemeint ist aber zunächst nur eine „Spitze" oder „Zacke". Der Gebrauch von תאגא bzw. תגא spiegelt jedenfalls keinen festen, gar technischen Sprachgebrauch wider, sondern
ist eher eine ad hoc-Formulierung für ein schwierig zu benennendes graphisches Element, das synonym auch mit עוקץ‎, קוץ oder נקודה bezeichnet werden
kann. Das Wort תג(א)א ist zudem selten[654] und die unspezifische Verwendung
als Buchstabenbestandteil widerrät allen Versuchen, darin ein klar definiertes
ornamentales Element zu sehen, wie es die Wörterbücher im Sinne der
„Krönchen" tun, indem sie spätere Verhältnisse eintragen, die sich aus den
Texten selbst nicht ergeben.[655]

*Folgende Stellen als Bezeichnung für Buchstabenelemente können ergänzend genannt
werden*: In dem Buchstaben-Midrasch des ganzen Alphabets bShab 104a wird gefragt, warum
sich der תגא des *Qof* zum *Resh* hinneigt (in der Stellung des Alphabets). Dahinter steht die
Deutung des *Qof* auf קדוש und des *Resh* auf רשע. Warum also neigt sich „der Heilige" mit
einer „Krone(?)" zum „Frevler"? Antwort: Weil er ihm eine Krone (קושר לו כתר) windet,
wenn er in Buße umkehrt.[656] Nicht eindeutig ist, welches graphische Element hier mit תגא

---

[653] Wie bei der Aqiba-Erzählung ist die Krone (in beiden Fällen als כתר bezeichnet) der
Lohn Gottes! Er wird dem gewährt, der umkehrt (sich also durch die Form des Buchstabens
He zur Umkehr ermahnen lässt), bzw. dem, der wie Aqiba bis hin zum einzelnen Buchstaben
die Tora zu verstehen und zu deuten sich bemüht. Die Buchstaben selbst haben also keine
Kronen, aber sie können dazu verhelfen, die Krone, die Gott als Lohn verheißt, zu erlangen.

[654] Der uneigentliche Gebrauch für Herrscherkronen ist in bGitt 57a u. bMeg 6b sowie
den Targumim bezeugt (vgl. TgEst II 2,17.19; TgHld 3,11; Plural: TgEst 1,3); übertragen
verwandt in bSan 105a („die Frechheit ist eine Herrschaft ohne Krone"), mAv 1,13: die
„Krone (der Gelehrsamkeit)" und bMen 29b für den den Tätern der Tora verheißenen Lohn
(s.o. bei Anm. 629 meine Auslegung der Stelle). Selbst in dem späten außerkanonischen
Traktat *Soferim* ist es nur das *Bet* in בראשית (Gen 1,1), das mit vier תגין zu versehen ist. Hier
könnte die mittelalterliche Bedeutung von Buchstabenkrönchen vorausgesetzt sein (9,1).
Außerdem muss der Buchstabe *Bet* (oder alle, die Handschriftenüberlieferung ist hier nicht
einheitlich) in dem Wort בראשית größer geschrieben werden als alle übrigen, weil in ihm die
Welt erschaffen wurde. Es werden in Soferim Kap. 9 zwar eine Reihe weiterer Buchstaben
genannt, die größer oder kleiner geschrieben werden müssen, aber ansonsten findet sich im
ganzen Traktat noch kein Hinweis auf eine Ornamentierung der Buchstaben!

[655] Vgl. J. LEVY, Chaldäisches Wörterbuch II 528 s.v. תגא, der als Bedeutung für den
einzigen genannten Beleg aus bMen 29b angibt: „kronenähnliche[] Striche[] über den Buchstaben", vgl. DERS., Wörterbuch über die Talmudim und Midraschim IV 626: „Strichelchen
über den Buchstaben" (zu bMen 29b u. bSan 104a); G. DALMAN, Handwörterbuch 438:
„Verzierung auf Buchstaben"; M. JASTROW, Dictionary 1646: „crownlet on letters". Dagegen
übersetzt H. Freedman in bShab 104b תגא kontextgemäß mit „the projection of a *daleth*"
(Hebrew-English Edition of the Babylonion Talmud: Shabbath, London u.a. [The Soncino
Press], 1987).

[656] Acht Zeilen weiter oben ist die Buchstabenfolge von *Zayyin* bis *Lamed* so interpretiert
worden, dass jeder Buchstabe eine Wohltat vertritt (die mit der Ausnahme des *Tet* immer mit

gemeint ist: das *Qof* weist zu keiner Zeit einen zusätzlichen Abstrich auf, jedoch ist seit der frühen hasmonäischen Buchschrift der nach rechts geschwungene Bogen an seinem linken Anfang in der Regel stark gekrümmt, so dass sich für die gesamte Bogenlinie ein (allerdings sehr ungleich proportioniertes) „S" ergibt.[657] Diese kleine obere „Schlaufe", deren Öffnung nach rechts weist, kann am ehesten als „Krone" bezeichnet werden.[658] In solchen haggadischen Auslegungen mag der Weg dafür bereitet worden sein, in den markierenden (und teilweise wohl auch ornamentalen) zusätzlichen Abstrichen einzelner Buchstaben „Kronen" für diejenigen zu sehen, die Gottes Willen tun oder sein Wohlgefallen finden. Daraus kann dann auch der Wunsch erwachsen sein, sie mit „Kronen" zu schreiben bzw. die so bezeichneten Elemente noch zu verstärken. Andererseits wird in bShab 104b aus einem *Dalet* ein *Resh*, wenn man den תגא des *Dalet* wegnimmt (s.o. 2.2.2.1[b]).[659] Gemeint ist damit ohne Zweifel die Verlängerung des vertikalen Längsstriches über den oberen Querstrich hinaus (im Unterschied zum *Resh*, das als eine durchgehende Linie geschrieben wurde) oder der kleine zusätzliche Abstrich, der im 1. und 2. Jh. n.Chr. bei einer Reihe von Texten bezeugt ist.[660] Im ursprünglichen Sinn dürfte תגא so gebraucht worden sein: ein kleines, über die Hauptlinie des Buchstabens hinausragendes graphisches Element, das sich bei passender Gelegenheit erbaulich auslegen ließ.

Dass bei allen geschilderten Stellen kein dreistrichiges „Krönchen" in der von Raba bMen 29b geforderten Weise gemeint sein kann, geht ferner eindeutig aus dem Diktum Rabas selbst hervor: Weder *He* noch *Dalet* oder *Qof*, also die Buchstaben, von denen die erhaltene Literatur einen תגא bezeugt, gehören zu der Buchstabengruppe שעטנ"ז ג"ץ, die drei זיינין brauchen.[661]

Zusammenfassung: Wie ist abschließend das Verhältnis von תגא zu כתר zu bestimmen? Meines Erachtens so, dass mit כתר und Synonymen (s.o. 2.2.2.2) immer der von Gott bereitgehaltene Lohn gemeint ist, der dem winkt, der nach der Tora lebt oder zu ihr umkehrt. Die *Taggin* sind dagegen Buchstaben-

---

dem jeweiligen Buchstaben anfängt), die Gott denen gewährt, die Almosen geben. Das *Kaf* steht dabei für die Krone in der kommenden Welt, die Gott denselben binden wird (וקושר לך כתר לעוה"ב). Die Buchstaben*form* spielt in der genannten Reihe keine Rolle.

[657] Vgl. das *Qof* in den Schrifttafeln 4 (S. 171). 5 (S. 173). 6 (S. 175). 7 (S. 177). 17 (S. 199). 22 (S. 211) bei A. YARDENI, Hebrew Script.

[658] Dazu kommt, dass wie für das *He* (s.o.) auch hier die 'Lücke' zwischen dem Längsstrich des *Qof* und seinem Bogen auf Gottes Angebot zur Buße gedeutet wird.

[659] In bShab 104a ist bei der Interpretation des *Dalet* im Rahmen des *Alefbet*-Midrasch von einer „Krone" dagegen überhaupt nicht die Rede; man nahm dieses Motiv also sehr beliebig auf.

[660] Vgl. die Beispiele bei A. YARDENI, Hebrew Script Tf. 7 (S. 177) u. Tf. 10 (S. 183).

[661] Wie wenig aussagekräftig Rabas Diktum ist, zeigt auch der sehr späte (in der Literatur wird kein Datum genannt) Midrasch des R. Aqiba über das Alfabet (hebr. Text: Bet ha-Midrasch V, 31–33, Einl. ebd. XIVf; dt. Übers. bei A. WÜNSCHE, Aus Israels Lehrhallen IV [s.o. Anm. 601] 270–274). Es handelt sich um eine alphabetisch geordnete Liste, in der angegeben wird, welche Buchstaben welche Verzierung brauchen. Die זיינין werden dabei am häufigsten genannt. Die einzelnen Buchstaben haben zwischen ein und fünf solcher „Spieße", manche können entweder drei, vier oder fünf haben (ohne dass erkennbar wäre, wann wieviele zu schreiben sind). Die Buchstabengruppe, der in diesem Text drei „Spieße" zugewiesen werden, stimmt mit der aus bMen 29b *nicht* überein.

bestandteile ähnlich den קוֹצִים sowie den „Beinen", „Gesichtern" und „Dächern" der Buchstaben, die sich aufgrund der Grundbedeutung von תגא als „Krone" (s.o. S. 327f) besonders als (erbaulicher) Verweis auf die mit der Tora zu erwerbenden „Kronen" eigneten. Zu betonen ist dabei, dass תגא so gebraucht werden *konnte*, dies aber nicht notwendig der Fall sein musste. Wenn in bShab 104b vom Ausradieren der תגא des *Dalet* die Rede ist, und daraus ein *Resh* entsteht, dann ist eindeutig nur ein Buchstabenbestandteil ohne jede symbolische Funktion gemeint. Eine vergleichbare Aussage über כתר als Buchstabenbestandteil gibt es m.W. jedoch nicht.

2.2.3 κεραία *und* כרעא: *Eine abschließende Vermutung*

Für das Verständnis von Mt 5,18 sind die erwähnten Stellen bMen 29b und Parallelen möglicherweise noch in einer weiteren Weise wichtig. Das frei hängende „Bein" des *He* wird mit dem aramäischen Wort כַּרְעָא[662] (Plural כַּרְעָיָּא)[663] bezeichnet. Der Lautwert dieses Wortes ähnelt damit dem griechischen κεραία in Mt 5,18, auch wenn man nach der üblichen Transkription der hebräischen Buchstaben ins Griechische eher ein X (Chi) als Anfangsbuchstaben erwarten würde.[664] Da auch ἰῶτα eine lautliche Angleichung an יוֹד

---

[662] So die Vokalisierung bei DALMAN; LEVY und JASTROW vokalisieren dagegen כְּרָעָא. Das hebräische Äquivalent כְּרָע „Schenkel", „Unterschenkel", „Fuß", „Bein" (aber nie für Buchstabenbestandteile bezeugt) hat als Plural כְּרָעִים.

[663] Als „Fuss" der Buchstaben *Gimel* und *Qof* bzw. als der Querstrich des *Dalet*, der sich zum *Gimel* hinneigt (d.h. der kleine, rechts über den Längsstrich hinausragende Strich), auch in bShab 104a. Insbesondere die Benennung des horizontalen Querstriches des *Dalet* als כרעא lässt die Vermutung zu, dass damit in einem allgemeinen Sinn die Striche gemeint sind, aus denen ein Buchstabe zusammengesetzt ist (bzw. die einzelnen Striche, die nötig sind, um den Buchstaben zu schreiben). Dass sich darin keine festgelegte Terminologie widerspiegelt, sondern eher Versuche einer bildhaft-konkreten Umschreibung, zeigen vergleichbare Stellen, an denen andere Bezeichnungen gewählt wurden. Am Ende von bMen 29a ist der linke Längsstrich des *He* als יֶרֶךְ („Oberschenkel") bezeichnet. Zu Beginn von 29b wird ein darauf bezogenes Ereignis erzählt. Statt vom יֶרֶךְ ist dabei vom כרעא des *He* (und in einem zweiten Fall vom *Waw*) die Rede, die Begriffe erscheinen also austauschbar. Vgl. außerdem yMeg 1,11 71c,24–27: Hier wird ebenfalls über den linken Längsstrich des *He* bzw. den Schrägstrich des *Gimel* als יֶרֶךְ gesprochen (von F. G. Hüttenmeister mit „Abstrich" übersetzt, vgl. ÜTY II/10, 46 u. Anm. 304). Vom Kontext her geht es wie in bMen 29a-b darum, dass die betreffenden Buchstaben eindeutig als *He* bzw. *Gimel* erkannt werden, auch wenn die Schriftrolle, auf der sie stehen, Beschädigungen aufweist.

[664] Griechisches *Kappa* ersetzt in der Regel das hebräische *Qof*, vgl. S. KRAUSS, Griechische und lateinische Lehnwörter im Talmud, Midrasch und Targum, Bd. 1, Berlin 1898 (Ndr. Hildesheim 1964), 4f (§ 9); bei der Übernahme griechischer Worte ins Hebräische/Aramäische ist hingegen *Kaf* (neben *Qof* und *Gimel*) nicht ganz selten für die Transkription von *Kappa* (und lateinischem c) gebraucht, vgl. 12 (§ 21) u. Bd. 2 (Berlin 1899, Ndr. 1964), 281–301. Als Beispiele sei verwiesen auf κίχλη/כיכלי „Drossel", nach κήρυξ „Herold" wird das Verb כרז gebildet, während umgekehrt griech. κράσπεδον („Saum" eines Gewandes, aber auch die Schaufäden nach Num 15,38f [*Zizit*]) auf aram. כרוספדא zurückgeht; Matthäus benützt dieses Wort häufiger als die übrigen Evangelisten (9,20 parr.

darstellt (bei gleichzeitiger sachlicher Kongruenz), ist es m.E. immerhin denkbar, in κεραία eine ebensolche Aufnahme des aramäischen כְּרָעָא zu sehen[665], die Matthäus im Unterschied zu Lukas erkannte[666] und der er durch die Hinzufügung von ἰῶτα eine angemessene Erklärung gab, indem er zweifelsfrei aus dem κεραία seiner Vorlage Q/Lk 16,17 eine Aussage über die Bedeutung jedes einzelnen Buchstaben machte.[667] In Analogie zu den rabbinischen Aussagen beteuert er: Weder ein Buchstabe noch ein Buchstabenstrich (der durch Hinzufügen oder Wegnehmen die Bedeutung eines Wortes ändern würde) wird von der Tora vergehen, ehe er nicht seine ihm gemäße Erfüllung erfährt.

2.3 Auswertung

Der Durchgang durch die rabbinischen Texte hat ein klares Bild ergeben: (1.) die Erzählung über die Beschwerde des *Yod* (oder des Deuteronomiums) gegen Salomo demonstriert die Unveränderbarkeit der Tora, ihren unzerstörbaren Charakter. Hervorgehoben ist dabei, dass kein Mensch, nicht einmal Salomo, etwas an ihr ändern oder wegnehmen kann. Nicht das Tun oder Nichttun eines Gebots steht im Vordergrund, sondern die Unversehrtheit der Tora. Der jeweilige Kontext legt für das rabbinische Verständnis der Perikope nahe, dass sie dazu diente, zur Sorgfalt im Umgang mit der Tora und ihren Buchstaben zu ermahnen und Eifer beim Studium einschließlich der aus der Schrift abgeleiteten Halachot zu erwecken. Dahinter steht ein Ideal der Ganzheit: Weil kein Mensch auch nur das kleinste *Yod* aus der Tora entfernen kann, darum soll der Mensch sie vollständig bewahren (durch sorgfältiges Unterscheiden der ähnlichen Buchstaben) und alles lernen, was aus ihr (bzw. ihren einzelnen Buchstaben) jetzt oder erst in Zukunft abgeleitet werden kann. Die *Yod*-Haggada besitzt *paränetische*, aber *keine dogmatische* Funktion. Mit ihr wird nicht die Unvergänglichkeit der Tora gelehrt, sondern diese ist vorausgesetzt und an diesem Beispiel erzählerisch dargestellt.

Lk 8,44; 14,36 par. Mk 6,56; 23,5). Wenn ihm das aramäische Äquivalent vertraut war, besaß er zumindest ein Beispiel für eine כ –> κ-Transkription in seinem Wortschatz.

[665] Zu hebräisch-griechischen Assonanzen in der LXX vgl. F. SIEGERT, Hebräischer Bibel 135f.

[666] Diese Interpretation wäre zudem ein weiterer Hinweis darauf, dass der Evangelist Aramäisch konnte und ihm darum diese lautliche und sachliche Entsprechung möglich war.

[667] In der Q-Fassung will das Logion in hyperbolischer Weise besagen, dass die Tora bis in ihre kleinsten Bestandteile unauflöslich ist. Darunter können, wenn man nicht durch ein Vorverständnis geprägt ist, das hinter κεραία bereits halachische Spitzfindigkeiten aus Buchstabenornamenten vermutet, sinnvollerweise nur einzelne Buchstaben als kleinste bedeutungsrelevante Elemente verstanden werden. Diese Aussage verdeutlicht Matthäus, indem er den kleinsten Buchstaben nennt.

Die Geschichte vom *Yod* im Namen der Sara zeigt darüber hinaus, dass auch ein anderer Umgang mit dem Buchstaben möglich ist, nämlich eine Veränderung durch Gott selbst, wenn dadurch am Ende 'mehr' da ist als zu Beginn. Der Appendix (2.1.3) ergab, dass das *Yod* in der rabbinischen Tradition mit der zukünftigen Welt, die durch es erschaffen wurde, und den Gerechten, die darin leben werden, haggadisch verbunden werden kann.

Im Hinblick auf Mt 5,18 wurde deutlich, dass eine sachliche Nähe zu den rabbinischen Vorstellungen besteht, ohne dass dabei das Problem der Datierung außer acht gelassen werden darf (die Salomo-*Yod*-Perikope ist in allen nachweisbaren Überlieferungseinheiten deutlich jünger als das erste Evangelium). Als solche lassen sich nennen: (a) Das *Yod* als Chiffre für die bleibende Integrität der Tora bzw. der von Gott gegebenen Schrift. Dass kein Jota vom Gesetz vergehen soll, ist dann aber keine halachische Aussage, sondern ein Bekenntnis zur Unveränderbarkeit und Unaufhebbarkeit der Schrift, sozusagen in rabbinischer Terminologie eine Bestätigung der Integritätsformel, wie sie für 5,17 mitzubedenken ist.[668] (b) Das *Yod* als Repräsentant der zukünftigen Welt. Auch diese Thematik ist im unmittelbaren Kontext der mt Aussage präsent: Einmal in Form der Erfüllungsaussage in V. 17, zum anderen in der zweimaligen Nennung der βασιλεία τῶν οὐρανῶν in V. 19+20. Verbunden damit ist (c), das *Yod* als (wenn auch nicht ausschließlicher) Buchstabensymbol für die Gerechten, die darauf hoffen können, in der zukünftigen Welt zu leben.

Damit schließt sich der Kreis. Das *Yod* repräsentiert die Unaufhebbarkeit der Tora und damit das Mittel zur Gerechtigkeit, die den Weg in Gottes Reich bahnt. Dieses alles *kann* auch Matthäus als Assoziation zu der Jesusaussage über das *Yod* in V. 18 'zulassen', weil er davon überzeugt ist, dass all dies in Jesus erfüllt und Realität geworden ist oder noch werden wird (πάντα γένηται).

(2.) Durch die Doppelung der Aussage über Jota und Häkchen ist eine rhetorische Verstärkung eingetreten, aber nicht in dem Sinne, dass die halachische Strenge damit ausgeweitet worden wäre: Weder im Hinblick auf besonders 'kleine' oder scheinbar unbedeutende Gebote ist die entsprechende rabbinische Terminologie auswertbar, noch im Sinne von aus den Häkchen als Verzierungen ableitbaren Halachot, sondern *ausschließlich im Sinne von Buchstaben bzw. kennzeichnenden Buchstabenbestandteilen*. Die Beachtung dieser Häkchen (und das meint nichts anderes als die sorgfältige Beachtung jedes einzelnen Buchstabens) ist die menschliche Reaktion auf die Unveränderlichkeit der Tora. Dahinter steht die Vorstellung, dass jeder Buchstabe

---

[668] So schon, mit anderer Argumentation, H. LJUNGMAN, Gesetz 36–47, der zu Recht darauf hingewiesen hat, dass V. 18 die „unteilbare[] Ganzheit" (46) des Gesetzes betont.

wichtig ist, weil daraus das rechte Verständnis des Gotteswillens erkennbar ist und jeder Buchstabe halachische Relevanz haben *kann*. Aber diese Form von Buchstäblichkeit ist keine Gesetzlichkeit, sondern Ausdruck und Konsequenz jeder Offenbarungsreligion, die ihre Offenbarung in einer heiligen Schrift übermittelt glaubt.

(3.) Keinerlei Beziehung besteht zu den Kronen der Tora. Bei Matthäus fehlt das Bildfeld „Krone" völlig bzw. ist auf das Passionsmotiv von der Dornenkrone als Spottbild der Jesus zustehenden Königskrone begrenzt. Von hier lassen sich keinerlei Verbindungen zur Krone derer herstellen, die durch ihren Gehorsam zur Tora die Kronen erwerben, die Gott daran geknüpft hat. Als Konsequenz ergibt sich daraus, dass auf die Auslegung von Mt 5,18 in Anlehnung an die in bMenachot berichtetete Himmelsreise Moses verzichtet werden sollte.

Für Matthäus lässt sich demnach auf dem Hintergrund der rabbinischen Aussagen über Jota und Häkchen mit einiger Gewissheit sagen: Dass kein Jota und kein Häkchen vom Gesetz vergehen soll, ist ihm Ausdruck dafür, dass die ganze, Israel von Gott gegebene Schrift bedeutsam ist und nichts davon dem Zugriff eines Menschen unterliegt. Weil er in Jesus die Erfüllung der Schrift sieht, darum ist ihm jedes Jota wichtig als Hinweis auf Geschick und Lehre Jesu. Der Wegfall eines *Yod* oder die Verwechslung eines Buchstabens, die den *einen* Gott zu einem *anderen* machen würde (s.o. bei Anm. 580), würde nach den Rabbinen die Welt zerstören, indem die religiöse Grundordnung dadurch ins Wanken käme. Darum stellt Matthäus dieses Bekenntnis Jesu zur Tora als Ausdruck von Gottes Willen an den Anfang seiner Lehre. Er macht damit deutlich: Jesus ist weder gekommen, um die »Tora« für ungültig zu erklären noch um die religiöse Grundordnung zu zerstören, deren wichtigstes Bekenntnis die Einzigkeit Gottes ist. Mit dieser knappen, aber inhaltsschweren Abwehr jeglicher Interpretationen seines Tuns, das als 'zerstörerisch' gewertet werden könnte, schafft er Raum, um positiv zu entfalten, was Jesu Auftrag und seine Botschaft ist: den Weg zu eröffnen für die von Gott verheißene und in der Schrift gewiesene Teilhabe an der Herrlichkeit in der zukünftigen Welt. Was die »Tora« bis in ihren letzten Buchstaben will, so versteht es Matthäus, ist Jesus für seine Jünger: der Weg zur Gottesherrschaft und ihrer Gerechtigkeit.

3. Mt 5,18 als heilsgeschichtlich-eschatologische Aussage

Nach diesem Exkurs ist zu fragen, was dies für das mt Verständnis des Verses austrägt. Sicher scheint mir, dass das Bekenntnis zu Jota und Häkchen *keinen* eindeutigen Beleg für eine halachisch observante Frömmigkeit darstellt, sondern eher im Sinne eines Bekenntnisses zur Unverbrüchlichkeit und

Unveränderbarkeit der Offenbarung Gottes in der Schrift verstanden werden muss. Damit erübrigt sich die von Ulrich Luz stellvertretend für viele andere hervorgehobene Notwendigkeit, dass die mt Erwähnung von Jota und Häkchen notwendigerweise impliziere, dass damit „das Halten *aller* Einzelgebote der Tora" gefordert „und materiale Kritik an Torageboten" ausgeschlossen sei, so dass in V. 18 „inhaltlich die Treue zu jedem einzelnen Gebot der Tora gemeint" sei.[669] Am Ende seiner Auslegung von Mt 5,18d bemerkt Luz weiter: „Eine heilsgeschichtliche Deutung auf die Erfüllung der alttestamentlichen Verheißungen wäre nur dann möglich, wenn auch V 17 so zu verstehen wäre."[670] Nun meine ich gezeigt zu haben, dass V. 17 mit guten Gründen so

---

[669] Mt I$^{1-4}$ 239/I^5 318 (Hhg.Orig.). Den damit gegebenen theologischen Schwierigkeiten, ein so 'gesetzliches' Wort auf Jesus oder den Evangelisten zurückzuführen, begegnete man seit dem 19. Jh. mit literarkritischen oder (entwicklungs-)psychologischen Erklärungen dergestalt, dass man den Vers für eine spätere *Interpolation* (so E. WENDLING, Zu Mt 5,18.19., ZNW 5 [1904], 253–256; vgl. die lange Liste prominenter Vertreter bei H. J. HOLTZMANN, Lehrbuch der neutestamentlichen Theologie, 2. Aufl., hg. v. A. Jülicher u. W. Bauer, SThL, Bd. I, Tübingen 1911, 204f Anm. 3), eine *Äußerung aus Jesu Frühzeit*, die er später überwunden bzw. korrigiert habe (Belege ebd. 206) oder ein mehr oder weniger *versehentlich mitgeschlepptes judenchristliches Traditionsstück* hielt, das weder der Intention Jesu noch der Meinung des Matthäus entsprach, so Holtzmann selbst (ebd. 504f). S.E. erkannte der Evangelist den Widerspruch zwischen 5,17.20ff und 5,18f (letztere Verse überlieferte er für „Abkömmlinge und Reste strammer Gesetzesdiener", die ein freieres Jesusbild nicht aushalten konnten und in seiner Gemeinde 'noch' vorhanden waren) nicht wirklich, und zwar aufgrund von „gewisse[n] logische[n] Nötigungen des altorientalischen Denkens"(!), wonach ein göttlich gegebenes Gebot nicht einfach geändert werden dürfe (ebd 505). Weitere Belege für diese Art Exegese bei U. LUZ, Mt I^5 320f. In der *neueren Exegese* werden diese durch traditionsgeschichtliche, redaktions- oder kompositionskritische Überlegungen ergänzt, ohne dass sich an den Ergebnissen allzu viel ändert. So ist die Überlegung einer nachträglichen Interpolation modifiziert aufgenommen und präzise im Untertitel der Arbeit von HANS HÜBNER benannt: Das Gesetz in der synoptischen Tradition. Studien zur These einer progressiven Qumranisierung und Judaisierung innerhalb der synoptischen Tradition, Witten 1973 (2. Aufl. Göttingen 1986): Mt 5,18 sei Ausdruck dieser Rejudaisierung, die aber nicht dem theologischen Wollen des Matthäus entspräche (vgl. 206); die von Hübner gebrauchten Stichworte „Qumranisierung" und „Judaisierung des Urchristentums" wurden von ETHELBERT STAUFFER in die Diskussion eingeführt, vgl. DERS., Botschaft Jesu 9 u.ö.; in Mt 5,18 sieht er „ein beachtliches Dokument für den frühen Beginn des Rejudaisierungsprozesses in der urchristlichen Jesusüberlieferung" (32f, vgl. 78) und das „Sondergut des Matthäuskreises" liefert ihm zahlreiche Belege für den dort herrschenden „Superpharisäismus" (38 zu Mt 5,20, vgl. a. 83). Weithin akzeptiert ist derzeit die ebenfalls schon alte Annahme, dass V. 18 (oft zusammen mit V. 19, gelegentlich sogar 17–19) ganz oder teilweise ein streng judenchristliches Logion darstellt, das in der Zeit der Auseinandersetzung um das Gesetz zu Beginn der Heidenmission von toraobservant lebenden Judenchristen formuliert wurde (so R. BULTMANN, Geschichte der synoptischen Tradition 146f; G. BARTH, Gesetzesverständnis 60f [allerdings bis V. 18 ohne den letzten Versteil, der s.E. mt Redaktion ist]; H. D. BETZ, Sermon 172 Anm. 37), um gegen die Preisgabe des halachisch verbindlichen Gesetzesgehorsams der heidenchristlichen Gemeinde unter Berufung auf Jesus protestieren zu können. Zu weiteren Einzelheiten s.u. 3.2.1 u. P. FOSTER, Community 144–154.

[670] Mt I$^{1-4}$ 237/I^5 316.

verstanden werden kann, und es ist zu prüfen, ob eine solche Interpretation auch für V. 18 möglich ist. Dies soll nachfolgend weiter entfaltet werden.

3.1 Das Verständnis von 5,18c bei Matthäus

Um zu verstehen, was Matthäus mit V. 18 in seiner vorliegenden Gestalt sagen wollte, ist von den Elementen auszugehen, die er selbst hervorhebt. Dazu gehört das in 18b+c zweimal gebrauchte Verb παρέρχεσθαι (ἀπό), das (wie γίνεσθαι) der apokalyptischen Sprache angehört[671], aber kein *terminus technicus* für die Missachtung oder Vernachlässigung eines Gebotes oder Gesetzes darstellt.[672]

3.1.1 παρέρχεσθαι im Matthäus-Evangelium

Zwar ist die Bedeutung „übergehen, übertreten, vernachlässigen, mißachten" (zusammen mit dem Akkusativ als direktem Objekt) in Bezug auf ein Gesetz oder Gebot für παρέρχεσθαι gelegentlich bezeugt[673], aber nicht bei Matthäus. Die wenigen Belege aus der jüdischen Literatur lassen darüber hinaus erkennen, dass es da, wo es in diesem Sinn Verwendung findet, nicht um *Einzelgebote* geht, die jemand übertritt (was durch Jota und Häkchen ja zunächst naheliegend erscheint), sondern *um die grundsätzliche Haltung zu Gottes Bund oder Ordnung*.

Das zeigt der Gebrauch in Dtn 17,2: παρελθεῖν τὴν διαθήκην und Jer 34,18 (= 41,18LXX): ... τοὺς παρεληλυθότας τὴν διαθήκην μου (parallel dazu: τοὺς μὴ στήσαντας τὴν διαθήκην μου). In 1Makk 2,22 lehnt Mattatias die Aufforderung Antiochus' IV. zur Apostasie mit den Worten ab, dass er nicht gewillt sei, „abzuweichen von unserem Gottesdienst (παρ-ελθεῖν τὴν λατρείαν ἡμῶν) zur Rechten oder zur Linken". Zuvor hatte er sich geweigert, den „Weisungen" des Antiochus zuzustimmen und bekannt, mit seiner Familie „in dem Bund unserer Väter" wandeln zu wollen. Apostasie aber wäre für sie gleichbedeutend mit καταλιπεῖν νόμον καὶ δικαιώματα (2,21). Es geht in dieser Auseinandersetzung um das Festhalten des Bundes mit Gott, der im Gesetz seinen Ausdruck gefunden hat. Aber auch dies impliziert, wie die nachfolgende Geschichte zeigt, keinen buchstäblichen Gehorsam, wie der Umgang mit dem Sabbatgebot (1Makk 2,41f), aber auch die Annahme des Hohepriester-

---

[671] Vgl. A. SAND, Art. παρέρχομαι, EWNT III², 1992, 90f; H. D. BETZ, Sermon 183 Anm. 113: Matthäus „plays the cosmological / eschatological ... against the juristic meaning".

[672] Es fällt auf, dass in vielen Kommentaren zu 5,18 παρέρχεσθαι in der Regel unkommentiert bleibt, vgl. I. BROER, Freiheit vom Gesetz 42–45; R. A. GUELICH, Sermon 145; R. A. GUNDRY, Mt 80f; G. STRECKER, Bergpredigt 58; U. LUZ, Mt I¹⁻⁴ 236f/I⁵ 314f; J. GNILKA, Mt I 144f; DAVIES/ALLISON I 490; L. MORRIS, Mt 109f; D. A. HAGNER, Mt I 107f; W. WIEFEL, Mt 102f; C. S. KEENER, Mt 177f. Aber auch J. P. MEIER, Law 48f, unternimmt keinen Versuch, vom mt Gebrauch des Verbs her seine eigene Deutung abzusichern, auch D. C. SIM, Apocalyptic Eschatology bietet hierfür nichts (s. 113.190.217); hilfreich dagegen H. LJUNGMAN, Gesetz 39–41.

[673] BAUER-ALAND, Wörterbuch 1264f s.v. 1.b.β.; LUST/EYNIKEL/HAUSPIE 358 s.v.

amtes (und später der Königswürde) durch die Makkabäer belegen. In Ps 148,6 ist es die Schöpfungsordnung (hier als πρόσταγμα bezeichnet), deren Unvergänglichkeit besungen wird (... οὐ παρελεύσεται).

Für den Gebrauch von παρέρχεσθαι zusammen mit der Präposition ἀπό lassen sich zwei einschlägige Belege nachweisen:

1. Im Rahmen einer Unschuldsbeteuerung bekennt Hiob: „Ich ging in seinen Geboten (ἐν ἐντάλμασιν αὐτοῦ), ja, seine Wege bewahrte ich und ich wich nicht ab. Von seinen Geboten habe ich keines übertreten (ἀπὸ ἐνταλμάτων αὐτοῦ καὶ οὐ μὴ παρέλθω), in meiner Brust barg ich sein Wort" (23,11f). Diese Aussage steht Mt 5,18 sicherlich am nächsten, wenn man den Schwerpunkt auf die Einhaltung der Einzelgebote legen will, doch lässt sich diese Äußerung Hiobs auch als ein eher allgemeines Bekenntnis zu dem verpflichtenden Willen Gottes sehen.[674]

2. Die LXX-Fassung des Estherbuches ist gerahmt vom Traum Mordechais am Beginn (1a–s = A 1–11) und dessen Deutung und Erfüllung am Ende (3a–k = F 1–10), so dass die beiden aufeinander bezogenen Stücke einen „apokalyptischen Rahmen der ganzen griechischen Esthererzählung" bilden.[675] Im Schlussteil heisst es in der Einleitung zur Traumdeutung: οὐδὲ γὰρ παρῆλθεν ἀπ' αὐτῶν λόγος „Denn kein Wort von ihnen (= d. Worten des Traumes [3b]) ist außer acht gelassen worden" (Übers. H. Bardtke), oder, wie ebenfalls übersetzt werden könnte: „Kein Wort davon ist übergangen worden", d.h. ohne Erfüllung geblieben.[676] Es wird also die Vollständigkeit des Eintreffens des Vorausgesagten betont. Alles ist so geschehen, wie es der Traum ankündigte.

Vergleicht man diesen Befund mit Matthäus, dann ergibt sich, dass sein Sprachgebrauch gut in dieses Gesamtbild passt. Der Vers besitzt durch die Zeitangabe 18b ἕως ἂν παρέλθῃ ὁ οὐρανὸς καὶ ἡ γῆ eindeutig apokalyptisches Kolorit. Dadurch legt es sich nahe, dass auch die Bedeutung des zweiten παρέρχεσθαι in 18c zu diesem apokalyptischen Motivgeflecht gehört und darum, wie in Est 10,3b (= F 2), im Sinne von „erfüllen" verstanden werden kann: Kein Teil der ganzen Schrift soll unerfüllt bleiben, bis alles „geschehen"[677] ist.

Dem entspricht auch der übrige Sprachgebrauch des Matthäus: Von den 30 Belegen für παρέρχεσθαι im Neuen Testament finden sich 23 in den Synoptikern (Mk 5mal, Mt und Lk je 9mal), davon allein jeweils drei in dem

---

[674] Vgl. G. FOHRER, Hi 366: „Mit Gebot und Worten sind die ethischen Weisungen gemeint; sie entsprechen dem Schritt und Weg Gottes (V. 11). Es handelt sich nicht um das Gesetz im eigentlichen Sinn des Wortes, sondern allgemein um die dem Menschen bekannte Forderung Gottes."

[675] H. Bardtke, Zusätze zu Esther, JSHRZ I/1, Gütersloh ²1977, 22.

[676] Eine entfernte Parallele dazu stellt Jdt 11,10 dar, vgl. außerdem 2Chr 9,2, wo es von Salomo heißt, dass er alle Fragen der Königin von Saba beantwortete: καὶ οὐ παρῆλθεν λόγος ἀπὸ Σαλωμων ὃν οὐκ ἀπήγγειλεν αὐτῇ, d.h. es „ging kein Wort an Salomo vorüber, auf welches er ihr nicht Auskunft gab". Betont ist also auch hier die Vollständigkeit der Antworten.

[677] Vgl. Est 10,3a, Mordechais Einleitung seines Schlusswortes, das die Erfüllung des Anfangstraumes berichtet, mit: παρὰ τοῦ θεοῦ ἐγένετο ταῦτα („von Gott ist dieses geschehen"). Das ist m.E. eine deutliche Entsprechung zu Mt 5,18d ἕως ἂν πάντα γένηται.

apokalyptischen Logion Mk 13,30f parr. Mt 24,34f; Lk 21,32f. Bei den übrigen vier (außer 5,18) mt Belegen kommt je einmal das räumliche und zeitliche Vorbei- bzw. Vorübergehen ohne jeden apokalyptischen Hintergrund vor (8,28; 14,15).

Die übrigen beiden Stellen beziehen sich auf das Gebet Jesu im Garten Getsemane (26,39 par. Mk 14,35 u. 26,42). Hier ist der erste Evangelist von Markus zwar abhängig, aber er gestaltet den mk Bericht konsequent um und erst er gibt ihm den klaren dreiteiligen Ablauf mit dem dreimaligen Gebet Jesu im Mittelpunkt, wobei dramaturgisch die zweite Gebetszeit den Höhepunkt bildet (die erste, 26,39, nimmt Mk 14,35f auf, die dritte, 26,44, gestaltet Mk 14,39.41 neu und verzichtet auf eine Wiederholung des Gebetsinhalts, wodurch zusätzlich das voranstehende Gebet betont ist; Lukas reduziert die Perikope auf eine wenig dramatische einteilige Szene [22,42.45f], die er nachträglich durch einige mirakulöse Elemente [43f] auffüllt). Auffällig ist, wie Matthäus in beiden Gebetstexten παρέρχεσθαι in Bezug auf das Jesus bevorstehende Geschick als *Selbstaussage*[678] verwendet: πάτερ μου, εἰ δυνατόν ἐστιν, παρελθάτω ἀπ' ἐμοῦ τὸ ποτήριον τοῦτο· πλὴν οὐχ ὡς ἐγὼ θέλω ἀλλ' ὡς σύ (26,39) bzw. πάτερ μου, εἰ οὐ δύναται τοῦτο παρελθεῖν ἐὰν μὴ αὐτὸ πίω, γενηθήτω τὸ θέλημά σου (26,42, vgl. 6,10).

Ganz bewusst gestaltet Matthäus diesen zweiten Gebetssatz so, dass die Erfüllung von Gottes Willen als das erkennbar ist, was nicht ungetan bleiben darf, sondern „geschehen" muss.[679] Denn nur so können „die Schriften" bzw. „die Schriften der Propheten" erfüllt werden (26,54.56: beide Male ist das Geschehen als Voraussetzung der *vollständigen* Erfüllung mit γίνεσθαι ausgedrückt: δεῖ γενέσθαι bzw. τοῦτο δὲ ὅλον γέγονεν). Dass Matthäus bei der Gestaltung dieses Textes in apokalyptischen Kategorien denkt, zeigt das von ihm an den Schluss dieser Erzähleinheit gesetzte Wort von der „Stunde"[680], die nahe gekommen ist: ἰδοὺ ἤγγικεν ἡ ὥρα καὶ ὁ υἱὸς τοῦ ἀνθρώπου παραδίδοται εἰς χεῖρας ἁμαρτωλῶν (26,45). So wie die Basileia nahe gekommen ist, so nun der Moment, an dem sich Jesu ureigene Sendung erfüllt: αὐτὸς γὰρ σώσει τὸν λαὸν αὐτοῦ ἀπὸ τῶν ἁμαρτιῶν αὐτῶν (1,21). In 1,22 folgte bei Matthäus das erste Erfüllungszitat, eingeleitet

---

[678] Anders bei Markus, der einleitend den Gebetsinhalt Jesu in indirekter Rede wiedergibt: ... καὶ προσηύχετο ἵνα εἰ δυνατόν ἐστιν παρέλθῃ ἀπ' αὐτοῦ ἡ ὥρα.

[679] Auch in 26,39.42 bleibt παρέρχεσθαι häufig unkommentiert (von einem Bezug auf 5,18 ganz zu schweigen), vgl. u.a. J. GNILKA, Mt II 412f; D. A. HAGNER, Mt II 783f; L. MORRIS, Mt 668f.670; U. LUZ, Mt IV 135–137. Offensichtlich wird nicht erkannt, dass Jesu Ringen um Einverständnis mit Gottes Willen bei Matthäus im Horizont der heilsgeschichtlichen Schrifterfüllung steht, wie diese in 5,17f programmatisch behauptet wurde.

[680] Zu ὥρα als apokalyptischem Terminus vgl. H. GIESEN, Art. ὥρα, EWNT III², 1992, 1211–1214 (1213f). Zur Apokalyptik bei Matthäus s. D. C. SIM, Apocalyptic Eschatology in the Gospel of Matthew, MSSNTS 88, Cambridge 1996.

mit τοῦτο δὲ ὅλον γέγονεν, das rückwärts blickend mit Jes 7,14 die Geburtsumstände des Davidssohnes Jesus unter Gottes Willen stellte. In 26,56 wird mit derselben summarischen Wendung die Verhaftung Jesu und die Flucht seiner Jünger dem prophezeiten Willen Gottes unterstellt.[681] Danach steht der Davidssohn allein vor seinen Richtern, konfrontiert mit der Anklage der Tempelzerstörung (26,61), d.h. eines Gegenbildes zu dem Tempelbauer Salomo als Nachfolger Davids. Die Frage des Hohepriesters (26,63) εἰ σὺ εἶ ὁ Χριστὸς ὁ υἱὸς τοῦ θεοῦ aber ist die nach seiner davidischen Messianität im Licht von Ps 110,1, auf die Jesus mit einem klaren Ja antwortet (σὺ εἶπας [26,64]).

Dass Matthäus παρέρχεσθαι nicht in erster Linie für die Aufhebung eines Einzelgebots oder der Tora überhaupt gebrauchte, zeigt außerdem Mt 23,23 par. Lk 11,42: Während Lukas[682] Jesus sagen lässt, dass die Pharisäer zwar Küchenkräuter korrekt verzehnten, aber „das Gericht und die Liebe Gottes übergehen" (παρέρχεσθε τὴν κρίσιν καὶ τὴν ἀγάπην τοῦ θεοῦ), meidet Matthäus diese Terminologie[683] und gebraucht stattdessen eine Form des von ihm geschätzten ἀφιέναι um auszudrücken, dass sie mit diesem Verhalten „das schwerer Wiegende im Gesetz" gerade unterlassen (καὶ ἀφήκατε τὰ βαρύτερα τοῦ νόμου, τὴν κρίσιν καὶ τὸ ἔλεος καὶ τὴν πίστιν). D.h. da, wo er auf konkrete Gebote anspielt und es ihm um das Tun geht, verwendet er das Gegensatzpaar von ποιεῖν und ἀφιέναι (ταῦτα [δὲ] ἔδει ποιῆσαι κἀκεῖνα μὴ ἀφιέναι).

3.1.2 Mt 5,18b.c und Lk 16,17: παρέρχεσθαι und πίπτειν

Für das Verständnis von παρέρχεσθαι in Mt 5,18b ebenfalls wichtig aber häufig übergangen ist der Vergleich der *Verben* bei Matthäus und Lukas unter Zugrundelegung des gemeinsamen Ursprungs beider Verse in der Logienquelle. Dass Mt 5,18b.c seine Vorlage in Lk 16,17 (oder möglicherweise dessen Vorlage) besitzt, wird zwar weithin angenommen[684], aber von Luz und

---

[681] Zu dieser *inclusio* s. U. LUZ, Mt IV 168f.

[682] Ob Lukas hier Q im Wortlaut wiedergibt, ist unsicher, s. Critical Edition of Q 266f.

[683] Auch noch in Lk 15,29 in Bezug auf die Gebote des Vaters im Gleichnis.

[684] I. BROER, Freiheit vom Gesetz 40f, der den Inhalt von 5,18 mit Lk 16,17 verbindet und lediglich das Satzmuster auf Matthäus zurückführt; so auch R. BANKS, Matthew's Understanding 233–235; J. P. MEIER, Law 57f; G. STRECKER, Bergpredigt 57f, der als Ursprungslogion eine Fassung rekonstruiert, die den ersten ἕως-Satz für ursprünglich hält: γὰρ λέγω ὑμῖν· ἕως ἂν παρέλθῃ ὁ οὐρανὸς καὶ ἡ γῆ, ἰῶτα ἓν ἢ μία κεραία οὐ μὴ παρέλθῃ ἀπὸ τοῦ νόμου. Er muss aber annehmen, dass „dieser judenchristliche Spruch schon in Q^Mt Veränderungen (gegenüber Lk 16,17)" erfahren habe (ohne nähere Begründung äußert er zudem die Vermutung, dass der Spruch „ursprünglich aramäisch abgefaßt war" [58]); für die Herkunft aus Q (in abweichendem Umfang) vgl. weiter CH. HEUBÜLT, Beitrag 143; R. A. GUELICH, Sermon 143; J. LAMBRECHT, Ich aber sage euch 82; J. GNILKA, Mt I 141;

anderen bestritten, da der Vers „nur unsichere matthäische Redaktion" aufweise und auch in der Lk-Fassung keine erkennbare redaktionelle Formung habe, so dass es zwischen 5,18 und Lk 16,17 „kein gemeinsames syntaktisches Grundmuster, keinen gemeinsamen Wortlaut und keinen sinnvollen Ort in der Logienquelle" gebe (Mt I$^{1-4}$ 229/I^5 306).[685] Die folgende Paralleldarstellung zeigt jedoch, dass diese Einschätzung nur eingeschränkt gilt: *Himmel und Erde, vergehen, Gesetz* und das *'eine Häkchen'*[686] sind gemeinsam, und damit eigentlich alle sinntragenden Vokabeln, so dass ein gemeinsamer Ursprung beider Logien immerhin wahrscheinlich ist, dessen exakte Gestalt aber gleichwohl nicht mehr rekonstruierbar ist. Die Möglichkeit einer unabhängigen Parallelüberlieferung neben oder zusammen mit der in Q kann nicht ausgeschlossen werden.[687]

Mt 5,18: ἀμὴν γὰρ λέγω ὑμῖν·
ἕως ἂν παρέλθῃ ὁ οὐρανὸς καὶ ἡ γῆ,
ἰῶτα ἓν ἢ μία κεραία
οὐ μὴ παρέλθῃ
ἀπὸ τοῦ νόμου,
ἕως ἂν πάντα γένηται.

Lk 16,17: Εὐκοπώτερον δέ ἐστιν
τὸν οὐρανὸν καὶ τὴν γῆν παρελθεῖν
ἢ τοῦ νόμου μίαν κεραίαν
πεσεῖν.

[16: Ὁ νόμος καὶ οἱ προφῆται μέχρι
Ἰωάννου·
ἀπὸ τότε ἡ βασιλεία τοῦ θεοῦ
εὐαγγελίζεται
καὶ πᾶς εἰς αὐτὴν βιάζεται.][688]

Luz ist also dahingehend Recht zu geben, dass die Unterschiede zwischen beiden Versen beträchtlich sind, wobei die Lukasfassung in ihrem Kontext

---

DAVIES/ALLISON, Mt I 489f; W. WIEFEL, Mt 102; P. FOSTER, Community 171–176; für die Zugehörigkeit von Lk 16,17 zu Q s. F. BOVON, Lk III 91.

[685] H.-TH. WREGE, Überlieferungsgeschichte 40, kommt zu dem Ergebnis, dass Mt 5,18 und Lk 16,17 „unabhängig voneinander überliefert worden" sind (allerdings mit einem gemeinsamen Ursprung in „judenchristlichen Kreisen"); s. auch die Arbeit des Luz-Schülers M. SATO, Q und Prophetie, der Lk 16,16.17.18 als „scattered fragments" (B. H. Streeter) wertet, deren Zugehörigkeit zu Q zwar möglich, aber s.E. unwahrscheinlich ist (23f); mit anderen Gründen auch TH. BERGEMANN, Prüfstand 53 (vgl. 59f). Nach E. SCHWEIZER, Mt 62, ist sowohl Mt 5,18 als auch Lk 16,17 von Mk 13,30f abhängig und in Analogie dazu von einer streng judenchristlichen Gemeinde gebildet worden, „um die Unverbrüchlichkeit des Gesetzes bis auf Jota und Häkchen" gegen ein antinomistisches Mißverständnis von 5,17 zu sichern (ebd. 61). Vgl. ausführlich P. LUOMANEN, Entering the Kingdom of Heaven 72–79, der 5,18 ebenfalls als mt Komposition auf der Basis von Mk 13,30f u. Q 16,17 versteht.

[686] Das ist m.E. am aussagekräftigsten, da κεραία in dieser Bedeutung sehr selten ist.

[687] U. LUZ, Mt I$^{1-4}$ 229/I^5 306: „Die Überlieferungsverhältnisse sind hoffnungslos undurchsichtig." J. SCHRÖTER, Anfänge 129f Anm. 264, vermutet, „daß hinter Mt 5,18 der Einfluß einer zu der Q-Version alternativen Fassung des Logions liegt" und der Evangelist beide Fassungen kombinierte.

[688] Zu Mt 5,18d als möglicher Abbreviatur von Lk 16,16 s.u. Anm. 737.

noch rätselhafter ist als die des Matthäus.[689] Unwahrscheinlich erscheint mir dennoch eine völlige Unabhängigkeit der beiden Verse. Dazu sind die sachlichen Übereinstimmungen zu groß und die Funktion der Verse zumindest in ihrem jetzigen Kontext zu identisch. Denn nach François Bovon ist es auch die Aufgabe von Lk 16,17 zu verhindern, „dem ersten Spruch [gemeint ist 16,16] eine antinomistische Deutung zu geben" (Lk III 98). Damit bleibt die Frage berechtigt, warum der jeweilige Evangelist dem Logion die Formung gab (oder: beließ, was ja ebenfalls ein Zeichen von Einverständnis ist), in der es heute vorliegt. Abzuraten ist jedoch von Versuchen, Schlussfolgerungen für das mt Verständnis aufgrund einer rekonstruierten Q-Vorlage oder der hypothetischen Stellung innerhalb der Logienquelle zu ziehen.[690]

Aufschlussreich ist jedenfalls, auch unabhängig von den Abhängigkeits- oder Ursprungsverhältnissen, dass Matthäus und Lukas bei hoher inhaltlicher Übereinstimmung im ersten Teil, der traditionell vom Vergehen von Himmel und Erde handelt (vgl. Mk 13,31 parr.), im zweiten Teil unterschiedliche Verben gebrauchen, die *beide* in Bezug auf das Gesetz eher *ungebräuchlich* sind.[691]

Die einzige von Bauer-Aland für πιπτεῖν in Lk 16,17 genannte Parallele[692] ist allerdings sehr aufschlussreich, da sie – ähnlich wie bei den oben genannten παρέρχεσθαι-Stellen – eine Grundsatzaussage darstellt: Am Ende seines Lebens versammelt Josua die Führer des Volks und ermahnt sie noch einmal, „zu bewahren und alles zu tun, was geschrieben ist im Buch des Gesetzes Moses" (Jos 23,6), woraufhin insbesondere die Vermeidung der

---

[689] Das gilt auch für die angenommene Reihenfolge in Q, wo Q 16,16–18 zu den wenigen Versen gehören, bei denen die Herausgeber der Critical Edition von Q davon ausgehen, dass Lukas ihre ursprüngliche Position in Q verändert hat (s. die Übersicht ebd. viif u. 464–471). Zu den Schwierigkeiten der Einordnung von Lk 16,16–18 in seinen Kontext s. schon A. SCHLATTER, Lk 552: „die Reihenfolge der Sätze" gleiche hier „mehr als sonst einer unfertigen Skizze" und jetzt F. BOVON, Lk III 91f; J. SCHRÖTER, Anfänge 119–127.

[690] Gegen DAVIES/ALLISON, Mt I 490: ihrer Meinung nach bewahrte Lukas die Q-Fassung „almost certainly". Die Formulierung ἀμὴν λέγω+οὐ μή+ἕως (ἄν) gehe zwar auf Jesus zurück, aber nicht alle jetzt in dieser Konstruktion überlieferten Logien seien ursprünglich so geformt gewesen. Da Lk 16,17 diese Satzstruktur nicht aufweise, sei es ihrer Meinung nach Matthäus, der hier Q 16,17 reformulierte, „so as to give it a traditional form familiar to him from the Jesus tradition" (ebd. 489). Auf mt Redaktion gehe ferner die Umformulierung von 18b in einen ἕως-Satz zurück, desgleichen die Angleichung von 18c an dieses Satzschema sowie die Ergänzung von μία κεραία und die Ersetzung von πίπτειν durch παρέρχεσθαι (ebd. 490).

[691] Bei Lukas fällt dies noch mehr auf als bei Matthäus, da Lukas an anderen Stellen παρέρχεσθαι in Bezug auf ein Gebot gebrauchen kann (vgl. 11,42; 15,29). Die Kommentare geben darüber allerdings keine Auskunft, vgl. A. SCHLATTER, Lk 550–552; W. GRUNDMANN, Lk 324; W. WIEFEL, Lk 296; F. BOVON, Lk III 101f. Zu πίπτειν in der Bedeutung „hinfällig werden, die Geltung verlieren, aufhören", vgl. BAUER-ALAND, Wörterbuch 1327f s.v. 2.b.δ.

[692] Sie nennen außerdem Rut 3,18, aber da fehlt der Bezug auf ein Gebot oder Gesetz.

Vermischung mit den einheimischen Völkern und ihren Kulten eingeschärft wird. Dann kündigt er seinen baldigen Tod an und erinnert noch einmal daran, dass sie im Gehorsam gegenüber Gott das Land einnehmen konnten und es auch nur so behalten können. Er schließt mit den Worten (23,14–15):

„... und ihr sollt wissen mit eurem Herzen und mit eurer Seele, dass nicht ein Wort hinge-fallen ist (hebr. נפל, LXX: οὐ διέπεσεν [vl οὐκ ἔπεσεν] εἰς λόγος ἀπὸ πάντων τῶν λόγων) von allen guten Worten, die der Herr euer Gott sagte zu euch allen. Alle 'kamen' (hebr. בָּא) zu euch. Nicht fiel (נפל, LXX: διεφώνησεν) von ihnen ein Wort dahin. Und es wird sein: wie er brachte jedes gute Wort über euch, das der Herr, euer Gott, zu euch geredet hat, so wird der Herr über euch bringen jedes böse Wort, bis er euch vertilgt hat (ἕως ἄν m. Konj. Aor., vgl. Mt 5,18!) von diesem guten Land, welches der Herr, euer Gott euch gab."

Es geht im Kontext um eine Ermahnung des Volkes, dem Gesetz des Mose und damit dem Bund Gottes (vgl. 23,16) treu zu bleiben. Begründet wird dies damit, dass *kein* Wort (vgl. das viermalige כל bzw. πάντα) der Bundesver-pflichtungen Gottes (d.h. seine Zusagen und Verheißungen) bisher ohne Erfüllung geblieben ist: der Einzug ins Land, die Vertreibung der Völker ist die eine Seite der Erfüllung, und so gewiss dieses bereits geschehen ist (Gott seine Zusagen also erfüllt hat, so dass keine davon „hingefallen ist")[693], so gewiss werden sich auch die Strafandrohungen erfüllen, wenn das Volk den Bund übertritt (wobei der Götzendienst als die eigentliche Sünde besonders genannt wird). Es handelt sich also auch hier nicht um ein buchstäbliches Aufrechnen, sondern um *eine grundsätzliche Aussage im Kontext von Ver-heißung und Erfüllung*.[694] Der konkrete Gehorsam (hier: die alleinige Vereh-rung Gottes) hat darin seinen Platz, aber nicht das steht im Vordergrund, sondern die bleibende Bedeutung des darin sich ausdrückenden Gotteswillens.

---

[693] Eine exakte Parallele dazu in Jos 21,43–45: Nachdem das Land unter die Stämme aufgeteilt ist und alles so geschehen ist, wie Gott es den Vätern zugeschworen hatte (s. V. 43.44), schließt Josua mit der Bemerkung: οὐ διέπεσεν ἀπὸ πάντων τῶν ῥημάτων τῶν καλῶν, ὧν ἐλάλησεν κύριος τοῖς υἱοῖς Ισραελ· πάντα παρεγένετο. Die hebräischen Äquivalente sind auch hier zweimaliges כל und die Verben נפל für den verneinten und בוא für den bejahten Vorgang. Vgl. zur Stelle H. LJUNGMAN, Gesetz 42f.

[694] In diesem Sinn ist verneintes πίπτειν bzw. διαπίπτειν (jeweils für hebr. נפל, aber ohne entsprechende positive Aussage) auch in 1Kön 8,56 u. 2Kön 10,10 (als 'Erfüllung' von 1Kön 21,21) im Hinblick auf Ankündigungen Gottes gebraucht, die eingetreten sind, so dass nichts von allen seinen Worten verfallen ist. Immer geht es dabei um ein Geschehen, durch das zuvor Gesprochenes Realität wird. Eindrucksvoll auch Tob 14,4f in der Fassung des Sinaiticus, in denen Tobit seinem Glauben an alles, was Gott durch die Propheten Israels redetete, bezeugt, weil nichts davon vermindert wird (οὐ μηθὲν ἐλαττονωθῇ) noch hinfällt (οὐ μὴ διαπέσῃ), sondern „alles sein wird und eintreffen" (πάντα ἔσται καὶ ἀπαντήσει), „sich ereignen" (πάντα ἀπαντήσει) bzw. „in Erfüllung gehen wird und sein wird" (συν-τελεσθήσεται καὶ ἔσται) (Übers. von Beate Ego, Buch Tobit, JSHRZ II/6, Gütersloh 1999, 1000). In Nachahmung dieser auf Gott bezogenen Redewendung s. Jdt 6,9, wo Holofernes dem Achior das Eintreffen seiner Zukunftsvorhersage ankündigt u. abschließt: ἐλάλησα, καὶ οὐδὲν διαπεσεῖται τῶν ῥημάτων μου.

Betrachtet man von dem in Jos 23,14–16 und seinen Parallelen erkennbaren Argumentationsschema her Lk 16,16f, dann lässt sich die Verbindung von V. 16 und 17 möglicherweise so herstellen, dass mit V. 16 ähnlich wie in Jos 23,14 eine Art Resümee gezogen wird, das deutlich machen will, dass Gott seine Verheißungen bzw. seine Bundespflichten eingehalten bzw. erfüllt hat. Der Anschluss von V. 17 wäre dann als Bestätigung dafür zu nehmen: „Es ist (nämlich) leichter, dass Himmel und Erde vergehen, als dass ein Strich des Gesetzes hinfällig wird." Das wäre dann nicht länger als eine Aufforderung zu einem entsprechenden Gesetzesgehorsam zu werten (das ist höchstens implizit enthalten), sondern als *eine Aussage über Gottes Treue*: Eher vergehen Himmel und Erde, als dass *Gott* sein geoffenbartes Wort nicht hält.[695] In diesem Sinn ist 1Kor 13,8 (ἡ ἀγάπη οὐδέποτε πίπτει) die einzige echte neutestamentliche Parallele für den lk Sprachgebrauch: Auch die Liebe hört nicht auf, selbst wenn Glaube und Hoffnung aufhören sollten.

Matthäus überliefert den Vers in einem anderen Kontext und zwar als Begründung des voranstehenden V. 17, der jedoch thematisch, wenn man ihn heilsgeschichtlich deutet, nicht allzu weit von Lk 16,16 entfernt ist. Die drängende Frage, die sich sowohl von Mt 5,17 wie aus Lk 16,16 par. Mt 11,13 ergab (insbesondere, wenn man sie als echte Jesusworte wertet), war doch die nach dem Status von Gesetz und Propheten, wenn ihre Funktion scheinbar durch Jesu Wirken bzw. das Auftreten des Täufers, d.h. durch das unmittelbare Anbrechen der Königsherrschaft Gottes, erfüllt und damit als beendet erscheinen könnte. Darauf antwortet Matthäus mit einem Bekenntnis zur Kontinuität der Tora, die dann aber nicht in erster Linie als Gesetzbuch,

---

[695] Mit diesem Ausgangspunkt lässt sich dann auch Lk 16,18, das Wort über die Verstoßung der Ehefrau, anschließen: Weil Gott seinen Zusagen, seinem Bund (ausgedrückt durch νόμος) treu ist und ihn nicht einseitig aufhebt, soll dies auch unter den Menschen, die zu ihm gehören (wollen), so sein, d.h. die Unauflösbarkeit der Tora ist die Begründung für die Unauflöslichkeit der Ehe (vgl. H. LJUNGMAN, Gesetz 46). Zu bisherigen Deutungen, Lk 16,16–18 als Einheit zu verstehen, vgl. F. BOVON, Lk III 103 Anm. 81. Zugleich zeigt 16,18, dass derjenige, der 16,16–18 erstmals nacheinander ordnete, 16,17 nicht im Sinne einer wörtlichen Toraobservanz verstanden haben kann. Schon die Zusammenstellung von V. 16 und 17 will doch deutlich machen, dass nun nach Gesetz und Propheten etwas *Neues* in Kontinuität mit Gottes Willen begonnen hat. Ein Beispiel dafür ist Lk 16,18, in dem (trotz V. 17!) das mosaische Scheidungsgebot praktisch außer Kraft gesetzt wird (vgl. F. BOVON, Lk III 103). Aber auch durch die nachfolgende Parabel vom reichen Mann und armen Lazarus (19–31) wird dieses Thema weiterverfolgt, indem an deren Ende zweimal auf „Mose und die Propheten" hingewiesen wird, bezeichnenderweise aber so, dass die *Erfolglosigkeit* derselben im Hinblick auf die Menschen, denen sie eigentlich gelten, hervorgehoben wird. Zwar bleibt, so könnte man diesen Zusammenhang paraphrasieren, das Gesetz (samt den Propheten) als Aufforderung für ein gottgefälliges, heilvolles Leben in Geltung (ἔχουσι Μοϋσέα καὶ τοὺς προφήτας· ἀκουσάτωσαν αὐτῶν), aber es bewirkt *nicht*, wozu es da ist. Jetzt aber hat mit dem Täufer und Jesus (vgl. in V. 31 den Hinweis auf „einen, der von den Toten aufersteht") etwas Neues begonnen.

sondern als Bundesurkunde mit ihrem Verheißungscharakter verstanden werden muss. Trotz der heilsgeschichtlichen Epochenwende, in der alles erfüllt wird, geschieht das παρέρχεσθαι der Willenskundgabe Gottes erst mit dem von Himmel und Erde (Parallelisierung durch Wiederholung des Verbs), d.h. Matthäus gebraucht im Unterschied zu Lukas einen stärker apokalyptischen Terminus, um deutlich zu machen, dass nichts vergehen wird, bis *alles* in der »Tora« Enthaltene geschehen sein wird.[696] Aber dies bedeutet nicht, trotz der Erwähnung von Jota und Häkchen, dass damit ein wortwörtlicher *Gesetzesgehorsam* gemeint wäre. Denn auch ἕως ἂν πάντα γένηται meint *nicht* in erster Linie das Tun der Tora, wie im Folgenden zu zeigen ist.

3.2 Das Verständnis von ἕως ἂν πάντα γένηται im Matthäus-Evangelium

Die „viel umrätselt[e]" (H. Frankemölle, Mt I 219) zweite zeitliche Begrenzung ist von besonderer Bedeutung und entsprechend umstritten, wobei ein Übermaß an Energie darauf verwandt wurde, zu überlegen, welcher der beiden Temporalsätze traditionell und welcher mt Redaktion sei. Diese Frage ist wie oben gezeigt nicht ohne Berechtigung, da die *Rahmung* des Hauptsatzes durch je einen mit ἕως ἂν eingeleiteten Nebensatz im ganzen Evangelium singulär ist. Matthäus – wie die Synoptiker überhaupt – bezeugt ansonsten an allen Stellen, an denen er ἕως (und Ergänzungen) als Konjunktion verwendet, die Stellung des ἕως-Satzes *nach* dem Hauptsatz (außer den in der Tabelle genannten Belegen noch in 1,25; 2,9.13; 10,11; 12,20; 14,22; 17,9; 18,34; 22,44; 26,36). Eindeutigkeit über die Ursprünglichkeit des einen oder anderen Nebensatzes ist allerdings nicht zu erzielen, das zeigen Eduard Schweizer und Ulrich Luz, die beide im Laufe ihrer langjährigen Beschäftigung mit diesen Versen ihre Position geändert haben.[697]

---

[696] Ein wichtiger Unterschied zur Lk-Parallele ist ferner, dass Matthäus eindeutig von einer Begrenzung ausgeht: So wie Himmel und Erde vergehen werden (außer 24,35 ist auch 28,20 zu bedenken), so werden auch Gesetz und Propheten vergehen (s.u. Anm. 702f+731). Lukas dagegen beschreibt durch den Komparativ eine unmögliche Möglichkeit, wobei aber immer noch zu fragen ist, ob dies hyperbolisch oder als 'historische' Zeitansage zu verstehen ist (vgl. R. BANKS, Matthew's Understanding 234).

[697] In seinem älteren Aufsatz, Erfüllung 406f, hatte LUZ noch dafür plädiert, den ersten ἕως ἂν-Satz für redaktionell zu halten (so auch K. BERGER, Amenworte 71–74), er widerrief diese Ansicht aber im Kommentar (I$^{1-4}$ 230/I^5 307 Anm. 16). Er räumt zwar ein, dass „die sprachlichen Argumente ... eher für Zufügung von 18b sprechen", ausschlaggebend ist für ihn jedoch, dass „von der Deutung her ... 18d leichter als Redaktion verstanden werden kann." Sein damaliges Fazit: Non liquet. Auch E. SCHWEIZER, der sich mehrfach mit dieser Stelle auseinandersetzte, änderte seine Meinung: Während er in seinen beiden früheren Aufsätzen 18d für mt Ergänzung gehalten hatte (Anmerkungen 399; Gesetz und Enthusiasmus 51), schloss er sich, beeinflusst von Bergers Argumenten, mit seinem Aufsatz: Noch einmal Mt 5,17–20 (in: Das Wort und die Wörter, FS G. Friedrich, hg. v. H. Balz u. S. Schulz, Stuttgart u.a. 1973, 69–73, zit. nach dem Wiederabdruck in: DERS., Matthäus und seine Gemeinde

Hauptursache für diese Patt-Situation ist, dass der Vers insgesamt „nur unsichere matthäische Redaktion" enthalte (U. Luz, Mt I$^{1-4}$ 229/I^5 306), gleichwohl hält Luz (wie viele andere auch) eine Entscheidung für einen der beiden Temporalsätze für notwendig, auch wenn eine sichere Antwort auf die Frage, „welcher der beiden sich gegenseitig störenden ἕως-ἄν-Sätze redaktionell ist", s.E. nicht möglich ist. Am Ende steht (inzwischen: stand) nur die resignierende Bemerkung, dass das Problem unlösbar sei und darum nichts anderes übrig bleibe, „als den Vers so, wie er dasteht, zu interpretieren"[698]. Sicher ist in jedem Fall, dass Matthäus jedenfalls so sehr an *beiden* Temporalsätzen gelegen war, dass er die ungewöhnliche Satzkonstruktion dafür offenbar in Kauf zu nehmen bereit war, die keinesfalls nur als gegenseitig störend, sondern durchaus als kunstvoll angesehen werden kann. Die Auslegung des Verses in seinem jetzigen Bestand und Kontext ist also keine historische Verlegenheit, sondern eine exegetische Notwendigkeit.[699]

3.2.1 πάντα γένηται ist auf das Gesetz zu beziehen

Diese Auslegungslinie, bei der die Tora ausschließlich in ihrer gebietenden Form verstanden wird[700], sieht in 18d eine Aufforderung, dass alle ihre Gebote von den Nachfolgern Jesu auch wirklich *getan* werden müssen. Das steht in Einklang mit dem *nomistischen* Verständnis von πληρῶσαι in V. 17 (s.o. § 7/3.1), wobei dann noch einmal unterschieden werden kann, ob die Tora in ihrem traditionellen Sinn oder modifiziert im Sinne des Liebesgebotes bzw. der Auslegung des Gesetzes, wie sie Jesus in den »Antithesen« gegeben habe (so die meisten), zu halten sei.

78–85), der Position an, wonach Matthäus ein ursprünglich 18a.c.d umfassendes Logion durch 18b, das er Q 16,17 entnommen habe, korrigierte, s. ebd. 78f.83; DERS., Mt 62. Er überfrachtet seine Argumentation jedoch mit der These, dass Mt 5,18 einmal in einem Mk 13,30 vergleichbaren Kontext gestanden habe und „alles" darum auf die ursprünglich vorausgegangene Schilderung der Endzeitereignisse bezogen war (80f). I. BROER, Freiheit vom Gesetz 37, dürfte Recht haben, wenn er fragt, „ob diese Rekonstruktion der Traditionsgeschichte ... nicht schon an ihrer *Kompliziertheit* scheitert" (Hhg.Orig.), ablehnend auch LUZ ebd. 230/307 Anm. 15.

[698] Mt I$^{1-4}$ 230; in I^5 307 entscheidet er sich dagegen „mit den meisten, daß der zweite ἕως-ἄν-Satz von Mt hinzugefügt wurde", vgl. a. P. FOSTER, Community 172f (vgl. 176), wonach „almost uniformly" 18d als mt Redaktion gilt.

[699] So zu Recht I. BROER, Freiheit vom Gesetz 42, vgl. a. P. FOSTER, Community 176. 189f.192–194.

[700] So ausdrücklich TH. ZAHN, Mt 210–215; A. SCHLATTER, Mt 154, der aber – im Unterschied zu Zahn – hinzufügt: „Das Gesetz des Himmelreichs und das des Mose sind nicht dasselbe." Das Bekenntnis zum „gebietenden Inhalt der Schrift" dient dazu, den Jüngern deutlich zu machen, dass Jesu Lehre „nicht als Ungehorsam gegen die Schrift und als Ermächtigung zum Bösen verstanden werde"; I. BROER, Freiheit vom Gesetz 48; J. LAMBRECHT, Ich aber sage euch 80; A. SAND, Mt 107.

(a) Meistens wird diese Deutung in der Weise vertreten, dass Matthäus das Q-Logion, das aus 18(a).b.c bestand (s.o. Anm. 697), durch den zweiten Temporalsatz im Hinblick auf das Tun *verstärkte*. Die Tora besteht demnach nicht nur ewig (so verstehen die meisten Vertreter V. 18b.c dieses häufig als „ethische Deutung" bezeichneten Auslegungstyps[701]),[702] sondern sie soll auch – solange sie besteht – *getan* werden.[703] Konsequenterweise heißt das dann, dass der Evangelist nicht nur ein positives Bekenntnis zur Unvergänglichkeit der Tora in allen ihren Einzelheiten aufnimmt, sondern es durch seine redaktionelle Bearbeitung sogar noch verstärkt, indem er das Tun derselben noch hervorhebt und so „das Halten *aller* Einzelgebote der Tora" (U. Luz, Mt I[1-4] 239/I[5] 318) den Christen zur Aufgabe macht. Diese logische Konsequenz sind allerdings nur die Wenigsten bereit zu ziehen, weil dies weitreichende Folgen für das Gesamtverständnis sowohl des ganzen Evangeliums wie auch der mt Gemeinde nach sich zieht. Ulrich Luz ist hier hervorzuheben, der aufgrund seiner Erklärung von V. 18 behauptet, dass *Matthäus seine Gemeinde auf einen vollständigen Toragehorsam verpflichtete* und entsprechend auch die übrigen Gesetzesstellen im Evangelium auslegt. Darin hat er inzwischen einige Unterstützung gefunden.[704]

---

[701] J. LAMBRECHT, Ich aber sage euch 83; G. STRECKER, Bergpredigt 58; U. LUZ, Mt I[1-4] 237/I[5] 315f; M. VAHRENHORST, »Ihr sollt überhaupt nicht schwören« 244; vgl. R. BANKS, Matthew's Understanding 235, (b) und die dort Anm. 30 genannten Vertreter.

[702] U. LUZ, Mt I[1-4] 236f/I[5] 314f, der 5,18b im Sinne von „niemals" verstanden wissen will, so auch G. STRECKER, Bergpredigt 58. Die Literatur darüber ist umfangreich, beide Positionen stehen sich alternativ gegenüber, vgl. R. BANKS, Matthew's Understanding 234, u. die abwägende Darstellung bei I. BROER, Freiheit vom Gesetz 43–45, der – ausgehend von V. 17, worin er Jesu „positive Stellung zum Gesetz" ausgedrückt sieht – auch in V. 18 das Gewicht auf „niemals" sieht, allerdings eingeschränkt „in diesem Äon" (44). Zu weiteren Vertretern dieser Lösung s. D. A. HAGNER, Mt I 107, der selbst allerdings die Ansicht vertritt, dass damit ein *Zeitlimit* angesagt ist; so auch u.a. J. WELLHAUSEN, Mt 18 [194]; CH. HEUBÜLT, Beitrag 143.147; R. A. GUELICH, Sermon 144; J. LAMBRECHT, Ich aber sage euch 82; H. WEDER, «Rede» 93; DAVIES/ALLISON, Mt I 490; H. D. BETZ, Sermon 183f (ohne Rückgriff auf Mt 24,35); D. C. SIM, Apocalyptic Eschatology 113f; P. FOSTER, Community 193f. Die altlateinische, aber sehr späte Handschrift Codex Colbertinus (12./13. Jh.) fügt an das Versende Mt 24,35 direkt an und bringt damit unmissverständlich zum Ausdruck, dass das Gesetz vergeht, die Worte Jesu aber bleiben werden.

[703] Vgl. als ein weiterer wichtiger Vertreter dieses Typus I. BROER, Freiheit vom Gesetz 48: Darum „kann Vers 18d nur so verstanden werden: bis das Gesetz in allen Einzelheiten geschieht = getan wird." Er betont aber ausdrücklich, „daß auch diese Lösung ihre Aporien hat", nämlich die von W. TRILLING, Das wahre Israel 169; J. P. MEIER, Law 53f, und anderen betonte Schwierigkeit, γίνεσθαι im Sinne von *tun* zu interpretieren (s.o. Anm. 561) u. unten S. 352f. Einen Ausgleich zwischen ethischer und heilsgeschichtlicher Auslegung (bei der das ethische Element allerdings dominiert) vertritt J. LAMBRECHT, Ich aber sage euch 83.

[704] Vgl. a. Mt I[1-4] 241/I[5] 322, wo aus dem einen Jota und dem einen Strich dann „Jotas und Häkchen" (im Plural) geworden sind, die er – ohne nähere Begründung – aufgrund von V. 19 und der rabbinischen Unterscheidung von leichten und schweren Geboten zu solchen des „Ritualgesetzes" macht, deren Einhaltung ebenfalls für die Jünger Jesu verpflichtend sei.

(b) Georg Strecker dagegen, der traditionsgeschichtlich wie Luz urteilt[705], nimmt dieser redaktionellen Einfügung zugleich wieder ihr Gewicht, indem er aufgrund der gesetzeskritischen Stellen des Evangeliums (die er anders als Luz als teilweise Aufhebung versteht [s. Gerechtigkeit 146f]), dann doch eine „kritische Sichtung der alttestamentlichen Forderungen" erkennen will, die es ihm (bzw. dem Evangelisten) erlaubt, dann doch wieder, am Maßstab der Liebe gemessen, „wesentliche Teile des alttestamentlichen Gesetzes für ungültig [zu] erklären."[706] In seinem Bergpredigtbuch trägt das πάντα in 18d diese Deutung, indem es auf die »Antithesen« verweise (wie dies syntaktisch möglich sein soll, macht er allerdings nicht klar), so dass ausgeschlossen sei, dass „Jesus und seine Nachfolger sklavisch am Wortlaut des alttestamentlichen Gesetzes hängen" (58). Versucht man dieses *Ja und Nein* zu ordnen, dann ergibt sich folgender Vorgang: Matthäus übernimmt aus „der judenchristlichen Gemeinde ..., in der man sich an jede Einzelheit der alttestamentlichen Tora klammerte" (59), die Grundform des Logions 18b.c und ergänzt es durch 18d, um zu betonen: „Das Gesetz kann und darf nicht vergehen, damit alles verwirklicht werde, was es fordert" (58). Ausdrücklich wendet er sich mit dieser Aussage *gegen* eine Auslegung, „als ob die Absicht ausgesprochen sei, der heilsgeschichtliche Wille Gottes möge in Erfüllung gehen", und plädiert für den „ethischen Sinn" (ebd.). Gleichzeitig will der Evangelist durch πάντα aber ausdrücken, dass es so wörtlich dann doch nicht gemeint sei. Hier muss die Frage erlaubt sein: Warum hat der Evangelist dann 18d (oder V. 18 überhaupt) nicht einfach weggelassen?

(c) Der bei Strecker erkennbaren Schwierigkeit entgeht Eduard Schweizer in einem Aufsatz von 1952 (um sie dann in mehreren Arbeiten weiter zu verfolgen und zu modifizieren), indem er den zweiten Temporalsatz auf „das Erfülltwerden des *Gesetzes* durch das Verhalten Jesu und seiner Jüngerschaft" bezieht.[707] Mit diesem habe der Evangelist eine ältere judenchristliche Sentenz korrigiert, die aus 18a–c.19 bestand und deren Ziel es war, gegen 5,17 und eine gesetzeskritische Haltung, wie sie den »Hellenisten« zuge-

---

Zur Kritik daran s. D. SCHELLONG, Christus fidus interpres Legis 662f.672f. Übernommen wird diese nomistische Position u.a. von J. A. OVERMAN, Mt 77f (allerdings erscheint mir das angesichts dessen, was er S. 79f ausführt, mehr eine Schutzbehauptung gegen Angriffe von außen zu sein und nicht wirklich das, was in der Gemeinde galt); M. VAHRENHORST, »Ihr sollt überhaupt nicht schwören« 245.248f: „Der Tora wird nichts von ihrer Geltung genommen, sie ist im Großen wie im Kleinen zu tun und zu lehren."

[705] „Matthäus hat durch den redaktionellen Zusatz seine Vorlage (V. 18b.c), die ursprünglich ohne funktionelle Beziehung die Unvergänglichkeit des Gesetzes aussagte, in Richtung auf die praktische Verwirklichung ausgelegt und damit die uneingeschränkte Geltung des Gesetzes betont" (Gerechtigkeit 144, vgl. a. 141: „Zur Radikalisierung der ethischen Forderung gehört, daß das Gesetz quantitativ-total erfüllt werden soll"; Bergpredigt 57f).

[706] Gerechtigkeit 147.

[707] Gesetz und Enthusiasmus 51 (Hhg.R.D.), vgl. DERS., Anmerkungen 404.

schrieben wird, die bleibende Bedeutung auch der kleinsten Einzelgebote der Tora zu verteidigen. Nach Schweizer nimmt Matthäus dieses Logion auf, doch gibt er ihm mit 18d einen veränderten Sinn:

„Ein Teil der Urgemeinde hat vor Matth. V. 18f. formuliert in der Abwehr gegen eine Lehre, die nicht mehr das ganze Gesetz für verbindlich erklärte. Matth. übernimmt sie, interpretiert sie aber dahin, dass diese immerdauernde Geltung des Gesetzes bestehe, «bis alles geschieht». Dabei geht es ihm *keineswegs mehr um das Weiterbestehen der Einzelgebote* wie seiner Tradition; sondern um die weit grundsätzlichere Frage, ob und wie das Gesetz als ganzes eine Erfüllung gefunden habe. Er antwortet mit der These, Jesus habe Gesetz und Propheten zur Erfüllung gebracht. Nun aber nicht so, dass sein Leben und Sterben das von ihnen Geforderte im Gehorsam «erfüllt»; sondern so, dass er als der Bringer der neuen Tora ihr erfüllendes Ziel darstellt. Inhalt dieser Tora aber ist die Nächstenliebe, die Barmherzigkeit, die an die Stelle der Opfer tritt und ihre Geltung allein vor Gott, nicht im Grosssein vor Menschen sucht. Eben das ist die «bessere Gerechtigkeit», die in den folgenden Versen verkündigt wird und die in der Gemeinde Jesu «geschieht». So setzt sich das Gesetz und Propheten zur Vollendung bringende Tun des Messias in seiner Gemeinde fort. Wo das geschieht, da wird kein einziges Gebot «aufgelöst» – es findet ja hier seine «Erfüllung» –, und doch sind so radikale Sätze möglich, wie sie in V. 21ff. stehen."[708]

Bei Schweizer oszilliert das Verständnis von 18d zwischen dem Erfüllen durch Tun und einem heilsgeschichtlichen Erfüllen, das dem Tun eine neue Richtung gibt. Deutlicher als für Strecker markiert für ihn 18d einen Bruch mit der zugrunde liegenden Tradition, indem diese konsequent im Hinblick auf die Lehre Jesu und seine Gebote ausgerichtet wird. Schwierig bleibt allerdings, dass dadurch ein Bruch innerhalb des Logions entsteht, da die Versteile 18a-c entgegen ihrer eigenen Intention ausgelegt werden. Schweizer hat seine Lösung später revidiert (s.o. Anm. 697), ohne dass dies die Auslegung von 18d verändert hätte.[709]

---

[708] Anmerkungen 404f, vgl. DERS., Gesetz und Enthusiasmus 51–53.

[709] Dabei versteht er 18b als ein „streng judenchristliche[s] Wort, daß bis zum Ende der Welt nichts vom Gesetz vergehe", das Matthäus allerdings nicht in seinem ursprünglichen Sinn verstanden wissen wollte, sondern in Übereinstimmung mit seiner Interpretation von V. 17. Dort aber meint „Erfüllen", dass alles, was Gesetz und Propheten ansagten, durch Jesu Lehre und sein gehorsames Tun erfüllt worden ist. Entsprechend lege Matthäus den eingefügten Satzteil „so aus, daß alles, was das Gesetz will, wirklich geschehen, wirklich erfüllt werden müsse." Dies aber geschieht in „Jesu Lehre und Tat und in seiner Jüngerschar, die seine Lehre und Tat weiterführt" (Mt 64, vgl. Noch einmal 84f). Die Frage bleibt allerdings auch hier, wieso Matthäus dann überhaupt 18b einfügt, wenn er ihn dann gegen seine ursprüngliche Intention interpretieren muss. Um eine Tautologie mit 18d zu vermeiden, muss Schweizer zusätzlich dem zweiten ἕως ἄν finalen Charakter verleihen (s.u. Anm. 719), so dass der Vers so zu verstehen ist: das Gesetz bleibt, solange die Erde besteht, *damit* das (seit Jesus durch sein Tun und Lehren erfüllte) Gesetz in Gestalt der Nächstenliebe von den Jüngern Jesu auch wirklich getan wird. Die Schwierigkeit dieser Auslegung ist, dass sie – obwohl Schweizer die Probleme deutlich sieht – grundsätzlich der *nomistischen* Deutungslinie folgt, auch wenn sie versucht, diese mit dem prophetischen Erfüllungsgedanken in Übereinstimmung zu bringen. Diese Korrelierung von V. 17 (Jesus erfüllt das Gesetz durch

(d) Den genannten Problemen entgehen diejenigen, die V. 18 *als Ganzes* (oft zusammen mit V. 19) einer toraobservanten judenchristlichen Richtung zuweisen.[710] Aber auch sie verstehen V. 18d in ethischem Sinn als Betonung des Tuns, doch wird in der Regel der Evangelist nicht mit dieser Position verbunden, d.h. eine der Hauptschwierigkeiten der an Strecker gezeigten Argumentation entfällt. Die Möglichkeiten, den Evangelisten inhaltlich vom Nomismus der Verse 18f zu entbinden, sind vielfältig, aber ebenfalls nicht immer überzeugend. Denn immer ist die Frage zu klären, warum er überhaupt diese Verse überliefert, wenn sie seiner Meinung so sehr zuwider laufen.

Berühmt wurde Mansons Versuch, darin eine später missverstandene ironische Bemerkung Jesu gegen das Toraverständnis der Pharisäer zu sehen.[711] Aber auch Walker kommt zu dem Ergebnis, dass Matthäus „5,18f. durchaus nicht wörtlich" nehme.[712] G. D. Kilpatrick vertritt eine starke Übernahme jüdischer Traditionen *nach* 70 durch die mt Gemeinden (u.a. seine Quelle „M", zu der auch 5,17.19f gehört habe, während er 5,18 Q zurechnet [17f.24]).[713]

Der überzeugendste neuere Versuch, 5,18f unter Voraussetzung einer solchen konservativ-judenchristlichen Herkunft mit dem Gesamtduktus des Evangeliums zu verbinden, stammt von Hans-Joachim Eckstein, der darin die *apologetische Aufnahme* des Anliegens von „auf Toraobservanz und exklusive Erwählung Israels bestehenden Judenchristen" durch den Evangelisten sieht.[714] Nach ihm integriert Matthäus *bewusst* die seiner eigenen Intention widersprechende „konservativ-judenchristliche" Überlieferung in 5,18f, um sie im Rahmen seiner Gesamtdarstellung „zu vermitteln"[715]. Er überwindet die darin enthaltene „juden-

---

seine *Lehre*) mit 18d als mt Redaktion, die diesen Gedanken korrigierend an das ältere, Toraobservanz fordernde Logion anfügt, findet sich häufig. Dann bedeutet 18d nichts anderes als „die gänzliche Durchsetzung des Willens Gottes" und die geschieht durch „Jesu Lehre", so – wenn auch im Detail mit vielen Modifizierungen – u.a. G. BARTH, Gesetzesverständnis 65 (vgl. 60f); H.-TH. WREGE, Überlieferungsgeschichte; C. HEUBÜLT, Beitrag 143.147; R. A. GUELICH, Sermon 145; J. LAMBRECHT, Ich aber sage euch 82; P. STUHLMACHER, Gesetz der Freiheit 290f; P. FOSTER, Community 194f.

[710] Bei Vertretern dieser Position fehlt in der Regel eine Stellungnahme zu der besonderen syntaktischen Formung des Logions. Diese ist jedoch auch dann zu erklären, wenn der Vers als Ganzer für traditionell angesehen wird. Zudem wird im Rahmen einer solchen Pauschalzuweisung oft nicht klar, wie die Beziehung des Logions zu Lk 16,17 bzw. Q zu werten ist. Denn zu überlegen ist doch, inwieweit sich eine Zuweisung an streng judenchristliche Kreise mit einer Herkunft aus Q verträgt, was aber vielfach ohne weitere Begründung vorausgesetzt wird.

[711] The Sayings of Jesus, London 1954, 135.

[712] R. WALKER, Heilsgeschichte 135f.

[713] Origins 101–123.

[714] Weisung 391, vgl. 395f; DERS., ,bessere Gerechtigkeit' 301f. Zu vergleichbaren älteren Ansätzen in dieser Richtung s. P. FOSTER, Community 190–194. Zu seiner eigenen Lösung, die ähnlich der Position von Luomanen ist, s. 196f.209–215.

[715] ,bessere Gerechtigkeit' 301; DERS., Weisung 400f; ähnlich auch W. ZAGER, Ethik der Bergpredigt 7f. Vergleichbar in der älteren Literatur schon H.-TH. WREGE, Überlieferungsgeschichte 40.45 (allerdings nur für die mt Vorlage 18b.c.19); I. BROER, Freiheit vom Gesetz 124–126, der allerdings stärker ein ausgleichendes Element für den Evangelisten annimmt, der „in beiden Anschauungen, sowohl in der konservativen als auch in der torakritischen

christliche Forderung", indem er sie durch 5,17 und 7,12 rahmt und ihr dadurch eine jesuanische Interpretation entgegenstellt.

Ebenfalls im Sinne einer apologetischen Aussage versteht Petri Luomanen Mt 5,17–20, der darin einen weitgehend redaktionellen Text sieht (bei ihm fehlt die Sonderstellung der Verse 18f). Er betont einerseits in seiner Auslegung der Verse deren nomistische Tendenz, andererseits sieht er die Spannungen, die daraus für das übrige Evangelium erwachsen und stellt die Frage: „Why is there such an emphasis on the 'iotas and dots' of the law if in the last analysis all that matters are Jesus' words (7:24–28; 28:16–20) and the practice of the love command (25:31–46)?" Die Antwort darauf sucht er im Unterschied zu Eckstein und anderen *nicht* in einer innergemeindlichen bzw. innerchristlichen Konfrontation (vgl. 90: „there is not necessarily any burning strife between the conservatives and liberals within Matthew's own community"), sondern in der sozialgeschichtlichen Situation der mt Gemeinde: sie bildet innerhalb des Judentums eine Neugründung („deviant group"), die aber ihrem Selbstverständnis nach mit den Idealen der Ausgangsgruppe in Übereinstimmung steht. Dazu bedarf es einer *Legitimierungsstrategie*, um den kritischen Anfragen der Mehrheitsgruppe begegnen zu können und um die eigene Gruppe in ihrer Überzeugung zu vergewissern. Dazu redigierte Matthäus s.E. die Verse 17–20 als Eingangsstatement, das aber nur begrenzt seine eigene Position wiedergibt. Das Ziel desselben ist: „nothing new has come into existence" (88). Gründlicher kann man m.E. Matthäus nicht missverstehen.[716]

Auswertung und Kritik: Ausgangspunkt aller dieser Lösungen ist, dass V. 18 bzw. die vorredaktionellen Teile davon nicht oder nur bedingt (so Broer) das zur Sprache bringen, was Matthäus eigentlich sagen will, und darum nicht wörtlich zu verstehen sind, sondern uminterpretiert werden müssen, weshalb der Vers auch nicht ganz oder in Teilen auf Jesus selbst zurückgeführt werden darf.[717]

Wichtigstes *formales Argument* für die ethische Auslegung von 18d im Sinne eines Tun des Gesetzes ist die Vermeidung einer *Tautologie* zwischen 18b und 18d.[718] Denn wenn 18b auf die Endereignisse zu beziehen ist, dann

---

zutreffende und für ihn übernehmbare Gesichtspunkte gefunden und dies durch Übernahme und Gegenüberstellung von Logien aus beiden »Lagern« zum Ausdruck gebracht" habe (125).

[716] Vgl. auch den letzten Satz der Arbeit (Entering the Kingdom of Heaven 286): „Thus the interpretations that regard Jesus' words and deeds as the indicative starting point for Matthew's use of salvation are too Christian to meet Matthew's own understanding. His Jesus did not come to establish anything new but to fulfill what is old." Wie sich dies mit Luomanens Auslegung von Mt 11,12–15 verträgt, wo er den Täufer als „watershed in the salvation history" beschreibt und dann fortfährt: „From now on, the law and the prophets have lost their predictive function; they are fulfilled in Jesus' message and activity (cf. 5:17)" (ebd. 116), bleibt mir unklar.

[717] Vgl. I. BROER, Freiheit vom Gesetz 48; R. A. GUELICH, Sermon 145; U. LUZ, Mt I[1–4] 230/I[5] 307. Anders W. D. DAVIES, Matthew 5:17, 18, (64f); R. BANKS, Matthew's Understanding 238. Für eine im Kern jesuanische Komposition der Verse 17–19 s. dagegen Y.-E. YANG, Jesus and the Sabbath 107f m. Anm. 32, wo er weitere Vertreter dieser Position nennt.

[718] Eine solche behaupten u.a. LOHMEYER/SCHMAUCH, Mt 108; H. HÜBNER, Gesetz 16–18 u. jetzt wieder mit guten Gründen W. PETERSEN, Eigenart 176f, vgl. a. M. VAHRENHORST, »Ihr sollt überhaupt nicht schwören« 243–245, der die ethische Deutung vertritt: „Das

erscheint es „angesichts der beobachtbaren schriftstellerischen Tätigkeit des ersten Evangelisten … in höchstem Maße unwahrscheinlich", dass er eine solche durch die Einfügung von 18d herstellte.[719] Dieses Argument ist allerdings doch ein wenig verwunderlich und in keiner Weise überzeugend, da Doppelungen geradezu zum Markenzeichen des Matthäus gehören. In seiner rhetorischen Analyse der Bergpredigt kommt Walter Petersen zu einem völlig entgegengesetzten Ergebnis, indem er den zweiten ἕως ἄν-Satz „als eine variierende Wiederaufnahme (Epanalepse) des ersten" versteht. Der Stil wird dadurch „archaisch", Petersen meint sogar, dass man sich dadurch „an Homer mit seiner epischen Breite erinnert" fühlt.[720]

Aber nicht nur das wichtigste formale Argument erweist sich als nicht überzeugend, auch die zweite grundlegende Voraussetzung der ethisch-tora-bezogenen Deutungsvariante, nämlich die für γίνεσθαι anzunehmende Bedeutung von „getan werden" hält einer näheren Überprüfung nicht stand. Zwar verweisen Luz und andere auf 6,10; 26,42 (γενηθήτω τὸ θέλημά σου), geben aber selbst zu, dass dies „nicht der nächstliegende Sinn ist" (U. Luz, Mt I$^{1-4}$ 237/I^5 315). Ich glaube, dass diese Deutung überhaupt unmöglich ist, da es auch in 6,10 und 26,42 nicht vorrangig um das menschliche Tun von Gottes Willen geht, sondern um die Verwirklichung von Gottes Heilsplan.

Das hat schon Eduard Schweizer richtig gesehen, wenn er feststellt, dass für Matthäus ἕως ἄν πάντα γένηται in 18d nichts anderes bedeutet als πληρῶσαι in V. 17: „(heilsgeschichtlich) «zur Erfüllung bringen», nämlich durch das Kommen Jesu"[721]. Dass γίνεσθαι bei Matthäus

---

zweite Glied betont also, dass die Tora solange gilt, wie ihre Gebote auf Erfüllung warten und schreibt damit die Aussage des ersten Gliedes fort: Die Tora hat Bestand und ist vollständig zu tun" (245).

[719] I. BROER, Freiheit vom Gesetz 45, vgl. 35 m. Anm. 63 u. 47f m. Anm. 97; U. LUZ, Mt I$^{1-4}$ 237/I^5 315: er will „dem Evangelisten nicht eine bloße inhaltliche Wiederholung des ersten Finalsatzes (sic!) zumuten …, die sprachlich überdies noch ungeschickt wäre". Die fälschliche Bezeichnung des temporalen Nebensatzes als Finalsatz (richtig dagegen 229/307) rührt wohl daher, dass E. SCHWEIZER, mit dem sich Luz an dieser Stelle auseinandersetzt, eine finale Bedeutung von ἕως ἄν zu behaupten versuchte (Gesetz und Enthusiasmus 51 Anm. 7; teilweise modifiziert in DERS., Noch einmal 83, vgl. a. DERS., Mt 64: ἕως sei mit „damit (bis dahin)" zu übersetzen; zur Kritik daran s. J. P. MEIER, Law 48 Anm. 23.

[720] W. PETERSEN, Eigenart 177. Er weist ferner darauf hin, dass ἕως ἄν πάντα γένηται die zweite Hälfte eines Hexameters bildet und sich γένηται als letztes Wort desselben auch bei Homer finde, z.B. Od. 4,588; 5,299=5,465; 6,201; Il. 3,110; 11,471. Als vom Sinn her verwandte Abschlussformulierung verweist er auf das homerische νῦν πάντα τελεῖται Od. 5,302 und Il. 2,330. Besonders die zweite Stelle ist von Bedeutung, denn da ist der Satz Abschluss der Deutung eines „großen Vorzeichens" (μέγα σῆμα [308]) durch den Priester Kalchas. Erst im zehnten Jahr werden die Griechen Troia erobern: κεῖνος τὼς ἀγόρευε· τὰ δὴ νῦν πάντα τελεῖται „So verkündete jener, und jetzt wird alles vollendet" (Übers. H. Rupé). Es geht also um ein zukünftiges Ereignis, dessen Vollendung aber mit den unmittelbar darauf beginnenden Geschehnissen beginnt.

[721] Anmerkungen 400, so auch R. BANKS, Matthew's Understanding 235; J. P. MEIER, Law 53f m. Anm. 38, wo er auf Mt 26,54.56 als „the perfect commentary" zu 26,42 verweist;

die Funktion eines Erfüllungsterminus besitzt, geht aus Mt 1,22 (τοῦτο δὲ ὅλον γέγονεν ἵνα πληρωθῇ ...), 21,4 (τοῦτο δὲ γέγονεν ἵνα πληρωθῇ ...) und 26,56 (τοῦτο δὲ ὅλον γέγονεν ἵνα πληρωθῶσιν αἱ γραφαὶ τῶν προφητῶν), jeweils gefolgt von einem Hinweis auf eine bestimmte Prophetenstelle bzw. auf die Propheten allgemein, unzweideutig hervor (dazu auch noch 26,54, wo Jesus Petrus fragt: πῶς οὖν πληρωθῶσιν αἱ γραφαὶ ὅτι οὕτως δεῖ γενέσθαι): das, was *geschehen* ist, *ist* die Erfüllung der prophetischen Verheißungen. In 24,6 (parr. Mk 13,7; Lk 21,9) folgt auf die prophetische Ankündigung Jesu μελλήσετε δὲ ἀκούειν πολέμους καὶ ἀκοὰς πολέμων die Begründung δεῖ γὰρ γενέσθαι, ἀλλ᾽ οὔπω ἐστὶν τὸ τέλος. Das lässt sich durchaus übersetzen mit „denn es muss sich so *erfüllen* ...". So auch in 24,34 parr. Mk 13,30; Lk 21,32: ἀμὴν λέγω ὑμῖν ὅτι οὐ μὴ παρέλθῃ ἡ γενεὰ αὕτη ἕως ἂν πάντα ταῦτα γένηται „... bis dieses alles sich erfüllt".[722] In 28,11 verweist ἄπαντα τὰ γενόμενα auf die unmittelbar davor stattgefundenen Ereignisse, was R. G. Hamerton-Kelly zum Anlass für eine originelle Lösung genommen hat (s.u. Anm. 732).

Damit stellt sich die Frage nach den alternativen Interpretationen, die von Luz am Ende unter den Rubriken *heilsgeschichtlich* und *christologisch* angedeutet und verworfen wurden.[723]

3.2.2 ἕως ἂν πάντα γένηται *ist auf das Eintreten der in der »Tora« enthaltenen Erwartungen zu beziehen*[724]

Die gewählte Überschrift versucht eine Festlegung auf *heilsgeschichtlich* oder *christologisch* zu vermeiden, die sich m.E. nicht strikt trennen lassen, da beide in Jesus den entscheidenden Wendepunkt für die weitere Geltung der Tora sehen: Bei der christologischen Auslegung steht häufig ein Gal 4,4f

---

O. HANSSEN, Verständnis 106–108; R. E. MENNINGER, Israel and the Church 110; Y.-E. YANG, Jesus and the Sabbath 113. Auch hier gilt: Wenn Matthäus will, dass etwas getan werden soll, dann sagt er dies auch deutlich, vgl. etwa 7,12 (ebenfalls mit πάντα).

[722] Eine Parallele für diesen Sprachgebrauch findet sich auch in 2Kor 1,19: „Denn der Sohn Gottes, Jesus Christus, der unter euch durch uns verkündigt worden ist, nämlich durch mich und Silvanus und Timotheus, wurde nicht 'ja' und 'nein', sondern in ihm/durch ihn *geschah* (erfüllte sich) das Ja" (ὁ τοῦ θεοῦ γὰρ υἱὸς Ἰησοῦς Χριστὸς ὁ ἐν ὑμῖν δι᾽ ἡμῶν κηρυχθείς, δι᾽ ἐμοῦ καὶ Σιλουανοῦ καὶ Τιμοθέου, οὐκ ἐγένετο ναὶ καὶ οὒ ἀλλὰ ναὶ ἐν αὐτῷ γέγονεν). Gemeint ist, das macht V. 20 deutlich, dass Jesus das Ja Gottes auf alle „Verheißungen" (ἐπαγγελίαι θεοῦ) war. Dass sie in ihm „geschahen", bedeutet darum nichts anderes, als dass sie in und mit ihm Realität wurden, d.h. sich in ihm *erfüllten*. H.-J. KLAUCK, 2Kor 25, übersetzt entsprechend: „in ihm ist das Ja verwirklicht."

[723] Mt I[1-4] 237/I[5] 316. Die Terminologie schwankt hier sehr stark, vgl. R. BANKS, Matthew's Understanding 235: Was bei Luz christologisch genannt wird, rechnet Banks dem heilsgeschichtlich-eschatologischen Auslegungstypus zu. J. GNILKA, Mt I 144 warnt zudem davor, „die ethische und die christologische" Deutung gegeneinander auszuspielen, neigt aber offenbar dazu, der christologischen Interpretation von 18d den Vorrang zu geben (145), die durch den betonten Rückgriff auf Mt 24,34 allerdings eine stark eschatologisch-heilsgeschichtliche Färbung erhält. Das zeigt immerhin die Schwierigkeiten der hier gebrauchten und zumeist nicht definierten Etiketten.

[724] Vgl. LOHMEYER/SCHMAUCH, Mt 108, unter Verweis auf Mt 11,13: So wie die Propheten nicht nur Weissagung, sondern auch Forderung enthalten, so ist die Tora nicht nur Gebot, sondern auch Weissagung.

entlehntes Verständnis von πάντα γένηται im Mittelpunkt, das in Jesu vollkommenem Gehorsam, seinem Leben und Werk die Erfüllung der Tora sieht.[725] Mit dieser stellvertretenden Erfüllung für alle Menschen verliert die Tora bzw. „Gesetz und Propheten" als Einheit ihren imperativen, fordernden und richtenden Charakter. Seine Aufgabe ist erfüllt und an ihr Ende gekommen (sozusagen Mt 11,13 im Licht von Röm 10,4). Diese Position ist in der gegenwärtigen Diskussion kaum präsent, sie wurde aber im letzten Jahrhundert vielfach und prominent vertreten, u.a. von Adolf Schlatter, der zu 18d schreibt:

„Jesus spricht ... nicht von dem, was die Gemeinde zu leisten habe, sondern beschreibt sein eigenes Ziel. ... Nicht daß das Gesetz vollständig *erklärt* werde, sondern daß es vollständig *geschehe*, ist das messianische Werk. Daran ist kein Zweifel möglich, daß Mat. im Blick auf den Ausgang Jesu geurteilt hat: alles, was die Schrift geboten hat, ist geschehen; der ganze Gehorsam, πᾶσα δικαιοσύνη, ist vollbracht."[726]

Der gründlichste aktuelle Vertreter der christologischen Deutung ist Robert Guelich mit seinem Bergpredigt-Kommentar.[727] Er kommentiert ausführlich die sog. heilsgeschichtliche Auslegungsrichtung (zu der er Banks, Schweizer, Davies und insbesondere Meier rechnet) und beschreibt dann seine eigene im Verhältnis dazu: „This view recognizes the strengths of the second but is more comprehensive in its christology and closer to the Matthean redaction in this immediate context as well as in the broader context of the Gospel at large" (Sermon 148).

Konkret sieht seine Lösung folgendermaßen aus: Mit der Mehrheit sieht er in 18b.c eine aus Q stammende Formulierung gesetzesstrenger judenchristlicher Kreise, die auf die Einhaltung der ganzen Tora drängten (143.145), während die „eschatologically pregnant phrase" 18d mt

---

[725] Z.B. G. HARDER, Jesus und das Gesetz (Mt 5,17-20), in: Antijudaismus im Neuen Testament?, hg. v. W. P. Eckert u.a., ACJD 2, München 1967, 105–118 (111f): durch 18d überträgt der Evangelist dieses Verständnis auf seine Vorlage.

[726] Mt 157 (Hhg.R.D.). Vgl. a. TH. SOIRON, Bergpredigt 237f: „Als das restlos durch Jesus erfüllte Gesetz leitet es eine Periode der Menschheitsgeschichte ein, in der es seine allgemeine Absolutheit verloren hat und nur in dem Umfang in Geltung bleibt, in dem Jesus und die von ihm begründete, durch seinen Geist ... geleitete Gemeinde ihm Geltung verleihen"; LOHMEYER/SCHMAUCH, Mt 109f: nach ihnen gilt 5,17f allein von Jesu „Sendung und Aufgabe", während in 5,19f von „Aufgabe und Sendung der Jünger" geredet wird (111); P. GAECHTER, Mt 165: „Im Messias Jesus ... erreicht das A. T. in jeder Hinsicht seinen Höhepunkt und Abschluß, indem es Jesus bis zum allerletzten erfüllt." Ebenfalls hierher gehört J. SCHNIEWIND, Mt 54f, der das alleinige Erfüllen durch Jesus allerdings mit einer problematischen Auslegung von V. 18 verbindet, so dass nicht klar ist, was der Gemeinde nun im Hinblick auf die Tora zu tun bleibt.

[727] Vgl. auch seine unveröffentlichte Dissertation: „Not to annul the Law rather to fulfill the Law and the Prophets." An Exegetical Study of Jesus and the Law in Matthew with Emphasis on 5,17-48, Diss. masch. Hamburg 1967. Stark an Guelich orientiert ist hier auch R. E. MENNINGER, Israel and the Church 110f.

Redaktion sei (auf seine Behandlung von 18a kann hier verzichtet werden). Ausgehend von der semantischen Nähe zwischen γίνεσθαι und πληροῦν im Matthäus-Evangelium liegt dann alles Gewicht darauf, dass Jesus die *ganze* Schrift erfüllt, von der die Tora ein Teil ist. Ausdrücklich grenzt er sich damit gegen das Verständnis der Erfüllung durch eine neue oder bessere Lehre ab: „Matthew has neither a New Moses christology nor a "rabbinic" tendency to view Jesus as the Messianic interpreter of the Law any more than did Paul (cf. Rom 13:8–10; Gal 5:14)" (148). Beleg dafür ist ihm der bereits erwähnte (s.o. Anm. 561) absolute bzw. unverbundene Gebrauch von πάντα, der absichtlich unbestimmt (und d.h. *nicht* auf νόμος in 18c bezogen) sei, um damit „the general statement about Jesus' role as the fulfillment of Scripture in 5:17" aussagen zu können (148).[728] Die nächste Parallele für Mt 5,18d sieht er in Röm 10,4: „Matthew does not view 5:21–48 and 6:1–7:12 as the exposition of how Jesus "fulfills the Law" (cf. 5:17–18) by means of his giving a New Law or a final interpretation of the Law (New Torah); rather, the content of these verses points to the new relationships and conduct indicative of the day of salvation, the fulfillment of God's promise for a new day in Jesus' ministry and declared in 5:17" (149).[729] Diese abschließende Formulierung ist eher vage formuliert und offenbart eine gewisse Schwierigkeit, die Interpretation von Guelich auf einen Nenner zu bringen. Der Grund dafür könnte m.E. darin liegen, dass er sich mit seinen Formulierungen von der heilsgeschichtlichen Auslegung abgrenzen will und darum das dort gebrauchte Vokabular meidet.

Den überzeugendsten neueren Versuch, das Problem von Mt 5,18 konsequent aus einer prophetischen Erfüllungsperspektive heraus zu lösen, stellt die Dissertation von John P. Meier dar.[730] Auch er geht davon aus, dass der

---

[728] Vgl. im Unterschied dazu das mt πάντα ταῦτα in 13,51; 19,20; 23,36; 24,34, das durch das Demonstrativpronomen jeweils eine deutlich zusammenfassende Funktion des unmittelbar zuvor Gesagten besitzt (in 24,2 ist es auf die Aussicht bezogen, aber ebenfalls komplexiv gebraucht). Von daher ist das absolute πάντα in 18d in der Tat auffällig und muss, gerade wenn man darin mt Redaktion sieht, auch entsprechend erklärt werden. Vgl. a. E. SCHWEIZER, Noch einmal 83.

[729] Bezogen auf das Gesetz formuliert GUELICH eine paradoxe Spannung: „The Law continues to be in force; but the Law ceases to be in force" (148). Ein möglicher Beleg für eine solche Einstellung zum Gesetz, die um seine Gültigkeit wie um seine Relativierung im Kontext des Reiches Gottes weiß, ist das apokryphe Jesuslogion Lk 6,5 im Codex Bezae Cantabrigiensis: „Am selben Tag sah er (= Jesus) einen, der am Sabbat arbeitete, und sprach zu ihm: Mensch, wenn du weißt, was du tust, selig bist du; wenn du es aber nicht weißt, bist du verflucht und ein Übertreter des Gesetzes." Nach L. DOERING, Schabbat. Sabbathalacha und -praxis im antiken Judentum und Urchristentum, TSAJ 78, Tübingen 1999, 438–440 stammt das Logion wahrscheinlich aus judenchristlichen Kreisen. Das in ihm benannte 'Wissen' könnte wie in Röm 14,22b–23a darin bestanden haben, dass er um die Freiheit vom Gesetz im angebrochenen neuen Äon weiß (439). Nach O. HOFIUS gehört es zu den „mit Sicherheit überlieferungsgeschichtlich unableitbare[n] Agrapha", gleichwohl sieht er darin kein echtes Jesuswort (Versprengte Herrenworte, in: Neutestamentliche Apokryphen in deutscher Übersetzung I: Evangelien, hg. v. W. Schneemelcher, Tübingen ⁵1987, 76–79 [78f]). JOACH. JEREMIAS gibt dem Vers eine Auslegung, die inhaltlich an Mt 5,17–20 anknüpft und die Seligpreisung davon abhängig macht, ob die Arbeit, die der Mann tut, „ein Werk der Liebe" ist, d.h. die Liebe als Erfüllung der Tora bestimmt auch hier seine Auslegung (Unbekannte Jesusworte, 3. Aufl. unter Mitarb. von O. Hofius, Gütersloh 1963, 63).

[730] Law 46–65 zu Mt 5,18, als Zusammenfassung s. 164–166.

zweite ἕως-Satz redaktionell ist. In 18b sieht er eine zeitliche Begrenzung der Gültigkeit des Gesetzes ausgesprochen und γένηται in 18d „most probably refers to the occurence of prophesied events" (57). Sein Ausgangspunkt ist eine Grundform des Logions, die er in 18b.c (ἕως ἂν παρέλθη ὁ οὐρανὸς καὶ ἡ γῆ, ἰῶτα ἓν ἢ μία κεραία οὐ μὴ παρέλθη ἀπὸ τοῦ νόμου) findet und deren Ziel es ist, die andauernde Gültigkeit des Gesetzes festzuhalten. Matthäus und Lukas hätten dann je auf ihre Weise versucht, dieser Aussage ihre Schärfe zu nehmen. Bei Matthäus finde die Relativierung zum einen dadurch statt, dass er im Rahmen seines Evangeliums durch 24,35 deutlich macht, dass das Gesetz im Unterschied zu den Worten Jesu den vergänglichen Dingen angehört, auch wenn das Vergehen erst am Ende des gegenwärtigen Äons geschehen wird. Die zweite Einschränkung der Gültigkeit des Gesetzes liegt in der Zufügung von 18d, die von 24,34 (par. Mk 13,30) beeinflusst ist und besagen will, dass die *Erfüllung* der prophetischen Erwartung die zeitliche Grenze des Gesetzes darstellt (63). Diese Erfüllung sieht Meier in Tod und Auferstehung Jesu als bereits verwirklicht an.[731]

Als Ergebnis ergibt sich daraus, dass Mt 5,18 in der von Matthäus redigierten Form *nicht* länger eine „stringent affirmation of the perduring validity of the Mosaic Law for all time" darstellt, sondern durch die redaktionelle Tätigkeit des Evangelisten seinem heilsgeschichtlichen Schema eingegliedert ist: Demnach ist die Gültigkeit des Gesetzes genauso wie die Sendung Jesu ausschließlich „zu den verlorenen Schafen des Hauses Israel" (15,24, vgl. 10,5f) *Teil des Äons, der mit Tod und Auferstehung Jesu zu Ende gekommen ist.* Mit

---

[731] Vgl. Law 38, wo er die Parallele seiner Auslegung zum Konzept der „realized eschatology" im Johannes-Evangelium ausdrücklich betont, ohne damit sagen zu wollen, „that Mt is another John". Meiers wichtigste Belegstellen dafür, dass „Mt sees the death-resurrection as the great apocalyptic event" sind Mt 27,51–54 und 28,2f.16–20 (ebd. 30–35 [35]). In Mt 28,16–20 sieht er mit aller gebotenen Vorsicht eine „Proleptic Parousia", dergestalt dass er das entscheidende Element von Jesu Abschiedswort in der Zusage seines Mitseins sieht (40). Darin, wie U. LUZ, Mt I¹⁻⁴ 238 Anm. 81/I⁵ 316 Anm. 78, ein Hauptargument gegen Meiers Ansatz zu sehen, wird diesem jedenfalls nicht gerecht. Vgl. auch W. D. DAVIES, Matthew 5: 17, 18, der in 18d einen Hinweis von Jesus selbst auf seinen bevorstehenden Tod und die damit verbundene Wende im Hinblick auf die Gültigkeit der Tora in ihrer bisherigen Form sieht (60f). Er hat allerdings Schwierigkeiten, damit 18b zu verbinden, da er die beiden Temporalsätze nicht synonym versteht. Er postuliert darum, dass das Vergehen von Himmel und Erde eine „figurative expression" sei, mit der dieser Äon bezeichnet wird, der mit Jesu Tod endet. Als Parallele verweist er dafür auf 2Kor 5,17, wo Paulus über den Gläubigen schreibt: εἴ τις ἐν Χριστῷ καινὴ κτίσις· τὰ ἀρχαῖα παρῆλθεν ἰδοὺ γέγονεν καινά. Dies ist der einzige Beleg für παρέρχεσθαι im Corpus Paulinum, das zudem auch hier in Opposition zu γίνεσθαι steht. Davies entnimmt diesem Beleg, dass für Paulus die „neue Kreatur" keine physisch nachweisbare Gestalt hat, und so ist es s.E. auch nicht zwingend, dass das Vergehen von Himmel und Erde in 5,18 auch materialiter geschehen sein muss (63). Völlig unmöglich scheint mir diese Deutung nicht zu sein, aber auch nicht sehr wahrscheinlich.

der damit stattgefundenen Wende der Zeit ist die Norm der Jüngerschaft dagegen allein das, was Jesus sie gelehrt hat (28,19).[732]

Inhaltlich nahe verwandt mit Meier interpretieren Davies und Allison V. 18: Auch sie halten den ersten Temporalsatz für ursprünglich und sehen im zweiten ἕως-Satz eine Präzisierung und zugleich Ausweitung des ganzen Verses auf die in 5,17 genannten Propheten (die sie ebenfalls als Einfügung des Evangelisten verstehen). Ausgehend von 24,34f beziehen sie wie Meier πάντα in 18d auf die eschatologischen Ereignisse (Mt I 495), wobei γίνομαι wie oben gezeigt als apokalyptischer Erfüllungsterminus verstanden wird, der „God's prophetic promises and redemptive purposes" umfasse, die sich alle erfüllen müssten, ehe Himmel und Erde vergehen. Zu Recht verweisen Davies/Allison zudem darauf, dass durch den zweiten ἕως-Satz deutlich ist, dass auch im ersten dem Gesetz eine klare zeitliche Grenze gesetzt ist. Durch die unterschiedliche Gewichtung (18b: Tora; 18d: Propheten) sind die beiden Sätze darum auch nicht tautologisch, sondern ergänzen sich, wobei 18d zugleich die Beziehung zu V. 17 herstellt (konsequenterweise müsste dann νόμος in 18c im mt Gesamtkonzept auch als Ausdruck für die *ganze* Schrift verstanden werden, was aber, so weit ich sehe, nicht geschieht[733]). Im Unter-

---

[732] Vgl. Law 65. Schon vor Meier kam R. G. HAMERTON-KELLY, Attitudes to the Law in Matthew's Gospel: A Discussion of Matthew 5:18, BR 17 (1972), 19–32, zu einem ähnlichen Ergebnis aufgrund teilweise origineller Lösungen: Für ihn ist ebenfalls der mt Teilvers 18d Schlüssel für die Interpretation der ganzen Einheit 17–20. Das damit theologisch überwundene Logion der „rigorous prophetic legalists" (27) ist s.E. allerdings in V. 17 und 18b.c zu finden (24):
Μὴ νομίσητε ὅτι ἦλθον καταλῦσαι τὸν νόμον ἢ τοὺς προφήτας·
οὐκ ἦλθον καταλῦσαι ἀλλὰ πληρῶσαι.
ἕως ἂν παρέλθῃ ὁ οὐρανὸς καὶ ἡ γῆ,
ἰῶτα ἓν ἢ μία κεραία οὐ μὴ παρέλθῃ ἀπὸ τοῦ νόμου.
Dabei verweist er auf die chiastische Form und die annähernde Symmetrie der Silben (21+12 bzw. 13 [bei ihm fälschlicherweise 12]+19). Sein entscheidendes Argument zugunsten einer Deutung von 18d als heilsgeschichtliche Epochenwende ist das πάντα γένηται, indem er ebenfalls (vgl. oben Anm. 728) absolutes πάντα und πάντα ταῦτα unterscheidet (29f). Das einzige πάντα im Evangelium „without specification" aber ist in 28,11, wo von den Grabwächtern den Hohepriestern berichtet wird ἅπαντα τὰ γενόμενα. Dies verweist s.E. auf 5,18d zurück und erklärt „that the resurrection ends the authority of the traditional halaka and replaces it with the authoritative words of Jesus" (30). Mit diesem Verständnis kann dann auch das schon in der von Matthäus übernommenen Vorlage ethisch zu verstehende πληρῶσαι von V. 17 in seiner ursprünglichen Bedeutung beibehalten werden: „To fulfill the Law now means to obey the halaka of Jesus, set out in 21–48, and summarized in 7: 12; 22: 40, as the meaning to love" (31).

[733] TH. ZAHN, Mt 210, ist einer der wenigen, der auf diese Frage überhaupt eingeht (vgl. jetzt auch P. FOSTER, Community 168f Anm. 80). Ausgangspunkt ist sein Verständnis, dass in 5,17 von Gesetz und Propheten nicht in ihrer weissagenden Funktion die Rede ist, sondern weil „es die dem Volk Israel gegebene Norm des Wohlverhaltens enthält". Er fährt dann fort: „Dies wird auch dadurch ausgedrückt, daß v. 18 anstatt Gesetz und Propheten nur noch das Gesetz genannt wird. Auch dies ist nicht irgend etwas, was *in* der Schrift zu finden ist,

schied zu Meier (und Davies' früheren Arbeiten) ist bei Davies/Allison jedoch Tod und Auferstehung Jesu nicht identisch mit dem Vergehen von Himmel und Erde in 18b, so dass mit ἕως ἂν πάντα γένηται die noch ausstehende συντέλεια τοῦ αἰῶνος (28,20) gemeint ist und nicht auf ein mit dem Geschick Jesu bereits erfülltes Geschehen zurückgeblickt wird. Die beiden Teilsätze 18b und 18d sind darum ihres Erachtens als „synonymous parallelism" zu verstehen, die wie 24,34 auf Zukünftiges verweisen. Nach dieser Auslegung beinhaltet V. 18 keine Aussage über das *Tun* der Tora, sondern sie bestätigt aufs Nachdrücklichste ihr *bleibendes Bestehen* angesichts der in V. 17 formulierten Erfüllung.

Als Konsequenz dieser Auslegung für den Umgang mit dem Gesetz ergibt sich daraus, dass Matthäus das ganze Gesetz für Judenchristen nach wie vor für verpflichtend halte, für Heidenchristen dagegen nicht (I 493).[734] Damit

---

sondern, wie schon die Erwähnung der Schriftzeichen lehrt, *die Schrift selbst* und zwar jüdischem Sprachgebrauch entsprechend *die ganze Schrift* des AT's" (Hhg.R.D.); vgl. a. J. GNILKA, Mt I 145, nach dem „der Nomos über die Thora hinausgreifend den ganzen in den Schriften, Gesetz und Propheten, verfügten Willen Gottes meint." Diese zutreffende Beobachtung gilt auch dann, wenn man weniger wie Zahn den normativen, sondern stärker den prophetischen Charakter derselben hervorhebt. Zur Bezeichnung von νόμος für das ganze AT vgl. Joh 10,34 (Zitat aus Ps 82,6, eingeleitet mit: γεγραμμένον ἐν τῷ νόμῳ, in V. 35 aufgenommen als γραφή, die nicht „aufgelöst werden kann" [οὐ δύναται λυθῆναι], d.h. λύειν gebraucht wie in 5,19); Röm 3,19 (ὅσα ὁ νόμος λέγει bezieht sich auf die unmittelbar davorstehenden Zitate, die alle aus den Propheten bzw. Schriften sind); 1Kor 14,21 (Zitat von Jes 28,11f eingeleitet durch ἐν τῷ νόμῳ γέγραπται); 4Esra 14,21.42–44, vgl. a. 4,23 (Esra klagt vor Gott, dass sein „Gesetz" [14,21: lex tua, 4,23: lex patrum nostrorum] verbrannt sei; daraufhin diktiert ihm Gott das Verlorene in 24 Büchern, d.h. in *lex* ist der gesamte alttestamentliche Kanon inbegriffen). Zu rabbinischen Belegen s. W. BACHER, Exegetische Terminologie I 197; II 231; BILL. II 542f; III 159.463. Instruktiv ist der Merkvers, der in Tan Yitro 10 (ed. Zundel p. 92b) par. TanB Yitro 8 (ed. Buber p. 37a) überliefert ist: תורה משולשת תורה נביאים וכתובים „Die Tora ist dreifach: Tora, Propheten und Schriften", d.h. in einer knappen Sentenz sind beide Bedeutungen von תורה unmittelbar hintereinander genannt: Gesamtbezeichnung der Schrift und nur der erste Teil derselben (= Pentateuch). Das zeigt, dass in Mt 5,18 unter νόμος durchaus die ganze Schrift gemeint sein kann, auch wenn im Vers davor noch von „Gesetz und (bzw. oder) Propheten" die Rede war (vgl. oben § 7/4. und S. 293f). In der handschriftlichen Überlieferung des Verses wird die nicht unbedeutende Gruppe καὶ τῶν προφήτων ergänzt (so Codex Coridethianus aus dem 9. Jh., der zu den „Handschriften besonderer Qualität" [= Gruppe II], vgl. K. u. B. ALAND, Der Text des Neuen Testaments, Stuttgart ²1989, 116.123, gehört; außerdem die Minuskelfamilie 13, dazu Minuskel 565 aus dem 9. Jh. und weitere [alii] Handschriften, die an dieser Stelle vom Mehrheitstext abweichen; auch die lat. Übers. von Irenäus bezeugt diese Lesart). Das spricht zwar einerseits dafür, dass man in νόμος den anderen Kanonteil nicht (mehr) mitgehört hat, andererseits bezeugt diese Ergänzung, dass man V. 18 in Übereinstimmung mit V. 17 als umfassende Aussage über die Schrift als Ganze verstehen wollte und nicht nur über das Gesetz.

[734] Vertreten wird diese Deutung auch von R. E. MENNINGER, Israel and the Church 108–111; vgl. a. K. CH. WONG, Interkulturelle Theologie: S.E. gebraucht Matthäus sowohl πληρῶσαι in 5,17 als auch ἕως ἂν πάντα γένηται in 5,18d mehrdeutig, so dass toratreue Judenchristen darin die Bestätigung ihrer Haltung zur Tora ebenso finden konnten wie

nähert sich diese heilsgeschichtliche Auslegung in der Frage des Gesetzes mit anderen Argumenten teilweise der Position von Luz an, was sich insbesondere bei der Interpretation von 5,20 zeigt. Das erscheint mir allerdings im Hinblick auf die Interpretation, wie sie Davies/Allison für V. 17 gegeben haben, widersprüchlich zu sein, da dort die Erfüllung der Tora durch Jesus ihre Modifizierung implizierte. Gilt diese 'messianische Tora' dann nur für die Heidenchristen? Gerade für die historische Situation des Matthäus scheint mir eine solche Möglichkeit völlig unwahrscheinlich (vgl. unten 3.3). Es fällt auch auf, dass Davies/Allison, deren Kommentar sich ansonsten dadurch auszeichnet, dass er die verschiedenen Forschungspositionen detailliert und fair darstellt, die vieldiskutierte Frage nach einer Herkunft des Logions aus dem toraobservanten Judenchristentum auf drei Zeilen abhandeln ohne selbst Stellung zu beziehen: sie halten einen „pre-Easter Sitz im Leben" für möglich, „in which case it would be plausible to think of the formulation as stemming from conservative Jewish Christians who wished to uphold the law" (Mt I 491). Diese erwogene Möglichkeit wird aber nirgends fruchtbar gemacht. Die Schwierigkeiten resultieren auch bei Davies/Allison erkennbar daher, dass der Ausgangspunkt bei dem Logion 5,18a–c (=Q) und der mt Zufügung 18d immer die Frage stellt, warum Matthäus dieses schwierige Wort übernimmt, es aber dann durch die redaktionelle Zufügung von 18d so uminterpretiert, dass es seinem eigenen Verständnis von der Tora nicht widerspricht, deren grundlegende und andauernde Bedeutung, wie sie 18b ausdrückt, aber auch nicht in Frage stellt.

Hauptargument gegen die von ihnen abgelehnte Interpretation von 18d auf die mit Jesu Tod und Auferstehung geschehene Wende, wie sie J. P. Meier[735] vertritt, ist 18b: „'until heaven and earth pass away' remains a bit awkward; we might, on the proposed interpretation, have expected Matthew to have written: 'Truly I say to you, not one jot or tittle will pass from the law until all is accomplished'" (I 494 Anm. 33), d.h. den Ausschlag gibt ihres Erachtens 18b, obwohl Matthäus durch seine Einfügung von 18d und „die Propheten" in 17a dieses übernommene Logion im Hinblick auf „God's prophetic promises and redemptive purposes" neu interpretiert habe. Der Grund für diese Unstimmigkeit liegt m.E. auf dem Gewicht, das Davies/Allison auf Jesus als neuen Mose legen.

Heidenchristen, für die die Tora nur als 'erfüllte' im Sinne der goldenen Regel gelte (42f). Ziel des Matthäus war es, dass Juden- und Heidenchristen sich gleichermaßen in der Gemeinde daheim fühlen konnten. Die Gefahr dieser Auslegung ist allerdings, dass sie die Unsicherheit der Exegese in Bezug auf die beiden Versteile zum Schlüssel ihrer Auslegung macht. Zur Kritik s.a. W. R. G. LOADER, Jesus' Attitude towards the Law, WUNT II/97, Tübingen 1997, 147.

[735] Früher auch W. D. DAVIES selbst, vgl. Matthew 5: 17, 18, wo er die These einer Zufügung von 18d noch deutlich zurückwies (61).

Zugleich wird mit diesem Argument die damit verbundene traditionsgeschichtliche These über die Herkunft von 18b.c aus toraobservantem, juden-
christlichem Milieu und die angenommene mt Redaktion in 18d als nicht
hinterfragter Deutungsansatz vorausgesetzt, obwohl die hier nur mit wenigen
Positionen angedeutete Forschungsgeschichte zeigt, dass dies nicht die einzige diskutierte Möglichkeit war. Dass Forscher wie Schweizer und Luz ihre
Position gerade an diesem Punkt änderten, weist auf die Schwierigkeiten hin,
hier zu einer klaren Entscheidung zu kommen. Das aber lässt Raum, eine
Deutung dieses Verses (samt seiner Traditionsgeschichte) auf Grundlage der
christologisch-heilsgeschichtlichen Interpretation noch einmal in einer anderen Richtung zu suchen.

*3.3 ἕως ἂν παρέλθῃ ὁ οὐρανὸς καὶ ἡ γῆ als mt (bzw. schon traditionelle)
Erläuterung gegen ein antinomistisches Missverständnis von Vers 18d*

3.3.1 ἕως ἂν πάντα γένηται als ursprünglicher Teil des Logions

Ausgangspunkt auch dieses Erklärungsversuches ist die ungewöhliche Satzkonstruktion mit den beiden parallel aufgebauten temporalen Nebensätzen. In
der Debatte, welcher der beiden ἕως-Sätze möglicherweise mt Einfügung in
eine ihm schon vorgegebene Vorlage darstellt, wurde zumeist als Konsequenz
der Herleitung aus Q/Lk 16,17 die Ursprünglichkeit der ersten Zeitbestimmung behauptet. Allerdings sind die Unterschiede zwischen der möglichen Q-
Fassung und der des Matthäus so groß, dass dies allein als Begründung kaum
ausreichen dürfte. Nimmt man dagegen das traditionelle Satzschema mit der
Nachstellung des Temporalsatzes zum Ausgangspunkt, dann spricht viel für
die Ursprünglichkeit der zweiten Zeitbestimmung.[736]

Interpretiert man den Vers darum entgegen der Mehrheitsmeinung unter
der Voraussetzung, dass 18d ursprünglicher Bestandteil war und 18b (und
eventuell 18a, aber das ist inhaltlich nicht entscheidend) auf mt (oder von ihm
schon vorgefundene) Redaktion zurückgeht[737], dann ergibt sich ein völlig an-

---

[736] Anders I. BROER, Freiheit vom Gesetz 35–42, mit wichtigen methodischen Überlegungen. Seine Begründung für die mt Zufügung von 18d vermag jedoch nicht zu überzeugen,
wenn er meint, dass Matthäus, hätte er die „sprachliche und sachliche Härte", die 18d im
Kontext bedeutet (ein Argument, das das Vorhandensein von 18b voraussetzt, was aber erst
zu beweisen wäre), „schon vorgefunden", er diese dann „aller Wahrscheinlichkeit nach
bemerkt und beseitigt" haben würde (42). Ist es dann aber plausibler anzunehmen, er habe sie
selbst geschaffen? Trotz der Bemerkung hierzu S. 35 ist dies wenig wahrscheinlich, will man
nicht annehmen, dass Matthäus sein Evangelium, nachdem er es geschrieben hatte, selbst
nicht noch einmal durchgelesen und überarbeitet hat, ehe er es in Umlauf brachte.

[737] Matthäus könnte dazu den entsprechenden Versteil aus Mk 13,31 dupliziert haben, um
ihn an dieser Stelle einzufügen, wie es auch sonst seiner redaktionellen Tätigkeit entspricht,
traditionelle Wendungen auf fremde Stoffe zu übertragen oder vorliegende Überlieferungen
in bestehende Satzmuster zu gießen. Zuzugeben ist natürlich, dass dasselbe Argument auch

deres Bild, das auf die Hypothese eines nur halbherzig mitgeschleppten bzw. umzuinterpretierenden Traditionsstücks verzichten kann. Der Vers könnte in seiner vormatthäischen Form einmal so gelautet haben: *(Amen, ich sage euch,) es wird kein Jota noch ein Buchstabenstrich vom »Gesetz« vergehen, bis alles (was es verheißt und gebietet) geschehen sein wird.* Die inhaltliche Parallelität zu 5,17 ist dabei unverkennbar: (1.) der Vollmachtsaussage Jesu durch das zweimalige ἦλθον in V. 17 entspricht die das prophetische „so spricht der Herr" überbietende Wendung „denn Amen, ich sage euch …" von V. 18. (2.) Durch ἰῶτα ἢ κεραία in V. 18 ist zumindest sprachlich an ὁ νόμος ἢ οἱ προφῆται in V. 17 angeknüpft, so dass die erwogene Möglichkeit, in ἀπὸ τοῦ νόμου einen Hinweis auf die ganze Schrift zu sehen, nicht von vornherein ausgeschlossen ist. (3.) Als Entsprechungen sind dann auch πληρῶσαι und πάντα γένηται zu werten.[738]

Das die syntaktische Verbindung zwischen V. 17 und 18 herstellende γάρ leitet die *Begründung* für V. 17 ein (nicht die Voraussetzung), indem V. 18 erklärt, warum Jesus mit Recht von sich sagen kann, dass sein Kommen und Wirken kein Auflösen von Gesetz oder Propheten bedeutet: Weil nämlich das darin Gebotene und Verheißene entweder schon durch und mit Jesus *geschehen* ist (und damit bleibender Teil des Evangeliums wurde [darauf verweisen die Erfüllungszitate]) *oder* noch immer geschieht, indem Jesus den von ihm erfüllten Nomos (»Bund«) für seine Jünger in der Weise verpflichtend macht, wie er ihn im Auftrag Gottes erfüllt hat: als Einladung und Verpflichtung zu einem im heilvollen und tätigen Gehorsam geführten Leben vor Gott, dessen

---

von den Befürwortern der mt Einfügung von 18d gebraucht werden kann, indem in diesem Fall Mk 13,30 die Vorlage geliefert haben könnte. Überlegt werden kann auch, ob Lk 16,16 (das in Mt 11,13 eine sichere Parallele besitzt und Matthäus also vertraut war) in Mt 5,18d zusammengefasst ist, wobei „Gesetz und Propheten" nicht mehr genannt werden, weil sie schon in 5,17 vorkamen. Zu ähnlichen Überlegungen vgl. H. MERKLEIN, Handlungsprinzip 93, der allerdings in 5,18b.c (= Q) das Interpretament zu Lk 16,16 sieht (s.a. DERS., Jesu Botschaft 94f), dagegen aber I. BROER, Freiheit vom Gesetz 44 Anm. 89. Ist es aber nicht denkbar, in 5,18d eine alternative Formulierung von Lk 16,16 zu sehen?

[738] Denkbar ist, dass eine Vorform des Wortes sehr früh oder auch von Anfang an mit V. 17 in Zusammenhang stand:

οὐκ ἦλθον καταλῦσαι τὸν νόμον (ἢ τοὺς προφήτας)
    ἀλλὰ πληρῶσαι.
(ἰῶτα ἓν ἢ) μία κεραία οὐ μὴ παρέλθη ἀπὸ τοῦ νόμου,
    ἕως ἂν πάντα γένηται.

Wenn für V. 17 eine jesuanische Herkunft plausibel gemacht werden kann (s.o. Anm. 476f, 542+717), dann ist eine solche für den V. 18, wie er hier verstanden wird, zumindest nicht von vornherein auszuschließen. Vgl. DAVIES/ALLISON, Mt I 495, die es für möglich halten, dass „5,17 and 18 are based upon words of Jesus", die dann von toratreuen Judenchristen in ihrem Sinn modifiziert und tradiert wurden. Völlig ablehnend zu dieser Möglichkeit P. FOSTER, Community 178 Anm. 113.

Kennzeichen Gottesliebe und Nächstenliebe darstellen und dessen Gerechtigkeit nicht hinter der der Pharisäer und Schriftgelehrten zurückbleibt (vgl. 5,20). *Die zeitliche Grenze* aber dieses von Jesus gewiesenen und ermöglichten Lebens, dessen Kennzeichen seine umfassende δικαιοσύνη ist, bildet, so betont Matthäus ausdrücklich, erst das Vergehen von Himmel und Erde in der Parusie Jesu (vgl. 28,18–20). So verstanden „sehen sich Matthäus und seine Gemeinde" auch nicht „faktisch im Widerspruch – nicht nur zu Jota und Häkchen, sondern – zu entscheidenden Bestimmungen der Tora"[739], sondern sie verstehen sich als *Teil der von Gott in Jesus erfüllten Verheißungsgeschichte*, in der Tora und Propheten einen veränderten Platz einnehmen, weil alles in ihnen Enthaltene erfüllt und geschehen ist (vgl. a. 11,13) und mit dem Kommen des Messias zugleich die Königsherrschaft Gottes angebrochen ist.

Unter dieser Voraussetzung können und müssen die Aussagen Jesu über das Gesetz und seine Konflikte darüber mit den Pharisäern und Schriftgelehrten verstanden werden.[740] Kontrovers ist, was dem Wirklichkeit gewordenen Anfang der universalen Gottesherrschaft und damit der Zeit der Erfüllung entspricht. Zu erinnern ist dabei an den ersten und letzten Imperativ, den Jesus seinen Jüngern gegeben hat: 4,19 und 28,19. Die Stellung der Tora ist von diesem Rahmen und Auftrag umfasst, sie selbst gibt nicht länger den Rahmen und Auftrag vor. Aber in dieser neuen Wirklichkeit der erfüllten Verheißung hat sie bleibend und unaufgebbar ihren Platz. Dass aber auch dieser neue Platz zu Zeiten gefährdet war, zeigt möglicherweise der Versteil 18b.

---

[739] So H.-J. ECKSTEIN, Gerechtigkeit 301.

[740] Das kann nicht entfaltet werden, aber ich meine, dass sich zeigen ließe, dass von den sog. »Antithesen« angefangen (die dann freilich nicht länger *Anti*thesen „gegen die mosaisch-pharisäische Religiosität und Sittlichkeit" sind [so F. C. Baur, der den Begriff geprägt hat, vgl. D. SCHELLONG, Christus fidus interpres Legis 679 Anm. 47], sondern Beispielsätze für die erfüllte Himmelreichstora sind und als solche Wegweiser für das Leben im Kraftfeld der jesuanischen Gerechtigkeit) die leitende Frage für Jesus (bzw. den Evangelisten) im Umgang mit der Tora war, ob sie dazu hilft, dass Menschen den Weg in die Himmelsherrschaft finden, oder ob sie ausgeschlossen werden (vgl. Mt 23,13)? Dasselbe gilt für Jesu Umgang mit Kranken, Unreinen und gesellschaftlich Stigmatisierten. In allen dabei auftretenden Konflikten geht es darum, ob ihnen der Zugang zu Gott eröffnet oder verschlossen wird. Und wenn sich dieses Ausschließen auch bisher auf die Tora beziehen konnte und von ihr geboten war (etwa im Umgang mit Unreinheit, Krankheit, Absonderung von der nichtjüdischen Welt), so doch nicht mehr in der Zeit ihrer Erfüllung. Möglich ist die Eröffnung des Reiches Gottes für alle aber nur darum, weil Jesus sein Volk aus seinen Sünden rettete. Nachdem aber die Sünden vergeben sind, gibt es keinen Grund mehr, die Sünde als Ausschlussgrund von der Gemeinschaft mit Gott anzusehen. Vgl. dazu mit hilfreichen Beobachtungen SCHELLONG, ebd. 676.

3.3.2 ἕως ἂν παρέλθῃ ὁ οὐρανὸς καὶ ἡ γῆ als antinomistische Erklärung

Die Verse 5,17f, die in ihrer vorredaktionellen Substanz auf Jesus selbst zurückgehen können (s.o. Anm. 476f, 542 und 717), bargen durchaus die Gefahr, in einer späteren Zeit antinomistisch verstanden zu werden. Diese Gefahr wuchs umso mehr, je größer der Abstand zur Erinnerung an das Leben Jesu wurde. Allein im erzählerischen Kontext des Evangeliums, in dem die gesetzeskritischen und die das Gesetz neu interpretierenden Jesus-Traditionen eine wichtige Rolle spielen, aber ohne die lebendige Erinnerung an die gesetzestreue Lebensführung Jesu ist eine solche Haltung sehr gut vorstellbar. Dazu kam die wachsende Zahl von Christen nichtjüdischer Herkunft, die kein selbstverständliches Verhältnis zu den ethischen und rituellen Normen des Judentums mehr besaßen. Unterschiedliche Tendenzen in dieser Frage gab es innerhalb des frühen Judenchristentums in ganz verschiedener Weise (erinnert sei nur an die Hellenisten um Stephanus, an die schwankende Haltung des Petrus, an Paulus und das Bild, das die Apostelgeschichte von seinem letzten Jerusalembesuch zeichnet), erst durch den Herrenbruder Jakobus wurde etwa die Jerusalemer Gemeinde *wieder* zu einer stärker am Gesetz orientierten Gemeinde.[741]

Die für das Matthäus-Evangelium vorauszusetzende Zeit nach 70, in der sich konkret erfahrbar schon ein Teil dessen erfüllt hatte, was in Mt 24 als endzeitliches Geschehen angekündigt war, dürfte dieses Problem für die judenchristlichen Gemeinden in einer in der Auslegung bisher zu wenig

---

[741] Aber auch da ist zu beachten, dass dem Herrenbruder (und anderen mit ihm) nach dem Bericht des Josephus der Prozess wegen Toravergehens (ὡς παρανομησάντων κατηγορίαν ποιησάμενος) gemacht worden war, der mit der Steinigung der Angeklagten endete (Ant 20,199f), d.h. auch diese „Gesetzestreue" galt in der angespannten Phase kurz vor Ausbruch des jüdischen Aufstandes als nicht ausreichend. Nimmt man den Jakobusbrief als Zeugnis des Herrenbruders dazu (s. dazu M. HENGEL, Der Jakobusbrief als antipaulinische Polemik, in: Tradition and Interpretation in the New Testament, FS E. E. Ellis, hg. v. G. F. Hawthorne u. O. Betz, Grand Rapids u. Tübingen 1987, 248–278, überarb. u. erw. in: DERS., Paulus und Jakobus, Kleine Schriften III, WUNT I/141, Tübingen 2002, 511–548; DERS., Jakobus der Herrenbruder – der erste »Papst«?, in: Glaube und Eschatologie, FS W. G. Kümmel, hg. v. E. Gräßer u. O. Merk, Tübingen 1985, 71–104, Ndr. in: ebd., 549–582), dann zeigt sich auch in diesem Schreiben, dass die Tora in ihrer Eigenschaft als Identität stiftende Größe keine erkennbare Rolle (mehr) spielt, sondern lediglich als Zeuge für das Liebesgebot, dessen konkret-praktische Erfüllung Jakobus ein Anliegen ist. Beschneidung, Speisegebote, Abgrenzung gegenüber Heidenchristen o.ä. kommen dagegen nicht vor. Das ist auch dann ein auffallendes Zeugnis, wenn man von einer pseudepigraphischen Abfassung gegen Ende des 1. Jh. ausgeht, denn es zeigt, dass man damals so einen Brief Jakobus noch zutraute. Erst mit Hegesipp und den pseudoklementinischen Texten setzen die Traditionen ein, die ihn zu einem Nasiräer und auch rituell observanten Gesetzestreuen machten (was nicht heißt, dass er das vorher nicht war; aber es wurde nicht betont herausgestellt, dass er darum – wie in den späteren Texten – in offener Feindschaft zu Paulus stand); noch in der Apostelgeschichte *vermittelt* Jakobus zwischen Paulus und den „Eiferern für das Gesetz" (Apg 15,13–21; 21,20).

beachteten Weise noch verschärft haben: Durch die Zerstörung des Tempels war die herkömmliche Weise eines Lebens nach der Tora gar nicht mehr möglich, da mit dem Tempel der Fokus desselben verloren gegangen war. Nicht nur das sich neu formierende pharisäisch-rabbinische Judentum stand darum in den Jahren zwischen 70 und 100 n.Chr. vor der Frage, wie fortan die Tora überhaupt gehalten werden sollte.

Es ist nun aber kaum anzunehmen, dass sich in dieser Zeit die christlichen Gemeinden in ihren 'halachischen' Entscheidungen noch abhängig machten von der sich erst allmählich entwickelnden und etablierenden rabbinischen Bewegung, deren Wurzeln bei den Pharisäern aus der Zeit vor 70 und damit bei den entschiedenen Kontrahenten Jesu lagen. Die Frage nach der Gültigkeit des Gesetzes für mehrheitlich judenchristliche Gemeinden, die das Gesetz bis dahin wohl noch weitgehend selbstverständlich hielten, wenn auch mit Ausnahmen und einer größeren Offenheit in Bezug auf die partikularistischen Elemente der Tora[742], musste von daher in der Zeit nach 70 ganz neu bedacht werden. In der Zerstörung des Jerusalemer Tempels 40 (!) Jahre nach der Kreuzigung Jesu ebenfalls in Jerusalem und der damit verbundenen Entmachtung der hohenpriesterlichen und im Synedrium vertretenen Familien konnte leicht ein Argument dafür gefunden werden, dass damit die Zeit „dieses Geschlechts", dem Jesus das Gericht angesagt hatte (24,31), abgelaufen war und mit ihm auch die Zeit von Gesetz und Propheten: War nun nicht „dieses alles erfüllt"?[743]

Darüber hinaus ist die klassische christologische Deutung des πάντα γένηται im Hinblick auf den Tempelkult nicht von vornherein von der Hand zu weisen, deren neutestamentlicher Zeuge immerhin der Hebräerbrief ist. Dass der Sündopferkult des Tempels für die frühen Christen schon sehr bald keine Bedeutung mehr haben konnte (trotz des Festhaltens am Tempel als

---

[742] Dazu nötigte in erster Linie die religiöse Gemeinschaft mit Christen nichtjüdischer Herkunft. Das aber zwang dazu, eine grundlegende Funktion der Tora, nämlich „als die Norm des gemeinschaftlichen Lebens der Juden in der Welt ... deren Zusammenhalt und Besonderheit" zu garantieren (R. WEBER, „Gesetz" 331), außer Kraft zu setzen. Umgekehrt konnten die Christen aber an die Torafrömmigkeit anknüpfen, wie sie sich über Jahrhunderte hinweg in der Diaspora (mit ihrer größeren Offenheit gegenüber interessierten Nichtjuden und Proselyten) entwickelt hatte und deren Kennzeichen eine starke „Ethisierung der Thora" (ebd. 337–339) bildete, vgl. dazu K.-W. NIEBUHR, Tora ohne Tempel. Paulus und der Jakobusbrief im Zusammenhang frühjüdischer Torarezeption für die Diaspora, in: Gemeinde ohne Tempel – Community without Temple, hg. v. B. Ego u.a., WUNT I/118, Tübingen 1999, 427–460; DERS., Hellenistisch-jüdisches Ethos im Spannungsfeld von Weisheit und Tora, in: Ethos und Identität. Einheit und Vielfalt des Judentums in hellenistisch-römischer Zeit, hg. v. M. Konradt u. Ulrike Steinert, Paderborn 2002, 27–50.

[743] Vgl. A. FEUILLET, der 5,18d auf die Zerstörung Jerusalems deutet, vgl. Le discours de Jésus sur la ruine du temple, RB 56 (1949), 61–92 (85).

einem Bethaus), ist keine Überraschung.[744] Dieter Schellong weist in seinem schon mehrfach zitierten und überaus lesenswerten Aufsatz auf diese Frage hin und antwortet mit Calvin, dass die Zeremonialgebote zur Praktizierung nur vorübergehend bestimmt waren, ihre Bedeutung aber ewig sei (*significatio autem aeterna*). Schellong schreibt weiter:

„Sie weisen schattenhaft auf die Versöhnung in Christus hin. Nachdem nun Christus gekommen und damit ihre Wahrheit dargeboten ist, hat sich ihre Praktizierung erübrigt, ohne daß sie dementiert sind. Sie sind vielmehr ihrer Bedeutung nach erfüllt. Nur wenn man das bedenkt, wird der ‚nexus legis et evangelii‘ unverletzt bewahrt, so daß beide durch ihre ‚mutua concordia‘ Gott als gemeinsamen Urheber zeigen. Ich frage mich: Ist das eine Spitzfindigkeit? Oder ist dieser Gedanke hilfreich, ja nötig, um eine Verachtung des Gesetzes zu vermeiden?"[745]

Matthäus hätte wohl kaum in dieser Begrifflichkeit gedacht. Aber sein Anliegen, wie es die Verse 17–20 bezeugen, ist damit m.E. getroffen. Die Erfüllung ist bei ihm ja nicht ein einzelnes Geschehen, sondern kennzeichnet Jesu Weg von Anfang bis zum Ende, d.h. er bezeugt in seinem Evangelium durchgehend, dass Jesu Wirken und Bedeutung ohne die Schriften, ohne Gesetz und Propheten, gar nicht verstanden werden könnte. Aber zugleich schreibt er ein Evangelium, das deutlich macht, dass in der Zeit der Erfüllung die Schriften als *Zeugen der Erwartung* ihre ursprüngliche Aufgabe erfüllt haben. Gleichwohl wird ein Schriftgelehrter des Himmelreiches diesen Schatz nicht ungehoben lassen, sondern Neues (an erster Stelle!) und Altes daraus hervorholen (Mt 13,52, womit das Thema von 5,19 noch einmal anklingt).

---

[744] Vgl. dazu J. ÅDNA, Jesu Stellung zum Tempel. Die Tempelaktion und das Tempelwort als Ausdruck seiner messianischen Sendung, WUNT II/119, Tübingen 2000. Er versteht die Tempelaktion Jesu zu Recht als den Schlussstein der Umkehr-Botschaft Jesu: Denn an dem Ort, der nach dem alttestamentlichen Zeugnis von Gott erwählt wurde, Sühne für das Volk zu schaffen, konfrontiert Jesus die mit dem Sühne-Kult betraute Priesterschaft mit seinem Anspruch, der von Gott gesandte Nachkomme Davids zu sein, dazu beauftragt, das in Ex 15,17b.18 verheißene neue, eschatologische und nicht mit Händen erbaute Heiligtum zu schaffen, das nach Jes 56,7b ein „Bethaus für alle Völker" sein soll. Das Umstürzen der Tische der Geldwechsler, die Unterbindung des Verkaufs von Tauben als Opfergaben und das Verbot des Transports von Geld für das tägliche Tamidopfer vom Tempelmarkt aus in das eigentliche Heiligtum (so interpretiert Ådna m.E. überzeugend den schwierigen Vers Mk 11,16, vgl. 257–265) sind zeichenhafte *Unterbrechungen* des Opferkults. Diese „zur Umkehr rufende, messianische Zeichenhandlung" (381) zeigt an, dass mit dem Kommen Jesu nach Gottes Willen die sühnende Funktion des Tempels erfüllt ist und etwas Neues beginnen soll, nämlich die eschatologische Königsherrschaft Gottes vom Tempel auf dem Zion aus über die ganze Welt. In der Einsetzung des Abendmahls wird die Abkehr vom Tempelaltar zum Tisch des Herrn manifest: „Verglichen mit dem Sühnopferkult im Tempel tritt m.a.W. einerseits Jesus an die Stelle des Opfertieres und andererseits das Essen und Trinken des mit Jesu stellvertretend geopfertem Leben identifizierten Brotes und Weines an die Stelle der Identifizierung des Opferherrn mit seinem Opfertier bewirkenden Handaufstemmung" (421f).

[745] Christus fidus interpres Legis 685.

In einer von solchen Überlegungen geprägten Situation (und dass diese Fragen geklärt werden mussten, kann gar nicht bezweifelt werden!) erscheint mir die *Einfügung* von ἕως ἂν παρέλθῃ ὁ οὐρανὸς καὶ ἡ γῆ in eine Aussage über die Gültigkeit der Tora (und der Propheten), die deren geschehene Erfüllung aussagt (Jesus ist gekommen, sie zu erfüllen, d.h. für Matthäus und seine Generation liegt dieser Vorgang in der Vergangenheit!), mehr als plausibel.[746] Damit hätte Matthäus verdeutlicht, dass die Zeit der »Tora« als Zeugnis der Geschichte des Gottes mit seinem Volk und Urkunde seines Willens nicht schon innerweltlich mit Kreuz und Auferstehung oder der Tempelzerstörung endete, sondern währt, solange Himmel und Erde bestehen, d.h. bis zur Parusie. Diese sehr allgemeine Aussage ist umso leichter verständlich in einer Zeit, wo damit gerade *kein* traditioneller jüdischer Gesetzesgehorsam mehr ausgesagt werden konnte, weil ein solcher in vielen Bereichen gar nicht mehr möglich war, und ein Konsens über den Inhalt dessen, was fortan als Leben nach der Tora gelten sollte, erst noch gefunden werden musste. Die mt Modifikationen in den gesetzeskritischen Markuspassagen, die sich dadurch auszeichnen, dass deren Radikalität zwar abgemildert, sie aber in der Substanz bewahrt geblieben sind, fügt sich ebenfalls in diese historische Rekonstruktion. Es geht Matthäus darum, die *verbindliche Jesustradition* (entsprechend dem τηρεῖν πάντα ὅσα ἐνετειλάμην ὑμῖν in 28,20), wozu auch sein freier und vollmächtiger Umgang mit der Tora gehörte, und die veränderten Bedingungen (juden-)christlicher Existenz miteinander zu verbinden. Damit bleibt die Tora in der Weise gültig, *wie sie Jesus gelehrt hat* und das bedeutet – in Konformität mit den prophetischen Erwartungen einer zukünftigen Gerechtigkeit – ein eindeutiges Übergewicht ihrer ethischen, auf den tätigen, heilvollen und insbesondere gewinnenden (missionarischen) Dienst am Menschen bezogenen Elemente (in das sich auch die prophetische Botschaft einfügt) zu Lasten der halachisch-rituellen Seite.[747]

---

[746] Diese Einfügung kann von Matthäus stammen, aber auch schon früher gemacht worden sein. Es kann nicht einmal ausgeschlossen werden, dass Jesus selbst in paradoxer Weise so über seine Sendung gesprochen hat. Der Vorwurf, dass er mit seiner Lehre Gesetzlosigkeit fördere, ist ja nicht völlig grundlos und es würde überraschen, wenn es nicht Menschen gegeben hätte, die – schon zu Jesu Lebzeiten – seine Haltung für ihre Zwecke missbraucht hätten, vgl. dazu den Kommentar von JOACH. JEREMIAS zu Lk 6,5D, in: Unbekannte Jesusworte 61–64; außerdem W. D. DAVIES, Matthew 5,17, 18: „The freedom with which Jesus apparently dealt with the Law – this friend of sinners – might have created among the multitudes the impression that there was the end of all law" [51]; D. SCHELLONG, Christus fidus interpres Legis 666f.

[747] Damit ist nicht der alten Aufteilung in Sitten- und Ritualgesetz das Wort geredet, schon gar nicht im Sinne des 'höheren christlichen Sittlichkeit' des 19. Jh., die meinte sich auf Jesus berufen zu können. Gleichwohl ist zuzugeben, dass darin etwas Richtiges gesehen wurde (vgl. dazu mit guten Argumenten D. SCHELLONG, Christus fidus interpres Legis 683f), wenngleich die Begründung dafür verfehlt war, weil der Maßstab nicht die 'Sittlichkeit' Jesu

Während dieser letzte Bereich im Leben Jesu und wohl auch der judenchristlichen Gemeinden bis 70 selbstverständlicher Bestandteil der Torafrömmigkeit war[748], entfielen große Teile davon mit der Tempelzerstörung
und stellten damit notwendigerweise auch die verbliebenen Bereiche in Frage.

So ist, um nur die wichtigsten Bereiche zu nennen, die Reinheitshalacha in ihrer Substanz
nicht mehr einhaltbar, wenn der Tempel weggefallen ist. Zwar ist es möglich, kleinere und
alltägliche Unreinheiten wie gewohnt durch den Besuch einer Miqwe zu beseitigen, aber alle
Reinigungsriten, die mit einem Opfer verbunden waren, fielen weg. Das betraf neben krank-

---

war, sondern die eigene, protestantisch-großbürgerliche Gesinnungsethik. Vgl. als Beispiel
dafür H. J. HOLTZMANN, Lehrbuch I 203: „das folgenreichste und fruchtbarste Ergebnis der
sittlichen Arbeit Jesu" war „die Entdeckung eines inneren Schauplatzes aller sittlichen Vorgänge", was dann ausdrücklich als „Gesinnungsethik" benannt wird. Holtzmann und andere
verbanden den Antagonismus zwischen Gesetzesethik und Gesinnungsethik mit dem paulinischen von Geist und Buchstaben, sahen aber nicht, dass Geist und Buchstaben in einem
dialektischen Verhältnis zueinander stehen und nicht auseinander gerissen werden dürfen.
Die neuzeitlich-protestantische Gesinnungsethik kam letztlich ohne den Buchstaben aus und
erweist sich dadurch als schwärmerisch. Das zeigt sich bei Holtzmann u.a. darin, dass für ihn
Mt 5,18f zwar von Jesus gesagt sein könnte, aber darin dann die „geschichtlich gegebenen
Schranken der individuellen Leistung Jesu" (ebd. 210) sich offenbaren. Denn wenn, so
Holtzmann, Jesus seine Jünger auf das verpflichtet habe, was in diesen beiden Versen steht,
dann ist er „mit Einem (sic) Wort der reine Jude gewesen und geblieben" (ebd. 206; erst
Paulus habe die richtige Konsequenz gezogen, die Jesus selbst noch nicht erkannt hat, vgl.
209). Zu einer Würdigung Holtzmanns „als de[m] führende[n] Vertreter historisch-kritischer
Forschung nach F.C. Baur" s. O. MERK, Art. Holtzmann, Heinrich Julius (1832–1910), TRE
15, 1986, 519–522 (521, 43f). Die Auslegung Holtzmanns zeigt, wie sehr jede Interpretation
trotz aller historisch-kritischen Emphase ständig in der Gefahr steht, dogmatisch mitbestimmt
zu sein bzw. sich den gesellschaftlichen Standards anzupassen.

[748] Dafür sprechen Stellen wie Mt 5,23f; 8,4; 17,24–27, aber auch die Selbstständ-
lichkeit, mit der Jesus am Sabbat die Synagoge besucht, zum Passafest nach Jerusalem geht
und mit seinen Jüngern das Passalamm isst (26,17ff). Auch Mt 23,2f erklärt sich aus dieser
Haltung, die nicht gar so weit von dem entfernt ist, was Paulus in 1Kor 9,20 schreibt.
Zugleich ist aber zu beachten, dass Jesus die Gebote einschärft und für seine Jünger verpflichtend macht, die im weitesten Sinn unter das Liebesgebot gefasst werden können, er aber
an keiner Stelle ein rituell korrektes halachisches Verhalten verlangt. Im Gegenteil: Immer
da, wo korrekte Gesetzestreue dazu führte, dass Menschen verachtet oder ausgeschlossen
wurden (wobei die Frage hier nicht relevant ist, ob dies einen Missbrauch der Tora bedeutete
oder ihre korrekte Einhaltung), wird diese in ihre Grenzen verwiesen „durch den Vorrang des
Erbarmens" (D. SCHELLONG, Christus fidus interpres Legis 683). Vgl. dazu auch K. SNOD-
GRASS (aufgrund der Analyse von M. J. BORG, Conflict, Holiness and Politics in the Teaching
of Jesus, New York 1984), Matthew and the Law 110: „To say that Jesus substituted the
mercy code for the holiness code may be too strong, but, at least in Matthew, Jesus
disregarded the holiness code in favor of the mercy code. Whereas the holiness code focuses
on separation and caused the Pharisees constantly to fear contamination, the mercy code is
inclusive, even to the extent of loving one's enemies, and assumes that true holiness, not
uncleanness, is contagious." Vergleichbar argumentiert auch K. BERGER, wenn er Jesus im
Unterschied zu den Pharisäern ein offensives Reinheitskonzept zuweist, das Unreinheit
überwindet, während das pharisäische Unreinheit zu meiden sucht (Jesus als Pharisäer und
frühe Christen als Pharisäer, NT 30 [1988], 231–262).

haften Ausscheidungen an den Geschlechtsorganen auch die an Aussatz Erkrankten und wieder Genesenen, außerdem alle Frauen nach der Geburt. Mit dem allmählichen Zuendegehen der Asche der roten Kuh, die nötig war, um in einem siebentägigen Ritus von Totenunreinheit gereinigt zu werden, verschwand endgültig die Möglichkeit, im herkömmlichen Sinn im Zustand der rituellen Reinheit zu leben. Auch der umfangreiche Bereich der Zehntvorschriften samt den Abgaben der Hebe an Priester und Tempel fielen zunächst einmal weg.[749] Die innerhalb des rabbinischen Judentums entwickelten Ersatzhandlungen (etwa dass das Studium der Opfervorschriften von Gott so angesehen würde, als seien die Opfer im Tempel dargebracht worden), die ja allesamt erst aus der Zeit nach 70 stammen und wohl auch nur allmählich propagiert wurden und Anerkennung fanden, können für die judenchristlichen Gemeinden nicht als Maßstab genommen werden, zumal in diese Zeit die von der jüdischen 'Mutter' ausgehende endgültige Trennung (um nicht zu sagen: Verstoßung) von ihrer christlich gewordenen Tochter (wenn hier einmal dieses nicht ganz stimmige Bild gebraucht werden darf) fällt.[750]

Es ist diese hier nur grob skizzierte Umbruchsituation, in der Matthäus sein Evangelium aller Wahrscheinlichkeit nach schrieb. Seine Hervorhebung des Liebesgebots und die zweimalige Zitierung von Hosea 6,6 ἔλεος θέλω καὶ οὐ θυσίαν (9,13; 12,7), die Wendung, dass „hier Größeres ist als der Tempel" (12,6, vgl. aber auch 5,24; 21,12–16; 27,51) – das alles kann in der Zeit nach 70 auch als notwendige Bewältigung des Verlusts des Tempels von Seiten der judenchristlichen Gemeinde verstanden werden. Es ist ein Kompensations-Vorgang, der innerhalb des Rabbinats seine *formale* Parallele hat, nur dass die sich daraus ergebenden inhaltlichen Verlagerungen und Konzentrationen völlig verschieden waren. Jesus ist nun endgültig der einzige und wahre Lehrer seiner Gemeinde geworden, und nur seine Autorität sichert die von Gesetz und Propheten.[751] Dass aber Jesus Gesetz und Propheten erfüllt hat,

---

[749] Vereinfachend (und anachronistisch) lässt sich sagen, dass von den sechs Ordnungen der Mischna, d.h. des grundlegenden halachischen Kompendiums, durch die Tempelzerstörung vier mehr oder weniger völlig obsolet geworden sind. Von Bedeutung blieben lediglich die Ordnungen über die Frauen, d.h. in erster Linie das Eherecht, und – mit Einschränkungen, die durch die römische Herrschaft und den Verlust der Selbstverwaltung gegeben waren – die Ordnung „Schadensfälle", die das Zivilrecht umfasst.

[750] Die Ausgrenzung geschieht aus der Perspektive der christlichen von Seiten des Judentums aus, vgl. H.-J. ECKSTEIN, Weisung Jesu 388f. Dass die historischen Vorgänge komplexer waren als sie von den direkt Beteiligten wahrgenommen werden konnten, bleibt davon unberührt. Zum aktuellen Forschungsstand s. jetzt: The Ways that Never Parted. Jews and Christians in Late Antiquity and the Early Middle Ages, hg. v. Adam H. Becker u. Annette Yoshiko Reed, TSAJ 95, Tübingen 2003.

[751] Dazu kommt, dass die betonte Hervorhebung der aktiven Heidenmission, die im ersten Evangelium im Blick auf die nachösterliche Zeit unbestreitbar ist und eine zentrale Bedeutung hat (vgl. dazu P. STUHLMACHER, Zur missionsgeschichtlichen Bedeutung von Mt 28,16–20, EvTh 59 [1999], 108–130, jetzt in: DERS., Biblische Theologie und Evangelium. Gesammelte Aufsätze, WUNT I/146, Tübingen 2002, 88–118; E. CH. PARK, Mission Discourse; P. FOSTER, Community 218–252.259f), ebenfalls eine Klärung des Verhältnisses zur biblischen Tradition in Gestalt von Gesetz und Propheten verlangte und zwar schon lange

sollen die Christen nun nicht zum Vorwand nehmen, ihrerseits sich davon abzuwenden, nachdem Jesus ihre bleibende Bedeutung (vgl. 7,12; 22,40 und § 9/3.2 zu mt Gebrauch von ἐντολαί) durch sein Tun und seine Lehre offenbart hat.[752] Das macht Matthäus mit seinem Evangelium in mehrfacher Hinsicht deutlich und er ist damit zum wichtigsten biblischen Theologen seiner Generation geworden, indem er die christliche Gemeinde davor bewahrt hat, ihr alttestamentlich-jüdisches Erbe preiszugeben, und ihr damit ermöglichte, den Marcioniten zu allen Zeiten die Stirn zu bieten.[753] Sein ihm gelegentlich vorgeworfener 'gesetzlicher' Ton, sein Drängen auf das Tun des Willens Jesu, mag ebenfalls in dieser geschichtlichen Situation eine seiner Wurzeln gehabt haben.

Wer darin Matthäus verurteilen will, sei an Martin Luther erinnert, der sich ebenfalls gegen den Vorwurf verteidigen musste, das Evangelium verlassen und zum Gesetz Zuflucht genommen zu haben, nur weil er merkte, dass sich die Zeiten und damit die Situation der Menschen geändert hatten. Auf die These „nicht das Gesetz, sondern das Evangelium soll man lehren, um die Kirche zurechtzuweisen" aus der 3. Disputation gegen die Antinomer, antwortete er:

„Nun aber, wo doch ganz andre Zeiten sind, die denen unterm Papst durchaus nicht gleichen, halten unsre Antinomer als süße Theologen unsre Worte, unsre Lehre, jene fröhliche Verheißung von Christus fest und, was schlimmer ist, wollen sie *allein* gepredigt haben. Und beachten nicht, daß die Menschen anders worden sind als sie unterm Henker Papst waren, daß

---

vor 70. Zu überlegen ist ferner, ob nicht die durch den jüdischen Aufstand ausgelösten antijüdischen Tendenzen bis hin zu den mörderischen Exzessen an seinem Beginn (die in den unmittelbar an das jüdische Gebiet angrenzenden Teilen der Provinz Syrien und damit in dem Gebiet, in dem mehrheitlich die Herkunft des ersten Evangeliums gesucht wird, besonders stark waren) ihrerseits dazu beitrugen, den jüdischen Charakter der christlichen Gemeinden zu verringern.

[752] Eine Rolle mag auch gespielt haben, worauf H.-J. ECKSTEIN, Weisung Jesu 395, hinweist, dass für die Vertreter des mt „Heilsuniversalismus und Befürworter der gemischten Gemeinden" diese hervorgehobene Betonung der Gesetzestreue „eine apologetische Funktion gegenüber den jüdischen und konservativ-judenchristlichen Gesprächspartnern" besaß.

[753] Vgl. dazu U. LUZ, Mt I$^{1-4}$ 242/I^5 323: „Die Auslegungsgeschichte zeigte, daß seine [= der Text 5,17–19] grundsätzliche Bedeutung fast nur dann erkannt wurde, wenn das Alte Testament als Grundtext der Kirche gefährdet schien." Beispiele dafür ebd. Anm. 102 bzw. 111. Schon H.-J. SCHOEPS, Jesus und das jüdische Gesetz, in: DERS., Studien zur unbekannten Theologie- und Geistesgeschichte, Göttingen u.a. 1963 (urspr. franz. 1953), 41–61 (60), bemerkte dazu treffend: „Mit seiner doppelten Haltung zum Gesetz, daß es einmal Gottes verbindlicher Wille sei, zum anderen aber *er* [= Jesus] der ermächtigte Ausleger dieses Willens, hat Jesus der späteren Christenheit den Weg geöffnet, die Geltung des Gesetzes bzw. einzelner Teile zu mindern bzw. aufzuheben" – aber es gerade auf diese Weise als kanonische Schrift festzuhalten. Was Schoeps hier allgemein von Jesus sagt, basiert (das belegen die Textbelege in seinem Aufsatz) ausschließlich auf dem Matthäus-Evangelium, d.h. es ist eine der herausragenden Leistungen des ersten Evangelisten, Treue zur Tora und Freiheit vom Gesetz miteinander in Einklang gebracht zu haben.

sie nämlich sicher und schlecht, rücksichtslos, räuberisch, ja epikurisch werden und sind und weder Gott noch Menschen scheuen. Und grade die bestärken sie und befestigen sie mit ihrer Lehre."[754]

Der folgende Vers gewinnt auf Grundlage der hier vorgeschlagenen Deutung von V. 18 ebenfalls ein klares Profil, indem die verantwortlichen Personen in den Gemeinden auf den *von Jesus erfüllten Gotteswillen* verpflichtet werden, womit zugleich Tora und Propheten ihr neuer heilsgeschichtlicher Ort zugewiesen wird.

---

[754] Zit. nach D. Martin Luthers Auslegung der Bergpredigt, hg. v. E. Mühlhaupt, Göttingen ³1960, 83 (= WA 39/I, 571). Vgl. a. TH. ZAHN, Mt 211f, der darauf hinweist, dass „jede starke Erregung der eschatologischen Erwartung ... die Gefahr einer antinomistischen Stimmung mit sich" führt. Das gilt für die Anfänge der Reformation nicht weniger wie für die Anfänge des Christentums.

§ 9 Die Anweisung an die Lehrer (Mt 5,19)

1. Das Satzgefüge von Mt 5,19 als Hinweis auf die Funktion des Verses als »Anwendungsbestimmung« von Mt 5,18

Vers 19 ist semantisch und syntaktisch deutlich in zwei in sich wiederum zweiteilige Hälften aufgeteilt (nämlich ein Konditionalgefüge bestehend aus einem konditionalen Relativsatz [im Folgenden ungenau als »Protasis« bezeichnet] und einem damit verbundenen Hauptsatz im Futur [im Folgenden ungenau als »Apodosis« bezeichnet]), wobei jeweils der erste Teil des Paares (die Protasen) wiederum eine zweiteilige Aussage darstellen. Diese ist im zweiten Paar stark verkürzt[755], weshalb in der folgenden Gliederung der mit zu denkende Text aus dem ersten in [[eckiger Doppelklammer]] ergänzt wurde:

1. Paar:	Protasis A	V. 19aα	ὃς ἐὰν οὖν **λύσῃ** μίαν τῶν ἐντολῶν τούτων τῶν **ἐλαχίστων**
	Protasis B	V. 19aβ	καὶ <u>διδάξῃ</u> οὕτως τοὺς ἀνθρώπους,
	Apodosis	V. 19b	**ἐλάχιστος** κληθήσεται ἐν τῇ βασιλείᾳ τῶν οὐρανῶν·
2. Paar:	Protasis A	V. 19cα	ὃς δ' ἂν **ποιήσῃ** [[μίαν τῶν ἐντολῶν τούτων τῶν ἐλαχίστων]],
	Protasis B	V. 19cβ	καὶ <u>διδάξῃ</u> [[οὕτως τοὺς ἀνθρώπους]],
	Apodosis	V. 19d	οὗτος **μέγας** κληθήσεται ἐν τῇ βασιλείᾳ τῶν οὐρανῶν.

Im jetzigen Kontext ist V. 19 als Einschub zwischen V. 18 und V. 20 zu verstehen. Das ergibt sich aus der Unterbrechung der bisher vorherrschenden

---

[755] In einer kleinen Gruppe von Handschriften (die 1. Hand des Codex Sinaiticus [4. Jh.], Codex Bezae Cantabrigiensis, Codex Freerianus [beide 5. Jh.] u. eine bohairische Handschrift) fehlt die zweite Vershälfte völlig, was sich aber ohne Schwierigkeiten als unbeabsichtigte Auslassung erklären lässt, die aufgrund der fast völlig identischen Schlusszeile (der 'Apodosen') entstanden sein wird (Homoioteleuton). Im Codex Bezae umfasst die Lücke sogar noch den ganzen Vers 20, der ebenfalls fast gleichlautend endet, d.h. der Abschreiber verwechselte beim Zurückschauen auf das Blatt das Ende von V. 19b mit dem Ende von V. 20 und setzte darum mit V. 21 wieder ein. Bei B. u. K. ALAND, Text 289, ist Mt 5,19f als Muster-Beispiel für ein Homoioteleuton gewählt, vgl. a. S. BYRSKOG,, Jesus the Only Teacher 209 Anm. 7.

direkten Anrede an die Jünger in der 2. Person Plural (17.18 und 20ff) für eine
eher allgemein formulierte Aussage in der 3. Person Singular. Matthäus
gebraucht zwei unterschiedliche Muster solcher Unterbrechungen der direkten
Anrede durch eine Illustration in der 3. Person: Zum einen geschieht es durch
weisheitlich geprägte Sentenzen oder kurze Bildworte bzw. Gleichnisse[756],
und, wie im vorliegenden Fall, durch im Parallelismus formulierte Konditi-
onalkonstruktionen, deren Protasis einen bestimmten Vorgang oder Sachverhalt konstatiert, während die Apodosis die damit unausweichlich gesetzte
Folge beschreibt.

Bei V. 19 handelt es sich in beiden Vershälften formal um je einen Relativsatz mit konditionalem Nebensinn, der durch die Konditionalpartikel ἄν bzw. ἐάν und ein Verb im Konjunktiv des Aorists markiert ist.[757] Das so gebildete Konditionalgefüge ist als prospektiver
Fall (= Eventualis) zu definieren, der näherhin als „speziell-prospektiver" oder als „generell-
prospektiver Fall" unterschieden werden kann. Im ersten Fall bezeichnet die Protasis „speziell
etwas Zukünftiges, mit dem man rechnen kann oder muss", während im zweiten „generell
etwas Allgemeingültiges, mit dem man rechnen kann oder muss" ausgesagt wird. Die
Unterschiede zwischen beiden Anwendungen sind fließend und nicht immer sicher zu
bestimmen. Einen Hinweis gibt das Tempus der Apodosis, die im speziellen Fall meist das
Futur gebraucht, im generellen dagegen eine präsentisch-zeitlose Verbalform.[758] Zu übersetzen sind diese Nebensätze aber als Relativsatz und nur in Ausnahmefällen als Konditionalsatz, d.h. *syntaktisch behält das Relativverhältnis den Vorrang*, was dann auch für die
Bedeutungsebene relevant ist. In Mt 5,19 ist im Hauptsatz jeweils ein finites Verb im Futur
benützt, so dass hier zunächst eher an den speziell-prospektiven Fall zu denken ist. Aber mag
das in V. 19a.b noch möglich erscheinen (dass nämlich das in der Protasis beschriebene
Verhalten [auflösen und entsprechend lehren] die Ausnahme darstellt), so ist es für 19c.d
doch ausgeschlossen, da der Evangelist das 'richtige' Verhalten (tun und lehren) kaum als
eine nur je und dann vorkommende Sache bezeichnen will. Von daher ist das Futur der
Hauptsätze als *eschatologisches* Futur zu verstehen.

Formal ergibt sich daraus: 5,18 stellt einen »Regelsatz« dar, der auf einen
nicht bestreitbaren, von der Vollmacht und Autorität Jesu getragenen Sachverhalt verweist, der dann in 5,19 in Gestalt eines antithetischen Parallelismus
membrorum in einer negativen (V. 19a.b) und positiven (V. 19c.d) »Anwendungsbestimmung« des Regelsatzes entfaltet wird. Diese besteht aus dem
beschriebenen Konditionalgefüge, gebildet aus einem konditionierten Relativsatz, der das Subjekt des übergeordneten Hauptsatzes (das identisch ist mit
dem der Protasis) näher beschreibt.

---

[756] In 5,15 ist erstmals nach dem Beginn der direkten Rede an die Jünger in 5,11 ein
solches Bildwort eingefügt, vgl. weiter 7,16b–19 (auch 7,13f könnte hier genannt werden,
doch ist dieser Abschnitt durch das einleitende ὅτι mit dem Voranstehenden direkt
verbunden); 10,(21).24f.26b; 12,35; 12,43–45b; 13,12 u.ö.

[757] Vgl. GGNT § 290e.

[758] GGNT §§ 280c; 282 (vgl. a. 210j).

Für diese Struktur gibt es drei nahezu exakte Parallelen im Matthäus-Evangelium (12,31f; 18,3–6; 16,24f, s.u.) und daneben noch eine größere Anzahl analoger Konstruktionen, die im Folgenden vorgestellt werden.[759]

Mt 12,31f: V. 31 bildet einen von Jesus gesprochenen autoritativen zweiteiligen »Regelsatz«, in V. 32 folgen die »Anwendungsbestimmungen« durch zwei Konditionalgefüge der oben beschriebenen Art, die einen antithetischen Parallelismus bilden. Wie in 5,19 sind die konditionalen Relativsätze mit dem Konjunktiv Aorist, die zugehörigen Hauptsätze im Futur gebildet. Der einzige kleine Unterschied zu 5,19 ist das satzeinleitende καί in 12,32, das einen losen Anschluss an den voranstehenden Regelsatz andeutet, vergleichbar dem stärkeren οὖν zwischen 5,18 und 19.

Mt 18,3–6: V. 3 stellt erneut einen autoritativen, von Jesus formulierten »Regelsatz« über das Eingehen in die Basileia dar, der durch die in V. 1 berichtete Jüngerfrage motiviert wurde. Die Verse 4–6 stellen dazu die »Anwendungsbestimmungen« dar: Vers 4 ist ein indikativisch formulierter Relativsatz, der die allgemein formulierte Regel in V. 3 auf den konkreten Anlass der Jüngerfrage anwendet (gekennzeichnet durch die Aufnahme von μείζων). Durch καί in V. 5 wird der nun folgende antithetische Parallelismus (der V.5+6 umfasst) an V. 4 angeschlossen und bildet damit seine Fortsetzung, auch wenn er inhaltlich in eine andere Richtung geht. Formal entspricht er weitgehend 5,19, der einzige Unterschied ist das Präsens in den beiden Hauptsätzen. Das ist darin begründet, dass die beiden Apodosen das gegenwärtige Geschick derer beschreiben, die entsprechend den »Anwendungsbestimmungen« handeln. Die negative Konsequenz in V. 6b ist gegenüber dem Parallelsatz in V. 5b, der nur aus zwei Wörtern besteht, stark erweitert.[760] Eine verkürzte Form dieser Sequenz bildet 10,40–42: den jesuanischen »Regelsätzen« 40f folgt eine eingliedrige »Anwendungsbestimmung« in V. 42, eingeleitet durch einen Relativsatz mit konditionalem Nebensinn. Wie in 18,5f ist der Inhalt paränetischer Art.

Mt 16,24f: Anstelle des »Regelsatzes« steht hier ein Konditionalsatz als indirekte Jüngerbeauftragung (V. 24), d.h. der Auftakt ist auch hier ein autoritatives Jesuswort. In V. 25 folgen die »Anwendungsbestimmungen« in derselben Weise wie in 5,19. Die Apodosen sind futurisch und betreffen das ewige Leben. Eine vermittelnde Partikel fehlt, dennoch ist die enge Zusammengehörigkeit beider Verse zweifelsfrei.

Mt 23,16.18: Im Unterschied zu den drei geschilderten Stellen, die die engsten formalen Parallelen zu Mt 5,18f bilden, bilden diese zwei Verse Teil der Kritik von pharisäischen »Anwendungsbestimmungen«, die aber genau in der beschriebenen Weise aufgebaut sind: Ein antithetischer Parallelismus, gebildet aus zwei Relativsätzen mit konditionalem Nebensinn im Konjunktiv Aorist, gefolgt von präsentischen Apodosen, die allerdings, im Unterschied zu den Jesusworten, nicht die Konsequenzen für die in den Protasen genannten Personen aufzeigen, sondern den halachischen Kasus entscheiden (Subjektwechsel). Die jeweils nachfolgenden Verse 17 und 19 beinhalten die polemische Zurückweisung von Jesus an diesen »Anwendungsbestimmungen«, während in V. 20–22 eine systeminterne Kritik

---

[759] Relativsätze mit konditionalem Nebensinn finden sich außer an den diskutierten Stellen auch in 7,12; 10,11; 11,6.27; 14,6; 18,19; 20,4; 21,34; 22,9; 23,3; 26,48: mit Ausnahme von 11,6 ist der Relativsatz jedoch nicht auf das Subjekt des Hauptsatzes bezogen. Zudem fehlt vielen Sätzen der allgemein gültige Charakter einer Regel, lediglich 7,12; 11,6.27; 18,19; 23,3 kommen hierfür in Frage, am eindeutigsten wohl 7,12.

[760] Diese formalen Beobachtungen zeigen, dass die übliche Abtrennung zwischen V. 5 und 6 (vgl. z.B. Nestle-Aland[27] 49) falsch ist und die Verse 1–6 als Einheit zu sehen sind.

erfolgt. Die *für die Jünger gültige Regel* in dieser Frage wird hier nicht vermittelt, sie ist aber seit 5,33–37 bekannt.

Mt 5,21f: Die erste »Antithese« weist ebenfalls Merkmale der hier beschriebenen Satzstruktur auf, wenngleich die Abweichungen hier größer sind als bei den bisherigen Beispielen. V. 21a ist zu bestimmen als »Regelsatz«, dessen ungenannter Autor Moses (bzw. auf Grund des als *passivum divinum* deutbaren ἐρρέθη Gott selbst[761]) ist. V. 21b stellt eine eingliedrige »Anwendungsbestimmung« dar, aufgebaut im bekannten Schema: Relativsatz mit konditionalem Nebensinn im Konjunktiv Aorist, gefolgt von einer Apodosis im Futur. Dem stellt Jesus in 5,22 eine, wiederum in seiner eigenen Autorität (ἐγὼ δὲ λέγω ὑμῖν) begründete, Modifikation des »Regelsatzes« entgegen, indem er die Protasis verschärft und die Apodosis beibehält. Analog zu 5,21 müsste dieser lauten: *Ich aber sage euch: Du sollst nicht zürnen (gegen deinen Bruder).* Darauf folgen »Anwendungsbestimmungen« in der bekannten Form, gestaltet allerdings nicht als antithetischer, sondern als klimaktischer Parallelismus.[762]

Mt 5,31f: Die vierte »Antithese« besitzt das eben beschriebene Muster in verkürzter Form: V. 31a verweist auf den „Regelsatz" des Mose (wobei οὐ μοιχεύσεις aus V. 27 inhaltlich vorausgesetzt ist), gefolgt von einer eingliedrigen konditionalen »Anwendungsbestimmung«, deren Apodosis abweichend von den bisherigen Beispielen imperativisch formuliert ist. Dem stellt Matthäus mit V. 32a die modifizierte Regel Jesu entgegen, gefolgt von einer ebenfalls modifizierten, eingliedrigen »Anwendungsbestimmung« in der Form eines mittels eines Relativsatzes gebildeten Konditionalgefüges. In 19,7–9 wird dieser Fall noch einmal ausführlicher, aber formal identisch, behandelt. Zu vergleichen ist auch Mt 15,4f: dem der Tora entnommenen »Regelsatz« Gottes (V. 4) stellt Matthäus die jesuanische Kritik einer pharisäischen »Anwendungsbestimmung« entgegen, die dem »Regelsatz« nicht entspricht. Auch Mt 20,25–28 beschreibt die Modifikation eines (allgemein gültigen) »Regelsatzes« (20,25) durch Jesus (vgl. 26a). Die neue Regel wird nicht expressis verbis genannt, sondern stattdessen auf die Haltung Jesu verwiesen, in der diese neue Regel als Vorbild für die Jünger gelebt wird (V. 28). Die davor stehenden »Anwendungsbestimmungen« (V. 26b.c) stellen einen synonymen Parallelismus dar, gebildet aus konditionalen Relativsätzen und Apodosen im Futur, das hier imperativische Funktion hat (= Gebotsfutur).

Mt 10,32f stellt eine Variante des antithetischen Parallelismus in den »Anwendungsbestimmungen« dar ([32] πᾶς οὖν ὅστις ὁμολογήσει ἐν ἐμοί … [33] ὅστις δ' ἂν ἀρνήσηταί με …). Er kommentiert die Jüngerbeauftragung (10,16) und -ermahnung (10,17–31). Im ersten Glied des Parallelismus (V. 32) ist statt des konditionierten Relativsatzes ein Relativsatz als nominativus pendens verwendet, der Hauptsatz ist wie die Apodosis in V. 33 futurisch formuliert.

Mt 16,19 (vgl. 18,18): Auf eine Vollmachtsübertragung Jesu an seine Jünger folgt als »Ausführungsbestimmung« ein synthetischer (oder klimaktischer?) Parallelismus, dessen

---

[761] So u.a. W. GRUNDMANN, Mt 154; U. LUZ, Mt I[1–4] 249/I[5] 330. Gegen diese Deutung des Passivs als *passivum divinum* in den Einleitungen der »Antithesen« vgl. H.-J. ECKSTEIN, Weisung Jesu 397–399, der zu Recht darauf verweist, wie sehr der erste Evangelist die Übereinstimmung des Sohnes mit dem Willen seines himmlischen Vaters hervorhebt, vgl. 7,21; 11,25–27; 12,50.

[762] Ob damit dann eine dreifache Steigerung (Gericht -> Synedrium -> Feuerhölle) oder nur eine zweifache (Synedrium und Feuerhölle als Explikation von Gericht) intendiert ist, kann hier außer Betracht bleiben. Von der Satzstruktur erscheint mir allerdings die letztgenannte Möglichkeit näher zu liegen.

Protasen konditionierte Relativsätze sind, gefolgt von futurischen Apodosen (zum gebrauchten Futurperfekt vgl. GGNT § 203a). Entgegen dem bisherigen Schema liegt allerdings zwischen Protasis und Apodosis ein Subjektwechsel vor: die Relativpronomina beziehen sich auf das Objekt der Protasis und sind Subjekt der Apodosis.

Mt 12,50 ist ein weiterer Beleg für eine eingliedrige »Anwendungsbestimmung«, die als Begründung für V. 49 (der allerdings nicht als »Regelsatz« im eigentlichen Sinn gelten kann) gebraucht wird. Das zwischen den Versen vermittelnde γάρ ist untypisch (vgl. nur noch 16,25, außerdem ἀλλά in 20,26). Zu vergleichen ist 21,22 als »Anwendungsbestimmung« zu 21,21 (Jüngerbevollmächtigung) durch einen Konditionalsatz), wobei das Relativpronomen wiederum das Objekt markiert (und zwar, anders als in 16,19, das von beiden Satzgliedern).

Gelegentlich verwendet Matthäus statt der konditionierten Relativsätze auch eigentliche *Konditionalsätze*, um vergleichbare antithetische Parallelismen zu bilden (vgl. 6,14f [verkürzt in 18,35]; 6,22f). Ein gutes Beispiel ist Mt 10,11–15: Auf die Jüngeranweisung (V. 11f) folgt in V. 13 eine Art zweiteiliger »Regelsatz«, der aus zwei antithetischen Konditionalgefügen besteht. In V. 14 wird der zweite Konditionalsatz weitergeführt durch einen konditionierten Relativsatz (14a), an den sich ein Verhaltensauftrag für die Jünger anschließt. Mit einer autoritativen Gerichtsankündigung (V. 15) endet diese kleine Einheit, die verschiedene mt Stilelemente kombiniert.

Ernst Käsemann hatte 1954 in einem Vortrag auf dieses feste Satzmuster aufmerksam gemacht und sie als „Sätze heiligen Rechtes" bezeichnet.[763] Sein Ausgangspunkt waren allerdings Stellen aus den paulinischen Briefen, allen voran 1Kor 5,3ff. Er sah in diesen Sätzen Äußerungen urchristlicher Charismatiker, die um den Maßstab des Richters im kommenden Gericht wussten „und ihn darum mit prophetischer Vollmacht verkündigen" konnten (70). Das Ziel dieser proleptischen Verurteilung sei jedoch gewesen, den Schuldigen noch in diesem Äon „in die Entscheidung" zu stellen und damit „vor die Möglichkeit, dem ewigen Gericht zu entrinnen" (71). Nur knapp geht er dabei auf die synoptischen Stellen ein (78f), in denen er seine Ansicht bestätigt sieht. Als Urheber solcher Sätze nimmt er in apokalyptischer Naherwartung lebende christliche Propheten an, die in der allerersten Zeit die Gemeinden leiteten, indem sie das Recht des jüngsten Gerichts schon jetzt zur Anwendung brachten. Formgeschichtlich ordnete er die „Sätze heiligen Rechtes" der prophetischen Gattung von Segen und Fluch zu und grenzte sie zugleich gegen die Paränese ab.[764]

Kritisch und auf beträchtlich erweiterter Materialbasis hat Klaus Berger diese These weitergeführt und zeigen können, dass die von ihm als „Mahnungen im Tat-Folge-Schema" bezeichneten Äußerungen gegen Käsemann *der*

---

[763] Sätze heiligen Rechts im Neuen Testament, NTS 1 (1954/55), 248–260, jetzt in: DERS., Exegetische Versuche und Besinnungen II, Göttingen 1964, 69–82. Zur Kritik s. R. RIESNER, Lehrer 10; S. BYRSKOG, Jesus the Only Teacher 351f, und die herrliche Karikatur dieser Vorstellung bei D. SCHELLONG, Christus fidus interpres Legis 681 Anm. 50.

[764] Vgl. ebd. 79: „Prophetie verkündet Segen und Fluch über den Bekennenden und Verleugnenden in der Gemeinde, indem sie das eschatologische Jus talionis in ihr aufrichtet."

Paränese zuzuordnen sind.[765] Innerhalb der zahlreichen Differenzierungen, die er dieser Gattung zuteil werden lässt, gehört Mt 5,19 s.E. zu den „bedingte[n] Heilsansagen in Verbindung mit bedingten Unheilsansagen" (auch als „doppelteilige Schlüsse" bezeichnet [Formgeschiche 174]). Sie finden sich in dreifacher Verwendung: (1.) bezogen auf Glauben, Bekennen, Hören (z.B. Mt 10,32f; Mk 16,16), (2.) auf das Hören und Tun des Gebotenen (neben Mt 5,19 auch 6,14f; 7,24–27 par. Lk 6,47–49) und (3.) auf das Bekennen und Bewahren unter Lebensgefahr (Mk 8,35 parr.). Berger bestimmt dabei die Zugehörigkeit zur Gattung sehr stark nach inhaltlichen Gesichtspunkten. Es hat sich jedoch schon bei Mt 5,18 gezeigt, dass es bei Matthäus wichtig ist, daneben auch auf das Satzmuster zu achten und im Evangelium selbst nach vergleichbaren Sätzen zu suchen, wie dies oben geschehen ist. Dabei fällt besonders auf, dass das Satzmuster in den meisten Fällen im Kontext einer Jüngerunterweisung oder -ermahnung Verwendung findet (lediglich 12,31f; 23,16.18 gehören nicht hierher), was bei Berger nicht hinreichend erkennbar ist. Darüber hinaus sind alle auf die Jünger zu beziehenden Stellen grundsätzlicher und bleibender Art, d.h. alles darin Gesagte gilt für die Nachfolger Jesu zu allen Zeiten und beschränkt sich nicht auf singuläre Geschehnisse. Mit diesen Sätzen kann Matthäus darum in besonderer Weise diejenigen ansprechen, die als Lehrer der Gemeinden in der direkten Nachfolge der Jünger stehen.[766]

Zusammenfassung: Überblickt man das mt Vergleichsmaterial, dann ergeben sich für V. 19 und sein Verhältnis zu V. 18 einige sichere Anhaltspunkte: (1.) Vers 19 ist im jetzigen Kontext als »Anwendungsbestimmung« von Vers 18 zu verstehen und nicht isoliert zu betrachten, auch wenn die syntaktische Verknüpfung nur schwach ist bzw. überhaupt fehlt.[767] (2.) Wie 5,22b.c; 10,42;

---

[765] Vgl. die Einordnung unter die symbuleutischen Gattungen, die nach seiner Definition dazu dienen, „den Hörer zum Handeln oder Unterlassen zu bewegen" (Formgeschichte 18, vgl. 167–188). Vgl. außerdem: DERS., Zu den sogenannten Sätzen heiligen Rechts im Neuen Testament, NTS 17 (1970/71), 10–40; DERS., Die sogenannten „Sätze heiligen Rechts" im Neuen Testament, ThZ 28 (1972), 305–330.

[766] Damit soll nicht gesagt werden, dass der Vers eine mt Bildung darstellt, im Gegenteil. Da Jesus seine Jünger als Boten aussandte, ist ein solches Logion in seinem Munde durchaus denkbar, vgl. R. BANKS, Matthew's Understanding 240; R. RIESNER, Lehrer 454–460.

[767] Das hängt von der Interpretation des οὖν in V. 19a ab. Im NT ist die Partikel zumeist folgernd und weiterführend gebraucht, doch kann sie wie im Klassischen auch in einem versichernden Sinn fungieren (vgl. GGNT § 252,51). Für V. 19 legt sich der erstgenannte Gebrauch nahe. Vgl. dazu auch U. LUZ, Mt I$^{1-4}$ 230/I^5 308: Er erwägt, dass V. 19 kein selbständiges Logion war, sondern „von vornherein als Kommentar zu V18 entstanden ist" und von Matthäus schon mit diesem verbunden vorgefunden wurde (vgl. a. E. SCHWEIZER, Gesetzesverständnis 404; H.-TH. WREGE, Überlieferungsgeschichte 40). Auch DAVIES/ALLISON erwägen die Möglichkeit, dass der Sammler und Redaktor von Q^{Mt} 17f verbunden vorfand und dann mit V. 19 verband, so dass Mt in seiner Q-Vorlage 17–19 als Einheit las und sie nur redaktionell überarbeitete und mit dem von ihm geschaffenen V. 20 verband (Mt I 495).

18,5; 20,26f zeigen, kann die »Anwendungsbestimmung« sehr konkret im Hinblick auf *ein* bestimmtes Verhalten formuliert sein, sie hat aber im Bezug auf den »Regelsatz« *exemplarischen Charakter*, d.h. die Regel erschöpft sich nicht in der konkret genannten Anwendung. (3.) Das δέ im zweiten Glied des Parallelismus hat adversativen Charakter (vgl. GGNT § 252,12) und ist *nur* bei den antithetischen (5,19; 10,33; 12,32; 16,25; 18,6; 23,16.18, vgl. a. 5,21), nicht aber synonymen oder klimaktischen Parallelismen gebraucht, d.h. die Verwendung geschieht sehr bewusst. (4.) Die »Anwendungsbestimmungen« sind im Unterschied zu den »Regelsätzen« fast durchweg in der 3. Person formuliert (in einem Kontext, der zumeist von der Anrede in der 2. Person bestimmt ist). (5.) Während ein Teil der »Anwendungsbestimmungen« eine Zäsur innerhalb des Zusammenhanges bilden, geht in anderen Fällen die thematische Argumentation weiter (oft verbunden mit einem Subjektwechsel). Das bedeutet, dass die Entscheidung, inwieweit V. 20 mit V. 18f zu verbinden oder eher davon abzurücken ist, damit allein nicht getroffen werden kann.

2. Die matthäische Interpretation und Bearbeitung von V. 19

Die Übersicht über die konditionalen Relativsätze hat gezeigt, dass diese Verse in der Regel weiterführende Bestimmungen oder Präzisierungen enthalten und darum nicht losgelöst von ihrem Kontext verstanden werden können. Da 5,19 in dieser Weise kein Einzelphänomen darstellt und man kaum annehmen kann, dass alle »Anwendungsbestimmungen« ursprünglich Einzellogien waren, die von Matthäus oder der ihm vorliegenden Überlieferung sekundär mit den ihnen voranstehenden »Regelworten« verbunden wurden, ist zumindest für einige der beschriebenen Satzfolgen eine jesuanische Herkunft wahrscheinlich. Nicht auszuschließen ist, dass dann sekundär weiteres Material in dieses Satzmuster umgeformt und entsprechende Zusammenstellungen vorgenommen wurden. Bei den angeführten Beispielen für

---

Gegen eine vor-mt Einheit von V. 18f s. J. GNILKA, Mt I 141f: V. 19 vertrete „einen weniger rigorosen Gesetzesstandpunkt" als V. 18 (was natürlich davon abhängt, wie 'rigoros' man V. 18 interpretiert); auch W. WIEFEL, Mt 99.103, hält die Spruchgruppe 17–19 für eine erst mt Zusammenstellung, die auf ältere Diskussionsworte aus dem Bereich des Judenchristentums über die Gültigkeit des Gesetzes zurückgreife. Auch P. FOSTER, Community 178f, sieht darin keine traditionelle Spruchgruppe, sondern in V. 19 weitgehend eine mt Konstruktion, die dieser im Sinne einer seelsorgerlichen Unterstützung für solche Gemeindeglieder bildete, die in der Gefahr standen, den Anschuldigungen, die Nachfolge Jesu hebe das Gesetz auf, Glauben zu schenken: „For pastoral reasons Matthew assures his community that the law is still 'fulfilled' by their adherence to Jesus as Messiah" (196). Dieser „seelsorgerliche" Ansatz dominiert die Auslegung von Foster. Es ist dies in gewisser Weise eine Variante der 'Entschärfungstheorie', indem die Verse 18f aus den genannten seelsorgerlichen Gründen die Bedenken einzelner (Juden-)christen aufnehmen und zu überwinden versuchen (s.a. 186.212–215.257–259 und unten Anm. 771).

»Regelsatz« und »Anwendungsbestimmung(en)« lassen sich festere und losere Verbindungen erkennen (12,31f würde ich als untrennbare Verbindung ansehen, 16,24f dagegen nicht, da 16,25 [wie die Parallele in 10,39 zeigt] allgemeineren Charakter besitzt und darum in verschiedene Kontexte passt), ohne dass damit etwas über die Ursprünglichkeit ausgesagt werden kann. Die Zusammenordnung von 5,18 und 5,19 entspricht der Intention des Evangelisten und könnte darum sein Werk sein, mit dem er dasselbe Ziel wie mit der Zufügung von 18b verfolgt: Die Erfüllung von Gesetz und Propheten und der Anbruch der Zeit, in der „alles geschieht", verpflichtet umso mehr auf „diese Gebote", die Jesus seine Jünger gelehrt hat. Aber gerade weil eine solche Mahnung angesichts der zeichenhaften Freiheit, die Jesus im Umgang mit der Tora besaß, auch schon bei Jesus selbst denkbar ist, kann eine schon traditionelle Komposition nicht ausgeschlossen werden.

Weite Teile des Verses gelten zumindest sprachlich als redaktionell, wenngleich der Versinhalt vielfach einer vor-mt Überlieferung zugeschrieben wird[768], nach Luz freilich vor allem deshalb, weil viele „nur ungern ein so gesetzliches Logion dem Evangelisten zuweisen" (I$^{1-4}$ 230/I^5 307). Zu ergänzen wäre: noch weniger gern sähen die meisten ein solches Wort im Munde Jesu.[769] Andererseits hält auch Luz nur den ersten Teil des Verses für traditionell, während die positive Formulierung des Parallelismus in 19c.d s.E. vom Evangelisten stammt (mt Redaktion nach Luz unterstrichen, Red. unsicher kursiv)[770]:

19a: <u>ὃς ἐὰν</u> οὖν λύσῃ	19c: <u>ὃς δ' ἂν</u> ποιήσῃ
μίαν τῶν ἐντολῶν τούτων τῶν ἐλαχίστων	-----
καὶ διδάξῃ οὕτως τοὺς ἀνθρώπους,	καὶ <u>διδάξῃ</u>,
19b: ἐλάχιστος	19d: <u>οὗτος</u> μέγας
κληθήσεται	κληθήσεται
ἐν τῇ <u>βασιλείᾳ τῶν οὐρανῶν</u>·	ἐν τῇ <u>βασιλείᾳ τῶν οὐρανῶν</u>.

---

[768] DAVIES/ALLISON, Mt I 495f: „largely Matthean", aber möglicherweise „a redactional version of a traditional line"; zurückhaltend G. STRECKER, Bergpredigt 59, der „matthäische Eingriffe" nicht ausschließen will, aber lediglich den Ausdruck βασιλεία τῶν οὐρανῶν als „verhältnismäßig sicher" der Redaktion zuweist (ebd. Anm. 102); nach J. GNILKA, Mt I 142, sind keine „bemerkenswerte[n] redaktionelle[n] Eingriffe … wahrzunehmen", so unter Verweis auf I. BROER, Freiheit vom Gesetz 49f und gegen CH. HEUBÜLT, Beitrag 143f, die den ganzen Vers der mt Redaktion zuschreiben will, so auch P. FOSTER, Community 176–179.

[769] Vgl. schon DERS., Erfüllung 408; W. WIEFEL, Mt 103: „Für die Gemeinde war das Logion auf die Dauer nur rezipierbar, wenn man unter den ἐντολαί nicht die Vorschriften der Tora, sondern die Gebote Jesu verstand. So hat es gewiß auch Matthäus getan (vgl. 28,20a) …" Zu einer Rückführung des Verses auf Jesus bzw mt Redaktion s.o. Anm. 766f.

[770] So auch DAVIES/ALLISON, Mt I 498, die im ersten Versteil ferner λύειν, ἐντολή und ἐλάχιστος für mt Redaktion halten (ebd. 496 Anm. 43).

Wie V. 18 stammt nach Luz auch V. 19 aus „streng judenchristlich-gesetzes-
treuen Kreisen" und die Verse können nicht auf Jesus zurückgeführt werden,
da er „in vielen einzelnen Fällen um der Liebe willen das Gesetz" übertreten
habe.[771] Die Schwierigkeit dieser Interpretation ist demnach wie in V. 18, was
Luz sehr deutlich sieht, wieso Matthäus diese (nichtjesuanischen – aber
wusste Matthäus das?) Verse aufnimmt, und, was noch schwerer wiegt, „auch
redaktionell intensiv bearbeitet und an herausgehobener Stelle ... plaziert"
(d.h. die These eines unreflektierten Weitertradierens wird mit Recht zurückgewiesen). Nach Luz handelt es sich um „eine judenchristliche Tradition ...,
die das Halten *aller* Einzelgebote der Tora fordert und materiale Kritik an
Torageboten ausschließt". Diese Haltung sei für die mt Gemeinde bestimmend.[772] Diese Festlegung der mt Gemeinde auf das Halten aller Toragebote
(die für Luz' Auslegung des ganzen Evangeliums konstitutiv ist), die aber
m.E., wie oben gezeigt, weder den historischen Rahmenbedingungen zwischen 70 und 90 n.Chr. noch 5,18 angemessen ist, manövriert Luz in gewisser
Weise in eine interpretatorische Sackgasse. Die logische Konsequenz (der er
nicht ausweicht) ist, V. 18f zum Interpretament von V. 17 zu machen: Jesu
Sendung besteht dann gerade darin, „daß er durch seinen Gehorsam die Tora
aufrichtet, bis zum letzten und kleinsten Gebot" (239/318f). Damit
widerspricht sich Luz aber selbst, wenn er wenige Seiten zuvor schreibt, dass
Jesus um der Liebe willen das Gesetz übertreten habe.[773] Oder ist es s.E.

---

[771] Mt I[1-4] 230 (der Satz fehlt in I[5] 308). Auch H.-J. Eckstein, Weisung Jesu 400f, sieht
darin, wie gezeigt, eine von Matthäus aufgenommene, aber mittels der Rahmung durch 5,17
und 7,12 'entschärfte' Tradition von „toraobservant lebenden Judenchristen". P. Foster,
Community 196f, entgeht diesem Problem, den Text von der mt Intention abrücken zu
müssen, indem er in ihn als Teil einer „subversive strategy" (215, vgl. oben Anm. 767) sieht,
um die zögerlichen Gemeindeglieder auf den Weg zur Heidenmission zu führen. Dies aber ist
nur möglich durch eine „repriorisation of the status of the law" (260), die auch Foster im
Sinne einer heilsgeschichtlich motivierten Veränderung der Ausgangsbedingungen sieht: „For
Matthew the options are presented in a stark antithesis, either one can accept the tradition
pattern and hence ignore the fulfilment of the law and the prophets which is to be seen in
Jesus, or one can accept the divine disclosure and the authority of the community's
foundational figure thereby embracing that 'all things have come to pass' in Jesus" (215, vgl.
257f). Es bleibt bei Foster allerdings der Eindruck zurück, dass dies eher ein pädagogischer
oder seelsorgerlicher 'Trick' des Evangelisten (was dann stark an Luomanens These erinnert,
s.o. Anm. 716) und weniger das Ergebnis theologischer Reflexion und Überzeugung ist. Der
Grund dafür ist m.E., dass er die mt Erfüllungschristologie zu wenig gewichtet.
[772] Mt I[1-4] 239/I[5] 318 (Hhg.Orig.); s.a. Ders., Jesusgeschichte 26: „Natürlich war für sie
Jesus der oberste Lehrer und Interpret des Gesetzes. Von Jesus her stand für sie das doppelte
Liebesgebot im Zentrum des Gesetzes (22,34–40). Aber neben ihm gibt es auch die »Jota und
Häkchen« und die »geringsten Gebote« (5,18f). Es gibt keinen Grund anzunehmen, daß die
matthäischen Gemeindeglieder Minze, Anis und Kümmel nicht verzehntet hätten (23,23)."
[773] Vgl. jetzt aber oben Anm. 771. Anders H.-J. Eckstein, Weisung Jesu 401, der von
7,12 her auch 5,17 im Sinne des Liebesgebots verstanden wissen will und von daher 5,18f
relativiert.

Matthäus, der mit 5,18f dem 'historischen' Jesus einen 'gesetzestreuen' entgegensetzt?

Eine genaue Abgrenzung oder auch nur ein ungefähres Bild der mt Redaktion lässt sich für diesen Vers nicht wirklich gewinnen, da synoptische Parallelen fehlen und typische mt Wendungen (die zudem mit Ausnahme von βασιλεία τῶν οὐρανῶν fehlen) kein Argument gegen Tradition sind.[774] Dazu kommt, dass hier immer schon das Vorverständnis des Exegeten hinsichtlich der Stellung des historischen Jesus zur Tora bzw. das der postulierten judenchristlichen Tradenten oder des Evangelisten selbst eine vorentscheidende Rolle spielt. Darum ist hier der Versuch unternommen, den Vers so zu lesen und zu verstehen, dass er sowohl auf der Ebene des historischen Jesus (zumindest in der Auffassung des Matthäus) als auch des Evangelisten und seiner Zeit kohärent mit dem übrigen Evangelium zusammen gesehen werden kann. Geht man dazu von einer Interpretation der Verse 17 und 18 aus, wie sie hier vorgeschlagen wird, und zieht man darüber hinaus den abhängigen und auch abgestuften Charakter der in V. 19 vorliegenden Konstruktion in Betracht, dann ist der Vers als paränetische Ermahnung zu verstehen, aus V. 18 (in seiner ursprünglichen Gestalt) keine falschen Schlüsse zu ziehen.[775]

Der Vers in seiner vorliegenden Form unterstützt eine Haltung, wie sie auch die redaktionelle Einfügung von 18b (ἕως ἂν παρέλθῃ ὁ οὐρανὸς καὶ ἡ γῆ) erstrebt: die von Jesus erfüllte (und antizipierend auch: gelehrte) Tora[776] *bleibt* Grundlage des Tuns und Lehrens in seiner Gemeinde. Dem „Erfüllen" (πληροῦν) von Tora und Propheten durch Jesus korrespondiert also gerade nicht ein „Auflösen" (λύειν [V. 19]) irgendwelcher Gebote, sondern *verneintes* καταλύειν (V. 17) bzw. παρέρχεσθαι (V. 18) in Bezug auf die »Tora« als Ganzes.[777] *Die Tora „vergeht" nicht mit ihrer Erfüllung* (so

---

[774] U. LUZ, Jesusgeschichte 18, weist m.E. zu Recht darauf hin, dass bei den meisten mt Sondergutstücken damit zu rechnen ist, „daß Matthäus mündliche Überlieferung erstmals verschriftlicht hat", was deren hohen Anteil an mt Spracheigentümlichkeiten am Ungezwungensten erklärt. So auch H.-TH. WREGE, Sondergut 10f.138, wonach viele Einzeltraditionen des Mt-Sonderguts „den Eindruck einer Erstverschriftlichung machen" (138); s. dazu auch K. SYREENI, Making 161; S. BYRSKOG, Jesus the Only Teacher 339–341.

[775] Vgl. U. LUZ, Jesusgeschichte 25, der die Verse 5,17–19 als vorsorgliche Abwehr gegen ein antinomistisches Verständnis der »Antithesen« interpretiert.

[776] Man könnte einwenden, dass die Nennung der ἐντολαί darauf hinweise, dass in V. 18 mit νόμος eben doch das Gesetz im engeren Sinn und nicht die ganze Schrift (einschließlich der Propheten) gemeint sei. Dabei wird aber übersehen, dass in den »Anwendungsbestimmungen«, die auf den »Regelsatz« folgen, häufig nur ein begrenzter Teilaspekt aufgenommen wird und nicht notwendig das Grundsätzliche noch einmal wiederholt wird. Es werden, so meine Auffassung, eine oder im Falle der antithetischen Parallelismen zwei *exemplarische* Möglichkeiten mit ihren Folgen 'durchgespielt'.

[777] Was oben in Bezug auf die Bedeutung von καταλύειν bzw. παρέρχεσθαι gesagt wurde, ist hier vorausgesetzt, d.h. die beiden Verben beziehen sich weder in ihrem üblichen

wenig wie Christus als Ende der Tora ihre Aufhebung bedeutet, vgl. Röm 10,4 m. 3,31; 7,12), sie ist nicht etwas zu Überwindendes, sondern bleibende Offenbarung von Gottes Willen, die jedoch immer schon über sich hinauswies und so offen war für ein neues Handeln Gottes.[778] Dass „erfüllte" Geschichte das Bisherige nicht einfach ablöst, sondern in neuer, veränderter Weise fortschreibt, ist zudem das Grundprinzip der biblischen Traditionsgeschichte.[779] Die *Autorität* der »Tora« ist durch ihre Erfüllung nicht geschmälert, vielmehr sogar gesteigert, weil Gott sich in Jesus zu ihr als seinem Wort bekannte. Aber ihre *Funktion* ist eine andere!

Dass sich die Konsequenzen einer solchen Funktionsveränderung nicht von heute auf morgen zeigen bzw. durchsetzen oder auch nur in ihrer ganzen Reichweite von den unmittelbar Betroffenen erkannt werden können, sollte eigentlich nicht verwundern.[780] Auch wenn Matthäus mit 11,12f eine klare Linie zieht, ist doch nicht zu verkennen, dass eine solche geglaubte heilsgeschichtliche Wende sich nicht sofort und eindeutig auch auf die historisch-kontingente Wirklichkeit auswirkt, sondern erst nach und nach eingeholt und in ihren Konsequenzen bedacht werden kann. Dass dies zudem nicht ohne Kämpfe und Verwerfungen, nicht ohne zu heftiges Vorwärtsdrängen und zu extremes Zurückdrehenwollen möglich ist, überrascht nicht. Dass die an Jesus glaubende Gemeinde aus Juden und Heiden auch noch 50 Jahre nach Jesu Erfüllung der ganzen »Tora« die Folgen dieses Geschehens in Konflikten nach innen und außen durchlebte, spricht nicht gegen diese heilsgeschichtliche Wende und auch nicht dagegen, dass Jesus sie selbst so verstand und seine Jünger entsprechend lehrte, sondern im Gegenteil gerade für sie: Denn die in Jesus geglaubte Erfüllung der Schriften prägte sich so nachhaltig ein, dass sie allen damit verbundenen Schwierigkeiten zum Trotz nicht mehr ungeschehen gemacht werden konnte, sondern nach Klärung und adäquatem Ausdruck verlangte. Jesu Umgang mit der Tora ist also nicht Ja und Nein zugleich, sondern ein uneingeschränktes Ja zu ihrer *Funktion* als Wort Gottes bei gleichzeitiger grundsätzlicher Veränderung ihrer gebietenden Autorität angesichts der Königsherrschaft Gottes (vgl. die zweimalige Erwähnung derselben in V. 19).

Gebrauch noch bei Matthäus in erster Linie auf die Aufhebung eines Einzelgebots, sondern auf die Infragestellung einer von Gott gesetzten Ordnung.

[778] Würde immer alles beim Alten bleiben sollen, dann dürfte es keine Verheißungen geben, vgl. aber schon torainternal Gen 12,3; Dtn 18,15, aber darüber hinaus auch die Propheten als Teil der einen »Tora« Gottes.

[779] Vgl. H. GESE, Das biblische Schriftverständnis, in: DERS., Zur biblischen Theologie, Tübingen ²1983, 9–30 (insbesondere 14–23: „Die Traditionsgeschichte"; zu Mt 5,17–19 s. S. 10). Gese zeigt das bewahrende und gleichzeitig für Veränderungen offene Traditions-verständnis am Dekalog: „Der klassische Dekalog selbst ist ein Ergebnis jahrhundertelanger Arbeit und Tradition. Trotzdem entstanden noch weitere nach ihm, um neue Wahrheitser-kenntnis im Rahmen dieser Tradition von der Sinaioffenbarung zu formulieren, ohne damit den klassischen Dekalog in den Schatten stellen zu wollen" (14). Gleichwohl gilt auch hier: Jesus ist nicht einfach eine *Weiterschreibung* der Tradition, sondern ihre *Erfüllung* und damit ihr Ziel- und Wendepunkt.

[780] Darin ist TH. ZAHN und A. v. HARNACK in den oben Anm. 503+505 zitierten Passagen zuzustimmen.

Auf die veränderte *Funktion* verweist (abgesehen vom Gesamtkontext) die Wortwahl dieses Verses. Denn sie verhindert, dass der Vers einfach als Fortsetzung der bisherigen Toraobservanz verstanden werden kann, so als hätte Jesus seine Jünger zu Toralehrern (und zwar zu nichts anderem, wenn man der nomistischen Interpretation dieser Verse folgt) gemacht, deren einziger Unterschied zu den bisherigen der ist, dass sie lehren *und* selbst auch tun, was sie lehren (vgl. 23,3).

Nun ist aber in V. 19 das Ziel des Tuns und Lehrens die Königsherrschaft Gottes, doch im Unterschied zu V. 20 ist *nicht* vom Hineingehen in dieselbe die Rede, sondern vom Rang innerhalb derselben.[781] Damit ist die Gegenwart des Reiches Gottes (und die Zugehörigkeit der Jünger zu ihr) bereits vorausgesetzt, d.h. der Vers sieht das ἕως ἂν πάντα γένηται als ein zumindest schon begonnenes Geschehen. Darum kann von der »Tora« auch nur noch im Modus ihrer in V. 17f bezeugten Erfüllung geredet werden. „Diese kleinsten Gebote" sind die Konsequenz des in V. 17f über die Tora Gesagten (s.u. 3.).[782] Es geht in diesem Vers, der Teil der direkten Anrede Jesu an seine Jünger ist, also um die „Verwirklichung der Basileia im Jüngerkreis" (s.o. § 3/2.). Die Lehrenden innerhalb der Gemeinde sind angesprochen und der Ton des Verses ist paränetisch. Matthäus gebraucht ihn (was eine frühere Verwendung in ähnlicher Weise nicht ausschließt) als Reaktion auf die

---

[781] Dass diese Frage im zeitgeschichtlichen Horizont kein (dem modernen Empfinden vergleichbares) Unbehagen auslöste, zeigt die Selbstverständlichkeit, mit der damit umgegangen wurde, vgl. Mt 11,11; 18,1.4; 20,21.23; zu rabbinischen Parallelen s. BILL. I 249f.773 (der Verweis auf BILL. III 531–533 bei U. LUZ, Mt I¹⁻⁴ 238/I⁵ 317 Anm. 84, ist irreführend: den dort genannten drei, sieben oder zehn Himmeln der Hekhalot-Mystik entsprechen keine Klassifizierungen für Menschen im Jenseits); umstritten ist, ob mit ἐλάχιστος κληθήσεται ἐν τῇ βασιλείᾳ τῶν οὐρανῶν eine Rangfolge oder der totale Ausschluss gemeint ist. Angesichts des positiven Charakters des Verses erscheint mir nur die erste Möglichkeit denkbar (so auch: J. WELLHAUSEN, Mt 18 [= 194]; G. STRECKER, Bergpredigt 60; R. E. MENNINGER, Israel and the Church 112; H. D. BETZ, Sermon 189, P. FOSTER, Community 196f), zumal Matthäus sonst wenig Zurückhaltung zeigt, mit „Heulen und Zähneklappern" zu drohen. Gleichwohl optieren für diese Position u.a.: D. SCHELLONG, Christus fidus interpres Legis 680f, der allerdings einräumt: „Werden Lehrer »verachtet«, so betrifft das ihre Eignung *als Lehrer*" und besagt damit nichts über ihre Zugehörigkeit zur Basileia (682); P. LUOMANEN, Entering the Kingdom of Heaven 85; W. R. G. LOADER, Jesus' Attitude 170. Hierin aufgrund von 1Kor 15,9 einen Hinweis auf den Apostel Paulus und einen Angriff auf sein Gesetzesverständnis zu sehen (so seit JOHANNES WEISS), legt zu viel in den Text hinein, aber es ist immerhin tröstlich, „that he is not absolutely denied entrance into the kingdom of God, but merely relegated to the position of a back-bencher" (BETZ, ebd. 189).

[782] Vgl. Y.-E. YANG, Jesus and the Sabbath 115: „... in the salvation-history time line the referent of the commandments of v. 19 belongs to the post-fulfilment period, whereas the referent of the law in vv. 17, 18 evidently belongs to the pre-fulfilment period." Schon J. WELLHAUSEN, Mt 18 [= 194], bemerkt knapp und treffend: „Jesus setzt also auch hier die Zukunft der Gegenwart voraus." Dagegen DAVIES/ALLISON, Mt I 496f, obwohl auch sie den Bruch zwischen V. 17f und 19 sehen: Erstere haben Jesus im Focus, letzterer die Jünger.

Verunsicherungen über die Haltung zur Tora, wie sie wohl nach 70 in noch einmal veränderter Form aufbrachen (dass sie innerhalb der christlichen Gemeinde von Anfang an ein schwieriges Thema war, ist ja unbestritten). Darum 'droht' er denen, die meinen, die Zeit von Gesetz und Propheten sei jetzt definitiv abgelaufen, nicht mit dem Verstoßenwerden aus der Basileia, sondern spricht nur davon, dass man ein „ganz kleiner" (ἐλάχιστος) im Sinne von gering geachtet sein genannt wird. Damit erinnert er die, die doch die Größten (bezogen auf ihr Ansehen) sein wollen (18,1 vgl. 20,25–27; 23,8–11), an das, was zum Großsein in der Basileia gehört: das Tun des Willens Gottes und das Dienen untereinander (20,28; 23,11, vgl. 18,4f), d.h. aber gerade das Tun der Dinge, die wenig geachtet und angesehen sind. Es sind also die christlichen Lehrer und 'Schriftgelehrten', die hier in besonderer Weise an ihre Verantwortung erinnert werden, indem Matthäus sie gleichsam mit ihrem Ehrgeiz kitzelt. Zugleich kann der Vers als eine sehr subtile christologische Aussage gelesen werden, die an 3,15 und 5,17 erinnert. Denn wer ist der, der alles „tut und lehrt", wenn nicht Jesus selbst?

3. „Die kleinsten Gebote" als die ganze Tora des Messias Jesus

Inhalt des Tuns und Lehrens im Kontext der Königsherrschaft Gottes sind τῶν ἐντολῶν τούτων τῶν ἐλαχίστων. Man sieht darin vielfach, wie oben am Beispiel von Ulrich Luz gezeigt, eine Aufnahme des Bildes von Jota und Häkchen: Weder ein Jota noch auch nur das allerkleinste Gebot sollen aufgelöst werden. Indem das Demonstrativpronomen τούτων rückweisend verstanden wird, scheint der Bezug auf νόμος auch von daher gesichert zu sein. Martin Vahrenhorst, der sich in der Frage nach der Stellung der mt Gemeinde zum Gesetz ausdrücklich an Luz anschließt, sieht in den Versen 17–19 eine klare Stringenz, so dass der Kontext „ganz unmittelbar an die Gebote der Tora denken" lasse. Nur wer „von einem vorgefassten Gesamtkonzept her" (246) diese Texte betrachte, würde dies nicht erkennen, und nur solche Exegeten würden diese Verse „zu den schwierigsten im Evangelium" rechnen (235). Die hier vorgeschlagene und nachfolgend begründete *Unterscheidung* von Tora und Propheten vor ihrer Erfüllung und den „geringsten Geboten" Jesu, die sich gerade nicht „unmittelbar" aus der Tora ableiten lassen, steht also unter diesem Generalverdacht, den Text nicht sagen zu lassen, was er sagen will.

Auffällig ist an dieser Wendung zunächst das nachgestellte und damit betonte τῶν ἐλαχίστων. Dieter Schellong spricht in Bezug auf αἱ ἐντολαὶ αὗται αἱ ἐλάχισται ausdrücklich von einem „zweifache[n] Sprung" zwischen V. 18 und 19.[783] Denn von „kleinsten" oder „geringsten Geboten" war trotz Jota und Häkchen *nicht* die Rede, und die Interpretation dieser Stelle aufgrund des entsprechenden Sprachgebrauchs in der rabbinischen Literatur wird zu schnell als Deutungsschlüssel auf Matthäus übertragen.[784] Übersehen wird, wie oben gezeigt wurde, dass im Kontext der rabbinischen Jota- und Häkchen-Aussagen eine Unterscheidung von schweren und leichten, wichtigen und weniger wichtigen Geboten gerade nicht vorkommt, sondern eine Totalitätsaussage gemeint ist. Auch sonst ist das, was man in diese Aussage hineininterpretierte (Dekalog, Aposteldekret, Ritualgebote) weder in der bisherigen mt Darstellung vorgekommen, noch kommt es danach.[785] Der im Folgenden aufgezeigte spezifisch mt Sprachgebrauch sowohl von ἐντολή als auch von ἐλάχιστος muss darum als Ausgangspunkt der Interpretation dienen.[786]

3.1 μικρός und seine Steigerungsformen als Bezeichnungen der Zugehörigkeit zu Jesus

Matthäus verwendet den zu μικρός bzw. ὀλίγος gehörenden Superlativ ἐλάχιστος insgesamt 5mal (2,6; 5,19bis; 25,40.45), von den übrigen Evange-

---

[783] Christus fidus interpres Legis 672: ein Sprung von der graphischen Gestalt der Tora (Buchstaben und -striche) zu ihrem Inhalt, ein zweiter von klein auf gering, d.h. von einem bloßen Maß zu einer Bewertung. Vgl. a. W. PETERSEN, Eigenart 171, der von einer „Gedankenlücke" zwischen V. 18 und V. 19 spricht. Bestritten wird die exegetische Bedeutung dieser syntaktischen Inkongruenz von P. FOSTER, Community 177f, der in dem Vers weitgehend mt Redaktion sieht. Er erklärt allerdings nicht, weshalb Matthäus so ungeschickt formulierte.

[784] Wobei nicht ausgeschlossen ist, dass Matthäus mit seiner Formulierung auf rabbinische Terminologie Bezug nimmt, aber dieser ist dann als *kritischer* zu bestimmen, vgl. schon LOHMEYER/SCHMAUCH, Mt 110 Anm. 2.

[785] Vgl. die Beispiele bei G. STRECKER, Bergpredigt 59f; U. LUZ, Mt I$^{1-4}$ 238f/I^5 316f; P. LUOMANEN, Entering the Kingdom of Heaven 83; W. R. G. LOADER, Jesus' Attitude 170 Anm. 74. Es ist auch hier Billerbecks Kommentierung mit dem Hinweis auf die *schweren und leichten Gebote* in der rabbinischen Tradition (die Matthäus kennt, vgl. 23,4.23, aber exakt mit βαρύς wiedergibt), die fortan die Interpretation maßgeblich beeinflusst hat. „Warum diese Deutung so anziehend ist, kann ich mir nur aus der Zwanghaftigkeit erklären, möglichst häufig im Neuen Testament ein widersprüchliches Bild vom frühchristlichen Denken finden und dabei auf die seit Baur kanonisch gewordene frühchristliche Gruppenbildung kommen zu müssen ..." – so D. SCHELLONG, Christus fidus interpres Legis 673.

[786] Dagegen kann eingewandt werden, dass ein solches Verfahren im Sinne der Leserführung problematisch ist, indem auf Unbekanntes verwiesen wird. Andererseits wird gerade durch die Inkongruenz zwischen V. 18 und 19 das Interesse der Leser geweckt und die Frage gestellt: Welche Gebote sind das, die so unbedingt zu tun und zu lehren sind? Es ist also präzise die Frage nach dem, was vom Gesetz bleibt, solange Himmel und Erde bestehen, nachdem Jesus gekommen ist, um Gesetz und Propheten so zu erfüllen, dass alles geschieht. Wäre der Vorspann von V. 17f wirklich nötig, wenn Matthäus Jesus nichts anderes hätte sagen lassen wollen, als dass die Tora in ganzem Umfang gehalten werden soll?

listen ist es nur noch bei Lukas 4mal bezeugt. Dabei gehören die beiden Vorkommen in Lk 16,10 zum lk Sondergut, zu 12,26 und 19,17 gibt es zwar Parallelen bei Matthäus, aber ohne Übereinstimmung in Bezug auf den Wortlaut.[787] Während Lukas an allen vier Stellen (τὸ) ἐλάχιστον als substantiviertes Neutrum verwendet, gebraucht es Matthäus als Adjektiv und nur einmal in 5,19c substantiviert.[788] In 25,40 ist die Wendung ἑνὶ τούτων τῶν ἀδελφῶν μου τῶν ἐλαχίστων eine Bezeichnung für die zu Jesus Gehörenden (vgl. die verkürzte Formulierung in V. 45: ἑνὶ τούτων τῶν ἐλαχίστων) und fast so etwas wie ein Würdetitel. Das bestätigt die Position, wonach in 19c nicht der Ausschluss aus der Basileia, sondern eine qualifizierte Zugehörigkeit gemeint ist (vgl. a. den Komparativ [hier mit superlativischer Bedeutung] in Mt 11,11 par. Lk 7,28: noch der μικρότερος in der Königsherrschaft Gottes ist größer als der Täufer). Darüber hinaus fällt die Parallelität der Formulierung zwischen 5,19a und 25,40 auf:

5,19	μίαν		τῶν ἐντολῶν	τούτων	τῶν ἐλαχίστων
25,40	ἑνὶ	τούτων	τῶν ἀδελφῶν μου		τῶν ἐλαχίστων
25,45	ἑνὶ	τούτων			τῶν ἐλαχίστων

Lediglich die Stellung des Demonstrativpronomens ist verschieden, doch findet sich nachgestelltes Demonstrativpronomen häufig bei Matthäus. Instruktiv sind ferner die folgenden Beispiele, die ebenfalls das Zahlwort als Ersatz des Indefinitpronomens[789] mit μικρός verbinden: 10,42: ἕνα τῶν μικρῶν τούτων; 18,6 (parr. Mk 9,42; Lk 17,1f): ἕνα τῶν μικρῶν τούτων τῶν πιστευόντων εἰς ἐμέ; 18,10: ἑνὸς τῶν μικρῶν τούτων; 18,14: ἓν τῶν μικρῶν τούτων (in der Parallele Lk 15,3–7 fehlt μικρός ganz; stattdessen ist von dem ἑνὶ ἁμαρτωλῷ die Rede).[790] In allen Fällen bezeichnet der jeweilige Ausdruck, wenn er auf eine Person bezogen ist, eine besonders enge Beziehung der so Benannten zu Jesus. Die Verteilung der Belege lässt erkennen, dass der Sprachgebrauch nicht von Matthäus geschaffen wurde, da er schon in Q und Markus bezeugt ist und daher möglicherweise auf Jesus selbst zurückgeht. Diese besondere Terminologie wird von Matthäus, der auch sonst gerne einen jesuanischen Sprachstil nachahmt, weiter entwickelt

---

[787] Lk 12,26 ist ohne direkte Parallele, lediglich die rahmenden Verse 12,25 par. Mt 6,27 und 12,27 par. Mt 6,28 haben Entsprechungen bei Matthäus. Zu 19,17 vgl. Mt 25,21: Statt ἐν ἐλαχίστῳ schreibt Matthäus ἐπὶ ὀλίγα und verwendet mit ἐπὶ πολλῶν ein klareres Oppositum für die zweite Vershälfte als Lukas.

[788] In Mt 2,6 (Zitat aus Micha 5,1) ist das dazugehörende πόλις zu ergänzen. Die LXX hat hier jedoch ὀλιγοστός.

[789] Vgl. GGNT § 145b.

[790] In Mt 13,32 par. Mk 4,31 ist das Samenkorn als μικρότερος bezeichnet, die übrigen Vorkommen von μικρός in den Synoptikern beschränken sich auf das Neutrum im Singular zur Bezeichnung einer Orts- oder Zeitbestimmung.

bzw. durch weitere Traditionen verstärkt, so dass sie lediglich für sein Evangelium eine Besonderheit bildet.

Für den zweimaligen Gebrauch von ἐλάχιστος in 5,19 ergibt sich daher aus dem einheitlichen Befund der übrigen μικρός-Stellen im Evangelium[791], dass damit ein besonderes Verhältnis zu Jesus (bzw. zur Teilhabe an der Königsherrschaft) ausgedrückt werden soll.[792] Gilt dies unstrittig für die Stellen, an denen μικρός und seine Steigerungsformen auf Personen bezogen sind, dann liegt es nahe, von daher auch die Wendung τῶν ἐντολῶν τούτων τῶν ἐλαχίστων zu verstehen. Der sachliche (nicht syntaktische) Rückbezug dieses Verses ist dann nicht in erster Linie in V. 18, sondern in V. 17 zu suchen. Darauf weist der Gebrauch von λύειν, der an das dortige zweimal verneinte καταλύειν erinnert. Was V. 19 also zurückweist ist – wie in V. 18 – die Möglichkeit, aus dem heilsgeschichtlich entscheidenden πληρῶσαι die falschen Schlussfolgerungen zu ziehen. Das von Jesus erfüllte Gesetz samt den Propheten ist – als eine paradigmatische Folge des in V. 17 Gesagten – in diesen ἐντολαί bleibend aufgehoben und bewahrt.[793] Diese sind den Jüngern in besonderer Weise anvertraut. Bestätigt wird diese Position durch den charakteristischen Gebrauch von ἐντολή durch den ersten Evangelisten.[794]

3.2 ἐντολή als Ausdruck für den bleibenden Willen Gottes

Matthäus gebraucht das Substantiv ἐντολή 6mal und zwar sowohl im Plural (5,19; 19,17; 22,40) wie im Singular (15,3; 22,36.38). Die Mehrzahl der Belege ist dem Markus-Evangelium entnommen: 15,3 par. Mk 7,8.9; 19,17 parr. Mk 10,19; Lk 18,20; 22,36.38 par. Mk 12,28; 22,40 par. Mk 12,31.[795]

---

[791] Im Unterschied dazu besitzt ὀλίγος, dessen Superlativ ebenfalls durch ἐλάχιστος gebildet wird, keinerlei 'titularen' Charakter, sondern betont lediglich die numerische Geringheit (vgl. Mt 7,14; 9,37; 22,14).

[792] So auch R. BANKS, Jesus and the Law 223; bestritten dagegen von DAVIES/ALLISON, Mt I 496; P. FOSTER, Community 195f.

[793] Das zeigt auch die Verschränkung von Mt 5,17–19 mit Mt 24,34f: Während Himmel und Erde und mit ihnen Gesetz und Propheten vergehen, wenn alles geschehen sein wird, werden „die Worte" Jesu (οἱ λόγοι μου) in Ewigkeit *nicht* vergehen, vgl. dazu auch S. BYRSKOG, Jesus the Only Teacher 293.

[794] Gegen eine solche Unterscheidung zwischen ἐντολαί und νόμος ausdrücklich W. R. G. LOADER, Jesus' Attitude 170 Anm. 74. Nach ihm geht es in 5,17–19 darum, „that the entire Torah, inclusive of ritual, ceremonial, food, circumcision laws, is to be continued until the end of time" (171).

[795] Bei Lukas nur 4mal und ohne erkennbare Nuancierung: 1,6 (Sondergut, ἐντολαί synonym zu δικαιώματα, nach denen Zacharias und Anna leben und darum vor Gott als „Gerechte" gelten); 15,29 (Sondergut, der ältere Sohn im Gleichnis bekundet gegenüber seinem Vater, dass er nie ein Gebot übertreten hat); 18,20 (parr. Mk 10,19; Mt 19,17); 23,56 (Sondergut, bezogen auf die Sabbatruhe). Vgl. dazu R. F. COLLINS, Matthew's ENTOΛAI. Towards an Understanding of the Commandments in the First Gospel, in: The Four Gospels (s.o. § 2 Anm. 152), II 1325–1348.

3.2.1 Die mt Meidung von ἐντολή in Bezug auf die Ehescheidung

Bezeichnend ist, dass Matthäus von den sechs Markus-Belegen einen auslässt (10,5 par. Mt 19,8), obwohl er sonst in der Perikope (die bei Lukas fehlt) über die Zulässigkeit der Scheidung weitgehend mit Markus parallel geht. Die Unterschiede betreffen neben ἐντολή auch das dazugehörende ἐντέλλεσθαι (Mk 10,3 par. Mt 19,7). Bei Markus antwortet *Jesus*, nachdem ihn die Pharisäer über die Legitimität der Scheidung gefragt hatten, mit der Gegenfrage: Τί ὑμῖν ἐνετείλατο Μωϋσῆς? In ihrer Antwort verweisen sie auf den Scheidebrief, mit dem Mose die Scheidung erlaubt habe. Bei Matthäus (der die Verse Mk 10,3–5 umstellt) antwortet Jesus auf die Frage der Pharisäer unmittelbar mit dem Verweis auf Gen 1,27; 2,24 und schließt daran das Wort über die Unauflösbarkeit der Ehe an (Mt 19,6, vgl. Mk 10,8b.9). Daraufhin fragen die *Pharisäer* noch einmal nach (19,7): λέγουσιν αὐτῷ, τί οὖν Μωϋσῆς ἐνετείλατο δοῦναι βιβλίον ἀποστασίου καὶ ἀπολῦσαι [αὐτήν]? Die Bedeutung dieser zunächst eher unscheinbaren Veränderung wird sichtbar im Vergleich von Mt 19,8 mit Mk 10,5:

Mt 19,8	Mk 10,5
λέγει αὐτοῖς ὅτι	ὁ δὲ Ἰησοῦς εἶπεν αὐτοῖς,
Μωϋσῆς	-----
πρὸς τὴν σκληροκαρδίαν ὑμῶν	πρὸς τὴν σκληροκαρδίαν ὑμῶν
ἐπέτρεψεν ὑμῖν	ἔγραψεν ὑμῖν
ἀπολῦσαι τὰς γυναῖκας ὑμῶν,	τὴν ἐντολὴν ταύτην.
ἀπ' ἀρχῆς δὲ οὐ γέγονεν οὕτως.	

Während Markus unbefangen in der Anweisung des Mose, eine Scheidungs-urkunde zu schreiben, eine ἐντολή sieht, vermeidet Matthäus diesen Eindruck: Es ist eine Erlaubnis des Mose (d.h. sie wird nicht auf Gott zurückgeführt)[796], aber kein Gebot und widerspricht Gottes anfänglichem Willen. Diese theologische Behutsamkeit des Matthäus macht nun auch verständlich, weshalb er das Verb ἐντέλλεσθαι an dieser Stelle (anders als Mk 10,3, vgl. Mt 19,7) im Munde Jesu vermeidet: Er unterdrückt alles, das dahingehend verstanden werden könnte, als wäre die Zulassung der Scheidungsurkunde einem Gebot Gottes bzw. Moses gleich zu werten.[797] Die

---

[796] Das ist möglicherweise auch der Grund für die auffällig verkürzte Einleitung der dritten »Antithese« (ohne das ansonsten regelmäßige ἠκούσατε) über die Ehescheidung in Mt 5,31: Es ist zwar gesagt, aber es ist nicht als Gebot gehört worden (und darum auch nicht als solches zu hören).

[797] Dass dies *nicht* gleichbedeutend mit einem ethischen Rigorismus ist, zeigt seine Fassung von Mk 10,11f in 19,9 (vgl. 5,32): Während Markus ein generelles Scheidungsverbot überliefert, räumt Matthäus ein solches wegen πορνεία ein. Aber auch dabei handelt es sich nicht um ein Gebot.

terminologische Achtsamkeit ist darin begründet, dass Matthäus ἐντολή als Ausdruck für den *bleibenden* gebietenden Willen Gottes, wie er von Jesus gelehrt wurde, versteht. Die erfüllte Tora bleibt *in Gestalt der von Jesus gelehrten* ἐντολαί gültige Lebensnorm, solange dieser Äon währt.

3.2.2 Das Gebot Jesu und die Überlieferung der Alten

Dass diese jesuanische Tora nicht einfach eine Fortsetzung der bisherigen Gesetzespraxis darstellt, zeigt weiter Mt 15,3f (par. Mk 7,8–10), wo die ἐντολὴ τοῦ θεοῦ gegen die pharisäische παράδοσις τῶν πρεσβυτέρων abgegrenzt wird. Dem rituellen Waschen der Hände vor der Mahlzeit als einer (nicht exklusiven) pharisäischen Halacha stellt Jesus das Dekaloggebot (als ἐντολή in 15,3 eingeleitet) über die Eltern entgegen[798] und kritisiert die Aufhebung desselben durch die pharisäische Überlieferung. Bezeichnend ist auch hier wieder der Unterschied zwischen Matthäus und Markus. Aus der langen Scheltrede in Mk 7,8–9 formt Matthäus eine präzise Anklage (15,3), die er in Frageform kleidet: Διὰ τί καὶ ὑμεῖς παραβαίνετε τὴν ἐντολὴν τοῦ θεοῦ διὰ τὴν παράδοσιν ὑμῶν?[799] Während in der mk Fortsetzung Jesus Mose zitiert (Μωϋσῆς γὰρ εἶπεν), führt Matthäus das Elterngebot auf Gott selbst zurück: ὁ γὰρ θεὸς εἶπεν. Abschließend heißt es bei beiden fast wortgleich: καὶ ἠκυρώσατε τὸν λόγον τοῦ θεοῦ διὰ τὴν παράδοσιν ὑμῶν (Mt 15,6, vgl. Mk 7,13).[800] Das Gebot bzw. Wort Gottes bleibt bei Matthäus gerade durch Jesus (und zwar in Übereinstimmung mit 5,17 als Gesetz [Zitat von Ex 20,12; 21,17 in Mt 15,4] und Prophetenwort [Zitat von Jes 29,13[801] in

---

[798] Als ἐντολή auch in Mk 10,19 par. Mt 19,19 bezeichnet, außerdem Eph 6,2. Vgl. a. Mt 15,4 App. z. Stelle, wo das Verb ἐντέλλεσθαι in einer Reihe guter Handschriften in Übereinstimmung mit dem hier vorgeschlagenen Verständnis gebraucht ist, ebenso τὴν ἐντολὴν bzw. τὸν νόμον in V.6. Aber auch dieses Gebot ist begrenzt, vgl. Mt 10,37. Zum Elterngebot im Neuen Testament s. jetzt H. JUNGBAUER, Ehre Vater und Mutter. Der Weg des Elterngebots in der biblischen Tradition, WUNT II/146, Tübingen 2002.

[799] Dem mk ἀφέντες τὴν ἐντολήν bzw. ἀθετεῖτε τὴν ἐντολὴν τοῦ θεοῦ stellt er mit παραβαίνειν ein Verb entgegen, das sowohl in der klassischen Literatur wie in der LXX für die Übertretung des Gesetzes oder des Willens Gottes gebraucht wird (vgl. BAUER-ALAND, Wörterbuch 1237 s.v.; LUST/EYNICKEL/HAUSPIE 350 s.v.). Das Verb kommt im NT nur in Mt 15,2f und Apg 1,25 vor, das dazugehörende Substantiv παράβασις ist dagegen paulinischer *terminus technicus* für die Übertretung des Gesetzes, vgl. Röm 2,23 (eine Anklage gegen die Juden, die Mt 15,3 nahe kommt, vgl. außerdem παραβάτης in V. 25 u. 27, anders Gal 2,18); 4,15; 5,14 (vgl. 1Tim 2,14); Gal 3,19, vgl. a. Hebr 9,15 (anders Hebr 2,2). Auch der Jakobusbrief gebraucht παραβάτης in Bezug auf den Übertreter der Tora (2,9.11).

[800] ἀκυροῦν im NT nur hier und einmal noch in Gal 3,17 (s. ebd. auch προκυροῦν [Hapaxlegomenon im NT] und κυροῦν in Gal 3,15; 2Kor 2,8). In der LXX 7mal.

[801] In Jes 29,13LXX wird das Volk angeklagt, mit ἐντάλματα ἀνθρώπων Gott zu dienen, mit den Lippen, aber ohne dass das Herz dabei ist. Das hier gebrauchte ἔνταλμα kommt im NT nur als Zitat dieses LXX-Verses vor (Mt 15,9 par. Mk 7,7; auch Kol 2,22 ist von der

Mt 15,8f]) in Geltung[802], indem er die pharisäische Gesetzesauslegung zurückweist (das ist gegen eine zu starke Profilierung von 23,3a festzuhalten).[803]

Dass es Matthäus in dieser Auseinandersetzung um die Tora in ihrer
biblischen Gestalt geht, zeigt auch seine Reduktion des mk Lasterkatalogs
7,21f, in dem er alle Vergehen streicht, die nicht auf ein explizites Gebot
rückführbar sind. Was in Mt 15,19 bleibt, ist „ein Lasterkatalog, der sich an
die zweite Tafel des Dekalogs anlehnt"[804]. Entsprechend der jesuanischen
Auslegung, wie sie die »Antithesen« widerspiegeln, sind aber nicht erst die
Taten im Focus, sondern bereits die διαλογισμοὶ πονηροί, die aus dem
Herzen und damit aus dem Wesenszentrum schlechthin hervorgehen.[805]

3.2.3 „Halte die Gebote" – Jesus und der reiche Jüngling

Dass mit ἐντολαί die weiterhin geltenden Toragebote gemeint sind, geht
ferner aus der Perikope vom reichen Jüngling hervor (Mk 10,17–22 parr. Mt
19,16–22; Lk 18,18–23). Während die Fassungen von Markus und Lukas
weitgehend übereinstimmen, geht Matthäus auch hier eigene Wege[806]: So
variiert er die Aussage in Mk 10,18 par. Lk 18,19, dass nur Gott allein „gut"
sei und vermeidet so den Eindruck, als wäre Jesus selbst nicht „gut". Auf die
Frage des jungen Mannes, was er „Gutes" (so nur Matthäus) tun solle, um das
ewige Leben zu haben, antwortet Jesus: εἰ δὲ θέλεις εἰς τὴν ζωὴν εἰσελθεῖν, τήρησον τὰς ἐντολάς.[807] Wieder nur bei Matthäus erfolgt die
Gegenfrage: „Welche?" Daraufhin zählt Jesus (übereinstimmend bei den

---

Jesaja-Stelle abhängig). Auch in der LXX ist ἔνταλμα mit vier Belegen selten (Jes 55,11; Hi
23,11.12).

[802] Zwar hat auch Markus die beiden Stellen aus Gesetz und Propheten, aber Matthäus
stellt um, indem er zuerst das Gebot zitiert, dieses als „Wort Gottes" ausdrücklich qualifiziert
und erst dann die Prophetenstelle zitiert. Dadurch ist deutlicher als bei Markus die
Bezugnahme des Jesaja-Zitats auf die Frage nach dem von Gott Gebotenen erkennbar.

[803] Auch an Mt 23,23 ist hierbei zu denken. Die Verzehntung von Küchenkräutern gehört
ebenfalls zur pharisäischen Halacha, aber das gehört nicht zu τὰ βαρύτερα τοῦ νόμου.

[804] H. FRANKEMÖLLE, Mt II 205.

[805] STEPHANIE VON DOBBELER hat unlängst in einem lesenswerten Aufsatz (Auf der
Grenze. Ethos und Identität der matthäischen Gemeinde nach Mt 15,1–20, BZ.NF 45 [2001],
55–79) diesen Abschnitt analysiert und kommt zu dem Ergebnis, dass es in der
Auseinandersetzung um die Frage geht, wer mit Recht für sich in Anspruch nehmen darf, den
Willen Gottes zu erfüllen: die Pharisäer oder Jesus? Der „Erwählungs- und Führungsanspruch
der Pharisäer" als Lehrer soll abgewertet werden, bei gleichzeitiger „Betonung der Autorität
Jesu als des von Gott legitimierten Torainterpreten" (74).

[806] Vgl. die Liste der Abweichungen bei DAVIES/ALLISON, Mt III 40.

[807] Im Unterschied zu τὰς ἐντολὰς οἶδας bei Markus u. Lukas. Die Antwort Jesu bei
Matthäus erinnert an Röm 10,5 (vgl. Gal 3,12): „Denn Mose schreibt über die Gerechtigkeit,
nämlich die aus dem Gesetz: ὁ ποιήσας αὐτὰ ἄνθρωπος ζήσεται ἐν αὐτοῖς." Aber wie
bei Paulus ist damit auch bei Matthäus das letzte und entscheidende Wort gerade *noch nicht*
gesagt!

Synoptikern) einige der Dekaloggebote auf (Mord, Ehebruch, Diebstahl, falsches Zeugnis, Elterngebot).

Aber damit belässt es Matthäus nicht, sondern mit Achtergewicht und als einzige ἐντολή mit einem καί angeführt, folgt das Gebot zur Nächstenliebe Lev 19,18. Das alles, so antwortet der Fragesteller, habe er gehalten (πάντα ταῦτα ἐφύλαξα), aber es genügt ihm nicht: τί ἔτι ὑστερῶ? „Was fehlt mir noch?" Auch diese Frage bringt nur Matthäus als Überleitung zu dem den Synoptikern gemeinsamen Befehl, alles zu verkaufen und sich Jesus anzuschließen (bei Markus und Lukas ist es Jesus, der ihm sagt: „Eines fehlt dir" [10,21 bzw. 18,22]). Man kann in dieser Frage, wenn man sie negativ versteht, ein Kennzeichen der Leistungsreligion sehen, die möglichst viele Gebote erfüllen will, um damit so viel als möglich Verdienste zu erwerben.[808] Man kann darin aber *auch* nach Mt 5,6 ein „Hungern und Dürsten nach der Gerechtigkeit" sehen, das sich nicht so ohne weiteres stillen lässt.[809] Die Antwort Jesu verweist jedenfalls textintern auf die Bergpredigt zurück, denn mit der in εἰ θέλεις τέλειος εἶναι enthaltenen Einladung ist der Jüngerauftrag von 5,48 (ἔσεσθε οὖν ὑμεῖς τέλειοι ὡς ὁ πατὴρ ὑμῶν ὁ οὐράνιος τέλειός ἐστιν) wieder aufgenommen. Mit τέλειος[810] wird zusammengefasst, was in 5,20 als die überfließend reiche Gerechtigkeit den Jüngern vor Augen gestellt wurde.

Der konkrete Inhalt der Aufforderung an den jungen Mann ist zweigeteilt: (1.) Verkauf seines ganzen Besitzes und Weitergabe an die Armen, um sich damit einen Schatz im Himmel zu erwerben (vgl. 6,19–21), und (2.) die Aufforderung, in die Nachfolge zu treten: δεῦρο ἀκολούθει μοι. Es ist also

---

[808] Vgl. die Beispiele bei U. Luz, Mt III 123 Anm. 30.

[809] Die Gewissheit des jungen Mannes, alle Gebote, die Jesus ihm aufzählte, gehalten zu haben, macht ihn im biblischen Sprachgebrauch insbesondere der Psalmen zu einem Gerechten. Gleichwohl zeigt sich in der nachalttestamentlichen jüdischen Literatur eine gewisse Scheu, einen Einzelnen in dieser Weise zu bezeichnen. „Gerechter" wird mehr und mehr zu einem Ehrentitel, der nur wenigen zugebilligt wird (wobei es auch hier in der Literatur Unterschiede gibt, die im Einzelnen zu analysieren wären; bei Josephus etwa sind die Gerechten sehr viel zahlreicher als etwa in der rabbinischen Literatur).

[810] 5,48 u. 19,21 sind die einzigen Stellen im Matthäus-Evangelium, das Wort fehlt bei den übrigen Evangelisten, ist aber erneut bei Paulus in einer vergleichbaren Weise wie bei Matthäus gebraucht, vgl. Röm 12,2 (das Vollkommene neben dem Guten und Wohlgefälligen als Ausdruck des Willens Gottes). Zwar steht für Paulus das Vollkommene noch aus (1Kor 13,10), gleichwohl können die Gemeindeglieder in Korinth schon jetzt als „Vollkommene" angeredet werden (was sich erkennbar nicht primär auf eine ethische, sondern eher eine 'noetische' Vollkommenheit bezieht, die in der Lage ist, geistliche Sachverhalte in geistlicher Weise zu deuten und dann auch entsprechend zu leben, so auch in 14,20; Phil 3,15, vgl. a. Eph 4,13; Kol 1,28; 4,12: Das Ziel der christlichen Unterweisung in einem umfassenden Sinn ist, dass jeder Mensch τέλειον ἐν Χριστῷ sei [Kol 1,28]). Vgl. dazu jetzt: M. Meiser, Vollkommenheit in Qumran und im Matthäusevangelium, in: Kirche und Volk Gottes, FS J. Roloff, hg. v. M. Karrer u.a., Neukirchen-Vluyn 2000, 195–209.

der Anschluss an Jesus selbst, der den Weg in die Basileia (19,23f) bahnt und
zur eschatologischen Rettung führt (19,25). Der Hinweis auf das Halten der
Gebote erweist sich nur dann (ähnlich wie in Röm 10,5) als ein Weg, wenn er
zur *Nachfolge* Jesu führt.[811] Dass Matthäus das Gebot der Nächstenliebe in
dem Gebotskatalog ergänzt, macht zudem das Scheitern des Fragestellers
offenkundig: Indem er seinen Besitz nicht zu verkaufen und zu verteilen
vermag, gesteht er ein, dass er eben seinen Nächsten nicht so liebt wie sich
selbst.

Diese Erklärung findet sich schon in dem von Origenes zitierten Hebräerevangelium (in der
wissenschaftlichen Literatur als Nazaräerevangelium bezeichnet). Dort erhält der junge Mann
von Jesus die Antwort: *Homo, legem et prophetas fac.* Als er antwortete: *feci,* forderte ihn
Jesus auf, seinen Besitz zu verkaufen. Als er sich weigerte, sagt ihm Jesus: *Quomodo dicis:
feci legem et prophetas? quoniam scriptum est in lege: diliges proximum tuum sicut teipsum,
et ecce multi fratres tui filii Abrahae amicti sunt stercore, morientes prae fame, et domus tua
plena est multi bonis, et non egreditur omino aliquid ex ea ad eos* (Wie kannst du sagen,
Gesetz und Propheten habe ich erfüllt? Steht doch im Gesetz geschrieben: Liebe deinen
Nächsten wie dich selbst; und siehe, viele deiner Brüder, Söhne Abrahams, starren vor
Schmutz und sterben vor Hunger – und dein Haus ist voll von vielen Gütern, und gar nichts
kommt aus ihm heraus zu ihnen!).[812]

Das Erschrecken der Jünger (ἀκούσαντες δὲ οἱ μαθηταὶ ἐξε-πλήσσοντο
σφόδρα [19,25]) zeigt ihr Begreifen, dass angesichts dieser Norm kaum einer
gerettet werden kann (vgl. Röm 3,19f). In seiner Antwort bestätigt Jesus diese
Einsicht: παρὰ ἀνθρώποις τοῦτο ἀδύνατόν ἐστιν, παρὰ δὲ θεῷ πάντα
δυνατά (19,26). Die Konfrontation mit den Geboten Gottes, so könnte man
die Entwicklung dieser Begegnung und des anschließenden Lehrgespräches
nachzeichnen, führt zur Einsicht des Scheiterns der eigenen Möglichkeiten.

---

[811] Vgl. R. F. COLLINS, *ENTOΛAI* 1330f.1347; dagegen versucht D. J. HARRINGTON,
The Rich Young Man in Matthew 19,16–22. Another Way to God for Jews, in: The Four
Gospels 1992 (s.o. Einl. Anm. 149), II 1425–1432, glaubhaft zu machen, dass die mt Redaktion dieser Perikope einen 'jüdischen' Weg zum Reich Gottes neben der Nachfolge Jesu
offenlässt: „The Matthean context assumes two ways to God for Jews: the traditional way by
keeping the commandments, and the (superior) way that involves both keeping the
commandments and becoming a disciple of Jesus. These correspond to the ways of ordinary
Jews and Jewish Christians" (1429, vgl. a. 1431: „ordinary Jews" können über das Halten der
Gebote ewiges Leben haben, aber die Pharisäer und Schriftgelehrten als die eigentlichen
Gegner des Matthäus offenbar nicht). Aber diese Position, die dem Text in keiner Weise
gerecht wird (vgl. nur 19,25f), ist doch erkennbar von dem Wunsch geprägt, einer
bestimmten Position im gegenwärtigen christlich-jüdischen Gespräch eine exegetische Basis
zu geben (was 1431f ausdrücklich deutlich gemacht wird).
[812] Text aus Origenes, Commentarium in Evangelium Matthaei XV 14, zit. b. Synopsis
quattuor Evangeliorum, 12. Aufl., hg. v. K. Aland, Stuttgart 1982, 340; dt. Übers. in NTApo
I[5] 135 (Ph. Vielhauer/G. Strecker). Erkennbar ist, das „Gesetz und Propheten" hier als
Abbreviatur für den gesamten Willen Gottes und insbesondere das Liebesgebot geworden ist,
wie es auch Mt 22,39f voraussetzt.

Was bleibt, ist das Vertrauen auf die Möglichkeit Gottes. Mit anderen Worten: Die Gebote allein reichen nicht, wenn die Jesusgerechtigkeit nicht hinzutritt. Die Begebenheit illustriert im Grunde genommen Mt 5,20.[813]

Dass die Nachfolge und damit der Anschluss an Jesus das Entscheidende ist, zeigt m.E. auch die Fortsetzung des Gesprächs: Die Jünger fragen nach dem, was ihnen dafür gegeben wird, dass sie alles verlassen haben und Jesus nachgefolgt sind. In seiner Antwort nimmt Jesus (und zwar wieder nur bei Matthäus) ihr Bekenntnis zur *Nachfolge* ausdrücklich auf (ὑμεῖς οἱ ἀκολουθήσαντές μοι [19,28]), d.h. nicht das, was sie verlassen haben (gleichsam ihre 'Leistung'), ist entscheidend, sondern der Anschluss an Jesus entscheidet über den Eingang in das ewige Leben (vgl. 19,29).[814] Mit all dem sind die von Jesus zitierten Gebote nicht aufgehoben – aber ihre Funktion ist verändert worden. Entweder sie führen zu Jesus oder sie führen nicht weiter.

3.2.4 Die Frage nach dem größten Gebot

Die Frage nach dem größten Gebot (Mk 12,28–34 parr. Mt 22,34–40; Lk 10,25–28) ist bei allen drei Synoptikern überliefert, wenngleich mit großen Unterschieden. Während Lukas den Auftakt für diese Belehrung Jesu als Frage nach dem ewigen Leben gestaltet, sind sich Matthäus und Markus darin einig, dass am Anfang die Frage nach dem „Hauptgebot in der Tora" (ποία ἐντολὴ μεγάλη ἐν τῷ νόμῳ; so Mt 22,36) bzw. nach dem „ersten Gebot von

---

[813] Vgl. E.-J. WASCHKE, »Es ist dir gesagt, Mensch, was gut ist ...« (Mi 6,8). Zur Frage nach dem Begründungszusammenhang einer biblischen Ethik am Beispiel des Dekalogs (Ex 20/Dtn 5), ThLZ 118 (1993), 379–388, jetzt in: DERS., Der Gesalbte. Studien zur alttestamentlichen Theologie, BZAW 306, Berlin u. New York 2001, 221–233, der seinen Aufsatz mit der Frage des reichen Jünglings beschließt und zu einem nahezu identischen Ergebnis kommt (232f): „Auf die Frage: »Was muß ich tun?«, kann die Antwort nur lauten: »Halte die Gebote!« Die wesentlichere Frage jedoch ist, was muß an dem Menschen selbst getan werden, daß er nicht an den Grenzen seines Lebens, an seinem Ende scheitert; was muß für ihn getan werden, damit der Mensch in den bescheidenen Grenzen seines Lebens unbegrenzt das sein kann, was Gott für ihn selber ist und immer sein will: Liebe. So tritt im Neuen Testament neben das Gebot der Ruf in die Nachfolge dessen, der von sich sagt ...“ (es folgt Zitat Mt 5,17).

[814] Dass für Matthäus nicht die Größe des eigenen Tuns das Maß für die eschatologische Vergeltung ist, macht das sich unmittelbar anschließende Gleichnis von den Arbeitern im Weinberg deutlich, das mit 19,16ff eng verzahnt ist: die Schlusssequenz 19,30 (πολλοὶ δὲ ἔσονται πρῶτοι ἔσχατοι καὶ ἔσχατοι πρῶτοι) wird am Ende des Gleichnisses wiederholt. Durch das dabei einleitende οὕτως verweist Matthäus darauf, dass das Gleichnis eine Illustration der Aussagen Jesu darstellt. Auch die Aussage des Hausherrn über sein eigenes Gutsein (ἢ ὁ ὀφθαλμός σου πονηρός ἐστιν ὅτι ἐγὼ ἀγαθός εἰμι; [20,15]) weist zurück auf die Frage des jungen Mannes („was soll *ich* Gutes tun ...?") und die Antwort Jesu: εἷς ἐστιν ὁ ἀγαθός. Auch dieses Gleichnis zeigt, dass die Ursache des Heils in Gott allein begründet liegt: Er ruft in seinen Dienst und er belohnt, wobei nicht die erbrachte Leistung das Entscheidende ist, sondern die Güte des Arbeitgebers und das Annehmen seines Angebots.

allen" stand (ποία ἐστὶν ἐντολὴ πρώτη πάντων; so Mk 12,28). Schon in der Fragestellung des Matthäus und Markus spiegelt sich das jüdische Milieu stärker wider als bei Lukas.[815] Aber auch die beiden erstgenannten Evangelisten unterscheiden sich charakteristisch: die mt Anrede an Jesus mit διδάσκαλε verweist in den Raum der schulmäßigen Unterweisung, die Präzisierung der Frage durch ἐν τῷ νόμῳ genauer noch auf den Tora-Unterricht (Lk 10,25 lässt mit διδάσκαλε dagegen eher an einen philosophischen Lehrer denken, der den Weg zum Leben weist). Ob die verbreitete Übersetzung dieser Frage mit „welches ist das größte Gebot in der Tora?" angemessen ist, ist fraglich.[816] Matthäus gebraucht in seinem Evangelium den Komparativ von μέγας (11,11bis; 12,6; 13,32; 18,1.4; 23,11.17.19), wobei er an einigen Stellen einer superlativischen Bedeutung sehr nahe kommt (18,1.4; 23,11).[817] In 24,21 ist der Positiv als Elativ eingesetzt. Doch kennt Matthäus daneben auch den Gebrauch des Superlativs (vgl. ἐλάχιστος in 2,6[818]; 5,19bis; 25,40.45), wenn auch nicht von μέγας. Zwar *kann* der Positiv auf Grund semitischer Sprachtradition für den Komparativ oder Superlativ stehen[819], doch ist jeweils zu prüfen, ob dies vom Evangelisten auch gemeint ist. Luz etwa bestreitet dies für 22,36.38 (Mt III 277 Anm. 63) m.E. mit Recht, und so ist seine Übersetzung „Was für ein Gebot ist groß im Gesetz?" (ebd. 269) vorzuziehen.

Es geht in der mt Formulierung der Frage des νομικός nicht darum, dass das Versuchliche (vgl. V. 35: ἐπηρώτησεν ... πειράζων αὐτόν) derselben darin liegt, dass Jesus dazu gebracht werden sollte, ein Gebot als „größtes" gegenüber den anderen auszuspielen, so dass man ihn der Missachtung wenn nicht Abrogation der anderen beschuldigen könnte. Vielmehr geht es Matthäus darum, Jesus noch einmal und ähnlich wie in 5,17–20 positiv entfalten zu lassen, worauf sich der jesuanische Anspruch, Erfüller der ganzen Tora zu sein, gründen kann. Eher scheint mir darum in der Fragestellung eine Nuance zu liegen, die im Gefälle der bisherigen ἐντολή-Stellen so formuliert werden könnte: Wenn Jesus die pharisäischen Halachot nicht als Gebote Gottes anerkennt (vgl. Mt 15,6)[820] und wenn die Gebote, die der junge Mann

---

[815] So auch U. Luz, Mt III 278 m. Anm. 71.

[816] So u.a. J. Gnilka, Mt II 256.259.

[817] Zu diesem, auf Einfluss der Volkssprache zurückgeführten Phänomen, vgl. GGNT § 138d.

[818] Im Zitat aus Mi 5,1. Allerdings schreibt Matthäus ἐλαχίστη im Gegensatz zur LXX, die ὀλιγοστός verwendet.

[819] BDR § 245.2: als Beleg nennen sie (neben Mt 5,19) Mt 22,36, so auch GGNT § 138c.

[820] Für die Schriftgelehrten war die Gleichrangigkeit der mündlichen Tradition mit der schriftlichen wesentlich, vgl. M. Hengel/R. Deines, E. P. Sanders' *Common Judaism*, Jesus und die Pharisäer, in: M. Hengel, Judaica et Hellenistica I. Studien zum antiken Judentum und seiner griechischen Umwelt, WUNT I/90, Tübingen 1996, 392-479 (411–425).

alle gehalten hat, *nicht* zum Eingehen in die Basileia führen (vgl. 18,23), dann stellt sich doch die Frage, welches Gebot dann *überhaupt* groß in den Augen Jesu ist?[821] Paraphrasierend könnte die Frage – und darin ist das Versuchliche derselben dann unüberhörbar, weil es eine Anklage erahnen lässt, wie sie auch hinter 5,17 durchschimmert – dann verstanden werden als: Gibt es überhaupt ein großes Gebot in der Tora, d.h. ein Gebot das zum Leben führt, das den Eingang in die Basileia ermöglicht und das Jesus ohne weitere Qualifizierung gelten lässt?

Die Antwort Jesu, wie sie Matthäus formuliert, ist – gerade auch in ihren Unterschieden zu den Seitenreferenten – von nicht unerheblicher *christologischer* Tragweite. Das zeigt vorab das auffällige Weglassen des »Höre Israel!« aus Dtn 6,4, zitiert in Mk 12,29b. Die allzu knappe Erklärung von Luz („das Fehlen … ist als Straffung verständlich")[822] vermag kaum zu befriedigen, besonders dann nicht, wenn man wie Luz im Autor einen gegenüber dem ganzen Gesetz uneingeschränkt gesetzestreuen Juden(christen) sieht (vgl. etwa III 282). Wäre das dann nicht die beste Gelegenheit gewesen, seiner Gemeinde bzw. Hörer- und Leserschaft auch die bleibende Gültigkeit dieses zentralen jüdischen Gebots zu vermitteln? Dass Matthäus diese Einleitung jedoch weglässt und nur Dtn 6,5 zitiert, hängt m.E. damit zusammen, dass er, was Markus als πρώτη (ἐντολή) nennt, nämlich: ἄκουε, Ἰσραήλ, κύριος ὁ θεὸς ἡμῶν κύριος εἶς ἐστιν, ob seiner partikularistischen Tendenz in dieser Form *nicht* als ἐντολή und damit als bleibendes Gebot übernehmen will und kann. Die Beschränkung des irdischen Wirkens Jesu auf Israel wird von Matthäus zwar bis auf wenige, aber wichtige Ausnahmen, eingehalten.[823] Für die Zeit nach der Auferstehung gilt jedoch der universale Missionsbefehl, und das Bekenntnis des *Shema' Israel* in seiner vorliegenden Form ist dafür ungeeignet.

Dazu kommt, dass Matthäus möglicherweise die LXX-Einleitung des *Shema'* (die keinen Anhalt im masoretischen Text hat) vor Augen hatte, in der die Gebote ausdrücklich *Israel* geboten sind: καὶ ταῦτα (vorausverweisend!) τὰ δικαιώματα καὶ τὰ κρίματα, ὅσα ἐνετείλατο κύριος τοῖς υἱοῖς Ισραηλ ἐν τῇ ἐρήμῳ ἐξελθόντων αὐτῶν ἐκ γῆς Αἰγύπτου ῎Ακουε Ισραελ ... (die Stichworte ἐντολή/ἐντολαί sowie ἐντέλλεσθαι begegnen im unmittelbaren Kontext noch in 5,29.31.32.33; 6,1.2.6). Darüber hinaus ist Dtn 6,4f eng mit der Landverheißung und dem Leben im Land verbunden, woran Matthäus ebenfalls nicht anknüpfen konnte.

---

[821] Auch die »Antithesen« können hier genannt werden, obwohl darin das Stichwort ἐντολή fehlt.

[822] Mt III 271.

[823] Vgl. aber F. WILK, Jesus und die Völker 83–153, der zu zeigen vermag, dass das Wirken Jesu und der Jünger in Israel unabtrennbar, und zwar *von Anfang an*, im Hinblick auf die universale Völkermission geschieht und darum zwischen Mt 10,5–8 und 28,18–20 kein zu großer Graben aufgerissen werden darf (s. bes. 126–133).

Der erste Evangelist isoliert das Liebesgebot m.E. bewusst, indem er es zu einer unmittelbaren, souveränen Aussage Jesu macht[824], der sich direkt im Anschluss daran den Fragestellern als Messias und Davidssohn bezeugt (22,41–46). Damit gibt er indirekt über seine Vollmacht Auskunft (vgl. 21,23), die es ihm erlaubt, ein solches Urteil zu fällen.[825]

Dass Matthäus zudem das zweimalige mk κύριος εἷς ἐστιν (12,29.32) weglässt, verweist möglicherweise noch auf einen weiteren, nur angedeuteten Sachverhalt. Den Rezipienten des ersten Evangeliums war die Anrede Jesu mit κύριε zweifelsohne wohl vertraut (vgl. 7,21f; 8,2.6.8.21.25; 9,28; 14,30; 15,22.25.27; 16,22; 17,4.15; 18,21; 20,30 [textkritisch unsicher].31.33; 21,3.9; 24,42.46; 26,22, vgl. a. 10,24f; 12,8).[826] Nimmt man hinzu, dass Matthäus im Unterschied zu den anderen Synoptikern diesem κύριος Jesus eine auffällige Verehrung zuteil werden lässt[827], dann ist nicht auszuschließen, dass seine redaktionelle Bearbeitung der Mk-Vorlage dazu dient, das Gebot Dtn 6,5 so offen als möglich zu formulieren, um darin das Bekenntnis zum κύριος Jesus einschließen zu können.[828] Das

---

[824] Das fällt insbesondere im Vergleich zu Lk 10,26f auf. Hier ist es der Schriftgelehrte, der auf Jesu Nachfrage hin die Antwort gibt. Wie viel Matthäus an Lev 19,18 liegt, zeigen auch 5,43 u. 19,19.

[825] Aus diesem Grund übergeht Matthäus auch die für ihn völlig unpassende Fortsetzung des Gesprächs in Mk 12,32–34.

[826] Dazu kommt die häufige Verwendung von κύριος in den Gleichnissen, die sich in vielen Fällen auf Jesus beziehen lässt, vgl. 13,27; 14,28; 24,48.50; 25,11.18–26 [10mal]. 37.44. Bei den Belegen ab Kap. 24 ist der κύριος identisch mit dem Menschensohn als Weltenrichter, der für Matthäus der wiederkommende Jesus ist, vgl. F. HAHN, Christologische Hoheitstitel, FRLANT 83, Göttingen ³1966, 95–100.110f.

[827] Vgl. G. BORNKAMM, Enderwartung 38f; F. HAHN, Hoheitstitel 85: Die Anrede κύριε enthält im Matthäus-Evangelium „den Charakter eines göttlichen Hoheitsnamens". Zur Verbindung des κύριος-Titel mit προσκυνεῖν vgl. ebd. 85f m. Anm. 1: Mt 8,2 (vgl. Mk 1,40); 14,29–33 (Wechsel von der κύριε-Anrede zum Bekenntnis θεοῦ υἱὸς εἷ); 15,25 (vgl. Mk 7,25). Nach Mt 4,10 weist Jesus den Versucher noch zurück mit Dtn 6,13LXX bzw. 10,20 (in der Lesart des Alexandrinus): Κύριον τὸν θεόν σου προσκυνήσεις καὶ αὐτῷ μόνῳ λατρεύσεις. Das Verständnis der Gottessohnschaft Jesu (s.u. Anm. 829) und das seiner Throngemeinschaft mit Gott (s. die nächste Anm.) erlaubt es Matthäus ganz offensichtlich, in der Proskynese vor Jesus keinen Verstoß gegen dieses Gebot zu sehen. Der Grund dafür kann nur der sein, dass Jesus (und gerade das zeigt ja die Versuchungsgeschichte!) sein Sohnsein (vgl. das zweimalige εἰ υἱὸς εἷ τοῦ θεοῦ in 4,3.6) nicht dazu missbraucht, die Herrschaft seines Vaters zu leugnen oder in Frage zu stellen. Die Willens- und Handlungseinheit von Vater und Sohn erlaubt es Matthäus, den Kyrios Jesus aufs Engste mit Gott als Kyrios zu verbinden.

[828] Vgl. F. HAHN, Hoheitstitel 111: In der Anrufung als »Herr« „liegen die Wurzeln und das Zentrum der ältesten Christologie". Es kann kein Zweifel sein, dass zur Zeit der Abfassung des ersten Evangeliums das Bekenntnis zu Jesus als dem Kyrios bereits fest ausgebildet vorlag, ohne dass die judenchristliche Gemeinde darin einen Verstoß gegen das erste Gebot sah. Das belegen eindrucksvoll Phil 2,9 (u. dazu O. HOFIUS, Der Christushymnus Philipper 2,6–11, WUNT I/17, Tübingen ²1991, 27f.51f.109–122), sowie die vielfältige Verwendung von Ps 110,1 im Neuen Testament, vgl. dazu M. HENGEL, »Setze dich zu meiner Rechten!« Die Inthronisation Christi zur Rechten Gottes und Psalm 110,1, in: Le Trône de Dieu, hg. v. M. Philonenko, WUNT I/69, Tübingen 1993, 108–194. Auch Mt 19,28; 25,31 setzen voraus, dass Christus „als Gottes Stellvertreter in dessen Vollmacht" richten

unmittelbar folgende Zitat aus Ps 110,1 zeigt ja, dass Matthäus eine doppelte κύριος-Aussage, bezogen auf Gott und seinen Messias-Sohn aus dem Haus David[829], theologisch zu verantworten wusste.[830] Wenn aber diesem κύριος aus dem Haus David eine Verehrung zuteil wird, wie sie sonst nur von Gott selbst ausgesagt wird, dann ist Dtn 6,5 in Mt 22,37 m.E. nicht allzu weit vom Bekenntnis des Thomas in Joh 20,28 entfernt, zumindest aber offen für eine *inclusio* des Messias Jesus in dieses Bekenntnis. Dieses aber ist dann abschließend als „das große und erste Gebot" (αὕτη ἐστὶν ἡ μεγάλη καὶ πρώτη[831] ἐντολή [V. 38]) bezeichnet.

Das Nächstenliebegebot ist als zweites dem ersten gleich: δευτέρα δὲ ὁμοία αὐτῇ, ἀγαπήσεις τὸν πλησίον σου ὡς σεαυτόν.[832] Entscheidend ist dann aber die matthäische Zusammenführung der beiden ἐντολαί, die sich erneut charakteristisch von Markus abhebt. Während Markus als Abschlusswendung μείζων τούτων ἄλλη ἐντολὴ οὐκ ἔστιν überliefert und damit Raum lässt für andere Gebote, die zwar nicht größer, aber doch Geltung beanspruchend vorhanden sind, rundet Jesus bei Matthäus das Doppelgebot der Liebe mit dem Satz ab: ἐν ταύταις ταῖς δυσὶν ἐντολαῖς ὅλος ὁ νόμος κρέμαται καὶ οἱ προφῆται (22,40). Mit κρέμασθαι verwendet Matthäus ein im Bezug

---

wird (164). Zum Kyrios-Titel vgl. außerdem M. HENGEL, Christological Titles in Early Christianity, in: The Messiah, Developments in Earliest Judaism and Christianity, hg. v. J. H. Charlesworth, Minneapolis 1992, 425–448 (440–442); W. HORBURY, Jewish Messianism and the Cult of Christ, London 1998, 144f u.ö.; zur göttlichen Verehrung Jesu s. L. W. HURTADO, Pre-70 CE Jewish Opposition to Christ-Devotion, JThS 50 (1999), 35–58 (38–42); MARKUS MÜLLER, Proskynese und Christologie nach Matthäus, in: Kirche und Volk Gottes, FS J. Roloff, hg. v. M. Karrer u.a., Neukirchen-Vluyn 2000, 210–224.

[829] Nur Matthäus verwendet darüber hinaus die Anrede: κύριε υἱὸς Δαυίδ: 15,22; 20,31 (in 20,30 ist das κύριε allerdings textkritisch unsicher), vgl. a. 21,9. Damit bereitet er die Fragen in 22,42.45 vor und gibt auch gleich die Antwort: Der Messias ist als Davidssohn zugleich der Kyrios, d.h. trotz seiner Sohnschaft steht er nicht unter David, sondern bleibt dessen Herr. Damit steht die Frage im Raum: Wessen Sohn ist er dann? Die Antwort gab Matthäus schon am Beginn seines Evangeliums, indem das erste Erfüllungszitat (Mi 5,1.3 in Mt 2,5f) auf die davidische Abstammung weist (die in 1,1.6.20 zudem bereits hervorgehoben wurde), das zweite aber das Kind in einer Gottesrede als τὸν υἱόν μου bezeichnet (Hos 11,1 in Mt 2,15). In Mt 3,17 wird die Gottessohnschaft dann direkt bezeugt und sie durchzieht das ganze Evangelium von da an wie ein leuchtender Webfaden, der nicht oft, aber an den entscheidenden Stellen aufblitzt: 4,3.6; 14,33 (verbunden mit προσκυνεῖν); 16,16; 17,5 (verbunden mit der Aufforderung ἀκούετε αὐτοῦ [vgl. Dtn 18,15], d.h. auch hier ist eine gebietende Vollmacht impliziert); 26,63f; 27,54 (vgl. 27,40.43).

[830] Wie vor ihm schon der Verfasser von PsSal 17 (und eventuell der Übersetzer von Ps 2 ins Griechische). In PsSal 17,32 wird der messianische König (in V. 21 [vgl. V. 4] zudem als Davidssohn benannt) als χριστὸς κύριος bezeichnet, während in den Versen 10.21.30.39.46 Gott selbst κύριος (und in V. 1.34.46 auch βασιλεύς) genannt wird. Vgl. dazu R. R. HANN, Christos Kyrios in PsSal 17.32: »The Lord's Anointed Reconsidered«, NTS 31 (1985), 620–627; S. H. BRANDENBURGER, Der „Gesalbte des Herrn" in Psalm Salomo 17, in: Wenn drei das Gleiche sagen – Studien zu den ersten drei Evangelien, hg. v. ders. u. Th. Hieke, Theologie 14, Münster 1998, 217–236.

[831] Erst an dieser Stelle bringt Matthäus das zweimalige mk πρώτη (12,28.29).

[832] Mk 12,31 hat dagegen eine nachordnende Reihenfolge: δευτέρα αὕτη ...

auf das Gesetz oder seine Einzelgebote ungewöhnliches Verb, wie die folgende Übersicht zeigt.[833]

Im Neuen Testament wird das Verb nur 7mal gebraucht, davon 2mal bei Matthäus (hier und 18,6 vom Mühlstein, der dem Verführer um den Hals *gehängt* werden soll) und insgesamt 4mal vom Hängen am Kreuz (Lk 23,39: einer der mit Jesus verurteilten Verbrecher, von Jesus in Apg 5,30; 10,39; Gal 3,13). Dazu kommt der Beleg in Apg 28,4: die Schlange, die Paulus gebissen hat, *hängt* an seiner Hand.

In der LXX kommt das Verb 37mal vor und steht mit Ausnahme von 2Sam 18,9 (Absaloms Haare, die sich in den Zweigen verhedderten) für Formen von hebr. תלה und meint in der Regel das Hinhängen von Gegenständen (Ps 137[136],2; Hld 4,4; Hes 15,3; 27,10f) bzw. das Erhängen eines Menschen (Gen 40,19.22; Dtn 21,22f; Jos 8,29; 10,26bis; 1Esr 6,32 [= MT Esr 6,11]; Est 2,23; 5,14; 6,4; 7,10; 8,7; 9,13.14.25bis; Klgl 5,12; vgl. 2Sam 4,12; 18,10; 1Makk 1,61 [in V. 62 nur als Lesart bezeugt]; 2Makk 6,10; 15,33). Der metaphorische Gebrauch ist selten (vgl. Dtn 28,66; Hi 26,7; Hes 17,22), trägt jedoch zum Verständnis von Mt 22,40 nichts bei. Dem LXX-Sprachgebrauch lässt sich aber doch immerhin so viel entnehmen, dass Matthäus bei seiner ungewöhnlichen Verwendung des Verbs in 22,40 auf keinen geprägten hellenistisch-jüdischen Sprachgebrauch zurückzugreifen scheint (anders in 18,6, wo er das Verb im üblichen Sinn benützt).

Bei *Philo* kommt das Verb mit neun Belegen ebenfalls eher selten vor, in Post 24 ist es Zitat aus Dtn 28,66, das in Post 26 noch einmal aufgenommen und als βάσις οὐκ ἔχουσα ἀκράδαντος („keine unerschütterliche Basis habend") erläutert wird (so auch in Praem 151: das Leben der Frevler ist „unfest und hängend" [ζωὴν ἀνίδρυτον καὶ κρεμαμένην], d.h. es hat keinen Halt in Gefahren und Nöten). In Post 61 (zweimal) ist es für das Hängen der Seele an etwas Irdischem gebraucht (so auch Her 269, vgl. a. Prov 2,25), das dem Hängen an einem Kreuz verglichen wird. Vom Erhängtwerden als Strafe auch in Ios 156 (zusammen mit ἀνακρεμάννυμι) und Flacc 85. Für den mt Gebrauch wichtiger ist die Verwendung des Kompositums ἐκκρέμασθαι durch Philo (insgesamt 6mal): in Sacr 41 ist es die Mühsal, „die das Gute von sich abhängig machte" (...καὶ πόνος ἐκκεκρέμακεν ἑαυτῆς τὰ ἀγαθά); in Agr 97 bezeichnet Philo das Leben als abhängig d.h. hängend an der Wahrnehmung und Materialität (αἰσθήσεως καὶ σαρκῶν ἐκκρεμαμένης ζωῆς). Das Wortpaar drückt dabei eine das ganze Leben bestimmende Totalität aus.[834]

Lediglich sechs weitere Belege listet die Konkordanz von Denis auf.[835] VitAd 17,1: die Schlange hängt an der Mauer des Paradieses; TestAbr [rec. longior] 5,8.9; [rec. brevior] 6,2: Isaak *hängt* an dem Hals seines Vaters, ebenso Asenet an dem Jakobs (JosAs 22,9); grEsrApk 4,24: für das Aufhängen eines Menschen als Bestrafung in der Unterwelt. Auch gegenüber diesen Belegen erweist sich der Sprachgebrauch des Matthäus als offensichtlich unabhängig.

---

833 Vgl. G. BERTRAM, Art. κρεμάννυμι κτλ. ThWNT III, 1938, 915–920 (918–920).

834 Die übrigen Belege bezeichnen keine Abhängigkeit, sondern das Hängen an etwas in einem immateriellen Sinn: Der *Nous* hängt von einer lügnerischen Meinung ab (Conf 106), die Seele hängt an einer Hoffnung (Migr 44, vgl. a. 168) oder an einem Menschen (Abraham an Isaak [Abr 170], vgl. den einzigen Beleg des Kompositums in der LXX in Gen 44,30: Jakobs Seele *hängt* an seinem Sohn Benjamin).

835 Dazu kommt 11mal κρέμαμαι in derselben Verwendungsweise und häufig parallel oder synonym zu κρεμάννυμι (so in JosAs 22,9; grApkEsr 5,24, vgl. a. 4,22; 5,2).

Die griechischen Parallelen für κρέμασθαι führen zu keinem Ergebnis, aber sie geben durch die Übersetzung den Hinweis auf hebr./aram. תלה/תלא. Es liegt in der LXX κρέμασθαι zu Grunde und wird mit derselben Bedeutungsbreite wie das griechische Äquivalent auch in der rabbinischen Literatur gebraucht.[836]

Dort findet sich an einigen wenigen Stellen der Bezug auf Gebote, die hängen bzw. an etwas hängen. Schon Billerbeck (I 907) wies darauf hin, dass der mt Sprachgebrauch mit dem Diktum des palästinischen Tanna R. Eleazar ben Eleazar ha-Qappar (oft nur Bar Qappara genannt) übereinstimmt, der zu Beginn des 3. Jh. wirkte.[837] Er erklärte, dass der kleinste Schriftabschnitt, an dem alle Hauptstücke der Tora hängen (איזהו פרשה קטנה שכל גופי תורה תלויין בה), Prov 3,6 ist (zusammen mit 3,5 gelesen kommt die Antwort Mt 22,37f durchaus nahe).[838] Gemeint ist mit תלה in diesem Kontext die Möglichkeit der (halachischen) Ableitung, wie die bekannte Mischna Hag 1,8 verdeutlicht, in der drei Arten von Halachot unterschieden werden: (1.) solche, die „völlig frei in der Luft hängen (פורחין באויר, wobei פרח eigentlich „fliegen" bedeutet)", d.h. die keinen Schriftgrund haben (als Beispiel dient das Auflösen von Gelübden); (2.) solche, die „wie Berge sind, die an einem Haar hängen (הם כהררים התלויין בשערה)", d.h. die nur eine ganz geringe Stütze in der Schrift finden und (3.) solche, die einen hinreichenden Schriftgrund besitzen, um sich darauf zu stützen (סמך). Zu den letzteren zählen Zivilrecht, Tempeldienste, die Vorschriften über Reinheit und Unreinheit sowie über Eheverbote aufgrund von Verwandtschaft.[839] Sie gelten als „Hauptstücke (גופי) der Tora" (so mHag 1,8) bzw. „der Halakha" (so tEruv 11[8],24 [Z. 154]: Tora und Halacha sind hier austauschbar)[840].

Nach Billerbeck stammt mHag (samt Parallelen) aus der Zeit um 90 und damit aus unmittelbar zeitlicher Nähe zum Matthäus-Evangelium. Gleichwohl sind die Unterschiede dieser rabbinischen Stellen zu Mt 22,40 nicht zu übersehen. Bei mHag (u. Parallelen) handelt es sich um eine innerhalachische Diskussion, bei der es um die Integration der mündlichen Tora in die schrift-

---

[836] Vgl. M. JASTROW, Dictionary 1670f s.v.

[837] G. STEMBERGER, Einleitung 90.

[838] bBer 63a. Der Kontext trägt zum Verständnis nichts bei, da es sich um vermischte Aussprüche zu verschiedenen Themen handelt.

[839] Die wohl ältere Formulierung von tEruv 11,24 fügt den vier Teilbereichen von mHag 1,8 noch „Schätzungen, Bannungen, Geweihtes und den zweiten Zehnt" hinzu (vgl. die etwas abweichende Liste tHag 1,9 [Z. 233]) und schließt den Abschnitt (zugleich den Traktat) mit einem Diktum des Abba Yose b. Hanan, der noch der letzten Zeit des zweiten Tempels zugehört: „Diese acht Teilbereiche der Tora sind die Hauptstücke der Halachot."

[840] Weitere Belege s. W. BACHER, Die exegetische Terminologie der jüdischen Traditionsliteratur, Tl. I: Die Bibelexegetische Terminologie der Tannaiten, Leipzig 1899, 11f: Fast zu jeder Stelle gibt es eine Parallele oder Lesart, die גופי הלכות anstatt גופי תורה liest.

liche geht, d.h. gefragt ist, ob und inwieweit erstere durch letztere legitimiert werden kann. Die eigentliche Frage ist also nicht, woran etwas *hängt*, sondern worauf sich etwas *stützt*. Jesus will aber gerade nicht sagen, dass die beiden von ihm als „groß" genannten Gebote Haare sind, an denen Berge aufgehängt werden können! Aber fraglich ist auch, ob damit gesagt sein soll, dass sich auf diese beiden Gebote alle übrigen Gebote *stützen* in dem Sinne, dass sie sich davon halachisch ableiten lassen.[841]

Näher kommt der mt Aussage darum, wie in Sifra zu Beginn des Heilig-keitsgesetzes Lev 19,2 („Rede zur ganzen Versammlung der Söhne Israels und sage zu ihnen: Ihr sollt heilig sein") ausgelegt ist:

„Dies lehrt, dass dieser Abschnitt (פרשה) in der (ganzen) Volksversammlung gesagt wurde. Und warum wurde er in der Volksversammlung gesagt? (Antwort:) Weil die Mehrheit der Hauptstücke der Tora daran (d.h. an diesem Abschnitt) hängen (מפני שרוב גופי תורה תלוים בה)" (Qedoshim, Wayyedabber [ed. Weiss p. 86c]).[842]

In der Auslegung von Sifra zu Lev 19,18 wird der Vers nur ganz knapp ausgelegt. Im Unterschied zu den meisten anderen Versen wird aus ihm keine Halacha abgeleitet, sondern nur die Bemerkung R. Akibas dazu überliefert: „Das ist eine Hauptregel in der Tora" (זה כלל גדול בתורה), eventuell kann sogar aufgrund der nachfolgenden korrigierenden Behauptung von R. Azzai übersetzt werden: „Das ist die Hauptregel (oder: der größte Grundsatz) in der Tora"[843], denn unmittelbar anschließend wendet R. Azzai ein, dass die Aussage in Gen 5,1 („Dies ist das Buch der Toledot Adams" [hier wohl ver-standen als: „des Menschen" oder „der Menschheit"]) ein größerer Grundsatz sei (זה כלל גדול מזה). Wenn aber כלל die allgemeine, übergeordnete Regel, das Prinzip meint, dann folgt daraus mit Notwendigkeit der פרט (das Spezifische, Konkrete im Unterschied zum Allgemeinen) als komplementäres Element.[844] Die fünfte exegetische Regel Hillels, die diesen Grundsatz formuliert, lautet כלל ופרט. Das zeigt sich bei Akiba sehr deutlich, für den eine Hauptregel die halachische Spezifizierung nicht überflüssig macht, sondern derselben den Rahmen vorgibt.[845] Für das Jesuswort bei Matthäus gilt

---

[841] So u.a. R. F. COLLINS, *ENTOΛAI* 1343.

[842] Nicht ganz klar ist, worauf פרשה genau zu beziehen ist. Da im Bibeltext der nächste Einschnitt erst in Lev 21,1 ist (ist von da an ist nicht mehr, wie in 19,1f und 20,1 das ganze Volk, sondern nur noch die Priester angeredet), legt es sich jedoch nahe, die beiden Kapitel 19 und 20 (die auch nach dem einjährigen Lesezyklus der Tora eine Parasche [Qedoschim] bilden) darunter zu verstehen. Sie enthalten eine Vielzahl von ethischen und kultischen Weisungen, ohne dass – auf der Ebene des Bibeltextes – ein Gebot besonders hervorgehoben wäre (auch Lev 19,18 nicht).

[843] Superlativisch übersetzt W. BACHER, Terminologie I 81. Zur Stelle s.a. BILL. I 357f.

[844] Vgl. W. BACHER, Terminologie I 80f; G. STEMBERGER, Einleitung 29f.

[845] Das gilt im Übrigen auch für die beiden anderen vielzitierten Stellen bShab 31a (die goldene Regel in der negativen Fassung Hillels [zit. b. BILL. I 357]) u. MekhRShY Beshal-

jedoch gerade nicht, dass neben diese Hauptgebote noch irgendetwas anderes treten kann. Es geht bei Matthäus nicht darum, dass aus dem doppelten Liebesgebot nun eine detaillierte Kasuistik aller möglichen Fälle abgeleitet werden soll, sondern *in* den beiden genannten Geboten ist alles enthalten, auch wenn die Anwendung immer wieder neu konkret werden muss und in diesem Sinn eine Orientierung an den ἐντολαί bestehen bleibt (vgl. Mt 19,17–19). Das Doppelgebot der Liebe ist darum auch nicht, wie Billerbeck schreibt, der Haken in der Wand, „an den alle Hauptbestimmungen der Tora gehängt werden" (I 908) können, denn nach rabbinischem Verständnis hieße dies nichts weniger, als die ganze schriftliche und mündliche Tora in halachischem Sinn davon abzuleiten.[846]

Matthäus dagegen meint, dass wo diese beiden Gebote befolgt werden, „die ganze Tora und die Propheten" *erfüllt sind* (wie in 7,12). Aus V. 40 folgen also *nicht* halachische Deduktionen (sie sind darin auch nicht impliziert), sondern der Vers bezeugt, was auch in 11,13 gesagt ist: Die Propheten und das Gesetz weissagen bis zum Kommen des Gottesreiches. Wenn aber dieses gekommen ist, dann ist es die Lehre des Messias, der alles erfüllt (3,15; 5,17), die als sanftes „Joch" die Zukunft bestimmt (vgl. 11,29; 28,20). Der Inhalt dieser „Lehre in Vollmacht" ist eine Weise der innigen Gottes- und Nächstenliebe, deren Entfaltung im Modus der Nachfolge Jesu keiner weiteren Präzisierungen über das in der Bergpredigt als *einer beispielhaften Anleitung* (nicht als Gesetz) Gesagte hinaus bedarf.[847] Ihr

---

lach 15,26 ([ed.. Epstein/Melamed p. 105], s. BILL. I 908), wonach das Hören der allgemeine Grundsatz ist (הכלל), in dem die ganze Tora enthalten ist (שהתורה כלולה בו). In beiden Fällen ist die genannte Regel der Ausgangspunkt für das, was unbedingt folgen soll, nämlich ein Leben nach der Halacha. Hillel gibt dem übertrittswilligen Heiden nach der goldenen Regel als Anfangslehre mit auf den Weg „geh hin und lerne", und in der Mekhilta ist das Hören die Voraussetzung für die Kenntnis der Tora überhaupt.

[846] Vgl. G. BERTRAM, κρεμάννυμι 919f, der zwar den Vergleich vom Nagel aufnimmt, aber dann doch anders wendet als Billerbeck, indem er einer Ableitung oder Zurückführung der vielen Gebote auf eines widerspricht. Es gibt als Grundprinzig *nur* dieses eine Gebot. Bertram weist weiter darauf hin, dass von einem „Doppelgebot" der Liebe nur bei Lukas gesprochen werden kann, während bei Matthäus „beide Gebote gleichwertig nebeneinander" stehen. Die nächste Parallele findet sich s.E. in Röm 13,9; Gal 5,14; auch D. J. MOO, Authority 6f, warnt davor, das Verb einfach analog zum rabbinischen תלוי zu verwenden.

[847] Auch der mehrfache Bezug auf die Dekaloggebote durch Jesus bedeutet m.E. nicht, dass diese neben dem Doppelgebot der Liebe eine gleichsam zweite Gruppe von Geboten sind, die *auch noch* zu halten sind. Sie sind für Matthäus zwar selbstverständlich zu halten, aber das sind sie, weil sie im Doppelgebot der Liebe *ent*halten sind, d.h. wer diese beiden Gebote hält, der hält auch den Dekalog, dessen Gebote allerdings durch die Notwendigkeiten des angebrochenen Reiches Gottes im Einzelfall ebenfalls zurückgestellt werden müssen (vgl. 10,35.37). In den wenigen Abschnitten, in denen Jesus Dekaloggebote nennt, dienen sie zudem als Hinführung zum Doppelgebot der Liebe, d.h. sie stehen nirgends ohne diese Zuspitzung: Mt 5,21ff; 19,18f; vgl. auch 15,19: Die Verunreinigung des Menschen geschieht durch Einstellungen und Verhaltensweisen, die dem Doppelgebot der Liebe widersprechen,

bleibendes Ziel es ist, was zu wenig beachtet wird, dass Menschen den Weg in die Basileia finden. Die Erfüllung des Gesetzes und seine Neupositionierung ist vom missionarischen und universalen Horizont des Evangeliums nicht ablösbar. Da Mt 22,40 auf 7,12 (und 5,17) zurückweist und damit die Geschichte Jesu und seine Auseinandersetzung mit der Gesetzespraxis seiner Zeit umschließt, kann 22,40 noch einmal als eine grundsätzliche Zusammenfassung des jesuanischen Gesetzesverständnisses interpretiert werden, mit dem das Makrogewebe von Gesetz und Propheten zum Abschluss gebracht wird.[848]

Die anschließende Frage nach der Davidssohnschaft des Messias einerseits (22,41–46) und die abschließende Auseinandersetzung mit den Pharisäern und Schriftgelehrten in Kapitel 23 andererseits bilden dazu die notwendigen Appendices: Einmal positiv, indem deutlich wird, dass der, der so Gesetz und Propheten auf den Punkt bringt, der „Herr" ist (d.h. die Autorität seines Handelns wird darin gefunden), und negativ, indem an den herausragenden Vertretern der Gesetzesfrömmigkeit gezeigt wird (wie in 5,20), dass ihre Autorität und Gelehrsamkeit den Willen Gottes verfehlte.

3.2.5 „Lehrt sie alles halten, was ich euch geboten habe ... "
Das Gesetz bleibt in Jesu Geboten

Es ist nur konsequent, wenn bei Matthäus das letzte Wort Jesu an seine Jünger die Wurzel ἐντελ- noch einmal aufgreift (28,19f): πορευθέντες οὖν μαθητεύσατε πάντα τὰ ἔθνη, βαπτίζοντες αὐτοὺς εἰς τὸ ὄνομα τοῦ

---

die aber zugleich bis auf das summarische „böse Überlegungen" am Anfang auf Dekaloggebote rückführbar sind. R. F. COLLINS, *ENTOΛAI*, betont in seinem Aufsatz die „consistency in Matthew's notion of the ἐντολὴ τοῦ θεοῦ" (1347), der darunter jedoch die „commandments of the Torah" ohne Abstriche versteht (ebd.), allerdings so, dass das Doppelgebot der Liebe „the hermeneutical key and motivational force for all the commandments which Jesus teaches to his disciples" darstellt (1348). Es ist nun aber so, dass Jesus seine Jünger nicht alle Gebote der Tora lehrt, sondern im Grunde nur zwei, die durch Dekalog-Gebote illustriert werden können (COLLINS möchte dagegen „die kleinsten Gebote" in 5,19 auf alle übrigen Gebote neben dem Doppelgebot der Liebe beziehen, s. ebd. 1347).

[848] Es fällt auf, dass dieses ‚Gewebe' jeweils in besonders herausgehobenen Abschnitten steht: zu Beginn und gegen Ende der Bergpredigt (5,17 und 7,12), an der heilsgeschichtlichen Epochenwende, die mit dem Täufer angebrochen ist (11,13) und dann noch einmal abschließend in 22,40. Damit sind die grundsätzlichen und in die nachösterliche Zeit weisenden Gesetzesaussagen abgeschlossen, damit ist für die Gemeinde des Matthäus gesagt, was es vom Gesetz zu sagen gilt. Die daran angeknüpfte Auseinandersetzung in Mt 23, insbesondere die beiden Aufforderungen in 23,3 (πάντα οὖν ὅσα ἐὰν εἴπωσιν ὑμῖν ποιήσατε καὶ τηρεῖτε) und 23,23 (ταῦτα [δὲ] ἔδει ποιῆσαι κἀκεῖνα μὴ ἀφιέναι [in Bezug auf die Verzehntung von Küchenkräutern]) können vom theologischen Gewicht mit den genannten Stellen nicht konkurrieren und sollten darum auch nicht zum Ausgangspunkt des mt Gesetzesverständnisses gewählt werden. Sie sind eher als eine *Konsequenz des Liebesgebotes* und der missionarischen Absicht zu verstehen, s.o. Anm. 469 u. 751.

πατρὸς καὶ τοῦ υἱοῦ καὶ τοῦ ἁγίου πνεύματος, διδάσκοντες αὐτοὺς τηρεῖν πάντα ὅσα ἐνετειλάμην ὑμῖν. Am Ende steht kein Verweis mehr auf „Gesetz und Propheten", denn sie sind erfüllt und damit enthalten in dem, was Jesus seinen Jüngern geboten hat.

Das Verb ἐντέλλεσθαι ist bei Matthäus 4mal gebraucht (Mk 2mal; Lk nur 4,10), aber nur diese letzte Stelle ist im Hinblick auf die Frage nach dem der Jüngergemeinde geltenden Gebot von Belang. In Mt 4,6 (par. Lk 4,10) ist ἐντέλλεσθαι Teil des LXX-Zitates („denn er hat seinen Engeln befohlen"), in Mt 17,9 bezeichnet es das Schweigegebot Jesu an seine Jünger nach der Verklärung; in 19,7 (vgl. Mk 10,3) fragen die Pharisäer, warum *Mose* geboten hat, einen Scheidebrief zu geben (zu der Stelle s.o. [1.]). Die zweite Mk-Stelle (13,34) hat dagegen nur entfernte Parallelen (vgl. Mt 25,15; Lk 19,13).

Untersucht man das von J. P. Louw und E. A. Nida unter dem Stichwort „Command, Order" zusammengestellte Wortfeld[849] auf seine Verwendung im ersten Evangelium hin, dann wird deutlich, dass über ἐντολή und ἐντέλλεσθαι hinaus kein weiteres Wort für die verpflichtenden und fortbestehenden Weisungen Jesu gegenüber seinen Jüngern gebraucht wird. In Mt 8,4, der einzigen Stelle, wo Jesus ausdrücklich das Einhalten eines mosaischen Einzelgebots gebietet, verwendet Matthäus in Übereinstimmung mit den Parallelen Mk 1,44; Lk 5,14 προστάσσειν (sonst nur noch Mt 1,24).

In Mt 28,19f trägt der Imperativ μαθητεύσατε das Hauptgewicht, die beiden Partizipien βαπτίζοντες und διδάσκοντες spezifizieren näherhin, was mit μαθητεύειν gemeint ist. Wiederum abhängig von διδάσκοντες ist der Relativsatz ὅσα ἐνετειλάμην ὑμῖν, der damit syntaktisch erst auf der dritten Hierarchieebene zu stehen kommt. Sein gleichwohl unbestreitbares Gewicht erhält er vom Subjekt des Verbs, Jesus selbst. Auch die Endstellung hebt das Verb hervor. Die Jüngerexistenz von nun bis zur συντελεία τοῦ αἰῶνος (V. 20) ist bestimmt von der Gebotsauslegung, die Jesus „Gesetz und Propheten" gegeben hat.

Zusammenfassend gilt: Die Tora ist erfüllt. Für die Jünger und die Gemeinde Jesu gelten von nun an 'nur' noch die Gebote Jesu.[850] Was heißt das? Die Gebote Jesu sind nicht gegen die Tora gerichtet, sondern sind auf sie bezogen als Wort und Offenbarung Gottes. Also doch eine Erfüllung durch Lehre, durch das Auf- oder Wiederentdecken ihrer eigentlichen Funktion?

---

[849] Greek-English Lexicon of the New Testament Based on Semantic Domains, hg. v. J. P. Louw u. E. A. Nida, New York 1989, I 425f, vgl. a. 426f: „Law, Regulation, Ordinance".

[850] Dieses Ergebnis berührt sich mit J. M. GIBBS, The Son of God as the Torah Incarnate 46: „Jesus, as the totally obedient Son of God, is the Now of God's righteousness (E.Diog. 9,1f.). Thus there is no Torah *and* Gospel in Matthew, there is no New Law, there is no Torah plus New Law, but there is rather the Good News that in Jesus the Torah, the demand of God's righteousness is now totally and efficaciously present and that in him there is rest, for his yoke is easy and his burden light (11.30)." Gegen Gibbs würde ich Jesus jedoch nicht als „Torah Incarnate" bezeichnen (so auch E. SCHWEIZER, Nachtrag 369: „Jesus das fleischgewordene Gesetz", vgl. Mt 177.292), sondern als den heilsgeschichtlichen Erfüller der »Tora«.

Damit wäre die Tora bis zu diesem Zeitpunkt unvollkommen gewesen, was m.E. einen fremden Gedanken einträgt. Jesus stellt sich nicht gegen die Tora, sondern er stellt sich gegen die Ausgrenzung von Menschen aus dem Reich Gottes. Wo die Tora bisher dazu diente, gleich ob in ihrer ursprünglichen Funktion oder in einer von Menschen pervertierten, da ist sie mit ihrer Erfüllung im Hinblick auf diese Funktion an ihr Ende gekommen. Das Ziel der Tora war aber auch nicht das Reich Gottes, sondern Israels Gerechtigkeit und Leben. Nun aber ist die Zeit des Reiches Gottes gekommen, das über Israel hinaus alle Menschen umfasst. In diesem neuen Horizont ist die Aufgabe der Tora grundlegend verändert. Ihre Erfüllung ist deshalb nicht eine solche durch Lehre, denn das hieße, den neuen Wein des Reiches Gottes in alte Schläuche füllen. Ihre Erfüllung ist vielmehr ein Neuanfang, der das Vergangene nicht negiert, sondern transformiert.[851] Die Schwierigkeiten des frühen Christentums im Umgang mit der Tora sind die unumgänglichen Folgen dieser Transformation, weil Jesus kein Lehrbuch, sondern sein Vorbild hinterlassen hat. Insbesondere für das jesusgläubige Judentum musste sich die Frage stellen, ob die Tora neben dem Gebot Jesu in ihrer bisherigen Funktion noch immer und weiterhin Israels Gerechtigkeit und Leben dient. Matthäus scheint hierauf mit einem klaren Nein zu antworten. Jesus hat nicht nur die Tora erfüllt, sondern auch „alle Gerechtigkeit".

Die andere Schwierigkeit, die die christliche Gemeinde seit damals nicht losgelassen hat, ist die Frage, was alles als Jesu ἐντολαί zu gelten habe: Nur die Gebote, die ausdrücklich von ihm bestätigt wurden, oder darüber hinaus alles, was sich in diesem Sinn aus Tora und Propheten über Gottes Willen erkennen lässt? Aber diese Frage enthält bereits die Antwort, weil Gottes Offenbarung *eine* ist.

3.2.6 Warum sind Jesu Gebote ἐλάχισται?

Wenn ἐντολή bei Matthäus also nie[852] etwas anderes meint als den bleibenden Willen Gottes, wie ihn Jesus für das Gottesreich in Übereinstimmung mit Gesetz und Propheten bei gleichzeitiger Transformation verkündete, dann ist von dieser Bedeutung auch für Mt 5,19 auszugehen. Die ἐντολαί sind dann die den Jüngern anvertrauten Gebote Jesu, in denen kein Jota von der »Tora« versäumt worden ist und die allen gelten, die zu ihm gehören und in das Reich

---

[851] Vgl. oben Anm. 748. S. v. DOBBELER, Auf der Grenze 76f, versteht die Position des Matthäus zu stark – aus dem richtigen Bemühen heraus, Matthäus innerjüdisch zu verorten – als *halachische* Auslegung, während m.E. das Verhältnis zur Tora durch den Evangelisten völlig neu von der Christologie her gewichtet wird.

[852] Der singuläre Gebrauch von ἔνταλμα in Mt 15,9 (par. Lk 7,7) für die abgelehnte pharisäische παράδοσις τῶν πρεσβυτέρων ist LXX-Zitat (Ps 78 [LXX 77],37) und bedeutet keinen Widerspruch.

Gottes eingehen wollen. Diese lehrte Jesus seine Jünger vor den Ohren des ganzen Volkes (vgl. das rahmende διδάσκειν in 5,2; 7,29), und die Jünger wiederum sollen sie alle lehren, die durch ihre Verkündigung zu Jesus gehören (28,20).

Warum aber werden diese Gebote dann als ἐλάχισται bezeichnet? Dass es sich dabei um einen Ausdruck handelt, der im Kontext des ganzen Evangeliums eine enge Zugehörigkeit zu Jesus erkennen lässt, ist oben schon gezeigt worden (3.1). Dass mit „gering" aber nicht 'leicht' im Sinne von 'leicht zu tun' (das wird aus den rabbinischen Parallelen abgeleitet) gemeint sein kann, ergibt sich schon aus der zweiten Vershälfte über die Anerkennung in der Königsherrschaft Gottes (die nicht *billig* zu haben ist), darüber hinaus aus den Geboten, die Jesus seinen Nachfolgern im Verlauf des Evangeliums zumutet[853]. Und doch kann er sagen: ἄρατε τὸν ζυγόν μου ἐφ' ὑμᾶς καὶ μάθετε ἀπ' ἐμοῦ, ὅτι πραΰς εἰμι καὶ ταπεινὸς τῇ καρδίᾳ, καὶ εὑρήσετε ἀνάπαυσιν ταῖς ψυχαῖς ὑμῶν· ὁ γὰρ ζυγός μου χρηστὸς καὶ τὸ φορτίον μου ἐλαφρόν ἐστιν (11,29f).[854] Die Diminution durch das superlativische Adjektiv ἐλάχιστος in 5,19 ist auf einer Linie mit 11,30 zu verstehen: Das Joch des Messias ist für die, die der Einladung trotz der hohen Hürden (8,19–23 kann hier nicht einfach ausgeblendet werden) Folge leisten, ein mildes Joch und eine *leichte* Last (τὸ φορτίον μου ἐλαφρόν ἐστιν), wobei mit diesem Ausdruck in 11,30 im Unterschied zu 5,19 der rabbinische Sprachgebrauch von schweren und leichten Geboten exakt nachgeahmt wird. Diese „leichte Last", die Jesus seinen Nachfolgern auferlegt, stellt aber im Unterschied zur Meinung der Pharisäer und Schriftgelehrten in Wahrheit *Schwergewichtiges* dar (βαρύτερα τοῦ νόμου; 23,23). Geht es diesen, so die

---

[853] Abgesehen von dem, was in der Bergpredigt selbst unmittelbar folgt, vgl. 8,19–22 (par. Lk 9,57–60), die Aussendungsrede in 10,6ff und an deren Ende das harte Wort 10,37–39 (vgl. 12,49f); außerdem 18,4f.8f; 19,21; 23,11f und das Gleichnis vom strengen Herrn und den anvertrauten Geldern (25,14–30 par. Lk 19,12–27).

[854] Zu dem damit verbundenen Problem, dass „the torah of Jesus is more radical than that of the Pharisees" vgl. a. H. D. BETZ, The Logion of the Easy Yoke 16f. Allerdings stellt sich dieses Problem nur da, wo der Umgang Jesu mit der Tora in der Alternative von Aufhebung bzw. Radikalisierung gesehen wird. Die Erfüllung von Gesetz und Propheten durch Jesus verweist dagegen auf ein ganz anderes Modell, in dem die Tora ganz erfüllt ist und als solche auf dem von Jesus eröffneten Weg der Gerechtigkeit auch den Jüngern Wegweisung bietet. Betz weist darauf hin, dass μάθετε ἀπ' ἐμοῦ in 11,29 dem μαθητεύσατε in 28,19 entspricht. Inhalt des Lernens und Lehrens ist die Sanftmut Jesu (ebd. 16). Der verheißenen ἀνάπαυσις in 11,29 korrespondiert nach Betz die Zusage der Gegenwart des Auferstandenen in 28,20: „The disciple finds rest for his soul inasmuch as he has the certainty of the presence of the Risen Lord and is consequently raised above the uncertainty involved in thinking about merit. To be sure, this ἀνάπαυσις does not help to avoid the difficulties of this world … nor does it lead to an ethical relativism; rather it enables one to do the βαρύτερα τοῦ νόμου (23:23)" (17). Was in der Makarismenreihe Mt 5,3–12 entfaltet ist, wird in 11,28–30 noch einmal im Hinblick auf Jesus zusammengefasst: Selig ist, wer von ihm lernt.

polemische Anklage, um die halachische Präzision und Expansion, d.h. um das Erlaubte und Verbotene und damit um das Trennen und Absondern, so steht für Jesus die elementare Hinwendung zum Nächsten *um Gottes willen* im Vordergrund. Dieses Paradox von schwer und leicht, von gering und beachtlich, wird verständlich, wenn man auf die Zielrichtung achtet, die mit dem jeweiligen Verhalten verbunden ist.

Nach Dieter Schellong schwingt im mt ἐλάχιστος in 5,19 auch der Gedanke der Geringschätzung mit. Die Gebote, die gering geachtet und leicht übersehen würden, seien hier gemeint. Im Kontext der Bergpredigt, aber auch der sonstigen Verkündigung und Verhaltensweise Jesu im ersten Evangelium, sind aber genau das die Gebote, die darauf zielen „anderen Menschen zu dienen" (vgl. 7,12; 20,28; 23,11), ohne dass daraus ein eigenes Großsein folgt (6,2ff; 23,5ff).[855]

Dieser Gedanke eröffnet auch noch einmal einen anderen Blick auf Mt 23, denn dann richtet sich die Kritik nicht allein (und vielleicht auch nicht primär) auf den Zwiespalt zwischen Sagen und Tun (das ist eher das traditionell-polemische Motiv, das Matthäus aus der Logientradition übernimmt und das die Auslegung von 5,19 maßgeblich mitbestimmt[856]), sondern auf das Ansehen und Scheinenwollen vor den Menschen statt vor Gott.[857] Die mt Zusätze über das mit Lukas gemeinsame Gut hinaus betreffen das Geltungsstreben, und daraus macht der Evangelist eine direkte Belehrung der Jünger. Sie werden ja gerade nicht aufgefordert, nicht nur zu reden, sondern auch selbst die Finger krumm zu machen (23,4 [obwohl dies durch 5,19 aber auch 23,3 als selbstverständliche Haltung durchaus angemahnt wird]), sondern ihr Geltungsstreben (als Lehrer?!) wird ausdrücklich in die Schranken verwiesen (23,5–10). Die von ihnen erwartete und geforderte Haltung drückt 23,11f unmissverständlich aus: ὁ δὲ μείζων ὑμῶν ἔσται ὑμῶν διάκονος. ὅστις δὲ ὑψώσει ἑαυτὸν ταπεινωθήσεται καὶ ὅστις ταπεινώσει ἑαυτὸν

---

[855] Christus fidus interpres Legis 674f, vgl. a. S. BYRSKOG, Jesus the Only Teacher 292f.

[856] Vgl. z.B. M. VAHRENHORST, »Ihr sollt überhaupt nicht schwören« 309f.

[857] Die halachische Präzisierung durch die schriftgelehrte Arbeit, die immer genauer versuchte, den Willen Gottes zu tun, wäre damit als ein *Geltenwollen* der so über Gottes Gebot Verfügenden kritisiert. Es geht ihnen, so wäre dann der Vorwurf zu formulieren, nicht um Gottes Willen, sondern um ihr *eigenes Ansehen*, das sie steigern, indem sie durch ihr Wissen vorgeben, den Weg in die Königsherrschaft Gottes zu kennen (23,13). Das Schnüren von schweren Bündeln, die angeblich um Gottes willen zu tragen seien (23,4), ist in dieser Perspektive radikal verworfen. Es führt dazu, dass die 'Schafe', d.h. das Haus Israel verschmachtet und in die Irre geht (9,36), dass die Menschen beschwert und belastet sind (11,28: die Stichworte φορτίον und φορτίζειν, die nur in 11,28.30 und 23,4 bei Matthäus vorkommen, verknüpfen beide Stellen deutlich miteinander). Das aber ist nicht Gottes Wille (vgl. 11,25). Das in den Augen des Matthäus Verwerfliche am Tun der Pharisäer und Schriftgelehrten ist also, dass sie ihre schriftgelehrte Autorität für ihre eigene Ehre missbrauchen und damit Gottes Gabe selbstisch verderben.

ὑψωθήσεται (vgl. 20,26–28). Die gering geachteten Gebote sind also genau diese, mit denen man sich dem anderen zum Sklaven macht (was die »Antithesen« eindrücklich aufzeigen).[858] Jesus – und das unterscheidet ihn von seinen Jüngern – erfüllt damit seine Aufgabe als messianischer Gottesknecht, dessen Dienst der Erlösung und der Vergebung der Sünden dient (20,28: διακονῆσαι καὶ δοῦναι τὴν ψυχὴν αὐτοῦ λύτρον ἀντὶ πολλῶν, vgl. 1,21). Die Jünger als seine Gesandten sind zu dieser Haltung aufgefordert, weil sie als Menschenfischer Menschen für dieses Reich gewinnen sollen.[859]

Zusammenfassung: Für das Verständnis dieses Verses und der Wendung αἱ ἐντολαὶ αὗται αἱ ἐλάχισται sind die direkt Angesprochenen ausschlaggebend. Die *Jünger* sollen *diese* Gebote beherzigen und dann auch andere lehren, damit sie von Gott Anerkennung in seiner Königsherrschaft erfahren. Als ἐλάχισται sind *diese* Gebote bezeichnet, weil sie zu Jesus gehören, d.h. weil sie ihm wichtig und groß sind. Bei den Menschen dagegen sind sie ἐλάχισται, weil sie nicht dem eigenen Prestigegewinn dienen, sondern dazu auffordern, sich dem anderen dienend zu beugen. Unter diesem Vorzeichen lassen sich dann sowohl die »Antithesen« als auch die übrigen Konfliktgeschichten über das Gesetz im Matthäus-Evangelium verstehen.

Dieses Ergebnis, das die syntaktischen Inkongruenzen als mt Textsignale ernst zu nehmen versucht, erlaubt es, einen anderen Lösungsvorschlag für die Verse 18f zu unterbreiten. Diese 'neue' Lösung richtet sich gegen den interpretatorischen Ansatz, der – seinerseits in Ablehnung der Auffassung, dass 5,18f ein mehr oder weniger unverbundenes oder unreflektiertes judenchristliches Traditionsstück bzw. eine durch den Kontext relativierte Überlieferung, die nicht eigentlich die Intention des Evangelisten kennzeichnet, darstellt – aus diesen Versen eine Anweisung für ein in allen Einzelheiten toraobservantes Christentum herauslesen will. Ein solcher Ansatz vermag zwar einen Teil der mit diesem Vers gestellten Probleme zu erklären, aber er überzeugt als Gesamtansatz für das Matthäus-Evangelium m.E. *nicht*.

---

[858] Nur angemerkt sei, dass sowohl Salz als auch Licht nur für andere(s) wirken, aber selbst nichts davon haben, d.h. der dienende Charakter ist in diesen Bildworten bereits angedeutet. Die Jünger sind als „Söhne Gottes" eben nicht die Herren, sondern wie ihr Herr die Diener aller.

[859] Vgl. S. BYRSKOG, Jesus the Only Teacher 254–258: Das Ziel der Jüngerbelehrung durch Jesus ist ihre missionarische, weltweite Sendung. Er verweist ausdrücklich auf den Bezug von Mt 5,19 zu 28,19f unter Einbeziehung von 5,13–16. Ein zuätzliches Argument für den universalen Charakter der Beauftragung in 5,19 sieht er in „den Menschen" als Adressaten der Jüngerverkündigung (258). Vgl. a. MOGENS MÜLLER, Theological Interpretation 171, der das Lehrersein Jesu in Bezug auf die Jünger mit deren Funktion „in the work of salvation" verbindet.

3.3 Das Lehren der Gebote Jesu als die entscheidende Aufgabe der Jünger

Das hier erstmals im Evangelium begegnende διδάσκειν in Bezug auf die nach wie vor direkt angesprochenen Jünger hat dazu geführt, dass in vielen Kommentaren zur Stelle hier von „Lehrern" in den Gemeinden des Evangelisten die Rede ist.[860] Das wird durch die formale Struktur des Verses (3. Person statt der sonst durchgängigen 2. Person) gestützt, die ihn aus der direkten Jüngeranrede herausnimmt und an einem konkreten Beispiel demonstriert, wie der dazu gehörende »Regelsatz« (V. 18) auszulegen ist (wobei die übrigen Stellen dieses Satzmusters zeigen, dass hier nur *ein möglicher* Fall durchgespielt wird). Diese formale Struktur erlaubt eine Durchlässigkeit von der erzählten Ebene des Lebens Jesu und seiner Jüngerunterweisung zur Gegenwart des Evangelisten und der von ihm Angesprochenen.

Dass Matthäus diesen einen Fall herausgreift, erlaubt einen Blick auf die von ihm intendierten 'Nutzer' seines Evangeliums und auf die historischen Umstände, für die er die Botschaft Jesu zu vermitteln sucht. Es geht um das *rechte Lehren* (hervorgehoben durch das zweimalige διδάσκειν) der Gebote angesichts der ganzen von Jesus erfüllten Schrift (V. 17), nachdem festgehalten worden ist, dass deren Autorität auch nach ihrer Erfüllung bis zum Ende dieses Äons anhält (V. 18). Mit diesem Lehren soll ein entsprechendes Verhalten einhergehen (ποιεῖν), ein Gedanke, der auf 5,16 zurückweist und gleichsam die Abbreviatur desselben darstellt. Das Tun dient in beiden Fällen der Beglaubigung des Gesagten, d.h. es ist dem verkündigenden Element untergeordnet. Damit ist eine Mt 5,13–16 parallele Situation vorausgesetzt: Die Jünger stehen als Gesandte Jesu und Lehrer der Gemeinde in der Nachfolge der Propheten auf der Ebene des 'historischen' Jesus, die Adressaten des Evangeliums sind dagegen in erster Linie die von den Aposteln (»Matthäus!«) unterwiesenen Lehrer der Zukunft.[861] Sie werden auf das 'Programm' Jesu verpflichtet.

---

[860] Vgl. H. FRANKEMÖLLE, Mt I 221; D. A. HAGNER, Mt I 108. Am dezidiertesten nimmt dazu H. D. BETZ Stellung, der hier „die Lehrer der Bergpredigtgemeinde" (Prinzipien 45; vgl. Sermon 186 „…one must take the statement of vs 19 to refer specifically to teachers who are at work in the community") angesprochen sieht. Dagegen sehen DAVIES/ALLISON, Mt I 497, in den angesprochenen Lehrern die *Gegner* des Matthäus, da nur hier und in 28,20 Jesus nicht das Subjekt von διδάσκειν sei. Aber gerade die letzte Stelle zeigt, dass dieses Argument nichts besagt, da dort die Jünger Jesu eindeutig Subjekt sind.

[861] Vgl. dazu S. BYRSKOG, Jesus the Only Teacher 221–261.

3.3.1 Jesus als der eine Lehrer

Inhalt des Lehrens sind „diese kleinsten Gebote", worunter, wie oben gezeigt wurde, die Gebote Jesu zu verstehen sind[862], unbeschadet der Tatsache, dass von denen auf der Ebene des Evangeliums bis zu diesem Zeitpunkt noch gar nicht die Rede war. Dennoch besaß die Gemeinde, die das Matthäus-Evangelium hörte und die darum Gemeinde war, weil sie Jesu Ruf in die Nachfolge bereits gehört hat und ihm gehorsam geworden ist, von Anfang an die Möglichkeit, in diesem Vers *die Unterweisung in den Geboten Jesu* zu hören, ist doch die Gemeinde, an die sich Matthäus richtet, die weltweite Gemeinde, die sich erzähltechnisch dem Missionsbefehl verdankt: Weil Jesus seine Jünger damals ausschickte, alle Völker zu Jüngern zu machen, sie zu taufen und sie das zu lehren, was *er* ihnen geboten hatte, darum gibt es die Gemeinde überhaupt.[863] Im Evangelium erlebt die Gemeinde ihre Entstehungsgeschichte noch einmal nach, sie erfährt, was die Gebote Jesu sind und wie er sie gelehrt hat. Die Verantwortlichen in der Gemeinde werden dagegen an ihre Ver-

---

[862] So schon Chrysostomos (vgl. TH. ZAHN, Mt 217 Anm. 80); weiter LOHMEYER/ SCHMAUCH (mit ausführlicher Begründung), Mt 110–112 (vgl. W. GRUNDMANN, Mt 150, der diese Auslegung als eine Möglichkeit erwägt u. ausdrücklich anerkennt, dass der Vers so verstanden „in Jesu Mund möglich" wäre); E. SCHWEIZER, Gesetz und Enthusiasmus 52 (unter Verweis auf CH. E. CARLSTON, The Things that Defile [Mark VII 14] and the Law in Matthew and Mark, NTS 15 [1968/69], 75–96 [79]); DERS., Mt 65; R. RIESNER, Lehrer 458–460; R. E. MENNINGER, Israel and the Church 112f; H. D. BETZ, Sermon 186–188 („It is my conclusion, therefore, that vs 19 establishes the binding force of Jesus' interpretation of the Torah for teachers in the community of the SM" [188]); D. SCHELLONG, Christus fidus interpres Legis 675f; S. BYRSKOG, Jesus the Only Teacher 291–294 (mit Verweis auf E. BAASLAND, Jesus minste bud? Eksegetiske bemerkninger til Matteus 5,19(f), TTK 1 [1983], 1–12, der ebenfalls diese Lösung vertritt).

Eine originelle Lösung schlägt G. D. KILPATRICK, Origins 25f, vor: Ausgehend von der Einsicht, dass τῶν ἐντολῶν τούτων „as it stands has nothing to which it can refer" (17), platziert er V. 19 hinter 5,41, so dass er von da aus „to the previous revised commandments, v. 21, 27, 33, and 38" zurückweist. Vgl. dagegen K. SNODGRASS, Matthew and the Law 116, der den Vers aber als „hyperbole" versteht, dessen Intention es ist, „to underscore the importance of proper teaching about and obedience of the law". Inhaltlich ist diese angemessene Unterweisung die Integration der verschiedenen Einzelgebote „under the love commands and the mercy code" (125), wie sie Jesus in den Mittelpunkt gestellt hat. Das kommt im Endeffekt der Auslegung auf die Gebote Jesu allerdings sehr nahe, nur dass bei Snodgrass Raum bleibt, dass auch die anderen Gebote daneben gehalten werden (er begründet dies in erster Linie mit 23,23, wonach das Zehntgebot als zu haltendes Gebot nicht in Frage gestellt ist [124]), was allerdings auch von den genannten Vertretern nicht bestritten wird, nur dass sie darauf nicht die Aussageintention von 5,19 sahen.

[863] Darauf hat JOACHIM JEREMIAS aufmerksam gemacht, wenn er betont, dass die Bergpredigt nur zu verstehen ist, wenn man bedenkt, dass ihr etwas voran ging: „Es ging voran die Verkündigung des Evangeliums, und es ging ihr voran die Bekehrung, das Überwältigtsein durch die Frohbotschaft" (Die Bergpredigt, in: DERS., Jesus und seine Botschaft, Stuttgart ²1981, 41–60 [53]); an fünf Beispielen zeigt er dann: „es ging etwas voran" (55.57, vgl. 58: „Das Evangelium ging voran").

pflichtung erinnert, den ganzen Gotteswillen, wie ihn Jesus erfüllte, die Gemeinde zu lehren und selbst entsprechend zu leben. Damit oszilliert V. 19 zwischen 5,17f und 21ff und schafft eine Verbindung nach beiden Richtungen. Er nimmt das bisher Gesagte auf und führt es weiter.

Dass sich der gemeinte Sinn nicht ohne den Kontext des ganzen Evangeliums und der vorausgesetzten historischen Lebenswirklichkeit der Gemeinde ergibt, ist also ausdrücklich anzuerkennen. Aber das entspricht Situierung des Evangeliums, wie sie in der Einleitung (§ 2) vorgeschlagen wurde, wonach das Evangelium als Buch kein kontextloses und autonomes Kunstwerk ist, sondern Teil eines Gesamtensembles, das sehr viel mehr voraussetzt als in den 28 Kapiteln steht.

Bei der Interpretation von 5,19 ist zudem zu beachten, dass die Wortgruppe διδασκ- bei Matthäus breiten Raum einnimmt und Jesus selbst als der διδάσκαλος schlechthin im Mittelpunkt steht (ohne dass sich darin allerdings seine Bedeutung erschöpfen würde). Zwar vermeidet Matthäus (wie Lukas), was immer wieder betont wird[864], die Anrede διδάσκαλος von Seiten seiner Jünger, dafür lässt er aber Jesus von sich selbst pointiert als διδάσκαλος sprechen (10,24f [vgl. Lk 6,40]; 23,8; 26,18 [parr. Mk 14,14; Lk 22,11]).[865] Das ist zwar keine Besonderheit des ersten Evangeliums, aber doch erkennbar auch kein von Matthäus verdrängtes oder minimiertes Element.

Das wird bestätigt durch den Gebrauch des Verbs διδάσκειν, mit dem der Evangelist in 4,23 den Beginn von Jesu öffentlicher Wirksamkeit markiert und in 28,20 mit der Weitergabe dieser Aufgabe an seine Jünger das Evangelium enden lässt. Es umschließt im Verlauf des Buches in besonderer Weise die Bergpredigt (außer in 5,19 in 5,2 und 7,29 [zusammen mit διδαχή in 7,28[866]]) und charakterisiert außerdem, wie in 4,23 so auch in 9,35; 11,1; 13,54, summarisch das öffentliche Wirken Jesu in den Synagogen und im Tempel (21,23, vgl. 26,55).[867] Damit zeigt sich, dass auch auf der Leserebene διδάσκειν durch 4,23 und 5,2 bereits christologisch bestimmt ist, und diese Qualifizierung zieht sich von da an, abgesehen von wenigen, aber erklärlichen Ausnahmen, durch das ganze Evangelium. Dabei lässt der Evangelist keinen

---

[864] Vgl. A. SAND, Matthäus-Evangelium 165; R. RIESNER, Lehrer 249–251.

[865] Vgl. dazu ausführlich R. RIESNER, Lehrer 254–264, der mit guten Gründen wahrscheinlich macht, dass das mt Verbot an die Jünger, sich als „Lehrer" bezeichnen zu lassen (23,8), auf die Konzentration auf den „einen Lehrer" Jesus zurückzuführen ist.

[866] Wobei διδαχή ansonsten kein Terminus technicus für die Verkündigung Jesu ist, vgl. nur noch 16,12 u. 22,33. Zur Verbindung von 5,19 mit 28,19f s. auch S. BYRSKOG, Jesus the Only Teacher 209.258.291f. Seine Arbeit ist für die hier behandelte Thematik grundlegend.

[867] Vgl. dazu den Gebrauch in 15,9 als Teil des LXX-Zitats (s.o. Anm. 801 u. 852); in 28,15 ist das Verb polemisch gegen die jüdischen Ältesten gewandt, die die Grabwächter bestochen haben, damit diese sagen, was sie von diesen „gelehrt" wurden. Auch das ist indirekt ein Hinweis auf den wahren Lehrer, der in 28,19f noch einmal in Erscheinung tritt.

Zweifel daran, dass die Lehre Jesu nicht einfach eine Kontinuität zur bisherigen Tora-Lehre darstellt (das zeigt er abgesehen von 5,21ff in 7,28f mit wünschenswerter Deutlichkeit), zu der er Jesus vielmehr wiederholt kritisch Stellung nehmen lässt (vgl. 9,13; 12,3–8.9–13; 15,1–20). Das hebt nicht auf, dass der mt Jesus *die Tora als verpflichtenden Gotteswillen* nicht auch positiv anführen kann, aber dies geschieht an keiner Stelle so, dass sie für Jesu Nachfolger *verpflichtende Norm unabhängig von seiner Lehre oder Auslegung* wäre. Darum ist auch 5,19 als abhängige Bestimmung von 5,17f im Bezug auf *den einen Lehrer Jesus* (23,8) zu verstehen, der mit der nachfolgenden Unterweisung lehrt, *wie* das von ihm erfüllte Gesetz und die Propheten für seine Nachfolger zu lehren und zu tun ist. Entscheidend dafür ist aber nicht allein der Inhalt, sondern auch die entsprechende Haltung, die das Lehren nicht für den eigenen Status missbraucht, sondern dienend praktiziert und auf die Anerkennung durch Gott vertraut (das ist mit ἐλάχισται angedeutet). In diesem Sinn hat dann τούτων eben doch einen stark vorausweisenden Charakter, auch wenn dies bei Matthäus die Ausnahme bildet.[868]

3.3.2 Die Gebote Jesu als „Einlaßbedingungen ins Reich Gottes" (G. Barth)?

Als Parallele für ein Proömium mit nachfolgender Unterweisung wird gelegentlich auf Dtn 4 verwiesen[869]. Die sprachlichen Übereinstimmungen sind in

---

[868] In der Koine kann das Demonstrativpronomen οὗτος „sowohl auf das eben Genannte/ Vorhergehende (wie im Klass.) als auch auf das Vorliegende bzw. Folgende beziehen" (GGNT § 141c, vgl. BDR § 290 mit Beispielen aus dem Matthäus-Evangelium, die den unterschiedlichen Gebrauch verdeutlichen). Die Vorkommen *ohne* eindeutigen Rückbezug sind Mt 3,9.17: hinweisend auf Gegenwärtiges, so auch in 27,24, wobei hier ein vorausweisendes Moment in Bezug auf die noch ausstehende Kreuzigung angedeutet ist. Einen doppelten Verweis enthält 9,28, indem einerseits auf das unbestimmte ἐλέησον ἡμᾶς in V. 27 zurückverwiesen wird, aber noch deutlicher auf die noch bevorstehende Heilung der Augen in V. 29f. Als vorausweisend kann auch Mt 3,3 verstanden werden, das aber ähnlich wie 5,19 zwischen dem Voranstehenden und Nachfolgenden oszilliert. U. LUZ, Mt I[1–4] 230 Anm. 21/I[5] 308 Anm. 25, verweist zu dieser Frage zudem auf das von G. DALMAN, Jesus-Jeschua 58, vorgebrachte Argument, wonach es sich hier um einen Aramaismus handle, so dass τούτων gar kein Bezugswort bräuchte. S. BYRSKOG, Jesus the Only Teacher 293, verweist auf Mt 7,24.26, wo ebenfalls mit dem Demonstrativpronomen auf Jesu Worte „in a general matter ... without precise indication of the referent" verwiesen wird.

[869] H. FRANKEMÖLLE, Mt I 220. Allerdings schwächt Frankemölle den mt Text ab, indem er darin lediglich eine aktualisierende Gewichtung einzelner Toravorschriften sieht, die Matthäus hier „wie andere Toratheologen sonstiger jüdischer Gruppen" vorgenommen habe. Schon H. WINDISCH sprach von der Bergpredigt und insbesondere von den »Antithesen« als von „Einlaßbedingungen" und verwies dazu auf Dtn 4: „Auch die mosaischen Gebote sind thoroth-d'entrée; die in ihnen ausgeprägte Gerechtigkeit ist die Bedingung für den Einzug und den Verbleib im heiligen Land. Das Reich Gottes ist also die heilige Stätte der messianischen Heilszeit, in der das heilige Land, die heilige Stadt und das heilige Gotteshaus zusammengeschmolzen sind, und die Bergpredigt umfaßt die von Jesus als einem neuen Gesetzgeber neu formulierten Einzugsbedingungen" (Sinn 9f, vgl. a. 54). Windisch gewichtet

der Tat auffällig. Vor dem Einzug in das verheißene Land (4,1: εἰσελθόντες κληρονομήσητε τὴν γῆν, vgl. 4,14.38.40; Mt 5,20: εἰσέλθητε εἰς τὴν βασιλείαν τῶν οὐρανῶν) *lehrt*[870] Mose das Volk, angesprochen als „Israel", die Satzungen und Rechte Gottes, dass es sie „tut" (ποιεῖν [V. 1]) und „bewahrt" (φυλάσσεσθε [Imperativ, V. 2]). Mit der Integrationsformel wird das Volk gewarnt, etwas dazuzufügen oder wegzunehmen von dem, was er gebietet (ὃ ἐγὼ ἐντέλλομαι [der Wortstamm ἐντελ- noch zweimal in V. 2, außerdem in den Versen 5.13.14.40]). Mose beruft sich in der Einleitung darauf, dass Gott ihm geboten habe, was er nun weitergibt (4,5). In Dtn 4,10ff wird an die Gebotserteilung am Horeb erinnert: Das versammelte Volk sollte dort „lernen, Gott zu fürchten" (μάθωσιν φοβεῖσθαί με) und dies auch „ihre Kinder lehren" (τοὺς υἱοὺς αὐτῶν διδάξωσιν).

Das eng mit διδάσκειν verbundene Verb μανθάνειν hat sowohl in der LXX-Fassung des Deuteronomiums wie bei Matthäus programmatische Bedeutung und bezeichnet an den meisten Stellen eine umfassende Verpflichtung auf die den Bund konstituierenden Gebote und Satzungen.[871] Auch in Dtn 4,13 ist die διαθήκη erwähnt, die Gott seinem Volk verkündigte, deren inhaltliche Gestalt in zweifacher Weise übermittelt wurde: zum einen die zehn „Worte", die Gott selbst auf steinerne Tafeln schrieb, zum anderen die Gebote, die er Mose gebot das Volk „zu lehren" (διδάξαι [V. 14]). So wie im Deuteronomium der Einzug ins verheißene Land als Ziel vor Augen gestellt wird (4,14, aber auch 31,13), so im Matthäus-Evangelium das Anerkannt-werden in der Königsherrschaft Gottes.

---

allerdings nicht ausreichend die Bedeutung von Mt 3,15; 5,17, wenn er Jesus hier einfach zu einem „neuen Gesetzgeber" erklärt. Während Mose nur den Weg wies und dann zurück-bleiben musste, ist Jesus vorangegangen und hat die Einlassbedingungen „erfüllt", um den anderen den „Weg der Gerechtigkeit" zu eröffnen. G. BORNKAMM lehnte sich ausdrücklich an Windischs Formulierung an, als er von einer „Einlaßtora" (Enderwartung 15) sprach, und von dessen Schüler Gerhard Barth stammt dann die bis heute viel gebrauchte Wendung von „den Einlaßbedingungen ins Reich Gottes" (Gesetzesverständnis 56).

[870] Καὶ νῦν, Ισραηλ, ἄκουε τῶν δικαιωμάτων καὶ τῶν κριμάτων, ὅσα ἐγὼ διδάσκω ὑμᾶς σήμερον ποιεῖν ...

[871] Im Pentateuch außerhalb des Deuteronomiums nur in Ex 2,4 (unspezifisch), hier dagegen 7mal (in der LXX gesamt 56mal): die erste Stelle ist die genannte 4,10, gefolgt von 5,1 (τὰ δικαιώματα καὶ τὰ κρίματα ... μαθήσεσθε αὐτὰ καὶ φυλάξεσθε ποιεῖν αὐτά); 14,23 (zusammen mit φοβεῖσθαι); 17,19 (ἵνα μάθη φοβεῖσθαι κύριον τὸν θεὸν αὐτοῦ φυλάσσεσθαι πάσας τὰς ἐντολὰς ταύτας καὶ τὰ δικαιώματα ταῦτα ποιεῖν); 18,9 (negiert von den „Greueln der Völker"); 31,12f (jeweils zusammen mit φοβεῖσθαι, in V. 12 verbunden mit dem ganzen Gesetz: ἵνα μάθωσιν φοβεῖσθαι κύριον τὸν θεὸν ὑμῶν, καὶ ἀκούσονται ποιεῖν πάντας τοὺς λόγους τοῦ νόμου τούτου); im Matthäus-Evangelium immerhin 3mal (9,13; 11,29; davon nur 24,32 mit einer Mk-Parallele [13,28]), während das Verb sonst in den Synoptikern fehlt. Besonders auffällig ist 11,29, weil hier im Bild des Joches auf das Lernen der Tora angespielt wird: ἄρατε τὸν ζυγόν μου ἐφ' ὑμᾶς καὶ μάθετε ἀπ' ἐμοῦ, ὅτι πραΰς εἰμι καὶ ταπεινὸς τῇ καρδίᾳ, καὶ εὑρήσετε ἀνάπαυσιν ταῖς ψυχαῖς ὑμῶν.

Und doch zeigt gerade der Vergleich mit Dtn 4, dass es Matthäus nicht darum geht, Jesus als zweiten Mose zu beschreiben.[872] Gerade wenn man davon ausgehen will, dass er und seine Gemeinde diesen Text kannten, sind die Unterschiede beachtlich. Es sind keine graduellen Nuancen, sondern ein völlig verschiedenes Geschehen. Denn der, dem Matthäus seine Feder leiht, lehrt und verpflichtet seine Zuhörer, *ohne* dass er selbst seine Botschaft als eine von Gott empfangene legitimiert. Er ist vielmehr der, der Gesetz und Propheten in seinem Werk und seiner Verkündigung erfüllt und genau darum in souveräner Bindung an sie darüber verfügen kann. Er lehrt seine Jünger (die im Verhältnis zu Jesus stehen wie Mose zu Gott, s.o. Anm. 489), das zu halten, was *er* ihnen gebietet. Und *er* ist es auch, der ihnen die Plätze in der Königsherrschaft Gottes zuweist, während Moses Auftrag an der Grenze des verheißenen Landes sein Ende findet. Die Hinweise auf Mose im Evangelium dienen darum vor allem dem einen Zweck, deutlich zu machen: Hier ist mehr als Mose.

---

[872] Die Zurückhaltung zeigt sich schon an der Verwendung des Namens: Während Markus acht und Lukas zehn Belege (Apg: 19mal) besitzt, kommt das Johannes-Evangelium sogar auf zwölf (dazu noch 8,5). Dagegen stehen sieben Belege bei Matthäus (8,4; 17,3f; 19,7f; 22,24; 23,2), von denen sich 19,7f; 22,4 und 23,2 gegen eine unzulässige oder problematische Berufung auf Mose wenden. Bis auf 23,2 entstammen alle übrigen Stellen dem Markus-Evangelium (mit teilweise typischen mt Eingriffen). Es darf auch nicht übersehen werden, dass in allen Evangelien die für die Mose-Propheten-Erwartung zentrale Stelle Dtn 18,15 nicht zitiert wird (das macht erst Lukas in Apg 3,22 und 7,37), wenngleich in der (seltenen und meist von außen kommenden) Bezeichnung προφήτης immerhin darauf angespielt sein kann (vgl. u.a. Mt 21,11.46; 16,14 „oder *einer* der Propheten" spricht allerdings gegen ein Verständnis, wonach Jesus für *den* Propheten zu halten sei). Dagegen ist die Identität von Jesus mit dem messianischen Davidssohn für die drei ersten Evangelisten nicht zweifelhaft und für David weist Matthäus die meisten Belege auf: 17 (davon sechs in der Genealogie und Geburtsgeschichte), Mk: 7; Lk: 13 (davon sieben in der Vorgeschichte und Genealogie). S. dazu unten § 12.

§ 10 Die Gerechtigkeit, die ins Himmelreich führt (Mt 5,20)

Dass Jesus mehr ist als Mose verdeutlicht unmissverständlich der zwischen 5,17–19 und 5,21ff vermittelnde Vers 20, in dem die Jünger als Jesu Gesandte ausdrücklich den Vertretern des geltenden Toraverständnisses in Gestalt der Schriftgelehrten und Pharisäer gegenübergestellt werden. Durch das einleitende λέγω γὰρ ὑμῖν weist V. 20 auf 5,18 (ἀμὴν γὰρ λέγω ὑμῖν) zurück, wobei zunächst offen bleiben kann, ob damit stärker ein Neueinsatz (dann wären die parallelen Einleitungen als Reihung zu verstehen) oder eine Verklammerung (inclusio; dann würde der Evangelist 5,18–20 als eine Einheit gewertet wissen wollen) zu sehen ist.

Formal fällt auf den ersten Blick auf, dass dieser Vers *keine* den Versen 17–19 vergleichbare parallele Satzstruktur hat, sondern ein eingliedriges prospektives Konditionalgefüge (vgl. GGNT §§ 280c.282) mit autoritativem Auftakt und einem die wörtliche Rede einleitenden ὅτι-recitativum (vgl. GGNT § 274b) darstellt. Die Apodosis verwendet mit οὐ μή in Verbindung mit dem Konjunktiv des Aorist die stärkstmögliche Verneinung der angekündigten zukünftigen Handlung (vgl. GGNT §§ 210f.247a) und gibt auch damit zu verstehen, dass die in der Apodosis genannte Bedingung als *erfüllbar* gedacht wird. Der Aorist dürfte am ehesten als effektiver Aorist zu bestimmen sein, bei dem „der Endpunkt, das Ziel eines meist zielgerichteten Geschehens ... im Vordergrund" steht (GGNT § 194j).

λέγω γὰρ ὑμῖν ὅτι
    ἐὰν μὴ περισσεύσῃ ὑμῶν ἡ δικαιοσύνη
        πλεῖον τῶν γραμματέων καὶ Φαρισαίων,
     οὐ μὴ εἰσέλθητε εἰς τὴν βασιλείαν τῶν οὐρανῶν.

Der Komparativ im Neutrum Singular πλεῖον (von πολύ) bildet einen adverbialen Akkusativ (GGNT § 157, vgl. BDR § 160,2) mit voller Satzgliedfunktion, eine im NT und der Koine selten gewordene Konstruktion, die nur noch in Form von Adjektiven im Neutrum (häufig in Form von Komparativen oder Superlativen [vgl. z.B. 1Kor 14,27]) gebraucht ist. Teilweise ersetzen sie einfach das Adverb (vgl. z.B. Mk 9,26). Daneben fungieren sie als Attribut oder wie im vorliegenden Fall als modale Umstandsangabe (modales Adverbiale, vgl. GGNT § 259f) für den *Prädikatsinhalt*. D.h. in Mt 5,20 antwortet die Angabe πλεῖον auf mögliche Fragen nach der Art und Weise (wie?) oder der Menge (wieviel?) des *Verbinhalts* (vgl. GGNT § 259b), d.h. die immer wieder zu lesende Wendung von der „besseren Gerechtigkeit" ist philologisch nicht exakt, gleichwohl als Abbreviatur fast unvermeidlich. Von πλεῖον abhängig ist der nachfolgende genitivus comparationis, d.h. das nachgestellte πλεῖον entspricht πλεῖον τῆς ... (vgl. GGNT § 138a).

Die den Jüngern *eignende* Gerechtigkeit (ὑμῶν betont vorangestellt) ist die Tür, die zur Basileia führt. Aber nur, wenn sie sich von der der Schriftgelehrten und Pharisäer unterscheidet, wenn es eine Gerechtigkeit ist, die überfließend „mehr" oder „reicher" strömt. Das bedeutet vordergründig zwar eine Anerkennung der Gerechtigkeit von Schriftgelehrten und Pharisäern.[873] Aber zugleich ist darin der Hinweis enthalten: Angesichts der mit Jesus gekommenen Basileia reicht diese 'alte' Gerechtigkeit nicht mehr aus, weil Jesus gekommen ist, um „alle Gerechtigkeit" (3,15) bzw. „Gesetz und Propheten" zu erfüllen (5,17). Die bisherige Gerechtigkeit ist für die, die seine Jünger sind oder es noch werden wollen (d.h. die mit zuhörenden ὄχλοι [vgl. 5,1]), nicht mehr ausreichend, d.h. *die perspektivische Wende*, die zwischen V. 18 und 19 zu erkennen ist (vgl. unten S. 447f), setzt sich hier fort, indem von der Erfüllung und den damit implizierten Veränderungen ausgegangen wird. Versucht man das Gefälle der Verse nachzuzeichnen, dann stellt V. 19 eine ganz konkrete Folgerung für die Jünger als Lehrende angesichts der Erfüllung der Schrift durch Jesus dar, während V. 20 wieder einen viel allgemeineren Charakter trägt und damit den Ton von V. 17 aufnimmt, ohne dass das Band mit V. 19 zerrissen wäre. Die Verse 17 und 18 fokussieren auf das Werk Jesu, die Verse 19 und 20 auf die Folgerungen, die sich daraus auf Seiten der Jünger ergeben. Damit markiert der Übergang von V. 18 auf V. 19 inhaltlich eine Wende, die auch bei der Auslegung von V. 20 zu berücksichtigen ist. Denn die hier benannte (und nur indirekt *geforderte*) Gerechtigkeit ist als Teil der neuen Wirklichkeit zu sehen, die durch Jesu Wirken bereits gegenwärtig ist.

1. Die überfließend-reiche Gerechtigkeit der Jünger

Subjekt der Protasis ist δικαιοσύνη, ein Begriff, den Matthäus bereits in 3,15; 5,6.10 gebrauchte, allerdings ohne Possessivpronomen. Aus 3,15 war deutlich geworden, dass die Erfüllung der „ganzen Gerechtigkeit" eine Aufgabe ist, die auf Jesus in besonderer (nur den Täufer einschließende) Weise ruht: οὕτως γὰρ πρέπον ἐστὶν ἡμῖν πληρῶσαι πᾶσαν δικαιοσύνην (s.o. § 4/2.). In der vierten Seligpreisung sind es die nach Gerechtigkeit Hungernden und Dürstenden, denen Sättigung verheißen ist (5,6), und in 5,10 sind es die um der Gerechtigkeit willen Verfolgten, denen die Zusage des Reiches

---

[873] Historisch verbirgt sich dahinter das Wissen, dass eines der Hauptanliegen der pharisäischen Bewegung das Streben nach Gerechtigkeit war, vgl. R. DEINES, Art. Pharisäer, TBLNT II², 2000, 1455–1468 (1461).

Gottes gilt. Wie in 5,20 begegnen auch in 5,10 die theologisch gewichtigen mt Vorzugswörter δικαιοσύνη und βασιλεία τῶν οὐρανῶν, und in beiden Fällen geht es um die Zugehörigkeit zur letzteren. Doch während sie in 5,10 zugesagt ist (αὐτῶν ἐστιν ἡ βασιλεία τῶν οὐρανῶν), wird sie in 5,20 konditioniert. Wie lässt sich diese Reihenfolge verstehen bzw. wie ist die Gerechtigkeit in 5,20 zu bestimmen, wenn beide Aussagen als Teil eines zusammengehörenden 'Webfadens' gelesen werden sollen? Dazu ist zu klären, was Matthäus an dieser Stelle mit περισσεύσῃ ... πλεῖον meint.

1.1 περισσεύειν als „eschatologisches Leitwort"[874]

Die Wortgruppe περισσ- ist im NT sehr häufig (87mal, auf sieben verschiedene Wortbildungen verteilt) und läßt sich nicht auf ein bestimmtes Corpus eingrenzen. Es überwiegt das Verb περισσεύειν mit 39 Belegen, davon fünf bei Matthäus (5,20; 13,12; 14,20; 15,37; 25,29), einer bei Markus (12,44), vier im Lukas-Evangelium (9,17; 12,15; 15,17; 21,4, dazu 1mal in Apg 16,5), und noch einmal zwei bei Johannes (6,12.13). Im Corpus Paulinum ist das Verb ebenfalls gut vertreten (2Kor 10mal; Phil 5mal; Röm, 1Kor u. 1Thess je 3mal, außerdem je einmal in Kol und Eph).

1.1.1 Der Sprachgebrauch im Matthäus-Evangelium

Die Verteilung lässt erkennen, dass unter den Evangelien Matthäus die meisten Belege aufweist und das Verb ansonsten als paulinische Vorzugsvokabel gelten kann, so dass hier eine Art gemeinsamer Vorliebe vorliegt, wenn auch bei Matthäus in weniger ausgeprägtem Maß.[875] Aber er bezeugt das Verb immerhin zweimal gegen seine synoptischen Parallelen, so in 13,12 (gegen Mk 4,25; Lk 8,18b) und 25,29 (gegen Lk 19,26), wo jeweils die Sentenz „wer hat, dem wird gegeben werden" (so Mk 4,25) in der erweiterten Form „wer hat, dem wird gegeben werden und er wird Überfluß haben"[876] überliefert wird. Dazu kommen die mt Eigentümlichkeiten bei den Speisungsgeschichten: Mt 14,20 bezeichnet die zwölf Körbe, die übrig blieben, nachdem alle gegessen hatten und satt geworden waren (καὶ ἔφαγον πάντες καὶ ἐχορτάσθησαν), als τὸ περισσεῦον („das Übrigseiende"[877]) im Unterschied zu Mk 6,43 πληρώματα („Füllung", „Inhalt"). Bei der nur in den

---

[874] So F. HAUCK, Art. περισσεύω κτλ., ThWNT VI, 1959, 58–63 (59).

[875] So auch G. SCHNEIDER, Art. περισσεύω, EWNT III², 1992, 180–183 (181).

[876] 13,12: ὅστις γὰρ ἔχει, δοθήσεται αὐτῷ καὶ περισσευθήσεται und dazu im antithetischen Parallelismus ὅστις δὲ οὐκ ἔχει, καὶ ὃ ἔχει ἀρθήσεται ἀπ' αὐτοῦ; 25,29: τῷ γὰρ ἔχοντι παντὶ δοθήσεται καὶ περισσευθήσεται, (...).

[877] Während Matthäus mit τὸ περισσεῦον substantiviertes *Präsens*partizip gebraucht, haben Lukas (9,17: τὸ περισσεῦσαν) und Johannes (6,12: τὰ περισσεύσαντα) jeweils das *Aorist*partizip.

beiden ersten Evangelien überlieferten Speisung der 4000 (Mk 8,1–10 par. Mt 15,32–38) verändert Matthäus das mk Nomen περισσεύματα (8,8) wiederum in das stammverwandte τὸ περισσεῦον (15,37). Matthäus gebraucht also das Wort überall da, wo es durch seine Tradition schon vorgegeben ist, und fügt es darüber hinaus zweimal ein, wo es in der Vorlage gefehlt zu haben scheint. Da 5,20 mt Sondergut ist, läßt sich über eine etwaige Tradition nichts aussagen, doch weist der Vers zahlreiche mt Eigentümlichkeiten auf, so dass zumindest die sprachliche Formung als Werk des Evangelisten unumstritten ist.[878]

Versucht man – ausgehend von dem Befund, dass Matthäus das Verb περισσεύειν offenbar sehr bewusst verwendet – in diesen redaktionellen Retuschen und den darauf Bezug nehmenden Formulierungen ein vom Evangelisten bewusst gewähltes 'Webmuster' zu erkennen, dann fällt zunächst die Verflechtung der Speisungsgeschichten mit der Seligpreisung über die nach Gerechtigkeit Hungernden und Dürstenden auf. Die verknüpfende Vokabel ist das bei Matthäus relativ seltene χορτάζειν, das nur in 5,6 und den beiden genannten Speisungsgeschichten vorkommt (14,20; 15,32.37 jeweils entsprechend der Markus-Parallele). Der Rückverweis mittels dieses Verbs auf die vierte Seligpreisung ermöglicht eine Theologisierung der Speisungsgeschichten, in denen sich zugleich das mt Verständnis des Verhältnisses der μαθηταί zu den ὄχλοι widerspiegelt. Jesus gibt seinen Jüngern das Brot, und sie geben es den zu ihm gekommenen Menschen (14,19: ἔδωκεν τοῖς μαθηταῖς τοὺς ἄρτους, οἱ δὲ μαθηταὶ τοῖς ὄχλοις). Während alle synoptischen Parallelen (bei Johannes teilt Jesus selbst das Brot an alle aus) für das Austeilen der Jünger ein zweites, verschiedenes Verb gebrauchen (Mk 6,41; 8,6; Lk 9,16 jeweils παρατίθεσθαι), das sehr präzise das Vorlegen bzw. Servieren von Speisen bezeichnet, formuliert Matthäus in beiden Fällen so, dass das für das Geben Jesu gebrauchte Verb (διδόναι) in dem Teilsatz, der das Handeln der Jünger beschreibt, zu ergänzen ist. Sie geben also von dem, was Jesus ihnen zuvor gegeben hat. Die Folge davon ist, dass am Ende τὸ

---

[878] Als redaktionell gelten weiterführendes γάρ, περισσεύειν sowie δικαιοσύνη, außerdem die Zusammenstellung von Schriftgelehrten und Pharisäern sowie die Wendung vom Eingehen ins Himmelreich (wie in 7,21; 18,3 negativ formuliert), mit anderen Worten: alles. Vgl. U. Luz, Mt I^{1–4} 230 m. Anm. 22/I^5 308 m. Anm. 26; P. Luomanen, Entering the Kingdom of Heaven 71.79 („at least verse 20 stems from Matthew's pen"), so u.a. auch R. Bultmann, Geschichte der synoptischen Tradition 147 (eine „von Matthäus gebildete Überschrift oder Einleitung zu 5,21–48"); W. Grundmann, Mt 151; G. Strecker, Bergpredigt 56; J. Gnilka, Mt I 142; P. Foster, Community 179–181; eine „Vorlage aus der Tradition", die Matthäus intensiv bearbeitet habe, halten u.a. I. Broer, Freiheit vom Gesetz 58; K. Syreeni, Making 174–176, immerhin für möglich, während R. A. Guelich, Sermon 171, darin ein stark bearbeitetes Jesuslogion sieht („It is plain that Matthew, using traditional motifs, has formulated in his own language one of the major thrusts of Jesus' ministry"), so auch R. Banks, Matthew's Understanding 241.

περισσεῦον übrig bleibt in Form von zwölf oder sieben gefüllten Brotkörben (d.h. die Reste symbolisieren jeweils eine Vollzahl).

Sollte das aber nicht als mt Illustration dessen gelesen werden, was in 13,10–17 ebenfalls den Jüngern (vgl. das οἱ μαθηταί in V. 10) in Bezug auf die *Unterweisung Jesu* zugesagt worden war? Sie sind die Habenden, denen gegeben wird, damit sie überreichlich haben (περισσευθήσεται, V. 12). Ihnen, den Jüngern, sind die Geheimnisse des Himmelreichs „gegeben" (δέδοται V. 11, „jenen aber sind sie nicht gegeben" [ἐκείνοις δὲ οὐ δέδοται]), darum wird ihnen auch zukünftig „gegeben werden" (δοθήσεται V. 12). Darum werden sie selig gepriesen, weil *ihre* Augen sehen und ihre Ohren hören (V. 17). Denn damit erleben sie die Erfüllung dessen, was ihre 'Vorläufer', die „Propheten und Gerechten" zu sehen und zu erleben begehrten, aber es (noch) nicht erlangten: ἀμὴν γὰρ λέγω ὑμῖν ὅτι πολλοὶ προφῆται καὶ δίκαιοι ἐπεθύμησαν ἰδεῖν ἃ βλέπετε καὶ οὐκ εἶδαν, καὶ ἀκοῦσαι ἃ ἀκούετε καὶ οὐκ ἤκουσαν (V. 17).

Verknüpft man diese Stellen, dann erscheinen die Jünger als die Repräsentanten jener, die sich nach der eschatologischen Gerechtigkeit sehnen, auf die schon die früheren Gerechten und Propheten hofften. In ihrer Beauftragung und Unterweisung durch Jesus ist ihr Sehnen gesättigt worden, sie haben die ersehnte Gerechtigkeit erlangt (darum können sie in 5,10 auch deswegen verfolgt werden), d.h. der Makarismus ist an ihnen in Erfüllung gegangen (darum die direkte Anwendung in 13,16: ὑμῶν δὲ μακάριοι ...). Und als solcherart Gesättigte ist ihnen die Aufgabe übertragen, das von Jesus gereichte Brot an die danach Verlangenden zu geben (vgl. διδόναι in 13,11.12; 14,19; 15,36), damit auch sie gesättigt werden. Die Aufforderung Jesu an seine Jünger zu Beginn der ersten Speisungsgeschichte δότε αὐτοῖς ὑμεῖς φαγεῖν (Mt 14,16 parr. Mk 6,37; Lk 9,13) wird für Matthäus letztlich darin erfüllt, dass sie weitergeben, was sie empfangen haben. Und damit ist, daran lässt der Rahmen von 4,19 und 28,18–20 (vgl. außerdem 9,35–38[879])

---

[879] Auch diese vier Verse sind von Matthäus einzigartig aus vorhandenen Vorlagen zu einem eindrucksvollen Gesamtauftrag für Jesus *und* seine Jünger komponiert worden: *V. 35* benennt die Lehre und Verkündigung Jesu mit den entscheidenden Stichworten διδάσκειν und κηρύσσειν τὸ εὐαγγέλιον τῆς βασιλείας, verbunden mit den Heilungen als Zeichen der angebrochenen Gottesherrschaft. *V. 36* benennt die Adressaten (οἱ ὄχλοι) und die Motivation Jesu (σπλαγχνίζεσθαι, als Movens für das Handeln Jesu auch in 15,32 par. Mk 8,2) angesichts ihrer verzweifelten Lage (ἦσαν ἐσκυλμένοι καὶ ἐρριμμένοι ὡσεὶ πρόβατα μὴ ἔχοντα ποιμένα; vgl. das ähnliche Bild in der Einleitung zur zweiten Speisungsgeschichte Mt 15,32: σπλαγχνίζομαι ἐπὶ τὸν ὄχλον, ὅτι ἤδη ἡμέραι τρεῖς προσμένουσίν μοι καὶ οὐκ ἔχουσιν τί φάγωσιν· καὶ ἀπολῦσαι αὐτοὺς νήστεις οὐ θέλω, μήποτε ἐκλυθῶσιν ἐν τῇ ὁδῷ); *V. 37* wendet sich Jesus mit seiner Situationsanalyse „an seine Jünger" (d.h. wieder entsteht das Bezugsgeflecht von Jesus-ὄχλος-μαθηταί), woraufin *V. 38* die Beauftragung an sie erfolgt (die zur Aussendungsrede in Kap. 10 überleitet). Abhängig von V. 35 (und 10,7f) ist der Jüngerauftrag wie bei Jesus selbst: (1.) lehren, (2.) das

keinen Zweifel, die Heilsbotschaft von der Königsherrschaft Gottes gemeint, die in Jesus Realität (d.h. von Jesus „erfüllt worden ist") ist.[880] Denn dass für Matthäus Brot nicht einfach Brot ist, sollte seinen Lesern spätestens seit 4,3f klar sein. Und ebenso, dass die ehemaligen Fischer vom See Genezaret als Menschenfischer die Menschen nicht in einem Netz zappeln lassen, sondern sie – wie früher mit leiblichen Nahrungsmitteln – nun mit geistlichen Gütern versorgen.[881]

Für περισσεύειν bei Matthäus (zunächst unter Außerachtlassung von Mt 5,20) lässt sich darum festhalten, dass das logische (nicht syntaktische) Subjekt des Verbums, also das, was übrig oder im Überfluss vorhanden ist, immer etwas ist, das sich dem Wirken und Geben Gottes verdankt (nämlich Einsicht in die Geheimnisse Gottes, Brot und eschatologischer Lohn) und das durch Jesus seinen Jüngern (und, wie in den Speisungsgeschichten, durch sie den Menschen) vermittelt wird.[882]

Evangelium vom Gottesreich verkündigen und (3.) die sichtbaren Zeichen der angebrochenen Gottesherrschaft vollbringen.

[880] Die Dringlichkeit dieser Aufgabe der Evangeliumsverkündigung steht dann auch hinter dem harten Urteil über den „bösen und faulen Sklaven" (25,26), der das anvertraute Gut weder für sich noch für andere Gewinn bringend (und d.h. heilsam) eingesetzt hat. Er ist das erzählte Beispiel eines Menschen, dessen Salz salzlos und dessen Licht wirkungslos bleibt, und dem darum das in 5,13 angedrohte Schicksal gilt (vgl. das in 5,13 und 25,30 vorkommende ἐκβάλλειν bzw. βάλλειν ἔξω). Ihm gegenüber steht der „gute und treue Sklave" (25,21.23), von dem gilt: τῷ γὰρ ἔχοντι παντὶ δοθήσεται καὶ περισσευθήσεται, τοῦ δὲ μὴ ἔχοντος καὶ ὃ ἔχει ἀρθήσεται ἀπ' αὐτοῦ.

[881] Dass der Mangel an Brot als eine Metapher für den „Mangel an Lehre" verstanden werden soll, hat jetzt M. KLINGHARDT, Boot und Brot. Zur Komposition von Mk 3,7–8,21, BThZ 19 (2002), 183–202 (194) für das Markus-Evangelium gezeigt (vgl. a. 198f).

[882] Daneben meidet Matthäus Texte, die περισσεύειν von menschlichem Besitz aussagen. Der einzige Beleg im Markus-Evangelium 12,44 par. Lk 21,4 ('Scherflein' der Witwe) fehlt bei ihm samt der ganzen Perikope, auch Lk 12,15 hat keine Parallele. Die obige Beschreibung gilt gleichwohl nur für das Verb, die übrigen Belege des Stammes περισσ- bei Matthäus sind eher allgemein quantifizierende Aussagen und zudem in der Regel von den Vorlagen abhängig: τὸ περίσσευμα (Überfluss, nur Mt 12,34 par. Lk 6,45; NT gesamt: 5mal); περισσός (reichlich, überflüssig, Mt 5,37.47 [SG]; NT gesamt: 6mal, dazu 17mal der Komparativ περισσότερος, im Matthäus-Evangelium nur 11,9 [für den Täufer als περισσότερον προφήτου – weil er die Schwelle zum Eschaton bildet?] u. in dem erst sekundär bezeugten Vers 23,14); außerdem das zum Adjektiv περισσός gehörende Adverb περισσῶς (heftig, sehr, nur Mt 27,23; NT gesamt 4mal), das im Komparativ περισσοτέρως (mehr, sehr) noch weitere 12mal vorkommt (nur Briefliteratur). Spuren mt Redaktion zeigt Mt 12,34 par. Lk 6,45, indem bei Matthäus περίσσευμα dem guten Herzen zugewiesen wird, d.h. im Unterschied zu Lukas besitzt nur der „gute Mensch" diesen Überfluss; in Mt 5,47 liegt darüber hinaus ein Rückverweis auf 5,20 vor, indem diese Jünger im Hinblick auf eine bloß reziproke Freundschaft fragt: καὶ ἐὰν ἀσπάσησθε τοὺς ἀδελφοὺς ὑμῶν μόνον, τί περισσὸν ποιεῖτε?

1.1.2 Der Sprachgebrauch von περισσεύειν bei Paulus

So gilt unter den Evangelisten für Matthäus in besonderer Weise, was vor allem im Hinblick auf den *paulinischen Gebrauch* formuliert wurde, nämlich dass „in περισσεύειν ein eschatologisches Leitwort" vorliegt.[883] Dieses wird von *Paulus* in einer doppelten Weise gebraucht, indem es zum einen „die Überfülle des angebrochenen Heils gegenüber der vorchristl. Zeit" beschreibt (besonders häufig in Verbindung mit χάρις, vgl. Röm 5,15.17.20; 2Kor 8,7; 9,8; Eph 1,8, aber auch, als Wunsch formuliert, mit ἀγαπή vgl. Phil 1,9; 1Thess 3,12), zum anderen aber auch die überströmend reichen Gaben, Kräfte und Dienste, die als „ein Kennzeichen der Heilszeit"[884] in den Gemeinden vorhanden sind (vgl. Röm 15,13; 1Kor 14,12).

1.) Ein eindrucksvoller Vers in dieser Hinsicht ist 1Kor 15,58:῞Ωστε, ἀδελφοί μου ἀγαπητοί, ἑδραῖοι γίνεσθε, ἀμετακίνητοι, περισσεύοντες ἐν τῷ ἔργῳ τοῦ κυρίου πάντοτε, εἰδότες ὅτι ὁ κόπος ὑμῶν οὐκ ἔστιν κενὸς ἐν κυρίῳ. Der Vers illustriert, dass für Paulus aus der Fülle der empfangenen Gaben nun auch ein überreiches Tätigsein im „Werk des Herrn" hervorgehen soll, womit nach Schrage „das Werk des Aufbaus der Gemeinde" gemeint ist[885], dessen herausragendes Kennzeichen „das Weitertragen der mutmachenden und von Todesangst befreienden Osterbotschaft" ist.[886]

2.) Formal noch näher bei Mt 5,20 stehen 1Thess 4,1.10: In 4,1 erinnert der Apostel die Gemeinde daran, dass sie alles empfangen hat, was sie braucht, um „Gott zu gefallen" und bestätigt ihr, dass sie so auch lebt. Das Ziel der Ermahnung (ἐρωτῶμεν ὑμᾶς καὶ παρακαλοῦμεν ἐν κυρίῳ ᾽Ιησοῦ) ist jedoch der zweite Finalsatz: ἵνα περισσεύητε μᾶλλον. Das komparative Adverb μᾶλλον hat dieselbe semantische Funktion wie πλεῖον in Mt 5,20, das angestrebte Ziel ist ein immer noch zunehmendes Leben in der von Gott bereits gegebenen Heilswirklichkeit. Es folgt, auffällig genug, wenn man an die »Antithesen« als Fortsetzung von Mt 5,20 denkt, eine paradigmatische Aufzählung von παραγγελίαι (die zum selben Wortfeld wie das vergleichbare mt ἐντολαί gehören), die Paulus auf Jesus zurückführt (4,2). Als Überbegriff (einleitend V. 3f und beim Übergang zum zweiten Abschnitt in V. 7 noch einmal) gebraucht Paulus ἁγιασμός.[887] Angesprochen werden die

---

[883] F. HAUCK, περισσεύω 59. Ablehnend dagegen, allerdings ohne hinreichende Begründung, P. FOSTER, Community 199f.

[884] F. HAUCK, περισσεύω 60.

[885] So W. SCHRAGE, 1Kor IV 385. Zum imperativischen Sinn des περισσεύειν s. ebd. Anm. 1933.

[886] W. SCHRAGE, 1Kor IV 420.

[887] 1Thess 4,3: Τοῦτο γάρ ἐστιν θέλημα τοῦ θεοῦ, ὁ ἁγιασμὸς ὑμῶν, vgl. Mt 7,21: Οὐ πᾶς ὁ λέγων μοι, κύριε κύριε, εἰσελεύσεται εἰς τὴν βασιλείαν τῶν οὐρανῶν, ἀλλ᾽ ὁ ποιῶν τὸ θέλημα τοῦ πατρός μου τοῦ ἐν τοῖς οὐρανοῖς.

Bereiche Ehe/Sexualität, der Umgang mit Geld und etwas davon abgerückt die geschwisterliche Gemeinschaft untereinander (4,3–9). Mit 4,10 endet die den innergemeindlichen Bereich betreffende Paränese, und hier wiederholt Paulus noch einmal seine Eingangsformulierung παρακαλοῦμεν δὲ ὑμᾶς, ἀδελφοί, περισσεύειν μᾶλλον, ehe er dann in V. 11+12 ein angemessenes und zeugnishaftes Verhalten gegenüber der nichtglaubenden Welt anmahnt. Traugott Holtz stellt diesen Abschnitt in seinem Kommentar unter die Überschrift: „Das Leben unter dem Anspruch des Gotteswillens".[888] Es ist also das überreiche Leben aus dem und durch das Evangelium, dem auf Seiten der Christen ein durch περισσεύειν geprägtes ethisches Verhalten entsprechen soll.

3.) Klassisch formuliert ist diese Entsprechung in 2Kor 8,7 (nachdem schon in 2Kor 8,2 die Wurzel περισσ- je einmal auf göttliches und entsprechendes menschliches Handeln angewandt ist): ἀλλ' ὥσπερ ἐν παντὶ περισσεύετε, πίστει καὶ λόγῳ καὶ γνώσει καὶ πάσῃ σπουδῇ καὶ τῇ ἐξ ἡμῶν ἐν ὑμῖν ἀγάπῃ, ἵνα καὶ ἐν ταύτῃ τῇ χάριτι περισσεύητε. Der geschenkte Überfluss soll in einen tätigen, helfenden Überfluss münden. Auch in 2Kor 9,8 ist das Überfließen der göttlichen Gnade die Voraussetzung dafür, dass nun auch die Korinther zu „jedem guten Werk reich sind" (περισσεύητε εἰς πᾶν ἔργον ἀγαθόν). Nach Klauck ist das „große Geschenk Gottes … Ermöglichungsgrund für die Tat, nimmt dazu aber auch in Pflicht"[889], was Paulus mit einem Schriftzitat aus Ps 112,9 bekräftigt (ἐσκόρπισεν, ἔδωκεν τοῖς πένησιν, ἡ δικαιοσύνη αὐτοῦ μένει εἰς τὸν αἰῶνα), das noch einmal unterstreicht: Die durch Gottes Überfluss ermöglichte menschliche Tat (vgl. 9,11) ist es, die des Menschen Gerechtigkeit bestehen lässt.[890] Und sie führt dazu, dass Gott gepriesen wird (V. 11f, vgl. schon 4,15), d.h. das von Mt 5,16 her bekannte Motiv ist auch hier zu finden. Dass Paulus bei dem Psalmzitat nicht nur den ersten Teil (der durch σκορπίζειν an das in V. 6 zitierte Sprichwort anknüpft) betonen wollte, sondern ihm gerade an der Verbindung der *beiden* Vershälften lag, zeigt die Wiederaufnahme der Gerechtigkeitsthematik in V. 10: Die Saat der Korinther wird von Gott gewährt und vermehrt und so „lässt er die Früchte eurer Gerechtigkeit wachsen" (καὶ αὐξήσει τὰ γενήματα τῆς δικαιοσύνης ὑμῶν).

4.) Noch auf eine weitere Stelle in demselben Brief ist in diesem Zusammenhang hinzuweisen: In 2Kor 3,9 ist im Rahmen des Vergleichs zwischen dem Gesetz vom Sinai (der Mose-Tora) und dem Evangelium von Jesus

---

[888] 1Thess 149.

[889] H.-J. KLAUCK, 2Kor 74.

[890] Hier ist sicher nicht die „Gerechtigkeit Gottes" gemeint, vgl. CH. WOLFF, 2Kor 186 m. Anm. 160, wo er die Vertreter der abgelehnten Position nennt; H.-J. KLAUCK, 2Kor 74.

Christus[891] die διακονία τῆς δικαιοσύνης das Subjekt von περισσεύειν. In V. 6 hatte sich Paulus (zusammen mit den anderen Aposteln[892]) als διάκονος der καινὴ διαθήκη bezeichnet und diesem Amt, weil es zum Leben führt, eine größere Herrlichkeit als dem des Mose (V. 7–9) zugeschrieben. Der διακονία τῆς δικαιοσύνης antithetisch gegenüber steht die (mosaische) διακονία τῆς κατακρίσεως, da die Tora nach Paulus „zu keinem anderen Zweck von Gott gegeben ist als dem, das richterliche Urteil Gottes über den Sünder auszusprechen"[893]. Das „Amt der Gerechtigkeit" dagegen ist die wirksame Verkündigung der heilschaffenden, rettenden, erlösenden Gerechtigkeit Gottes, deren Reichtum überfließend mehr ist als die Verurteilung (vgl. Röm 5,18–21 und 2Kor 5,18f: der διακονία τῆς καταλλαγῆς entspricht der λόγος τῆς καταλλαγῆς). Das Ziel dieses Versöhnungshandelns Gottes ist, dass Menschen „durch ihn (= Jesus) zur Gerechtigkeit Gottes" werden, d.h. „ein neues Sein in Gerechtigkeit"[894] zugeeignet erhalten, die im eschatologischen Gericht rettet und deren Früchte die Gegenwart der Gläubigen bestimmen. Dazu noch einmal Hofius:

„Die Befreiung von dem Todesurteil der Tora ist vielmehr zugleich und in einem die Befreiung zu jenem neuen, vom Geist Gottes bestimmten Leben, in dem gemäß der Verheißung von Ez 36,26f. der heilige Gotteswille allererst seine Erfüllung finden kann und findet."[895]

Der Begriff der Gerechtigkeit kann dabei von Paulus, das zeigt gerade der zweite Korintherbrief mit den genannten Stellen sehr deutlich, beide Aspekte des neuen Seins umgreifen: das allein von Gott gewährte Heil *und* das darin geschenkte neue Handeln.[896] Zu diesem Handeln gehört in besonderer und betonter Weise die Verkündigung des Evangeliums (2Kor 3,9, vgl. 1Kor 15,58). Das reichlich überfließende Maß, das dem neuen Handeln eignet, ist, auf charakteristische Weise durch περισσεύειν markiert, weil eben dadurch auch das Übermaß der erfahrenen Gnade bezeichnet ist.

---

[891] Zur Analyse dieses schwierigen Textes vgl. grundlegend O. HOFIUS, Gesetz und Evangelium nach 2. Korinther 3, in: DERS., Paulusstudien, WUNT I/51, Tübingen ²1994, 75–120, zur inhaltlichen Bestimmung von παλαιὰ διαθήκη und καινὴ διαθήκη s. ebd. 75–78, zu 2Kor 9,8 s. ebd. 108.112.

[892] Anders O. HOFIUS, Gesetz 77 Anm. 16: ἡμᾶς ist »apostolischer Plural«.

[893] O. HOFIUS, Gesetz 84, vgl. 118. Zur alttestamentlichen Begründung vgl. H. GESE, Das Gesetz, in: DERS., Zur biblischen Theologie (s.o. Anm. 766), 55–84 (83 mit Verweis auf Röm 3,20; Gal 3,23f).

[894] P. STUHLMACHER, Theologie I 195, vgl. 319.

[895] Gesetz 120, unter Verweis auf 2Kor 5,14f.

[896] Vgl. dazu Röm 6,18–20: Aus der Knechtschaft der Sünde wird eine solche für die Gerechtigkeit, indem die Glieder „als Waffen der Gerechtigkeit für Gott" (6,13) bzw. als „Diener für die Gerechtigkeit zur Heiligung" bereitstehen. So werden aus den Sklaven der Sünde die Freien für die Gerechtigkeit (ὅτε γὰρ δοῦλοι ἦτε τῆς ἁμαρτίας, ἐλεύθεροι ἦτε τῇ δικαιοσύνῃ [6,20]). Auch 1Joh 2,29; 3,2 bezeugt diese Dialektik.

Aber gilt dies nun auch für Mt 5,20? Bevor dieser Frage nachgegangen werden soll, ist es nötig, zunächst noch den zu περισσεύειν gehörenden Akkusativ πλεῖον zu klären.

1.1.3 Der zu περισσεύειν gehörende Komparativ πλεῖον

Der Positiv πολύς wird von Mt 62mal gebraucht (im NT insgesamt 418mal, bei Mk 61, bei Lk 60 und bei Joh 41mal), davon 7mal im Komparativ und 2mal im Superlativ. Der *Komparativ* bedeutet dreimal eine numerisch größere Menge (20,10; 21,36; 26,53) ohne theologisches Gewicht. In 12,41f wird damit jedoch die besondere Bedeutung von Jesus ausgedrückt: „Siehe, hier ist *mehr* als Jona" (ἰδοὺ πλεῖον Ἰωνᾶ ὧδε) bzw. „Salomo" (ἰδοὺ πλεῖον Σολομῶνος ὧδε). Schon in 12,6 hieß es: Mit Jesus ist Größeres als der Tempel[kult] *da* (τοῦ ἱεροῦ μεῖζόν ἐστιν ὧδε), was dann auch Konsequenzen für den Geltungsbereich bestimmter Gebote besitzt.

Welches theologische Gewicht der verbleibenden Stelle 6,25 (οὐχὶ ἡ ψυχὴ πλεῖόν ἐστιν τῆς τροφῆς καὶ τὸ σῶμα τοῦ ἐνδύματος;) eignet, ist weniger deutlich. Das Textgeflecht von 6,25(–34)[897] läuft auf 6,33 zu, der letzten δικαιοσύνη-Aussage in der Bergpredigt. In 6,25 erinnert Jesus seine Zuhörer daran, daß die ψυχή eines Menschen „mehr" ist als die Speise, und der Leib mehr als die Kleidung. Die nachfolgenden Verse erläutern dies, wobei das Motiv von Essen und Trinken bzw. Kleidung immer wieder *pars pro toto* für die menschlichen Grundbedürfnisse genannt wird (V. 26–31, vgl. 6,11). Zweimal werden die angeredeten Jüngern (vgl. das den ganzen Abschnitt durchziehende, betonte Personalpronomen der 2. Person Plural[898]) mit einer komparativischen Wendung auf ihren Mehrwert gegenüber den Vögeln des Himmels (V. 26: οὐχ ὑμεῖς μᾶλλον διαφέρετε αὐτῶν;) und dem Gras auf dem Feld (V. 30: οὐ πολλῷ μᾶλλον ὑμᾶς hier bezeichnenderweise mit der Jünger-Anrede ὀλιγόπιστοι) angesprochen. Es geht dabei zwar um den 'Mehrwert' des Menschen allgemein, aber in besonderer Weise sind es eben doch die Nachfolger Jesu, denen diese Zusagen gelten. Ihnen wird Mut gemacht, den Horizont des Lebens über die bloß kreatürliche Existenzsicherung hinauszuspannen. Indem Jesus so seine Jünger von der Sorge um Nahrung und Kleidung befreit, weist er dieser Freiheit des Glaubens (darum sind die, die noch sorgen „Kleingläubige") zugleich ein Ziel zu, an dem sie sich bewähren soll: ζητεῖτε δὲ πρῶτον τὴν βασιλείαν [τοῦ θεοῦ][899] καὶ τὴν δικαιοσύνην αὐτοῦ, καὶ ταῦτα πάντα προστεθήσεται ὑμῖν. Was den

---

[897] Par. Lk 12,22–33: Die beiden Fassungen sind weitgehend parallel, lediglich die jeweiligen Schlussverse variieren stark.

[898] Insgesamt 9mal in den Versen 25–34, das letzte Mal in 6,33: ταῦτα πάντα προστεθήσεται ὑμῖν. Dazu kommt 16mal eine deklinierte Verbform der 2. Person Plural.

[899] Zur Textkritik s.o. § 3 Anm. 47.

Jüngern damit abverlangt wird, sind *keine besonderen Frömmigkeitsleistungen*, sondern entsprechend dem Duktus der Bergpredigt eine *verkündigende Existenzweise*, die in Wort und Tat an der Königsherrschaft Gottes und der in ihr geltenden Gerechtigkeit ausgerichtet ist.

Es ergibt sich also, dass für Matthäus nicht nur die Superlativ-Formen (s.o. § 9/3.2.6 zu ἐλάχιστος) christologischen Verweischarakter besitzen, sondern auch – wenngleich weniger deutlich – die Komparative eine solche Funktion einnehmen können. Das bestätigt die folgende Übersicht:

In den Kapiteln vor der Bergpredigt begegnet ein einziger Komparativ[900], der Jesus im Mund des Täufers als „Stärkeren" bezeichnet (3,11: ὁ δὲ ὀπίσω μου ἐρχόμενος ἰσχυρότερός μού ἐστιν parr. Mk 1,7; Lk 3,16). In der Bergpredigt selbst taucht der Komparativ nach 5,20 (SG) erst wieder in 6,25 auf, wo die beiden *Qal wa-chomer*-Schlüsse 6,26.30 mit ihm verbunden sind (Q).[901] Der letzte Komparativ der Bergpredigt findet sich – wiederum als *Qal wa-chomer*-Steigerungsaussage – in 7,11 (εἰ οὖν ὑμεῖς ... οἴδατε δόματα ἀγαθὰ διδόναι τοῖς τέκνοις ὑμῶν, πόσῳ μᾶλλον ὁ πατὴρ ὑμῶν ... par. Lk 11,13) und bezeichnet das 'Mehr' an Gutem des himmlischen Vaters gegenüber irdischen Vätern (wobei dieses 'Mehr' dann wiederum das Maß vorgibt, an dem sich die Jünger orientieren sollen, vgl. 7,12)[902]. In der Fassung des Lukas wird dieses 'Mehr' mit dem Heiligen Geist identifiziert.

Die mt Verwendung von μᾶλλον ergibt zwar kein völlig einheitliches Bild[903], aber es ist deutlich, dass die Mehrzahl der Belege unmittelbar mit den Jüngern und ihrem Verhältnis zu Jesus (10,25) bzw. mit ihrer missionarischen Existenz in Verbindung steht (10,6.28; 18,13; als warnendes Beispiel, dieses 'Mehr' zu versäumen, kann 25,9 gelesen werden[904]). Dass

---

[900] Abgesehen von dem aus einer Komparativform gebildeten Adverb κατωτέρω in 2,16, das hier temporale Bedeutung hat.

[901] Mt 6,26: οὐχ ὑμεῖς μᾶλλον διαφέρετε αὐτῶν; (par. Lk 12,24); 6,30: εἰ δὲ τὸν χόρτον τοῦ ἀγροῦ ... ὁ θεὸς οὕτως ἀμφιέννυσιν, οὐ πολλῷ μᾶλλον ὑμᾶς, ὀλιγόπιστοι (par. Lk 12,28). Justin, der Mt 6,26 par. in einer leicht veränderten Fassung zitiert (1Apol. 15,14), lässt μᾶλλον weg u. verrät damit, dass ihm diese 'komparativische' Theologie fremd ist.

[902] Zum Verständnis von 7,12 als Ausführungsbestimmung von 7,11 s.o. Anm. 414.

[903] Matthäus verwendet μᾶλλον nachfolgend noch 6mal, davon syntaktisch als Adverb in 10,6 (Jüngerbeauftragung, sie sollen „primär" zu den verlorenen Schafen des Hauses Israel gehen [SG]); 10,28 (im adversativen Sinn: „fürchtet *vielmehr* ...", in der Parallele Lk 12,5 fehlt μᾶλλον); 18,13 (über die gesteigerte Freude angesichts des verlorenen u. wiedergefundenen Schafes; umformuliert gegenüber Lk 15,5.7, wo μᾶλλον fehlt); 25,9 („Geht besser zu den Händlern ..." als Aufforderung an die Jungfrauen, die kein Öl mitgenommen haben). In 10,25 ist das Verhältnis der Jünger zu Jesus in Form eines *Qal wa-chomer*-Vergleichs gestaltet: „Wenn sie den Hausherrn als Beelzebul bezeichnet haben, wieviel mehr (πόσῳ μᾶλλον) seine Hausgenossen", d.h. die Jünger. Als Adjektiv nur einmal in 27,24 (Pilatus fürchtet einen „größeren Aufstand"). Aus der Mk-Vorlage fehlen bei Matthäus 5,26; 7,36; 15,11; in Mk 10,48 par. Lk 18,39 (die Heilung des Blinden in Jericho) ersetzt Matthäus πολλῷ μᾶλλον (wohl weil er es durchgängig als *Qal wa-chomer*-Einleitung gebraucht, während ein solcher bei Markus nicht vorliegt) durch μεῖζον. In Mk 9,42 par. Mt 18,6 vermeidet der erste Evangelist (bewusst?) die Übernahme von μᾶλλον aus einer Gerichtsaussage. Von den insgesamt fünf lk Belegen hat lediglich 5,15 keine Entsprechung bei Matthäus.

[904] Vgl. dazu TH. ZAHN, Mt 681, der den Bezug dieses Gleichnisses zu Mt 7,22–27 herstellt: Es geht nicht um zu wenig Öl, sondern darum, dass sie von Anfang an keines hatten

darüber hinaus der Komparativ der Verhältnisbestimmung von altem und neuem Äon bzw. der Rangordnung innerhalb desselben dient, geht aus einer Reihe weiterer Stellen hervor (11,9; 12,6.41bis; 13,32 [vgl. a. 19,24] bzw. 18,1.4; 23,11). Dazu kommen die eschatologischen Gerichtsansagen, in denen diejenigen, die sich Jesu Anspruch verweigerten, ebenfalls mit einer komparativisch formulierten Strafankündigung konfrontiert werden (8,12; 10,15; 11,22.24; 22,13; 25,30; vgl. a. 12,45; 23,15).

Auffällig, aber gut zu erklären ist die Verwendung des Komparativs in der Auseinandersetzung mit den Pharisäern, wie sie in 5,20 vorliegt (vgl. ferner 12,6.41; 23,17.19.23, vgl. 23,15; 9,5). Denn die Pharisäer sind es in besonderer Weise, die von ihrem eigenen Anspruch her dazu berufen wären, das reichlichere Maß der eschatologischen Gerechtigkeit zu erkennen und ihm zu folgen.[905] Dass darum gerade in 5,20 der Vergleich mit den Schriftgelehrten und Pharisäern vorgenommen wird, zeigt erneut, wie vertraut Matthäus mit der pharisäischen Theologie ist und gerade *in Auseinandersetzung mit ihr* seinen Entwurf der neuen, eschatologischen Jesus-Gerechtigkeit formuliert.[906] Sie allein ist es, die den Weg in die Gottesherrschaft eröffnet, und gerade darin ist sie *von jetzt an* (d.h. nach dem in 5,17 beschriebenen Geschehen, in Übereinstimmung mit 11,12f) der pharisäischen Gerechtigkeit kategorial überlegen.

Es geht in dieser Auseinandersetzung mit dem Pharisäismus für Matthäus darum nicht um ein *Mehr oder Weniger* in Bezug auf die Erfüllung des Gesetzes, sondern um ein radikales Entweder-Oder. Für die Jünger, und nur sie sind hier direkt angesprochen, gilt, dass allein die Fülle der eschatolo-

---

und darum zu keiner Zeit hoffen konnten, dass ihre Lampen brennen würden, wenn der Bräutigam kommt. Dies erklärt auch das abweisende Wort in 25,12, das an 7,23 erinnert.

[905] Josephus charakterisiert in Bell 1,110 die pharisäische Frömmigkeit durch zwei Komparative: Sie wollen „frömmer sein als die anderen" (εὐσεβέστερον εἶναι τῶν ἄλλων) und „die Gebote genauer einhalten" (τοὺς νόμους ἀκριβέστερον ἀφηγεῖσθαι). S. MASON schreibt dazu: „With the two comparative adjectives we reach the heart of Josephus's first definition of the Pharisees" (Flavius Josephus on the Pharisees 85). Auch Paulus beschreibt seine Karriere als Pharisäerschüler in komparativischer Weise (Gal 1,14): καὶ προέκοπτον ἐν τῷ Ἰουδαϊσμῷ ὑπὲρ πολλοὺς συνηλικιώτας ἐν τῷ γένει μου, περισσοτέρως ζηλωτὴς ὑπάρχων τῶν πατρικῶν μου παραδόσεων.

[906] Nach meinem Bild des Pharisäismus bildet diese innerjüdische Reformbewegung die maßgebliche religiöse Kraft in Palästina während des ganzen 1. Jahrhunderts, d.h. während der Wirksamkeit Jesu, nicht weniger als zur Zeit der Transformation ins Rabbinat nach der Tempelzerstörung zur Zeit des Evangelisten Matthäus. Darüber hinaus bin ich der Meinung, dass die Schriftgelehrsamkeit ein zwar nicht exklusiv pharisäisches Phänomen darstellt, aber gleichwohl ein charakteristisches, so dass ich, im Gegensatz zu vielen, die mt Zusammenstellung von Pharisäern und Schriftgelehrten nicht für anachronistisch, sondern für *sachgemäß* halte. Dass Matthäus in der Schilderung der Gegner Jesu Typisierungen und Schematisierungen vornimmt, widerspricht dieser Auffassung nicht, sondern spiegelt den Stand der Auseinandersetzung zur Zeit des Evangelisten wider. Auf eine eingehende Begründung meines Pharisäerbildes verzichte ich an dieser Stelle und verweise statt dessen auf meine einschlägigen Arbeiten (s. Lit.verz.).

gischen Gerechtigkeit, die Jesus ermöglicht, den Eingang in die Basileia gewährt. Dass diese Gerechtigkeit in ihrem umfassenden *Geltungsanspruch* (vgl. 5,48) in nichts hinter der Tora in ihrer bisherigen, vor allem (aber nicht ausschließlich) von den Pharisäern und ihren Schriftgelehrten vertretenen Auslegung zurücksteht, macht der Evangelist mit den nachfolgenden »Antithesen« und ab 6,2ff anhand der klassischen jüdischen Frömmigkeitsformen (Mildtätigkeit, Fasten, Gebet) deutlich. Denn der Maßstab ist nichts weniger als die Vollkommenheit Gottes (5,48), die sich aber gerade darin erweist, dass er „seine Sonne aufgehen lässt über Bösen und Guten und es regnen lässt über Gerechte und Ungerechte" (5,45), d.h. Gottes Vollkommenheit ist, dass sie auf Ausgrenzungen des Bösen nicht nur verzichten kann, sondern diesen so sehr liebt, dass sie selbst dem Feind die Teilhabe an seiner Herrschaft ermöglichen will.[907]

2. Die eschatologische Qualifizierung der Gerechtigkeit in Mt 5,20

Dass Matthäus mit πλεῖον περισσεύειν eine eschatologische Qualifizierung der Jünger-Gerechtigkeit beabsichtigt, ist keine neue Einsicht. Problematisch ist allerdings, dass damit häufig keine *qualitative* Veränderung im Gerechtigkeitsbegriff verbunden wird, sondern lediglich eine *quantitative*. Die scheinbar naheliegende und weitverbreitete Position formuliert Friedrich Hauck:

„Auch Mt 5,20 hat eschatologischen Bezug. Das Rechtsverhalten, das für die Teilnahme am Reich Gottes gefordert ist, muß weit überschießen über die Höchstleistungen der Altzeit, wie sie von den Virtuosen der Frömmigkeit, den Pharisäern und Schriftgelehrten, geboten wurden."[908]

---

[907] Es ist also in der Tat so, dass die »Antithesen« beschreiben, was mit der reicher fließenden Gerechtigkeit gemeint ist, die Jesus seinen Jüngern als Kennzeichen des gegenwärtigen Reiches Gottes abverlangt. Und es ist ebenfalls richtig, dass die Tora in ihrer bisherigen Weise dazu nicht ausreicht. Ich meine aber, dass die Gerechtigkeitsanweisungen Jesu nicht *gegen* die Tora als solche gerichtet sind, sondern gegen ihre bisherige Funktion, die vereinfachend als *trennend* bezeichnet werden kann: Sie lehrte nach Gottes Willen die Unterscheidung von heilig und profan, rein und unrein, gerecht und ungerecht. Die Wirklichkeit des Reiches Gottes aber ist *nun* (nicht schon früher, weshalb die Gerechtigkeit der Pharisäer als eine bisher berechtigte angesehen werden kann) charakterisiert durch die Überwindung dieser Trennung. Wie dies geschehen soll und kann, lehrt Mt 5,21ff. Vgl. dazu auch A. WOUTERS, „... wer den Willen meines Vaters tut" 228–248, der in seiner Untersuchung über die Gerechtigkeit in den »Antithesen« erstere so bestimmt sieht, „dass die Hinwendung zum anderen Menschen uneingeschränkt geübt werden soll, weil Gott selbst sich uneingeschränkt den Menschen zuneigt" (248). So jetzt auch F. VOUGA, Der Gott des Tausches 51–53, wenngleich die Terminologie des „Tausches" dem gemeinten Sachverhalt m.E. nicht angemessen ist.

[908] περισσεύω 59. So u.a. G. STRECKER, Weg 142; U. LUZ, Mt I[1–4] 240f/I[5] 319f: „Die bessere Gerechtigkeit der Jünger bedeutet also, von V 17–19 her gelesen, mindestens auch

Die „Fülle … der Heilszeit" ist demnach nur im geforderten „neuen Hoch-
maß" gegenwärtig (ebd.), dessen Bilanz im religiösen Leistungswettkampf zu
präsentieren ist. *Forderung* und *Leistung* also als Kennzeichen der Botschaft
des Bergpredigers? Liest man die Kommentare, dann ist zwar zu beobachten,
dass die Vorstellung einer bloß quantitativen Steigerung des Gehorsams gegenüber den Geboten zurückgewiesen wird, wenngleich das in περισσεύειν
anklingende „quantitative Mehr" immer wieder betont wird.[909] Einer der
wenigen, der daneben auch das eschatologische 'Mehr' zu formulieren
versuchte, ist Eduard Schweizer, dessen Auslegung auf der Grenze zwischen
nomistischem und heilsgeschichtlichem Typus steht:

> „Die Zusammenfassung [= Mt 5,20] fordert von den Jüngern Jesu ein Mehr gegenüber den
> Pharisäern, was nicht meint, daß sie eine noch größere Anzahl von Geboten und Verboten
> übernehmen sollten – … –, sondern daß sie auf eine neue, weit mehr umfassende
> Gerechtigkeit ausgerichtet sein müssen."[910]

Dieses 'Mehr', das nach Schweizer von den Jüngern erwartet wird, ist „jene
kräftige, leuchtende, weithin sichtbare Jüngerschaft, von der V.13–16 sprechen. Sie sollen die ‚Eichen der Gerechtigkeit' sein, von denen Jes. 61,3
spricht, weil Gottes Gerechtigkeit in ihnen zur Macht geworden ist und durch
sie in die Welt hinausdringt." Hier ist richtig gesehen, dass das Ziel von V. 20
die missionarische Existenz der Jünger ist, d.h. ein Dasein als Licht und Salz
für die Welt, das die Menschen mit der Wirklichkeit der Gottesherrschaft so
konfrontiert, dass sie den Vater im Himmel preisen (5,16). Dass dies möglich
ist, verdanken die Jünger nach Schweizer der Tat Gottes, die „nach Matthäus
Jesus" heißt (ebd.): Gottes Willen geschieht also für Matthäus da, wo
Menschen in Übereinstimmung mit der ganzen von Jesus erfüllten Gerechtigkeit, die als „Gottes Gerechtigkeit in ihnen zur Macht" geworden ist, nun
ihrerseits nach seinen ἐντολαί leben und darin die ihnen widerfahrene
Ermöglichung *ihrer* Gerechtigkeit für andere erweisen. „Eure Gerechtigkeit",
bezogen auf die Jünger, bedeutet darum im Grunde genommen nichts anderes

---

ein quantitatives Mehr an Toraerfüllung"; P. FOSTER, Community, der von „quantitative
superiority" spricht (199f, s.a. 208f).

[909] G. STRECKER, Bergpredigt 63, vgl. H. GIESEN, Handeln 137, mit weiteren Vertretern
in Anm. 325; DAVIES/ALLISON, Mt I 500: „The greater righteousness is a doing more. It is
therefore a quantitative advance. Yet this is not to deny that, in Matthew's eyes, there is also a
qualitative advance"; A. WOUTERS, „… wer den Willen meines Vaters tut" 47–50; vorsichtig
abwägend zugunsten der qualitativen Bedeutung H. FRANKEMÖLLE, Mt I 221; dezidiert
betont dagegen M. VAHRENHORST ein ausschließlich qualitatives Mehr, wenn er in V. 20 die
„Parole »mehr Gerechtigkeit«" ausgegeben sieht (»Ihr sollt überhaupt nicht schwören« 247)
und ausdrücklich bemerkt: „einen qualitativen Unterschied im Ansatz sieht Matthäus offenbar
nicht" und darum von einem Wettbewerb auf der gemeinsamen Grundlage der Tora ausgeht
(248).

[910] Mt 65.

als die die Existenz nach innen (besser vielleicht: nach oben) und außen prägende Übereinstimmung mit dem Willen Gottes.[911]

Der Vergleichspunkt dabei ist die Gerechtigkeit der Schriftgelehrten und Pharisäer, die darum nicht zum Ziel führt, weil sie Gottes „Tat" in Jesus gerade *nicht* anerkennt. Damit erweisen die Pharisäer ihre Gerechtigkeit als „Heuchelei" (weniger in der mangelnden Übereinstimmung von Sagen und Tun, obwohl auch dies für Matthäus als Außenseite eine Rolle spielt) oder, um es paulinisch auszudrücken, als „eigene Gerechtigkeit" (Röm 10,3, vgl. 9,31), weil sie *Gottes Reden in Jesus* nicht gehorchen und die Zeichen der Zeit nicht zu deuten wissen. Sie wissen zwar, dass der Messias in Betlehem geboren werden wird (Mt 2,4–6), aber sie glauben nicht (vgl. 21,30f), dass Jesus es *ist*. Und indem sie auf einen anderen warten, gleichen sie denen, die Paulus in Röm 10,6f unter Aufnahme von Dtn 30,12–14 als Himmelsstürmer und Höllenforscher beschreibt: Sie hören nicht das nahe Wort[912], nicht auf den gekommenen Messias, sondern verharren in ihrem eigenen Streben nach dem Tun des Gottgefälligen (vgl. das ζητεῖν in Röm 10,3 mit dem in Mt 6,33). Wie für Paulus (vgl. die Nennung Moses in 10,5) ist auch für Matthäus das Haupthindernis der Schriftgelehrten und Pharisäer ihr Verständnis von Mose bzw. der Tora und damit verbunden ihr Missverständnis Jesu. Sie verkennen, dass mit ihm nicht weniger, sondern mehr gekommen ist, nämlich die Erfüllung[913] von Gesetz und Propheten. Dass Erfüllung nicht die Abrogation der Tora ist, zeigen Matthäus und Paulus dabei je auf ihre Weise.

---

[911] Genauso gebraucht Matthäus das Adjektiv δίκαιος, vgl. oben zu Mt 1,19.

[912] Vgl. a. die Kritik in 23,14f an der weit entfernten Proselytenwerbung bei gleichzeitiger Verschließung vor dem Anreden Gottes. Interessant ist in diesem Zusammenhang die rabbinische Verwendung von Dtn 30,12 in bBM 59b im Kontext einer halachischen Auseinandersetzung: Selbst Gott griff mittels einer Himmelsstimme in die Debatte ein, doch wurde seine Parteinahme mit dem Hinweis auf Dtn 30,12 abgewiesen: Die Tora ist nicht im Himmel, sondern in den Händen der Gelehrten, die nach Mehrheit entscheiden. KLAUS MÜLLER weist auf die fundamentale Bedeutung des damit ausgedrückten Toraverständnisses hin: „Hier noch auf andere Stimmen hören zu wollen, bedeutete ein Antasten des Offenbarungsgeschehens am Sinai und manifeste Untreue gegenüber Gottes Toragabe. ‚Sie ist nicht im Himmel' ist *die* Maxime rabbinischer Religiosität. Wenn nicht im Himmel, dann in Händen der Mehrheit im rabbinischen Lehrhaus!" (Diakonie 254). Eine so geprägte Toralogie ist mit dem neutestamentlichen Zeugnis – auch dem des Matthäus – von Jesus, der nicht auf Mehrheitsentschlüsse, sondern auf die Vollmacht des Sohnes setzte, nicht vereinbar.

[913] M.E. ist dieser Gedanke auch in τέλος in Röm 10,4 enthalten, vgl. dazu den Überblick über die verschiedene Deutung bei G. S. OEGEMA, Versöhnung ohne Vollendung? Römer 10,4 und die Tora der messianischen Zeit, in: Bund und Tora. Zur theologischen Begriffsgeschichte in alttestamentlicher, frühjüdischer und urchristlicher Zeit, hg. v. F. Avemarie u. H. Lichtenberger, WUNT I/92, Tübingen 1996, 229–261, besonders 253–257: „Christus: das Ende des Nomos, die Erfüllung des Gesetzes oder das Ziel der Tora?". Seinen Übersetzungsvorschlag für Röm 10,4 („Christus ist die Vollendung der Tora zur Gerechtigkeit für jeden, der glaubt") halte ich für angemessen, weil damit das positive Ziel der Tora und ihre bleibende (wenngleich auch bei Paulus veränderte) Bedeutung besser zum Ausdruck

Für Matthäus gilt, dass der verheißene „Immanuel" aus dem Haus David, der sein Volk aus seinen Sünden rettet, es auch ist, der ihm den Weg der Gerechtigkeit eröffnet.[914] Dem dient exemplarisch die 5,20 nachfolgende Belehrung der Jünger über den Willen Gottes. Sie fungiert innerhalb des Evangeliums als erster Kommentar zu dem in 5,17f Gesagten. Zugleich ist den Jüngern durch 5,19 bereits klar gemacht, dass sie als Adressaten und zukünftige Verkündiger für diese ἐντολαί einzustehen haben. Diese bleibenden, 'erfüllten' Gebote verändern das bisherige Toraverständnis[915] durch die Ausrichtung am Willen Gottes im Hinblick auf das Reich Gottes, wie es mit Jesus begonnen und wofür seine Jünger als „Menschenfischer" tätig sein sollen. Das Leben nach Gottes Willen ist in der Zeit der Erfüllung von Gesetz und Propheten (5,17; 7,11f; 22,40), in der die „Werke des Messias" – zu der auch seine Unterweisung gehört – zu sehen und zu hören sind (Mt 11,2–15), etwas anderes als das wörtliche Einhalten der Tora.[916] Matthäus begegnet dem sich möglicherweise daraus ergebenden antinomistischen Missverständnis, indem er das Ziel der Tora, nämlich *Gerechtigkeit* vor Gott und vor Menschen, als den entscheidenden Inhalt des Wirkens Jesu (vgl. die *inclusio* von 3,15 und 21,32) beschreibt und damit einen biblischen Terminus aufnimmt, der schon in der vorhergegangenen Bundesgeschichte zwischen Gott und dem Volk Israel eine herausragende Funktion (und zwar als Gabe *und* Forderung) besitzt und darüber hinaus in Gestalt einer zukünftigen, umfassenden eschatologischen Gerechtigkeit als Werk des messianischen Davidssohnes erwartet wurde. Dass für Matthäus Jesus dieser verheißene und erwartete Messias aus dem Haus Davids ist, illustriert er zweifelsfrei in seiner Vorgeschichte. Die »Antithesen« erklären sich damit als beispielhafte (nicht: erschöpfende) Darstellung und Konsequenz jener von Jesus im Auftrag seines Vaters ermöglichten eschatologischen Gerechtigkeit, sie sind aber nicht deren Bedingung.

---

kommt als in „Ende". Unzureichend ist dagegen die Übersetzung mit „Ziel", weil damit das Christusgeschehen der Tora untergeordnet wird.

[914] Vgl. dazu unten § 13. Die wichtigsten Stellen, an denen der davidische Heilskönig direkt mit der Gerechtigkeit verbunden ist, sind: Jes 9,5; 11,1–5; Jer 23,4–6; 33,15f, vgl. a. Hes 34,23–31.

[915] Wobei damit nicht gesagt wird, dass nun alles, was Jesus über die Tora lehrt, neu im Sinne von nie gehört ist. Matthäus veranschaulicht die Lehre Jesu im Hinblick auf Kernbereiche der Tora und autorisiert sie durch Jesus allein. Nicht was Mose gesagt hat, zählt in der Zeit der Erfüllung, sondern was der Messias jetzt sagt.

[916] Wiederum: Das ist keine »Antithese« gegen ein jüdisches Tora-Verständnis, als ob dieses in erster Linie 'wörtlich' wäre. Nicht, ob etwas neu oder auch schon in der jüdischen Tradition angelegt ist, ist entscheidend, sondern die Tatsache, dass es Jesus lehrt.

3. Die »Antithesen« als beispielhafte Konkretionen der eschatologischen Gerechtigkeit

Es zeigt sich, dass V. 20 nicht in erster Linie als Einleitung und Überschrift zu 5,21ff zu lesen ist, sondern zunächst einmal als Zusammenfassung des ab 5,3ff Gesagten und insofern eine Überleitung zum Nachfolgenden darstellt.[917] Jesus macht seinen Jüngern deutlich: „Wenn eure Gerechtigkeit keinen 'eschatologischen Mehrwert' gegenüber der der Schriftgelehrten und Pharisäer besäße (was sie aber hat), dann würdet ihr unmöglich in die Königsherrschaft der Himmel hineingelangen (zu der ihr aber schon gehört)."[918] Dieses 'Mehr' aber ist einzig und allein das, was Jesus für sein Volk und darüber hinaus für alle Menschen tut, indem *er* „alle Gerechtigkeit erfüllt" (3,15) „bis alles geschieht" (5,18d), d.h. es ist die Gegenwart der Königsherrschaft Gottes in seiner Person, die den Eintritt in die Basileia ermöglicht. Um dieser Gerechtigkeit willen werden die Jünger als Botschafter Jesu verfolgt und um dieser Gerechtigkeit willen werden sie selig gepriesen. Aber weil die eschatologische Gerechtigkeit nicht weniger, sondern mehr ist, folgen nun die ἐντολαί Jesu, die in Anlehnung an die mosaische Tora (und ihre Fortführung im Kreis der pharisäischen Schriftgelehrsamkeit) formulieren, was im Hinblick auf die Königsherrschaft Gottes die vollkommene Übereinstimmung mit Gottes Willen ist. In ihnen ist das περισσόν im Hinblick auf das Tun (ποιεῖν) enthalten (vgl. 5,47), so dass – das Achtergewicht der beiden letzten »Antithesen« auf Wohlverhalten und Liebe selbst noch gegenüber den Feinden ist bewusst gesetzt – die Jüngerexistenz in diesem Tun Anteil gewinnt an der Vollkommenheit des himmlischen Vaters (5,48; vgl. das parallele Entsprechungsverhältnis in 7,11f).[919]

---

[917] Zur Brückenfunktion insbesondere von V. 20 s. U. LUZ, Mt I^{1-4} 240f/I^5 318f; K. SYREENI, Making 179; R. E. MENNINGER, Israel and the Church 113: „5:20 acts as a transition, as a summary of 5:17–19 and as a heading for the Antitheses".

[918] Zur Möglichkeit der Koine, den prospektiven Fall auch in Kontexten zu verwenden, „in denen man vom Klass. her eher den potentialen (eventuell auch irrealen) Fall erwarten würde" vgl. GGNT § 282b. Einschränkend ist allerdings zu sagen ist, dass Matthäus einen echten Potentialis und Irrealis durchaus kennt, vgl. 11,21.23; 12,7; 23,30; 24,22.43; 25,27.

[919] Vgl. auch die Verknüpfung des Lohnmotivs in 5,46 (ἐὰν γὰρ ἀγαπήσητε τοὺς ἀγαπῶντας ὑμᾶς, τίνα μισθὸν ἔχετε und die parallel dazu formulierte Frage in V. 47: καὶ ἐὰν ἀσπάσησθε τοὺς ἀδελφοὺς ὑμῶν μόνον, τί περισσὸν ποιεῖτε;) mit 5,12 (ὅτι ὁ μισθὸς ὑμῶν πολὺς ἐν τοῖς οὐρανοῖς). Der eschatologische Lohn ist den Jüngern bereits seit 5,12 zugesagt, in 5,47 werden sie nur noch einmal daran erinnert, dass sie nach den alten Maßstäben nichts zu erwarten hätten. Sie haben aber Lohn so gewiss sie Anteil an der Gerechtigkeit haben, die in die Königsherrschaft führt. Nur soll das, was sie sind und haben, auch sichtbar sein, leuchten und salzen und in die Anerkenntnis des himmlischen Vaters münden (5,13–16). Die beiden prospektiven Konditionalsätze in 5,46f können darum vom Gesamtduktus her fast im Sinne eines Potentialis (oder sogar Irrealis) verstanden werden (s.u. Anm. 927). Dann würde Jesus seine Jünger an das erinnern, was ihnen schon zugesagt ist

Die Ausrichtung an Gott selbst ist also die zu erstrebende Vollkommenheit, in der die Jünger die ihnen ermöglichte Gerechtigkeit als *ihre* Gerechtigkeit nun auch praktizieren sollen. Die Frage dabei ist allerdings, ob sie sich damit ihren Eingang in die Königsherrschaft zuallererst erwerben oder sichern müssen? Petri Luomanen formuliert klar, dass „the obedience is made a precondition for the entrance into the final salvation."[920] Nur: Worauf ist „obedience" zu beziehen? Auf die Tora in ihrem herkömmlichen oder/und in einem im Hinblick auf das Liebesgebot vertieften oder konzentrierten Sinn? Oder nicht doch auf Gottes eschatologisches Handeln in Jesus?[921] Die Antwort, die Matthäus gibt, kann m.E. nur im letzteren Sinn gegeben werden. Er stellt keine andere Bedingung für die Zugehörigkeit zum Reich Gottes als den Besitz, d.h. die Teilhabe an der eschatologisch-überfließenden Gerechtigkeit, die Jesus verkörpert. Die Teilhabe an dieser impliziert dann ein bestimmtes Verhalten, und dies schärft Matthäus – nicht anders als Paulus – auch ein.[922]

So wie 5,16 auf die Beschreibung des den Jüngern zugesagten Seins folgt, so 5,21ff auf die Zusage an dieselben, dass sie durch Jesu Wirken (5,17f) in der Zeit der Erfüllung und damit unter den Möglichkeiten der eschatologisch-überfließenden Gerechtigkeit leben. Aber damit wird die Ermöglichung des Heils nicht konditioniert.[923] Mit Jesus ist die Königsherrschaft und die ihr eignende eschatologische Gerechtigkeit gekommen und in ihren Herrschaftsbereich werden Menschen berufen und eingeladen. Dass „Zöllner und Huren" (vgl. Mt 21,31f) diesem Weg zur Gerechtigkeit „geglaubt haben", bedeutet,

---

(nämlich Lohn und Fülle), um daraus dann gleichsam die Unmöglichkeit abzuleiten, dass sie sich in der in den Apodosen beschriebenen Weise verhalten.

[920] Enterting the Kingdom of Heaven 92.

[921] Vgl. Röm 1,5, wo Paulus das Ziel seines Apostelamtes definiert in Hinsicht auf die ὑπακοὴ πίστεως ἐν πᾶσιν τοῖς ἔθνεσιν (vgl. 15,18).

[922] Man darf allerdings nicht Mt 25,31–46 zum Maßstab für das Gericht über die nehmen, die zur Basileia bereits gehören, wie dies bei Vertretern des nomistischen Auslegungstyps häufig geschieht, vgl. u.a. M. VAHRENHORST, »Ihr sollt überhaupt nicht schwören« 244: Dass der kommende Menschensohn *seine Gemeinde* nach der Tora richtet, ist für Matthäus beim besten Willen *nicht* zu behaupten. Dass er durch die Taten der Barmherzigkeit eine Möglichkeit für *die Völker der Welt* sieht, im Gericht bestehen zu können, ist etwas völlig anderes.

[923] Ansonsten müsste beispielsweise auch Gal 5,18–24 als eine solche Konditionierung verstanden werden, da die Mahnung sich an Gemeindeglieder richtet, die also mit der Möglichkeit konfrontiert werden, dass sie, wenn ihr Leben nicht vom Geist bestimmt ist, „das Reich Gottes nicht erben werden". Dass Mt 7,22f; 18,21–35; 25,1–13 in ihrer Funktion etwas völlig anderes sein sollen als etwa Gal 1,8f; Röm 8,12–14; 11,19–22; 14,23; 1Kor 3,17; 10,12 leuchtet mir nicht ein. Mit Röm 5,1–11; 8,31–39 gegen eine Heilsgewissheit bei Matthäus zu argumentieren (so CH. LANDMESSER, Jüngerberufung 147), verkennt m.E. den Unterschied zwischen der Gattung „Evangelium", die auf der Ebene dessen bleibt, was Jesus lehrte und tat, und der eines apostolischen Lehrschreibens, dass die soteriologischen Implikationen retrospektiv entfaltet.

dass sie dadurch „in die Basileia vorangegangen sind" (προάγουσιν ὑμᾶς εἰς τὴν βασιλείαν τοῦ θεοῦ). Die Möglichkeit der Zugehörigkeit zur Königsherrschaft ist also allein im göttlichen Handeln begründet und darin bedingslos. Der Mensch braucht so sein Heil nicht selbst schaffen (dass er es auch nicht kann, ist bei Matthäus nicht betont, aber m.E. gleichwohl überall vorausgesetzt), aber er kann das ihm gewährte Heil sich selbst verderben (vgl. Mt 18,23–35; 25,24–30). Nicht durch einzelne Sünden oder Fehlverhalten, das ist allein schon durch die Vergebungsbitte im Vaterunser ausgeschlossen, weshalb „die ihm gewährte Gottesgemeinschaft" auch nicht durch die jesuanischen Imperative „faktisch auf dem Spiel" steht und seine Heilsgewissheit somit in der Schwebe bleibt.[924] Verderben kann er sein neues Leben jedoch, wenn er sich aktiv und bewusst gegen den in Jesus offenbaren Willen Gottes stellt (vgl. Mt 12,31f) oder nicht aus dem heraus lebt, was ihm an Heil zuteil geworden ist (vgl. Mt 6,12.14f; 18,33).[925]

Ausschlaggebend ist darum auch für das Verständnis von 5,21–48, dass die Angesprochenen zu Gott schon *in einem Kindschaftsverhältnis* stehen, dem sie sich würdig erweisen sollen (vgl schon 5,16, das mit 5,45 zu verbinden ist). Dieses Kindschaftsverhältnis ist nicht erst durch eigenes Tun (auch nicht das in 5,21ff beschriebene) zu *schaffen*, sondern es bestimmt in eindringlicher

---

[924] So CH. LANDMESSER, Jüngerberufung 151. K. SYREENI, Making: „There is no Heilsgewissheit for the community" (218). Das ist die Konsequenz aus einem rein quantitativen und ethischen Verständnis des mt Gerechtigkeitsbegriffs. Aus dieser Perspektive vertritt Matthäus „exactly that 'legalism' and 'justification by works' of which rabbinic Judaism has often – but wrongly – been accused" (212); A. WOUTERS, „… wer den Willen meines Vaters tut" 413: „… nur sein Handeln kann ihn in der Gemeinschaft mit Gott bewahren." Dem letzten Satz ist dann zuzustimmen, wenn deutlich gemacht wird, dass diesem menschlichen Handeln ein Handeln Gottes vorausgegangen ist, dass den Menschen in die Königsherrschaft versetzt und ihm Anteil an der Jesus-Gerechtigkeit gegeben hat.

[925] Zur Funktion der Gerichtsaussagen im Matthäus-Evangelium s. oben § 3/3. Der letzte Satz des Evangeliums, der die Immanuel-Weissagung noch einmal aufnimmt, sollte jedenfalls davor warnen, das Vergewisserungspotential dieses Evangeliums, dem gerade die Vergebung der Sünden zentral ist, zu gering einzuschätzen. Es lehrt allerdings auch keinen unverlierbaren Heilsstand aufgrund der Erwählung (vgl. Mt 3,9; 8,11f). Unmöglich macht dies allein schon die Gestalt des Judas Iskariot, der zu den Zwölfen gehörte (Mt 26,20–25.47). Auch die Tatsache, dass „alle Jünger" in jener Nacht flohen und Anstoß an Jesus nahmen (26,56, vgl. 26,31–35), zeigt, dass ihr Heil nicht basal auf der eigenen Leistung gründet, sondern darauf, dass Jesus sie *dennoch* wieder in seine Gemeinschaft ruft (28,7.10.16) und beauftragt. Dass interne Konflikte (vgl. 7,15ff) zudem Gerichtsdrohungen nach sich ziehen (7,21–23), ist ebenfalls ein allgemein neutestamentliches Phänomen. NICOLA WENDEBOURG betont mit Recht, dass Mt 7,22f nicht „als absolute Gerichtsaussage" verstanden werden darf, sondern „als eindringliche *Aufforderung zum Gehorsam* angesichts der drohenden eschatologischen Strafe" (219, Hhg.Orig.). Entscheidend ist jedoch, dass dieser Gehorsam den Anschluß an Jesus beinhaltet und das bedeutet zuallererst die Anerkennung seiner Sendung als der einen und einzigen Möglichkeit, die zur Gottesherrschaft hineinführt (vgl. 21,32). Das betonte „Hören" und „Tun" in 7,24.26 ist in diesem Horizont zu verstehen.

Weise die sich daraus ableitenden Aufgaben bzw. Verpflichtungen. Die sechste jesuanische Gerechtigkeitsregel (5,43–48), die mit dem Gebot der Feindesliebe den Höhepunkt dessen bildet, was Gottes Willen ist – was in der Zeit zwischen Jesus und Matthäus keine theoretische Überlegung war, sondern eine radikale Herausforderung an die Jesusjünger inmitten einer ihnen feindlich begegnenden Umwelt[926] – erinnert an das, was in 5,16 schon indikativisch zugesagt worden ist: ὅπως γένησθε[927] υἱοὶ τοῦ πατρὸς ὑμῶν τοῦ ἐν οὐρανοῖς, ὅτι τὸν ἥλιον αὐτοῦ ἀνατέλλει ἐπὶ πονηροὺς καὶ ἀγαθοὺς καὶ βρέχει ἐπὶ δικαίους καὶ ἀδίκους (5,45). Die Jünger *erweisen* sich als Kinder ihres Vaters und – so könnte der nachfolgende Vergleich mit dem Regen über Gerechten und Ungerechten aufgenommen werden – erweisen sich damit als „Gerechte" nach dem Maßstab der Jesus-Gerechtigkeit (wie ihn 5,20 voraussetzt).[928]

Die Vollkommenheitsforderung in 5,48 ἔσεσθε οὖν ὑμεῖς τέλειοι ὡς ὁ πατὴρ ὑμῶν ὁ οὐράνιος τέλειός ἐστιν ist dann aber auch von dem her zu bestimmen, was *über Gott im Vorangehenden ausgesagt worden ist*, und das verweist auf die erwähnte Aussage in 5,45. Gottes Vollkommenheit erweist sich darin, dass sie sich selbst von einem Feind nicht davon abhalten lässt, diesen zu lieben. Was aber ist das Ziel der Feindesliebe und der Fürbitte für die Feinde? Warum sollen die Jünger ihre Feinde lieben? Weil Gott es will, weil es Teil seiner Vollkommenheit und darum Verpflichtung der Jünger ist, reicht als *Ziel* nicht aus, weil es nicht angibt, was Gottes Wille als Absicht verfolgt. Darüber lässt der Evangelist aber keinen Zweifel: Gottes Wille ist die Vergebung der Sünde (1,21; 26,42), weil so sein Reich kommt (6,10.12). Wenn aber die Vergebung der Sünde die Tür zur Basileia ist, die Gott *allen*

---

[926] Vgl. G. THEISSEN, Gewaltverzicht 192–195.

[927] Das ist kein Imperativ, sondern ein Konjunktiv Aorist, abhängig von der den Finalsatz einleitenden Konjunktion ὅπως. Zu übersetzen ist das Verb hier mit „sich erweisen als", vgl. HAUBECK/V. SIEBENTHAL, Schlüssel I 27; TH. ZAHN, Mt 254: „Da sie nach v. 16 bereits Gottes Söhne sind und sich durch ihr Verhalten als solche vor der Welt erweisen sollen, so kann als[o] das Ziel, welches sie auf dem Weg der Liebe zu ihren Feinden und des Gebets für ihre Verfolger anstreben sollen (…), nicht das sein, daß sie überhaupt erst Söhne Gottes werden, sondern vielmehr, daß sie sich als Söhne dessen, der jetzt schon ihr himmlischer Vater ist, erzeigen." In einer Anmerkung verweist er für diese Bedeutung von γίνεσθαι mit prädikativem Adjektiv oder Substantiv u.a. auf Mt 10,16; Röm 12,16; 1Kor 14,20, wo überall mit „sich erweisen als" übersetzt werden kann. Zum indikativischen Verständnis der Gotteskindschaft s.a. H. WEDER, »Rede« 144–147.

[928] Vgl. die abschließende Frage an die Jünger in 5,47: καὶ ἐὰν ἀσπάσησθε τοὺς ἀδελφοὺς ὑμῶν μόνον, τί *περισσὸν* ποιεῖτε? Das τί *περισσόν* verweist zurück auf die überreichlich-fließende (περισσεύσῃ) Gerechtigkeit in 5,20. Weil diese die Lebenswirklichkeit der Jünger bestimmt, darum können sie sich auch an diesem Maßstab messen lassen.

Menschen öffnen will, dann sollen die Jünger als seine Botschafter diese Tür nicht verschließen: vor niemand, nicht einmal vor denen, die sie verfolgen.[929]

Zusammenfassend lässt sich darum über das Verhältnis von 5,20 zu den nachfolgenden »Antithesen« sagen: Das Ziel der Gerechtigkeit, von der im Matthäus-Evangelium die Rede ist, dient dem *Hineingehen und Hinein-bringen* in das Reich Gottes. Das *unterscheidet* sie von der Gerechtigkeit der Tora, wie sie Israel – nach Matthäus m.E. wegen 5,17f und 11,12f – aufgetragen *war*. Das Joch der Tora auf sich nehmen bedeutete in diesem Kontext so viel, wie das Joch der Königsherrschaft Gottes auf sich zu nehmen. Gemeint war damit, die Verpflichtungen *innerhalb* des bestehenden Bundes zwischen Gott und seinem Volk auf sich zu nehmen. Das Bemühen um die Tora diente der Aufrechterhaltung von Gottes Bund mit seinem Volk: Die »Tora« war Israels Gerechtigkeit. Wenn Matthäus in 5,20 dagegen (und zwar nach 3,15 und 5,17f) von einer eschatologisch qualifizierten 'reicheren' Gerechtigkeit schreibt, dann ist nach dem *Hineingehen und Hineinbringen* aller Menschen (noch immer sind die Jünger mit ihrer Berufung zu Menschenfischern im Blick!) zu fragen, denn die in Christus erfüllte »Tora« ist die Gerechtigkeit der ganzen Welt.

Vor diesem Hintergrund sind die »Antithesen« zu verstehen. Sie verdeutlichen und illustrieren eine Gerechtigkeit, die sowohl *den unmittelbar Nächsten* (den „Bruder"[930], die Frau des Nächsten und die eigene Ehefrau, d.h. die ersten drei Gerechtigkeitsregeln steigern sich in Bezug auf die Nähe und Intensität der Beziehung zu dem Angesprochenen) als auch diejenigen, die einem feindlich begegnen (in der zweiten Dreierreihe geht der Weg vom Prozessgegner über den Schädiger von Leib, Besitz und Freiheit/Ehre hin zum Feind mit Tötungsabsicht, d.h. eine zunehmende Feindschaft wird konstatiert), hineinbringen will in das Reich Gottes. Die Jesus-Gerechtigkeit verzichtet also auf die vordergründige und ausschließende Differenzierung in

---

[929] CH. LANDMESSER, Jüngerberufung 140, folgert aus Mt 9,13a zu Recht, dass die „im Anschluß an [Hos] 6,6 geforderte umfassende Zuwendung zu Gott … sich in der Zuwendung zu den Sündern konkretisiert" und dies „ein Aspekt dessen ist, was Jesus auch in der Bergpredigt von seinen Jüngern fordert". Aber er verkennt m.E., dass die Vollkommenheitsforderung in 5,48 damit zu verbinden ist bzw. sich gerade darin erfüllt und nicht eine zusätzliche Forderung darstellt, wie es seine Formulierung S. 143 zu 5,48 nahezulegen scheint: „Die Vollkommenheit wird wie die umfassende Zuwendung zu Gott von den Jüngern gefordert". Die Vollkommenheit liegt aber bereits *in* der Zuwendung und diese richtet sich als Imperativ nicht auf Gott (weil die Jünger zu Gott bereits gehören und er ihr „Vater" ist), sondern in Entsprechung zu Gottes Handeln auf alle Menschen, was explizit am Feindesliebegebot also sozusagen an dem am weitesten entfernten Menschen ausgeführt wird, vgl. D. A. HAGNER, Mt I 134.

[930] Die Bildwelt von Mt 5,22–24 (Sanhedrin, Opfer und Altar) lässt keinen Zweifel daran, dass es hier um den Frieden mit den unmittelbaren Nachbarn geht, d.h. in diesem Teil der Verkündigung Jesu um das rechte Verhalten zwischen den Angehörigen des eigenen Volkes.

Gerechte und Ungerechte im Horizont des Handelns Gottes (vgl. 5,45), weil Gott auch seine Feinde und d.h. den Menschen als Sünder liebt. Daran sollen sich die Nachfolger Jesu messen lassen: Ob sie ihre Gerechtigkeit dazu gebrauchen, andere in das Himmelreich hineinzulieben, angefangen bei den Nächsten bis hin zu den Feinden, weil auch Gott sein Reich für Gerechte und Ungerechte geöffnet hat.[931] Allerdings nicht »bedingungslos«, sondern so, dass der Weg zu dieser Gerechtigkeit über Jesus und damit über Kreuz und Auferstehung führt (3,15; 21,32). Die Tora in ihrer alten Funktion kann zu *dieser* eschatologischen Gerechtigkeit *nichts* beitragen, sie bleibt aber erhalten und gültig in den ἐντολαί Jesu, die für Matthäus in ihrem Anspruch in nichts hinter ihr zurückstehen und der Tora auch ihre Würde als Gottes Offenbarung nicht rauben. Sie bleibt als erfüllte gegenwärtig, aber der Weg in die universale Basileia führt nicht über sie, sondern über Jesus.

---

[931] Vgl. G. THEISSEN, Gewaltverzicht 164–168: Im Unterschied zu Lukas verzichtet Matthäus auf das Motiv der Gegenseitigkeit, d.h. in seiner Interpretation der Stelle ist nicht ein Gemeinschaftsideal wie bei Lukas leitend, der „Feindesliebe und Gewaltverzicht letztlich als Ausdruck der Goldenen Regel" versteht (166), sondern die *imitatio dei* als eines asymmetrischen Verhaltens: „Wer einseitig auf Widerstand verzichtet, wer die Feinde liebt und für die Verfolger betet, ahmt Gott nach, der unabhängig von den Reaktionen der Menschen seine Sonne über Gute und Böse scheinen lässt" (168). Der Sitz im Leben der mt Überlieferung ist die Situation der Wanderradikalen (191–193), d.h. der von Jesus ausgesandten Jünger, die nichts als ihre Botschaft haben. Diesen Unterschied zwischen Matthäus und Lukas betont auch F. NEUGEBAUER, Die dargebotene Wange und Jesu Gebot der Feindesliebe. Erwägungen zu Lk 6,27–36/Mt 5,38–48, ThLZ 110 (1985), 865–876: Während bei Matthäus die »Antithesen« als „Missionsbefehle" zu verstehen sind, die „einzig und allein dem Reich Gottes dienen", das größer ist als die Jüngergemeinde, sind sie bei Lukas zur „Wohltätigkeitsparänese geworden" (870). Zur missionarischen Dimension der mt »Antithesen« vgl. weiter LUISE SCHOTTROFF, Gewaltverzicht und Feindesliebe in der urchristlichen Jesustradition, in: Jesus Christus in Historie und Theologie, FS H. Conzelmann, hg. v. G. Strecker, Tübingen 1975, 197–221 (215). Folgt man O. HOFIUS, Nächstenliebe und Feindeshaß. Erwägungen zu Mt 5,43, in: Die Freude an Gott – unsere Kraft, FS O. B. Knoch, hg. v. J. J. Degenhardt, Stuttgart 1991, 102–109, jetzt in: DERS., Neutestamentliche Studien, WUNT I/132, Tübingen 2000, 137–144, dass καὶ μισήσεις τὸν ἐχθρόν σου auf eine jüdische Lehrtradition zurückgeht, die das Liebesgebot in Lev 19,18b gegenüber „mit den Römern sympathisierenden und kollaborierenden Volksgenossen" begrenzt (143), dann enthält das Gebot der Feindesliebe auch eine Abkehr von der partikularistischen Funktion der Tora und weist auf die alle Nationalismen sprengende Kraft des von Jesus verkündigten Reiches hin. Dafür könnte sprechen, dass in Mt 8,10f einem Vertreter der römischen Besatzungsmacht die Tischgemeinschaft mit Israels Erzvätern in der Gottesherrschaft zugesprochen wird, d.h. auch bei der Interpretation von Hofius ist die in Jesu Auslegung wirksame Überwindung der alten klassifikatorischen Muster erkennbar, die nötig ist, damit Gottes Gerechtigkeit den Weg von Israel zu den Völkern der Welt findet. Zum jüdischen Hintergrund des Liebesgebots s. ferner S. RUZER, From "Love your Neighbour" to "Love your Enemy": Trajectories in Early Jewish Exegesis, RB 109 (2002), 371–389.

§ 11 Die Gerechtigkeit der Jünger als Gerechtigkeit Gottes (Mt 6,1.33)

1. Die Funktion von Mt 6,1

Die Funktion der beiden Gerechtigkeitsaussagen in Kapitel 6 entspricht der der einleitenden in 5,6.10: So wie diese zur zentralen Stelle 5,20 hinführten und deren unmittelbare Voraussetzung bildeten (abgesehen von dem 'äußeren' Rahmen, der schon in 3,15 begann), so bilden 6,1.33 die Ausleitung von 5,20 (zusammen mit dem Abschluss des 'äußeren' Rahmens in 21,32). Dabei nimmt 6,1 die Qualifizierung der Gerechtigkeit durch das Personalpronomen der 2. Person Plural noch einmal auf: Προσέχετε [δὲ] τὴν δικαιοσύνην ὑμῶν (vgl. 5,20: ὑμῶν ἡ δικαιοσύνη) μὴ ποιεῖν ἔμπροσθεν τῶν ἀνθρώπων πρὸς τὸ θεαθῆναι αὐτοῖς· εἰ δὲ μή γε, μισθὸν οὐκ ἔχετε παρὰ τῷ πατρὶ ὑμῶν τῷ ἐν τοῖς οὐρανοῖς.

Zur Textkritik: Das den Zusammenhang mit 5,48 herstellende adversative δέ fehlt in einer Reihe wichtiger Handschriften, von denen nicht wenige zudem statt δικαιοσύνη das in V. 2 begegnende ἐλεημοσύνη (bzw. das hier synonyme δόσις) auch schon in V. 1 lesen: ἐλεημοσύνη ohne δέ bezeugen Codex W [5. Jh.], die Minuskelgruppe *f*[13], die altlateinischen Handschriften f [6. Jh.] u. k [4./5. Jh.], sowie der Mehrheitstext u. die mittelägypt. Überlieferung; δόσις ohne δέ wird bezeugt durch den Cureton-Syrer und einen Teil der bohairischen Handschriften. Unter den Handschriften mit δέ zeigt der Sinaiticus ein beträchtliches Schwanken in Bezug auf δικαιοσύνη: Während der erste Schreiber die sicher ursprüngliche, weil schwierigere Lesart δικαιοσύνην bezeugt[932], korrigiert ein nachfolgender Bearbeiter das Wort in δόσιν (offenbar unter Annahme einer Verlesung u. darum unter Verwendung eines ähnlich aussehenden Wortes [δόσις fehlt ansonsten bei Matthäus, vgl. aber Jak 1,17]), das dann wiederum von einer weiteren Hand in δικαιοσύνην zurückkorrigiert wurde.

Die handschriftliche Tradition ohne δέ und mit ἐλεημοσύνη (bzw. δόσις) spiegelt ein Verständnis dieses Verses wider, das auch in der exegetischen Literatur gelegentlich begegnet, indem V. 1 und 2 als zusammengehörend aufgefasst werden und die in der LXX schon vereinzelt begegnende Ersetzung von צדקה durch ἐλεημοσύνη[933] entsprechend dem späteren rabbinischen

---

[932] So auch H. GIESEN, Handeln 149 Anm. 375 u.v.a.

[933] Wobei zu beachten ist, dass ἐλεημοσύνη in der LXX noch lange kein *terminus technicus* für Almosen ist, vgl. dazu u.a. J. W. OLLEY, 'Righteousness' in the Septuagint of Isaiah: A Contextual Study, SBL Septuagint and Cognate Studies 8, Missoula 1979, 65–78 u. 116f, der zu den entsprechenden Ersetzungen in der Jesaja-LXX (1,27; 28,17; 59,16, vgl. a. 56,1: τὸ ἔλεος) zeigt, dass ἐλεημοσύνη hier das göttliche Erbarmen über den Sünder meint („but where the context has emphasized Israel's sins then the translator uses ἐλεημοσύνη for

Sprachgebrauch[934] (der auch in die frühe Kirche Eingang gefunden hat) auch
für V. 1 vorausgesetzt wird.[935] Da ohne δέ zudem eine Abgrenzung gegenüber 5,48 fehlt, könnte 6,1ff in diesem Fall als direkte Umsetzung des
Imperativs in 5,48 gelesen werden.[936]

Durchgesetzt hat sich jedoch die Meinung, dass 6,1 die Überschrift für
6,2–18 darstellt, wobei durch δέ eine – wenn auch schwache – Abgrenzung
zum Voranstehenden vorgenommen wird.[937] Ebenfalls eine Zäsur markiert
der Imperativ προσέχετε, indem er die typische Einleitungsformel der »Antithesen« (zumeist ἠκούσατε ὅτι) unterbricht. Während diese eine doppelte
Dreierreihe bilden, bildet 6,1 den Auftakt zu einer wiederum dreigeteilten
Einheit (markiert durch ὅταν in 6,2.5.16 und das dazwischen geschobene
Stück über das Vaterunser 6,7–15). Ebenfalls weitgehend Konsens besteht

---

(ה)צדק referring to God's delivering act" [116], so schon BILL. I 387); außer den genannten
Jes-Stellen gehören hierher auch Dtn 6,25; 24,13; Ps 24(23),5; 33(32),5; 103(102),6, wo
ἐλεημοσύνη jeweils צדקה mit *Gott* als Urheber ersetzt (dazu kommt in Jes 38,18
ἐλεημοσύνη für die göttliche אמת). Für das *göttliche* Erbarmen ist ἐλεημοσύνη darüber
hinaus in Sir 17,24; Bar 4,22; 5,9; Tob 3,2; 13,6 gebraucht. Daneben kommt *in den
nachkanonischen Büchern* das Wort gehäuft auch für menschliche Taten der Barmherzigkeit
u. des Mitleids vor (Sir 3,14.28; 7,10 u.ö.; Tob 1,16; 2,14; 4,10f u.ö.); im Alten Testament
selbst ist die Anzahl dieser Belege noch begrenzt: Gen 47,29; Prov 20,28; 21,21; 31,26(28)
jeweils für menschliche חסד; auch Prov 3,3; 14,22; 16,6 (15,27a); 19,22 können dazu
gerechnet werden, doch sind sie in ihren Formulierungen offen, so dass darin auch das
göttliche Erbarmen gefunden werden kann. Der einzige Beleg, wo ἐλεημοσύνη menschliche
צדקה ersetzt, ist Dan 4,24. Von den 70 ἐλεημοσύνη-Belegen der LXX entstammen 51 den
außerkanonischen Schriften und 12 den poetischen Büchern (alle Belege aus dem Pentateuch
u. den Propheten sind in der Anm. genannt).

[934] Zu den rabb. Belegen vgl. BILL. I 387f u. IV/1 536–558 (Exkurs: Die altjüdische
Privatwohlfahrt) u. KLAUS MÜLLER, Diakonie im Dialog 120– 143.182–221.358–363 u.ö. Er
betont mit Recht die Schwierigkeit, die über 6000 rabbinischen Belege für die Wurzel צדק
angemessen zu klassifizieren (182).

[935] So u.a. J. WELLHAUSEN, Mt 24 [200]; W. NAGEL, Gerechtigkeit – oder Almosen?,
VigChr 15 (1961), 141–145, der für die Ursprünglichkeit von ἐλεημοσύνη plädiert (und 6,1
als Einleitung zu 6,2 versteht), u. jetzt wieder F. SIEGERT, Hebräischer Bibel 267.

[936] Anders W. PETERSEN, Eigenart 226: Nach ihm sind Abschnittsmarkierungen in der
Bergpredigt gerade dadurch gekennzeichnet, dass „die größeren Sinnabschnitte *ohne* verbindende Elemente (Konjunktionen, Partikeln, Wortgruppen), also asyndetisch mit dem vorangehenden Abschnitt verbunden sind." Er votiert darum gegen ursprüngliches δέ, da auch er
der Meinung ist, dass mit 6,1 ein neuer Abschnitt beginnt. Falls δέ ursprünglich wäre, müsste
dagegen mit einer engeren Beziehung zwischen 5,48 und 6,1 gerechnet werden.

[937] Dass Matthäus hier keine starke Zäsur setzen wollte, zeigt m.E. auch das von ποιεῖν
gebildete ‚Mikrogewebe', das die Verse 5,46.47 und 6,1–3 verbindet (zu weiteren Überschneidungen von 5,46f mit 6,1 s. H. FRANKEMÖLLE, Mt I 238). Mit insgesamt acht Belegen
für ποιεῖν in fünf Versen ist dies eine auffällige Konzentration, wenn man bedenkt, dass in
allen Kapiteln vorher das Wort nur insgesamt 8mal vorkam (davon sind insbesondere 3,8.10
u. 5,19 wichtig). Danach gebraucht es der Evangelist erst wieder in 7,12–26, in acht Versen
(12.17–19.21f.24.26) insgesamt 11mal. H. GIESEN interpretiert das δέ als Warnung des Evangelisten, 5,48 „aktivistisch mißzuverstehen" (Handeln 149).

darin, dass das Stichwort δικαιοσύνη auf 5,20 zurückweist, so dass 5,21–48 einerseits und 6,2–18 andererseits Erläuterungen dessen sind, was in 5,17–20 programmatisch vorangestellt wurde. Wie 5,20 und 5,48 ist auch 6,1 nach Frankemölle ein „Scharniervers", der zum Voranstehenden wie zum Nachfolgenden eine enge Verbindung hat (Mt I 239).

Weniger beachtet wurde dagegen, dass auch die Logik dieses Satzes wie 5,20 den Besitz der Gerechtigkeit bei den Jüngern *bereits voraussetzt*. Es geht nicht darum, dass sie ihre Gerechtigkeit erst noch zu erwerben (oder zu beweisen) hätten, sondern es geht darum, die als Existenzgrund vorausgesetzte Gerechtigkeit in der rechten Weise in die Tat umzusetzen. Das entscheidende Merkmal dabei ist *die Ausrichtung auf Gottes Anerkennen*. Aber auch hier gilt, dass es *nicht* um den Erwerb des Angenommenseins durch Gott geht, denn der Evangelist redet betont von τῷ πατρὶ ὑμῶν τῷ ἐν τοῖς οὐρανοῖς.[938] Ähnlich wie in 5,19 geht es nicht um die Zugehörigkeit zur Basileia, sondern um eine 'Steigerung' in derselben (vertreten durch das Stichwort μισθός, der beim himmlischen Vater bereitliegt [6,1.2.5.16]).[939]

---

[938] Das ist darum aussagekräftig, weil Matthäus von Gott als Vater nur in Bezug auf Jesus (7,21; 10,32.33; 11,25–27; 16,17.27; 18,10.19.35; 20,23; 25,34; 26,29.39.42.53, vgl. zudem 13,43; 24,36; 28,19) und die Jünger redet (s.u.), aber nirgends die Vaterbezeichnung oder -anrede zu einem Relationsbegriff für *alle Menschen* macht (das behauptet allerdings H. D. BETZ, Problem of Christology 235). Erstmals redet Jesus zu den Jüngern von Gott als ihrem Vater in 5,16 (s. dort) in Verbindung mit dem ersten Imperativ (λαμψάτω) innerhalb des Jüngerschaftsverhältnisses (4,19 als erster Imperativ ist der Ruf *in* die Nachfolge). Auch 5,48 macht die Gotteskindschaft der Jünger nicht abhängig vom Imperativ, sondern verweist auf das *im Rahmen dieses Verhältnisses* anzustrebende Ziel (s.o. § 10/2.). Das ganze Kapitel 6 ist in ganz herausragender Weise von der Betonung des Vaterverhältnisses zwischen den Jüngern und Gott geprägt (s.o. § 6/5.4), vgl. ὁ πατὴρ ὑμῶν in 6,8.14.15.26.32 bzw. ὁ πατήρ σου (bzw. τῷ πατρί σου) in 6,4.6bis.8.18bis und einmal πάτερ ἡμῶν (6,9). Die Benennung Gottes als Vater findet sich nach Kap. 6 dann nur noch in 7,11.21 und bleibt auch im weiteren Evangelium eher selten. Wo sie begegnet, handelt es sich immer um besonders den Jüngern und ihren Aufgaben geltende Abschnitte (10,20.29; 18,14; 23,9, vgl. 13,43 u. 28,19). Die mt Imperative an die Jünger sind im Kontext dieses Kindschaftsverhältnisses einzuordnen. Ziel der Jüngerschaft ist es, den Willen des Vaters zu tun (vgl. a. 21,31), so wie es Jesus getan hat (3,15.17). Vgl. dazu auch G. THEISSEN, Gewaltverzicht 161f.168.172f, der einerseits die *imitatio dei* durch die Jünger hervorhebt, andererseits die *Erlangung* der Sohnschaft zur ethischen Aufgabe macht, indem er 5,16 ausblendet und 5,9 zum Ausgangspunkt wählt; D. R. BAUER, Structure 62f („The Role of Filial Language in the Comparison between Jesus and the Disciples") verweist darauf, dass die Aufgabe der Jünger im Matthäus-Evangelium der von Jesus entspricht: In Abhängigkeit von und beauftragt durch ihn erfüllen sie wie er Gottes Willen. Sie stehen, trotz ihres gelegentlichen Kleinglaubens und Versagens, eindeutig auf der Seite Jesu und damit auf der Seite Gottes, was durch das Kindschaftsverhältnis (vgl. a. 12,50; 17,24–27) ausgedrückt wird. Diese Analogie zu Jesus unterscheidet sie grundsätzlich von den Gegnern Jesu.

[939] Zum Lohnmotiv s.a. G. THEISSEN, Gewaltverzicht 169–174, der hervorhebt, dass die Motivierung der Jünger ausschließlich durch positive Anreize geschieht: τίνα μισθὸν ἔχετε; (5,46), τί περισσὸν ποιεῖτε; (5,47), ἔσεσθε οὖν ὑμεῖς τέλειοι ὡς ὁ πατὴρ ὑμῶν

Die Verheißung des Lohnes beim Vater, der sieht, was vor den Menschen gerade nicht gezeigt werden soll, ist eine positive Anreizung in Hinblick auf das erwartete Verhalten und gerade da wichtig, wo der Verzicht auf die menschliche Anerkennung und Bewunderung verlangt wird.

Dabei wird das *rechte Verhalten* durch die Benennung des Gegenteils ausgedrückt: ποιεῖν ἔμπροσθεν τῶν ἀνθρώπων πρὸς τὸ θεαθῆναι αὐτοῖς. Das Kennzeichen des abgewiesenen Betragens ist dreimal ausgedrückt durch einleitendes ὅπως: ὅπως δοξασθῶσιν ὑπὸ τῶν ἀνθρώπων (6,2); ὅπως φανῶσιν τοῖς ἀνθρώποις (6,5); ὅπως φανῶσιν τοῖς ἀνθρώποις νηστεύοντες (6,16). Charakterisiert wird das zurückgewiesene Verhalten zudem durch das 'Etikett' ὑποκριτής (ebenfalls jeweils in 6,2.5.16). Die ursprüngliche Wortbedeutung „Schauspieler" schimmert dabei noch durch, denn Schauspieler betreiben, was sie machen, eben gerade zu dem Zweck, von Menschen gesehen zu werden. Die Verwendung eines solchen 'offenen' Ausdrucks[940], der zwar im Verlauf des Evangeliums auf die Pharisäer und Schriftgelehrten eingeengt wird (15,7; 22,18; 23,13.15.23.25. 27.29, aber abschließend in 24,51 noch einmal mehrdeutig), ermöglicht die Transparenz für eigenes Fehlverhalten und ist nicht nur Schuldzuweisung bzw. Abqualifizierung anderer. Die Frage, die der Evangelist seinen Lesern (und das sind m.E. die Lehrer der Gemeinden) vor Augen stellt, ist die nach der eigentlichen Motivation, nach der tiefsten und letzten Ausrichtung der Existenz.

Das in der Bezeichnung ὑποκριταί enthaltene Urteil sowie die Subsumierung der Pharsiäer und Schriftgelehrten darunter erfolgt m.E. auf der Zeitebene des Evangeliums als Rückschau: Weil sie Jesus nicht anerkannt haben, erweist sich ihre Frömmigkeit als Schauspielerei, die – da sie Gottes Wohlgefallen nach dem Verständnis des Evangelisten, für den in Jesus Gott redet und handelt (vgl. 1,23; 17,5), nicht sucht – nur nach dem Beifall von Menschen trachtet. Nicht das angesprochene Verhalten an sich ist verkehrt (also ἐλεημοσύνη ποιεῖν, προσεύχειν oder νηστεύειν), denn das wird ja gerade auch von den Jüngern verlangt (in auffälliger Entsprechung zu 6,2.5.16 ebenfalls mit ὅπως [6,4.18] bzw. einem finalen Infinitiv [6,6] markiert). Die Haltung soll dabei aber auf den ins Verborgene sehenden Vater im Himmel ausgerichtet sein, so wie er auch in 5,16 die Zielrichtung der „guten Taten" war.

ὁ οὐράνιος τέλειός ἐστιν (5,48). „Wir spüren nichts von einer negativen Motivation: einer Angst vor dem Gericht oder einem Drohen mit zukünftigen negativen Konsequenzen. ... Diese Gebote sind von einem großen, positiv gestimmten Selbstbewußtsein getragen ..." (172).

[940] In 6,2 zum ersten Mal im Evangelium, in der Bergpredigt dann nur noch einmal in 7,5 im Zusammenhang eines Jünger-Imperativs (μὴ κρίνετε), wo sich der, der seinen Bruder richtet, ein harsches ὑποκριτά gefallen lassen muss.

Das Ausrichten auf den himmlischen Lohn und damit die erst zukünftige Anerkennung der Jüngergerechtigkeit ist zudem im Zusammenhang von 5,10f zu lesen: Die von den Jüngern gelebte Jesus-Gerechtigkeit wird in der Gegenwart verfolgt und von pharisäisch-rabbinischer Seite gerade *nicht* als Gerechtigkeit anerkannt. Aber davon sollen sich die Jünger nicht entmutigen und auch nicht in ihrer Bezogenheit auf Jesus irre machen lassen (d.h. wegen der Anerkennung bei den Menschen vom Bekenntnis zu Jesus und seiner Gerechtigkeit abrücken, vgl. 10,32f), sondern sollen sich durch das Betätigen 'ihrer' Gerechtigkeit, d.h. dessen, was ihnen von Jesus in Wort und Tat anvertraut worden ist, einen Schatz im Himmel erwerben (vgl. 6,19f). Aber auch hier gilt: Die Gerechtigkeit wird durch das in 6,2ff Beschriebene nicht erworben, sondern praktiziert. Und es geht nicht um den Eingang in die Basileia oder das ewige Leben, sondern um ein reicheres Teilhaben an der Fülle derselben. So ist 6,1 die adäquate Überschrift über das Nachstehende unter Aufnahme und Weiterführung von 5,20. Die Füllung dessen, was mit δικαιοσύνη gemeint ist, weist jedoch über 5,20 noch weiter zurück auf 3,15.

Giesen hat in seiner Arbeit über den mt Gerechtigkeitsbegriff im Zusammenhang mit 6,1 die Frage gestellt, warum der Evangelist das Tun der Jünger als ποιεῖν τὴν δικαιοσύνην und nicht als πληροῦν ... bezeichnet.[941] Die Antwort ist, dass das *Tun* der Gerechtigkeit durch die Jünger so unterschieden werden kann von dem *Erfüllen* der Gerechtigkeit durch Jesus, wie es in 3,15 (5,17) vorausgesetzt ist. Da die christologisch-heilsgeschichtliche Exklusivvokabel πληροῦν bei Matthäus immer eine Verhältnisbestimmung zwischen der Verheißungsgeschichte Israels und der mit Jesus angebrochenen Königsherrschaft Gottes ausdrückt[942], kann zwar in 3,15 der Täufer in seiner Funktion als „Elija, der kommen soll" (Mt 11,14) in dieses Geschehen miteinbezogen werden, aber *nicht* die Jünger. Sie „erfüllen" die Gerechtigkeit nicht, sondern „tun" bzw. „verwirklichen" die durch Jesus erfüllte (und ihnen als seinen Jüngern aufgetragene) Gerechtigkeit.[943]

Eine Weise dieses Tuns ist ποιεῖν ἐλεημοσύνην (6,2), aber darin geht ihre Gerechtigkeit so wenig auf wie in den sechs voranstehenden »Antithesen«. Matthäus gebraucht Almosengeben, Beten und Fasten vielmehr modellhaft für traditionelle, innerjüdisch vertraute und hoch angesehene Beispiele[944], anhand deren er zeigt, dass das Ziel aller religiösen Handlungen

---

[941] Die Wendung ποιεῖν τὴν δικαιοσύνην ist in der LXX die Übersetzung von צדקה עשׂה und kommt 28mal vor, vgl. dazu den Exkurs bei M. J. FIEDLER, δικαιοσύνη 129–137: „Gerechtigkeit tun".

[942] Vgl. H. GIESEN, Handeln 35.

[943] Zu ποιεῖν als Bezeichnung für das positiv gewertete Handeln der Jünger vgl. 5,19; 7,12.

[944] So die verbreitete Meinung, vgl. G. STRECKER, Bergpredigt 102; H. FRANKEMÖLLE, Mt I 241; vgl. aber C. S. KEENER, Mt 207, der darauf aufmerksam macht, dass die drei

Gottes Ansehen und Urteil sein soll, und nicht der Eindruck, den man damit bei Menschen erzielt. Dabei wird nicht die Sichtbarkeit des durch Glauben bestimmten Handelns überhaupt abgewiesen (das macht schon 5,16 klar), aber das Abhängigmachen desselben vom Beifall der Menschen.[945] Das ist besonders für eine bedrängte und im gesellschaftlichen Ansehen marginalisierte bzw. stigmatisierte Gemeinschaft von Bedeutung. Ihnen stellt Matthäus vor Augen, dass ihre Jesus-Gerechtigkeit von Gott erkannt wird, auch wenn sie von den Menschen verfolgt werden, weil sie diese Gerechtigkeit nicht als eine solche anerkennen.

In Bezug auf die kontroverse Frage, ob Matthäus δικαιοσύνη als Aufgabe bzw. Verpflichtung oder als Gabe versteht, zeigt Mt 6,1, dass eine solche Alternativstellung von Matthäus wohl nicht akzeptiert worden wäre. „Gerechtigkeit" ist für ihn das Kennzeichen der Basileia und das Vorzeichen, unter dem das gesamte Wirken Jesu steht. In der Erfüllung von „Tora und Propheten" ist auch die verheißene Gerechtigkeit enthalten. In Jesu Gegenwart werden die satt, die sich nach Gerechtigkeit sehnen. In diesem Begriff ist für Matthäus die gesamte biblische Heilserwartung enthalten. Gestalt erhält diese Gerechtigkeit nun aber auch überall da, wo Menschen in die Nachfolge Jesu treten, seinem Wort glauben und nach seinen Geboten leben, d.h. wo das Reich des gerechten Messias um sich greift, da ist auch seine Gerechtigkeit. Das ist für Matthäus so selbstverständlich, wie dass ein guter Baum auch gute Früchte bringt. „Eure Gerechtigkeit" ist darum keine andere als die, die Jesus erfüllt hat (3,15), es ist die Gerechtigkeit, die ihr Leben *von* Gott und *vor* Gott

---

genannten Bereiche innerjüdisch zwar als besonders wichtig galten, „but did not usually list the three as standard examples together." Das war auch der Grund für B. GERHARDSSON, dieser Deutung grundsätzlich zu widersprechen und die Trias statt dessen mit Dtn 6,5 zu verbinden, vgl. seinen Aufsatz: Geistiger Opferdienst nach Matth 6,1-6.16-21, in: Neues Testament und Geschichte, FS O. Cullmann, hg. v. H. Baltensweiler u. B. Reicke, Zürich u. Tübingen 1972, 69–77.

[945] Unter dem Blickwinkel des den Jüngern aufgetragenen missionarischen Dienstes, dem auch das Tun ihrer in 6,2ff beschriebenen Gerechtigkeit untergeordnet ist, lässt sich die Verborgenheit des eigenen Tuns verstehen als unverstellter Hinweis auf den Geber aller guten Gaben: Wer die Liebesdienste der Jünger empfängt, soll darüber nicht die menschlichen Geber, sondern deren Vater im Himmel preisen (5,16). Gebet und Fasten lassen sich in die missionarisch bestimmte Gerechtigkeit allerdings nur weniger eindeutig einordnen. Überlegt werden kann aber, ob nicht 5,44 auch 6,5ff in gewisser Weise bestimmt, da mit 6,14f lediglich die Vergebungsbitte von 6,12 eine Ausführungsbestimmung erhält, d.h. das Problem der Menschen, die am Beter schuldig geworden sind, wird besonders hervorgehoben. Und ist das Festhalten an Schuldzuweisungen nicht die Verunmöglichung der von Jesus vorgelebten und seinen Jüngern zugemuteten Zuwendung selbst zu ihren Feinden? Auch das Üben von Barmherzigkeit lässt sich mit 5,46 verbinden, indem die freundschaftlich-helfende Zuwendung nicht auf den eigenen Freundes- und Bekanntenkreis eingegrenzt bleiben soll. Für das Fasten müsste, wenn auf dieser Linie weitergedacht werden soll, die Frage des Fastens für andere oder als stellvertretendes Tun (so immerhin in PsSal 3,8) geprüft werden.

bestimmt. In 5,20 und 6,1 ist lediglich die Perspektive eine jeweils andere, indem der Blick vom Jünger aus auf sein Tun geht.

2. Das Reich und seine Gerechtigkeit als Ziel der Jüngerexistenz (Mt 6,33)

Auch der Abschluss des sechsten Kapitels ist von Matthäus bewusst als Gerechtigkeits-Aussage gestaltet worden, bei der die Bedeutungsbreite von δικαιοσύνη noch über das hinausgeht, was in 6,1 als „Gerechtigkeit üben" bezeichnet wurde. Walter Klaiber bezeichnet 6,33 m.E. zu Recht als „eine[] erste[] Zusammenfassung der Botschaft der Bergpredigt"[946] und Hans Dieter Betz bezeichnet den Vers als „a kind of telos-formula ("goal"-formula)", die „encapsulates the theology of the SM"[947]. Im unmittelbaren Kontext geht es darum, dass sich die Nachfolger Jesu nicht durch Sorgen um Essen, Trinken und Kleidung (6,25.28) von ihrer Nachfolge abhalten lassen sollen. Essen und Trinken begegnete bereits in der vierten Seligpreisung, das Stichwort πλεῖον in V. 25 bereits in 5,20 (s. dort). Ging es in 5,6 um Hungern und Dürsten nach der Gerechtigkeit, geht es hier komplementär dazu um das Nichtsorgen in Bezug auf Essen, Trinken und Kleidung, damit Raum bleibt für die eine zentrale Aufgabe des Nachfolgers Jesu (6,33): ζητεῖτε δὲ πρῶτον τὴν βασιλείαν [τοῦ θεοῦ][948] καὶ τὴν δικαιοσύνην αὐτοῦ, καὶ ταῦτα πάντα προστεθήσεται ὑμῖν.[949]

Für das Verständnis der mt Gerechtigkeitsvorstellung wichtig ist auch hier das damit verbundene Verb im Imperativ. Was aber meint ζητεῖτε δὲ πρῶτον? Formal ist diese Wendung singulär. Zwar gebraucht Matthäus gerne einen Imperativ mit nachgestelltem πρῶτον[950], aber nur hier ist mit δέ eine verstärkende Partikel eingeschoben. Das adverbial gebrauchte πρῶτον besitzt emphatischen Charakter und betont die Unbedingtheit des Geforderten, neben

---

[946] Gerecht vor Gott 172.

[947] Sermon 481f.

[948] Zur Textkritik s.o. Anm. 47.

[949] Der Parallelfassung in Lk 12,31 fehlt das kennzeichnend matthäische δικαιοσύνη: πλὴν ζητεῖτε τὴν βασιλείαν αὐτοῦ, καὶ ταῦτα προστεθήσεται ὑμῖν. Lukas liebt einleitendes πλήν (19 der 31 NT-Belege finden sich im lk Doppelwerk), während Matthäus das Wort nur 5mal verwendet und dabei offenbar dem Sprachgebrauch von Q folgt (wo das Wort wohl ebenfalls schon üblich ist), vgl. Mt 11,22.24; 18,7; 26,39.64. Bei Matthäus fällt weiter auf, dass er πλήν nur in der Bedeutung *aber, jedoch* gebraucht, während es bei Lukas (und Paulus) eine breitere Bedeutung besitzt und auch als Konjunktion Verwendung findet (vgl. BAUER-ALAND, Wörterbuch 1345f s.v.).

[950] So auch in 5,24; 13,30; 23,26 (immer im Mund Jesu mit Ausnahme von 13,30, doch ist auch hier der Befehl gebende „Hausherr" [13,27] in der Deutung mit dem „Menschensohn" identifiziert [13,47]). Den einzigen Mk-Beleg für diese Konstruktion (7,27) übergeht Matthäus dagegen (vgl. 15,24). Lukas hat nachgestelltes πρῶτον nur in 6,42 (par. 5,24), dafür zweimal dem Imperativ vorangestelltes: 10,5; 12,1.

das kein „zweites" zu stehen kommen soll.[951] Das Verb ζητεῖν ist semantisch stark kontextabhängig und lässt sich nicht auf eine deutsche Wiedergabe beschränken. Von den insgesamt 14 Belegen (dazu kommt 3mal ἐπιζητεῖν in 6,32; 12,39; 16,4 [jeweils in einem negativ konnotierten Zusammenhang]) sind fünf auf das Bemühen der Gegner Jesu bezogen, die ihn zu töten bzw. zu überführen suchen (2,13.20; 21,46, 26,16.59).[952] Gemeint ist in diesen Zusammenhängen offenbar eine energische, zielstrebige und planvolle Handlung. So ist das Verb dann wohl auch zu verstehen, wo ein positives Ziel damit verbunden wird: neben 6,33 (im Sinne von „sich mühen um"[953]) in der Bergpredigt noch 7,7f in der Bedeutung „suchen" (zusammen mit dem Oppositum „finden"), dazu kommt 18,12 vom Suchen des einen verlorenen Schafes. Eventuell ist auch 13,45 hierzu zu zählen, wo das Verhalten des Kaufmanns im Gleichnis von der kostbaren Perle so bezeichnet wird. Ohne Gewicht sind die Belege 12,43.46f; 28,5. In der LXX bezeichnet das Verb in Bezug auf Gott „die willentliche und ganzheitliche Hinwendung des Israeliten zu seinem Gott"[954], wobei das Volk gelegentlich auch in Imperativen aufgefordert wird, Gott (bzw. sein Angesicht) zu suchen.[955] Ein Beispiel ist Zef 2,3, wo der Prophet das Volk mahnt:

„Sucht den Herrn, alle Erniedrigten des Landes! Schafft Recht und Gerechtigkeit sucht und antwortet ihnen (? wohl: und reagiert auf Recht und Gerechtigkeit), so dass ihr Zuflucht erhaltet am Tag des Zornes des Herrn!" (ζητήσατε τὸν κύριον, πάντες ταπεινοὶ γῆς· κρίμα ἐργάζεσθε καὶ δικαιοσύνην ζητήσατε καὶ ἀποκρίνεσθε αὐτά, ὅπως σκεπασθῆτε ἐν ἡμέρᾳ ὀργῆς κυρίου).

---

[951] Vgl. BAUER-ALAND, Wörterbuch 1452–1454 s.v. πρῶτος 2.c., so u.a. auch R. A. GUELICH, Sermon 341f; DAVIES/ALLISON, Mt I 660; H. FRANKEMÖLLE, Mt I 260. Auch in 22,38 ist das „große und erste Gebot" nicht das erste in einer Reihe, sondern das rangmäßig allen anderen überlegene. Gleichwohl gibt es eine Reihe von Auslegern, die hier eine Reihenfolge sehen, so dass den Jüngern gleichsam erlaubt ist, nach dem Sich-Kümmern um Gottes Sache nun auch noch für ihre eigenen zu sorgen (u.a. E. KLOSTERMANN, Mt 64; H.-TH. WREGE, Überlieferungsgeschichte 122); aber das scheitert nicht nur an der Unbedingtheit der Forderung, wie sie auch sonst für Jesus (und Matthäus) typisch ist (vgl. nur Mt 8,19–22), sondern auch an dem *passivum divinum* προστεθήσεται. Ein solches Dazugegebenwerden ist gar nicht möglich, wo sich Menschen selbst um diese Dinge kümmern.

[952] In der LXX ist ζητεῖν τὴν ψυχήν terminus technicus für Mordabsichten („nach dem Leben trachten"), vgl. 1Sam 24,10; 25,29; 26,20; Ps 35,4 u.ö.

[953] Innerhalb von 6,25–34 ist ζητεῖν synonym zu μεριμνᾶν und ἐπιζητεῖν gebraucht (vgl. besonders V. 31f), wobei das in V. 32 abgelehnte Verhalten des ἐπιζητεῖν (der Heiden) um Essen, Trinken und Kleidung deutlich macht, dass hier kein eigentliches „Suchen" gemeint sein kann, sondern es um das sorgenvolle Kümmern und Bemühen geht. Vgl. dazu J. JEREMIAS, Gleichnisse 212.

[954] H.-G. LINK/F. AVEMARIE, Art. ζητέω, TBLNT ²II, 2000, 1682–1685 (1682), vgl. a. M. J. FIEDLER, δικαιοσύνη 138; R. A. GUELICH, Sermon 342–344, der am Ende seiner detaillierten Untersuchung zum Ergebnis kommt: „Therefore, *seek* means to give oneself unreservedly to the pursuit of the Kingdom" (344).

[955] Jes 55,6; Ps 105(104),4; Sap 1,1; vgl. a. Ps 27(26),8.

Im Parallelismus zu ἐργάζεσθαι ist das Suchen nach Gerechtigkeit ein in erster Linie zwischenmenschliches Verhalten, das als Voraussetzung dafür dient, am Tag des Gerichts bestehen zu können. Davon *unterscheidet* sich Mt 6,33, indem die jetzt (Präsens) zu 'betreibende' Gerechtigkeit durch das Possessivpronomen als „Gottes Gerechtigkeit" (wobei diese als eine solche erkennbar ist, ob nun τοῦ θεοῦ ursprünglich ist oder nicht, da die Basileia immer Gottes ist) und als Kennzeichen der eschatologischen Basileia qualifiziert wird. Als Motivation für das ζητεῖν ist bei Matthäus auch nicht die eschatologische Rettung in Aussicht gestellt, sondern im Gegenteil, die Stillung der Alltagsbedürfnisse in der Gegenwart. Wer sich an diese jesuanische Prioritätssetzung hält, dem wird „dieses alles (ταῦτα πάντα)" zuteil werden (futurisch als *passivum divinum*). Gemeint ist mit ταῦτα πάντα der Inhalt des menschlichen Sorgens, nämlich Nahrung und Kleidung und nicht eschatologische Hoffnungen, etwa die Rettung im Gericht.

Das zeigt, dass die *Heilsfrage* hier überhaupt nicht zur Debatte steht. Angesprochen sind immer noch die Jünger, die nach 6,1 schon im Besitz der Gerechtigkeit sind.[956] Stattdessen geht es um die Prioritäten in der Jüngerexistenz. Neben 6,25ff belegen auch 6,11.19–21; 7,9–12; 8,20; 10,8–10. 40–42; 12,1; 14,16f; 15,32–34[957]; 16,5–12; 19,27–29; 21,18; 25,35–40 für das ganze Evangelium eindringlich, dass die Sorge um Nahrung kein akademisches Problem war, sondern konkrete Erfahrung derer, die sich aufgrund ihrer Berufung zu Menschenfischern darum nicht mehr in ausreichendem Maß kümmern konnten.[958]

Dann muss aber doch gefragt werden, warum das Streben nach der Basileia und ihrer Gerechtigkeit sich nicht verträgt mit der gewöhnlichen Lebenssorge? Luz weist in die richtige Richung, wenn er den ursprünglichen Kontext des Verses (der – ohne die Ergänzung καὶ τὴν δικαιοσύνην αὐτοῦ

---

[956] So aber u.a. U. Luz, Mt I[1–4] 370/I[5] 481, wenn er zu βασιλεία in V. 33 schreibt, dass in sie „die Gemeinde durch das Gericht hindurch einzugehen *hofft*" (Hhg. R.D.). Damit wird δικαιοσύνη zur Eintrittsforderung, auch wenn er hervorhebt, dass bei Matthäus der göttliche Beistand dem menschlichen Tun immer schon vorausgeht. Auch G. Strecker, Bergpredigt 145, betont, dass „über solche ,Gerechtigkeit' allein … der Zugang zum ,Reich' zu gewinnen" sei und Gottes Gerechtigkeit so zur Sprache komme, „wie sie von den Menschen gefordert wird" (vgl. Ders., Weg 155). Vgl. dagegen F. Zeilinger, Zwischen Himmel und Erde 180 zu ζητεῖν: „Dieses Suchen ist aber eine Aktivität, die aus der von Jesus ermöglichten Gottesbeziehung erwächst und daher frei ist von der Existenzangst jener, ,die keine Hoffnung haben'".

[957] Bedenkt man, dass die Jünger und Jesus allein schon 13 Personen sind, dann sind die vorhandenen Vorräte alles andere als üppig. Von daher sind Aussagen wie 12,1 u. 21,18 gut nachvollziehbar. Es geht dabei nicht in erster Linie um Anknüpfungspunkte für theologische Wahrheiten, sondern die Verse beschreiben die konkrete Armut, der Jesus und seine Anhänger ausgesetzt waren!

[958] Das betont auch G. Theissen, Wanderradikalismus 92–96.

– von vielen auf Jesus selbst zurückgeführt wird[959]) in Jesu „Zuspruch und Anspruch" an seine Jünger sieht, „die mit ihm zusammen um der Verkündigung des Gottesreichs willen ihren Beruf nicht mehr ausübten"[960]. Unverständlich ist mir allerdings, dass dies nicht auf die Bestimmung dessen, was mit „Gerechtigkeit" gemeint ist, zurückwirkt. Denn nach Luz meint δικαιο-σύνη auch hier „die vom Menschen zu praktizierende Gerechtigkeitstat, also dasjenige Handeln, das Gott und seinem Reich entspricht". Das Suchen des Reichs sei keine „nur innerliche religiöse Haltung, sondern konkrete Praxis der Gerechtigkeit, wie sie die Bergpredigt entfaltet"[961]. Nur wird damit gerade nicht erklärt, warum eine solche Haltung das Bekümmern um Nahrung und Kleidung so sehr zurückdrängt, dass die so Lebenden in ihrem Lebensunterhalt ganz auf Gottes Fürsorge angewiesen sind. Versteht man unter dem Einsatz für die Basileia und die ihr zugehörende Gerechtigkeit[962] dagegen die

---

[959] Vgl. U. LUZ, Mt I[1–4] 364–366/I[5] 473–476 (ergänzt). Die redaktionsgeschichtliche Analyse ist aber dahingehend vorgeprägt, dass bei den meisten Exegeten immer schon alle δικαιοσύνη-Belege redaktionell sind; für mt Einfügung von δικαιοσύνη vgl. u.a. G. BARTH, Gesetzesverständnis 130; H.-TH. WREGE, Überlieferungsgeschichte 123; R. A. GUELICH, Sermon 346f; R. H. GUNDRY, Mt 118; D. A. HAGNER, Mt I 162 (er versteht καὶ τὴν δικαιοσύνην αὐτοῦ „practically epexegetical of the preceding phrase" [166], d.h. das Reich Gottes ist in der eschatologischen Gerechtigkeit [die Hagner als Gabe versteht] präsent und soll das Ziel aller Bemühungen der Jünger sein).

[960] Mt I[1–4] 371/I[5] 482, unter Verweis auf G. THEISSEN, Wanderradikalismus Studien 85. Gerade Theissen betont jedoch, dass die Wandercharismatiker ihren Beruf nicht mehr ausüben, weil sie von Jesus als *Verkündiger* seiner Botschaft ausgesandt worden sind (vgl. ebd. 87f), d.h. der Sitz im Leben ist die Mission in Israel (zur Zeit Jesu) und nun in der ganzen Welt (zur Zeit des Evangelisten), aber die Dringlichkeit ist dieselbe und der Nachdruck z.Zt. des Matthäus vielleicht sogar noch nötiger, weil die Gemeinde damals schon allzusehr in der Gefahr stand, sich in der Welt einzurichten.

[961] Mt I[1–4] 370/I[5] 481. So auch G. BARTH, Gesetzesverständnis 130: „die Rechtschaffenheit ..., die Gott fordert"; G. STRECKER, Weg 142: „Im Unterschied zur Lebensführung der Pharisäer beansprucht die Forderung Jesu eine umfassende Erfüllung des Gesetzes" (vgl. weiter 155: die δικαιοσύνη ist die Bedingung der βασιλεία und bezeichnet die „der ethischen Forderung entsprechende Tat des Menschen"); W. WIEFEL, Mt 143. Eine Liste älterer Vertreter b. R. A. GUELICH, Sermon 346.

[962] Vgl. schon 5,10: Die Verfolgung der Jünger geschieht „wegen der Gerechtigkeit", aber ihnen, den Verfolgten, wird die Basileia gerade zugesagt. So wie die Gottesherrschaft nicht vom Suchen der Menschen abhängig ist, so auch nicht die ihr zugehörende Gerechtigkeit. Oben § 5/2. wurde ἕνεκεν δικαιοσύνης als Abbreviatur für die von Jesus erfüllte Gerechtigkeit verstanden, die seinen Jüngern, den Propheten gleich, als Botschaft aufgetragen ist. So ist die Verschränkung von Gottesherrschaft und Gerechtigkeit auch hier zu verstehen. Es geht also nicht um die Übernahme eines paulinischen Verständnisses der Gerechtigkeit Gottes für Matthäus, sondern darum, dass für Matthäus Gottes Reich nicht ablösbar ist von der damit verbundenen Gerechtigkeit, „die vor Gott gilt und zu Gott führt" (so immerhin TH. ZAHN, Mt 301, der in Fragen der Tora eine streng nomistische Position vertritt) und deren heilstiftende Gegenwart mit Jesus (wie auch die Königsherrschaft) gekommen ist. So ist die Gerechtigkeit Gottes, von der hier die Rede ist, als (von Gott ermöglichte) *Voraussetzung* für die hier angemahnte Lebensweise zu verstehen, vgl. dazu A. SCHLATTER, Mt 234f: „Der

Verkündigung, die Jesus in besonderer Weise seinen Jüngern als eine dringliche Aufgabe[963] übertragen hat, dann wird diese Ermahnung (sowohl auf der Ebene des historischen Jesus wie auf der des Matthäus) verständlich und sie behält ihre Bedeutung über den konkreten Anlass hinaus.[964]

Zu Recht bezeichnet darum Joachim Jeremias Mt 6,25–34 als „Aussendungsworte" und behandelt sie unter der Überschrift „Gelebte Jüngerschaft"[965]. Das aber bedeutet, dass mit ζητεῖν die Tür zur Basileia von den Angesprochenen nicht erst gesucht und aufgestoßen werden muss[966], sondern ihre Gegenwart und die ihr zugehörende Gerechtigkeit die Grundausrichtung der Jüngerexistenz prägt.[967]

Gegen diese Deutung könnte auf Mt 7,13f verwiesen werden, wo über die enge, zum Leben führende Pforte gesagt wird, dass es „wenige sind, die sie finden" (ὀλίγοι εἰσὶν οἱ εὑρίσκοντες αὐτήν). Aber über und vor diesem Finden steht die Verheißung in 7,7, wonach die finden und Eingang erhalten werden, die anklopfen und suchen. Zudem lautet die Aufforderung in 7,13: εἰσέλθατε διὰ τῆς στενῆς πύλης, d.h. auch hier wird die Tür nicht erst durch Vorleistungen geöffnet, sondern die Tür steht offen und es geht darum, die angebotene Möglichkeit nicht zu versäumen (vgl. als Illustration Mt 25,1–13).

Gedanke war für Jesus und seine Schar völlig unmöglich, daß auf anderem Wege ein Reich Gottes entstehen könnte als dadurch, daß Gott selbst als der Gerechte die Gerechtigkeit schaffe"; J. SCHNIEWIND, Mt 95; R. A. GUELICH, Sermon 347.

[963] Mt 9,37f: Τότε λέγει τοῖς μαθηταῖς αὐτοῦ, ὁ μὲν θερισμὸς πολύς, οἱ δὲ ἐργάται ὀλίγοι· δεήθητε οὖν τοῦ κυρίου τοῦ θερισμοῦ ὅπως ἐκβάλῃ ἐργάτας εἰς τὸν θερισμὸν αὐτοῦ.

[964] Auch die missionarische Existenz des Paulus illustriert diese Jüngerbelehrung sehr gut, vgl. nur 2Kor 4,7–18 (V. 18 ist in gewisser Weise Kommentar zu Mt 6,33); 6,3–10; 11,7–10.23–28; Phil 4,10–19. Die beschriebenen Entbehrungen und Leiden hängen dabei alle ursächlich mit der Evangeliums-Verkündigung zusammen.

[965] Gleichnisse 212f. Dagegen DAVIES/ALLISON, Mt I 660f, die diese Deutung zurückweisen, weil sie nur auf einer Vermutung beruhe, was Jesus gemeint haben könnte, aber „no real foothold in the present, Matthean context" habe. Dagegen kann eingewandt werden, dass sowohl das Matthäus-Evangelium als Ganzes wie auch die Bergpredigt an mehr als einem Punkt *die missionarische Dimension* der Nachfolge und Jüngerexistenz betonen und darin sogar die eigentliche Aufgabe der Jünger sehen. Für die Bergpredigt ist auf 5,10–16 (s.o. § 6/6.) und 7,22f zu verweisen: Die vorgebrachten Taten, die als Ausweis für den Eingang in die Basileia genannt werden, sind Elemente einer verkündigend-missionarischen Existenz, wie sie in 10,7f verlangt wird. 7,21 setzt diese bei den Jüngern Jesu voraus, es wird nur unterschieden, ob dabei der Wille des himmlischen Vaters getan worden ist oder nicht. Fraglich ist also nicht der Inhalt des Tuns als solches, sondern – darin 6,2ff vergleichbar – die Intention, mit der es getan wurde.

[966] So auch R. A. GUELICH, Sermon 347.

[967] Auch 6,33 belegt, dass für Matthäus das Himmelreich eine schon gegenwärtige Größe darstellt, um deren immer vollkommenere Durchsetzung gebetet (6,10; 9,35–38) und gewirkt werden soll (10,7, vgl. auch 13,3.19.24.38). Die Verheißung ist, dass wie aus dem allerkleinsten Samen so auch aus dem geringen Anfängen eine alles durchdringende Größe wird (13,32.33). Zur Auseinandersetzung um dem auch präsentischen oder nur futurischen Charakter der mt Basileia-Konzeption vgl. oben § 3/2.+3 u. in Auseinandersetzung mit 6,33 besonders R. A. GUELICH, Sermon 344–348; DAVIES/ALLISON, Mt I 661.

Weiter ist daran zu erinnern, dass das Wortfeld von 6,25ff in der vierten Seligpreisung bereits vorbereitet worden ist. Dort wurde denen das Sattwerden zugesagt, die nach Gerechtigkeit hungern und dürsten. Hier nun ist denen, die in der Gemeinschaft mit Jesus Sättigung, d.h. die Erfüllung ihrer eschatologischen Sehnsucht erfahren haben, aufgetragen, nun nicht einfach hinter ihr früheres Verhalten zurückzufallen, sondern die erfahrene Wirklichkeit in den Mittelpunkt ihres Strebens zu stellen.

Zusammenfassend ergibt sich für 6,33, dass der Imperativ ζητεῖτε nicht im Sinne von eingehen in die Basileia zu interpretieren ist, sondern als *sich bemühen um die Ausbreitung und Geltung der Basileia in der Welt*, d.h. er ist Aufruf zu einer missionarischen Existenz. Das wird auch in 7,21–23 unmissverständlich deutlich: Der Wille Gottes ist die Verkündigung des Evangeliums in Wort und Tat. Dem ist das in der Bergpredigt gelehrte Verhalten zugeordnet, es steht nirgends als Selbstzweck.[968] Die Bergpredigt enthält also eine missionarische Jünger-Ethik und gehört als Ganzes zum Genus der Aussendungs- und Beauftragungsrede![969]

---

[968] Die Bezeichnung »missionarisch« ist dabei nicht in einem ausschließlichen Sinn auf wandernde Boten zu beziehen, sondern umschließt auch das Verhalten der entstehenden ortsfesten Gemeinden, die zu diesen nicht in Konkurrenz stehen (s.u. Anm. 976). Das ist besonders in den stärker weisheitlich orientierten Teilen der Bergpredigt zu erkennen, indem Almosengeben Eigenkapital voraussetzt, das verborgene Beten im Haus eben ein Haus, das Angebenwollen durch ostentatives Fasten eine soziale Umgebung, die man damit beeindrucken kann. Aber gerade diese Tendenz zu einem 'verbürgerlichten' Ethos wird durch die Spruchgruppe 6,19–24 (die dann mit 6,25 beginnend auf 6,33 zuläuft) aufgebrochen und in ihrer Bedeutung relativiert (vgl. 1Kor 7,30b.31f). Es geht auch bei Matthäus – wie bei Paulus – um ein Haben als hätte man nicht, damit die Sorge um den Besitz, um Frau und Haus nicht „die Angelegenheiten des Herrn" (τὰ τοῦ κυρίου) überlagert, sondern alle „ohne Ablenkung" (ἀπερισπάστως) für ihn wirken können (vgl. 1Kor 7,32–35). Auch bei Paulus stehen sich missionarische Wanderexistenz und ortsfeste Gemeinden nicht konkurrierend gegenüber, weil beide in den Dienst Jesu gerufen sind. Auf die herausragende Bedeutung auch der ortsfesten Gemeinden für die Ausbreitung des Christentums von Beginn an verweisen die Arbeit von R. W. GEHRING, Hausgemeinde und Mission. Die Bedeutung antiker Häuser und Hausgemeinschaften – von Jesus bis Paulus, BWM 9, Gießen 2000, und W. REINBOLD, Propaganda und Mission im ältesten Christentum. Eine Untersuchung zu den Modalitäten der Ausbreitung in der frühen Kirche, FRLANT 188, Göttingen 2000, die terminologisch jedoch zwischen „Mission" (= „gezielte Ausbreitung einer Religion unter Menschen ..., die nicht Anhänger dieser Religion sind" [10], d.h. für das NT besonders die strategische und organisierte Mission des Paulus) und „Ausbreitung" durch individuelle Propaganda (= die absichtsvolle oder absichtslose Gewinnung neuer Anhänger für die eigene Religion im „persönlichen Umfeld" durch das Propagieren der eigenen „religiösen Überzeugungen" [14]) unterscheiden will (vgl. 7–15), womit die Unterscheidung zwischen Wanderpredigern und ortsfesten Gemeinden fortgeschrieben wird (allerdings nicht im Sinne einer Konkurrenz). Vgl. dazu jetzt auch E. J. SCHNABEL, Urchristliche Mission, Wuppertal 2002, 263–323 u.ö.

[969] Vgl. dazu auch den anregenden Aufsatz von CH. BURCHARD, Thema (s.o. Anm. 239).

Abschließende Überlegungen zu Mt 5,17–20; 6,1.33 im Rahmen des Matthäus-Evangeliums

Schon die Auslegung von 5,13–16 verwies auf die missionarische Existenz der Jüngerschaft als Verstehenshintergrund dieser Verse. Das ermöglicht nun auch das Verständnis von 5,17–20 und darüber hinaus der »Antithesen«, indem sie mit Fritz Neugebauer als „missionarische Ethik", ja geradezu als „Missionsbefehle" (868) gelesen werden können. Verbunden mit der missionarischen Ausrichtung ist eine neue Standortbestimmung der Tora als dem Medium für *Israels* Gerechtigkeit, das sie in der Königsherrschaft Gottes nicht sein kann, da alle Gerechtigkeit exklusiv an Jesus selbst gebunden ist. Die Transformation der Tora in die Gebote Jesu gelingt Matthäus, indem er ausgehend von der sicher alten Überlieferung, die er in 11,12f verarbeitet hat, das gesamte Jesusgeschehen unter das Vorzeichen der Erfüllung der *ganzen* Schrift stellt (5,17). Mit dieser positiven Verhältnisbestimmung von Jesus und der Israel anvertrauten Gottesoffenbarung in Gesetz und Propheten grenzt er seine Botschaft gegen jeglichen Verdacht ab, mit ihr zu dem in Gesetz und Propheten erkennbaren Willen Gottes in Widerspruch zu stehen.

Zugleich ermöglicht ihm die Bezugnahme auf die Propheten, in Verbindung mit dem sein Evangelium bestimmenden Programm der messianischen Erfüllung, eine in die Zukunft weisende Perspektive. Die Erfüllung ist kein Endpunkt, sondern der Anfang einer neuen Epoche in der Geschichte Gottes mit seinem Volk und darüber hinaus mit der ganzen Welt. D.h. auch in den Versen 17–20 findet der für Matthäus charakteristische Umschlag vom Israelpartikularismus zur weltweiten Aufrichtung des Gottesreiches statt, der sich m.E. in der Trennlinie zwischen V. 18 und 19 zu erkennen gibt.

Die Komposition der vier Verse ist spiegelbildlich an dieser Achse orientiert, wobei V. 17 und 20 als thematische Hauptverse („Überschriften") sowie Vers 18 und 19 als Begründung und Konkretion aufeinander zu beziehen sind. Dabei geht der Weg von einer Grundsatzaussage zu Israels Gottes-Geschichte in Form von Jesu Bekenntnis zu Gesetz und Propheten (V. 17) über die Begründung derselben (V. 18) in Form eines »Regelsatzes« zu einer auf diesen bezogenen »Anwendungsbestimmung« (V. 19), die wiederum in eine umfassend-grundsätzliche Erklärung mündet (V. 20). In der Anwendung der Regel geht das handelnde Subjekt von Jesus auf seine Jünger über, d.h. sie werden damit betraut, dieser Wende der Zeiten durch ihre Verkündigung und durch ihr Tun Gestalt zu geben.[970] Dazwischen liegt die heilsgeschichtliche Wende, ausgedrückt mit 18d „bis alles geschieht", was für die Zeit des Matthäus heißt: Nachdem dies durch Jesus alles geschehen ist, bzw. wie man im Hinblick auf das in 18b noch anvisierte zukünftige Geschehen formulieren müsste: Wie es mit Jesus seinen Anfang nahm und sich in seiner Parusie endgültig vollenden wird. Dabei beschreiben die Verse 17 und 18 *exklusiv das Werk Jesu* im Hinblick auf die Offenbarungsgeschichte Israels, während die Verse 19 und 20 die sich daraus ergebenden *Folgerungen für die Jünger* (und die durch sie zu begründenden Gemeinden) benennen. Die Aufgabe Jesu steht *noch* unter dem Vorzeichen von Gesetz und Propheten (darum ist sein Dienst bis auf charakteristische Ausnahmen auf Israel begrenzt), die der Jünger *schon* unter dem der Basileia, dem Gebot Jesu und der damit begonnenen Gerechtigkeit.

Dass dieser neu gesetzte Anfang als eine *Transformation* (d.h. weder eine Aufhebung, noch eine quantitative Überbietung, noch eine bloße Fortsetzung) der bisherigen Gottesgeschichte verstanden werden kann[971], ist die Leistung dieser Spruchgruppe, die *in ihrer vorliegenden Gestalt* das Werk des Evangelisten ist, bei der er aber Traditionen verarbeitete, die in ihrer Substanz bis auf Jesus selbst zurückgehen können. Zugleich zeigen die syntaktischen Schwierigkeiten mit den Inkongruenzen zwischen Vers 18c und 18d sowie zwischen den Versen 18 und 19, die auffällig wechselnden Satzmuster von Vers zu Vers (entgegen der mt Vorliebe für Reihen, wie sie die voranstehenden und nachfolgenden Abschnitte prägen) und die nicht einfach zu vollziehenden Übergänge zwischen den einzelnen Versen[972], dass er mit der ihm vorliegenden Überlieferung sehr behutsam umgegangen ist.

Der scheinbar widersprüchliche Befund, eine Häufung typischer sprachlicher 'Matthäismen' in einem Textgefüge zu finden, das seiner Struktur nach gleichwohl nicht typisch für das erste Evangelium ist, lässt die Vermutung aufkommen, dass es der Evangelist selbst war, der diese Verse ins Griechische übersetzt hat (s.o. Anm. 774). Da sie bis auf Teile von Vers 18 ohne synoptische Parallelen sind, ist eine Übersetzung durch den Evangelisten denkbar, dessen Evangelium ja auch sonst durch eine gute Kenntnis der Sprache Jesu und Jesustraditionen unterschiedlicher Herkunft gekennzeichnet

---

[970] Zu vergleichen ist die Gliederung bei W. PETERSEN, Eigenart 172f, die auf anderen Wegen zu einem Ergebnis gekommen ist, das dem hier vorliegenden weitgehend entspricht.

[971] Das will der Titel dieser Arbeit ausdrücken: „Die Gerechtigkeit der Tora *im* Reich des Messias". Ausgangspunkt der Untersuchung war jedoch, so im Antrag für das Habilitationsstipendium, die Formulierung: „Das Reich der Tora *oder* das Reich des Messias". Das eigentliche Ergebnis spiegelt sich also lediglich in einem einzigen Wort. Aber es enthält *in nuce* die gesamte mt Theologie.

[972] Der beste Überblick hierfür ist jetzt W. PETERSEN, Eigenart 170–173.

ist, ohne dass sich dieses mt Sondergut wortstatistisch absondern ließe.[973] Das verweist sowohl auf seinen sprachlichen Gestaltungs*willen* als auch auf sein entsprechendes Gestaltungs*vermögen*. Matthäus *wollte* also diese Verse in ihrer oder trotz ihrer sperrigen Gestalt an dieser für sein Evangelium so wichtigen Stelle überliefern.

Hans-Theo Wrege charakterisiert das mt Sondergut als „israel-fundierten Universalismus" (Sondergut 137), aber diese Charakteristik gilt darüber hinaus für das ganze Evangelium. Matthäus beschreibt in seinem Evangelium die eine heilsgeschichtliche Wende, in der die Offenbarungsgeschichte Israels in Gestalt von Gesetz und Propheten in Jesus kulminiert und durch ihn einen neuen Anfang zu den Völkern der Welt nimmt, *ohne* dass damit ein Abbruch der bisherigen Geschichte verbunden ist. Ganz Israel ist in idealer Weise im Gottesreich repräsentiert und vertreten. An ganz Israel ergeht die Einladung zur eschatologischen Mahlgemeinschaft mit Abraham, Isaak und Jakob. Jesus ist nach 1,1 zuerst als der Sohn Davids eingeführt (d.h. Israel und seine ihm geltenden Verheißungen stehen an erster Stelle), aber er ist, so die zweite Kennzeichnung, auch der Sohn Abrahams (als Hinweis auf die Völker), so dass in ihm nicht nur die Israel-spezifischen Davids-Verheißungen in Erfüllung gegangen sind, sondern auch die an Abraham für die Völker.

---

[973] Vgl. H. KLEIN, Bewährung im Glauben 208. Das ist auch das wichtigste Argument gegen die Isolierung der Bergpredigt gegenüber dem übrigen Evangelium, wie es H. D. BETZ versuchte. Klein weist das Sondergut drei Bereichen zu: Gleichnisse, die s.E. von einem „Gemeindeverband palästinisch-jüdischer Christen" stammen, die »Antithesen« und verwandte Texte (darunter 5,17.19, das er im Sinn einer Toraverschärfung interpretiert), die ihre Ursprungssituation bei den Wanderpredigern haben sollen, und die Petrustexte als Zeugnisse einer „Gemeinschaft hellenistischer Judenchristen" (209f). Diese genaue Herkunftszuweisung ist allerdings problematisch, da sie sich ausschließlich auf textinterne Hinweise stützen kann, die mit einem bestimmten Bild der Geschichte des Urchristentums verbunden werden, das die Grenzen zwischen den einzelnen Gruppen und Gemeinden zu eng zieht. Gleichwohl bleiben die Einzelbeobachtungen hilfreich. H.-TH. WREGE gebraucht in seinem Kommentar zum mt Sondergut den ebenfalls wenig hilfreichen Ausdruck von der „Mt-Sondergutgemeinde" (137 u.ö.), die er in verschiedene Untergruppen aufteilt: „Petrusgruppe", „Basisgruppe", dazu die dem Jakobuskreis nahestehende Tradentengruppe um 5,18f (u. evtl. 10,5.23f). Diese Aufteilungen sind aber durchaus künstlich, weil keine der „Gruppen" (m.E. ist eine theologische Position nicht identisch mit einer sie vertretenden Gruppe) durch die wenigen Texte, die ihr zugeschrieben werden, ausreichend gekennzeichnet werden kann. Der – hypothetische – Blick auf die Unterschiede verstellt ganz offensichtlich den Blick für das Gemeinsame. Gleichwohl gilt auch hier: Die Beobachtungen zeigen, dass Matthäus verschiedene Anliegen zu verbinden wusste, wenngleich diese unterschiedlichen Anliegen m.E. weniger in abgrenzbaren Gruppen als in veränderten Zeiten zu suchen sind, indem das Evangelium ein Geschehen der Vergangenheit für die eigene Gegenwart formuliert. Es ist die Leistung des Evangelisten, in Treue zur Überlieferung die unüberholbare, normative Geschichte Jesu mit der eigenen Situation so zu verschränken, dass beide in ihrer Unterschiedenheit bestehen bleiben und dennoch die Jesusgeschichte ihre Normativität in die aus ihr hervorgegangene Geschichte hinein entfalten kann.

Die Aufgabe der Jünger ist es, als Propheten (5,12) und Lehrer (5,19) der
von Jesus erfüllten »Tora«, d.h. als Boten für das Reich Gottes und der damit
verbundenen Gerechtigkeit einzustehen. Darauf soll ihre gesamte Existenz
ausgerichtet sein, das ist ihre Berufung. Sie sind die Zeugen jener Gerechtigkeit, die das Böse nicht meidet, sondern überwindet, weil sie Teilhaber an
Gottes Vollkommenheit sind, die sich vor den Sündern nicht zurückzieht,
sondern diesen durch Liebe und Fürbitte den Weg zur Vergebung eröffnet
(5,44–48). Die Rede auf dem Berg ist darum nicht als Taufkatechismus zu
bestimmen, sondern als *Vorbereitung* auf die missionarische Aufgabe (die den
Jüngern in besonderer Weise, aber darüber hinaus der ganzen Gemeinde gilt),
für die in Kapitel 10 mit der *Aussendungsrede* die eigentliche Beauftragung
erfolgt, die mit 28,18–20 dann universal ausgeweitet wird. Auch die anderen
Reden Jesu lassen sich in dieser Perspektive verstehen: Die *Gleichnisrede*
Kapitel 13 verweist auf das, was von der Saat (Jesu erstem Kommen) bis zur
Ernte (vgl. 13,39: συντέλεια αἰῶνος mit 28,20) geschehen soll. Die
Konzentration auf das ausgestreute Wort (13,19) und seine Wirkung bzw. die
Reaktionen darauf bestimmt im Grunde das ganze Kapitel. Die Träger dieses
Wortes sind jedoch auch hier die Jünger (13,11–17.51f). Das Ziel des
ausgestreuten Samens sind die Orte, wo wenigstens zwei oder drei in Jesu
Namen zusammenkommen, um zu beten und einander anzunehmen und zu
vergeben (Kapitel 18).[974] Vor dem Ende der Welt, aber erst *nachdem* „dieses
Evangelium des Reichs in der ganzen Oikumene verkündigt worden ist den
Völkern zum Zeugnis" (καὶ κηρυχθήσεται τοῦτο τὸ εὐαγγέλιον τῆς
βασιλείας ἐν ὅλῃ τῇ οἰκουμένῃ εἰς μαρτύριον πᾶσιν τοῖς ἔθνεσιν, καὶ
τότε ἥξει τὸ τέλος) kommen die eschatologischen Wehen, in denen die
Jünger nur bestehen können, wenn sie sich an Jesu Wort halten (24,35) und in
ihrer Wachsamkeit und Tätigkeit für Gottes Reich (vgl. 24,45–25,30) nicht
nachlassen.[975]

Versucht man diesen Gesamtduktus, der zum Evangelium führte, historisch zu beschreiben, dann geht der Weg von Jesus selbst, der äußerlich
gesehen wie ein Prophet oder Wandercharismatiker wirkte, über seine
Gesandten, die er schon vorösterlich als seine Boten aussandte.[976] In der Zeit

---

[974] Dieses Kapitel zeigt im Grunde einen sehr frühen, ursprünglichen Zustand von
„Gemeinde": Es gibt außer dem gemeinsamen Gebet und dem gegenseitigen Annehmen und
Vergeben kein erkennbares Gemeindeleben.

[975] Zu einer ähnlichen Synthese der Redekomplexe s. K. SYREENI, Making 97f (vgl. 81).

[976] Diesen Weg beschreibt TH. SCHMELLER, Brechungen. Urchristliche Wandercharismatiker im Prisma soziologisch orientierter Exegese, SBS 136, Stuttgart 1989, 66–76.93–106.
Die besondere Bedeutung des Matthäus-Evangeliums in der Geschichte dieser Wanderboten
wird darin überdeutlich, dass die sog. „Q-Boten" in ihm ihren deutlichsten Niederschlag
gefunden haben (für das Matthäus-Evangelium ist dagegen W. REINBOLD, Propaganda und
Mission, enttäuschend, vgl. 226–240 über „Die Boten der Logienquelle und Verwandtes" und

nach Ostern wurde diese Tätigkeit mit einer veränderten Botschaft fortgesetzt, indem Jesus selbst Inhalt der Verkündigung wurde. Das Ausmaß der mit ihm inaugurierten heilsgeschichtlichen Wende für Israel und die Völker der Welt erschloss sich wohl erst nach und nach in der rückschauenden Betrachtung seines Wirkens und der über ihn gesammelten und tradierten Botschaft. Aus den Boten wurden Lehrer, aus den „zwei oder drei" entstanden Gemeinden, aber über all diesen Veränderungen bleibt die sendende Beauftragung für das Matthäus-Evangelium entscheidend. Es richtet sich m.E. nicht in erster Linie an Gemeindeglieder, sondern an die Missionare und Sendboten dieser Gemeinden (wobei das Evangelium nicht nur die ihnen und ihrem Auftrag im Besonderen geltende Weisung, sondern auch den Inhalt ihrer Botschaft, nämlich Lehre und Unterweisung, enthält). Sie sollen wissen, was der Grund ihres Glaubens an Jesus ist und was der Grund ihres Handelns, damit die eschatologische Gerechtigkeit Gottes, wie sie Jesus erfüllte und ermöglichte, zum Leuchten kommt. Dazu war und ist es nötig, das Verhältnis zu „Gesetz und Propheten" zu klären, weil nur so die Einheit von Gottes Offenbarung trotz der eingetretenen Veränderungen überzeugend vertretbar ist. In den Reihen dieser Messiasboten, zu denen auch der Evangelist selbst gehört haben wird, dürfte darum nicht nur der Ursprung der Redequelle und verwandter Stoffe liegen, sondern auch der des ersten Evangeliums.

272–278 über Mt 28,19f. Schmeller gelingt es besser als Theissen, die Differenz zwischen Wanderboten und ortsfesten Gemeinden zu beschreiben, indem er diese nicht in Konkurrenz zueinander setzt, sondern ortsfeste Gruppen, aus denen Gemeinden erwuchsen (schon in der Zeit Jesu), als gewollte Folge der Verkündigung ansieht (vgl. 74f). Problematisch ist lediglich seine Beschreibung der Wanderboten als „ein Kreis rastloser und unorganisierter Wandercharismatiker" (94), die weder ein so „reflektiertes Gebilde" wie die Logienquelle (94) und noch viel weniger ein Evangelium wie das des Matthäus hätten schreiben können. Das erscheint mir jedoch ein schiefes Bild zu sein. Das Dasein als Wanderprediger oder als reisender Missionar schließt längere Aufenthalte an einem Ort nicht aus, vgl. R. W. GEHRING, Hausgemeinde 79 u.ö. Das zeigen Paulus und seine Mitarbeiter, aber auch Jesus selbst. Kapernaum ist „seine Stadt" und dort weiß man, in welchem Haus er zu finden ist. Matthäus, der Zöllner, der Jesu Ruf in die Nachfolge hört und ihm gehorcht, lädt anschließend Jesus in sein Haus (9,9–13).

II. Die Tora, David und die Gerechtigkeit

Einleitung

Die hier zu begründende These, wonach der erste Evangelist die Frage nach der Gerechtigkeit (und damit verbunden die nach der Tora) in einen größeren theologischen Zusammenhang einordnet, wurde oben (s. S. 122f) bereits kurz vorgestellt. Bestimmend ist dabei die Überzeugung, dass Matthäus die Frage nach dem Gesetz vom Ziel desselben her angeht. Dieses aber ist eine Himmel und Erde zusammenschließende Gerechtigkeit, die in Gott ihren Ausgangspunkt, ihre inhaltliche Bestimmung und ihr Ziel hat. Eingeschlossen in diese heilvolle Relation des Menschen zu seinem Schöpfer ist die der Menschen untereinander.[1] Was Gerechtigkeit im Hinblick auf den *Menschen* inhaltlich meint, bestimmt sich aus der Tora als dem geoffenbarten Willen Gottes (der zugleich sein eigenes Wesen ausdrückt). Im *König Israels* begegnet dagegen der menschliche Repräsentant der göttlichen Gerechtigkeit (in ihrer richtenden und rettenden Gestalt), der aber als Mensch zugleich den Verpflichtungen der Tora unterliegt (vgl. insbesondere Dtn 17,14–20).

Als Vertreter Gottes ist er *idealiter* Repräsentant der gerechten, heilvollen Königsherrschaft Gottes und in seinem Wirken Abbild der Gerechtigkeit Gottes. Als Mensch dagegen ist er der exemplarische Fromme, der Gerechte, wobei die Tora der dem Menschen gegebene Maßstab ist, an dem sich sein

---

[1] Vgl. den Abschnitt von B. JANOWSKI in dem Gemeinschaftsaufsatz: Richten und Retten. Zur Aktualität der altorientalischen und biblischen Gerechtigkeitskonzeption (zus. m. J. Assmann u. M. Welker), in: dies. (Hgg.), Gerechtigkeit. Richten und Retten in der abendländischen Tradition und ihren altorientalischen Ursprüngen, München 1998, 9–35 (20–28) [auch in: DERS., Die rettende Gerechtigkeit. Beiträge zur Theologie des Alten Testaments 2, Neukirchen-Vluyn 1999, 220–246]. Janowski beschreibt darin „drei Konzeptionen der Gerechtigkeit", indem er Gott als Subjekt der (rettenden und richtenden) Gerechtigkeit, den von Gott eingesetzten König (das sind insbesondere David und seine Nachfolger) als Mittler derselben und den einzelnen Menschen (insbesondere in seiner Situation als Bedrängter, dessen Gerechtigkeit strittig geworden ist) als Empfänger der Gerechtigkeit benennt. Grundlegend an diesem Modell ist die hervorgehobene Theozentrik: „Daß Gerechtigkeit von Gott ausgeht und menschliches Dasein und Handeln in all seinen Äußerungen prägt, gehört zu den Grundaussagen des Alten Testaments" (21). Die durchgehend theologische Konzeption der alttestamentlichen Gerechtigkeitsvorstellung betont auch H. SPIECKERMANN, Recht und Gerechtigkeit im Alten Testament. Politische Wirklichkeit und metaphorischer Anspruch, in: Recht – Macht – Gerechtigkeit, hg. v. J. Mehlhausen, VWGTh 14, Gütersloh 1998, 253–273.

Gerechtsein erweist. Protologisches Ideal des gerechten Königs seit der späten Königszeit ist David, an dessen idealisiertes Bild sich darum spätestens seit exilischer Zeit auch die Hoffnungen für eine 'gerechte' Zukunft knüpften. Für diese erhoffte Zukunft gilt jedoch ebenso wie für die retrospektive biblische Bearbeitung der David-Geschichte die Verbindung von Gottes Gerechtigkeit mit dem gerechten und darum im späteren Verständnis selbstverständlich toratreuen Beauftragten Gottes, der nun zum messianischen Herrscher wird, wobei insbesondere die *Davidssohn-Messianologie* wichtig ist. Mit dem Kommen des Messias aus der Nachkommenschaft Davids geht das Bringen, Schaffen und Durchsetzen der göttlichen Gerechtigkeit in ihrer rettenden und richtenden Ausprägung einher.

Dagegen könnte eingewandt werden, dass es weder in alttestamentlicher noch in frühjüdischer Zeit eine in ihren Umrissen fest geprägte davidische Messiaserwartung gegeben habe.[2]

---

2   Vgl. insbesondere K. E. POMYKALA, The Davidic Dynasty Tradition in Early Judaism. Its History and Significance for Messianism, SBL-Early Judaism and Its Literature 7, Atlanta GA 1995, der jedoch die Bedeutung der davidischen Gesalbtenerwartung viel zu schwach bewertet, wenn er im Ergebnis schreibt: „There existed in early Judaism no continuous, widespread, or dominant expectation for a davidic messiah" und aufgrund des zeitlichen Abstandes zwischen biblischen Texten und der ersten Erwähnung in PsSal 17 behauptet, „the idea of a davidic messiah first emerged in the first half of the first century BCE" (270). Als Konsequenz fordert er, „scholarly discourse should dispense with the idea of a "traditional" davidic hope for this period" (271). Ähnliche Stimmen zu Gunsten eines 'messianischen Minimalismus' finden sich zahlreich, so u.a. M. KARRER, Der Gesalbte. Die Grundlagen des Christustitels, FRLANT 151, Göttingen 1991, dessen Analyse m.E. zu sehr am Messias-Begriff hängt (zur Kritik s. P. STUHLMACHER, Theologie I 113; K.-W. NIEBUHR, Jesus Christus und die vielfältigen messianischen Erwartungen Israels. Ein Forschungsbericht, JBTh 8 [1993], 337–345 [343–345]; J. ZIMMERMANN, Messianische Texte 6f); R. A HORSLEY, "Messianic" Figures and Movements in First-Century Palestine, in: The Messiah. Developments in Earliest Judaism and Christianity, hg. v. J. H. Charlesworth, Minneapolis 1992, 276–295. Gegen einen solchen Reduktionismus aufgrund des *argumentum e silentio* vgl. u.a. W. HORBURY, Jewish Messianism, insbesondere Kapitel 2: „The Prevalence of Messianism in the Second-Temple Period" (36–63), dem dem Nachweis dient, dass „messianic hope was more continuously vigorous and more widespread than has been allowed in the influential body of modern opinion" (37); zu David als messianischem 'Prototyp' s. besonders 31–33 (zur Kritik an Pomykala s. 43); W. M. SCHNIEDEWIND, Society and Promise to David: The Reception History of 2 Samuel 7:1–17, New York 1999; M. PIETSCH, »Sproß Davids«. Zumindest für die Zeit ab dem 2. Jh. bewertet auch J. J. COLLINS die davidische Messiashoffnung als zentrales Element jüdischer Zukunftserwartung (Scepter 11–14.65f. 95.209; erst für das 1. Jh. v.Chr. sieht dagegen PIETSCH, ebd. 366, eine messianische Rezeption der sehr viel älteren „restaurativen Davidtheologie"). Für einen früheren zeitlichen Ansatz der messianischen Erwartungen s. ANNA MARIA SCHWEMER, Jesus Christus als Prophet, König und Priester. Das *munus triplex* und die frühe Christologie, in: M. HENGEL/ A. M. SCHWEMER, Der messianische Anspruch Jesu (s.o. I. Einleitung, Anm. 9), 165–230 (179f u.ö.). Sie weist darauf hin, dass neben der königlichen die prophetische und priesterliche Erwartung nicht vernachlässigt werden darf. Wenn in der nachfolgenden Skizze gleichwohl der Schwerpunkt auf der *königlichen* Traditionslinie liegt, dann deshalb, weil in den untersuchten Texten das Thema der Gerechtigkeit nahezu ausschließlich mit dieser

So kommt Stefan Schreiber in seiner großen Untersuchung zur frühjüdischen Messiaserwartung zu dem Ergebnis, dass im Frühjudentum zwar „keine fest umrissene, in ihren Motiven völlig einheitliche königliche Gesalbtenerwartung" existierte, aber gleichwohl von „der Existenz einer königlichen Gesalbtenerwartung" im Sinne eines Grundgedankens ausgegangen werden kann.[3] Er macht weiter darauf aufmerksam, dass „der Gedanke der davidischen Abstammung des Gesalbten ... nicht wesentlich zum Bedeutungskern" gehöre (543), muss aber selbst einräumen, dass dem Nichterwähnen der davidischen Herkunft keine zu große Bedeutung zugemessen werden darf, da dieselbe vielfach *eine selbstverständliche Voraussetzung* darstellt (ebd. Anm. 15).

Gegen eine Minimalisierung der davidischen Messias-Erwartung im Rahmen des alttestamentlichen Traditionsgeschehens wandte sich mit Nachdruck u.a. Hartmut Gese, der in dem davidischen Messias und „Zionskönig" den Kulminationspunkt der großen Heilslinien der alttestamentlichen Botschaft und in diesem Sinne „die *Summe* des Alten Testaments" zu sehen lehrt.[4]

---

verbunden ist. Zudem betont auch E.-J. WASCHKE, Wurzeln und Ausprägung messianischer Vorstellungen im Alten Testament. Eine traditionsgeschichtliche Untersuchung, in: DERS., Der Gesalbte (s.o. § 9 Anm. 813), 1–104 (74), dass „Königssalbung und Dynastiezusage ... die Voraussetzung und die Grundlage für die Ausprägung und Entwicklung messianischer Vorstellungen im Alten Testament" bilden, wenngleich in seiner Studie die priesterlichen und prophetischen Elemente schon wieder zu stark ausgeblendet sind.

[3] Gesalbter und König. Titel und Konzeptionen der königlichen Gesalbtenerwartung in frühjüdischen und urchristlichen Schriften (BZNW 105, Berlin u. New York 2000, 543. So auch B. SCHALLER, Jüdische und christliche Messiaserwartungen, FÜI 76 (1993), 5–14, jetzt in: DERS., Fundamenta Judaica. Studien zum antiken Judentum und zum Neuen Testament, hg. v. L. Doering u. Annette Steudel, StUNT 25, Göttingen 2001, 201–210 (205).

[4] Alttestamentliche Hermeneutik und christliche Theologie, in: Theologie als gegenwärtige Schriftauslegung, ZThK Beiheft 9, Tübingen 1995, 65–81 (78 [Hhg.Orig.]), vgl. DERS., Der Messias, in: DERS., Zur biblischen Theologie (s.o. § 9 Anm. 779), 128–151, wo er zeigt, dass die Messiaserwartung im Alten Testament „nicht nur ein Nebenzweig" (128) war, sondern eine durchgehende Traditionslinie darstellt, deren beide Zweige „Der davidische Gottessohn" (so die Überschrift des 1. Teils [129-137]) und „Der Menschensohn" (138–145) sind; zu den exegetischen Entscheidungen, die diesem Gesamtbild zu Grunde liegen s. DERS., Der Davidsbund und die Zionserwählung, ZThK 61 (1964), 10–26, jetzt in: DERS., Vom Sinai zum Zion. Alttestamentliche Beiträge zur biblischen Theologie, BevTh 64, München 1984 ([1]1974), 113–129. Vgl. ferner SH. TALMON, Typen der Messiaserwartung um die Zeitenwende, in: Probleme Biblischer Theologie, FS G. v. Rad, hg. v. H. W. Wolff, München 1971, 571–588, auch in: DERS., Gesellschaft und Literatur in der Hebräischen Bibel. Gesammelte Aufsätze Bd. 1, InfJud 8, Neukirchen-Vluyn 1988, 209–224 (215). Es war gerade von Rad, in dessen Festschrift Talmons Aufsatz ursprünglich erschienen ist, der „Sinaibund und Davidbund" als „die beiden Heilssetzungen" zu sehen lehrte, auf denen „die ganze Existenz Israels vor Jahwe" ruhte: „Zweimal hat Jahwe in Israels Geschichte in sonderlicher Weise eingegriffen, um seinem Volk einen Grund des Heils zu legen. Zuerst in dem Komplex von Taten, die in dem Bekenntnis zu der kanonischen Heilsgeschichte (also von Abraham bis Josua) zusammengefaßt sind; zum andern in der Bestätigung Davids und seines Thrones für alle Zeiten" (Theologie des Alten Testaments Bd. I, München 1958, 352). Von Talmon vgl. ferner: Biblische und frühnachbiblische Messias- und Heilserwartungen, in: DERS., Juden und Christen im Gespräch. Gesammelte Aufsätze Bd. 2, InfJud 11, Neukirchen-Vluyn 1992, 98–129 (urspr. unter dem Titel: Der Gesalbte Jahwes. Biblische und frühnachbiblische ..., erschienen in: F. Henrich [Hg.], Jesus – Messias? Heilserwartungen bei

Für die Qumranschriften hat unlängst Johannes Zimmermann gezeigt, dass trotz der erkennbaren Pluralität in Bezug auf die Messiaserwartung die davidisch-königliche Erwartung bei der Mehrheit der relevanten Texte dominiert.[5] Treffend charakterisiert Craig A. Evans: „Not all of the eschatology of the Scrolls is messianic, nor is all of the messianic material Davidic, but it is clear that the Davidic tradition is the single most important factor."[6]

Gegen eine Minimierung der Erwartung eines messianischen Davididen spricht zudem die durchgängige (und exklusive) Erwähnung eines solchen in den jüdischen Gebeten aus der Zeit ab dem 1. Jh. v. Chr.[7] So heißt es in der palästinischen Rezension des Achtzehnbittengebets (entstanden im 1. Jh. n.Chr., evtl. früher) in der 14. Bitte: „Habe Erbarmen, o Herr, unser Gott, nach der Art deines großen Erbarmens, mit Israel, deinem Volk, und Jerusalem, deiner Stadt, und Zion, dem Wohnort deiner Ehre, und mit deinem Tempel und deiner Wohnstätte, und mit *dem Königtum des Hauses Davids, des Messias deiner Gerechtigkeit* (oder: „deinem [gerechten] Messias" [überliefert ist צדקך משיח und מֹשִיחֶך]). Gesegnet seist du, o Herr, Gott Davids, Erbauer Jerusalems."[8] Auch in der 3. Benediktion nach dem Essen (ברכת בונה ירושלים) wird Gott um sein Erbarmen „für die Königsherrschaft *des Hauses Davids, deines Messias*" angerufen (על מלכות בית דוד משיחך); als Urheber derselben nennt R. Nachman David und Salomo selbst (bBer 48b). Eng damit zusammen gehört die Erwähnung von Tora und Bund in der 2. Benediktion (ברכת הארץ), denn in bBer 49a ist festgelegt, dass nur derjenige seine Verpflichtung erfüllt, der Bund, Tora und die

---

Juden und Christen, Regensburg 1982, 27–68). Positiv aufgenommen und gar zur 'Mitte des Alten Testaments' erklärt wurde die These von Rads durch F. C. PRUSSNER, The Covenant of David and the Problem of Unity in Old Testament Theology, in: J. C. Rylaarsdam (Hg.), Essays in Biblical Scholarship, Essays in Divinity 6, Chicago u. London 1968, 17–41 (30ff); vgl. außerdem O. HOFIUS, Jesus 108f.113. Vgl. dagegen als kritischen Überblick H. STRAUSS, Art. Messias/Messianische Bewegungen I. Altes Testament, TRE 22, 1992, 617–621; DERS., Messianisch ohne Messias, EHS XXIII/232, Frankfurt/M. u.a. 1984. Eine allgemeine Einführung in die mit der Messiasfrage verbundenen Probleme in: H.-J. FABRY/K. SCHOLTISSEK, Der Messias. Perspektiven des Alten und Neuen Testaments, NEB Themen 5, Würzburg 2002, eine kurze Zusammenfassung mit mt Perspektive bei LIDIJA NOVAKOVIC, Messiah, the Healer of the Sick. A Study of Jesus as the Son of David in the Gospel of Matthew, WUNT II/170, Tübingen 2003, 11–34.

[5] Messianische Texte aus Qumran. Königliche, priesterliche und prophetische Messiasvorstellungen in den Schriftfunden von Qumran, WUNT II/104, Tübingen 1998, vgl. weiter K. E. POMYKALA, Davidic Dynasty 171–216.231–246; S. SCHREIBER, Gesalbter 199–245; M. PIETSCH, »Sproß Davids« 212–224, deren Schwerpunkt jeweils die davidisch konnotierten Messiaserwartungen sind.

[6] David in the Dead Sea Scrolls, in: The Scrolls and Scriptures. Qumran Fifty Years After, hg. v. St. E. Porter u. C. A. Evans, JSPE.S 26, Sheffield 1997, 183–197 (191).

[7] CH. BURGER, Jesus als Davidssohn. Eine traditionsgeschichtliche Untersuchung, FRLANT 98, Göttingen 1970, 22f; G. VERMES, Jesus der Jude, Neukirchen-Vluyn 1993, 116f; G. STEMBERGER, Art. Messias/Messianische Bewegungen II. Judentum, TRE 22, 1992, 622–630 (625).

[8] Hebr. Text der Vorlage b. I. ELBOGEN, Der jüdische Gottesdienst in seiner geschichtlichen Entwicklung, GGJ, Frankfurt a. M. [3]1931 (Ndr. Hildesheim 1967), 53.518, vgl. a. BILL. IV/1 211–214; zur rabb. Diskussion s. yBer 2,4 5a,9–15 (= ed. Schäfer § 10f); bMeg 17b; S. SCHREIBER, Gesalbter 391–394 (zur Datierung).

Königsherrschaft des Hauses Davids nennt.[9] Die Gebete spiegeln somit wider, was in der rabbinischen Literatur bis auf wenige Ausnahmen gilt: „»Sohn Davids« wird die gängigste Bezeichnung des Messias."[10]

So werden also diese beiden Hauptlinien (Gerechtigkeit durch die Tora bzw. Gerechtigkeit als Frucht des Wirkens des messianischen Königs) durch die Verschränkung von David bzw. Davidssohn und Tora miteinander verbunden, d.h. das beiden gemeinsame Ziel (ein gerechtes Reich und eine heilvollgerechte Herrschaft) wird beibehalten, und die beiden, zu diesem Ziel führenden Linien, werden zueinander in Beziehung gesetzt, entweder dergestalt, dass der messianische Davidssohn zum vollmächtigen Toravollstrecker wird (d.h. die Tora ist dem Messias übergeordnet und er setzt ihre Verwirklichung durch) oder aber, dass er die Tora seiner Herrschaft dienstbar macht und ihre Aufgabe im messianischen Reich neu bestimmt.[11]

1. Zur Vorgehensweise

Das voranstehend idealtypisch dargestellte, eng zusammengehörende Geflecht von Davidssohn-Messias, Gerechtigkeit und Tora kann im Folgenden nicht in vollem Umfang dargestellt werden. Eine solche Aufgabe erforderte eine eigene, umfassende Arbeit, in der ausgehend von den alttestamentlichen Büchern die vielfältige Entwicklung allein schon in der direkten biblischen Traditionsgeschichte aufgezeigt werden müsste, ausgehend vom masoretischen Text und seiner innerkanonischen Auslegung[12] über die Septuaginta[13], die Targumim[14]

---

[9] Zu den verschiedenen Fassungen s. L. FINKELSTEIN, The Birkat ha-mazon, JQR 19 (1928|29), 211–262; F. MANNS, Jewish Prayer in the Time of Jesus, ASBF 22, Jerusalem 1994, 161–165.

[10] G. STEMBERGER, Messias 624. Vgl. dazu auch P. SCHÄFER, Die messianischen Hoffnungen des rabbinischen Judentums zwischen Naherwartung und religiösem Pragmatismus, in: Zukunft in der Gegenwart, hg. v. C. Thoma, Bern u. Frankfurt a.M. 1976, 95–125, jetzt in: DERS., Studien zur Geschichte und Theologie des rabbinischen Judentums, AGJU 15, Leiden 1978, 214–243; A. GOLDBERG, Die Namen des Messias in der rabbinischen Traditionsliteratur. Ein Beitrag zur Messianologie des rabbinischen Judentums, FJB 7 (1979), 1–93, jetzt in: DERS., Mystik und Theologie des rabbinischen Judentums, Ges. Studien 1, hg. v. M. Schlüter u. P. Schäfer, TSAJ 61, Tübingen 1997, 208–274; ANNA MARIA SCHWEMER, Irdischer und himmlischer König. Beobachtungen zur sogenannten David-Apokalypse in Hekhalot Rabbati §§ 122–126, in: Königsherrschaft Gottes (s.o. § 3 Anm. 15), 309–359.

[11] S.o. S. 274f.

[12] Vgl. dazu W. HORBURY, Jewish Messianism 25–31 („The Old Testament as edited and collected").

[13] Hilfreich F. SIEGERT, Hebräischer Bibel 171.264f, zum Thema „Torazentrik" der LXX, wobei dieses Phänomen nicht isoliert von anderen interpretatorischen Elementen der Übersetzung gesehen werden darf. So gehört zur Torazentrik das Wortfeld der Gerechtigkeit (vgl. ebd. 266–268), denn die Wortwahl δικαιοσύνη erlaubte es, Gerechtigkeit zunächst als soteriologischen und davon abgeleitet dann als ethischen Wert zu vermitteln: „Gottes

bis hin zur Rezeption der biblischen Texte in der rabbinischen Literatur[15]. Darüber hinaus wäre dann die Fortschreibung und Veränderung dieser Traditionen in der von der hebräischen Bibel bzw. der LXX abhängigen jüdischen Literatur zu untersuchen.[16] Besonders beachtet werden müsste die Verschränkung der genannten Bereiche Tora, Gerechtigkeit und Messias. Was

Gerechtsein, den Menschen vermittelt in der Tora, ermöglicht und erfordert menschliches Gerechtsein" (267). Zum anderen gehört der *LXX-Messianismus* hierher, s. ebd. 297–301 u. J. SCHAPER, Der Septuaginta-Psalter als Dokument jüdischer Eschatologie, in: Die Septuaginta (s.o. § 7 Anm. 528), 38–61; DERS., Eschatology in the Greek Psalter, WUNT II/76, Tübingen 1995; DERS., Der Septuaginta-Psalter. Interpretation, Aktualisierung und liturgische Verwendung der biblischen Psalmen im hellenistischen Judentum, in: Der Psalter in Judentum und Christentum, hg. v. E. Zenger, HBS 18, Freiburg u.a. 1998, 165–183; CH. RÖSEL, Die messianische Redaktion des Psalters. Studien zur Entstehung und Theologie der Sammlung Psalm 2–89*, CThM A19, Stuttgart 1999. Die Querverbindungen zwischen Messianisierung und Toraisierung sind dagegen m.W. noch nicht ausreichend untersucht worden.

[14] Zum *Messiasverständnis* derselben s. S. H. LEVEY, The Messiah: An Aramaic Interpretation. The Messianic Exegesis of the Targum, MHUC 2, Cincinnati u.a. 1974; B. D. CHILTON, The Glory of Israel. The Theology and Provenience of the Isaiah Targum, JSOT.S 23, Sheffield 1983, 86–96.112–117 (Appendix: 'Messiah' in Prophetic Targumim other than Isaiah); S. SCHREIBER, Gesalbter 394–403; M. MCNAMARA, Some Targum Themes, in: Justification and Variegated Nomism: A Fresh Appraisal of Paul and Second Temple Judaism, Bd. 1: The Complexities of Second Temple Judaism, hg. v. D. A. Carson u.a., WUNT II/140, Tübingen 2001, 303–356; zur *Toraisierung* s. MCNAMARA ebd. 309–319 (vgl. a. 352) mit dem zusammenfassenden Fazit: „One's attitude to God is measured by one's attitude to the Law" (309f; zum Verständnis der *Gerechtigkeit* vgl. KLAUS KOCH, Die drei Gerechtigkeiten. Die Umformung einer hebräischen Idee im aramäischen Denken nach dem Jesajatargum, in: Rechtfertigung, FS E. Käsemann, hg. v. J. Friedrich u.a., Tübingen u. Göttingen 1976, 245–267, jetzt in: DERS., Die aramäische Rezeption der Hebräischen Bibel. Studien zur Targumik und Apokalyptik, Ges. Aufs. Bd. 4, Neukirchen-Vluyn 2003, 65–90; CHILTON, Aramaic and Targumic Antecedents of Pauline 'Justification', in: The Aramaic Bible. Targums in their Historical Context, hg. v. D. R. G. Beattie u. M. J. McNamara, JSOT.S 166, Sheffield 1994, 379–397; MCNAMARA ebd. 319–332.

[15] Neuere Beiträge für das Davidbild sind Y. ZAKOVITCH, David's Birth and Childhood in the Bible and in the Midrashim on Psalms, in: Der Psalter (s.o. Anm. 13), 185–198; ESTHER M. MENN, Praying King and Sanctuary of Prayer, Part I: David and the Temple's Origin in Rabbinic Psalms Commentary (Midrash Tehillim), JJS 52 (2001), 1–26.

[16] Vorarbeiten für den Gerechtigkeitsbegriff bilden u.a. die Arbeiten von M. J. FIEDLER, Begriff I 47–93; II 38–96; DERS., Δικαιοσύνη in der diaspora-jüdischen und intertestamentarischen Literatur, JSJ 1 (1970), 120–143; N. M.WATSON, Some Observations on the Use of ΔΙΚΑΙΟΣ in the Septuagint, JBL 79 (1960), 255–266; J. A. ZIESLER, The Meaning of Righteousness in Paul. A Linguistic and Theological Enquiry, MSSNTS 20, Cambridge 1972; J. W. OLLEY, 'Righteousness' in the Septuagint of Isaiah: A Contextual Study, SBL Septuagint and Cognate Studies 8, Missoula 1979; M. A. SEIFRID, Justification by Faith. The Origin and Development of a Central Pauline Theme, NT.S 68, Leiden 1992, 78–135; DERS., Righteousness Language in the Hebrew Scriptures and Early Judaism, in: Justification (s.o. Anm. 14), 415–442; H. SONNTAG, ΝΟΜΟΣ ΣΩΤΗΡ. Zur politischen Theologie des Gesetzes bei Paulus und im antiken Kontext, TANZ 34, Tübingen u. Basel 2000; P. SACCHI, From Righteousness to Justification in the Period of Hellenistic Judaism, Henoch 23 (2001), 11–26.

bisher aber in der Regel vorliegt, sind Studien, die nur jeweils einen, wenn auch wichtigen Teilaspekt behandeln.[17]

Die in § 13 vorgelegte „Skizze" geht darum versuchsweise diesem Dreiklang nach, um so zumindest die Umrisse der biblischen Wurzeln der mt Gerechtigkeitstradition aufzuzeigen. Dass dies nur ein erster Schritt sein kann und will, ist offenkundig. Es geht also nicht um Vollständigkeit, sondern um exemplarische Aspekte dieses Beziehungsgeflechts: Während einige Textbereiche relativ ausführlich behandelt werden (in der Regel solche, deren Kenntnis für Matthäus – und Jesus – vorausgesetzt werden kann bzw. die traditionsgeschichtlich den im Matthäus-Evangelium begegnenden Konzepten und Fragestellungen nahe stehen), werden andere nur gestreift und auf die entsprechenden Stellen ohne weitere Untersuchung nur verwiesen.

Den Schwerpunkt bilden der Psalter und die Propheten, allen voran Jesaja, aber auch Jeremia und Daniel. Diese durch Zitierung und Nennung erkennbare Gewichtung teilt das frühe Christentum[18] mit den Textfunden aus

---

[17] Für die Frage der Gerechtigkeit Gottes im AT stellt J. KRAŠOVEC, Justice, eine gute erste Materialbasis dar, indem auch auf die Fortschreibung in den alten Übersetzungen hingewiesen wird. Eine wichtige Studie ist ferner U. KELLERMANN, Messias und Gesetz, BSt 61, Neukirchen-Vluyn 1971, bei dem allerdings die Gerechtigkeitsthematik nicht angemessen berücksichtigt ist. Darum fehlt ihm m.E. das verbindende Element zwischen den beiden im Titel genannten Größen, so dass für ihn eine Messiaserwartung „ohne Verbindung zum Gesetz Israels" (vgl. 126–129) relativ unverbunden neben der Erwartungslinie steht, „die Messias und Gesetz einander" zuordnen (129–132). Zahlreiche Hinweise finden sich bei S. SCHREIBER, Gesalbter 146–153, der in seiner Untersuchung der alttestamentliche Wurzeln den Zusammenhang zwischen David, Tora und Gerechtigkeit (als Partizipation an der Gerechtigkeit Gottes) erkannte; da seine Untersuchung jedoch eine andere Fragerichtung besitzt, ging er dieser Spur nicht nach, doch verzeichnet er regelmäßig die Bezüge zur Gerechtigkeitsthematik, vgl. dazu 629 Register s.v. Gerechtigkeit. Zum Thema Gesetz und Gerechtigkeit findet sich manches bei H. SONNTAG, ΝΟΜΟΣ ΣΩΤΗΡ 109–165, jedoch fehlt jeder Bezug zur Messiasfrage, während in dem Vortrag von U. LUZ, Der Gott der Gerechtigkeit, in: Recht – Macht – Gerechtigkeit, hg. v. J. Mehlhausen, VWGTh 14, Gütersloh 1998, 31–54, die Frage von Messias und Gerechtigkeit thematisiert wird. Durch die mt Stellen (3,15; 5,17.20–48) ist dabei zwar die Tora in Blick genommen (vgl. besonders 46–51), aber die Themenkreise sind kaum integriert.

[18] Zur frühkirchlichen Rezeption alttestamentlicher Texte vgl. O. SKARSAUNE, From Books to Testimonies. Remarks on the Transmission of the Old Testament in the Early Church, in: The New Testament and Christian-Jewish Dialogue, FS David Flusser, hg. v. M. Lowe, Immanuel 24/25 (1990), 207–219: Skarsaunes Ausgangsfrage ist, woher die frühen Christen ihre Kenntnisse der Heiligen Schriften hatten: aus Originaltexten oder aus Testimoniensammlungen? Seine Antwort ist, hypothetisch durchgespielt an der Bibliothek, die Justin zur Verfügung stand, eine Kombination beider Möglichkeiten: für Genesis, Exodus, Jesaja, den Psalter und das 12-Prophetenbuch besaß er wohl vollständige Textausgaben, die übrigen Inhalte standen ihm dagegen nur in vermittelter Form (Sammlungen, Exzerpte, Gehörtes und Gelerntes) zur Verfügung (208, vgl. DERS., The Proof from Prophecy. A Study in Justin Martyr's Proof-Text Tradition, NT.S 56, Leiden 1987, 17–131). Zur „alttestamentlichen Bibliothek" Justins s.a. M. HENGEL, Die Septuaginta als von den Christen beanspruchte Schriftensammlung bei Justin und den Vätern vor Origenes, in: Jews and Christians. The

Qumran[19] und anderen jüdischen Schriften[20] und bestimmt darum auch die
hier vorgelegte Skizze.

Parting of the Ways A.D. 70 to 135, hg. v. J. D. G. Dunn, WUNT I/66, Tübingen 1992, 38–84
(46–51), auch in: DERS., Kleine Schriften II (s.o. § 4 Anm. 64) 335–380 (342–347); vgl.
DERS., „Schriftensammlung" 190f; DERS., Four Gospels 117f, wo er die Psalmen „as probably
the most important early Christian text" innerhalb der von den Christen besonders
geschätzten Schriften noch einmal gesondert hervorhebt (dazu unter den prophetischen
Schriften Jesaja).

[19] Vgl. SH. TALMON, Messiaserwartung 215; M. HENGEL, „Schriftauslegung" und
„Schriftwerdung" in der Zeit des Zweiten Tempels, in: Schriftauslegung im antiken Judentum
und im Urchristentum, hg. v. ders./H. Löhr, WUNT I/73, Tübingen 1993 (auch in: DERS.,
Judaica, Hellenistica et Christiana, Kleine Schriften II, WUNT I/109, Tübingen 1999, 1–71),
1–71 (10f). Zur Dominanz dieser Schriftengruppe in *Qumran* vgl. die Verteilung der
biblischen Handschriften: Psalter 36 Handschriften, Jesaja 21, dazu die Tora mit unterschiedlicher Gewichtung: Dtn 29, Ex 17, Gen 15, Lev 13, Num 8; danach folgen Daniel und
Dodekapropheton mit ebenfalls je 8, dann Jeremia und Ezechiel mit je 6, alle anderen Bücher
sind in 4 Exemplaren oder weniger bezeugt, ganz fehlen Ester und Nehemia (Zahlen nach
J. C. VANDERKAM, Einführung in die Qumranforschung, UTB 1998, Göttingen 1998, 50–52
[leicht abweichende Zahlen b. E. TOV, Text 85–87]), d.h. die auch im NT am häufigsten
zitierten Schriften Psalter, Deuteronomium und Jesaja stehen auch in Qumran an der Spitze.
Dasselbe Bild ergeben die begrenzteren Fundorte in *Masada* (je 2 Fragmente von Psalmen- u.
Leviticusrollen, dazu je eines von Gen, Dtn, Ez, außerdem Sirach und einige nichtbiblische
Texte) und aus der Zeit des Bar Kochba-Krieges im *Wadi Murabba'at* (Torafragmente, Jesaja
und Dodekapropheton-Texte) und im *Naḥal Ḥever* (Genesis, Numeri und Psalmentexte, s.
TOV, Text 26). Aufschlussreich dazu G. J. BROOKE, 'The Canon within the Canon' at Qumran and in the New Testament, in: The Scrolls and the Scriptures (s.o. Anm. 6), 242–266: Die
dominierenden Bücher sind nach dieser differenzierten Analyse sowohl in Qumran wie im
NT Gen (inhaltlich: Patriarchen als Vorbilder, Urzeit-Endzeit Entsprechung, aber vergleichsweise wenig direkte Zitate), Dtn, Jes und der Psalter. Dazu kommt das Zwölfprophetenbuch,
dessen Verwendung und Deutung ähnlich der des Jesajabuches ist. Bezüglich der Anzahl der
wörtlichen Zitate in wichtigen Qumran-Handschriften gehört das Dodekapropheton sogar zu
den am häufigsten zitierten: Von den 43 wörtlichen Zitaten aus dem AT in der Gruppe 1QS,
1QM, CD und 4Q174 entstammen elf dem Dodekapropheton, neun aus Dtn, sieben aus Jes,
fünf aus Num. Genesis ist nur mit einem Zitat, die Psalmen überhaupt nicht vertreten (vgl.
BROOKE, ebd. 245f). Ein völlig anderes Bild ergibt sich – das weist auf die Bedeutung der
Gattungen hin – für 1QH: im Text finden sich keine direkten Zitate, aber eine große Anzahl
eindeutiger Bezugnahmen. Nach der Analyse von S. HOLM-NIELSEN (Hodayot. Psalm from
Qumran, AThD 2, Aarhus 1960, 301–315, vgl. BROOKE 246f) enthält 1QH 48 eindeutige und
97 mögliche Bezugnahmen auf den kanonischen Psalter, 68 bzw. 53 auf Jesaja, 31 bzw. 18
auf die zwölf kleinen Propheten, 18 bzw. 13 auf Jeremia, 10 bzw. 21 auf Hiob. Kaum
vertreten ist der Pentateuch (7 bzw. 8 Gen; 6 bzw. 7 Ex; 0 bzw. 5 Num; 7 bzw. 4 Dtn), für
Lev lässt sich weder eine direkte noch eine indirekte Anspielung nachweisen. Zu den direkten
Zitaten in CD vgl. BROOKE 247 (mit Verweis auf J. G. CAMPBELL, The Use of Scripture in
the Damascus Document 1–8, 19–20, BZAW 228, Berlin u. New York 1995): Unter den
mindestens 40 direkten Zitaten entstammen 19 dem Pentateuch, 12 dem Dodekapropheton, 6
sind aus Jes, 3 aus Ez, während Prov und 1Sam je einmal vertreten sind. Rechnet man die
Anspielungen mit ein, ergibt sich ein ähnliches Bild, dazu kommen etliche Hinweise auf die
Psalmen 37; 78 und 106.

[20] Vgl. J. K. AITKEN, Hebrew Study in Ben Sira's *Beth Midrash*, in: Hebrew Study from
Ezra to Ben Yehuda, hg. v. W. Horbury, Edinburgh 1999, 27–37; DERS., Biblical Interpre-

Dass darüber hinaus für die behandelte Fragestellung die Tora im eigentlichen Sinne eine bedeutsame Rolle spielt und bei rezeptionsgeschichtlicher Betrachtung am Anfang zu stehen hat, braucht nicht eigens betont zu werden, ebenso die historischen Bücher, die das davidische Königtum zum Inhalt haben. Da die vorderen und hinteren Propheten durch den Abschluss des Maleachibuches (s.u. § 13/3.4) von der Endredaktion des Prophetenkanons miteinander verbunden worden sind, ergibt sich von daher auch die Gliederung dieses Abschnitts. Angehängt an die Propheten ist das Danielbuch, dessen innerkanonische Stellung erst sehr spät festgelegt wurde und das darum in seiner Zuordnung zwischen *Propheten* und *Schriften* schwankte. Am Ende steht die Behandlung des Psalters als wichtigster Repräsentant des dritten Kanonteils. Dieser, in neutestamentlicher Zeit in seinem Umfang noch nicht endgültig festgelegt, bildet traditionsgeschichtlich den Übergang zum Neuen Testament. Repräsentativ dafür steht die Psalmensammlung aus Höhle 11 von Qumran, auf die abschließend Bezug genommen wird, weil sie m.E. zeigt, dass die Psalmen in einem anderen Kontext noch einmal ganz anders gelesen werden konnten.[21]

Das so entstehende Übergewicht der biblischen Texte über das jüngere und dem Neuen Testament zeitlich näher liegende frühjüdische Schrifttum ist gewollt. Denn nur so kann mit einiger Gewissheit angenommen werden, dass Matthäus die vorausgesetzten Texte wirklich bekannt waren und ihm als Heilige Schriften galten. Die *Tora* wurde in den Synagogen gelesen, damit verbunden Abschnitte aus den *Propheten,* allen voran Jesaja. Der *Psalter*, der dem frühen Christentum ebenfalls als prophetische Schrift galt (vgl. Mk 12,35–37 parr.; Lk 24,27.44; Apg 1,16–20; 2,25–31), prägte die Sprache des gemeinschaftlichen wie des individuellen Gebets, er gehört damit zu den verinnerlichten und wohl oft auch auswendig gewussten Texten der jüdischen Frömmigkeit.[22] Dafür sprechen neben den zahlreichen Psalter-Zitaten im

---

tation as Political Manifesto: Ben Sira in his Seleucid Setting, JJS 51 (2000), 191–208 (191f): Die wichtigsten biblischen Bücher sind nach dieser Analyse die Psalmen, Proverbia, Jesaja und das Deuteronomium, d.h. auch Ben Siras Schriftverwendung entspricht der von Qumran und dem Neuen Testament.

[21] Ein weiterer Teil über die Psalmen Salomos wird gesondert als Zeitschriftenaufsatz veröffentlicht werden. Voraussichtlicher Titel: *Der Weg zur Gerechtigkeit in den Psalmen Salomos.*

[22] Vgl. N. FÜGLISTER, Die Verwendung und das Verständnis der Psalmen und des Psalters um die Zeitenwende, in: Beiträge zur Psalmenforschung. Psalm 2 und 22, hg. v. J. Schreiner, FzB 60, Würzburg 1980, 319–384; M. HENGEL, Septuaginta 264 (der Psalter als wichtiges Dokument für den christologischen Schriftbeweis); zum Gebrauch einzelner Psalmen oder Psalmengruppen in der Tempelliturgie vgl. G. STEMBERGER, Psalmen in Liturgie und Predigt in der rabbinischen Zeit, in: Der Psalter (s.o. Anm. 13), 199–213. Ansonsten gilt, dass „die Psalmen erst auf dem Weg über die Volksfrömmigkeit weitere Verbreitung in Gebet und Liturgie [der Synagoge (R.D.)] gewonnen" haben (211), s. dazu

Neuen Testament[23] die Anzahl der Psalmenrollen aus Qumran[24] sowie die zahlreichen psalterähnlichen und von diesem inspirierten Sammlungen in den Jahrhunderten um die Zeitenwende.

Dieser voraussetzbare Bekanntheitsgrad unterscheidet den Psalter von etlichen alttestamentlichen Büchern, über deren Kenntnis und Verbreitung wenig Sicheres ausgesagt werden kann, ebenso wie von den nichtkanonischen frühjüdischen Texten, bei denen in den allerseltensten Fällen überhaupt der Nachweis zu führen ist, dass sie Jesus, den Aposteln bzw. den Autoren des Neuen Testaments bekannt waren. Ihr Einfluss und ihre Verbreitung bleiben weitestgehend im Dunkel. Das gilt für die Psalmen Salomos ebenso wie für die meisten in Qumran gefundenen Texte.

Wichtigstes Argument bleibt jedoch, dass Matthäus selbst „Gesetz und Propheten" als Intertexte[25] aufruft und sein theologisches Programm als damit in Übereinstimmung stehend sieht. Traditionsgeschichtliche Untersuchungen tun also gut daran, die populären und durch Liturgie und Gottesdienst verbreiteten Theologumena nicht zu sehr an den Rand zu schieben, wie es durch die übliche Einteilung solcher Arbeiten nur allzu leicht geschieht, indem mit dem Alten Testament angefangen und dann nacheinander die zwischen den Testamenten liegende Literatur durchgegangen wird, die sich so nicht selten als ein scheinbar geschlossener Block zwischen die beiden Testamente schiebt, ohne dass die Wirkungsgeschichte der einzelnen Textcorpora angemessen berücksichtigt würde.

---

auch J. MAIER, Zur Verwendung der Psalmen in der synagogalen Liturgie (Wochentag und Sabbat), in: Liturgie und Dichtung. Ein interdisziplinäres Kompendium I. Historische Präsentation, PiLi 1, St. Ottilien 1983, 55–90. Zur möglichen liturgischen Verwendung des LXX-Psalters s. J. SCHAPER, Septuaginta-Psalter [1998] 177–180; SUE GILLINGHAM, From Liturgy to Prophecy: The Use of Psalmody in Second Temple Judaism, CBQ 64 (2002), 470–489: Sie hebt, wie der Titel deutlich macht, die Entwicklung des Psalters zu einem prophetischen Buch hervor.

[23] Vgl. als Überblick K. LÖNING, Die Funktion des Psalters im Neuen Testament, in: Der Psalter (s.o. Anm. 13), 269–295.

[24] Vgl. oben Anm. 19 u. weiter die Übersicht bei P. W. FLINT, The Dead Sea Psalm Scrolls and the Book of the Psalms, STDJ 17, Leiden 1997; DERS., The Contribution of the Cave 4 Psalms Scrolls to the Psalms Debate, DSD 5 (1998), 320–333: Unter den rund 900 Manuskripten aus der judäischen Wüste (von denen rund 200 als Bibelhandschriften gelten können) ist der Psalter mit 40 Psalmenrollen bzw. Texten, die Psalmen enthalten, das am häufigsten vertretene Buch überhaupt (37 Rollen stammen aus auch Fundorten bei Qumran, zwei wurden auf Masada gefunden, eine weitere im Naḥal Ḥever), vgl. die jetzt aktuellste Liste in FLINT, Contribution 325, außerdem H.-J. FABRY, Der Psalter in Qumran, in: Der Psalter (s.o. Anm. 13), 137–163.

[25] Vgl. dazu P. MÜLLER, Lesen 134–140; R. ACZEL, Art. Intertextualitätstheorien und Intertextualität, MLLK 241–243; TH. A. SCHMITZ, Literaturtheorie 91–99.

Dass diese Befürchtung nicht unberechtigt ist, zeigt das Buch von Bruno Przybylski, Righteousness in Matthew and His World of Thought[26], dessen Ansicht nach „the Old Testament per se ... only a very limited direct relevance as background literature for the Matthaean concept of righteousness" besitzt (8). Stattdessen seien die Texte aus Qumran und die tannaitische Literatur die wichtigsten Quellen für das Verständnis der matthäischen Gerechtigkeitskonzeption. Dabei wird übersehen, dass für Matthäus eine Kenntnis der Qumrantexte nicht mit Gewissheit behauptet werden kann, obwohl es nicht ausgeschlossen ist, dass ihm ein Teil der theologischen Überzeugungen dieser Gruppierung bekannt war. Für das tannaitische Schrifttum gilt, dass es seine feste Prägung frühestens in der Zeit des Matthäus erhalten hat und von daher zwar eine wichtige *Parallelentwicklung*, aber nicht den Verstehenshintergrund für Matthäus im Sinne einer Abhängigkeit darstellt. Stattdessen ist davon auszugehen, dass die verschiedenen Textcorpora und -traditionen des von der hebräischen Bibel abhängigen jüdischen Schrifttums in einer Art parallelen Unmittelbarkeit zu den autoritativen heiligen Schriften stehen. Das zeigt sich allein schon an der Tatsache, dass bis auf seltene Ausnahmen im Neuen Testament nur die „Schrift(en)" zitiert und damit ausdrücklich als Ko-Texte aufgerufen werden.

Ulrich Wilckens formuliert darum zu Recht als Aufgabe einer neutestamentlichen Theologie:

„Die Darstellung der Theologie des Neuen Testaments in einem in sich geschlossenen Zusammenhang kann nur geschehen unter grundlegender Voraussetzung des Alten Testaments und in ständigem ›Blickkontakt‹ mit ihm. Es reicht nicht aus, die vielen alttestamentlichen Zitate im Neuen Testament ernst zu nehmen und für das Verständnis seiner Theologie auszuwerten. *Das Alte Testament als ganzes muß ständig im Blick stehen.*"[27]

Ein solcher Durchgang durch die alttestamentlichen Texte muss jedoch aus einer neutestamentlichen Perspektive heraus geschehen, wenn verständlich

---

[26] SNTS.MS 41, Cambridge u.a. 1980. Es handelt sich um eine bei E. P. Sanders geschriebene Dissertation.

[27] Theologie I/1 13 (Hhg.R.D.). Zu der in dem Zitat enthaltenen Kritik an der nur an den alttestamentlichen Zitaten orientierten Theologie von Hans Hübner s. ebd. 47f. Auch P. STUHLMACHER, Theologie I 5 betont, dass das Alte Testament, welches Jesus und die Apostel „als ihnen geltendes Gotteswort gelesen" haben, „*die theologisch wichtigste Traditionsbasis* [ist], die das Neue Testament kennt" (Hhg.R.D.). Er betont darüber hinaus die Bedeutung der LXX und der in ihr enthaltenen zusätzlichen Schriften, die s.E. eine grundsätzliche Offenheit und Unabgeschlossenheit des dritten Kanonteils zum Ausdruck bringen, an die das Neue Testament ohne traditionsgeschichtlichen Unterbruch anknüpfen konnte (Theologie I 6–8). Das bedeutet aber nicht – und will wohl auch der letzte zitierte Satz von Wilckens nicht besagen –, dass damit alle Texte dieselbe normative und inspirierende Bedeutung für die neutestamentlichen Autoren besassen, die sich „bei ihrem Gebrauch der ‚Hl. Schriften' vor allem auf die Propheten (allen voran: Jesaja), die Psalmen und den Pentateuch" konzentrierten (ebd. 7, vgl. a. Theologie II 322–336 „Der Kanon und seine Auslegung").

werden soll, was ein Autor wie Matthäus in 'seiner' Bibel über Jesus gefunden haben *kann*.[28] Wenn er in seinem Evangelium die Behauptung Jesu überliefert, dass durch ihn „alle Gerechtigkeit" sowie „Gesetz und Propheten" erfüllt werden, dann ist zu fragen, welcher Berechtigung sich eine solche Aussage in den aufgerufenen Textcorpora verdankt. Das setzt ein 'flächiges' Verständnis der alttestamentlichen Bücher ebenso voraus wie die Grundüberzeugung, dass die Heiligen Schriften sich gegenseitig erklären. Schon die LXX-Übersetzung zeigt dies eindrücklich, indem die jeweiligen Hauptschriften der einzelnen Kanonteile zum sprachlichen Muster der später übersetzten Texte wurden.[29] In traditionsgeschichtlichen Untersuchungen der alttestamentlichen Wissenschaft ist diese Perspektive in der Regel nicht gegeben.[30] So wichtig auch für die neutestamentliche Exegese Hinweise auf diachrone Schichtungen eines biblischen Buches bzw. einzelner Texteinheiten sind, weil sie bereits einen Teil der Wirkungs- und Auslegungsgeschichte darstellen, so abträglich ist es ihr doch, wenn darüber die synchrone Auslegung (die auch über die Ränder des Buches hinausgehen muss) gerade von thematischen Einheiten unterlassen bleibt.

---

[28] So auch O. MERK, Theologie des Neuen Testaments und Biblische Theologie, in: Bilanz und Perspektiven gegenwärtiger Auslegung des Neuen Testaments, FS G. Strecker, hg. v. F. W. Horn, Göttingen 1995, 112–143, vgl. a. den programmatischen Ansatz von HANS HÜBNERs biblischer Theologie, der als zentrale Aufgabenstellung die „Aufarbeitung des theologischen Umgangs der neutestamentlichen Autoren mit dem Alten Testament" sieht (Theologie I 28), wobei die Zustimmung zu dieser Aufgabenstellung nicht zugleich die zu ihrer Durchführung ist. Zur Auseinandersetzung mit diesen Positionen vgl. P. STUHLMACHER, Theologie I 36–38; II 336–349.

[29] Vgl. die Beobachtungen bei F. SIEGERT, Hebräischer Bibel 165–168, zum „normierende[n] Einfluss des Pentateuch" (vgl. a. 68f), der dabei auf die Ergebnisse von J. KOENIG (L'hermeneutique analogique du judaïsme antique d'après les témoins textuels d'Isaïe, VT.S 33, Leiden 1982) zurückgreift.

[30] Das zeigt etwa die schon erwähnte Studie (s.o. Anm. 17) von U. KELLERMANN über „Messias und Gesetz", die beispielsweise den Befund aus dem Jesajabuch auf mehrere Kapitel verteilt. Das ist für die traditionsgeschichtliche Entwicklung gewiss hilfreich, aber es entspricht eben nicht dem Rezeptionsvorgang, wie er für die neutestamentlichen Autoren vorauszusetzen ist. Dasselbe gilt für H. SEEBASS, Herrscherverheißungen im Alten Testament, BThSt 19, Neukirchen-Vluyn 1992, der ausdrücklich betont, „die jeweiligen Weissagungen nicht von den benachbarten und schon gar nicht von anderen Texten her zu interpretieren, sondern ihre Eigenständigkeit zu wahren" (72f). Diese Fiktion von kontextlosen Texten wurde schon oben in der Einleitung (§ 2) als methodisch problematisch zurückgewiesen, und die dort erhobenen Einwände gelten gegen die Herangehensweise von Seebass nicht weniger. Denn auch ein Text wie Jes 9,1–6a hat niemals als isolierte Einzelaussage existiert, sondern war immer schon, von allem Anfang an, Teil eines Textensembles, egal ob er dazu im Gleichklang, Widerspruch oder als Kontrapunkt stand. Auch gab es nie nur diese eine „Herrscherverheißung", sondern sie bekam ihre Besonderheit ja gerade dadurch, dass sie andere Herrscherbilder und -erwartungen voraussetzte.

2. Ziel

Was in diesem Teil exemplarisch gezeigt werden soll, ist der doppelte Zusammenhang der umfassenden eschatologischen Gerechtigkeit sowohl mit der Tora als auch mit den Davids(sohn)-Erwartungen. Diese Perspektive ergab sich im Verlauf der Arbeit aus der Durchsicht der Begrifflichkeit von Tora und Gerechtigkeit im Alten Testament. Wurde anfangs die Suche auf diese beiden Wortfelder und insbesondere die Stellen, an denen beide Komplexe miteinander verbunden auftreten, beschränkt, so ergab eine erste Überprüfung der relevanten Stellen, dass die Erwartung eines zukünftigen gerechten Herrschers (der an den meisten Stellen nur als Davidide vorgestellt werden kann, auch wenn er nicht immer ausdrücklich als solcher benannt ist), der Gerechtigkeit schafft oder bringt, häufig mit genau diesen Texten verknüpft ist.

Dass mit dem Davidssohn-Messias[31] nicht nur ein königlicher Herrscher sondern zugleich ein Tora-'Ausleger' und als solcher der Erfüller bzw. Bringer der eschatologischen Gerechtigkeit erwartet wird, ist darum m.E. eine entscheidende Weiterführung der bisher schon erkannten Zusammenhänge.[32] Aufgabe wird es darum sein, die vorhandenen Einsichten zu vertiefen und die Aussagen daraufhin zu präzisieren, dass der Messias der Sohn Davids ist, dieser der erwartete Gerechte ist, der Gerechtigkeit bringt und dadurch –

---

[31] Diese titulare Doppelung ist der Versuch, die Verschmelzung von Gesalbten-Vorstellung, die nicht auf den König beschränkt ist, und David-Königtum-Verheißung zum Ausdruck zu bringen. Dass diese Verschmelzung nahelag, zeigt sich u.a. daran, dass „die Königsideologie ... im Alten Testament die Hauptlast für die spätere Ausformung der Messiaserwartung" trägt, so H.-J. FABRY, Messias 26 (s.a. 23–25). Zwar spricht sich G. S. OEGEMA mit Recht gegen eine einheitliche Definition des Messias als davidischen Endzeitkönig aus (Der Gesalbte und sein Volk, SIJD 2, Göttingen 1994, 22f, vgl. seine eigene Definition 28), aber das sollte nicht darüber hinwegtäuschen, dass die *davidische* Messias-Erwartung sowohl im biblischen Schrifttum als auch im Neuen Testament wirkungsge-schichtlich dominiert, vgl. SH. TALMON, Messiaserwartung 215: „Sowohl innerhalb des alttestamentlichen Gesichtskreises als auch in der weitgehenden Majorität der auf den Messias gerichteten Aussprüche der sogenannten »normativen« Judentums des Zweiten Tempels wird die »Endzeit« als eine überraschend greifbare Restitution der davidisch-salomonischen Epoche gesehen." Fraglich an Talmons Konzept erscheint mir allerdings seine konstitutive Verbindung von davidischem Messianismus mit „national-politischen Hoffnun-gen" unter Ausklammerung der prophetisch-universalen Erwartungen (218). Vgl. außerdem die oben in Anm. 2–6 genannten Arbeiten.

[32] Vgl. außer den Zitaten von Jeremias und Stuhlmacher (oben S. 123) auch G. BARTH, Gesetzesverständnis: „Dagegen hat man wohl auch bereits in neutestamentlicher Zeit im Messias den großen Lehrer der Tora erwartet" (146f), vgl. a. 140: In den Pseudepigraphen zeichnet sich der Messias „durch seine Gerechtigkeit aus, er ist *der* Gerechte. Daher wird er in seinem Reich gerecht richten, es wird Gerechtigkeit herrschen, Ungerechtigkeit und Sünde verschwindet." Hier wird der Zusammenhang von Messias, Tora und Gerechtigkeit gesehen, aber nicht wirklich entfaltet.

gleichsam indirekt – die Tora bzw. deren Ziel 'erfüllt'. D.h. *der Dreiklang Davidssohn, Gerechtigkeit und Tora soll als wahrscheinlicher Hintergrund der mt Gerechtigkeits- und Tora-Konzeption verständlich werden.* Für Matthäus würde dann gelten, dass bei ihm die Tora als Medium zur Gerechtigkeit vorausgesetzt ist, sie aber durch den Davidssohn Jesus so zur Geltung gebracht wird, *dass er sie erfüllt* (und damit die durch sie gewährte und verheißene Gerechtigkeit als König besitzt und in seinem Reich verwirklichen kann), indem er ihren Forderungen Genüge leistet bis hin zum stellvertretenden Tod am Kreuz (vgl. die Linie von Mt 20,28 über 21,9.15f; 22,41–45; 26,56.63f hin zu 27,19.22.37.54).[33] Die messianische Aufgabe und Wirksamkeit Jesu führt dazu, dass die aus der Erfüllung von Gesetz und Propheten kommende Gerechtigkeit für alle gilt, die glauben, dass Gott in ihm den Weg zur Gerechtigkeit weist (Mt 21,32). Damit verwirklicht sich das messianische Reich des verheißenen und erwarteten gerechten Königs. Dass eine solche Ausweitung der messianischen Erwartung an die biblischen Traditionen anknüpfen kann, zeigt insbesondere der Durchgang durch den Psalter (s.u.).[34]

Die Verknüpfung von *Davidssohnschaft und Toraerfüllung* im Hinblick auf die eschatologische Gerechtigkeit erweist sich durch diesen Durchgang als möglicher Schlüssel zum Verständnis der mt Gerechtigkeitstheologie. Nicht Mose wäre dann für den Umgang mit der Tora das die Darstellung bestimmende Modell für Matthäus, sondern David[35], wobei zu beachten ist,

---

[33] Die hier erkennbare Kumulation messianischer Titel teilt Matthäus mit den anderen Evangelisten, aber dahinter stehen nicht verschiedene Messias-Konzeptionen, sondern verschiedene Aspekte *einer* kohärenten geschichtlichen Erfahrung. Die Aufnahme der unterschiedlichen alttestamentlichen Traditionen will und kann gerade zeigen, dass in Jesus Gesetz und Propheten in vollem Umfang erfüllt sind. Zudem stehen die Titel „Gerechter", „Messias" (Christus), „König der Juden" und „Sohn Gottes" alle in einem direkten Zusammenhang zum davidischen Königtum, vgl. den knappen Überblick bei A. SAND, Matthäus-Evangelium 126–129. S.E. sollte statt von „christologische[n] (Hoheits-)Titel[n]" von „Jesus-Prädikate[n]" gesprochen werden, da alle Titel das Bemühen widerspiegeln, „Jesu Wirken in seiner ganzen Komplexität aufzuzeigen" (126). Für Qumran zeichnet J. ZIMMERMANN ein entsprechendes Bild: „Die Verwendung unterschiedlicher Bezeichnungen für ein und dieselbe Gestalt zeigt, daß es sich nicht um feste Titel handelt, sondern eine funktionale Betrachtungsweise vorliegt. Es geht um unterschiedliche Aspekte, unter denen eine bestimmte Gestalt gesehen wird bzw. die an ihr hervorgehoben werden sollen. So stellen etwa der ‚Fürst der ganzen Gemeinde', der ‚Sproß Davids', der ‚Gesalbte der Gerechtigkeit' und wohl auch der ‚Gesalbte Israels' *unterschiedlich akzentuierte Interpretationen der königlich-davidischen Messias-Erwartung* dar" (Messianische Texte 479, Hhg.R.D.).

[34] Auch das lukanische Doppelwerk bezeugt eine davidische Messiaserwartung, bei der die kriegerischen Elemente völlig zurücktreten und der Messias stattdessen einer des Wortes ist, „durch welches das durch diesen Gesalbten gestiftete Wissen die Welt verändert" (K. LÖNING, Funktion 293).

[35] Die Mose-Typologie bestimmt dagegen fast zu stark den großen Kommentar von DAVIES/ALLISON (vgl. Mt I 192f.423f; III 680f u.ö.), vgl. a. D. C. ALLISON, The New Moses.

dass das spätere Davidbild durchaus mosaische Züge aufnimmt. Am deutlichsten zeigt sich auch dies wiederum am Psalter, dessen Fünfteilung an der Tora orientiert ist und ihn zu einer davidischen Tora formt.[36] Für die jüdische Tradition stehen David und Mose also nicht in einem Konkurrenz-, sondern in einem Entsprechungsverhältnis, und ein solches ist auch bei Matthäus vorauszusetzen. Die Frage ist nur, welche der beiden Gestalten besser in der Lage war, Leben und Wirken Jesu aus der Perspektive der Zurückschau, wie sie dem Evangelisten eignet, typologisch zu präfigurieren.

A Matthean Typology, Minneapolis 1993. Es geht im Folgenden nicht darum, diesen Ansatz zu kritisieren (so u.a. K. SYREENI, Making 125 u. 130 m. Anm. 32; R. E. MENNINGER, Israel and the Church 110), sondern den eigenen plausibel zu machen. Zur Ausgestaltung des Mose-Bildes in neutestamentlicher Zeit s. jetzt J. LIERMAN, The New Testament Moses. Christian Perceptions of Moses and Israel in the Setting of Jewish Religion, WUNT II/173, Tübingen 2004.

[36] Das stellt schon der Psalmenmidrasch (= MidrTeh) zu Ps 1,1 (§ 2 [ed. Buber p. 2a]) fest, wo unter der einleitenden Bemerkung „du findest: alles, was Mose tat, tat (auch) David" unter anderem die „fünf Bücher des Gesetzes" den „fünf Büchern des Psalters" gegenüber gestellt sind (משה נתן חמשה חומשי תורה לישראל, ודוד נתן חמשה ספרים שבתהלים לישראל). Dieser Gedanke ist aufgenommen bei R. G. KRATZ, Die Tora Davids. Psalm 1 und die doxologische Fünfteilung des Psalters, ZThK 93 (1996), 1–34 (hier Hinweise auf ältere Lit.); B. JANOWSKI, Die »Kleine Biblia«. Zur Bedeutung der Psalmen für eine Theologie des Alten Testaments, in: Der Psalter (s.o. Anm. 13), 381–420 (403f); E. ZENGER, Das Buch der Psalmen, in: DERS. u.a., Einleitung in das Alte Testament, KStTh 1.1, Stuttgart u.a. [3]1998, 309–326 (315).

§ 12 Das matthäische Bild des Davidssohns

Dass die messianisch interpretierte Davidssohnschaft für den Evangelisten Matthäus ein wichtiger 'Leitfaden' ist, wurde oft dargestellt und muss hier nicht im Einzelnen wiederholt werden.[37] Lediglich die wichtigsten Themen sollen noch einmal in Erinnerung gerufen werden, zudem ist hier ein Versuch vorgelegt, die Reflexionszitate der ersten beiden Kapitel durchgängig im Sinne einer davidischen Messianologie zu erklären.

1. Der davidische Stammbaum Jesu

Schon der feierliche erste Vers des Evangeliums gibt die Richtung vor: „Stammbaum des Messias Jesus, des Sohnes Davids, des Sohnes Abrahams" (Βίβλος γενέσεως Ἰησοῦ Χριστοῦ υἱοῦ Δαυὶδ υἱοῦ Ἀβραάμ).[38] Zur erzählerischen Funktion von Mt 1–2 und insbesondere Mt 1,1 schreibt Janice Capel Anderson:

„Whether the heading is understood as the heading of the whole Gospel, the genealogy, or the infancy narrative, it alerts the implied reader to search for the meaning and significance of the

---

[37] Vgl. G. STRECKER, Weg 118–120, für den der mt Gebrauch des Davidsohntitels Teil der sekundären „Historisierung" durch den Evangelisten ist (119), mit dem er die (vergangene und abgeschlossene) „Sendung Jesu an Israel" darstellt; R. HUMMEL, Auseinandersetzung 116–128: „Matthäus führt die Auseinandersetzung um die Messianität Jesu vorwiegend unter dem messianischen Hoheitstitel ‚Sohn Davids'" (121); M. D. JOHNSON, The Purpose of the Biblical Genealogies. With Special References to the Setting of the Genealogies of Jesus, SNTS.MS 8, Cambridge 1969, 218: „Thus, of all four Gospels, it is Matthew who most clearly interprets the significance of Jesus along the lines of the Pharisaic conception of the Davidic Messiah"; A. SAND, Matthäus-Evangelium 126: „Als einziger Evangelist zeigt Mt Interesse daran, Jesus als »Sohn Davids« vorzustellen." Den ausführlichsten Beitrag in dieser Richtung hat B. M. NOLAN vorgelegt, der allerdings so weit ich sehe wenig Resonanz gefunden hat: The Royal Son of God. The Christology of Matthew 1–2 in the Setting of the Gospel, OBO 23, Freiburg (CH) u. Göttingen 1979, der das ganze Evangelium und seine Theologie von den Davidstraditionen her erklären will, das er als „»Davidic« Gospel" versteht (241); vgl. außerdem den Exkurs bei U. LUZ, Mt II 59–61; I. BROER, Versuch zur Christologie des ersten Evangeliums, in: The Four Gospels 1992 (s.o. § 2 Anm. 152), II 1251–1281 (1253–1266). In zwei aktuellen Arbeiten zum ersten Evangelium ist die Davidssohn-Thematik breit entfaltet, vgl. J. R. C. COUSLAND, Crowds 175–199 u.ö.; LIDIJA NOVAKOVIC, Messiah.

[38] Vgl. dazu M. MAYORDOMO-MARÍN, Anfang 208–217 u. den einleuchtenden Versuch von K.-H. OSTMEYER, Der Stammbaum des Verheißenen: Theologische Implikationen der Namen und Zahlen in Mt 1.1–17, NTS 46 (2000), 175–192; L. NOVAKOVIC, Messiah 34–42.

names it highlights. When the names are repeated, the implied reader will know they are a key to unlocking the narrator's message."[39]

Die Genealogie begründet, wie es möglich ist, dass Jesus legitimerweise als Sohn Abrahams und Sohn Davids bezeichnet werden kann, obwohl er keinen leiblichen Vater hat. Die erste Vierzehnergruppe[40] zeigt die Linie von Abraham bis zu David, dem König (V. 6: Ἰεσσαὶ δὲ ἐγέννησεν τὸν Δαυὶδ τὸν βασιλέα).[41] Der Königstitel ist die einzige Objektsergänzung im

---

[39] Matthew's Narrative Web 49, vgl. 52.

[40] Das künstliche Schema von dreimal 14 Generationenfolgen wird von Matthäus in 1,17 ausdrücklich benannt. Dahinter wird das Wissen stehen, dass der Zahlenwert des Namens דוד 14 beträgt, so dass auch auf diese Weise „David" als das Zentrum dieser Genealogie erkennbar wird (zu den allesamt unbefriedigenden Deutungen des 14er-Schemas s. M. MAYOR-DOMO-MARÍN, Anfang 241f). Zum Problem, dass die dritte Gruppe scheinbar nur 13 Generationen nennt, vgl. einerseits CH. BURGER, Davidssohn 91f, der in dieser Ungenauigkeit einen Hinweis darauf sieht, dass die Genealogie *weder* von Matthäus selbst stammt noch David im Zentrum habe; richtig dagegen F. WILK, Jesus und die Völker 83 Anm. 3: David ist als einziger doppelt zu zählen, als Abschluss der ersten und als Beginn der zweiten Gruppe, während Jechonja in V. 11f zur dritten Gruppe gerechnet wird. Auch dies zeigt die hervorragende Stellung, die David im Auftakt des Evangeliums innehat. K.-H. OSTMEYER hat darüber hinaus wahrscheinlich gemacht, dass es Matthäus darum ging, die 40. Generation nach Abraham mit Jesus beginnen zu lassen: Damit markiert sein Leben den Abschluss der mit Abraham begonnenen und über David geführten Verheißungslinie: „Nach Jesus mögen weitere Geschlechter kommen, doch sie laufen nicht mehr auf das Heil zu, sondern befinden sich in ihm" (190; zum Ausgleich mit dem 42er-Schema s. ebd. 191f). Ausführlich begründet wurde die Davidssohnschaft als Zentrum der Genealogien ferner durch M. D. JOHNSON, Purpose 139–228, der auch die rabbinischen Belege zu den im Stammbaum Jesu genannten Personen auf ihre Beziehung zu der mit David verbundenen Messias-Erwartung untersucht. Zu der gematrischen Deutung des Namens s. ebd. 192. Zur Bedeutung der Zahl 14 als Epochenschema vom Fall Adams bis zum Kommen des Messias vgl. a. die Wolkenvision in syrBar 53–74 u. dazu JOHNSON, ebd. 193f. Im Achtzehnbitten-Gebet ist es nach der palästinischen Zählung die 14. Bitte, die um den Messias aus dem Haus David bittet (s.o. S. 456f).

[41] In der ersten Gruppe fällt ferner die Hervorhebung von Juda auf, der als einziger der zwölf Söhne Jakobs genannt wird (V. 2). Auch das ist wohl als Hinweis auf das Juda gegebene Königtum zu verstehen (vgl. Gen 49,10 u. M. MAYORDOMO-MARÍN, Anfang 225), denn David war bekanntlich Judäer. Weiter auffällig ist die Nennung der drei 'heidnischen' Frauen Tamar (bei Juda; ihre Herkunft muss allerdings ebenso offen bleiben wie die der Batseba), Rahab und Rut (und in der zweiten Gruppe Batsebas, die namenlos als „die [Frau] des Uria" eingeführt wird), doch scheint deren erzählerische Funktion in erster Linie auf Maria und die ungewöhnlichen Vaterschaftsverhältnisse bei Jesus zu beziehen sein (vgl. 1,16, wo Josef zwar als Mann der Maria, aber nicht als Erzeuger von Jesus erwähnt ist). Ausführlich begründet ist diese apologetische Funktion der Frauen in der Genealogie bei M. D. JOHNSON, Purpose 153–179, vgl. schon K. STENDAHL, Quis et Unde? An Analysis of Mt 1–2, in: Judentum – Urchristentum – Kirche, FS Joach. Jeremias, BZNW 26, Berlin 1960 (²1964), 94–105, eine dt. Übers. in: Das Matthäus-Evangelium (s.o. § 1 Anm. 63), 296–311 (301f). Eine andere Auslegungstradition sieht darin einen Hinweis auf die Öffnung des Evangeliums für die nichtjüdische Welt (in Aufnahme der Abrahamsverheißung), da es sich bei den vier Frauen um keine Israelitinnen handele (was m.E. nur für Rahab und Rut sicher

Stammbaum und zugleich der einzige Titel außer Χριστός in 1,1.16.17)[42], d.h. die Sonderstellung Davids ist gut erkennbar.[43]

Die zweite 14er-Gruppe wird von David angeführt, der „den Salomo zeugte aus der (Frau) des Uria" (1,6b). Der am Ende stehende Jesus, der von Maria geboren wurde, wird als der eingeführt, der „Christus" genannt wird (1,16). Im zusammenfassenden Vers 17 tauchen die Namen Abraham, zweimal David und Χριστός auf. Das Weglassen von Jechonia als Vertreter der Exulantengeneration (vgl. die Formulierung von V. 11 mit 17) und stattdessen die Nennung nur des Exils (τῆς μετοικεσίας Βαβυλῶνος) dient ebenfalls zur davidischen Hervorhebung[44]: In der Linie von Abraham, David und dem Christus würde Jechonia nur stören. Mayordomo-Marín fasst die erzählerische Funktion der Genealogie so zusammen:

„In ihrem rhythmischen Grundgerüst ist sie eine ideale Ahnentafel, um jemanden formal als Messias zu legitimieren. Jesus kann als messianischer Davidssohn bezeichnet werden, weil er die genealogischen Voraussetzungen genauestens erfüllt. (...) Doch machen die zahlreichen synkopischen Elemente deutlich, daß die Genealogie bei tieferer Reflexion weitere Aussagen über Jesus machen will, die über diese eher formale Begründung der Messianität Jesu hinausführen sollen" (Anfang 243).

---

ist; anders L. NOVAKOVIC, Messiah 42f Anm. 128), vgl. A. VÖGTLE, Messias und Gottessohn. Herkunft und Sinn der matthäischen Geburts- und Kindheitsgeschichte, tP 4, Düsseldorf 1971, 15f. Wenig beachtet wird dagegen, dass schon in 1Chr 1ff sehr viele Frauen erwähnt sind (allein in 1Chr 2 sind für den Stamm Juda 14 Frauen namentlich genannt) und solche Zusatzinformationen gerade in absteigenden Stammbäumen häufig zu finden sind (nie dagegen in aufsteigenden, das zeigt auch der Vergleich von Mt 1,1–16 m. Lk 3,23–38), vgl. dazu G. MUSSIES, Parallels to Matthew's Version of the Pedigree of Jesus, NT 28 (1986), 32–47 (37–39); M. MAYORDOMO-MARÍN, Anfang 243–250 („Die Erwähung der Frauen aus rezeptionskritischer Sicht"). J. NOLLAND, The Four (Five) Women and other Annotations in Matthew's Genealogy, NTS 43 (1997), 527–539, der ebenfalls die davidische Komponente der Genealogie betont, sieht dagegen kein einheitliches Deutungsschema für alle Frauen zugrunde liegen, sondern mehrere Aspekte, die für die nachfolgende Geschichte Jesu bedeutsam werden. Das scheint mir der mt Denkweise am angemessensten zu sein.

[42] Zum umstrittenen titularen Gebrauch von Χριστός an dieser Stelle s. M. MAYORDOMO-MARÍN, Anfang 214f, der vorsichtig zustimmt; so auch M. D. JOHNSON, Purpose 224–228 (er sieht in der Genealogie und der Geburtsgeschichte den Versuch des Autors, die beiden zentralen Titel Davidssohn und Sohn Gottes miteinander zu verbinden); DAVIES/ALLISON Mt I 155; D. A. HAGNER, Mt I 9; J. GNILKA, Mt I 8. Ablehnend U. LUZ, Mt I 88.

[43] So auch M. MAYORDOMO-MARÍN, Anfang 232–234; K.-H. OSTMEYER, Stammbaum 177.191; F. WILK, Jesus und die Völker 83.

[44] Vgl. M. MAYORDOMO-MARÍN, Anfang 236: Auch Serubbabel in 1,12b gehört in die Linie der mit davidisch-messianischen Erwartungen verbundenen Gestalten, vgl. Hag 2,20–23; Sach 6,12f.

Dazu zählt Mayordomo-Marín insbesondere die Abrahamssohnschaft[45] und die nichtjüdischen Frauen. Ostmeyer, der neben dem 14er-Schema auch auf die Personen achtet, die auf Siebener-Positionen zu stehen kommen, kann darüber hinaus zeigen, dass der Evangelist durch die Positionierung des aussätzigen Usija und des 'gefangenen' Jechonja Jesus als den darstellt, der die Krankheit seines Volkes wegnimmt (vgl. Mt 8,2-4.17; Jes 53,4: die erste Heilung ist die eines Aussätzigen) und seine Gefangenschaft wendet. Darüber hinaus betont Ostmeyer den durchgängig priesterlichen Charakter der dritten 14er (bzw. 13er)-Gruppe, so dass sich in Jesus die Väterverheißungen (mit den 'fremden' Frauen, die für die Gültigkeit der Abrahamsverheißung für alle Menschen stehen) sowie die auf David und das Priestertum gerichteten Hoffnungen erfüllten. Der Messias Jesus ist als Abrahams- und Davidssohn der Erfüller aller Verheißungen Gottes an die Menschheit und an sein Volk.[46]

---

[45] Wobei nicht vergessen werden darf, dass es auch zwischen David und Abraham typologische Entsprechungen gibt, vgl. W. DIETRICH, Die David-Abraham-Typologie im Alten Testament, in: Verbindungslinien, FS W. H. Schmidt, hg. v. A. Graupner, Neukirchen-Vluyn 2002, 41–55, jetzt in: DERS., Von David zu den Deuteronomisten. Studien zu den Geschichtsüberlieferungen des Alten Testaments, BWANT 156, Stuttgart u.a. 2002, 88–99. Zu den Gemeinsamkeiten gehört, dass mit beiden ein „ewiger Bund" geschlossen wurde (Gen 12,1–3 u.ö.; 2Sam 7,11–16), beide wurden von Gott „versucht" (Gen 22,1; 2Sam 24,1), beiden wurde der Ort der daraus resultierenden Gotteserfahrung zu einem heiligen Ort (Gen 22,9; 2Sam 24,25). Bei beiden läuft die Verheißungslinie nicht über den Erstgeborenen, beide werden als Gottes Knechte bezeichnet, um deretwillen ihre Nachkommen auf Gottes Zusage bauen können (Gen 26,24; 1Kön 15,3f). Historisch verlief nach Dietrich die Entwicklung so, dass Abraham (bei ihm finden sich die typologischen Entsprechungen in den literarisch späten Abschnitten) nach dem Vorbild Davids gestaltet wurde, damit dieser dann in der erzählten Welt das Vorbild für David abgeben konnte. Bezogen auf die mt Genealogie schreibt er: „Matthäus hat die beiden großen Ahnherren Israels, David und Abraham, in eine perspektivische Linie mit Jesus Christus gebracht. Dabei nimmt er eine inneralttestamentliche Typologie auf und weitet sie aus: Abraham deutet nicht nur auf David, sondern beide deuten auf Christus voraus. Diese drei liegen also gleichsam auf einer Linie. Zugleich aber erinnert das betonte Nebeneinander der beiden alttestamentlichen Namen an das Nebeneinander der messianisch-herrscherlichen und der volksbezogen-'demokratischen' Linie im Alten Testament. In Jesus Christus gewinnen sie gleichsam eine neue Dimension: Dieser Davidsohn soll nicht ein irdisches, sondern das Reich Gottes heraufführen, und dieser Abrahamsohn soll Gott nicht nur das alte, sondern ein neues, alle Völker umgreifendes Gottesvolk zuführen" (98f). Nach ULRIKE MITTMANN-RICHERT, Magnifikat 30 ist die Königsverheißung an Abraham in Gen 17,16 „die heilsgeschichtliche Brücke zwischen der Abrahamsverheißung und der Davidsverheißung", wie sie auch Lk 1,72b.73a bezeugt ist.

[46] Vgl. dazu W. ADLER, The Suda and the "Priesthood of Jesus", in: For a Later Generation. The Transformation of Tradition in Israel, Early Judaism and Early Christianity, FS G. W. E. Nickelsburg, hg. v. R. A. Argall u.a., Harrisburg, Penn. 2000, 1–12.

2. Die matthäische Geburts- und Kindheitsgeschichte (Mt 1,18–2,23)

Mit dem Stammbaum ist die Fokussierung auf die davidische Genealogie nicht einfach beendet. In V. 18 werden mit Maria und Josef die beiden Personen noch einmal aufgerufen, die am Ende der Genealogie standen (1,16). Als weitere Verklammerung wird Joseph (als ἀνὴρ δίκαιος in V. 19 charakterisiert) in V. 20 als υἱὸς Δαυίδ bezeichnet, wie um das Fehlen der biologischen Davidssohnschaft Jesu theologisch-heilsgeschichtlich noch einmal zu untermauern.[47] Dass er als Davidide zugleich ein „Gerechter" ist, verdeutlicht, dass er auch in seiner Frömmigkeit dem Stammvater folgt.

Auf die davidische Tradition verweist im Folgenden das Zitat der Immanuel-Weissagung Jes 7,14 in 1,23, ist doch Ahas in Jes 7,2.13 ausdrücklich als Vertreter des Hauses David (בֵּית דָּוִד) benannt, so dass dem *Haus David* dieses „Zeichen" gilt.[48] Wie selbstverständlich Matthäus eine Davidssohn-Messianologie in der jüdischen Mitwelt Jesu voraussetzt, zeigt auch 2,2.4f: Die Magier aus dem Osten[49] fragen nach dem „König der Juden" und König Herodes befragt die Hohenpriester und Schriftgelehrten des Volkes nach dem Geburtsort des Messias (vgl. 2,2 ποῦ ἐστιν ὁ τεχθεὶς βασιλεὺς τῶν Ἰουδαίων mit 2,4 ποῦ ὁ Χριστὸς γεννᾶται). „Damit formuliert Herodes als Repräsentant Israels die Frage der Heiden nach dem ʻKönig der Juden' (2,2) in jüdische Sprache um und ʻbekennt' sich ironischerweise zur Messianität Jesu. Für Matthäus sind die ʻTitel' Davidssohn, König der Juden und Messias in Mt 1–2 offensichtlich austauschbar"[50].

---

[47] Vgl. A. SCHLATTER, Mt 7–24, der 1,18–25 unter die Überschrift stellt: „Die Einpflanzung Jesu in das Geschlecht Davids"; K. STENDAHL, Quis et Unde? 302f; H. GESE, Natus ex Virgine, in: Probleme biblischer Theologie, FS G. v. Rad, hg. v. H. W. Wolff, München 1971, 73–89, jetzt in: DERS., Vom Sinai zum Zion (s.o. Anm. 4), 130–146 (133f). Dass solche legitimierenden Stammbäume für die griechisch-römische Welt nichts Ungewöhnliches waren, zeigt G. MUSSIES, Parallels 34. Vgl. außerdem M. MAYORDOMO-MARÍN, Anfang 237.260f; L. NOVAKOVIC, Messiah 43–45.

[48] Vgl. auch die dreiteilige Genealogie des Ahas in 7,1, die sich mit Mt 1,8f deckt; ferner A. SUHL, Der Davidssohn im Matthäus-Evangelium, ZNW 59 (1968), 57–81 (68f). „Immanuel" ist s.E. der Schlüssel zur Anrede Jesu als „Sohn Davids" in den Heilungsgeschichten.

[49] Die Magier kommen nach Jerusalem, d.h. in die „Stadt Davids", um dort nach dem neugeborenen jüdischen König zu fragen, d.h. es ist verborgen die Frage nach dem Davidssohn (vgl. M. MAYORDOMO-MARÍN, Anfang 283). Von hier lässt sich ein Bogen zu Mt 12,42 ziehen: Die „Königin des Südens" kam ebenfalls nach Jerusalem („von den Enden der Erde"), um die „Weisheit Salomos", d.i. des Davidssohns, zu hören. Nach 8,11 werden viele aus dem Osten und Westen Gekommene mit den Erzvätern Abraham, Isaak und Jakob am eschatologischen Heilsmahl teilnehmen. In diesem feinen Erzählnetz, dessen Fäden unsichtbar zu weitreichenden Zusammenhängen verbunden sind, wird Mt 1,1 entfaltet: Im Davidssohn Jesus wird die Abraham gegebene universale Verheißung Wirklichkeit.

[50] M. MAYORDOMO-MARÍN, Anfang 293 Anm. 484. Das gilt von den genannten Titeln nicht für „König der Juden", der weder jüdisch noch christlich gebraucht wird, sondern eine typisch ʻheidnische' Bezeichnung meint, vgl. Mt 27,11.29.37 (dagegen 27,42).

Der Verweis auf Micha 5,1.3 in Mt 2,6 ist ebenfalls eine 'davidische' Reminiszenz: Betlehem ist die Heimat Davids und seiner Sippe[51] (und wohl auch, gegen Lukas, die des Josef), dazu kommt der Hinweis auf das Weiden des Volkes Israel (ὅστις ποιμανεῖ τὸν λαόν μου τὸν Ἰσραήλ), womit – angelehnt an 2Sam 5,2 par. 1Chr 11,2 – das Bild des königlichen Hirten David evoziert wird.[52] Auch die Geschenke in 2,11, die dem Königssohn gebracht werden, lassen sich in die Davidssohn-Salomo-Tradition einfügen[53], wie 1Kön 5,14 – allerdings nur in der Fassung der LXX – zeigt, wenn die Geschenke genannt werden, die Salomo von allen Königen der Erde erhielt, ebenso wie in 1Kön 10,1–13: Auch die Königin von Saba bringt Geschenke mit. Erwähnt sind solche Gaben auch im Gebet Davids für seinen Sohn und Nachfolger Salomo Ps 72(LXX 71),10.15. Sie begleiten dort wie hier die Proskynese (V. 11).[54] Aufgenommen ist das Geschenkmotiv auch in V. 31 in dem für die messianische Davidssohn-Tradition wichtigen PsSal 17.

Nach diesem einheitlichen Motivgeflecht stellt sich die Frage, ob das Zitat von Hos 11,1 („aus Ägypten habe ich meinen Sohn gerufen") und die Rückkehr der Familie Jesu aus Ägypten ausschließlich oder vordringlich im Sinne einer Mose-Typologie zu deuten ist.[55] Mayordomo-Marín listet eine

---

[51]   So M. MAYORDOMO-MARÍN, Anfang 276: Auch wenn zum Geburtsort Betlehem zahlreiche Assoziationen möglich sind, ist von Kap. 1 her die Fokussierung auf die Bedeutung als Geburtsstadt Davids dominant (vgl. ausdrücklich so in Joh 7,41f). Im Zitat von Jer 31,15 in Mt 2,17f ist mit Rama und Rahel zudem noch einmal an Betlehem erinnert (vgl. Gen 35,19f).

[52]   Die Aussage in 2Sam 5,2 par. 1Chr 11,2 über David als Hirte des Volkes machen in Hebron die Abgeordneten der Stämme Israels, die ihn auffordern, König über das ganze Volk zu sein. Dazu rufen sie dem zaudernden David in Erinnerung, was Gott über ihn gesagt hat: εἶπεν κύριος πρὸς σέ Σὺ ποιμανεῖς τὸν λαόν μου τὸν Ισραηλ, καὶ σὺ ἔσει εἰς ἡγούμενον ἐπὶ τὸν Ισραηλ (2Sam 5,2). Zur Bedeutung Hebrons s.u. Anm. 58, 61 und 63. Zum davidischen Kolorit des Hirtenmotivs s. a. M. MAYORDOMO-MARÍN, Anfang 296f.

[53]   Vgl. M. MAYORDOMO-MARÍN, Anfang 301f.

[54]   Zu diesem Text s.u. § 13/4.3.

[55]   So die überwiegende Mehrheit, indem die Errettung des Messiaskindes vor Herodes mit der Rettung des Mose vor Pharao verglichen wird, vgl. u.a. A. VÖGTLE, Messias 32–53. Die Schwierigkeiten dieser Deutung, die Vögtle immerhin andeutet, dürfen nicht übersehen werden. Die einzige Übereinstimmung ist die Bedrohung des zukünftigen Retters, aber das ist im biblischen Text im Zusammenhang des pharaonischen Befehls zur Ermordung der israelitischen Kinder nicht gesondert thematisiert. Im Gegenteil: die Tochter des Pharao erweist sich als Retterin für Mose. Das Bedrohungsmotiv lässt sich zudem auch in der Davids-Geschichte finden, indem sich dieser im Grenzland nach Ägypten aufhalten muss, weil er von seinem Schwiegervater Saul verfolgt wird. Zu den Schwierigkeiten, Hos 11,1 innerhalb der Mose-Messias-Typologie zu deuten, vgl. VÖGTLE, ebd. 71–74; W. ROTHFUCHS, Erfüllungszitate 62f: Entscheidend für die Übernahme dieses Zitats ist die Wendung υἱὸς τοῦ θεοῦ (so der masoretische Text, die LXX liest den Plural), denn sie erlaubt es dem Evangelisten, von dem Kind als von „Gottes Sohn" zu reden. Mose aber wird, im Unterschied zum Davididen, nirgends (!) als „Sohn Gottes" bezeichnet. Diese Benennung ist außer für den Davididen nur noch für die Gesamtheit Israels (Ex 4,20; Jer 3,19; 31,9.20 u.ö.) bezeugt, vgl. G. FOHRER, Art. υἱός κτλ. B. Altes Testament, ThWNT VIII, 1969, 340–354 (zu David

eindrucksvolle Reihe von Belegen auf, die von einer Flucht nach Ägypten berichten, die sachlich der Flucht Josefs und seiner Familie näher stehen als die Übersiedlung Jakobs und seiner Familie nach Ägypten. Dahinter steht s.E. eine feste „Ägypten-Flucht-Tradition", die so viel besagt wie: „In Ägypten ist die Messiasfamilie sicher vor dem Zugriff des gefährlichen Tyrannen." Und weiter macht er deutlich: „Solange vom Text keine anderen Signale ausgehen, ist die Bedeutung Ägyptens dadurch genügend erhoben. Im Übrigen ist die Erzählung so knapp, daß die Phantasie der Leser/innen frei über den Ägyptenaufenthalt verfügen kann."[56] Diesem 'freien Phantasieren' hat der Erzähler durch seine bis dahin durchgehaltene Transparenz der Geschichte in Richtung auf David und seinen messianischen Nachkommen aber gleichwohl eine klare Richtung vorgegeben und es ist darum zu fragen, ob nicht auch dieses Erfüllungszitat eine davidische Konnotation besitzt.[57] Schließlich wurde auch *David* durch ein Gottesorakel zurück ins Land gerufen, um dann in Hebron zum König gesalbt zu werden.[58] Der Ort, an dem sich David zu diesem

---

349–352; zu Israel 352f); M. HENGEL, Sohn Gottes 37–39 (zum späteren Sprachgebrauch, der sehr viel weiter gefasst war, s. ebd. 68–89); zur davidischen Sohnschaft und ihrer Weiterentwicklung zur messianischen Erwartung vgl. H. GESE, Natus ex virgine 134–145.

[56] Anfang 306.

[57] Es fällt auf, dass MAYORDOMO-MARÍN in seiner hier durchgängig herangezogenen Arbeit, obwohl er kein leitendes Interesse an einer Hervorhebung der davidischen Bezüge besitzt, diese gleichwohl von der Erzählanalyse her ständig hervorhebt (d.h. von den Texten selbst dahin geführt wird). Lediglich in 2,14f weicht er von dieser Linie ab und sieht darin eine „Verbindung zum Exodus-Geschehen", das anhand von Hos 11,1 als „der größte Erweis Gottes erwählender Liebe" gilt (Anfang 308). Von Ex 4,22f, wo Israel Gottes erstgeborener Sohn genannt wird, zieht er die Linie zu Jesus: „Der Gottessohn, der aus Ägypten herausgerufen wird, ist Jesus. Der Gottessohntitel spannt sich somit wie ein Schirm über Israel und Juda" (309). Aber trotz dieses schönen Bildes passt diese „Mutation" vom Volk auf Jesus nicht in die sonstige Konzeption des ersten Evangeliums, denn eigentlich repräsentieren bei ihm die zwölf Jünger Israel (vgl. 19,28), während Jesus der „König Israels" (Mt 27,42) und exklusive „Sohn Gottes" (27,43) ist (anders DAVIES/ALLISON, Mt I 263).

[58] וַיָּבֹאוּ אַנְשֵׁי יְהוּדָה וַיִּמְשְׁחוּ־שָׁם אֶת־דָּוִד לְמֶלֶךְ עַל־בֵּית יְהוּדָה (2Sam 2,4). Die Übereinstimmungen von Mt 2,15.19–21 mit 2Sam 2,1–4 sind frappierend: (1.) David erhält den Befehl, ins Land hinauf zu ziehen (עֲלֵה), so auch Joseph: πορεύου εἰς γῆν Ἰσραήλ. (2.) Von David wird berichtet, wie er daraufhin seine beiden Frauen nahm (auch von seinen Männern wird berichtet, dass sie mit ihren Familien zurückkehrten), um mit ihnen ins Gebiet von Hebron zu ziehen. Von Joseph heißt es, dass er auf Befehl des Engels das Kind und Maria mit sich nahm und „ins Land Israel hineinzog" (ὁ δὲ ἐγερθεὶς παρέλαβεν τὸ παιδίον καὶ τὴν μητέρα αὐτοῦ καὶ εἰσῆλθεν εἰς γῆν Ἰσραήλ. (3.) David wird in Hebron zum König gesalbt, während Matthäus in 2,22f den Zug nach *Nazaret* erzählt und damit die *Nazoraios-Weissagung* verbindet.

Geht man von der davidischen Beziehung der Erfüllungszitate aus, dann legt sich der Schluss nahe, dass damit auf den נֵצֶר aus der „Wurzel Isais" (מִגֶּזַע יִשַׁי) aus Jes 11,1 verwiesen wird (ausführlich begründet und gegenüber den sonstigen Deutungen dargestellt b. R. H. GUNDRY, Use 97–104, vgl. insbes. 103f; A. VÖGTLE, Messias 74–80; O. BETZ, „Kann denn aus Nazareth etwas Gutes kommen?", in: Wort und Geschichte, FS K. Elliger, Neukirchen-Vluyn 1973, 9–16, jetzt in: DERS., Jesus. Der Messias Israels (s.o. § 3 Anm. 31), 387–397

Zeitpunkt aufhielt, war Ziklag im Gebiet des Philisterkönigs Achis von Gat (1Sam 27).[59] In 1Sam 27,7 wird ausdrücklich davon gesprochen, dass sich David „im Gebiet der Philister" aufhielt, in V. 8 ist von seinen Beutezügen in die umliegenden Gebiete die Rede, die ihn „bis zum Land Ägypten hin" führten. Da Hosea 11,1 auf Mose in einem biographisch-individuellen Sinn nicht passt, ist eine Bezugnahme auf David zumindest in Erwägung zu ziehen[60],

[394f]). Der Salbung Davids entspräche damit der in Jes 11,2 verheißene Geistbesitz. Mt 3,1–17 schildert entsprechend in jesajanischen Farben die Verleihung des Geistes an den Davididen Jesus, wodurch der Davidsspross sichtbar und hörbar in seiner Gottessohnschaft bestätigt wird. Die Vollendung des Königtums Davids geschah aber erst mit der Übersiedlung nach Jerusalem, und so wird auch Jesus erst in Jerusalem zum „König der Juden" (Mt 27,37). Die Deutung der Nazoraios-Bezeichnung mit Hilfe von Jes 11,1 hat eine lange Tradition: sie begegnet schon bei Hieronymus (Comm. in Matth. I 2,23 [CChr.SL 77, 16]) u. Cyrill von Alexandrien (Frg. 16 [TU 61, 158]), jeweils in Kombination mit der vorherrschenden Ableitung von Naṣir/ναζαραῖος, das schon in der LXX Parallelbegriff zu ἅγιος geworden war (vgl. in Ri 13,7 u. 16,17 jeweils den Alexandrinus mit dem Vaticanus u. dazu E. Zuck-schwerdt, Abermals: *Nazōraîos* in Mt 2,23, ThZ 57 [2001], 402–405) u. wohl auch in Mk 1,24 durchschimmert. Unter dieser Voraussetzung wird dann Jes 4,3 als prophetischer Text genannt, an den Matthäus gedacht haben mag (vgl. die ausführliche Begründung bei Davies/ Allison, Mt I 276f), doch passt diese Stelle nur sehr bedingt. Es spricht darum entschieden mehr dafür, Jes 11,1 als Ausgangstext für Mt 2,23 zu wählen (und von da aus Jes 4,3; 42,6; 49,6 als Ko-Texte heranzuziehen), vgl. die Argumente bei Davies/Allison, Mt I 277–281; für eine primäre Bezugnahme auf Jes 11,1 auch: Bill. I 93f; A. Schlatter, Mt 49; J. Schniewind, Mt 20; J. Gnilka, Mt I 56f; R. H. Gundry, Mt 39f; A. Sand, Mt 57f; H. P. Rüger, ΝΑΖΑΡΕΘ / ΝΑΖΑΡΑ ΝΑΖΑΡΗΝΟΣ / ΝΑΖΩΡΑΙΟΣ, ZNW 72 (1981), 257–263 (260ff); R. Pesch, »Er wrid Nazoräer heissen«. Messianische Exegese in Mt 1–2, in: The Four Gospels (s.o. § 2 Anm. 152), II 1358–1401 (1392–1394); skeptisch bleibt, aber ohne neue Gründe dafür zu nennen, M. Mayordomo-Marín, Anfang 319f. Er nimmt an, dass die Rezipienten dem Verfasser des Evangeliums den Beleg einfach glaubten. Das ist nach so einer kunstvollen Einleitung für den Schlusssatz doch zu billig. Wenn die Lesersteuerung bisher immer wieder an David erinnerte, sind dann die Hörerinnen und Hörer nicht dafür sensibilisiert, die Stelle im Umfeld davidischer Heilsaussagen zu suchen, sofern sie nicht überhaupt schon wussten, dass die Nazarener (Apg 24,5) ihren Namen von dem davidischen *Nezer* hatten, darum weil sie „mit ihm" waren (vgl. Mt 26,71 u. als Lesart in 26,69)? Generell zeigt sich, dass die Bezüge zu Jes 11,1 da bestritten werden, wo die Mose-Typologie die Gesamtinterpretation dominiert.

[59] Zwei mögliche Ortslagen werden für das biblische Ziklag erwogen, Tell Chalif und Tell Sera. Beide liegen am südlichen Ausgang des judäischen Berglandes, Tell Chalif knapp 20km nördlich von Beerscheba, während Tell Sera etwas über 20 km nnw davon liegt und damit näher zum philistäischen Kernland hin, vgl. O. Keel/M. Küchler, Orte und Landschaften der Bibel II 935–943; V. Fritz, Der Beitrag der Archäologie zur historischen Topographie Palästinas am Beispiel von Ziklag, ZDPV 106 (1990), 78-85.

[60] Wenngleich, das ist einzuräumen, der Kontext im Hoseabuch eindeutig auf den Ägyptenaufenthalt verweist. Mose ist in Hos 12,14 zwar nicht namentlich genannt, aber er ist der Prophet, der Israel aus Ägypten führte. Andererseits hat die LXX (wie Tg) in 11,1 τὰ τέκνα αὐτοῦ (in Anlehnung an 11,2ff, wo immer im Plural von den sich Gottes Suchen verweigernden Israeliten die Rede ist). Die eschatologische Hoffnung Israels ist aber auch im Hoseabuch daran gebunden, dass sie umkehren zu Gott und „ihren König David suchen" (Hos 3,5). Das Hosea-Targum (= Tg Jonathan) verstärkt diese davidisch-messianischen Züge

zumal 2Sam 5,2 in Mt 2,15 ausdrücklich begegnet und damit die Erzählung von der Heimholung Davids durch die Stämme Israels.[61] Nach Cousland besitzt diese Episode aus Davids Karriere programmatischen Charakter für das mt Bild des Davidssohns:

„In the same way that Matthew chooses to include a genealogy in his gospel that symbolically encompasses the time frame of all of Israel's history, so too does his geography include echoes of that history. For Matthew, the Israel of Jesus, the Son of David is to some extant contiguous with the Israel of David, his forebear. By the same token, the regions that produce crowds of followers for Jesus represent an idealized Israel similar in conception to 'all the tribes of Israel,' who flock to David at 2 Sam 5:1."[62]

---

nicht unerheblich, vgl. TgHos 2,2: das gemeinsame Haupt, das sich Juda und Israel erwählen werden ist „vom Haus Davids" und *danach* werden sie aus den Ländern ihres Exils zurückkehren; TgHos 3,4f: die königslose Zeit wird präzisiert in eine Zeit ohne König „vom Haus Davids", doch wenn Gott ihr Schicksal wenden wird, werden sie „dem Gesalbten, dem Sohn Davids, ihrem König" gehorchen (so auch TgJes 11,10; TgJer 30,10). Israel ist im Exil in Ägypten (TgHos 9,6, vgl. 10,8), weil sie gesündigt haben, sie sind *ohne König* (gemeint ist: aus dem Haus David), weil sie die Tora nicht erfüllen (TgHos 10,1–3), so dass der König am Ende durch die Sünde vollständig beschämt wird (10,15). Unmittelbar in 11,1 erfolgt dann der Verweis auf „meinen Sohn", womit Israel gemeint ist. Chromatius von Aquileia verbindet zu Beginn des 5. Jh. die beiden Verse, indem er in 10,15 den seine Herrlichkeit verhüllenden Messiaskönig sieht, der in 11,1 „Sohn" genannt wird (Tract. in Matth. 6,1 [CChr.SL 9a, 220]). Eine vergleichbare Verbindung von 10,15; 11,1 könnte auch dem mt Text zugrunde liegen, zumal Matthäus den Text aus Hos 11,1 ja als *Prophetie* versteht, die sich nun erfüllt, worauf W. ROTHFUCHS, Erfüllungszitate 63, mit Recht hinweist. In TgHos 14,8 ist der Messias ebenfalls Teil des eschatologischen Szenarios, das das Targum gegenüber dem masoretischen Text um zahlreiche Facetten (u.a. die Auferstehung der Toten) vermehrt.

In *patristischen Kommentaren* wird das Zitat in Mt 2,15 vielfach aus der Bileamsverheißung Num 24,7f (vgl. a. 23,22) abgeleitet (aus der masoretischen Ankündigung eines großen Königs für das Volk Israel macht LXX eine messianisch eingefärbte Verheißung (ἐξελεύσεται ἄνθρωπος ἐκ τοῦ σπέρματος αὐτοῦ καὶ κυριεύσει ἐθνῶν πολλῶν, καὶ ὑψωθήσεται ἡ βασιλεία αὐτοῦ. θεὸς ὡδήγησεν αὐτὸν ἐξ Αἰγύπτου ὡς δόξα μονοκέρωτος αὐτῷ) und hier ist die Möglichkeit, den von Gott erwählten „Menschen" mit dem messianischen König zu verbinden, ohne Schwierigkeiten möglich. Beispiele für die patristische Bezugnahme auf Num 24,7f sind Theodor von Heraclea (Frg. 12 = TU 61, 60); Theodor von Mopsuestia (Frg. 8 = TU 61, 98); Photius von Konstantinopel (Frg. 7 = TU 61, 272). Auch DAVIES/ALLISON, Mt I 262 gehen davon aus, dass Matthäus über Num 24,7f zu seiner Interpretation von Hos 11,1 geführt wurde (sie verbinden – mit vielen anderen – zugleich die Erwähnung des Sterns in Mt 2,2 mit Num 24,17, d.h. die Bileams-Weissagung ist für Matthäus als bekannt voraussetzbar), vgl. außerdem B. M. NOLAN, Royal Son 209.

[61] S.o. Anm. 58. Die Rückkehr Davids erfolgte in zwei Etappen: vom philistäisch-ägyptischen Grenzland zuerst nach Hebron und dann nach Jerusalem. A. VÖGTLE dagegen konstatiert für die von ihm vertretene Mose-Messias-Typologie, dass „in der Rückkehrperikope ... als unerklärter struktureller Rest ... die Aufteilung der Rückkehr in zwei Stufen" (d.h. über „das Land Juda" nach Nazaret nach Mt 2,21f) verbleibt (Messias 53). Die Bezugnahme auf David löst diese Schwierigkeit nicht, sondern macht sie sogar verständlich: der erwählte König kommt erst über eine Zwischenstation zu 'seiner' Hauptstadt. Vgl. dazu auch J. R. C. COUSLAND, Crowds 171, der den Bogen von 2Sam 5,1f zu Mt 21,11 schlägt.

[62] Crowds 66, vgl. auch 78.171.

Auch die Begründung der Rückkehraufforderung nach Israel in Mt 2,20b (τεθνήκασιν γὰρ οἱ ζητοῦντες τὴν ψυχὴν τοῦ παιδίου) ist in der David-Biographie ebenso zu verorten wie in der des Mose.[63] Auf diese Weise lassen sich alle Erfüllungszitate von Kap. 1 und 2 einheitlich (zumindest auch) auf David und sein Haus beziehen[64], was mit dem schon im Stammbaum erkennbaren erzählerischen Interesse zusammengeht, in dem Mose keinen Platz hat (der Exodus aus Ägypten etwa wird darin nirgends auch nur angedeutet). Aber auch, wenn diese durchgängige 'davidische' Interpretation als zu weit hergeholt angesehen wird, überwiegen in diesen ersten Kapiteln die Bezugnahmen auf David die auf Mose bei weitem.[65]

---

[63] Vgl. Ex 4,19f u. dazu M. MAYORDOMO-MARÍN, Anfang 316. Während Mose mit seiner Familie, wieder nach Ägypten *zurückkehrt* nachdem die gestorben waren, die ihm nach dem Leben trachteten (τεθνήκασιν γὰρ πάντες οἱ ζητοῦντές σου τὴν ψυχήν [die sprachliche Übereinstimmung in Mt 2,20b ist sicher gewollt]), *verlässt* die Messiasfamilie Ägypten. Anders bei David: nachdem er erfahren hat, dass sein früherer Verfolger tot ist (2Sam 1), erhält er durch ein Gottesorakel den Befehl, nach Juda bzw. Hebron zu ziehen (2Sam 2,1f, vgl. V. 7 das nochmalige Betonen vom Tod Sauls). Zum König über alle Stämme wird er, als mit Sauls Heerführer Abner und Sauls Sohn und Nachfolger Isch-Boschet die letzten gestorben sind (bzw. getötet wurden), die noch zu seinen früheren Verfolgern gerechnet werden können (2Sam 3,22–5,5).

[64] Vgl. auch die bereits erwähnte Stelle in MidrTeh zu Ps 1,1 (oben Anm. 36), in der David und Mose parallelisiert werden. Sie hat ebenfalls Schwierigkeiten, für den Auszug aus Ägypten eine davidische Parallele zu finden, will aber offenbar darauf nicht verzichten und verweist darum auf die Befreiung Israels aus der philistäischen Knechtschaft durch den Sieg Davids über Goliat (nach der von FELIX PERLES vorgeschlagenen Lesart, vgl. W. G. BRAUDE, The Midrash on Psalms [*Midrash Tehillim*], YJS 13, 2 Bde., New Haven u. London 1987, I 5 u. II 397 Anm. 10). Dem Teilen des Meeres durch Mose wird das Teilen der Flüsse durch David (Ps 60,1f) gegenübergestellt (zur Interpretation s. BRAUDE ebd. II 397 Anm. 11).

[65] Die einheitliche Deutung der mt Vorgeschichte Jesu auf David wird vielfach abgelehnt, vgl. z.B. TH. ZAHN, Mt 44f; E. LOHMEYER, Gottesknecht und Davidssohn, FRLANT 61, Göttingen ²1953, 65; CH. BURGER, Davidssohn 91–106. S.E. ist der Stammbaum „die Konstruktion eines LXX-Lesers", dessen Sinn es war, „die Geschichte Israels in Form einer Genealogie darzubieten" (100). Erst Matthäus habe ihm nachträglich sein davidisches Gepräge gegeben, doch beruhe „das matthäische Bild von Jesus als Davidssohn ganz auf der Darstellung des Markusevangeliums" (106, vgl. aber 90f, wo deutlich wird, dass diese letzte Aussage nur eingeschränkt gilt, wenn er doch immerhin drei Bereiche benennt, die „neu" in der mt Darstellung gegenüber Markus sind). Die Arbeit Burgers ist m.E. ein gutes Beispiel für die zu enge Fragestellung der klassischen Redaktionskritik, die zudem ihre eigenen rekonstruktiven Fähigkeiten überschätzt. Vor allem sieht sie nicht, dass für das Profil eines Autors nicht nur wichtig ist, was er – möglicherweise – an seinen – hypothetischen – Vorlagen verändert hat, sondern auch das, was er übernommen und seinem eigenen Gestaltungsrahmen eingeordnet hat. Gegen diese Auslegung spricht vor allem, dass eine Geschichte Israels ohne erkennbaren Hinweis auf Mose bzw. das Sinaigeschehen kaum vorstellbar ist.

3. Der Davidssohn als Heiler und Exorzist[66]

Nach diesem Auftakt begegnet das Thema der Davidssohnschaft in einer Reihe von *Heilungsgeschichten*, in denen Jesus als „Sohn Davids" um Erbarmen[67] angerufen wird und er als solcher heilt.

(1.) Der erste Beleg ist Mt 9,27–31, eine Heilungsgeschichte von zwei Blinden, die in Kapernaum angesiedelt ist (vgl. 9,1.28), und die ob ihrer Unterschiede zu der ähnlichen Erzählung in 20,29–34 (parr. Mk 10,46–52; Lk 18,35–43), deren Schauplatz Jericho ist und die in allen Details, außer dass auch hier von zwei Blinden die Rede ist, von der ersten Erzählung abweicht, als mt *Sondergut-Perikope* behandelt werden sollte.[68] In dieser ersten Heilungsgeschichte fragt Jesus die beiden Blinden, ob sie „glauben", dass er sie heilen könne, was sie bejahen. Dieses Bekenntnis wird zur Grundlage der Heilung: κατὰ τὴν πίστιν ὑμῶν γενηθήτω ὑμῖν (9,29).

(2.) Eine weitere mt Besonderheit stellt die knappe Heilungsgeschichte eines dämonisch Besessenen dar, der blind und gehörlos war (12,22–30). Sie hat, ähnlich wie bei der Heilung der beiden Blinden, im Matthäus-Evangelium

---

[66] Vgl. K. BERGER, Die königlichen Messiastraditionen des Neuen Testaments, NTS 20 (1973/74), 1–44, der zeigt, dass „das Vorkommen des Titels 'Sohn Davids' in ntl. Heilungsberichten ... kein[en] Gegensatz zur Figur des endzeitlichen Davididen" bildet, „sondern diesem aufgrund der Salomo-Typologie zugeordnet" ist (8); vgl. ferner D. C. DULING, The Therapeutic Son of David: An Element in Matthew's Christological Apologetic, NTS 24 (1977/78), 392–410; W. R. G. LOADER, Son of David, Blindness, Possession, and Duality in Matthew, CBQ 44 (1982), 570–585. Ausführlich dazu jetzt J. R. C. COUSLAND, Crowds 184–191, der unter der Überschrift „The Therapeutic Son of David" die Heilungstätigkeit m.E. überzeugend in die Hirtenfunktion des Königs (und des 'historischen' Davids) integriert; L. NOVAKOVIC, Messiah, besonders Kap. 3: „Healing the Sick as a Messianic Activity" (77–123) und Kap. 4: „Scriptural Basis of Jesus' Messianic Healings" (124–184).

[67] Der Hilferuf ἐλέησον begegnet 5mal in Mt 9,27; 15,22; 17,15 u. 20,30f, wobei nur die letzte Stelle eine eindeutige Parallele hat (Mk 10,47f; Lk 18,38f). Von diesen fünf Stellen bei Matthäus sind außer 17,15 alle mit der Anrede υἱὸς (bzw. υἱὲ) Δαυίδ verbunden und sie stehen alle *nach* dem Zitat von Hos 6,6 (ἔλεος θέλω καὶ οὐ θυσίαν) in Mt 9,13 (par. 12,7: das Zitat ist mt Sondergut, vgl. a. 23,23). Indem Jesus sich dem Ruf des Erbarmens bzw. der umfassenden „Zuwendung" (zu diesem Sinn von ἔλεος vgl. CH. LANDMESSER, Jüngerberufung 128f) nicht verschließt, sondern sie erhört, handelt er, wie Gott es will bzw. wie es Gott selbst entspricht (vgl. 18,33). Dem korrespondiert, dass der Imperativ ἐλέησον in der LXX mit Ausnahme von 2Makk 7,27 *ausschließlich an Gott* gerichtet ist: Ps 6,3; 9,14; 26(25),11; 27(26),7; 31(30),10; 41(40),5.11; 51(50),3; 56(55),2; 57(56),2; 86(85),3.16; 119(118),29.58. 132; 123(122),3; Jes 30,19; 33,2; Bar 3,2; Jdt 6,19(14); Sir 36,1.11, vgl. noch Am 5,15. Imperativisches ἐλεεῖν findet sich in der LXX sonst nur noch zweimal in der 2. Person Plural an Menschen gerichtet in Ri 21,22 und Hi 19,21. Die angemessene menschliche Reaktion auf die erbarmende Zuwendung Gottes, wie sie in Jesus geschieht, ist nach mt Verständnis Glaube.

[68] In der Literatur gilt sie dagegen (zusammen mit 9,32–34) fast einhellig als sekundär von Matthäus aus verschiedenen Vorlagen konstruierte Erzählung, die nötig gewesen sei, damit die Jesus in 11,5 zugeschriebenen Wunder vorher schon geschehen sind, vgl. dazu CH. BURGER, Davidssohn 74f.

selbst eine enge Parallele (Mt 9,32–34), darüber hinaus ist die Heilung auch bei Lukas berichtet (11,14). Das anschließende Streitgespräch über die Vollmacht, ein solches Wunder zu tun (Mt 12,24ff) und den damit verbundenen Beelzebub-Vorwurf, findet sich sowohl bei Markus (3,22–27) als auch bei Lukas (11,15–23). Die Unterschiede zwischen den drei Fassungen sind dabei recht groß. So verbindet Matthäus als einziger die Geschichte in 12,23 mit dem Davidssohn. Das Volk (πάντες οἱ ὄχλοι) fragt sich, entsetzt über das Geschehene, nach der Heilung: Μήτι οὗτός ἐστιν ὁ υἱὸς Δαυίδ?[69] Während also das Volk die Bedeutung Jesu zu erkennen vermag und gleichsam auf dem Weg zum Glauben ist (vgl. 9,29), sind es bei Matthäus die Pharisäer[70], die gegenüber Jesus den Beelzebul-Vorwurf erheben und damit das Volk in seiner Haltung gegenüber Jesus schwanken machen und es letztlich in die Ablehnung führen. In der Antwort auf die pharisäische Anklage geht Jesus auf den vom Volk gebrauchten Titel des Davidssohns nicht ein, aber er nimmt den Vorwurf auf und weist nach, dass er „durch den Geist Gottes" die Dämonen austreibe und dies das Zeichen sei, dass das Reich Gottes „bei ihnen" angebrochen sei (εἰ δὲ ἐν πνεύματι θεοῦ ἐγὼ ἐκβάλλω τὰ δαιμόνια, ἄρα ἔφθασεν ἐφ᾽ ὑμᾶς ἡ βασιλεία τοῦ θεοῦ [12,28]).

Das *Motiv des Geistbesitzes* und der damit gegebenen göttlichen Vollmacht ist in Kapitel 12 von Matthäus durch das ausführliche Zitat von Jes 42,1–4 über den „Knecht Gottes" (ὁ παῖς μου) bereits angedeutet. Auch hier ist es das Volk, das Jesus – im Unterschied zu den Pharisäern, die ihn zu töten trachten – folgt (vgl. 12,14f) und von ihm Heilung erfährt. Doch wird zugleich das Volk mit dem Verbot belegt, darüber zu reden (12,16). Die Begründung für dieses merkwürdige Geschehen findet der Evangelist im Wort vom Gottesknecht, der nicht in der Öffentlichkeit schreit, aber dennoch den משפט Gottes heraufführt (Jes 42,3). Vom Gottesknecht aber heißt es in unmittelbarer Fortsetzung der zitierten Verse, dass er „den Blinden die Augen öffnet und die Gefangenen aus dem Gefängnis und die in Kerker-Finsternis Sitzenden ins Licht führt" (Jes 42,7, vgl. 16).

Die bei Matthäus direkt im Anschluss an das Jesaja-Zitat berichtete Heilung des von Dämonen besessenen Blinden und Gehörlosen kann als Illustration dazu gelesen werden[71], indem dieser *dreifach* geschlagene Mensch

---

[69] Vgl. die Reaktion der Menge auf das parallele Wunder in 9,33: Οὐδέποτε ἐφάνη οὕτως ἐν τῷ Ἰσραήλ. Vgl. dazu J. R. C. COUSLAND, Crowds 136–140 u.ö.

[70] So schon Mt 9,34. Bei Lukas ist unbestimmt nur von „einigen" die Rede (11,15), bei Markus sind es „die Schriftgelehrten, die von Jerusalem herabgekommen sind" (3,22).

[71] Dass die biblischen Zitate bei Matthäus nicht auf den zitierten Ausschnitt reduziert werden dürfen, sondern auch der Kontext mit zu berücksichtigen ist, hat jetzt wieder CH. LANDMESSER, Jüngerberufung 114–131, betont.

alle Leiden auf sich vereinigt, von denen in Jes 42,7 Befreiung verheißen ist.[72] Wenn Matthäus die Menge nach der vollbrachten Heilung in Jesus den „Sohn Davids" sehen lässt, dann drückt sich darin erkennbar ein Verständnis aus (zumindest auf der von Matthäus erzählten Ebene), das den „Gottesknecht" mit dem „Davidssohn" identifiziert.[73] Die immer wieder hervorgehobene Schwierigkeit dabei ist, dass „was ... von diesem Davidssohn berichtet wird, ... in der davidischen Verheissung nicht an[klingt]"[74]. Das stimmt jedoch nur,

---

[72] Die Gefangenschaft und das Eingekerkertsein könnten dabei als Metaphern für die dämonische Bindung und die Gehörlosigkeit sein (vgl. a. Jes 61,1f). Im Targum zu Jes 42,7 wird die Blindheit in Bezug auf die Tora gedeutet, die Gefangenschaft auf das Exil, und das Eingekerkertsein auf die Sklaverei im Dienste fremder Könige. Bei Matthäus sind es dagegen die Pharisäer und Schriftgelehrten, die blind sind in Bezug auf das Gesetz (vgl. 15,14; 23,16.17.19.24.26) und darum unfähig, ihn zu erkennen (11,25.27). Zur Blindheit in Bezug auf den Davidssohn vgl. a. A. SUHL, Davidssohn 70–73: Das rechte Erkennen des Davidssohns ist nur 'im Geiste' möglich, doch die Pharisäer verkennen genau dies, indem sie in Jesu Wirken nicht Gottes Geist am Werk sehen können. Vgl. a. Joh 9,40f, wo Jesus ebenfalls den Pharisäern eine solche Blindheit ausdrücklich vorwirft, die es ihnen verunmöglicht, ihn als den Menschensohn zu erkennen (9,35).

[73] Vgl. dazu E. LOHMEYER, Gottesknecht 69–75. Zur Bezeichnung von David als παῖς Gottes vgl. Lk 1,69; Apg 4,25; Did 9,2 (zu David als עבד יהוה s. 1Kön 8,66; Ps 18,1; 36,1). Jesus wird dagegen außer in Mt 12,18 nur in Apg 3,13.26; 4,27.30; Did 9,2.3; 19,2.3; 1Clem 59,3.4 als παῖς θεοῦ bzw. in der Gebetsanrede als „dein Knecht" bezeichnet, aber auffälligerweise steht diese Anrede wie Mt 12 auch in Apg 4 und Did 9 in unmittelbarem Zusammenhang mit der entsprechenden Davids-Titulatur, s. dazu J. JEREMIAS, Παῖς (θεοῦ) im Neuen Testament, in: DERS., ABBA. Studien zur neutestamentlichen Theologie und Zeitgeschichte, Göttingen 1966, 191–216 (191f.195–197), der darin „eine liturgische Gebetsformel des Spätjudentums" sieht, „die das Urchristentum aufgriff" (191). Zur Bedeutung von Jes 42,1–4 in Mt 12,15–21 s.a. L. NOVAKOVIC, Messiah 133–151.

[74] So E. LOHMEYER, Gottesknecht 76; vgl. CH. BURGER, Davidssohn 79: „Die Anschauung, daß Jesus als Davidssohn Wunder tut, hat Matthäus nicht aus dem zeitgenössischen Judentum, sondern aus Markus übernommen." Dass zumindest therapeutisch-exorzistische Fähigkeiten durchaus mit dem Davidssohn verbunden sein konnten, zeigt dagegen LOREN R. FISHER, "Can This be the Son of David?", in: Jesus and the Historian, FS E. C. Colwell, hg. v. F. Th. Trotter, Philadelphia 1968, 82–97: Im Alten Testament ist „Sohn Davids" in der Regel eine Bezeichnung für Salomo (1Chr 29,22; 2Chr 1,1; 13,6; 30,26; 35,3), der in der frühjüdischen Literatur zum Prototyp des Wundertäters wird, vgl. Sap 7,20 u. 11QApPsᵃ I 3, wo Salomo (allerdings in einem nur fragmentarisch erhaltenen Kontext) unmittelbar vor „Geistern und Dämonen" (Z. 4) genannt ist (vgl. a. Z. 8, wo von „Heilung" die Rede ist). In LAB 60,3, ist ein Hinweis Davids auf den zukünftigen Dämonenbezwinger Salomo enthalten (vgl. D. C. DULING, Solomon, Exorcism, and the Son of David, HThR 68 [1975], 235–252 [240f]; C. DIETZFELBINGER, Pseudo-Philo [JSHRZ II/2] 255 Anm. m); s.a. Ant 8,42–48 u. dazu R. DEINES, Josephus, Salomo und die von Gott verliehene τέχνη gegen die Dämonen, in: Die Dämonen, hg. v. A. Lange u.a., Tübingen 2003, 365–394. Dazu kommt, dass auch David selbst therapeutische (ausgehend von 1Sam 16,14–23; 18,10–12; 19,4f.9f vgl. Ant 6,166–169.211.214) und exorzistische Fähigkeiten zugeschrieben werden, vgl. K. BERGER, Messiastraditionen 6; É. PUECH, Les Psaumes davidiques du rituel d'exorcisme (11Q11), in: Sapiental, Liturgical and Poetical Texts from Qumran, hg. v. D. K. Falk u.a., STDJ 35, Leiden u.a. 2000, 160–181. Der leider sehr fragmentarische Text von Kol. V 4–VI 3a (vgl. ebd. 163f, allerdings stark ergänzt; ohne diese Ergänzungen s. J. MAIER, Qumran-Essener I

wenn man die Jesaja-Stellen vom Gottesknecht ohne Beziehung zur davidischen Messiasverheißung betrachtet. Das mag vielleicht für den oder die Verfasser des Deuterojesajabuches richtig sein, aber es ist sicher falsch auf der Ebene der Rezeption in frühjüdischer und neutestamentlicher Zeit, in der das Jesajabuch eine Einheit bildet[75], in der über 9,5f bis 61,1f in zahlreichen Facetten auf den kommenden Erlöser hingewiesen wird.[76] Bei Matthäus etwa wird Jes 7,14 (vgl. Mt 1,23); 8,23–9,1 (vgl. Mt 4,15f); 40,3 (Mt 3,3); 42,1–4 (Mt 12,18–21); 53,4 (Mt 8,17); 56,7 (Mt 21,13); 62,11 zus. mit Sach 9,9 (Mt 21,5) direkt mit dem Wirken Jesu verbunden (dazu in Mt 11,5 eine ganze Reihe von Anspielungen auf Jes 26,19; 29,18; 42,7.18), obwohl die Akteure auf der Ebene des Jesajabuches durchaus verschieden zu denken sind. Im Sinne einer solchen holistischen Lektüre ist der Gottesknecht zugleich ein Wundertäter (vgl. Jes 53,4 in Mt 8,17), aber dieser ist kein anderer als der messianische Davidssohn.[77]

358f) verbindet diesen David zugeschriebenen Psalm gegen die nachts von Belial Heimgesuchten (?) mit dem Kampf bzw. der Bewahrung der Gerechten. Zudem ist hier das Licht eindeutig Metapher für Gerechtigkeit (V 7–11). Auch der von Puech rekonstruierte Davidspsalm Kol. II 1–V 3 endet mit einem Verweis auf die Gerechtigkeit, in der oder durch die (?) diese Dämonenvertreibungen stattfinden. Es ist also immerhin denkbar, wenngleich aufgrund des fragmentarischen Bestandes nicht sicher nachweisbar, dass die Heilungen Teil jener David zugeschriebenen und vom künftigen Davididen erwarteten „Gerechtigkeit" (bzw. des mit seinem Kommen erhofften Heils) sind. S. außerdem R. HANIG, Christus als »wahrer Salomo« in der frühen Kirche, ZNW 84 (1993), 111–134.

[75] Vgl. M. HENGEL, Zur Wirkungsgeschichte von Jes 53 in vorchristlicher Zeit, in: Der leidende Gottesknecht (s.o. § 4 Anm. 64), 49–91 (54–56: „Die eschatologische Interpretation des ganzen Jesajabuches"): „Spätestens seit Beginn der frühhellenistischen Zeit wurde das Jesajabuch als Ganzes (und eschatologisch) ausgelegt und hat auch als solches gewirkt, und wir können daher unsere modernen Aufteilungen des Textes keineswegs für die Frühzeit voraussetzen."

[76] Ein gutes Beispiel für diese Art der einheitlichen messianischen Lektüre stellt das Jesaja-Targum dar, das den Messias (der durch 9,5f; 11,1; 14,29; 16,5 im Targum eindeutig als Davididenspross gekennzeichnet ist) auch selbstverständlich in dem „Knecht Gottes" in Jes 42,1; 43,10; 52,13 findet. Zahlreiche vergleichbare Aussagen über sein Wirken verbinden die protojesajanischen Ankündigen eines gerechten Königs aus dem Hause Davids mit dem Gottesknecht, so dass für das Targum von einer *einheitlichen Messiaserwartung* gesprochen werden kann, vgl. dazu P. SEIDELIN, Der 'Ebed Jahwe und die Messiasgestalt im Jesajatargum, ZNW 35 (1936), 194–231 (233f). Die nächsten Parallelen besitzt dieses Messiasbild nach Seidelin in PsSal 17 (s. 224f), d.h. jenem Text, in dem der „Sohn Davids" erstmals eindeutig und *expressis verbis* als Messias bezeichnet wird und der dem 1. Jh. v.Chr. angehört. Auffällig ist ferner, dass das Jesaja-Targum *die Bedeutung Abrahams* gegenüber der biblischen Vorlage stark hervorhebt, indem Israel als Nachkomme Abrahams geschildert wird (5,1, vgl. 41,8; 43,12; 46,11; 48,16). Die Aussage Jes 41,2 wird direkt auf Abraham bezogen. Die Abraham gegebene Verheißung kann erfüllt werden, wenn Israel Buße tut, und es ist das Werk des Messias, der auf dem Thron Davids sitzt (16,5), der diese „dramatic vindication" bewirkt, so BRUCE D. CHILTON, The Isaiah Targum. Introduction, Translation, Apparatus and Notes, The Aramaic Bible 11, Wilmington, Delaware 1987, xvii.

[77] Vgl. K. BERGER, Messiastraditionen 13f; L. NOVAKOVIC, Messiah 125–132.183 u.ö.

In der anschließenden Perikope über die Sünde wider den Heiligen Geist redet Jesus von sich dagegen erneut als von dem Menschensohn (12,32; so auch in 12,8 κύριος γάρ ἐστιν τοῦ σαββάτου ὁ υἱὸς τοῦ ἀνθρώπου, obwohl er sein Verhalten in 12,3 mit dem Verweis auf den historischen David begründet hatte). Es ist deutlich, dass der mt Jesus den Davidssohn-Titel nicht auf sich selbst anwendet, der von seiner Tradition her mit militärisch-politischen Erwartungen verbunden war[78], sondern von sich stattdessen als dem Menschensohn spricht. Der tiefere Grund dürfte aber für den Evangelisten darin liegen, dass die Prädikation als Davidssohn, so wichtig sie ihm ist, da sie Jesus in die Geschichte und in die Erwartungen seines Volkes hineinstellt, *nicht* ausreicht (wie auch Röm 1,3f zeigt), um das Geheimnis seiner Person adäquat zu beschreiben. Hofius bezeichnet diese über eine adoptianische Messianologie hinausreichende Dimension, wie sie der biblisch-jüdischen Davidssohn- und Messiaserwartung zugrunde liegt, als „metaphysische" Gottessohnschaft[79], deren Kennzeichen der urzeitliche Ausgang und die Rückkehr zum Vater sind. Im Abschnitt Mt 12,18–32 ist diese Verbindung mit dem Vater durch den „Geist" gegeben: Gottes Geist ist dem „Knecht" gegeben (12,18) und in der Vollmacht dieses Geistes treibt der Davidssohn die Dämonen aus und bezeugt damit den Anbruch der Gottesherrschaft (12,28). Wer dagegen den göttlichen, d.h. geistgewirkten Charakter dieser Sendung leugnet, der wird keine Vergebung erlangen, weder in dieser noch in der zukünftigen Welt (12,31f). Es ist also wie schon in Mt 3,11.16f der Geist, der den Davidssohn-Messias als Gottessohn κατ᾽ ἐξοχήν erweist.

(3.) In die Erzählung von der kanaanäischen (syrophönizischen) Frau, die Matthäus mit Mk 7,24–30 gemeinsam hat, ist die Appellation der Frau an Jesus bei Matthäus ausführlicher als bei Markus und in Anlehnung an 9,27 gestaltet, wenn Matthäus sie sagen lässt: ἐλέησόν με, κύριε υἱὸς Δαυίδ (15,22, vgl. dagegen ohne jede direkte Rede Mk 7,25). Sie lässt sich bei ihrer

---

[78] Das zeigt sehr deutlich der Gebrauch in Qumran, vgl. C. A. EVANS, David in the Dead Sea Scrolls 195, s.a. unten S. 623f.

[79] O. HOFIUS, Messias 117.124–129; s. schon E. LOHMEYER, Gottesknecht 77: Aufgrund der neutestamentlichen Überzeugung, in Jesus dem „zum Gottessohne in Macht" Bestimmten und Eingesetzten zu begegnen, „ist es verwehrt, den Namen Davidsohn auf das Ganze dieser Gestalt und des mit ihr verknüpften Geschehens auszudehnen, wohl aber kann der Meister, der gleichsam noch vor Tod und Auferstehung steht, so genannt werden". Er ist Teil einer „grösseren christologischen Konzeption, die gleichsam seinen Rahmen bildet". Für Lohmeyer sind die Traditionen um den Gottesknecht und den Menschensohn dieser größere Rahmen (vgl. 84). Zum Verhältnis von Messias und Menschensohn s. außer der oben Anm. 4 genannten Literatur auch K. KOCH, Messias und Menschensohn. Die zweistufige Messianologie der jüngeren Apokalyptik, JBTh 8 (1993), 73–102, jetzt leicht überarbeitet in: DERS., Von der Wende der Zeiten. Beiträge zur apokalyptischen Literatur, Ges. Aufs. 3, hg. v. U. Gleßmer u. M. Krause, Neukirchen-Vluyn 1996, 235–266 (243–247 über den Weg von Daniel bis zum NT, wo in einzigartiger Weise beide Erwartungen ineinander geflossen sind).

Bitte um Heilung ihrer Tochter auch von Jesu schroffer Antwort nicht zurückweisen, sondern wagt den Einwand, dass selbst die Hunde von den Abfällen ihrer Herren bekommen. Daraufhin antwortet Jesus (15,28): Ὦ γύναι, μεγάλη σου ἡ πίστις· γενηθήτω σοι ὡς θέλεις.[80] Auch hier begegnet also der Konnex von Erbarmen, Davids Sohn und Glaube.

(4.) In der dritten Heilungsgeschichte, in der Jesus als Sohn Davids um Erbarmen angerufen wird (Mt 20,29–34 [s.o.]), fehlt bei Matthäus im Unterschied zu den beiden Seitenreferenten der Hinweis auf den Glauben der Geheilten (vgl. Mk 10,52 par. Lk 18,42). Der Grund dafür liegt offenkundig darin, dass Matthäus den Motivfaden des Glaubens in seinem Evangelium sehr bewusst nuanciert, wobei m.E. Mt 17,20 die entscheidende Zäsur markiert. Von jetzt an ist nur noch der Glaube der Jünger (bzw. der Gemeinde) Thema, aber nicht mehr, wie in den Heilungsgeschichten, der Glaube der Hilfe Suchenden. Einen Ersatz dafür bot die nur hier zu findende, abschliessende Notiz (die auch bei Markus und Lukas steht): καὶ ἠκολούθησαν αὐτῷ (20,34 parr. Mk 10,52; Lk 18,43). Sie benennt, wohin der vertrauende Wunderglaube aus den vorigen Heilungsgeschichten führen soll.

4. David als Zeuge für das Sabbat-Verständnis Jesu (Mt 12,1–8)

Als eigener Punkt von Davidssohn-Aussagen ist, wenngleich es dafür nur diesen einen Beleg gibt, die Bezugnahme auf David in der Auseinandersetzung um den Sabbat anzusprechen. Dass Matthäus auch diese Perikope sehr sorgfältig seinen eigenen Aussageintentionen dienstbar machte, zeigt der Vergleich mit Mk 2,23–28 und Lk 6,1–5:

Bei Matthäus ist bereits im 1. Vers zur Begründung für das Verhalten der Jünger angegeben, dass sie hungerten (12,1: ἐπείνασαν). Übernommen ist dies aus Mk 12,25 parr. Mt 12,3; Lk 6,3: Δαυὶδ ὅτε ἐπείνασεν [αὐτὸς] (fehlt bei Mt) καὶ οἱ μετ' αὐτοῦ, d.h. Matthäus nimmt die Begründung in der Beispielgeschichte auch als Ausgangspunkt für das Jüngerverhalten. In 12,2 verdeutlicht er darüber hinaus, dass es die Jünger waren (was aber bei Markus ebenfalls vorausgesetzt ist), die von den Pharisäern eines verbotenen Verhaltens angeklagt wurden. Auch die Beschreibung in 4a ist ohne auffällige Unterschiede (sieht man auf den Verzicht des mk Zusatzes ab, der die Geschichte durch die Nennung Abjatars [versehentlich für Ahimelech, vgl. 1Sam 21,2.20] historisch situiert). Mk 2,27b ist allerdings von den beiden Seitenreferenten individuell bearbeitet: Lukas transferierte den nachklappenden Versteil καὶ ἔδωκεν καὶ τοῖς σὺν αὐτῷ οὖσιν in die vordere Vershälfte und schließt dann mit der knappen Zusammenfassung, dass das Essen der Schaubrote nur den Priestern allein zu essen erlaubt sei. Matthäus verdeutlicht gegenüber Markus und Lukas das scheinbare Fehlverhalten von David und seinen Männern, indem er betont: ὃ οὐκ ἐξὸν ἦν αὐτῷ φαγεῖν οὐδὲ τοῖς

---

[80] Die Mk-Parallele 7,29 lautet: διὰ τοῦτον τὸν λόγον ὕπαγε, ἐξελήλυθεν ἐκ τῆς θυγατρός σου τὸ δαιμόνιον.

μετ' αὐτοῦ εἰ μὴ τοῖς ἱερεῦσιν μόνοις. Statt des Relativpronomens οὕς, das sich eindeutig auf die Brote bezieht (so Mk u. Lk), gebraucht Matthäus das des Akkusativs Neutrum im Singular, wodurch die Aussage einen gewissen grundsätzlichen Charakter bekommt[81]: „Und sie aßen (nämlich David und seine Männer) etwas, was weder ihm (d.h. David wird hier noch einmal hervorgehoben) noch denen, die mit ihm waren, zu essen erlaubt war, sondern allein den Priestern".

Während Markus und Lukas die Perikope mit der Aussage beenden, dass der Menschensohn der Herr über den Sabbat ist (2,28 par. 6,5), setzt Matthäus mit einem weiteren Argument die Diskussion fort, indem er Jesus die Pharisäer auf die Tora verweisen lässt (12,5): ἢ οὐκ ἀνέγνωτε ἐν τῷ νόμῳ ὅτι τοῖς σάββασιν οἱ ἱερεῖς ἐν τῷ ἱερῷ τὸ σάββατον βεβηλοῦσιν καὶ ἀναίτιοί εἰσιν; Die Tora selbst, so ist diesem Argument zu entnehmen, kennt – unausgesprochen – innerhalb ihrer Gebote Hierarchien, bei denen – so lässt sich aus der systematischen Beschäftigung mit den konkurrierenden Geboten schließen – das Größere die Gültigkeit des Geringeren einschränkt bzw. aufhebt. Die Priester im Tempel sind aufgrund des ihnen geltenden Gebots unschuldig, auch wenn sie das Sabbatgebot während ihres Dienstes übertreten. Diese Argumentationsfigur ist in der jüdischen Tradition verankert und Matthäus kann Jesus damit an Vertrautes anknüpfen lassen.[82]

Die Fortsetzung macht allerdings deutlich, dass es Matthäus hier nicht um einen Beitrag im innerjüdischen „halachischen Diskurs" geht, mit dem der „Führungsanspruch der matthäischen Gruppe und des mt Jesus in der neuen tempellosen Situation Nachdruck" verliehen werden soll.[83] Denn Matthäus gebraucht hier keine Formel, wonach ein Gebot durch ein anderes „verdrängt" (im Sinne von „vorübergehend zurückgestellt") werden kann, sondern das im Neuen Testament nur hier und Apg 24,6 verwendete Verb βεβηλοῦν „entweihen, gemein machen", womit in der LXX häufig ein vorsätzliches (z.B. Zef 3,4; 2Makk 8,2; 10,5; PsSal 1,8; 2,3) und bisweilen gewaltsames Übertreten (Ps 74[LXX 73],7; 1Makk 1,48.63) einer kultischen Ordnung bezeichnet ist.

Von den 88 Vorkommen (in 85 Versen) der LXX bezeichnet das Verb in 15 Versen die Übertretung des Sabbatgebots: Ex 31,14; Neh 13,17.18; Jes 56,2.6; Ez 20,13.16.21.24; 22,8.26; 23,38; 1Makk 1,43.45; 2,34. Dabei ist die Entweihung des Sabbats ausdrücklich unter die Todesstrafe gestellt (Ex 31,14), d.h. Matthäus gebraucht in V. 5 die schärfste denkbare Weise, um zum Ausdruck zu bringen, dass die Priester beim sabbatlichen Tempelritual

---

[81] Vgl. HAUBECK/V. SIEBENTHAL, Schlüssel I 67f. Zudem ist damit die Formulierung der pharisäischen Anklage wieder aufgenommen, vgl. 12,2: Ἰδοὺ οἱ μαθηταί σου ποιοῦσιν ὃ οὐκ ἔξεστιν ποιεῖν ἐν σαββάτῳ.

[82] Vgl. L. DOERING, Schabbat 434; M. VAHRENHORST, »Ihr sollt überhaupt nicht schwören« 385–387 (m. Lit.).

[83] So M. VAHRENHORST, »Ihr sollt überhaupt nicht schwören« 391.

das Gebot *übertreten* und dennoch – genauso wie die Jünger Jesu – *unschuldig* (beide Male V. 5+7 ἀναίτιος[84]) sind. Die Jünger aber sind (obwohl durch V. 5 auch ihr Verhalten als βεβηλοῦν charakterisiert ist) wie die Priester unschuldig, weil „hier mehr ist als der Tempel" (τοῦ ἱεροῦ μεῖζόν ἐστιν ὧδε vgl. 12,41.42).[85] Matthäus verwendet zwar eine halachische Argumentationsfigur, aber er sprengt sie, wenn er den Gottes- (vgl. 11,27), Davids- und Menschensohn (12,8) Jesus als das entscheidend Größere einführt, wodurch das Gebot aufgehoben ist.

Wenn es, wie Martin Vahrenhorst zu zeigen versucht, ab V. 5 darum gehen soll, „welches … die Werte und Situationen (sind), von denen her bzw. in denen der Sabbat entweiht werden darf", dann ist die erste und grundlegende Antwort des Matthäus gerade *nicht* das Zitat aus Hosea 6,6, sondern die Selbstaussage Jesu (was sich auch daran erkennen lässt, dass der Abschnitt auch ohne V. 7 in sich geschlossen und verständlich ist). Dass *er* hier ist und also bei seinen Jüngern, macht, dass sie unschuldig sind, denn es gilt hier, was auch in Mt 23,17.19 im Rahmen einer halachischen Diskussion vorausgesetzt wird: Das Größere heiligt das Geringere: τίς γὰρ μείζων ἐστίν, ὁ χρυσὸς ἢ ὁ ναὸς ὁ ἁγιάσας τὸν χρυσόν; (23,17). Der Tempel ist 'größer' als das Gold, darum besitzt er die Fähigkeit, das in ihm vorhandene Gold an seiner Heiligkeit partizipieren zu lassen.[86] Wenn Jesus für sich nun in Anspruch nimmt, dass sein Hiersein, d.h. sein Gekommensein in die Welt etwas 'Größeres' als der Tempel ist, dann heißt das nichts weniger als dass er es ist, der seine Jünger 'heiligt'[87]. Das erklärt auch, warum *er* sie gegenüber den Pharisäern verteidigt. Eine solche Aussage will jedoch keinen halachischen Präzedenzfall klären, sondern – in der Sprachform der Halacha – auf eine fundamental veränderte Situation und Ausgangsposition hinweisen.[88] Es ist, darin ist Vahrenhorst zuzustimmen, eine um Einverständnis und Zustimmung werbende Aussage, die den Gesprächspartnern entgegen zu kommen versucht.

---

[84] Das Wort fehlt sonst im NT. In der LXX beziehen sich alle 6 Belege auf unschuldig vergossenes Blut (Dtn 19,10.13; 21,8.9; DanZus 13,60).

[85] Dass mit dem neutrischen μεῖζον hier nur Jesus gemeint sein kann und nicht, wie U. LUZ (Mt II 231, so auch L. DOERING, Schabbat 433f) vorschlägt, τὸ ἔλεος, sollte aufgrund der Parallelen in 12,41f nicht bestritten werden, vgl. M. VAHRENHORST, »Ihr sollt überhaupt nicht schwören« 383 Anm. 13 und 389 („Das, was größer ist als der Tempel ist für Matthäus Jesus").

[86] Vgl. dazu M. VAHRENHORST, »Ihr sollt überhaupt nicht schwören« 362.

[87] Das Verb ἁγιάζειν wird in diesem Sinn allerdings in den Synoptikern nie gebraucht, es ist überhaupt sehr selten (Mt 6,9 par. Lk 11,2, dazu die beiden genannten Stellen Mt 23,17.19). In Joh 17,19 wird Jesus jedoch ausdrücklich die Aussage zugeschrieben, dass er sich für seine Jünger „heiligt".

[88] Vgl. L. DOERING, Schabbat 435. Zu überlegen ist, ob diese Verantwortung Jesu für seine Jünger mit 11,27 zu verbinden ist, so dass mit Kapitel 12 die Sammlung der Gemeinde um Jesus als ihren Herrn beginnt.

Aber dabei wird das *christologische* Vorzeichen, die Erfüllung von Gesetz und Propheten, nicht verschwiegen, sondern offensiv als Herausforderung eingebracht. Wer sich diesem 'Größeren' verweigert, folgt nicht einfach nur einer nicht allgemein anerkannten Halacha, sondern er verfehlt sein Leben und die Königsherrschaft Gottes.

Mit der Zitateinleitung zu Hos 6,6 in V. 7 (εἰ δὲ ἐγνώκειτε τί ἐστιν) lässt Matthäus Jesus noch einmal ansetzen. Das geht aus dem dreifachen Gebrauch von (ἀνα-)γινώσκειν hervor: οὐκ ἀνέγνωτε τί ἐποίησεν Δαυὶδ ... (V. 3); ἢ οὐκ ἀνέγνωτε ἐν τῷ νόμῳ ... (V. 5) und V. 7.[89] Zugleich verweist er mit der Wiederholung des Zitats auf 9,9–16 zurück, wo es im ersten Streitgespräch zwischen Jesus und den Pharisäern (bei denen ebenfalls die Jünger die zunächst die von Pharisäern angesprochenen waren) schon einmal als Aufforderung an die Pharisäer gebraucht worden war. Hier wie dort besagt der Vers, dass die Pharisäer „ihre eigene Lage verkennen" und „keine wahre Gotteserkenntnis haben"[90]. Das Hosea-Zitat dient als „Gerichtswort" ihnen gegenüber, nicht der Einladung zum halachischen Diskurs. Dass sie dies auch so verstanden haben, zeigt Mt 12,14: Am Ende dieser beiden Sabbatkonfliktepisoden steht nicht ein wie auch immer gearteter halachischer Dissens, sondern der Tötungsbeschluss gegen Jesus.[91]

Lässt sich von dieser Bezugnahme auf den historischen David eine Aussage über Jesus als dem Davidssohn ableiten? Vom Aufbau des Evangeliums her besteht kein Zweifel, dass Jesus als der eschatologische, Heil bringende Davidssohn verstanden werden soll. In 9,27 ist er erstmals mit diesem Titel von einem Hilfe Suchenden angerufen worden, in 12,23 noch einmal. Dazwischen liegt, unmittelbar nach den beiden Sabbatkonfliktgeschichten, der

---

[89] Auch hier ist zu fragen, ob damit nicht bewusst an das zweimalige ἐπιγινώσκειν von 11,27 angeknüpft ist. Der Vorwurf, die Zeichen der Zeit nicht zu erkennen oder nicht in der Schrift das gelesen (= verstanden) zu haben, was für ein Begreifen des Wirkens Jesu nötig wäre, findet sich wiederholt bei Matthäus gegenüber den Pharisäern (bzw. den Führern des Volks), vgl. 16,3; 17,12; 19,4; 21,16.42; 22,31. Und da, wo sie erkennen, dass sie gemeint sind, verschließen sie sich dieser Einsicht (21,45). Es fällt auf, dass dieser Sprachgebrauch von γνω(σ)- erst mit 11,27 bzw. 12,3.5.7 beginnt. Im Gegenzug wird den Jüngern die Befähigung zum Verstehen zugesagt, vgl. 13,11. CH. LANDMESSER hat zudem gezeigt, dass Matthäus den ganzen Vers (samt seinem Kontext) im Auge hatte und in Hos 6,6b ist ausdrücklich von der Erkenntnis die Rede: ἔλεος θέλω καὶ οὐ θυσίαν καὶ ἐπίγνωσιν θεοῦ ἢ ὁλοκαυτώματα (vgl. Jüngerberufung 119–121.130 Anm. 254).

[90] CH. LANDMESSER, Jüngerberufung 123.

[91] Darauf weist CH. LANDMESSER, Jüngerberufung 124 Anm. 231 ausdrücklich hin, während bei M. VAHRENHORST dieser Vers weder in seiner Analyse der Perikope noch im Stellenregister des Buches vorkommt (vgl. »Ihr sollt überhaupt nicht schwören« 381–392). Er weist auf S. 13 zwar mit Recht darauf hin, dass das Evangelium von einer Verfolgungssituation der Gemeinde durch jüdische Instanzen ausgeht, aber er vermag nicht zu erklären, wieso innerjüdisch eine Gruppe verfolgt wurde, die sich aktiv an der halachischen Diskussion zu beteiligen versuchte.

Verweis auf den (davidischen) Gottesknecht aus Jes 42,1 (12,18). Wenn innerhalb eines solchen Rahmens[92] auf David als Vorbild in einer Auseinandersetzung verwiesen wird, dann liegt es nahe, dass der Evangelist damit zum Ausdruck bringen will, dass das Recht des Davidssohns nicht geringer ist als das seines Vorfahren. Dabei ist das Verhalten Davids in keiner Weise halachisch gerechtfertigt, wie die rabbinischen Interpretationen der Stelle zeigen. Sie sind vielmehr durchweg von dem Versuch geprägt, das Verhalten Davids nachträglich zu legitimieren und mit der Halacha in Übereinstimmung zu bringen. Die matthäische Argumentation will dagegen zeigen: Das 'Größere', d.h. das in Bezug auf Gottes Wollen und Handeln Entscheidendere, ermöglicht nicht nur das Zurückdrängen, sondern sogar das 'Entweihen' von Geboten. Der Tempelkult entschuldet die am Sabbat Dienst habenden Priester, und die Rettung des von Gott zum König erwählten David entschuldet ihn und seine Männer, selbst wenn sie – sogar durch eine Lüge – in die Vorrechte der Priester bzw. des Tempels (das Heiligtum in Nob repräsentiert in 1Sam 21 den noch nicht vorhandenen Tempel[93]) eingreifen. Es ist verständlich, dass die jüdische Tradition mit dieser Erzählung Schwierigkeiten hatte[94], und es ist alles andere als selbstverständlich, dass Jesus gerade diese Geschichte zu seiner Verteidigung heranzieht.

Matthäus demonstriert damit, dass in Jesus (wie bei seinem Vorfahren David) noch 'Größeres' als der Tempel gekommen ist, worauf schon Hos 6,6 verweist: Über dem Opfer- und Tempelkult steht das Erbarmen[95], dessen

---

[92] Zu beachten ist, dass nur Matthäus der Perikope eine solche Rahmung gibt. Bei Markus und Lukas stehen die Anrufungen Jesu als Davidssohn erst weit nach der Erzählung über das Ährenraufen am Sabbat (Mk 10,47f par. Lk 18,38f), so dass hier kein innerer Zusammenhang hergestellt werden kann, obwohl gerade Lukas in seiner Vorgeschichte die davidische Herkunft von Jesus fast noch deutlicher betont als Matthäus.

[93] Der Priester Ahimelech ist ein Urenkel Elis, d.h. die in Nob amtierende Priestersippe ist dieselbe, die einst in Silo mit dem Lade-Gottesdienst betraut war, ehe diese verloren ging, vgl. V. FRITZ, 1+2Sam 140.

[94] Vgl. BILL. I 618f: Aus bMen 96a geht hervor, dass die Rabbinen die Notlage Davids als Lebensgefahr interpretierten, aber davon ist in der biblischen Vorlage keine Rede. Dahinter steht das Bemühen, die Stelle mit der geltenden Halacha über Gebotsverletzungen bei Lebensgefahr in Übereinstimmung zu bringen, vgl. a. M. VAHRENHORST, »Ihr sollt überhaupt nicht schwören« 385–387. Seine Folgerung daraus für Matthäus ist allerdings falsch. Denn Matthäus hat das „Hungermotiv" nicht so verändert, dass es „der späteren rabbinischen Auslegung zu 1Sam 21 genau entspricht" (387): zum einen ist der Hunger der Jünger nicht besonders betont, von einer „Form von Lebensdrohung" (388) kann schwerlich gesprochen werden. Zum anderen ist es nicht Jesus, der hungert, sondern seine Jünger, während es in bMen 96a David ist, der lebensbedrohlich Hunger leidet. Bei Josephus ist die Episode stark gekürzt: Weder wird erwähnt, dass David Hunger hat (obwohl er um Proviant und eine Waffe bittet), noch dass es sich um geweihtes Brot handelt, das ihm der Priester gibt (Ant 6,242f).

[95] Auch dieser 'Webfaden' ist von Matthäus in die Davidssohn-Tradition eingewoben, indem alle Hilferufe an den Davidssohn mit ἐλεεῖν verbunden sind (9,27; 1,22; 20,30f).

Repräsentant Jesus ist. Diese Interpretation und Ausgestaltung der vorgegebenen Geschichte fügt sich damit bruchlos in das matthäische Toraverständnis
eines heilsgeschichtlichen Neueinsatzes durch Jesus ein (hier erkennbar durch
μεῖζόν ἐστιν ὧδε), der als 'Erfüller aller Gerechtigkeit' allein die Vollmacht
hat, der Tora ihren Platz in der neuen Zeit zuzuweisen. „Erfüller aller
Gerechtigkeit" aber ist er als Nachkomme Davids, als Messias, als Kyrios, als
Menschen- und Gottessohn.[96]

5. Das Messiasbekenntnis und der Davidssohn

Die hier unternommene Betonung der davidischen Messiaserwartung für das
Matthäus-Evangelium und seine Christologie (und davon abgeleitet dann auch
für sein Toraverständnis) muss sich fragen lassen, ob diese nicht an der
zentralen christologischen Stelle des Evangeliums, dem Bekenntnis des Petrus
bei Caesarea Philippi (Mt 16,13–20, parr. Mk 8,27–30; Lk 9,18–21), hätte
deutlicher hervortreten müssen, wenn man sie zum interpretatorischen
Schlüssel des Evangeliums machen will. Nun zeigt aber gerade das Messias-
Bekenntnis des Petrus, dass für die Evangelisten die Aussage σὺ εἶ ὁ
Χριστός (Mk 8,29, vgl. die leicht abweichende Formulierung Lk 8,20; Joh
6,69), die Matthäus wörtlich von Markus übernommen hat, das zentrale
Bekenntnis ist.

Die ausführlichste Form in allen vier Evangelien findet sich auch hier bei
Matthäus: σὺ εἶ ὁ Χριστὸς ὁ υἱὸς τοῦ θεοῦ τοῦ ζῶντος (16,16). Der
Christus-Titel ist – ebenfalls einzig bei Matthäus – am Ende noch einmal
wiederholt (16,20: τότε διεστείλατο τοῖς μαθηταῖς ἵνα μηδενὶ εἴπωσιν
ὅτι αὐτός ἐστιν ὁ Χριστός), zugleich ist in 16,19 mit dem Messiastitel
auch die Vollmacht über den Zugang zur Königsherrschaft Gottes verbunden.

Die Frage ist nun allerdings: Wer ist der Messias? Für seine Leser hat
Matthäus darauf bereits am Anfang seines Buches die Antwort gegeben: Es ist
der Sohn Davids und Abrahams (1,1.16, vgl. a. 17.18; 2,4). Er ist es, der die
„Werke des Messias" tut (11,2). Das sind die einzigen χριστός-Stellen im
Evangelium vor 16,16 und von diesen sind alle bis auf 11,2 eindeutig
davidisch konnotiert. Die Stelle lässt sich darum gar nicht anders verstehen,
als dass in diesem Bekenntnis die Davidssohnschaft des Messias impliziert

---

[96] Die einzelnen Titel stehen nicht in Konkurrenz zueinander, sondern drücken verschiedene Aspekte derselben Erwartung aus (s.o. Anm. 31). Zudem lassen sie sich mit Ausnahme
des Menschensohntitels alle aus der dem David gegebenen Verheißung ableiten, vgl. dazu
K. BERGER, Messiastraditionen 9: Der Davidssohntitel steht in den Heilungsgeschichten nicht
isoliert, sondern ist Teil einer breiteren Überlieferung, „in der Weisheit, Exorzismus,
Prophetie, Königtum und Gottessohnschaft in enger Beziehung zueinander stehen". Zur
Integration des Menschensohnes in die davidische Messiaserwartung s.o. Anm. 4.

ist.[97] Allerdings reicht sie für das Verständnis des Matthäus nicht aus, weil die Gottessohnschaft die Davidssohnschaft in sich schließt und transzendiert (und damit gerade nicht annulliert).

An dieser Konzeption ändert sich auch bei den nachfolgenden χριστός-Belegen nichts, wie insbesondere 22,42 deutlich macht, wo Jesus die Pharisäer fragt: τί ὑμῖν δοκεῖ περὶ τοῦ Χριστοῦ; τίνος υἱός ἐστιν; λέγουσιν αὐτῷ, τοῦ Δαυίδ[98], und daran anknüpfend dann zeigt, dass schon David in Ps 110,1 von seinem „Herrn" sprach, dem Gott neben sich auf seinem Thronsessel Platz gewährte.[99] Der Messias ist darum trotz seiner Davidssohnschaft zugleich dessen Kyrios, d.h. er steht nicht unter David, sondern bleibt dessen Herr.

Dazu kommt, wie bereits erwähnt, dass sich Jesus selbst nie als Davidssohn bezeichnete. Diese Titulierung ist als Bekenntnis das Verständnis derer, die sein Wirken sahen. Weil sie in ihm den Messias erkannten (bzw. erhofften), darum redeten sie ihn mit der gebräuchlichsten, aber noch relativ unverfänglichen Bezeichnung „Sohn Davids" an. Jesus selbst bezeichnet sich dagegen als „Menschensohn", weil in dieser Selbstaussage die Davidssohnschaft enthalten, aber zugleich transzendiert (und entpolitisiert) ist, während umgekehrt die Selbstbezeichnung als Davidssohn einen politisch-militärischen Beigeschmack bekommen konnte, an dem Jesus nicht gelegen war (darum in 16,20 parr. Mk 8,30; Lk 9,21 auch das ausdrückliche Verbot, darüber zu reden). Als jedoch die Tempelverantwortlichen Jesus darauf aufmerksam machten, dass die Kinder im Tempel ihm als „Sohn Davids" zujubelten (Mt 21,15f [SG]), da gab er durch den Verweis auf Ps 8,3LXX diesen zu verstehen, dass die Kinder mit ihrem Bekenntnis im Recht waren, d.h. Jesus lässt sich auch hier diesen Titel gefallen.

6. Der Einzug des Davidssohns nach Jerusalem (Mt 21,1–9 parr. Mk 11,1–10; Lk 19,28–40)

Auch der Einzug Jesu nach Jerusalem wird von Matthäus ungleich stärker als bei Markus als Einzug des Zionskönigs in seine Stadt dargestellt (vgl. 21,5 mit dem Mischzitat aus Jes 62,11 und Sach 9,9, wobei die letzte Stelle für den

---

[97] Gegen A. SUHL, Davidssohnschaft 76, der meint, in 16,16 spiele „die Davidssohnschaft … keine Rolle". Er verweist aber immerhin darauf, dass dieselbe dazu „auch keineswegs im Widerspruch" stehe.

[98] Die übrigen Belege verteilen sich auf die innergemeindliche Situation (23,10; 24,5.23, vgl. a. 24), in der der Titel selbstverständlich gebraucht wird, und auf die Passionserzählung (26,63.68; 27,17.22), in der der königliche Anspruch, der sich mit dem Titel verband, ebenfalls deutlich erkennbar bleibt (vgl. 27,27–29.37.42).

[99] Vgl. dazu oben S. 395f m. Anm. 828.

Gebrauch der beiden Esel ausschlaggebend war[100]. Dass mit dem Zionskönig nur der Davidide gemeint sein kann, macht Matthäus durch die Rahmung und Ausgestaltung dieser Perikope erneut unmissverständlich deutlich.[101]

Der Kern der Überlieferung dürfte in jenem Ruf aus Ps 118(117LXX),26a liegen, den alle vier Evangelien bezeugen: εὐλογημένος ὁ ἐρχόμενος ἐν ὀνόματι κυρίου (Mk 11,9 parr. Mt 21,9; Lk 19,38; Joh 12,13). Die Fortsetzung dieses Rufs in Mk 11,10 wurde dann jedoch von keinem der übrigen Evangelisten wörtlich, sondern nur inhaltlich übernommen: aus εὐλογημένη ἡ ἐρχομένη βασιλεία τοῦ πατρὸς ἡμῶν Δαυίδ wird bei Lukas die Einfügung von ὁ βασιλεύς als Apposition zu ὁ ἐρχόμενος, bei Johannes folgt die Einfügung nach dem Psalmzitat als ὁ βασιλεὺς τοῦ Ἰσραήλ, während Matthäus den Jubelruf ὡσαννά[102] dem Sohn Davids einleitend zum Psalmvers gelten lässt: ὡσαννὰ τῷ υἱῷ Δαυίδ· εὐλογημένος … Der Sohn Davids ist durch das Zitat Sach 9,9 (es fehlt bei Markus und Lukas, bei Johannes ist es nachgestellt, vgl. 12,15) als König bei Matthäus bereits vorgestellt, so dass er an dieser Stelle auf die Nennung des Königstitels verzichten kann. Die Veränderung der markinischen Vorlage weg vom davidischen Reich hin zum sanftmütigen Zionskönig ist ebenfalls aufgrund der politischen Konnotationen zu erklären, die in der sicher alten markinischen Formulierung noch deutlich anklingen (vgl. a. Apg 1,6; Lk 24,21).

Eng angeschlossen ist im ersten Evangelium die Fortsetzung von 21,1–9, so dass Luz davon ausgeht, dass 21,1–17 „eine einzige Perikope" ist (Mt III 176). Sehr knapp wird die sog. Tempelreinigung berichtet, an der Matthäus kein erkennbares Interesse zeigt (weil ihm auch da die politischen Implikationen zu brisant erschienen?)[103] im Unterschied zu der anschließenden Heilungstätigkeit Jesu im Tempel (V. 14–16 [SG]). Das Heilen der Blinden und Lahmen im Tempel verärgerte die Hohenpriester und Schriftgelehrten, während es „die Kinder"[104] in den Jubelruf ausbrechen ließ: ὡσαννὰ τῷ υἱῷ

---

[100] Zum Problem vgl. M. Hengel, Bergpredigt 343–346; U. Luz, Mt III 178f.

[101] Vgl. Ch. Burger, Davidssohn 81–87: „Aus dem Bericht des Markus wird unter der Hand des ersten Evangelisten eine geschlossene Darstellung seiner Anschauung von Jesus als Davidssohn" (81). Zur Stelle s.a. G. Sauer, Die Messias-Erwartung nach Mt 21 in ihrem Rückbezug auf das Alte Testament als Frage an die Methode einer biblischen Theologie, in: Altes Testament und christliche Verkündigung, FS A. H. J. Gunneweg, hg. v. M. Oeming u. A. Graupner, Stuttgart u.a. 1987, 81–94.

[102] Entnommen aus Ps 118,25.

[103] Vgl. J. Ådna, Jesu Stellung zum Tempel 168–172. Lukas stellt zwischen den Einzugsbericht (19,28–40) und die »Tempelreinigung« (19,45f) die Klage Jesu über den Tempel und das Geschick Jerusalems (19,41–44), wodurch die Austreibung der Händler aus dem Tempel einen anderen Charakter als bei Matthäus erhält.

[104] Vgl. dazu U. Luz, Mt III 188, der „Kinder" uneigentlich verstehen will. Dass es Kinder im Tempel gab, die dort erzogen wurden, ist jedoch vereinzelt bezeugt, vgl. 1Sam 1,28; mPara 3,2; ProtEvJak 7,1–8,2. Zudem nahmen auch Kinder an den Wallfahrtsfesten teil (vgl. Lk 2,42–44 u. die Belege bei Bill. I 853f), so dass kurz vor dem Passafest durchaus mit Kindern und Heranwachsenden im Tempel gerechnet werden darf, die sich auf die Ereignisse ihren eigenen Reim machten. Zu der Verwendung von Ps 8,3 und der Zusammenstellung von „Unmündigen und Säuglingen" vgl. P. Müller, In der Mitte der Gemeinde. Kinder im Neuen Testament, Neukirchen-Vluyn 1992, 221–233.

Δαυίδ (V. 15). Unter Verweis auf Ps 8,3 nimmt Jesus ihre Akklamation als zutreffend an.[105]

Für das matthäische Verständnis der Einzugsgeschichte ist das Zitat aus Sach 9,9 von besonderer Bedeutung.[106] Formal als Erfüllungszitat eingeleitet (V. 4), ist es einem Kontext entnommen, der in vielerlei, wenngleich schwer zu deutender Weise eine messianisch-davidische Erwartung repräsentiert, die aber zugleich in einer gewissen Spannung zur Herrschaft Gottes selbst steht. Dass Matthäus diese Texte kannte, legt sich aus den Zitaten und Anspielungen auf Sach 9ff in seinem Evangelium nahe.[107] Er ersetzt mit Bedacht die

---

[105] Im Hintergrund steht möglicherweise 2Sam 5,6.8: „Blinde und Lahme" (οἱ τυφλοὶ καὶ οἱ χωλοί), so spotten die Jebusiter, könnten David den Zugang nach Jerusalem verwehren; darum lässt David in V. 8 die Lahmen und Blinden erschlagen, die seiner Seele verhasst sind; „deshalb sagt man: Blinde und Lahme sollen nicht in das Haus (= d. Tempel) hineingehen" (τυφλοὶ καὶ χωλοὶ οὐκ εἰσελεύσονται εἰς οἶκον κυρίου). Die Verse 6+8b enthalten die einzigen direkten Nebeneinanderstellungen von Blinden und Lahmen in der LXX (in V. 8b in umgekehrter Reihenfolge). Da Matthäus in 2,6 schon 2Sam 5,2 zitiert hat (s.o. 2.) ist eine solche antitypische Anknüpfung hier durchaus denkbar: Selbst die, die vom ersten David verachtet wurden, erfahren die Zuwendung seines Nachkommen. Damit wird deutlich, was mit πραΰς (Sach 9,9) in Mt 21,5) in Bezug auf den Zionskönig gemeint ist. Zum Bezug auf 2Sam 5,8 s.a. R. H. GUNDRY, Use 207; DERS., Mt 413.

[106] Zum messianischen Verständnis dieser Stelle in der rabb. Literatur s. BILL. I 842–844, das Propheten-Targum übersetzt wörtlich „with no specific Messianic reference whatsoever, bearing out the contention that the humble, suffering, and dying Messiah was not acceptable to the Jewish mind" (S. H. LEVEY, Messiah 100).

[107] Sach 11,13 steht im Hintergrund von Mt 27,9f (wenngleich von Matthäus als Jeremia-Zitat eingeleitet, vgl. U. LUZ, Mt IV 230–233.240; zur Begründung der Nennung Jeremias s. B. GÄRTNER, Habakuk-Kommentar 191–195; R. H. GUNDRY, Mt 557; eine m.E. plausible Gesamtinterpretation aufgrund der im Zitat kombinierten Texte bietet jetzt P. WICK, Judas als Prophet wider Willen. Mt 27,3–10 als Midrasch, ThZ 57 [2001], 26–35); Sach 13,7 ist zitiert in 26,31 (par. Mk 14,27); Sach 12,10.12.14 (in V. 10 u. 12 ist jeweils das „Haus Davids" genannt) „bestimmt" den „Wortlaut" in 24,30 (U. LUZ, Mt III 433); Sach 14,4f gehört zum traditionsgeschichtlichen Hintergrund von Mt 21,1 u. 27,51b–53 (vgl. DAVIES/ALLISON, Mt III 628f; U. LUZ, Mt IV 357); der letzte Teil von Sach 14,5 begegnet in Mt 25,31 u. Sach 14,7 (zus. mit Dan 12,13LXX) gehört zum Verständnis von Mt 24,36 dazu (s. R. H. GUNDRY, Mt 492); auch Sach 14,21 kann (neben Jes 56,7 u. Jer 7,11) auf Mt 21,12 eingewirkt haben (s. U. LUZ, Mt III 186; R. H. GUNDRY, Mt 413). Diese Beobachtungen brachten S. VAN TILBORG zu der Annahme, das Sacharjabuch liege Mt 21–27 als Intertext zugrunde, vgl.: Mt 27,3–10: An Intertextual Reading, in: Intertextuality in Biblical Writings, FS B. van Iersel, hg. v. S. Draisma, Kampen 1989, 159–174; so schon C. H. DODD, According to the Scriptures, London 1952, 107: Sach 9–14 als Textpassage, die nachweisbar als Ganze gewirkt habe. Dieses Ergebnis wurde bestätigt von R. H. GUNDRY, Use 205–208; vgl. dazu auch F. F. BRUCE, The Book of Zechariah and the Passion Narrative, BJRL 43 (1961), 336–353; S. KIM, The Son of God, the Stone, the Son of Man, and the Servant: The Role of Zechariah in the Self-Identification of Jesus, in: Tradition and Interpretation (s. Einleitung Anm. 102), 134–148; C. A. EVANS, Jesus and Zechariah's Messianic Hope, in: Authenticating the Activities of Jesus, hg. v. B. Chilton u. C. A. Evans, NTTS 28.2, Leiden u.a. 1999, 373–388; gleichwohl ablehnend LUZ, ebd. 240 Anm. 80, der – wenig überzeugend – davon ausgeht,

Einleitung von Sach 9,9a, bei der die „Tochter Zion" selbst Subjekt der Imperative χαῖρε (גִּילִי מְאֹד) und κήρυσσε (הָרִיעִי) ist, durch Jes 62,11, wo die „Tochter Zion" zur *Adressatin* der aufgetragenen Botschaft wird: εἴπατε τῇ θυγατρὶ Σιών. Die Stadt muss ihren König erst noch kennen lernen (vgl. 21,10), bevor sie Trägerin des Freudenjubels werden kann. Angekündigt wird er als: ᾿Ιδοὺ ὁ βασιλεύς σου ἔρχεταί σοι πραῢς καὶ ἐπιβεβηκὼς ἐπὶ ὄνον καὶ ἐπὶ πῶλον υἱὸν ὑποζυγίου.[108]

Gegenüber der Vorlage lässt Matthäus im Zitat nach σοι die beiden ersten attributiven Näherbestimmungen des Königs als δίκαιος καὶ σῴζων αὐτός aus, obwohl sie dem matthäischen Jesusbild entsprechen. Das mag damit zusammenhängen, dass er die darin anklingenden Motive in seinem Evangelium an anderer Stelle unterbrachte: Dass Jesus der *Retter* seines Volkes ist, steht programmatisch bereits in 1,21, und dieses Lebenswerk ist im Namen Jesu immer schon mit genannt[109]. Dass er der Gerechte schlechthin ist, der alle Gerechtigkeit erfüllt, ist in der Taufe bezeugt (3,15) und wird in 27,19 von der Frau des Pilatus noch einmal ausdrücklich benannt: μηδὲν σοὶ καὶ τῷ δικαίῳ ἐκείνῳ. Im Kontext der Einzugsgeschichte dominieren diese Elemente jedoch nicht, weil es Matthäus offenbar darum geht, die Sanftmut dieses Königs herauszustellen, der nicht – darin anders als sein Vorfahre

---

dass Matthäus keinen Sacharjatext zur Verfügung hatte und das Buch auch nicht kannte (vgl. Mt III 181 m. Anm. 34).

[108] Der LXX-Text von Sach 9,9 lautet: Χαῖρε, σφόδρα, θύγατερ Σιων· κήρυσσε, θύγατερ Ιερουσαλημ· ἰδοὺ ὁ βασιλεύς σου ἔρχεταί σοι, δίκαιος καὶ σῴζων αὐτός, πραῢς καὶ ἐπιβεβηκὼς ἐπὶ ὑποζύγιον καὶ πῶλον νέον.

[109] Die Sondergutstelle 1,21 ist der erste Beleg für σῴζειν im Evangelium: ... καὶ καλέσεις τὸ ὄνομα αὐτοῦ ᾿Ιησοῦν· αὐτὸς γὰρ σώσει τὸν λαὸν αὐτοῦ ἀπὸ τῶν ἁμαρτιῶν αὐτῶν. Das heilende Wirken Jesu wird zweimal mit σῴζειν charakterisiert, vgl. 9,22; 14,36 (in einem Summarium); 27,42 (par. Mk 15,31, bei der Verspottung am Kreuz: „andere hat er gerettet ...") ebenso wenden sich Menschen mit diesem Verb an Jesus, um Hilfe zu erbitten, vgl. 8,25 (die Jünger in Seenot; wohl redaktionell, in den Parallelen Mk 4,38; Lk 8,24 fehlt σῴζειν); 9,21 (die blutflüssige Frau); 14,30 (der sinkende Petrus); das eschatologische Heil ist als ein Gerettetwerden gekennzeichnet (10,22; 19,25; 24,13.22, vgl. 16,25). Die Aufforderung an den am Kreuz Hängenden σῶσον σεαυτόν, εἰ υἱὸς εἶ τοῦ θεοῦ (Mt 27,40 parr. Mk 15,30; Lk 23,35) denkt vordergründig wohl an seine Heilungswunder, aber hintergründig steht Jesu Gottesbeziehung, seine Sohnschaft (27,40.43) und seine Königs- (= Messias-)würde in Bezug auf Israel (27,37.40) auf dem Spiel. Sein Retten war verbunden mit der Einlassgewährung zur βασιλεία τοῦ θεοῦ, nun, am Kreuz, musste es sich erweisen, ob er selber dahin Eingang fand. Das zeigt die letzte Stelle, in der σῴζειν bei Matthäus vorkommt: ῎Αφες ἴδωμεν εἰ ἔρχεται ᾿Ηλίας σώσων αὐτόν (27,49 [SG]). „Das Ausbleiben des Elija bestätigt den Umstehenden ..., daß der messianische Anspruch Jesu falsch ist" (J. GNILKA, Mt II 475f; ganz anders dagegen Lk 23,39–42: der sterbende Messias Jesus [vgl. 23,35] verheißt dem Mitgekreuzigten den Eingang ins Paradies). Für Matthäus sind es der zerrissene Vorhang im Tempel (27,51), die geöffneten Gräber (27,52f) und das Bekenntnis des römischen Centurio (27,54: ἀληθῶς θεοῦ υἱὸς ἦν οὗτος), die die Rechtmäßigkeit von Jesu Anspruch bezeugen. Die lukanische Aussage über die Vorwegnahme bzw. Aussetzung des Gerichts ist seine Sache nicht.

David und der zelotische Messiasprätendent Menahem[110] – mit Waffengewalt
in seine Stadt einzieht und sie gleichwohl erbeben lässt (21,10).[111]

*7. Die Frage nach dem Davidssohn (Mt 22,41–46 parr. Mk 12,35–37;
Lk 20,41–44)*

Mit der allen Synoptikern gemeinsamen Perikope über die Frage nach der
Sohnschaft des Messias endet in den drei Evangelien die Erwähnung Davids.
Sie stellt damit einen Kulminationspunkt dar und bringt zum Abschluss, was
in den bisherigen Texten schon angeklungen war: Die Davidssohnschaft Jesu
ist ein grundlegendes Moment seines Wirkens und seines Anspruchs, den er,
wie Mt 21,15f noch einmal gezeigt hat, auch anerkannte. Aber, das zeigt diese
Perikope, damit ist sein Auftrag und sein Sein noch nicht vollständig erfasst.
Der Messias ist der Sohn Davids, aber er ist mehr als das: Er ist vor David
und über ihm als sein Herr. Ausgangspunkt für die Aussage Jesu ist einer der
seltenen Anlässe, bei denen er sich mit einer Frage direkt an seine Zuhörer
wendet (so Mt 22,41; Lk 20,41; nur indirekt Mk 12,35). Die Übernahme
dieser Perikope aus dem Markus-Evangelium durch Matthäus lässt erkennen,
dass er darin keine Kritik an der Davidssohnschaft Jesu sah (wie Barn 12,10f),
sondern die Möglichkeit zu einem klaren, auch erzählerisch prominent
platzierten Bekenntnis. Die Angesprochenen sind bei Matthäus die Pharisäer,
bei Lukas, wohl in Aufnahme von Mk 12,35 die Schriftgelehrten. Schon diese
Situation der direkten Befragung erinnert an Mk 8,27 parr. Mt 16,13; Lk 9,18.
     Aber während vor Caesarea Philippi das Ziel der Befragung das
Bekenntnis zur Messianität Jesu war („du bist der Messias"), ist in Jerusalem
der Messias Ausgangspunkt der Frage: „Was meint ihr über den Messias?
Wessen Sohn ist er?" (τί ὑμῖν δοκεῖ περὶ τοῦ Χριστοῦ; τίνος υἱός
ἐστιν;). Aber nur Matthäus formuliert die Frage so, dass die Angeredeten
selbst die Antwort geben müssen: τοῦ Δαυίδ (22,42), während Markus und

---

[110] Nach der Eroberung Masadas durch ihn zog er zu Beginn des ersten jüdischen
Aufstandes „wie ein König nach Jerusalem hinauf" (Jos., Bell 2,434), wo er die Führungsrolle
in der Aufstandsbewegung an sich zu reißen versuchte, ehe er *im Tempel*, wohin er sich „mit
königlicher Kleidung" und in Begleitung einer zelotischen Leibwache begeben hatte,
ermordert wurde. Zu seinen messianischen Ambitionen vgl. M. HENGEL, Die Zeloten, AGJU
1, Leiden ²1976, 299–302.365–373. Vor diesem Hintergrund ist die Herausstreichung der
πραΰς des einziehenden Messiaskönigs Jesus (vgl. a. Mt 11,29) nur zu verständlich.

[111] Vgl. a. CH. BURGER, Davidssohn 85f, der darauf hinweist, dass die Versetzung der
Perikope von der Verfluchung des Feigenbaums hinter die Tempelszene (21,18f im
Unterschied zu Mk 11,12–14.20–26, wo sie den Rahmen der sog. Tempelreinigung bildet) ein
Hinweis darauf ist, dass Matthäus damit der Tempelszene „den Charakter des Gerichts-
handelns Jesu" nimmt und ihm einen positiven Sinn gibt: „Kaum ist der Tempel von den
Händlern geräumt, kommen die Blinden und Lahmen zu Jesus (Mt 21,14–16)."

Lukas bereits in der Fragestellung durch Jesus einen Schritt weitergehen und die Redeweise über den Messias als Davidssohn als zu begrenzt andeuten: „Wie sagen (die Schriftgelehrten), dass der Messias der Sohn Davids sei?" Durch die Umformulierung der Frage vermeidet Matthäus, dass die Davidssohnschaft und seine Würde als κύριος alternativ gegeneinander gestellt werden, wie dies aus Markus immerhin herausgelesen werden kann: „Zur Debatte steht somit nicht mehr, ob der Messias Davids Sohn ist, sondern wie er als solcher zugleich der Kyrios sein kann."[112] Denn dass die pharisäische Antwort von Jesus akzeptiert wird, zeigt die positive Aufnahme derselben in V. 43 (λέγει αὐτοῖς, πῶς οὖν Δαυὶδ ἐν πνεύματι καλεῖ αὐτὸν κύριον)[113] und V. 45 (εἰ οὖν Δαυὶδ καλεῖ αὐτὸν κύριον, πῶς υἱὸς αὐτοῦ ἐστιν;).

Die Frage bleibt in der erzählten Welt – wie bei Markus – offen, die Angeredeten wagen keine Antwort (21,46). Matthäus hat seinen Lesern dagegen die Antwort bereits zu Beginn gegeben, wenn er das vorbereitende Wirken des Täufers mit Jes 40,3 (ἑτοιμάσατε τὴν ὁδὸν κυρίου) verknüpfte (Mt 3,3) und in seinem Evangelium immer wieder durchblicken ließ, dass Jesus der Kyrios ist.[114] Denkbar ist darüber hinaus, dass in der eingangs gestellten Frage τίνος υἱός ἐστιν; (V. 42) auch an die Kennzeichnung Jesu als Sohn Gottes gedacht ist.[115]

Entscheidend ist für Matthäus jedoch, dass die Gottessohnschaft und das Kyriossein Jesu seine Davidssohnschaft nicht negieren, sondern im Gegenteil sogar bezeugen: Denn schon David nannte ihn „im Heiligen Geist" (V. 43) seinen Herrn.

---

[112] CH. BURGER, Davidssohn 88; A. SUHL, Davidssohn 57–61.

[113] Vgl. dagegen die Formulierung der Fragen in Mk 12,36+37, die als Antwort einen Gegensatz implizieren: Wenn ihn David seinen Herrn nennt, dann kann er nicht zugleich sein Sohn sein. Matthäus dagegen will zeigen, dass er als sein Sohn dennoch sein Herr ist.

[114] Vgl. 7,21f; 8,2.6.8.21.25 u.ö. Besonders wichtig sind die vom Evangelisten bisher nicht kommentierten Sondergut-Anreden κύριε υἱὸς Δαυίδ in 15,22 und 20,31 (vgl. a. 9,27f). Die Legitimation dieser Aussagen wird mit 22,41ff gleichsam nachgeliefert, so auch U. LUZ, Mt II 61. S.a. § 9 Anm. 828f. Dahinter verbirgt sich möglicherweise eine liturgische Formulierung, vgl. den Ruf beim Abendmahl ὡσαννὰ τῷ θεῷ Δαβίδ (so die Lesart des Codex Hierosolymitanus 54, die kopt. Überlieferung liest statt θεῷ „dem Haus Davids", während die Textfassung in den Apostolischen Konstitutionen υἱῷ liest, was wohl als Angleichung an den Evangelientext zu verstehen ist) in der vom Matthäus-Evangelium geprägten Didache (10,6), vgl. CH. BURGER, Davidssohn 82 Anm. 39 u. K. NIEDERWIMMER, Did 201f. In Did 19,5 ist Jesus mit κύριε angeredet.

[115] In den beiden davor stehenden Gleichnissen von den bösen Weingärtnern und der königlichen Hochzeit ist immerhin jeweils vom Sohn des Weinbergbesitzers bzw. Königs die Rede (21,37 bzw. 22,2). Auch aus 26,63; 27,40.43.54 wird zudem deutlich, dass für Matthäus Jesu Gottessohnschaft im Passionsgeschehen ihre Bewährungsprobe bestehen musste.

8. Weitere Bezüge auf David

Das allen Synoptikern gemeinsame Bild des *Hirten* ist auch bei Matthäus präsent, aber auch hier gilt, dass er (neben Johannes) diesem Motiv mehr Aufmerksamkeit und Sorgfalt schenkt als Markus und Lukas (vgl. 10,6.16; 12,12; 15,24; 18,12f). Schon in 2,6 ist mit Verweis auf Mi 5,1 deutlich gemacht, dass der Messias (vgl. 2,4) aus der Stadt Davids kommen und wie dieser das Volk „weiden" soll. In Mt 9,36 (par. Mk 6,34 aber mit typisch mt Erweiterungen, die weitere biblische Bezüge assoziieren) stellt Matthäus Jesus als den einen Hirten dar, der sich der Herde annimmt, nachdem die bisherigen Hirten versagt haben. Diese Entgegensetzung des einen „guten" Hirten im Unterschied zu den vielen falschen Hirten hat ihre Wurzeln im Alten Testament und hier wiederum in besonderer Weise in der Geschichte Davids, der vom Hirtenjungen zum König und darüber hinaus zum Vorbild des „guten" Hirten für das Volk wurde (s.u. § 13/3.3.1 u.ö.).

Zwar ist auch Mose eine Zeit lang als Hirte tätig gewesen, gleichwohl ist sein späteres Wirken als Führer des Volkes und als Gesetzgeber nicht mit der Hirtenmetaphorik verbunden – weder im Pentateuch selbst, noch in den Mosetraditionen außerhalb desselben.[116] Entsprechend formuliert Regine Hunziker-Rodewald in ihrer Arbeit über das alttestamentliche Hirtenmotiv, dass trotz des Hirteseins auch von Mose (und Amos) es einzig bei David geradezu als „Ausgangspunkt" genommen wurde, um seine „Herrschaft im übertragenen Sinne als Hirtenschaft zu zeichnen"[117]. Andererseits lässt die alttestamentliche Traditionsgeschichte des Hirtenmotivs eine Verlagerung dahin erkennen, dass Jahwe selbst der Hirte ist, der sich um seine Herde kümmert und als menschlichen Hirten nur noch den zukünftigen oder neuen David anerkennt, dem dabei die Stelle des irdischen „Stellvertreter[s]" zukommt (ebd. 67). Dabei stehen die Konzepte der göttlichen und menschlichen Pastoral nicht selten in einem ungeklärten Kompetenzverhältnis (s.u. zu Micha und Sacharja), indem fast alle Aktivität von Gott selbst ausgeht und der davidische Hirtenkönig kaum einmal aktiv in Erscheinung tritt (ohne dass allerdings die Bezugnahme auf ihn einfach weggelassen worden ist).[118]

---

[116] Bei Philo begegnet dann das Bild von Mose als Hirtenkönig, indem er den Hirtenberuf apologetisch (weil Hirten in der Antike und in Ägypten besonders keinerlei Ansehen besaßen) als ideale Vorbereitung für ein Staatsamt beschreibt (VitMos I 60–62), vgl. dazu ROSA MARIA PICCIONE, De Vita Mosis I 60–62. Philon und die griechische παιδεία, in: Philo und das Neue Testament. Wechselseitige Wahrnehmungen. I. Internationales Symposium zum Corpus Judaeo-Hellenisticum 1.–4. Mai 2003, Eisenach/Jena, hg. v. R. Deines und K.-W. Niebuhr, WUNT I/172, Tübingen 2004, 345–357.

[117] REGINE HUNZIKER-RODEWALD, Hirt und Herde. Ein Beitrag zum alttestamentlichen Gottesverständnis, BWANT 155, Stuttgart u.a. 2001, 46.

[118] Vgl. R. HUNZIKER-RODEWALD, Hirt 62–72.225f u.ö.

Wenn Jesus bei Matthäus darum als Hirte geschildert ist, dann kann er darin einerseits das davidische Element aufnehmen, andererseits aber auch betonen, dass der Hirte Gott selbst ist. Dazu passt, dass der zukünftige Menschensohn-Richter bei Matthäus (und zwar nur bei ihm) als Hirte geschildert ist, der seine Herden durchmustert (25,31–33).

Eine weitere, nicht markierte Bezugnahme auf die Davidgeschichte stellt möglicherweise die Schilderung des Endes von *Judas* in Mt 27,5 (καὶ ἀπελθὼν ἀπήγξατο) dar. Sie erinnert in ihrer knappen Darstellung an 2Sam 17,23: Ahitofel, der Ratgeber Davids, der zu Absalom übergegangen war, erhängte sich, nachdem er erfahren hatte, dass dieser seinen Rat nicht befolgt hatte. Lakonisch kurz wird auch hier erzählt: καὶ ἐνετείλατο τῷ οἴκῳ αὐτοῦ καὶ ἀπήγξατο καὶ ἀπέθανεν ... – „und er bestellte sein Haus und erhängte sich und starb ...".[119]

Brian M. Nolan hat in seiner bereits erwähnten Arbeit (s.o. Anm. 37) über Mt 1–2 eine Vielzahl weiterer Bezüge zwischen Jesus und David in den Kapiteln 3–28 wahrscheinlich zu machen versucht (Royal Son 158–201), die aber in ihrer Allgemeinheit nicht zu überzeugen vermögen bzw. einer kritischen Nachprüfung bedürften, die hier nicht geleistet zu werden braucht, da die expliziten Verweise aussagekräftig genug sind.

9. Zusammenfassung

Der Durchgang durch das Evangelium im Hinblick auf David hat gezeigt, dass für die Christologie des Matthäus das Bekenntnis zu Jesus als dem messianischen Davidssohn eine herausragende Funktion besitzt. Jesus ist als Nachfahre Davids der legitime Erbe der an ihn ergangenen Verheißungen (Kap. 1–2). Sein Wirken als dieser Davidssohn ist das eines Helfers und Heilers, der Blinde sehend und Lahme gehend macht. Er ist kein kriegerischer Held, sondern sanftmütig, d.h. das Bild des fürsorglichen Hirten steht im Vordergrund (vgl. Mt 2,6b). Der Einzug in seine Stadt dient auch dort zuerst den Kranken im Tempel, d.h. denen, die im „Haus des Herrn" die Hilfe des Herrn erwarten. Ihnen begegnet er als der „Immanuel", in seinem Heilen erfahren sie, dass Gott mit ihnen ist.[120]

Jesus ist im ersten Evangelium aber zugleich und von allem Anfang an sehr viel mehr als 'nur' ein genealogischer Abkömmling Davids. Seine Zeugung durch den Heiligen Geist (1,18.20) rückt ihn schon mit seiner Geburt

---

[119] Einen Bezug von Mt 27,5 zu 2Sam 17,23 sehen R. H. GUNDRY, Mt 553; DAVIES/ALLISON III 565f, die eine lange Liste von Parallelen und Bezugnahmen zwischen der Auslieferung Jesu durch Judas und 2Sam 15–17 zusammenstellen; C. S. KEENER, Mt 659 u.a. Auch in Apg 1,16–20 wird das Ende des Judas ausdrücklich mit David verbunden.

[120] Vgl. dazu besonders A. SUHL, Davidssohn 75.

in die Sphäre Gottes, der selbst diesen Jesus als seinen geliebten Sohn bezeugt (3,17; 17,5). Darum kann der Kyrios-Titel vom Evangelisten mit vollem theologischen Recht und Gewicht sowohl vom Vater als auch von seinem Sohn gebraucht werden.

Aber auch in Bezug auf den Umgang mit der Tora verweist Matthäus – als einziger der Evangelisten – auf David in einer Weise, die deutlich werden lässt, dass im Hinblick auf Jesus mehr auf dem Spiel stand als die Einhaltung eines einzelnen Gebots. So wie David im Hinblick auf Gottes Willen (ausgedrückt durch Hos 6,6) sich über das Gebot hinwegsetzen konnte, ohne schuldig zu werden, so auch der Davidssohn Josef, der darin als „gerecht" befunden wurde, dass er Maria trotz ihrer scheinbaren Unzucht zu seiner Frau nahm (s.o. § 4/1.). Und so gilt auch von dem Davidssohn Jesus, dass er „der Gerechte" ist, auch wenn die Pharisäer und die Schriftgelehrten an seiner Toraauslegung Anstoß genommen haben.

Das – allerdings nicht besonders betonte – Verbindungsglied zwischen der Davidssohn-Christologie und der Frage nach der Geltung der Tora im Reich des Messias ist m.E. in der nur von Matthäus gebrauchten Charakterisierung Jesu als πραΰς zu sehen, wie sie in 11,29 und 21,5 begegnet[121]: Den messianischen König aus Sach 9,9 kennzeichnet nach Matthäus seine Sanftmut (er lässt bei der Zitierung des Verses, wie oben gezeigt, das Stichwort δίκαιος weg, so dass πραΰς ein noch stärkeres Gewicht bekommt) und ebenso ist Jesu Umgang mit der Tora dadurch geprägt, wenn er von sich sagt: ὅτι πραΰς εἰμι καὶ ταπεινὸς τῇ καρδίᾳ. Der Kontext 11,28–30 verweist durch die Stichworte Joch (ἄρατε τὸν ζυγόν μου) und lernen (μάθετε ἀπ᾽ ἐμοῦ) auf eine Stellungnahme zur Tora.[122] Die verheißene Ruhe für die Seelen (ἀνάπαυσιν ταῖς ψυχαῖς ὑμῶν) übernimmt Matthäus mit Modifikationen[123]

---

[121] Bei Matthäus außer den beiden Stellen nur noch in 5,5, im übrigen NT nur einmal in 1Petr 3,4; das dazugehörende Substantiv πραΰτης findet sich im NT nur in der Briefliteratur (11mal), wobei alle Stellen bis auf 2Kor 10,1 damit ein Verhalten der an Jesus Glaubenden fordern. In 2Kor 10,1 ist es dagegen wie bei Matthäus eine Eigenschaft Christi (παρακαλῶ ὑμᾶς διὰ τῆς πραΰτητος καὶ ἐπιεικείας τοῦ Χριστοῦ). In Gal 5,22f gehört die Sanftmut zu den Früchten des Geistes, „gegen die das Gesetz nicht ist" (κατὰ τῶν τοιούτων οὐκ ἔστιν νόμος). Auch in der LXX ist das Wort relativ selten (16mal), davon nur Sach 9,9 in Bezug auf den König bzw. eine königliche Gestalt, in Num 12,3 einmal auch für Mose; die meisten Belege sind im Plural und bezeichnen die Gruppe der Armen und Elenden, denen die Fürsorge Gottes in besonderer Weise gilt (vergleichbar Mt 5,5).

[122] Vgl. Sir 51,26 u. oben § 9/3.2.6. Damit dient diese Aussage als Richtung weisende Einleitung zu Kap. 12, wo das Motiv des Davidssohns und der Tora in verschiedenen Bezügen akzentuiert wird: Davids Handeln dient Jesus als Legitimation und Vorbild (12,3), als „Knecht Gottes" und Davidssohn heilt er den dreifach Geschlagenen (12,18.22f), und die Zeichen, die er tut, übertreffen die des Salomo (12,42).

[123] S. dazu M. KNOWLES, Jeremiah 214–217; DAVIES/ALLISON, Mt II 291. Neben Jer 6,16 ist Sir 51,23–30 zu vergleichen.

aus Jer 6,16. Inwieweit der Kontext der Stelle zu berücksichtigen ist, wird kontrovers beurteilt.[124]

Gleichwohl ist zu überlegen, ob Matthäus bei diesem Zitat nicht doch auch an Jer 6,17–20 dachte. Auffällig ist bei Jeremia (am Ende von V. 16 und 17) die zweimalige Weigerung des Volkes, der Aufforderung und Einladung Gottes in 6,16 zu folgen (V. 16: ... καὶ εἶπαν οὐ πορευσόμεθα „... aber sie sagen: Wir wollen nicht [auf dem guten Weg] gehen“; V. 17: ... καὶ εἶπαν οὐκ ἀκουσόμεθα „... aber sie sagen: Wir wollen nicht [auf die von Gott gesetzten Wächter] hören“). Dies erinnert an die im Kapitel 12 im Mittelpunkt stehenden Pharisäer, die in Jesu Wirken nicht Gottes Handeln und das Kommen seiner Herrschaft erkennen wollen (12,24.28). Die Reaktion auf die Unwilligkeit des Volkes bei Jeremia ist eine Gerichtsansage Gottes, die in 6,19b so begründet wird: ὅτι τῶν λόγων μου οὐ προσέσχον καὶ τὸν νόμον μου ἀπώσαντο („weil sie meine Worte nicht hielten und mein Gesetz verwarfen“). Bezeichnend ist dann aber die Fortsetzung, wenn Gott die Opfergaben des Volkes (die immerhin Teil der Tora sind) ausdrücklich zurückweist (6,20). Es steht demnach eine formale Einhaltung des Gesetzes gegen eine solche, die im Gesetz nach Gottes Wort und Willen fragt. Damit ist diese Stelle aber Mt 12,3–6 auffällig ähnlich. Bei Jeremia folgt daraufhin eine erneute Gerichtsdrohung (6,21–26), während der Prophet selbst die Rolle innehat, das Volk zu prüfen und seine Verfehlung offenbar zu machen (6,27–30). Diesem Gerichtsszenario stellt Matthäus die Einladung Jesu entgegen, wobei dessen Sanftmut in starkem Kontrast zur jeremianischen Gerichtsansage steht.

Für den 'Schrifttheologen' Matthäus, der wie kein anderer das Leben und Werk Jesu in Gesetz und Propheten präfiguriert sah und diese Verwurzelung in der Glaubens- und Verheißungsgeschichte des Gottesvolkes auch massiv hervorhob[125], ermöglichte, so meine These, die Lektüre der Heiligen Schriften eine Darstellung von Jesus, die in dem Davididen Jesus als eschatologischem Davidssohn *auch* den messianischen Erfüller der von der Tora geforderten wie ermöglichten Gerechtigkeit begreift. Ausgangspunkt ist dabei aber nicht die Tora um ihrer selbst willen, sondern *die in ihr liegende Ermöglichung der Gerechtigkeit*. Matthäus zeigt in seinem Evangelium, dass die Gerechtigkeit, die das jüdische Volk (zumindest maßgebliche Kreise, insbesondere die von der pharisäisch-frührabbinischen Schriftgelehrsamkeit beeinflussten, wie 5,20 nahe legt) aufgrund der biblischen Schriften erhoffte und in der Hauptsache über die *Tora* erstrebte, mit *Jesus* gekommen ist, sich erfüllte, Wirklichkeit wurde.[126] Wenn also Matthäus von der Tora schreibt, dann geht es ihm um die

---

[124] M. KNOWLES, der die Jeremia-Stellen bei Matthäus monographisch untersuchte, meint zu dieser Stelle, dass „neither the immediate context of the phrase ... nor the larger context ... match Matthew's use of the allusion“ (Jeremiah 217). Hauptgrund ist, dass bei Jeremia die Aufforderung sich mit einem Ideal der Vorzeit verbindet („fragt nach den Wegen der Vorzeit“), nach dem sich das angeredete Volk ausrichten soll, während bei Matthäus Jesus selbst der Garant der verheißenen eschatologischen Ruhe ist.

[125] Das deutlichste, aber nicht einzige Merkmal dafür sind die Erfüllungszitate.

[126] Vgl. G. BAUMBACH, Art. Messias/Messianische Bewegungen III. Neues Testament, TRE 22, 1992, 630–635 (631): „Die Modifizierung des messianischen Davidssohn-Titels

durch sie erstrebte umfassende *Gerechtigkeit*, die Gott und Menschen eint und als Folge davon auch das Verhalten der Menschen untereinander zu bestimmen vermag. Das Gewicht in der christologischen Transformation der Gerechtigkeit durch Matthäus liegt jedoch eindeutig auf der Relation zwischen Gott und Mensch (was m.E. auch schon für die alttestamentliche Gerechtigkeit gilt, s.u.). Die 'soziale' Komponente ist eine Ableitung derselben und (nur!) als solche ein tragendes Element der Jüngerschaft, insbesondere unter der m.E. für Matthäus leitenden Grundbestimmtheit derselben als einer missionarischen. Dass Matthäus damit eine zentrale Linie der heiligen Schriften seines Volkes aufnimmt, sollen die nachfolgenden Abschnitte exemplarisch beleuchten.

---

erfolgt bei Mt von Jesu einzigartiger gehorsamer Erfüllung der Gerechtigkeit her (vgl. 3,15; 5,17): Als der Sanftmütige und Demütige nimmt er sich barmherzig der Armen und Kranken an (vgl. 11,2–6.29ff) und tritt durch seine Solidarität mit den Leidenden als der Gottesknecht von Jes 42 und 53 in Erscheinung (vgl. 12,15ff; 8,16f)."

§ 13 Die biblischen Wurzeln der matthäischen Gerechtigkeitskonzeption – Eine Skizze

Die Überschrift verspricht mehr, als sie zu halten vermag. Matthäus gibt keinen autobiographischen Einblick in den von ihm absolvierten Bildungs- und Lektüreweg. Dennoch bietet sein Evangelium ausreichend Hinweise darauf, dass er ein in den Heiligen Schriften seines Volkes versierter Lehrer war, der seine Denk- und Deutekategorien aus denselben gewonnen hat. Zum Proprium seines Evangeliums zählt nun aber die Integration der Gerechtig- keitsthematik in die Wirksamkeit Jesu und zwar so, dass er insbesondere zu Beginn dieser eine grundlegende Funktion zuschreibt. Der Täufer (und damit auch die Rezipienten des Evangeliums) soll an Jesu Aussage in 3,15 erken- nen, weshalb der Gottessohn Jesus als Nachkomme Abrahams und Davids gekommen ist, „um alle Gerechtigkeit zu erfüllen".

Von diesem Befund aus ist zu fragen, was sich für Matthäus mit dem dezidiert gebrauchten Leitbegriff δικαιοσύνη verbunden hat. Dazu aber sind in erster Linie die biblischen Schriften selbst zu befragen, denn diese standen Matthäus, wie seine Zitate und Anspielungen belegen, zur Verfügung (wobei offen bleiben kann, wie groß der 'Kanon' war, der ihm schriftlich vorlag und was ihm nur als Erinnerung bzw. Lern- und Memorierstoff gleichsam immate- riell zur Verfügung stand) und wohl, wie aus dem uneinheitlichen Charakter seiner Zitate zu entnehmen ist, sowohl in griechischer wie in hebräischer Form.[127] Da δικαιοσύνη in der LXX regelmäßig Übersetzung von hebräisch

---

[127] Auf das damit verbundene Problem seiner Sprachkenntnisse kann hier nicht im Detail eingegangen werden. Ich bin aber überzeugt, dass Matthäus in der Lage war, seine Bibel sowohl auf Hebräisch als auch auf Griechisch zu lesen und dass er dies auch tat, gegen G. STRECKER, Gerechtigkeit 15–35; U. LUZ, Mt I 61; H. D. BETZ, Sermon 182 (bezogen auf den Verfasser der Bergpredigt) u.a. Dass er darüber hinaus Aramäisch konnte (von Luz immerhin für möglich gehalten), wird von mir ebenfalls vorausgesetzt, vgl. dazu u.a. JOACH. JEREMIAS, Die Muttersprache des Evangelisten Matthäus, ZNW 50 (1959), 270–274 (jetzt leicht überarbeitet in: DERS., ABBA [s.o. § 12 Anm. 73] 255–260), mit dem Ergebnis: „Wie bei einem Palästinenser zu erwarten ist, war seine Muttersprache aramäisch, seine Gebets- sprache hebräisch" (260); M. HENGEL, Bergpredigt 341f; C. S. KEENER, Mt 40f; P. FOSTER, Why Did Matthew Get the Shema Wrong? A Study of Matthew 22:37, JBL 122 (2003), 309–333. Dass er die alttestamentlichen Zitate je nach Bedarf in unterschiedlicher Nähe zum masoretischen Text oder zur LXX verwendete (vgl. die detaillierte Übersicht bei DAVIES/ ALLISON, Mt I 33–58), entspricht dem Umgang mit Zitaten bei *Paulus* (vgl. M. HENGEL [unter Mitarb. von R. Deines], Der vorchristliche Paulus, in: Paulus und das antike Judentum, hg. v. M. Hengel u. U. Heckel, WUNT I/58, Tübingen 1991, 177-291 [233–237], jetzt in:

צֶדֶק bzw. צְדָקָה ist[128], kann sich eine Untersuchung auf diese Wurzel beschränken, die mit über 500 Vorkommen eine zuverlässige Analyse des Sprachgebrauchs und des damit verbundenen semantischen Felds ermöglicht.

Ausgangspunkt der Untersuchung ist jedoch, wie oben bereits dargestellt, eine synchrone Lektüre entlang der kanonischen Einheiten, ohne dass dabei auf diachrone Hinweise (denn mehr können es nicht sein) verzichtet werden soll. Zu lernen ist aus der diachronen Schichtung allemal sehr viel, das zeigen insbesondere die Arbeiten von Klaus Koch[129], die ein großes Echo auslösten. Befruchtend wirkte insbesondere sein Versuch, die „durch das δικαιοσύνη der griechischen Bibel letztlich angeregt[e]" Übersetzung von צדק bzw. צדקה im Deutschen mit „Gerechtigkeit"[130], die s.E. mehr verdeckt, als erklärt, durch

---

DERS, Paulus und Jakobus, Kleine Schriften III, WUNT I/141, Tübingen 2002 [124–128]) u. *Josephus*, wie dessen unterschiedlicher Textgebrauch in Antiquitates zeigt, vgl. CH. BEGG, Josephus' Story 625f (Zusammenfassung, vgl. 707 Register s.v. „Text-forms (Biblical) used by Josephus", wo er auf die Einzelbelege verweist). Da sich das Evangelium an eine griechischsprachige Leserschaft wendet, überwiegt verständlicherweise der Gebrauch der LXX.

[128] Zur griechischen Wiedergabe s. M. J. FIEDLER, Begriff 49–54; P. STUHLMACHER, Gerechtigkeit Gottes 108–112; J. A. ZIESLER, Righteousness 52–69; B. JOHNSON, Art. צדק, ThWAT 6, 1989, 898–924 (922f); vgl. a. W. KLAIBER, Gerecht vor Gott 67–70. Unter den rund 270 δικαιοσύνη-Belegen in den Teilen der LXX, die eine hebräische Vorlage haben, sind 47 Belege, denen keine Ableitung der Wurzel צדק zu Grunde liegt. Davon sind jedoch 17 ohne direkte hebräische Vorlage, so dass in nur 30 Fällen δικαιοσύνη *nicht* für die Wurzel צדק steht. Von diesen 30 Belegen entfallen neun auf חסד, sieben auf משׁפט und sechs auf אמת, d.h. auf Begriffe, die zum Wortfeld צדק/צדקה gehören und oft dazu im Parallelismus stehen oder in einer Reihung damit vorkommen. Dasselbe gilt für die übrigen acht Wörter mit nur jeweils einem Beleg. Noch eindrucksvoller ist der Befund in die andere Richtung: von den 267 Belegen für צדק/צדקה sind 213 mit δικαιοσύνη übersetzt, weitere 33 mit anderen Ableitungen von dem Wortstamm δικ-. Nur 16mal wird צדק/צדקה mit anderen Ausdrücken wiedergegeben, dazu kommen fünf Belege ohne eindeutiges griechisches Pendant. Nicht überraschend nimmt unter den 16 Stellen ἐλεημοσύνη mit neun Belegen die erste Stelle ein (Dtn 6,25; 24,13; Ps 24,5; 33,5; 103,6; Jes 1,27; 28,17; 59,16; Dan 4,27; als Textvariante außerdem in Ps 35,24; Dan 9,16), gefolgt von ἔλεος (3mal: Jes 56,1; Ez 18,19.21), κρίσις (2mal: Jes 11,4; 51,7) und je 1mal εὐφροσύνη (Jes 61,10) und κρίμα (Jer 51,10).

[129] Ausgangspunkt ist seine unveröffentlichte Dissertation: *Ṣdq im Alten Testament. Eine traditionsgeschichtliche Untersuchung*, Diss. masch., Heidelberg 1953. Seine Sicht hat er im Anschluss daran in einer Reihe von Aufsätzen dargestellt: Gibt es ein Vergeltungsdogma im Alten Testament?, ZThK 52 (1955), 1–42 (jetzt in: DERS., Spuren des hebräischen Denkens. Beiträge zur alttestamentlichen Theologie [Gesammelte Aufsätze Bd. 1], hg. v. B. Janowski u. M. Krause, Neukirchen-Vluyn 1991, 65–103); Wesen und Ursprung der »Gemeinschaftstreue« im Israel der Königszeit, ZEE 5 (1961), 72–90 (jetzt in: DERS. Spuren 107–127); Die Entstehung der sozialen Kritik bei den Profeten, in: Probleme biblischer Theologie, FS G. von Rad, hg. v. H. W. Wolff, München 1971, 236–257 (jetzt in: DERS., Spuren 146–166) [ich zitiere die genannten Aufsätze nach dem Sammelband]; Die drei Gerechtigkeiten (s.o. Anm. 14); Art. צדק/ṣdq »gemeinschaftstreu, heilvoll sein«, THAT II, ³1984, 507–530. Eine gute Zusammenfassung bietet jetzt DERS., Ṣädaq und Ma'at. Konnektive Gerechtigkeit in Israel und Ägypten?, in: Gerechtigkeit (s.o. Anm. 1), 37–64.

[130] Wesen 108, vgl. Art. צדק 511.

„Gemeinschaftstreue" bzw. „gemeinschaftstreu" zu ersetzen.[131] Die inhaltlich abgelehnte Position, die sich s.E. terminologisch in der Gerechtigkeitsbegrifflichkeit widerspiegelt, ist die Frage nach einer *Norm*, an der sich bemisst, was als „gerecht" gilt.[132] Er wendet sich inbesondere gegen das, was er „eine reaktive Verteilungsgerechtigkeit" (Ṣädaq 41) benennt und weist von daher auch die Vorstellung einer strafenden Gerechtigkeit Gottes zurück.

Stattdessen zielen s.E. צֶדֶק bzw. צְדָקָה „auf ein primäres, aktives Handeln zugunsten der bestehenden gesellschaftlichen Ordnung und ihrer Mitglieder" (ebd.). Im Vordergrund stehen in erster Linie *menschliche Gemeinschaftsbezüge*, die keiner anderen Norm verpflichtet sind als dem Wohl der betreffenden Gemeinschaft. Die Haupt- (und immer wieder zitierten) Belege dafür findet Koch vor allem in den Väter- und Davidserzählungen, die er auch chronologisch am Anfang sieht. Für die Folgezeit benennt er eine immer stärker werdende Verknüpfung von Gerechtigkeit und Tora, wodurch die anfänglich auf die primäre soziale Einheit gerichtete „Gemeinschaftstreue", die nur begrenzt auch eine theologische Dimension besaß, indem Gott als Garant des Tun-Ergehen-Zusammenhangs angesehen wurde, zunehmend „durch die Gebote der Tora heteronom bestimmt" worden sei.[133] Es verwundert daher nicht, dass Koch zu dem Ergebnis kommt, dass es auffällig sei, „wie wenig Gesetz und Gebot mit der Beschreibung dessen, was gemeinschaftstreues Handeln ist, ausdrücklich zusammenstehen."[134] In den Jahrzehnten vor dem Exil (Dtn 4,8) und dann daran anschließend (vgl. Jes 42,21[135]) sei die Gemeinschaftstreue mit dem positiven Gebot verbunden

---

[131] In Ṣädaq 55, räumt er ein, dass „Gemeinschaftstreue" zu blass ist, da dem Begriff „im Bedeutungssystem der deutschen Sprache die Konnotation eines moralisch höchsten Wertes mit emotionalem Beiklang" fehlt.

[132] Vgl. Wesen 109 (gegen F. Nötscher, L. Köhler, G. Quell/G. Schrenk) u. Art. צדק 514f. E. OTTO, Art. Gerechtigkeit I. Biblisch 1. Alter Orient und Altes Testament, RGG⁴ III, 2000, 702–704 akzeptiert für den Bereich der Familie die Definition von Gerechtigkeit als „uneingeschränkte Solidarität", macht aber gegen Koch deutlich, dass in „überfamilialen Gemeinschaften von der Ortsgemeinde bis zum Volk … das Gesetz Bedeutung [hat], so daß mit G.[erechtigkeit] die Übereinstimmung von Rechtsnorm und Handeln sowie das aus dieser Übereinstimmung resultierende positive Ergehen bez.[eichnet] wird" (703).

[133] Ṣädaq 52. Die sekundäre Toraisierung der Ethik bleibt bei Koch allerdings eher blass.

[134] Wesen 115f, vgl. Art. צדק 515: „Ein Bezug auf eine bestimmte feste Norm, also auf göttliche Gebote, ist vorexilisch nirgends nachzuweisen und dort ausgeschlossen, wo in alten Erzählungen *Ṣᵉdāqā* über ein pflichtgemäßes Handeln hinausgeht (z.B. Gen 38,26)." Diese Aussage ist m.E. nur möglich, wenn man die Verse, in denen die Wurzel צדק vorkommt, von ihrem Kontext isoliert bzw. bei Bedarf konjiziert. Der Bezug zur Weisung Gottes ist vielfach, wenn auch terminologisch nicht fixiert, vorhanden, was Koch offenbar bewusst unterdrückt.

[135] Kochs Übersetzung von צֶדֶק als „Bundestreue" („und unmöglich »Gerechtigkeit«") an dieser Stelle überzeugt nicht. In der Tora manifestiert sich nach diesem Vers ja das Selbstverhältnis Gottes zu seiner צֶדֶק, sie ist darum Abbild dessen, wie Gottes צֶדֶק auch unter den Menschen präsent sein will.

worden, so dass – er nennt als Beispiel Ez 18,5–9 – jetzt die Gottesgebote sagen, was „Gemeinschaftstreue im Alltag" ist. Aber auch in dieser nachträglichen Toraisierung sind nach wie vor allein die innerweltlichen Sozialbezüge das Ziel von צדק und צדקה, eine Verhältnissetzung zu Gott kommt bei Koch zunächst nicht vor.[136] Erst bei der Frage, woher der Mensch die Fähigkeit nimmt, gemeinschaftstreu zu handeln, verweist er auf den grundlegenden Zusammenhang:

„Für das Israel der Königszeit versteht sich nämlich das Moralische nicht von selbst; es ist auch nicht in einer Anlage des Menschen begründet, die bloß geweckt werden müßte; sondern *die Kraft zu sittlichem Handeln* wird *immer wieder neu von Jahwe* seinem Volk und dessen Gliedern geschenkt."[137]

Diese Zedeq-Übertragung findet Koch in einem kultischen Vorgang, den er aus einzelnen Psalmversen herausliest, wobei dieses Konzept einer Art magischen Kraftübertragung Teil des übergeordneten Tun-Ergehen-Zusammenhangs darstellt. Einzig hier deutet er eine wesensmäßige Beziehung Gottes zur צדק an, wenn er schreibt, dass Jahwe selbst in „jener heilvollen und vom Willen zur Gemeinschaft bestimmten Sphäre ... sein Dasein hat"[138]. Auch die weisheitlichen Belege interpretiert er so, dass „das rechte sittliche Verhalten nicht von einer menschlichen Instanz, sondern letztlich allein von Jahwe selbst abgeleitet" ist.[139] Es ist also Gottes Werk, wenn es auf Erden immer neu gute Taten gibt. Für Koch steht demnach zumindest für die Königszeit bis hin zum Exil fest, dass die Gemeinschaft das Ziel der göttlichen צדק[140] ist und Gott ihr Ermöglicher, aber ohne dass *die Weisung Gottes*, ohne auch dass das Wesen und offenbare Sein Gottes damit in

---

[136] Angemessener erscheint mir darum die Formulierung von B. JANOWSKI, Richten und Retten (s.o. Anm. 1) 21, der drei miteinander verschränkte Ebenen des Gerechtigkeitsdiskurses benennt: „die religiöse, die politisch-soziale und die anthropologische ..., die jeweils die gemeinschaftsstiftende Funktion der Gerechtigkeit zum Thema haben." Nach diesem Verständnis ist die horizontale Dimension der Gerechtigkeit als Gemeinschaftstreue nicht abgelöst von der vertikalen, sondern letztlich in dieser begründet.

[137] Wesen 119 (Hhg.Orig.). Vgl. dazu auch seine einleitende Bemerkung zu diesem Aufsatz im Sammelband (Spuren 106): „Im Hinblick auf »Wesen und Ursprung der ›Gemeinschaftstreue‹« bezeichnet das maskuline Nomen צֶדֶק eine göttliche Strahlkraft, die den Menschen, insbesondere der Kultgemeinde am Heiligtum, das Vermögen übereignet, »in צֶדֶק« zu leben und dadurch Taten der צְדָקָה (feminin) zu vollbringen. Das Moralische versteht sich also gerade nicht von selbst. Als verantwortliche menschliche Tat bezieht sich dann צְדָקָה auf die von Gott gestifteten gesellschaftlichen Institutionen [wobei hier wohl eine Art Naturrecht angenommen werden muss, weil Koch den Bezug zur Tora dezidiert zurückweist (R.D.)], konkretisiert sich als Gemeinschaftstreue."

[138] Wesen 124.

[139] Wesen 125.

[140] Er betont in diesem Zusammenhang auch den Unterschied zwischen צדק und צְדָקָה, wobei häufig ersteres die „göttliche Vorgabe" und letzteres „die Folge im menschlichen Verhalten" beschreibt (Sädaq 59).

wesenhafter Verbindung stehen.[141] Am Ende seines Aufsatzes von 1961 weist er jedoch einschränkend darauf hin, dass „die letzten Schriften der nachexilischen Zeit und das spätjüdische Schrifttum" auf dieses Thema hin noch ungenügend untersucht seien, sein Eindruck aber ist, dass „in dieser Epoche … das Gesetz Jahwes als eine absolute Größe, die unveränderlich ist, in den Vordergrund" rückt.[142] Im Artikel צדק für das THAT, rund 15 Jahre später, ist diese Bemerkung präzisiert. Es sei „erstaunlich", wie wenig auch in den späteren Texten die Wurzel צדק mit der Tora verbunden sei, etwa im Unterschied zur „Furcht Gottes". Als Stellen notiert er lediglich Dtn 4,8; Ps 19,10 und Ps 119.[143]

Die Position von Koch ist allerdings nicht ohne Kritik geblieben und wohl auch zu einseitig von dem Bemühen getragen, normierende und damit zusammenhängend auch richtende Bezüge (was zugleich strafende impliziert) aus dem biblischen Gerechtigkeitsbegriff auszuschließen.[144] Zudem, und dies ist für den vorliegenden Durchgang durch die Texte von noch größerer Bedeutung, erlaubt es die von ihm vorgelegte diachrone Analyse nicht, die Stellen, in denen von Gerechtigkeit und gerechtem Tun die Rede ist, in den Erzähl- oder Sinnzusammenhang des jeweiligen biblischen Buches (und damit in den unmittelbaren literarischen Kon-Text) einzuordnen und von daher auch bestimmt sein zu lassen.[145] Die neutestamentlichen Autoren haben

---

[141] Vgl. Art. צדק 516, wo er ferner darauf hinweist, dass die Wurzel צדק zwar „häufig auf das rechte Verhalten des Menschen zu seinem Gott (und umgekehrt) angewandt wird, aber kaum je mit dem für das Gottesverhältnis grundlegenden Begriff *b{e}rit* (»Bund«) zusammengestellt wird." Als Ausnahme verweist er auf Ps 50,5f.

[142] Wesen 127.

[143] Art. צדק 515, vgl. a. ebd. 529f, über Apokalyptik und Qumran.

[144] Vgl. H. H. SCHMID, Gerechtigkeit als Weltordnung, BHTh 40, Tübingen 1968, der sich durchgehend mit Koch auseinandersetzt. Einen zusammenfassenden Überblick bietet er 182–186, zur vergeltenden Gerechtigkeit s. 177–179. Die richtende und damit verbunden auch verurteilende und strafende Gerechtigkeit ist mit B. JANOWSKI, Richten und Retten (s.o. Anm. 1) 26, als *integraler Bestandteil der rettenden Gerechtigkeit Gottes* zu begreifen, da nur so dem vom Frevler Bedrängten Hilfe widerfahren kann; so schon, in einer kleinen, weithin vergessenen Studie EDO OSTERLOH, Gottes Gerechtigkeit und menschliches Recht im Alten Testament, TEH 71, München 1940, der wiederholt feststellt: „Gottes richterliche Tätigkeit ist nicht *die*, sondern *eine* neben anderen Weisen, in denen er seine Gerechtigkeit in die Tat umsetzt. Die Vernichtung der Gegner geschieht nicht um der Geltung einer absoluten Norm willen, sondern dient dem Heilswillen Gottes an die Seinen" (15, zu Ps 7,10.12 [Hhg.Orig.]). Zur Diskussion mit Koch s. ferner B. JANOWSKI, Die Tat kehrt zum Täter zurück. Offene Fragen im Umkreis des »Tun-Ergehen-Zusammenhangs«, ZThK 91 (1994), 247–271, jetzt in: DERS., Die rettende Gerechtigkeit (s.o. Anm. 1), 167–191; H. SPIECKERMANN, Recht und Gerechtigkeit 254.

[145] Das gilt auch für den Durchgang durch die entsprechenden Belege bei M. J. FIEDLER, Begriff 27–46, der ebenfalls diachron aufgebaut ist und nach Entwicklungen Ausschau hält, dgl. P. STUHLMACHER, Gerechtigkeit Gottes 113–145. Thematisch orientiert und damit für den vorliegenden Zusammenhang hilfreicher ist W. KLAIBER, Gerecht vor Gott 13–67.

diese Texte aber nie ohne diesen engeren (und darüber hinaus kanonisch gesehen auch weiteren biblischen) Kontext gelesen, d.h. sie lasen die Geschichten über die Erzväter und über David so, dass sie schon vorher wussten, dass diese in besonders exemplarischer Weise Gerechte waren, deren Leben und Tun von Gott gesegnet war. Und so sind diese Stellen aus einer rückblickenden 'kanonischen' Perspektive nicht mehr ablösbar von ihrem theologischen Bezug, auf den es im Folgenden ankommt.

1. Tora und Gerechtigkeit im Pentateuch

Schon der erste Überblick über den Zusammenhang von Gerechtigkeit und Tora im Alten Testament überrascht: Von den insgesamt 523 Belegen der Wurzel צדק entfallen nur ein gutes Zwölftel (43) auf den Pentateuch, wobei die Genesis mit 15 und das Deuteronomium mit 18 Belegen eindeutig an der Spitze stehen. Leviticus folgt mit fünf Belegen, die sich aber auf nur zwei Verse konzentrieren (19,15.36), Exodus 4mal, in Numeri fehlt die Wurzel völlig. Die Bandbreite der Verwendung ist sehr weit, wenngleich eine rein profane Wendung eigentlich nur für Gen 30,33 angenommen werden kann.[146] In allen anderen Verwendungen ist die Wurzel ein mehr oder weniger deutlicher, mehr oder weniger gewichteter *Relationsbegriff des Einzelnen bzw. des Volkes Israel zu Gott* (in einem einzigen Fall – sieht man von Noah ab [Gen 6,9; 7,1] – auch eines Nichtisraeliten [Gen 20,4]).[147]

An einigen wenigen Stellen in Leviticus und Deuteronomium sind es einzelne Gebote (Lev 19,15; Dtn 24,13, vgl. 16,18–20), deren Einhaltung ein *Gerechtigkeitsverhältnis zu Gott* impliziert, entsprechend dem, dass alle Satzungen und Rechte der ganzen Tora als צדיקם qualifiziert sind (Dtn 4,8)[148], wie auch Gott selbst einmal, allerdings im Rahmen einer Reihung mit weiteren Attributen, als צדיק apostrophiert wird (Dtn 32,4).[149] Im Bereich des

---

[146] Vgl. K. KOCH, Vergeltungsdogma 87; Ṣädaq 53–58; seine Auslegung ist allerdings mit zahlreichen Hypothesen belastet und nicht zwingend, d.h. auch diese Stelle lässt sich durchaus mit einer theologisch motivierten Gerechtigkeit in Beziehung bringen.

[147] Das Verständnis der biblischen Gerechtigkeit als Ausdruck für ein Verhältnis geht auf Hermann Cremer zurück (vgl. K. KOCH, Wesen 108 u.ö.; M. J. FIEDLER, Begriff 23f; M. SEIFRID, Righteousness Language 416–419). Koch übernimmt dies, isoliert aber den Gemeinschaftsaspekt in den historischen Büchern zu sehr von seinen theologischen Bezügen, während FIEDLER, ebd. 42f m.E. zutreffender feststellt: „Die alttestamentliche Gerechtigkeit hat ihre Grundlage nicht in der Vorstellung eines Rechtsvorganges, sondern in der eines Verhältnisses, das zwischen Gott und Mensch gesetzt ist."

[148] Das ist der einzige von allen 206 Belegen des Adjektivs צדיק, an dem es nicht auf Gott oder einen Menschen, sondern auf eine Sache bezogen ist, vgl. B. JOHNSON, צדק 917.

[149] Im Pentateuch sonst nur noch in Ex 9,27 (vgl. a. 23,8). Zu Dtn 32,4 vgl. besonders E. OSTERLOH, Gottes Gerechtigkeit 21: „»Gerecht« ist nicht eine Aussage von Gott neben anderen, sondern sie ist die Zusammenfassung und zugleich die Wurzel aller anderen

Prozessrechtes gilt צדק als Norm, weil auch Gott den רשע nicht gerecht spricht.[150]

Es ist bezeichnend, dass Koch die hierfür grundlegende Stelle Ex 23,7 ohne weitere Begründung konjiziert, indem er die 1. Person (und damit die Gottesaussage) in die 2. Person abändert und damit die Verankerung der menschlichen Wiederherstellung von צדק in Gottes Handeln bzw. Wollen negiert.[151] Auch in seiner Analyse von Lev 19,15.36 kommt nirgends zum Ausdruck, dass die Aufforderungen zum Richten בצדק bzw. zum rechten Wiegen und Abmessen Bestandteile einer längeren Gebotsreihe sind, die durch die wiederholte, das ganze Kapitel strukturierende Wendung (אלהיכם יהוה אני) einen dezidiert theozentrierten Bezug erhält („ich bin der Herr" in den V. 12.14.16.18.28.30.32; „ich bin der Herr, euer Gott" in den V. 2.3.4.10.25.31.34), der schon durch 19,2 markant eingeleitet und durch 19,36b.37 nicht weniger bestimmt noch einmal summarisch betont wird.[152] Lediglich in Dtn 25,1 („Wenn ein Streitfall ist zwischen Männern und sie treffen sich vor Gericht und werden gerichtet: man erkläre für gerecht den Gerechten und den Frevler für frevlerisch") scheint ein solches

---

Aussagen. Gottes gnädig, gütig, barmherzig und zornig sein muß verstanden werden auf dem Grunde seines »gerecht« sein." Bei den Propheten wird Gott wiederholt als צדיק bezeichnet (Jes 41,26; 45,21; Jer 20,12; Zef 3,5), ebenso in den Psalmen (7,10.12; 11,5.7; 112,4; 116,5; 119,37; 129,4; 145,17). In den übrigen *Ketubim* ebenfalls häufig, s. Klgl 1,18; 2Chr 12,6; Esr 9,15; Neh 9,8.33. In den letztgenannten Versen, als Teil eines Bußgebets mit geschichtlichem Rückblick auf Israels Geschichte, ist dies ein *Bekenntnis* als Folge des göttlichen, als ʻgerecht' anerkannten Strafhandelns an Israel.

[150] Ex 23,7 (Hifʻil von צדק), vgl. Lev 19,15; Dtn 1,16; 16,18. Zur Krise kommt es, wo diese Verlässlichkeit Gottes in Gefahr zu stehen droht wie in Hi 40,8, s. dazu H. Spiecker-mann, Recht und Gerechtigkeit 272f.

[151] Vgl. Wesen 112f; Art. צדק 514. Auch Dtn 32,4 ist bei ihm nicht genannt, die Stelle fehlt überdies im Register des Sammelbandes (Spuren, s.o. Anm. 129) mit den wichtigsten Aufsätzen Kochs zum Thema, dgl. so weit ich sehe im Art. צדק. Darin geht Koch zwar bei der Besprechung der Psalter-Stellen auf Jahwe als *Zaddiq* ein, nicht aber auf Dtn 32,4. Die Behandlung der Psalmstellen leidet ebenfalls unter seinem Bestreben, darin nicht mehr zu sehen als das Beistehen Gottes zu seinen loyalen Untertanen (ebd. 522f). Zur Kritik daran s. H. H. Schmid, Gerechtigkeit 148.

[152] Vgl. Art. צדק 514, wo er das Richten בצדק umschreibt als „im Interesse der Allgemeinheit einen Konflikt so beseitigen, daß dem in seinem Lebensvollzug Beeinträchtigten wieder zum Recht verholfen und der Friedensstörer unschädlich gemacht wird, so daß ein maximaler Zustand des allgemeinen öffentlichen Einvernehmens und der Wohlfahrt hervorgeht". Diese betonte Profanisierung wird zwar dadurch etwas abgemildert, dass Koch die „rechtsfähigen Männer zugleich" als die „kultfähigen" bestimmt, so dass „jeder Prozeß religiösen Rang" besitzt (ebd. 513), gleichwohl überwiegt in seiner Beschreibung die innerweltliche Dimension. In Dtn 25,15, der Parallele zu Lev 19,36, ist das rechte Wiegen und Abmessen jedoch mit einer ausdrücklichen Verheißung verbunden: „Ein volles und rechtes Gewicht sei bei dir, ein volles und gerechtes Maß sei bei dir, damit deine Tage lang werden auf dem Boden, den Jahwe dein Gott dir geben wird" (in Lev 19,36 erfolgt auf die Forderung nach dem rechten Maß der Hinweis auf die Herausführung aus Ägypten). Zwar geht es dabei zunächst ʻnur' um ʻkorrektes' und damit auch gemeinschaftstreues Verhalten, aber die Gemeinschaftstreue ist die Ableitung der sie begründenden und ihr vorgängigen Gottestreue (wobei die Doppeldeutigkeit dieses Ausdrucks im Sinne eines *Genitivus obiectivus* und eines *Genitivus subiectivus* der gemeinten Sache entspricht und nicht gegeneinander gestellt werden darf). Zu diesen Stellen s. a. H. H. Schmid, Gerechtigkeit 98f.

Verständnis, wie es Koch impliziert, zumindest vordergründig möglich, nicht jedoch im Kontext des Deuteronomiums, das als Ganzes seine Ordnungen theistisch begründet (vgl. 6,25).[153]

Dass die Gerechtigkeitsterminologie eine *auf Gott zielende Relation* meint, machen darüber hinaus einzelne Wendungen deutlich, in denen der Bezug zu Gott expressis verbis dargestellt wird:

So ist Noah in Gen 6,9 noch ohne nähere Qualifizierung als צדיק bezeichnet[154]; in 7,1 ist dieses Urteil jedoch als Relationsaussage in den Mund Gottes gelegt: „Dich habe ich als צדיק gesehen *vor mir* (לְפָנַי) in dieser Generation". In vergleichbarer Weise ist die Abraham zugeschriebene Gerechtigkeit ein Relationsbegriff bezüglich Gott (Gen 15,6 ausgedrückt durch האמין), die ihm „angerechnet" wurde (חשב).[155] Die Konstruktion mit לְפָנַי findet sich auch in Dtn 24,13: Das Befolgen der von Gott gebotenen Pfändungsordnung führt dazu, dass der Gepfändete seinen Pfandnehmer segnet, was diesem zur Gerechtigkeit vor Gott wird: וּלְךָ תִּהְיֶה צְדָקָה לִפְנֵי יְהוָה אֱלֹהֶיךָ („und dir wird es zur Gerechtigkeit vor Jahwe, deinem Gott").

Auch in Dtn 6,25 ist diese Orientierung erkennbar: „Und [zur] Gerechtigkeit sei uns, wenn wir darauf achten, alle diese Gebote zu tun vor (לְפָנֵי) Jahwe unserem Gott, welcher sie uns geboten hat." Hier ist zwar von der Tora nicht terminologisch, aber doch eindeutig sachlich in einem zusammenfassenden,

---

[153] Die von Koch zu Dtn 25,1 angeführte Parallele Jes 5,23 (vgl. Wesen 114) ist in 5,24b ebenfalls eindeutig theozentriert (vgl. a. Jes 5,7.16). Der Maßstab bzw. die Norm, nach der neben anderem (die juristische Praxis ist nur ein Teilbereich der Anklagen dieses Kapitels) der Gerechte freizusprechen und der Schuldige zu bestrafen ist, ist die Orientierung an der „Weisung Jahwe Zebaots" (תּוֹרַת יְהוָה צְבָאוֹת) und der „Rede des Heiligen Israels" (אִמְרַת קְדוֹשׁ־יִשְׂרָאֵל). Wo diese Weisung verwirklicht wird, da bestimmen מִשְׁפָּט und צדקה das gemeinschaftliche Leben des Volkes (Jes 5,7.16). Aber auch Dtn 25,1 ist Teil einer längeren Reihe von Fallsätzen, die mit כִּי+Verb eingeleitet sind und deren Rechtsgrund theologisch basiert ist, vgl. 24,22 (unmittelbar vor 25,1). Dtn 25,16, womit diese Reihe abschließt, ist eine Art Abschlusssummarium, das die Übertretung der genannten Bestimmungen als Gräuel gegenüber Jahwe eindeutig als Bestandteil des Gottesrechts qualifiziert.
[154] Genauer als אִישׁ צַדִּיק תָּמִים. Aber auch hier ist durch הִתְהַלֶּךְ immerhin angedeutet, dass der Wandel mit Gott Kriterium für das Urteil des Erzählers über Noah ist. Zur Stelle s. CH. LEVIN, Altes Testament und Rechtfertigung, ZThK 96 (1999), 161–176 (170–173).
[155] Zur Diskussion dieser Stelle vgl. B. JOHNSON, Art. צדק 913. Abzulehnen ist die Auslegung, wonach es sich an dieser Stelle um die Gott von Abraham zugerechnete Gerechtigkeit (M. OEMING, Ist Genesis 15,6 ein Beleg für die Anrechnung des Glaubens zur Gerechtigkeit?, ZAW 95 [1983], 182–197) bzw. um die sich Abraham selbst zugeschriebene Gerechtigkeit handelt (D. U. ROTTZOLL, Gen 15,6 – Ein Beleg für den Glauben als Werkgerechtigkeit, ZAW 106 [1994], 21–27), vgl. u.a. R. STAHL, Die glaubenden Gerechten. Rechtfertigung im Alten Testament, in: Gedenket an das Wort, FS für W. Vogler, hg. v. Chr. Kähler u.a., Leipzig 1999, 243–251 (248–251); CH. LEVIN, Rechtfertigung 174f; H. SONNTAG, ΝΟΜΟΣ ΣΩΤΗΡ 143–147; S. FLÜCHTER/L. SCHNOR, Die Anrechnung des Glaubens zur Gerechtigkeit. Ein rezeptionsgeschichtlicher Versuch zum Verständnis von Gen 15,6 MT, BN 109 (2001), 27–44; S. KREUZER, „Der den Gottlosen rechtfertigt" (Röm 4,5). Die frühjüdische Einordnung von Gen 15 als Hintergrund für das Abrahambild und die Rechtfertigungslehre des Paulus, ThBeitr 33 (2002), 208–219.

übergreifenden Sinn die Rede: Durch das Tun des Gebotenen *vor* Gott erwirbt sich das Volk ein heilvolles Verhältnis zu Gott.[156]

Auffällig ist die häufige *Verbindung von Landgabe und Gerechtigkeitsforderung* (Dtn 16,18–20; 25,15, vgl. 4,1–8) und daneben die schroffe Abwendung jeglicher verdienstlichen Gerechtigkeit in Hinblick auf das Land in Dtn 9,4–6 (vgl. Gen 15,6): Gott gibt Israel das Land nicht wegen dessen Gerechtigkeit (לֹא‎ בְצִדְקָתְךָ[157]), sondern wegen der רִשְׁעַה der Völker[158], die jetzt im Land leben, und „um das Wort aufzurichten (הָקִים אֶת־הַדָּבָר)", welches Jahwe deinen Vätern zugeschworen hat, dem Abraham, dem Isaak und dem Jakob."[159] Die Gerechtigkeit, deren Sein im Halten der Gebote verankert ist, ist zwar eine *Notwendigkeit* für das lange Leben im verheißenen Land, aber sie ist *nicht* die *Voraussetzung* für die Gabe des Landes. Das ist vielmehr Gottes Verheißung, sein Schwurwort an die Väter, das er „aufrichtet", sowie das Unrecht der bisherigen Landbevölkerung. Israels Verhalten steht der Landgabe sogar entgegen und es ist einzig Gottes gehaltenes Verheißungswort, welches das Land gewährt.[160] Dass Israel gerecht *ist*, als Seinsaussage

---

[156] H. SONNTAG, ΝΟΜΟΣ ΣΩΤΗΡ 130–132, interpretiert צֶדֶק in 6,25 im Sinne einer „Eigenschaft" Israels, die mit „Verdienst" angemessen zu bezeichnen sei. Ähnlich ist in Gen 18,19 ist der „Weg Jahwes", den Abraham seine Nachkommenschaft lehren soll, attributiv erläutert durch לַעֲשׂוֹת צְדָקָה וּמִשְׁפָּט, d.h. auch hier ist „der zentral-theologische Inhalt" von צְדָקָה deutlich (M. J. FIEDLER, Begriff 28).

[157] So in Dtn 9,5f (in V. 5 noch ergänzt durch „Geradheit des Herzens" [וּבְיֹשֶׁר לְבָבְךָ‎]); als wörtliche Rede im Munde Israels בְצִדְקָתִי in 9,4. Die LXX übersetzt בְצִדְקָתִי in 9,4 mehrheitlich pluralisch durch διὰ τὰς δικαιοσύνας μου (lediglich Vaticanus und eine Minuskel-HS lesen den Singular τὴν δικαιοσύνην); in 9,5 übersetzen alle Versiones בְצִדְקָתְךָ einheitlich mit dem Singular, während für dieselbe Wendung in V. 6 ebenso einheitlich gegen den masoretischen Text der Plural bezeugt ist. Der Grund dafür dürfte das spätere Verständnis von צְדָקָה im Sinne von „Gerechtigkeitstaten" bis hin zu „Almosen" sein. Zum Targum vgl. die Bemerkung bei K. KOCH, Art. צדק 508, wonach Peschitta und Targum (z.B. Am 5,7.12.24) in der Regel nicht das aram. Äquivalent von צְדָקָה bzw. צֶדֶק einsetzen, sondern Ableitungen der aram. Wurzel זכ/זכה.

[158] Die Derivate der Wurzel צדק stehen häufig in Opposition zu denen der Wurzel רשׁע, vgl. die Liste bei P. STUHLMACHER, Gerechtigkeit Gottes 117.

[159] Bei K. KOCH, Ṣädaq 54, ist damit lediglich die Gemeinschaftstreue der Gottheit „dem sie verehrenden Verband gegenüber" gemeint. Ausdrücklich wird verneint, dass es eine Rolle spielt, ob die „Feinde böswillig sind und ihre Niederlage verdient haben". Für den vorliegenden biblischen Text gilt dies jedenfalls nicht. Da musste betont werden, um Gottes Gerechtigkeit gegenüber den zu vertreibenden Völkern aufrecht erhalten zu können, dass sie damit ihre Schuld zu tragen hatten, während für das Volk Israel Gottes Verheißungstreue eintritt. Vgl. dazu auch H. SONNTAG, ΝΟΜΟΣ ΣΩΤΗΡ 132–135.

[160] Es ist zu überlegen, ob die schwierige Stelle in Dtn 33,21, nach der die „Gerechtigkeit Gottes (צִדְקַת יהוה) und seine Gerichte (מִשְׁפָּטָיו)" vom Stamm Gad getan werden, indem sie dem Volk helfen, das Westjordanland einzunehmen, nachdem sie selbst im Ostjordanland ihr Siedlungsgebiet bezogen haben, nicht mit dieser Vorstellung in Beziehung steht (zur Stelle vgl. P. STUHLMACHER, Gerechtigkeit Gottes 142–145). Auch die gleichfalls schwer verständliche Stelle Ri 5,11, dem Siegeslied von Debora und Barak, wo zweimal von den צִדְקוֹת יהוה

und nicht als Forderung formuliert (vgl. besonders Dtn 16,20 die Aufforderung, der צֶדֶק nachzujagen), wird mit Ausnahme der Abraham wegen seines Vertrauens zugerechneten צְדָקָה (Gen 15,6) nirgends gesagt.

Fasst man die Bezeugung der Gerechtigkeitsaussagen in der eigentlichen Tora zusammen, so ist deutlich, dass mit Ausnahme der Genesis[161] alle von ihrem jetzigen Kontext her *deutlich* ein Verhältnis zu Gott implizieren, dessen inhaltliche Konkretion an die Mose geoffenbarten Gebote und Satzungen gebunden, wenngleich nicht davon abhängig ist: Die Gabe des Landes basiert auf Gottes Verheißung (schon bei Abraham), aber die Gestaltung des Lebens im Land und das Bleiben in ihm ist eine Aufgabe Israels, die nur durch die Verwirklichung einer *unter dem Oberbegriff* צֶדֶק *stehenden, von Gott gegebenen Lebensordnung* bewältigt werden kann. Auch wenn dieser Oberbegriff vergleichsweise selten gebraucht wird (eine dem Matthäusevangelium vergleichbare Situation), gehört er doch zu den konzeptionell prägenden[162], da

---

im Kontext derer, die für das Land gekämpft haben, die Rede ist, gehört möglicherweise in diesen Zusammenhang wie 1Sam 12,7: Samuel richtet die Israeliten vor Jahwe, indem er ihnen die צִדְקוֹת יהוה erzählt, womit inhaltlich die Landgabe und die Befreiung von den Feinden unter Aufnahme der dtr. Deutung der Richtererzählungen gemeint ist. Auch Mi 6,5 ist hier zu nennen, ebenso Jes 45,24; Dan 9,16; Ps 103,6, vgl. H. H. SCHMID, Gerechtigkeit 18–20 u. E. OSTERLOH, Gottes Gerechtigkeit 9–13, der in den Pluralstellen von „den »Gerechtigkeiten Gottes« diejenigen geschichtlichen Ereignisse" bezeichnet sieht, „durch die Gott sich als Gott für Israel erwiesen hat" (10). Anders versteht K. KOCH diese Stellen, wenn er in Gottes Heraufführen der צְדָקָה zugunsten seines Volkes dessen heilvolles Eingreifen versteht, durch den der ungetrübte Lebensvollzug für das Volk wieder möglich wird, vgl. Art. צדק 513. Bei allen diesen Auslegungen fehlt allerdings der Versuch, sie mit Dtn 9,4f in Beziehung zu setzen.

[161] Aber auch hier lassen sich die meisten Belege mit dem Gebot Gottes verbinden (vgl. Gen 18,19 [und die davon abhängigen Belege in 23–28]; 44,16 [s. Ex 20,15]). Hauptstelle für Kochs Interpretation ist Gen 38,26, wo Juda von seiner Schwiegertochter Tamar bezeugt, dass sie gerechter sei als er. „Indem Tamar sich über Tugend und Sitte hinweg- und nicht nur ihren guten Ruf, sondern auch ihr Leben aufs Spiel setzte, hat sie richtig und sittlich gut gehandelt [darum ist ihr Verhalten צַדִּיק im Vergleich zu dem Judas (R.D.)]. Gut und Böse wird hier nicht an einer Norm, an einem Gesetz gemessen; welches Gesetz könnte ein solches Verhalten gebieten! Vielmehr gilt es, die Gemeinschaftsbezüge zu achten, in denen man steht, und dementsprechend den Mitmenschen zu begegnen" (Wesen 110). Koch unterschlägt, dass die Logik der Geschichte – zumindest auf der Ebene eines zusammengehörenden Pentateuch – die Institution (und das Gebot!) der Schwagerehe voraussetzt (Gen 38,8, vgl. Dtn 25,5–10), die sich nicht einfach aus den Notwendigkeiten der Gemeinschaft oder einer Familie ableiten lässt, sondern auf der von Gott geforderten Erhaltung des Namens in Israel (Dtn 25,6) basiert. Zur Übersetzung der Wendung צַדִּיק מִן vgl. KOCH ebd.: Statt des Komparativs „sie ist gerechter als ich" ist s.E. מִן ausschließlich zu verstehen: „Sie ist gerecht, ich bin es nicht." So auch A. UNGNAD, Hebräische Grammatik, Tübingen 1912, § 481, während GESENIUS/KAUTZSCH, Hebräische Grammatik § 133b Anm. 3, darin das „Verhältnis einer Person zur anderen ausgedrückt" sehen („sie ist mir gegenüber in ihrem Recht").

[162] Vgl. W. DIETRICH, Der rote Faden im Alten Testament, EvTh 49 (1989), 232–250, der vorschlägt, „Gerechtigkeit" als Mitte des Alten Testaments zu sehen; er macht ferner darauf aufmerksam, dass die Wurzel „immer etwas dezidiert Positives" meint (237).

er es ermöglicht, das zwischenmenschliche Verhalten mit derselben Wort-
familie zu beschreiben, mit dem auch die Relation zwischen Gott und Mensch
ideal und normativ charakterisiert wurde. Der Ermöglichungsgrund dieser
Redeweise war das Überzeugtsein davon, mit der Wurzel צדק eine dem Sein
Gottes entsprechende Wesenheit zu benennen, die zugleich Grundlage des
menschlichen Miteinanders sein konnte und sollte.

Dieser einheitliche Sprachgebrauch wird in der LXX noch weitgehend durchgehalten (s.o.
Anm. 128) und m.E. auch bei Matthäus und Paulus, während beispielsweise Josephus, darin
griechischer Tradition folgend, die polare Bezogenheit des Gerechtigkeitsbegriffes auf Gott
und den Nächsten terminologisch zerlegt in εὐσέβεια als angemessene Haltung des
Menschen in Bezug auf Gott[163] und δικαιοσύνη als damit korrespondierende Haltung zum
Mitmenschen vgl. Ant 7,384; 8,121.280.300; 9,236; 12,43; 15,376.[164]

Die Stellen dürfen allerdings nicht so verstanden werden, als seien „Frömmigkeit" und
„Gerechtigkeit" zwei getrennte Bereiche, sondern die Beziehung zu Gott bestimmt sogleich
die zum Nächsten. Josephus übernimmt also nicht einfach die griechische Tugendlehre,
sondern gestaltet sie in eigenständiger Weise dergestalt um, dass er die εὐσέβεια aus dem
Kreis der Tugenden herausnimmt und zur bestimmenden Haltung in Bezug auf Gott macht,
während die übrigen Tugenden (darunter die δικαιοσύνη) ihr zugeordnet werden als Konsequenz aus der mit εὐσέβεια charakterisierten Haltung. So ist für Josephus εὐσέβεια „ein
Zentralbegriff ..., mit dessen Hilfe er die Eigenart des jüdischen Lebensgrundes am kürzesten
ausdrücken kann".[165] Von der heilschaffenden Gerechtigkeit Gottes ist dagegen bei Josephus

---

[163] In der LXX ist εὐσέβεια in den aus dem hebräischen übersetzten Texten sehr selten
(nur vier Belege: Jes 11,2; 33,6; Prov 1,7; 13,11), begegnet aber 54mal in den nicht zum
hebräischen Kanon gehörenden Schriften und zwar ganz überwiegend im 4. Makkabäerbuch.
Ähnlich im Neuen Testament, wo außer Apg 3,12 alle Belege sich auf die Pastoralbriefe und
den 2. Petrusbrief beschränken und damit auf sehr späte Texte.

[164] Vergleichbares gilt für Philo, vgl. u.a. SpecLeg II 63: Das Verhalten zu Gott soll
geprägt sein von εὐσέβεια und ὁσιότης, das zu den Menschen durch φιλανθρωπία und
δικαιοσύνη, vgl. a. SpecLeg IV 134: die Zehn Gebote dienen „der Einsicht (φρόνησις), der
Gerechtigkeit (δικαιοσύνη), der Gottesfurcht (θεοσέβεια) und dem Reigen der anderen
Tugenden ...". Das Ziel der Tora „ist also die am sittlichen Ideal des Griechentums
orientierte, allgemeinmenschliche Vervollkommnung des Menschen", so R. WEBER, „Gesetz"
158. Vgl. a. P. STUHLMACHER, Gerechtigkeit Gottes 106f, über die einzige Stelle, in der Philo
ausdrücklich von Gottes Gerechtigkeit spricht (Imm 79): Sie ist Teil der göttlichen Eigenschaften, aber der Mensch vermag sie nur in abgemilderter Form zu ertragen. Der
δικαιοσύνη-Begriff hat bei ihm nirgends einen rettenden, heilvollen Charakter, im Gegenteil:
Wenn Gott die Sterblichen ohne Erbarmen beurteilen würde (εἰ γὰρ βουληθείη ὁ θεὸς
δικάσαι τῷ θνητῷ γένει χωρὶς ἐλέου), würden sie verdammt werden (καταδικάζουσιν
[Imm 75]). Darum ist seine richtende Gerechtigkeit dem Menschen zuliebe abgemildert durch
sein „rettendes Erbarmen" (τὸ σωτήριον ἔλεος [Imm 74]). Das zeigt, dass Philo einerseits
die biblische Vorstellung von Gottes den Verlorenen rettendem Eingreifen nicht preisgeben
will (als Schriftbeweis zitiert er in diesem Zusammenhang Ps 101,1), dafür aber – im Unterschied zur LXX – nicht länger die vom Stamm δικ- abgeleitete Terminologie verwenden will
oder kann.

[165] R. WEBER, „Gesetz" 218. In Ant 3,213 ist eine ähnliche Aufteilung in πολιτεία und
οἱ νόμοι zu beobachten, vgl. ebd. 307f.

nie die Rede, die einzige Stelle, wo Gottes δικαιοσύνη, allerdings in unspezifischem Sinn, vorkommt, bezeichnet seine „Rechtlichkeit."[166]

Auf diese Weise ist „Gerechtigkeit" im Pentateuch durchaus als Selbstausdruck ('Gabe') Gottes und davon abhängig als Aufgabe des Menschen zu beschreiben, denn Ausgangspunkt ist überall die Initiative und das Heilshandeln Gottes: Er ruft Abraham aus dem heidnischen Land, er gewährt den Bund und die Verheißung und belohnt dessen Vertrauen. Er führt das Volk aus Ägypten und hilft ihm, das verheißene Land einzunehmen. In all dem erweist sich Gott als „gerecht" im Sinne von zuverlässig, heilvoll, als der, der Gemeinschaft mit sich ermöglicht. Auf Gottes Seite liegen alle initiierenden 'aktiven' Vorgänge, während von den Erzeltern und dann dem Volk ein entsprechendes 're-aktives' Verhalten erwartet wird, dessen Ausgestaltung in den Geboten als Bundesverpflichtungen konkrete Gestaltung gewinnt, darin aber – wie die Erzelternerzählungen belegen – nicht aufgeht.[167] Die vom Volk erwartete und die ihm aufgetragene Gerechtigkeit bemisst sich demnach an keinem anderen Maßstab als dem 'gerechten' Handeln Gottes für seine Erwählten und sein Volk. Das Volk, das Gott erfahren und kennengelernt hat, soll darauf mit einer vertrauensvollen Beziehung zu diesem Gott, zu der auch der Gehorsam gegenüber seinen Geboten gehört, *reagieren* (eindrucksvoll gestaltet in Dtn 4,1–40, vgl. Gen 15,6).

2. Tora, Gerechtigkeit und das davidische Königtum in den vorderen Propheten

In den *vorderen Propheten* ist die Wurzel צדק ebenfalls auffallend selten: nur 17 Belege insgesamt, die sich auf Ri 5,11bis; 1Sam 12,7; 24,18; 26,23; 2Sam 4,11; 8,15; 19,29; 22,21.25 (= Ps 18,21.25); 23,3; 1Kön 2,32; 3,6; 8,32ter; 10,9 und 2Kön 10,9 verteilen.[168] Sieht man von den Stellen ab, an denen vor allem צדיק lediglich in einem sehr allgemeinen Sinn für „unschuldig" gebraucht wird (2Sam 4,11; 1Kön 2,32; 2Kön 10,9, vgl. a. צדקה in 2Sam 19,29 u. das Verb in 2Sam 15,4), und klammert die poetischen Texte zunächst einmal aus (Ri 5,11; 2Sam 22,21.25), dann ergibt sich eine auffallende Konzentration auf *David*, der sowohl in seinem Verhalten (vgl. 1Sam 24,18; 1Sam 26,23) als auch in der theologischen (hier wohl: dtr.) Reflexion als

---

[166] P. STUHLMACHER, Gerechtigkeit Gottes 107.

[167] Dass es ein heilvolles Leben vor und mit Gott auch *ohne* die Tora gibt, bereitete der jüdischen Torafrömmigkeit erst später theologische Bedenken, und diese wurden dadurch ausgeglichen, dass man die Tora als ungeschriebenes Gesetz 'vordatierte', wobei sich die Konzeption des Jubiläenbuches von der rabbinischen deutlich unterscheidet.

[168] Das Adjektiv צדיק ist 6mal bezeugt, von den Substantiven nur צדקה 9mal, und 2mal das Verb, jeweils im Hifʿil.

Repräsentant der Gerechtigkeit gilt, die sich in bzw. wegen ihrer Ausrichtung auf Gott zugleich als heilvoll in den sozialen Bezügen erweist (2Sam 8,15 par. 1Chr 18,14; 2Sam 23,3; 1Kön 3,6, vgl. a. 2Kön 10,9 par. 2Chr 9,8 über Salomo; Prov 31,9 [Gerechtigkeit als königliches Ideal]).[169]

Zu 1Sam 24,18 merkt Koch dagegen ausdrücklich an, dass es kein Gebot gab, „die Hand nicht an den König zu legen" (111, aber gilt Ex 20,13 nicht auch für David?), mithin Davids Verhalten auch nicht durch ein solches normiert gewesen ist. Aber damit verengt er das „gerechte" Leben und den biblischen Sprachgebrauch auf Gebotserfüllung (was der biblische Erzähler nicht tat, vgl. 24,16: David ruft Gott als Richter gegen Saul an, dieser bittet im Anschluss daran um Segen für David [24,19f]). Damit lässt er den von ihm durchaus gewürdigten „göttliche[n] Ursprung positiven sittlichen Verhaltens" außer Acht, der aller menschlichen Gemeinschaftstreue voran geht.[170] Im konkreten Fall ist es die Erwählung Davids, die diesen in eine verpflichtende Beziehung zu Gott setzt, die sich im konkreten Verhalten zu bewähren hat (oder versagt, wie im Fall der Batseba, der Frau des Uria). Die Norm des menschlichen Verhaltens ist aber nicht einfach *ein*, auch nicht *das* Gesetz, auch nicht ein gemeinschaftstreues Handeln auf einer rein innerweltlichen Ebene, sondern ein *Lebensverhältnis zu Gott*, das am ehesten im Sinne einer *imitatio dei* zu beschreiben ist.

Die heilvolle Relation des Königs zu Gott (d.h. seine „Gerechtigkeit") ist, auch wenn dieselbe in den eigentlichen Gerechtigkeitsaussagen nicht besonders hervortritt[171], vom Kontext vorausgesetzt (vgl. 1Sam 24,7.11.13.16; 26,9–11; 2Sam 7,18ff). Dadurch wird der König auch zum Mittler der Gerechtigkeit für das Volk, wie es insbesondere die Psalmen, allen voran Ps 72 (s.u.), bezeugen.[172] Deutlicher als im Pentateuch ist in den vorderen Propheten

---

[169] Vgl. dazu W. DIETRICH, Arten der Geschichtsdarstellung in den Samuelbüchern, in: DERS., Von David zu den Deuteronomisten (s.o. Anm. 45), 134–145 (das Aufsatzthema ist exemplarisch anhand des David-Bildes abgehandelt); s.a. ebd.: Das biblische Bild der Herrschaft Davids (9–31); E.-J. WASCHKE, Wurzeln 60f.

[170] Şädaq 58, vgl. Wesen 119–127.

[171] Sie ist jedoch präsent in der Erwählung Davids (1Sam 16,12; 2Sam 7,8ff) und der damit verbundenen Geistverleihung (1Sam 16,13), ebenso wird sie festgehalten in der Wendung „der Herr war mit ihm" (1Sam 18,12.14.28 u.ö.). Dazu kommt die stehende Wendung von David als Knecht Gottes bzw. „meines Knechtes" in der Gottesrede (2Sam 3,18; 7,5.8.26; 1Kön 3,6; 8,24.25.26.66; 11,13.32.34.36.38; 14,8; 2Kön 8,19; 19,34; 20,6).

[172] Vgl. unten S. 599f zu Ps 72; s.a. E. OTTO, »Um Gerechtigkeit im Land sichtbar werden zu lassen …« Zur Vermittlung von Recht und Gerechtigkeit im Alten Orient, in der Hebräischen Bibel und in der Moderne, in: Recht – Macht – Gerechtigkeit (s.o. Anm. 1), 107–145, der zu Ps 72,1f betont, dass „die Rechtsfunktion des Königs … unlösbar mit der des Rechtsschutzes für die Armen" verbunden ist. Aber auch die Zuschreibung der gesamten Weisheitsliteratur, die als Anweisung zu einem Leben als Gerechter gelesen werden kann, an den König (konkret: „Salomo, den Sohn Davids", vgl. Prov 1,1; 25,1) verdeutlicht dessen Funktion als Stifter und Vermittler – hier konkret als Lehrer – gerechter, und d.h. heilvoller Lebensvollzüge. Vgl. dazu H. SPIECKERMANN, Recht und Gerechtigkeit 258, der unmittelbar im Anschluss an Ps 72 auf das Proverbienbuch verweist, weil auch es, gleichsam Ps 72 konkretisierend, deutlich macht, „wie sehr die Frage nach Recht und Gerechtigkeit alle Lebensvollzüge bestimmt, weil jedesmal die Frage nach Gott involviert ist."

die Vorstellung ausgebildet, dass der Mensch zum צַדִּיק durch seine Taten (die aber durchaus als Folge der vorgängigen Relation zu Gott verstanden werden) wird und darum seine צְדָקָה und אֱמוּנָה in einem wechselseitigen Verhältnis zu Gott stehen (1Sam 26,23).[173]

Eine *torabezogene Qualifizierung der Gerechtigkeit Davids* findet mit Ausnahme von 2Sam 22 = Ps 18 zwar nicht ausdrücklich statt, doch wenn in Salomos Zeugnis über seinen Vater in 1Kön 3,6 gesagt ist: הָלַךְ לְפָנֶיךָ בֶּאֱמֶת וּבִצְדָקָה וּבְיִשְׁרַת לֵבָב עִמָּךְ „er ging vor dir wahrhaftig und in Gerechtigkeit und war aufrichtigen Herzens mit dir", dann ist sowohl vom dtr. Standpunkt dieser Aussage[174] wie vom unmittelbaren Kontext her klar, dass damit ein Wandeln

---

[173] In der rabbinischen Tradition dominiert dagegen das Verständnis der 'Wohltätigkeits-Gerechtigkeit' die Interpretation der biblischen Gerechtigkeitsaussagen. So wird der erste Teil (= das Tun des מִשְׁפָּט) der Aussage in 2Sam 8,15b („David tat Recht und Gerechtigkeit für das ganze Volk") in ySan 2,3 20a, 60–67 (= ed. Schäfer § 11), ausgehend von der mischnischen Regel, dass der König keinen Anteil an der Rechtssprechung hat, dahingehend interpretiert, dass er den Urteilsspruch beurteilte, dem Rechthabenden Recht gab (זִיכָּה הַזַּכַּי) und den Schuldigen für schuldig befand (חַיֵּב הַחַיָּיב). Damit ist ausgedrückt, dass die nicht von ihm geübte Rechtssprechung in ihrer Gültigkeit anerkannte. „צְדָקָה tun" aber ist es, wenn David einem schuldigen Armen von seinem Vermögen gibt, damit er seine Schulden bezahlen kann: „So ergibt sich: Er gibt diesem Recht und jenem Wohltätigkeit (עוֹשֶׂה דִין לָזֶה וּצְדָקָה לָזֶה)." D.h. er bestätigt den Rechtsanspruch des Schuldners, indem er für den Armen dessen Schuld bezahlt. Rabbi Jehuda ha-Nasi gibt eine davon leicht abweichende Auslegung: Jedem, der sich zu einem Urteil verhält, wie oben geschildert, dem rechnet Gott es an, „als ob er Wohltätigkeit für den Unrechthabenden getan hätte (מַעֲלֶה עָלָיו הַמָּקוֹם כִּילוּ עָשָׂה צְדָקָה עִם הַחַיָּיב)", indem er dazu verhilft, dass dieser das unrechte Gut wieder herausgibt. Zur Übersetzung s. G. A. Wewers, ÜTY IV/4, 64 (Parallelen: tSan 1,3 [Z. 415]; bSan 19a; DevR 5,8 [110c]). Diese *freiwillige Wohltätigkeit* ist der Inbegriff des rabbinischen צְדָקָה-Begriffs, der sich von seinen biblischen Wurzeln so weit entfernt hat, dass kaum noch semantische Berührungen vorliegen. Zur rabbinischen *Zedaqa* vgl. KLAUS MÜLLER, Diakonie 120–143.182–221, der allerdings die alttestamentlichen Belege ohne ausreichende diachrone Differenzierung ausschließlich gleichsam mit rabbinischen Augen liest, wodurch eine Einheitlichkeit entsteht, die bei synchroner Betrachtung so nicht gegeben ist. Zum Themenfeld der *iustitia distributiva* in der rabbinischen Literatur (wo die Wurzel צדק keine Rolle spielt) s. BEATE EGO, „Maß gegen Maß". Reziprozität als Deutungskategorie im rabbinischen Judentum, in: Gerechtigkeit (s.o. Anm. 1) 163–182; F. AVEMARIE/J. DAN, Art. Gerechtigkeit Gottes V. Judentum, RGG[4] III, 2000, 724–726. Die *rettende Eigenschaft Gottes* ist nun ausschließlich mit der *göttlichen Barmherzigkeit* verbunden und dieses Gerechtigkeitsverständnis prägt auch die nachrabbinische jüdische Tradition.

[174] Vgl. V. FRITZ, 1Kön 41. S.a. die Hinweise auf die toratreue Haltung Davids in 1Kön 11,34.38; 14,8, die W. DIETRICH alle der »nomistischen« Abschlussredaktion zuweist (Niedergang und Neuanfang. Die Haltung der Schlussredaktion des deuteronomistischen Geschichtswerkes zu den wichtigsten Fragen ihrer Zeit, in: The Crisis of Israelite Religion. Transformation of Religious Tradition in Exilic and Post-Exilic Times, OTS 42 [1999], 45–70, jetzt in: DERS., David [s.o. Anm. 45], 252–271 [260–263]); E.-J. WASCHKE, Wurzeln 61: „Was die[] Deuteronomisten erwartet haben, war ein König nach dem Vorbild des von ihnen in den Samuel- und Königsbüchern konzipierten David, und dieses Bild scheint im Laufe der Zeit immer stärker am spätdtr. »Königsgesetz« von Dtn 17,14–20 ausgerichtet worden zu sein", d.h. Davidverheißung und Toratreue wurden miteinander verschmolzen.

in den Geboten und Satzungen Gottes gemeint ist (vgl. 3,14: בִדְרָכַי תֵּלֵךְ וְאִם
לִשְׁמֹר חֻקַּי וּמִצְוֹתַי כַּאֲשֶׁר הָלַךְ דָּוִיד אָבִיךְ וְהַאַרְכְתִּי אֶת־יָמֶיךָ). Eine Art Schlüsselvers
für die dtr. Verschränkung von menschlicher und göttlicher Gerechtigkeit
stellt die Bitte Salomos im Tempelweihgebet 1Kön 8,32 par. 2Chr 6,23 dar:

> „Und du mögest hören im Himmel und richten deine Knechte, indem du den Schuldigen
> schuldig sprichst und seinen Weg auf sein Haupt leitest, aber den Gerechten gerecht sprichst,
> indem du ihm gibst nach seiner Gerechtigkeit."

Exakt antithetisch ist dabei das Prinzip der rechten Ordnung formuliert[175], die
– von Gott erbeten – idealerweise im Wirken des Königs Gestalt gewinnt.[176]

Es ist darum konsequent, wenn in 2Sam 22 (= Ps 18), diese theologische
Position nun auch als Bekenntnis David in den Mund gelegt ist. Nach einer
ausgeführten Vertrauens- (22,2–4) und Notschilderung (5–7) wird die rettende
Epiphanie Gottes zugunsten seines Gesalbten (vgl. 22,51) und die damit ver-
bundene Rettung geschildert (22,5–20). In 22,21–25 wird „ein reflektierender
Teil" von den sinnähnlichen Aussagen über die Gerechtigkeit des Beters
gerahmt, ehe der Psalm mit V. 26 in die direkte Gottesanrede übergeht: Das
Eingreifen Jahwes entspricht der צִדְקָה (so 2Sam 22) bzw. צֶדֶק (so Ps 18) des
Betenden und der damit im Parallelismus stehenden „Reinheit der Hände".
Möglich ist diese Selbstaussage nach(!) erfahrener Rettung, weil der so Geret-
tete von sich sagen kann, dass er „die Wege Jahwes beachtet" und seine
Gesetze (מִשְׁפָּטָיו) und Satzungen (חֻקּוֹתָיו) vor ihm stehen (22f). Die Einfügung
dieses Psalms in die abschließenden Teile der Davidserzählung hängt m.E.
mit diesen auf die Tora beziehbaren Elementen zusammen, weil sie David als
toratreuen König bezeugen und die Verse 21–28 der deuteronomistischen
Torafrömmigkeit nahestehen[177], auf die auch die Endredaktion des Samuelbuches zurückgeführt werden kann.[178] Die Stellung des Psalms am Ende und
seine Funktion als „theologische[r] Kommentar zur Davidsgeschichte"[179]

---

[175] להרשיע   רשע   לתת   דרכו   בראשו
להצדיק   צדיק   לתת   לו   כצדקתו. Vgl. auch Ex 23,7 u. dazu oben S. 507.

[176] Ein solches Verhalten wird in 2Sam 8,15; 23,3; 1Kön 10,9 von David und Salomo
bezeugt, in dem Königpsalm 45,7b.8a wird das „gerechte Zepter" (שֵׁבֶט מִישׁוֹר) des Königs
erklärt mit: „Du liebst das Recht und hasst den Frevel". In Ps 72 ist die Bitte um das gerechte
Handeln und Richten des (neuen) Königs zentral und die Hoffnung der Armen (vgl. Mt 5,6).
In Ps 101 (dem sogenannten „Regentenspiegel") fehlt zwar das Lexem Gerechtigkeit/gerecht,
es ist semantisch jedoch in V. 1–3a und ab 3b *via negationis* präsent.

[177] Vgl. u.a. SILVIA SCHROER, Sam 192; W. DIETRICH, Niedergang 253, der die Verse
22–25 der dtr »nomistischen« Schlussredaktion (= DtrN) zuweist.

[178] Vgl. H. NIEHR, Die Samuelbücher, in: E. Zenger u.a., Einleitung (s.o. Anm. 36),
210–216 (214f); W. DIETRICH, Geschichtsdarstellung 135f.

[179] So H. W. HERTZBERG, Sam 319. Vgl. außerdem: P. E. SATTERTHWAITE, David in the
Books of Samuel: A Messianic Hope?, in: The Lord's Anointed: Interpretation of Old Testament Messianic Texts, hg. v. ders. u.a., Exeter u. Grand Rapids 1995, 41–65.

bezeugt zugleich, dass die Beteuerung der eigenen Gerechtigkeit keine Sündlosigkeit meint, da die Samuelbücher auch von Davids Verfehlungen (im Unterschied zur Chronik) berichten (trotz V. 24). Was der König als seine Gerechtigkeit vorzuweisen hat, ist, dass er Gottes Gebote und Satzungen allezeit vor Augen hatte. Einem solchen aber lässt Gott sein Werk gelingen (vgl. V. 30–46), er erfährt Gottes Hilfe und Güte (V. 51).

Für das *Verständnis der Lichtmetapher in Mt 5,14–16* ist zu beachten, dass der Beter, und das heißt hier: der Gerechte, erwarten darf, dass Gott ihm seine Leuchte (hebr. נֵר, die LXX gebraucht dafür λύχνος, vgl. Mt 5,14) anzündet, d.h. seine Gerechtigkeit offenbar macht.[180] Dass der Gerechte damit auch für andere ein Licht ist, zeigt 2Sam 21,17, wo die Männer Davids ihn bitten, nicht mehr mit in den Kampf zu ziehen, damit „die Leuchte Israels (נֵר־יִשְׂרָאֵל) nicht verlischt" (vgl. 1Kön 15,3f). Das Motiv begegnet auch in 2Sam 23,3f, den „letzten Worten Davids", in denen David als an ihn ergangenes Gotteswort bezeugt:

„Wer unter den Menschen als צַדִּיק herrscht, wer herrscht in der Furcht Gottes, ist wie das Licht am Morgen, wenn die Sonne aufgeht, ein Morgen ohne Wolken."

Der Text 2Sam 23,1–7 enthält weisheitliche Elemente (vgl. V. 6 mit Ps 1,4) und bezeugt als Ganzes Gottes Reden durch den König (V. 2). Im Kontext des Samuelbuches und seiner Darstellung Davids ist dieses Schlussbekenntnis der Kap. 22+23 ein wichtiges kompositorisches Element, weil es *die Gerechtigkeit Davids als entscheidendes Element seiner Gottesbeziehung hervorhebt und diese mit der Tora, dem Bund für sein Haus (V. 5) und damit mit der Zukunft verbindet.*[181]

Der zusammenfassenden Bemerkung Kochs über die vorderen Propheten kann darum zumindest auf der kanonischen Ebene nur bedingt zugestimmt werden. Er behauptete, dass dieselben das aus den vorexilischen Schriften gewonnene Bild bestätigten, wonach es im Bereich des Rechts und der Sittlichkeit „niemals um ein absolut gesetztes Recht, dem Genüge getan werden muß" gehe.[182] Mit der Formulierung des „absolut gesetzte[n] Recht[s]" lässt sich in der Tat nicht ausreichend erfassen, was mit der *auch* Israels

---

[180] Vgl. Ps 132,17: Im Tempel stellt Gott für seinen Gesalbten, den Davidsspross, ein Licht (נֵר/λύχνος) auf.

[181] Vgl. unten S. 585f zu Ps 18. Von 2Sam 23,2 (רוּחַ יְהוָה דִּבֶּר־בִּי וּמִלָּתוֹ עַל־לְשׁוֹנִי) lässt sich zudem eine Brücke zu Jes 61,1f schlagen. Die LXX übersetzt das Verb זרח in V. 4 mit ἀνατέλλειν und stellt so eine Verbindung zu der Übersetzung von צמח דוד mit ἀνατολή her (s.u. Anm. 282 zu Sach 3,8). Vgl. a. Mal 3,20 u. Lk 1,78f: Die Verbindung von ἀνατολή mit der Lichtmetaphorik weist auf den davidischen Messias zurück. Beachtet man diesen Zusammenhang zwischen Licht und Davidsverheißung, dann erübrigen sich die Schwierigkeiten, die ULRIKE MITTMANN-RICHERT, Magnifikat 125, mit ἀνατολή hat.

[182] Wesen 114.

Gemeinschaft bestimmenden Weisung Gottes gemeint ist. Aber das von Koch entworfene Gegenmodell einer Orientierung an der Gemeinschaft greift zu kurz. Das Urbild, nach dem sich Israel in seinem ganzen Tun zu orientieren hat, ist Gott selbst, dem auch ein Gerechtsein (im Sinne einer *iustitia distributiva*) wesensmäßig eignet.[183] Ein Gottes Gerechtsein entsprechendes Verhalten durch den Menschen (und insbesondere den König) besteht jedoch nicht ausschließlich oder gar vorrangig darin, dass er einzelne Gebote hält oder nicht, sondern dass sein Leben im Gehorsam gegenüber der Tora integraler Bestandteil einer umfassenden *imitatio dei* ist, zu der auch eine nicht in Gebote fixierbare Rechtlichkeit, Zuverlässigkeit, Treue und Güte gehört.

3. Tora, Gerechtigkeit und die Erwartung eines gerechten Herrschers bei den Propheten

Auch für die Analyse der Gerechtigkeitsaussagen in den prophetischen Büchern gilt, was über die bisherigen Textcorpora gesagt wurde: Für *die Nachzeichnung ihres Verständnisses in neutestamentlicher Zeit* ist die diachrone Analyse von nachrangiger Bedeutung, da die Bücher als Einheit und wohl weitgehend in der noch heute vorliegenden Form gelesen wurden. Der äthiopische Finanzbeamte liest im Propheten Jesaja, wenn er Jes 53,7f zitiert (Apg 8,28.32f), und es ist davon auszugehen, dass seine Jesajarolle die Kapitel 1–66 umfasste.[184] Die sich beim Lesen eines ganzen Textes ergebenden Zusammenhänge (und Fragen) stehen darum bei den folgenden Analysen im Mittelpunkt. Die Fülle des Materials lässt eine detaillierte Kommentierung nicht zu, aber auch das entspricht der Situation der neutestamentlichen Rezipienten. Ihr 'Kommentar' waren die anderen biblischen Bücher und eventuell erklärende oder verdeutlichende Hinweise in der Art der Targumim.

3.1 Im Jesajabuch[185]

3.1.1 Jes 1–39

Im ersten Teil des Jesajabuches finden sich insgesamt 28 Belege der Wurzel צדק, die sich auf 12 Kapitel konzentrieren. Nur 7mal begegnet dagegen

---

[183] S.o. Anm. 144.

[184] Das bezeugen auch die im 2. Jh. v.Chr. entstandene Jesajarolle 1QJes^a, Sir 48,22–25, das den ganzen Jesaja voraussetzt, sowie die LXX-Übersetzung, vgl. H.-W. JÜNGLING, Das Buch Jesaja, in: E. Zenger u.a., Einleitung (s.o. Anm. 36), 381–404 (394).

[185] Ein gelungenes Beispiel für eine zusammenhängende Lektüre des Endtextes ist IRMTRAUD FISCHER, Tora für Israel – Tora für die Völker. Das Konzept des Jesajabuches, SBS 164, Stuttgart 1995, vgl. außerdem U. BERGES, Das Buch Jesaja. Komposition und Endgestalt, HBS 16, Freiburg u.a. 1998.

תורה[186], und dennoch gehört Jesaja zusammen mit Hosea zu den Propheten, die der Erkenntnis Raum gaben, „daß die Willensoffenbarung Jahwes an Israel als eine Einheit zu verstehen ist."[187] Wie in den Klageliedern des Psalters ist auch bei Jesaja ein zentrales Motiv, dass die Gerechtigkeit des Gerechten (sowohl im Sinne des juristisch Unschuldigen [Jes 5,23: 29,21, vgl. 5,7], wie in Bezug auf die Armen, Schwachen und sozial Hilflosen [Jes 11,4]) nicht bestehen kann ohne die zu Hilfe kommende und die ungerechten Machthaber in ihre Schranken verweisende Gerechtigkeit Gottes (5,16). Diese negative Situation bedeutet eine Verschuldung des Volkes bzw. seiner Regierenden, weil sich Gott – in Analogie zu der Zionstradition in den Psalmen – Jerusalem als eine „treue Stadt, erfüllt vom Recht, in welcher Gerechtigkeit wohnt" (קריה נאמנה מלאתי[188] משפט צדק ילין בה) erwählt hatte und ihr gegenwärtiger Zustand dieser Erwählung nicht entspricht.[189] Das Fehlverhalten der führenden Personen in der Stadt (1,23) führt darum zu Gottes Eingreifen, damit Jerusalem zukünftig wieder zur עיר הצדק und zur קריה נאמנה werden kann (1,26, vgl. 1,21). In einem kommentierenden, offenbar späteren Nachsatz[190] heißt es in V. 27: „Zion soll erlöst werden durch Recht (במשפט), und seine Zurückgekehrten/Bekehrten durch Gerechtigkeit" (בצדקה), womit in beiden Fällen ein Eingreifen Gottes anvisiert ist: Sein Recht und seine Gerechtigkeit bilden die Ermöglichung der Erfüllung von V. 26.

---

[186] 1,10; 2,3; 5,24; 8,16.20; 24,5; 30,9. Dazu kommen die Belege für das Verb ירה III (nur Hif'il), das nur bei Protojesaja Verwendung fand: 2,3; 9,14; 28,9.26. Im Sinne von Tora-Erteilung ist es allerdings nur in 2,3 gebraucht. Nach H. WILDBERGER ist bei Jesaja der ursprünglich priesterliche Kontext der Tora-Erteilung zwar noch erkennbar, er ist aber durch den Propheten so modifiziert, dass es angemessen sei, von „prophetischer Thora" zu sprechen: „Dies relativ häufige Vorkommen zeigt, daß Jesaja sein prophetisches Amt weithin in Analogie zu dem eines priesterlichen bzw. weisheitlichen Lehrers aufgefaßt hat, während das Zurücktreten der Vokabel bei den anderen Propheten vermuten läßt, daß sie Wert darauf legten, nicht mit einem Priester oder Weisheitslehrer verwechselt zu werden" (Jes I 36f). In DtJes kommt תורה ebenfalls 5mal vor, fehlt jedoch in Trito-Jesaja. Zum Vergleich: Jeremia 11mal, Hes 6mal, Mal 5mal (!), Hos u. Dan je 3mal, Am, Mi, Hab, Zef, Hag, Sach je 1mal.

[187] So G. LIEDKE/C. PETERSEN, Art. תּוֹרָה tôrā Weisung, THAT II, ³1984, 1032–1043 (1040), unter Verweis auf G. v. RAD, Theologie des Alten Testaments, Bd. I: Die Theologie der geschichtlichen Überlieferungen Israels, München ⁶1969, 235.

[188] Zu dieser ungewöhnlichen Constructus-Verbindung s. HALAT 553 s.v.; GESENIUS/ KAUTZSCH, Hebräische Grammatik § 90 l. Die Form könnte aber auch verbal als 1. Person Singular punktiert und dann als Gottesrede gelesen werden: „Ich habe (Jerusalem) angefüllt mit Recht ..." (vgl. H. WILDBERGER, Jes I 55), was allerdings keine der versiones tut.

[189] Jes 1,21, vgl. 33,5: Jahwe erfüllte den Zion mit משפט וצדקה. Zu diesem Begriffspaar s.u. Anm. 203.

[190] H. SPIECKERMANN, Recht und Gerechtigkeit 261 Anm. 16, vgl. a. 259–261 zu Jes 1,21–29. Wo „Recht und Gerechtigkeit" als Gottes „fundamentale Gaben" an seine Stadt verweigert werden, droht das Gericht.

Das Jesaja-Targum interpretiert 1,16–27 konsequent im Hinblick auf die Tora (so schon in 1,2f und von da ab konsequent durch das ganze Buch hindurch[191]). Die Umkehrforderung in V. 16 beginnt mit „Kehrt um zur Tora", und die Inanspruchnahme der Vergebung in V. 18 ist erst dann möglich, „wenn du zur Tora umkehrst". V. 27 lautet nach dem Targum: „Zion soll erlöst werden, wenn Recht darin verwirklicht wird, und die, die die Tora getan haben, werden dahin zurückkehren in Gerechtigkeit."

Dass es unter den Angehörigen des Gottesvolkes so weit kommen konnte, hängt nach einem wohl später angefügten Summarium in 5,24b[192] an der Zurückweisung der תורת יהוה צבאות (im Parallelismus dazu: אמרת קדוש־ישראל). Zusammen mit Jes 1,10 („Hört das Wort Jahwes, Fürsten Sodoms, horcht auf die תורת אלהינו [LXX: προσέχετε νόμον θεοῦ], Volk Gomorras!") ergeben diese beiden Stellen, die die Tora erwähnen, eine *inclusio* um die Gerechtigkeitsaussagen in den ersten fünf Kapiteln: Wenn die Tora Gottes[193] beachtet wird, ist Zion wieder „eine Stadt der Gerechtigkeit" (1,26). Die Tora, „die in den letzten Tagen" vom Zion ausgehen soll als Weisung für die Völker (2,3), soll *schon jetzt* dem „Haus Jakob" das Licht sein (vgl. Mt 5,14), um darin zu gehen (vgl. Jes 2,1–5).

Die Gerechtigkeitsaussagen im ersten Teil des Jesaja-Buches besitzen, wie schon die wenigen genannten Stellen erkennen lassen, einen stark futurischen Aspekt. Der gegenwärtigen Situation wird ein Zustand gegenübergestellt, der von Gerechtigkeit geprägt sein wird.[194] Dabei richten sich die Hoffnungen (wie im Psalter) auf den *idealen Davididen*, dessen Königreich ewig währt, weil es auf „Recht und Gerechtigkeit" (במשפט ובצדקה) gestützt ist (9,6).[195]

---

[191] Vgl. B. D. CHILTON, Glory 14–18; auch die Umkehrforderung ist konsequent als eine Umkehr zur Tora gestaltet, vgl. ebd. 37–46.

[192] Nach H. WILDBERGER, Jes I 197, von einem „Redaktor unter Verwendung eines jesajanischen Wortes" hier quasi als „Schlußstrich" unter die Sammlung der Weheworte gesetzt.

[193] Zum jesajanischen Sprachgebrauch von תורה s. H. WILDBERGER, Jes I 36.85: Er entspricht dem von Dtn 17,11 und ist im Sinne eines Rechtsentscheides, nicht als Gottesrecht im umfassenden Sinn gebraucht. In 1,10 ist dies besonders deutlich, indem die תורת אלהינו dem Opfer- und Tempelkult entgegengestellt wird, der ja zentraler Bestandteil der Tora ist. Die תורת אלהינו steht hier (vgl. a. 1,17) wie in Mt 23,23 in Opposition zu den vom Volk bzw. den Pharisäern gehaltenen Geboten, an deren Befolgen Gott kein Gefallen findet, solange die fundamentalen Ordnungen eines gerechten Umgangs miteinander nicht beachtet werden.

[194] Vgl. dazu H.-J. HERMISSON, Zukunftserwartung und Gegenwartskritik in der Verkündigung Jesajas, EvTh 33 (1973), 54–77, jetzt in DERS., Studien (s.o. § 5 Anm. 211), 81–104 (85–98).

[195] Zu der Verschränkung von Zions- und Davidsgerechtigkeit s. H. WILDBERGER, Jes I 59. Sie spiegelt sich schon in den vorisraelitischen Jerusalemer Königsnamen מלכי־צדק und אדני־צדק (vgl. Gen 14,18; Jos 10,1) wider. Der Name des letzten judäischen Königs צדקיהו ist in dieser Hinsicht wohl ebenfalls Programm (vgl. 2Kön 24,17: den Namen erhielt er vom babylonischen König anlässlich seiner Investitur, vgl. a. Jer 23,6: eine Anspielung auf Zedekia, der noch nicht ist, was sein Name verheißt). In der davidischen Genealogie Jesu taucht mit Zadok (Mt 1,14) zumindest ein Träger eines Namens auf, der aus der Wurzel צדק gebildet worden ist (sonst ist Zadok [Kurzform von יהוצדק, vgl. Hag 1,1 u.ö] vor allem ein

Inaugurator desselben ist der „Eifer Jahwe Zebaots", d.h. die Erfüllung dieser Hoffnung wird auch hier vom Eingreifen Gottes erwartet. Der zukünftige Spross aus der Wurzel Isais zeichnet sich durch „richten in Gerechtigkeit" aus, so dass צדק und אמונה die Gewänder sind, ohne die er nie in Erscheinung tritt (11,4f).[196] Auf dem von Gott bereiteten Gnadenthron für das „Zelt Davids" soll einst einer sitzen, der Recht und Gerechtigkeit befördert (16,5); dieselbe Verheißung kennzeichnet auch Jes 32,1.16f, und dieses gerechte Königtum ist wie in Ps 72 für die Menschen wie für die Natur und ihre Fruchtbarkeit segensvoll.

Die Parallelen zu den Charakterisierungen Davids in den vorderen Propheten (1Sam 26,23; 2Sam 8,15; 1Kön 3,6 u.ö. [s.o. 2.]), dem Psalter (72,1f, negativ Ps 89,31f) sowie den Jahwe-Königs-Psalmen sind unübersehbar (Ps 89,15–17 u. die Hervorhebung der אמונה ebd. V. 2.3. 6.34.50; Ps 45,7f; 96,13; 97,2.6; 99,4), desgleichen die Nähe zu Jer 22,3f.15f (über Josia) und der jeremianischen Verheißung über den Davidsspross 23,5f (vgl. a. Sach 9,9).

Wenn in Jes 28,16f im Zusammenhang mit dem von Gott auf dem Zion geleg-ten Grundstein auch die Einrichtung von Recht und Gerechtigkeit gehört, dann ist die Deutung des Targums auf den eschatologischen Zionskönig zu-mindest gut begründet, auch wenn diese in der alttestamentlichen Forschung wenig Akzeptanz findet.[197] Auch im Neuen Testament wird der Eckstein auf Jesus gedeutet (Röm 9,33; 10,11; Eph 2,20; 1Pt 2,3f.6) und das heißt für die neutestamentlichen Verfasser nichts anderes als auf den eschatologischen Messias-Davididen.

Ebenso ist *Gottes* Handeln in der sog. Jesaja-Apokalypse (24–26) die Vo-raussetzung dafür, dass „die Bewohner des Erdkreises Gerechtigkeit lernen"

---

priesterlicher Name, aber auch der Schwiegervater von König Usija hieß so [2Kön 15,33]). Zwei (Falsch-) Propheten tragen den Namen Zidkija (1Kön 22,11; Jer 29,21f), desgleichen ein hoher Beamter Jojakims (Jer 36,12). Zu צדק als Bestandteil von Personennamen vgl. M. NOTH, Die israelitischen Personennamen im Rahmen der gemeinsemitischen Namen-gebung, BWANT III/10, Stuttgart 1928 (Ndr. Hildesheim u. New York 1980), 161f.189; H. H. SCHMID, Gerechtigkeit 74f. Zu den mit Jes 9,1–6; 11,1–9 verbundenen Erwartungen an den zukünftigen Herrscher s. H. SPIECKERMANN, Recht und Gerechtigkeit 268–270.

[196] Vgl. die Aufnahme von Jes 11,1 in TestJud 24,5f: „Dann wird das Zepter meines Königreiches aufleuchten, und aus eurer Wurzel (d.h. aus den Nachkommen Judas) wird ein Spross entstehen. Und durch ihn wird ein Stab der Gerechtigkeit für die Völker aufgehen, um zu richten und zu retten alle, die den Herrn anrufen." Diesem Text vorangestellt ist der Abschnitt 24,1–4, der als christlicher Zusatz anzusehen ist (vgl. J. BECKER, JSHRZ III/1 76f): Darin wird das Kommen des Messias beschrieben, der „aufgeht als Stern aus Jakob" (Num 24,17), der aufstehen wird aus der Nachkommenschaft Judas „wie die Sonne der Gerech-tigkeit" (Mal 3,20) und „mit den Menschenkindern zusammenleben wird in Sanftmut und Gerechtigkeit". Hier wird eine schriftgebundene Messiaslehre entfaltet, zu deren wichtigsten Kennzeichen die Gerechtigkeit gehört. Teil dieser Gerechtigkeit ist das Wandeln in den Geboten des Messias, die als die „ersten und letzten Gebote" (καὶ πορεύεσθε ἐν προσ-τάγμασιν αὐτοῦ πρώτοις καὶ ἐσχάτοις) bezeichnet werden.

[197] Vgl. den Überblick über die verschiedenen Auslegungen bei O. KAISER, Jes II 201f.

(26,9), doch soll die in der Gerechtigkeit wirksame Gnade dem Frevler *nicht* gelten. Die Gerechtigkeit Gottes, die sich in seinem Richten offenbart, ist nach dieser „Volksklage" mit weisheitlichen Elementen nur heilvoll für die Gerechten (V.7, vgl. V. 3; so auch Jes 24,16[198]; 3,10[199]), während der רשע in der Erfahrung der Begnadung im Gericht nur einen Freibrief sehen würde, sein Unwesen weiter zu treiben (26,10a).[200] Vorangestellt ist dieser Volksklage, die auf gegenwärtige Bedrängnisse Bezug zu nehmen scheint, ein Siegeslied des Volkes (V. 1–6: „Chor der Erlösten" [O. Kaiser]), das den Anbruch der Heilszeit vorwegnimmt und den Einzug in die eschatologische, von Gott geschützte Stadt schildert. Verbunden damit ist eine Toreinlasszeremonie ähnlich wie in Ps 15; 24 und 118,19f: Nur dem צדיק גוי[201], das Treue bewahrt (שומר אמונים), öffnen sich die Tore in die Gottesstadt.[202]

Ein ähnliches Bild findet sich in *Jes 33*, wieder in einer der Volksklage entlehnten Gestalt: Inmitten der Schilderung von Gottes Richten und der dadurch ausgelösten Bestürzung unter den Völkern erhält der Zion die Zusage: Gott wohnt darauf „in der Höhe", er ist erfüllt (oder futurisch: er wird [ihn] erfüllen) mit „Recht und Gerechtigkeit" (V. 5).[203] Der Zion kann einer sicheren Zukunft (V. 6) angesichts von Gottes Gaben entgegensehen, gleichwohl wechselt in V. 7 der Blick: Die Feinde bedrängen die Gottesstadt, bis ihnen Gott selbst entgegen tritt (V. 10–12). V. 13 vermittelt in Gestalt der Gottesrede die daraus abgeleitete Paränese: Die Fernen und die Nahen sollen Gottes Stärke erkennen. Auch auf dem Zion wird dies gehört: Die Sünder in Zion erschrecken und fragen: „Wer von uns kann bei verzehrendem Feuer wohnen?

---

[198] Obwohl הצדיק auch auf Gott bezogen werden kann, sehen die Ausleger darin doch einhellig den Gerechten wie in Jes 3,10 (so auch das Targum). Nach F. DELITZSCH, Jes 280, ist in 24,16 (wie in 3,10 und Hab 2,4) „die Gemeinde der Gerechten gemeint, deren Glaube das Feuer des Zorngerichts bestanden" hat.

[199] Jes 3,10f, die Gegenüberstellung von צדיק und רשע, ist eine weisheitlicher Ergänzung. Der hebräische Versanfang ist als Seligpreisung zu lesen (vgl. den Apparat z. St., außerdem H. WILDBERGER, Jes I 118.126f): Dem Gerechten wird es gut gehen und er wird die Frucht seiner Werke genießen, während dem Frevler gemäß der Frucht seiner Hände vergolten wird.

[200] Bei dieser Stelle ist zu fragen (s.o. § 10 Anm. 931), ob sie nicht ebenfalls im Hintergrund von Mt 5,43–47 steht.

[201] Zu גוי als Bezeichnung für Israel vgl. a. Jes 10,6; 26,15; Gen 12,2; Ex 19,6; Dtn 4,6; 26,5 u.ö. Im Hintergrund der Verwendung von גוי in Jes 26,15 steht möglicherweise wie in Ez 37,22 die Hoffnung, „daß Israel noch einmal eine nationale Existenz als ein גוי gewinnen würde", so R. E. CLEMENTS, Art. גוי, ThWAT 1, 1973, 965–973 (972), vgl. a. A. R. HULST, Art. עם/גוי *'am/gōj* Volk, THAT II, [3]1984, 290–325 (310–318).

[202] Die eschatologische Gottesstadt ist die Stadt der Gerechtigket und des Glaubens, in die nur Gerechte einziehen dürfen. Dem entspricht die weithin leuchtende Stadt in Mt 5,14.

[203] In diesem Begriffspaar lässt sich nach H. SONNTAG, ΝΟΜΟΣ ΣΩΤΗΡ 137, „die gesamte Geschichte des Gottesvolkes aufrollen" (vgl. Jes 5,16; 9,6; 32,16; 33,5; 56,1; 59,9.14). Zu Jes 33,6LXX (≠MT) schreibt er treffend, dass die dort erwähnte δικαιοσύνη als „eine Zusammenfassung dieses Zustandes von Gott gewirkter Rettung" angesehen werden kann.

Wer von uns kann bei ewiger Glut wohnen?" (V. 14). Auf diese, der Toröff-
nungsbitte angeglichene Frage, antwortet der Prophet, die Einlassbedingungen
aufnehmend, mit einer sechsfachen Forderung, deren erste dem gerechten
Wandel gilt (צְדָקוֹת הוֹלֵךְ). Wer so lebt, der wird „in der Höhe wohnen" (V. 16,
d.h. bei Gott, vgl. V. 5), er wird „den König in seiner Schönheit" sehen
(V. 17), womit in Verbindung mit V. 22 nur Gott selbst gemeint sein kann.

Die Motivparallelen zu Mt 5 sind zahlreich: Die Gottesschau in 33,17 erinnert an Mt 5,8, Jes
33,16b ist mit Mt 5,6 zu vergleichen und Jes 33,20 mit Mt 5,5. Die Stadt auf dem Berg (5,14)
berührt sich mit der Schilderung des Zions, die Jünger als Licht der Welt stehen an Stelle des
verzehrenden Feuers, das ebenfalls hell leuchtend vorzustellen ist. Wie bei Jesaja erhebt sich
auch bei Matthäus die Frage: wer kommt hinein? (vgl. 5,20), und die Antwort erfolgt in
Gestalt einer sechsfachen Reihe. In beiden Texteinheiten ist Gerechtigkeit ein zentrales Motiv
(bei Jesaja deutlich als Gabe V. 5 und dann erst als Forderung V. 15).

Zusammenfassung: Versucht man an dieser Stelle ein vorläufiges Resümee,
dann scheint es im ersten Teil des Jesajabuches keinen expliziten Hinweis auf
einen Zusammenhang von Tora und Gerechtigkeit zu geben. Es fällt allerdings auf, dass von den 28 צדק-Belegen nicht weniger als 21 direkt oder
indirekt mit משפט (bzw. dem Verb שפט) verbunden sind[204], ein Wort, das in
den späten Teilen des Alten Testaments als Synonym für die Tora gebraucht
werden konnte, wie insbesondere Ps 119 zeigt.[205] Für die ersten fünf Kapitel
(die immerhin neun Belege der Wurzel צדק enthalten und drei der sieben
Belege für תורה in Jes 1–39: 1,10; 2,3; 5,24) konnte außerdem gezeigt werden,
dass der mit תורה verbundene Bedeutungswandel von „Einzelweisung" zu
Gottes Gesetz schlechthin dem ganzen Abschnitt eine toralogische Rahmung
gibt (insbesondere durch den späten Zusatz 5,24b), der die Gerechtigkeitsaussagen in ein enges Verhältnis zur Tora setzt.

In Jes 24 ist es ebenfalls eine nachträgliche Ergänzung, die ein eschatologisches, auf die
ganze Welt bezogenes Jahwe-Königslied (vgl. V. 23) mit der Tora verbindet, indem Gottes
Gerichtshandeln an der Welt damit begründet wird, dass ihre Bewohner (womit kaum nur an
Israel gedacht werden kann) die תורות übertraten, חוק änderten, den עולם ברית brachen (V. 5)
und damit die Erde entweihten. In diesem zusammengesetzten Stück gilt die einzige Heilsaussage „dem Gerechten" (V. 16), womit unter Einbeziehung von V. 23 nur das gerechte,
durch seine Ältesten (eine Anspielung an die Sinai-Offenbarung Ex 24,3ff) repräsentierte
Volk gemeint sein kann, das dadurch gekennzeichnet ist, dass es – in Umkehrung von V. 5 –
den Bund hält und die *Torot* Gottes beachtet.[206]

---

[204] Belege: 1,21.26f; 5,7.16; 9,6; 11,4; 16,5; 26,7(f).9; 28,17; 32,1.16; 33,5.
[205] Vgl. a. Dtn 33,10; Jes 51,4b; zur Verwendung von משפט in der Bedeutung von
„Gesetz, Gebot" in Verbindung mit תורה und anderen Gesetzestermini s. B. JOHNSON, Art.
משפט, ThWAT 5, 1986, 93–107 (103f); zur Verbindung von משפט und צדק ebd. 101f.
[206] Vgl. O. KAISER, Jes II 152. Zu den Ergänzungen in Jes 24,5 s. ebd. 146 Anm. 4.
Belässt man 24,5 wie F. DELITZSCH (und beispielsweise die gesamte holistische jüdische

Für die *Rezeption von Jes 1–39 in neutestamentlicher Zeit* ergibt sich aus diesen wenigen Hinweisen gleichwohl eine deutliche Prägung: Das Halten der Tora ist der Weg im Licht Jahwes, es ist der Weg, der aus Übertretern Gerechte macht, denen die Zusage des Heils gilt. Dass die Botschaft des Jesajabuches in späterer Zeit so gelesen werden konnte, zeigt dabei in aller Deutlichkeit das Jesaja-Targum. Neben der Gerechtigkeit, die die Frucht aus dem Befolgen der Tora ist, steht die mit dem zukünftigen Davididen verbundene Hoffnung auf eine ewige und universale Gerechtigkeit (Jes 9,6; 11,1–10; 16,5; vgl. 32,1.16f), die daneben aber auch mit Gott allein als Urheber verbunden werden kann (33,5.10ff).

3.1.2 Deuterojesaja

Obwohl nur 16 Kapitel umfassend, weist *Deuterojesaja* (40–55) mit 29 Stellen (ohne Jes 49,24[207]) mehr Belege der Wurzel צדק auf als der erste Teil des Jesajabuches. Allein schon daran erkennt man, wie dieses Thema in der Fortschreibung des Buches immer wichtiger wurde (auch im ersten Teil ging ein Teil der Belege auf spätere redaktionelle Bearbeitungen zurück). Die fünf Belege für תורה sind ebenfalls ein verhältnismäßig hoher Wert für ein Prophetenbuch. Während sich die Wurzel צדק jedoch auf elf Kapitel und damit gleichmäßig über Jes 40–55 verteilt, tauchen die Tora-Belege nur in zwei Kapiteln auf – bezeichnenderweise immer im Kontext von Gerechtigkeits-Aussagen. Aber auch die Belege der Wurzel צדק weisen beachtliche Konzentrationen auf: sie fehlen ganz in den rahmenden Teilen des Buches (40,1–11 und 55,6–13); ihre höchste Dichte haben sie im Kapitel 45, in den an das Kyros-Orakel (45,1–7) anschließenden Versen 8–25 (acht Belege). Vergleichbar damit ist lediglich noch 51,1–8 mit insgesamt fünf Vorkommen. Beiden Textabschnitten gemeinsam ist, dass es sich dabei um Gottesreden an solche handelt, die Gott *suchen* (45,19; 51,1, vgl. Mt 5,6).

In *Kapitel 45*, einer „Gerichtsrede gegen die Völker und ihre Götter"[208], erweist Gott sein Reden (45,19.23) und Handeln (45,13) „in Gerechtigkeit" zum Heil Israels und der „Entronnenen der Völker" (45,20). Damit offenbart sich Jahwe in seinem Reden und Handeln als einziger אל־צדיק ומושיע (V. 21). Das Heil der neuen Jahwe-Gemeinde aus Israel und den Völkern[209] besteht

---

Exegese des Mittelalters) als ursprünglich zum Text gehörend, dann umfassen die Torot auch die den Heiden gegebenen göttlichen Gebote im Noahbund, außerdem, so Delitzsch, „ist nicht zu vergessen, daß Israel unter den Uebertretenden inbegriffen und dadurch die Wahl des Ausdrucks bestimmt ist" (Jes 277).

[207] Hier ist צדיק kaum ursprünglich, vgl. BHS App. z.St. und die Kommentare.

[208] So GRIMM/DITTERT, DtJes 271 zu Jes 45,18–25.

[209] Der Akzent liegt dabei nicht auf Israel und den Völkern als kollektiven Größen, sondern auf den *Einzelnen* aus beiden Bereichen, die vor Jahwe die Proskynese durchführen und ihn so als ihren Herrn anerkennen, vgl. C. WESTERMANN, DtJes 143.

aber gerade darin, „*durch Jahwe* gerecht zu sein" und sich dessen zu rühmen (45,25): בַּיהוָה יִצְדְּקוּ וְיִתְהַלְלוּ כָּל־זֶרַע יִשְׂרָאֵל. Alle Zungen sollen schwören und bekennen: אַךְ בַּיהוָה צְדָקוֹת וָעֹז „nur in/durch Jahwe (ist mir)[210] Gerechtigkeit[211] und Stärke" (45,24). Das neue Gottesvolk soll werden, was Gott bereits ist.

Diesem eschatologischen Ausblick auf die zukünftige Gerechtigkeit in 45,24f korrespondieren die Aussagen in Deuterojesaja, in denen *die fehlende Gerechtigkeit Israels* benannt und Israel eingeladen wird, sich der heilvollen Gerechtigkeit Gottes zu öffnen. So besonders deutlich in *Jes 46*, das mit 45,18–25 eine thematische Einheit bildet.[212] In diesem Kapitel benennt Gott seine Überlegenheit gegenüber den babylonischen Göttern, indem er auf sein geschichtsmächtiges Wort (V. 10) verweist, mit dem er Kyros „vom Osten rief" (V. 11, vgl. 45,13: Gott hat Kyros erweckt בְּצֶדֶק). Darauf folgt in V. 12f ein Aufruf an das Haus Jakob (vgl. V. 3) als an solche, die fern der Gerechtigkeit sind (V. 12: שִׁמְעוּ אֵלַי אַבִּירֵי לֵב הָרְחוֹקִים מִצְּדָקָה „Hört auf mich, ihr Hartherzigen, die ihr ferne seid von Gerechtigkeit"), sich dem von Gott nahe gebrachten Heil zu nähern (קֵרַבְתִּי צִדְקָתִי לֹא תִרְחָק וּתְשׁוּעָתִי לֹא תְאַחֵר „Ich habe meine Gerechtigkeit nahe gebracht, nicht ferne ist sie, und mein Heil verzögert sich nicht"). Die antithetische Wiederaufnahme von V. 12b in 13aα ist dabei besonders zu beachten: Dem fern von der צְדָקָה sich befindlichen Volk (präsentisch formuliert)[213] hat Gott seine צְדָקָה schon nahe gebracht

---

[210] Das לִי אָמַר des masoretischen Textes an seiner jetzigen Stelle ist schwer verständlich, es wird in der LXX und 1QJesᵃ wie in V. 23b an den Anfang gestellt (vgl. BHS, App. z. St.).

[211] Den Plural verstehen GRIMM/DITTERT, DtJes 274 Anm. 18, als Abstraktplural und übersetzen es mit „Heil", so auch, ohne Begründung, C. WESTERMANN, DtJes 141.143, vgl. dagegen H.-J. HERMISSON, DtJes 80, der den Plural mit Ri 5,11 (s.o. Anm. 160) verbindet und im Sinne von „Heilstaten" bzw. „Heilserweisungen Jahwes" interpretiert, die weniger dem Einzelnen als vielmehr Israel als Ganzem gelten (DtJes 80).

[212] Vgl. C. WESTERMANN, Sprache und Struktur 68–71; DERS., DtJes 144; GRIMM/DITTERT, DtJes 278; ablehnend H.-J. HERMISSION, DtJes 55.89f: Neueinsatz mit 46,1, aber eine ähnliche Thematik und Stichwort-Anklänge lassen auf eine bewusste redaktionelle Verklammerung der Einheiten schließen.

[213] Dass dem Volk צְדָקָה fehlt, wird auch in 48,1 (das Haus Jakob bekennt den Gott Israels לֹא בֶאֱמֶת וְלֹא בִצְדָקָה) gesagt. Dies gilt dies als sekundäre Erweiterung der ursprünglichen Botschaft des Propheten, sofern man ihn ausschließlich als Heilskünder versteht, vgl. C. WESTERMANN, Sprache und Struktur 71 (vgl. 58–61: die Gerichtsreden Jahwes gegen Israel gelten nur dem Israel vor dem Gericht, den aus dem Gericht Geretteten gilt dagegen der *unbedingte* Zuspruch des Trostes, vgl. 40,1f); H.-J. HERMISSON, DtJes 137.220, rechnet 48,1 zusammen mit 46,12f; 48,17–19; 55,6f zu einer nachdeuterojesajanischen Schicht, bei der – im Unterschied zum ursprünglichen Prophetenwort – die von Israel geforderte Gerechtigkeit mit der von Gott erwarteten korreliert wird. Auch in Jes 43,22–28, wo Jahwe die „Appellationsrede eines Angeklagten" (hier: Israels, vgl. zur Gattungsbestimmung GRIMM/DITTERT, DtJes 207) zurückweist, fordert Gott das Volk auf, doch zu benennen, was es gegen sein Urteil vorbringen könne, „damit du Recht bekommst" (לְמַעַן תִּצְדָּק V. 26). Auch wenn die Terminologie hier „im gerichtstechnischen Sinn" (so GRIMM/DITTERT, DtJes 190) gebraucht ist (wie 43,9), so handelt es sich gleichwohl um einen theologischen Rechtsstreit zwischen

(Vergangenheitsform, Gegensatzpaar רחק und קרב), die sich nicht mehr entfernen wird (wieder Wz רחק, aber im Futur wie auch die nachfolgenden Verben) und damit „Heil" ermöglicht (תשועה in V. 13aβ und 13bα verdoppelt und damit das dominierende Element der futurischen Aussagen). Die von Gott dem Volk nahe gebrachte צדקה ist durch die unterschiedlichen Tempusformen als *Voraussetzung des Heils* benannt, dessen Ermöglichungsgrund einzig Gott selbst ist. Nicht gesagt aber impliziert ist damit, dass das Volk diese Gerechtigkeit nicht besitzt und auch nicht selber erringen kann.

Vergleichbar ist damit das Ende von *Kapitel 48*, wo – wieder in einer Gottesrede – Israel an das erinnert wird, was ihm zu seiner Gerechtigkeit gedient *hätte*: das Hören auf Gottes Lehren und Wegleiten (V. 17, d.h. auch hier bleibt Gott der Ermöglichungsgrund der Gerechtigkeit). *Hätte* das Volk auf die מצות Gottes gehört (was es aber nicht getan hat, vgl. V. 1), dann wären שלום und צדקה wie belebendes Wasser durch das Land geströmt. Nun aber ist das Volk klein, sein Name vergessen (V. 18), es würde verschmachten, käme ihm Gott nicht erneut mit dem Wasser gebenden Fels zu Hilfe (V. 21, vgl. Ex 17,6; Num 20,11; 1Kor 10,4). Da die Verse 17–19 bzw. nur 18+19 als Teil einer späteren Redaktionsschicht[214] angesehen werden, verweisen sie auf die auch in anderen Prophetenbüchern begegnende Interpretationsschicht, die das heilvolle Verhältnis des Volkes zu Gott mit dem Halten der Gebote bzw. der Tora verbindet. Die fehlende Gerechtigkeit hängt nach dieser späten Redaktion, die aber für die folgenden Jahrhunderte die wirkungsgeschichtlich bedeutendste war, mit dem fehlenden Gebotsgehorsam zusammen.[215]

Der Aufweis der fehlenden Gerechtigkeit steht in einer gewissen Spannung mit der schon erwähnten Gottesrede in *51,1–7*: Sie gilt nach V. 1 denen, „die der צדק nachjagen", denen „die Jahwe suchen".[216] Der folgende Vers mit dem Verweis auf Abraham und Sara verdeutlicht, dass zwar das Gottesvolk

---

Gott und seinem Volk, das mit seinen (im Kontext) Festopfern sich den Freispruch vor Gott nicht erwirken konnte, weil es eben Gott selbst ist, der die Schuld vergibt (V. 25). Im Hintergrund steht dann aber die als Irrtum zurückgewiesene Überzeugung des Volkes, צדיק zu sein. *Ehe also das Volk die Gerechtigkeit Gottes annehmen kann, muss es aller Hoffnung auf ein eigenes Gerechtsein vor Gott den Abschied geben.*

[214] Vgl. C. WESTERMANN, Sprache und Struktur 82; DERS., DtJes 164f; K. BALTZER, DtJes 317; GRIMM/DITTERT, DtJes 303f, verstehen dagegen den Abschnitt 16d–19 als eine Einheit, die zeitlich parallel zu 1–16c zu setzen ist, ähnlich auch H.-J. HERMISSON, DtJes 260: Zwar bilden V. 17–19 eine Einheit, aber sie sind ursprünglicher Teil der 1–19 umfassenden Komposition, die insgesamt einer Sekundärschicht zugehört (vgl. 263–268).

[215] Vgl. H.-J. HERMISSION, DtJes 284–296. Inwieweit hier eine oder mehrere spätere Redaktionen zu unterscheiden sind, kann hier außer Acht bleiben; die Annahme mehrfacher Überarbeitung könnte allenfalls als Hinweis auf die Wichtigkeit der Thematik Tora und Gerechtigkeit in der nachexilischen Zeit verweisen.

[216] Die Vorrangstellung von צדק fällt in diesem Parallelismus auf; die dadurch erreichte Parallelisierung von Gerechtigkeit und Gott erinnert an Mt 5,10, s.o. § 5/2.

angeredet ist, aber wiederum so, dass *der Einzelne* gemeint ist. Nach dem Hinweis auf die Tröstung Zions sind dann in V. 4 plötzlich die Völker angesprochen: Tora wird ausgehen von Jahwe (bzw. seinem Knecht), und sein Recht (משפט) wird „zum Licht der Völker" werden. Nahe gekommen ist sein צדק, sein „Heil wird hervorgehen (יצא wie in V. 4bα von der Tora) und seine Arme werden die Völker richten" (Wz שפט). Die LXX erweitert die zweite Heilsaussage durch ὡς φῶς „wie das Licht wird mein Heil herausgehen" und verstärkt dadurch die Konnotationen zwischen „Licht" und „Gerechtigkeit" bzw. „Heil" (vgl. a. 50,11; 51,4). Entscheidend ist V. 6: Dem vergehenden Himmel und der dahinschmelzenden Erde (vgl. Mt 5,18) wird die Dauerhaftigkeit des Heils und der Gerechtigkeit Gottes entgegen gestellt.[217] In V. 7f werden die Angesprochenen nun im Gegensatz zu 51,1 als solche bezeichnet, die die Gerechtigkeit kennen, als ein Volk, in dessen Herz die Tora ist. *Aus den der Gerechtigkeit Nachjagenden (51,1) sind demnach durch Gottes Nahebringen seiner Gerechtigkeit und seines Heils (V. 5f) solche geworden, die die Gerechtigkeit kennen, weil die Tora in ihrem Herzen ist.* Die Verse 51,1+7 sind nicht nur inhaltlich, sondern auch formal erkennbar aufeinander bezogen, wobei V. 4[218] eine vermittelnde Position zwischen diesen beiden Eckpunkten einnimmt:

	מבקשי יהוה	שמעו אלי רדפי צדק	V. 1a
Chiastische Wortstellung: a b c ‖ c' b' a'	ולאומי אלי האזינו	הקשיבו אלי עמי	V. 4a
Parallele Wortstellung: [Konj.] a b c ‖ a' b' c'	ומשפטי לאור עמים ארגיע	כי תורה מאתי תצא	V. 4b
	עם תורתי בלבם	שמעו אלי ידעי צדק	V. 7a

Der Weg, der vom Nachjagen der Gerechtigkeit zu ihrem Kennen führt, ist nach dem Aufbau von V. 1–7 zu urteilen ein Weg *über die Tora*, die Israel zuerst, und dann auch die Völker erleuchtet. Aus der Tora gehen צדק und ישע hervor (V. 5aα.β), die bleiben, auch wenn Himmel und Erde untergehen (V. 6bα: ישועה und צדקה).

Der Aufbau der V. 5–6 ist durch ein doppeltes Gliederungsprinzip bestimmt: einmal dadurch, dass die Anzahl der Satzglieder einen regelmäßigen Rhythmus bietet, zum zweiten durch die Rahmung der Aussage mittels eines Wortpaares, gebildet aus den Wurzeln צדק und ישע:

---

[217] Vgl. Jes 54,9: Der Welt, die zur Zeit Noahs unterging, den fallenden Bergen und Hügeln (V. 10), wird Gottes auf Gerechtigkeit gegründete und darum ewige Stadt entgegengestellt (54,11–14), die er aufgrund seines Bundes (V. 10b) schaffen wird.

[218] Er ist als Teil des Gesamtgefüges nicht, wie in manchen Kommentaren, auf die Völkerwelt zu beziehen (durch Veränderung der suffigierten Nomina in Pluralformen), sondern die Suffixe der 1. Person sind zu belassen (vgl. F. DELITZSCH, Jes 519), was nicht ausschließt, dass die Suffigierung eine nachträgliche Textretusche ist, um den Vers eindeutig auf Israel beziehen zu können.

V. 5a: dreiteilige Heilsansage	A1 A2 A3
V. 5b: zweiteilige Adressatenbeschreibung	B1 B2
V. 6a: zweiteilige Aufforderung an die Adressaten	B1' B2'
V. 6b: dreiteilige Gerichtsansage	A1' A2' A3'
V. 6c: zweiteilige Heilsaussage und Aufnahme der zentralen	
Begriffe in A1 und A2 in chiastischer Stellung	A2" A1"

Um die Verse 5+6 legt sich mit den Versen 4b+7a ein weiterer Ring, der durch das Stichwort תורה verklammert ist.[219] Die Tora wird damit zum hermeneutischen Vorzeichen der Gerechtigkeitsaussagen, wenngleich die Rahmung dieser Einheit durch V. 1+8 nach wie vor deutlich macht, dass *die Tora nicht das Ziel, sondern Mittel zum Ziel* der heilvollen *Gerechtigkeit* Gottes ist.[220] Das ergibt auch die Worthäufigkeit: dem fünfmaligen Vorkommen von צדקה/צדק steht dreimal ישׁועה/ישׁע gegenüber, immer im Parallelismus mit צדקה/צדק. Dazu kommt zweimal תורה in V. 4bα +7aα, unterstützt durch משׁפט bzw. שׁפט in den Versen 4bβ und 5aγ. Eingeschlossen in diesen Rahmen sind wie in Mt 5,11 Tröstungen an die, die – wohl wegen der Hoffnung auf dieses Heil – geschmäht und verhöhnt werden (Jes 51,7, vgl. V. 3): So wie Gottes צדקה nicht „zerbricht" (V. 6: תחת), so sollen auch die, die seiner Gerechtigkeit nachjagen, nicht „zerbrechen" (V. 7: תחת). Die Vergänglichkeit der Schmähenden wird dagegen in der Metapher des von Motten zerfressenen Kleides in V. 8a geschildert (vgl. 50,9; Ps 39,12), der die Beständigkeit von Gottes Gerechtigkeit in V. 8b gegenübersteht. In 51,16 ist die Zusage einer Neugründung von Himmel und Erde (von der in 51,6 ebenfalls die Rede war) an den Gottesknecht gerichtet: das ihm von Gott anvertraute Wort ist sozusagen die Gründungscharta des eschatologischen Zionvolkes.[221]

Diese Vorstellung einer mit der *Verkündigung* zugleich *die Gerechtigkeit vermittelnden Funktion des Propheten* (ein Gedanke, der m.E. auch die Jüngerbeauftragung in Mt 5,13–16 bestimmt [s.o. § 6/5.]), findet sowohl in den Texten über Kyros wie in den Gottesknechtsliedern eine Entsprechung.

a) *Gerechtigkeitsaussagen im Kontext der Kyros-Passagen*[222]: Die erste Erwähnung des Kyros, die noch ganz im Dunkeln bleibt, findet sich in Jes 41,2

---

[219] In chiastischer Stellung: V. 4b parallelisiert תורה mit משׁפט, während V. 7b zuerst צדק in Entsprechung zu משׁפט und in der zweiten Hälfte das Stichwort תורה noch einmal aufgreift.

[220] In V. 8 werden צדקה und ישׁועה noch einmal in chiastischer Stellung zu V. 6c und in Entsprechung zu V. 5a erwähnt, ebenfalls als Aussage über ihren ewigen Bestand.

[221] Zum Gottesknecht als „Mittler der »Heilsschöpfung«" (so GRIMM/DITTERT, DtJes 386) vgl. a. Jes 42,6f; 49,8–10: Die inhaltliche Konkretion des Bundes, den der Gottesknecht stiftet, sind Heilsverheißungen an die Blinden, Gefangenen, im Finstern Sitzenden, an die Hungernden und Dürstenden – vergleichbar den in Mt 5,3ff Angesprochenen.

[222] Zur Abgrenzung vgl. R. G. KRATZ, Kyros im Deuterojesaja-Buch, FAT 1, Tübingen 1991; H.-J. HERMISSON, Neue Literatur zu Deuterojesaja (I), ThR 65 (2000), 237–284 (239–247).

als Teil der Antwort, die Gott seinem Volk auf dessen Klage hin (40,27) erteilt.[223] Darin redet Gott die Völkerwelt bzw. Israel an und fragt: „Wer erweckt von Osten den, den er nennt צדק לרגלו »Gerechtigkeit (folgt) seinem Fuss«"?[224] Das ist das erste Vorkommen der Wurzel צדק bei Deuterojesaja und zugleich der erste Hinweis auf Kyros, der dann in 44,28; 45,1 namentlich identifiziert wird. Wenn sich Israel in 40,27 über die scheinbare Ungerechtigkeit Gottes beschwerte, dann erfolgt hier eine erste Antwort: Die politischen Umwälzungen, die mit Kyros begonnen haben, dienen der Aufrichtung des צדק auch für Israel als Gottes „Knecht" (41,8+9). Darum verheißt Gott in dem Trostwort an Israel V. 10, dass er selbst es ist, der Israel aufrichtet: „ich stütze dich durch die Rechte meiner Gerechtigkeit". Erst nach den Heilszusagen an Israel in 41,8–20 wird ab V. 21 das Bild eines Gerichtstribunals von 41,1–7 wieder aufgenommen. Das Volk, das Gottes Prozess gegen die Völker beiwohnt, soll vertrauen, dass Gott es mit dem Kommenlassen des Kyros (vgl. 41,25[225]) „recht" macht (41,26), weil es eine Freudenbotschaft für Zion impliziert (V. 27). Gottes Handeln bzw. er selbst ist damit durch V. 26 als צדיק gekennzeichnet[226], wenngleich der unmittelbare Kontext zunächst nur die juristische Seite des semantischen Feldes der Wurzel צדק abruft.

In der zentralen Kyrosstelle 45,1–7 fehlt die Wurzel צדק, sie findet sich jedoch zweimal im Rahmenvers 45,8, der die Einheit abgrenzt und nicht mit V. 9ff zusammen gehört.[227] Im imperativischen Stil werden Himmel und

---

[223] Vgl. die Klage Israels in 40,27, dass sein Weg und sein Recht (משפט) vor Gott verborgen sind, und die direkte Antwort darauf ab 41,8, wo die Anrede Jakob/Israel ausdrücklich wieder aufgenommen wird (so auch in 41,14). 41,1–7 bildet dafür eine Art Einleitung und Auftakt, in denen Gott sein alleiniges Gottsein vor den Völkern demonstriert. Damit beginnt in Deutero-Jesaja eine Neuformulierung dessen, was Gerechtigkeit ist, vgl. H. SPIECKERMANN, Recht und Gerechtigkeit 262.

[224] Übersetzung und Deutung dieser Umschreibung des Kyros sind umstritten: Ein Teil der Ausleger interpretiert קרא i.S.v. קרה „begegnen", so etwa C. WESTERMANN, DtJes 53: „dessen Fuß das Heil begegnet". Aufgrund von Jes 42,6 erscheint mir die gewählte Übersetzung plausibler (so auch H. SPIECKERMANN, Recht und Gerechtigkeit 263; K. BALTZER, DtJes 126), da auch dort sowohl צדק als auch קרא mit Jahwe als Subjekt vorkommen (vgl. a. 41,25). Zu vergleichen ist ferner 45,13, wo wiederum Jahwe als Subjekt der ist, der Kyros „in Gerechtigkeit erweckt" (Hif'il von עור wie in 41,2).

[225] Diese Stelle bekommt im Targum durch den Kontext ein messianisches Kolorit, vgl. B. D. CHILTON, Isaiah Targum 81; GRIMM/DITTERT, DtJes 130.

[226] Vgl. F. DELITZSCH, Jes 437: „Was J. hiermit den Götzen abspricht kann er für sich in Anspruch nehmen."

[227] GRIMM/DITTERT, DtJes 256 rechnen den Vers noch ganz dem Heilsorakel an Kyros zu, indem sie ihn nicht wie üblich als „eschatologisches Loblied" (so Westermann) der Gemeinde verstehen, sondern als gebietendes Machtwort Jahwes, der Himmel und Erde aufruft, das über Kyros Gesagte ins Werk zu setzen; ähnlich K. BALTZER, DtJes 297–300. Dagegen rückt R. G. KRATZ den Vers von der Kyros-Redaktion weg und rechnet ihn seiner „Ebed-Israel-Schicht" zu (Kyros 76–78; zum Profil dieser Schicht, die den „Ebd ... mit

Wolken aufgefordert, von oben her צדק regnen zu lassen, während die Erde von unten (vgl. Ps 85,11–13; Hos 2,21f) ישע und צדקה hervorsprossen lassen soll. Damit ist nicht gemeint, dass Gott צדק vom Himmel herab sendet, damit nun die Menschen auf der Erde ישע und צדקה wachsen lassen, denn abschließend nimmt Gott dezidiert sein Urheberrecht in Anspruch: „Ich, Jahwe, habe sie geschaffen."[228] Unabhängig davon, ob das Volk mit V. 8 das Anbrechen des von Gott angekündigten Heils erfleht oder Gott selbst zur Verwirklichung seines Willens aufruft, bleibt doch, dass das Geschehen, das *er* mit Kyros begonnen hat, der Durchsetzung seiner heilvollen Gerechtigkeit dient, die in V. 7 zudem mit der Lichtmetapher bereits evoziert worden ist.

Auch in 45,13[229] 'verteidigt' Gott sein Handeln gegenüber den Anklagen aus dem Volk und erinnert daran, dass er Kyros בצדק erweckt habe. Damit lässt der Prophet Gott sein Handeln in gewisser Weise rechtfertigen, vermittelt dadurch aber zugleich die Botschaft: Die Berufung des Kyros als Werkzeug ist getragen von צדק, und das heißt bei Deuterojesaja, Teil von Gottes heilvollem Handeln für das Volk. Rechnet man den Grundbestand der Einheit von V. 18–23 ebenfalls zu den auf Kyros bezogenen Texten, dann ist auch in V. 23 Gottes Reden in dieser Sache als צדקה qualifiziert.[230] Auch in Jes 46,11–13 wird das Kyros-Wort von V. 11 mit einer Gerechtigkeitsaussage abgeschlossen[231]: Das Rufen des Kyros vom Osten lässt sich damit als Teil der nahe gebrachten Gerechtigkeit Gottes verstehen (V. 13), von der alle die fern sind, die sich diesem Handeln Gottes an und durch Kyros verweigern. צדקה ist dabei durch das deutsche Wort „Gerechtigkeit" nicht adäquat

---

Jakob-Israel identifiziert" s. 209–216 [209]), was aber nicht zu überzeugen vermag, vgl. H.-J. HERMISSION, Neue Literatur (I) 245; DERS., DtJes 2f.

[228] Der Bezug des Suffixs der 3. Person Singular mask. bei בראתיו ist nicht sicher zu bestimmen: nach F. DELITZSCH, Jes 475, geht es auf Heil und Gerechtigkeit zusammen, da beide eng miteinander verbunden gedacht sind, was durch יחד noch verstärkt wird. Gefragt werden kann aber auch (s. K. BALTZER, DtJes 299), ob nicht dieser Versteil den ganzen Abschnitt ab V. 1 unterschreiben will und sich das Suffix auf Kyros bezieht (so die LXX, dagegen allerdings H.-J. HERMISSON, DtJes 2).

[229] Die Aussage des Verses ist auf Kyros zu beziehen, vgl. H.-J. HERMISSON, DtJes 20f.26; DERS., Neue Literatur (I) 244. R. G. KRATZ, Kyros 175, zählt Vers 13a.bα zusammen mit 45,11a+12 zur von ihm sogenannten „Kyros-Ergänzungsschicht". In dieser ist die Stellung des Gottesknechtes, der mit Kyros gleichgesetzt wird, religiös noch einmal gesteigert: „Als Ebed, Licht der Völker und Bund der Menschheit, Hirte, Gesalbter und – wie andernorts der Tempelerbauer Salomo – Liebling Jhwhs ist Kyros mehr als nur Werkzeug in Jhwhs Hand (…); er ist vielmehr der Statthalter des göttlichen Königs Jhwhs auf Erden" (ebd. 179).

[230] Das Leitwort צדקה könnte dann die übrigen צדק-Belege im unmittelbaren Kontext mitverursacht haben. Zur Bezug auf Kyros s. H.-J. HERMISSON, DtJes 58–60.67.

[231] Die Verse 12+13 rechnet R. G. KRATZ zur jüngsten der s.E. fünf Schichten in Jes 40–48 (Kyros 53.206f), , d.h. zur „Ebed-Israel-Schicht", in der die Kyros-Aussagen auf Israel bezogen worden seien. Dagegen sprechen jedoch die Kyros-Aussagen 41,2 u. 45,2, vgl. H.–J. HERMISSON, DtJes 20f; DERS., Neue Literatur (I) 245, u. oben Anm. 227.

wiedergegeben. Hermisson befürwortet die Übersetzung mit „Wahrheit", weil damit mehr gemeint ist als die bloße *adaequatio intellectus ad rei.* Es ist „die Wahrheit des Schöpferwortes", das wahr ist, „indem es tut, was es sagt". Inhaltlich ist damit die „heilsame, weltherstellende und unwiderstehliche Wirksamkeit des Schöpferwortes" verbunden.[232] Damit nähert sich der Bedeutungsfeld von צדקה und die mit ihm verbundenen Konnotationen im Kontext eines Wort-Erfüllungsgeschehens dem an, was bei Matthäus mit δικαιοσύνη an eschatologischer Erfüllung verbunden ist.

Kann man annehmen, dass ein neutestamentlicher Leser des Propheten Jesaja diese Ablehnung von Gottes Handeln mit Kyros durch einen Teil des Volkes noch verstanden hat? Und dass er das Werben Deuterojesajas, diesen Messias Jahwes (vgl. 45,1)[233] als einen solchen anzuerkennen, nachvollziehen konnte? Diese Fragen lassen sich nicht mit Gewissheit bejahen, doch zeigen die in Anm. 233 beschriebenen Abschwächungsversuche der Übersetzer, dass die Anstößigkeit eines solchen „Messias" deutlich empfunden wurde. Auf der anderen Seite bietet der Text und insbesondere die Apologie des Propheten (resp. Gottes) für diesen „Messias" als Gottes (resp. sein) Werkzeug zu einer umfassenden und heilvollen צדקה einen Anknüpfungspunkt für die Gestaltung und das Verständnis des matthäischen Messiasbildes: Auch der Evangelist wirbt mit der von ihm gebrauchten δικαιοσύνη-Terminologie darum, dass – neben den Völkern – auch das jüdische Volk diesen so ganz anderen Messias dennoch als *Messias Gottes für Israels Heil* anerkennen möge.

b) *Gerechtigkeit im Kontext der Gottesknechtslieder:* Das *erste Gottesknechtslied* (42,1–4) ist gekennzeichnet durch das dreimalige Stichwort מִשְׁפָּט,

---

[232] DtJes 67, vgl. 75. צדקה ist in V. 23 „das wahrhaft wirksame Heilswort."

[233] Die LXX liest statt מְשִׁיחוֹ mit Suffix der 1. Person: מְשִׁיחִי/τῷ χριστῷ μου Κυρίῳ. Lässt sich daraus ableiten, dass die Übersetzer den Propheten für die Salbung des Kyros verantwortlich machten, um so den Anstoss zu mildern, dass ein nichtjüdischer Herrscher mit diesem Ehrennamen Sauls bzw. der Davididen (abgesehen von Ps 105,15 bezogen auf die Väter Israels u. dem viermaligen attributiven Gebrauch für den Hohepriester Lev 4,3.5.16; 6,15 [dazu kommt Dan 9,25] immer auf judäische Könige bezogen) bezeichnet wurde? Dagegen lesen Symmachus und Theodotion gemäß dem masoret. Text τῷ χριστῷ αὐτοῦ (so auch Chrysostomus), während Aquila τῷ ἠλειμμένῳ αὐτοῦ liest und damit das für profane Salbungen, etwa im therapeutischen oder kosmetischen Sinn (wie in Mt 6,17 oder Jak 5,14), gebrauchte Verb ἀλείφειν verwendet, vgl. dazu H. SCHLIER, Art. ἀλείφω, ThWNT I, 1933, 230–232 (230). Der Grund für diese Änderung könnte eine bewusste Abschwächung der messianischen Würde des Kyros gewesen sein, eventuell aber auch bereits die Reaktion auf eine christliche Interpretation von 45,1, erstmals in Barn 12,11 bezeugt ist, wo statt Κυρίῳ dem Text ein vorgebliches (keine Handschrift bezeugt diese Variante) κυριω entnommen wird, um die Stelle auf Jesus beziehen zu können. Das bezeugen neben dem Barnabasbrief auch Tertullian, Cyprian, Tyconius und Augustin, während Hieronymus dagegen protestiert, vgl. J. ZIEGLER, Isaias, Septuaginta. Vetus Testamentum Graecum XIV, Göttingen 1939, 100 u. 290f z.St. Zum Gebrauch des מָשִׁיחַ-Titels im AT s. F. HESSE, משׁח und מָשִׁיחַ im Alten Testament, ThWNT IX, 1973, 485–500 (491–495).

das der von Jahwe Gerufene unter den Heiden (V. 1) unspektakulär aber erfolgreich zur Geltung bringt (V. 3). Sein Wirken hält an, bis der מֹשׁפֹט im Land aufgerichtet ist (V. 4aβ).[234] Während alle drei Vorkommen von מֹשׁפֹט ohne Possessivsuffixe stehen und so offen lassen, um wessen „Recht" es geht, verweist der abschließende Versteil 4b auf „seine Tora", auf die die Inseln harren.[235] Ist nun aber mit dem Possessivsuffix auf Gott oder den Knecht verwiesen? Die Suffigierung von Tora lässt an Ersteren denken, der Kontext dagegen an Letzteren. Ist aber der Knecht einer, der Tora erteilt, deren Folge „Recht" in einem universalen Sinn darstellt, dann ist er schon dadurch ganz eng und unverwechselbar an die Seite Gottes gerückt. Für W. Grimm und K. Dittert ist der Gottesknecht in diesem ersten Lied der ideale Davidsspross, da schon mit dem historischen Königtum die Erwartung von Recht und Gerechtigkeit grundlegend verbunden war (s.o. 2.) und die, nach dessen Scheitern, nun auf den erwarteten Heilskönig projiziert wurden (vgl. Jes 9,6; 11,3f; Jer 23,5).

Zumindest das Targum zur Stelle und die rabbinische Interpretation (vgl. Grimm/Dittert, DtJes 141) interpretieren den Text auf die erwartete messianische Gestalt, während die LXX die Stelle auf das Volk Israel deutet. Grimm/Dittert heben hervor, dass „vor allem der Evangelist Matthäus ... Jesus im Lichte von Jes 42,1–4" zeigt. Karl Elliger sieht in diesem ersten Gottesknechtslied ebenfalls die Beauftragung des Propheten (d.h. des Gottesknechtes) „mit der Verkündigung der Entscheidung des göttlichen Weltenlenkers für diese Stunde der Weltgeschichte", zu deren Adressaten auch die Heidenvölker gehören. Wenn, so schreibt Elliger weiter, der Evangelist Matthäus in diesem Text „Jesus vorausgesagt findet", dann „jedenfalls insofern mit Recht, als da wieder einer auftrat, der zwar mehr war als ein Prophet, aber doch auch ein Prophet, der in seinen Tagen die entscheidende weltgeschichtliche Tat Gottes zu verkünden hatte" (DtJes 221).

Unabhängig von der Frage, auf wen der Gottesknecht zu deuten ist, ist der Text ein weiterer Beleg für die enge Verbindung von מֹשׁפֹט und תורה (s.o. Anm. 205), wobei „Tora" den größeren Bedeutungsumfang besitzt. Könnte bei מֹשׁפֹט noch lediglich an eine gerechte politische und gesellschaftliche Ordnung gedacht werden, die der von Babylon unterdrückten Völkerwelt angekündigt wird, so weist תורה doch eindeutig darüber hinaus. Die Weisung für die Inseln erinnert dabei an Jes 2,1–4, die Mittlerstellung des Propheten an Jes 8,16–20.[236]

---

[234] H. SPIECKERMANN, Recht und Gerechtigkeit 265, betont, dass hier mit משפט nichts anderes gemeint ist als an anderen Stellen mit צדק bzw. צדקה.

[235] In 1QJes^a z.St. ist auch משפט in V. 1d suffigiert als משׁפֹטו, die Lesung ist allerdings nicht sicher. Evtl. muss auch משׁפֹטי gelesen werden, vgl. zur Diskussion GRIMM/DITTERT, DtJes 135; K. ELLIGER, DtJes 218.

[236] Der Prophet Jesaja verschließt Offenbarung (תעודה) und Weisung (תורה) in seinen Jüngern und Kindern, damit sich das Volk an sie wenden kann, wenn es umkehrt zu Gott.

In der wissenschaftlichen Diskussion ist strittig, inwieweit Jes 42,5–9 mit 1–4 ursprünglich zusammen zu sehen ist.[237] In der vorliegenden Gestalt dagegen kann es kaum einen Zweifel geben, dass der Hörer oder Leser dieses Abschnittes die in V. 6 von Jahwe angesprochene Person mit dem Knecht aus V. 1 identifiziert. Ihm gilt dann die Zusage: „Ich, Jahwe, habe dich gerufen בצדק und ich halte dich an deiner Hand; ich bewahre dich und ich gebe dich zum Bund(esmittler) des Volkes, zum Licht der Völker". Er soll den *Blinden* die Augen öffnen. Dieses Motiv beherrscht auch den Rest des Kapitels: Ihnen gilt in besonderer Weise das Heilshandeln Gottes (vgl. V. 16 als Höhepunkt der Einheit 10–17).

Mit V. 18–25 sind die Tauben und Blinden direkt angesprochen (V. 18 als Neueinsatz und Anrede), wobei schon V. 19 deutlich macht, dass hier mit dem Begriff der Blindheit gespielt wird. War V. 17 noch eine echte Heilsansage, so ist V. 19 ein Spottvers auf den 'anderen', den ersten Gottesknecht, bei dem es sich, wie in 41,8f, nur um Israel selbst handeln kann. Es ist blind und taub und unfähig zu tun, wozu Gott es gesandt hatte. Mit offenen Augen und Ohren hat Israel zwar gehört und gesehen, aber nicht verstanden. Von Gott dazu bestimmt, groß und herrlich zu sein, ist das Volk aller seiner Habe beraubt (V. 22). Der Grund ist, dass sie den von Gott gewiesenen Weg nicht beschritten haben „und nicht auf seine Tora hörten" (V. 24bγ, vgl. V. 21b). Für Westermann gehören die auf die Tora verweisenden Versteile unmittelbar zusammen[238]. Er betrachtet sie als Glosse, dessen Urheber „in der Nähe des Dichters des 119. Psalms" zu suchen ist, „im Kreis einer Tora-Frömmigkeit, die ganz im Bewundern und Sich-Halten an Gottes Wort ... aufging." Er schließt daraus, „daß der Prophet Deuterojesaja in diesem Kreis gelesen und durchdacht wurde und diesem Kreis besonders wichtig war durch das, was er von der *tōrā*, vom weisenden Worte Gottes sagt" (92). Geht man von einer solchen rahmenden Glossierung durch die Verse 21b und 24b aus, dann steht am Anfang der Tora-Aussagen eine solche über Jahwes Motivation, sie zu geben: „es gefiel ihm um seines צדק willen" (יהוה חפץ למען צדקו), d.h. auch hier ist die Tora als Gabe an Israel Ausdruck von Gottes Wesen, dem צדק in fundamentaler Weise eignet (vgl. 45,21; 41,26).

---

[237] Vgl. C. WESTERMANN, DtJes 82.84: Er trennt beide Texteinheiten, so auch mit Verweis auf die Texteinteilung in Qumran K. ELLIGER, DtJes 199 (zur Diskussion mit der abweichenden Position s. 223–228); GRIMM/DITTERT, DtJes 143f, sehen dagegen in beiden Texten ein Wort an den Gottesknecht, den sie mit dem Propheten Deuterojesaja identifizieren, während K. BALTZER, DtJes 169–172, zwar ebenfalls V. 1–9 als Einheit sieht, in dem „Knecht" jedoch Mose findet. Dagegen interpretiert R. G. KRATZ die Verse 5–7 als Teil der „Kyros-Ergänzungsschicht", die das vorangehende Gottesknechtslied auf Kyros umdeutet (Kyros 131–135.141–144; ähnlich K. ELLIGER, DtJes 338, der in 42,5–9 ein ursprüngliches Kyros-Orakel sieht), vgl. a. H.-J. HERMISSON, Neue Literatur (I) 244.

[238] Vgl. C. WESTERMANN, DtJes 93; so auch K. ELLIGER, DtJes 280.286f.291 u. G. LIEDKE/C. PETERSEN, תּוֹרָה 1040: Beide Verse sind Glossen aus dem Geist der Tora-Psalmen. Dagegen betont K. BALTZER, DtJes 203.205, die Ursprünglichkeit dieser Verse, wobei Tora hier nicht „die Einzelweisung, sondern die Willenserklärung Jahwes als Ganze" meine. Mit Recht bemerkt er weiter, dass „die »Freude an der Tora« ... nicht erst mit den sogen. Tora-Psalmen (1; 19; 119) entstanden sein" braucht.

Während im zweiten Gottesknechtslied (Jes 49,1–6) die Wurzel צדק fehlt, ist sie im *dritten* (50,4–9) einmal als Selbstaussage gebraucht: Der, dem Gott das Ohr geöffnet hat, damit er auf ihn zu hören vermag (50,4f), und der deswegen Schmähung und Misshandlung zu erdulden hat (V. 6), ist sich Gottes Hilfe gewiss (V. 7), weil er weiß, dass „der, der ihm ins Recht verhilft" (מצדיקי), nahe ist und er darum seinen Rechtsanspruch (משפט) behaupten kann (V. 8). Auch hier ist, wie in 43,9.26; 53,11 (vgl. 41,26), צדק zunächst „im gerichts-technischen Sinn" verstanden[239], ohne dass sich darin die Bedeutung er-schöpfte. Die dezidiert theologische Bedeutung von צדקה/צדק an vielen Stellen von Deutero-Jesaja macht es m.E. wahrscheinlich, dass damit auch die primär gerichtstechnischen Belege eine zusätzliche soteriologische Impli-kation erhalten. Der, der geschmäht wird und nach außen hin im Unrecht ist (und zwar mit der ihm anvertrauten Botschaft!), wird von Gott ins Recht gesetzt, so dass er nicht wie seine Widersacher ein Opfer der Motten wird (50,9). In 51,7b.8 (s.o.) werden dieselben Stichworte gebraucht, nun aber als Anrede an die, die die Gerechtigkeit kennen und dafür geschmäht werden. Ihnen wird verheißen, dass ihre Gerechtigkeit ewig besteht, während ihre Widersacher zugrunde gehen wie ein mottenzerfressenes Gewand. Der Abschnitt 50,4–9 lässt sich darum in gewisser Weise als individuelle Vor-wegnahme (und zugleich Voraussetzung) dessen lesen, was in 51,1–8 denen angeboten wird, „die der Gerechtigkeit nachjagen" und diese auch erlangen können, *weil Gottes Gerechtigkeit* „nahe" ist (קרוב, vgl. 50,8; 51,5). Ein weiteres Bindeglied zwischen den beiden Textabschnitten stellt die Licht-metaphorik dar: in 50,10 wird denen, die auf die Stimme des Knechtes hören, zugesichert, dass ihnen ein Licht scheinen wird und sie nicht im Finstern wandeln werden, in 51,4 ist es die Weisung Gottes, die den Völkern zum Licht wird.

Auch im *vierten Gottesknechtslied* (52,13–53,12)[240] begegnet in dem äußerst schwierigen Vers 53,11 die Lichtmetapher in unmittelbarem Zusam-menhang mit der Wurzel צדק und dem Knecht, der durch Apposition als צדיק charakterisiert wird:

---

[239] Vgl. GRIMM/DITTERT, DtJes 190, die außerdem noch 45,25 so deuten. Zu 50,8 s.a. K. BALTZER, DtJes 431: Die „baldige prozessuale Klärung" ist s.E. eine „Ankündigung von Jes 52,13–53,12", H. SPIECKERMANN, Recht und Gerechtigkeit 267.

[240] Vgl. dazu B. JANOWSKI, Stellvertretung. Alttestamentliche Studien zu einem theologi-schen Grundbegriff, SBS 165, Stuttgart 1997, 67–96.

„Wegen der Mühsal seiner Seele wird er [Licht] sehen und sich sättigen an seiner Einsicht[241].	מעמל נפשו יראה [אור][242] ישבע (בדעתו)
Als Gerechter schafft mein Knecht Gerechtigkeit für die Vielen[243]	(בדעתו) יצדיק צדיק עבדי לרבים
und ihre Verfehlungen – er wird sie tragen"	ועונותם הוא יסבל

Die beiden in Anm. 243 genannten Stellen können als Parallele für ein *heilvolles* Einwirken des oder der Gerechten auf die „Vielen" gelten, wenngleich die Konstruktion צדק im Hifʿil + ל im Alten Testament singulär ist.[244] Die Danielstelle macht es ferner möglich, die Hifʿilkonstruktion kausativ zu verstehen und also mehr darin zu sehen als die bloße Konstatierung des Gerechtseins des Gottesknechtes[245], zumal auch die übrigen Hifʿil-Belege von צדק das kausative Verständnis stützen.[246] Der Gottesknecht vermittelt durch das Tragen der Verfehlungen den Vielen Gerechtigkeit. Das scheint mir unbestreitbar zu sein. Dass diese Aussage am Ende der Texte von und über ihn steht, dürfte kaum Zufall sein, da für *Deuterojesaja*, wie oben mehrfach betont, *die heilvolle und eben darum Heil schaffende Gerechtigkeit Gottes die Bedingung der Ermöglichung des Gerechtseins des Menschen darstellt.*

---

[241] Zu שבע + ב s. Ps 65,5; 88,4; Klgl 3,30. Denkbar ist aber auch, בדעתו auf die nächste Zeile zu ziehen und instrumental im Sinne von „durch seine Einsicht wird der Gerechte …" zu verstehen. So F. DELITZSCH, Jes 556 (unter Verweis auf Prov 11,9b: ובדעת צדיקים יחלצו „… und durch Erkenntnis werden die Gerechten gerettet werden", aber auch 11,10a: בטוב צדיקים תעלץ קריה „durch das Heil der Gerechten jauchzt die Stadt" bzw. 11,11a: „Durch den Segen der Redlichen erhebt sich die Stadt"); B. JANOWSKI, Stellvertretung 72 Anm. 38 (m. weiterer Lit.), vgl. ferner K. BALTZER, DtJes 537, der die beiden Alternativen nicht gegeneinander stellen will. Vgl. außerdem Dan 12,3 (s. übernächste Anm.).

[242] Ergänzung mit beiden Jes-Handschriften aus Qumran u. LXX, vgl. B. JANOWSKI, Stellvertretung 72 Anm. 37; K. BALTZER, DtJes 535.

[243] Vgl. Prov 10,21: שפתי צדיק ירעו רבים „die Lippen des Gerechten weiden *viele*"; Dan 12,3: „Und die Einsichtigen werden leuchten wie der Glanz am Firmament, und die vielen gerecht machen (ומצדיקי הרבים) [werden sein] wie die Sterne für immer und ewig".

[244] Vgl. E. JENNI, Die hebräischen Präpositionen, Bd. 3: Die Präposition Lamed, Stuttgart u.a. 2000: Das *Lamed* ist hier als „Lamed applicationis" zu bestimmen. Es beschreibt die Zuordnung eines Zustandes oder eines Geschehens an das mit Lamed bezeichnete Objekt im Rahmen einer verbal ausgedrückten Handlung (117), wobei positive oder negative Wertungen mit dem herbeigeführten Erleben verbunden sein können. ל+צדק in Jes 53,11 rechnet Jenni zu den „meliorative[n] kausativierte[n] Zustandsverben" (120).

[245] Vgl. etwa die Übersetzung von C. WESTERMANN, DtJes 206: „Als Gerechter wird mein Knecht vor vielen bestehen". Demnach „ist in diesem Satz die Rechtfertigung, die Gerechterklärung des vorher in Schande verurteilten Knechtes durch Gott ausgesprochen" (216), dagegen B. JANOWSKI, Stellvertretung 78: Die Stellvertretungsaussagen in 1–11aα münden in die Aussage 11aβ: „Als Gerechter macht mein Knecht die Vielen gerecht, und ihre Verschuldungen – er schleppt sie."

[246] Ex 23,7; Dtn 25,1; 2Sam 15,4; 1Kön 8,32; 2Chr 6,23; Hi 27,5; Ps 82,3; Prov 17,15; Jes 5,23; 50,8; Dan 12,3.

Mit *Jes 54*, dem Aufruf an Zion zur Freude, wird die Frucht des Wirkens des Gottesknechtes in einem zweiten Bild dargestellt, das aus der Perspektive des Volkes gemalt ist. Sind in 53,10 dem Gottesknecht Nachkommen ver-heißen, so ist nun Jerusalem angesprochen im Hinblick auf eine zahlreiche Kinderschar (54,1–3). Im zweiten Teil (ab V. 11) ist ihr eine Neugründung versprochen, erbaut auf Edelsteinen und gegründet auf Gerechtigkeit (V. 14). Sie wird fern sein von Bedrückung und wer gegen sie kämpft, wird keinen Sieg erringen.[247] Die äußere und innere Sicherheit in der eschatologischen Gottesstadt, in der alle Anklagen gegen ihre Einwohner zusammenbrechen, ist das Erbteil der Knechte Jahwes ([248]זאת נחלת עבדי יהוה), deren Gerechtigkeit von Gott selbst kommt (וצדקתם מאתי נאם־יהוה).

Die Stadt der Gerechtigkeit für diejenigen, die sich ihre Gerechtigkeit von Gott schenken lassen, steht damit am Abschluss des zweiten Jesajabuches und antwortet auf den Beginn des ersten Teiles, wo es am Ende von Jes 1 eben-falls Gottes Handeln war, das צדק nach Jerusalem zurückbringt (1,21.26f, vgl. oben). Kapitel 55 schließt entsprechend mit der Einladung, sich diesem heilvollen Handeln Gottes zu öffnen und seinen Heilsplan anzuerkennen.

3.1.3 Tritojesaja

Auch in den elf Kapiteln des letzten Teiles des Jesajabuches ist die Wurzel צדק mit 23 Belegen, die sich auf neun Kapitel verteilen, häufig und gleich-mäßig im ganzen Buch vertreten, wobei gleichwohl die ersten vier Kapitel mit 13 Stellen ein gewisses Übergewicht besitzen. Schon die beiden Vorkommen im programmatischen ersten Vers Tritojesajas beleuchten die Doppelstruktur des Gerechtigkeitsverständnisses, das diesen dritten Teil dominiert, indem der Prophet als Gottesrede Mahnwort und „(nichtbedingte) Heilsankündigung"[249] jeweils paarweise gruppiert:

„So spricht der Herr: Achtet auf das Recht und vollbringt Gerechtigkeit (שמרו משפט ועשׂו צדקה), denn nahe ist mein Heil (ישׁועתי), dass es komme, und meine Gerechtigkeit (צדקתי), dass sie offenbar werde."

---

[247] Vgl. Mt 5,14b; 16,18 u. oben § 6/4.

[248] Gefragt werden kann, ob das „Erbteil der Knechte Jahwes" nicht als Parallele zu dem Lohn der Jünger in Mt 5,11f zu sehen ist. Der Gottesknecht als עבד schlechthin trägt als Lohn seine „Nachkommenschaft" davon. Der Lohn der Propheten ist die Gemeinde, die einst – auch aufgrund ihrer Mühen – die eschatologische Gottesstadt bevölkern wird. Mit anderen Worten: Die Stadt auf dem Berg in Mt 5,14, deren Licht leuchtet, ist die Stadt der Gerech-tigkeit, der eschatologische Zion, den *Gott* selbst mit Gerechtigkeit erfüllt, wie es schon im ersten Teil des Jesajabuches verheißen ist.

[249] L. RUSZKOWSKI, Volk und Gemeinde im Wandel. Eine Untersuchung zu Jesaja 56–66, FRLANT 191, Göttingen 2000, 130.

Als Forderung an den Menschen steht צדקה in Verbindung mit משׁפט und verweist damit auf den gerechten Umgang miteinander (wobei die gewählten Begriffe sich darin nicht erschöpfen, sondern durchaus eine 'vertikale', auf Gott bezogene Konnotation besitzen), während die Parallelisierung von צדקה mit ישׁועה die heilschaffende Gerechtigkeit Gottes meint, die die angesprochene Gemeinde *benötigt*, um in einen heilvollen Zustand bezüglich Gottes wie untereinander zu gelangen (vgl. Jes 60,1). Unter dieser Überschrift lässt sich der dritte Teil des Jesajabuches als der *Weg zu einer Gerechtigkeit* lesen, *die von Gott anerkannt wird*, weil sie ihren Ursprung in Gottes alleinigem Handeln hat, während auf der menschlichen Seite nur bleibt, das Fehlen jeglicher Gerechtigkeit einzugestehen.[250] Weil aber nicht alle diesen Weg gehen wollen, wird bei Trito-Jesaja „das Jhwh-Volk zu einer Entscheidungsgemeinschaft, zu einer Gemeinde von Jhwh-Anhängern."[251]

Dass die Endredaktion des Buches in seiner vorliegenden Form diesen Weg an die Tora bindet, zeigt der unmittelbar anschließende Vers (56,2), der in Form eines Makarismus denjenigen selig preist, der „dieses tut" bzw. „an ihr festhält". Das feminine Demonstrativpronomen sowie das feminine Suffix legen nahe, dass צדקה das eigentliche Bezugswort darstellt.[252] In V. 2bα wird dies dann am Beispiel des Sabbatgebotes exemplifiziert, während V. 2bβ wieder eine eher allgemeine Aussage darstellt. Im Halten des Sabbats „zeigt sich erst eigentlich, ob einer sich wirklich an »Recht und Gerechtigkeit« hält, ob er wirklich fromm ist."[253] Das 56. Kapitel endet mit einer Klage über die Hirten des Volkes (denen die Pflege der Gerechtigkeit in besonderer Weise oblag), während 57,1f das dadurch verursachte Geschick des Gerechten fokussiert: der צדיק (2mal, im Parallelismus dazu die אנשׁי־חסד) geht zugrunde, aber niemand kümmert sich darum (das ist die Anklage gegen die Hirten, die ihre Funktion nicht erfüllen, vgl. Jer 12,9–12). Dennoch steht über dem von

---

[250] Vgl. L. RUSZKOWSKI, Volk und Gemeinde 131: „V. 1 hat … darüber hinaus den ganzen Teil Jes 56–66 im Blick und verlangt durch seine Aussage möglicherweise, dass das Gericht als Heilsereignis interpretiert werden soll." Als wichtige Parallelen dazu verweist er auf Ps 106,3 und Jes 46,12f. Da auf Jes 56,1f drei fallspezifische Tora-Erteilungen folgen, kann s.E. auch an eine „Querbeziehung" zu Jes 51,4b–5 gedacht werden.

[251] L. RUSZKOWSKI, Volk und Gemeinde 173. Das erklärt auch den Titel dieser Arbeit: Der Weg geht vom *Volk*, von der Erwählung Israels, wie sie den zweiten Teil des Jesajabuches dominiert, zur *Gemeinde* der Jahwetreuen, die auch ethnisch die Grenzen Israels überschreitet (vgl. Jes 56,3–7).

[252] Vgl. C. WESTERMANN, DtJes 247; L. RUSZKOWSKI, Volk und Gemeinde 130. Anders allerdings F. DELITZSCH, Jes 573; C. v. ORELLI, Jes 198: Sie verstehen זאת und das davon abhängige בה in neutrischem Sing (vgl. GESENIUS/KAUTZSCH, Hebräische Grammatik § 136b) in Analogie zu Ps 7,4 als Verweis auf das Folgende in V. 2b.

[253] C. WESTERMANN, DtJes 248. Das Sabbatgebot wird auch in 56,3-8; 58,13f; 66,23 eingeschärft, desgleichen in Jer 17,19–27; Ez 20,12–24; 22,8.26. Zur weiteren Ausgestaltung des Sabbatgebotes als Kennzeichen toratreuen Lebens s. L. DOERING, Schabbat.

Gott als gerecht Anerkannten, über dem, der aufrecht geht (57,2b), die Verheißung des göttlichen שלום und die Zusage, das Land zu erben und den Gottesberg in Besitz zu nehmen (57,13c[254], vgl. 57,19.21; Ps 37; Mt 5,5). Gleichzeitig kritisiert der Verfasser in 57,12 die scheinbare Gerechtigkeit derer aus Israel, die fremden Göttern dienen. Hier steht צדקה im Parallelismus zu „Taten" (מעשׂים), die nichts nützen, die also als Ausweis und Ausdruck wirklicher Gerechtigkeit nicht in Frage kommen (vgl. Mt 9,13). Der Doppelcharakter von צדקה im Sinne eines Relationsbegriffes zu Gott, der sich im Verhalten zu Gott (Götzendienst) *und* den Mitmenschen (die Gerechten, um die sich keiner kümmert) konkretisiert, ist auch in diesem Abschnitt deutlich. Außerdem zeigt Jes 57,12, dass die menschliche צדקה der Anerkennung bzw. Bestätigung durch Gott bedarf, wenn sie „nützen" soll. Aus V. 2+13 kann dieses „nützen" inhaltlich präzisiert werden: die Zusage des göttlichen Schaloms und die Gewähr, Land und Gottesberg zu besitzen, wobei an dieser Stelle bereits eine eschatologische Füllung der Landverheißung impliziert sein kann (vgl. Jes 11,9).

In der anschließenden Mahnrede *Kapitel 58* wird dem Volk in V. 6f.9–11 vor Augen gestellt, wie diese Gerechtigkeit aussehen muss, die vor Gott einen Nutzen hat. Dabei ist die mitmenschliche Seite betont, die sich jedoch gerade im Kult und der dort gesuchten Gottesbegegnung auswirkt. Gottes- und Menschenverhältnis stehen also auch hier in einem wechselseitigen Verhältnis: Nur ein Volk, das „seine Gerechtigkeit schon getan hat und das Recht seines Gottes nicht verließ" (גוי אשר־צדקה עשה ומשפט אלהיו לא עזב), kann hoffen, von ihm gehört und „gerecht" (משפטי־צדק) „sie erbitten von mir Rechtsurteile nach dem Maß der Gerechtigkeit"[255]) behandelt zu werden (V. 2). Wenn die von Gott gestellten Bedingungen jedoch erfüllt werden, „dann wird hervorbrechen wie die Morgenröte dein Licht, und deine Heilung wird eilends emporsprossen, und es wird gehen vor dir her deine Gerechtigkeit (צדקך), die Herrlichkeit Jahwes wird dich aufnehmen" (58,8, vgl. Jes 52,12b: Gott selbst führt den Zug der Heimkehrer an und beschließt ihn auch). Gerechtigkeit und Licht stehen im Parallelismus, d.h. das Aufstrahlen des Morgenlichtes ist Bildwort für die vom Menschen geforderte Gerechtigkeit,

---

[254] Zur Rahmenfunktion von Jes 57,1f+13c s. C. WESTERMANN, DtJes 255, doch ist die Abgrenzung kontrovers, vgl. L. RUSZKOWSKI, Volk und Gemeinde 74, der nur 56,9–12 und 57,1f als zusammengehörend ansieht, während andere 56,9–57,13 verbinden. Zu 57,3–13 s. ebd. 98f.

[255] Möglicherweise sind hier in Anlehnung an den Sprachgebrauch in Ri 5,11 u.ö. (s.o. Anm. 160) Gottes geschichtsmächtige Heilstaten gemeint, die er zum Heil seines Volkes vollbringt, vgl. F. DELITZSCH, Jes 590. Oder die richterliche Parusie Gottes ist gemeint, weil das Volk meint, mit seiner Gerechtigkeit vor Gott bestehen zu können. Dann wäre der Sinn wie in 57,12.15; 64,5 zu verdeutlichen, dass die vermeintliche Gerechtigkeit sich vor Gott als unzureichend bzw. gar nicht vorhanden erweist.

die Gottes Heilung und Zuwendung ermöglicht (zum Aufstrahlen des Lichtes vgl. a. V. 10b).[256]

Dieser Text lässt sich allerdings auch ganz anders verstehen (und so interpretieren u.a. Delitzsch u. Westermann): Wenn Israel die in V. 6f genannten Bedingungen erfüllt, dann erscheint für das Volk *als Antwort* Gottes Licht, Heilung, Gerechtigkeit, dann versammelt die Herrlichkeit Gottes sein Volk um sich. Versteht man den Vers so, dann ist er als positive Aufnahme von Jes 52,12 zu verstehen (so schon Duhm), wo eindeutig Gott selbst seinem Volk vorangeht und seinen Zug aus Babylon beschließt. Diese anthropomorphe Darstellung wäre dann hier gemildert: Nicht Gott selbst, sondern das von ihm ausgehende Licht und der Lichtglanz sind es, die den Zug anführen und beschließen. Es ist also zu fragen, ob dann nicht der ganze Vers als eine messianische Verheißung verstanden werden könnte. Der Messias wäre dann Licht, Heilung, Gerechtigkeit und Herrlichkeit Gottes. Dafür gibt es aber, so weit ich sehe, keine Belege, auch im Neuen Testament wird der Text nicht aufgenommen. Am ehesten könnte die metaphernreiche johanneische Christologie von hier Anregungen erhalten haben.

Am Ende auch dieser Mahnrede steht mit 58,12 jedenfalls der Ausblick auf die neu erbaute Gottesstadt, die durch diejenigen aufgebaut werden soll, die sich in der geschilderten Weise um Gottes Wohlgefallen mühen.

Wie in Jes 58,3 ist auch *Kapitel 59* durch eine Beschwerde des Volkes gegenüber der scheinbaren Gleichgültigkeit Gottes bestimmt (V. 1), die argumentativ widerlegt wird, indem der Prophet auf Israels Verfehlungen verweist (V. 2–8). In dieser sehr allgemein gehaltenen Aufzählung von Sünden (V. 5–8, evtl. auch schon V. 4, bilden wohl eine Erweiterung der Anklage), die Parallelen in den Frevlerschilderungen des Psalters und des Hiobbuches hat, wird u.a. auf den fehlenden צדק in der Rechtspraxis hingewiesen (V. 4). In V. 6a erweist sich die Kleidermetapher als wichtiges Element, da ihr in V. 17 ein positives Bild entgegen gehalten wird: sind die „Erzeugnisse" (מעשׂים dreimal in V. 6) der Sünde wie Spinnenfäden (V. 5aβ.6aα), die kein Kleidungsstück ergeben und nicht zu bedecken vermögen, so schildert V. 17 die Ausrüstung Jahwes, der als ersten Teil seiner Rüstung „צדקה anzieht wie einen Panzer"[257].

---

256 Vgl. L. RUSZKOWSKI, Volk und Gemeinde 40: „In V. 8 und 10 wird das Erscheinen des Lichtes an die Umsetzung der prophetischen Mahnungen gebunden und als Konsequenz des gerechten Wandels angesehen" (so auch das Targum z.St.). Anders als in Jes 60,1–3.19f; 62,1f gehört hier die Lichtsymbolik „einer bedingten Verheißung an" (ebd.). Demnach ist, verschieden von Jes 61,1f, צדקה „die Bedingung der Erfüllung, das »Licht« die Konsequenz" (ebd.). S.E. stellt V. 8b den nachträglichen Versuch dar, die unbedingten Heilsaussagen von Jes 60–62 zu korrigieren. Dahinter steht sein entstehungsgeschichtliches Modell von TrJes, als dessen Kern er die Kapitel 60–62 sieht, während die übrigen Partien in mehreren Schichten nacheinander um diesen Kern herumgelegt wurden „mit dem vorrangigen Ziel, die Glaubwürdigkeit dieser Prophetie zu bewahren" (171).

257 Die Härte und Festigkeit des Schuppenpanzers (שִׁרְיָן) steht in deutlichem Gegensatz zu den „dünne[n] Fäden" bzw. dem „Spinnengewebe" (קורים, im Alten Testament nur 2mal in Jes 59,4f, vgl. HALAT 1020), mit dem das Volk sich bedecken will. Das Bildwort entlarvt die angemaßte Gerechtigkeit, auf die sich das Volk meint berufen zu können (vgl. 58,2;

Die Verse 7+8 gebrauchen die aus den Psalmen und der Weisheitsliteratur bekannte Wegmetapher ebenfalls ins Negative gewendet: Auf dem Weg, den Israel geht, ist kein Frieden und kein Recht (מִשְׁפָּט). Darum (עַל־כֵּן) ist das Recht (מִשְׁפָּט) ferne und die Gerechtigkeit (צְדָקָה) unerreichbar (V. 9a). Die Hoffnung auf Licht (wieder: als Bild für Recht und Gerechtigkeit) bleibt unerfüllt, und statt des Gehens im Lichtglanz tappt das Volk im Dunkeln (V. 9b.10: Aufnahme der Wegmetapher). V. 11b nimmt 9a wieder auf und rahmt so das Stück, das eine Art Selbstreflexion des angeklagten Volkes (durchgängig in der 1. Person Plural gehalten) darstellt: „Wir hoffen auf Recht, und es ist nicht, auf Heil, – fern ist es von uns."

Durch begründendes כִּי wird in V. 12f ein Schuldbekenntnis eingeleitet, das – ebenfalls in der 1. Person Plural formuliert – gleichsam das Ergebnis der Selbstreflexion darstellt. Während מִשְׁפָּט in V. 9a und V. 11b gebraucht ist, steht in V. 11b anstelle von צְדָקָה wie in V. 9a יְשׁוּעָה im Parallelismus dazu. Das zeigt, wie diese Termini bei Tritojesaja in bestimmten Zusammenhängen austauschbar sind, wenngleich beide nicht gleichwertig nebeneinander stehen, sondern so, dass zwar יְשׁוּעָה ein Attribut von צְדָקָה bilden kann, aber nicht umgekehrt.[258] Der übergeordnete Begriff ist צְדָקָה, dessen heilschaffender Charakter die Parallelisierung mit יְשׁוּעָה betont. In V. 14 begegnet erneut מִשְׁפָּט וּצְדָקָה, wobei צְדָקָה mit dem Adjektiv רָחוֹק verbunden ist, während in V. 11 יְשׁוּעָה Subjekt des Verbs רחק war. Das lässt erkennen, dass יְשׁוּעָה als Ersatzwort für צְדָקָה eingesetzt wird, ohne dass es einfach ein Synonym wäre. Es konnotiert vielmehr bei dem übergeordneten Begriff eine inhärente, nicht bei jedem Vorkommen aktivierte Bedeutungsnuance. Dazu kommt, dass die צְדָקָה in 59,9.14 „Gegenstand der Erwartung und der Sehnsucht"[259] ist (vgl.

59,9.14). Da nach Ps 104,2 Licht das kennzeichnende Gewand ist, das Jahwe umgibt, ist der „Panzer der Gerechtigkeit" wohl als Ersatz für dieses Lichtkleid gedacht, was ebenfalls die metaphorische Funktion von Licht für Gerechtigkeit unterstreicht. Vgl. außerdem Jes 63,1: Jahwe identifiziert sich in dieser „Wächterfrage" (so C. WESTERMANN, DtJes 302 z.St.) mit dem „der צְדָקָה redet", sein äußerliches Merkmal sind jedoch die roten, blutgetränkten Kleider. Als einer, der das „gerechte" Gericht an Edom vollzogen hat, steht er vor den Toren (wohl des Zions) und verkündet sein Tun, das im Rahmen des Jesajabuches als gnädiges Handeln Gottes für sein Volk verstanden ist (vgl. 63,7ff).

[258] יְשׁוּעָה kommt insgesamt 75mal im AT vor, davon 19mal bei Jesaja: 12,2bis.3; 25,9; 26,1.18; 33,2.6; 49,6.8; 51,6.8; 52,7.10; 56,1; 59,11.17; 60,18; 62,1. Vgl. a. יֵשַׁע 36mal im AT, davon 5mal im Jesajabuch: 17,10; 45,8; 51,5; 61,10; 62,11. Die Verteilung für Tritojesaja zeigt, dass יְשׁוּעָה an keiner Stelle unabhängig von einem anderen Heilsbegriff auftaucht und zudem an allen Stellen außer 59,11 (wo die Abhängigkeit jedoch ebenfalls evident ist) entweder direkt im Parallelismus mit צְדָקָה steht (59,17; 62,1und zwar immer an zweiter Stelle; in 56,1bα ist die Stellung durch den zweimaligen Gebrauch von צְדָקָה in 1aβ und 1bβ bedingt), oder doch im unmittelbaren Kontext (60,18).

[259] L. RUSZKOWSKI, Volk und Gemeinde 71.

Mt 5,6), was ihren heilvollen, von Gott herrührenden Charakter unterstreicht (vgl. 59,16f).

Die Verse 14–15a stellen wie V. 5–8 eine „erweiternde Schilderung des Frevels" und damit eine Konkretion von V. 12f dar, ohne dass sprachlich von einem Schuldbekenntnis gesprochen werden kann.[260] Vielmehr werden die Folgen des schuldhaften Tuns benannt. „Recht und Gerechtigkeit" haben sich zurückgezogen (14a), d.h. die Grundvoraussetzungen menschlicher Koexistenz, weil Wahrhaftigkeit und Verlässlichkeit unter den Menschen fehlt (V. 14b), so dass der, der sich vom Bösen zurückzuziehen versucht, der Dumme ist (V. 15a). Das alles geschieht unter den Augen Gottes. Mit „denn kein Recht existiert (כִּי־אֵין מִשְׁפָּט, V. 15b)" wird der Missstand zusammengefasst. Damit ist die Antwort auf die Anklage des Volkes gegen Gottes scheinbare Gleichgültigkeit (59,1), die in V. 2 begann, abgeschlossen: *Der friedlose Zustand im Volk ist die Folge seiner Verschuldung, die sich in den sozialen Bezügen zeigen, die aber zutiefst auf eine gestörte Beziehung zu Gott verweisen.* Wo Menschen „Recht und Gerechtigkeit" mit Füßen treten, können sie nicht erwarten, dass ihnen von Gott die heilvolle Durchsetzung ihres Rechtes (V. 11b) gewährt wird.

Nachdem so die Anklage des Volkes als unberechtigt zurückgewiesen wird, kommt mit V. 16 die entscheidende und überraschende Wende. Formal eng an das Ende von V. 15b angeglichen heißt es nun noch einmal, dass Gott „sieht", nämlich dass niemand (כִּי־אֵין אִישׁ) da ist und niemand sich ins Mittel legt (כִּי אֵין מַפְגִּיעַ). Die im Jesajabuch seltene Wurzel פגע[261] erlaubt es, im Folgenden eine tritojesajanische Interpretation, wenn nicht sogar Korrektur von Jes 53,6.12 zu sehen: Nicht der Gottesknecht ist es, dem Jahwe die Sünden des Volkes auflegt (53,6), und der für die Übeltäter eintritt (53,12), sondern *Gott selbst* greift zu Gunsten seines Volkes in die verhängnisvolle Situation ein, wobei ihm „sein Arm hilft" (Wz ישׁע) und „seine Gerechtigkeit ihn unterstützt"[262], indem *er* Gerechtigkeit anzieht wie einen Panzer und den „Heilshelm" aufsetzt und so rächend und eifernd (vgl. Pinhas) für sein Volk gegen dessen Sünde und seine Sünder kämpft (V. 16f).[263]

---

[260] Vgl. C. WESTERMANN, DtJes 277f.

[261] Das Hif'il von פגע nur Jes 53,6.12; 59,16. Im Qal noch Jes 47,3 (in der Bedeutung jedoch unklar, die Stelle wird vielfach konjiziert, s. HALAT 861 z.St.) u. Jes 64,4. Zu den Bezügen zu Jes 53 s. a. L. RUSZKOWSKI, Volk und Gemeinde 70f.

[262] Vgl. zum Bildwort des Armes auch Jes 63,5: Hier ist Edom Gegenstand des göttlichen Richtens, bei dem ihm niemand außer seinem „Arm" hilft. Gott stellt sich dabei in 63,1 vor als „der, der in Gerechtigkeit redet, mächtig um zu erretten", d.h. das Motiv des Armes ist auch hier mit den Wurzeln צדק und ישׁע verbunden. In Jes 63,12 ist es „der herrliche Arm", der zur Rechten Moses ging, so dass er das Volk sicher führen konnte.

[263] Dass Israel Objekt von Jahwes Rache und Eifer ist, geht aus V. 18f nicht unmittelbar hervor, ist vom Kontext jedoch unausweichlich, vgl. F. DELITZSCH, Jes 607: „Bei den

Für Zion dagegen, und das sind nach der parallelen Aussage „diejenigen in Jakob, die von der Sünde umkehren", kommt Jahwe als Erlöser (V. 20, vgl. Röm 11,26f). Das Kapitel endet mit der Beteuerung eines Bundesschlusses zwischen Jahwe und – im Kontext – den von ihm Erlösten.[264] Inhaltlich ist dieser Bund (vgl. die exakte Aufnahme der Bundeszusage an Abraham Gen 17,4) bestimmt durch die Verleihung von Gottes Geist und Wort in „deinen Mund", womit der Prophet gemeint sein dürfte, bzw. die durch seine Botschaft zur Umkehr geführte Gemeinde, seine Kinder und Kindeskinder (vgl. Jes 53,10aγ), die das eigentliche Zion bilden.[265]

Wenn im nachfolgenden *Kapitel 60* dann „Zion" direkt angesprochen wird[266], dann ist *im Bild der Stadt die eschatologische Heilsgemeinde* gemeint, die aus lauter Gerechten besteht (V. 21), die von Frieden und Gerechtigkeit regiert wird (V. 17), deren Glanz und Licht auf die Völker ausstrahlt und diese zum Zion führt (unter Aufnahme von Jes 2,1–5), wohin sie Gaben (Gold und Weihrauch, vgl. Mt 2,1–11) bringen und wo sie Jahwes Ruhmestaten verkündigen (תהלות יהוה יבשרו, LXX: τὸ σωτήριον κυρίου εὐαγγελιοῦνται [V. 6]). *Die Schilderung dieses zukünftigen Geschehens liest sich wie eine Vorlage zu Mt 5,3–16:* Das Zionsvolk sind die Seliggepriesenen, von denen gilt, dass sie Salz und Licht für die Welt sind, damit die Völker Gott erkennen. Auch bei Matthäus haben nur „Gerechte" Zugang zur Basileia Gottes (5,20), und wie bei Tritojesaja ist diese Gerechtigkeit nicht ablösbar von Gott bzw. seinem Beauftragten, der sie verwirklicht.

In *Jes 61,1–3* werden die „Trauernden um Zion" (vgl. Mt 5,4) als Empfänger der Heilsgaben des Propheten benannt[267], der hier die Funktion des

---

Widersachern und Feinden denkt man nach dem Vorausgeg. an das abtrünnige Isr.; der Proph. nennt dieses aber nicht, nennt aber dafür die Inseln, also die Heidenwelt; er verbirgt das bes. Gericht über Isr. in dem allgem. über die Völker. Es ergeht Isr., dem dumm gewordenen Weltsalze, wie den ganzen ungöttlichen Welt."

[264] Nach C. WESTERMANN, DtJes 280, ist V. 21 stilistisch und inhaltlich so abweichend vom Rest des Kapitels, „daß er nicht ursprünglich hier gestanden haben kann, wie das auch die Meinung fast aller Ausleger ist." Allerdings unterstützt keine einzige Handschrift oder eine der *versiones* diesen Transfer. Zur Zeit Jesu stand der Vers an dieser Stelle und ist darum auch im Kontext auszulegen (Westermann legt ihn überhaupt nicht aus).

[265] Zu Recht schreibt C. v. ORELLI, Jes 209: „Mit dieser bekehrten und erlösten Gemeinde schließt der Herr nach v. 21 einen neuen ewigen Bund, wonach sie auf alle Zeit Trägerin des göttlichen Geistes und Wortes sein soll, was mit 51,16 genau übereinstimmt. Damit ist in Kürze ... der Reichtum des zukünftigen Zion bezeichnet. In Bezug auf die Erfüllung ist nicht zu vergessen, daß der Prophet nicht vom gesamten Volk der Gegenwart redet, sondern von den Bekehrten aus demselben."

[266] Bezeichnenderweise mit der Aufforderung „werde licht" und der Begründung „denn dein Licht kommt", nämlich die Herrlichkeit Jahwes (vgl. 60,19b). Diese Metapher besagt kaum etwas anderes als Gottes Gerechtigkeit in seiner heilvollen Ausprägung, während umgekehrt die Völker in Finsternis leben, solange sie nicht im Licht Zions (60,2) wandeln.

[267] Zum Einfluss von Jes 61,1–3 auf Mt 5,4 vgl. M. HENGEL, Bergpredigt 246f (= 354f).

deuterojesajanischen Gottesknechtes übernimmt. Aus dem gedrückten Volk
(vgl. Mt 5,11) sollen „Bäume der Gerechtigkeit" werden, „eine Pflanzung
Jahwes", die ihn verherrlicht (V. 3, vgl. Mt 5,16). Sie bauen die zerstörte
Stadt auf (V. 4), sie heißen „Priester Jahwes" (V. 6), sie und ihre Nachkommen werden das Land auf ewig besitzen (vgl. Mt 5,5b). Weil Gott מִשְׁפָּט liebt,
wird er ihnen „Lohn in Treue" geben (vgl. Mt 5,12) und einen ewigen Bund
mit ihnen schließen (vgl. Jes 59,21). Mit V. 10f wird dann das prophetische
Ich des Kapiteleingangs wieder aufgenommen und so die Gottesrede in
V. 4–9 gerahmt. Ganz im Stil der Psalmen gehalten, preist der Prophet Gottes
Heilshandeln: Er wurde von Gott bekleidet mit Heil (יֶשַׁע) und Gerechtigkeit,
mit priesterlichem Kopfschmuck und bräutlichem Geschmeide. Aus dem
Panzer der Gerechtigkeit und den damit verbundenen Ausrüstungsteilen
(59,17) wurde das Festgewand des Heils und der Gerechtigkeit. Der Prophet
ist damit der Mittler geworden, den Jahwe zuerst vergebens gesucht hatte, so
dass er selber ins Mittel trat. *Was in 59,17 als Handeln Gottes angekündigt
wurde, ist in Kap. 61 als Werk dessen beschrieben, der von Gottes Geist
gesalbt ist* (vgl. Lk 4,16–21). Ziel dieses Handelns aber ist, dass צְדָקָה
aufsprosst zum Ruhm Gottes vor der Welt (61,11, vgl. Mt 5,16b). Ermöglicht
ist dies allein dadurch, dass Gott bzw. sein Prophet die Voraussetzungen dieser Gerechtigkeit schaffen. Liest man 61,11 und 62,1f nacheinander, wie sie
im masoretischen Text stehen[268], dann ergreift der Prophet unmittelbar das
Wort, nachdem von Gottes Aufgehenlassen der Gerechtigkeit die Rede war:
weil er um diese Verheißung weiß (die Verbalformen in V. 11 sind futurisch),
darum will er um Zions willen nicht schweigen, sondern reden (62,1a) „bis
hervorgehen wird wie der Morgenstern ihr צֶדֶק, und ihr Heil wie eine Fackel
brennen wird" (V. 1b). Zwar sind auch in diesem Vers alle Verbalformen
futurisch, dennoch ist durch עַד־יֵצֵא die zweite Vershälfte gegenüber der ersten
explizit nachzeitig gestellt. Der Prophet predigt schon jetzt, was Gott zukünftig für Zion bewirken wird: heilvolle Gerechtigkeit, die weithin leuchtet, dass
die Völker und fremden Könige diese Gerechtigkeit des Zions sehen (62,2).

Wieder sind die Parallelen zu Mt 5 frappierend: die Stadt auf dem Berg ist
die eschatologische Gottesstadt, gegründet von Gott, verkündet von den Pro-
pheten/Jüngern, deren Licht anziehend für die Welt ist. Gegenwart der
Verheißung und Zukünftigkeit ihrer Vollendung entsprechen der Heilszusage

---

[268] Dieses wichtige Moment geht verloren, wenn man wie Westermann u.a. V. 11 hinter
V. 9 versetzt und das Kapitel mit V. 10 enden lässt (DtJes 295). Die Einteilung von 1QJes[a]
markiert durch freie Zeilenenden 61,10–62,9 als eine Einheit, in der der Prophet seiner
Freude über Gottes Handeln Ausdruck gibt. Sie ist zudem dadurch besonders hervorgehoben,
dass es der einzige Abschnitt in der ganzen Rolle ist, der textgraphisch in metrisch-poetischer
Weise geschrieben ist, vgl. dazu O. H. STECK, Die erste Jesajarolle von Qumran (1QIs[a]).
Schreibweise als Leseanleitung für ein Prophetenbuch, SBS 173/1–2, Stuttgart 1998, I
103.147; II 77.

und der daraus erwachsenden Nötigung zur Verkündigung. Am Ende steht ein Toreinzugshymnus in die neue Gottesstadt (62,10–12).

Den *Abschluss der Gerechtigkeitsaussagen im Jesajabuch* bilden die Verse 64,4f in dem großen Volksklagelied 63,7–64,11. In ihm erfleht das Volk Gottes Hilfe und erinnert ihn daran, wie er Mose trotz der Widerspenstigkeit des Volkes beigestanden habe (63,10–12). Nicht Abraham, nicht Israel-Jakob, sondern Jahwe ist der Vater des „heiligen Volkes" (63,16.18). In einer eindrucksvollen Besinnung wird die frühere Situation des Volkes mit der Gegenwart verglichen: Damals begegnete Gott dem, „der Gerechtigkeit übte (עֹשֶׂה צֶדֶק)", und er gedachte an die, die in seinen Wegen gingen (64,4). Damit ist das klassische Motiv der Psalmensprache aufgenommen, wonach Gott für den Gerechten eintritt. Der folgende Vers bringt jedoch eine erstaunliche Wendung, die m.E. darum so bemerkenswert ist, weil sie das letzte Wort zum Thema überhaupt darstellt: „Aber wir alle sind geworden wie ein Unreiner, und wie ein Menstruationsgewand sind alle unsere Gerechtigkeit(stat)en (צִדְקוֹתֵינוּ)." *Das Bekenntnis, dass alle gesündigt haben (64,5f), ist total, damit verbunden ist das Wissen, allen Anspruch auf Gottes Hilfe verwirkt zu haben.* Nur die Gewissheit, dass Gott sich als „Vater" seines Volkes offenbart hat (V. 7), ermöglicht es, dennoch Gott um Hilfe zu bitten.

Auf diese Klage antwortet *Kapitel 65* mit der Zusage, dass sich Gott finden ließ von denen, die nicht nach ihm fragten und nicht nach ihm suchten: Erst nach dem Loslassen aller aufweisbaren „Gerechtigkeiten" nimmt Gott sein *Volk* an, aber das Kapitel begründet auch diese Annahme in besonderer Weise: Es ist aufgrund der „Knechte" (V. 8f), dass Gott nicht das ganze Volk verderben lässt. Die „Knechte" sind die Gerechten, die aber hier nicht als solche bezeichnet werden können, um das Schuldbekenntnis über die fehlende Gerechtigkeit nicht wieder zurückzunehmen. Das ergibt sich auch aus der inhaltlichen Nähe dieser Aussage Gottes zu Gen 18,23ff, wo Abraham ebenfalls darum bitten konnte, Sodom und Gomorra wegen der darin wohnenden Gerechten zu verschonen. Die Antwort Gottes auf die Klage des Volkes findet in einer vierfachen Seligpreisung der „Knechte" (65,13f) ihren Fortgang, die ähnlich den lukanischen Seligpreisungen mit einem antithetischen Drohwort an die ‚Nicht-Knechte' verbunden ist. Der Höhepunkt dieser Heilszusage ist ab V. 17 die Verheißung eines neuen Himmels und einer neuen Erde, in der Jerusalem und sein Volk im Gottesjubel und -frieden leben.

Zusammenfassung: Es fällt auf, dass die Gerechtigkeitsterminologie in Tritojesaja keinerlei Verbindung zur Tora oder davon abgeleiteten Vorstellungen aufweist. Lediglich die Hervorhebung des Sabbatgebotes deutet eine mögliche toralogische Begründung der Gerechtigkeit an, sie steht aber nicht im Mittelpunkt. *Zentrum ist vielmehr Gottes heilschaffende Gerechtigkeit*, die denen gilt, die erkannt haben, dass ihre Gerechtigkeit vor Gott keine ist (64,5, vgl. 57,12.15) und sich darum mit dem „Mantel der Gerechtigkeit" Gottes bekleiden (Jes 61,10f). Das damit verbundene Sichfreuen und Fröhlichsein entspricht bei Matthäus der Aufforderung Mt 5,12 (χαίρετε καὶ ἀγαλλιᾶσθε). Sie gilt denen, die um der Gerechtigkeit willen verfolgt werden (V. 10), womit aufgrund der Motivverbindungen von Mt 5,10 mit 5,11 diejenigen gemeint sind, die solches um Jesu willen erleiden, während Tritojesaja an die eschatologische Heilsgemeinde denkt, die diesen Weg zu einer neuen Gerechtigkeit mitgegangen ist. Grund der Freude aber ist hier wie dort die heilschaffende Gerechtigkeit Gottes, die denen gilt, die ihre geistliche Armut erkannt haben (Jes 64,5f; Mt 5,3.6), womit nichts anderes gemeint ist als Gott seine Sünden zu bekennen und zu bitten, dass er *dennoch* hilft und zu Gunsten seiner Knechte eingreift (vgl. Jes 61,1–3, Mt 1,21).

3.1.4 Zusammenfassung

Noch einmal sei abschließend im Hinblick auf *das ganze Jesajabuch* bemerkt: So *kann* Jesaja gelesen werden, wenn man das Buch auf die Frage nach der Tora, nach dem Messias aus dem Haus Davids und hinsichtlich der rettenden, bewahrenden Gerechtigkeit befragt. Ob der Anstoß zu einer solchen »relecture« durch Jesus selbst in irgendeiner Weise provoziert wurde, kann dabei zunächst offen bleiben. Der Verfasser des Matthäus-Evangelium (und mit ihm das ganze Urchristentum von Paulus bis Johannes) stellt das Wirken Jesu jedenfalls als Erfüllung der Schriften dar. Und da gilt: Wenn er Jesus als Messias und Gottessohn in Einheit mit Gott handelnd darstellt und das Ziel dieses Handeln die eschatologische, heilvolle Gerechtigkeit ist, die von Gott (durch seinen Beauftragten) für die Menschen (zuerst für Israel, aber darüber hinaus für die Völker) *sola gratia* bewirkt wird, wodurch diese für und von Gott als „Gerechte" verpflichtet werden, dann lässt sich jedenfalls dieser theologische Entwurf der Jesus-Geschichte in Übereinstimmung mit dem Jesajabuch lesen. Und umgekehrt stellt das Jesajabuch Fragen, die beantwortet werden mussten, wenn Jesus wirklich der in „Gesetz und Propheten" verheißene Davidssohn sein soll. Dazu gehört in besonderer Weise die nach der Gerechtigkeit, deren primäre Relation im Jesajabuch die zwischen Gott und seinem Volk ist. Für die Bearbeiter der Jesajatradition ergab sich darüber hinaus im Verlauf der Fortschreibungsgeschichte des Buches – das zeigen die Ergänzungen, wenngleich hier vieles hypothetisch bleiben muss – die Aufgabe, die großen Heilsverheißungen mit der zunehmenden Bedeutung der Tora in eine Beziehung zu setzen. Hier lässt sich eine Linie erkennen, die von den spätesten Zusätzen bis zum Jesaja-Targum eine immer stärkere *Toraisierung des Heils bzw. der Gerechtigkeit* zeigt. Das Matthäus-Evangelium ist m.E. durch seine jüdische Mitwelt mit dieser Haltung konfrontiert und bemüht, darauf eine eigene Antwort zu geben, in der das soteriologische

Gewicht auf der Seite Gottes steht, der die ersehnte Gerechtigkeit in Jesus bewirkt und in Geltung setzt.

3.2 Im Jeremiabuch[269]

Im Jeremiabuch kommt die Wurzel צדק insgesamt 18mal in 16 Versen vor, die sich über zwölf Kapitel erstrecken. Die Substantive צדקה (acht Belege: 4,2; 9,23; 22,3.15; 23,5; 33,15bis; 51,10) bzw. צדק (6mal: 11,20; 22,13; 23,6; 31,23; 33,16; 50,7) stehen an der Spitze, das Verb ist nur einmal in 3,11 verwendet (im Pi'el). Das Adjektiv צדיק kommt 3mal vor: 12,1; 20,12; 23,5. Dabei fallen die Konzentrationen in den Kapiteln 22+23 (sechs Belege) und in 33,15f (drei Belege) auf. Die erstgenannten Kapitel gehören zu der 21,1–23,8 umfassenden „Königsspruch-Sammlung", deren Kern auf Jeremia selbst zurückgeht und danach sukzessive erweitert wurde.[270] Die Belege in 33,15f sind Teil des „Traktat[s] über Davidbund und Levibund in 33,14–26"[271]. Dieser Abschnitt ist zugleich die umfangreichste Perikope des masoretischen Sonderguts, d.h. er fehlt in der LXX und gehört wohl zu den späteren Zusätzen des Buches.[272] Dazu kommt, dass auch die Belege in 11,20; 12,1 und 20,12 als Teil der sogenannten „Konfessionen" Jeremias ebenfalls Teil einer zusammengehörenden Sammlung innerhalb des Buches sind.[273]

---

[269] Vgl. dazu CHRISTL MAIER, Jeremia als Lehrer der Tora. Soziale Gebote des Deuteronomiums in Fortschreibungen des Jeremiabuches, FRLANT 196, Göttingen 2002. Nach ihr sind alle Tora-Belege nachjeremianisch und verweisen auf eine Umgestaltung des Jeremia vom „Gerichtsprophet und Mahner" (356) zu der des „Toralehrers" (359).

[270] Vgl. H.-J. HERMISSON, Die »Königspruch«-Sammlung im Jeremiabuch – von der Anfangs- zur Endgestalt, in: Die Hebräische Bibel und ihre zweifache Nachgeschichte, FS R. Rendtorff, hg. v. E. Blum u.a., Neukirchen-Vluyn 1990, 277–299, jetzt in: DERS., Studien (s.o. § 5 Anm. 211), 37–58; K. SEYBOLD, Der Prophet Jeremia. Leben und Werk, UB 416, Stuttgart u.a. 1993, 31.96–98.

[271] K. SEYBOLD, Jeremia 17.

[272] Zum Problem vgl. H.-J. STIPP, Das masoretische und alexandrinische Sondergut des Jeremiabuches. Textgeschichtlicher Rang, Eigenarten, Triebkräfte, OBO 136, Freiburg (CH) u. Göttingen 1994; B. HUWYLER, Jeremia und die Völker, FAT 20, Tübingen 1997, 42–64; M. PIETSCH, »Sproß Davids« 77f.

[273] In allen drei Belegen fordert der Prophet von Gott seine strafende Gerechtigkeit, indem er von dem, „der gerecht richtet" (Jer 11,20: שׁפט צדק), die Bestrafung derer verlangt, die ihm mit dem Tod gedroht haben (so auch in 20,12). Unmittelbar anschließend überliefert 12,1–4 ein Streitgespräch Jeremias mit Gott. Auch da gesteht er einleitend Gott zu, צדיק zu sein, aber gleichwohl meint der Prophet, mit ihm über die משׁפטים reden zu müssen, die Gott scheinbar nicht einhält, da es den Frevlern (רשׁעים) gut geht (12,2b, vgl. Ps 73,3) und sie in einer Weise blühen, wie dies eigentlich den Gerechten vorbehalten bleiben sollte (12,2, vgl. 17,7f; Ps 1,3; nach R. G. KRATZ, Tora Davids 6f, ist Ps 1,2f auf dem Hintergrund von Jer 17,5–8 und Jos 1,7–9 gestaltet). Aber Jeremia erhält darauf keine Antwort, nur eine schroffe Abfuhr (12,5f), vgl. H.-J. HERMISSON, Jahwes und Jeremias Rechtsstreit. Zum Thema der Konfessionen Jeremias, in: Altes Testament und christliche Verkündigung, FS A. H. J. Gunneweg, hg. v. M. Oeming u. A. Graupner, Stuttgart u.a. 1987, 309–343, jetzt in: DERS.,

3.2.1 Die Davididen und die Gerechtigkeit

Geeigneter Einsatzpunkt für die Gerechtigkeitsthematik im Jeremiabuch ist die *Königspruch-Sammlung* (21,1–23,8): Sie beginnt mit einer Ansage des Propheten an den letzten judäischen König Zedekia, dessen Name in auffälligem Kontrast zu der von ihm erwarteten Haltung steht. Er ist in 21,1 erstmals wieder nach 1,3 erwähnt und von da an häufig, doch werden in der Königspruch-Sammlung auch Jeremias Worte an seine Vorgänger auf dem Thron, Joahas, Jojakim und Konja (= Jojachin), überliefert. Der entscheidende, gegen die Könige erhobene Vorwurf ist die Missachtung des ihnen in besonderer Weise anvertrauten Rechtes, weshalb ihnen die Aufforderung gilt: עֲשׂוּ מִשְׁפָּט וּצְדָקָה (22,3 an Joahas gerichtet).[274] Dasselbe Wortpaar wird in 22,15 gegen Jojachin gebraucht, dem der Prophet vor Augen hält, dass sein Vater Josia „Recht und Gerechtigkeit tat" (wieder wie in 22,3 durch עשה ausgedrückt) und es ihm darum gut ging.[275] Betont ist im Kontext dieser Anklagen, wie auch sonst dezidiert bei Jeremia, die Anrede an das „Haus Davids" (20,12) bzw. an den, der „auf dem Thron Davids" sitzt (22,2.4.30), d.h. *David ist das Vorbild des gerechten Königs* und in unmittelbarer Nachfolge zu ihm Josia, der zu den vier hier gescholtenen Königen in engster Verwandtschaft stand.[276]

Die ganze Königspruch-Sammlung wird dabei durch das polysem gebrauchte Wort בַּיִת „Haus" charakterisiert: es steht für die *Dynastie* Davids (21,11f; 22,1.6 unter Aufnahme von 2Sam 7,11.16, vgl. a. 7,18–29), den *Tempel*, dessen Zerstörung Jeremia ankündigt (22,5 [hier kann mit Haus der Königspalast, der Tempel und die davidische Dynastie zugleich gemeint sein], vgl. 2Sam 7,5.7), und für den neuen Zedernholzpalast, den sich Joahas bauen ließ (22,13–15, vgl. 2Sam 7,2.7): während sich David noch dafür schämte, dass er in einem Palast aus Zedern wohnte und die Lade Gottes in einem Zelt, protzt[277] sein Nachfahre mit den

---

Studien (s.o. § 5 Anm. 211), 5–36 (12.22–24); K. SEYBOLD, Jeremia 146–162. Gleichwohl zeigt die Wiederholung der einleitenden Aussage 12,1 in 20,12 über Gottes Gerechtsein eine „Rückwendung zum Vertrauen des Anfangs" (HERMISSON ebd. 29), die auch durch die anschließende Verfluchung des eigenen Geburtstags nicht aufgehoben wird, indem darin der „Konflikt seines Amtes" zum Ausdruck kommt: „Er muß das Unheilswort Jahwes in die Welt bringen und kann und darf es nicht mehr aufhalten, und seine Rettung ist der Untergang seines Volkes" (ebd. 32).

[274] Zu der Wendung s. CH. MAIER, Lehrer der Tora 231–249: Sie hat die „Funktion eines Leitmotivs", indem sie die ganze Königsspruch-Sammlung prägt und 23,5f vorbereitet (236).

[275] In 21,12, noch gegen Zedekia gerichtet, wird das „Haus David" aufgefordert, „am Morgen" nach dem מִשְׁפָּט zu richten (דין). Die rätselhafte Wendung לבקר ist möglicherweise eine Parallele zu 2Sam 23,4 (s.o. S. 516 u. W. L. HOLLADAY, Jer I 575f). Ähnliche Wendungen ohne צדקה in Jer 5,1; 7,5.

[276] Zedekia war sein Bruder, Joahas (= Schallum) und Jojakim seine Söhne, Jojachin (= Konja) sein Enkel, der Sohn des Jojakim. Zum Haus bzw. Thron Davids s. Jer 13,13 (vgl. 2,26); 17,25; 21,12; 22,1f.4.30; 29,16; 33,15–26; 36,30; vgl. a. 15,4.

[277] Jer 22,15, ausgedrückt durch das Verb חרה I (qal: *heiss werden/sein, zornig sein/werden*) im Tifʿel (so GESENIUS/KAUTZSCH, Hebräische Grammatik § 55h) mit der

Zedern in dem Haus, das בְּלֹא־צֶדֶק und בְּלֹא מִשְׁפָּט gebaut wurde (22,13).[278] Dieser König denkt von sich: *„Ich will mir ein großes Haus bauen ..."* (22,14: אֶבְנֶה־לִּי בֵּית מִדּוֹת) und steht damit in eklatantem Gegensatz zu David, der Gottes Verheißung, dass ihm ein Haus gebaut *wird*, annimmt und dafür Gottes Segen erbittet (2Sam 7,27–29).

Die Könige zur Zeit Jeremias sind dagegen keine solchen Hirten, wie es David für sein Volk war (22,22; 23,1f, vgl. 2Sam 7,7f).[279] Dem jungen Jojachin, der mit 18 Jahren für drei Monate König war (vgl. 2Kön 24,8–16) und dann nach Babylon ins Exil musste, wird mit äußerst harten Bildworten das Ende seiner Herrschaft angedroht, die zugleich das Ende der Davididen einläutet: Er wird weggeworfen, selbst wenn er ein Siegelring wäre (22,25), er gleicht einem verachteten Gefäß, das niemand mehr haben will (22,28). Kinderlos muss er bleiben, so dass keiner seiner Nachkommen je auf dem Thron Davids sitzen wird (22,30, vgl. a. 36,30). Die auf „Gerechtigkeit und Recht" gegründete Herrschaft der Davididen ist mit Jojachin und Zedekia, dem König ohne צֶדֶק, an ihr Ende gekommen. Die Verheißung ist scheinbar hinfällig geworden.

Die Gerichtsansage über das Haus David in Kapitel 22 ist ähnlich schroff und endgültig, wie in Ps 89 am Ende des dritten Psalmbuchs (s.u. 4.4). Aber wie mit Ps 90 ein Neueinsatz verbunden ist, so antwortet auch hier Kapitel 23 mit der Verheißung, dass sich *Gott selbst als Hirte* seines Volkes wieder annehmen wird (23,3). Danach, nachdem Gott sein Volk gesammelt hat, richtet er andere Hirten für es auf (23,4). Diesem eher allgemeinen Wort folgt, bewusst parallel gestaltet (vgl. das zweimalige וַהֲקִמֹתִי und נְאֻם־יְהוָה in V. 4 u. 5), die an 2Sam 7[280] anknüpfende Verheißung:

„Siehe, Tage kommen, Spruch Jahwes,
da werde ich dem David einen gerechten Sproß ([281]לְדָוִד צֶמַח צַדִּיק) aufrichten,[282]

Bedeutung *wetteifern, sich ereifern,* (eine Form, die nur hier und Jer 12,5 gebraucht wird) oder denominativ von תחרה *Streit* (so HALAT 337), einem in Sir 31/34,29; 40,5 bezeugten Nomen. Möglich ist auch eine Vokalisierung als Hitpaʻel, s. W. L. HOLLADAY, Jer I 596.

[278] Zu diesem Hausbau vgl. K. SEYBOLD, Jeremia 97.206.

[279] Die Hirten werden bei Jeremia vielfach genannt und angeklagt, vgl. außer den genannen Stellen Jer 2,8; 6,3; 10,21; 12,21; 25,34–36; 33,12; 50,6; 51,23, zur Verheißung besserer Hirten s. 3,15; 23,1–4, ja Gott selbst wird sich als Hirte seines Volkes annehmen (31,10; 50,19), vgl. zum Hirtenmotiv bei Jeremia R. HUNZIKER-RODEWALD, Hirt 73–97.

[280] Vgl. M. PIETSCH, »Sproß Davids« 81f.

[281] Vielfach wird in Anlehnung an eine phönizische Inschrift des 3. Jh. v.Chr. צֶמַח צַדִּיק übersetzt mit „legitimer Nachkomme" bzw. „legitimate shoot", so als ob die Rechtmässigkeit des Nachkommen betont werden solle. Das ist zwar philologisch möglich, aber es entspricht ganz sicher nicht der Aussageintention des Textes, dessen Betonung doch gerade darauf liegt, dass צדקה von dem zukünftigen Herrscher getan wird (vgl. W. MCKANE, Jer I 561). Zudem stellt die Frage der rechtmäßigen Nachfolge Davids kein hervorgehobenes Problem der biblischen Geschichtsschreibung dar, schon gar nicht im Rahmen einer zukünftigen Heilserwartung (anders W. L. HOLLADAY, Jer I 619).

der als König herrschen und verständig sein wird,
und Recht und Gerechtigkeit tut im Land
(וְעָשָׂה מִשְׁפָּט וּצְדָקָה) LXX: καὶ ποιήσει κρίμα καὶ δικαιοσύνη vgl. 22,3.15).
In seinen Tagen wird Juda Heil erfahren (Nifʿal von יְשַׁע)
und Israel in Sicherheit wohnen.
Und dies ist sein Name,
mit dem er genannt werden wird:
Der Herr ist unsere Gerechtigkeit (יְהוָה צִדְקֵנוּ, vgl. die Anspielung auf den Namen Zedekia
צִדְקִיָּהוּ „meine Gerechtigkeit ist Jahwe"[283])" (23,5f).

Gott selbst also wird David einen legitimen Nachfolger geben und dieser wird
den Namen der Gerechtigkeit zu Recht tragen. Er wird tun, was seine Vorfahren versäumten: Recht und Gerechtigkeit üben, den Armen und Elenden
helfen, das Volk weiden. In seinem Tun wird das Volk Gottes eigenen
heilschaffenden Willen erkennen, d.h. hier kann kein Keil zwischen eine
messianische Hoffnung ohne Messias und eine solche mit der Erwartung
eines Messias getrieben werden.

Diese Hoffnung auf einen solchen von Gott erweckten *David redivivus* ist
auch in dem „Trostbüchlein für Ephraim"[284] in 30,9 bezeugt, ebenfalls
verbunden mit der Hoffnung auf Rückführung der Gefangenen und einem
Leben in Sicherheit und Frieden (30,10f). In dieser Zeit wird Gott die
Wunden des Volkes heilen (V. 17), der kommende Fürst und Herrscher darf

---

[282] LXX: ... καὶ ἀναστήσω τῷ Δαυιδ ἀνατολὴν δικαίαν ... Zur Verheißung eines
davidischen Sprosses s. Jes 11,1 (als חֹטֶר bzw. נֵצֶר bezeichnet, vgl. auch die pflanzliche Metaphorik in 11,10; 53,2); Jer 33,15; Sach 3,8; 6,12. LXX übersetzt צֶמַח an den genannten Stellen
(mit Ausnahme von Jer 33,15, wo es keine LXX-Version gibt) mit ἀνατολή bzw. das Verb
entsprechend mit ἀνατέλλειν. Diese Wortgruppe ist auch an wichtigen Stellen gebraucht, wo
vom *Aufgehen der Gerechtigkeit* die Rede ist: Jes 45,8; 58,8; 61,11; Ps 85 (84),12, vgl. a. Hos
10,12 (γενήματα δικαιοσύνης). In Lk 1,78 ist ἀνατολὴ ἐξ ὕψους Bezeichnung für den
davidischen Messias, vgl. U. MITTMANN-RICHERT, Magnifikat 120–127.220f.

[283] Zum Wortspiel s. A. WEISER, Jer 205; K. SEYBOLD, Jeremia 100; W. L. HOLLADAY,
Jer I 619, dagegen W. MCKANE, Jer I 564f. Die Gerechtigkeit ist hier als die heilvolle Gottes
zu verstehen, die er seinem Volk gewährt, vgl. J. KRAŠOVEC, Justice 189f. Die LXX übersetzt
den Namen nicht, sondern gibt ihn als Eigenname wieder: κύριος Ιωσεδεκ. Nach F. SIEGERT,
Hebräischer Bibel 298, verweist dies auf ein unmessianisches Verständnis der Übersetzer und
Ιωσεδεκ sei als „Alternativbildung" zu Zedekia zu verstehen (vgl. a. HOLLADAY ebd. 617).
Das Prophetentargum interpretiert צֶמַח dagegen eindeutig als Messias (so auch in 30,9: der
„König David", dem Israel wieder dienen soll, ist im Targum „der Messias, der Sohn
Davids", während bSan 98b unter Verweis auf diese Stelle nur von einem „anderen David"
spricht, den Gott zukünftig erwecken wird, s. S. H. LEVEY, Messiah 71f), seine Herrschaft ist
geprägt von „true judgement and righteousness" (so B. D. CHILTON, Glory 112, gegen die
Übersetzung von LEVEY, ebd. 68f: „a righteous and meritorious law in the land"). In der
rabbinischen Literatur ist Jer 23,6 Hinweis auf einen der Namen des Messias, vgl. ebd. 69 u.
bBB75b; EkhaR 1,51 (zu Klgl 1,16), doch endet diese Liste der verschiedenen Namen mit
dem Verweis auf David, d.h. egal wie der Messias heißt, er ist ein Nachkomme Davids.

[284] So P. VOLZ, Der Prophet Jeremia, KAT 10, Leipzig ²1928, 247ff, zit. b. K. SEYBOLD,
Jeremia 19; über die Kapitel 30+31, vgl. ebd. 80–87.

sich Gott in besonderer Weise nahen (V. 21).[285] Grund dieser zukünftigen Heilszeit (vgl. 30,3.24 und 31,1.6.27.31) ist die *Verheißung des neuen Bundes*. Zu seiner Zeit wird das bittere Weinen in Rama aufhören (31,15, vgl. Mt 2,18) und der Zion wird wieder „Weide der Gerechtigkeit" heißen (31,23: נְוֵה־צֶּדֶק = 38,23 LXX: δίκαιον ὄρος).[286] Gott selbst wird den Müden zu trinken geben (die LXX übersetzt mit „Dürstenden") und die Schwachen (LXX: die „Hungernden") wird er „füllen", d.h. sättigen (31,25 = 38,25 LXX: ὅτι ἐμέθυσα πᾶσαν ψυχὴν διψῶσαν καὶ πᾶσαν ψυχὴν πεινῶσαν ἐνέπλησα). Es kann m.E. kaum einem Zweifel unterliegen, dass diese Stelle der Seligpreisung Mt 5,6 am Nächsten steht und ebenso wenig, dass die Hungernden und Dürstenden solche sind, die sich nach Gottes heilvollem Erbarmen, nach jenen „kommenden Tagen" (31,27.31) sehnen. In dieser Zeit wird der neue Bund geschlossen (31,31–34, vgl. schon 24,7), der von einem veränderten, ins Herz gegebenen Gesetz[287], einer neuen, unmittelbaren Gotteserkenntnis und einer umfassenden Sündenvergebung geprägt sein wird (31,34, ein Motiv das Matthäus in 26,28 über Markus 14,24 durch εἰς ἄφεσιν ἁμαρτιῶν ausdrücklich aufnimmt). Dass dieser Text Grundlage der Einsetzungsworte Jesu ist (vgl. Mt 26,26–29), braucht nicht erneut begründet werden, sondern ist hier vorausgesetzt.[288]

---

[285] Das Targum zur Stelle bezieht dieses Vorrecht dagegen auf ganz Israel, nicht nur auf den gesalbten Messias-König, zumindest interpretiert S. H. LEVEY, Messiah 73, die Stelle so. Denkbar ist aber auch, dass – ähnlich wie in Mt 21,5–7 – der Parallelismus von „Fürst" und „Herrscher", im Targum interpretiert als „König" und „Messias", im pluralischen Sinn verstanden wurde und darum die Suffixe der Verben entsprechend verändert worden sind.

[286] In Jer 50,7 ist es Jahwe selbst, der als נְוֵה־צֶּדֶק und als „Hoffnung ihrer Väter" (מִקְוֵה אֲבוֹתֵיהֶם) bezeichnet ist. Hier übersetzt die LXX (27,7) wörtlich mit νομὴ δικαιοσύνης. Die übliche adjektivische Übersetzung ins Deutsche mit „wahre Weide" oder „rechte Aue" bringt m.E. zu wenig zum Ausdruck, dass צדק Teil des göttlichen Heilsnamens ist, nach dem der König bzw. das Volk genannt werden (23,6; 33,16, vgl. 11,20), wenn sie in der von Gott ermöglichten neuen Heilszeit (die bestimmt ist vom erneuerten Königtum und vom erneuerten Bund) leben. Auch Jer 50,4–7 ist Teil einer Heilsaussage über das exilierte Volk und bestimmt vom Gedanken des neuen Bundes (vgl. a. 50,20 über die umfassende Vergebung „in diesen Tagen"). So auch J. KRAŠOVEC, Justice 190 zu 31,23: „la ‚demeure de justice' signifie la demeure de justice de Dieu, c'est-à-dire des biens salvifiques de Dieu." In 50,7 ist נְוֵה־צֶּדֶק „la désignation pour la source des bontés salvifiques de Dieu."

[287] Während der masoretische Text von der Tora im Singular spricht und eindeutig auf die Mosetora vom Sinai verweist (נָתַתִּי אֶת־תּוֹרָתִי בְּקִרְבָּם וְעַל־לִבָּם אֶכְתֲּבֶנָּה, vgl. die Nennung Ägyptens in V. 32), gebraucht die LXX den Plural νόμους μου, d.h. es ist möglich, dass nicht einfach an die bisherige Tora gedacht ist, die statt einer externen Größe nun zu einer inneren wird (LXX redet von διάνοια und καρδία als dem Ort der Offenbarung), sondern an etwas Neues. Dafür spricht, dass νόμοι ohne Artikel steht, ähnlich wie in 38,31 die neue διαθήκη zunächst unbestimmt bleibt, ehe sie in 38,33 präzisiert und dann auch mit Artikel versehen wird.

[288] Vgl. M. KNOWLES, Jeremiah 207–217 (zu weiteren Vertretern u. Begründungen dieser Ansicht s. 207f Anm. 2). Auch in Mt 23,8–10 und 11,29 sehen viele Ausleger Bezugnahmen auf den jeremianischen neuen Bund, s. ebd. 209ff.

Für die *mt Christologie* scheint mir grundlegend zu sein, dass *die Ver-heißung des neuen Bundes* im Jeremiabuch (und zwar nur in der hebräischen Fassung) noch zweimal angesichts der Belagerung Jerusalems 587 aufgenom-men (32,39–41, vgl. 33,6–9)[289] und an der letzten Stelle deutlicher und eindeutiger als in den Kapiteln 30+31 (jedoch vorbereitet durch 30,9.21) *mit dem Davidspross in Verbindung gebracht wird* (33,15–26). Situiert ist diese Heilsverheißung im Kontext des Jeremiabuches in der Zeit, als Jeremia im Wachthof gefangen war (33,1). Hier erfolgte die Zusage, dass Gott selbst sein Volk heilen und ihm vergeben will (33,6–8), und in 33,14 wird die Erfüllung dieser Verheißungen noch einmal vergewissert: „Siehe, Tage kommen, Spruch des Herrn, an dem ich aufrichten werde (וַהֲקִמֹתִי vgl. 23,4.5 s.o. Anm. 282]) dieses gute Wort, welches ich sprach über das Haus Israel und über das Haus Juda." Dieses Wort aber ist in Aufnahme von 23,5 das Aufgehenlassen des gerechten Davidssprosses, der Recht und Gerechtigkeit im Land tun wird:

בְּיָמִים הָהֵם וּבָעֵת הַהִיא אַצְמִיחַ לְדָוִד צֶמַח צְדָקָה[290] וְעָשָׂה מִשְׁפָּט וּצְדָקָה בָּאָרֶץ

Die Fortsetzung 33,16 ist ebenfalls fast wörtlich mit 23,6 identisch (allerdings mit dem Unterschied, dass nun Jerusalem als יְהוָה צִדְקֵנוּ „Jahwe ist unsere Gerechtigkeit" bezeichnet ist und nicht mehr der Davidide), während 33,7 die Dynastiezusage aus 2Sam 7,12f aufgreift. Dadurch findet eine Nuancierung der Verheißung in 23,5f weg von einer singulären Messias-Gestalt hin zur Davididendynastie statt.[291]

---

[289] Beide Texte sind in ihrer vorliegenden Form einer späteren Redaktion zuzuweisen, die das Thema des neuen Bundes aufgreift und variiert, vgl. A. WEISER, Jer 308.311f; W. THIEL, Die deuteronomistische Redaktion von Jeremia 26–45, WMANT 52, Neukirchen-Vluyn 1981, 29–37 (zu Kap. 32, zum neuen Bund 35), möchte dagegen alle Bundesverheißungen 24,4–7; 31,31–34 und 32,36–41 „einer Hand", nämlich der sog. D-Schicht (= deuteronomistische Redaktion, s. 113–115) zuweisen (36); zu Jer 33,1–13 s. 37 („post-dtr. Nachtrag zu K. 32", dessen Sprachstil „eine bunte Mischung von D-Phrasen mit jer. Elementen" darstelle). Einer noch späteren Hand verdanke sich dagegen 33,14–26, in dem „unter Anspielung auf verschiedene Texte des Buches (29,10; 23,5f.; 31,35–37) Verheißungen für die davidische Dynastie und das levitische Priestertum nachgetragen werden" (37). Vgl. a. B. HUWYLER, Jeremia und die Völker 324–346, der ebenfalls eine erste „dtr Ausgabe des Jeremia-Buches", die durch die LXX-Fassung repräsentiert ist, unterscheidet von „einer zweiten Fassung, in welcher das dtr Buch unter teilweise neuen Gesichtspunkten bearbeitet und erweitert wurde und dessen Tradition sich im MT erhalten hat" (346).

[290] Ein Teil der Handschriften und die nachchristlichen LXX-Versionen, die diesen Text enthalten (Theodotion, Origenes, Lukian), bezeugen in Übereinstimmung mit Jer 23,5 צדיק sowie die ebenfalls von dort entlehnte Ergänzung ומלך מלך והשכיל. Diese Angleichung an 23,5 besitzt sekundären Charakter, doch ändert sich inhaltlich dadurch nichts.

[291] Vgl. E. OSTERLOH, Gottes Gerechtigkeit 23f; W. RUDOLPH, Jer 185; A. WEISER, Jer 314f. Ausführlich jetzt zur Nachgeschichte von 2Sam 7 in Jer 33,14–26 s. M. PIETSCH, »Sproß Davids« 75–92.

Erstaunlich ist allerdings, dass diese Davidsverheißung ab 33,18 mit einer Bestandsgarantie für das levitische Priestertum verbunden ist. In 33,20–22 sind beide Verheißungslinien in eine Bundeszusage zusammengefasst und zusätzlich noch mit Motiven aus dem Abrahamsbund Genesis 15 angereichert (vgl. Gen 15,5 [22,17; 32,13] m. Jer 33,22). Ausgangspunkt dieser *doppelten Bundeszusage* war nach Jer 33,24 das Gerede im Volk, dass Gott die beiden – durch einen Salz-Bund besiegelten und damit 'verewigten' (s.o. § 4/2.1) – Dynastiezusagen mit Aaron und David (nach anderen: die Erwählung Israels) aufgehoben habe. Darum wird abschließend noch einmal in einer Art Dublette, die allerdings nur noch den Davididenbund benennt, darauf hingewiesen, dass dieser ebenso ewigen Bestand haben werde wie Gottes Bund mit Tag und Nacht (33,25f). Für die Auffassung dieser Bearbeitungsschicht stellt sich die Zukunft des Volkes als eine *harmonische und dauerhafte Verbindung von König- und Priestertum* dar, d.h. im Hintergrund stehen Texte und Traditionen, wie sie auch bei Haggai und Sacharja begegnen (vgl. Hag 1,1.12.14; 2,2.4; Sach 4; 12,12f), bei denen aber ebenfalls *eine Dominanz des davidischen über das priesterliche Element vorherrscht*, besonders deutlich erkennbar am Schluss des Haggaibüchleins. Während sonst immer Priester und (davidischer) Statthalter zusammen genannt sind, steht hier am Schluss die Verheißung über Serubbabel als Knecht[292] und Siegelring Gottes (Hag 2,23, vgl. Jer 22,24).[293]

Auf denen, die „Salz" sind, so ließe sich dieser Befund mit den Augen des Matthäus lesen, ruht die Verheißung des Heils für Israel. Vorausetzung dafür ist jedoch, dass die Gerechtigkeit des von Gott eingesetzten und erweckten Davidssprosses im Land herrscht, dessen Name die heilvolle „Gerechtigkeit Jahwes" ist (23,6) und der sich Gott in einzigartiger Weise nähern darf (30,21): „… und sein Herrscher wird aus seiner Mitte hervorgehen und ich gewähre ihm Zutritt, dass er sich zu mir nahe; denn wer sonst könnte sein Herz (Leben) wagen, dass er mir nahe – Spruch Jahwes?"[294]

---

[292] Zur Bezeichnung der Davididen als „Knechte" Gottes s. Jer 33,21f.26, aber nirgends in den jeremianischen bzw. älteren Teilen des Buches, obwohl dort die *Ebed*-Titulatur häufig und vielfältig begegnet.

[293] Das Targum zu Jer 33,14–26 macht diese Bevorzugung der Davididen ebenfalls evident, indem nur der Davidide in 33,15 als Messias bezeichnet wird (so schon in 33,12 der zukünftige Hirte, da auch das Hirtenbild auf den davidischen Herrscher verweist), d.h. es findet von diesem Text aus keine Entwicklung hin zu einem priesterlichen Messias statt, der neben dem Davidspross stehen würde.

[294] A. WEISER, Jer 281, verweist auf Ps 110,1f als Vergleichstext für diese „Vorzugsstellung" des Herrschers.

3.2.2 Die Gerechtigkeit und die Tora

Mit dem in 3.2.1 Genannten sind erst zwei Komponenten des hier interessierenden Dreiergeflechts in ein Verhältnis gesetzt worden. Doch wo kommt in diesem Beziehungsgeflecht die Tora zu stehen? Der Davidsverheißung und der mit ihr verbundenen heilvollen Gerechtigkeit korrespondiert auf Seiten des Volkes die Verheißung des „neuen Bundes"[295], zu dem auch ein unmittelbares Erkennen Gottes und seines Willens gehört (31,34; 24,7; vgl. entsprechend dazu das Einsichthaben des Davidssprosses in 23,5). Das Gegenbild dazu ist die von der Sünde des Volkes und seiner Führer geprägte Gegenwart, die sich darin erweist, dass sie die Tora nicht befolgt haben (vgl. 2,8; 6,19; 8,8; 9,12; 16,11; 18,18; 26,4f; 32,23; 44,10.23). Damit haben sie den Bund gebrochen (11,1–17; 22,9), so dass er nicht länger Grundlage ihrer Zuversicht hinsichtlich Gottes sein kann (14,21).[296] Exemplarisch wird der Bundesbruch zwischen Gott und seinem Volk an der wieder zurückgenommenen Sklavenfreilassung verdeutlicht, die in einem feierlichen Bund besiegelt worden war (38,8–22).[297]

Das Gehorchen der Weisungen Gottes, wie sie in den Geboten und den Worten der Propheten dem Volk gepredigt werden, ist dagegen die Voraussetzung einer gottgemäßen, gerechten Existenz (vgl. 3,11). In 4,2 werden צדקה zusammen mit אמת und משפט als angemessene geistliche Haltung beim Nennen von Gottes Namen genannt. Wenn Israel so schwören würde, dann würden auch die Heiden gesegnet sein! Daran lässt sich erkennen, dass es dem Propheten nicht so sehr um die bloße Einhaltung äußerer Bestimmungen und Normen geht als vielmehr um *eine den äußeren Handlungen adäquate innere Einstellung*, die sich wiederum in konkreten Lebensweisen äußert (vgl.

---

[295] Zur Diskussion, ob hier von „erneuertem" oder „neuem Bund" die Rede ist, vgl. W. GROSS, Erneuerter oder Neuer Bund? Wortlaut und Aussageintention in Jer 31,31–34, in: Bund und Tora (s.o. § 10 Anm. 913), 41–66, der für die Übersetzung mit „neuer Bund" eintritt, s.a. DERS., Zukunft für Israel. Alttestamentliche Bundeskonzepte und die aktuelle Debatte um den Neuen Bund, SBS 176, Stuttgart 1998; ihm schließt sich CHRISTL MAIER, Lehrer der Tora 339, an (hier auch weitere Literatur zum Thema).

[296] Vgl. W. THIEL, Die deuteronomistische Redaktion von Jeremia 1–25, WMANT 41, Neukirchen-Vluyn 1973, 101.137: Die meisten תורה-Stellen gehören der dtr Bearbeitungsschicht an und benennen das schuldhafte Verhalten der Tora gegenüber. Weil sich aber am Verhalten zur Tora „die Stellung zu Jahwe selbst" entscheidet, darum muss „die Erneuerung des Gottesverhältnisses in der Zukunft eine grundlegende Veränderung der Stellung zur Thorah einschließen (31 33)". Vgl. jetzt CH. MAIER, Lehrer der Tora 282–336: die Tora-Stellen dienen dem „Schuldaufweis". Zur faktischen Nichtexistenz des Bundes s.a. W. GROSS, Neuer Bund 51–58.

[297] S. dazu jetzt CH. MAIER, Lehrer der Tora 249–281: Im Hintergrund steht das Sklavenfreilassungsgesetz von Dtn 15,1–12, d.h. der Bruch des Bundes mit Gott manifestiert sich in der Übertretung des Gebotes. Zugleich dient dieser Nachweis des Bundesbruches „der Legitimation des bereits eingetretenen Gerichtshandelns Jahwes" (281).

die Abweisung einer bloß kultischen Observanz in 6,19f; 7,4.11.22f; 8,8f; 11,15; 14,12–14, in der zwar scheinbar die Tora, aber doch nicht Gottes Wille getan wird; zur Übereinstimmung von Reden und Tun in Bezug auf die fremden Götter s. Jer 44,24).

Der Gehorsam soll vielmehr 'von Herzen' kommen, wie es der neue Bund dann auch verheißt, er soll Gott entsprechend sein, es soll nicht nur die Vorhaut, sondern das Herz beschnitten sein. Das zeigt die Klage Gottes über sein Volk in 9,12–25. Sie beginnt mit der Feststellung, dass das Volk seine Tora verlassen hat (als Antwort auf die Frage von V. 11) und kündigt ihm seine Strafe an (14ff). Den jetzigen Abschluss bilden zwei kurze, jeweils in sich geschlossene Einheiten (9,22f bzw. 25f), die eine redaktionelle Kommentierung des Vorangehenden bilden. Da heißt es in 9,22f in weisheitlichem Stil, dass nur der Grund zum Rühmen habe, „der Einsicht besitzt und mich kennt" (הַשְׂכֵּל וְיָדֹעַ אוֹתִי, zu הַשְׂכֵּל vgl. 23,5). Gott selbst beschreibt sich dann in 9,23 als denjenigen, der „Güte, Recht und Gerechtigkeit im Lande tut" (אֲנִי יְהֹוָה עֹשֶׂה חֶסֶד מִשְׁפָּט וּצְדָקָה בָּאָרֶץ), weil er daran Gefallen hat (כִּי־בְאֵלֶּה חָפַצְתִּי). Die Wendung עֹשֶׂה חֶסֶד מִשְׁפָּט וּצְדָקָה erinnert an die Aufgabe des zukünftigen Davididen in 23,5 bzw. an das Versagen der gegenwärtigen Herrscher, die das gerade nicht tun (22,3.13.15). Gottes eigenes Sein und Tun ist darum der Maßstab für ein gerechtes Verhalten des Volkes und seiner Herrscher. Das abschließende Drohwort in 9,24f über äußere Beschneidung und dem Unbeschnittensein Israels am Herzen verweist ebenfalls auf die Kluft zwischen äußerem Gehorsam und innerer Einstellung.

Dieses Insistieren auf ein Gott gemäßes Verhalten von 'innen' heraus darf nicht mit einer neuprotestantisch-idealistischen Ablehnung des Kultus als „Afterdienst" (I. Kant) verwechselt werden.[298] Das zeigt der Abschnitt *Jer 17,19–27*, der mit dem Bisherigen in einer gewissen Spannung steht. Ebenfalls als eine Rede im Tor gestaltet, ist sie in ihrer jetzigen Form nicht auf Jeremia selbst rückführbar, obwohl ein echtes Jeremiawort zu Grunde liegen könnte.[299] In dieser Rede wird die Gehorsamsforderung an Juda und seinen König am Sabbatgebot exemplifiziert: Wenn das Sabbatgebot in den Toren Jerusalems eingehalten wird, dann bekommen auch die Opfer im Tempel wieder ihren Sinn (17,26), dann werden auch wieder Könige auf dem Thron

---

[298] Vgl. K. LEHMKÜHLER, Art. Kult/Kultus VI. Religionsphilosophisch u. VII. Christentums- und theologiegeschichtlich, dogmatisch, RGG[4] IV, 2001, 1810–1813 (1811).

[299] So W. RUDOLPH, Jer 101f; A. WEISER, Jer 155f, anders CHRISTL MAIER, Lehrer der Tora 205–225, die die Rede für nachexilisch hält, da sie von Neh 13,15–22 abhängig sei und darum frühestens am Ende des 5. Jh. v.Chr. entstanden sein könne (221). In ihr gilt „das Sabbatgebot als Zentrum der Tora" und dient der gegenwärtigen Generation als Erinnerung und Mahnung: Jerusalem wurde zerstört, weil die Väter das Sabbatgebot (und damit die Tora) nicht eingehalten haben. Wo es jedoch eingehalten wird, da wird Jerusalem sicher sein und Könige aus dem Davididenhaus werden über es herrschen.

Davids sitzen. Wenn nicht, dann ist das Zerstörungsgericht an Jerusalem unausweichlich.

Die jeremianische Kritik am Volk und seinen Führern, die hier nur angedeutet werden kann, gleicht in weiten Teilen der des Matthäus, wie sie
besonders deutlich in Mt 23 zu Tage tritt. Wie bei Jeremia richtet sich die
Kritik in erster Linie gegen die Verantwortlichen des Volks, in beiden Fällen
steht eine (grundsätzlich bejahte) kultisch-rituelle Observanz dem eigentlichen Tun des Gotteswillens entgegen (vgl. besonders 23,23: die Trias
erinnert an Jer 9,23).[300] Für Jeremia besteht Heilung und Hoffnung nur darin,
dass das Volk bereit ist, *das aktuelle, in der prophetischen Botschaft
lebendige Wort des Herrn* zu hören.[301] In der Tempelrede, am Eingang zum
Ort der kultischen Begehung und Begegnung mit Jahwe ruft er darum dem
Volk zu: שִׁמְעוּ דְבַר־יְהוָה (7,2, vgl. 2,4; 5,21; 6,10.19; 7,13; 10,1; 11,2.6; 17,20;
19,3; 21,11; 22,2.29 u.ö., vgl. auch die Abwehr des 'falschen' Hörens 23,16;
27,9.14; 29,8 u.ö.). Gleichwohl ist es das Werk Gottes allein, das die erhoffte
Wendung zum Guten bringt. Der neue Heilskönig und der neue Bund sind
'Aufrichtungen' Gottes *sola gratia.*[302] Darum ist das letzte Wort von der
Gerechtigkeit in diesem Buch der hymnische Ausruf (51,10):

הוֹצִיא יְהוָה אֶת־צִדְקֹתֵינוּ

בֹּאוּ וּנְסַפְּרָה בְצִיּוֹן אֶת־מַעֲשֵׂה יְהוָה אֱלֹהֵינוּ

„Jahwe hat herausgeführt unsere Gerechtmachungen.[303]
Kommt, lasst uns erzählen in Zion die Tat Jahwes, unseres Gottes."

Auf der literarischen Ebene (vgl. 51,59–64) antizipiert Jeremia mit dem
Völkerwort über Babel das Gericht über dieses Reich und verknüpft darin die
Erfüllung der Heilsaussagen an Israel. Der zitierte Vers verweist so auf die
zukünftige Toda-Feier auf dem Zion, in dem die Verheißungstreue Gottes, d.i.
seine Gerechtigkeit, mit der er seinem Volk wieder Heil ermöglichte, gefeiert

---

[300] Das Wort vom Tempel als „Räuberhöhle" Mt 21,13 ist aus Jer 7,11 entlehnt, in Mt
11,29 klingt Jer 6,16 an (im unmittelbaren Kontext Jer 6,19f ist die Tora verworfen trotz
Einhaltung der kultischen Ordnungen).

[301] Dass die aktuelle und situationsbezogene Botschaft des Propheten in den spätesten
Bearbeitungsstufen zur Torabelehrung wurde (so die These von CH. MAIER, Lehrer der Tora
[s.o. Anm. 269]) darf nicht darüber hinwegtäuschen, dass das Buch als Gesamtwerk dieses
Bild von „Jeremia als Lehrer der Tora" gerade nicht vermittelt, weil auch die späteren Bearbeitungen die älteren Traditionen nicht einfach übertünchten.

[302] Vgl. W. GROSS, Neuer Bund 60.

[303] Der Plural ist auch hier schwer zu übersetzen. Die Fortsetzung des Verses zeigt
jedoch, dass mit den צְדָקוֹת auf *ein* Werk Gottes verwiesen wird. Dass darin eine Unschulds-
erklärung des Volkes zu sehen sein soll (so W. RUDOLPH, Jer 267), erscheint mir unwahrscheinlich, nicht zuletzt aufgrund des seltenen Plurals, der häufig auf das Erfüllen von
Verheißungen durch Gott verweist (s.o. Anm. 160 u. unten 325). Im Sinne von Heilserweis
deutet die Stelle (zusammen mit 50,7) auch J. KRAŠOVEC, Justice 190.

werden wird. Im Kontext des ganzen Buches sind die Bestandteile dieser Gerechtigkeitserweise Gottes der gerechte Davidide als Hirte seines Volkes (wobei die Rückführung aus dem Exil dafür Voraussetzung ist) sowie der neue Bund, der umfassende Vergebung und ein neues gehorsames Sein ermöglicht.

3.3 Gerechtigkeit, Tora und Messiaserwartungen bei den übrigen Propheten

3.3.1 Ezechiel

Der große Exilsprophet „spricht von Jahwes Gemeinschaftstreue nicht"[304], dafür umso mehr von der Gerechtigkeit, die der Mensch tun soll, damit er dadurch leben kann, womit gemeint ist: unter Gottes Segen und Zuspruch leben kann. Das zeigen eindrucksvoll die beiden Parallelkapitel 18 und 33,10–20 (33,1–9 hat als Parallele 3,16–21), in denen sich von den insgesamt 43 Belegen für die Wurzel צדק allein 25 finden (14 bzw. 11mal, dazu kommen fünf Belege in 3,20f). Der Tenor aller dieser Verse ist: Ein Gerechter ist, wer in den Satzungen Gottes wandelt, das Recht hält und die Wahrheit tut.[305] Der Gerechte lebt durch seine Gerechtigkeit, d.h. indem er tut, was Gott

---

[304] P. STUHLMACHER, Gottes Gerechtigkeit 136, der aber zugleich einräumt, dass eine bestimmte Vorstellung von Gottes Gerechtigkeit im Hintergrund stehen muss. Das lässt sich an 18,25.29; 33,17.20, d.h. im Rahmen der beiden Gerechtigkeitskapitel auch deutlich erkennen. Der Prophet setzt sich mit dem Vorwurf des Volkes auseinander, dass sich Gott bei der Bestrafung der Gerechten zusammen mit den Sündern nicht fair verhält: „Der Weg des Herrn hält sich nicht an die Regel!" übersetzt M. GREENBERG 18,25 (Ez I 371, vgl. 393f). Vermieden ist mit dieser ungewöhnlichen Formulierung wohl der Vorwurf, Gott wäre nicht gerecht, nicht berechen- und festlegbar in seinem Handeln. Unbestimmt bleibt, welches Bild von Gottes Gerechtigkeit bei den Beschwerdeführern vorauszusetzen ist. Naheliegend scheint, dass jeder Mensch einzeln gerichtet wird und nicht in ein kollektives, Generationen übergreifendes Strafgericht hineingezogen wird. Dann wäre die Antwort des Propheten eine Bestätigung dafür, dass sich Gott durchaus so verhält. Oder, was mir wahrscheinlicher erscheint, die Exilierten fordern gegenüber Gott seine rettende und barmherzige Gerechtigkeit ein, d.h. seine Bundestreue. In diesem Fall muss der Prophet in seiner Antwort, ähnlich wie Jeremia, ein nur oberflächliches Vertrauen, eine nur halbherzige Umkehr zurückweisen. Dafür spricht m.E. 18,25.30–32, aber auch 7,27: וּבְמִשְׁפְּטֵיהֶם אֲשֶׁפְּטֵם וְיָדְעוּ כִּי־אֲנִי יְהוָה. Gott richtet gemäß dem Recht (und nicht mehr gemäß seiner rettenden Gerechtigkeit), weil die Sünden des Volkes ein solches Ausmaß angenommen haben.

[305] Vgl. 18,5: וְאִישׁ כִּי־יִהְיֶה צַדִּיק וְעָשָׂה מִשְׁפָּט וּצְדָקָה „Und ein Mann, wenn er gerecht ist, handelt gemäß Recht und Gerechtigkeit", worauf eine Liste folgt, die benennt, was das konkret heißt (V. 6–10); nach M. GREENBERG, Ez I 383, definiert V. 5 „den Standard des göttlichen wie des königlichen Verhaltens", wie es an David (2Sam 8,15), Salomo (1Kön 10,9) und bei Jeremia (22,15–17 u.ö.) ablesbar ist (vgl. 18,9: בְּחֻקּוֹתַי יְהַלֵּךְ וּמִשְׁפָּטַי שָׁמַר לַעֲשׂוֹת אֱמֶת צַדִּיק הוּא חָיֹה יִחְיֶה). Die Besonderheit Israels ist nach Greenberg, dass nicht nur die Könige, sondern jeder einzelne Israelit auf dieses Ideal verpflichtet ist. Die Texte bei Ezechiel geben aber nicht nur diese allgemeinen Anweisungen für ein gerechtes Leben, sondern sind mit Gebotsreihen verbunden (vgl. 18,6–8.10–13.14–17; 22,6–12; in 20,10ff ist neben Gebo-

gebietet (vgl. Lev 18,5). So wie der Gerechte durch sein Gerechtsein lebt, so stirbt der Frevler (im Gegensatz zum צדיק als רשע bezeichnet[306]) durch seinen Frevel (vgl. 18,20). So wie keiner mehr aufgrund der Schuld eines anderen sterben soll (vgl. 18,2–4.19f), so kann auch keiner die Gerechtigkeit eines anderen für sich in Anspruch nehmen. Selbst wenn die vorbildlichen Gerechten Noah, Daniel oder Hiob im Land wohnen würden, könnten sie durch ihre Gerechtigkeit nur sich selbst retten (14,14.20), d.h. auch sie würden nicht ausreichen, um das in Gen 18,32 genannte Quorum zu erfüllen (vgl. Jer 15,1).

Diese einseitige Betonung des Tun führt zu Ansätzen einer *quantifizierenden Gerechtigkeit*: Wer weniger Sünden getan hat, ist gerechter als die, die mehr gesündigt haben (16,51f). Auch die wiederholte Mahnung, dass der Gerechte seine Gerechtigkeit wieder verlieren kann, wenn er sich der Sünde zuwendet (3,20; 18,24; 33,12f.18), zeigt die Schwierigkeit dieser auf menschliches Bemühen gerichteten Heilsbotschaft, deren einladender Charakter gleichwohl nicht geleugnet werden soll. So ist Gott bereit, den Umkehrenden trotz seiner Schuld anzunehmen, d.h. die Umkehr impliziert, ohne dass es ausdrücklich gesagt ist, die Vergebung durch Gott und damit die Rettung des Sünders. Darum steht am Ende von Kap. 18: „Kehrt um und lebt!" (V. 32).

Diese Umkehrforderung enthält als konkrete Forderung das Tun des Gotteswillens, wie es in den Geboten vorliegt. Charakteristisch ist die Zusammenstellung von חקות und משפטים sowohl in der Schuldaufweisung des Volkes (5,6f; 11,12; 20,13–24; 22,29; 45,9) als auch in der Beschreibung des geforderten Gehorsams (18,9 u.ö.). Dabei verspricht Gott, dem Volk zu diesem neuen Gehorsam zu verhelfen, indem *er* ihnen ein Herz aus Fleisch anstelle des Herzens aus Stein in ihr Inneres gibt, dazu einen neuen Geist, damit sie nach seinen Geboten leben und sie tun können (11,19f). In 36,26f wird diese Zusage, nachdem der Tempel endgültig zerstört ist und eine weitere Exilierung stattgefunden hat, noch einmal erneuert und sogar gesteigert, indem Gott verheißt, seinen *eigenen Geist* in die Israeliten zu legen, damit sie

---

ten und Rechtssatzungen regelmäßig der Sabbat genannt [V. 13.16.20.24], außerdem ist der Götzendienst ein durchgängiges Thema). Zu den Gebotslisten s. GREENBERG, ebd. 381–383.

[306] So auch 3,18f; 13,22; 18,21–26; 33,8–19. Vorausgesetzt ist dieses Gegensatzpaar auch in 21,8f, hier allerdings so gebraucht, dass es dem Gerechten wie dem Frevler geht, d.h. diese Verse stehen in eklatantem Gegensatz zu den übrigen Aussagen über die Gerechten. Die LXX, die ansonsten sämtliche Belege der Wurzel צדק mit dem Stamm δικ- wiedergibt (darüber hinaus fügt sie Gerechtigkeitsaussagen in 18,11.17; 44,24 ein, in 18,8 übersetzt sie משפט אמת mit κρίμα δίκαιον), verweigert darum an diesen beiden Versen der Vorlage die Gefolgschaft und übersetzt beide Male mit ἄδικον καὶ ἄνομον entsprechend der sonstigen Botschaft des Buches, wonach es dem Gerechten *nicht* gehen soll wie dem Frevler. Kap. 21 gebraucht jedoch einleitend das Bild des Waldbrandes, dessen Verwüstung grüne und dürre Bäume gleichermaßen trifft (21,2–4), d.h. in diesem Kontext ist ein umfassendes Gericht über Jerusalem und die im Lande Verbliebenen angekündigt. Über die Schwierigkeiten der rabbinischen Exegese mit diesem scheinbar ungerechten Verhalten Gottes vgl. bAZ 4a; bBQ 60a.

nach seinen Geboten und Satzungen leben können.[307] Verbunden ist damit wie beim neuen Bund, den Jeremia verkündete, eine umfassende Reinigung des Volkes (36,25), die Gott „um seines heiligen Namens willen" gewährt. Das Ziel ist jedoch bei allem, dass Israel ein Volk wird, das Gottes Gebote tut und dadurch lebt – weil sie Gerechte sind.

Auch Ezechiel kennt die Vorstellung eines *neuen Bundes*, nachdem der alte gebrochen worden ist (16,59–63, vgl. 44,7), aber anders als bei Jeremia ist er nicht direkt mit der Vorstellung von einem neuen Herz und Geist verbunden.[308] Dafür verbindet Ezechiel 'seinen' „Bund des Friedens" (34,25; 37,26), der dem aus dem Exil zurückgekehrten Volk ein Leben in Sicherheit und Freiheit gewähren soll, mit der Verheißung eines *David redivivus* als Hirten für sein Volk (34,11–31).[309] Dieser zukünftige David handelt an der Stelle Gottes (vgl. 34,11f mit 34,34f). Zwar ist dieser davidische Herrscher der Heilszeit (vgl. die Beschreibung in 34,25–29) anders als im Jeremiabuch nirgends mit der Gerechtigkeitsterminologie verbunden, doch in der letzten großen Heilsansage des Buches (abgesehen von Kapiteln 40–48) fließen alle Verheißungen zusammen: die Rückkehr ins Land, die Vergebung der Sünden und die Neuannahme durch Gott, dessen sichtbares Zeichen die Vereinigung der zwölf Stämme unter dem davidischen „Knecht" Gottes ist (37,24):

וְעַבְדִּי דָוִד מֶלֶךְ עֲלֵיהֶם וְרוֹעֶה אֶחָד יִהְיֶה לְכֻלָּם וּבְמִשְׁפָּטַי יֵלֵכוּ וְחֻקֹּתַי יִשְׁמְרוּ וְעָשׂוּ אוֹתָם „Und mein Knecht David wird König über sie sein und ein einziger Hirte wird er sein für sie alle, und in meinen Geboten werden sie gehen und meine Satzungen werden sie beachten und tun."

Wenn aber im zukünftigen Reich Davids[310] alle Gottes Gebote halten, dann sind in diesem Reich lauter Gerechte (vgl. 18,5.9). Und ihr König muss es

---

[307] Damit in Spannung steht allerdings Ez 18,31, wo imperativisch gefordert wird: „Macht euch ein neues Herz und einen neuen Geist!" Denkbar ist jedoch, dass der Prophet, ausgehend von der bereits gegebenen Zusage in 11,19f, seine Zuhörer auffordert, die von Gott gewährte Erneuerung auch in Anspruch zu nehmen (so W. ZIMMERLI, Ez I 250f).

[308] Vgl. CHRISTL MAIER, Lehrer der Tora 348–351.

[309] Vgl. D. I. BLOCK, Bringing Back David: Ezekiel's Messianic Hope, in: The Lord's Anointed (s.o. Anm. 179), 167–188, der die Bezeichnung als *David redivivus* für unangemessen hält, da nichts in diesen Weissagungen auf die Auferstehung des historischen Davids hinweist (173f), aber das ist mit der Bezeichnung als „redivivus" auch nicht notwendig verbunden. Es ist damit stärker das auch von Block hervorgehobene Element betont, dass es sich bei dem zukünftigen Herrscher, um eine Einzelgestalt handelt, „who may perhaps embody the dynasty, but who occupies the throne himself" (174). Es wird, darauf kommt es an, nicht auf eine Wiedereinsetzung der davidischen Dynastie Wert gelegt, sondern auf den *einen* König David bzw. den, der in so einzigartiger Weise zu Gott steht, wie es bei David war. Vgl. außerdem J. P. HEIL, Ezekiel 34 and the Narrative Strategy of the Shepherd and the Sheeps in Matthew, CBQ 55 (1993), 698–708; J. R. C. COUSLAND, Crowds 87f.92 u.ö. (s. Register).

[310] Es gehört zu den Besonderheiten Ezechiels, dass er nicht von einem Spross oder Nachkommen Davids redet, der der zukünftige Heilskönig sein soll, sondern immer nur von David selbst (ähnlich Jer 30,9f; Hos 3,5), vgl. W. ZIMMERLI, Ez II 842f.

dann erst recht sein.[311] In gewisser Weise ist auch dieser zukünftige Davidide wie bei Jeremia als Gegenbild zu Zedekia gestaltet, der einen Namen trägt, dem er durch sein Verhalten Hohn spricht.[312] Über ihn und alle Fürsten Israels kann nur noch ein Klagelied gesungen werden (Ez 19), welches das scheinbare Ende der Davidsverheißung markiert. Die angedeutete Hoffnung liegt allein darin, dass Gott selbst noch einmal einen Trieb der Zeder, die das Königtum abbildete, einpflanzt (17,22–24, vgl. Mt 13,32 parr. Mk 4,32; Lk 13,19).[313] Dass zwischen Kaptitel 17 und 19 das Kapitel über den Gerechten steht, der vor Gott leben kann, erweist, nach welchem Maßstab der regierende Davidide gewogen und für zu leicht befunden wurde.

Zusammenfassend lässt sich sagen, dass auch im Ezechielbuch, wenngleich in einer ganz eigenen Weise, die Gerechtigkeitsthematik mit der von Tora, König und zukünftigem davidischem Heilskönig verschränkt ist. Daran ist wie bei Jeremia die Vorstellung eines neuen Bundes geknüpft, der eine vertiefte Gottesbeziehung ermöglicht, die sich bei Ezechiel insbesondere in einem erneuerten Kult auswirkt. Hier liegen die deutlichsten Ansatzpunkte für einen priesterlichen Messianismus, obwohl der Priestersohn Ezechiel selbst

---

[311] Die Erwartung der sozialen, juristischen und wirtschaftlichen Gerechtigkeit von Seiten der „Fürsten" lässt auch 45,9–12 erkennen.

[312] Vgl. Ez 17, wo Zedekia gemeint ist, obwohl er – wie mit Ausnahme Davids alle Könige! – namenlos bleibt (einzig 1,2 nennt in der Datierungsangabe Jojachin). In Kapitel 17 ist anhand des Bundesbruches Zedekias gegenüber Nebukadnezar die Untreue der judäischen Könige gegenüber Gott abgebildet. Das zeigt die auffällig häufige Verwendung von ברית in diesem Kapitel (V. 13.14.15.16.18.19). Von den 18 Belegen im Ezechielbuch finden sich damit allein sechs in Kap. 17, dazu kommt noch in Bezug auf das davidische Fürstenhaus 44,7. M. GREENBERG, Ez I 359, deutet Ez 17,19 zudem explizit auf den Bund Gottes mit Israel, „den der König verpflichtet war einzuhalten".

[313] Das Targum identifiziert den Zederntrieb mit einem „Kind aus der Herrschaft des Hauses Davids", und die Vögel, die in seinem Schatten wohnen, sind die Gerechten, vgl. S. H. LEVEY, Messiah 78. Auch Ez 21,32 blickt angesichts des Frevlers auf dem Thron in Jerusalem (21,30) auf den hin, der kommen wird und das ihm von Gott gegebene Recht besitzt. Ob damit in Anlehnung an Gen 49,10 eine messianische Gestalt oder Nebukadnezar als Gerichtswerkzeug Gottes gemeint ist, ist allerdings umstritten, s. W. ZIMMERLI, Ez I 494f; D. I. BLOCK, Bringing Back David 169f (mit Hinweisen auf die mögliche messianische Deutung schon in der LXX); zur unmessianischen targumischen Interpretation s. LEVEY ebd. 85, der überdies darauf hinweist, dass das Ezechiel-Targum im Hinblick auf die messianische Deutung eine Sonderrolle einnimmt (85–87; zur Kritik daran s. B. D. CHILTON, Glory 113, der die Messianologie des Ez-Targum in „coherence with the messianic teaching of the Isaiah Targum" sieht). Eine im Kontext völlig isolierte Stelle ist 29,21, wo Israel Heil zugesagt wird, indem Jahwe „ein Horn sprossen lässt" (בַּיּוֹם הַהוּא אַצְמִיחַ קֶרֶן לְבֵית יִשְׂרָאֵל), eine Wendung, die ihre nächste Parallele in Ps 132,17 hat und dort eindeutig auf die Davididen bezogen ist (שָׁם אַצְמִיחַ קֶרֶן לְדָוִד). Ob mit Ez 29,21 auf einen kommenden Davididen verwiesen wird, ist umstritten (s. W. ZIMMERLI, Ez II 721, der sich dagegen ausspricht), m.E. aber angesichts des Zedernbaumgleichnisses nicht ausgeschlossen. Auch bSan 98a versteht den Vers als Hinweis auf den zukünftigen Davidssohn.

noch allein im davidischen König den eigentlichen Repräsentanten Gottes vor dem Volk und des Volkes vor Gott sah.[314]

3.3.2 Das Zwölfprophetenbuch[315]

Im *Dodekapropheton* ist die Wurzel צדק unterschiedlich gebraucht. Sie fehlt völlig in Jona, Obadja, Nahum und Haggai. Bezogen auf die Wortzahl des Buches steht Habakuk mit drei Belegen an der Spitze (1,4.13; 2,4), gefolgt von Maleachi, ebenfalls mit drei Belegen, die alle aus dem letzten Kapitel stammen (3,3.18.20). Mit nur zwei Stellen steht Zefanja an dritter Stelle (2,3; 3,5). Eine ähnliche Häufigkeit besitzen Amos (5mal: 5,7.12.24; 6,12), Hosea (4mal: 2,21; 10,12bis; 14,10) und Micha (6,5; 7,9), am Ende dieser Statistik stehen Joel (2,23) und Sacharja (8,8; 9,9).

Versucht man die Belege zu ordnen, dann finden sich in ihnen dieselben Linien wie bei den 'großen' Propheten, was nicht verwundert, da die einzelnen Teile des Dodekapropheton, was Entstehung und Redaktion anbelangt, mit Jesaja, Jeremia und Ezechiel weitgehend parallel gehen. Die Gerechten sind – das ist gleichsam die Quintessenz aus der hier versammelten Gotteserfahrung – die, die in Gottes Wegen gehen (Hos 14,10 [nachexil. Schlusssatz weisheitlicher Prägung]), während es in den früheren ('echten') Aussagen diejenigen sind, die kein Unrecht tun und von den Reichen, Mächtigen und Starken, oft in Gemeinschaft mit den Priestern (Hos 4,6; Am 7,10–17; Mi 3,11; Zef 3,4), unterdrückt werden (Am 2,6; 5,12; Hab 1,4 [in Verbindung mit תורה]). Fehlende Gerechtigkeit, und das heißt in erster Linie soziale Missstände innerhalb des Volkes trotz eines eifrig betriebenen Kultbetriebs (Hos 5,6; 6,6; Am 4,4f; 5,21–25; Mi 6,6f), ist Anlass für die Gerichtsworte der Propheten (Am 5,7.12; 6,12; Hab 1,4, vgl. im Rückblick auf diese Zeit Sach 7,9) und entsprechend ist die Aufforderung zur Umkehr mit der Gerechtigkeitsforderung verbunden (Hos 10,12; Am 5,24; Zef 2,3, vgl. a. Hab 2,4; Sach 7,9f).

Gottes Gerechtigkeit als Richter wird indirekt in Hab 1,13 eingeklagt, ist aber ansonsten mit Ausnahme von Zef 3,5 nicht ausdrücklich präsent. Vorausgesetzt ist sie allerdings in den *Königsklagen*. Nach Hos 5,1 ist den Priestern und dem König das Recht (משׁפט) anvertraut. Aber weil beide in ihrem Han-

---

[314] Vgl. jedoch Ez 40–48 und die marginale Stellung, die darin dem „Fürsten" zugestanden ist. Nach D. I. BLOCK, Bringing Back David 183–188, ist der Grund dafür die Dominanz Gottes, der selbst der Garant für den heilvollen Kult ist, so dass David nur als „undershepherd" und „lay patron and sponsor of the cult" fungiert (187f). Die 'Konkurrenz' bezieht sich also nicht auf eine priesterliche Gestalt, sondern auf Gott selbst.

[315] Das Buch lag spätestens zu Beginn des 2. Jh. v.Chr. als Sammlung vor, wie Sir 49,10 belegt. Ein Überblick über die Versuche, den Gesamtcharakter der Sammlung zu würdigen, findet sich bei INA WILLI-PLEIN, Das Zwölfprophetenbuch, ThR 64 (1999), 351–395 (391–395). Zu Handschriftenfunden s. nächste Anm.

deln versagten, richten sich die Heilsaussagen im Hoseabuch und weiteren Stellen aus dem Dodekapropheton auf das *Königtum Gottes*, zu dem auch, ähnlich wie bei Jeremia und Ezechiel, die *Davidshoffnung* dazugehört, ohne dass die Tätigkeitsfelder jeweils klar abgegrenzt wären.[316]

(1.) *Hosea*: Wie in Ez 34,25ff ist in 2,18ff ein Bundesschluss verheißen, der ein sicheres Wohnen im Land ermöglicht. Damit einher geht eine Neuannahme des Volkes durch Gott selbst (2,21), indem er sich mit ihm verlobt auf ewig „in Gerechtigkeit und Recht, in Güte und Erbarmen", so dass das Volk seinen Herrn „erkennt". D.h. צדק ist hier Teil der heilvollen Zuwendung Gottes zum Volk. Diese ist – wieder wie bei Ezechiel – verbunden mit der Fruchtbarkeit des Landes (2,22ff). Unmittelbar nach diesem Eheversprechen Gottes an sein Volk wird der Prophet in 3,1 aufgefordert, noch einmal um eine ehebrecherische Frau zu werben, d.h. Gottes vergebendes Wiederannehmen des Volks zeichenhaft vorwegzunehmen. Das Volk wird, so die Botschaft, durch die Notzeiten (zu denen auch eine königslose Zeit gehört: 3,4, vgl. 10,3; 13,10f) zu Gott umkehren. Aber dann heißt es überraschend (möglicherweise angeregt durch 2,2[317]), dass sie nicht nur Gott (was nach dem Vorherigen zu erwarten war), sondern auch „David, ihren König suchen werden" (3,5, vgl. Ez 34,23f; Jer 30,9). Dahinter verbirgt sich wohl keine direkte messianische Erwartung, eher ist David als der ideale König verstanden, dessen Zeiten man sich wieder wünscht.[318] Gleichwohl ist er das Ideal eines Heilskönigs, der als Sachwalter Gottes ersehnt wird. Das unmittelbare göttliche Heil, das im Bild der Verlobung präsent ist, schließt auf der Buchebene die Sehnsucht nach einem idealen menschlichen Herrscher nicht aus. Dieser kann aber nur David sein oder einer, der ihm gleicht.[319]

---

[316] Dass das ganze Zwölfprophetenbuch im frühen Judentum messianische Bedeutung besass, versucht B. W. R. PEARSON, The Book of the Twelve, Aqiba's Messianic Interpretations, and the Refuge Caves of the Second Jewish War, in: The Scrolls and the Scriptures (s.o. Anm. 6), 221–239, anhand der verschiedenen Textfunde in der judäischen Wüste zu belegen.

[317] Die Wiedervereinigung unter einem „Haupt" präzisiert das Targum z.St. als eine unter einem Davididen. Das als relativ jung geltende Hosea-Targum bezeugt auch sonst eine deutlich davidisch-messianische Interpretation, vgl. B. D. CHILTON, Glory 114.

[318] Anders JÖRG JEREMIAS, Hos 58, der „und David, ihren König" für einen nachexilischen Zusatz hält (zusammen mit „am Ende der Tage"), dessen Verfasser die eschatologische Gemeinschaft mit Gott verwirklicht sieht, „wenn statt der schuldigen Könige zur Zeit Hoseas der neue David als Messias Gott voll repräsentieren wird". Ist diese Erklärung richtig, dann gibt sie Einblick in die sich in nachexilischer Zeit ausgestaltende eschatologische Davids-Messianologie, die in PsSal 17f ihren ersten Höhepunkt besitzt. Das Prophetentargum trägt die Davididen schon in 3,4 ein, und in 3,5 ist es nicht David, den sie suchen, sondern „sie werden dem Messias gehorchen, dem Sohn Davids, ihrem König".

[319] Obwohl er dann in den folgenden Heilsaussagen nirgends mehr erwähnt wird. In Hos 14,8 ist Gott selbst der Baum, in dessen Schatten sein Volk in Frieden und Wohlstand sitzt, während es in Ez 17,22f (die beiden Texte hängen m.E. zusammen) der von Gott wieder eingesetzte Davidide ist, der als Schattenspender fungiert. Auch das Hosea-Targum bezeugt diesen Zusammenhang, indem der Schatten als „Schatten des Messias" interpretiert und die Fruchtbarkeit von Weizen und Rebe auf die Totenauferstehung gedeutet wird; zudem ist in TgHos 14,5 der Gedanke der Vergebung durch Gott noch deutlicher als im masoretischen Text benannt.

(2.) Auch im *Amosbuch* wird das Gericht am regierenden Königshaus Jerobeams (7,9) und darüber hinaus am ganzen Nordreich (vgl. Am 8–9,10) abschließend kontrastiert mit einer neuen Heilszeit in einem wiedervereinigten davidischen Reich (9,11), dessen Heilsgeber aber einzig Gott selbst ist: Er führt das Volk aus der Gefangenschaft zurück und er lässt sie sicher in ihrem Land wohnen, das reichlich seine Früchte gibt (9,12–15).[320]

(3.) Ein eindrucksvolles Beispiel für das Ineinander von Gottesherrschaft und davidischem Königtum liefert das *Michabuch*: Der Gerichtsansage über Juda und dem Wehewort über seine Führer (1,2–2,11) folgt ein kurzes Heilswort in 2,12f, ehe mit Kapitel 3 die Anklage fortgesetzt wird, die in der Ankündigung der völligen Zerstörung des Zion gipfelt (3,12). In diesem Heilswort ist es Gott selbst, der verspricht, sich seiner Herde anzunehmen (2,12, vgl. zu diesem häufig – insbesondere im Umfeld von 'davidischen' Aussagen – gebrauchten Bild Jes 11,12; Jer 23,3; 31,10; Ez 11,17; 34,13; Zef 3,19), doch ist in 2,13 dann wieder vom König die Rede, der vor dem Volk einhergeht, an dessen Spitze Jahwe ist. Der König kann, versteht man das *Waw* vor Jahwe als explikativ, Gott selbst sein[321], aber im Hinblick auf Kapitel 4+5 scheint mir kopulatives *Waw* und damit der Bezug auf einen irdischen König (der dann mit 5,1 nur der Davidide sein kann) ebenfalls möglich zu sein.[322] Mit Kap. 4,1–7 beginnt eine weitere Heilsverkündigung, eingeleitet durch die Völkerwallfahrt zum Zion und als Höhepunkt Jahwe als Zions-König (4,7). Doch unmittelbar anschließend folgt die Verheißung, wonach das frühere „Königtum" wieder nach Jerusalem zurückkehren werde (4,8)[323], d.h. Gottes Königssein und das des Davididen schließen sich nicht gegenseitig aus, sondern das eine ist die Ermöglichung des anderen. Ebenso nimmt das 5. Kapitel die Davidstradition auf, indem auf einen zukünftigen Herrscher aus Betlehem verwiesen wird (unter Aufnahme von Jes 11,1 und möglicherweise 7,14), der das Volk Gottes sicher im Namen und der Kraft Jahwes weiden wird (5,1–4a).[324]

---

[320] Zu Am 9,11f als Reflex der Nathanverheißung s. M. PIETSCH, »Sproß Davids« 93–97. Das Targum zu 9,11 verstärkt den davidischen Aspekt, schildert aber sein Reich als eine irdische Herrschaft über ganz Israel und seine Nachbarvölker. Dem ganzen Amostargum fehlen die 'messianischen' Obertöne. S. H. LEVEY, Messiah, nennt keine einzige Amos-Stelle in seiner Zusammenstellung der messianischen Passagen. Dagegen bezeugt Apg 15,15–18 die Auslegung dieser Stelle im Hinblick auf die messianische Zeit und ihre Auswirkung auf die Völkerwelt. Mit diesem Hinweis auf die Wiedererrichtung des davidischen Königtums (!) wird auf die Anfrage reagiert, ob die Gläubigen aus den Heiden „gemäß der Sitte des Mose" (Apg 15,1) beschnitten werden müssen, d.h. auch Lukas verweist auf die veränderte Situation hinsichtlich der Tora nach dem Kommen des verheißenen Heilskönig.

[321] So u.a. H. W. WOLFF, Mi 56; R. KESSLER, Mi 142.

[322] So TH. E. MCCOMSKEY, Mi 416, u. das Targum zu Mi 2,13 (und wohl auch LXX), allerdings ohne messianischen Unterton. Die von K. J. CATHCART u. R. P. GORDON, Targum of the Minor Prophets, The Aramaic Bible 14, Wilmington, Delaware 1989 117 Anm. 38, genannten rabbinischen Stellen belegen entgegen ihrer Aussage keineswegs eine messianische Deutung dieses Verses.

[323] Die Ortsbezeichnung Migdal-Eder („Herdenturm") interpretiert das Targum als Deckname für den Messias Israels, der wegen der Sünden der Zionsbewohner verborgen ist, dem aber die Herrschaft auf dem Zion vorbehalten bleibt, vgl. S. H. LEVEY, Messiah 92; B. D. CHILTON, Glory 37.79.114; weitere Literatur bei K. J. CATHCART u. R. P. GORDON, Targum of the Minor Prophets 120 Anm. 21.

[324] Die Abgrenzung der Einheit ist strittig, ändert aber für die hier interessierenden Fragen nichts. Eine die davidischen Motive deutlich herausarbeitende Exegese bietet R. KESSLER, Mi 198–201.217–230. Dagegen s. H. SEEBASS, Herrscherverheißungen, der in dem Stück nur

In dem psalmartigen Abschluss des Buches (7,8–20) wendet sich das Volk dagegen direkt an Gott. Es bekennt seine Schuld (7,9a) und vertraut sich im Rechtsstreit mit den Völkern seiner Hilfe an: „Jahwes Zorn will ich tragen, denn ich habe gegen ihn gesündigt, bis er meine Streitsache führen wird und mein Recht (ועשה משפטי) schafft. Er wird mich herausführen zum Licht, ich werde seine Gerechtigkeit sehen (אראה בצדקתו)." Hier ist mit צדקה Gottes heilschaffende Gerechtigkeit gemeint[325], die metaphorisch durch „Licht" abgebildet ist (vgl. a. Zef 3,5). In 7,14 wird Jahwe als zukünftiger Hirte seines Volkes angerufen, in V. 18 noch einmal auf die Sündenvergebung rekurriert, d.h. am Ende ist nur von Gott selbst als Handelndem und Erlösendem die Rede, während die irdische Königsverheißung keine Erwähnung mehr findet. Aber das ist, wie schon bei den großen Propheten, keine konkurrierende Endzeiterwartung, sondern eher eine verkürzte Darstellung, da Gott der eigentliche Urheber des Heils bleibt, auch wenn er dies durch seinen beauftragten Messiaskönig wirkt.

(4.) Die davidischen Hoffnungen begegnen mehrfach auch im *Sacharja-Buch* (3,8 [umstritten][326]; 4,1–14; 6,12f [umstritten][327]). In Sach 9,9 ist der zukünftige Zionskönig ausdrücklich als צדיק charakterisiert, der seine Herrschaft ohne Gewalt antritt und durchsetzt. Auch bei Sacharja vertritt der Davidide (denn nach dem Voranstehenden kann der Zionskönig kein anderer sein)[328] Gottes Herrschaft, der dem Volk verheißt, bei ihm in Jerusalem zu wohnen באמת ובצדקה (8,8). Das Heil, das mit dem König kommt, hat als Urheber jedoch Gott allein (9,10–17).[329] Die Doppelung Jahwe/König findet sich auch in Sach 12,6–8: Einerseits soll sich das Haus David nicht zu hoch rühmen (wegen seiner militärischen Erfolge in 12,6),

---

noch eine „David-Typologie" zu sehen vermag (51), ohne dass der erwartete Herrscher genealogisch noch als Davidide anzusprechen sei. Seine Auslegung blieb jedoch nicht unwidersprochen, vgl. KESSLER ebd. 220 u.ö. Das Targum setzt in 5,1 „Messias" ein.

[325] So auch H. W. WOLFF, Mi 197; R. KESSLER, Mi 303. Die zweite צדקה-Stelle in 6,5 gehört zu dem erwähnten Sprachgebrauch (s.o. Anm. 160, 211, 255, 303) von den צדקות יהוה im Zusammenhang mit der Landgabe bzw. -nahme. Es sind die erfüllten Verheißungen, an die das Volk in der Gegenwart denken soll, d.h. auch dabei steht der Gabe- und Heilscharakter im Vordergrund.

[326] Zur Beziehung auf Jer 23,5 (wenn auch als sekundärer Nachtrag) s. W. RUDOLPH, Sach 99f; vgl. a. W. L. HOLLADAY, Jer I 618; W. McKANE, Jer I 561f; R. HANHART, Sach I 177.194–198.224–226: „Der, »der Jerusalem erwählt« (...), verheißt mit dem Kommen des zeitlichen davidischen Repräsentanten das Kommen des ewigen, mit dem die immerwährende davidische Dynastie endet und der darin der einzige ist, daß sein Wesen in »Recht und Gerechtigkeit«, משפט וצדקה (Jes 23,3; 33,15), besteht" (225). Die Vorordnung der davidischen Messiaserwartung gegenüber (hohe)priesterlichen Heilsgestalten betont auch U. KELLERMANN, Messias 61f, vgl. D. C. DULING, Promises 60.

[327] Vgl. U. KELLERMANN, Messias 59–61; W. RUDOLPH, Sach 130f. Nach W. McKANE, Jer I 561, ist in 6,12 nicht Serubbabel sondern der Hohepriester Josua als איש צמח bezeichnet. Zur 'davidischen' Deutung s. R. HANHART, Sach I 426–434; M. PIETSCH, »Sproß Davids« 97–100.

[328] Das Targum zu 3,8; 4,7; 6,12 nennt ausdrücklich den Messias. So auch in 10,4. Zur Vermeidung des Messiastitels in 9,9 s.o. S. 493f, zum Messias im Sacharja-Targum allgemein B. D. CHILTON, Glory 114f.

[329] Vgl. aber H. SEEBASS, Herrschergestalten 59: In der LXX ist das Subjekt von V. 10 der König, nicht Gott, so dass ersterer nicht völlig passiv erscheint. Durch eine einfache Buchstabenvertauschung lässt sich dieses Verständnis auch dem masoretischen Text entnehmen (vgl. ebd. 61). Gegen diese, schon früher immer wieder vorgeschlagene Konjektur s. M. SÆBØ, Sacharja 9–14. Untersuchungen zu Text und Form, WMANT 34, Neukirchen-Vluyn 1969, 51f.

andererseits macht Gott alle Einwohner Jerusalems wie David, das Haus David aber soll sein כֵּאלֹהִים כְּמַלְאַךְ יְהוָה לִפְנֵיהֶם „wie Gott, wie der Engel Jahwes vor ihnen (= den übrigen Einwohnern Jerusalems)". Höher kann von der Davididendynastie nicht mehr gesprochen werden und es verwundert nicht, dass die LXX und das Targum in ihren Übersetzungen abmildern.[330] Mit der neuen Herrschaft der Davididen beginnt eine erste Heilszeit, die geprägt ist vom Ausgießen des Geistes (12,10) und einer umfassenden Reinigung von aller Sünde (13,1–6).[331] Doch unvermittelt bricht dann eine erneute Drangsalszeit aus, der Hirte (wohl der König, in Mt 26,31 auf Jesus bezogen[332]) wird geschlagen, die Herde zerstreut, Jerusalem bedrängt und geläutert (13,7–9). In dieser Not greift Jahwe selbst ein (14,1ff), und so steht am Ende des Buches das Bekenntnis zu Jahwe als dem einen König in Jerusalem (14,9.16f). Diese letzten Kapitel des Sacharjabuches, die bis heute der Auslegung Schwierigkeiten machen, waren Matthäus, wie oben angedeutet (s. Anm. 107) bekannt und damit auch die Überlagerungen des Davididen durch Jahwe selbst. Er wird wohl auch gelesen haben, dass das Haus David „wie Gott" sein solle, d.h. die Handlungsidentität zwischen Jesus und Gott ist – neben Ps 2; 89; 110 – auch in solchen Texten vorgebildet, bzw. sie konnten im Nachhinein helfen, das einzigartige Verhältnis Jesu zu Gott zu verstehen und zu beschreiben. Dass darum auch von diesen Texten her der Übergang vom Davidssohn zum Gottessohn leicht fiel, liegt auf der Hand.[333]

Abschließend könnte – ausgehend von Sach 8,8 und 9,9, aber auch den übrigen angeführten Texten – gefragt werden, warum ein irdischer gerechter König überhaupt noch nötig ist, wenn Gott selbst in Gerechtigkeit inmitten seines Volkes wohnt? Die vorgestellten biblischen Texte zeigen jedoch, dass sich 'Israel' – zumindest so weit es sich in der Endredaktion der biblischen Bücher ausspricht – das Heil nicht ohne den von Gott gesandten, beauftragten und bevollmächtigten König aus dem Hause David vorstellte, weshalb die Aussagen über Gottes Königtum auch nicht als Konkurrenz zu einem irdi-

---

[330] ... ὁ δὲ οἶκος Δαυιδ ὡς οἶκος θεοῦ, ὡς ἄγγελος κυρίου ἐνώπιον αὐτῶν. Noch stärker mildert das Targum z.St. ab: „... and the house of David shall *prosper like princes*, like the angel of the Lord before them" (K. J. CATHCART/R. P. GORDON, Targum of the Minor Prophets 218).

[331] Die geöffnete Quelle für das Haus David und die Einwohner Jerusalems gegen Sünde und Unreinheit (13,1) übersetzt LXX völlig anders: „An jenem Tag wird jeder Ort geöffnet sein im (oder: für das) Haus Davids." Kein Wort also von Sünde und Unreinheit. Aber auch das Targum kann sich eine solche geöffnete Quelle nicht vorstellen und macht darum *die Lehre des Gesetzes* zu derselben. Darüber hinaus wird von Gott gesagt, dass *er* ihnen vergeben werde, so als würden sie einen Reinigungsritus mit der Asche der roten Kuh durchführen. Das verweist wohl auf die Zeit nach der Tempelzerstörung, als das Studium des Gesetzes den Kult ersetzte.

[332] Auch Mk 14,27 überliefert diesen Vers, aber es zeigt sich erneut, dass Matthäus da, wo ihm eine Aussage wichtig ist, nicht einfach bei Markus abschreibt. Entgegen der LXX, die den Plural für Hirten liest, haben Markus und Matthäus entsprechend dem masoretischen Text den Singular, bei Matthäus steht zudem die griechische Wortstellung in Übereinstimmung mit der hebräischen.

[333] Da dieser messianische Hirte und Davidide aber zugleich als Leidender und Sterbender dargestellt wird, ist auch die Verbindung zum leidenden Gottesknecht aus Jes 53 möglich, vgl. W. RUDOLPH, Sach 213f; M. HENGEL, Wirkungsgeschichte 82f (= 59f).

schen Königtum verstanden werden dürfen. Das Konzept eines Messianismus ohne Messias kann sich dagegen lediglich auf Einzeltexte, nicht aber auf das Gesamtzeugnis der prophetischen Botschaft stützen.[334] Das belegt insbesondere die targumische Tradition, auch wenn diese nicht ohne weiteres für die Zustände in den letzten Jahrhunderten vor der Zeitenwende in Anspruch genommen werden darf.[335]

Aber selbst da, wo wie in Qumran oder in den Testamenten der 12 Patriarchen ein priesterlicher Messias eingeführt und dem davidischen vorgeordnet wird, wird Letzterer nicht einfach verdrängt, sondern behält eine, wenn auch eingeschränkte, eschatologische Funktion. Für das traditionsgeschichtliche Milieu, dem das erste Evangelium zuzuordnen ist, sind jedoch die Strömungen entscheidend, die in den Psalmen Salomos, den Targumim und der Gebetsliteratur (und damit im Hauptstrom jüdischen Glaubens) ihren Ausdruck gefunden haben. Und für diese gilt, dass sie in neutestamentlicher Zeit aus dem Gesamtzeugnis der Schrift eine Messiaserwartung gewonnen haben, die additiv die verschiedenen Bilder des erwarteten Davididen miteinander verschmolz und kombinierte, ohne dass daraus eine einheitliche 'Messiasdogmatik' geworden wäre.[336] Aber das ist bei Zukunftshoffnungen, die auf prophetischen Hinweisen und Anspielungen basieren, auch nicht anders zu erwarten und jedenfalls für jüdische Rezipienten dieser Hoffnungen kein Problem geworden. Auch die neutestamentlichen Autoren gehen mit der messianischen Überlieferung nicht einheitlich um, aber doch *eindeutig*: Der Messias Jesus ist nicht anders vorstellbar und nicht anders zu verkündigen denn als Sohn Davids und damit als Träger und Erbe der diesem geltenden Verheißungen. Zentraler Bestandteil derselben ist jedoch, dass sein Wirken der richtenden und rettenden Gerechtigkeit Gottes entspricht bzw. in seinem gerechten Handeln dieselbe Gestalt gewinnt.

Eine Besonderheit unter den kleinen Propheten stellt das abschließend zu erwähnende *Maleachibüchlein* dar, das weder das davidische noch Gottes Königtum erwähnt, sondern sich in Bezug auf die Führer des Volks ausschließlich an den Priestern und dem Levibund interessiert zeigt (vgl. 1,6; 2,1.4.8; 3,3; 2,10–16; 3,5–15 richtet sich an das ganze Volk). Die *Priester* werden aufgefordert, sich an ihre Bundesverpflichtungen zu halten und die Tora recht zu lehren. Gleichwohl ist es auch hier so, dass eine Besserung der Verhältnisse nicht von einer Umkehr des Volkes bzw. der Priester, sondern von Gottes Eingreifen erwartet wird. Sein Bote, „der Engel des Bundes" (3,1), wird die Söhne Levis einem Läuterungsgericht unterziehen, so dass sie ihre

---

[334] Die neutestamentliche Betonung der davidischen Herkunft Jesu verweist ebenfalls auf diesen Sachverhalt. Vgl. außerdem oben Anm. 2.

[335] Zum Datierungsproblem s. M. MCNAMARA, Targum Themes 303–306.

[336] Vgl. M. HENGEL, Jesus der Messias Israels 41–44 u.ö.

Opfer wieder בִּצְדָקָה bringen werden (3,3). Bis dahin triumphieren die Gottesverächter, während die, „die den Herrn fürchten",eine Minderheit sind, die aber unter Gottes besonderer Fürsorge steht (3,16–21). Sie sind „gerecht" (im Unterschied zum Frevler, רָשָׁע), und dies wird im Parallelismus erklärt durch: עֹבֵד אֱלֹהִים (3,18). Der Gerechte ist, wer dem Herrn dient, auch wenn er dadurch Feindschaft und Nachteile erleidet. Ihm gilt die Verheißung (3,20):

וְזָרְחָה לָכֶם יִרְאֵי שְׁמִי שֶׁמֶשׁ צְדָקָה וּמַרְפֵּא בִּכְנָפֶיהָ „Und es soll für euch, die ihr meinen Namen fürchtet, aufgehen die Sonne der Gerechtigkeit und Heilung ist in ihren Strahlen."

Die angefochtenen Gerechten „erlangen endlich ihre Rechtfertigung, indem ihnen das ersehnte Heil zuteil wird"[337]. Ihre Freude geht einher mit der völligen Vernichtung der Frevler an Gottes großem Gerichtstag (3,21).

Mit diesem zweifachen Ausgang endet die biblische Prophetie und es ist im Sinne einer biblischen Theologie bedeutsam, dass die *heutigen* Leser einer gängigen Bibelausgabe nach Maleachi auf Matthäus stoßen.[338] Über die Genealogie des Messias Jesus, die ihn als Davidssohn und Abrahamsnachkommen ausweist, über Mt 3,15 und die Seligpreisungen, die das Kommen des Reiches und seiner Gerechtigkeit denen zusagen, die sich danach sehnen, gelingt dem ersten Evangelisten ein heilsgeschichtlich grandioser Auftakt, in dem „Gesetz und Propheten" (und bei denen stand wohl auch für Matthäus Maleachi am Ende) nicht vergangen, nicht überholt, sondern als erfüllt bleibend vergegenwärtigt sind.

3.4 Der Abschluss des Prophetenkanons Mal 3,22–24

Gesondert behandelt zu werden verdient dieser programmatische Schlusstext, da er ein kanonisches Verständnis der hebräischen Bibel bereits für die vorchristliche Zeit bezeugt.[339] Am Anfang steht die Tora des Mose „meines Knechtes", dem Gott selbst die „Gesetze und Rechtsvorschriften für ganz Israel" geboten hat (Mal 3,22), wobei die Terminologie insbesondere auf das Deuteronomium hinweist. Dann folgt Elija, der Prophet „als Prototyp der Prophetie" und „»Schüler« des Mose par excellence", der wie Mose am Horeb Jahwe „gehört" hat.[340] Die Bezeichnung Moses als עֶבֶד verweist auf den

---

[337] W. RUDOLPH, Mal 289.

[338] Weder der masoretische Text noch die verschiedenen LXX-Handschriften haben Maleachi am Ende des jeweiligen (alttestamentlichen) Kanons. Und doch ist Maleachi als der letzte Prophet und Abschluss der „Propheten" auch innerbiblisch begriffen worden, wie insbesondere Mal 3,22–24 erkennen lässt.

[339] Inwieweit er redaktionelles Schlusswort zum Maleachibuch, zum Dodekapropheton oder zum gesamten Prophetenkanon darstellt, wird kontrovers beurteilt, vgl. I. WILLI-PLEIN, Zwölfprophetenbuch 383.395; M. HENGEL, „Schriftauslegung" 18f.28.

[340] Vgl. E. ZENGER, Heilige Schriften der Juden und der Christen, in: Einleitung (s.o. Anm. 36), 11–35 (25–27), außerdem ebd. 533.

Schluss der Tora, wo er in Dtn 34,5 ebenfalls als עבד יהוה tituliert ist und so noch einmal zu Beginn des Josuabuches (V. 1: משה עבד יהוה, V. 2: משה עבדי, vgl. a. V. 7f: Josua soll die ganze Tora Moses, „meines Knechtes" halten und tun) d.h. am Anfang und Ende des Prophetenkanons steht Mose als Knecht Gottes. Zugleich ist damit sichergestellt, dass die *Propheten als Ausleger der Tora* gelten und nicht als eine davon unabhängige Größe.

Aber Elija und mit ihm die Propheten sind nicht nur Konservatoren der Mose-Tora, sondern Vorboten des „großen und furchtbaren Tages Jahwes", d.h. der Blick ist nicht nur rückwärtsgewandt. Die Tora und die Propheten sind die Heilsgaben, die dem Volk (versöhnte Väter und Söhne) das Leben angesichts von Gottes Kommen ermöglichen sollen. Darum betont Matthäus in seiner Darstellung Jesu, dass er gekommen ist, „Gesetz und Propheten zu erfüllen", um so den Bann (חרם, hier im Sinne von „Vernichtungsgericht" zu verstehen) abzuwenden, der der Erde droht (bzw. dem Land, wenn nur eine auf Israel bezogene Perspektive vorausgesetzt wird), wenn nicht die Gerechtigkeit gefunden wird, die im Tun des Gotteswillen zur Zeit ihrer Erfüllung (d.h. angesichts der angebrochenen Königsherrschaft Gottes) besteht. Diese Verknüpfungen ergeben sich aus Mal 3,18.20f und 3,22: Gerecht ist, wer Gott dient, d.h. tut, was Mose, „der Knecht des Herrn" geboten hat (wie es nach Auffassung der Rahmenredaktion die Propheten taten). Der wird am Tag des Gerichts gerettet werden.

Zusammenfassung: In dem beschriebenen Sinn ist die Tora integraler Bestandteil der eschatologischen Gerechtigkeit, da sie sozusagen 'schon jetzt' (d.h. in der vormessianischen Zeit bzw. in der Zeit vor der Erfüllung) den Weg zur Gerechtigkeit weist und demjenigen Leben gewährt und verheißt, der sie tut und nach ihr lebt. Ausgeklammert ist in diesem letzten Wort des Prophetenkanons jedoch die Frage des Messias, des Heilskönigs aus Davids Nachkommenschaft. Ähnlich wie im Psalter ist die Hoffnung auf ihn nicht unterdrückt, auch nicht minimiert, aber doch erkennbar toralogisch gerahmt. Das in dieser kanonischen Redaktion überlieferte Zeugnis will damit bewusst und dezidiert auf *die Tora als Weg zur Gerechtigkeit* verweisen. Die andere Linie, dass der von Gott erweckte Davidide als Abbild seines Vaters, der zunehmend zu einem gerechten Idealkönig verklärt wurde, die Gerechtigkeit bringt (bzw. Gott sie durch und mit ihm), wird immer stärker der Torafrömmigkeit eingeordnet, indem Davids Gerechtigkeit eine solche ist, die aus dem eigenen Halten der Tora erwächst.[341]

---

[341] Die Entwicklung verläuft über die innerbiblische Redaktion bis hin zu der Unterordnung des davidischen Messias unter den priesterlichen in Qumran, bzw. in den Targumim und der rabbinischen Literatur bis dahin, dass David zum Toraweisen wird. Zumindest diese letzte Entwicklung ist im 1. Jh. noch nicht abgeschlossen. Die messianischen Bewegungen dieser

Auch ein Durchgang durch die kanonische Anordnung des gesamten *dritten Kanonteils* (der im 1. Jh. allerdings noch nicht endgültig fixiert war) ist in diese Richtung hin interpretierbar, wie an den Psalmen *pars pro toto* gezeigt werden soll. Mit dem Psalter, dem Buch Rut und den Salomo-Schriften sind die königlich-davidischen Züge deutlich vertreten, ebenso wie mit den Chronikbüchern am Ende. Das letzte Wort gilt dort jedoch dem Haus Gottes, das in Jerusalem wieder gebaut werden soll, d.h. dem Tempel.[342] Von dem Haus, das Gott dem David bauen wollte (1Chr 17,10), ist dagegen auch hier am Ende nicht mehr die Rede.[343]

3.5 Gerechtigkeit und Tora im Danielbuch[344]

Die Verteilstatistik der Belege für Gerechtigkeit und Tora verweist für das Danielbuch deutlich auf Kapitel 9 als für die hier behandelte Frage zentralem Text. Es enthält das Gebet Daniels und darin eingeschlossen ein Sündenbekenntnis sowie die Bitte um einen Neuanfang, der in Gestalt der siebzig Jahrwochen bereits am eschatologischen Horizont aufscheint. Von den insgesamt acht Vorkommen der Wurzel צדק begegnen allein fünf in diesem Kapitel (9,7.14.16.18.24; die übrigen Stellen sind 4,24; 8,14 u. 12,3); alle vier Belege für Tora/תורה sind ebenfalls Teil dieses Gebets (9,10.11bis.13). Dazu kommen in diesem Abschnitt die einzigen Belege im Danielbuch für מצוה (9,4+5), משפט (9,5, dazu zweimal das Verb שׁפט in 9,12), נביא (9,2.6.10.24) und Mose (9,11.13, vgl. auch 9,15 den Hinweis auf den Exodus). Die Terminologie dieses Schuldeingeständnisses in Form einer kollektiven Klage belegt einen starken deuteronomistischen Einfluss auf dieses Gebet, weshalb es häufig als „Interpolation" angesehen wird. Plöger und andere weisen dagegen auf „den Gleichklang von Kap. 9 mit den anderen Kapiteln hinsicht-

---

Zeit belegen zudem das weiterhin starke Interesse an den königlich-herrschenden und charismatischen Traditionen, vgl. S. SCHREIBER, Gesalbter 275–321.

[342] Vgl. M. PIETSCH, »Sproß Davids« 139–162, der die „chronistische Rezeption der Nathanverheißung" abschließend als „am *Tempel* orientiertes Rezeptionsmodell" charakterisiert (162, Hhg.Orig.).

[343] Das unterscheidet den Chronikschluss markant von dem der Königsbücher: Hier die Begnadigung des Davididen Jojachin, der seinen Platz wieder unter den Königen einnehmen durfte (2Kön 25,27–30, par. Jer 52,31–34), dort der Tempelbau, ohne dass die davidische Beteiligung auch an seinem Neubau noch hervorgehoben wäre. Während der Davidide Serubbabel bei Haggai und Sacharja noch eine besondere Funktion innehatte, ist er im Esrabuch zwar nicht verschwiegen, aber doch völlig der priesterlichen (und mosaischen Tora-) Dominanz eingeordnet (Esr 3,1–6; 5,1f.16; 6,14–18). An David bzw. Salomo wird zwar noch als Tempelbauer erinnert, aber erkennbar als Größen der Vergangenheit (Esr 3,10; 5,11).

[344] Zur Stellung des Danielbuches zwischen den »Propheten« und den »Schriften« s.o. S. 461. Dass Matthäus Daniel zu den Propheten rechnet, geht mit wünschenswerter Deutlichkeit aus Mt 24,15 hervor (s.o. S. 173).

lich der Gliederung" hin und sehen in dem Textstück einen ursprünglichen Bestandteil des Danielbuches[345]:

> „Das Gebet zeigt ... im Stil eine große Ähnlichkeit mit den sogenannten deuteronomistischen Gebeten, Reden und Betrachtungen, die (...) die Schuld Israels allgemein mit dem Ungehorsam gegenüber Jahwe und seinen Propheten begründen und damit die Strafe als gerechtfertigt voraussetzen. Entsprechend dem prosaischen Stil einer solchen Betrachtung besitzt auch dieses Gebet analog den Gebeten im chronistischen Werk (Esr 9; Neh 9) keine poetische Form. So wird man hinsichtlich der äußeren Form urteilen können, daß das Gebet so formuliert worden ist, wie man nach der Meinung des Verfassers des Danielbuches, die sich dabei auch auf den Chronisten stützen kann, während der Exilszeit gebetet hat."[346]

Wenn das Gebet um 165, zur Zeit der Zusammenstellung des kanonischen Danielbuches, vom Autor als Ausdruck einer angemessenen Weise des Sündenbekenntnisses verstanden wurde, dann lässt sich daran ablesen, in welchem Beziehungsgeflecht Tora und Gerechtigkeit damals standen.

3.5.1 Die fehlende Gerechtigkeit in der Gegenwart (Dan 9,4–19)

Der theologische Rahmen ist Gottes Bund und Gnade, die denen gilt, die ihn lieben und seine Gebote halten (V. 4). Aber in den nachfolgenden Versen ist deutlich, dass es niemand gibt, der auf die rechtliche Seite des Bundes einen Anspruch hätte: Betont steht immer wieder, dass *alle* in Israel gesündigt haben, von den Königen angefangen bis zum Volk des Landes (vgl. V. 5ff). Konkret ist die Sünde gefasst im Abweichen von den „Geboten und Rechtssatzungen". Damit aufs Engste verbunden ist die Missachtung der Propheten als den „Knechten" Gottes (Verse 6+10, vgl. V. 11: Mose als

---

345 O. PLÖGER, Dan 135; vgl. außerdem N. W. PORTEOUS, Dan 109.111; H. HOFFMANN, Das Gesetz in der frühjüdischen Apokalyptik, StUNT 23, Göttingen 1999, 102f, der die ursprüngliche Zugehörigkeit von 9,3–19 allerdings mit einer gewagten und kaum überzeugenden These verbindet: Seines Erachtens ist dieses Gebet „vom Autor des Danielbuches bewußt in den Text eingebaut worden, um das unter dem Eindruck der gegenwärtigen Krise kraftlos gewordene deuteronomisch-deuteronomistische Geschichts- und Gesetzesverständnis zu korrigieren bzw. apokalyptisch zu transformieren" (103). Dass dieses Gebet lediglich demonstrieren soll, dass die darin angesprochene 'bessere' Lebensweise im Gehorsam gegen Tora und Propheten keine Zukunft mehr habe, ist schlechterdings nirgends erkennbar. Ebenso wenig vermag Hoffmanns Behauptung (die er nirgends anhand der Texte belegt) zu überzeugen, wonach im Gesetzesverständnis des Visionsteiles „die kosmologischen Aspekte des Gesetzes in den Vordergrund treten". Das Gesetz, besser wohl: die Tora, besitzt in den Visionsteilen überhaupt keine erkennbare Funktion.

346 O. PLÖGER, Dan 138f: „Es soll nicht verkannt werden, daß das Gebet entsprechend der Situation der Exilszeit formuliert worden ist; es ist aber zugleich so formuliert worden, daß es in jener Zeit, für die der Verfasser des Danielbuches schreibt, als immer noch relevant aufgenommen werden konnte." N. W. PORTEOUS, Dan 109, schreibt: „Wenn die Menschen tatsächlich in jenen Tagen so gebetet haben, dann können wir verstehen, wie die Getreuen unter den Juden durch Sturm und Wetter jener schrecklichen Zeit gekommen sind."

עֶבֶד־הָאֱלֹהִים).[347] Dass zwischen den Propheten und der Tora *keine Differenz* mehr gesehen wird, zeigt insbesondere V. 10: „Aber wir hörten nicht auf die Stimme Jahwes, unseres Gottes, um zu wandeln in seinen Weisungen (לָלֶכֶת בְּתוֹרֹתָיו[348]), welche er uns vorgelegt hatte durch seine Knechte, die Propheten." In der Fortsetzung in V. 11 ist dann noch einmal von Gottes Tora („deine Tora" תּוֹרָתֶךָ) bzw. der „Tora Moses" (תּוֹרַת מֹשֶׁה, so auch V. 13) die Rede, d.h. die prophetische Botschaft ist mit der Tora Moses weitestgehend identifiziert.

Mit den Tora-Aussagen eng verbunden sind die differenzierten Bezugnahmen auf die *Gerechtigkeitsfrage*. Eindrücklich antithetisch formuliert ist V. 7. Nachdem der Beter das Abweichen von den Geboten und Weisungen der Propheten bekannt hat, sagt er: לְךָ אֲדֹנָי הַצְּדָקָה וְלָנוּ בֹּשֶׁת „Dir, mein Herr, kommt die Gerechtigkeit zu, und uns: Schande." Gemeint ist damit die Bundesgerechtigkeit, indem Gott seinen Anteil am Bund mit Israel gehalten hat und darum zu Recht die Gerichtsandrohungen über das Volk kommen ließ (V. 11b–14). Auch darin erweist sich Jahwe als צַדִּיק „in allen seinen Werken" (V. 14).[349] Aufgrund der Bundesverpflichtung hat Israel kein 'Recht' mehr, auf Gottes Barmherzigkeit zu hoffen (vgl V. 4), darum appelliert der Beter an Gottes צִדְקוֹת (V. 16; Plöger übersetzt mit „Treueerweisen"). Der ungewöhn-

---

[347] Vgl. a. 9,17, wo sich Daniel ebenfalls als „Knecht" bezeichnet und damit wohl auf die interzessorische Funktion des Prophetenamtes anspielt (vgl. Gen 20,7).

[348] Die Plurallesart des masoretischen Textes verrät noch älteren Sprachgebrauch; die Vulgata und die Hexapla lesen dagegen den Singular, während Theodotion zwar an dieser Stelle den Plural liest (ἐν τοῖς νόμοις), ansonsten aber noch stärker als die Septuaginta die toralogische Seite des Gebetes herausstreicht, indem er in V. 5+15 ἀνομεῖν für das Hif'il von רשׁע einsetzt (LXX: ἀσεβεῖν bzw. ἀγνοεῖν, so von Theodotion auch – anders als LXX – in 11,32; 12,10), und in 9,13, entgegen LXX, die hier תורה mit διαθήκη wiedergibt, ebenfalls νόμος gebraucht.

[349] Vgl. Esr 9,15: Der einzige Beleg für die Wurzel צדק im Esrabuch findet sich im letzten Vers des Bußgebets (9,6–15) angesichts der im Volk bestehenden Mischehen. Das Volk erfuhr das Exil als Gericht, weil es die „Gebote" verlassen hat, die ihm Gott durch seine „Knechte, die Propheten" (V. 10f) gegeben hatte. Dass in diesem Gericht nicht das ganze Volk vernichtet worden ist, bezeichnet Esra als unverdiente Gnade (V. 12) und er will verhindern, dass der gnadenhaft gewährte Neuanfang im eigenen Land erneut durch eine Verachtung der Gebote (V. 14) verunmöglicht wird. Das Volk, auch der errettete Rest, besitzt, das macht V. 15 deutlich, keine צדק, die es vor Gott „bestehen" lassen könnte. Aber weil Gott צַדִּיק ist, darum kann Esra sich an Gott wenden, d.h. hier ist Gottes Gerechtigkeit als eine rettende gedacht, obwohl der richtende Charakter mitschwingt. Das gilt auch für das Bußgebet des Volkes, wie es in Neh 9 überliefert ist, wo ebenfalls das צַדִּיק-Sein Gottes zentral ist (9,33) und dem die am Maßstab der Tora gemessene Sünde des Volkes gegenüber steht. Bundeswürdig ist aber nur, wer wie Abraham vor Gott als צַדִּיק erfunden wird (9,8). Dem Volk bleibt darum nur der durchgängige Appell an Gottes Barmherzigkeit (9,17.19. 27f.31). Von den drei Belegen für die Wurzel צדק im Nehemiabuch finden sich zwei in diesem Gebet. Die dritte Stelle (2,20) verweist darauf, dass das Heimkehrer-Jerusalem ein Ort der צְדָקָה sein soll, die von Gott der Heimkehrergemeinde gewährt wird, von der aber die Nachbarvölker ausgeschlossen bleiben sollen.

liche Plural, verbunden mit der Erwähnung von Jerusalem und dem Land, erinnert erneut an Ri 5,11; 1Sam 12,7; Mi 6,5, wo ebenfalls Jahwes צדקות im Kontext der Landgabe begegnen. Ein vergleichbares Gegeneinanderstellen von Jahwes צדקות und den fehlenden צדקות des Volkes (vgl. Dan 9,18) bezeugt auch Dtn 9,4–6, wo es ebenfalls um das 'Recht' des Wohnens im Land geht (s.o. S. 509f). Man könnte צדקות aufgrund dieser Parallelen in Dan 9,16 mit „Verheißungen" übersetzen. Gemeint wäre dann, dass Gott sich selber treu bleiben möge[350], auch wenn das Volk seinen Bundesbeitrag nicht zu erfüllen vermag (vgl. auch Jes 64,5f). Der Appell an Gott richtet sich darüber hinaus an seine Barmherzigkeit (רחמים, vgl. V. 18), die keine besondere Eigenschaft neben Gottes Gerechtigkeit darstellt, sondern eine Erscheinungsweise derselben. Die erbetene heilvolle Zuwendung der צדקות bzw. Barmherzigkeit Gottes ist auch bei Daniel mit der Lichtmetapher verbunden (V. 17b unter Anspielung auf den aaronitischen Segen).

3.5.2 Die verheißene Gerechtigkeit für das Ende der Notzeit (Dan 9,24; 12,2f)

Dass צדק ein zentrales Anliegen des Gebetes darstellt, ergibt sich ferner aus der Antwort, die der Seher durch den Engel auf sein Gebet hin erhält (9,20–27). In dem viel diskutierten V. 24 lässt sich eine dreiteilige Struktur (drei Zeilen mit jeweils drei Einheiten) erkennen, die von der masoretischen Versteilung jedoch nicht beachtet wird.[351] Die erste Zeile ist durch die dreimalige כ-Alliteration am Ende der Kola gekennzeichnet: sie geben Zeit (70 Jahrwochen), Bezugsgröße (Volk) und Ort (Jerusalem) an; der zweite Stichos ist durch die drei Infinitive samt den damit verbundenen drei Sündenbegriffen abgrenzbar und besagt ein Vollenden und Entfernen der Sünde aus der Stadt; die Zeile beschreibt, was aufhören wird, wenn die 70 Jahrwochen zu Ende sind. Im Gegensatz dazu entfaltet die dritte Zeile, wiederum strukturiert durch den dreimaligen Infinitiv, was dann sein wird: eine ewige Gerechtigkeit (צדק עלמים), die Versiegelung von „Gesicht und Prophet(enwort)" und die Salbung von etwas Hochheiligem.[352] Plöger meint,

---

[350] Vgl. V. 17b (nach Theodotion): „um deiner selbst willen, Herr!" (vgl. O. PLÖGER, Dan 132f) u. ebenso V. 19.

[351] Von einer dreiteiligen Gliederung zumindest der beiden Infinitivreihen gehen auch C. F. KEIL, Dan 284; O. PLÖGER, Dan 134.140 u.a. aus.

[352] Was ist mit קדש קדשים bzw. קדש הקדשים gemeint? Naheliegend und immer wieder in den Kommentaren genannt ist die Weihe des von Antiochus IV. Epiphanes entweihten Brandopferaltars bzw. des Tempels insgesamt (vgl. N. W. PORTEOUS, Dan 115; zu älteren Belegen s. C. F. KEIL, Dan 287f). Dieser Deutung steht entgegen, dass in keinem Text eine solche Salbung bezeugt ist (in Dan 8,14 wird die Wiederweihe des Altars mit dem Nifʿal von צדק ausgedrückt; lediglich in Ex 40,10 ist קדש קדשים im AT noch mit משח verbunden). Eine Salbung wird – auf kultische Gegenstände bezogen – überhaupt nur von der Stiftshütte und ihren Gerätschaften bezogen, nicht aber vom salomonischen Tempel und seinen Nachfolgern.

dass die drei Elemente des letzten Versteils „synonymen Charakter" haben und die Konstituierung des neuen Israel nach dem Abschluss der Gerichtszeit anzeigen wollen (Dan 140), d.h. sie beschreiben die Geschehnisse am Ende der 70. Jahrwoche oder unmittelbar danach. Die sachliche Fortsetzung von 9,24 ist nach Plöger darum erst in Kapitel 12,1b–3 zu suchen, nachdem Antiochus IV. Ephiphanes und damit die das Volk bedrängende Religionsnot ihr Ende gefunden haben (s. 11,45b). Das ist die Zeit der Rettung für 'Daniels' Volk, d.h. für „alle, die im Buch geschrieben sind" (12,1). Die in Kap. 11 beschriebene Notzeit des Volkes, die als Strafe für die fehlende Gerechtigkeit aufgefasst werden kann (9,26f), ist damit gerahmt durch zwei eschatologische Gerechtigkeitsaussagen (9,24; 12,2f). Plöger weist ferner darauf hin, dass der „ewigen Gerechtigkeit" in 9,24 die „ewige Königs-herrschaft" des Gottesvolkes entspricht, von der schon in Dan 7,27 (vgl. 7,18; 2,44) – ebenfalls im Rahmen eines dreiteiligen Zeitschemas – die Rede ist.

Liest man, der Anregung Plögers folgend, Dan 12,1b–3 als Fortsetzung von 9,24[353], dann ist nach dem Zusammenhang der „ewigen Gerechtigkeit" und den מַשְׂכִּלִים als solchen, „die viele zur Gerechtigkeit führten" (12,3: מַצְדִּיקֵי הָרַבִּים), zu fragen.[354] Die von Daniel in Aussicht gestellte heilvolle Auferstehung zum ewigen Leben gilt – neben denen, die zur Gerechtigkeit

---

Auch der endzeitliche Tempel Ezechiels und seine Gerätschaften werden nicht gesalbt, sondern, sofern überhaupt eine Weihe genannt ist, mit Blut besprengt. Andererseits werden eine Vielzahl von Geräten der Stiftshütte als „Hochheiliges" benannt (Ex 29,37; 30,10.27–29; 40,10), ebenso die verschiedenen Opferarten (Lev 2,3.10; 6,10.18; 7,1.6; 10,12; 14,13; 24,9; Num 18,9 u.ö.), in Ez 43,12 ist es der ganze Tempelberg, in 45,3 der neue Tempel. Eine Ausnahme stellt 1Chr 23,13 dar, indem einzig hier קֹדֶשׁ קָדָשִׁים für eine Person gebraucht ist, wenn von Aaron gesagt ist: „Aaron wurde ausgesondert um ihn (nämlich Aaron) zu heiligen als Hochheiliges (וַיִּבָּדֵל לְהַקְדִּישׁוֹ קֹדֶשׁ קָדָשִׁים/LXX: καὶ διεστάλη Ααρων τοῦ ἁγιασθῆναι ἅγια ἁγίων), er und seine Söhne für immer". Strittig und schwierig ist die Auflösung von לְהַקְדִּישׁוֹ, das zudem von zwei Handschriften abweichend überliefert ist. W. RUDOLPH, Chr 156, etwa versteht das Suffix des Infinitivs als „eine Art figura etymologica" für das Subjekt und übersetzt darum: „Aaron aber wurde ausgesondert, damit er und seine Söhne immerdar das Hochheilige betreuen". Er räumt aber ein, dass auch übersetzt werden könnte: „um ihn und s. S. als hochheilig zu weihen". Auch C. F. KEIL, Dan 289f, verteidigt die Deutung auf Aaron, hält aber an der Stelle dennoch „die sachliche Bedeutung" für grundlegend (das aaronitische Priestertum in diesem Kontext als eine Art Instrument des Kultus) und möchte darum keine Anspielung auf den Messias sehen, sondern auf den Ort, wo Gott selbst in vollendeter Weise unter seinem Volk lebt. Die Salbung inauguriert „die Herstellung einer neuen Stätte der Gnadengegenwart Gottes unter seinem Volke"; als nächste Parallele verweist er dazu auf Apk 21,1–3 (ebd. 291). SARAH JAPHET, 1Chr 377, sieht in 1Chr 23,13 eine Kombination aus Ex 30,29f: Wie das Stiftszelt und seine Gerätschaften durch die Salbung hochheilig werden, so auch Aaron und seine Söhne durch die Salbung zum Priesterdienst.

[353] O. PLÖGER, Dan 142. Er nimmt darauf bei der Auslegung von Kap. 12 allerdings keinen Bezug mehr.

[354] Hier ist direkter Einfluss von Jes 53,11b anzunehmen, vgl. M. HENGEL, Wirkungs-geschichte 83f; A. M. SCHWEMER, Jesus Christus 185.

führen – doch wohl denen, die sich durch diese zur Gerechtigkeit führen ließen (vgl. a. 11,33). Von den drei positiven Entfaltungen der Heilszeit in 9,24 ist nur die Wurzel צדק hier noch einmal aufgenommen[355], weil sich an dem mit ihr Bezeichneten die Teilhabe an der eschatologischen Heilszeit entscheidet (vgl. 2Petr 3,3). Dass die Wegweiser zu dieser Gerechtigkeit als leuchtende Himmelskörper vorgestellt werden, ist angesichts der wiederholt notierten Lichtmetaphorik im Kontext der Gerechtigkeitsaussagen nicht verwunderlich.[356] Dass Jesus seine Jünger im Kontext einer Einführung in die 'neue' Gerechtigkeit als „Licht der Welt" anspricht, bekommt dadurch deutliche Kontur: Sie sind Lichter, weil sie מצדיקי הרבים sind, wenn sie lehren, was der Messias sie gelehrt hat (vgl. Mt 28,20a).

3.5.3 Zusammenfassung und Ausblick auf die mt Rezeption des Danielbuches

Als Resultat bleibt festzuhalten, dass das Danielbuch für die (messianische[357]) Zukunft eine aus Gottes wesenhafter Gerechtigkeit herrührende Gerechtigkeit erwartet (das Subjekt der sechs Infinitive in 9,24 ist jeweils Gott), die der fehlenden menschlichen zu Hilfe kommt.[358] Ob der Versteil über die Erfüllung von „Gesicht und Prophet(enwort)" dabei so verstanden werden kann, dass diese Erwartung in der prophetischen Überlieferung ihre Wurzel hat, kann offen bleiben, erscheint mir aber als wahrscheinlich. Dann aber wäre, bedenkt man den Einfluss Jeremias auf Daniel, zu überlegen, ob hierin nicht auf den von Jeremia angekündigten neuen Bund rekurriert wird, dessen Ankündigung ja gleichfalls eng mit der Gerechtigkeitsterminologie verbunden

---

[355] Vgl. aber auch חתם in 9,24 und 12,4. Die Versiegelung ist der eigentlichen Botschaft nachgeordnet und unterstreicht nur deren Bedeutung, sie stellt selbst aber keine eigene Heilsaussage dar.

[356] Vgl. dazu auch Dan 9,21f: Der Engel Gabriel „strahlt auf" (נגע) über Daniel, zu dem er gekommen ist, um ihn Einsicht zu lehren (להשכילך בינה). Wie der Engel für Daniel das Licht der Erkenntnis ist, so ist es für die späteren Generationen Daniel und die ihm verbundenen משכילים.

[357] Die Wurzel משח begegnet in V. 24 (Verb), 25 (Verbaladjektiv, auf einen Fürsten bezogen) u. 26 (Verbaladjektiv, substantivisch gebraucht), ohne dass dabei zweifelsfrei oder auch nur wirklich deutlich vom Messias als dem endzeitlichen Herrscher die Rede ist. Die LXX interpretiert den Text jedoch messianisch, ohne dass allerdings erkennbar wäre, ob der erwähnte Χριστός den königlich-davidischen oder einen priesterlichen Gesalbten meint. Versucht man einen zeitgenössischen Hintergrund für die Stelle zu finden, dann ist an den gewaltsamen Tod des letzten legitimen zadokidischen Hohenpriesters Onias III. zu denken, vgl. M. HENGEL, Wirkungsgeschichte 107f; K. KOCH, Messias und Menschensohn 236f. Zu den Schwierigkeiten dieser Stelle s.a. M. KARRER, Der Gesalbte 176 u. 161 Anm. 84, dessen Interpretation allerdings nicht überzeugt, vgl. P. STUHLMACHER, Theologie I 113; ANNA MARIA SCHWEMER, Jesus Christus 168.

[358] Die Stelle Dan 4,24, wo aram. צדקה im Sinne von innerweltlich sühnenden Wohltaten zu verstehen ist, kann hier außer Acht bleiben, da Daniels Rat an den heidnischen König nicht dasselbe theologische Gewicht besitzt wie die Aussagen im Bußgebet.

ist. Zieht man die prophetischen Linien, die dem Verfasser des Danielbuches im 2. Jh. ja bereits vorlagen, noch weiter aus, dann kann gefragt werden, ob mit der „Salbung eines Allerheiligsten" nicht zumindest die davidisch-messianische Erwartung eines Gerechten angedeutet wird, oder noch vorsichtiger: ob spätere Rezipienten, die die unmittelbar zeitgenössischen Elemente der Weissagung nicht mehr kannten und den Text darum als Ankündigung eines zukünftigen Geschehens verstanden, dies angedeutet finden konnten.[359] Da in Dan 9,25f zweimal von einem personalen מָשִׁיחַ die Rede ist und 9,24–27 ein Endgeschehen beschreibt, legt sich die Einbeziehung dieser Stelle in spätere Messiaserwartungen nahe, wenngleich der Text keinen direkten Rückbezug auf den in V. 24 angekündigten Salbungsvorgang erkennen lässt.[360] Das Ziel von 24–27 ist jedenfalls der in V. 24 für das Ende der 70 Jahrwochen beschriebene *Heilszustand*, nicht so sehr die Schilderung der Bedrängnis in V. 27, auf die sich die Auslegung konzentriert.[361]

Die Bedeutung von Dan 9,24–27 bei Matthäus: Auffälligerweise besitzt der Danieltext im Neuen Testament nur eine sehr geringe Bedeutung. In der Liste der *Loci citati vel allegati* in Nestle-Aland[27] sind für die vier Verse aus Daniel lediglich sechs Bezugnahmen zitiert (zwei als Zitate gekennzeichnet, und vier Anspielungen), von denen vier auf das Matthäus-Evangelium verweisen, darunter die beiden einzigen Zitate (Dan 9,27 in Mt 4,5 u. 24,15).

Die notierten Beziehungen von Mt 4,5 zu Dan 9,24.27 sind jedoch nicht wirklich nachweisbar, da die Bezeichnung Jerusalems als „heilige Stadt" zu weit verbreitet ist, um darin einen Hinweis auf Dan 9,24 sehen zu können.[362] Welcher Bezug zwischen Mt 4,5 und Dan 9,27

---

[359] Vgl. C. F. KEIL, Dan 289: Die Kirchenväter verstanden die Aussage allgemein als auf den Messias bezogen, die altsyrische Übersetzung trägt dies sogar in den Text ein: „bis auf den Messias, den Allerheiligsten". Die Begründung dafür fanden sie in den messianisch gedeuteten Stellen Ps 45,8 und Jes 61,1, wo von der Salbung des Messias die Rede ist. Auch die frühe Umdeutung des vierten Reiches auf Rom (vgl. Josephus, Ant 10,208f.276; 4Esr 12,10–12 u. dazu H. GESE, Die Bedeutung der Krise unter Antiochus IV. Epiphanes für die Apokalyptik des Danielbuches, ZThK 80 [1983], 373–388, jetzt in: DERS., Alttestamentliche Studien, Tübingen 1991, 202–217 [213f]) zeigt, dass die Weissagungen des Danielbuches zur Zeit des Matthäus als die eigene Gegenwart betreffende Prophetie gelesen werden konnten. Dazu kommt, dass die Menschensohn-Vision Dan 7,13 sich gut für eine königliche Herrschererwartung eignete und über die 3 1/2 Zeiten in 7,25 zudem eine Brücke zu der letzten Jahrwoche in 9,27 besteht. Nach A. M. SCHWEMER, Jesus Christus 185f, konzentrieren sich auf den Menschensohn „davidisch-, prophetisch- und priesterlich-messianische »Züge«", vgl. a. GESE, ebd. 186.

[360] Dass קָדָשִׁים קֹדֶשׁ „niemals Personen" bezeichnen kann, so O. PLÖGER, Dan 134, ist jedenfalls in dieser Eindeutigkeit falsch, wie 1Chr 23,13 zeigt (s.o. Anm. 352).

[361] Vgl. K. KOCH, Das Buch Daniel, EdF 144, Darmstadt 1980, 215, der in seinem Forschungsbericht schreiben kann: „Die Heilserwartung in 9,24 wird so wenig gewürdigt, daß sie hier außer Betracht bleiben kann."

[362] Vgl. die Stellen bei DAVIES/ALLISON, Mt I 365. Auch der angezeigte Bezug von Hebr 9,12 auf Dan 9,24 erscheint mir zu weit hergeholt.

bestehen soll, ist mir nicht klar. Ebenfalls kaum überzeugend ist ein solcher für Mt 11,3 und Dan 9,26.

Was bleibt ist der eindeutige Verweis in Mt 24,15 auf Dan 9,27, wenngleich die in Mt 24,15 gebrauchte Wendung τὸ βδέλυγμα τῆς ἐρημώσεως in exakt diesem Wortlaut lediglich in Dan 12,11 vorkommt. Diese Stelle fungiert jedoch als interner Rückverweis auf 9,27, wo vom βδέλυγμα τῶν ἐρημώσεων gesprochen wird (vgl. a. 11,31: βδέλυγμα ἐρημώσεως bzw. bei Theodotion βδέλυγμα ἠφανισμένον). In Mk 13,14 besitzt die Mt-Stelle zwar eine Parallele, doch ist sie bei Matthäus charakteristisch erweitert, indem er die Herkunft der Wendung τὸ βδέλυγμα τῆς ἐρημώσεως eindeutig auf den Propheten Daniel zurückführt: τὸ ῥηθὲν διὰ Δανιὴλ τοῦ προφήτου. Beachtlich daran ist, dass dies überhaupt die einzige namentliche Nennung Daniels im Neuen Testament ist, weiter, dass Daniel hier wie in Qumran[363] und im LXX-, aber anders als im masoretischen Kanon, den Propheten zugezählt wird.[364] Diese redaktionelle Erweiterung – in Verbindung mit vergleichbaren Zusätzen – offenbart Matthäus auch hier als Schriftgelehrten mit guten Kenntnissen der prophetischen Überlieferung und bezeugt zugleich seine Wertschätzung, die er dem Danielbuch entgegenbringt.

4. Der Psalter als Tora Davids[365]

Auf die herausragende Stellung des Psalters in der frühjüdischen und frühchristlichen Tradition wurde bereits hingewiesen (s.o. S. 459–461). Dies betrifft nicht nur den hebräischen Psalter, sondern auch die von ihm abhängigen Traditionen. Besondere Bedeutung kommt der LXX zu, die in den zurückliegenden Jahren mehr und mehr als eigener Forschungsgegenstand entdeckt wurde.[366] Auch die Verwendung des Psalters in der rabbinischen Literatur

---

[363] Vgl. 4Q174 Kol. IV Z. 3 mit Bezug auf Dan 12,10; 11,35.38f. Dieser Text war früher unter 4QFlorilegium bekannt, seit der Arbeit von ANNETTE STEUDEL, die die Zusammengehörigkeit von 4Q 174 mit 4Q 177 aufzeigen konnte, hat sich dagegen die Bezeichnung als „Midrasch zur Eschatologie" (MidrEschat) durchgesetzt, vgl. DIES., Der Midrasch zur Eschatologie aus der Qumrangemeinde (4QMidrEschat^{a.b}), STDJ 13, Leiden u.a. 1994; greifbar ist ihre Rekonstruktion des Textes auch in dem von ihr herausgegebenen Band: Die Texte aus Qumran II, Darmstadt 2001, 187–213.

[364] In Hebr 11,33 ist indirekt auf Daniel Bezug genommen, der dort (vgl. 11,32) ebenfalls in die Reihe der Propheten gestellt ist.

[365] Zur Parallelisierung von Pentateuch und den fünf Büchern des Psalters s.o. Anm. 36 u. unten Anm. 372.

[366] Einen ersten Überblick verschafft: Der Septuaginta-Psalter. Sprachliche und theologische Aspekte, hg. v. E. Zenger, HBS 32, Freiburg u.a. 2001; F. AUSTERMANN, Von der Tora zum Nomos. Untersuchungen zur Übersetzungsweise und Interpretation im Septuaginta-Psalter, AAWG.PH 257 = MSU 27, Göttingen 2003, 17–26 („Der Septuaginta-Psalter als eigenständiges theologisches Dokument"). Zur messianischen Interpretation des

(nicht nur im Psalmen-Midrasch) wäre eine lohnende Aufgabe[367], desgleichen die Einbeziehung des Psalter-Targums.[368] Dazu kommt die durch die neuere Psalmenforschung angeregte Einsicht, dass der Psalter auch als Lesebuch fungierte, d.h. kompositorische Fragestellungen werden zunehmend beachtet und befruchten seine Wahrnehmung.[369] Die hier gebotenen Hinweise versuchen diese neuen Ansätze für die hier zu untersuchende Fragestellung fruchtbar zu machen, ohne sich dabei einem bestimmten Modell zu verschreiben. Am Anfang ein Überblick über die eigentlichen Tora-Psalmen und ihre Aussagen zur Gerechtigkeitsthematik, deren Verteilung im Psalter in keinem erkennbaren Verhältnis zur Einteilung in die fünf Psalm-Bücher steht.[370] Diese werden dann im zweiten Teil nacheinander als Teil einer

---

LXX-Psalters s.a. oben Anm. 13. Zur Frage der Toraisierung, die durch die LXX-Übersetzung verstärkt wurde, vgl. in dem genannten Sammelband S. OLOFSSON, Law and Lawbreaking in the LXX Psalms – A Case of Theological Exegesis (291–330); zurückhaltender in dieser Hinsicht dagegen AUSTERMANN, ebd. 209: Die „Übersetzung spiegelt nicht etwa einen angeblichen Nomismus oder nomisierende Umdeutungsabsichten, sondern beruht auf einer konservativen und bewahrenden Interpretation der torabezogenen Texte in den hebräischen Psalmen"; gleichwohl gilt, dass „PsLXX … bei seiner Wiedergabe ausdrücklich und nachdrücklich *Fehlverhalten als Gesetzwidrigkeit, Übeltäter als Gesetzesgegner* und *Gott als Gesetzgeber* und *Gesetzesausleger*" charakterisiert (208; Hhg.Orig.).

[367] Vgl. als erste Annäherung H. D. PREUSS, Die Psalmenüberschriften in Targum und Midrasch, ZAW 71 (1959), 44–54; C. THOMA, Psalmenfrömmigkeit im Rabbinischen Judentum, in: Liturgie und Dichtung, hg. v. H. Becker u. R. Kaczynski, PiLi 1, St. Ottilien 1983, 91–105; G. BODENDÖRFER, Zur Historisierung des Psalters in der rabbinischen Literatur, in: Der Psalter (s.o. Anm. 12), 215–234.

[368] Vgl. M. J. BERNSTEIN, The 'Righteous' and the 'Wicked' in the Aramaic Version of Psalms, Journal for the Aramaic Bible 3 (2001), 5–26: Der Aufsatz zeigt, dass dieses Gegensatzpaar massiv über den masoretischen Text hinaus eingetragen und dazu in einen eschatologischen Kontext gestellt wird.

[369] Zum Weg von der *Psalmen*exegese zur *Psalter*exegese vgl. G. H. WILSON, The Editing of the Hebrew Psalter, SBL.DS 76, Chico CA, 1985, dessen Arbeit inspirierend wirkte, vgl. außerdem als wichtige ältere Arbeit CH. BARTH, Concatenatio im ersten Buch des Psalters, in: Wort und Wirklichkeit, FS E. L. Rapp, hg. v. Brigitta Benzing u.a., Bd. 1: Geschichte und Religionswissenschaft. Bibliographie, Meisenheim am Glan 1976, 30–40; vgl. außerdem: The Shape and Shaping of the Psalter, hg. v. J. C. McCann, JSOT.S 104, Sheffield 1993; M. MILLARD, Die Komposition des Psalters. Ein formgeschichtlicher Ansatz, FAT 9, Tübingen 1994 u. den Überblick bei K. SEYBOLD, Beiträge zur Psalmenforschung der jüngsten Zeit, ThR 61 (1991), 247–274, jetzt in: DERS., Studien zur Psalmenauslegung, Stuttgart u.a. 1998, 46–74 (71–74); E. ZENGER, Buch der Psalmen, in: DERS. u.a., Einleitung (s.o. Anm. 36), 311–314; DERS., Der Psalter als Buch. Beobachtungen zu seiner Entstehung, Komposition und Funktion, in: Der Psalter (s.o. Anm. 12), 1–57. Gegen die Methode der Buchexegese und für die Beibehaltung des Gewichts der Einzeltexte äußern sich u.a. E. S. GERSTENBERGER, Der Psalter als Buch und Sammlung, in: Neue Wege der Psalmenforschung, hg. v. K. Seybold u. E. Zenger, HBS 1, Freiburg u.a. 1994, 3–13; N. WHYBRAY, Reading the Psalms as a Book, JSOT.S 222, Sheffield 1996.

[370] H. GESE, Die Entstehung der Büchereinteilung des Psalters, in: Wort, Lied und Gottesspruch, FS J. Ziegler, hg. v. J. Schreiner, Würzburg 1972, Bd. 2, 57–64, jetzt in: DERS., Vom Sinai zum Zion (s.o. Anm. 4), 159–167, warnt nachdrücklich davor, aufgrund der

zusammengehörenden Geschichte zu lesen versucht[371], in der dann auch der Messias seinen ihm zustehenden theologischen Ort erhält. Denn die Tatsache, dass der Psalter zu großen Teilen als ein Werk Davids gilt[372] und der Erwartung eines messianischen Heilskönigs Ausdruck verleiht, zeigt, dass auch in ihm, wie schon in den prophetischen Büchern, zwei Linien verlaufen: In der einen ist die Gerechtigkeit mit der Tora verbunden, in der anderen mit dem König bzw. dem zukünftigen Davididen, ohne dass eine klare Verhältnisbestimmung zwischen beiden Linien erfolgte.[373]

4.1 Die Tora-Psalmen und der äußere Rahmen des Psalters als Leseanleitung im Hinblick auf die Gerechtigkeit

Die einleitende Funktion von Ps 1, das herausragende Gewicht von Ps 119, des längsten Einzelpsalms überhaupt, dazu eine Vielzahl von direkten Bezügen auf die Tora in anderen Psalmen lassen keinen Zweifel daran, dass die Endredaktion des Psalters (auf die zumindest die Stellung von Ps 1 als Auftakt und Leseanleitung zum Psalter zurückgeht) an der Tora als der verbindlichen Kundgabe des Gotteswillens orientiert war. Das deckt sich mit der angenommenen Herkunft des Psalters aus den Kreisen der *Chasidim*[374]

---

postulierten Fünfteilung (die s.E. in neutestamentlicher Zeit noch nicht im Sinne einer Psalter-Tora präsent war) die übrigen erkennbaren Sammlungsgrenzen zu negieren.

[371] Mit einer anderen Zielrichtung findet sich eine an der Tora orientierte »Lektüre« des Psalters auch bei M. LOERBROKS, Weisung vom Zion. Biblisch-theologische Orientierungen für eine Kirche neben Israel, SKI 19, Berlin 2000, 130–175 unter der Überschrift: „Eine Tora der Völkerwallfahrt – Das Buch der Psalmen als Sozialisation der Völker in den Bund Gottes mit Israel". Diese Überschrift zeigt zugleich das Problem, indem eine moderne Fragestellung als Leitmotiv gewählt wurde, die im Psalter selbst m.E. nur ein Randphänomen darstellt.

[372] Im masoretischen Text sind 73 Psalmen durch die Überschrift mit David verbunden, in der LXX sind es sogar 83, dazu kommt als Abschlusskomposition Ps 151 (vgl. a. 11QPs^a DavComp). Zur „Davidisierung" s. u.a. E. ZENGER, Buch der Psalmen 314; M. RÖSEL, Die Psalmübersetzungen des Septuaginta-Psalters, in: Der Septuaginta-Psalter (s.o. Anm. 366), 125–148 (142f, vgl. 130).

[373] Vgl. J. L. MAYS, The Place of the Torah-Psalms in the Psalter, JBL 106 (1987), 3–12: die herausragenden Torapsalmen 1, 19 und 119 stehen alle in unmittelbarer Nachbarschaft zu einem messianisch-eschatologischen Psalm stehen, nämlich 2, 18 und 118. Den Sinn dieses „pairing" sieht Mays darin, „an eschatological context for a piety based in torah" herzustellen (11) und damit das individuelle Geschick des Gerechten in einen heilsgeschichtlichen Rahmen zu integrieren (vgl. 10), deren Hoffnung „the coming kingdom of God" ist (11), vgl. ferner B. JANOWSKI, „Verstehst du auch, was du liest?" Reflexionen auf die Leserichtung der christlichen Bibel, in: DERS., Der Gott des Lebens. Beiträge zur Theologie des Alten Testaments 3, Neukirchen-Vluyn 2003, 351–389 (375f).

[374] Vgl. grundlegend: CH. LEVIN, Das Gebetbuch der Gerechten. Literargeschichtliche Beobachtungen am Psalter, ZThK 90 (1993), 355–381. Levin sieht in den Asidäern/*Chasidim* und den *Anawim* jene Gruppen, die dem Psalter seine kanonisch gewordene Fassung gaben (379). Sie verstehen sich als die Gerechten und zwar „gemessen am Maßstab der Tora und bezogen auf das (eschatologische) Gottesgericht" (375). Der von ihnen redigierte Psalter „hat

und wird zudem durch die Fünfteilung analog den fünf Büchern Moses bestätigt.[375] Wenn nun gleichzeitig fast ein Drittel aller Belege der Wurzel צדק im Psalter vorkommt, dann steht dieser von Anfang an in einem besonderen Verhältnis zur Tora, das von der Psalter-Redaktion auch gewollt war, wie Ps 1 und 119 erkennen lassen.

4.1.1 Psalm 119

Der wichtigste Beleg für den enger werdenden Zusammenhang von Tora und Gerechtigkeit in nachexilischer Zeit ist zweifelsohne *Ps 119*[376], der allein

---

seinen Sitz im Leben nicht im Tempelgottesdienst. Er gehört in das Konventikel und ins Kämmerlein." Was die Gerechten von den Frevlern „unterscheidet, ist die eifrige Gesetzesobservanz", wie sie in Ps 1,2 bezeugt ist (371), aber auch in den nach Levin aus ihren Kreisen stammenden Zusätzen wie 26,1b.4f.9–11; 36,2–5.11–13; 68,3f; 97,10–12 u.a.m. vorauszusetzen ist. Insbesondere in den akrostichischen Psalmen findet er die typische Frömmigkeit dieser „Gerechten" wieder (370f). Nach seiner Analyse bestimmt der Gegensatz von Gerechten und Frevlern rund 42 Psalmen, wobei das Thema „in der Regel vorhandenen Psalmen nachträglich aufgesetzt" ist (370). Vergleichbare Spuren gebe es auch in anderen biblischen Büchern, so Gen 18,23–32 und die „nachgetragenen Notizen von der Gerechtigkeit Abrahams in Gen 15,6 und von der Gerechtigkeit des vor der Sintflut geretteten Noach in Gen 7,1b" (373), weiter in der Weisheit (373f) und etwa Zef 2,3 (375). Vgl. a. K. KOENEN, Heil den Gerechten – Unheil den Sündern! Ein Beitrag zur Theologie der Prophetenbücher, BZAW 229, Berlin u. New York 1994, der deutlich macht, dass die Gegenüberstellung von Gerechten und Sündern und damit die Individualisierung von Gericht und Gnade als ein Produkt der Redaktion und Fortschreibung der Prophetenbücher anzusehen ist, die der menschlichen Verantwortlichkeit gegenüber Gott damit Raum geben wollte, dass sie „das rechte Verhalten" als „eine Voraussetzung für die Teilhabe an dem von Gott geschenkten Heil" darstellte (273). Was Koenen in seiner Arbeit nicht bearbeitete ist die sich daraus ergebende Folge für den Umgang mit der Tora, die als Ausdruck von Gottes Willen damit zur Aufgabe des Einzelnen wird.

[375] Zur Enstehung dieser Fünfteilung in hellenistischer Zeit vgl. R. G. KRATZ, Tora Davids 1f; E. ZENGER, Buch der Psalmen 315f; M. MILLARD, Komposition 8 Anm. 10: Er deutet die Wendung „gefünftelte Bücher" in 1Q30 I 4 auf den Psalter, eine Deutung auf den Pentateuch ist angesichts des fragmentarischen Charakters aber ebenfalls nicht auszuschließen. Zwei Zeilen früher ist möglicherweise vom „Gesalbten der Heiligkeit" die Rede, die erhaltenen Reste erlauben es jedoch nicht, weitergehende Schlüsse daraus zu ziehen (vgl. J. ZIMMERMANN, Messianische Texte 426f). Nach den Arbeiten von P. W. FLINT (s.o. Anm. 24) ist 11QPs^a der Standardpsalter in Qumran, der bekanntlich eine andere Reihenfolge aufweist. S.E. ist bisher kein Nachweis erbracht, dass Qumran die masoretische Zählung von Ps 90ff kennt. Von Masada stammt jedoch eine Psalmen-Rolle, die mit Ps 147–150 endet. Zur Kritik an Flint s. H.-J. FABRY, Der Psalter in Qumran, in: Der Psalter (s.o. Anm. 12), 137–163 (151–161); U. DAHMEN, Psalmentext und Psalmensammlung. Eine Auseinandersetzung mit P. W. Flint, in: Die Textfunde vom Toten Meer und der Text der Hebräischen Bibel, hg. v. ders., A. Lange u. H. Lichtenberger, Neukirchen-Vluyn 2000, 109–126. M.E. verdeutlicht diese konkurrierende Situation die theologische Relevanz der Anordnung und bietet so die Möglichkeit, nach den unterschiedliche Gesamtkonzeptionen zu fragen, wie es in der Analyse von 11QPs^a versucht wurde (§ 13/4.8).

[376] Zur Datierung vgl. H.-J. KRAUS, Theologie der Psalmen, BKAT XV/3, Neukirchen-Vluyn 1979, 203: Die Beziehung des Einzelnen zur Tora ist ein Phänomen der nachdeutero-

schon seines Umfanges wegen herausragt. Eine stattliche Anzahl von die Tora bezeichnenden Termini ist in diesem Psalm mit der Wurzel צדק verbunden (vgl. 119,40.138.142.144.172) und ermöglicht es, anhand der erkennbaren Wortfelder entsprechende Wendungen und Komplexe innerhalb des übrigen Psalters zu benennen.

Die Wortstatistik für Ps 119 markiert die inhaltlichen Schwerpunkte deutlich: An der Spitze steht תורה mit 25 Belegen[377], zugleich der Oberbegriff für die anderen Tora-Begriffe, die untereinander zumeist austauschbar sind und kaum ein eigenständiges Profil besitzen[378]: דבר (24mal), משפט (23), מצוה (22), עדות (22 [nur Plural: Gebote, Zeugnisse]), פקודים (21 [Befehle, Ordnungen])[379], חקים (21 [nur Plural: Gebote]), אמרה (19 [Wort, Rede])[380]. Das bedeutet, dass rund ein Viertel aller Nomina des Psalms zu diesem Wortfeld gehören. An zweiter Stelle in der Häufigkeit stehen die damit verbundenen Verben שמר (21 [bewahren, beachten]), למד (13 [im Pi'el und Qal, d.h. lehren und lernen]), בין (10 [verstehen]), נצר (10 [halten, bewahren]), שכח (9 [vergessen]), עשה (8), שיח II (6 [nachdenken (über)]), ידע (5), רדף (5 [nachjagen, eifrig folgen]) und דרש (5 [suchen]). Die Wortgruppe der Frömmigkeits- und Vertrauenstermini bildet die dritte Gruppe, die durch ihre Häufigkeit auffällt: לב (14), צדק (12), חסד (7), אמונה (5), שעשעים (5 [nur Plural: Vergnügen, Lust]), ישועה (4) und אמת (4), dazu die Verben אהב (12) und יחל (6 [warten]), sowie eine Reihe von einzelnen synonymen Verba. Unter den Oppositionsbegriffen besitzen nur שקר (8), רשע (6) und זד (6 [stolz]) eine gewisse Häufigkeit, dazu kommt als Verb בוש (6 [Qal und Hif'il: schämen u. beschämen]). Zur Gruppe der Frömmigkeitstermini gehören ferner die Ausdrücke der Weg-Metapher: דרך (13), ארח (5) sowie das Verb הלך (3), dazu noch einige weitere Begriffe, die nur ein- oder zweimal erwähnt sind. Abgesehen von עבד (14), עולם (11), נפש (8), פה (7), עין (6) sowie den Verba חיה

---

nomischen Zeit, vgl. außerdem W. SOLL, Psalm 119. Matrix, Form, and Setting, CBQ.MS 23, Washington 1991. Zum Toraverständnis vgl. F. AUSTERMANN, Von der Tora im hebräischen Psalm 119 zum Nomos im griechischen Psalm 118. Was die Wiedergabe über die Gesetzestheologie des Übersetzens verrät und was nicht, in: Der Septuaginta-Psalter (s. Anm. 366) 331–347.

[377] In keinem anderen alttestamentlichen Buch kommt תורה häufiger vor als im Psalter, und kein Einzeltext enthält mehr Belege als eben Ps 119, vgl. F. AUSTERMANN, Tora [2001] 332, zur griechischen Wiedergabe DERS., Tora [2003] 109–114, zu den übrigen Begriffen ebd. 114–125.

[378] Vgl. K. SEYBOLD, Psalmen 473. Das Leitwort תורה, von Seybold als primus inter pares bezeichnet, kommt mit Ausnahme der 2./ב-Strophe in allen anderen wenigstens einmal vor. Zu den weiteren Kennzeichen gehört, dass mit Ausnahme von V. 122 in jedem der durchweg einzeiligen Verse eines der genannten Tora-Äquivalente verwandt wird. J. L. MAYS, Torah-Psalms 7, sieht in diesem „cluster of terms" nicht in erster Linie Synonyme, sondern einen Versuch des Verfassers, möglichst alle biblischen Begriffe, die für Gottesoffenbarungen gebraucht werden, unter die Überschrift der Tora zu stellen („The list is to meant to include whatever serves as instruction about the way of the Lord and of his servants"), vgl. a. F. AUSTERMANN, Tora [2001] 337: Aus der Tatsache, dass die meisten der genannten Tora-Bezeichnungen im Plural begegnen, während Tora nur im Singular vorkommt, schließt er, dass die Tora „das alleinige Zentrum" ist, während die Parallelbegriffe lediglich die Funktion haben, „die Tora näher zu bestimmen und auszulegen".

[379] Außer in Ps 119 nur noch in Ps 99,9; 103,18; 111,7.

[380] Von 37 Belegen finden sich 26 im Psalter, außer den 19 Belegen in Ps 119 noch in: 12,7bis; 17,6; 18,31; 105,19; 138,2; 147,15.

(16), היה (6) und ענה (5), sind damit alle Vokabeln aufgeführt, die mindestens fünfmal in diesem Psalm begegnen.

Versucht man, das Profil der צדק-Aussagen zu erfassen, dann empfiehlt es sich, bei der 18./צ-Strophe einzusetzen (V. 137–144), in der – durch die akrostichische Form des Psalms bedingt – die צדק-Aussagen gehäuft, aber doch durchaus planvoll auftreten. Das zeigt sich u.a. daran, dass von den fünf Belegen in den acht Versen der צ-Strophe nur drei am Versanfang stehen (und somit funktional im Hinblick auf die akrostichische Struktur), d.h. die Häufung kann nicht einfach darauf zurückgeführt werden, dass dem Verfasser nicht genügend mit *Zadeh* beginnende Wörter zur Verfügung gestanden hätten. Ferner fällt auf, dass jeweils nur einmal צדיק (V. 137), צדקה (V. 142) und צדק (V. 144) am Versanfang stehen, mithin je ein Lexem der Gerechtig-keitsterminologie, dazu verteilt auf den Anfang und das Ende der Strophe. Die beiden Eingangszeilen lauten:

137: „Gerecht bist du, Jahwe, und redlich (ישר) sind deine Verfügungen (משפטיך).
138: Du hast nach Recht (צדק) deine Verordnungen (עדותיך) geboten, und in großer Treue (אמונה).“

Mit einer *Aussage über Gott im Modus der Anrede* und damit als Ausdruck eines Verhältnisses zwischen dem Beter und dem so nach seinem Wesen angeredeten Gott fängt die Strophe an. Als Parallelbegriff zu צדיק steht in der zweiten Vershälfte ישר. Beide Adjektive sind in Ps 119 nur hier zu finden (vgl. aber auch 119,7), während sie im übrigen Psalter häufig sind und zwar sowohl bezüglich Gottes[381] als auch der in einem heilvollen Verhältnis zu ihm stehenden Menschen.[382] Sie dienen hier der Charakterisierung Jahwes, aber erkennbar mit der Absicht, damit seine Verfügungen, und das heißt im Kontext des Psalmes, seine Tora als Heilsweg (vgl. V. 1) insgesamt zu quali-fizieren, indem sich in ihr der mit צדיק und ישר charakterisierte Wesenszug Gottes abbildet. Die „Verordnungen" von V. 138 sind von Jahwe geboten worden *mittels* seiner Gerechtigkeit und großer Treue oder *als Ausfluss seines Wesens*: „Du hast geboten als (צדיק in) צדק deine Verordnungen und als (Ausdruck) großer Treue."[383]

---

381 Gott als צדיק: Ps 7,10; 11,7; 116,5; 129,4; 145,17, als ישר s. Ps 25,8; 92,16, vgl. 33,4.

382 Für צדיק vgl. Ps 1,6; 5,13; 11,5; 14,5; 31,19; 55,23; 58,11, für ישר Ps 11,2; 36,11. Zur Parallelität von ישר und צדיק im Hinblick auf Menschen vgl. Ps 11,7; 32,11; 33,1; 58,2; 64,11; 97,11; 112,4 (s.u. S. 611 zu dieser textkritisch unsicheren Stelle); 125,3f; 140,14, vgl. a. 94,15; 119,7; in Bezug auf Gott (wobei statt צדיק meist צדק steht): Ps 9,9; 45,7b.8a; 98,9; 99,4.

383 Vgl. dazu die mehrfach in Ps 119 begegnende Wendung משפטי צדקך (V. 7.62.106.160 [vgl. App. BHS z.St.].164, vgl. 172): mit ihr ist m.E. mehr gemeint als nur „deine gerechten Satzungen", da mit dieser Übersetzung der wesenhafte Bezug zu Gott selbst undeutlich bleibt. Der Beter dankt Gott für die Möglichkeit, die Satzungen zu lernen, die Gottes צדק gemäß

Auf dieses einleitende Bekenntnis des Beters erfolgt eine knappe Feindklage (V. 139b.141a), unterbrochen vom wiederholten Bekenntnis zur Weisung Gottes, von der der bedrängte Psalmist bezeugt, dass er sie als עבד יהוה liebe.[384] Als Einzelner sieht er sich Feinden gegenüber, aber er besteht diese Verfolgung und Anfechtung durch den Umgang mit Gottes Tora (vgl. Mt 5,10f), von der gilt:

142: „Deine Gerechtigkeit ist gerecht für immer, und deine Tora Wahrheit."

In diesem Vers ist צדקה Gottesprädikation, die im Parallelismus zur Tora steht, und beide garantieren durch ihre Qualifizierung mit צדק bzw. אמת die Grundordnung der menschlichen Existenz: Der Bedrängte ist trotz aller Not (vgl. V. 143) nicht verzweifelt, weil Gottes צדקה, und d.h. hier ganz konkret, weil Gottes תורה für immer (לעולם) besteht. Das nimmt auch die letzte Zeile der Strophe noch einmal auf:

144: „Gerecht sind deine Bezeugungen für immer – unterweise mich, so werde ich leben!"

Was Gott von sich bezeugt in seinen Worten, Taten und dem Israel gewährten Heilshandeln (עדות), ist für immer als צדק qualifiziert.[385] Darum erbittet sich der Beter Einsicht direkt von Gott, weil ihm dies zum Leben verhilft. An anderen Stellen ist die Ursache für die Hoffnungsaussage „und ich werde leben" Gottes Erbarmen (V. 77, vgl. 17) bzw. sein Reden (V. 116). Ähnlich die Bitte in V. 40: „durch deine Gerechtigkeit belebe mich" (vgl. 119,25.37: „durch deine Wege"; 119,88.159: „durch deine Güte"; 119,107: „durch dein Wort"; 119,149.156: „durch deine Satzung[en]" u.ä.).

---

sind, wobei wiederum beide Relationsrichtungen in der Formulierung mitgedacht werden können: der vom Menschen in seinem Tun verwirklichte und damit vor Gott wirkende צדק ebenso wie der von Gott verwirklichte und geoffenbarte צדק in Beziehung auf den Menschen. Dass צדק in Ps 119 keinen primär zwischenmenschlichen Relationsbegriff darstellt, belegt V. 75, wo es um Gottes gerechtes Rechtshandeln am Beter geht, aber auch V. 121, wo der Beter um Gottes heilvolles Eingreifen bittet: Er beschreibt sich selbst als einen, der משפט וצדק tut und dennoch von seinen Bedrängern verfolgt wird (vgl. 122). Darum erbittet er von Gott das ihn rechtfertigende Wort (V. 123), d.h. er „sehnt" sich (so übersetzt etwas frei die Lutherbibel) nach der Gerechtigkeit (vgl. Mt 5,10). Das Widerfahrnis von Gottes Gerechtigkeit ist aber gleichbedeutend damit, dass Gott „in Güte" an seinem Knecht handelt (V. 124a), wozu auch die Unterweisung in der Tora gehört (124b.125). Der Beter bringt also vor Gott seine משפט וצדק und belegt damit, dass er die Tora gehalten hat, aber er leitet daraus keinen Rechtsanspruch ab, sondern appelliert an Gottes Güte, die sich darin zeigt, dass er den Bedrängten ins Recht setzt. Zugleich zeigt dieser Abschnitt, dass das Tun von משפט וצדק kein 'fertiges' Geschehen ist, sondern immer neu der Belehrung durch Gott bedarf.

[384] Zur Selbstbezeichnung des Beters als עבד s. V. 17.23.38.49.65.76.84.91.122.124f. 140 und 176, insgesamt 14mal. Sie ist auch sonst häufig, vgl. Ps 19,12.14; 27,9; 31,17; 69,18; 86,2; 116,6; 143,2. Auch die Kennzeichnung der Gottesliebe in Gestalt der Toraliebe ist häufig, allein mit אהב 12mal.

[385] Vgl. V. 160: „alle Rechtssatzungen, die deiner צדק entsprechen, sind für immer".

Aus diesen Stellen ergibt sich: *Alles, was die Tora als Ganzes und in ihren Einzelgeboten ist, lässt sich auch mit dem Lexem Gerechtigkeit aussagen – und alles was zur Gerechtigkeit gehört, gehört auch zur Tora.* Zugleich gibt sich der Beter als Einzelner zu erkennen, der bedrängt ist, weil er an der Tora und damit an der Gott gemäßen Gerechtigkeit festhält und sie tut. Das verweist auf eine Situation, in der die Haltung des Beters nicht als einzig mögliche und vielleicht nicht einmal als einzig richtige galt. Der zuversichtliche und werbende Ton, in dem sich das Ideal des weisheitlichen Lehrers ausdrückt, lässt dabei als Entstehungsort – auch aufgrund der formalen Besonderheiten – an die Weisheitsschulen der späteren nachexilischen Zeit denken, in denen das deuteronomistische Erbe lebendig war und in Gestalt einer innigen Torafrömmigkeit weitertradiert wurde.[386]

4.1.2 Eingang und Ausgang: Psalm 1 und das kleine Hallel (Ps 146–150)

Der mit Ps 119 eng verwandte *1. Psalm* entstammt jenem Milieu, in dem die kanonisch gewordene Psaltersammlung als „Gebetbuch der Frommen" entstand. Aufgrund seiner Stellung als Eingangspsalm für den ganzen Psalter[387] besitzt er eine hermeneutische Funktion. Die von ihm vorgegebene Leseorientierung verweist darauf, dass die Beschäftigung mit der Tora[388] den Menschen zu einem Gerechten macht, der in der „Gemeinde der Gerechten" zu bestehen vermag und dessen Weg unter Gottes Fürsorge steht (vgl. V. 1,2.5f).

Das Wort- und Bildfeld dieses Psalms weist gewisse Parallelen zu Mt 5,1–20 auf: die einleitende Seligpreisung (Ps 1,1//Mt 5,3ff), das Bleiben der Gerechten auf der Erde (via negationis 1,4LXX//Mt 5,5) und das Bild des Baumes an den Wasserbächen, der Frucht bringt (Ps 1,3), entsprechen den Menschen, die als Licht und Salz ihre Werke leuchten lassen (Mt 5,13–16).

Zumindest für die spätnachexilische Zeit ist damit die *kausale* Verbindung von Tora (womit hier bereits eine Art kanonische Autorität gemeint ist)[389] und im eschatologischen Gericht rettende Gerechtigkeit, die vor Gott als solche gilt bzw. ins Recht gesetzt wird (diese paulinische Wendung ist aufgrund von V. 5f sachlich angemessen), bezeugt.[390] Damit werden die unterschiedlichen historischen Vorgänge und theologischen Erfahrungen, die sich im Psalter

---

[386] Vgl. zur Herkunft u. Situierung H.-J. KRAUS, Ps II 999f.

[387] Vgl. H.-J. KRAUS, Ps I 132; CH. LEVIN, Gebetbuch 359–361; J. MAIER, Psalm 1 im Licht antiker jüdischer Zeugnisse, in: Altes Testament und christliche Verkündigung, FS A. H. J. Gunneweg, hg. v. M. Oeming u. A. Graupner, Stuttgart u.a. 1987, 353–365; R. G. KRATZ, Tora Davids (mit älterer Lit.).

[388] Die Verdoppelung von תורה in V. 2 und die ebenfalls doppelte Herkunftsangabe „die Tora Jahwes" bzw. „seine Tora" dienen als Unterstreichung und Hervorhebung.

[389] Vgl. H.-J. KRAUS, Ps I 136.

[390] Vgl. H.-J. KRAUS, Ps I 139f.

spiegeln, unter eine übergreifende Kategorie gefasst, die für das Verständnis des Psalters in neutestamentlicher Zeit entscheidend ist.

Der Horizont, in dem die Gerechtigkeitsaussagen zu stehen kommen, ist nicht mehr, wie vor allem in den älteren Klageliedern des Einzelnen, der Freispruch im Tempelgerichtsverfahren[391], sondern *die heilvolle Beziehung zu Gott in einem eschatologischen Kontext*. Insbesondere die weisheitlich geprägten Psalmen, in denen das Thema Tora und Gerechtigkeit zu den charakteristischen Elementen zählt, sind mit der Frage konfrontiert, wie es mit der Gerechtigkeit Gottes zu vereinen ist, dass es dem Frommen schlecht, aber dem Frevler gut geht (vgl. besonders Ps 37). Der Weg führt von hier aus zu den apokalyptischen Erwartungen einer umwälzenden Neuwerdung der Verhältnisse bis hin zur Hoffnung auf die Auferstehung der Toten und das ewige Leben. In dieser erhofften und geglaubten Zukunft entscheidet dann nicht mehr der vordergründige Schein über Heil und Unheil, sondern das Verhältnis des Menschen zu Gott, wie es im Leben gelebt wurde. Für die *Endredaktion des Psalters* sind so die Freude an der Tora und die immerwährende Beschäftigung mit ihr die entscheidenden Hilfen, die im eschatologischen Gericht, in dessen Horizont der erste Psalm durch V. 5 den ganzen Psalter stellt, bestehen lassen.

Darauf verweist auch der *Abschluss* des Psalters mit dem *kleinen Hallel* (Ps 146–150)[392]: der ersten Seligpreisung in 1,1 steht in 146,5 die letzte gegenüber, die dem gilt, der Gott als seine Hilfe hat; es folgt ein Hinweis auf das Schöpfersein Gottes (V. 6) und eine Aufzählung von Gottes Wohltaten an den Unterdrückten, Hungernden, Gefangenen, Blinden, Gebeugten, Fremden, Witwen und Waisen (V. 7–9a).[393] Als Abschluss dieser Liste heißt es – wenn man V. 8c umstellt[394] – antithetisch: „Jahwe liebt die Gerechten, aber den

---

[391] Vgl. H.-J. KRAUS, Theologie der Psalmen 194: „Der »Gerechte« ist der Unschuldige. (…) »Gerecht« ist der Mensch, dessen Unschuld erwiesen wird, indem Jahwe durch *Freispruch* alle Anklagen niederschlägt und als nichtig erweist. (…) Die Unschuld des צדיק wird durch Jahwes Spruch herausgestellt. *Der »Gerechte« ist der durch Gottes Urteil Freigesprochene*" (Hhg.Orig.).

[392] Vgl. A. LANGE, Die Endgestalt des protomasoretischen Psalters und die Toraweisheit, in: Der Psalter (s.o. Anm. 12), 101–136 (111–120); B. JANOWSKI, Der barmherzige Richter. Zur Einheit von Gerechtigkeit und Barmherzigkeit im Gottesbild des Alten Orients und des Alten Testaments, in: Das Drama der Barmherzigkeit Gottes, hg. v. Ruth Scoralick, SBS 183, Stuttgart 2000, 33–91; das Thema „rettende Gerechtigkeit" zieht sich „wie ein roter Faden durch das Schlußhallel" (75).

[393] Die hier gegebenen Verheißungen, die ebenfalls mit einem Makarismus eingeleitet sind, werden in den Seligpreisungen der Bergpredigt aufgenommen.

[394] Im masoretischen Text (und so auch in der LXX) stehen die „Gerechten" in der Aufzählung nach den Gebeugten und vor den Fremden, Witwen und Waisen. Aufgrund der häufigen antithetischen Gegenüberstellung von צדיקים und רשעים wird der Versteil über die Gerechten gelegentlich umgestellt, so dass das Gegensatzpaar Gerechte / Frevler am Ende steht wie in Ps 1,6; 75,11 u.ö., vgl. BHS App. z.St. u. die meisten neueren Übersetzungen.

Weg der Frevler krümmt er" (9b, vgl. Ps 1,1.6). Der Bezug von Ps 146,8c.9b auf Ps 1,6 ist nicht nur durch die in beiden Texten durchgeführte Antithese רשעים/צדיקם kenntlich, sondern auch im Gleich*klang* der beiden Lexeme אבד (1,6b) und עות (146,9b). Der erste Teil von *Ps 147* endet ebenfalls mit einer Aussage über den Menschen, an dem Gott Wohlgefallen hat (V. 11), während der zweite Teil (147,12–20 bzw. Ps 147,1–9LXX) ähnlich wie Ps 19 zunächst Gottes Wirken in der Schöpfung besingt und dann als herausragende *notae* seines Volkes hervorhebt, dass ihm Gottes דבר (λόγος), seine חוקים (δικαιώ-ματα) und משפטים (κρίματα) offenbart worden sind (V. 19f); auch in *Ps 148* ist die Erschaffung (wohl im Sinne der Erwählung) Israels und die Verleihung von Gottes Rechtssatzung (חק bzw. πρόσταγμα), d.h. die Tora, an Israel die entscheidende Begründung für den Aufruf zum Lob (V. 1–6), wobei der Schlussteil (V. 14) erkennen lässt, dass zwar ganz Israel gemeint ist, aber möglicherweise nicht alle zu den „Frommen" (חסידים, vgl. Ps 149,1: קהל חסידים) gehören[395], deren Siegeslied in *Ps 149* mitgeteilt wird (vgl. V. 1.5.9), ehe mit *Ps 150* als eschatologischem Ausblick und in Gestalt einer hymnischen Aufforderung die ganze Schöpfung eingeladen wird, Gott zu loben.

Aber nicht nur Anfang und Ende des Psalters sind durch die Motivverbindung von Tora und Gerechtigkeit aufeinander bezogen, sondern auch die *Einteilung des Psalters* ([1].2–41.42–72.73–89.90–106.107–145.[146–150]) *in fünf Bücher* scheint, zumindest was die letzten vier Bücher anbelangt, ebenfalls dieses Verständnis von Tora und Gerechtigkeit in der Zuordnung der Psalmen planvoll widerzuspiegeln.

4.1.3 Psalm 19

Zu den drei klassischen Tora-Psalmen gehört außer Ps 1 und 119 noch *Ps 19*, der Schöpfung und Tora miteinander verschränkt.[396] Dabei zählen die Verse 8–10 in drei gleichgebauten Distichoi (jeweils fünfhebige Zeilen im Metrum 3+2) die Vorzüge der Tora auf (תורת יהוה in V. 8a, die folgenden Zeilen ebenfalls jeweils mit einer Constructus-Verbindung am Anfang, gebildet aus einem Synonym zu תורה + Jahwe). Sie werden abschließend in V. 10b

---

Belässt man die Reihenfolge des masoretischen Textes, dann sind unter den „Gerechten" in diesem Kontext am ehesten die zu Unrecht (juristisch) Verfolgten gemeint.

[395] Zur Austauschbarkeit von חסיד und צדיק vgl. Ps 31,19.24; 32,6.11; 52,8.11; 97,10f. Nach A. LANGE, Endgestalt 118, ist das „Horn", das Gott für sein Volk erhöht, aufgrund von Ps 147,19f „auf die Offenbarung der Tora zu beziehen".

[396] Zur Einheit beider Teile vgl. H. GESE, Die Einheit von Psalm 19, in: DERS., Alttestamentliche Studien (s.o. Anm. 359), 139–148 (urspr. in: Verifikation, FS G. Ebeling, hg. v. E. Jüngel u.a., Tübingen 1982, 1–10); für eine vergleichbare Motivkombination vgl. Ps 147,15–20; 148,1–6. Auch J. L. MAYS, Torah-Psalms 5, hebt die Einheit des Psalms hervor, vgl. außerdem ALEXANDRA GRUND, »Die Himmel erzählen die Herrlichkeit Gottes.« Psalm 19 im Kontext der nachexilischen Toraweisheit, WMANT 103, Neukirchen-Vluyn 2004.

summiert in der Aussage: צָדְקוּ יַחְדָּו „sie sind alle zusammen gerecht". Damit sind zunächst die in 10aγ benannten מִשְׁפְּטֵי־יְהוָה als צֶדֶק qualifiziert, aber durch das summierende יַחְדָּו ist die ganze Reihe in Blick genommen (V. 11 besitzt zwar dasselbe Metrum wie V. 8–10, weicht aber in der übrigen Struktur deutlich ab), wodurch eine *inclusio* zwischen der gleichfalls das Ganze der Weisung Gottes darstellenden תּוֹרָה in V. 8a und צָדְקוּ יַחְדָּו in V. 10b entsteht.[397] Die Qualifikation als צֶדֶק ist darum ebenso auf die תּוֹרָה als Ganzes zu beziehen, wie das abschließende Distichon (V. 11), das mit seinen traditionellen Aussagen den objektiven Wert (Gold) und den subjektiv-ästhetischen Wert (Honig) der Tora für den Menschen benennt.[398] Wenn im abschließenden Teil der Beter bekennt, sich „durch sie" (בָּהֶם) warnen[399] zu lassen (V. 12), dann sind darin kaum nur die מִשְׁפְּטֵי־יְהוָה impliziert, sondern ebenfalls die ganze Aufzählung ab V. 8[400], d.h. die gesamte Tora in ihrer vielfältigen Entfaltung und Erscheinungsweise. Der Beter, der sich durch die Tora belehren lässt, bekennt wie in Ps 119 seine Freude an der Weisung Gottes, die ihn weise macht (V. 8bβ).[401] Zu der von der Tora ermöglichten Einsicht gehört, das zeigt der letzte Teil des Psalms (V. 13f), die Erkenntnis der eigenen Sündhaftigkeit.[402]

---

[397] Zur Form: Das Verb צָדַק, im Qal *gerecht sein*, steht hier in attributiver Funktion. Der summarische Charakter von 10b für die Reihe 8–10 ist auch an der masoretischen Akzentuierung erkennbar, die die Verse 8+9 symetrisch durch *Atnach* trennt (8aαβ//8bαβ; 9aαβ//9bαβ), während V. 10 asymmerisch in 10aαβγ//10b abgeteilt ist. Dadurch betonten die Masoreten das Gewicht von 10b als abschließendem Stichos für die Untereinheit 8–10. Zur Akzentuierung und ihrer exegetischen Dimension s. E. TOV, Text 54–58 (ich danke J. Schwarz für diesen Hinweis).

[398] So H. GESE, Einheit 143f; H.-J. KRAUS, Ps I 306, vgl. außerdem E. ZENGER, Die Nacht wird leuchten wie der Tag. Psalmenauslegungen, Freiburg u.a. 1997, 191f.

[399] K. SEYBOLD, Ps 85.88, erklärt נִזְהָר dagegen als Nif'al von זהר I „erleuchten" (als Hif'il in Sir 43,9; Dan 12,3 bezeugt), vgl. HALAT 254 u. Ps 19,9b (ähnlich Ps 13,4).

[400] Vgl. H. GESE, Einheit 143, anders K. SEYBOLD, Ps 87f.

[401] Zum Einfluss von Prov 8,1–21 (neben 4,20–23; 6,23) s. J. L. MAYS, Torah-Psalms 5f: Der Autor des Psalms beansprucht für die Tora, was der Weisheitslehrer mit der Weisheit verbindet in einer Weise, die „include and surpass those of wisdom".

[402] G. BARBIERO, Das erste Psalmenbuch als Einheit. Eine synchrone Analyse von Psalm 1–41, ÖBS 16, Frankfurt u.a. 1999, 722, weist darauf hin, dass mit Ps 19,12–14 das Thema der Sünde erstmals im Psalter begegnet und danach in der zweiten Hälfte des ersten Psalmbuchs an Bedeutung zunimmt: Während in Ps 1,1 der Mann selig gepriesen wird, der Abstand von der Sünde nimmt, so ist es in 32,1 derjenige, dem seine Sünde bedeckt ist. Der Beter gelangt beim Durchbeten des ersten Psalmbuches zu einer vertieften Sündenerkenntnis, womit auch eine Veränderung der Redeweise von der Gerechtigkeit einhergeht, nämlich weg von der „Betonung der eigenen Gerechtigkeit zu einer Auffassung der Gerechtigkeit …, die durch Vergebung geschenkt wird". Barbiero meint, dass diese Entwicklung „in die Nähe des Begriffs des »neuen Bundes« in Jer 31 und Ez 36" führe (ebd.).

4.2 Weitere Beobachtungen zur Torafrömmigkeit und Gerechtigkeit im ersten Psalmbuch (Ps 2–41)[403]

In enger Verbindung zu Ps 19 ist der voranstehende *Ps 18* zu lesen (vgl. 18,2; 19,15b).[404] Darin dankt der betende König für seine Rettung durch Gott, die כצדקי erfolgt ist, das die LXX mit κατὰ τὴν δικαιοσύνην μου wörtlich wiedergibt (V. 21.25, vgl. 2Sam 22,21.25 u. dazu oben Abschnitt 2.).[405] Das mit diesen beiden Versen gerahmte Unschuldsbekenntnis des Beters vor Gott (V. 22–24) enthält in V. 23 den Hinweis auf die משפטים und חוקים (LXX: τὰ κρίματα bzw. τὰ δικαιώματα), die er immer vor Augen hatte, d.h. die Gerechtigkeitsaussage des königlichen Beters ist wie in Ps 119 und Ps 1 verbunden mit seiner Haltung zu den Geboten.[406]

Der Rückverweis von Ps 19 auf Ps 18 ist noch in einer weiteren Hinsicht bedeutsam: Denn mit Ps 18 kommen die primär in der ersten Person formulierten Gebete des bedrängten und immer wieder angefeindeten 'David' zum Abschluss. Er ist *der eine* חסיד (4,4; 12,2; 16,10; 18,26: alle Stellen bis Ps 18 sind im Singular und bezeichnen den Beter, d.h. 'David') bzw. צדיק (als

---

[403] Im Folgenden ist kein vollständiger Überblick angestrebt, sondern nur ein Verweis auf die Texte, in denen außer der Tora-Terminologie auch die Wurzel צדק begegnet. Dabei ist zu bedenken, dass vor allem in älteren Texten (wobei Fragen der Datierung häufig offen sind) תורה und seine Äquivalente noch nicht den Pentateuch als abgeschlossene Sammlung des Gotteswillens meinen, sondern Einzelweisungen und -gebote; nichtsdestoweniger sind diese Stellen aufschlussreich, weil sie – nachdem Tora in diesem Sinne zu einem *terminus technicus* geworden ist – unter Anleitung der in Ps 1 vorgegebenen Leserichtung als Aussage über die Gottesoffenbarung *in toto* verstanden werden konnten und wohl auch wurden. Darauf verweist u.a. die Übersetzung der LXX mit νόμος.

[404] Vgl. G. BARBIERO, Psalmenbuch: Nach ihm bilden Ps 15–24 die „zweite Struktureinheit" des ersten Psalmbuches, in deren Zentrum die Psalmen 18–21 stehen: die drei Königpsalmen 18; 20+21 bilden dabei den Rahmen um Ps 19 (vgl. 229–249), durch den *die Tora die Mitte der Königserwartung* bildet (721).

[405] Vgl. schon Ps 4,2, das erste Vorkommen von צדק im Psalter ist ebenfalls das Bekenntnis im Munde 'Davids' zu dem „Gott meiner Gerechtigkeit" (LXX: ὁ θεὸς τῆς δικαιοσύνης μου); die Bitte um Gottes helfendes Richten „gemäß meiner Gerechtigkeit" (כצדק) auch noch in Ps 7,9. Am Ende von Ps 7 steht als Überleitung zu dem Hymnus in Ps 8: „Ich will Jahwe danken [nämlich mit dem folgenden Psalm] gemäß *seiner* Gerechtigkeit" (כצדקו [7,18]).

[406] Auch Ps 18,22+31 sind motivisch (Wegmetapher) mit Ps 119 verwandt. Vgl. zudem H.-J. KRAUS, Ps I 291f: Er verbindet V. 21–27 mit Ps 15, indem nur der, der gemäß den Bundesordnungen lebt, Anspruch auf die Schutzmacht Gottes hat. „Die Betonung des Gehorsams gegenüber der תורה und die Beteuerung des rechtschaffenen Wandels sind im Grunde ein Rückgriff auf die beim Eintritt in das Heiligtum übliche Loyalitätserklärung des Kultteilnehmers (21–24). Dabei ist es bemerkenswert, daß hier der König in das Urbild des צדיק eintritt – eine Vorstellung, die im Alten Testament auch anderenorts bezeugt ist: Jer 23,5; Sach 9,9. Die Äußerungen als solche sind mit Ps 1 und 119 verwandt." Zum König als Repräsentant einer heilvollen Gerechtigkeit im Alten Orient s. B. JANOWSKI, Richter 43–55; E. OTTO, »Um Gerechtigkeit im Land sichtbar werden zu lassen …« 116–125 u.o. Anm. 1.

Selbstbezeichnung des Beters: 5,13[407]; 7,10; 11,3; 14,5, vgl. a. 15,2; 17,15: „in Gerechtigkeit" wird der Beter Gottes Angesicht sehen[408]), dessen Gerechtigkeit bestritten, ihm aber durch Gottes Gerechtigkeit bestätigt wird (7,18; 9,5[409]; 17,1, vgl. Gott als צדיק in 7,10.12; 11,7 und die Bitte um Gottes Geleit „nach deiner Gerechtigkeit" in 5,9).[410] Der Gerechte ist machtlos (11,3), wenn nicht Gott selbst die Ordnung garantiert, in der der Frevler verworfen und der Gerechte angenommen wird (11,5–7). In zwei Reihen (Ps 2–9; 10–18) wird beschrieben, was in Ps 2,2 angedeutet ist: die Bedrängnis des Gesalbten Gottes und seine Rettung durch Gott (vgl. Ps 9,9 und 18,48–51 als direkte Anknüpfungen an 2,2).

Auch die in Ps 2 erkennbare universale Dimension wird in Ps 9,9.21 weiter geführt: Die Völker werden darin dem Gericht Gottes unterstellt, der בצדק/ἐν δικαιοσύνῃ richtet. Der Psalm endet jedoch mit der Bitte, den Völkern einen מוֹרֶה erstehen zu lassen, damit sie erkennen, dass sie Menschen sind (vgl. Ps 2,10). Während die Masoreten מורה im Sinne von מוֹרָא als „Furcht" interpretierten, las die LXX das wohl doch ursprüngliche מוֹרֶה im Sinne von „Tora-Anweiser" und übersetzte entsprechend mit νομοθέτης[411], während

---

[407] Die LXX löst die masoretische Konzentration auf den einen Gerechten auf, indem sie in die Schlußzeile als letztes Wort ἡμᾶς einfügt. Während der masoretische Text in seiner vorliegenden Vokalisierung das Suffix des Verbes עטר als 3. Person Sing. mask. interpretiert, liest der LXX-Übersetzer den Konsonantenbestand als 1. Person Plural (was ebenfalls möglich ist): „denn du segnest den Gerechten; Herr, wie mit einer Rüstung des Wohlgefallens umgibst du *uns*."

[408] In Ps 17,1 ist textkritisch unsicher, ob hier der Beter an Gottes צדק bzw. צדיק-Sein appelliert, oder ob er seine eigene צדק vor Gott in Erinnerung ruft und ihn daraufhin um sein Eingreifen bittet. Aufgrund von V. 15 erscheint mir Letzteres wahrscheinlicher.

[409] Die syrischen und aramäischen Versionen lesen in V. 5 statt שופט צדק wie in Ps 7,12 שופט צדיק, dagegen bezeugt die LXX mit ὁ κρίνων δικαιοσύνην die masoretische Fassung.

[410] Auffällig ist die Häufigkeit der צדק-Belege in Ps 7 (5mal): Die Gerechtigkeit des Beters (V. 9) soll durch Gottes Gerechtigkeit (V. 18) erwiesen werden, da Gott als שופט צדיק für die Geltendmachung der Gerechtigkeit qualifiziert ist (V. 12, vgl. 10b: אלהים צדיק), vgl. dazu B. JANOWSKI, Richter 65–67 (zu Ps 5 ebd. 67–69); DERS., Konfliktgespräche mit Gott. Eine Anthropologie der Psalmen, Neukirchen-Vluyn 2003, 134–154, wo der das Thema „Die Rechtfertigung des Gerechten" anhand von Ps 7 behandelt.

[411] Vgl. dazu F. SIEGERT, Hebräischer Bibel 125. Das Substantiv kommt in der LXX nur hier vor (vgl. außerdem das substantivierte Partizip ὁ νομοθετῶν in Ps 84[83],7 als Bezeichnung Gottes; der masoretische Text ist hier vieldeutig; für die LXX-Übersetzer jedoch ist klar, dass der Segen für den im Psalm Seliggepriesenen vom „Gesetzgeber" kommt) und im NT lediglich in Jak 4,12 als Bezeichnung Gottes. Das Verb νομοθετεῖν kommt in der LXX dagegen immerhin 10mal vor (davon 6mal in den Psalmen), im NT nur in Hebr 7,11; 8,6. In der jüdisch-hellenistischen Literatur ist Mose der νομοθέτης par excellence (Arist §§ 131.148.312; Philo, Gig 19.32.58.65f u.ö.), selten ist auch der Bezug auf Gott bezeugt (Philo, Sacr 131 [vgl. aber auch Gig 65, wo νομοθέτης in der Einleitung eines Gotteszitats begegnet; häufig schimmert so bei Philo hinter dem menschlichen Gesetzgeber Mose der eine göttliche Gesetzgeber durch]; Ps-Philo, De Jona § 114. Bei den apostolischen Vätern ist das Wort dagegen nur einmal bezeugt, auffälligerweise im Plural und bezogen auf die Christen,

Aquila und Theodotion der masoretischen Lesart folgend φόβος gebrauchen. Die LXX-Übersetzer verbinden also das Richten Gottes in Gerechtigkeit über die Völker mit der Bitte, ihnen einen Lehrer der Tora aufstehen zu lassen, der sie an ihr Mensch-Sein und damit an ihre dem Schöpfer geschuldeten Pflichten erinnert. Dass die nachchristliche jüdische Tradition diesen Konnex unkenntlich zu machen versuchte, erklärt sich möglicherweise aus der christlichen Deutung dieses Völkerrichters und -lehrers auf Jesus.[412]

Ist in diesem ersten Teil Ps 2–18 die Gerechtigkeitsterminologie sehr häufig (insgesamt 21 Belege), so fehlt sie in dem auf Ps 19 folgenden Abschnitt 20–30 fast völlig (nur drei Belege in 22,32; 23,3; 24,5). Auch in dieser Psalmenfolge steht, wenn man die durch Ps 20 und 21 (eine Art *priesterliche* Fürbitte für den König bzw. im Targum für den „König Messias" [V. 2.8]) gewiesene Leserichtung gelten lässt, der König und sein Weg im Vordergrund, der ab Ps 22 seinem Angefochtensein in einer Reihe von Klagen Ausdruck verleiht. Den Abschluss dieser Reihe bildet Ps 28,8, wo durch das Stichwort משיחו auf Ps 2,2 rückverwiesen wird und mit dem Jahwe-Königshymnus Ps 29 eine deutliche Zäsur gesetzt ist. Ob Ps 30 an Ps 29 anzuschließen ist oder als Auftakt der neuen Klagereihe zu Ps 31ff zu ziehen ist, kann offen bleiben.[413] Auffällig ist auf alle Fälle, dass in Ps 30,5 der erste Pluralbeleg von חסיד im Psalter begegnet. Die חסידים werden dazu aufgerufen, Gott für die Rettung des Beters, d.h. 'Davids', zu danken. Die weiteren Belege im ersten Psalmenbuch sind dann ebenfalls im Plural (31,24; 32,6 [eine Singular-Form mit pluralischer Bedeutung]; 37,28), d.h. 'David' wird ab Ps 20 immer stärker in eine 'Gemeinde' eingebettet.

Mit Ps 31 beginnt eine neue Reihe, in der sich צדק-Aussagen häufen, ehe sie in Ps 37 mit 10 Belegen (und damit nach Ps 119 dem häufigsten Vorkommen in einem einzelnen Psalm) kulminieren.[414] Bis auf zwei Stellen in Ps 40,10f tauchen sie dann am Ende des ersten Psalmbuches nicht mehr auf.

Ps 31 ist Klage- und Vertrauenslied in einem, bei dem der Betende sich als „Knecht" Gottes bekennt, der trotz seines צדיק-Seins verspottet wird (31,19) und darum Rettung durch Gottes Gerechtigkeit erbittet (V. 2). Seine Belehrung gilt den Frommen, die ihn umgeben, d.h. die Vereinzelung des

---

die aufgefordert sind, „gute Gesetzgeber" zu werden (Barn 21,4). Es führt also keine direkte Linie zu der später häufigen Bezeichnung für Jesus als dem „neuen Gesetzgeber".

[412] Ps 9,9a: καὶ αὐτὸς κρινεῖ τὴν οἰκουμένην ἐν δικαιοσύνῃ; Apg 17,31: καθότι ἔστησεν ἡμέραν ἐν ᾗ μέλλει κρίνειν τὴν οἰκουμένην ἐν δικαιοσύνῃ.

[413] G. BARBIERO, Psalmenbuch 386–390, sieht Ps 29f im Zentrum der von ihm so genannten „dritte[n] Struktureinheit", die die Psalmen 25–34 umfasst.

[414] Diese *cluster*-Bildung ist ein wichtiges redaktionelles Signal. Zwar besitzen von den 150 masoretischen Psalmen 64 mindestens einen Beleg der Wurzel צדק, aber ihre Verteilung im Psalter ist sehr unterschiedlich; häufig gruppieren sich um einen Psalm mit mehreren Belegen eine Reihe anderer, bei denen das Stichwort seltener ist (z.B. Ps 7; 37; 71).

Beters ist aufgebrochen (24f). In *Ps 32* ist dieselbe Gruppe am Ende als צַדִּיקִים bezeichnet (V. 11). Sie sollen sich freuen über die Vergebung, die 'David' erfuhr (V. 1f), nachdem er seine Schuld bekannte (V. 3–5).

Ps 33 nimmt diese Aufforderung von Ps 31 auf (mit צַדִּיקִים im Anfangsvers). Die Gerechten und Aufrichtigen werden zum Lobpreis angesichts von Gottes schöpferischem Handeln (vgl. Ps 33,6f.9.15a) aufgerufen.[415] Es ist sein schöpferisches *Wort* (דְּבַר־יהוה, V. 4+6), das von seinem gebietenden nicht zu trennen ist (vgl. V. 9), das den Beter jubeln lässt, denn in ihm äußert sich Gottes helfende Rechtlichkeit: „er liebt Gerechtigkeit und Recht" (V. 5), er achtet auf die Taten der Menschen, die er gebildet hat (V. 15). Damit verbindet der Psalm Gottes Richtersein über die Menschen mit seinem Schöpfersein, das sich in seinem *Wort* manifestiert, wobei spätere Leser wohl am ehesten an die Tora dachten.[416] Dieses Wort ist durch יָשָׁר qualifiziert (V. 4, vgl. Ps 19,9), ein Adjektiv, das häufig im Parallelismus zu צַדִּיק gebraucht ist (vgl. V. 1 u. Anm. 381f). Durch die Motivverbindung von Schöpfung und Gebot besteht ferner eine inhaltliche Verwandtschaft zu Ps 19. In V. 20–22 wechselt die Sprechrichtung von der 1. bzw. 3. Person Singular in die der 1. Person Plural: Die in V. 1 von 'David' angesprochenen Gerechten bekennen nun in eigenen Worten ihre Hoffnung. *Ps 34* ist erneut eine Art Dialog zwischen 'David' und den Gerechten (V. 16.18 [nur LXX]. 20 [LXX Plural]) bzw. „Heiligen" (V. 10), die in weisheitlicher Manier belehrt werden. Damit kündigt sich das Thema von Ps 37 bereits an. Davor stehen mit *Ps 35* und *36* noch einmal zwei Bekenntnisse zu Gottes rettender Gerechtigkeit (35,23f.28; 36,7.11), die des Beters Gerechtigkeit erweist (35,27).

Der akrostichische *Ps 37* ist auch formal als ein Weisheitspsalm erkennbar, gehalten als Belehrung des alten 'David' (V. 25) an einen Kreis von Schülern. Inhaltlich kreist der Text um zwei Themen: der Gerechte und die ausgebliebene (bzw. noch ausstehende) Gabe des Landes an ihn. Die Landbesitzverheißung kommt in unterschiedlicher sprachlicher Gestalt insgesamt 8mal vor (3.9.11.18.22.27.29.34). Empfänger dieser Verheißung ist derjenige, der sich weder entrüstet noch ereifert gegen den Bösen (V. 3, vgl. 1f), sondern auf Jahwe hofft (V. 9, vgl. 34) und zu den „Armen" (V. 11: עֲנָוִים, vgl. V. 14b: עָנִי וְאֶבְיוֹן) bzw. „Frommen" (V. 18: [sic] תְּמִימִם, vgl. V. 28: חֲסִידִים) gehört. Die auf Gott Hoffenden sind „seine Gesegneten" (V. 22). Sie werden das Land erben, und die „Gerechten" werden darin für immer wohnen (V. 29, vgl. a. V. 34). Das 9malige Vorkommen von צַדִּיק in diesem einen Psalm (6mal im

---

[415] K. SEYBOLD, Ps 137, sieht in dem Psalm Teil „eine[r] gottesdienstliche[n] Feier der ‚Gerechten'".

[416] Die Wendung דְּבַר־יהוה begegnet im Psalter nur hier, in Ps 119 kommt aber mehrfach „dein Wort, Jahwe" vor (V. 65.89.169). Als Parallele innerhalb des Psalters ist תּוֹרַת יהוה in Ps 1,2; 19,8 zu nennen.

Singular, 3mal im Plural), ist eine einzigartige Konzentration[417], die herausstreicht, dass „Gerechter" den übergeordneten Begriff für die oben genannten,
parallel dazu in Ps 37 gebrauchten Relationsbezeichnungen zu Gott darstellt.

Den genannten Seinsaussagen über den Gerechten, die in dem Psalm nahezu kompendienartig versammelt sind, stehen ingesamt *21 Imperative* gegenüber, die den Gerechten zu einem bestimmten Verhalten auffordern, zugleich
aber für sein Gerechtsein schon jetzt charakteristisch sind (d.h. auch hier
begegnet die dialektische Spannung von Sein und Sollen wie in Mt 5,13–20,
wobei auch hier das Gerecht*sein* die Grundlage des Sollens und damit der
Imperative ist). An erster Stelle stehen die Imperative, die auffordern, von
allen negativen Gefühlen gegen die Übeltäter abzulassen (V. 1.8)[418]. Sie
bilden den *Kontrast* (kenntlich u.a. dadurch, dass sie 4mal mit einer Negation
verbunden sind) zu dem emotionalen Streben, das den *Zaddiq* kennzeichnet
bzw. wonach dieser streben soll.

Die positiv formulierten Imperative lassen sich in zwei Gruppen einteilen: Einerseits
Aussagen, die das Verhalten in Bezug auf Jahwe selbst zum Thema haben: ihm vertrauen
(בטח ביהוה [V. 3]; בטח עליו [V. 5]), Treue hüten (רעה אמונה [V. 3]), Freude an ihm haben
(התענג על יהוה [V. 4, vgl. V. 11]), auf ihn den eigenen Weg wälzen (גול על־יהוה [V. 5, von
I גלל]), ihm stille sein (דום ליהוה [V. 7, von I דמם]), auf ihn warten (התחולל לו [V. 7, von
I חיל]), auf ihn hoffen (קוה אל־יהוה [V. 34]) und seinen Weg bewahren (שמר דרכו [V. 34]).
Auf der anderen Seite stehen – sehr viel weniger – Imperative, die statt zu einer Haltung
zu einem Tun auffordern: Gutes tun (עשׂה־טוב [V. 3.27]) bzw. vom Bösen sich fernhalten
(סור מרע [V. 27]) und das Land bewohnen (שכן־ארץ [V. 3] bzw. שכן לעולם [V. 27]), wobei
das Bewohnen des Landes zwischen Verheißung und Beauftragung oszilliert. Der zweimalige
Imperativ „tue Gutes" ist somit der einzige Befehl, der zu einem aktiven Verhalten anhält, der
Schwerpunkt liegt dagegen bei den Verhaltensweisen, die das Verhältnis zu Gott ausmachen
bzw. den *Zaddiq* in seinem Wesen bestimmen (sollen).

---

[417] V. 12.16.17.21.25.30.29.32.39. Von den 206 Belegen für צדיק finden sich in den
Psalmen 52, wobei wiederum die Verteilung auffällig ist: nur in 33 Psalmen kommt das Wort
überhaupt vor und davon wiederum in neun Psalmen mehr als einmal; in fünf Psalmen ist es
2mal (Ps 1; 97; 112; 118; 125) und in drei Psalmen ist es 3mal bezeugt (Ps 7; 11; 34). Das
zeigt das Gewicht von neun Belegen in einem einzigen Psalm. Am häufigsten ist צדיק in
Proverbien (66mal), was sich gut in den Rahmen von Ps 37 als weisheitliche Lehrdichtung
fügt (auch Qohelet mit acht und Hiob mit sieben Belegen gehören hierher). Aber auch in den
Prophetenbüchern findet sich צדיק z.T. gehäuft; dies sollte als Warnung dienen, den Begriff
zu einseitig dem weisheitlichen Denken zuzuweisen (Ez 16mal, Jes 14mal, Jer u. Hab je
3mal, Am 2mal, Hos, Zef, Sach, Mal, Dan je 1mal). Im Pentateuch ist er nur in Gen häufig
(10mal, 3mal in Ex, 4mal in Dtn, er fehlt ganz in Lev u. Num), in den erzählenden Büchern
tritt er nur vereinzelt auf (insgesamt 10mal, außerdem 2mal in Thr).

[418] Insgesamt fünf Imperative fordern zu diesem Verzicht auf alle negativen Gefühle auf
(V. 1bis.7b.8bis), der erste, der dritte und der letzte sind identisch und bilden eine *inclusio*
(אל־תתחר, Wz I חרה hitpa'el). Dadurch werden die Verse 1–8 zusammengeschlossen. In
ihnen finden sich von den insgesamt 21 Imperativen allein 14. Ohne die genannten fünf sind
es sieben Imperative, die zum Vertrauen auf Gott aufrufen und nur zwei, die ein Tun
anmahnen.

Die abschließenden Imperative von V. 37 entsprechen dem lehrhaften Duktus, indem der in dem Psalm Angeredete aufgefordert wird, sich den Frommen bzw. Aufrechten zum Vorbild zu nehmen (שמר־תם וראה ישר).[419] Die Schluss-Strophe (V. 39f) lässt jedoch keinen Zweifel daran, dass mit dem תם und ישר niemand anderes gemeint ist als eben die Gerechten, deren Heil von Jahwe kommt. Mit vier Verben, die alle Jahwe als Subjekt haben und durch ihre Suffixe die Gerechten als Objekt nennen, ist das Heilshandeln Gottes umschrieben. Der Psalm endet mit einer knappen, aber gerade so Gewicht bekommenden Begründung für dieses leidenschaftliche Eintreten Gottes für die Gerechten: „Denn sie suchen Zuflucht bei ihm" (כי־חסו בו[420]).

Die entscheidende Charakteristik, sozusagen die Quelle, aus der das Verhalten des צדיק fließt, ist in V. 30f genannt: „Der Mund des Gerechten meditiert (הגה[421]) Weisheit (חכמה), seine Zunge spricht Recht (משפט), die Tora seines Gottes (תורת אלהיו) ist in seinem Herzen, nicht werden seine Schritte wanken."[422] Es ist die Tora, die – wenn sie einen Menschen von innen heraus bestimmt[423] – ihn zu einem Gerechten macht. Der vorbildliche Gerechte dieses Psalms wie des ganzen ersten Psalmbuchs ist David, der hier ganz im Gepräge eines Weisen geschildert ist.

Denen, die diesen Psalm beten, wird *ein Gerechter als Ideal* vor Augen gestellt, in das sie sich einüben, indem sie den Psalm zu ihrem eigenen Gebet machen. Es ist das Ideal eines völlig auf Gott ausgerichteten Lebens, das alles von Gott erhofft und erwartet, Gutes tut und wirkt im Hinblick auf das von Gott Gebotene und Verheißene, aber Abstand nimmt von aller eigennützigen

---

[419] Die LXX übersetzt ישר bzw. תם als Nomina. Entsprechend wird in vielen Kommentaren vorgeschlagen, statt den (hier substantivierten) Adjektiven *tām* und *yāšār* die entsprechenden Substantive *tom* und *yošer* zu lesen (vgl. a. den App. der BHS z.St.), 4QpPs^a IV 16 stützt jedoch die masoretische Vokalisation, vgl. dafür auch K. SEYBOLD, Ps 154f.

[420] Das Verb חסה hat als Grundbedeutung *sich verbergen* und begegnet im AT ausschließlich in der Bedeutung *Zuflucht suchen* (nur qal), wobei bis auf Ri 9,15; Jes 30,2 u. Prov 14,32 immer Gott als Zufluchtsstätte gemeint ist (vgl. HALAT 323f s.v.). Es ist ein typisches Verb der Psalmensprache, von den insgesamt 37 Belegen finden sich hier 25. Es dient der Vertrauensäußerung des Beters, kann aber den Beter auch insgesamt charakterisieren, wie in Ps 2,12, wo alle die selig gepriesen werden, die bei Jahwe Zuflucht suchen, vgl. a. Ps 34,9.

[421] Dieses Verb, das lautmalerisch das murmelnde, halblaute Lesen abbildet, dann aber auch das aus diesem Nachsinnen erwachsene Reden meint, findet sich charakteristisch in Ps 1,2 in Bezug auf die „Tora Jahwes" (so auch Jos 1,8). Der Inhalt dieses Redens können aber auch die Gerechtigkeit Jahwes (Ps 35,38; 71,24), er selbst (Ps 63,7) oder seine Taten sein (Ps 77,13; 143,5). Das Verb ist aber nicht nur positiv besetzt, sondern kann auch das Ränkeschmieden und Reden der Feinde bezeichnen (Ps 2,1; 38,13; 115,7 u.ö.).

[422] Die LXX übersetzt die drei imperfektischen Verba in der פ-Zeile jeweils mit dem Futur und schlägt damit einen deutlicher zukünftigen Ton an als im masoretischen Text, der eher eine zeitlos-allgemeingültige Aussage darstellt.

[423] Der Bezug zur Verheißung des Neuen Bundes in Jer 31,31ff/LXXJer 38,31ff (vgl. Dtn 30,11–14), besonders zu V. 33, ist unverkennbar und wird in den Kommentaren auch regelmäßig notiert, vgl. u.a. H.-J. KRAUS, Theologie der Psalmen 203, der neben Ps 37,30f auch auf Ps 40,8f verweist. Vgl. ferner die Übereinstimmung mit Jes 51,7 (ידעי צדק עם תורתי בלבם) im Kontext einer längeren Gerechtigkeitsrede (s.o. 3.1.2).

und eigensüchtigen Rechtsdurchsetzung oder gar Rache. Der feindliche Gegenspieler ist dem Urteil Gottes anheimgestellt, er bildet lediglich den Kontrast zum Gerechten und bleibt insofern blass. Ziel des Psalmes ist es, den Beter in seiner glaubenden Haltung zu stärken im Vertrauen, dass Gott selbst des Beters צדק und seinen משפט heraufführt wie das gleißende Sonnenlicht der Mittagszeit (V. 6). Die enge Beziehung der Lichtmetaphorik zur Gerechtigkeitsterminologie ist auch hier zu finden.

Exkurs: Die Auslegung von Ps 37 in Qumran und seine Ausstrahlung auf Mt 5–6

Mit 4QpPs^a = 4Q171 ist eine aktualisierende Lektüre und Interpretation von Psalm 37 aus dem 1. Jh. v.Chr. bezeugt, die einen Einblick gewährt, wie ein solcher Text von einer bestimmten Gruppe gedeutet und auf die eigene Situation bezogen wurde. Leider ist die Handschrift nicht vollständig erhalten, erst ab 37,7 bietet sie eine nachvollziehbare Auslegung. Darin wird deutlich, dass der Gerechte bzw. die Gerechten durch ihr *Verhältnis zur Tora* (und zwar, wie auch in Mt 5,17, durch eine ganz bestimmte Auffassung zu ihr) bestimmt sind. Denn in denen, die im Psalm aufgefordert werden, von Zorn und Grimm abzulassen (37,8), erkennt der Ausleger diejenigen aus Israel, die „umkehren zur Tora, die sich nicht weigern, umzukehren von ihrer Bosheit" (II 2f, vgl. III 1). Die Landverheißung 37,9 gilt „der Gemeinde seiner Erwählten, den Tätern seines Willens" (II 5, vgl. II 10: „Gemeinde der Armen, die die Zeit des Fastens auf sich genommen hat"; III 10). Aufgrund dieser festen Beschreibung der Gemeinde ergänzen H. Stegemann und M. P. Horgan nahezu übereinstimmend in I 21f die Deutung von Ps 37,6 mit: [„The interpretation of it concerns the congregation of the poor ones, who chose to do God]'s bidding"[424] (es folgt eine Lücke).

Der *Zaddiq* ist im Pescher unterschiedlich gedeutet, pluralische und singularische Bezüge stehen wie in der Vorlage nebeneinander: Das erste Vorkommen von *Zaddiq* im Psalm (37,12a) wird im Blick eine konkrete Mehrzahl, „die Täter der Tora, die im Rat der Einung sind" (עושי התורה אשר בעצת היחד [II 15]), interpretiert. Im Hintergrund steht möglicherweise die innerqumranische Auseinandersetzung mit dem „Mann der Lüge", die hier und in anderen Dokumenten eine wichtige Rolle spielt.[425] Ps 37,16 ist dagegen „auf jeden Täter des Gesetzes" (II 23) bezogen, wie auch V. 17 auf die gedeutet zu sein scheint, die seinen Willen tun (II 25f).[426] In Ps 37,21f werden der Gerechte und die Gesegneten nicht unterschieden, sondern in der Deutung zusammengefasst unter der Bezeichnung עדת האביונים (III 10). Die Heilsaussage über den Mann, dessen Schritte von Jahwe gefestigt werden und der von Jahwe

---

[424] Vgl. M𝖠𝖴𝖱𝖸𝖠 P. H𝗈𝗋𝗀𝖺𝗇, Pesharim: Qumran Interpretations of Biblical Books, CBQ.MS 8, Washington DC 1979, 195.202, wo sie ihre Abweichung in der Wahl und Form des Verbs (בחרו statt מתנדבים) gegenüber H. S𝗍𝖾𝗀𝖾𝗆𝖺𝗇𝗇 (Weitere Stücke von 4QpPsalm 37…, RQ 6 (1967–1969), 193–227 [200.202 m. Anm. 34]) begründet, vgl. a. D𝗂𝖾𝗌., Psalm Pesher 1, in: The Dead Sea Scrolls, vol. 6B, Tübingen u. Louisville 2002, 6–23 (8 Anm. 4).

[425] Vgl. M. P. H𝗈𝗋𝗀𝖺𝗇, Pesharim 210. Zum „Lügenmann" als Anführer einer innerqumranischen Separationsgruppe s.a. G. J𝖾𝗋𝖾𝗆𝗂𝖺𝗌, Der Lehrer der Gerechtigkeit, StUNT 2, Göttingen 1963, 79–126. In 4QpPs^a I 25f ist der איש הכזב die Deutung für den erfolgreichen „Ränkeschmied" (איש עושה מזמות) der Psalmvorlage.

[426] Der Text ist beschädigt. Das erhaltene רצו ergänzt M. P. H𝗈𝗋𝗀𝖺𝗇 zu: לעשות את[רצונ]ו vacat] (Pesharim 213; Psalm Pesher 12 Anm. 35), in Anlehnung an I 21 (hier allerdings auch nur ergänzt) und II 5, wo von den עושי רצונו die Rede ist.

gestützt wird (37,23f), wird auf den „Lehrer der Gerechtigkeit" bezogen, ebenso wie die biographisch stilisierte Selbstaussage des Psalmisten 37,25f[427], bei der allerding die inhaltlich wichtige Fortsetzung fehlt. Die Auslegung von 37,29 ist ebenfalls beschädigt, aber der kurze Pescher scheint auch hier die *Zaddiqim* mit der Qumrangemeinschaft zu identifizieren.[428]

Die theologisch spannenden Verse 30f sind so fragmentarisch (IV 2–5), dass unsicher bleibt, ob das Verb דבר im Pesher singularisch oder pluralisch zu lesen ist.[429] Im ersteren Fall wäre es erneut der „Anweiser", der in dem Psalmvers erkannt wird, im anderen sind es die אנשי האמת אשר דברו (vgl. 1QpHab VII 10; 1QH XIV 2).[430] Unbestritten ist, dass sich das Reden von אמת auf die eigene Gemeinschaft bezieht. In der Fortsetzung 37,32f ist der biblische צדיק dagegen ausschließlich auf den „Lehrer der Gerechtigkeit" bezogen (IV 7f) und auch der „Gottlose" der Vorlage wird mit dem „gottlosen Priester" auf eine historische Gestalt gedeutet.[431] Der Ausgangspunkt des tödlichen Hasses zwischen diesen beiden hängt möglicherweise mit der „Tora" zusammen, die der „Anweiser" dem „gottlosen Priester" zuschickte. Dahinter verbirgt sich nach Meinung einiger die als 4QMMT bezeichnete Schrift.[432]

Wenn also zumindest 37,23f.25f.32f sicher auf den „Lehrer der Gerechtigkeit" bezogen werden, dann ist deutlich, dass dieser in vorbildhafter Weise als ein Gerechter gilt, d.h. in dieser Auslegung: ein *Täter der Tora* ist.[433] Die Situation des Psalmes, in dem ein älterer Mensch doch wohl Jüngere zu einem gerechten Verhalten anleitet, wurde im Pescher auf die Situation des Lehrers und die von ihm begründete Gemeinde übertragen. Gert Jeremias hat auf die Bedeutung dieser Aussage hingewiesen: Der Lehrer ist nach der wahrscheinlichsten Deutung der leicht beschädigten Stelle III 16 der von Gott beauftragte Erbauer einer Gemeinde, die – nach den sonstigen Lehrer-Aussagen – die Rest- bzw. Heilsgemeinde aus Israel für die Endzeit bildet.[434] Ihr herausragendes Kennzeichen ist ganz offensichtlich die Gerechtigkeit (צדק), wie sie der Lehrer vermittelte, dessen Ehrenname darum mit Sicherheit als „Lehrer *zur* Gerechtigkeit" verstanden werden muss.[435]

---

[427] 4QpPs[a] III 15.19. Der Text ist in beiden Fällen nicht vollständig erhalten, zu den unumstrittenen Ergänzungen s. M. P. HORGAN, Pesharim 219f.

[428] So M. P. HORGAN, Pesharim 220.

[429] Vgl. die verschiedenen Ergänzungsvorschläge bei M. P. HORGAN, Pesharim 221; in ihrer späteren Edition (Dead Sea Scrolls 6B [s.o. Anm. 424] 18) geht sie ohne Diskussion von der Singular-Lesart aus.

[430] In 1QpHab VII 10 ist עושי התורה appositionell zu den „Männern der Wahrheit" gebraucht.

[431] Zu dieser Ergänzung in IV 8 s. M. P. HORGAN, Pesharim 221 unter Verweis auf vergleichbare Gegenüberstellungen von gottlosem Priester und dem Lehrer der Gerechtigkeit in 1QpHab IX 9f; XII 4f.

[432] Vgl. u.a. J. C. VANDERKAM, Einführung 124f.

[433] Es ist das bestimmende Leitbild des Pescher, ein „Täter der Tora", d.h. ein עושה התורה zu sein (II 14.22); dem voraus geht die Umkehr zur Tora (vgl. II 2f), während umgekehrt die רשעים gerade solche sind, die die Tora zurückweisen (vgl. IV 2 zu V. 28, der Befund ist allerdings stark ergänzt, s. M. P. HORGAN, Pesharim 220 m. weiteren Parallelstellen, u.a. 1QpHab XII 4f). Für das Gegensatzpaar Gerechte/Frevler ergibt sich daraus, dass die Gerechten die sind, die zur Tora (nach der Auslegung des מורה הצדק) umkehren und sie tun.

[434] Zurecht verweist G. JEREMIAS auf Mt 16,18, wozu die genante Stelle aus 4QpPs[a] II 16 „die einzige wörtliche Parallele" bildet (vgl. Lehrer 148). Zum Charakter der Lehrergemeinde als endzeitliche Rest- bzw. Heilsgemeinde s. ebd. 335f.349 u.ö.

[435] Vgl. die Diskussion des Namens bei G. JEREMIAS, Lehrer 308–318. Dass in vielen Texten aus Qumran צדק bzw. צדקה unspezifisch und in Parallelität zu zahlreichen vergleich-

Liest man Ps 37 – angeregt durch die qumranische Interpretation – als Matrix von Mt 5–6, dann ergeben sich auffällige Berührungen: der Weisheitslehrer (5,2), der eine Gruppe von Schülern belehrt; die Landverheißung an die Sanftmütigen (5,5), die vor dem Hintergrund des Psalmes diejenigen sind, die sich nicht vom Zorn gegen die hinreißen lassen, die Gottes Willen ungehorsam sind. Das Hungern und Dürsten nach Gerechtigkeit (5,6) entspricht Ps 37,4–7aα, der Verheißung des Gesättigtwerdens steht die Erfüllung der Herzenswünsche (37,4b), aber auch das konkrete Überleben in der Hungersnot gegenüber (37,19.25b). Den Barmherzigen (5,7) entspricht der Gerechte des Psalmes, der gnädig gibt (חונן [V. 21.26]), schenkt (נותן [V. 21]) und leiht (מלוה [V. 26])[436]. Denen mit reinem Herzen stehen die תמים (37,18; LXX: ἄμωμοι, das תם von 37,37 ist unpersönlich übersetzt mit ἀκακία[437]) des Psalmes gegenüber, der Verheißung, Gott zu schauen entspricht in 37,34 die Ankündigung: „die Austilgung der Frevler wirst du sehen."[438] Den Friedensstiftern (5,9) steht der ἄνθρωπος εἰρηνικός gegenüber, entsprechend dem Verständnis des שלום איש (37,37) der LXX. Die Seligpreisung der um der Gerechtigkeit willen Verfolgten fasst den gesamten Psalm in sich, ist doch der darin um seinen צדק Besorgte in der Situation der Bedrohung durch seinen Widersacher geschildert. Mit 5,11 wendet sich der »Lehrer« der Bergpredigt direkt an seine Zuhörer, wie es auch der Lehrer des Psalmes abschließend tut (37,37). Wie der Psalm schließt auch die Reihe der Seligpreisungen mit einer Vertrauensäußerung, die von der Gewissheit getragen ist, dass zuletzt nur der Gerechte Rettung, Lohn und Bestand haben wird.

Grund dieser Gewissheit ist Gottes Heraufführen der Gerechtigkeit, d.h. sein Offenbarmachen vor aller Welt, was derzeit noch verborgen ist. Die guten Werke in Mt 5,16 finden in der Aufforderung „Gutes zu tun" ihre Entsprechung, die Gerechtigkeit des *Zaddiq* wird durch Gott ans Licht gebracht, wie es Jesus seinen Jüngern zusagt: Sie, die um der Gerechtigkeit willen verfolgt werden (5,10–12), sind das Licht der Welt, das so wenig verborgen bleiben kann wie die Gerechtigkeit des Psalmbeters, die im Mittagslicht der göttlichen Gerechtigkeit aufscheint (Ps 37,6). Auch Mt 5,17(–19) und Ps 37,30f stehen sich nahe, zumindest so weit, dass deutlich wird: Wer so über die Gerechtigkeit redet, wie es der Psalmist bzw. Jesus tut, der muss auch über die Tora reden und sich zu ihr in ein positives Verhältnis setzen.

Hört man bei dieser Aussage die damit zusammenklingende Ankündigung eines neuen Bundes dazu (s.o. Anm. 423), dann lässt sich die von Jesus angekündigte Erfüllung von Tora

---

baren Begriffen gebraucht wird, widerspricht diesem Befund nur scheinbar. Die schon im Alten Testament bezeugte Polyvalenz der Wurzel צדק findet in Qumran ebenso wie im Neuen Testament ihre Fortsetzung. Darum ist es nötig, auf signifikante Verwendungsweisen zu achten, und es kann nicht bestritten werden, dass die Ehrenbezeichnung des einzigartigen *spiritus rector* der Qumrangemeinschaft dazu in besonderer Weise gehört. Von vergleichbarer Bedeutung für das Lehrer- und Gemeindeselbstverständnis ist m.E. alleine אמה, das häufig synonym bzw. parallel zu צדק gebraucht wird. Gleichwohl gilt der „Lehrer" als ein „Lehrer zur *Gerechtigkeit*", d.h. auch die Wahrheitsterminologie ist diesem Oberbegriff zugeordnet, ebenso wie die Selbstbezeichnung der Gemeinde als צדק בני (vgl. 1QS III 20.22; IX 14 u. dazu JEREMIAS, ebd. 312).

[436] Das Thema ist in Mt 6,1–4 noch einmal aufgenommen, dgl. in Lk 6,30.34f. Auch der einleitende Teil der lukanischen Feldrede lässt die Thematik von Ps 37 im Hintergrund erkennen. Anders als Matthäus übernimmt er in den Weherufen zusätzlich die Gerichtsandrohung gegen die רשעים.

[437] Bei Matthäus fehlt das Adjektiv ἄμωμος ganz. In der LXX ist die Übersetzung von תם uneinheitlich.

[438] Vgl. Mt 5,8: ὄψονται, Ps 37,34: ὄψῃ. Es entspricht dem Kontext der Bergpredigt, dass die Gerichtsaussagen übergangen, oder wie hier, zu Heilsaussagen für den Gerechten werden.

und Propheten (5,17) in dieser ins Herz geschriebenen Weisung erkennen, die das Gebot erfüllt ohne dies noch länger als Erfüllung eines *Gebotes* zu verstehen (5,20). Die nachfolgenden »Antithesen«, insbesondere die erste, fünfte und sechste, lassen sich ebenfalls im Kontext der Warnung vor eifernder Rache von Ps 37 her verstehen, wenngleich in typischer Überbietung: Die Jünger Jesu sollen nicht wie der Beter Gott die Vergeltung der Übeltäter überlassen, sondern sie nach der radikalen Zuspitzung in der sechsten »Antithese« sogar lieben, insofern sie ihrem himmlischen Vater entsprechend τέλειος sind bzw. sein sollen.

(Ende Exkurs)

Verbunden mit der Tora wird die Gerechtigkeit schließlich noch einmal in *Ps 40,9–11*: Der Beter bekennt, dass er Gefallen daran hat, Gottes Willen zu tun und im Parallelismus dazu steht: „deine Tora ist in meinem Inneren"[439], d.h. hier, gegen Ende des ersten Psalmbuchs, ist es erneut die verinnerlichte Torafrömmigkeit (s.o. Anm. 423), die den alten König (vgl. V. 18) zum Zeugen für Gottes helfende Gerechtigkeit macht (V. 10f):

„Gerechtigkeit verkündige ich (בשרתי צדק/εὐηγγελισάμην δικαιοσύνην)
in großer Gemeinde,
siehe meine Lippen verschließe ich nicht, Herr, du weißt es.
Deine Gerechtigkeit verberge ich nicht in meinem Herzen,
von deiner Treue und deinem Heil rede ich,
ich schweige nicht über deine Güte und deine Wahrheit in großer Gemeinde."

Gerechtigkeit ist Teil jener Aussagen über Gott, auf denen das Vertrauen des Beters ruht. Sie wurde von ihm als konkrete Hilfe existientiell erfahren (vgl. V. 2 und das nachgestellte Klagelied 13–18). *Gerechtigkeit stellt hier den Überbegriff für Gottes Treue, sein Heil, seine Güte und seine Wahrheit dar, bzw. diese Begriffe entfalten, was in Gottes* צדק *enthalten ist.* Die Bezeugung von Gottes *rettender* Gerechtigkeit vor einer großen Menge ist ein stehender Topos in den Psalmen und offenbar Teil der Toda-Feier.[440] Dies stützt die

---

[439] Wohl ein summarischer Begriff für die gesamte Tora und nicht bloß Hinweis auf eine einzelne Weisung, vgl. H.-J. KRAUS, Ps I 462; K. SEYBOLD, Ps 169. Zu den Anklängen an den „neuen Bund" mit der Tora im Innern s. H. GESE, Psalm 50 und das alttestamentliche Gesetzesverständnis, in: Rechtfertigung, FS E. Käsemann, hg. v. J. Friedrich, W. Pöhlmann u. P. Stuhlmacher, Tübingen u. Göttingen 1976, 57–77, jetzt in: DERS., Alttestamentliche Studien (s.o. Anm. 359), 149–169 (168f). Nach Gese führt von der hier erkennbaren vertieften Gesetzesfrömmigkeit ein direkter Weg zu Mt 5,18.

[440] Vgl. Ps 22,32: der abschließende Vers lässt die Nachkommen des Geretteten Gottes Gerechtigkeit verkündigen; Ps 35,28: der Errettete selbst verspricht, Gottes Gerechtigkeit zu preisen; Ps 88,15: der Betende verleiht seiner Klage dadurch Nachdruck, dass er Gott daran erinnert, dass im Totenreich niemand seine Gerechtigkeit verkündet; Ps 96: die Abgesandten der Völker werden im Tempel (V. 7) aufgefordert, bei ihren Völkern das gerechte Gericht des königlichen Gottes zu verkündigen (V. 10.13), zugleich sind Himmel, Erde, Meer, Felder und Bäume aufgerufen, diese Botschaft weiterzutragen (V. 11f, vgl. Ps 19,2f); ähnlich Ps 145: in dem Hymnus auf das Königtum Gottes (vgl. V. 1.11f) werden die kommenden Generationen aufgefordert, von dessen Segnungen zu reden (V. 4ff), zu denen auch Gottes Gerechtigkeit gehört (V. 7.17); vgl. außerdem Ps 51,16; 71,14–24; 111,3; 118,15–20 und Ps 97,12: die

Interpretation von Mt 5,12–16 auf die Verkündigungsaufgabe der Jünger, die in Anlehnung an Ps 40,10 als ein εὐαγγελίζεσθαι verstanden werden kann. Inhalt derselben ist, wie in den Psalmen, die ihnen von Gott widerfahrene bzw. zuteil gewordene Gerechtigkeit, nicht jedoch die von ihnen zu bewerkstelligende

Den Abschluss des ersten Psalmbuches bildet mit Ps 41 ein (davidisches) Klagelied des Einzelnen und damit die für diesen Teil des Psalters wichtigste Gattung. Es beginnt mit einer Seligpreisung[441] für den משכיל, womit im unmittelbaren Kontext des Psalms jemand gemeint zu sein scheint, der sich um den kranken Beter kümmert.[442] Als Abschluss des ersten Psalmbuches ist der weisheitliche Ton dieses Verbs jedoch mitzuhören, wie er vor allem in Dan 11,33; 12,3 zu finden ist (vgl. a. Ps 32,8 von Gott als 'Lehrer'), so dass damit auch eine Selbstbezeichnung des Betenden gemeint sein kann. Dann wäre der Sinn, dass wer immer dem Schwachen durch sein Lehren aufhilft, selbst Hilfe erfahren wird, wenn er in Not gerät. Dazu würde auch die diesen Psalm trotz aller Feindbedrängnis bestimmende zuversichtliche Grundhaltung passen, die darauf vertraut, dass der Beter „für immer" vor Gott stehen wird (vgl. Ps 2,6f).

4.3 Das zweite Psalmbuch (Ps 42–72)

Es fällt auf, wenn man den Psalter im Hinblick auf seine Gerechtigkeitsaussagen liest, dass die Wurzel צדק im zweiten Psalmbuch eine vergleichsweise geringe Rolle spielt. Erst die beiden Schlusspsalmen mit fünf bzw. vier Belegen markieren eine deutliche Häufung. Auch die Reflexion über das Reden Gottes und die Tora nimmt keinen großen Raum ein.

In der Korachiten-Sammlung 42–49 ist das erste Vorkommen von צדק in dem Psalm zur königlichen Hochzeit Ps 45, wo der jugendliche König zur Ausübung von Gerechtigkeit als Herrscherpflicht aufgefordert wird (V. 5, vgl. für den schwierigen Text auch die LXX) und ihm zugleich zugeschrieben wird, dass er צדק liebt, aber רשע verabscheut (V. 8). Das Targum (s. S. H. Levey, Messiah 109–113) interpretiert den Psalm als Prophetie der Söhne Korachs (V. 1) auf die Hochzeit des Messias (V. 3) mit der Tora (die Braut in V. 10–12 wird konsequent auf die Tora bezogen). „Gewidmet" ist der Psalm dem „Sanhedrin des Mose" (V. 1), wodurch noch einmal der Bezug zur Tora verstärkt wird. Im Zionshymnus Ps 48 ist es

---

Gerechten sind aufgefordert, sich an Gottes Gerechtigkeit und seinem damit verbundenen Handeln zu freuen, vgl. a. Ps 98,2.4ff.9. Der Frevler ist dagegen dadurch gekennzeichnet, dass er die Lüge dem Reden gemäß der צדק vorzieht (Ps 52,5, vgl. Ps 51,5LXX: ἠγάπησας κακίαν ὑπὲρ ἀγαθωσύνην, ἀδικίαν ὑπὲρ τὸ λαλῆσαι δικαιοσύνην).

[441] Womit zugleich der Bogen zurück zu Ps 1,1 und 2,12 geschlagen wird. Zu weiteren Beziehungen zwischen Ps 1 und 41 s. B. WEBER, Ps I 196.

[442] Vgl. B. JANOWSKI, Konfliktgespräche 184f; K. SEYBOLD, Ps 171, der in dem משכיל allerdings einen „Lernwilligen" sehen will, der bereit ist, sich mit dem Geschick des Hilflosen zu befassen.

Gottes Rechte, die „gefüllt ist mit צדקה" (V. 11, vgl. Ps 45,5, wo die Rechte des Königs צדק ausüben soll).

Der Auftakt der Davidssammlung ab Ps 51, mit dem Asaphpsalm 50 als Übergang, bringt für die Psalmen 50–52 die erste Häufung der Belege.

Von der Toda-Feier geprägt (s.o. Anm. 440) ist *Ps 50*, in dem Gott als Richter auf dem Zion erscheint, um über das Volk Israel Gericht zu halten (V. 4.7ff). Dabei bezeugen die Himmel Gottes צדק (V. 6) und garantieren als Gerichtszeugen die Rechtmäßigkeit von Gottes Verfahren gegen sein Volk (vgl. die Beschreibung in V. 5: „meine Frommen, die meinen Bund schlossen beim Opfermahl", s.a. V. 8.16). In der Anklagerede Gottes sind zwei Gruppen unterschieden, die aber beide zum Volk gehören[443]: In V. 7–15 sind es die wirklich „Frommen", die Gott ermahnt, neben den äußeren Formen des Kultes die persönlichen, verinnerlichten Weisen der Gottesbeziehung nicht zu vernachlässigen (V. 14f, vgl. Mt 23,23). Als zweite Gruppe sind die Frevler angeklagt (V. 16–23), die dadurch gekennzeichnet sind, dass sie zwar die Gebote aufzählen (לספר חֻקֵּי) und Gottes Bund im Munde führen, aber seine Mahnung (מוסר) verachten und seine Worte (דברים) hinter sich werfen (V. 16f: sie sind das Gegenbild zu den mit Gottes heilvoller Gerechtigkeit Gesegneten, von denen Ps 103,17f spricht). Ihr Fehlverhalten wird aus dem dekalogverwandten Kompendium V. 18–20 erkennbar. Daraus ergibt sich, dass *Gottes* צדק *gegen die steht, die innerhalb des Bundes kein der Tora gemäßes Leben führen*, wobei die angemahnte Torafrömmigkeit Elemente einer stark verinnerlichten Gottesbeziehung aufweist. Wer sich ermahnen lässt (vgl. V. 22), dem wird verheißen, dass er das „Heil Gottes" sehen werde (vgl. Mt 5,8), d.h. selbst die richtende und überführende צדק besitzt heilvollen Charakter, indem sie den Frevler nicht einfach verurteilt, sondern ihn zum Erkennen und zur Umkehr einlädt.[444]

Eng verbunden ist Ps 50 durch die Psalter-Redaktion mit *Ps 51*, indem der Asaph-Psalter 50.73–83 als *Rahmen um die zweite David-Psalmensammlung* gelegt wurde, der so „als die Antwort der Ziongemeinde auf die Gottesreden von Ps 50 gelesen werden" kann.[445] In diesem Gebet um Vergebung der Sünden, das sprachlich eng an die David-Batseba-Erzählung angelehnt und durch die Überschrift als Gebet Davids im Anschluss an diese Verfehlung gekennzeichnet ist, „sahen die Überlieferer eine Identifikations- und Hoffnungsfigur par excellence: Dem David, der seine Sünde weder beschönigt noch verdrängt, sondern vor Gott bekennt und bereut, verzeiht Gott – und

---

[443] Vgl. H. GESE, Gesetzesverständnis 166.
[444] Vgl. H. GESE, Gesetzesverständnis 167f; vgl. B. JANOWSKI, Richter 78f.
[445] Vgl. E. ZENGER, Nacht 414; F.-L. HOSSFELD/E. ZENGER, Ps II 57; B. WEBER, Ps I 231.

stiftet so Hoffnung für jeden Israeliten, der den Weg der Sünde verläßt und zu Gott zurückkehrt. Darin ist der David der Psalmen eine »messianische Gestalt«, daß er die Sünder zur Umkehr ruft!"[446] Denn nicht nur das Volk (wie in Ps 50), sondern auch *der Einzelne* kann, wenn er sich vor Gottes gerechtes Gericht gestellt sieht (Ps 51,6), erst dann wieder jubeln, wenn ihn Gottes Gerechtigkeit von seiner Blutschuld befreit (V. 16). Wenn, wie in Ps 50, die innere Einstellung gegenüber Gott in Ordnung gekommen ist (Ps 51,19), dann bekommen auch die Opfer im Tempel wieder einen Sinn (V. 21) und dienen der Verwirklichung eines umfassenden, Gott und den Menschen umgreifenden צדק.[447] Der Weg zu dieser Erneuerung führt über das „Wort", durch das Gott gegen David „recht behält" (V. 6c.d), bzw. über die verborgene „Weisheit" (חכמה), die er ihm offenbart (V. 8b). Was David in diesem Geschehen erfahren hat, will er andere „lehren" (V. 15), d.h. auch in diesem Psalm ist es – zumindest in der späteren Rezeption, bei der auch der Einfluss von Ps 50 zu bedenken ist – die *Tora* als Gottes Wort und Weisheit, die die Sünde aufdeckt. Das belegt die Verwendung von Ps 51,6c.d in Röm 3,4, dem Auftaktvers für eine lange Zitatreihe, die in Röm 3,19f und damit in einem Hauptsatz über die Funktion der Tora endet.[448]

Ps 52 kontrastiert mit Ps 51, indem hier ein Sünder beschrieben ist, der nicht umkehrt, sondern dabei verbleibt, „Böses" (רע) dem Guten und „Trug" (שקר) dem צדק vorzuziehen (V. 5). Ihm kann darum nur das Vernichtungsgericht angesagt werden (V. 7), so dass die „Gerechten" (V. 8, vgl. V. 11: „deine Frommen"), d.h. die, die gemäß Ps 51 Buße taten, sich fürchten, aber zugleich auch freuen über ihr Heil (V. 10, vgl. auch den motivverwandten Ps 1 u. 58,11f).

---

[446] E. ZENGER, Nacht 403f (= F.-L. HOSSFELD/E. ZENGER, Ps II 56). Auch der Ausgang des dritten Psalmbuches ist von dieser Vorbildfunktion Davids geprägt, s.u. Abschnitt 4.4.

[447] Zu beachten ist die Wendung זבחי־צדק in V. 21 (vgl. außerdem noch Ps 4,6), womit entweder sehr allgemein „rechte" im Sinne von „rechtmäßige" Opfer gemeint sein können, oder, wie KLAUS KOCH (Wesen 120–124) vorschlug, ein „kultisches Geschehen", wodurch „die Fähigkeit zu heilschaffender Gemeinschaftstreue" vermittelt wurde (121), da das in Gemeinschaft begangene Mahlopfer die einzige Opferart ist, die mit צדק verbunden wird. Koch verweist ferner u.a. auf Ps 132,9, wo die Priester aufgefordert werden, sich in צדק zu kleiden. Allerdings verbleibt der so vermittelte צדק zu sehr im Bereich der zwischenmenschlichen Relation. Dass es in den von Koch genannten Psalmen in erster Linie um die gefährdete Gottesbeziehung geht, kommt m.E. zu kurz. Darum ist Zenger zuzustimmen, der die „Schlachtopfer der Gerechtigkeit" als solche sieht, „die nicht mehr unter die prophetische Kritik fallen", sondern dankbarer Ausdruck für die Gegenwart und Wirksamkeit des „Gottes der Gerechtigkeit" sind (F.-L. HOSSFELD/E. ZENGER, Ps II 55).

[448] Vgl. F.-L. HOSSFELD/E. ZENGER, Ps II 58; O. HOFIUS, Der Psalter als Zeuge des Evangeliums. Die Verwendung der Septuaginta-Psalmen in den ersten beiden Hauptteilen des Römerbriefes, in: Theologische Probleme der Septuaginta und der hellenistischen Hermeneutik, hg. v. H. Graf Reventlow, VWGTh 11, Gütersloh 1997, 72–90, jetzt in: DERS., Paulusstudien II, WUNT I/143, Tübingen 2002, 38–57 (43–46).

In Ps 55,23 begegnet in weisheitlicher Sprache die Gewissheit, dass Gott den Gerechten nicht wanken lässt, in Ps 56,5.11 ist es das „Wort Gottes" (V. 5.11), das dem Beter Zuversicht gibt. In Ps 58 wird den Mächtigen das Gericht angesagt, die in Gerechtigkeit und Geradheit richten sollten, es aber nicht taten (V. 2f) und darum vernichtet werden. Darüber freut sich der Gerechte, und sein Geschick wird zum Sprichwort: „So gewiss wird Frucht (entstehen) dem Gerechten, so gewiss es einen Gott gibt, der richtet auf Erden" (V. 12, vgl. LXX: „der sie [nämlich die Gerechten] richtet"). Ähnlich auch Ps 64,11 (ebenfalls im Schlussvers). Die Gruppe Ps 65–68 ist geprägt vom Dank für Gottes Wohltaten, wozu auch sein צדק (66,6) gehört, mit dem er recht richtet (vgl. 67,5), so dass die Gerechten sich freuen können (68,4) und ein „Heer von Freudenbotinnen" auszieht um seines Wortes willen (68,12).

Die Schlußgruppe des zweiten Psalmbuches umfasst nach Zenger/Hossfeld die Psalmen 69–72.[449] Darin tritt die Gerechtigkeitsterminologie auffällig gehäuft auf, nämlich 2mal in Ps 69, 5mal in Ps 71 und 4mal in Ps 72.[450]

Ps 69 ist das Klagelied eines Einzelnen, das sowohl den Bogen zu Ps 40 schlägt (Parallelisierung der beiden ersten Psalmbücher) wie auch als Zusammenfassung der Klagepsalmen Ps 51ff gelten kann. In ihm wehrt sich ein verzweifelter 'David' gegen seine Verleumder, denen ihr Frevel nicht vergeben werden soll, damit sie „nicht hineinkommen in deine Gerechtigkeit" (V. 28 ואל־יבאו בצדקתך[451]), d.h. mit „Gerechtigkeit" ist der 'Ort' umschrieben, der Vergebung, Heil und – wie der nachfolgende Vers deutlich macht – Leben bedeutet (dem entspricht im Neuen Testament das *Reich* Gottes): „Sie sollen ausgestrichen werden aus dem Buch des Lebens, und mit den Gerechten sollen sie nicht aufgeschrieben werden." Positiv gewendet heißt dies: Die Gerechten stehen im Buch des Lebens (Ps 69,29), weshalb am Ende auch das Vertrauen in Gott wieder Oberhand erhält (V. 31–37). Der kleine *Ps 70* ist noch einmal ein Hilferuf, als dessen direkte Fortsetzung der überschriftslose *Ps 71* gebetet werden kann.[452]

---

[449] Ps II 268.280 u.ö.

[450] Zum Vergleich: Das häufigste Vorkommen der Wurzel צדק im Psalter überhaupt ist in Ps 119 mit 15 Belegen, es folgt Ps 37 mit zehn Belegen. Fünf Belege weist außer Ps 71 nur noch Ps 7 auf, vier Belege haben außer Ps 72 noch die Psalmen 11, 97 und 112 (s. auch oben Anm. 414). Zu Ps 72 vgl. E. ZENGER, »So betete David für seinen Sohn Salomo und für den König Messias.« Überlegungen zur holistischen und kanonischen Lektüre des 72. Psalms, JBTh 8 (1993), 52–72; B. JANOWSKI, Stellvertretung 41–66.

[451] LXX: καὶ μὴ εἰσελθέτωσαν ἐν δικαιοσύνῃ σου, vgl. Mt 5,20.

[452] Erst die LXX schrieb den Psalm David zu. In der masoretischen Handschriften-Überlieferung fehlt die Überschrift in acht Handschriften, so dass er mit Ps 70 zu einem Psalm verbunden ist, s. BHS App. zu 71,1; aber drei Handschriften verbinden auch Ps 71 und 72 miteinander (vgl. R. J. TOURNAY, Seeing and Hearing God with the Psalms. The Prophetic Liturgy of the Second Temple in Jerusalem, JSOT.S 118, Sheffield 1991 [urspr. franz. Paris 1988], 224). In einem Teil der handschriftlichen Überlieferung des Psalmenmidrasch werden beide Psalmen als einer gezählt, vgl. M. MILLARD, Komposition des Psalters 12. Andererseits ist auf 4QPsᵃ hinzuweisen, die wohl älteste Psalmenhandschrift aus Qumran und damit das älteste Psalmenmanuskript überhaupt (vgl. P. W. FLINT/ANDREA E. ALVAREZ, The Oldest of

In diesem Klagelied eines Einzelnen erbittet der Beter eingangs, dass Gott ihn mittels seiner Gerechtigkeit (בְּצִדְקָתְךָ) retten möge (V. 2).[453] Das abschließende Lobgelübde nimmt ungewöhnlich breiten Raum ein (V. 14–24) und wird beherrscht von dem wiederholten Versprechen, von Gottes Gerechtigkeit im Tempel und vor den kommenden Geschlechtern zu reden (V. 15.16. 19.24 [s.o. Anm. 440]); der Grund des Lobes ist das aus der Tiefe Herausgeholt- und wieder ins Recht Gesetztwordensein (V. 20f), parallel zu צדקה stehen „Heil" (תשועה [V. 15]), „(Gottes) Wundertaten" (נפלאות [V. 17]), sein machtvoller Arm und seine Stärke (V. 19) sowie seine Wahrhaftigkeit (אמת [V. 22]). Hossfeld/Zenger haben in ihrer Auslegung von Ps 71 und 72 auf die enge Beziehung dieser Schlusspsalmen hingewiesen, indem sie Ps 71 als Bilanz „eines alten Menschen" (vgl. V. 17f) bezeichnen, den die Psalterredaktion mit dem alten David identifizierte, so dass Ps 72 eine Art „Königstestament" Davids für seinen Sohn Salomo (F.-L. Hossfeld) darstellt.[454]

Dabei ist die wichtigste Stichwortverbindung zwischen beiden Texten der Begriff צדקה: Der altgewordene König sieht es als seine Aufgabe, diese den kommenden Geschlechtern zu erzählen (71,15f), und er erbittet mit Ps 72,1f das Charisma der Gerechtigkeit für seinen Sohn und Nachfolger, damit dieser nach Recht und Gerechtigkeit zu regieren vermag (V. 1.2.3.7[455]). Die dem

---

All the Psalms Scrolls: The Text and Translation of 4QPs[a], in: The Scrolls and the Scriptures [s.o. Anm. 6], 142–169): In ihm folgt Ps 71 unmittelbar auf Ps 38, obwohl sonst die Reihenfolge, so weit dies die Fragmente zu überprüfen erlauben, der masoretischen entspricht. Ps 71 lässt sich in der Tat sehr gut auch als Fortsetzung von Ps 38 lesen: Das Sündenbekenntnis des kranken Königs, das mit der Bitte um Gottes Hilfe endet, geht nahtlos in das Vertrauensbekenntnis von 71,1a über. Das ausführliche Lobgelübde an seinem Ende wurde offenbar als geeigneter Abschluss einer Klage angesehen (Ps 38 u. 70 sind jeweils Klagelieder des Einzelnen).

[453] Zu dieser gelegentlichen Bitte in den Klageliedern des Einzelnen s. Ps 31,2; 143,1.11 (vgl. a. 35,24; 119,40; damit verwandt sind alle Anrufungen der Gerechtigkeit Gottes bzw. Bekenntnisse zu ihr in den Klageliedern, bei denen Gottes Eingreifen erbeten wird), s. P. STUHLMACHER, Gerechtigkeit Gottes bei Paulus 108.

[454] E. ZENGER, Dein Angesicht suche ich. Neue Psalmenauslegungen, Freiburg u.a. 1998, 165; F.-L. HOSSFELD/E. ZENGER, Ps II 300f.303.310.316f.328f. Entsprechend übersetzen sie die Angabe לשלמה nicht traditionell als Verfasserangabe (zum sogenannten *Lamed auctoris* für die „Einführung des Verfassers, Dichters usw." s. GESENIUS/KAUTZSCH, Hebräische Grammatik § 129c) „von Salomo" (so u.a. H.-J. KRAUS, Ps II 654; K. SEYBOLD, Ps 275), sondern „für Salomo" (vgl. a. LXX: εἰς Σαλωμων).

[455] Zur Textkritik in V. 3 und 7: In V. 3 lassen einige LXX-Handschriften, Syr, Vulg und Hieronymus das ב vor צדקה aus. Dieser *lectio facilior* folgen u.a. K. SEYBOLD, Ps 275f.278, H.-J. KRAUS, Ps II 654–656. Dagegen übersetzen L. HOSSFELD/E. ZENGER am masoretischen Text festhaltend mit: „... durch Erweis von Gerechtigkeit" (Ps II 303.305); so auch B. JANOWSKI, Die Frucht der Gerechtigkeit. Ps 72 und die judäische Königsideologie, in: „Mein Sohn bist du" (Ps 2,7). Studien zu den Königspsalmen, hg. v. E. Otto u. E. Zenger, SBS 192, Stuttgart 2002, 94–134: „Es sollen die Berge Heil tragen für das Volk und die Hügel durch Gerechtigkeit" (102). In V. 7 bezeugen einige masoretische Handschriften, dazu LXX, Syr und Hieronymus צדק anstelle von צדיק. Vom Kontext her ist beides möglich (vgl.

Königssohn von Jahwe verliehene צדקה bewirkt Rechtssicherheit und Zuversicht für die Armen, Bedrängten und Hilflosen, wobei der צדק als umfassende Ordnung die Instanz ist, vor der die Lebensförderlichkeit der Rechtsnorm (משפט) zu prüfen ist (V. 2).[456] Diese Lebensförderlichkeit des צדק wird als die „Erfahrung eines Natur und Gesellschaft umgreifenden Heils"[457] formuliert: Der von Gott mit צדקה beschenkte König (V. 1) vermittelt den göttlichen Segen, und „Heil" (שלום) ist die Frucht, die durch diese Gerechtigkeit (בצדקה) wächst (V. 3). Weil die durch den König vermittelte Segensfülle wie Regen und Regenschauer auf das Land wirkt, kann der Gerechte sprossen (V. 7, vgl. V. 12–14) und das Land gewährt seinen Ertrag reichlich (V. 16). So wirkt die dem König geschenkte צדקה als Ermöglichung weiterer „Frucht" des unter seiner Herrschaft stehenden צדיק, „weil durch das Gerechtigkeitshandeln des Königs vollständiges »Heil« herrscht"[458].

Betrachtet man mit R. G. Kratz Ps 1–2 als Einleitung für den »Davidpsalter« 3–72[459], dann ergibt sich auf der redaktionellen Ebene eine weitreichende Verschränkung von Gerechtigkeit, Tora und König: Der Gerechte selbst als sprossender, grünender Baum ist einerseits als „Frucht" der vom König durch צדקה vermittelten Segensfülle in den Blick genommen (Ps 72,7)[460], andererseits entspringt seine Lebensfülle aus der Tag und Nacht anhaltenden Beschäftigung mit der Tora (Ps 1,2). Da mit Ps 72,7f die Verheißung des messianischen Friedenskönig aus Sach 9,9 aufgenommen wird und die zweite Hälfte von V. 17 an Gen 12,3 erinnert, erhält der Psalm in seiner vorliegenden Gestalt eine deutliche „eschatologische Perspektive."[461] Die damit verbundene Verheißung und Hoffnung ist eine umfassende

---

HOSSFELD/ZENGER, ebd. 304.306): Entweder sprosst *die Gerechtigkeit* auf (so entscheiden u.a. H.-J. KRAUS, Ps II 655f; K. SEYBOLD, Ps 278), eine sonst allerdings nicht belegte Verbindung, oder *der Gerechte* blüht auf, wenn Gerechtigkeit herrscht (vgl. Ps 92,13; Prov 11,28), was Hossfeld/Zenger für wahrscheinlicher halten. Ausführlich dazu mit weiterer Literatur JANOWSKI, ebd. 103.124f, der ebenfalls der Lesung mit צדיק den Vorrang einräumt. Nach R. J. TOURNAY, Seeing and Hearing 226, stellt צדיק dagegen eine schon innerbiblische Interpretation dar (eine von mehreren „messianic rereadings" in diesem Text), die von Jer 23,5 und Sach 9,9 beeinflusst ist.

[456] Vgl. dazu F.-L. HOSSFELD/E. ZENGER, Ps II 320f.

[457] B. JANOWSKI, Frucht der Gerechtigkeit 125.

[458] B. JANOWSKI, ebd., vgl. H. SPIECKERMANN, Recht und Gerechtigkeit 258: „Wo Gott den König an seiner Gerechtigkeit teilhaben läßt, darf die Entfaltung der Gerechtigkeitssphäre nicht nur im eigenen Volk, sondern weit darüber hinaus bis in die belebte und unbelebte Natur hinein erwartet werden."

[459] Tora Davids 19.

[460] Vgl. B. JANOWSKI, Frucht der Gerechtigkeit 124.

[461] E. ZENGER, Angesicht 164, vgl. 157: Er rechnet die Verse 8–11.15.17cd zu einer nachexilischen Bearbeitung, die den vorexilischen Grundtext universal und eschatologisch erweiterte (F.-L. HOSSFELD/E. ZENGER, Ps II 312). Zur Frage ob Sach 9,9f eher Spender oder Empfänger in der gegenseitigen Beeinflussung ist s. HOSSFELD/ZENGER, ebd. 314.324.

Gerechtigkeit, die ihren Ursprung in Gott selbst hat und durch den König vermittelt wird.[462]

Dieser Bezug ist in der LXX und dem Targum noch verstärkt und bei Letzterem eindeutig mit dem davidischen Messias verbunden worden, wobei das Targum die Bitte in V. 1 so interpretiert, dass das gerechte Richten des „König Messias" sich in der von ihm gelehrten Halacha vollzieht, d.h. die vom Messias ermöglichte Gerechtigkeit ist in seinem von Gott geschenkten Umgang mit der Tora begründet (vgl. a. Tg zu 72,2).[463]

4.4 Das dritte Psalmbuch (Ps 73–89)

Die in Ps 71/72 gewonnenen Perspektiven werden im *dritten Psalmbuch* unmittelbar weitergeführt. Zwar kommen Ableitungen der Wurzel צדק in diesem Teil des Psalters insgesamt nur wenig vor (acht Belege, verteilt auf fünf Psalmen: 75,11; 82,3; 85,11.12.14; 88,13; 89,15.17), aber es fällt auf, dass auch hier die beiden letzten Psalmen ein Paar bilden und darüber hinaus Ps 88 mit Ps 85 in engem Zusammenhang steht.[464]

Ps 85, von Kraus u.a. als „Klageliturgie" bezeichnet, ist mit Hossfeld/ Zenger eher als eine „prophetische Liturgie" zu bestimmen[465], in der eine Gemeinschaft um das von Gott zwar verheißene (V. 2–4), aber noch nicht als Wirklichkeit erfahrene Heil bittet (V. 5–8). Der zweite Teil, der Elemente des prophetischen Heilsorakels aufnimmt, richtet sich an „sein Volk und an seine Frommen" (חסידיו V. 9).[466] Ihnen, die Jahwe fürchten, ist die Nähe seines Heils zugesagt (V. 10). Zu dem erflehten und im Heilsorakel zugesagten, umfassenden Schalom-Zustand gehört neben חסד und אמת auch der von Gott herrührende צדק und שלום (V. 11), wobei אמת aus der Erde (von unten)

---

[462] Zu den religionsgeschichtlichen Fragen s. F.-L. HOSSFELD/E. ZENGER, Ps II 317–320; B. JANOWSKI, Richter 43–55.

[463] Vgl. S. H. LEVEY, Messiah 115–118; F.-L. HOSSFELD/E. ZENGER, Ps II 329; auch der Psalmenmidrasch liest den Text messianisch u. bringt ihn u.a. in Verbindung mit Dan 7,9 (§ 2) und Jes 11,1–4 (§ 3). Zur Septuaginta s. J. SCHAPER, Eschatology 93–96.172.

[464] Ein Hinweis auf die redaktionell hergestellte Beziehung zwischen den beiden Psalmen ist die jeweilige Überschrift, die Ps 88 dem Esrachiter Heman und Ps 89 dem Esrachiter Etan zuweist. Beide werden nur hier als Psalmautoren benannt. Ausführlich begründet CH. RÖSEL, Redaktion 89–91, die Zusammengehörigkeit beider Psalmen, die „gemeinsam … die Klagen der vorausgehenden Sammlung" bündeln: „Ps 88 greift die individuellen Texte auf, Ps 89 dagegen die Königspsalmen und Klagen des Volkes", vgl. a. E. ZENGER, Angesicht 76f; F.-L. HOSSFELD/E. ZENGER, Ps II 574–576.

[465] H.-J. KRAUS, Ps II 756; F.-L. HOSSFELD/E. ZENGER, Ps II 527–530.

[466] Der Psalm besitzt eine Binnenperspektive und richtet sich an die Frommen in Israel, während Ps 75,11 die Bewahrung der „Gerechten" in einem universalen Zusammenhang sieht, ähnlich wie Ps 82,3: Weil die Götter nicht für die notwendige heilvolle Gerechtigkeit sorgen, ist es Gott selbst, der zum Handeln an und für die ganze Erde (V. 8) aufgerufen wird, vgl. dazu B. JANOWSKI, Richter 60–64 (zur Verbindung mit Ps 75 s. ebd. 62f). Aus 82,3–5 geht hervor, „daß das *Gott-Sein Gottes* vom Begriff der Gerechtigkeit her definiert wird" (ebd. 64 [Hhg.RD.]).

sprießt und צדק vom Himmel herabkommt (V. 12, vgl. Jes 45,8), so dass das Land seinen Ertrag (V. 13) und Jahwe seinen Segen geben kann (chiastisch zu V. 12: Bewegung von unten nach oben und von oben nach unten, bzw. V. 13: von oben nach unten und von unten nach oben). In V. 14 ist צדק noch einmal ein Attribut Gottes: צדק geht vor ihm her, um seinen Weg zu bereiten. Die versöhnende Macht des göttlichen צדק ist durch das dreimalige Vorkommen eindrücklich betont, in Verbindung mit der Aussage über die Vergebung der Schuld in V. 3 hat צדק hier den Charakter einer freisprechenden, vergebenden Gabe bzw. Macht Gottes.

Ps 88, das Klagelied eines Einzelnen, vom Tod unmittelbar Bedrohten, klagt die Verheißungen von Ps 85,9–14 ein[467], ohne dass irgendein Hoffnungsschimmer die Verzweiflung des Beters aufzuhellen vermag. Er verleiht seiner Bitte Nachdruck, indem er Gott vorhält, dass in der Totenwelt niemand da sein wird, der seine חסד und אמונה, seine Wunder (פלא) und seine צדקה verkündet (V. 12f).[468] Auch hier steht die Todafeier als der Ort, wo Gottes Gerechtigkeit(serweise) im Mittelpunkt stehen (s.o. Anm. 440), *via negationis* im Hintergrund: Wenn Gott nicht eingreift, dann kann es auch keine Todafeier geben, dann kann der Beter nicht von Gottes helfender Gerechtigkeit erzählen.[469]

Derselbe verzweifelte und hoffnungslose Ausblick bestimmt auch *Ps 89*. Er erinnert in breiter Entfaltung an den Bund Gottes mit dem Haus Davids (V. 4.29.35) und an die ihm gegebenen Verheißungen (V. 5.20–38). Dazwischen hineingeschoben ist mit V. 6–19 ein Jahwe-Königshymnus, ehe mit V. 39 eine erschütternde Klage darüber anhebt, dass Gott trotz seiner Verheißungen seinen Gesalbten auf dem Thron Davids verstoßen, dass er den ihm gewährten Bund verworfen hat (V. 39f). Am Ende steht die bange Frage „Wie lange?" (V. 47) und wie in Ps 88 der Verweis auf die Unterwelt und den drohenden Tod (V. 48f). Mit einer letzten klagenden Bitte endet der Psalm, ohne dass eine direkte Antwort erkennbar wäre.[470] Und doch enthält der

---

[467] Vgl. E. ZENGER, Angesicht 77; stärker der Bezug zu Ps 84 (der wiederum in Ps 85 seine Antwort erhält) ist dagegen betont bei F.-L. HOSSFELD/E. ZENGER, Ps II 531f; B. WEBER, Ps II 105; B. JANOWSKI, Konfliktgespräche 234f.

[468] Die Verwandtschaft dieser Viererreihe mit der in Ps 85,11f ist unverkennbar; die dennoch vorhandenen Unterschiede zeigen, dass nicht ein Psalm nach dem Muster des anderen gedichtet wurde, sondern dass hier verwandte Texte miteinander durch die Redaktion in eine spannungsvolle Beziehung gesetzt wurden.

[469] Zum „Topos vom ‚Verstummen der Lobpreisungen Gottes im Tod'" s. B. JANOWSKI, Die Toten loben JHWH nicht. Psalm 88 und das alttestamentliche Todesverständnis, in: Auferstehung – Resurrection, hg. v. F. Avemarie u. H. Lichtenberger, WUNT I/135, Tübingen 2001, 3–45, auch in: DERS., Der Gott des Lebens (s.o. Anm. 372), 201–243; DERS., Konfliktgespräche 243–250 (246).

[470] Nach R. J. TOURNAY, Seeing and Hearing 201–206, gehörte der Psalm ursprünglich in die unmittelbare Zeit nach der Zerstörung Jerusalems und ist in Bet-El oder Mizpa

Königshymnus Elemente, die der Redaktion den Weg zu einer Antwort weisen konnten: Nachdem im Hymnus Gottes schöpferische Macht besungen wurde, wendet sich der Blick auf Gottes kultische Präsenz unter seinem Volk. Und da heißt es: „צדק und משפט sind die Stützen *deines* Throns, חסד und אמת gehen vor dir her" (V. 15, vgl. Ps 85,11; 88,12f). Es folgt eine *Seligpreisung des Volkes*, das den Königsjubel kennt, denn es wird im Licht von Jahwes Angesicht gehen (V. 16).[471]

Damit wird der Bogen zu Ps 2,12 geschlagen, so dass sowohl der Eingangs- als auch der Schlusspsalm der Sammlung 2–89 jeweils eine Seligpreisung enthalten, die *im Kontext des davidischen Königtums* auf *Gottes Herrschaft unter den Völkern* verweist.[472] Das Volk, das einen solchen König hat, geht im Licht von Gottes Angesicht, es freut sich jeden Tag über seinen Namen und jubelt über „seine Gerechtigkeit" (V. 17). Dieser Heilsbund bestand, solange der erwählte König und seine Nachfolger nach Gottes Weisung und Recht lebten (V. 31f), aber das Heil wandelte sich innerhalb des währenden Bundes (V. 35.40) in Gericht und Strafe (V. 33), wie sie sich in Exil und Verlust des Königtums äußern (V. 41ff). Bezogen auf die verworfene (V. 40, trotz V. 33–35) und darniederliegende davidische Dynastie (V. 45) lässt sich dieser Jahwe-Königshymnus als Anklage bzw. Begründung lesen: Die Qualitäten, die Gottes Königtum ewig bestehen lassen (vgl. V. 15–17), fehlten im Reich seines Gesalbten. Und das wiederum hängt damit zusammen, dass die Nachkommen Davids die Tora verließen und nicht in Gottes משפטים wandelten (V. 31), seine Verordnungen (חֻקִּים) entweihten und

---

entstanden. Mit dem „Gesalbten" im letzten Vers ist dann der exilierte König Jojachin (vgl. 2Kön 24,12) gemeint; zur Datierung s.a. M. PIETSCH, »Sproß Davids« 105f.

[471] Auch diese Stelle bezeugt eine motivische Nähe zwischen Gerechtigkeit und Licht, wenngleich hier חסד ואמת stärker mit dem Licht verbunden sind. Es besteht jedoch kein Grund, die Elemente der Reihe von V. 15 gegeneinander abzugrenzen; zudem nimmt V. 17 das Stichwort Gerechtigkeit mit dem Hinweis auf Jahwes צדק, die das Volk jubeln lässt, noch einmal auf. Damit ist die kleine Einheit V. 15–17 durch das Stichwort צדקה/צדק gerahmt.

[472] Zu den Beziehungen dieser Rahmenpsalmen s. CH. RÖSEL, Redaktion 89–91.203f. Eines der herausragendsten Themen, die beide Psalmen verbindet, ist die Vater-Sohn-Beziehung zwischen Gott und König (2,7; 89,27f). Einzigartig ist die Aussage in 89,28, dass der König „Gottes Erstgeborener" ist, der ihn darum als אבי „mein Vater" anrufen darf. Das Psalmen-Targum hat einzig an dieser Stelle אַבָּא (Hinweis Prof. Hengel). Trotz dieser erkennbaren Bedeutung Davids sieht M. PIETSCH, »Sproß Davids« in Ps 89 das Ergebnis einer „Kollektivierung und Nationalisierung der Nathanverheißung", bei der die Sohnesprädikation sowie die Gesalbtenterminologie auf das Volk übertragen worden sei (122, s.a. 119 u.ö.), so dass der Psalm weder „eine königlich-restaurative Erwartung" noch eine „messianische Interpretation" gestatte (123). Einer solchen Deutung widerspricht allein schon die Verortung des Psalms innerhalb des Psalters (die bei Pietsch auch keinerlei Rolle spielt), sie erscheint mir aber auch im Hinblick auf die anderen von Pietsch genannten Texte völlig unwahrscheinlich.

seine Gebote (מצות) nicht bewahrten (V. 32). Damit ist von den Nachfolgern das Gegenteil dessen ausgesagt, was der Dynastiegründer David in Ps 18 (= 2Sam 22) von sich sagen konnte (V. 21–25).[473]

Der Psalm und damit das dritte Psalmbuch endet mit der Frage, wo denn das auch im Gericht versprochene Heil sei (V. 50). Versteht man das davidische Königtum als *imitatio* des Königtum Gottes, dann wird die Botschaft deutlich: Recht und Gerechtigkeit, Treue und Wahrheit sind die Kennzeichen von Gottes Herrschen und somit auch die Idealbilder für den irdischen König, der sie verwirklicht, indem er nach Gottes Weisung (תורה), Rechtsordnungen (משפטים) und Verordnungen (חקות) handelt. Dahinter steht die in nachexilischer Zeit immer deutlicher hervortretende Überzeugung, dass die Tora im Rahmen des Bundes die Anleitung zur Gerechtigkeit darstellt.

Konsequenterweise ist in den Jahwe-Königpsalmen ebenfalls die Gerechtigkeit als zentrale Herrschertugend besungen als Grund der Freude für Israel, die Völker der Welt und die ganze Schöpfung (insbesondere Ps 97, aber auch Ps 96,13; 45,7; 145,7.17). Sie wird zwar nicht *expressis verbis* auf die Tora zurückgeführt, gleichwohl ist das gerechte Königsein Gottes (Ps 99,4) nicht abtrennbar gedacht von seinen „Zeugnissen" und seiner „Satzung" (חק Ps 99,7 vgl. Ps 93,5), deren vollkommenster und umfassendster Ausdruck für das nachexilische Judentum zweifelsohne die Tora darstellt.

Wenn der Beter trotz der fehlenden Gerechtigkeit dennoch Ausschau nach einer besseren Zukunft hält, dann kann diese nur da erhofft werden, wo ein neuer David (vgl. 50–52; das Targum nennt in V. 52 den kommenden Messias) Gottes Tora in ihrer vielfachen Entfaltung wieder beachtet, damit צדק und משפט wieder die Stützen des Königtums sind. Das 'messianische' Element des Einzelpsalms liegt dabei nach E.-J. Waschke zunächst nicht im Vorblick auf einen „zukünftigen Heilskönig", sondern darin, „daß das Verhältnis zwischen Gott und Volk unlösbar verbunden ist mit dem davidischen König als Repräsentant des heilvollen und Heil schaffenden Wirkens JHWHs."[474] Waschke versteht den Psalm in seinem ursprünglichen Entstehungskontext als Ausdruck einer eher statisch-restaurativen Hoffnung, die durch das Ausbleiben einer neuen David-Dynastie gescheitert ist, und – sollte sie nicht einfach fallen gelassen werden – darum „einer neuen theologischen Reflexion und Begründung" bedurfte (Wurzeln 69). Ein Ergebnis derselben ist die planvolle Verortung des Psalmes innerhalb des Psalters.

---

[473] Nach Ps 119 sind Ps 89 und 18 die nächstlängsten Texte im Psalter, ohne Doxologie und Überschrift sind sie nahezu gleich lang (vgl. CH. RÖSEL, Redaktion 106 Anm. 94; F.-L. HOSSFELD/E. ZENGER, Ps II 581); zur Rolle des Königs s. HOSSFELD/ZENGER, ebd. 586f.

[474] Wurzeln 68, vgl. seine historische Einordnung des Psalms ebd. 62–69.

4.5 Das vierte Psalmbuch (Ps 90–106)

Der Eingang ins *vierte Psalmbuch*[475] ist durch einen dreifachen Aufgesang markiert, der von Ps 90–92 gebildet wird.[476] Die Überschrift weist Ps 90 Mose zu, der als „Mann Gottes" vorgestellt ist. Liegt aber nicht genau darin eine Aufnahme der offen gebliebenen Fragen von Ps 88/89, dergestalt dass der Beter und Leser des Psalters angesichts der aufgerissenen Aporien im Hinblick auf das einzelne Leben wie in Bezug auf das Königtum der Davididen nun auf *Mose* (und damit auf die Tora) verwiesen wird? Lässt sich angesichts von Ps 106,23 nicht sogar *das ganze vierte Psalmbuch als Abbild jener Interzession des Mose verstehen, die das Volk am Sinai vor der Vernichtung bewahrte?*[477] Der Auftakt in Ps 90 nimmt die Sünde des Einzelnen und des Königs auf (V. 8) und erbittet Gottes Eingreifen (V. 13ff), indem die Zeit der Verzweiflung im weisheitlichen Sinn als eine Zeit zur Einsicht angesehen wird (V. 11f). Dabei richtet sich der Blick zunächst auf den Einzelnen als Glied des Volkes, und im 2. Teil auf das rechte Königtum.[478] Ps 91f können nach Zenger so gelesen werden,

„daß hier konkretisiert wird, wer mit den in Ps 90,13–17 angesprochenen ‚Knechten JHWHs' gemeint ist. Es sind die, die voll auf JHWH vertrauen (Ps 91) und die ihren konkreten Alltag

---

[475] Vgl. E. ZENGER, Israel und Kirche im gemeinsamen Gottesbund. Beobachtungen zum theologischen Programm des 4. Psalmenbuchs (Ps 90–106), in: Kirche und Israel heute. Beiträge zum christlich-jüdischen Dialog, FS E. L. Ehrlich, hg. v. M. Marcus u.a., Freiburg u.a. 1991, 236–254; M. MILLARD, Komposition des Psalters 147–152; M. LOERBROKS, Weisung 158–161. Die Tendenz der Analysen geht dahin, in den Jahwe-Königpsalmen die Antwort auf die Frage von Ps 89 zu sehen, d.h. in einer Abkehr vom davidischen Königtum hin zum Königtum Gottes. Das überzeugt m.E. nicht, weil beide Herrschaftsformen zueinander in einer untrennbaren Beziehung stehen und zudem nicht vergessen werden darf, dass der Psalter nicht mit dem vierten Psalmbuch endet, sondern eine – auch davidisch-messianische – Fortführung im fünften Psalterbuch erhalten hat.

[476] Das hat E. ZENGER gezeigt, vgl. seine Auslegung von Ps 90 (Nacht 434–436) u. Ps 91f (Angesicht 139–142.149–151); F.-L. HOSSFELD/E. ZENGER, Ps II 33f.613; auf weitere Berührungspunkte verweist K. SEYBOLD, Ps 365f.

[477] Auffällig ist, dass von den insgesamt acht Nennungen des Mose im Psalter sich bis auf Ps 77,21 *alle im vierten Psalmbuch* finden: nach 90,1 ist es 99,6; 103,7; 105,26 und 106,16. 23.32. Das Achtergewicht in Ps105/106 entspricht der Bedeutung der übrigen Abschlusspsalmen 72; 88/89; 146–150. Nach rabbinischer Auffassung gilt Mose als Verfasser der Psalmen 90–100. Dass seine Psalmen nicht im Pentateuch, sondern im Psalter aufbewahrt sind, wird damit begründet, dass das eine Worte der Tora, das andere Worte der Prophetie sind (MidrTeh 90 § 4 [194b], zit. b. Bill. III 164f).

[478] Wenn Ps 90–92 für den zweiten Teil des Psalters die Funktion von Ps 1 widerspiegelt, dann ist Ps 2 mit Ps 93 zu verbinden. In beiden ist das zentrale Motiv Gottes Weltherrschaft, die sich in Ps 2 darin erweist, dass er auf dem Zion seinen König einsetzt, während er in Ps 93 selbst der König ist (V. 1), der vom Tempel aus die Welt regiert (V. 5). Anstelle des Königs sind es Gottes Zeugnisse (עֵדוֹת), auf die sich der Beter verlassen kann. Diese Funktion von Ps 93 im Rahmen der gesamten Psaltersammlung erklärt auch seine gegenüber den übrigen Jahwe-Königpsalmen Ps 96–99 abgegrenzte Stellung innerhalb des vierten Teils des Psalters.

als ‚Gerechte' leben (Ps 92). Wer so lebt, für den verliert die in Ps 90 beklagte Vergänglichkeit ihren Schrecken. Der Metapher Ps 90,5–6 vom vertrockneten Grashalm setzt Ps 92,13–16 die Metapher von der fruchttragenden Palme und der festverwurzelten, hochragenden Libanonzeder entgegen."[479]

Die Metapher von der fruchtbringenden Palme entstammt Ps 1,3 und ist dort verbunden mit der ununterbrochenen Beschäftigung mit der Tora (1,2), die den צדיק kennzeichnet. Dies wird in Ps 92,13–15 aufgenommen, ohne dass Ps 92 im strengen Sinne als Torapsalm zu verstehen ist (weder תורה noch eines der Äquivalente kommen vor); stattdessen sind Gottes Huld, Treue, seine Taten und Werke Grund des jubelnden Preisens. Zu diesen Werken Gottes gehört auch das Vernichten der Feinde und aller, die Unrecht tun, d.h. die Wiederherstellung der gerechten Ordnung. Den Frevlern und Feinden (V. 8.10) steht der Gerechte gegenüber (V. 13). Er ist es auch, der Gottes Gerechtsein verkündigt (V. 16a: להגיד כי־ישר יהוה)[480], womit impliziert ist, dass es bei Gott keine Ungerechtigkeit gibt (V. 16b, LXX: καὶ οὐκ ἔστιν ἀδικία ἐν αὐτῷ).[481] Die Überschrift weist Ps 92 dem Sabbattag zu, womit indirekt auf die Tora verwiesen sein *kann*, weil der Sabbat der Tag ist, an dem die Tora gelesen wird (vgl. mTam 7,4).[482] Der Psalm selbst nennt als Ort der Gottesbegegnung den Tempel (V. 14), d.h. den Ort, an dem Gott seit alters her redet und Weisung (תורה) erteilt.

Das zwischen die Jahwe-Königpsalmen (93.96–99) eingeschobene weisheitliche Klagelied *Ps 94*[483] erfleht das aktive Eingreifen Gottes als Richter (V. 1–4), damit der Gerechte gedeihen kann, wie es in 92,13 verheißen ist. Die Verse 12–15 bilden eine eigene Strophe, eingeleitet durch אשרי. Die Seligpreisung gilt dem Mann, der von Gott erzogen wird (Wz יסר) und den er durch seine Tora belehrt (V. 12). Einen solchen Menschen bewahrt Gott vor der Grube, unter solchen Umständen ist auch das Volk nicht verstoßen, denn dann gilt (V. 15): „Zur Gerechtigkeit/Ordnung (צדק) kehrt das Recht (משפט) zurück, und ihnen nach (folgen) alle, die aufrichtigen Herzens sind." Der Gerechte wird verfolgt, weil die Richter sich nicht an das Gesetz (חק) halten, aber Gott bleibt ihr Fels, so dass sie bestehen, ihre Verfolger aber untergehen

---

[479] E. ZENGER, Nacht 435.

[480] V. 16 ist sprachlich und inhaltlich eng mit der Gottesprädikation im Lied des Mose Dtn 32,4 verwandt (vgl. E. ZENGER, Angesicht 145; K. SEYBOLD, Ps 367), was ein weiterer Hinweis auf die hier vorgeschlagene Mose-Rezeption darstellt.

[481] Damit antwortet der Psalm auch auf Ps 88/89, indem er verdeutlicht, dass Gottes rätselvolles Handeln seine Gerechtigkeit nicht in Frage stellt.

[482] In der LXX ist auch der nachfolgende Ps 93 dem Sabbat zugewiesen, in 4QPs^b werden Ps 92/93 als ein Psalm überliefert (vgl. M. MILLARD, Komposition des Psalters 13).

[483] Zu den Motivverbindungen mit Ps 92,16 u. 95,1 (Fels-Metapher, vgl. 94,22) s. K. SEYBOLD, Ps 371f. In 4QPs^b sind auch Ps 94/95 als ein Psalm überliefert (vgl. M. MILLARD, Komposition des Psalters 13).

(V. 20–23). Im Kontext der Jahwe-Königpsalmen besitzt der Psalm eine doppelte Richtung: Er erinnert zum einen den (nur noch in der Hoffnung des Volkes/des Beters vorhandenen) König daran, dass sein eigenes Heil von seiner Haltung zur Tora und der daraus resultierenden Gerechtigkeit für das ganze Volk abhängt (vgl. Dtn 17,18–20), aber er verweist den Beter zugleich auf Gott selbst, der für ihn eintritt, wenn er zu Unrecht verfolgt wird.

Die Hilfe für den bedrängten Gerechten ist so nicht mehr abhängig gedacht vom irdischen König oder Richter, sondern steht bei Gott, dessen Gerechtigkeit auch in den *Jahwe-Königpsalmen* hervorgehoben ist (Ps 89,15; 96,10.13; 97,2.6; 98,2.9; 99,4; 145,7.11f.17). Das belegt, dass die erhoffte herrscherliche bzw. richterliche Gerechtigkeit ihr Urbild auch hier in Gottes Königtum besitzt. Diese erlangt der Mensch aber nur, wenn er auf Gottes Reden hört, seine Zeugnisse und Gebote hält, wie Ps 99,6f exemplarisch an Mose, Aaron und Samuel aufweist: Ihr Gebet wurde erhört, ihre Schuld vergab ihnen Gott (V. 8). Die Begründung steht in V. 4. Gleiches lehrt auch *Ps 103,* wo erneut Mose das Beispiel für Gottes gnädiges, vergebendes Handeln und Jahwe mit צדקה und משפט verbunden ist (V. 6).[484] Er erweist Gerechtigkeit und Güte allen, die seinen Bund halten, wozu im synthetischen Parallelismus das Gedenken an die Gebote und ihr Tun steht. Das Halten der Gebote (vgl. den Hinweis in V. 7 auf Mose) ist somit gleichbedeutend mit dem Bewahren des Bundes. Denen, die so handeln, gilt die gewisse Zusage von Gottes חסד und צדקה.

Das vierte Psalmbuch endet mit *Ps 105/106* ähnlich wie das dritte mit zwei die Geschichte Israels reflektierenden Psalmen.[485] *Ps 105* ist ein hymnischer Text, der die Geschichte Israels von der Bundesschließung Gottes mit Abraham und der ihm gegebenen Landverheißung (V. 8–11) bis zum Auszug aus Ägypten beschreibt. Als geschichtsmächtig erwies sich in diesen Ereignissen Gottes Wort (דבר, vgl. V. 28.42). Er erfüllte es als Gerichtswort an den Ägyptern und als Verheißungswort an Abraham durch die Landgabe, auf die am Schluss ganz knapp angespielt wird (V. 44). Das Ziel des Wohnens im Lande aber ist das Halten der Satzungen (חקים, LXX: τὰ δικαιώματα) und Gebote (תורות[486]) Gottes (V. 45). Die Eigennamen, die der Psalmist nennt, verdeutlichen die Doppelstruktur: Abraham (V. 6+42 als Rahmung des ganzen Psalms), Isaak und Jakob auf der einen Seite als Repräsentanten der Landverheißung, Mose und Aaron (V. 26) als Befreier aus Ägypten auf der anderen Seite. Zusammengehalten sind diese beiden Linien am Ende (V. 44f)

---

[484] Beide Substantive stehen im Plural. LXX übersetzt die von Jahwe gewirkten צדקות mit ἐλεημοσύνας (so außer hier nur noch Ps 24,5).

[485] Der Anfangsvers enthält in beiden Fällen eine gleichlautende Aufforderung zum Lob Gottes (הודו ליהוה).

[486] Die LXX liest anstelle des Plurals den Singular: τὸν νόμον αὐτοῦ.

durch das Leben im verheißenen Land (Abraham) nach den Satzungen und
Geboten Gottes (Mose). Der abrupte Schluss ist somit theologisches Programm für das exilierte Volk, unter dem dieser Psalm entstand[487]: Eine
neuerliche Existenz im Land ist nur möglich, wenn die Tora gehalten wird.

Ps 106 nimmt das angeklungene Thema auf, indem eingangs (V. 3) die
selig gepriesen werden, die Gottes מִשְׁפָּט bewahren und Gerechtigkeit tun
(wohl zu lesen: צְדָקָה עֹשֵׂי, LXX: ποιοῦντες δικαιοσύνην ἐν παντὶ καιρῷ).
Doch während Ps 105 die Zeit bis zum Auszug sehr breit darstellte, die
Wüstenwanderung und das Wohnen im Lande dagegen nur noch andeutete,
sind die Gewichte in Ps 106 gerade umgekehrt: Der Auszug bildet nur den
einleitenden Auftakt für Israels Verfehlungen während der Wüstenzeit (V.
7ff). Darin hineinverwoben sind die Hinweise auf Mose, der für das Volk vor
Gott in die Bresche sprang und es vor der Vernichtung rettete (V. 23), sowie
die Tat des Pinhas, der die Plage unter dem Volk durch sein strafendes
Eingreifen abwehrte: „Und das rechnete ihm Gott zur Gerechtigkeit von
Geschlecht zu Geschlecht für alle Zeit" (V. 31).

Auch als das Volk ins Land kam, hörte es nicht auf zu sündigen, und Gott
strafte es mit dem Exil. Erst die Verschleppten, die Beter des Psalms, sind es,
die Gottes Zuwendung um seines Bundes willen erfuhren (V. 44–46) und nun
abschließend um die Restitution des Volkes in seinem Land bitten (V. 47).
Zieht man eine Linie von denen, die eingangs selig gepriesen werden, über
Mose und Pinhas bis zu den Betern des Psalms, dann zeigt sich, dass jeweils
eine Form von stellvertretendem Handeln das Volk rettete, und so wird auch
die zukünftige Rettung erwartet. Dem Pinhas wurde seine Tat „zur Gerechtigkeit angerechnet" wie Abraham in Gen 15,6. In beiden Fällen sind es die
Nachkommen, die die Frucht dieser angerechneten Gerechtigkeit genießen
können. Der Psalm endet jedoch nicht mit der bereits erfahrenen Hilfe, sondern mit der Bitte um die Rückführung aus dem Exil (V. 47).

Die Schlussstellung dieser beiden Psalmen ermöglichte der Psalter-Redaktion erneut eine theologische Deutung der Geschichte Israels in doppelter
Perspektive. *Ps 105* rekapituliert den Weg des Volkes aus der Sicht des
(Israel) rettenden und (die Feinde) richtenden Heilshandelns Gottes. Programmatisch formuliert V. 5: „Gedenkt (= vergegenwärtigt) seiner Wundertaten",
das Ziel nennt V. 45: „Damit sie seine Satzungen bewahren und seine Weisungen achten." Komplementär zum Handeln Gottes zeigt *Ps 106* den
Abstieg, ja Fall des Volkes, das in eigener Schuld versank (V. 43)[488], ehe es
im letzten Psalterbuch die Erhörung der zuletzt geäußerten Bitte (V. 47)
besingen kann.

---

[487] Nach K. SEYBOLD, Ps 414.
[488] Vgl. K. SEYBOLD, Ps 421.

4.6 Das fünfte Psalmbuch (Ps 107–150)

Bewusst wird in Ps 107,1–3 die Schlussklage von Ps 106 terminologisch aufgenommen und als bereits erfahrenes Geschehen besungen: Die Zerstreuten sind wieder versammelt in ihrem Land, weil Gott gnädig war und seines Bundes gedachte (vgl. 106,45). Die Vergangenheit, charakterisiert durch „Dunkel und Finsternis" (וצלמות חשך V. 10.14) und das Missachten von Gottes Wort (אמרי אל) und Ratschluss (עצת עליון V. 11) ist überwunden. Die Funktion des Psalms lag nach Seybold in der „Dankopferfeier der Gemeinde", sein liturgischer Charakter passt s.E. eher zur Sammlung des vierten Psalmbuches, zu dem er „eine Art Anhang bildet."[489]

Es scheint mir jedoch wahrscheinlicher zu sein, dass er von der Endredaktion des Psalters ganz bewusst von 105/106 abgetrennt wurde, um mit ihm als *Auftakt* das letzte Psalmbuch einzuleiten, das dann geschichtlich die Situation im Land nach dem Exil abbildet.[490] Nicht mehr die Reichen, sondern die Armen (אביון V. 41) und Aufrichtigen (ישרים V. 42) stehen nun unter dem Segen Gottes und gedeihen. Daraus gilt es zu lernen. Der letzte Vers offenbart das im letzten Psalmbuch vorherrschende Ideal: weise sein, alles bewahren (שמר, ein Verb, das üblicherweise für die Tora benützt wird) und auf die Güte Gottes bauen. Aber trotz dieser weisheitlichen Prägung kennt auch das letzte Psalmbuch mit *Ps 108–110* eine intensive davidisch-eschatologische Erwartung: Ps 108 zeigt den König als exemplarischen Beter, indem hier Exzerpte aus anderen Psalmen zusammengestellt wurden. Ein „lyrischer Lobpreis JHWHs mit abschließender Bitte"[491] (Ps 108,2–6 = Ps 57,8–12) wird mit dem Volksklagelied Ps 60 (Ps 108,7–14 = Ps 60,7–14) so verbunden, dass 'Davids' Beten in kosmischer und ökumenischer Weite anklingt. Ps 109 ist dazu das „Gegenstück", das den Fluch der Gegner zitiert und so die zu überwindenden Feindmächte zur Sprache kommen lässt.[492] Nach dieser doppelten Einleitung – zum einen durch Ps 107, der zugleich Antwort auf die Not und Dankopferlied für die Führung durch Jahwe ist, und zum anderen Ps 108/109, die gemeinsam die interzessorische Dimension des davidischen Königtums aufspannen – wird in Ps 110 der Davidide als Priesterkönig inthronisiert[493]:

---

[489] K. SEYBOLD, Ps 428.

[490] Vgl. E. ZENGER, Komposition und Theologie des 5. Psalmenbuchs 107–145, BN 82 (1996), 97–116 (97 Anm. 4); M. LOERBROKS, Weisung 161.

[491] F.-L. HOSSFELD/E. ZENGER, Ps II 120.

[492] Vgl. zu dieser Auslegungsrichtung E. ZENGER, Ein Gott der Rache? Feindpsalmen verstehen, Freiburg u.a. 1998, 120-128.

[493] Auch wenn dieser Psalm Elemente des judäischen Königsrituals enthält und möglicherweise in die vorexilische Zeit zu datieren ist, verweist doch seine jetzige Stellung im letzten Teil der Psalmensammlung darauf, dass die nachexilische Psalterredaktion darin *eine Hoffnungsaussage für die Zukunft* sah und der Psalm als messianischer Hoffnungstext verstanden werden soll, vgl. H.-J. KRAUS, Ps II 937f. Auch die Rezeption von Ps 110 im

„Du bist Priester in Ewigkeit, nach meiner Ordnung/Setzung (wie/gemäß) Malki-zedeq."[494] Das Königtum wird an diesem Höhepunkt nicht nur als ein Thronen zur Rechten Gottes (d.h. der Davidide steht oder sitzt neben Gott selbst) qualifiziert, sondern als ein Königtum, das seinem Wesen nach צדק *ist.* *Der Davidide ist der König der gerechten Ordnung, der König der Gerechtigkeit!*

Eine Kette von Lobpsalmen schließt sich an, die durch einleitendes (bzw. abschließendes) Halleluja gekennzeichnet ist, eingeleitet durch die beiden akrostichischen Psalmen 111/112, gefolgt von den Hallel-Psalmen 113–118 und abgeschlossen durch den ganz eigenständigen Ps 119, der das Leitmotiv der Psalterredaktion noch einmal nachdrücklich markiert. Das Lexem Gerechtigkeit begegnet in dieser Sammlung erneut in auffälligen Konzentrationen: nach dem vokativischen Zuspruch an den Davididen in Ps 110,4 in dem Doppelpsalm 111/112 insgesamt 5mal (111,3; 112,3.4.6.9)[495], 3mal in Ps 118 (15.19.20) und 15mal in Ps 119, ansonsten nur noch in 116,5 als Aussage, dass Gott צדיק ist.

Die kleine Davidsammlung bildet folglich eine Art Überleitung zum Gerechtigkeitsthema, und es ist zu überlegen, ob dieser Neueinsatz mit Ps 110(,4) verknüpft werden kann. Während Ps 111 „Theologie im engeren Sinne" bietet[496] und die Werke Jahwes, wozu auch seine צדקה (die hier eindeutig als „Bundestreue" zu verstehen ist[497]) gehört, im Mittelpunkt stehen, ist das Thema von Ps 112 „das Idealbild des Gerechten. Sein Ergehen, sein Handeln, sein Befinden wird charakterisiert und mit dem des Frevlers kontrastiert. Im Zentrum beider Psalmen steht der Begriff צדקה, auf יהוה und den Gerechten bezogen. Dies führt im zweiten Falle zu Ansätzen einer

---

Neuen Testament bestätigt die messianische Lesart, vgl. M. HENGEL, »Setze dich zu meiner Rechten!« Die Inthronisation Christi zur Rechten Gottes und Ps 110,1, in: Le Trône de Dieu, hg. v. M. Philonenko, WUNT I/69, Tübingen 1993, 108–194.

[494] Meist wird der schwierige masoretische Text על־דברתי מלכי־צדק so erklärt, dass es sich bei דברתי um *דברה (in der Bedeutung *Rechtssache, Fall, casus*) + „*Chireq compaginis*" handle (vgl. GESENIUS/KAUTZSCH, Hebräische Grammatik § 90k), eine Bildung, die selten ist und zur Hervorhebung des *status constructus* dient. Zu übersetzen wäre dann (vgl. K. SEYBOLD, Ps 439): nach dem Fall/*casus*, d.h. „nach dem Vorbild" des Melchisedek. Dies entspricht auch der LXX. Als *lectio difficilior* wäre aber auch möglich, das *Yod* als Suffix der 1. Person Sing. zu verstehen und מלכי־צדק als Namensnennung zur Hervorhebung am Schluss (diese Lösung wurde im SoSe 1997 im Oberseminar „Psalmen im NT" mit H. Gese und P. Stuhlmacher diskutiert. [Hinweis von J. Schwarz]). Der Gottesspruch 4b wäre dann streng chiastisch aufgebaut mit der doppelten Anrede an den Davididen: „Du (sei) Priester in Ewigkeit (אתה־כהן לעולם), nach meiner Satzung (sei) König der Gerechtigkeit!"

[495] Zu den Übereinstimmungen zwischen beiden Psalmen s. H.-J. KRAUS, Ps II 945.

[496] K. SEYBOLD, Ps 440.

[497] Vgl. V. 5b.9b, wo beide Male von der Ewigkeit des Bundes die Rede ist, die Gottes heilvolles Eingreifen zugunsten seines Volkes motivierte.

theologischen Ethik.“[498] Eingeleitet ist Ps 112 mit einem *Makarismus* über den Menschen, der den Herrn fürchtet (unter Fortführung von 111,10), sich an seinen Geboten freut (V. 1b) und seine Geschäfte כמשפט ausführt (V. 5b). Damit steht er in einer Linie mit Ps 1,1f und 119,1f. Zugleich verweist diese betonte Tora-Frömmigkeit zurück auf Ps 111,7b und damit auf das einzig typische Element der Tora-Psalmen in diesem Psalm.[499] Terminologisch ist mehrfach von den ישרים die Rede (111,1; 112,2.4), wobei ישר auch hier (vgl. Anm. 382) äquivalent zu צדיק gebraucht ist (vgl. 112,6). Die beide Psalmen verbindende Wendung, die jeweils wortgleich begegnet, markiert den entscheidenden Bezugs- und Vergleichspunkt: Heißt es in 111,3 über Jahwe: צדקתו עמדת לעד, so findet sich dieselbe Wendung in 112,3b.9b zweimal bezogen auf den Gerechten. Ihm gilt ferner die Zusage:

V. 4a:	זרח בחשך אור לישרים	Ein Licht strahlt auf in der Finsternis für die Aufrechten,
V. 4b:	חנון ורחום וצדיק	gnädig, barmherzig und gerecht.[500]

Die zweite Vershälfte ist in ihrer Auslegung umstritten, textkritisch ist das *Waw* vor צדיק unsicher, wenige MSS lesen in Entsprechung zu Ps 111,4b: „Gnädig und barmherzig ist der Gerechte“[501]. Die LXX weist ebenfalls Varianten im Sinne einer Anlehnung an Ps 111 auf, indem ein Teil der Handschriften als Subjekt des Satzes κύριος bzw. κύριος ὁ θεός liest.[502] Dann wäre die dreiteilige Aufzählung in V. 4b eine Aussage *über Gott*, was aber kaum zu dem Psalm passt, der den gerechten Menschen zum Thema hat. Im Hinblick auf die Thematik von V. 5 und der Aussage über den Gerechten in V. 6b erscheint darum die Lesung ohne *Waw* auch im Sinne der *lectio difficilior* näherliegend. H.-J. Kraus benennt immerhin diese Möglichkeit: „Liest man … 4b im unmittelbaren Anschluß an 4a, so könnte man erklären, daß der צדיק im aufstrahlenden Lichtglanz Jahwes von Gottes eigenen Vollkommenheiten erfüllt wird und sie widerspiegelt.“[503]

Diese Erklärung stellt rückblickend auf Ps 110 die Frage, ob nicht die Psalter-Redaktion den Gerechten von Ps 112 mit dem zukünftigen Davididen nach der Ordnung Melchisedeks identifiziert hat. Heißt es doch von ihm, dass er Priester sei „in Ewigkeit“ (לעולם V. 4), während es in Ps 111,3 Gottes Gerechtigkeit ist, die „für immer besteht“ (עומדת לעד), ebenso wie die Gerechtigkeit dessen, der in Ps 112 selig gepriesen wird (V. 3+9). Darüber

---

[498] K. SEYBOLD, Ps 443.

[499] Vgl. H.-J. KRAUS, Ps II 943. Weitere Berührungen mit den Tora-Psalmen nennt B. WEBER, Ps II 232.

[500] So V. 4b in der Übersetzung von K. SEYBOLD, Ps 443f.

[501] So auch H.-J. KRAUS, Ps II 944f mit Einschränkungen.

[502] Vgl. den App. der BHS z.St. und Ps 115,5, wo es im Klagelied eines Einzelnen ebenfalls heißt: „Gnädig ist Jahwe und gerecht“.

[503] Ps II 948.

hinaus ist der Gerechte aus Ps 112 als reicher Mann dargestellt (V. 3+9a), der über anderen steht und der – ebenfalls ein Gottesprädikat in den Psalmen – ein „ewiges Gedenken" (עולם זכר) erhält (V. 6).[504] Es sind also zum einen die Ewigkeitsaussagen, die Ps 111/112 mit Ps 110 verbinden[505], zum anderen die im Namen Melchisedek enthaltene Hoffnung: Der König, der kommen wird, ist ein König der *Gerechtigkeit*, ein Gerechter, dessen Gerechtigkeit wie die Gottes ewig besteht (vgl. Ps 72).

Mit *Ps 118* tritt erneut ein Psalm ins Blickfeld, der im Neuen Testament nach Ps 110 zu den am meisten zitierten gehört. Neben dem Bildwort des von den Bauleuten verworfenen Ecksteins (V. 22f) ist es insbesondere die Gruß-formel in V. 26 (wohl ursprünglich einem Toreinzugsritual entstammend), die von allen Evangelisten aufgenommen wurde, um den Einzug Jesu nach Jerusalem als Erfüllungsgeschehen darzustellen (Mk 11,9f; Mt 21,9; Lk 19,38; Joh 12,13). Das war jedoch nur möglich auf dem Hintergrund einer messianischen Lektüre des Psalms, wie sie in dieser Zeit nicht nur unter den Anhängern Jesu üblich war.[506] Und diese Lektüre sah in dem Kommenden den *Davidssohn*, wie die unterschiedlichen Zusätze bei Markus und Matthäus erkennen lassen:

Mk 11,9f: Ὡσαννά·
Εὐλογημένος ὁ ἐρχόμενος ἐν ὀνόματι κυρίου·
Εὐλογημένη ἡ ἐρχομένη βασιλεία τοῦ πατρὸς ἡμῶν Δαυίδ·
Ὡσαννὰ ἐν τοῖς ὑψίστοις.

Mt 21,9: Ὡσαννὰ τῷ υἱῷ Δαυίδ·
Εὐλογημένος ὁ ἐρχόμενος ἐν ὀνόματι κυρίου·
Ὡσαννὰ ἐν τοῖς ὑψίστοις.

Während Markus *den Kommenden* durch den Parallelismus mit der Königs-herrschaft des Davidssohns *in seiner Funktion verdeutlicht*[507], nimmt Matthäus die *Identifizierung des Kommenden* bereits in den Aufgesang hinein: Der Jubelruf ὡσαννά, der seinem Ursprung nach ein Hilferuf ist, gilt dem

---

[504] Die Wendung kommt nur hier vor, vgl. aber Prov 10,7. Das im AT noch relativ seltene Wort זכר (23 Belege, davon 11 im Psalter) auch in Ps 111,4. Überblickt man die Psalmen-belege, dann fällt auf, dass die positive Erwähnung von זכר mit Ausnahme von Ps 112,6 immer auf Gottes Namen (30,5; 97,12; 102,13; 135,13, vgl. a. 6,6) bzw. seine Wunder (111,4) oder Gerechtigkeit (145,7) bezogen ist, auf Menschen dagegen nur im negativen Sinn, insofern keine Erinnerung an sie bleiben wird (9,7; 34,17; 109,15). Auch das ist ein Hinweis darauf, dass dem Gerechten in Ps 112 eine exzeptionelle Stellung eingeräumt ist.

[505] Vgl. B. WEBER, Ps II 228: „In der lectio continua kann man Ps 111 als Reaktion auf das Gottesorakel von Ps 110 lesen."

[506] Vgl. BILL. I 849f. Die messianische Deutung ist nicht unumstritten, vgl. CH. BURGER, Davidssohn 49f.

[507] V. 10 gilt vielfach als sekundäre Kommentierung des Psalmwortes, die aber nicht aus jüdisch-palästinischer Tradition stamme, da die „Rede vom Vater David unjüdisch" sei, so J. GNILKA, Mk II 114 z.St.

Davidssohn. Wenn im Johannes-Evangelium der Kommende als ὁ βασιλεὺς τοῦ ᾿Ισραήλ benannt wird (12,13), dann ist David zwar nicht ausdrücklich genannt, aber inhaltlich doch zweifelsfrei gemeint.[508] Bei Matthäus und Johannes ist zudem Sach 9,9 mit der Einzugsgeschichte verbunden (Mt 21,5; Joh 12,15), womit ebenfalls an die königlich-davidische Hoffnungstradition angeknüpft wird. Im Sacharjabuch ist der kommende König ausdrücklich als „Gerechter" (צדיק) gekennzeichnet, eine Bezeichnung die zwar in den neutestamentlichen Zitaten nicht aufgenommen wurde, die aber eine Brücke zu Ps 118 schlägt: Der Sprecher des Psalms, der in einer Todafeier seine Errettung bekennt und feiert, erzählt, wie Jahwe ihn vor den Völkern (V. 10) und vor dem Tod errettet hat (V. 18). Er, der wie ein verworfener Baustein angesehen wurde, ist zum Eckstein geworden (V. 22). Der Jubel darüber erschallt in den „Zelten der צדיקים" (V. 15), d.h. doch wohl in der Gemeinschaft derer, die sich um den scharte, der trotz Widerständen und Demütigungen zum Eckstein geworden ist. Durch sein Geschick ist er vor der versammelten Gemeinde gerechtfertigt worden, darum darf er bitten: „Öffnet mir die Tore der Gerechtigkeit", d.h. „das Tor zu Jahwe – Gerechte werden durch es einziehen" (V. 19f).

Der „Eckstein" ist, nimmt man die Dramaturige des Psalmes wörtlich, der erste Gerechte, der durch dieses Tor geht und damit den anderen Gerechten den Weg bahnt. Dass die neutestamentlichen Verfasser darin ein Abbild von Jesu Wirken gesehen haben, verwundert nicht. Ihre Verzahnung von Ps 118 mit der Davidssohn-Tradition wird zudem verständlich, wenn man Ps 108–118 als eine zusammenhängende David-Messias-Komposition liest, die David und den Gerechten identifiziert, *so dass der erwartete Davidssohn der wahre Gerechte ist.*

Dass ein solcher Bogen von Ps 108 zu 118 zu spannen ist, belegen die vielfältigen Beziehungen, die zwischen dem Anfangs- und dem Schlusspsalm dieser Komposition bestehen.[509] Insbesondere die sich wandelnde Rolle der Völker verdient Aufmerksamkeit: In Ps 108 sind die Völker nur eingebunden in das Lobgelübde „universale[r] Dimension"[510], sie erscheinen lediglich als Teil des Herrschaftsbereiches des Allherrschers, der sich bis zum Himmel und

---

[508] Vgl. dazu MARGARET DALY-DENTON, David in the Fourth Gospel: The Johannine Reception of the Psalms, AGJU 47, Leiden u.a. 2000; s.a. A. C. BRUNSON, Psalm 118 and the Gospel of John. An Intertextual Study on the New Exodus Pattern in the Theology of John, WUNT II/158, Tübingen 2003.

[509] Das Motiv der Morgenröte verbindet Ps 108,3 überdies mit Ps 110,3, wo aus dem „»Mutterschoß der Morgenröte« ... der »messianische« König geboren wird" (F.-L. HOSSFELD/E. ZENGER Ps II 129), dessen Toda in Ps 118 gefeiert wird. Zu den zahlreichen Verbindungen mit Ps 107 s. B. WEBER, Ps II 256, der ebenfalls einen „grösseren Psalmenbogen" in Ps 107–118 erkennt.

[510] F.-L. HOSSFELD/E. ZENGER Ps II 129.

über die ganze Erde hin erstreckt. In Ps 118 sind sie dagegen ausdrücklich als dritter Teil der Heilsgemeinde der Gerechten zur Toda aufgerufen (V. 4 und V. 15). Schon Ps 115 differenziert die Jahwe-Vertrauenden (V. 9–11) und die von Jahwe zu Segnenden (V. 12f) in diese drei Gruppen: Israel, das Zwölf-Stämme-Volk aus dem die nachexilische Gemeinde sich hervorgegangen sieht, das Haus Aaron, d.h. die Priesterschaft, die stellvertretend für Israel vor Gott steht, sowie die Gottesfürchtigen, womit hier wohl „schon die Verehrer JHWHs aus anderen Völkern"[511] bzw. die „Proselyten"[512] gemeint sind. Diese sind in Ps 118 nicht mehr nur im Rahmen des universalen Lobpreises genannt, sondern *haben Anteil gewonnen* an der Königsherrschaft des kommenden Davididen. Gerahmt wird diese Komposition zusätzlich durch Ps 107 und Ps 119 und erhält so eine feste Verankerung sowohl in der weisheitlich geprägten Geschichts- als auch in der Torafrömmigkeit.[513]

Im *Wallfahrtspsalter* besitzt die Gerechtigkeitsterminologie weder besondere Bedeutung noch Besonderheiten (Ps 125,3; 129,4; 132,9), mit Ps 132 enthält aber auch diese Psalmengruppe ein starkes davidisch-messianisches Achtergewicht (s.a. 122,5).[514] Die dort genannte Gerechtigkeit ist allerdings als eine priesterliche Funktion dargestellt und nur indirekt mit den Davididen verbunden.

---

[511] K. SEYBOLD, Ps 451, vgl. ebd. 459 zu Ps 118,4: Die dritte Gruppe sind die „JHWH-Gläubigen", näherhin „die Randgemeinde der Nichtisraeliten".

[512] H.-J. KRAUS, Ps II 966.

[513] Die Zusammenschau der beiden Themen erinnert an den doppelten Eingang des Psalters in Ps 1 und 2. Nach R. J. TOURNAY sind die Tora und der messianische Zionskönig „the two components of Judaism, the first referring to the Mosaic past and the second to the much hoped-for messianic future" (Seeing and Hearing 27). Für Tournay überwiegt im Psalter der prophetisch-messianische Charakter, während das Psalmen-Targum eine starke Toraisierung betreibt (ebd. 28, vgl. 53f; ein eindrucksvolles Beispiel ist in Ps 29,11 die Ersetzung von שלום durch תורה, so auch MidrTeh z.St.; nach der LXX-Überschrift gehört der Psalm zum Laubhüttenfest, das die spätere Tradition [vgl. Sof 18,3] mit der Gabe der Tora am Sinai verband). In der judenchristlichen Tradition dagegen ist, wie die Verwendung des Psalters im Neuen Testament zeigt, die prophetische Dimension im Vordergrund gestanden, erkennbar u.a. daran, dass David als Prophet verstanden wurde (vgl. Apg 2,30; 4,25).

[514] Die Berührungen zwischen Ps 89 und 132 sind immer wieder aufgefallen, vgl. dazu R. J. TOURNAY, Seeing and Hearing 206–209. In 132,12 ist die Beständigkeit der Dynastie-Zusage an das Halten des Bundes gebunden, was MidrTeh z. St. zum Anlass nimmt, ausdrücklich auf Ps 89,31f zu verweisen und zu belegen, dass der Bund mit David an Konditionen geknüpft war. Vgl. a. MidrTeh zu Ps 131,2: So wie ein kleines Kind an der Brust seiner Mutter trinkt, so war sich David nicht zu schade, die Tora selbst vom Geringsten in Israel zu lernen. Zu Berührungen mit anderen Königspsalmen s. B. WEBER, Ps II 319, der unter Aufnahme einer Analyse von P. Auffret den Wallfahrtspsalter in drei Fünfer-Gruppen einteilt, bei denen jeweils der mittlere Psalm (122; 127; 132) miteinander in Beziehung stehen. Mit 122,5 und 132,10f ist David das verbindende Element. Der Bezugspunkt zu Ps 127 ist V. 3 („ein Lohn ist die Frucht des Leibes", vgl. 132,11: „von der Frucht deines Leibes"): „Damit wird gleichsam der Kindersegen des frommen Israeliten (Ps 127) mit der Dynastie-Verheissung des davidischen Königshauses (Ps 132) in Verbindung gebracht" (WEBER, ebd.).

In der *letzten Sammlung von Davidspsalmen (138–145)* vor dem Abschluss des Psalters durch das *kleine Hallel* ist die Wurzel צדק wieder häufiger. In ihr spiegeln die Gerechtigkeitsaussagen wie in Ps 118 *die Situation einer Gemeinde von Armen und Gebeugten wider, die sich als die „Gerechten" verstehen und um den betenden 'David' sammeln* (140,13f; 142,8; vgl. 141,5: der „Gerechte", der es wagen darf, den 'König' zu schlagen, gehört zur 'Gemeinde'). In dem weisheitlich gefärbten Klagelied Ps 143 erbittet der betende 'David' seine Rettung durch Gottes Gerechtigkeit (V. 1.11), wohl wissend und bekennend, dass kein Lebender vor Gott gerecht ist (V. 2, Qal von צדק, die LXX übersetzt: ὅτι οὐ δικαιωθήσεται ἐνώπιόν σου πᾶς ζῶν). Ps 145 schließlich beendet die Davidspsalmen mit einem Hymnus auf das Königtum Gottes (vgl. V. 1.11f) und dessen Segnungen, zu denen auch Gottes Güte und Gerechtigkeit gehören (V. 7), über die die Geschlechter (des Volkes) reden (V. 4ff) und für die die Frommen danken sollen (V. 10). Dieses Königtum ist ein ewiges Reich (V. 13), Jahwe als König ist צדיק in allen seinen Wegen und חסיד in allen seinen Werken (V. 17). Er ist denen nahe, die sich zu ihm halten, er hilft ihnen in allen Nöten, *d.h. Gott selbst nimmt hier den Platz ein, den der davidische König inmitten der Gemeinde seiner Gerechten vertreten soll.* Damit erscheint in diesem letzten Davidspsalm noch einmal *das Königtum Gottes* als Ur- und Vorbild des davidischen Königtums, das auf der Ebene des abgeschlossenen Psalter als Hoffnungsbild auf eine Zukunft weist, in der ein Davidssohn die Königsherrschaft Gottes und die ihr gemäße Gerechtigkeit repräsentiert und verwirklicht. Was Bernd Janowski im Hinblick auf Ps 72,5–7 formulierte, dass nämlich „der Gerechte die ‚Frucht' des königlichen Rechtshandelns" darstellt[515] (als Illustration der konnektiven Gerechtigkeit, die die Folge an die Tat bindet), lässt sich auch auf das fünfte Psalmbuch übertragen. Der darin erkennbare 'David' ist umgeben von einem Kreis von „Frommen", die dank und durch seine Gerechtigkeit auch in Gottes rettender und bewahrender Gerechtigkeit verankert sind. Gleiches lässt sich aber auch für die Gerechtigkeit der Jünger Jesu sagen: Sie ist eine an die Gerechtigkeit Jesu gebundene, der wiederum als der gehorsame Davids- und Gottessohn derjenige ist, durch den Gottes Gerechtigkeit in die Welt kommt und die Königsherrschaft Gottes begründet.

Das Königtum Gottes wie das Davids ist so im letzten Teil der Psaltersammlung zu einem Reich der Frommen, Armen und Gedemütigten geworden, die, um ihren König geschart, den widrigen Zeitläufen ihre Hoffnung auf Gottes Reich entgegen halten, das – wie das Schluss-*Hallel* zeigt – zuletzt dennoch ein universales Reich sein wird. Ps 146 dient dabei als

---

[515] *Konfliktgespräche* 138.

Scharnier zwischen der Davidssammlung und dem Schluss-*Hallel*, weil er Motive aus beiden Teilen enthält.[516]

4.7 Zusammenfassung

Die Herausarbeitung der theologischen Linien des gesamten Psalters, die ihm die Endredaktion durch Einteilung und Rahmung gegeben hat, ist grundlegend für die Frage der Psalmenrezeption durch Jesus und die aus dem Judentum stammenden Verfasser des Neuen Testaments. Indem man ernst nimmt, dass der Psalter nicht aus isoliert zu betrachtenden Einzeltexten besteht, sondern einem kunstvoll errichteten Bauwerk gleicht, entdeckt man einen klaren hermeneutischen Plan: Wer den Psalter durchbetet, der erlebt die Höhen und Tiefen der Geschichte Israels als ein Geschehen vor Gott, der erlebt aber auch die Tiefen und Höhen der einzelnen menschlichen Existenz vor Gott. Zusammengehalten wird diese individuelle und kollektive Gotteserfahrung durch David, der zugleich der ideale Fromme und Gerechte ist, aber darüber hinaus der Garant für eine noch ausstehende Zukunft des ganzen Volkes, sofern und soweit es sich in den Spuren 'Davids' bewegt.[517] Diese eschatologische Komponente wird, was m.E. nicht immer deutlich genug herausgestellt wird, von der Redaktion mit einer betonten Torafrömmigkeit verbunden, indem *die Gerechtigkeit als entscheidendes Qualifizierungsmerkmal für die eschatologische Zukunft an die Tora* gebunden wird.

Darüber hinaus hat der vorliegende Durchgang durch nahezu alle Belege der Wurzel צדק im Psalter m.E. eindeutig gezeigt, dass *nicht* die menschliche Gerechtigkeit gegenüber Mitmenschen oder Gott das eigentliche Thema der untersuchten Aussagen bildet, sondern *die von Gott erwartete und erflehte Gerechtigkeit*, die sich für den Einzelnen wie für das Volk als heilvoll erweist und darum im Hymnus und Loblied verehrt wird. Das unterstützt die von mir vorgeschlagene primär soteriologische Interpretation der mt δικαιοσύνη-Stellen.

Dass in biblischer Sprache Gerechtigkeit zuerst ein Verhältnis zu Gott beschreibt, dass als Folge davon auch im „Tun des Gerechten" erkannt wird (das aber nicht ein Tun ist, womit diese Gerechtigkeit erworben werden muss), ergibt sich ferner daraus, dass trotz der zahlreichen Belege, in denen sich die Psalmisten auf die Seite der Gerechten stellen, Aussagen darüber, welches konkrete Tun damit verbunden ist – sieht man von den Hinweisen auf die Beschäftigung mit der Tora und den Lobpreis Gottes einmal ab – eher

---

[516] Vgl. B. JANOWSKI, »Kleine Biblia« 405; DERS., Richter 72–75.

[517] Die Vergegenwärtigung und beständige Aktualisierung dieser Erwartung geschah nach der Studie von R. J. TOURNAY im Tempel (Seeing and Hearing 230 u.ö.: es ist die Hauptthese des Buches, vgl. a. den Untertitel: „The Prophetic Liturgy of the Second Temple in Jerusalem").

selten sind (s. aber oben Ps 37). Einer der wenigen hierfür in Frage kommenden Texte ist Ps 15, wo in Form einer Tempeleinlassliturgie eine Liste von Verhaltensweisen genannt ist (V. 3–5), die in V. 2 mit einer sehr allgemein gehaltenen dreigliedrigen Aufzählung eingeleitet wird. Ins Heiligtum eintreten darf demnach derjenige, „der fehllos wandelt und der Gerechtigkeit wirkt (פעל צדק) und der Wahrheit redet in seinem Herzen". Das Wirken von צדק ist demnach eine allem konkreten Tun zu Grunde liegende Haltung, die den Menschen kennzeichnet (und ihn zu einem Gerechten macht)[518], während die nachfolgenden Einzelbestimmungen exemplarisch aufzeigen, worin sich dies äußert.[519] Ähnlich heißt es in Ps 11,7 (der ebenfalls von der Präsenz Gottes im Tempel ausgeht, V. 4), dass Gott Gerechte und Frevler prüft, wobei sich der Gerechte durch seine צדקות, hier verstanden als „gerechte Taten" (LXX: δικαιοσύνας, vgl. Mt 5,16), auszeichnet, die Gott liebt (vgl. Ps 99,4). Damit ist, was ebenfalls vielfach für den Gesamtpsalter deutlich wird, kein 'sündloses' oder 'perfektes' Leben gemeint, sondern eines, das sich angesichts der eigenen Ohnmacht vertrauensvoll an Gott wendet, der der Ermöglichungsgrund dieses heilvollen Verhaltens ist, indem er mit seiner Gerechtigkeit allem menschlichen Tun zuvorkommt.[520]

Die Tora oder Weisung Gottes ist dabei das Mittel, das Gott dem Einzelnen, dem Volk und dem König gegeben hat, damit sie durch sie belehrt (und damit) klug werden. Die Tora als Weisung Gottes gehört *in* das Verhältnis Gottes zu seinem Volk, sie *begründet* aber nicht ursächlich dieses Verhältnis im Unterschied zur Erwählung und dem Bund als dem souveränen Handeln Gottes. Der Gehorsam ist also Ausdruck des Glaubens, oder mit Bernd Janowski gesprochen, im Psalter gibt Israel „Antwort … auf die von JHWH gegebene Tora"[521]. Nur da, wo diese Antwort ausbleibt, kann es auch ein Verderben innerhalb der Bundesgemeinschaft geben, wenn die Tora vorsätz-

---

[518] Vgl. Jes 33,15 u. H.-J. KRAUS, Tore der Gerechtigkeit, in: Ernten, was man sät, FS K. Koch, hg. v. D. R. Daniels u.a., Neukirchen-Vluyn 1991, 265–272: „»Gerechtigkeit« bezeichnet … die rechte Beziehung zum Nächsten und zu JHWH. Es geht um das gemeinschaftstreue Verhalten im Alltag des Lebens. (…) Wer im Kult vor JHWH tritt, wird nach seinem Verhalten im Alltag des Lebens gefragt, nach einem der TORA entsprechenden Wandel" (267).

[519] In Ps 24, einer weiteren Toreinlassliturgie, gehört צדקה neben ברכה zu den geistlichen (möglicherweise aber auch in Form eines juristischen Freispruches) Gütern, die der Beter vom Tempel *mitnimmt* (V. 5), wenn er mit reinen Händen und lauterem Herzen die Nähe Gottes gesucht hat. Hier übersetzt die LXX צדקה mit ἐλεημοσύνη (vgl. oben Anm. 462). Auch die Dankliturgie Ps 118 kennt einen Toröffnungsritus (V. 19f), mittels dem der Gerechte durch die Tempeltore (שערי־צדק) in das Heiligtum eintreten darf, um dort Gott zu preisen.

[520] Vgl. W. ZIMMERLI, Grundriß der alttestamentlichen Theologie, ThW 3.1, Stuttgart u.a. ⁵1985, 132f (s.a. 124f).

[521] »Kleine Biblia« 403.

lich missachtet wird (wobei dies keine Einzelsünden meint, sondern eine Haltung, die Gott in seinem Herr-Sein nicht anerkennt). Das zeigt die Geschichte des Volkes und die der davidischen Dynastie. Das *Ziel* des Psalters wie der darin bezeugten Gerechtigkeit Gottes ist jedoch das Heil für alle aus Israel, auch des Frevlers und darüber hinaus der ganzen Welt. Aber diesem Heil und seiner Ermöglichung dient nach der Psalterredaktion nicht nur die 'Toraisierung', sondern auch die 'Davidisierung' als markanteste redaktionelle Leitlinien, wobei Letztere durch das vierte und fünfte Psalmbuch scheinbar relativiert wird, indem das universale Königtum Gottes an die Stelle der versagenden Davididen-Dynastie tritt.[522] Aber auch in der Erwartung eines zukünftigen Herrschers in den Prophetenbüchern stand das direkte Wirken Gottes neben dem des von ihm eingesetzten Herrschers, ohne dass dabei ein Ausgleich stattgefunden hätte. Für die alttestamentliche Rezeption, wie sie beispielsweise bei Matthäus vorliegt, ist diese Spannung aber nur eine scheinbare: Denn Jesus ist als Davidssohn zugleich Gottes „geliebter Sohn", in dem Gott selbst präsent ist und der als „Immanuel" handelt. Er herrscht (noch/auch) als König in seiner aus Israel gerufenen Gemeinde, aber sein Heil und seine Botschaft gilt der ganzen Welt.

4.8 Die Psalmenrolle 11QPs^a (= 11Q5) als Beispiel für einen priesterlich orientierten David-Psalter

Ausgehend von der postulierten Struktur des fünften Psalmbuches als einer Überführung des messianischen Reiches in eine Gemeinde, die, um den gerechten Davididen geschart, das Hereinbrechen des Reiches Gottes erwartet, stellt sich die Frage, inwieweit dieses Konzept vom Psalter als Buch auf andere Psalmensammlungen übertragbar ist bzw. von dort her eine Bestätigung findet. Das ist einer der Gründe, weshalb im Folgenden mit 11QPs^a[523] ein weiterer Psalter im Hinblick auf seine Aussagen über die wechselseitige Verschränkung von Gerechtigkeit, Tora und Messias befragt werden soll.

Dabei handelt es sich um eine Psalmrolle aus Qumran, die weitgehend das letzte Drittel des masoretischen Psalters umfasst und von Peter W. Flint u.a.

---

[522] Vgl. B. JANOWSKI, »Kleine Biblia« 400–410.

[523] Textausgabe: J. A. SANDERS, The Psalms Scroll of Qumran Cave XI (11QPs^a), DJD IV, Oxford 1965; das darin noch nicht enthaltene umfangreiche Fragment E wurde später separat veröffentlicht: Y. YADIN, Another Fragment of the Psalms Scroll from Qumran Cave 11 (11QPs^a), Textus 5 (1966), 1–10, und jetzt auch in: F. GARCÍA MARTÍNEZ, E. J. C. TIGCHELAAR u. A. S. VAN DER WOUDE, Qumran Cave 11 II: 11Q2–18; 11Q20–31, DJD 23, Oxford 1998, 29–36 (Frg. E und F). Das hier erstmals veröffentlichte, winzige Fragment F enthält nur ein Wort, das aus Ps 147,3 stammen könnte. Für eine deutsche Übersetzung der nichtmasoretischen Teile und für einen Überblick über die Anordnung s. J. MAIER, Die Qumran-Essener: Die Texte vom Toten Meer, Bd. 1, UTB 1862, München u. Basel 1995, 332–342.

als der für Qumran gültige Standardpsalter angesehen wird. Dem wurde zwar widersprochen (s.o. Anm. 375), nichtsdestoweniger stellt die abweichende Anordnung der sorgfältig geschriebenen Rolle die Frage, inwieweit sich darin im Hinblick auf die Themen Tora, Gerechtigkeit und Messias, die auch in diesem Psalter eine herausragende Funktion innehaben, ein abweichendes Verständnis der Gemeinde in Qumran im Vergleich mit der masoretischen Tradition aufzeigen lässt.[524] Dies wäre zugleich eine Bestätigung für die gezeigten Ansätze der Psalterexegese, die im Aufbau desselben einen Hinweis auf seine Theologie sieht.

Einen solchen Versuch für 11QPs[a] hat erstmals Ben Zion Wacholder vorgelegt, der darin einen eschatologisch ausgerichteten Davidspsalter sieht.[525] Weitergeführt wurde er von Martin Kleer[526], der für die gesamte Rolle den Anspruch davidischer Verfasserschaft nachweisen zu können meint. Er unterscheidet weiter zwischen einem ersten Teil, der den historischen David zum Thema hat, und einem zweiten, abschließenden, der die Erwartung an den eschatologischen bezeugt. Er kommt zu dem Ergebnis, dass darin die Davidisierung, wie sie auch der masoretische Psalter durchlaufen hat, im Vergleich zu diesem noch mehr gesteigert ist. Allerdings ist seine Analyse zu einseitig an den eigentlich davidischen Texten interessiert, und er beachtet m.E. zu wenig den Zusammenhang aller Texte. Gleichwohl enthält seine Arbeit eine Vielzahl von hilfreichen Beobachtungen.

Zunächst ein kurzer Überblick: Die Psalmenrolle umfasst neben dem Text von 38 oder 39 kanonischen Psalmen (einschließlich 2Sam 23,[1–6]7) in teilweise unterschiedlicher Reihenfolge und z.T. auch umfangmäßig leicht verändert eine Reihe zusätzlicher poetischer Texte: fünf bislang nur aus der syrischen Überlieferung bekannte Psalmen, die hebräische Fassung von Sir 51,13–19+30 (LXX), den aus der LXX bekannten Ps 151 (der anhand des Qumranbefundes als Kompilation zweier ursprünglich getrennter Psalmen anzusehen ist, weshalb für 11QPs[a] zwischen Ps 151A und 151B unterschieden wird), und darüber hinaus drei bis dahin gänzlich unbekannte Texte (Plea for Deliverance; Apostrophe to Zion; Hymn to the Creator). Eingeschoben in den letzten Teil der Rolle ist als Prosatext ein Verzeichnis der von David geschriebenen Lieder (= David's Compositions).[527]

---

[524] Als Überblick die verschiedenen Thesen, die unterschiedliche Anordnung zu erklären s. M. KLEER, »Sänger« 282–286.

[525] David's Eschatological Psalter 11Q Psalms[a], HUCA 59 (1988), 23–72.

[526] »Sänger« 204–317.

[527] M. KLEER kommt nur durch eine gewisse Zählakrobatik auf genau 50 Texte (»Sänger« 285). Da die Rolle mit Ps 101 angefangen haben *könnte*, sieht er darin einen Hinweis, dass die Zahl von 150 Psalmen zur Zeit der Entstehung bereits feststand (zudem lassen sich alle Zahlen in dem Text „David's Compositions" durch 150 teilen, so dass auch das für 150 als 'kanonische' Anzahl spricht) und ebenso der Bestand der ersten 100 Psalmen, so dass 11QPs[a] die qumranische Form des letzten Drittels des Psalter sei. Diese Annahme geht allerdings zu weit. Zum einen ist mit Ps 93 zumindest einer aus der Reihe der ersten hundert Psalmen in 11QPs[a] vertreten, zum anderen gibt es eine zweite, wenngleich sehr viel fragmentarischere

Der Zustand der Rolle erlaubt keinen vollständigen Überblick über ihren Inhalt. Wie der Anfang ausgesehen hat, ist unklar. Drei zusammengehörende Einzelfragmente (A, B, CII) enthalten Teile der Psalmen 101 und 102 und wahrscheinlich Reste von 103. Ein weiteres Fragment D enthält Ps 109,21–31, das umfangreiche Fragment E beinhaltet drei Kolumnen (Kol. I: Ps 118,24–29; 104,1–6; Kol. II: Ps 104,22–35; 147,1–2; Kol. III: 147,18–20; 105,1* 1–11). Die eigentliche Rolle beginnt mit Ps 105,25–45 in der ersten Spalte, so dass der Anschluss von Frg. E unmittelbar davor sicher ist. Offen ist dagegen, ob zwischen Ps 109 und 118, d.h. zwischen Frg. D und E noch eine oder mehrere Spalten vorauszusetzen sind. Das ist möglich, weil auch zwischen CII und D eine ganze Kolumne fehlt. Schon diese Fragmente lassen den Erhaltungszustand erkennen: Während der obere Rand der Rolle und damit der obere Teil der Kolumnen durchgängig erhalten ist, fehlen im unteren Bereich jeweils größere Teile, die aber mit einiger Sicherheit aufgrund der Fortsetzung jeweils zu Beginn der neuen Kolumne rekonstruiert werden können. Datiert wird die Rolle ins frühe 1. Jh. n.Chr.

Über den Beginn der Rolle lässt sich nichts Sicheres sagen, da unklar ist, ob Ps 101 am Anfang stand. Da Ps 93,1–3 in Kol. XXII zitiert ist, ist nicht auszuschließen, dass die Rolle mit den Jahwe-Königspsalmen angefangen hat. Die Reihenfolge im fragmentarischen Eingangsteil lässt jedoch deutlich erkennen, dass die Strukturprinzipien des kanonischen Psalters hier keine Anwendung fanden: auf Ps 109 folgte wahrscheinlich 118, danach Ps 104. Daran schließt Ps 147 an und erst danach kommt Ps 105, gefolgt von Ps 146 und 148. Der Wallfahrtspsalter 120–132 bildet in unveränderter Reihenfolge die Fortsetzung (Kol. II–VI), allerdings ohne Ps 133 und 134, die – getrennt voneinander – erst im letzten Drittel der Rolle eingeordnet sind. Aus dem ergibt sich: 11QPs[a] ignoriert die Abtrennung des fünften Psalterbuches ab Ps 107, der zusammen mit Psalm 106 im überlieferten Bestand ganz fehlt. Ebenso zerteilt die Rolle das *kleine Hallel* 146–150 und bildet statt dessen einen ganz eigenständigen Schluss. Aus der kleinen Sammlung von Davidpsalmen 108–110 ist nur Ps 109 bezeugt, die Davidsammlung 138–145 ist über die ganze Rolle verteilt, die Gruppe 111–117 fehlt im erhaltenen Bestand ganz.[528]

4.8.1 Der erste Teil der Sammlung: Gotteserfahrung in der Wüste

Versucht man, *die erste Einheit von Ps 101 an*[529] als (Gebets-)Buch zu 'lesen' bzw. ihr meditierend nachzudenken, dann ergeben sich erstaunliche Perspektiven, wenn man sich geographisch durch den Fundort bedingt in die Wüste

---

Kopie dieses Psalters (11QPs[b] = 11Q6, Text: DJD 23 [s.o. Anm. 523], 37–47: „The differences between the two copies of this Qumran Psalter are minimal"), die u.a. Ps 77,18–78,1 enthält, so dass der genaue Umfang von 11QPs[a] nicht auszumachen ist. Möglicherweise enthielt dieser Psalter in seinem Anfangsteil noch eine ganze Reihe zusätzlicher Psalmen.

[528] Vgl. a. W. KLEER, »Sänger« 307.

[529] Sie reicht von den Fragmenten des Anfangsteils bis einschließlich Kol. II. Dort beginnt der Wallfahrtspsalter, in dem keine Umstellungen vorliegen, so dass er als ein fester Block gelten kann. Nach B. Z. WACHOLDER, David's Eschatological Psalter 42f, begann die Rolle mit Ps 100.

begibt und von dort aus betend den Blick nach Jerusalem richtet. Der erste erhaltene Psalm ist dabei durchaus als Anfangsvers der Rolle vorstellbar[530]. Der Beter (David?) spricht in der 1. Person und bekennt seine Rechtschaffenheit (V. 2–5). Seine Augen sind „auf die Treuen im Lande" gerichtet, mit denen er zusammen wohnen will, denn nur, wer auf rechtem Weg geht, soll ihm dienen. Der, der hier spricht, ist – wenn überhaupt – ein demütiger, völlig unköniglicher und auf die Gemeinschaft der Frommen bezogener Herrscher, der, liest man *Ps 102* (ohne Verfasserangabe) als unmittelbare Fortsetzung – sich seiner eigenen Vergänglichkeit und Ohnmacht bewusst ist (102,2–12. 24f). Seine Hoffnung richtet sich auf Gott (V. 12), seine Sehnsucht gilt dem Zion, der in Trümmern liegt (V. 15) und um dessen Wiederaufbau Gottes Knechte (V. 15.29), zu denen der Beter sich – als ein Gefangener (V. 21) – zählt, bitten (V. 17). Auf diese Klage folgt mit *Ps 103* („von David") das Loblied dessen, der Gottes Vergebung und Rechtschaffung durch Gerechtigkeit (103,6.17), Barmherzigkeit (V. 4.8.13) und Güte (V. 4.8.11.17) erfahren hat. Die Tora Moses (V. 7) und das Halten des Bundes durch das Tun der Gebote (V. 18) sind die Kennzeichen derer, die Gottes Hilfe auf diese Weise erfahren.

Der auf diese Weise seines Weges gewiss gewordene Beter wendet sich mit *Ps 109* („von David") gegen seine Feinde. Der Psalm spiegelt die Rivalität (um ein Amt? vgl. V. 8: פְקֻדָּה) des einzelnen Beters mit einer Gruppe wider, zu der er in engem Kontakt steht (109,2–5.20). Wenn darauf *Ps 118* (ohne Verfasserangabe) folgt, dann richtet sich der Blick erneut nach Jerusalem und zwar auf den Tempel und das Haus Aaron (118,3). Wem gehen die „Tore der Gerechtigkeit" auf, wer außer den Gerechten darf auf dem Tempelberg einziehen (V. 19f)? Ist hier David oder ein zukünftiger Davidide als Beter vorstellbar? Oder nicht viel eher – aus der in dieser Rolle vorauszusetzenden qumranischen Perspektive – der Teil der „Söhne Aarons", die – in ihrer Selbstwahrnehmung – um der Treue zur Tora willen vom Jerusalemer Heiligtum geschieden sind?

So wie Ps 118 mit einem Lobpreis hoffnungsvoll endet, so fährt 11QPs[a] mit *Ps 104* (gegen die masoretische Tradition als Davidspsalm eingeführt) fort. Das darin enthaltene Lob des Schöpfers und der Schöpfung kann zugleich als eine Absage an den Tempel als den einzigen Ort der Gottesbegegnung gelesen werden (vgl. 104,2–4). Der Betende bringt das Dichten und Singen seines Herzens Gott als Opfer dar[531], was an die qumranische Opfersatz-Theologie erinnert, wie sie auch in den Sabbatopferliedern begegnet. Der nachfolgende *Ps 147* (ohne ‚Verfasserangabe') ist ebenfalls vom Motiv der

---

[530] So W. KLEER, »Sänger« 308, mit Nachdruck. Vgl. aber oben Anm. 527.

[531] 104,34: Das relativ seltene Verb III ערב *angenehm, süß, willkommen sein* ist in Jer 6,20 u. Mal 3,4 von Opfergaben gebraucht.

göttlichen Fürsorge für die Schöpfung geprägt (147,4–9), verbindet damit aber zugleich die Hoffnung auf die Heimkehr und Wiedererrichtung Jerusalems (147,2f.12f), wobei auch hier (wie in Ps 103) die Gebote den erhofften geistlichen Frühling bringen (V. 15–19). Mit diesem Psalm ist erstmals die Rede in der 1. Person Singular verlassen, die den ganzen voranstehenden Teil bestimmt, und durch die 1. Person Plural ersetzt. Der Blick nach Jerusalem ist auch der Blick auf das Volk (V. 20), dessen Kennzeichen die Gebote sind. Dieses Volk ist nun aufgerufen, seinerseits Gott zu danken und seinen Namen vor die Völker zu tragen (Ps 105).

Zwischen Ps 147 und dem Anfang von Ps 105 (beides noch auf Frg. E) ist möglicherweise durch eine zusätzliche, als Ps 105,1* bezeichnete Zeile eine Zäsur gesetzt: Der Text stellt eine Doppelung zu Ps 105,1 dar, ohne mit ihm formal einen Parallelismus zu bilden: הודו ליהוה כי טוב כי לעולם חסדו [paläohebr. Schrift =]. Die Zeile könnte darum als interne Unterteilung ähnlich der der masoretischen Psalmbücher interpretiert werden. Dann stünden Jerusalem und der Aufruf an das Volk am Ende der ersten Einheit, und Ps 105 bildete den Auftakt eines neuen Aufbruchs in das verheißene Land, der mit dem Abrahamsbund und dem Exodus anhebt.

4.8.2 Zweiter Teil: Sehnsucht nach dem Zion und seinem gerechten Herrscher

In Psalm 105 (ohne Verfasserangabe, der Redende ist als Person nicht erkennbar, es kann ein einzelner oder eine Mehrzahl sein) dient der Bund mit den Vätern Abraham, Isaak und Jakob als Begründung für Gottes Heilshandeln (V. 8–10), der Hauptteil enthält die Befreiungsgeschichte aus Ägypten (V. 12–43), während die Landnahme kaum mehr erwähnt wird (V. 44). Das Ziel derselben ist jedoch, Gottes Gebote (חקים) und Gesetze (תורות) zu halten. Bedenkt man die Situation der Qumrangemeinde als einer Gemeinde in der Wüste, die heilsgeschichtlich noch einmal an den *Ort des Auszugs* und somit *vor* den Einzug ins verheißene Land zurückgekehrt ist, dann stehen die Beter mit diesem Psalm sozusagen unmittelbar vor dieser eschatologischen Wende. Der direkte Anschluss des folgenden Ps 146 (ebenfalls ohne Verfasserangabe) an Ps 105 gelingt durch das abschließende bzw. einleitende Halleluja (105,45; 146,1). Anstelle eines Sündenbekenntnisses des Volkes wie in Ps 106[532] nach der masoretischen Tradition folgt im Qumran-Psalter (vorläufig noch) das *Loblied eines Einzelnen* auf Gott als Zionskönig, der den Armen und Gerechten hilft, verbunden mit der Absage an alle weltlichen Fürsten (146,3). Mit *Ps 148* ist ein weiterer Psalm aus dem kleinen *Hallel* aufgenommen, ebenfalls eingeleitet durch Halleluja. Dieser Aufruf zum Lob Gottes, schließt die himmlische, kreatürliche und gesamte Menschenwelt zusammen, der Bezug

---

[532] Der in 11QPs^a ebenfalls fehlende Ps 107 ist ein Danklied der aus der Verbannung erlösten und heimgekehrten Israeliten. Dieses Danklied des Volkes kann aus der Sicht des Qumranpsalters offenbar noch nicht gesungen werden.

auf Israel ist nur in V. 14 vorhanden.[533] Es folgt darauf der verkürzte Wall-fahrtspsalter 120–132, der ebenfalls als Ausdruck der Sehnsucht für eine zukünftige Wallfahrt in das erneuerte Heiligtum gelesen werden kann.

Eine weitere Auffälligkeit ist die Stellung von *Ps 119 nach* den Psalmen 120–132 in den Kolumnen VI–XIV und vor Ps 135, wodurch sich eine *priesterlich orientierte Rahmung* von Ps 119 ergibt. Aus dem Nacheinander der Psalmen 132; 119; 135 ergibt sich für Ps 132 eine völlig veränderte Perspektive. Denn dann steht nicht mehr allein die Dynastie-Zusage 132,11 an den „Gesalbten", d.i. an David (V. 10)[534], im Vordergrund, sondern die Stätte der Ruhe Gottes (V. 8.14), an der die Priester „in Gerechtigkeit" gekleidet sind (V. 9, vgl. V. 16) und es Gott zu wohnen gefällt (V. 14). Es ist m.E. denkbar, dass der Kompilator der Rolle, sofern man ihn in Qumran ansetzt, die Situation von Ps 132,3–7 auf die eigene Gemeinschaft übertragen hat. Sie ist es, die – im Exil wie die Lade in „Efrata" (V. 6) – fern vom Zion und von Jerusalem (weshalb die voranstehenden Wallfahrtspsalmen als Ausdruck der Sehnsucht nach dem Zion zu lesen sind) die „Wohnung"[535] Gottes bilden und ihn anbeten. D.h. auch hier ist der Gedanke leitend, dass die Qumran-Gemeinschaft einen Interims-Tempel bildet, solange sie fern vom Zion sein müssen. Ihre Hoffnung richtet sich aber auf den zukünftigen, erneuerten eschatologischen Tempel auf dem Zion.[536] Das Zionslied „Apostrophe to Zion" gegen Ende der Rolle verheißt dann auch dem 'neuen' bzw. erneuerten Zion Gottes Zuwendung und Erlösung[537], weshalb es wahrscheinlich ist, dass der gegenwärtige Zion nicht (mehr bzw. noch nicht) Wohn- bzw. Ruheort Gottes ist. Es muss auch beachtet werden, dass diesen Psalm andere *für* David beten, an den Jahwe sich erinnern soll (V. 1). Die den Psalm als Zitat ab-

---

[533] Erhalten ist nur Ps 148,1–12, doch reicht nach J. A. SANDERS, Psalms Scroll 23, der verbleibende Platz für den vollständigen Psalm.

[534] Wenn als Beter ein Priester, möglicherweise sogar aus hochpriesterlichem Geschlecht, vorausgesetzt wird (der Psalm ist ja ein Gebet *für* David und sein Haus, nicht von ihm), dann kann mit dem Gesalbten auch ein Hohepriester (als Haupt der in V. 9 genannten Priester) gemeint sein, der hier um den verheißenen zukünftigen Spross aus dem Hause David (vgl. V. 17) bittet.

[535] משכנות, der Plural von משכן wird gelegentlich für das Zeltheiligtum der Wüstenzeit (Ps 78,28) bzw. den Jerusalemer Tempel gebraucht (Ps 43,3; 46,5; 84,2; 132,5.7).

[536] Vgl. 4Q174 III 2–5; 11QT 29,8f u. dazu D. DIMANT, 4QFlorilegium and the Idea of Community, in: Hellenica et Judaica, FS V. Nikiprowetzky, hg. v. A. Caquot, M. Hadas-Lebel u. J. Riaud, Leuven u. Paris 1986, 165–184; R. DEINES, Die Abwehr der Fremden in den Texten aus Qumran. Zum Verständnis der Fremdenfeindlichkeit in der Qumrangemeinde, in: Die Heiden. Juden, Christen und das Problem des Fremden, hg. v. R. Feldmeier u. U. Heckel, WUNT I/70, Tübingen 1994, 59–91 (78–80).

[537] So auch die Auslegung der Nathansweissagung 2Sam 7,10f in 4Q174 III 10–13 (= MidrEschat^a), die auf die Zeit *nach* dem „Heiligtum von Menschen" (III 6) eine Erneuerung des Zion erwartet, wenn der „Spross Davids" zusammen mit dem „Erforscher des Gesetzes" auftreten wird (s.u. Anm. 541), vgl. zur Stelle auch M. PIETSCH, »Sproß Davids« 212–219.

schließende Gottesrede (132,14–18) bekommt, gelesen im Hinblick auf die Gemeinschaft von Qumran als Tempel Gottes und sozusagen 'vorläufigen' Zion, eine völlig veränderte Färbung:

(14) „Dies ist mein Ruheort für immer,
hier werde ich wohnen, denn ich habe Gefallen an ihm.
(15) Seine Speise will ich reichlich segnen,
seine Armen will ich sättigen mit Brot.
(16) Seine *Priester* will ich in Heil kleiden,
und seine Frommen sollen reichlich jubeln.
(17) *Dort* will ich emporsprossen lassen ein Horn dem David (שָׁם אַצְמִיחַ קֶרֶן לְדָוִד),
eine Leuchte bereite ich meinem Gesalbten (עָרַכְתִּי נֵר לִמְשִׁיחִי).
(18) Seine Feinde werde ich in Schande kleiden,
aber auf ihm soll seine Krone leuchten."

Der zukünftige Davidsspross wird demnach – folgt man dieser Leserichtung und zieht das qumranische Selbstverständnis als Tempelersatz (und damit als Ort der Erwählung) in Betracht – *im Kreis der Qumranpriester und -frommen* erwartet. Dieses Bild fügt sich gut in die sonstige messianische Erwartung in Qumran ein, die da, wo sie die messianische Erwartung auf zwei Personen verteilt, den zukünftigen Davididen dem priesterlichen Messias bzw. den Priestern überhaupt unterordnet.[538]

Die *Verbindung zum nachstehenden Ps 119* wurde möglicherweise über V. 12 hergestellt[539], in dem von den Nachkommen Davids als Bedingung der Verheißung eines Nachkommens auf dem Thron verlangt wird, dass sie Gottes Bund (ברית) und seine Zeugnisse (עדות), die Gott selbst sie lehrt, bewahren (שמר). Sowohl עדות als auch שמר sind in derselben Bedeutung häufig in Ps 119 (wo ברית allerdings fehlt), ebenso an Gott gerichtetes imperativisches למד als Bitte, den Beter seine Gebote zu lehren (V. 12.26.64 u.ö.). Aufschlussreich für den vorliegenden Zusammenhang ist das Bekenntnis des Betenden (119,46), dass er die „Zeugnisse" Gottes *vor Königen* sagen werde (וַאֲדַבְּרָה בְעֵדֹתֶיךָ נֶגֶד מְלָכִים וְלֹא אֵבוֹשׁ), woraus hervorgeht, dass er selbst nicht König ist.[540] Bezogen auf die Leserichtung dieses Psalters drückt dieser Vers m.E. das Selbstverständnis der Qumranfrommen aus: Sie sind es, die durch ihre Torafrömmigkeit den davidischen Messias, wenn er erscheinen wird,

---

[538] Vgl. insbesondere 1QSa II 11–22 u. dazu J. ZIMMERMANN, Messianische Texte 26–35. Zu den beiden Messiassen s. ferner 1QS 9,11 (dazu ZIMMERMANN 23f); 4Q174 (ebd. 99–113), CD 7,18–21 (ebd. 96–98) sowie weitere Stellen.

[539] So auch M. KLEER, »Sänger« 312, der – ausgehend von seiner These, dass die ganze Rolle den Psalter Davids darstellt – Ps 119 als Antwort Davids auf Ps 132 verstehen will; vgl. a. B. Z. WACHOLDER, David's Eschatological Psalter 46f.

[540] Ps 119 ist bekanntlich kein Davidspsalm.

belehren und unterrichten, so dass seine Herrschaft nach der Verheißung in Ps 132,11f eine ewige sein kann.[541]

Die priestertheologische Rahmung von Ps 119, der etwa ein Viertel der gesamten erhaltenen Rolle umfasst und ziemlich genau in der Mitte des erhaltenen Bestandes steht, wird in Kol. X abgeschlossen, indem auf Ps 119 mit *Ps 135* erneut ein priesterlicher Psalm folgt. Darin ist das Exodusgeschehen und die Landgabe ganz knapp rekapituliert (V. 9–12) als Erweis der Wirkmächtigkeit Jahwes im Unterschied zu den Götzen der Völker (V. 15–18). Am Anfang und Ende des Psalmes werden die Priester und mit ihnen verbunden das Haus Israel zum Lob Jahwes aufgerufen (V. 1f.19f). Der König ist nicht erwähnt. Den Abschluss des Psalms bildet das Lob der Herrschaft Gottes vom Zion aus. Der Weg dazu führt nach der Anordnung des Psalters *über die priesterliche Schriftauslegung*, wie sie dem Volk und dem Davididen in Qumran zuteil wird.

Die Fortsetzung bildet die *Danklitanei Ps 136*, in der für die Führungen Gottes in der Geschichte des Volkes als Ausdruck seiner חסד gedankt wird. Erhalten sind V. 1–16, danach ist eine Lücke infolge von Textverlust, ehe in der neuen Kolumne (XVI) in der ersten Zeile noch einmal כי לעולם חסדו erscheint, was vom Herausgeber mit dem Schlussvers von Ps 136 (V. 26b) gleichgesetzt wird. Auffällig ist jedoch, dass *auf derselben Zeile* der Text mit dem ersten Vers von Ps 118 fortfährt, obwohl die Rolle sonst einen neuen Psalm jeweils mit einer neuen Zeile beginnen lässt und Teile von Ps 118 (V. 24–29) schon in Frg. E vorkamen. Auf Ps 118,1 schließen sich unmittelbar die Verse 15f an mit dem Jubel in den Zelten der Gerechten über Gottes Sieg:

קוֹל רִנָּה וִישׁוּעָה בְּאָהֳלֵי צַדִּיקִים יְמִין יְהוָה עֹשָׂה חָיִל׃
יְמִין יְהוָה רוֹמֵמָה יְמִין יְהוָה עֹשָׂה חָיִל׃

Erst jetzt kommt V. 8 und eine erweiterte Fassung von V. 9. Den Abschluss bildet der Schlussvers V. 29, der wie Ps 136 mit כי לעולם חסדו endet. Über den masoretischen Text hinaus steht auf derselben Zeile jedoch noch ein Hallelu-Jah, gefolgt von einer sonst zwischen einzelnen Psalmen unüblichen

---

[541] Damit in Einklang steht die Vorstellung des endzeitlichen Tora-Auslegers in CD 6,2–11; 7,18b–21a und 4Q174 III 11f u.ö., der *neben* dem königlich-davidischen Messias erscheinen wird (s.o. Anm. 534). An der letztgenannten Stelle heißt es über ihn bei der Auslegung von 2Sam 7,11b–14a: „Dies ist der Spross Davids, der auftreten wird mit dem Toraausleger, den [er aufstehen lassen wird] in Zi[on am] Ende der Tage, wie geschrieben steht ... (Am 9,11)". Dass in dem zukünftigen Toraausleger eine „priesterliche Gestalt" zu sehen ist, hat J. ZIMMERMANN, Messianische Texte 440f u.ö., gezeigt (vgl. a. M. PIETSCH, »Sproß Davids« 216–218). Diese Auffassung von den Priestern als Lehrern des davidischen Messias spiegelt auch 4Q161 = 4QpIsa^a III 22–25 zu Jes 11,3b wider, vgl. ZIMMERMANN, ebd. 69f, s.a. 88 zu 4Q285 Frg. 5 (dazu unten Anm. 560).

Leerzeile[542] und einem eingerückten Rand in der nächsten Zeile (obwohl die Zeile vor der Leerzeile nicht bis zum Ende ausgeschrieben war). Diese Kombination aus freiem Zeilenende, Leerzeile und nachfolgender Einrückung findet sich nur hier in den erhaltenen Bestandteilen der Rolle. M.E. ist dies ein deutlicher Hinweis darauf, dass hier auch graphisch *ein Einschnitt markiert ist, ähnlich wie die Bücherabtrennung im kanonischen Psalter.* Am Schluss dieses 'Psalterbuches' steht der Jubel der Gerechten, und dies war den Bearbeitern offenbar so wichtig, dass sie dafür Ps 118 zerlegten oder Teile davon noch einmal aufnahmen.[543]

Nur als Vermutung sei angedeutet, dass die in V. 15 genannten „Zelte" für die Qumranfrommen eine besondere Bedeutung hatten, da in der Forschung gelegentlich die Meinung vertreten wurde, dass die Angehörigen der Gemeinschaft von Qumran in der näheren Umgebung außer in Höhlen auch in Zelten gelebt hätten.[544]

Bedeutsamer erscheint mir jedoch, dass Ps 136 wie schon Ps 105 (mit dem diese Einheit m.E. einsetzt) die Herausführung Israels aus Ägypten und den Weg durch Wüste als Grund des Dankens nennt, *die eigentliche Landnahme* jedoch nur ganz knapp (Ps 105,44) bzw. nur auf das Ostjordanland bezogen erwähnt (Ps 136,16–21). Die Herausgeführten stehen in der Perspektive des Psalms noch *vor* der Einnahme des Westjordanlandes, d.h. der Psalm und damit der erste große Teil der Rolle endet da, wo die Gemeinde von Qumran

---

[542] Insgesamt ist zwischen den Psalmen außer hier nur an zwei Stellen eine inhaltlich bedingte Leerzeile nachweisbar: 1. in Kol. XIV nach Abschluss von Ps 119 und vor Ps 135; dem entspricht, dass bei Ps 119 die einzelnen Buchstaben-Strophen durch eine Leerzeile voneinander abgesetzt sind; 2. Kol. XXVIII, zwischen Ps 134 und Ps 151A. Die doppelte Leerzeile in Kol. XVIII nach Z. 6 geht auf einen Materialfehler zurück (vgl. J. A. SANDERS, Psalms Scroll 14); der Zwischenraum trennt eine Constructus-Verbindung und ist darum sicher nicht inhaltlich bedingt. Die Einrückung der ersten Psalmzeile weist die Rolle regelmäßig auf, wenn die letzte Zeile des voranstehenden Psalms die Zeile fast völlig füllt (s. Kol. III, Z. 7; IV, Z. 9; XXII, Z. 7; XXV, Z. 6; XXVI, Z. 4; XXVII, Z. 12; die übrigen scheinbaren Zeileneinzüge sind durch das Material bedingt, s. die Liste bei SANDERS, ebd. 14). Leerzeile *und* Zeileneinrückung in Kol. XVI sind demnach ein singuläres Phänomen (in Kol. XXVIII fehlt die Einrückung der ersten Zeile von Ps 151A, obwohl die letzte Zeile des voranstehenden Psalms die ganze Spalte füllt). B. Z. WACHOLDER, David's eschatological Psalter, geht bei seiner Einteilung des Textes in drei Teile auf diese Befunde überhaupt nicht ein (s. 45: Frg. A–Kol. II, III–XV, XVI–XXVIII).

[543] Vgl. M. KLEER, »Sänger« 285 Anm. 3, der darin m.E. zu Recht eine „neu gebildete Komposition" sieht, die er aber als eine Art Anhang zu Ps 136 verstehen will. Er übersieht aber die graphische Abtrennung dieser Einheit. B. Z. WACHOLDER, David's eschatological Psalter 48, sieht in der Wiederaufnahme der Verse von Ps 118 einen Hinweis auf das „overarching liturgical scheme", er vermag aber keinen Grund zu nennen, warum gerade an dieser Stelle so ein markanter Einschnitt ist.

[544] Kritisch dazu allerdings H. STEGEMANN, Die Essener, Qumran, Johannes der Täufer und Jesus, Freiburg u.a. 1993, 76, der lediglich einige nahegelegene Höhlen als Wohnquartiere ansieht.

selbst gerade steht: geographisch am Rande des verheißenen Landes und zeitlich zwischen Anbruch und Vollendung der eschatologischen Ereignisse.[545]

4.8.3 Dritter Teil: Das Gebet 'Davids' und seiner Frommen

Mit Kol. XVIII 7 beginnt dann eine Art neues Psalmbuch, zumindest jedoch
ein neuer Anlauf nach einer deutlichen Zäsur. Den Auftakt bildet eine gegenüber dem kanonischen *Ps 145* durch die nach jedem Vers wiederkehrende
Formel ברוך יהוה וברוך שמו לעולם ועד stark erweiterte Fassung dieses Psalms,
der im masoretischen Psalter als תהלה לדוד (d.h. als „Loblied"), in Qumran
dagegen als תפלה לדויד „Gebet für/von David" überschrieben ist. Darin wird
Gottes Königtum (V. 1.11f) gepriesen und seine Herrschaft, die von Gerechtigkeit und Güte geprägt ist (V. 7.10.17). Der Beter selbst dankt Gott (vgl. die
Verben in der 1. Pers. Sing. in V. 1f, außerdem V. 21) und ruft die חסידים
Gottes auf, in dieses Lob mit einzustimmen (V. 10). Auch der Schluss (XVII
17) weist noch einmal eine Besonderheit auf, indem abschließend vermerkt
ist: „dies ist zum Gedenken." Das hängt möglicherweise mit V. 7 zusammen,
wo die zukünftigen Geschlechter aufgefordert sind:

„Sie sollen verkündigen (נבע II) das Gedenken an die Fülle deiner Güte und jubeln über deine
Gerechtigkeit" (זֵכֶר רַב־טוּבְךָ יַבִּיעוּ וְצִדְקָתְךָ יְרַנֵּנוּ).

Die Wendung זאת לזכרון würde dann besagen, dass mit dem vorliegenden
Gebet diese Aufforderung erfüllt ist bzw. erfüllt werden kann.

Die Fortsetzung ist nicht erhalten, aber zwischen Ps 145 und dem Beginn
des nächsten Psalmes (Ps 154 bzw. syrPs II) ist ausreichend Platz für einen
weiteren Text.[546] In Kol. XVIII ist mit *Ps 154,3–19* der erste erhaltene nicht-
kanonische Text zu finden. Es ist ein Loblied der Frommen, die aufgefordert
werden, sich zusammenzuschließen, um gemeinsam Gottes Weisheit und
seine Taten „den Einfältigen" bekannt zu machen (4–8 = Z. 2–6). Ihre
Verherrlichung Gottes gilt als Ersatz für Opfer (V. 10f = Z. 8–11), d.h. hier ist
ebenfalls die Distanz zum Tempel vorausgesetzt. Die Gerechten bilden den
קהל חסידים (V. 12 = Z. 10f), sie essen und trinken gemeinsam und reden
miteinander über die „Tora des Allerhöchsten" (V. 14 = Z. 12: תורת עליון).
V. 15–17 (= Z. 13–15) erinnern an Ps 1,1.6, der Schluss (V. 18–20 = Z. 15f)
preist Jahwe, der den Armen rettet und für Israel ein „Horn" und einen
Richter erstehen lässt, der vom Zion aus regieren wird.[547]

---

[545] Vgl. dazu R. DEINES, Abwehr der Fremden 63–67.

[546] Vgl. J. A. SANDERS, Psalms Scroll 38.

[547] Zur Herkunft dieses Textes (und weiterer nichtkanonischer Stücke aus 11QPsᵃ) aus
vorqumranisch-hasidischem Milieu s. M. HENGEL, Judentum und Hellenismus 323–325. Zum
„Horn Davids" als Verweiswort „auf den gesalbten davidischen König" (unter Aufnahme von

Offenbar schloss sich mit „Plea for deliverance" unmittelbar ein weiterer nichtkanonischer Text an, von dem allerdings Anfang und Ende fehlen. Es handelt sich dabei um ein persönliches, in der 1. Person formuliertes Sündenbekenntnis, das sowohl an Ps 51 wie an manche Hodayot-Texte erinnert. Im erhaltenen Teil steht zu Beginn die Erinnerung an Gott, dass Gewürm und Maden ihn nicht loben[548], sondern nur ein „Lebendiger" samt allen, die, als sie in die Irre gingen, durch Gott über die Gerechtigkeit belehrt wurden (XIX 2f). Daran schließt sich die Bitte an, dass Gott an den so Geretteten gemäß seiner Güte, der Fülle seines Erbarmens und seiner Gerechtigkeitstaten handeln möge (עשׂה עמנו יהוה כטובכה כרוב רחמיכה וכרוב צדקותיכה[549] [Z. 4f]). Es folgt das Bekenntnis, dass Jahwe das Gebet derer erhört hat, „die seinen Namen lieben", und ein Lobspruch auf Jahwe, der Gerechtigkeitstaten vollbringt (עושׂה צדקות) und seine Frommen (חסידיו) mit Gnade und Erbarmen krönt, d.h. die Erfüllung der Bitte in Z. 4f ist vorausgesetzt. Der Beter bekennt daraufhin, wie sehr es ihn danach drängt, Gott zu loben, und dann folgt der Grund des Lobes: Er sah sich wegen seiner Sünden der Totenwelt ausgeliefert (XIX 9f) und erfuhr in dieser Situation Gottes Erbarmen:

„Dem Tod verfallen (10) war ich in meiner Sünde und meine Verschuldungen lieferten mich an die Totenwelt aus, da hast du mich gerettet, (11) JHWH, nach der Fülle deines Erbarmens und nach der Fülle deiner Gerechtigkeitserweise" ותצילני יהוה כרוב רחמיכה וכרוב צדקותיכה [Übers. J. Maier]).

Im verbleibenden Teil bittet der Beter, dass er im Schutz Gottes zukünftig bleiben möge, dass ihm seine Schuld vergeben werde und weder der Satan noch ein unreiner Geist über ihn herrsche (Z. 12ff).

Es folgt der thematisch verwandte *Ps 139* („von David"), daran angeschlossen *Ps 137* (ohne Verfasserangabe) und *138* („von David"), d.h. die Exilssituation wird als eigene Verschuldung gedeutet (Ps 137, wohl unter Aufnahme von Ps 139,9f), aber zugleich der Weg zurück als erfahrene Gotteshilfe im Danklied bezeugt (Ps 138). Auffallend ist, dass alle diese Psalmen in der Mehrzahl ihrer Aussagen in der 1. Person Singular formuliert sind. Auch das nächste Stück (Kol. XXI 11ff), eine Variante zu *Sir 51,11–19*, kann als autobiographisches Zeugnis gelesen werden und beschreibt die Suche nach

---

1Sam 2,10 in Ps 89,19; 132,17; Sir 47,1–11; äthHen 90,9b–12; Apk 5,6) s. S. SCHREIBER, Gesalbter 216f; M. PIETSCH, »Sproß Davids« 172–175.

[548] Vgl. Ps 88,11–13; 89,48f u. dazu oben Anm. 469.

[549] Der Plural צדקות auch in Z. 7 und 11. Er steht im Alten Testament fast ausschließlich im Kontext der Landgabe (s.o. Anm. 160 u. 325) aufgrund von Gottes Verheißungen. Mit der Bitte um Gottes צדקות wie in Z. 5 wird darum möglicherweise um die Erfüllung der Landverheißungen gebeten. Das aber entspräche exakt dem angenommenen Verständnis der Beter dieses Psalters noch *vor* der eigentlichen Landnahme. In Z. 11 ist צדקות allerdings eindeutig als individuelles Heilsereignis zu verstehen.

der göttlichen Weisheit schon von frühester Jugend an. Kol XXII endet mit
Sir 51,30, d.h. die Verse 20–29 standen auf dem verlorenen unteren Teil der
Rolle. Daran schließt sich unmittelbar die ebenfalls in der 1. Person
formulierte *„feierliche Anrede an Zion"* an („Apostrophe to Zion", Kol. XXII
1–15), auf die mit Ps 93; 141; 133 und 144 eine Reihe kanonischer Psalmen in
ungewohnter Reihung folgt.

Die Verheißung zukünftigen Glücks in der *Zionsanrede* basiert nach Z. 13f
auf einer Vision (חזון) und prophetischen Träumen (חלמות נביאים) des Spre-
chers. Er sieht in der Stadt „Generationen von Frommen" wohnen (דורות
חסידים Z. 5f). Das aber liegt noch in der Zukunft, weil das Unrecht in der
Stadt noch nicht vertilgt ist. Der Beter versteht sich selbst als einen Gerechten
(Z. 9f), dessen Gerechtigkeit noch verborgen ist, aber dereinst von Zion
erkannt werden wird. Das Ziel ist eine ewige Gerechtigkeit (צדק עולמים) für
die Stadt, die dann hoch erhaben über dem ganzen Erdkreis thront (Z. 12f).
Wenn daran der Jahwe-Königspsalm 93 angeschlossen wird, dann ist damit
auch diesem Text eine Interpretation gegeben: Es ist das Königtum Gottes,
das als Ziel erhofft und dessen herausragende Qualifikation eine „ewige Gerechtigkeit" sein wird.

Mit dem *Davidspsalm 141*, einem persönlichen Gebet Davids, findet die
Rückkehr in die Gegenwart statt. Das Gebet soll als Opfer gelten (V. 2), d.h.
auch hier ist die Perspektive des Beters vom Tempel weggerückt, weil sein
Recht von seinen Feinden nicht anerkannt wird (V. 9f). Wenn sich daran das
Lob der Eintracht unter den Söhnen Aarons (*Ps 133*) anschließt, dann doch
wohl deshalb, weil in der Gegenwart dieser Beter die Aaroniden gespalten
sind und sich im Qumranpsalter die Gruppe zu Wort meldet, die keinen Zutritt
zum Tempel besaß. Auch die zusätzliche Abschlussbitte (שלום על ישראל)
dieses Psalms bezeugt die als offenbar friedlos empfundene innere Situation.

Der folgende *Ps 144* ist dagegen ein Aufruf zum Kampf und die Bitte um
Gottes Hilfe für „David, deinen Knecht" (V. 10). Aber wie um zu verdeut-
lichen, *wie* dieser Kampf zu kämpfen ist, schließt sich mit *Ps 155* (= syrPs III)
erneut die Bitte um Vergebung an, weil vor Jahwe niemand gerecht sein kann
(XXIV 7). Die Konsequenz ist nun auch hier die Bitte darum, *von Gott selbst
Tora und Recht gelehrt zu bekommen*:

„Unterweise mich, JHWH, in deiner Tora (הבינני יהוה בתורתכה),
und lehre mich deine Gesetze" (ואת משפטיכה למדני).

Die Fortsetzung ist ein weiteres Klagegebet Davids (*Ps 142*). Seine Bitte um
Gottes Hilfe wird im letzten Vers des Psalms damit begründet bzw. dringlich
gemacht, dass nur der König zum Anführer der Gerechten werden kann.
Aber wie auf Ps 144 die Bitte um Vergebung folgte, so auch hier mit *Ps 143*.
Nur wenn Gott *mit seiner Gerechtigkeit* dem König hilft, kann dieser seinen

Feinden widerstehen (V. 1.11). Umso überraschender erweist sich die Fortsetzung: *Ps 149 und 150*, das Lied der Frommen Zions über Gottes Sieg, und daran anschließend das große, alle einschließende Halleluja. Der Schlüssel liegt m.E. in 149,1f:

1 הַלְלוּ יָהּ שִׁירוּ לַיהוָה שִׁיר חָדָשׁ תְּהִלָּתוֹ בִּקְהַל חֲסִידִים׃
2 יִשְׂמַח יִשְׂרָאֵל בְּעֹשָׂיו בְּנֵי־צִיּוֹן יָגִילוּ בְמַלְכָּם׃

Israel soll sich über die Taten der Frommen (חסידים) freuen und über deren König jubeln. Im Kontext der bisherigen Leserichtung ist dieser aber kein anderer als der Davidide, der im Kreise der Frommen (= d. Qumrangemeinschaft) zurecht und zur Tora Gottes gebracht worden ist, indem er seine Sünden erkannte und umkehrte. Diesem geläuterten Davididen lässt Gott die Erneuerung des Zions gelingen, indem durch ihn die Frommen (V. 5.9) zur universalen Herrschaft gelangen. Auf das Lob im Tempel (Ps 150) folgt nun die „*Hymne an den Schöpfer*", die mit Motiven der Jahwe-Königpsalmen Gottes alleinige Herrschaft besingt. Sie besteht, weil „Güte und Wahrheit" um ihn her sind, weil „Wahrheit und Recht und Gerechtigkeit das Fundament seines Thrones" bilden (XXVI 10f, vgl. Ps 89,15). Es ist ein Bild ähnlich dem in 1Kor 15,24–28: Nachdem der Davidide sein Amt erfüllt hat, wird Gott sein alles in allem.

4.8.4 Epilog

Die Fortsetzung nach der „*Hymme*" fehlt. Der Herausgeber nimmt an, dass *2Sam 23,2–7* (Davids letzte Worte) an dieser Stelle stand. Die letzte Zeile von V. 7 ist, wenn auch in einer leicht abweichenden Form vom masoretischen Text, auf der ersten Zeile von Kol. XXVII erhalten. Auf diesen ersten Prosatext, der sich auf den historischen David bezieht[550], folgt mit „*David's Composition*" ein zweiter, der David als prophetischen Liederdichter charakterisiert und eine Statistik der von ihm verfassten Lieder bietet. Dieser Text übernimmt zahlreiche Elemente aus 2Sam 23,1–7[551] und ist offensichtlich in bewusster Anlehnung an die „letzten Worte Davids" entstanden. Im Mittelpunkt steht der von Gottes Geist inspirierte Liederdichter (2Sam 23,1–3; DavComp Z. 1–4.11), was in beiden Texten mit der Lichtmetaphorik verbunden ist. Was in „David's Composition" fehlt, ist Gottes Bund mit seinem Haus (23,5) und der Blick auf die Feinde (23,6f). Stellvertretend dafür steht das ausführliche Werkverzeichnis, das liturgisch am Sonnenkalender orientiert ist und auf diese Weise David in den qumranischen Kalender

---

[550] Er weist zahlreiche Berührungen mit Ps 101, dem Eingangspsalm der Rolle, auf, vgl. dazu M. KLEER, »Sänger« 311.

[551] Vgl. B. Z. WACHOLDER, David's eschatological Psalter 32–41; M. KLEER, »Sänger« 290–294.

integriert.[552] Gezeichnet ist darin das Bild eines untadeligen schriftgelehrten (vgl. סופר in Z. 1) Weisen (Z. 1: חכם), der mit göttlichem רוח נבונה (Z. 4) begabt war, so dass alle 4050 Psalmen und Lieder בנבואה gesprochen waren (Z. 11). Weil dies einen denkbaren Abschluss des Buches darstellt[553], ist es einigermaßen erstaunlich, dass ohne erkennbare Zäsur die Rolle mit den *Psalmen 140, 134* sowie – durch eine Leerzeile abgetrennt (s.o. Anm. 542) – *151 A und B* fortfährt. Eine leere Spalte nach 151B markiert dann zweifelsfrei das Ende der Rolle.

Eine klare Beziehung dieser letzten Stücke zum Voranstehenden ist nicht erkennbar, aber wie schon im mittleren Teil wechselt auch hier die Perspektive von David (Ps 140) zu den Priestern (Ps 134). Denkbar ist immerhin, dass die Nachstellung von Ps 140 noch einmal das Thema von 2Sam 23,1–7 aufnimmt: Während David in 23,2 bekennt, dass die Worte Gottes auf seinen Lippen sind (לשוני), ruft er in Ps 140 Gott um Hilfe gegen die an, deren Lippen Schlangengift versprühen (140,4, vgl. 12). In 23,6f sind es Belial-Leute (als korporativer Begriff für eine Gruppe, die gegen den König steht), wie Dornen ergriffen und ins Feuer geworfen werden, in Ps 140,11 erbittet David, dass feurige Kohlen über seine Feinde ausgeschüttet werden. Der 'Nachtrag', nach Davids „letzten Worten" und seinem Werkverzeichnis, ist möglicherweise ein Hinweis dafür, dass es in erster Linie um einen Streit der Worte geht, um die Auslegung der Schrift und damit um rechte und falsche Gottesverehrung. Am Ende von Ps 140 heißt es nicht umsonst: „Nur Gerechte preisen deinen Namen, (nur) Redliche (ישרים) bleiben vor deinem Angesicht." Der angefügte Ps 134, der Aufruf an die Priester im Tempel, Gott während der Nacht zu loben, nimmt einerseits den Schlussvers von Ps 140 auf, andererseits erinnert er kontrastiv an 2Sam 23,4: Der Gerechte ist wie das Licht am Morgen! *Das Loblied in der Nacht ist metaphorisch das Loblied 'im Exil' oder in der Wüste, das von den Gerechten gesungen wird, bis das Licht der Herrschaft des gerechten Davididen anbricht.* Der etwas abgesetzte Ps 151A betont durch den zweimaligen Gebrauch des Verbs משח die Salbung des jungen David durch den Propheten (und Priester!) Samuel „mit dem heiligen Öl" (בשמן הקדוש) und die damit erfolgte Einsetzung als Fürst (נגיד[554]) „seines Volkes und als Herrscher über die Söhne seines Bundes (ומושל בבני בריתו)", wobei Letzteres auch eine Selbstbezeichnung der Qumrangruppe darstellt

---

[552] M. KLEER, »Sänger« 295–297.

[553] Auch M. KLEER, »Sänger« 309, sieht in *DavComp* das Ende der Psalmensammlung „in der Art eines Kolophons"; ratlos über die Fortsetzung auch B. Z. WACHOLDER, David's eschatological Psalter 57.

[554] Zur auffälligen Vermeidung des Königstitels, der offenbar für Gott allein reserviert ist, s. M. KLEER, »Sänger« 274.310f. Auch in dem verwandten Kapitel Ez 34 ist der zukünftige davidische Hirte von Gottes Volk nicht König, sondern „Fürst" (V. 24, allerdings nicht נגיד sondern נשיא).

(1QM XVII 8: ואתם בבני בריתו, 4Q501 Frg. 1 Z. 2; 4Q503 Frg. 7–9 Z. 3). Der
letzte Psalm 151B ist leider nur noch in seinen Anfangszeilen erhalten. Er
schildert den Beginn von Davids Macht, „nachdem ihn der Prophet Gottes
gesalbt hatte", deren erster Ausdruck der Sieg über Goliat war.[555] Möglicherweise wurde so noch einmal auf den historischen David als Gesalbten zurückverwiesen, gleichsam als *rückschauende Vorausschau.*

Eine etwas andere Lösung für diese letzte Textgruppe schlägt Martin Kleer vor. Ausgehend
von seiner gründlichen Analyse von Ps 151A, der – basierend auf 1Sam 16,1–13 – die Erwählung und Salbung Davids zum Thema hat und dessen letzte Strophe (vgl. seine überzeugende
Einteilung in Kola und Strophen »Sänger« 206–226) unter deutlichem Rückgriff auf 2Sam 7
diesem einen „messianischen Aspekt" gibt (ebd. 272), führt er aus: „Psalm 151A erweist sich
… als ein messianischer Psalm in historischem Gewand" (273). Er schlägt darum vor, die
letzten vier Texte des Qumranpsalters als Hinweis auf den eschatologischen David zu
lesen.[556] Dafür interpretiert er die Verben in *DavComp* als Futurformen, so dass hier nicht die
Charakteristik und das Werkverzeichnis des historischen, sondern des zukünftigen David
begegnet, der nicht nur einen 150 Psalmen umfassenden Psalter schaffen wird, sondern einen
27mal umfangreicheren.[557] Die Naht zwischen 2Sam 23,1–7 und *DavComp* ist damit der
Übergang vom historischen zum erwarteten davidischen Messias, der als idealer Frommer im
Geist der Qumrangemeinde gleichwohl ein Krieger ist, der die Feinde Gottes überwindet, wie
die Überwindung Goliats in Ps 151B zeigt.[558]

4.8.5 Zusammenfassung

Bleiben diese letzten Überlegungen auch hypothetisch, so kann doch an dem
planvollen Aufbau dieses Qumranpsalters und der hier aufgezeigten Grund-
linie kaum gezweifelt werden. Strittig scheint mir in erster Linie zu sein, ob
die Leserichtung dieses Psalters ausschließlich aus der Perspektive einer davidischen Verfasserschaft verstanden werden muss (so M. Kleer), oder ob die
priesterliche Orientierung nicht doch stärker zu gewichten ist, wie hier vorgeschlagen. Nach Kleer ist 11QPsᵃ „eine Psalmenrolle Davids", die „insgesamt
… den Anspruch davidischer Autorschaft" erhebt (»Sänger« 288), während
m.E. die Rolle als eschatologischer Psalter zu verstehen ist, der die Hoffnung
auf eine Restitution des Zion durch einen zukünftigen Davididen wachhält,
der sich in den Dienst der „Söhne seines Bundes" stellen und sich von ihnen

---

[555] Vgl. 1QM XI 1f: Der Priester, der das Heer begleitet, hält vor diesem eine Rede und
erinnert es an die Hilfe Gottes (10,2f). Das erste (erhaltene) Beispiel ist der Sieg Davids über
Goliat!

[556] Dass dies eine ernsthaft zu diskutierende Möglichkeit ist, zeigen die Motivverbindungen zwischen *DavComp* und Jes 11,1f (M. KLEER, »Sänger« 290f). So auch schon B. Z.
WACHOLDER, David's eschatological Psalter 59f.

[557] Zu den zahlreichen Zahlenspekulationen, die hier möglich sind, vgl. M. KLEER,
»Sänger« 299f.

[558] Zu den kriegerischen Aspekten des Schlussteils s. M. KLEER, »Sänger« 315f, zu
Qumran allgemein C. A. EVANS, David in the Dead Sea Scrolls 195.

den Weg des rechten Toraverständnisses und Gottesdienstes weisen lässt. Es ist also m.E. eher ein Psalter, in dem – wenngleich mit Worten des historischen David – *für* den zukünftigen Davidsspross gebetet wird. Das erstrebte Ziel ist die exklusive *Königsherrschaft Gottes* vom Zion aus, neben der am Ende kein irdischer König, auch keiner aus dem Haus David, mehr Platz hat.[559] Dann wird eine „ewige Gerechtigkeit" vom Zion Besitz ergreifen (*ApZion Z.* 13). Der irdische Heilskönig wäre damit – im Unterschied zum Neuen Testament – lediglich eine Übergangsfigur, der die eigentlich ersehnte Heilszeit einläutet, in der er keine eigentliche Funktion mehr besitzt.

Dass die *Ermöglichung dieser Gerechtigkeit,* so weit diese in der Verantwortung der Menschen liegt, in der Tora ihr entscheidendes Medium besitzt, ist allein schon durch die dominierende Mittelstellung von Ps 119 unverkennbar. Gleichwohl ist die Tora *hier* weniger als Gesetzbuch oder halachisches Kompendium verstanden (was sie in Qumran in anderen Texten durchaus sein kann), sondern als eine Anleitung zum Gotteslob, zur Selbsterkenntnis bis hin zum Sündenbekenntnis, zum Gebet, zur Hoffnung und zum Nachdenken über die Geschichte Gottes mit seinem Volk. In diesem Bemühen um die Tora mit dem Ziel der eschatologischen Gerechtigkeit stehen die Priester neben, wenn nicht sogar über dem zukünftigen davidischen Fürsten, doch ist diese Zweiteilung geradezu ein Kennzeichen der pluriformen qumranischen Messianologie (s.o. bei Anm. 538). Der priesterliche דורש התורה (4Q174 III 11; CD VII 18) ist „der, der Gerechtigkeit lehren wird am Ende der Tage" (הימים יורה הצדק באחרית CD VI 11[560]), aber er tritt zusammen mit dem צמח דויד auf (4Q 174 III 11), der an anderer Stelle als „Messias der Gerechtigkeit" bezeichnet wird (s. 4Q252 = 4QPBless = 4QCommGen V 3f: עד בוא משיח הצדק צמח דויד).[561] David, Priester und Tora – sie alle dienen auch in Qumran der Gerechtigkeit, die sich in Gottes Gerechtigkeit vollendet.

---

[559] Im Unterschied zu den ansonsten in vielem sehr nahe verwandten PsSal 17,21.32.42; 18,5.

[560] Zur Identifizierung dieser beiden Gestalten s. J. ZIMMERMANN, Messianische Texte 443; vgl. außerdem G. JEREMIAS, Lehrer 269–288, der eindeutig zeigte, dass es sich bei dem יורה הצדק in CD VI 11 um „eine eschatologische Heilsgestalt" handelt, „die am Ende der Zeit auftritt" (282) und „das Gegenstück zu dem gestorbenen Lehrer der Gerechtigkeit" bildet (288, vgl. 323, vgl. 275–281 zur Übersicht über die verschiedenen Deutungsvorschläge). Dafür spricht mit Nachdruck die in Qumran formelhafte Wendung ... עד עמד bzw. ... עד בוא, die regelmäßig mit einer für die Endzeit erwarteten Heilsgestalt verbunden ist (vgl. die Aufstellung 284). Vgl. a. ebd. 285–287, die Einordnung der qumranischen Erwartung in die rabbinische eines Tora-Lehrers der Endzeit (Elija, Mose), der alle strittigen Gesetzesfragen auflösen wird.

[561] Zu der Stelle, eine Auslegung von Gen 49,10, vgl. J. ZIMMERMANN, Messianische Texte 113–127, zur umstrittenen Übersetzung („Gesalbter/Messias der Gerechtigkeit" oder „der wahre Gesalbte") s. ebd. 117f unter Verweis auf Jer 23,5; 33,15. Leider ist die folgende Zeile beschädigt, wo am Anfang der Zeile mit שמר ein typisches Verb für das *Halten* und

Das aber zeigt: Wenn Matthäus davon schreibt, dass Jesus gekommen ist, um im Namen des Vaters alle Gerechtigkeit zu erfüllen und darin Tora und Propheten an ihr Ziel kommen, dann kann er zumindest erwarten, dass diese Aussage in ihrem *Anspruch* verstanden wird, wenngleich sie nicht einfach mit der qumranischen identisch ist, sondern vielfältige Unterschiede dazu aufweist.[562] Denn während in Qumran der eschatologische Lehrer und königliche Messias die *Voraussetzung* für Gottes Königsherrschaft in Gerechtigkeit sind und ihre Gerechtigkeit die Gottes gleichsam vorbereitet, richtet der mt Jesus die Königsherrschaft Gottes in seiner Person auf, indem er alle Gerechtigkeit erfüllt. Die, die hungern und dürsten nach Gerechtigkeit (und dass es solche gab, zeigen nicht zuletzt die Qumrantexte), die finden *jetzt bei ihm und durch ihn* die Erfüllung ihrer Sehnsucht.

5. Ergebnis: Die Gerechtigkeit im Spannungsfeld von Tora-Gehorsam und Messias-Erwartung

Das Matthäus-Evangelium ist unter allen vier Evangelien dasjenige, das am deutlichsten die ganze Geschichte Jesu als Erfüllung der biblisch-alttesta-mentlichen Verheißungen und Erwartungen darstellt. Insbesondere die zehn sogenannten Reflexionszitate, die mit Wilhelm Rothfuchs besser als „Erfül-lungszitate" zu bezeichnen sind, belegen dies. Mit ihnen legt der Evangelist *pars pro toto* dar, dass in Jesus „Gesetz und Propheten" und damit die *gesamte* Glaubens- und Offenbarungsgeschichte Israels ihre Erfüllung gefunden haben. Die Verteilung dieser 'alttestamentlichen' Zeugen über das Evangelium hinweg zeigt, dass dem Evangelisten daran lag, insbesondere am

---

Bewahren der Gebote steht, dessen Subjekt der Davidsspross ist. Danach ist eine Lücke von bis zu fünf Wörtern, dann kommt [Lücke] כי היחד אנשי עם התורה, doch ohne Verbindung nach vorne oder hinten ist nicht erkennbar, in welchem Verhältnis der Davidide zur Tora und den „Männern der Einung" steht. Als sicher kann gleichwohl gelten, dass es ein positives Verhältnis ist und auch an dieser Stelle offenbar die Notwendigkeit gesehen wurde, die innerhalb des Alten Testaments und den übrigen Qumranschriften singuläre Wendung משיח הצדק (vgl. ZIMMERMANN, ebd. 117) mit der Tora zu korrelieren. Dass in 4Q252 V 3f der priesterliche Tora-Ausleger nicht erwähnt ist (wobei dies angesichts des fragmentarischen Zustandes nicht einmal sicher ist), kann nicht so ausgelegt werden, als ob dieser Text eine andere Messianologie vertrete. Denn Ausgangspunkt ist der Juda-Segen, während der Levi-Segen nicht erhalten ist. Die Aussage von J. L. TRAFTON, „4Q252 speaks of a single, royal Messiah" (Commentary on Genesis A, in: The Dead Sea Scrolls 6B [s.o. Anm. 424], 203–219 [206]), ist von daher problematisch; auch in den Testamenten der zwölf Patriarchen stehen die jeweiligen Erwartungen des endzeitlichen Priesters (TestLevi 18) bzw. des königlichen Messias nacheinander (TestJuda 24, vgl. V. 5f: der Sproß bewirkt für die Völker Gerechtig-keit) und die Beziehung zueinander ist nur in TestJuda 21 berichtet. Weder aus TestLevi 18 noch aus TestJuda 24 ließe sich daher ein vollständiges Bild gewinnen.

[562] Vgl. immer noch eindrucksvoll den Vergleich bei G. JEREMIAS, Lehrer 319-353.

Anfang und bei der Einführung der für ihn relevanten christologischen Kennzeichnungen mit Hilfe der Erfüllungszitate, Jesus als den verheißenen und erwarteten Messias und Gottessohn darzustellen. Darüber hinaus werden wichtige Wegmarken und das Passionsgeschehen im Horizont von „Gesetz und Propheten" verstanden. Daraus ergibt sich als Anspruch und Behauptung der mt Theologie allgemein und dann auch spezifisch für die Frage nach der Gerechtigkeit, dass der Verstehenshorizont für Matthäus vorrangig in „Gesetz und Propheten" zu finden ist.

Ziel dieses Paragraphen war es, den Zusammenhang von Davidstradition, Gerechtigkeit und Tora (von dem Matthäus nach Ausweis von Mt 5,17–20 ausging) zu überprüfen. Dabei wurde deutlich, dass Gerechtigkeit und Tora als Anweisung zu einem gerechten Leben vor allem in späteren Texten eng zusammengehören, während in den großen Erzähltexten von Genesis, Exodus und den vorderen Propheten Gerechtigkeit nur implizit einen Bezug zur Weisung Gottes besaß (der für die spätere Rezeption aber als gegeben vorauszusetzen ist). Der Gerechte ist der, der sein Leben an Gott ausrichtet und sich an seinem Willen orientiert. Dabei entsteht das Entsprechungsverhältnis dadurch, dass Gott sich selbst als „gerecht" und sein Handeln als „Gerechtigkeit" offenbart, die – darin ist Klaus Koch mit Nachdruck zuzustimmen – nicht von einer abstrakten Norm, sondern von seinem offenbaren Wesen bestimmt ist. Auch die Umschreibung der biblischen Gerechtigkeit als „Gemeinschaftstreue" lässt sich festhalten, sofern dabei die 'Gemeinschaft' mit dem sich seinem Volk zuwendenden, in seine Gemeinschaft einladenden und berufenden Gott gemeint ist, die dann – ihm entsprechend – auch den gegenseitigen Umgang derer bestimmen soll, die zu ihm gehören. Edo Osterloh beschreibt die zu beachtende Relationsfolge zutreffend:

> „So ist seine Gerechtigkeit der entscheidende Inhalt der Selbstbezeugung Gottes in der Offenbarung, in der er überhaupt erst vom Menschen als Gott erkannt werden kann. Die »Gerechtigkeit« ist also ganz und gar nicht ein sekundäres, aus einem »profanen Lebensbezirk« auf Gott übertragenes Bild, dessen Bedeutung deshalb auch von dem Profanen her erschlossen werden müsste, sondern die Gerechtigkeit wird erst erfahren und erkannt, wenn Gott sich zu erfahren und zu erkennen gibt."[563]

Was die hier behandelten alttestamentlichen Texte über Gottes Gerechtigkeit zu erkennen gaben, ist deren durchgängiger heilvoller, rettender, barmherziger Charakter. Gottes Gerechtigkeit steht nicht gegen sein Volk und seine „Frommen", sondern ist Gottes Weise, diese zu retten. Gottes Gerechtigkeit hat, trotz der damit verbundenen problematischen Rezeptionsgeschichte, nichts mit einem unparteiischen und gnadenlosen Richter zu tun, sondern mit

---

[563] Gottes Gerechtigkeit 22.

einem Gott, der „rettet, indem er richtet.“[564] Aber weil „Retten" nicht ohne
„Richten" geschieht, weil das Ja zum Geretteten zugleich ein Nein zu seinem
Bedränger wie auch zu seiner persönlichen Sünde beinhaltet, darum ist diese
Barmherzigkeit nicht 'billig', sondern führt in die Tiefe: Der einzelne Mensch
erfährt seine Gottferne durch Leiden, das Volk durch das Exil und eine
bedrängende Situation nach innen und außen, der König im Verlust seiner
Macht, die doch ein Abbild des göttlichen Herrschens in Gerechtigkeit sein
sollte. Nicht nur gegen gottferne Mächte richtet sich Gottes „Gerechtigkeit",
sondern auch gegen sein eigenes Volk:

> „Gott muß sich nicht nur mit Gewalt gegen die Fremdvölker, sondern er muß sich ebenso mit
> Gewalt gegen sein eigenes Volk durchsetzen, um sein Wort zu verwirklichen. Die Gerech-
> tigkeit Gottes ist keineswegs eine mit dem empirischen Israel verbündete Großmacht, die dem
> israelitischen Selbstbehauptungswillen dient, sie ist vielmehr Gottes selbstherrlicher Einsatz
> auch gegen Israel zu Israels Heil, weil Gott dieses Heil will. Sowohl im geschichtlichen
> Unglück als auch im geschichtlichen Erfolg erfährt dieses Volk die »Gerechtigkeiten« seines
> Gottes, der Niederlage und Sieg dazu gebraucht, um es festzuhalten auf dem Wege seines
> Gebotes und seiner Verheißung. Gott allein und nicht sein Werkzeug Israel verfügt über die
> Gerechtigkeit.“[565]

Dieses Bemühen, dass das Volk Israel oder einzelne daraus einsehen und
akzeptieren, dass ihnen die Gerechtigkeit (im Sinne von Entsprechung zu
Gottes Willen und Wesen), die sie doch eigentlich auszeichnen sollte, fehlt,
durchzieht die biblischen Texte vom Deuteronomium über die großen
Propheten bis hin zu den Psalmen. Die Hinführung zur Einsicht in die eigene
Schuld dient jedoch nicht als Weg zum Gericht oder gar zur Verdammnis,
sondern ist der Weg zur Gerechtigkeit Gottes, die retten will. Der Hinweis auf
das Gericht ist die Einladung zur Umkehr und Rettung und verwandelt sich
erst in der Ablehnung in eine Drohung (vgl. Mt 21,32). In der prophetischen
Erwartung ist darum das Motiv der Vergebung mit dem der Gerechtigkeit
Gottes verbunden worden. Diese umfassende und den Sünder verändernde
Vergebung wurde, auch das ist festzuhalten, *nicht* von der Tora erwartet,
sondern als ein über alles Gegebene hinausreichendes neues Werk Gottes.

Das mag damit zusammenhängen, dass – indem die Gerechtigkeit im Alten
Testament vorrangig als die eine *von Gott selbst* herrührende Daseinsdomi-
nante verstanden wird – ihr ideales Abbild in der geschöpflichen Wirklichkeit
wie Gott selbst *Person* sein musste. So wenig also Gott nur einen Code(x)

---

[564] B. JANOWSKI, Richter 78, zur Wirkungsgeschichte s. ebd. 34f; DERS., Konfliktgespräche 134–137; s.a. CH. LEVIN, Rechtfertigung 175.

[565] E. OSTERLOH, Gottes Gerechtigkeit 11. Der Text stammt aus dem Jahr 1940 und
richtet sich gegen die Interpretation von Deutschlands 'Siegen' als eine Folge göttlichen
Segens. Der Verfasser gehörte der Bekennenden Kirche an, vgl. M. WOLFES, Art. Osterloh,
Edo, BBKL 16, 1999, 1179–1182.

oder eine Daseinsordnung darstellt, so wenig angemessen ist es, ihn allein und ausschließlich in seiner Weisung zu verstehen. Darum begegnet als Ideal der Gott entsprechenden Gerechtigkeit unter den Menschen der von ihm erwählte, berufene und bevollmächtigte *König*, der in seinem Sein und Tun, d.i. besonders in seinem zurechtbringenden Richten, Gottes Mandatar auf Erden sein sollte. Unter den Königen wiederum sind es David und Salomo, die an Bedeutung und 'Gottebenbildlichkeit' alle anderen überragen. Besonders David wurde zum Idealbild des gerechten, Gott gemäßen Herrschers. Diese Entwicklung zeigt sich bereits in den vorderen Propheten und findet ihre Entfaltung bei den großen Propheten. Der Psalter wiederum ist ein einzigartiges Zeugnis für das Ineinanderweben und -denken der großen Linien von Gottes vergangener Geschichte mit Israel im Hinblick auf die Gegenwart und die erhoffte Zukunft.

Für die Propheten und den Psalter gilt dabei, dass sie von der Erwartung einer die Gegenwart verändernden *Gerechtigkeit* bestimmt sind, deren Inaugurator Gott selbst durch, mit und in seinem berufenen Hirten, Fürsten, König und Sohn ist. Sie ist Gegenstand der Hoffnung und der Sehnsucht, ihre Gegenwart wird im Lobpreis der Gerechtigkeit Gottes antizipiert. Diesem Ziel einer veränderten Wirklichkeit, das sich u.a. in der Erwartung eines neuen Bundes und einer veränderten Weise, Gott von Herzen gehorsam zu sein, Ausdruck verschafft, ist die Tora als Gottes Weisung zum Leben eingebunden, wobei – etwa im Fall von Ps 119 – die Tora weder als Gesetzbuch missverstanden noch auf die fünf Bücher Moses reduziert werden darf. תורה ist, wie ihre Äquivalente, Ausdruck für den umfassenden Willen Gottes. Dass der Inhalt dessen, was als Existential allen Lebens- und Glaubensvollzügen vorausliegen sollte, Veränderungen erfuhr, wurde durch die Hinweise auf die inneralttestamentliche Traditionsgeschichte, LXX, Targum und vereinzelt rabbinische Traditionen zumindest angedeutet. Die 'Braut' überstrahlte an Glanz zunehmend den 'Bräutigam' (vgl. oben S. 595 zu Ps 45), bis dieser zuletzt zu ihrem Studenten wurde. Dabei verlor aber – so mein Eindruck, ohne dass dies entfaltet werden könnte – die heilvolle, rettende Gerechtigkeit ihre beherrschende Stellung, um in Gestalt der rabbinischen צדקה ein im Vergleich zu den biblischen Texten bescheidenes Dasein zu fristen.[566]

Die Schwierigkeit, vor die die alttestamentlichen Texte stellen, ist das *Nebeneinander* von Gerechtigkeit, Königtum und Tora, indem die beiden Letztgenannten, Königtum und Tora, die Verwirklichung bzw. Ermöglichung der Gerechtigkeit verheißen. König und Gerechtigkeit stehen sich als ein Entsprechungsverhältnis gegenüber, aber auch Tora und Gerechtigkeit. Idea-

---

[566] Inwieweit das aramäische זכות stärker an die biblischen Vorstellungen anknüpft, müsste eigens untersucht werden.

lerweise lässt sich darum der König von der Tora bestimmen, und diese Forderung ist seit dem deuteronomischen Königsgesetz auch erhoben worden. Mit dem Untergang des politischen Königtums hat sich diese Zuordnung von König und Tora jedoch wieder verändert, weil die umfassende Gerechtigkeit, die man von dem zukünftigen Heilskönig erwartete, sich nicht einfach in Gestalt der bisherigen Torafrömmigkeit beschreiben ließ.

Auch wenn der Erwartungshorizont durchaus offen ist, kann m.E. aus den genannten Texten zumindest so viel mit Sicherheit abgeleitet werden, *dass jeder, der den Anspruch erhob oder mit einem solchen proklamiert wurde, der verheißene Davidssohn zu sein, sich nach seinem Verhältnis zur Tora fragen lassen musste, bzw. er sich selbst in ein Verhältnis zu ihrer Forderung (Gehorsam) und ihrer Verheißung (Leben bzw. Gerechtigkeit als Weg zum Leben) stellen musste.* Die (Gretchen-)Frage nach dem Messias stellen heißt, ihn zu fragen, wie er's mit „Gesetz und Propheten" hält. Sie bilden das Fundament jeglicher Messiaserwartung und nur in Bezug dazu kann der Messias (an-)erkannt werden.

Matthäus war sich dieser Anforderung m.E. bewusst, wenn er sein Evangelium mit dem Bekenntnis zu Jesus, dem Christus, dem Sohn Davids, begann. Sein theologisches Denken und seine heilsgeschichtliche Einsicht ist aber nur erfassbar (was nicht heißt, dass man sie deshalb teilen muss), wenn nicht nur einzelne Verse zum Verständnis dieses jüdisch-christlichen Theologen herangezogen werden, sondern der Versuch gemacht wird, anhand der in seinem Evangelium erkennbaren Fragestellungen (und der Antworten, die er darauf gibt) zu überprüfen, inwieweit seine 'Theologie' und 'Messianologie' aus dem Umgang mit „Gesetz und Propheten" erwachsen ist. Denn nur so lässt sich sein Profil als 'eschatologischer Schriftausleger' erkennen, der gewillt und fähig war, anhand von „Gesetz und Propheten" und d.h. anhand der gesamten „Schriften" überzeugend aufzuzeigen, dass Jesus die Erfüllung dessen ist, was in ihnen über den Messias und seine Gerechtigkeit erwartet werden konnte. Bei ihm ist es also der 'Bräutigam' (um das obige, Ps 45 entnommene Bild noch einmal aufzugreifen), der der 'Braut' ihre Aufgabe zuweist. Der Grund ist, dass für Matthäus die Hochzeit bereits stattgefunden hat.

Ergebnis

Die Gerechtigkeit der Tora im Reich des Messias als Grundpfeiler der mt Theologie

1. Die neue Verhältnissetzung von Gerechtigkeit, Tora und Messias

Wer sich die Mühe machte, den teilweise verschlungenen und vielleicht nicht immer auf den ersten Blick einsichtigen Wegen dieser Untersuchung bis hierher zu folgen, wird vielleicht nachvollziehen können, weshalb am Ende kein Ergebnis stehen kann, das sich in knappe einprägsame Sätze fassen lässt, die dann einmal als Bemerkung über eine weitere Position zu Mt 5,17–20 für eine Fußnote in den einschlägigen Kommentaren tauglich wären. Der eiligere Leser, der gleich beim Ergebnis nachschlägt, um festzustellen, ob es sich lohnt, das Buch als Ganzes gründlicher durchzusehen, sei darum gewarnt: Es hat sich gezeigt, dass sich die mt Gesetzestheologie nicht einfach auf einen Nenner oder Begriff bringen lässt, auch nicht nur von einer Traditionslinie her (wie etwa Jesus als zweiter oder neuer Mose) interpretieren lässt. Der erste Evangelist ist, das hat sich im Rahmen dieser Untersuchung erneut gezeigt, vielmehr ein Schrifttheologe ersten Ranges, der souverän die vielfältigen und spannungsvollen religiösen Traditionen seines Volkes beherrscht und in großer Freiheit auf Leben und Lehre Jesu hin transparent macht.[1]

Ausgangspunkt der vorliegenden Arbeit war das Verständnis des ersten Evangeliums als einer kohärenten Einheit, die sich gegenseitig interpretiert. Der Evangelist beansprucht durch sein Werk und die Art seiner Darstellung einen normativen Bericht über die Wirksamkeit Jesu vorzulegen, der Hörer und Leser in die Geschichte Jesu einzubeziehen versucht. Die in § 2 vorgenommenen Überlegungen über den literarischen Charakter des Evangeliums ergaben, dass die gottesdienstliche Situation für die literatursoziologische Verortung des Evangeliums grundlegend ist. Die Nachzeichnung der Entwicklung von der redaktionsgeschichtlichen Exegese hin zum narrativen „literary criticism" zeigte darüber hinaus, dass die Übertragung von an neuzeitlichen Gedichten und Romanen gewonnenen Methoden auf die Evangelien – bei Würdigung ihrer Betonung der Endgestalt des Textes – weder naheliegend noch sachlich

---

[1] Ausdrücklich verwiesen sei auf die folgenden Abschnitte, die einen hinreichenden Überblick über diese Arbeit zu geben vermögen: § 1/3.1–2; § 2/4.; § 5/4.; § 6/2.5; 3.2.4; 5.4; 6.; § 7/4.; § 8/2.3; 3.3.2; § 9/3.2.5.; 3.3; § 10/2. sowie die abschließenden Überlegungen zu Mt 5,17–20; 6,1.33 im Rahmen des Matthäus-Evangeliums (S. 447–451); § 12/9.; § 13/5. (dazu die Teilzusammenfassungen 3.1.4; 3.4; 4.7; 4.8.5). Außerdem sind die Überschriften so formuliert, dass die Durchsicht des Inhaltsverzeichnisses die Argumentation und die Ergebnisse erkennen lässt.

angemessen ist, da sie die Situation der hörenden Gemeinde im Gottesdienst zu wenig ernst nehmen und zudem nicht berücksichtigen, dass die *story* als Erzähl*inhalt* nicht im Belieben des Evangelisten stand (s. § 2/3.). Vielmehr wusste sich derselbe von der vorgegebenen Geschichte Jesu so in Anspruch genommen, dass er darüber für andere schrieb, wobei sich diese Beanspruchung durch das Geschehen als Inspiration verstehen lässt. Gegen die Überbewertung der Literarizität des Evangeliums wurde gezeigt, dass die schriftliche Gestalt der Evangeliumsverkündigung für die ursprünglichen Rezipienten ein abgeleitetes Phänomen und eine Art 'Notbehelf' darstellte für die Zeit, in der mündliche Tradenten und Interpreten von Worten und Taten Jesu nicht (mehr) zur Verfügung standen (s. § 2/3.2). Hervorgehoben wurde ferner, dass davon ausgegangen werden kann, dass am Anfang der Evangelist als Interpret seines Werkes zur Verfügung stand. Darum kann der Text des Evangeliums in seiner Ursprungssituation nicht als ein anonymes, von seinem Autor abgelöstes Produkt verstanden werden, sondern ist als zentraler Bestandteil einer Lehr- und Verkündigungstradition in den Blick zu nehmen, in der es als *ein* Medium der Unterweisung und des Gottesdienstes diente. Als solches war (und ist) das Evangelium Teil eines größeren Text- und Traditionsensembles (zu dem von Beginn an auch „Gesetz und Propheten" gehörten) und war darum zu keinem Zeitpunkt ein quasi ko(n)textloses Werk. Die Verwendung in Unterricht und Gottesdienst setzt zudem voraus, dass von vornherein Einverständnis zwischen Autor und Rezipienten über die Bedeutsamkeit der darin vermittelten Geschichte Jesu bestand, d.h. das Evangelium in seiner schriftlichen Gestalt ist Ausdruck einer Interpretations- und Glaubensgemeinschaft zwischen dem Evangelisten und den Rezipienten.

Für die Interpretation eines einzelnen, zentralen Abschnitts wie 5,13–20 bedeutete dies, dass sie nur im Hinblick auf ein Gesamtverständnis der mt Theologie geleistet werden konnte und die großen Linien, die das Evangelium offenlegt, beachtet werden mussten. Das ist einer der Gründe, warum die vorliegende Arbeit umfangreicher geworden ist, als dies anfänglich abzusehen und geplant war. Die Ursache dafür liegt – so jedenfalls die Hoffnung des Autors – nicht allein in dessen Weitschweifigkeit, sondern in der sich im Lauf der Untersuchung ergebenden Einsicht, dass es (mindestens) *drei Themenkomplexe* sind, die, obwohl monographisch häufig getrennt behandelt, für Matthäus in einem so engen sachlichen Zusammenhang stehen, dass die Frage nach dem einen immer auch die nach dem anderen berührt.[2]

Ausgangspunkt war dabei, abhängig von Mt 5,17–20, die Zuordnung von Tora und Gerechtigkeit. In diesen Versen und ihrem unmittelbaren Kontext stellt Matthäus das Gesetz und die damit als Verheißung und Forderung verbundene Gerechtigkeit in einen engen sachlichen Zusammenhang. Beides lässt sich in der Zeit des Matthäus nicht auseinanderreißen: Wer sich im jüdischen Denkhorizont und im Rahmen der biblischen Traditionsgeschichte

---

[2]   Mit anderen Worten: Der »implizite Autor« des Evangeliums (s.o. S. 53) zog den Leser in seinen Bann. Die Wege, die er abzuschreiten versuchte, sind 'geführte' Wege dieses Autors, indem er „Tora und Propheten" als seine Ko-Texte nicht nur ausdrücklich benennt, sondern sie durch seinen Text auch fortschreibt und in eine neue Perspektive stellt, die es zu entdecken gilt.

über die Tora äußert, der redet immer auch über die Gerechtigkeit und den Gerechten. Und wer über die Gerechten und die Gerechtigkeit redet, der kann dies nicht tun, ohne sich zur Tora in ein Verhältnis zu setzen.[3]

Die Einleitung (§ 1) machte in ihren zwei Teilen in Form einer Problemanzeige darauf aufmerksam, dass sowohl die mt Rezeptionsgeschichte (s. § 1/1.) als auch die aktuelle Fragestellung über den Ort des ersten Evangeliums in Bezug auf seine jüdische Mitwelt (s. § 1/2.) geprägt sind von der Beziehungssetzung zwischen Tora und Gerechtigkeit.

Der erste Punkt wurde anhand der vor allem im Protestantismus beheimateten Schwierigkeiten im Umgang mit dem ersten Evangelium dargestellt, das seit Martin Luther in einem Gegensatz zur paulinischen Rechtfertigung *sola gratia* gesehen wird, da darin dem Tun des Menschen scheinbar eine (im Vergleich zu Paulus) zu große Bedeutung im Hinblick auf das Heil zugemessen wird. Eine andere, ebenfalls (aber nicht ausschließlich) protestantische Deutungslinie nimmt gerade diesen Zug im Hinblick auf eine gesellschaftsbezogene 'ethische' Interpretation insbesondere der Bergpredigt auf. Wichtigste Vertreter im deutschsprachigen Raum sind Georg Strecker und Ulrich Luz, deren Ansatz von vielen weiteren geteilt wird. Dadurch erhielt in der Diskussion der letzten Jahrzehnte die vom Evangelisten beschriebene Gerechtigkeit in erster Linie innerweltlichen Charakter, während die christologische Dimension der eschatologischen Gerechtigkeits*ermöglichung* dagegen zurücktrat. Dadurch entstand der Eindruck, dass sich die mt Aufforderungen zu einem „Christentum der Tat" (Ulrich Luz) vor allem auf eine gerechtere Gesellschaftsordnung beziehen. Aus dem Unbehagen gegenüber dieser Position wurde darum noch einmal danach gefragt, was Matthäus selbst mit „Gerechtigkeit" (δικαιοσύνη) meinte und was ihre Grundlage bzw. Voraussetzung ist.

Der zweite Punkt wurde illustriert durch die gegenwärtig heftig umstrittene Frage nach dem jüdischen (bzw. antijüdischen) Charakter des Evangeliums, konkret, ob das Werk eine Situierung des Verfassers und seiner Empfänger innerhalb des Judentums oder eine bereits unabhängige Stellung nach der Trennung vom jüdischen *mainstream* nach 70 voraussetzt. Als entscheidend erwies sich dabei in der Diskussion der letzten rund 20 Jahre, inwieweit für den Verfasser des ersten Evangeliums die Tora noch weiterhin uneingeschränkt Geltung besaß, mithin seine Gerechtigkeitsforderung inhaltlich von der Tora her begründet war. Diese Frage, die von der Auslegung von Mt 5,17–20 nicht zu trennen ist, entscheidet letztlich mit darüber, wie das mt Gerechtigkeitsverständnis zu beschreiben ist. Der Hinweis auf den Kommentar zur Bergpredigt von Hans Dieter Betz (§ 1/3.3), der in ihr eine Art 'vorchristologische' christliche Epitome zur Katechumenenunterweisung sieht, diente schließlich dazu, die *Christologie* als das entscheidende Bindeglied zu entdecken, ohne das weder die mt Gerechtigkeitskonzeption noch sein Toraverständnis angemessen erfasst werden kann.

Gerechtigkeit und Tora sind also für Matthäus gerade *nicht* die berühmten zwei Seiten einer Medaille, so dass, wer die eine besitzt, im Handumdrehen auch die andere (er)hält. Zudem hat sich beim Durchgang durch das Alte Testament als der Matthäus vorliegenden Heiligen Schrift diese (zu) einfache, gleichwohl wirkungsgeschichtlich bedeutsame, wechselseitige Beziehung nicht als Grundzug biblischer Rede von der Gerechtigkeit aufweisen lassen (so das Ergebnis von § 13). Zwar gibt es in der jeweiligen Gegenwart die Ver-

---

3 Vgl. als eindrucksvolles Beispiel die beiden Versionen von Tob 14,8f.

pflichtung zu einem möglichst gerechten Leben und die Tora weist schon jetzt den Weg dazu, aber dass diese Einzelnen von ihren Mitmenschen und Völkern insbesondere von ihren Königen und Richtern geschuldete Gerechtigkeit nicht der *zentrale* Inhalt des biblischen Redens von der Gerechtigkeit ist und damit auch nicht das Ziel der Hoffnungen Israels war, wurde vielfach deutlich.

Erwartet wurde vielmehr die von Gott selbst initiierte und ausgehende *heilstiftende Gerechtigkeit*, die in den Psalmen als Realität bereits antizipierend gefeiert wurde und deren Kommen im Zusammenhang mit dem neuen Bund (mit der Tora im Herzen des Menschen) und dem neuen Hirten, den Gott für sein Volk erstehen lassen will (Davidssohn-Messiaserwartung), verheißen ist. Die zwischenmenschlichen gerechten Beziehungen werden dabei durchgängig in Abhängigkeit von Gottes Gerechtigkeit gesehen, die ihre Gewährung und Ermöglichung bildet.

Die in der Verheißungsgeschichte des Alten Testaments erkennbare doppelte Linie, nach der die Gerechtigkeit sowohl mit der Tora wie mit dem Königtum und nach dessen Scheitern mit der daraus erwachsenen Messiaserwartung verbunden ist, erwies sich für Matthäus als konstitutiv. Denn wie kein anderer Evangelist bemüht er sich, Jesus als den verheißenen Davidssohn darzustellen, in dem sich die prophetischen Ankündigungen eines neuen Sprosses aus dem Geschlecht Davids verwirklicht haben (vgl. dazu § 12). Indem er dies insbesondere in der Vorgeschichte (Mt 1–2) heraushebt, stellt sich für den »informierten Leser« von selbst die Frage: Wenn dieser der angekündigte Davidssohn-Messias ist – wo ist dann die mit seinem Kommen verbundene Gerechtigkeit, die aus einer neu gewährten heilvollen Beziehung zu Gott sich auch im Miteinander der Menschen und Völker als heilvoll bewährt? Und damit ergibt sich notwendigerweise die Frage, welche Funktion der Tora in diesem Geschehen zukommt. Das Alte Testament bleibt hier eine klare Antwort schuldig, so dass in ihm die Relationen zwischen Gerechtigkeit, Tora und messianischer Erwartung (womit die Hoffnung nach der 'königlichen' Gerechtigkeit des zukünftigen Davididen notwendig verbunden ist) in gewisser Weise offen sind. Die erkennbare Entwicklung (ablesbar in der innerkanonischen Traditionsgeschichte, der LXX und den Targumim) besitzt jedoch eine eindeutige Tendenz hin zu einer immer stärkeren 'Toraisierung'. Damit ist ausgedrückt, dass die Tora dem Messias seine Aufgabe zuweist und sie es auch ist, die bestimmt, wer als Gerechter gilt. Das messianische Reich ist nach diesem Konzept von der Gerechtigkeit der Tora bestimmt und der Messias dient ihrer Ermöglichung.

Eine auf das Priestertum bezogene Variante dieser Sicht liegt nach meinem Urteil in 11QPs[a] vor (s.o. § 13/4.8). Bei dieser überwiegend aus biblischen Texten und einigen nachbiblischen Psalmen unter einer messianischen Perspektive zusammengestellten Rolle wird die Beziehung von zukünftigem Messias und Tora so vermittelt, dass die *Priester* des neuen Bundes den kommenden König in seine Aufgabe einweisen, indem sie ihn die Tora der eschatologischen Heilszeit lehren. Als kriegerischer König ist es sein Amt, diesem Tora-Verständnis zur Durchsetzung zu verhelfen.

Für Matthäus dagegen ist die Zuordnung von Messias, Tora und Gerechtigkeit dahingehend zu bestimmen, dass er den Messias im Hinblick auf die Gerechtigkeit der Tora *vorordnet* und darum ihre Funktion innerhalb dieses Dreiergefüges neu bestimmen muss.[4] Unausgesprochen, aber m.E. deutlich erkennbar, richtet sich seine Verhältnissetzung gegen die verbreitete Ableitung der Gerechtigkeit aus dem Befolgen der Tora. Er kann diese uneschatologische Position im Hinblick auf die Tora (die sozusagen so lange ihre Berechtigung besaß, wie die Erfüllung der Verheißungen über die endzeitliche Gerechtigkeit Gottes noch ausstand) nicht *mehr* vertreten.

Nicht *mehr*, weil ein von Gott gesetztes, gleichwohl geschichtliches Ereignis die Bezogenheit von Tora und Gerechtigkeit neu konstituierte. Das Reich Gottes (s. § 3) hat mit der Umkehrbotschaft des Täufers angefangen aufzudämmern und ist mit *Jesu Wirken* (worin sein Kreuzestod, seine Auferstehung und seine Beauftragung der Jünger eingeschlossen zu denken sind) zu einer (heils-)geschichtlichen Realität geworden, die die Offenbarung Gottes einteilt in eine Zeit vor dem Täufer und eine Zeit nach dem Täufer (11,12f), oder, es lässt sich, will man Matthäus nach-denken, nicht anders und nicht präziser bestimmen: *in eine Zeit der Erwartung und eine Zeit der Erfüllung*. Davon betroffen sind auch, wie könnte es anders sein, die Tora und die Gerechtigkeit. Die leitende Frage ist also: Was bedeutet es, wenn Jesus alle Gerechtigkeit (3,15) und „Gesetz und Propheten" (5,17) erfüllt?

Daraus ergab sich für den ersten Teil dieser Arbeit zunächst die Aufgabe der Verknüpfung der beiden „Makrogewebe" von der Gerechtigkeit und der mit Jesu Kommen beginnenden βασιλεία τῶν οὐρανῶν. Die Königsherrschaft Gottes ist bei Matthäus klar als Epochenwende verstanden, die neue und andere Prioritäten setzt als die Epoche, die von „Gesetz und Propheten" bestimmt war. Die Botschaft von der gegenwärtigen Königsherrschaft Gottes verursacht eine Scheidung, nicht zuletzt gegenüber den Pharisäern und Schriftgelehrten als den Prototypen „dieses Geschlechts" – auch noch z.Zt. des Evangelisten (s. § 3/1.). Sie verwirklicht sich dagegen, wie vor allem die Himmelreichsgleichnisse zeigen, im Jüngerkreis und der neuen Gemeinde derer, die ihrem Zuspruch und Anspruch Glauben schenken (s. § 3/2.). Am Ende steht für alle das Gericht, wobei allerdings die einzelnen

---

[4] Das geht auch aus dem kompositorischen Aufbau des Evangeliums hervor. Bis 5,17–20 ist zwar von Jesus als Davids- und Gottessohn (s. § 12), von Gerechtigkeit und ihrer Erfüllung (s. § 4) in der Königsherrschaft Gottes (s. §§ 3+5) sowie von den Jüngern als den Repräsentanten dieser neuen Jesus-Gerechtigkeit gegenüber Israel und der Welt (s. § 6) die Rede – aber eben nicht von der Tora. Erst *nach* dieser heilsgeschichtlichen Fundierung des Seins und Wirkens Jesu kommt Matthäus dann auf die Tora in einem grundlegenden Sinn zu sprechen (s. §§ 7–11).

Aspekte des Gerichts bei Matthäus deutlich unterschieden werden müssen (s. § 3/3.+4.). § 4 untersuchte in dem damit gesetzten Rahmen das mt Verständnis der Gerechtigkeit als Zugangsbedingung zur Basileia. Als entscheidender Ausgangspunkt erwies sich dabei der Rahmen, den Matthäus seiner Gerechtigkeitstheologie mit den Versen 3,15 und 21,32 gab. Im ersten Vorkommen von δικαιοσύνη legte er den Grund dafür, dass er die Gerechtigkeit, die für Israel bis jetzt an die Tora gebunden war, für Jesus als zentralen Inhalt seiner Sendung beanspruchen konnte (s. § 4/3.1). Die durch ihn „erfüllte" Gerechtigkeit ist die Ermöglichung der Teilgabe und Teilhabe an der Königsherrschaft Gottes, weil er als Davidssohn sein Volk von seinen Sünden rettet (1,21) und „mit ihm" (1,23) ist. Indem also Jesus durch sein Geschick die Schrift erfüllte, tat er, was nur Gott tun kann. So rückt Jesus in eine einzigartige Handlungsgemeinschaft mit Gott. Davon zu unterscheiden ist die den Jüngern aufgetragene Gerechtigkeit. Sie ist zu „tun" (6,1, vgl. 5,20), während das Werk Jesu darin bestand, „alle Gerechtigkeit zu erfüllen".

Der Vorrang des heilvollen Wirkens Gottes in Jesus im Hinblick auf die Gerechtigkeit wurde in § 5 aufgrund der zweifachen Gerechtigkeitsaussage in den Seligpreisungen noch einmal bestätigt. Sowohl in 5,6 wie in 5,10 geht es m.E. um eine Gerechtigkeit, die nicht im eigenen Tun begründet liegt. Die Untersuchung des alttestamentlich-jüdischen Vorstellungshorizonts von „hungern" und „dürsten" ergab, dass es sich bei den so selig Gepriesenen um Menschen handelt, die sich nach einer Gerechtigkeit sehnen, die nicht im eigenen Vermögen liegt, sondern von Gottes Entgegenkommen erwartet wird (s. § 5/1.). In 5,10 ist das ἕνεκεν δικαιοσύνης von ἕνεκεν ἐμοῦ in 5,11 her christologisch zu deuten: Die Verfolgung geschieht um der Bindung an Christus willen (s. § 5/2.), wobei durch den Hinweis auf die Verfolgung der Propheten (5,11f) die Jünger als künftige Botschafter für Christus und die Basileia in der Sukzession der Propheten stehen, ein für Matthäus grundlegender Gedanke, der ausführlich begründet wurde (s. § 5/3.). Zugleich lehren diese Texte, dass Gott seine heilvolle Gerechtigkeit, die er *für* sein Volk verwirklichen will, immer zugleich auch *gegen* sein Volk durchsetzen musste. Indem Jesus seine Jünger in das Geschick der biblischen Propheten einweist, gibt er ihnen Anteil an der Verkündigung und Durchsetzung von Gottes Gerechtigkeit, deren Inhalt und Begründung jedoch er allein ist. Trotz der damit verbundenen Ablehnung ist diese Botschaft so unentbehrlich wie Salz und Licht in dieser Welt.

Die Zusagen an die Jüngergemeinschaft in 5,13–16 wurde in Fortsetzung des Ergebnisses von § 5 in § 6 darum konsequent aus dem Blick der Jüngerbeauftragung und -bevollmächtigung verstanden. Licht und Salz erwiesen sich dabei als Metaphern für die eschatologische Jesus-Gerechtigkeit, die die Jünger durch das ihnen von Jesus zugesagte Sein bereits repräsentieren und durch ihre Beauftragung weitertragen sollen (§ 6/2.–4.). Die Salzmetapher beschreibt die Verantwortung, die die Jünger als Träger der einzigartigen Heilsbotschaft haben, ohne die die Welt nicht bestehen kann, sie ist aber nicht als Drohung zu verstehen (gegen U. Luz u.a.). Die mannigfache metaphorische Verwendung von Salz in jüdischen und paganen Texten erlaubt eine Vielzahl von Beziehungen, wobei die Unentbehrlichkeit des Salzes sowohl im Alltag wie in der Abbildung der Beziehungen zu Gott und untereinander („Salzbund") das entscheidende Moment darstellt. Seiner Unentbehrlichkeit entspricht die Dringlichkeit der den Jüngern anvertraute Botschaft. Diesem Bild fügt sich auch die in der prophetischen Verheißung vorgegebene Lichtmetaphorik[5] ein. Diese ist, das zeigt schon das programmatische Zitat Mt 4,14–16 (Jes 8,23–9,1), wie keine andere geeignet, die von Jesus ausgehende Wirkung zu beschreiben. In der Beauftragung der Jünger und ihrer Einsetzung als

---

5   Vgl. dazu auch § 13 und das Stellenregister s.v. Lichtmetaphorik und Gerechtigkeit.

„Licht der Welt" setzt sich das Aufgehen des eschatologischen Heilslichtes fort. Ähnlich wie beim Salzwort geht es auch in 5,14–16 darum, ein Licht *für andere* zu sein. Die Möglichkeit dazu gründet aber nicht in einer eigenen, durch ein bestimmtes Tun erworbene Gerechtigkeit, sondern im Anschluß an Jesus: Als Messiasboten sind seine Jünger das Licht der Welt, indem sie von dem zeugen, der alle Gerechtigkeit erfüllt.

Die in 5,16 geforderten καλὰ ἔργα sind darum als Ausweis der Jünger-Gerechtigkeit zu verstehen und nicht als Mittel zur ihrem Erwerb (s. § 6/5.). Eine Untersuchung des Ausdrucks „gute Werke" zunächst im Kontext des Matthäus-Evangeliums, aber darüber hinaus auch im übrigen Neuen Testament machte deutlich, dass das mt Verständnis des Begriffs nicht mit dem (späteren) rabbinischen bzw. kirchlichen Gebrauch verwechselt werden darf. Der Sprachgebrauch u.a. von Mt 11,2.19; 26,10 erweist stattdessen die eschatologische Grundlage dieses Ausdrucks: Wie bei Jesus (11,4f) ist die Verkündigung des Evangeliums angesichts der gegenwärtigen Basileia in Wort und Tat (10,6ff; 28,19f) das eigentliche Hauptwerk auch der Jünger.

Das Ziel dieser einzigartigen Beauftragung der Jünger (die als inhaltliche Ausführung der Berufung zum „Menschenfischer" gelten kann) ist die Verherrlichung des Vaters durch die Menschen, die dieser Botschaft als Gottes Weg zur Gerechtigkeit glauben. Entscheidend für das Verständnis der mt Gerechtigkeit ist, dass durch den Vergleich zwischen Jüngern und Propheten deutlich wird, dass *die zu verkündigende Botschaft* (vgl. 3,19.23) dem Tun so vorgeordnet ist, dass Letzteres dem Ersteren dient und von diesem her motiviert ist. Für Matthäus steht die Paränese mehrheitlich im Dienst einer missionarisch ausgerichteten Jüngerethik. Für den Fortgang in 5,17–20 ist entscheidend, dass Jesus mit dieser Beauftragung seine Jünger mit Würdebezeichnungen belegt, die bisher für andere Institutionen gebraucht wurden. Dazu gehört für den Zusammenhang besonders wichtig die Tora, aber auch der Messias, Israel und einzelne Gerechte.

Die Jüngerberufung ist also keine Aufforderung, Gerechtigkeit zu schaffen, weil dies die exklusive Aufgabe Jesu war (3,15 [§ 4/3.1]). Es ist vielmehr die Beauftragung, *in* dieser, *durch* diese und *für* diese Gerechtigkeit zu leben, weshalb Matthäus in 5,20 und 6,1 von der Gerechtigkeit der Jünger reden kann in einer Weise, wie auch die Psalmbeter sich als Gerechte auf der Seite Gottes wissen können (s. § 10/2. u. § 11/1.). Der sachliche Grund dieser Zuschreibung im Modus des Imperativs ist also nicht, dass den Jüngern die Gerechtigkeit fehlt und sie diese durch ihr Tun erst erwerben müssen, sondern dass sie aufgrund der ihnen zuteil gewordenen Segnungen der Gottesherr-schaft (Seligpreisungen) und der Gotteskindschaft nun ihrerseits aufgefordert sind, als um Jesu willen Gerechte ihre Gerechtigkeit in rechter Weise zu leben: nicht zu ihrem eigenen Heil, sondern zum Heil Israels und der Völker, zu denen sie der Auferstandene sendet (28,19f).

2. Die Transformation der Tora durch das Evangelium

Die skizzierte Interpretation von 5,13–16 erklärt auch den Übergang von 5,16 zu 5,17, indem die Jüngerbeauftragung und die dabei von Jesus in Anspruch genommene Vollmacht vor die Frage stellt, ob damit nicht eine grundsätzliche Abrogation von „Gesetz und Propheten" behauptet wird. Denn indem Jesus seine Jünger zu Repräsentanten der Gerechtigkeit erklärt (ohne dabei die Tora zu erwähnen) und ihnen zudem Funktionen zuspricht, die traditionell mit der Tora verbunden waren, ist deren Stellung in diesem Geschehen fraglich geworden.

Es ist der in 5,13–16 erkennbare universale missionarische Horizont des ersten Evangeliums, der sich als grundlegend für das mt Gerechtigkeits- und Toraverständnis erwies und dazu zwang, die Botschaft von der mit Jesus anbrechenden Königsherrschaft Gottes mit der Verheißung und dem Anspruch der »Tora« in ein Verhältnis zu setzen, wie es insbesondere die Verse 17 und 18 leisten (s. §§ 7+8).

Die Untersuchung von 5,17 (§ 7) ergab, dass „erfüllen" (πληροῦν) eine christologische Exklusivvokabel darstellt, die nur heilsgeschichtlich angemessen verstanden werden kann. Das jesuanische „Erfüllen" von „Gesetz und Propheten" ereignet sich für Matthäus weder allein durch sein *Tun* noch durch seine *Lehre* (so die beiden klassischen exegetischen Optionen), sondern durch seine gesamte Sendung, die Lehren, Tun und insbesondere sein messianisches Wirken bis hin zu Tod und Auferstehung einschließt. Entscheidend ist dabei, dass „Gesetz und Propheten" als Kanon- bzw. Integritätsformel zu deuten ist, die zusammenfassend Gottes bisherige Offenbarung bezeichnet. Dabei erwies sich die Kombination von „Gesetz *und* Propheten", d.h. von Gebot *und* Verheißung, für die mt Theologie als grundlegend, wobei dem prophetischen Element ein klares Übergewicht zukommt. Das erste ἦλθον-Wort im Evangelium nimmt für Jesus in Anspruch, dass seine Sendung im Kontext der Gottesgeschichte mit Israel steht und damit zugleich unter ihrem Anspruch und ihrer Verheißung. Da sich ihre *Verheißungen* durch sein Kommen im Begriff sind zu erfüllen, verändert sich auch der *Anspruch*, indem die Königsherrschaft Gottes gegenüber der Zeit von „Gesetz und Propheten" klar abgegrenzt ist. So kann 5,17 mit der Präambel eines neuen Vertrages verglichen werden. Abzuweisen ist darum ein Verständnis dieses Verses, das darin in erster Linie die Aufforderung zu einer erneuerten Torafrömmigkeit oder einem neuen Ethos sieht. Die Position, wonach Matthäus dieses Logion zur Legitimierung einer toraobservanten Haltung der christlichen Gemeinden gebrauchte bzw. schuf, wie dies von den Vertretern des sogenannten „neuen Konsens" (s. § 1/2.) aus 5,17 abgeleitet wird, ist m.E. falsch.

Dieses Ergebnis galt es im Hinblick auf 5,18 zu befestigen (§ 8), da dieser Vers noch stärker als 5,17 als Ausdruck einer gesetzestreuen judenchristlichen Position verstanden wird. Entscheidend war, die textpragmatische Funktion der 'Bestandsgarantie' aller Jotas und Häkchen in der Tora zu verstehen. Entgegen nahezu einhelliger Meinung konnte m.E. gezeigt werden, dass die rabbinischen Vergleichstexte, die in der Regel für die Interpretation von 5,18 herangezogen werden, gerade nicht als ein Hinweis darauf verstanden werden können, dass hier eine bis in alle Einzelheiten hinein gesetzestreue Haltung gefordert bzw. vom Evangelisten vorausgesetzt ist. Die Unvergänglichkeit von Jota und Häkchen ist vielmehr ein Bekenntnis zur Unveränderlichkeit und Unaufhebbarkeit der Schrift und damit der positiven In-Beziehung-Setzung Jesu zu „Gesetz und Propheten" in 5,17 vergleichbar (s. § 8/2.). Im mt Kontext wird damit betont, dass die ganze, Israel von Gott gegebene Schrift bedeutsam ist und bleibt. Damit lässt Matthäus Jesus den Vorwurf abweisen, dass er die religiöse

Grundordnung zerstören wolle, deren wichtigstes Bekenntnis die Einzigkeit Gottes ist. Im Gegensatz zu Ulrich Luz und vielen anderen geht es m.E. in V. 18 nicht um halachische Toraobservanz, sondern um ein Bekenntnis zur Unverbrüchlichkeit der Offenbarung Gottes. Nötig wurde dieses Bekenntnis insbesondere wegen der in 5,13–16 vorgenommenen Jüngerbeauftragung, die die heilstiftenden Funktionen der Tora auf die Jünger übertrug und darum die Frage evozierte, was von der »Tora« noch bleibt. Auf diesen Hintergrund verweist u.a. das Verb παρέρχεσθαι in V. 18, das als apokalyptischer Terminus zu verstehen ist und nicht auf die Mißachtung von Geboten bezogen werden kann. Das den Vers abschließende ἕως ἂν πάντα γένηται (das m.E. ursprünglicher Bestandteil des Verses ist und keine mt Hinzufügung darstellt [s. § 8/3.3.2]) ist darum gegen Strecker, Luz u.a. nicht nomistisch, sondern wie schon πληρῶσαι in 5,17 *heilsgeschichtlich-eschatologisch* auf Jesu messianische Sendung bis hin zur Parusie zu deuten. Dagegen kann 5,18b ἕως ἂν παρέλθη ὁ οὐρανὸς καὶ ἡ γῆ als mt Erläuterung des ihm vorliegenden traditionellen Logions verstanden werden, indem er aus der Perspektive nach 70 und damit nach der Zerstörung des Jerusalemer Tempels festhalten will, dass diese historischen Ereignisse nicht das Ende der Bedeutung von „Gesetz und Propheten" sind. V. 18 ist so also kein halbherzig mitgeschlepptes oder neu zu interpretierendes judenchristliches Traditionsstück, sondern könnte – hypothetisch – in der Tradition vor Matthäus gelautet haben: „(Amen ...), es wird kein Jota noch ein Buchstabenstrich von der »Tora« vergehen, bis alles (was sie verheißt und gebietet) geschehen sein wird." Da V. 18 an V. 17 mit γάρ anknüpft, ist mit ἀπὸ τοῦ νόμου „die ganze Schrift" als umfassende Bezeichnung für Gottes geoffenbarten Willen gemeint. Matthäus bestimmte also Platz und Aufgabe der neuen Gemeinschaft in der von Jesus erfüllten Verheißungsgeschichte seines Volkes, indem er sie mit „Tora und Propheten" in Beziehung setzte. Dabei ist deutlich, dass es neben Jesus keinen anderen „Lehrer" mehr gibt und auch die »Tora« nur in der Weise gültig bleiben kann, wie Jesus sie im neuen Kontext der Königsherrschaft Gottes zu verstehen gelehrt hat.

Darum meine ich, dass es angemessen ist, die mt Gerechtigkeitskonzeption summarisch als »Jesusgerechtigkeit« zu beschreiben. Damit soll ausgesagt werden, dass diese Gerechtigkeit ohne Jesus nicht möglich ist.[6] Die, die dem Ruf in die Nachfolge gehorsam sind, bekommen dadurch Anteil an dieser Gerechtigkeit, weshalb sie auf *ihre* Gerechtigkeit hin angesprochen werden können. Die Jüngergerechtigkeit aber bleibt in ihrer Begründung und in ihren Konsequenzen an Jesus orientiert. Wie Jesus alle Gerechtigkeit erfüllte, so sollen auch die Jünger – als *Gerechte* (auch Jesus wurde nicht dadurch, dass er Kranke heilte, Hungernde speiste, Dämonen austrieb und das Reich Gottes verkündigte zum Gerechten, sondern als Gerechter tat er dies und erfüllte so alle Gerechtigkeit) – ihre Gerechtigkeit tun (6,1).

Der Wechsel der Perspektive von Jesus weg hin zu den Jüngern ist auch in der Komposition des Abschnittes 5,17–20 deutlich erkennbar (s.o. S. 447f), indem ab 5,19 die Folgen für die Jünger beschrieben sind, wie sie sich aus der christologischen Erfüllung der eschatologischen

---

6 Vgl. O. Betz, Bergpredigt 344: „Das ‚Erfüllen' der Tora und die ‚vollere', reichlichere Gerechtigkeit gehören zusammen. ... Die bessere Gerechtigkeit wird in der *Gemeinschaft mit dem Messias verwirklicht*, in dem Gottes Gerechtigkeit unsere Gerechtigkeit wird (Jer 23,6). Damit ist das Ziel des neuen Bundes erreicht" (Hhg.Orig.).

Aufgabe, wie sie 5,17f voraussetzt, ergeben. Die Auslegung von 5,19 in § 9 ging von der formalen Struktur dieses Verses aus, der im Verhältnis zu 5,18 als (exemplarische) »Anwendungsbestimmung« des voranstehenden »Regelsatzes« zu verstehen ist, der in polarer Entsprechung die negative (19a.b) und positive Konsequenzen benennt, die sich aus V. 18 ergeben (s. § 9/1.). Das ergab der Vergleich mit weiteren mt Texten, die dieselbe Struktur besitzen. Damit erweist sich auch dieser Vers auf der erzählten Ebene als Teil jener Jüngerbelehrung und -unterweisung, mit der Jesus seine Jünger in ihre Aufgabe als seine Boten, d.h. als Propheten der Königsherrschaft Gottes, einweist. Auf der Zeitebene des Evangelisten ist V. 19 dann am ehesten als Anweisung für christliche Lehrer zu verstehen, bei denen eine Art Wanderexistenz wohl noch vorauszusetzen ist. Er bedeutet also gerade nicht die von vielen Auslegern vertretene Einhaltung aller Gebote der Tora bis hin zu den „allerkleinsten", worunter in der 'nomistischen' Deutungstradition u.a. die Reinheitsgebote verstanden werden. Eine solche Deutung widerspricht, auch unabhängig von exegetischen Gründen, der Situation des Judentums zwischen 70 und 90 n.Chr., in der der konkrete Inhalt eines Lebens nach der Tora aufgrund des Wegfalls des Tempels ganz neu definiert werden musste (s. § 8/3.3.2). Es geht in V. 19 also weder um eine Fortsetzung der bisherigen Toraobservanz, noch vergeht die »Tora« mit ihrer Erfüllung durch Christus. Gleichwohl verändert sich ihre Funktion, da mit Jesu Wirken die Gottesherrschaft für die Jünger eine *gegenwärtige* Realität geworden ist. Im Gegensatz zu 5,20 geht es also nicht um die Grundsatzfrage des Hineingehens, sondern um den Rang innerhalb der βασιλεία.[7]

Vers 19 ist so von 5,17f her zu verstehen: Das von Jesus „erfüllte" Gesetz" ist in seinen ἐντολαί bewahrt und den Jüngern anvertraut. Der mt Sprachgebrauch von ἐντολή und μικρός/ἐλάχιστος lässt erkennen, dass damit nur der von Jesus verkündigte Wille Gottes im Kontext der Königsherrschaft Gottes gemeint ist, aber nicht die Tora in ihrer bisherigen Gestalt. In keiner der positiven Äußerungen Jesu zu einem einzelnen Toragebot geht es um eine bloße Fortschreibung desselben, sondern alle sind eingebunden in das doppelte Liebesgebot (22,34–40). Darin sind „Gesetz und Propheten" erfüllt und es führt von hier kein Weg zu einer neuen Kasuistik, die außer Jesu Gebot noch andere kennt (s. § 9/3.2.4). Die Bergpredigt ist als ganze eine beispielhafte Anleitung (kein Gesetz) für Jesu ἐντολαί, die zudem nicht losgelöst vom missionarischen und universalen Horizont des Evangeliums gesehen werden kann. Dies ergibt sich aus Jesu letztem Wort 28,19: Weil „Gesetz und Propheten" erfüllt sind, darum ist für die Zukunft nur noch von Jesu Geboten die Rede. Die Tora hat keine eigene Funktion neben dem Gebot Jesu mehr, auch nicht für die Judenchristen. Vielmehr werden die Jünger (und ihre Nachfolger in den Gemeinden) angewiesen, die Gebote des 'einen Lehrers' (S. Byrskog) weiterzugeben. Dagegen erscheint nirgendwo die Tora als verpflichtende Norm unabhängig von Jesu Lehre und Auslegung, d.h. das διδάσκειν der christlichen Lehrer ist auch in Bezug auf die Gerechtigkeit exklusiv christologisch bestimmt (s. § 9/3.3).[8]

Damit wird auch Vers 20 verständlich. Ausgehend von 5,17 bedeutet die vorausgesetzte Gerechtigkeit eine neue Wirklichkeit, die durch Jesus möglich und für den Eingang ins Reich

---

[7]   Vergleichbar dazu ist das Lohnmotiv in 6,1.4.6.18; 25,21.23. Die Gerechtigkeit (und die Kindschaft im Verhältnis zu Gott) ist die Grundlage dieser Paränese, deren Ziel eine 'Steigerung' innerhalb der heilvollen Beziehung zu Gott voraussetzt. „Gerechtigkeit" wird dadurch jedoch nicht erworben, sondern praktiziert.

[8]   So auch D. A. HAGNER, Apostate 203: „There is thus an important shift in Matthew that explains the newness of its perspective of the law. To be sure, the law remains significant for these Jewish Christians, but *only as it is taken up in the teaching of Jesus*" (Hhg.Orig.).

Gottes auch nötig ist. περισσεύειν ist im Matthäus-Evangelium (ähnlich wie bei Paulus) ein eschatologisches Leitwort, das darauf verweist, dass sich der Inhalt des damit Bezeichneten dem Wirken und Geben Gottes verdankt. Eine bloß quantitative Bestimmung des πλεῖον περισσεύειν ist daher abzulehnen. Gefordert ist vielmehr eine dem Kommen des Reiches Gottes entsprechend veränderte Qualität, d.h. die eschatologisch überfließend reiche Gerechtigkeit, die Jesus erfüllte und als solche seinen Jüngern ermöglicht, eröffnet *von nun an* allein den Weg in die Gottesherrschaft. Entscheidend ist also auch bei diesem Vers die darin vorausgesetzte heilsgeschichtliche Epochenwende. Es geht nicht um ein Mehr oder Weniger an Gesetzerfüllung, sondern um ein radikales Entweder-Oder. Letztlich geht es darum, was der Grund der Gerechtigkeit ist, die im Reich Gottes gilt: die Tora oder Werk und Wort des Messias. Die Gerechtigkeit der Schriftgelehrten und Pharisäer verfehlt darum *von nun an* das Ziel, weil sie Jesus als Erfüller der Schrift und messianischen Ermöglicher der nun geforderten eschatologischen Gerechtigkeit nicht anerkennt.[9] Die »Antithesen«, die m.E. besser als Anweisungen zur Praxis der eschatologischen Gerechtigkeit bezeichnet werden sollten, können als eine exemplarische Illustration und Beschreibung jener Gerechtigkeit angesehen werden: Die von Jesus ermöglichte („erfüllte") Gerechtigkeit soll Frucht bringen, indem sie Feindschaft überwindet, religiöse (= rituelle, halachische, auf rein und unrein achtende) und ethnische Abgrenzungen überschreitet und alle Menschen, Juden und Heiden, 'hineinliebt' in das Reich des Gottes, der seine Vollkommenheit darin erweist, dass er sich von der Feindschaft der Menschen nicht davon abhalten lässt, ihnen Gutes zu tun (Mt 5,44–48, s. § 10/3. u. § 11/2.). Dabei gründet 5,21–48 auf dem bereits bestehenden Kindschaftsverhältnis zu Gott (vgl. 5,16.45; 6,32 u.ö.). Dieses gilt es zu bewähren, aber nicht zu schaffen. Vers 20 wird damit zur Zusammenfassung des ab 5,21ff Gesagten und ist nicht bloß dessen Einleitung.

Als Ergebnis bleibt festzuhalten: In ihrer bisherigen Funktion kann die Tora zu dieser eschatologischen Gerechtigkeit nichts beitragen, sie bleibt aber als Ausdruck von Gottes Willen gegenwärtig in dem, was zu den ἐντολαί Jesu führt. Den Weg in die universale Basileia ermöglicht im ersten Evangelium jedoch allein Jesus. Damit aber ist die in 5,20; 6,1 aufgetragene und auch imperativisch eingeforderte Gerechtigkeit der Jünger auch nicht mehr länger eine δικαιοσύνη διὰ νόμου[10], sondern es ist die δικαιοσύνη die sich an den νόμος Χριστοῦ (Gal 6,2) gebunden weiß, den Matthäus in Gestalt der *bleibenden* und fortan *allen* gültigen ἐντολαί des Messias beschreibt.

Matthäus gebraucht, anders als Paulus, dafür nicht den Ausdruck der „Glaubensgerechtigkeit", obwohl er die Beziehung zwischen Glaube und dem mit dem Täufer begonnenen Weg der Gerechtigkeit in 21,32 andeutet (s. § 4/3.2). Er tut dies deshalb nicht, weil es auch Jesus nicht getan hat. Wie kein anderer Evangelist ist er darum bemüht, in der Sprache Jesu, der er sich bei seiner redaktionellen Gestaltung anzunähern versucht, und mit den ihm zur

---

[9] Vgl. dazu Mt 22,11–14. Beachtet man den Zusammenhang der Gewandmetaphorik (s. Sachregister s.v.) mit den Gerechtigkeitsaussagen im Alten Testament, dann wird erkennbar, dass das 'falsche' Gewand auf die der Zeit der Hochzeit nicht mehr angemessene Gerechtigkeit verweist.

[10] Vgl. E. JÜNGEL, Jesus und Paulus, HUTh 2, Tübingen [6]1986, 56.

Verfügung stehenden Überlieferungen die Botschaft und Bedeutung Jesu für seine eigene Zeit, aber darüber hinaus in einem weiteren Sinn allgemein gültig darzustellen. Sein Verständnis von Leben und Wirken Jesu (d.h. seine 'Theologie') ist in deren Beschreibung inkorporiert. Die Gattung Evangelium erlaubt Matthäus keine theologische Meta-Ebene und darum drückt er auf seine Weise erzählend aus, dass die Gerechtigkeit, die den Weg in die Königsherrschaft Gottes öffnet, ganz und allein das Werk Jesu ist.

Die Einsicht in das mt Ringen um die der neuen heilsgeschichtlichen Situation angemessene Stellung der Tora, wie sie in Mt 5,17–20 programmatisch beschrieben ist, ist in die Titelformulierung dieser Arbeit eingegangen (s.o. S. 448 Anm. 971). Sie ist jedoch noch kein »Satz«, sie formuliert noch kein Ergebnis, sondern beschreibt nur die Zuordnung, die als Ausgangspunkt diente. Am Ende ist daraus ein Satz geworden: Die Gerechtigkeit der Tora ist im Reich des Messias *erfüllt*. Dabei bezeichnet „erfüllt" in Übereinstimmung mit dem mt Sprachgebrauch von πληροῦν das sich auf eine heilsgeschichtlich-ontologische Wirklichkeit beziehende Urteil dessen, der glaubt, dass die in den Heiligen Schriften Israels verheißene und von den Frommen erhoffte eschatologische Gerechtigkeit Gottes mit Jesus Wirklichkeit geworden ist und denen zukommt, die sich ihm anschließen. Das heißt aber nichts anderes als dass diese Gerechtigkeit denen als Heil gewährt *ist*, die der Aufforderung zur Umkehr gefolgt sind, weil sie glauben, dass Geschichte und Geschick Jesu der von Gott gewiesene Weg zu jener Gerechtigkeit ist, die in dieser und der zukünftigen Welt rettet.

Der Schlüssel für die hier vorgelegte mt Gerechtigkeitstheologie liegt in dem, was man vielleicht am ehesten als mt Hermeneutik im Sinne des allem Verstehen vorausliegenden Vorverständnisses bezeichnen könnte, nämlich *die grundlegende, gleichsam aller Reflexion und schriftgelehrter Arbeit vorausgehende Gewissheit, dass Jesus der in den heiligen Schriften Israels angekündigte und verheißene Messias und Gottessohn ist.*[11] Diese Erfahrungsgewissheit hat für Matthäus axiomatischen Charakter und heuristische Funktion. Sie lehrt ihn, die *Schriften* zu verstehen. Man kann anderer Meinung als

---

[11] Vgl. D. C. ALLISON, Structure 1210: „The distinctiveness of Matthew's thinking over against that of his non-Christian Jewish contemporaries was the acceptance of Jesus as the center of his religion: it is around him as a person that his theological thinking revolved. The fact is crucial." So auch R. E. MENNINGER, Israel and the Church 63–102 („Jesus the Messiah of Israel", s.a. 168–170) u. jetzt mit Nachdruck L. NOVAKOVIC, Messiah 5 (unter Verweis auf D. JUEL, Messianic Exegesis: Christological Interpretation of the Old Testament in Early Christianity, Philadelphia 1992): „I presume that the confession of Jesus as the Messiah is the presupposition of New Testament Christology, not its content", vgl. auch Preface V: „My conclusion is that Matthew's understanding of Jesus as the healing Davidic Messiah should be seen as an outcome of Christian midrashic interpretation of Scripture in light of the conviction that Jesus is the Messiah."

Matthäus sein. Aber auch dann lohnt es, sich auf seinen Denkweg einmal einzulassen – zumindest, um zu verstehen, warum für viele seit der Kirche des 2. Jahrhunderts und m.E. gerade auch für die Gemeinde aus dem Judentum sein Evangelium so wichtig war, dass es zum *ersten* Evangelium wurde.

3. Die Erfüllung der »Tora« ist ihr Ende als Weg zur Gerechtigkeit

„Christus ist also *als Ende des Gesetzes der Grund* der Rechtfertigung der Menschen."[12] Wenn dieser Satz eine adäquate Beschreibung dessen ist, was Paulus mit Röm 10,4 sagen will, dann kann für Matthäus daneben gestellt werden: Christus ist als Erfüllung der »Tora« der Grund der Gerechtigkeit seiner Jünger (bzw. derer, die an ihn glauben). Im Hinblick auf „die Bedeutung des Gesetzes für die Rechtfertigungslehre"[13] kann darum für Matthäus – wie für Paulus – gesagt werden, dass er von der Tora „als von einer geschichtlichen Größe" redet[14]. Denn die Zeit von „Gesetz und Propheten" ist auch bei Matthäus klar geschieden von der Zeit der Königsherrschaft Gottes. In ihr hat das Gesetz keine soteriologische Funktion mehr, sondern wie bei Paulus „seinen neuen Ort in Christo"[15]. Als „Gesetz des Messias" (Röm 8,2) herrscht es nicht mehr „über den Menschen, sondern steht neben dem Menschen. ... Und deshalb kann Paulus sagen, daß mit dem Ortswechsel des Gesetzes sich die Befreiung des Menschen vom Gesetz ereignet hat (Rm 8,2)."[16]

Was Eberhard Jüngel hier mit „Ortswechsel" bezeichnet, habe ich in dieser Arbeit mit „Transformation" auszudrücken versucht. Das Gesetz ist durch die Erfüllung, die Jesus vollbrachte, in seiner Funktion verändert worden, indem es nicht länger als Medium der Gerechtigkeit[17] – weder für Israel noch für die Völker der Welt als Erben der Verheißung Abrahams – dient.

Der Unterschied zwischen Matthäus und Paulus ist darum nicht im soteriologischen Verständnis des Gesetzes in der Gegenwart des Reiches Gottes zu suchen, sondern in der geschichtlichen Interpretation des Gesetzes. Dass der Mensch vom Gesetz *befreit* werden muss, dass das Gesetz geradezu feindlich auftritt und der Mensch ihm nur durch den Tod entkommt, hätte Matthäus vermutlich nicht geschrieben (aber: Hätte Jesus so etwas gesagt?).

---

[12] E. JÜNGEL, Jesus und Paulus 53.

[13] E. JÜNGEL, Jesus und Paulus 53.

[14] E. JÜNGEL, Jesus und Paulus 55, vgl. Mt 11,12f.

[15] E. JÜNGEL, Jesus und Paulus 61, vgl. O. BETZ, Bergpredigt 370: „M. E. bedeuten beide Aussagen, Mt 5,18 und Röm 10,4, das Gleiche." Die Begründung bei Betz geht allerdings in eine andere Richtung als hier vorgeschlagen.

[16] E. JÜNGEL, Jesus und Paulus 61.

[17] Zu dem es in einem historisch und theologisch nachvollziehbaren Rezeptionsprozess mehr und mehr geworden ist.

Die einzige Kritik am Gesetz um seiner selbst willen (nicht an der Weise, wie es gebraucht wurde) ist in Mt 11,28–30 zu finden, wo nicht in erster Linie das *pharisäische* Joch, sondern das Joch als Bild für die Tora selbst gebraucht ist. Hier ist wie bei Paulus etwas davon erkennbar, dass die Tora, gerade wenn man sie ernst nahm, auch eine Belastung darstellen konnte: nicht in dem, was sie zu tun gebot, sondern in dem, was sie dem Menschen durch ihre bloße Forderung an Versäumnis und damit an Schuld auflud, für deren Sühne die Opfer am Tempel nicht eigentlich gedacht waren. Die in diesem Sinn nicht unter der Last der Tora, sondern unter der durch sie deutlich gewordenen *Schuld* litten, gehören zu denen, die nach Gerechtigkeit hungerten und dürsteten. Nach einer Gerechtigkeit also, von der sie als Gottes Verheißung wussten und die sie als von ihm gestiftetes und ermöglichtes Heil ersehnten.

Dennoch wird für Matthäus diese Weise des Gesetzes nicht zum Interpretament, mit dem er die Funktion des Gesetzes retrospektiv vom Kreuzesgeschehen (wie in Gal 3,13) aus neu wertet, so dass es nur noch Zuchtmeister auf Christus hin, Anreizer zur und Anrechner der Sünde ist. Für ihn war es (und *bleibt* es auch in der Rückschau) *Gottes gute Gabe und guter Weg für Israel* bis zum Anbruch der Königsherrschaft Gottes. Wer nach der »Tora« als Ausdruck von Gottes Willen lebte (was Glaube ja nicht aus-, sondern einschließt), durfte auf Gottes Güte vertrauen und darauf, von ihm als gerecht anerkannt zu werden, was ein Sehnen nach der vollkommen eschatologischen Gerechtigkeit nicht ausschließt (sonst dürfte es auch keine christliche Sehnsucht nach der Vollendung geben). Die Erwartung einer solchen überfließend reicheren Gerechtigkeit, die der Davidssohn-Messias Wirklichkeit werden lässt, ist für Matthäus jedoch ein Teil dessen, was die »Tora« in ihrer Doppelgestalt von Gesetz und Propheten ausmacht. Entscheidend ist allerdings, dass für ihn mit dem Kommen Jesu und dem Anbruch der Gottesherrschaft die Gerechtigkeit exklusiv an Jesu Tat und Weisung gebunden ist (in der Perspektive des Matthäus: von Gott selbst mit dem Geschick Jesu verbunden worden ist). Unter der Voraussetzung dieses mt Konzepts einer heilsgeschichtlichen Zeitenwende ist die »Tora« kein Hindernis auf dem Weg zu Jesus, sondern ein Wegweiser, der immer schon auf seine Erfüllung vorausdeutete.

Bei Matthäus geht die Ursache der Feindschaft gegen Jesus darum nicht wie bei Paulus vom Gesetz aus, sondern von den Pharisäern und Schriftgelehrten, die zwar als Vertreter der »Tora« gelten, deren Anspruch Matthäus jedoch zurückweist. Nicht das Gesetz bereitet Jesus den Tod, sondern sein Volk, das auf seine blinden Führer (Mt 23,17) vertraut, anstatt auf den Sohn Davids zu hören. Zwar berufen sie sich dabei auf die »Tora«, aber genau dieses Argument entwindet Matthäus ihnen durch sein Evangelium, indem er Jesus mit der »Tora« in ein heilvolles Verhältnis setzt. Weil Jesus alle

Gerechtigkeit erfüllt, darum kann und braucht dies nicht mehr länger die Funktion der Tora zu sein. Darauf kommt es ihm an, und darüber hinaus auf den Nachweis, dass *die erfüllte »Tora« nicht weniger das Tun des Gerechten vor Gott befördert als das Gesetz in seiner bisherigen Funktion*. Die neue eschatologische Qualität (Mt 5,20) ist die Übereinstimmung mit Gottes Willen, die Guten *und Bösen* Gutes will und sich nicht ausgrenzen lässt.

4. Das Matthäus-Evangelium als Zeugnis eines Weges über die »Tora« zu Jesus

Matthäus repräsentiert auf diese Weise im Neuen Testament einen Weg zu Jesus, der nicht *gegen* das Gesetz, sondern über die »Tora« als Gesamtheit des Willens Gottes führt. Er steht damit für den Weg der jüdischen Anhänger Jesu, die ihn als Messias anerkannten, ohne dass dieser Anerkenntnis ein 'Bruch' mit dem Gesetz – wohl aber ein grundlegend neues Verständnis im Rahmen der „Jesus-Gerechtigkeit" – voranging.[18] Matthäus und 'seine' Ge— meinde bzw. das im Matthäus-Evangelium repräsentierte Glaubensverständnis ist geprägt von der Erfahrung bzw. Gewissheit: Jesus *ist* der erwartete Davids- sohn, er *ist* der gerechte Spross aus dem Haus Davids, in dem Gott seine Zusagen an David und Israel erfüllt. Weil er der erwartete Davidide ist, ist er zugleich der vollendete Gerechte, indem sich die Davidssohn-Erwartung nicht trennen lässt von der mit ihr verbundenen Gerechtigkeit. Darum kann das, was Jesus als Davidssohn ist und tut, nichts anderes sein als die vollkommene, gehorsame Erfüllung dessen, was „Gesetz und Propheten" gebieten, und das Inkraftsetzen dessen, was sie verheißen. Die Begegnung mit Jesus als dem Messias prägt also die Toralogie und verhindert, dass hier ein Widerspruch gesehen wird.

Das Matthäus-Evangelium erweist sich damit als ein 'Jünger-Evangelium', das sachlich mit Recht auf einen der zwölf Apostel zurückgeführt wird.[19]

---

[18] Vgl. dazu auch P. STUHLMACHER, Theologie II 319f; U. LUZ, Mt III 556.

[19] Dass eine Abfassung durch den Apostel Matthäus nicht völlig von der Hand zu weisen ist, macht U. LUZ deutlich, der darauf hinweist, dass die Zuschreibung an den Apostel Matthäus schon vor 100 n.Chr. stattgefunden haben muss. Wenn das Evangelium aber erst kurz nach 80 entstanden ist (so Mt I[5] 104), so bleiben weniger als 20 Jahre Zeit, um „ein ursprünglich anonymes Buch oder ein von einem unbekannten Judenchristen Matthäus stam- mendes Buch dem Apostel Matthäus" zuzuweisen (ebd. 105, vgl. I[1–4] 76f). Der Haupteinwand gegen eine apostolische Verfasserschaft, wonach dann ein Augenzeuge mit dem Markus- Evangelium den Bericht eines Nichtaugenzeugen als Grundlage genommen haben müsste, überzeugt dagegen nicht, wenn man das Markus-Evangelium als das petrinische Evangelium versteht, vgl. dazu M. HENGEL, Gospels 78–89. Zur Bedeutung von Petrus als dem ent- scheidenden Traditionsgaranten hinter dem Markus-Evangelium, dessen Autorität dann von Matthäus und Lukas gleichsam 'übernommen' wird, s. a. S. BYRSKOG, Story as History

Denn die Jünger sind die Repräsentanten der vorösterlichen Gemeinschaft, die Jesus um sich versammelte und die schon zu seinen Lebzeiten in ihm den Messias erkannten (Mt 16,16). Als mehr oder weniger toratreue Juden fanden sie den Weg in die Nachfolge Jesu. Ihr bisheriges 'Tora-Verständnis' stellte sich also nicht zwischen sie und Jesus, sondern erlaubte ihnen im Gegenteil sogar, wenn man der Führung des Matthäus und der von ihm entfalteten Erfüllungschristologie folgt, aufgrund von „Gesetz und Propheten" die Sendung Jesu zu verstehen. Es ist die Christologie, die das erste Evangelium von Anfang bis zum Ende bestimmt, und nur von ihr her lassen sich die anderen Themen einordnen. Auch die Stellung der durch das Evangelium repräsentierten Gemeinde kann nur von daher bestimmt werden, so dass sie zuallererst eine 'christliche' Gemeinde ist.[20]

Damit wird die mt Theologie nicht der Biographie unterworfen, sondern es soll herausgestellt werden, dass Paulus und Matthäus zwei unterschiedliche, exemplarische Wege zu Christus (neben denen es im Neuen Testament noch andere wie den des Johannes und Lukas gibt) repräsentieren, die gleichwohl das eine Christuszeugnis bekennen. Der neutestamentliche Kanon gibt diesen beiden Stimmen Raum und beide haben durch ihre Wirkungsgeschichte Heil gestiftet, sind also zum Evangelium geworden. Am Ende steht darum nicht noch einmal die Alternative zwischen Matthäus oder Paulus, wie dies in der theologisch motivierten Auslegungstradition häufig der Fall war und noch immer ist. Das letzte Wort in dieser Sache haben aber weder Matthäus noch Paulus, sondern der auferstandene und wiederkommende Christus.[21] Bis dahin wird die Christenheit gut daran tun, *beiden* Zeugen des Evangeliums mit ganzer Leidenschaft zuzuhören und zu tun, was sie sagen.

71–73.249–252.272–297. Die 'Apostolizität' der mt „story" erweist sich darin, dass „the oral history of the disciples appears in Matthew as the basis of the author's own story" (250). Vgl. außerdem B. J. INCIGNERI, The Gospel to the Romans: The Setting and Rhetoric of Mark's Gospel, Biblical Interpretation Series 65, Leiden u. Boston 2003: Rom ist s.E. zwar Adressatenort des Markus-Evangeliums, aber Petrus nicht der historische Tradent, der hinter dem Evangelium steht, das s.E. 71 n.Chr. geschrieben wurde. Seine Wertschätzung, die sich insbesondere in seiner Benützung durch die beiden anderen Synoptiker niederschlägt, rührte jedoch auch nach Incigneri von Anfang an daher, dass es mit Rom und damit – wenn auch irrtümlicherweise – mit Petrus (und Paulus) verbunden wurde (364, vgl. a. 354).

[20] Das betont D. A. HAGNER, Apostate 208, mit Recht gegen die Vertreter des 'neuen Konsens', nach denen das erste Evangelium „a Christian form of Judaism" repräsentiere. Dagegen hält Hagner fest, dass es angemessener ist, darin „a Jewish form of Christianity" zu sehen.

[21] S. § 1/1. u. ferner M. HENGEL, Bergpredigt 254; CH. LANDMESSER, Jüngerberufung 156; J. ROLOFF, Die lutherische Rechtfertigungslehre und ihre biblische Grundlage, in: Frühjudentum und Neues Testament im Horizont Biblischer Theologie, hg. v. W. Kraus u. K.-W. Niebuhr, WUNT I/162, Tübingen 2003, 275–300 (298f).

Literaturverzeichnis

Artikel aus Wörterbüchern und Lexika sind nicht aufgeführt. Die vollständigen bibliographischen Angaben finden sich bei der ersten Nennung in der Anmerkung.

Die verschiedenen Arbeiten eines Autors sind jeweils *chronologisch* geordnet; bei mehreren Publikationen innerhalb eines Jahres alphabetisch.

Abkürzungen richten sich nach S. M. Schwertner, Internationales Abkürzungsverzeichnis für Theologie und Grenzgebiete, 2. Aufl. (= IATG²). Wo keine eingeführte Abkürzung vorliegt, wurde der Reihen- oder Zeitschriftentitel ausgeschrieben.

Bibelausgaben

Biblia Hebraica Stuttgartensia … editio quarta emendata opera H. P. Rüger, Stuttgart ⁴1990.
Critical Edition of Q. Synopsis including the Gospels of Matthew and Luke, Mark and Thomas with English, German, and French Translation of Q and Thomas, hg. v. J. M. Robinson, P. Hoffmann u. J. S. Kloppenburg, Leuven 2000.
The Greek New Testament, 4. Aufl., hg. v. B. u. K. Aland, J. Karavidopoulos, C. M. Martini u. B. M. Metzger, Stuttgart 1993.
Novum Testamentum Graece, 27. Aufl., bearb. v. B. u. K. Aland, Stuttgart 1993.
Psalter-Synopse. Hebräisch – Griechisch – Deutsch, hg. v. W. Groß u. B. Janowski, unter Mitwirkung von Th. Pola, Stuttgart 2000.
Die Spruchquelle Q, hg. v. P. Hoffmann u. C. Heil, Darmstadt 2002.
Synopsis quattuor Evangeliorum, 12. Aufl., hg. v. K. Aland, Stuttgart 1982.

Antike Übersetzungen der Bibel (Textausgaben und Übersetzungen)

CATHCART, K. J./GORDON, R. P., Targum of the Minor Prophets. Translated, with a Critical Introduction, Apparatus, and Notes, The Aramaic Bible 14, Wilmington, Delaware 1989.
CHILTON, B. D., The Isaiah Targum. Introduction, Translation, Apparatus and Notes, The Aramaic Bible 11, Wilmington, Delaware 1987.
HANHART, R., Tobit, Septuaginta. Vetus Testamentum Graecum, hg. v. der Göttinger Akademie der Wissenschaften, Bd. VIII,5, Göttingen 1983.
HARRINGTON, D. J./SALDARINI, A. J., Targum Jonathan of the Former Prophets. Introduction, Translation and Notes, The Aramaic Bible 10, Wilmington Delaware 1987.
HAYWORD, R., The Targum of Jeremiah. Translated with a Critical Introduction, Apparatus, and Notes, The Aramaic Bible 12, Wilmington Delaware 1987.
LEVEY, S. H., The Targum of Ezekiel. Translated with a Critical Introduction, Apparatus, and Notes, The Aramaic Bible 13, Wilmington Delaware 1987.

RAHLFS, A., Psalmi cum Odis, Septuaginta. Vetus Testamentum Graecum, hg. v. der Göttinger Akademie der Wissenschaften, Bd. III, Göttingen [3]1979 (= [1]1931).

Septuaginta. Id est Vetus Testamentum graece iuxta LXX interpretes. Editio minor, 2 Bde. in einem, hg. v. A. Rahlfs, Stuttgart 1935 (Ndr. 1979).

SPERBER, A., The Bible in Aramaic Based on Old Manuscripts and Printed Texts, Bd. I–IVA, Leiden 1959–1968.

ZIEGLER, J., Daniel, Susanna, Bel et Draco, Septuaginta. Vetus Testamentum Graecum, hg. v. der Göttinger Akademie der Wissenschaften, Bd. XVI/2, Göttingen [2]1999 (1954).

–: Duodecim prophetae, Septuaginta. Vetus Testamentum Graecum, hg. v. der Göttinger Akademie der Wissenschaften, Bd. XIII, Göttingen [3]1984 ([1]1943).

–: Isaias, Septuaginta. Vetus Testamentum Graecum, hg. v. der Göttinger Akademie der Wissenschaften, Bd. XIV, Göttingen [3]1983 ([1]1939).

–: Sapientia Iesu Filii Sirach, Septuaginta. Vetus Testamentum Graecum, hg. v. der Göttinger Akademie der Wissenschaften, Bd. XII,2, Göttingen [2]1980 ([1]1965).

Texte aus Qumran

The Dead Sea Scrolls. Hebrew, Aramaic, and Greek Texts with English Translations, hg. v. J. H. Charlesworth u.a., Tübingen u. Louisville 1994ff.

GARCÍA MARTÍNEZ, F./TIGCHELAAR, E. J. C. /VAN DER WOUDE, A. S., Qumran Cave 11 II: 11Q2–18; 11Q20–31, DJD XXIII, Oxford 1998.

MAIER, J., Die Qumran-Essener: Die Texte vom Toten Meer I–III, UTB 1862.1863.1916, München u. Basel 1995-1996.

QIMRON, E./STRUGNELL, J., Qumran Cave 4, Bd. 5: Miqṣat Ma'aśe Ha-Torah, DJD X, Oxford 1994.

SANDERS, J. A., The Psalms Scroll of Qumran Cave XI (11QPsᵃ), DJD(J) IV, Oxford 1965.

STEGEMANN, H., Weitere Stücke von 4QpPsalm 37, von 4QPatriarchal Blessings und Hinweis auf eine unedierte Handschrift aus Höhle 4Q mit Exzerpten aus dem Deuteronomium, RQ 6 (1967–1969), 193–227.

Die Texte aus Qumran. Hebräisch und Deutsch. Mit masoretischer Punktation, Übersetzung, Einführung und Anmerkungen, hg. v. E. Lohse, Darmstadt [4]1986.

Die Texte aus Qumran II. Hebräisch/Aramäisch und Deutsch. Mit masoretischer Punktation, Übersetzung, Einführung und Anmerkungen, hg. v. Annette Steudel, Darmstadt 2001.

YADIN, Y., Another Fragment of the Psalms Scroll from Qumran Cave 11 (11QPsᵃ), Textus 5 (1966), 1–10.

Jüdische Quellen (außer Rabbinica und Qumran)

Die Apokryphen und Pseudepigraphen des Alten Testament, hg. v. E. Kautzsch, 2 Bde., Tübingen 1900 (Ndr. Darmstadt 1962 u.ö.).

BARDTKE, H., Zusätze zu Esther, JSHRZ I/1, Gütersloh [2]1977, 15–62.

BECKER, J., Die Testamente der zwölf Patriarchen, JSHRZ III/1, Gütersloh [2]1980.

BERGER, K., Das Buch der Jubiläen, JSHRZ II/3, Gütersloh 1981.

BLACK, M., Apocalypsis Henochi Graece, PVTG 3, Leiden 1970.

DE JONGE, M., The Testament of the Twelve Patriarchs. A Critical Edition of the Greek Text, PVTG I/2, Leiden 1978.

DIETZFELBINGER, C., Pseudo-Philo: Antiquitates Biblicae, JSHRZ II/2, Gütersloh 1975.

EGO, BEATE, Buch Tobit, JSHRZ II/6, Gütersloh 1999.

FELDMAN, L. H., Judean Antiquities 1–4. Translation and Commentary (= Bd. 3 von: Flavius Josephus, Translation and Commentary, hg. v. S. Mason), Leiden u.a. 2000.

Flavii Iosephi Opera, hg. v. B. Niese, 7 Bde., Berlin 1885-1895 (Ndr. 1955).

Flavius Josephus, De Bello Judaico – Der jüdische Krieg. Griechisch und Deutsch, hg. v. O. Michel u. O. Bauernfeind, 3 Bde. in 4 Tlen., Darmstadt 1959-1969.

GAUGER, J.-D., Sibyllinische Weissagungen. Griechisch-deutsch, Düsseldorf u. Zürich 1998.

GEORGI, D., Weisheit Salomos, JSHRZ III/4, Gütersloh 1980.

JACOBSON, H., A Commentary on Pseudo-Philo's *Liber antiquitatum biblicarum*. With Latin Text and English Translation, 2 Bde., AGJU 31, Leiden u.a. 1996.

Josephus. In nine [ab Bd. VIII: ten] volumes, übers. von H. St. J. Thackeray, R. Marcus, A. Wikgren u. L. H. Feldman, 10 Bde., LCL, Cambridge, Mass. u. London 1926-1965 (jeweils Nachdrucke).

KLIJN, A. F. J., Die syrische Baruch-Apokalypse, in: JSHRZ V/2, Gütersloh 1976, 105–191.

MEISNER, N., Aristeasbrief, JSHRZ II/1, Gütersloh ²1977, 35–87.

The Old Testament Apocrypha, 2 Bde., hg. v. J. H. Charlesworth, Garden City (NY) 1983-1985.

Philo, übers. v. F. H. Colson u. G. H. Whitaker [bis Bd. 5; ab Bd. 6 nur noch F. H. Colson], 10 Bde., LCL, Cambridge, Mass. u. London, 1929–1962 (jeweils Nachdrucke).

Philo von Alexandria. Die Werke in deutscher Übersetzung, hg. v. L. Cohn, I. Heinemann, M. Adler u. W. Theiler, 7 Bde., Bde. 1–6: Breslau 1909-1938 (Berlin ²1962); Bd. 7: Berlin 1964.

Philonis Opera quae supersunt, hg. v. L. Cohn, P. Wendland u. S. Reiter, 7 Bde., Berlin 1896-1930 (Ndr. 1962/63).

SAUER, G., Jesus Sirach, JSHRZ III/5, Gütersloh 1981.

SIEGERT, F., Drei hellenistisch-jüdische Predigten. Ps.-Philon, „Über Jona", „Über Simson" und „Über die Gottesbezeichnung ‚wohltätig verzehrendes Feuer'", Bd. I: Übersetzung aus dem Armenischen und sprachliche Erläuterungen, WUNT I/20, Tübingen 1980.

UHLIG, S., Das Äthiopische Henochbuch, JSHRZ V/6, Gütersloh 1984.

Rabbinische Texte (Editionen und Übersetzungen)

Avoth de-Rabbi Nathan Solomon Schechter Edition with references to parallels in the two versions and to the addenda in the Schechter edition, eingeleitet durch M. Kister, New York u. Jerusalem 1997 (Ndr. der Ausgabe London u.a. 1887).

BIETENHARD, H., Midrasch Tanḥuma B. R. Tanḥuma über die Tora, genannt Midrasch Jelammedenu, 2 Bde., JudChr 5+6, Bern u.a. 1980–1982.

–: Der tannaitische Midrasch Sifre Deuteronomium übersetzt u. erklärt. Mit einem Beitrag von H. Ljungman, JudChr 8, Bern u.a. 1984.

–: Der Toseftatraktat Soṭa. Hebräischer Text mit kritischem Apparat, Übersetzung, Kommentar, JudChr 9, Bern u.a. 1986.

BRAUDE, W. G., The Midrash on Psalms [*Midrash Tehillim*], YJS 13, 2 Bde., New Haven u. London 1987.

DANBY, H., The Mishnah. Translated from the Hebrew with Introduction and Brief Explanatory Notes, London 1933 (zahlreiche Nachdrucke).

GOLDSCHMIDT, L., Der Babylonische Talmud. Nach der ersten zensurfreien Ausgabe unter Berücksichtigung der neueren Ausgaben und handschriftlichen Materials ins Deutsche übersetzt, 12 Bde., Berlin 1929-36 (Ndr. Frankfurt/M. 1996; Darmstadt 2002).

–: Der babylonische Talmud mit Einschluss der vollständigen Mišnah, hg. nach der ersten, zensurfreien Bombergschen Ausgabe (Venedig 1520-1523), 9 Bde., Berlin 1897-1935.

Hebrew-English Edition of the Babylonian Talmud, 30 Bde., hg. v. I. Epstein, London, Jerusalem u. New York 1960–1990.

HOROWITZ, CH., Berakhot (Segenssprüche), ÜTY I/1, Tübingen 1975.

HÜTTENMEISTER, F. G., Sheqalim (Schekelsteuer), ÜTY II/5, Tübingen 1990.

–: Megilla (Schriftrolle), ÜTY II/10, Tübingen 1987.

JELLINEK, A., Bet ha-Midrasch. Sammlung kleiner Midraschim und vermischter Abhandlungen aus der ältern jüdischen Literatur, 3.Theil, Jerusalem ³1967 (Ndr. Leipzig ¹1855).

KUHN, K. G., Der tannaitische Midrasch Sifre zu Numeri übersetzt und erklärt, RT 2. Reihe Tannaitische Midraschim Bd. 3, Stuttgart 1959.

Mechilta d'Rabbi Ismael. Cum variis lectionibus et adnotationibus, hg. v. H. S. Horovitz u. I. A. Rabin, Jerusalem ²1970.

Mekhilta d'Rabbi Šim'on b. Jochai, hg. v. J. N. Epstein u. E. Z. Melamed, The Louis M. and Minnie Epstein Series 2, Jerusalem 1955.

Midrash Bereshit Rabba. Critical Edition with Notes and Commentary, hg. v. J. Theodor u. Ch. Albeck, 3 Bde., Jerusalem ²1965 (verbesserter Nachdruck von: Bereschit Rabba, Berlin 1912–1929).

Midrash Debarim Rabbah. Edited for the first time from the Oxford ms. No. 147 with an Introduction and Notes, hg. v. S. Liebermann, Jerusalem ²1964.

Midrash Echa Rabbati. Sammlung agadischer Auslegungen der Klagelieder, hg. […], kritisch bearbeitet, kommentiert u. mit einer Einleitung versehen v. S. Buber, Wilna 1899 (Ndr. Hildesheim 1967).

Midrasch Tanchuma. Ein agadischer Commentar zum Pentateuch von Rabbi Tanchuma ben Rabbi Abba. Zum ersten male nach Handschriften aus den Bibliotheken zu Oxford, Rom, Parma und München herausgegeben. Kritisch bearbeitet, commentirt und mit einer ausführlichen Einleitung versehen v. S. Buber, 3 Bde., Wilna 1885 (Ndr. Jerusalem in 2 Bden. 1963/64).

מדרש תנחומא, hg. v. Ch. Zundel, 2 Bde, Jerusalem 1969/70.

מדרש רבה המבואר […]. איכה רבה, hg. v. Machon ha-Midrash ha-Mevu'ar, Jerusalem 1988/89.

מדרש רבה המבואר […]. במדבר רבה, hg. v. Machon ha-Midrash ha-Mevu'ar, 3 Bde., Jerusalem 1995/96–1998/99.

מדרש רבה המבואר […]. דברים רבה, hg. v. Machon ha-Midrash ha-Mevu'ar, Jerusalem 1982/1983.

מדרש רבה המבואר […]. שיר השירים רבה, hg. v. Machon ha-Midrash ha-Mevu'ar, 2 Bde., Jerusalem 1993/94–1994/95.

מדרש רבה המבואר […]. שמות רבה, hg. v. Machon ha-Midrash ha-Mevu'ar, 2 Bde., Jerusalem 1989/90–1990/91.

Midrasch Tehillim (Schocher Tob). Sammlung agadischer Abhandlungen über die 150 Psalmen […], hg. v. S. Buber, Wilna 1891 (Ndr. Jerusalem 1966/67).

Midrash Wayyikra Rabbah. A Critical Edition Based on Manuscripts and Genizah Fragments with Variants and Notes, hg. v. M. Margulies, 5 Bde., Jerusalem 1953-60 (Ndr. in 2 Bden., New York u. Jerusalem ³1993).

Die Mischna, Text, Übersetzung und ausführliche Erklärung, begründet von G. Beer u. O. Holtzmann, hg. v. K. H. Rengstorf, L. Rost u. R. Meyer, Gießen (1912-1935) bzw. Berlin 1956–1991.

The Mishna / משנה סדרי ששה, hg. und kommentiert v. Ch. Albeck, 6 Bde., Jerusalem 1952–1958, Ndr. Jerusalem/Tel Aviv 1988.

NEUSNER, J., The Mishnah. A New Translation, New Haven u. London 1988.

–: Judaism and Scripture. The Evidence of Leviticus Rabbah, Chicago Studies in the History of Judaism, Chicago u. London 1986.

Pesikta de Rav Kahana According to an Oxford Manuscript, hg. v. B. Mandelbaum, 2 Bde., New York ²1987.

Pesikta Rabbati. Midrasch für den Fest-Cyclus und die ausgezeichneten Sabbathe, kritisch bearb., commentirt [...] v. M. Friedmann, Wien 1880 (Ndr. Tel Aviv 1963).

Pesiqta deRab Kahana. An Analytical Translation, übers. v. J. Neusner, 2 Bde., BJSt 122+123, Atlanta, Ga. 1987.

[Sifra] [...] ספרא דבי רב הוא ספר תורת כהנים, hg. v. I. H. Weiß, Wien 1862.

Siphre ad Numeros adjecto Sifre Zutta, hg. v. H. S. Horovitz, Corpus Tannaiticum III/3.1, Leipzig 1917, Jerusalem ³1976 (Ndr. 1992).

Siphre ad Deuteronomium, hg. v. L. Finkelstein, Corpus Tannaiticum III/3.2, Berlin 1939 (Ndr. unter dem Titel: Sifre on Deuteronomy, New York 1969).

Synopse zum Talmud Yerushalmi, hg. v. P. Schäfer u. H.-J. Becker, 4 Bde. in 7 Teilbänden, TSAJ 31.33.35.47.67.82.83, Tübingen 1991-2001.

Talmud Yerushalmi, Ndr. der Edition Krotoschin 1866, Jerusalem o.J.

Tosephta, hg. v. M. S. Zuckermandel, Pasewalk 1880, erw. u. verb. Neuausgabe, Jerusalem 1975.

TOWNSEND, J. T., Midrash Tanḥuma. Translated into English with Indices and Brief Notes (S. Buber Recension), Bd. II: Exodus and Leviticus, Hoboken NJ 1997.

ULMER, RIVKA, Pesiqta Rabbati. A Synoptic Edition of Pesiqta Rabbati Based upon all Extant Manuscripts and the Editio Princeps, Bd. 1, SFSHJ 155, Atlanta, Ga. 1997.

WEWERS, G. A., Sanhedrin. Gerichtshof, ÜTY IV/4, Tübingen 1981.

–: Hagiga. Festopfer, ÜTY II/11, Tübingen 1983.

–: Makkot (Geißelung) / Shevuot (Schwüre), ÜTY IV/5.6, Tübingen 1983.

WINTER, J./WÜNSCHE, A., Mechilta. Ein tannaitischer Midrasch zu Exodus. Erstmalig ins Deutsche übersetzt u. erläutert, Leipzig 1909 (Ndr. Hildesheim u.a. 1990).

WÜNSCHE, A., Bibliotheca Rabbinica. Eine Sammlung alter Midraschim. Zum ersten Mal ins Deutsche übertragen, Leipzig 1880-1885, Ndr. in 5 Bden. Hildesheim u.a. 1993.

–: Aus Israels Lehrhallen, Bd. IV: Kleine Midraschim zur jüdischen Ethik, Buchstaben- und Zahlensymbolik, Leipzig 1909 (Ndr. Hildesheim 1967).

ZLOTNICK, D., The Tractate "Mourning" (*Śĕmaḥot*) (Regulations Relating to Death, Burial, and Mourning), YJS 17, New Haven u. London 1966.

Nichtjüdische antike Texte

Apollonii Dyscoli Opera quae supersunt, Grammatici Graeci II.1–3, hg. v. R. Schneider u. G. Uhlig, Leipzig 1878–1910 (Ndr. Hildesheim u. New York 1979).

Dio Chrysostom, Discourses 12–30, übers. v. J. W. Cohoon, LCL, London u. Cambridge, Mass. 1939 (seither Nachdrucke).

Dion Chrysostomos. Sämtliche Reden, eingel., übers. u. erl. von W. Elliger, BAW.GR, Zürich 1967.

Dionysius of Halicarnassus, Critical Essays II: On Literary Composition, Dinarchus, Letters to Ammaeus and Pompeius, übers. v. St. Usher, LCL, London u. Cambridge, Mass. 1985.

Homer, Ilias. Griechisch und Deutsch, hg. v. H. Rupé, Sammlung Tusculum, München u. Zürich [11]2001.

–: Odysee. Griechisch und Deutsch, hg. v. A. Weiher, Sammlung Tusculum, München u. Zürich [11]2000.

HOUSEHOLDER, F. W., The Syntax of Apollonius Dyscolus, Amsterdam Studies in the Theory and History of Linguistic Science III.23, Amsterdam 1981.

KLAUCK, H.-J., Dion von Prusa: Olympische Rede oder Über die erste Erkenntnis Gottes, SAPERE 2, Darmstadt 2000 (= [2]2002).

Ovid, Metamorphosen. Lateinisch und Deutsch, hg. v. E. Rösch, Sammlung Tusculum, München u. Zürich [14]1996.

Platon. Werke in acht Bänden. Griechisch und Deutsch, hg. v. G. Eigler, Darmstadt 1970-1988.

Plinius Secundus der Ältere, Naturkunde. Lateinisch und Deutsch, hg. v. R. König u. G. Winkler, Sammlung Tusculum, Bd. 5/Buch V: Geographie: Afrika u. Asien, München u. Zürich 1993; Bd. 31/Buch XXXI: Medizin und Pharmakologie: Heilmittel aus dem Wasser, 1994.

Plutarch von Chaironeia, Moralphilosophische Schriften. Ausgewählt, übers. u. hg. v. H.-J. Klauck, Universal-Bibliothek Nr. 2976, Stuttgart 1997.

–: Moralia XIV, übers. von B. Einarson u. P. H. de Lacy, LCL 428, London u. Cambridge, Mass. 1967.

Strabo, Geography, übers. von H. L. Jones, LCL, 8 Bde., London u. Cambridge, Mass. 1917-1932 (jeweils Nachdrucke).

Frühchristliche und patristische Quellen

Ancient Christian Commentary on Scripture, New Testament Ia: Mattew 1–13, hg. v. M. Simonetti, Downers Grove, Ill. 2001.

Beda Venerabilis, In Epistulam Iacobi Expositio, übers. u. eingeleitet v. M. Karsten, Fontes Christiani 40, Freiburg u.a. 2000.

Eusebius von Caesarea, Kirchengeschichte, hg. u. eingeleitet v. H. Kraft, übers. v. Ph. Haeuser u. H. A. Gärtner, München [2]1981.

–: Werke Bd. 2, Die Kirchengeschichte, hg. v. E. Schwartz, Th. Mommsen u. F. Winkelmann, 3 Tle., GCS 9/1–3, Leipzig 1903-1909, Ndr. in einem Bd. als GCS NF 6, Berlin u. New York 1999.

FISCHER, J. A., Die Apostolischen Väter, SUC I, Darmstadt [8]1961.

Irenäus von Lyon, Adversus Haereses / Gegen die Häresien, übers. u. eingeleitet von N. Brox, Fontes Christiani 8/2–5, Freiburg u.a. 1993-2001.

Iustini Martyris Dialogus cum Tryphone, hg. v. M. Marcovich, PTS 47, Berlin u. New York 1997.

Justinus, Dialog mit dem Juden Tryphon, übers. von Ph. Haeuser, BKV 33, Kempten u. München 1917.

KÖRTNER, U. H. J./LEUTZSCH, M., Papiasfragmente - Hirt des Hermas, SUC III, Darmstadt 1998.

Neutestamentliche Apokryphen in deutscher Übersetzung, hg. v. W. Schneemelcher, Bd. I: Evangelien, Bd. II: Apostolisches; Apokalypsen und Verwandtes, 5. Aufl., Tübingen 1987-1989.

Origenes Werke Bd. 10, Matthäuserklärung I: Die griechisch erhaltenen Tomoi, hg. v. E. Klostermann u. E. Benz, GCS 40, Leipzig 1935.

–: Werke Bd. 11: Matthäuserklärung II: 2: Die lateinische Übersetzung der Commentariorum series, hg. v. E. Klostermann, GCS 38, Leipzig 1933.

–: Werke Bd. 12/1+2, Matthäuserklärung III/1+2: Fragmente und Indices, hg. v. E. Klostermann, GCS 41/1+2, Leipzig 1941-1955.

REUSS, J. M., Matthaeuskommentare aus der griechischen Kirche. Aus Katenenhandschriften gesammelt und herausgegeben, TU 61, Berlin 1957.

VOGT, J., Origenes. Der Kommentar zum Evangelium nach Matthäus, 3 Bde., Bibliothek der griechischen Literatur 18, 30, 38, Stuttgart 1987-1993.

WENGST, K., Didache (Apostellehre) - Barnabasbrief - Zweiter Klemensbrief - Schrift an Diognet, SUC II, Darmstadt 1984.

Hilfsmittel

ALTANER, B./STUIBER, A., Patrologie. Leben, Schriften und Lehre der Kirchenväter, Freiburg u.a. [8]1978.

BACHER, W., Die exegetische Terminologie der jüdischen Traditionsliteratur, Tl. I: Die Bibelexegetische Terminologie der Tannaiten, Leipzig 1899; Tl. II: Die bibel- und traditionsexegetische Terminologie der Amoräer, Leipzig 1905 (Ndr. in einem Bd. Hildesheim u.a. 1990).

BAUER, W./ALAND, K. U. B., Wörterbuch zum Neuen Testament, 6. Aufl., Berlin u. New York 1988.

BILLERBECK, P./(Strack, H. L.), Kommentar zum Neuen Testament aus Talmud und Midrasch, 6 Bde., München 1926-1961.

BLASS, F./DEBRUNNER, A./REHKOPF, F., Grammatik des neutestamentlichen Griechisch, Göttingen [16]1984.

Biblisches Reallexikon, hg. v. K. Galling, HAT I, Tübingen [2]1977.

BORGEN, P./FUGLSETH, K./SKARSTEN, R., The Philo Index. A Complete Greek Word Index to the Writings of Philo of Alexandria, Grand Rapids (Mich.), Leiden u.a. 2000.

CHARLESWORTH, J. H., Graphic Concordance to the Dead Sea Scrolls, Tübingen u. Louisville 1991.

Computer-Konkordanz zum Novum Testamentum Graece, hg. v. Institut für neutestamentliche Textforschung u. vom Rechenzentrum der Universität Münster, Berlin u. New York 1980.

DALMAN, G., Aramäisch-Neuhebräisches Handwörterbuch zu Targum, Talmud und Midrasch, Göttingen 1938 (Ndr. Hildesheim 1967).

DENIS, A.-M., Concordance Grecque des Pseudépigraphes d'ancien Testament, Louvain-la-Neuve 1987.

EVEN-SHOSHAN, A., A New Concordance of the Bible, Jerusalem 1981.

Exegetisches Wörterbuch zum Neuen Testament, hg. v. H. Balz u. G. Schneider, 3 Bde., Stuttgart u.a. [2]1992 ([1]1980-1983).

EYNIKEL, E., s. LUST, J.

FUGLSETH, K., s. BORGEN, P.

GESENIUS, W./BUHL, F., Hebräisches und Aramäisches Handwörterbuch über das Alte Testament, Berlin u.a. 1962 (= [17]1915).

GESENIUS, W./KAUTZSCH, E., Hebräische Grammatik, Leipzig [28]1909 (Ndr. Hildesheim 1962).

Greek-English Lexicon of the New Testament Based on Semantic Domains, hg. v. J. P. Louw u. E. A. Nida, 2 Bde., New York 1989.

HATCH, E./REDPATH, H. A., A Concordance to the Septuagint and the other Greek Versions of the Old Testament (including the Apocryphal Books), 3 Bde., Oxford 1897-1906, Ndr. in 2 Bden. Grand Rapids, Mich. 1983. (s. a. Muraoka, T.).

HAUBECK, W./SIEBENTHAL, H. VON, Neuer sprachlicher Schlüssel zum griechischen Neuen Testament, Bd. 1: Matthäus - Apostelgeschichte, Bd. 2: Römer - Offenbarung, Giessen u. Basel 1997 u. 1994.

HAUSPIE, K., s. LUST, J.

HALAT s. Hebräisches und aramäisches Lexikon.

Hebräisches und aramäisches Lexikon zum Alten Testament, 3. Aufl. bearb. von W. Baumgartner (bis Lfg. III) u. J. J. Stamm (Lfg. III–IV), 4 Lfgen., Leiden u.a. 1967-1990 (abk. HALAT).

HOFFMANN, E. G./SIEBENTHAL, H. VON, Griechische Grammatik zum Neuen Testament, Riehen 1985.

JASTROW, M., A Dictionary of the Targumim, the Talmud Babli and Yerushalmi, and the Midrashic Literature, 2 Bde., London 1886-1903 (zahlreiche Ndre.).

KRAFT, H., Clavis Patrum Apostolicorum. Catalogum vocum in libris patrum qui dicuntur Apostolici non raro occurrentium, Darmstadt 1963.

KRAUSS, S., Griechische und lateinische Lehnwörter im Talmud, Midrasch und Targum, Bd. 1, Berlin 1898 (Ndr. Hildesheim 1964).

LEVY, J., Chaldäisches Wörterbuch über die Targumim und einen grossen Theil des rabbinischen Schriftthums, 3. unveränderte Ausgabe, 2 Bde., Leipzig 1881.

–: Neuhebräisches und chaldäisches Wörterbuch über die Talmudim und Midraschim, 4 Bde., Leipzig 1876-1898 (= Berlin/Wien [2]1924, Ndr. Hildesheim 1964).

LIDDELL, H. G./SCOTT, R./JONES, H. ST., A Greek-English Lexicon. With a Supplement 1968, Oxford 1985 (= 9. Aufl. 1940).

LUST, J./EYNIKEL, E./HAUSPIE, K., A Greek-English Lexicon of the Septuagint, 2 Tle., Stuttgart 1992-1996.

METZGER, B. M., A Textual Commentary on the Greek New Testament. A Companion Volume to UNITED BIBLE SOCIETIES GREEK NEW TESTAMENT (third edition), London u. New York [2]1975.

Metzler Lexikon Literatur- und Kulturtheorie. Ansätze – Personen – Grundbegriffe, hg. v. A. Nünning, Stuttgart u. Weimar 1998 [abgekürzt als: MLLK].

MORGENTHALER, R., Statistik des neutestamentlichen Wortschatzes, Zürich u. Frankfurt/M. 1958.

MURAOKA, T., Hebrew/Aramaic Index to the Septuagint. Keyed to the Hatch-Redpath Concordance, Grand Rapids, Mich. 1998.

RENGSTORF, K. H., A Complete Concordance to Flavius Josephus, 4 Bde., Leiden 1973-1983.

SIEBENTHAL, H. VON, s. HAUBECK, W. bzw. HOFFMANN, E. G.

SKARSTEN, R., s. BORGEN, P.

STUIBER, A., s. ALTANER, B.

Theologisches Begriffslexikon zum Neuen Testament. Neubearbeitete Ausgabe, hg. v. L. Coenen u. K. Haacker, 2 Bde., Wuppertal u. Neukirchen-Vluyn 1997-2000.

Theologisches Handwörterbuch zum Alten Testament, hg. v. E. Jenni u. C. Westermann, 2 Bde., München u. Zürich, Bd. I [4]1984; Bd. II [3]1984.

Theologisches Wörterbuch zum Alten Testament, begründet v. G. J. Botterweck u. H. Ringgren, hg. v. H.-J. Fabry u. H. Ringgren, 10 Bde., Stuttgart u.a. 1973-2000.

Theologisches Wörterbuch zum Neuen Testament, hg. v. G. Kittel u. G. Friedrich, 11 Bde., Stuttgart 1933-1979.

UNGNAD, A., Hebräische Grammatik, Tübingen 1912.

ZERWICK, M./GROSVENOR, MARY, A Grammatical Analysis of the Greek New Testament, Rom [5]1996.

Kommentare AT (einschl. der sog. »Spätschriften«)

BALTZER, K., Deutero-Jesaja, KAT[2] X/2, Gütersloh 1999.

CRAIGIE, P. C., The Book of Deuteronomy, NICOT, Grand Rapids, Mich. 1976.

DELITZSCH, F., Die Psalmen, BC IV/1, Leipzig [5]1894 (Ndr. Giessen u. Basel 1984).

–: Jesaja, BC III/1, Leipzig [3]1879 (Ndr. als 5. Aufl. Giessen u. Basel 1984).

DITTERT, K., s. GRIMM, W.

ELLIGER, K., Deuterojesaja (40,1–45,7), BKAT XI/1, Neukirchen-Vluyn [2]1989.

FOHRER, G., Das Buch Hiob, KAT[2] XVI, Berlin [2]1988.

FRITZ, V., Das erste Buch der Könige, ZBK AT 10.1, Zürich 1996.

GREENBERG, M., Ezechiel 1–20, HThKAT, Freiburg u.a. 2001.

GRIMM, W./DITTERT, K., Deuterojesaja. Deutung – Wirkung – Gegenwart: ein Kommentar zu Jesaja 40–55, Stuttgart 1990.

GRIMM, W., Das Trostbuch Gottes. Jesaja 40–55 übersetzt und mit Anmerkungen versehen, Stuttgart 1990.

HERMISSON, H.-J., Deuterojesaja (45,8ff), BKAT XI/2, Neukirchen-Vluyn 1987ff.

HERTZBERG, H. W., Die Samuelbücher, ATD 10, Göttingen 1956.

HANHART, R., Dodekapropheton 7.1: Sacharja 1–8, BKAT XIV/7.1, Neukirchen-Vluyn 1998.

HOLLADAY, W. L., Jeremiah 1. A Commentary on the Book of the Prophet Jeremiah Chapters 1–25, Hermeneia, Philadelphia 1986.

–: Jeremiah 2. A Commentary on the Book of the Prophet Jeremiah Chapters 26–52, Hermeneia, Minneapolis 1989.

HOSSFELD, F.-L./ZENGER, E., Psalmen 51–100, HThKAT, Freiburg u.a. 2000.

JAPHET, SARA, 1 Chronik, übers. v. Dafna Mach, HThKAT, Freiburg u.a. 2002.

JEREMIAS, JÖRG, Der Prophet Hosea, ATD 24/1, Göttingen 1983.

KAISER, O., Der Prophet Jesaja. Kapitel 1–12, ATD 17, Göttingen [5]1981.

–: Der Prophet Jesaja. Kapitel 13–39, ATD 18, Göttingen [3]1983.

KEIL, C. F., Der Prophet Daniel, BC III/5, Leipzig 1869.

KESSLER, R., Micha, HThKAT, Freiburg u.a. 1999.

KRAUS, H.-J., Psalmen, BKAT XV/1–2, Neukirchen-Vluyn [5]1978.

LEVINE, B. A., Leviticus, The JPS Torah Commentary, Philadelphia u.a. 1989.

MCKANE, W., Jeremiah. Volume 1: Introduction and Commentary on Jeremiah I–XXV, ICC, Edinburgh 1986.

MILGROM, J., Leviticus 1–16, AncB 3, New York u.a. 1991.

ORELLI, C. v., Der Prophet Jesaja, KK III/1, München [3]1904.

PLÖGER, O., Das Buch Daniel, KAT[2] XVIII, Gütersloh 1965.

PORTEOUS, N. W., Das Buch Daniel, ATD 23, Göttingen [4]1985.

RUDOLPH, W., Chronikbücher, HAT 21, Tübingen 1955.

–: W., Jeremia, HAT I/12, Tübingen [3]1968.

–: Haggai – Sacharja 1–8 – Sacharja 9–14 – Maleachi, KAT² XIII/4, Gütersloh 1976.

SAUER, G., Jesus Sirch / Ben Sira, ATD.A 1, Göttingen 2000.

SCHROER, SILVIA, Die Samuelbücher, NSK.AT 7, Stuttgart 1992.

SEYBOLD, K., Die Psalmen, HAT I/15, Tübingen 1996.

VOLZ, P., Der Prophet Jeremia, KAT 10, Leipzig ²1928.

WEBER, B., Werkbuch Psalmen I/II, Stuttgart u.a. 2001 - 2003.

WEISER, A., Der Prophet Jeremia, ATD 20/21, Göttingen 1952–1955.

WESTERMANN, C., Das Buch Jesaja. Kapitel 40–66, ATD 19, Göttingen 1966.

WILDBERGER, H., Jesaja (1–12), BKAT X/1, Neukirchen-Vluyn ²1980.

–: Jesaja (13–27), BKAT X/2, Neukirchen-Vluyn ²1989.

–: Jesaja (28–39), BKAT X/3, Neukirchen-Vluyn 1982.

WÜRTHWEIN, E., Die Bücher der Könige 1. Kön. 17–2. Kön. 25, ATD 11/2, Göttingen 1984.

WOLFF, H.-W., Dodekapropheton 4: Micha, BKAT XIV/4, Neukirchen-Vluyn 1982.

ZENGER, E., s. HOSSFELD, F.-L.

ZIMMERLI, W., Ezechiel, BKAT XIII/1–2, Neukirchen-Vluyn 1969.

Kommentare zum Matthäus-Evangelium und zur Bergpredigt

The Gospel of Matthew and the Sayings Source Q. A Cumulative Bibliography 1950–1998, zs.gestellt v. F. Neirynck, J. Verheyden u. R. Corstjens, 2 Bde., BEThL 140A/B, Leuven 1998.

ALBRIGHT, W. F./MANN, C. S., Matthew, AncB 26, New York u.a. 1971.

ALLISON, D. C., Jr., s. DAVIES, W. D.

BETZ, H. D., The Sermon on the Mount. A Commentary on the Sermon on the Mount, including the Sermon on the Plain (Matthew 5:3–7:27 and Luke 6:20–49), Hermeneia, Minneapolis 1995.

BORNHÄUSER, K., Die Bergpredigt. Versuch einer zeitgenössischen Auslegung, BFCTh II/7, Gütersloh 1923.

CARTER, W., Matthew and the Margins: A Socio-Political and Religious Reading, JSNT.S 204, Sheffield 2000.

DAVIES, W. D./ALLISON, D. C., Jr., The Gospel according to St. Matthew, ICC, 3 Bde., Edinburg 1988, 1991, 1997.

FRANKEMÖLLE, H., Matthäus-Kommentar, 2 Bde., Düsseldorf 1994 (²1999), 1997.

GAECHTER, P., Das Matthäusevangelium. Ein Kommentar, Innsbruck u.a. 1963.

GNILKA, J., Das Matthäus-Evangelium, HThKNT I/1–2, Freiburg u.a. 1986-1988.

GRUNDMANN, W., Das Evangelium nach Matthäus, ThHKNT I, Berlin ⁵1981 (¹1968).

GUNDRY, R. H., Matthew. A Commentary on His Handbook for a Mixed Church under Persecution, Grand Rapids, MI ²1994.

HAGNER, D. A., Matthew, WBC 33a–b, Dallas, Texas 1993-1995.

KEENER, C. S., A Commentary on the Gospel of Matthew, Grand Rapids u. Cambridge 1999.

KINGSBURY, J. D., Matthew, Nappanee, Indiana ³2000 (= überarb. Aufl. von: Matthew, Proclamation Commentary, Philadelphia ²1986).

KLOSTERMANN, E., Das Matthäusevangelium, HNT 4, Tübingen ²1927.

LOHMEYER, E./SCHMAUCH, W., Das Evangelium des Matthäus. Nachgelassene Ausarbeitung und Entwürfe zur Übersetzung und Erklärung von E. Lohmeyer. Für den Druck erarbeitet u. hg. v. W. Schmauch, KEK-Sonderband, Göttingen ⁴1967.

LUCK, U., Das Evangelium nach Matthäus, ZBK.NT 1, Zürich 1993.

LUZ, U., Das Evangelium nach Matthäus, EKK I/1-4, Neukirchen-Vluyn u.a. 1985 (5., völlig neubearbeite Aufl. 2002), 1990, 1997, 2002.

MANN, C. S., s. ALBRIGHT, W. F.

MEIER, J. P., Matthew, NTMes (= New Testament Message. A Biblical-Theological Commentary) 3, Wilmington (Del.) 1980.

MORRIS, L., The Gospel according to Matthew, Grand Rapids, Mich. 1992.

OVERMAN, J. A., Church and Community in Crisis. The Gospel according to Matthew, Valley Forge (Penn.) 1996.

PATTE, D., The Gospel according to Matthew. A Structural Commentary in Matthew's Faith, Philadelphia 1987.

SAND, A., Das Evangelium nach Matthäus, RNT, Regensburg 1986.

SCHLATTER, A., Der Evangelist Matthäus. Seine Sprache, sein Ziel, seine Selbständigkeit, Stuttgart 1929 (= [6]1983).

SCHMAUCH, W., s. LOHMEYER, E.

SCHNIEWIND, J., Das Evangelium nach Matthäus, NTD 2, Göttingen 1936 ([12]1968).

SCHWEIZER, E., Das Evangelium nach Matthäus, NTD 2, Göttingen 1973 (= 1. Aufl. der Neubearbeitung; 13. Aufl. insgesamt).

SENIOR, D., Matthew, Abingdon New Testament Commentaries, Nashville 1998.

SOIRON, TH., Die Bergpredigt Jesu. Formgeschichtliche, exegetische und theologische Erklärung, Freiburg 1941.

STRECKER, G., Die Bergpredigt. Ein exegetischer Kommentar, Göttingen 1984 ([2]1985).

THOLUCK, F. A. G., Ausführliche Auslegung der Bergpredigt Christi nach Matthäus. 3. Ausgabe. Neue Bearbeitung, Hamburg (Perthes) 1845.

WEDER, H., Die »Rede der Reden«. Eine Auslegung der Bergpredigt heute, Zürich 1985 ([3]1994).

WELLHAUSEN, J., Das Evangelium Matthaei, Berlin [2]1914, nachgedruckt in: ders., Evangelienkommentare, Berlin u. New York 1987, 177–320.

WIEFEL, W., Das Evangelium nach Matthäus, ThHKNT I, Leipzig 1998.

WREGE, H.-TH., Das Sondergut des Matthäus-Evangeliums, ZWKB, Zürich 1991.

ZAHN, TH., Das Evangelium nach Matthäus, KNT I, Leipzig u. Erlangen [4]1922 (Ndr. Wuppertal 1984).

ZEILINGER, F., Zwischen Himmel und Erde. Ein Kommentar zur „Bergpredigt" Matthäus 5–7, Stuttgart u.a. 2002.

Kommentare NT (außer Matthäus-Evangelium) und apostolische Väter

AUNE, D. E., Revelation, AncB 52A–C, New York u.a. 1997-1998.

BARRETT, C. K., Das Evangelium nach Johannes, KEK Sonderband, Göttingen 1990.

BOVON, F., Das Evangelium nach Lukas, EKK III/1–3, Neukirchen-Vluyn u.a. 1989-2001.

GNILKA, J. Das Evangelium nach Markus, EKK II/1–2, Neukirchen-Vluyn u.a. 1979.

GRÄSSER, E., An die Hebräer, EKK XVII/3, Neukirchen-Vluyn u.a. 1990-1997.

GRUNDMANN, W., Der Brief des Judas und der zweite Brief des Petrus, ThHK 15, Berlin [2]1979.

–: Das Evangelium nach Lukas, ThHKNT III, Berlin [10]1984.

–: Das Evangelium nach Markus, ThHKNT II, Berlin [9]1984.

HOLTZ, T., Der erste Brief an die Thessalonicher, EKK XIII, Neukirchen-Vluyn u.a. [2]1990.

KLAUCK, H.-J., 2. Korintherbrief, NEB.NT 8, Würzburg ²1988.

LOHSE, E., Die Briefe an die Kolosser und an Philemon, KEK IX/2, Göttingen ¹⁵1977.

NIEDERWIMMER, K., Die Didache, KAV 1, Göttingen 1989.

POKORNY, P., Der Brief des Paulus an die Kolosser, ThHKNT X/1, Berlin 1987.

ROLOFF, J., Die Offenbarung des Johannes, ZBK.NT 18, Zürich ²1987.

SCHRAGE, W., Der erste Brief an die Korinther, EKK VII/1–4, Neukirchen-Vluyn u.a. 1991–2001.

SCHWEIZER, E., Der Brief an die Kolosser, EKK XII, Neukirchen-Vluyn u.a. 1976.

VÖGTLE, A., Der Judasbrief/Der zweite Petrusbrief, EKK XXII, Neukirchen-Vluyn u.a. 1994.

WIEFEL, W., Das Evangelium nach Lukas, ThHKNT III, Berlin 1988.

WOLFF, CH., Der zweite Brief des Paulus an die Korinther, ThHKNT VIII, Berlin 1989.

Sonstige Literatur

AALEN, S., Die Begriffe 'Licht' und 'Finsternis' im Alten Testament, im Spätjudentum und im Rabbinismus, SNVAO.HF 1951/1, Oslo 1951.

ADLER, W., The Suda and the "Priesthood of Jesus", in: For a Later Generation. The Transformation of Tradition in Israel, Early Judaism and Early Christianity, FS G. W. E. Nickelsburg, hg. v. R. A. Argall u.a., Harrisburg, Penn. 2000, 1–12.

ÅDNA, J., Jesu Stellung zum Tempel, WUNT II/119, Tübingen 2000.

ADSHEAD, S. A. M., Salt and Civilization, Houndmills u.a. 1992.

AITKEN, J. K., Hebrew Study in Ben Sira's Beth Midrash, in: Hebrew Study from Ezra to Ben Yehuda, hg. v. W. Horbury, Edinburgh 1999, 27–37.

–: Biblical Interpretation as Political Manifesto: Ben Sira in his Seleucid Setting, JJS 51 (2000), 191–208.

ALAND, K. u. B., Der Text des Neuen Testaments, Stuttgart ²1989.

ALEXANDER, LOVEDAY, The Living Voice: Scepticism towards the Written Word in Early Christianity and in Graeco-Roman Texts, in: The Bible in Three Dimensions. Essays in Celebration of Forty Years of Biblical Studies in the University of Sheffield, hg. v. D. J. A. Clines u.a., Sheffield 1990, 221–247.

ALLISON, D. C., Matthew: Structure, Biographical Impulse and the *Imitatio Christi*, in: The Four Gospels 1992, FS F. Neirynck, 3 Bde., hg. v. F. van Segbroeck u.a., BEThL 100, Leuven 1992, II 1203–1221.

–: The New Moses. A Matthean Typology, Minneapolis 1993.

ALT, F., Frieden ist möglich. Die Politik der Bergpredigt, München 1983 (seither zahlreiche Nachdrucke).

ALTHAUS, P., Luther und die Bergpredigt, Luther 27 (1956), 1–16 (wiederabgedruckt als Einleitung in: D. Martin Luthers Auslegung der Bergpredigt. Matthäus 5–7, hg. v. E. Mühlhaupt, Göttingen 1961 [= Seperatausgabe von: D. Martin Luthers Evangelien-Auslegung, 2. Tl.:Das Matthäus-Evangelium, Göttingen ³1960, 52–278], 3*–14*).

ANDERSON, JANICE C., Matthew's Narrative Web. Over, and Over, and Over Again, JSNT.S 91, Sheffield 1994.

–: Life on the Mississippi. New Currents in Matthean Scholarship, Currents in Research. Biblical Studies, CR.BS 3 (1995), 169–218.

ARENS, E., The ΗΛΘΟΝ-Sayings in the Synoptic Tradition. A Historico-Critical Investigation, OBO 10, Göttingen u. Freiburg (CH) 1976.

AUNE, D. E., The New Testament in Its Literary Environment, LEC 8, Philadelphia 1987.

AUSTERMANN, F., Von der Tora im hebräischen Psalm 119 zum Nomos im griechischen Psalm 118. Was die Wiedergabe über die Gesetzestheologie des Übersetzens verrät und was nicht, in: Der Septuaginta-Psalter. Sprachliche und theologische Aspekte, hg. v. E. Zenger, HBS 32, Freiburg u.a. 2001, 331–347.

–: Von der Tora zum Nomos. Untersuchungen zur Übersetzungsweise und Interpretation im Septuaginta-Psalter, AAWG.PH 257 = MSU 27, Göttingen 2003.

Autorschaft. Positionen und Revisionen [DFG-Symposion 2001], hg. v. H. Detering, Berichtsbände Germanistische Symposien 24 (DVjs-Sonderband), Stuttgart u. Weimar 2002.

AVEMARIE, F., Das Gleichnis von den Arbeitern im Weinberg (Mt 20,1–15) – eine soziale Utopie?, EvTh 62 (2002), 272–287.

BAASLAND, E., Jesus minste bud? Eksegetiske bemerkninger til Matteus 5,19(f), TTK 1 (1983), 1–12.

BALCH, D. L., The Greek Political Topos *Peri nomōn* and Matthew 5:17, 19, and 16:19, in: Social History of the Matthean Community, hg. v. ders., Minneapolis 1991, 68–94.

BALENTINE, S. E., Prayers for Justice in the Old Testament: Theodicy and Theology, CBQ 51 (1989), 597–616.

BAMMEL, E., Νόμος Χριστοῦ, TU 88, Berlin 1964, 120–128, jetzt in: ders., Judaica et Paulina. Kleine Schriften II, WUNT I/91, Tübingen 1997, 320–326.

BANKS, R., Matthew's Understanding of the Law: Authenticity and Interpretation in Matthew 5,17–20, JBL 93 (1974), 226–242.

–: Jesus and the Law in the Synoptic Tradition, MSSNTS 28, London 1975.

BARBIERO, G., Das erste Psalmenbuch als Einheit. Eine synchrone Analyse von Psalm 1–41, ÖBS 16, Frankfurt u.a. 1999.

BARTH, CH., Concatenatio im ersten Buch des Psalters, in: Wort und Wirklichkeit, FS E. L. Rapp, hg. v. Brigitta Benzing u.a., Bd. 1: Geschichte und Religionswissenschaft. Bibliographie, Meisenheim am Glan 1976, 30–40.

BARTH, G., Das Gesetzesverständnis des Evangelisten Matthäus, in: G. Bornkamm, ders. u. H. J. Held, Überlieferung und Auslegung im Matthäusevangelium, WMANT 1, Neukirchen-Vluyn 1960 ([4]1965), 54–154.

BAUER, D. R., The Structure of Matthew's Gospel. A Study in Literary Design, JSNT.S 31, Sheffield 1988.

BAUM, A. D., Papias, die *viva vox* und die Evangelienschriften, NTS 44 (1998), 144–151.

–: Ein aramäischer Urmatthäus im kleinasiatischen Gottesdienst. Das Papiaszeugnis zur Entstehung des Matthäusevangeliums, ZNW 92 (2001), 257–272.

BAYER, O., Freiheit als Antwort. Zur theologischen Ethik, Tübingen 1995.

BEATON, R., Messiah and Justice: A Key to Matthew's Use of Isaiah 42.1–4?, JSNT 75 (1999), 5–23.

BEATON, R., Isaiah's Christ in Matthew's Gospel, MSSNTS 123, Cambridge 2002.

BECK, N. A., Mündiges Christentum im 21. Jahrhundert, Die antijüdische Polemik des Neuen Testaments und ihre Überwindung, VIKJ 26, Berlin 1998 (amerik. Original: Mature Christianity: The Recognition and Repudiation of the Anti-Jewish Polemic of the New Testament, Selinsgrove, Pa. 1985).

BERGEMANN, Th., Q auf dem Prüfstand. Die Zuordnung des Mt/Lk-Stoffes zu Q am Beispiel der Bergpredigt, FRLANT 158, Göttingen 1993.

BERGER, K., Zu den sogenannten Sätzen heiligen Rechts im Neuen Testament, NTS 17 (1970/71), 10–40.

–: Die Gesetzesauslegung Jesu I, WMANT 40, Neukirchen-Vluyn 1972.

–: Die sogenannten „Sätze heiligen Rechts" im Neuen Testament, ThZ 28 (1972), 305–330.

–: Die königlichen Messiastraditionen des Neuen Testaments, NTS 20 (1973/74), 1–44.

–: Formgeschichte des Neuen Testaments, Heidelberg 1984.

BERGIER, J.-F., Die Geschichte vom Salz, Frankfurt/M. 1989 (franz. Original 1982).

BERNER, URSULA, Die Bergpredigt. Rezeption und Auslegung im 20. Jahrhundert, GTA 12, Göttingen 1979 ([2]1983; [3]1985).

BERNSTEIN, M. J., The 'Righteous' and the 'Wicked' in the Aramaic Version of Psalms, Journal for the Aramaic Bible 3 (2001), 5–26.

BETZ, H. D., Die Bergpredigt: Ihre literarische Gattung und Funktion, in: ders., Studien zur Bergpredigt, Tübingen 1985, 1–16 (urspr.: The Sermon on the Mount: Its Literary Genre and Function, JR 59 [1979], 285–297).

–: Die hermeneutischen Prinzipien in der Bergpredigt (Mt 5,17–20), in: Verifikationen, FS G. Ebeling, hg. v. E. Jüngel u.a., Tübingen 1982, 27–41, jetzt in: ders., Studien zur Bergpredigt, Tübingen 1985, 34–48 u. ders., Synoptische Studien. Gesammelte Aufsätze II, Tübingen 1992, 111–126.

–: Eschatology in the Sermon on the Mount and the Sermon on the Plain, in: Society of Biblical Literature Seminar Papers 1985, Atlanta 1985, 343–350, jetzt in: ders., Synoptische Studien. Gesammelte Aufsätze II, Tübingen 1992, 219–229.

–: The Logion of the Easy Yoke and of Rest (Matt. 11:28–30), JBL 86 (1987), 10–24, jetzt in: ders., Synoptische Studien. Gesammelte Aufsätze II, Tübingen 1992, 1–17.

–: The Problem of Christology in the Sermon on the Mount, in: Text and Logos: The Humanistic Interpretation of the New Testament, FS H. W. Boers, hg. v. Th. W. Jennings, Jr., Atlanta 1990, 191–209, jetzt in: ders., Synoptische Studien. Gesammelte Aufsätze II, Tübingen 1992, 230–248.

–: The Sermon on the Mount and Q: Some Aspects of the Problem, in: Gospel Origins & Christian Beginnings, FS J. M. Robinson, hg. v. J. E. Goehring u.a., Sonoma, Calif. 1990, jetzt in: ders., Synoptische Studien. Gesammelte Aufsätze II, Tübingen 1992, 249–269.

–: The Sermon on the Mount in Matthew's Interpretation, in: The Future of Early Christianity, FS H. Koester, hg. v. B. A. Pearson, Minneapolis 1991, 258–275, jetzt in: ders., Synoptische Studien. Gesammelte Aufsätze II, Tübingen 1992, 270–289.

BETZ, O., Offenbarung und Schriftforschung in der Qumransekte, WUNT I/6, Tübingen 1960.

–: „Kann denn aus Nazareth etwas Gutes kommen?" Zur Verwendung von Jesaja Kap. 11 in Johannes Kap. 1, in: Wort und Geschichte, FS K. Elliger, Neukirchen-Vluyn 1973, 9–16, jetzt in: ders., Jesus. Der Messias Israels, WUNT I/42, Tübingen 1987, 387–397.

–: Jesu Evangelium vom Gottesreich, in: Das Evangelium und die Evangelien, hg. v. P. Stuhlmacher, WUNT I/28, Tübingen 1983, 55–77, jetzt in: ders., Jesus. Der Messias Israels, WUNT I/42, Tübingen 1987, 232–254.

–: Bergpredigt und Sinaitradition. Zur Gliederung und zum Hintergrund von Matthäus 5–7, in: ders., Jesus. Der Messias Israels, WUNT I/42, Tübingen 1987, 333–384.

–: Stadt und Gegenstadt. Ein Kapitel zelotischer Theologie, in: ders., Jesus. Der Messias Israels WUNT I/42, Tübingen 1987, 25–38.

BEYSCHLAG, K., Die Bergpredigt und Franz von Assisi, BFChTh 57, Gütersloh 1955.

–: Zur Geschichte der Bergpredigt in der Alten Kirche, ZThK 74 (1977), 291–322.

BINGHAM, D. J., Irenaeus' Use of Matthew's Gospel in "Adversus haereses", Traditio exegetica Graeca 7, Leuven 1998.

BIZER, E., Theologie der Verheißung. Studien zur theologischen Entwicklung des jungen Melanchthon 1519–1524, Neukirchen-Vluyn 1964.

BLOCK, D. I., Bringing Back David: Ezekiel's Messianic Hope, in: The Lord's Anointed. Interpretation of Old Testament Messianic Texts, hg. v. Ph. E. Satterthwaite u.a., Carlisle u. Grand Rapids, Mich. 1995, 167–188.

BODENDÖRFER, G., Zur Historisierung des Psalters in der rabbinischen Literatur, in: Der Psalter in Judentum und Christentum, hg. v. E. Zenger, HBS 18, Freiburg u.a. 1998, 215–234.

BOHNENKAMP, ANNE, Autorschaft und Textgenese, in: Autorschaft. Positionen und Revisionen [DFG-Symposion 2001], hg. v. H. Detering, Berichtsbände Germanistische Symposien 24 (DVjs-Sonderband), Stuttgart u. Weimar 2002, 62–79.

BONHOEFFER, D., Nachfolge, hg. v. M. Kuske u. I. Tödt, Dietrich Bonhoeffer Werke, Bd. 4, München 1989.

BORNKAMM, G., Enderwartung und Kirche im Matthäusevangelium, in: ders., G. Barth u. H. J. Held, Überlieferung und Auslegung im Matthäusevangelium, WMANT 1, Neukirchen-Vluyn 1960 (⁴1965), 13–47.

–: Wandlungen im alt- und neutestamentlichen Gesetzesverständnis, in: ders., Geschichte und Glaube. Zweiter Teil, Gesammelte Aufsätze IV, BevTh 53, München 1971, 73–119.

BORNKAMM, KARIN, Umstrittener 'spiegel eines Christlichen lebens': Luthers Auslegung der Bergpredigt in seinen Wochenpredigten von 1530 bis 1532, ZThK 85 (1988), 409–454.

BRANDENBURGER, E., Die Verborgenheit Gottes im Weltgeschehen. Das literarische und theologische Problem des 4.Esrabuches, AThANT 68, Zürich 1981.

BRANDENBURGER, ST. H., Der „Gesalbte des Herrn" in Psalm Salomo 17, in: Wenn drei das Gleiche sagen – Studien zu den ersten drei Evangelien, hg. v. ders. u. TH. Hieke, Theologie 14, Münster 1998, 217–236.

BRAUNER, ULRIKE, Pier Paolo Pasolini: Il Vangelo secondo Matteo. Pasolinis Änderungen gegenüber Matthäus Oder: Der Hahn kräht nicht!, in: Wenn drei das Gleiche sagen – Studien zu den ersten drei Evangelien, hg. v. St. H. Brandenburger u. Th. Hieke, Theologie 14, Münster 1998, 178–216.

BRAWLEY, R. L., Reverberations of Abrahamic Covenant Traditions in the Ethics of Matthew, in: Realia Dei. Essays in Archaeology and Biblical Interpretation, FS Edward F. Campbell, Jr., hg. v. Prescott H. Williams, Jr. u. Theodore Hiebert, Scholars Press homage series 23, Atlanta, Ga. 1999, 26–46.

BROER, I., Freiheit vom Gesetz und Radikalisierung des Gesetzes, SBS 98, Stuttgart 1980.

–: Anmerkungen zum Gesetzesverständnis des Matthäus, in: Das Gesetz im Neuen Testament, hg. v. K. Kertelge, QD 108, Freiburg u.a. 1986, 128–145.

–: Die Seligpreisungen der Bergpredigt. Studien zu ihrer Überlieferung und Interpretation, BBB 61, Königstein/Ts. u. Bonn 1986.

–: Versuch zur Christologie des ersten Evangeliums, in: The Four Gospels 1992, FS F. Neirynck, 3 Bde., hg. v. F. van Segbroeck u.a., BEThL 100, Leuven 1992, II 1251–1281.

–: Das Verhältnis von Judentum und Christentum im Matthäus-Evangelium, Franz-Delitzsch-Vorlesung 1994, Münster 1995.

–: Einleitung in das Neue Testament, Bd. 1: Die synoptischen Evangelien, die Apostelgeschichte und die johanneische Literatur, NEB.NT Erg.bd. 2/1, Würzburg 1998.

BROOKE, G. J., 'The Canon within the Canon' at Qumran and in the New Testament, in: The Scrolls and the Scriptures: Qumran Fifty Years After, hg. v. C. A. Evans u. St. E. Porter, JSPE.S 26, Sheffield 1997, 242–266.

BRUCE, F. F., The Book of Zechariah and the Passion Narrative, BJRL 43 (1961), 336–353.

BRUNSON, A. C., Psalm 118 and the Gospel of John. An Intertextual Study on the New Exodus Pattern in the Theology of John, WUNT II/158, Tübingen 2003.

BUCK, E., Anti-Judaic Sentiments in the Passion Narrative According to Matthew, in: P. Richardson (Hg.), Anti-Judaism in Early Christianity, Bd. 1: Paul and the Gospels, Waterloo/Ont. 1986, 165–180.

BULTMANN, R., Die Geschichte der synoptischen Tradition, FRLANT 29, Göttingen 1921 (= [9]1979).

BURCHARD, CH., Versuch, das Thema der Bergpredigt zu finden, in: Jesus Christus in Historie und Theologie, FS H. Conzelmann, hg. v. G. Strecker, Tübingen 1975, 409–432, jetzt in: ders., Studien zur Theologie, Sprache und Umwelt des Neuen Testaments, hg. v. D. Sänger, WUNT I/107, Tübingen 1998, 27–50.

–: Jesus für die Welt. Über das Verhältnis von Reich Gottes und Mission, in: Fides pro mundi vita. Missionstheologie heute, FS H.-W. Gensichen, hg. v. Th. Sundermeier, Gütersloh 1980, 13–27, jetzt in: ders., Studien zur Theologie, Sprache und Umwelt des Neuen Testaments, hg. v. D. Sänger, WUNT I/107, Tübingen 1998, 51–64.

BURGER, CH., Jesus als Davidssohn. Eine traditionsgeschichtliche Untersuchung, FRLANT 98, Göttingen 1970.

BURNETT, F. W., Παλιγγενεσία in Matt. 19:28: A Window on the Matthean Community?, JSNT 17 (1983), 60–72.

BYRSKOG, S., Jesus the Only Teacher. Didactic Authority and Transmission in Ancient Israel, Ancient Judaism and the Matthean Community, CB.NT 24, Stockholm 1994.

–: Story as History – History as Story, WUNT I/123, Tübingen 2000.

CAMPBELL, K. M., The New Jerusalem in Mt 5,14, SJTh 31 (1978), 335–363.

CAMPONOVO, O., Königtum, Königsherrschaft und Reich Gottes in den frühjüdischen Schriften, OBO 58, Freiburg (CH) u. Göttingen 1984.

CANCIK, H., Die Gattung Evangelium in: Markus-Philologie, hg. v. ders., WUNT I/33, Tübingen 1984, 85–113.

CARTER, W., What Are They Saying about Matthew's Sermon on the Mount?, New York 1994.

–: Some Contemporary Scholarship on the Sermon of the Mount, Currents in Research. Biblical Studies 4 (1996), 183–215.

–: Evoking Isaiah: Matthean Soteriology and an Intertextual Reading of Isaiah 7–9 and Matthew 1:23 and 4:15–16, JBL 119 (2000), 503–520.

CATCHPOLE, D. R., The Law and the Prophets in Q, in: Tradition and Interpretation in the New Testament, FS E. E. Ellis, hg. v. G. F. Hawthorne u. O. Betz, Grand Rapids, Mich. u. Tübingen 1987, 95–109.

CHARLSTON, CH. E., Betz on the Sermon on the Mount – A Critique, CBQ 50 (1988), 47–57.

CHESTER, A., Messianism, Torah and Early Christian Tradition, in: Tolerance and Intolerance in Early Judaism and Christianity, hg. v. G. N. Stanton u. G. G. Stroumsa, Cambridge 1998, 318–341.

CHILTON, B. D., The Glory of Israel. The Theology and Provenience of the Isaiah Targum, JSOT.S 23, Sheffield 1983.

–: Aramaic and Targumic Antecedents of Pauline "Justification", in: The Aramaic Bible. Targums in their Historical Context, hg. v. D. R. G. Beattie u. M. J. McNamara, JSOT.S 166, Sheffield 1994, 379–397.

CLARK, K. W., The Gentile Bias in Saint Matthew, JBL 66 (1947), 165–172 (dt. als: Die heidenchristliche Tendenz im Matthäusevangelium, in: Das Matthäus-Evangelium, hg. v. J. Lange, WdF 525, Darmstadt 1980, 103–111).

COLLINS, J. J., The Scepter and the Star. The Messiahs of the Dead Sea Scrolls and Other Ancient Literature, AncB Reference Library, New York u.a. 1995.

COLLINS, R. F., Matthew's *ENTOΛAI*. Towards an Understanding of the Commandments in the First Gospel, in: The Four Gospels 1992, FS F. Neirynck, 3 Bde., hg. v. F. van Segbroeck u.a., BEThL 100, Leuven 1992, II 1325–1348.

COMBRINK, H. J., The Structure of the Gospel of Matthew as Narrative, TynB 34 (1982), 61–90.

CORBACH, L., Die Bergpredigt in der Schule, Göttingen ²1956.

COUSLAND, J. R. C., The Crowds in the Gospel of Matthew, NT.S 102, Leiden u.a. 2002.

CRAWFORD, B., Near Expectation in the Sayings of Jesus, JBL 101 (1982), 225–244.

CUNNINGHAM, PH., Die Darstellung des Judentums in den synoptischen Evangelien, in: Studien zu einer neutestamentlichen Hermeneutik nach Auschwitz, hg. v. P. Fiedler, SBAB 27, Stuttgart 1999, 53–88 (= Übers. von: The Synoptic Gospels and Their Presentation of Judaism, in: Within Context. Essays on Jews and Judaism in the New Testament, hg. v. David P. Efroymson u.a., Philadelphia, PA u. Collegeville 1993, 41–65).

DAHMEN, U., Psalmentext und Psalmensammlung. Eine Auseinandersetzung mit P. W. Flint, in: Die Textfunde vom Toten Meer und der Text der Hebräischen Bibel, hg. v. ders., A. Lange u. H. Lichtenberger, Neukirchen-Vluyn 2000, 109–126.

DALMAN, G., Arbeit und Sitte in Palästina, Bd. II: Der Ackerbau, Gütersloh 1932 (Ndr. Hildesheim u.a. 1987); Bd. IV: Brot, Öl und Wein, Gütersloh 1935 (Ndr. Hildesheim 1964).

–: Jesus-Jeschua. Die drei Sprachen Jesu – Jesus in der Synagoge, auf dem Berge, beim Passahmahl, am Kreuz, Leipzig 1922.

–: Orte und Wege Jesu, Darmstadt ⁴1967 (= überprüfte u. ergänzte Neuauflage der 3. Aufl. Gütersloh 1924 [BFChTh 2. Reihe Bd. 1]).

–: Die Worte Jesu mit Berücksichtigung des nachkanonischen jüdischen Schrifttums und der aramäischen Sprache, Bd. I, Leipzig 1898 (²1930; Ndr. Darmstadt 1965).

DALY-DENTON, MARGARET, David in the Fourth Gospel: The Johannine Reception of the Psalms, AGJU 47, Leiden u.a. 2000.

DAVIES, W. D., Matthew 5:17, 18, in: Mélanges Bibliques en l'honneur d' A. Robert, Paris 1957, 428–456, jetzt in: ders., Christian Origins and Judaism, London 1962, 31–66.

–: Die Bergpredigt. Exegetische Untersuchungen ihrer jüdischen und frühchristlichen Elemente, München 1970.

DEAN, MARGARET E., s. SCOTT, B. BRANDON.

DEATRICK, E. P., Salt, Soil, Savior, BA 25 (1962), 41–48.

DEINES, R., Die Abwehr der Fremden in den Texten aus Qumran. Zum Verständnis der Fremdenfeindlichkeit in der Qumrangemeinde, in: Die Heiden. Juden, Christen und das Problem des Fremden, hg. v. R. Feldmeier u. U. Heckel, WUNT I/70, Tübingen 1994, 59–91.

–: Die Pharisäer. Ihr Verständnis im Spiegel der christlichen und jüdischen Forschung seit Graetz, WUNT I/101, Tübingen 1997.

–: Historische Analyse I: Die jüdische Mitwelt, in: Das Studium des Neuen Testaments, Bd. 1: Eine Einführung in die Methoden der Exegese, hg. v. H.-W. Neudorfer u. E. Schnabel, BWM 5, Giessen u. Wuppertal 1999 (²2000), 155–191.

–: The Pharisees Between "Judaisms" and "Common Judaism", in: Justification and Variegated Nomism: A Fresh Appraisal of Paul and Second Temple Judaism, Bd. 1: The Complexities of Second Temple Judaism, hg. v. D. A. Carson u.a., WUNT II/140, Tübingen 2001, 443–504.

–: Josephus, Salomo und die von Gott verliehene τέχνη gegen die Dämonen, in: Die Dämonen – Demons. Die Dämonologie der israelitisch-jüdischen und frühchristlichen Literatur im Kontext ihrer Umwelt, hg. v. A. Lange, H. Lichtenberger u. K. F. D. Römheld, Tübingen 2003, 365–394.

–: s. a. HENGEL, M.

DELITZSCH, F., Neue Untersuchungen über Entstehung und Anlage der kanonischen Evangelien. Erster Theil. Das Matthäus-Evangelium. Leipzig 1853.

DERRETT, J. D. M., PALINGENESIA (Matthew 19.28), JSNT 20 (1984), 51–58.

DEUTSCH, CELIA M., Lady Wisdom, Jesus, and the Sages. Metaphor and Social Context in Matthew's Gospel, Valley Forge, Pa. 1996.

DIETRICH, W., Der rote Faden im Alten Testament, EvTh 49 (1989), 232–250.

–: Niedergang und Neuanfang. Die Haltung der Schlussredaktion des deuteronomistischen Geschichtswerkes zu den wichtigsten Fragen ihrer Zeit, in: The Crisis of Israelite Religion. Transformation of Religious Tradition in Exilic and Post-Exilic Times, OTS 42 (1999), 45–70, jetzt in: ders., Von David zu den Deuteronomisten. Studien zu den Geschichtsüberlieferungen des Alten Testaments, BWANT 156, Stuttgart u.a. 2002, 252–271.

–: Arten der Geschichtsdarstellung in den Samuelbüchern, in: ders., Von David zu den Deuteronomisten. Studien zu den Geschichtsüberlieferungen des Alten Testaments, BWANT 156, Stuttgart u.a. 2002, 134–145.

–: Die David-Abraham-Typologie im Alten Testament, in: Verbindungslinien, FS W. H. Schmidt, hg. v. A. Graupner, Neukirchen-Vluyn 2002, 41–55, auch in: ders., Von David zu den Deuteronomisten. Studien zu den Geschichtsüberlieferungen des Alten Testaments, BWANT 156, Stuttgart u.a. 2002, 88–99.

DIHLE, A., Die Evangelien und die griechische Biographie, in: Das Evangelium und die Evangelien, hg. v. P. Stuhlmacher, WUNT I/28, Tübingen 1983, 383–411.

DIMANT, D., 4QFlorilegium and the Idea of Community, in: Hellenica et Judaica, FS V. Nikiprowetzky, hg. v. A. Caquot, M. Hadas-Lebel u. J. Riaud, Leuven u. Paris 1986, 165–184.

DOBBELER, AXEL VON, Die Restitution Israels und die Bekehrung der Heiden. Das Verhältnis von Mt 10,5b.6 und Mt 28,18–20. Erwägungen zum Standort des Matthäusevangeliums, ZNW 91 (2000), 18–44.

DOBBELER, STEPHANIE VON, Auf der Grenze. Ethos und Identität der matthäischen Gemeinde nach Mt 15,1–20, BZ.NF 45 (2001), 55–79.

DOBSCHÜTZ, E. VON, Matthäus als Rabbi und Katechet, ZNW 27 (1928), 338–348, auch in: Das Matthäus-Evangelium, hg. v. J. Lange, WdF 525, Darmstadt 1980, 52–64.

DODD, C. H., According to the Scriptures, London 1952.

DOERING, L., Schabbat. Sabbathalacha und -praxis im antiken Judentum und Urchristentum, TSAJ 78, Tübingen 1999.

DORMEYER, D., Evangelium als literarische und theologische Gattung, EdF 263, Darmstadt 1989.

–: Mt 1,1 als Überschrift zur Gattung und Christologie des Matthäus-Evangeliums, in: The Four Gospels 1992, FS F. Neirynck, 3 Bde., hg. v. F. van Segbroeck u.a., BEThL 100, Leuven 1992, II 1361–1383.

DORNSEIFF, F., Das Alphabet in Mystik und Magie, ΣΤΟΙΧΕΙΑ 7, Berlin ²1925.

DOWNING, F. G., Word-Processing in the Ancient World: The Social Production and Performance of Q, JSNT 64 (1996), 29–48.

DREYER, O., Untersuchungen zum Begriff des Gottgeziemenden in der Antike. Mit besonderer Berücksichtigung Philons von Alexandrien, Spudasmata 24, Hildesheim u. New York 1970.

DULING, D. C., The Promises to David and their Entrance into Christianity – Nailing Down a likely Hypothesis, NTS 20 (1973/74), 55–77.

–: Solomon, Exorcism, and the Son of David, HThR 68 (1975), 235–252.

–: The Therapeutic Son of David: An Element in Matthew's Christological Apologetic, NTS 24 (1977/78), 392–410.

DUNN, J. D. G., The Question of Anti-semitism in the New Testament Writing of the Period, in: ders. (Hg.), Jews and Christians. The Parting of the Ways A. D. 70 to 135, WUNT I/66, Tübingen 1992, 177–211.

EBELING, G., Evangelische Evangelienauslegung, Tübingen ³1991.

ECKSTEIN, H.-J., Die Weisung Jesu Christi und die Tora des Mose nach dem Matthäusevangelium, in: Jesus Christus als Mitte der Schrift. Studien zur Hermeneutik des Evangeliums, FS O. Hofius, BZNW 86, Berlin 1997, 379–403.

–: Die ‚bessere Gerechtigkeit‘. Zur Ethik Jesu nach dem Matthäusevangelium, ThBeitr 32 (2001), 299–316.

EDWARDS, R. A., Matthew's Narrative Portrait of Disciples. How the Text-Connoted Reader is Informed, Harrisburg, PA 1997.

EGGER, P., Verdienste vor Gott? Der Begriff z^e*khut* im rabbinischen Genesiskommentar Bereshit Rabba, NTOA 43, Freiburg (CH) u. Göttingen 2000.

EISSFELDT, O., Πληρῶσαι πᾶσαν δικαιοσύνην in Matthäus 3,15, ZNW 61 (1970), 209–215.

ELBOGEN, I., Die messianische Idee in den alten jüdischen Gebeten, in: Judaica, FS H. Cohen, Berlin 1912, 669–679.

–: Der jüdische Gottesdienst in seiner geschichtlichen Entwicklung, GGJ, Frankfurt a. M. ³1931 (Ndr. Hildesheim 1967).

Das Ende der Geduld. Carl Friedrich von Weizsäckers ›Die Zeit drängt‹ in der Diskussion, München u. Wien 1987.

ENSOR, P. W., Jesus and His ‚Works‘. The Johannine Sayings in Historical Perspective, WUNT II/85, Tübingen 1996.

EVANS, C. A., David in the Dead Sea Scrolls, in: The Scrolls and Scriptures. Qumran Fifty Years After, hg. v. St. E. Porter u. C. A. Evans, JSPE.S 26, Sheffield 1997, 183–197.

–: Jesus and Zechariah's Messianic Hope, in: Authenticating the Activities of Jesus, hg. v. B. Chilton u. C. A. Evans, NTTS 28.2, Leiden u.a. 1999, 373–388.

FABRY, H.-J./SCHOLTISSEK, K., Der Messias. Perspektiven des Alten und Neuen Testaments, NEB Themen 5, Würzburg 2002.

FANTHAM, ELAINE, Literarisches Leben im antiken Rom. Sozialgeschichte der römischen Literatur von Cicero bis Apuleius, Stuttgart u. Weimar 1998.

FELDMEIER, R., Verpflichtende Gnade. Die Bergpredigt im Kontext des ersten Evangeliums, in: ders. (Hg.), Salz der Erde. Zugänge zur Bergpredigt, BThS 14, Göttingen 1998, 15–107.

FENSHAM, F. C., Salt as Curse in the OT and the Ancient Near East, BA 25 (1962), 48–50.

FEUILLET, A., Le discours de Jésus sur la ruine du temple, RB 56 (1949), 61–92.

–: Morale ancienne et morale chrétienne d'après Mt 5 V. 17–20; Comparaison avec la doctrine de l'Épître aux Romains, NTS 17 (1970/71), 123–137.

FIEDLER, M. J., Der Begriff δικαιοσύνη im Matthäusevangelium auf seine Grundlagen untersucht, Diss. masch. (Halle-Wittenberg) 1957.

–: Δικαιοσύνη in der diaspora-jüdischen und intertestamentarischen Literatur, JSJ 1 (1970), 120–143.

–: Gerechtigkeit im Matthäus-Evangelium, TheolVersuche (Berlin/Ost) 8 (1977), 63–75.

FIEDLER, P., "The Servant of the Lord": Israel (Isaiah 42:1–4) and Jesus (Matthew 12:18–21), in: To Hear and Obey, FS F. C. Holmgren, hg. v. B. J. Bergfalk u. P. E. Koptak (= The Covenant Quarterly, North Park Theological Seminary, Jg. 55, Heft 2/3), Chicago, Ill. 1997, 119–129.

FINKELSTEIN, L., The Birkat ha-mazon, JQR 19 (1928|29), 211–262.

FISCHER, IRMTRAUD, Tora für Israel – Tora für die Völker. Das Konzept des Jesajabuches, SBS 164, Stuttgart 1995.

FISHER, LOREN R., "Can This be the Son of David?", in: Jesus and the Historian, FS E. C. Colwell, hg. v. F. Th. Trotter, Philadelphia 1968, 82–97.

FLINT, P. W., The Dead Sea Psalm Scrolls and the Book of the Psalms, STDJ 17, Leiden 1997.

–: The Contribution of the Cave 4 Psalms Scrolls to the Psalms Debate, DSD 5 (1998), 320–333.

–: /ALVAREZ, ANDREA E., The Oldest of All the Psalms Scrolls: The Text and Translation of 4QPs^a, in: The Scrolls and the Scriptures: Qumran Fifty Years After, hg. v. C. A. Evans u. St. E. Porter, JSPE.S 26, Sheffield 1997, 142–169.

FLÜCHTER S./SCHNOR, L., Die Anrechnung des Glaubens zur Gerechtigkeit. Ein rezeptionsgeschichtlicher Versuch zum Verständnis von Gen 15,6 MT, BN 109 (2001), 27–44.

FLUSSER, D., Die Tora in der Bergpredigt, in: ders., Entdeckungen im Neuen Testament, Bd. 1, hg. v. M. Majer, Neukirchen-Vluyn 1987, 21–31.

–: Zwei Beispiele antijüdischer Redaktion bei Matthäus, in: ders., Entdeckungen im Neuen Testament, Bd. 1, hg. v. M. Majer, Neukirchen-Vluyn 1987, 78–96.

FORBES, R. J., Studies in Ancient Technology III, Leiden ²1965.

FOSTER, P., Why Did Matthew Get the Shema Wrong? A Study of Matthew 22:37, JBL 122 (2003), 309–333.

–: Community, Law and Mission in Matthew's Gospel, WUNT II/177, Tübingen 2004.

FRANKEMÖLLE, H., Jahwebund und Kirche Christi. Studien zur Form- und Traditionsgeschichte des „Evangeliums" nach Matthäus, NTA 10, Münster 1974.

–: Das Matthäusevangelium als heilige Schrift und die heilige Schrift des früheren Bundes. Von der Zwei-Quellen- zur Drei-Quellen-Theorie, in: The Synoptic Gospels. Source Criticism and the New Literary Criticism, hg. v. C. Focant, BEThL 110, Leuven 1993, 281–310, auch in: ders., Jüdische Wurzeln christlicher Theologie. Studien zum biblischen Kontext neutestamentlicher Texte, BBB 116, Bodenheim 1998, 233–259.

FREY, J., Der implizite Leser und die biblischen Texte, ThBeitr 23 (1992), 266–290.

–: Die johanneische Eschatologie, Bd. 3: Die eschatologische Verkündigung in den johanneischen Texten, WUNT I/117, Tübingen 2000.

FREYNE, S., Vilifying the Other and Defining the Self: Matthew's and John's Anti-Jewish Polemic in Focus, in: J. Neusner u. E. Frerichs (Hg.), „To See Ourselves as Others See Us". Christians, Jews, „Others" in Late Antiquity, Chico, Ga. 1985, 117–143.

FRICKENSCHMIDT, D., Evangelium als Biographie. Die vier Evangelien im Rahmen antiker Erzählkunst, TANZ 22, Tübingen 1997.

FRIEDLANDER, G., The Jewish Sources of the Sermon on the Mount, London 1911, Ndr. New York 1969 (LBS, Prolegomenon by Solomon Zeitlin).

FRIEDRICH, J., Gott im Bruder? Eine methodenkritische Untersuchung von Redaktion, Überlieferung und Traditionen in Mt 25,31–46, CThM.A 7, Stuttgart 1977.

FRITZ, V., Der Beitrag der Archäologie zur historischen Topographie Palästinas am Beispiel von Ziklag, ZDPV 106 (1990), 78–85.

FÜGLISTER, N., Die Verwendung und das Verständnis der Psalmen und des Psalters um die Zeitenwende, in: Beiträge zur Psalmenforschung. Psalm 2 und 22, hg. v. J. Schreiner, FzB 60, Würzburg 1980, 319–384.

GADAMER, H.-G., Hermeneutik I: Wahrheit und Methode, Gesammelte Werke Bd. 1, Tübingen ⁵1986.

GÄRTNER, B., Der Habakuk-Kommentar (1QpHab) und das Matthäus-Evangelium, in: Das Matthäus-Evangelium, hg. v. J. Lange, WdF 525, Darmstadt 1980, 174–204 (= dt. Übers. von: The Habakkuk Commentary [DSH[and the Gospel of Matthew, StTh 8 [1954], 1–24).

GAMBLE, H. Y., Books and Readers in the Early Church. A History of Early Christian Texts, New Haven u. London 1995.

GARLAND, D. E., The Temple Tax in Matthew 17:24–25 and the Principle of not Causing Offense, in: Treasures New and Old. Recent Contributions to Matthean Studies, hg. v. D. R. Bauer u. M. A. Powell, SBL Symposium Series 1, Atlanta, Ga. 1996, 69–98.

GAY, G., The Judgement of the Gentiles in Matthew's Theology, in: Scripture, Tradition, and Interpretation, FS E. F. Harrison, hg. v. W. W. Gasque u. W. S. LeSor, Grand Rapids 1978, 199–215.

GEHRING, R. W., Hausgemeinde und Mission. Die Bedeutung antiker Häuser und Hausgemeinschaften – von Jesus bis Paulus, BWM 9, Gießen 2000.

GENCH, FRANCES TAYLOR, Wisdom in the Christology of Matthew, Lanham, Md. 1997.

GENETTE, G., Die Erzählung UTB 8083, München 1994 (²1998).

GERHARDSSON, B., Geistiger Opferdienst nach Matth 6,1–6.16–21, in: Neues Testament und Geschichte, FS O. Cullmann, hg. v. H. Baltensweiler u. B. Reicke, Zürich u. Tübingen 1972, 69–77.

GERSTENBERGER, E. S., Der Psalter als Buch und Sammlung, in: Neue Wege der Psalmenforschung, hg. v. K. Seybold u. E. Zenger, HBS 1, Freiburg u.a. 1994, 3–13.

GESE, H., Der Davidsbund und die Zionserwählung, ZThK 61 (1964), 10–26, jetzt in: ders., Vom Sinai zum Zion. Alttestamentliche Beiträge zur biblischen Theologie, BevTh 64, München 1984 (¹1974), 113–129.

–: Natus ex Virgine, in: Probleme biblischer Theologie, FS G. v. Rad, hg. v. H. W. Wolff, München 1971, 73–89, jetzt in: ders., Vom Sinai zum Zion. Alttestamentliche Beiträge zur biblischen Theologie, BevTh 64, München 1984 (¹1974), 130–146.

–: Die Entstehung der Büchereinteilung des Psalters, in: Wort, Lied und Gottesspruch, FS J. Ziegler, hg. v. J. Schreiner, Würzburg 1972, Bd. 2, 57–64, jetzt in: ders., Vom Sinai zum Zion. Alttestamentliche Beiträge zur biblischen Theologie, BevTh 64, München 1984 (¹1974), 159–167.

–: Psalm 50 und das alttestamentliche Gesetzesverständnis, in: Rechtfertigung, FS E. Käsemann, hg. v. J. Friedrich, W. Pöhlmann u. P. Stuhlmacher, Tübingen u. Göttingen 1976, 57–77, jetzt in: ders., Alttestamentliche Studien, Tübingen 1991, 149–169.

–: Das biblische Schriftverständnis, in: ders., Zur biblischen Theologie, Tübingen ²1983 (1. Aufl. als BevTh 78, München 1977), 9–30.

–: Das Gesetz, in: ders., Zur biblischen Theologie. Alttestamentliche Vorträge, Tübingen ²1983 (1. Aufl. als BevTh 78, München 1977), 55–84.

–: Der Messias, in: ders., Zur biblischen Theologie. Alttestamentliche Vorträge, Tübingen ²1983 (1. Aufl. als BevTh 78, München 1977), 128–151.

–: Die Einheit von Psalm 19, in: Verifikation, FS G. Ebeling, hg. v. E. Jüngel u.a., Tübingen 1982, 1–10, jetzt in: ders., Alttestamentliche Studien, Tübingen 1991, 139–148.

–: Die Bedeutung der Krise unter Antiochus IV. Epiphanes für die Apokalyptik des Danielbuches, ZThK 80 (1983), 373–388, jetzt in: ders., Alttestamentliche Studien, Tübingen 1991, 202–217.

–: Alttestamentliche Hermeneutik und christliche Theologie, in: Theologie als gegenwärtige Schriftauslegung, ZThK Beiheft 9, Tübingen 1995, 65–81.

GEYER, H.-G., Luthers Auslegung der Bergpredigt, in: Wenn nicht jetzt, wann dann? FS H.-J. Kraus, Neukirchen-Vluyn 1983, 283–293.

G(H)ANDHI, MOHANDAS KARAMCHAND, Eine Autobiographie oder Die Geschichte meiner Experimente mit der Wahrheit, Gladenbach ⁵1991 (dt. Ausgabe von MOHANDAS GHANDHI, An Autobiography, 2 Bde., Ahmedabad 1927+1929).

GHANDHI, M., Gandhiji's Autobiography. Abridged by Bharatan Kumarappa, Ahmedabad 1952.

–: What Jesus Means to Me, Ahmedabad 1959.

GIBBS, J. M., The Son of God as the Torah Incarnate in Matthew, StEv 4/1 (= TU 102), Berlin (Ost) 1968, 29–46.

GIELEN, MARLIES, Der Konflikt Jesu mit den religiösen und politischen Autoritäten seines Volkes im Spiegel der matthäischen Jesusgeschichte, BBB 115, Bodenheim 1998.

GIESEN, H., Christliches Handeln. Eine redaktionskritische Untersuchung zum δικαιοσύνη-Begriff im Matthäus-Evangelium, EHS.T XXIII/181, Bern u.a. 1982.

GILLINGHAM, SUE, From Liturgy to Prophecy: The Use of Psalmody in Second Temple Judaism, CBQ 64 (2002), 470–489.

GLEISS, F., Antijudaismus bei Matthäus. Zur antijudaistischen Endredaktion, DtPfrBl 97 (1997), 511–513.

–: Von der Gottesmordlüge zum Völkermord, von der Feindschaft zur Versöhnung, Horb 1995.

GOERTZ, H.-J., Umgang mit Geschichte. Eine Einführung in die Geschichtstheorie, rowohlts enzyklopädie, Hamburg 1995.

GOLDBERG, A., Der Gerechte ist der Grund der Welt, Jud. 33 (1977), 147–160, jetzt in: ders., Mystik und Theologie des rabbinischen Judentums. Gesammelte Studien I, hg. v. M. Schlüter u. P. Schäfer, TSAJ 61, Tübingen 1997, 326–336.

–: Die Namen des Messias in der rabbinischen Traditionsliteratur. Ein Beitrag zur Messianologie des rabbinischen Judentums, FJB 7 (1979), 1–93.

–: Rede und Offenbarung in der Schriftauslegung Rabbi Aqibas, FJB H. 8 (1980), 61–79, jetzt in: ders., Mystik und Theologie des rabbinischen Judentums, Gesammelte Studien 1, hg. v. Margarete Schlüter u. P. Schäfer, TSAJ 61, Tübingen 1997, 337–350.

GOULDER, M., Sections and Lections in Matthew, JSNT 76 (1999), 79–96.

GRÄSSER, E., „Die ethische Denk-Religion". Albert Schweitzers Ablehnung einer doppelten Wahrheit", in: Geschichte – Tradition – Reflexion, FS M. Hengel, Bd. 2, hg. v. H. Lichtenberger, Tübingen 1996, 677–694.

GRAY, W. S., The Least of My Brothers: Matthew 25:31–46: A History of Interpretation, SBL.DS 114, Atlanta 1989.

GREEN, H. B., The Structure of St. Matthew's Gospel, StEv IV, hg. v. F. L. Cross, TU 102, Berlin 1968, 47–59.

GROSS, W., Erneuerter oder Neuer Bund? Wortlaut und Aussageintention in Jer 31,31–34, in: Bund und Tora. Zur theologischen Begriffsgeschichte in alttestamentlicher, frühjüdischer und urchristlicher Tradition, hg. v. F. Avemarie u. H. Lichtenberger, WUNT I/92, Tübingen 1996, 41–66.

–: Zukunft für Israel: alttestamentliche Bundeskonzepte und die aktuelle Debatte um den Neuen Bund, SBS 176, Stuttgart 1998.

GRUND, ALEXANDRA, »Die Himmel erzählen die Herrlichkeit Gottes.« Psalm 19 im Kontext der nachexilischen Toraweisheit, WMANT 103, Neukirchen-Vluyn 2004.

GRUNDMANN, W., Die Arbeit des ersten Evangelisten am Bilde Jesu, in: Christentum und Judentum. Studien zur Erforschung ihres gegenseitigen Verhältnisses, hg. v. ders., Leipzig 1940, 55–77, auch in: Das Matthäus-Evangelium, hg. v. J. Lange, WdF 525, 73–102.

GÜDEMANN, M., Die Logia des Matthäus als Gegenstand einer talmudischen Satyre. Bab. Sabb. 116 a und b, in: ders., Religionsgeschichtliche Studien, Leipzig 1876, 65–97.

GUELICH, R. A., The Sermon of the Mount. A Foundation for Understanding, Waco (Tex.) 1982.

GUNDRY, R. H., The Use of the Old Testament in St. Matthew's Gospel, NT.S 18, Leiden 1967.

–: In Defense of the Church in Matthew as a Corpus Mixtum, ZNW 91 (2000), 153–165.

HAELST, J. VAN, Les origines du Codex, in: Les débuts du codex, hg. v. A. Blanchard, Bibliologia 9, Brepols 1989, 13–35.

HAGNER, D. A., Righteousness in Matthew's Theology, in: Theology and Ministry in the Early Church, FS R. P. Martin, hg. v. M. J. Wilkins u. T. Paige, JSNT.S 87, Sheffield 1992, 101–120.

–: Matthew: Apostate, Reformer, Revolutionary?, NTS 49 (2003), 193–209.

HAHN, F., Christologische Hoheitstitel, FRLANT 83, Göttingen ³1966.

–: Mt 5,17 – Anmerkungen zum Erfüllungsgedanken bei Matthäus, in: Die Mitte des Neuen Testaments, FS E. Schweizer, hg. v. U. Luz u. H. Weder, Göttingen 1983, 42–54.

HAMERTON-KELLY, R. G., Attitudes to the Law in Matthew's Gospel: A Discussion of Matthew 5:18, BR 17 (1972), 19–32.

HANIG, R., Christus als »wahrer Salomo« in der frühen Kirche, ZNW 84 (1993), 111–134.

HANN, R. R., Christos Kyrios in PsSal 17.32: »The Lord's Anointed Reconsidered«, NTS 31 (1985), 620–627.

HANSSEN, O., Zum Verständnis der Bergpredigt. Eine missionstheologische Studie zu Mt 5,17–18, in: Der Ruf Jesu und die Antwort der Gemeinde, FS J. Jeremias, hg. v. E. Lohse u.a., Göttingen 1970, 94–111, jetzt in: Gott alles in allem. Exegetische Einblicke in das Neue Testament, hg. v. C. Burchard, Göttingen 1999, 13–30.

HARDER, G., Jesus und das Gesetz (Mt 5,17–20), in: Antijudaismus im Neuen Testament?, hg. v. W. P. Eckert u.a., ACJD 2, München 1967, 105–118 (+ 205f).

HARE, D. R. A., The Theme of Jewish Persecution of Christians in the Gospel according to St. Matthew, MSSNTS 6, London u. New York 1967

–: How Jewish is the Gospel of Matthew?, CBQ 62 (2000), 264–277.

HARNACK, A., Geschichte eines programmatischen Worts Jesu (Matth. 5,17) in der ältesten Kirche, SPAW[.PH] 1912, Berlin 1912, 184–207, auch in: ders., Kleine Schriften zur Alten Kirche 2, Opuscula IX/2, Leipzig 1980, 166–189.

HARRINGTON, D. J., The Rich Young Man in Matthew 19,16–22. Another Way to God for Jews, in: The Four Gospels 1992, FS F. Neirynck, BEThL 100, hg. v. F. v. Segbroeck u.a., Leuven 1992, Bd. 2, 1425–1432.

HARTMANN, L., Code and Context. A Few Reflections on the Parenesis of Col 3:6–4:1, in: Tradition and Interpretation in the New Testament, FS O. Betz, hg. v. G. Hawthorne, Grand Rapids MI u. Tübingen 1987, 237–247.

–: Das Markusevangelium, „für die lectio solemnis im Gottesdienst abgefaßt"?, in: Geschichte – Tradition – Redaktion, FS M. Hengel, Bd. III: Frühes Christentum, hg. v. H. Lichtenberger, Tübingen 1996, 147–171.

HEHN, V., Das Salz. Eine kulturhistorische Studie, Berlin [2]1901 ([1]1873, Ndr. 1964).

HEIL, J. P., Ezekiel 34 and the Narrative Strategy of the Shepherd and the Sheeps in Matthew, CBQ 55 (1993), 698–708.

–: The Double Meaning of the Narrative of Universal Judgement in Matthew 25.31 to 46, JSNT 69 (1998), 3–14.

HENGEL, M., Die Zeloten, AGJU 1, Leiden [2]1976 ([1]1961).

–: Nachfolge und Charisma, BZNW 34, Berlin 1968.

–: Judentum und Hellenismus, WUNT I/10, Tübingen [3]1988 ([1]1969).

–: Messianische Hoffnungen in der Diaspora, in: Apocalypticism, hg. v. D. Hellholm, Tübingen [2]1989 ([1]1979), 655–686, jetzt in: ders., Judaica et Hellenistica. Kleine Schriften I, WUNT I/90, Tübingen 1996, 314–343.

–: Hymnus und Christologie, in: Wort in der Zeit, FS K.-H. Rengstorf, hg. v. W. Haubeck u. M. Bachmann, Leiden u. Köln 1980, 1–23.

–: Das Ende aller Politik. Die Bergpredigt in der aktuellen Diskussion, EK 14 (1981), 686–690.

–: Die Stadt auf dem Berge. Die Bergpredigt in der aktuellen Diskussion, EK 15 (1982), 19–22.

–: Die Bergpredigt im Widerstreit, ThBeitr 14 (1983), 53–67.

–: Wider den politischen Mißbrauch der Bergpredigt, in: Abschaffung des Krieges, hg. v. G. Brakelmann u. E. Müller, GTBS 1077, Gütersloh 1983, 44–51.

–: Jakobus der Herrenbruder – der erste »Papst«?, in: Glaube und Eschatologie, FS W. G. Kümmel, hg. v. E. Gräßer u. O. Merk, Tübingen 1985, 71–104, jetzt in: ders., Paulus und Jakobus, Kleine Schriften III, WUNT I/141, Tübingen 2002, 549–582.

–: Das Christuslied im frühesten Gottesdienst, in: Weisheit Gottes – Weisheit der Welt, FS Joseph Kardinal Ratzinger, hg. v. W. Baier u.a., EOS Buch 185, St. Ottilien 1987, Bd. 1, 357–404.

–: Der Jakobusbrief als antipaulinische Polemik, in: Tradition and Interpretation in the New Testament, FS E. E. Ellis, hg. v. G. F. Hawthorne u. O. Betz, Grand Rapids u. Tübingen 1987, 248–278, überarb. u. erw. in: ders., Paulus und Jakobus, Kleine Schriften III, WUNT I/141, Tübingen 2002, 511–548.

–: Zur matthäischen Bergpredigt und ihrem jüdischen Hintergrund, ThR 52 (1987), 327–400, jetzt in: ders., Judaica, Hellenistica et Christiana. Kleine Schriften II, WUNT I/109, Tübingen 1999, 219–292.

–: (unter Mitarbeit von R. DEINES), Der vorchristliche Paulus, in: Paulus und das antike Judentum, hg. v. M. Hengel u. U. Heckel, WUNT I/58, Tübingen 1991, 177–291, jetzt mit einem Nachtrag in: ders., Paulus und Jakobus, Kleine Schriften III, WUNT I/141, Tübingen 2002, 68–192.

–: /SCHWEMER, ANNA MARIA, Vorwort, in: Königsherrschaft Gottes und himmlischer Kult, hg. v. ders./dies., WUNT I/55, Tübingen 1991, 1–19.

–: Christological Titles in Early Christianity, in: The Messiah, Developments in Earliest Judaism and Christianity, hg. v. J. H. Charlesworth, Minneapolis 1992, 425–448.

–: Die Septuaginta als von den Christen beanspruchte Schriftensammlung bei Justin und den Vätern vor Origenes, in: Jews and Christians. The Parting of the Ways A.D. 70 to 135, hg. v. J. D. G. Dunn, WUNT I/66, Tübingen 1992, 38–84, auch in: ders., Judaica, Hellenistica et Christiana, Kleine Schriften II, WUNT I/109, Tübingen 1999, 335–380.

–: Die johanneische Frage, WUNT I/67, Tübingen 1993.

–: „Schriftauslegung" und „Schriftwerdung" in der Zeit des Zweiten Tempels, in: Schriftauslegung im antiken Judentum und im Urchristentum, hg. v. ders. u. H. Löhr, WUNT I/73, Tübingen 1993, 1–71, auch in: ders., Judaica, Hellenistica et Christiana, Kleine Schriften II, WUNT I/109, Tübingen 1999, 1–71.

–: „Setze dich zu meiner Rechten!" Die Inthronisation Christi zur Rechten Gottes und Psalm 110,1, in: Le Trône de Dieu, hg. v. M. Philonenko, WUNT I/69, Tübingen 1993, 108–194.

–: /DEINES, R., E. P. Sanders' „Common Judaism", Jesus und die Pharisäer, in: M. Hengel, Judaica et Hellenistica. Kleine Schriften I, WUNT I/90, Tübingen 1996, 392–479.

–: Jerusalem als jüdische *und* hellenistische Stadt, in: Hellenismus. Beiträge zur Erforschung von Akkulturation und politischer Ordnung in den Staaten des hellenistischen Zeitalters, Akten des Internationalen Hellenismus-Kolloquiums 9.–14. März 1994 in Berlin, hg. v. B. Funck, Tübingen 1996, 269–306.

–: Zur Wirkungsgeschichte von Jes 53 in vorchristlicher Zeit, in: Der leidende Gottesknecht. Jesaja 53 und seine Wirkungsgeschichte, hg. v. B. Janowski u. P. Stuhlmacher, FAT 14, Tübingen 1996, 49–91, auch in: ders., Judaica, Hellenistica et Christiana, Kleine Schriften II, WUNT I/109, Tübingen 1999, 72–114.

–: The Four Gospels and the One Gospel of Jesus Christ, London 2000.

–: Jesus als messianischer Lehrer der Weisheit und die Anfänge der Christologie, in: ders./ A. M. Schwemer, Der messianische Anspruch Jesu und die Anfänge der Christologie, WUNT I/138, Tübingen 2001, 81–131.

–: Jesus der Messias Israels, in: ders./Anna Maria Schwemer, Der messianische Anspruch Jesu und die Anfänge der Christologie, WUNT I/138, Tübingen 2001, 1–80.

HERMISSON, H.-J., Zukunftserwartung und Gegenwartskritik in der Verkündigung Jesajas, EvTh 33 (1973), 54–77.

–: Der Lohn des Knechts, in: Die Botschaft und die Boten, FS H. W. Wolff, hg. v. J. Jeremias u. L. Perlitt, Neukirchen-Vluyn 1981, 269–287 jetzt in: ders., Studien zu Prophetie und Weisheit, hg. v. J. Barthel u.a., FAT 23, Tübingen 1998, 177–196.

–: Israel und der Gottesknecht bei Deuterojesaja, in: ZThK 79 (1982), 1–24, jetzt in: ders., Studien zu Prophetie und Weisheit, hg. v. J. Barthel u.a., FAT 23, Tübingen 1998, 197–219.

–: Deuterojesajaprobleme, VuF 31 (1986), 53–84.

–: Jahwes und Jeremias Rechtsstreit. Zum Thema der Konfessionen Jeremias, in: Altes Testament und christliche Verkündigung, FS A. H. J. Gunneweg, hg. v. M. Oeming u. A. Graupner, Stuttgart u.a. 1987, 309–343, jetzt in: ders., Studien zu Prophetie und Weisheit, hg. v. J. Barthel u.a., FAT 23, Tübingen 1998, 5–36.

–: Die »Königspruch«-Sammlung im Jeremiabuch – von der Anfangs- zur Endgestalt, in: Die Hebräische Bibel und ihre zweifache Nachgeschichte, FS R. Rendtorff, hg. v. E. Blum u.a., Neukirchen-Vluyn 1990, 277–299, jetzt in: ders., Studien zu Prophetie und Weisheit, hg. v. J. Barthel u.a., FAT 23, Tübingen 1998, 37–58.

–: Gottesknecht und Gottes Knechte. Zur ältesten Deutung eines deuterojesajanischen Themas, in: Geschichte – Tradition – Reflexion, FS M. Hengel, Bd. 1: Judentum, hg. v. P. Schäfer, Tübingen 1996, 43–68 (47–55), auch in: ders., Studien zu Prophetie und Weisheit, hg. v. J. Barthel u.a., FAT 23, Tübingen 1998, 241–266.

–: Das vierte Gottesknechtslied im deuterojesajanischen Kontext, in: Der leidende Gottesknecht. Jesaja 53 und seine Wirkungsgeschichte, hg. v. B. Janowski u. P. Stuhlmacher, FAT 14, Tübingen 1996, 1–25, jetzt in: ders., Studien zu Prophetie und Weisheit, hg. v. J. Barthel u.a., FAT 23, Tübingen 1998, 220–240.

–: Neue Literatur zu Deuterojesaja (I), ThR 65 (2000), 237–284.

–: Neue Literatur zu Deuterojesaja (II), ThR 65 (2000), 379–430.

HEUBÜLT, CHRISTINE, Mt 5,17–20. Ein Beitrag zur Theologie des Evangelisten Matthäus, ZNW 71 (1980), 143–149.

HILL, D., Δίκαιοι as a Quasi-Technical Term, NTS 11 (1964/65), 296–302.

HOFFMANN, H., Das Gesetz in der frühjüdischen Apokalyptik, StUNT 23, Göttingen 1999.

HOFFMANN, P., Betz and Q, ZNW 88 (1997), 197–210.

HOFIUS, O., Der Christushymnus Philipper 2,6–11, WUNT I/17, Tübingen ²1991.

–: Nächstenliebe und Feindeshaß. Erwägungen zu Mt 5,43, in: Die Freude an Gott – unsere Kraft, FS O. B. Knoch, hg. v. J. J. Degenhardt, Stuttgart 1991, 102–109, jetzt in: ders., Neutestamentliche Studien, WUNT I/132, Tübingen 2000, 137–144.

–: Ist Jesus der Messias? Thesen, JBTh 8 (1993), 103–129, jetzt in: ders, Neutestamentliche Studien, WUNT I/132, Tübingen 2000, 108–134.

–: Gesetz und Evangelium nach 2. Korinther 3, in: ders., Paulusstudien, WUNT I/51, Tübingen ²1994, 75–120.

–: Der Psalter als Zeuge des Evangeliums. Die Verwendung der Septuaginta-Psalmen in den ersten beiden Hauptteilen des Römerbriefes, in: Theologische Probleme der Septuaginta und der hellenistischen Hermeneutik, hg. v. H. Graf Reventlow, VWGTh 11, Gütersloh 1997, 72–90, jetzt in: ders., Paulusstudien II, WUNT I/143, Tübingen 2002, 38–57.

HOLM-NIELSEN, S., Hodayot. Psalm from Qumran, AThD 2, Aarhus 1960.

HOLTZMANN, H. J., Lehrbuch der neutestamentlichen Theologie, Bd. I, 2. Aufl., hg. v. A. Jülicher u. W. Bauer, SThL, Tübingen 1911.

HONEYMANN, A. M., Matthew 5,18 and the Validity of the Law, NTS 1 (1954), 141f.

HOOKER, MORNA D., Creative Conflict: The Torah and Christology, in: Christology, Controversy and Community, FS D. R. Catchpole, hg. v. D. G. Horell u. C. M. Tuckett, NT.S 99, Leiden u.a. 2000, 117–136.

HORBURY, W., Jewish Messianism and the Cult of Christ, London 1998.

HORGAN, MAURYA P., Pesharim: Qumran Interpretations of Biblical Books, CBQ.MS 8, Washington DC 1979.

HORSLEY, R. A., "Messianic" Figures and Movements in First-Century Palestine, in: The Messiah. Developments in Earliest Judaism and Christianity, hg. v. J. H. Charlesworth, Minneapolis 1992, 276–295.

HOWELL, D. B., Matthew's Inclusive Story. A Study in the Narrative Rhetoric of the First Gospel, JSNT.S 42, Sheffield 1990.

HÜBNER, H., Das Gesetz in der synoptischen Tradition. Studien zur These einer progressiven Qumranisierung und Judaisierung innerhalb der synoptischen Tradition, Witten 1973 (2. Aufl. Göttingen 1986).

HUMMEL, R., Die Auseinandersetzung zwischen Kirche und Judentum im Matthäusevangelium, BevTh 33, München 1963 (²1966).

HUNZIKER-RODEWALD, REGINE, Hirt und Herde. Ein Beitrag zum alttestamentlichen Gottesverständnis, BWANT 155, Stuttgart u.a. 2001.

HUROWITZ, V. (A.), Salted Incense – Exodus 30,35; Maqlû VI 111–113; IX 118-120, Biblica 68 (1987), 178–194.

HURTADO, L. W., One God, One Lord: Early Christian Devotion and Ancient Jewish Monotheism, Minneapolis 1988.

–: Pre-70 CE Jewish Opposition to Christ-Devotion, JThS 50 (1999), 35–58.

–: Lord Jesus Christ. Devotion to Jesus in Earliest Christianity, Grand Rapids, Mich. 2003.

HUWYLER, B., Jeremia und die Völker, FAT 20, Tübingen 1997.

INCIGNERI, B. J., The Gospel to the Romans: The Setting and Rhetoric of Mark's Gospel, Biblical Interpretation Series 65, Leiden u. Boston 2003.

INGELAERE, J.-C., Structure de Matthieu et histoire de salut, Foi et Vie 78 (1979), 20–24.

ISER, W., Die Appellstruktur der Texte. Unbestimmtheit als Wirkungsbedingung literarischer Prosa, Konstanzer Universitätsreden 28, Konstanz ⁴1974 (¹1974), auch in: Rezeptionsästhetik, hg. v. R. Warning, UTB 303, München ⁴1994, 228–252.

–: Der Akt des Lesens, UTB 636, München ³1996.

JANNIDIS, F., Zwischen Autor und Erzähler, in: Autorschaft. Positionen und Revisionen [DFG-Symposion 2001], hg. v. H. Detering, Berichtsbände Germanistische Symposien 24 (DVjs-Sonderband), Stuttgart u. Weimar 2002, 540–556.

JANOWSKI, B., Das Königtum Gottes in den Psalmen, ZThK 86 (1989), 389–454.

–: Rettungsgewißheit und Epiphanie des Heils. Das Motiv der Hilfe Gottes »am Morgen« im Alten Orient und im Alten Testament, Bd. I: Alter Orient, WMANT 59, Neukirchen-Vluyn 1989.

–: Die Tat kehrt zum Täter zurück. Offene Fragen im Umkreis des »Tun-Ergehen-Zusammenhangs«, ZThK 91 (1994), 247–271, auch in: ders., Die rettende Gerechtigkeit. Beiträge zur Theologie des Alten Testaments 2, Neukirchen-Vluyn 1999, 167–191.

–: Stellvertretung. Alttestamentliche Studien zu einem theologischen Grundbegriff, SBS 165, Stuttgart 1997.

–: Die »Kleine Biblia«. Zur Bedeutung der Psalmen für eine Theologie des Alten Testaments, in: Der Psalter in Judentum und Christentum, hg. v. E. Zenger, HBS 18, Freiburg u.a. 1998, 381–420, auch in: ders., Die rettende Gerechtigkeit. Beiträge zur Theologie des Alten Testaments 2, Neukirchen-Vluyn 1999, 125–165.

–: Richten und Retten. Zur Aktualität der altorientalischen und biblischen Gerechtigkeitskonzeption (zus. m. J. Assmann u. M. Welker), in: dies. (Hgg.), Gerechtigkeit. Richten und Retten in der abendländischen Tradition und ihren altorientalischen Ursprüngen, München 1998, 9–35, jetzt in: ders., Die rettende Gerechtigkeit. Beiträge zur Theologie des Alten Testaments 2, Neukirchen-Vluyn 1999, 220–246.

–: Der barmherzige Richter. Zur Einheit von Gerechtigkeit und Barmherzigkeit im Gottesbild des Alten Orients und des Alten Testaments, in: Das Drama der Barmherzigkeit Gottes, hg. v. Ruth Scoralick, SBS 183, Stuttgart 2000, 33–91, auch in: ders., Der Gott des Lebens. Beiträge zur Theologie des Alten Testaments 3, Neukirchen-Vluyn 2003, 75–133.

–: „Verstehst du auch, was du liest?" Reflexionen auf die Leserichtung der christlichen Bibel, in: Wieviel Systematik erlaubt die Schrift? Auf der Suche nach einer gesamtbiblischen Theologie, hg. v. F.-L. Hossfeld, QD 185, Freiburg u.a. 2001, 150–191, teilw. überarb. in: ders., Der Gott des Lebens. Beiträge zur Theologie des Alten Testaments 3, Neukirchen-Vluyn 2003, 351–389.

–: Die Frucht der Gerechtigkeit. Ps 72 und die judäische Königsideologie, in: „Mein Sohn bist du" (Ps 2,7). Studien zu den Königspsalmen, hg. v. E. Otto u. E. Zenger, SBS 192, Stuttgart 2002, 94–134, auch in: ders., Der Gott des Lebens. Beiträge zur Theologie des Alten Testaments 3, Neukirchen-Vluyn 2003, 157–197.

–: Konfliktgespräche mit Gott. Eine Anthropologie der Psalmen, Neukirchen-Vluyn 2003.

JENNI, E., Die hebräischen Präpositionen, Bd. 3: Die Präposition Lamed, Stuttgart u.a. 2000.

JEREMIAS, GERD, Der Lehrer der Gerechtigkeit, StUNT 2, Göttingen 1963, 79–126.

JEREMIAS, JOACHIM, Die Muttersprache des Evangelisten Matthäus, ZNW 50 (1959), 270–274, jetzt in: ders., ABBA. Studien zur neutestamentlichen Theologie und Zeitgeschichte, Göttingen 1966, 255–260.

–: Unbekannte Jesusworte, 3. Aufl. unter Mitarb. von O. Hofius, Gütersloh 1963.

–: Παῖς (θεοῦ) im Neuen Testament, in: ders., ABBA. Studien zur neutestamentlichen Theologie und Zeitgeschichte, Göttingen 1966, 191–216.

–: Die Bergpredigt, in: ders., Jesus und seine Botschaft, Stuttgart [2]1981, 41–60.

–: Neutestamentliche Theologie. Erster Teil: Die Verkündigung Jesu, Gütersloh 1971.

JOHNSON, M. D., The Purpose of the Biblical Genealogies. With Special References to the Setting of the Genealogies of Jesus, SNTS.MS 8, Cambridge 1969.

JÜNGEL, E., Jesus und Paulus. Eine Untersuchung zur Präzisierung der Frage nach dem Ursprung der Christologie, HUTh 2, Tübingen [6]1986.

–: Das Evangelium von der Rechtfertigung des Gottlosen als Zentrum des christlichen Glaubens. Eine theologische Studie in ökumenischer Absicht, Tübingen [2]1999.

KÄSEMANN, E., Sätze heiligen Rechts im Neuen Testament, NTS 1 (1954/55), 248–260, jetzt in: ders., Exegetische Versuche und Besinnungen II, Göttingen 1964, 69–82.

–: Bergpredigt – eine Privatsache?, in: Christen im Streit um den Frieden. Beiträge zu einer neuen Friedensethik. Positionen und Dokumente, hg. v. Aktion Sühnezeichen/Friedensdienste, Freiburg 1982, 74–83

KAMMLER, H.-CH., Christologie und Eschatologie, WUNT I/126, Tübingen 2000.

KAMPEN, J., 'Righteousness' in Matthew and the Legal Texts from Qumran, in: Legal Texts & Legal Issues. Proceedings of the Second Meeting of the International Organization for Qumran Studies, Published in Honour of Joseph M. Baumgarten, hg. v. M. Bernstein, F. García Martínez u. J. Kampen, STDJ 23, Leiden 1997, 461–487.

KARRER, M., Der Gesalbte. Die Grundlagen des Christustitels, FRLANT 151, Göttingen 1991.

KATCHEN, A. L., The Covenantal Salt of Friendship, Jewish History 6 (Sondernummer), The Frank Talmage Memorial Volume I, hg. v. B. Walfish, Haifa 1993, 167–180.

KEEL, O./KÜCHLER, M., Orte und Landschaften der Bibel Bd. 2, Zürich u.a. 1982.

KELLERMANN, U., Messias und Gesetz, BSt 61, Neukirchen-Vluyn 1971.

KENNEY, E. J., Books and Readers in the Roman World, in: The Cambridge History of Classical Literature, Bd. 2: Latin Literature, hg. v. ders. u. W. V. Clausen, Cambridge 1982, 3–32.

KIM, S., The Son of God, the Stone, the Son of Man, and the Servant: The Role of Zechariah in the Self-Identification of Jesus, in: Tradition and Interpretation in the New Testament, FS E. E. Ellis, hg. v. G. F. Hawthorne u. O. Betz, Grand Rapids, MI u. Tübingen 1987, 134–148.

KINDT, T./MÜLLER, H.-H., Was war eigentlich der Biographismus – und was ist aus ihm geworden? Eine Untersuchung, in: Autorschaft. Positionen und Revisionen [DFG-Symposion 2001], hg. v. H. Detering, Berichtsbände Germanistische Symposien 24 (DVjs-Sonderband), Stuttgart u. Weimar 2002, 355–375.

KINGSBURY, J. D., Matthew. Structure, Christology, Kingdom, Philadelphia 1975, [2]1989.

–: Matthew as Story, Philadelphia 1986, [2]1988.

–: Reflections on 'the Reader' of Matthew's Gospel, NTS 34 (1988), 442–460.

KISSINGER, W. S., The Sermon on the Mount. A History of Interpretation and Bibliography, ATLA.BS (= American Theological Library Association. Bibliography series) 3, Metuchen NY 1975.

KLAIBER, W., Gerecht vor Gott. Rechtfertigung in der Bibel und heute, BThS 20, Göttingen 2000.

KLEER, M., »Der liebliche Sänger der Psalmen Israels«. Untersuchungen zu David als Dichter und Beter der Psalmen, BBB 108, Bodenheim 1996.

KLEIN, H., Bewährung im Glauben. Studien zum Sondergut des Evangelisten Matthäus, BThSt 26, Neukirchen-Vluyn 1996.

KLEINSCHMIDT, E., Autorschaft. Konzepte einer Theorie, Tübingen 1998.

KLINGHARDT, M., Boot und Brot. Zur Komposition von Mk 3,7–8,21, BThZ 19 (2002), 183–20.

KNOWLES, M., Jeremiah in Matthew's Gospel, JSNT.S 68, Sheffield 1993.

KOCH, K., Gibt es ein Vergeltungsdogma im Alten Testament?, ZThK 52 (1955), 1–42, jetzt in: ders., Spuren des hebräischen Denkens. Beiträge zur alttestamentlichen Theologie, hg. v. B. Janowski u. M. Krause, Gesammelte Aufsätze Bd. 1, Neukirchen-Vluyn 1991, 65–103.

–: Wesen und Ursprung der »Gemeinschaftstreue« im Israel der Königszeit, ZEE 5 (1961), 72–90, jetzt in: ders., Spuren des hebräischen Denkens. Beiträge zur alttestamentlichen Theologie, hg. v. B. Janowski u. M. Krause, Gesammelte Aufsätze Bd. 1, Neukirchen-Vluyn 1991, 107–127.

–: Die Entstehung der sozialen Kritik bei den Profeten, in: Probleme biblischer Theologie, FS G. von Rad, hg. v. H. W. Wolff, München 1971, 236–257, jetzt in: ders., Spuren des hebräischen Denkens. Beiträge zur alttestamentlichen Theologie, hg. v. B. Janowski u. M. Krause, Gesammelte Aufsätze Bd. 1, Neukirchen-Vluyn 1991, 146–166.

–: Messias und Sündenvergebung in Jesaja 53 – Targum, JSJ 3 (1972), 117–148, jetzt in: ders., Die aramäische Rezeption der Hebräischen Bibel. Studien zur Targumik und Apokalyptik, Gesammelte Aufsätze Bd. 4, Neukirchen-Vluyn 2003, 91–121.

–: Die drei Gerechtigkeiten. Die Umformung einer hebräischen Idee im aramäischen Denken nach dem Jesajatargum, in: Rechtfertigung, FS E. Käsemann, hg. v. J. Friedrich u.a., Tübingen u. Göttingen 1976, 245–267, jetzt in: ders., Die aramäische Rezeption der Hebräischen Bibel. Studien zur Targumik und Apokalyptik, Gesammelte Aufsätze Bd. 4, Neukirchen-Vluyn 2003, 65–90.

–: Das Buch Daniel, EdF 144, Darmstadt 1980.

–: Messias und Menschensohn. Die zweistufige Messianologie der jüngeren Apokalyptik, JBTh 8 (1993), 73–102, jetzt in: ders., Vor der Wende der Zeiten. Beiträge zur apokalyptischen Literatur, hg. v. U. Glessmer u. M. Krause, Gesammelte Aufsätze, Neukirchen-Vluyn 1996, 235–266.

–: Ṣädaq und Ma'at. Konnektive Gerechtigkeit in Israel und Ägypten?, in: Gerechtigkeit. Richten und Retten in der abendländischen Tradition und ihren altorientalischen Ursprüngen, hg. v. J. Assmann u.a., München 1998, 37–64.

KOENEN, K., Heil den Gerechten – Unheil den Sündern! Ein Beitrag zur Theologie der Prophetenbücher, BZAW 229, Berlin u. New York 1994.

KÖHLER, W.-D., Die Rezeption des Matthäusevangeliums in der Zeit vor Irenäus, WUNT II/27, Tübingen 1987.

KÖRTNER, U. H. J., Der inspirierte Leser. Zentrale Aspekte biblischer Hermeneutik, Göttingen 1994.

KOSCH, D., Die eschatologische Tora des Menschensohnes. Untersuchungen zur Rezeption der Stellung Jesu zur Tora in Q, NTOA 12, Freiburg (CH) u. Göttingen 1989,

KRAŠOVEC, J., La Justice (Ṣdq) de Dieu dans la Bible hébraïque et l'interpretation juive et chrétienne, OBO 76, Freiburg (CH) u. Göttingen 1988.

KRATZ, R. G., Kyros im Deuterojesaja-Buch, FAT 1, Tübingen 1991.

–: Die Tora Davids. Psalm 1 und die doxologische Fünfteilung des Psalters, ZThK 93 (1996), 1–34.

KRAUS, H.-J., Theologie der Psalmen, BKAT XV/3, Neukirchen-Vluyn 1979.

–: Tore der Gerechtigkeit, in: Ernten, was man sät, FS K. Koch, hg. v. D. R. Daniels u.a., Neukirchen-Vluyn 1991, 265–272.

KRAUSS, S., Talmudische Archäologie III, GGJ, Leipzig 1912 (Ndr. Hildesheim 1966).

KRAUTTER, B., Die Bergpredigt im Religionsunterricht. Eine Untersuchung über ihre didaktisch-methodische Erschließung und ihren Bezug zu den exegetischen Ergebnissen seit der Wende zum 20. Jahrhundert, Freiburg i.Br. 1972.

KREUZER, S., „Der den Gottlosen rechtfertigt" (Röm 4,5). Die frühjüdische Einordnung von Gen 15 als Hintergrund für das Abrahambild und die Rechtfertigungslehre des Paulus, ThBeitr 33 (2002), 208–219.

KÜMMEL, W. G., Einleitung in das Neue Testament, Heidelberg [21]1983.

KUNSTMANN, J., Die Bergpredigt in Sekundarstufe I und II, in: Salz der Erde. Zugänge zur Bergpredigt, hg. v. R. Feldmeier, BTSP 14, Göttingen 1998, 234–265.

KVALBEIN, H., Hat Matthäus die Juden aufgegeben? Bemerkungen zu Ulrich Luz' Matthäus-Deutung, ThBeitr 6 (1998), 301–314.

–: Has Matthew abandoned the Jews?, in: The Mission of the Early Church to Jews and Gentiles, hg. v. J. Ådna u. H. Kvalbein, WUNT 127, Tübingen 2000, 45–62.

LAMBRECHT, J., Ich aber sage euch. Die Bergpredigt als programmatische Rede Jesu (Mt 5–7; Lk 6,20–49), Stuttgart 1984.

LANDMESSER, CH., Jüngerberufung und Zuwendung zu Gott. Ein exegetischer Beitrag zum Konzept der matthäischen Soteriologie im Anschluß an Mt 9,9–13, WUNT I/133, Tübingen 2001.

LANGE, A., Die Endgestalt des protomasoretischen Psalters und die Toraweisheit, in: Der Psalter in Judentum und Christentum, hg. v. E. Zenger, HBS 18, Freiburg u.a. 1998, 101–136.

LAPIDE, P., Die Bergpredigt. Utopie oder Programm?, Mainz 1982.

LATHAM, J. E., The Religious Symbolism of Salt, Théologie Historique 64, Paris 1982.

LATTKE, M., Salz der Freundschaft in Mk 9,50c, ZNW 75 (1984), 44–59.

LÉGASSE, S., L'antijudaisme dans l'Évangile selon Matthieu, in: M. Didier (Hg.), L'Évangile selon Matthieu. Rédaction et Théologie, BEThL 29, Louvain 1972, 417–428.

–: Mt 5,17 et la prétendue tradition paracanonique, in: Begegnung mit dem Wort, FS H. Zimmermann, hg. v. J. Zmijewski, BBB 53, Bonn 1980, 11–21.

LEHNARDT, A., Qaddish. Untersuchungen zur Entstehung und Rezeption eines rabbinischen Gebetes, TSAJ 87, Tübingen 2002.

LEHNARDT, TH., Der Gott der Welt ist unser König. Zur Vorstellung von der Königsherrschaft Gottes im *Shema* und seinen Benedictionen, in: Königsherrschaft Gottes und himmlischer Kult, hg. v. M. Hengel/Anna Maria Schwemer, WUNT I/55, Tübingen 1991, 285–308.

LENHARDT, P./OSTEN-SACKEN, P. V. D., Rabbi Akiva, ANTZ 1, Berlin 1987.

LEVEY, S. H., The Messiah: An Aramaic Interpretation. The Messianic Exegesis of the Targum, MHUC 2, Cincinnati u.a. 1974.

LEVIN, CH., Das Gebetbuch der Gerechten. Literargeschichtliche Beobachtungen am Psalter, ZThK 90 (1993), 355–381.

–: Altes Testament und Rechtfertigung, ZThK 96 (1999), 161–176.

LIENEMANN, W., Gerechtigkeit, BenshH 75 (= Ökumenische Studienhefte 3), Göttingen 1995.

LIERMAN, J., The New Testament Moses. Christian Perceptions of Moses and Israel in the Setting of Jewish Religion, WUNT II/173, Tübingen 2004.

LJUNGMAN, H., Das Gesetz erfüllen. Matth. 5,17ff. und 3,15 untersucht, AUL.T 50.6, Lund 1954.

LOADER, W. R. G., Son of David, Blindness, Possession, and Duality in Matthew, CBQ 44 (1982), 570–585.

–: Jesus' Attitude towards the Law, WUNT II/97, Tübingen 1997.

LOERBROKS, M., Weisung vom Zion. Biblisch-theologische Orientierungen für eine Kirche neben Israel, SKI 19, Berlin 2000.

LOEWENICH, W. VON, Luther als Ausleger der Synoptiker, FGLP X/5, München 1954.

LÖNING, K., Die Funktion des Psalters im Neuen Testament, in: Der Psalter in Judentum und Christentum, hg. v. E. Zenger, HBS 18, Freiburg u.a. 1998, 269–295.

LÖW, I., Das Salz, in: Jewish Studies in Memory of George A. Kohut, 1874–1933, hg. v. S. W. Baron u. A. Marx, New York 1935, 429–462.

LOHMEYER, E., Gottesknecht und Davidssohn, FRLANT 61, Göttingen ²1953.

LOOPIK, M. VAN, The Ways of the Sages and the Way of the World, TSAJ 26, Tübingen 1991.

LUOMANEN, P., Entering the Kingdom of Heaven. A Study on the Structure of Matthew's View of Salvation, WUNT II/101, Tübingen 1998.

–: The "Sociology of Sectarianism" in Matthew: Modeling the Genesis of Early Jewish and Christian Communities, in: Fair Play: Diversity and Conflicts in Early Christianity, FS H. Raisänen, Leiden u.a. 2002, 107–130.

LUZ, U., Die Erfüllung des Gesetzes bei Matthäus (Mt 5,17–20), ZThK 75 (1978), 398–435.

–: Die Wundergeschichten von Mt 8–9, in: Tradition and Interpretation in the New Testament, FS E. E. Ellis, hg. v. G. F. Hawthorne u. O. Betz, Grand Rapids, Mich. u. Tübingen 1987, 149–165.

–: Eine thetische Skizze der matthäischen Christologie, in: Anfänge der Christologie, FS F. Hahn, hg. v. C. Breytenbach u. H. Paulsen, Göttingen 1991, 221–235.

–: Fiktivität und Traditionstreue im Matthäusevangelium im Lichte griechischer Literatur, ZNW 84 (1993), 153–177.

–: Die Jesusgeschichte des Matthäus, Neukirchen-Vluyn 1993.

–: Der Gott der Gerechtigkeit, in: Recht – Macht – Gerechtigkeit, hg. v. J. Mehlhausen, VWGTh 14, Gütersloh 1998, 31–54.

–: Has Matthew abandoned the Jews? A Response to Hans Kvalbein and Peter Stuhlmacher concerning Matt 28:16–20, in: The Mission of the Early Church to Jews and Gentiles, hg. v. J. Ådna u. H. Kvalbein, WUNT 127, Tübingen 2000, 63–68.

MACH, R., Der Zaddik in Talmud und Midrasch, Leiden 1957.

MACHINEK, M., MSF, »Das Gesetz des Lebens«? Die Auslegung der Bergpredigt bei L. N. Tolstoj im Kontext seines ethisch-religiösen Systems, MThSt.S 25, St. Ottilien 1998.

MAIER, CHRISTL, Jeremia als Lehrer der Tora. Soziale Gebote des Deuteronomiums in Fortschreibungen des Jeremiabuches, FRLANT 196, Göttingen 2002.

MAIER, J., Jüdische Auseinandersetzung mit dem Christentum in der Antike, EdF 177, Darmstadt 1982.

–: Zur Verwendung der Psalmen in der synagogalen Liturgie (Wochentag und Sabbat), in: Liturgie und Dichtung. Ein interdisziplinäres Kompendium I. Historische Präsentation, PiLi 1, St. Ottilien 1983, 55–90.

–: Psalm 1 im Licht antiker jüdischer Zeugnisse, in: Altes Testament und christliche Verkündigung, FS A. H. J. Gunneweg, hg. v. M. Oeming u. A. Graupner, Stuttgart u.a. 1987, 353–365.

–: Zur Frage des biblischen Kanons im Frühjudentum im Licht der Qumranfunde, JBTh 3 (1988), 135–146.

MANNS, F., Jewish Prayer in the Time of Jesus, ASBF 22, Jerusalem 1994, 161–165.

MARKSCHIES, CH., Zwischen den Welten wandern. Strukturen des antiken Christentums, Frankfurt/M. 1997.

MARX, F., Heilige Autorschaft? *Self-Fashioning*-Strategien in der Literatur der Moderne, in: Autorschaft. Positionen und Revisionen [DFG-Symposion 2001], hg. v. H. Detering, Berichtsbände Germanistische Symposien 24 (DVjs-Sonderband), Stuttgart u. Weimar 2002, 107–120.

MASSAUX, E., Influence de l'Évangile de saint Matthieu sur la littérature chrétienne avant Saint Irénée, Leuven/Gembloux 1950. Mit einem von B. Dehandschutter zusammengestellten Supplément Bibliographie 1950–1985, neu hg. durch F. Neirynck, BEThL 75, Leuven 1986 (engl. Übersetzung: The Influence of the Gospel of St. Matthew on Christian Literature before Saint Irenaeus, eingeleitet u. hg. v. A. J. Bellinzoni, New Gospel Studies 5/1–3, Macon, Ga. u. Leuven 1990–1993 [Ndr. in einem Bd. 1994]).

Das Matthäus-Evangelium, hg. v. J. Lange, WdF 525, Darmstadt 1980.

MAYORDOMO-MARÍN, M., Den Anfang hören. Leserorientierte Evangelienexegese am Beispiel Matthäus 1–2, FRLANT 180, Göttingen 1998.

–: Rezeptionsästhetische Analyse, in: Das Studium des Neuen Testaments, Band 2: Exegetische und hermeneutische Grundfragen, hg. v. H.-W. Neudorfer u. E. Schnabel, BWM 8, Wuppertal u. Giessen 2000, 33–58.

MAYS, J. L., The Place of the Torah-Psalms in the Psalter, JBL 106 (1987), 3–12.

MCCOMSKEY, TH. E., Micah, in: EBC 7 (Daniel – Minor Prophets), Grand Rapids, Mich. 1985, 395–445.

MCKNIGHT, E. V., Der hermeneutische Gewinn der neueren literarischen Zugänge in der neutestamentlichen Bibelinterpretation, BZ 41 (1997), 161–173.

MCKNIGHT, S., A Loyal Critic: Matthew's Polemic with Judaism in Theological Perspective, in: Anti-Semitism and Early Christianity: Issues of Polemic and Faith, hg. v. C. A. Evans u. D. A. Hagner, Minneapolis 55–79.

MCNAMARA, M., Some Targum Themes, in: Justification and Variegated Nomism: A Fresh Appraisal of Paul and Second Temple Judaism, Bd. 1: The Complexities of Second Temple Judaism, hg. v. D. A. Carson u.a., WUNT II/140, Tübingen 2001, 303–356.

MEIER, J. P., Law and History in Matthew's Gospel. A Redactional Study of Mt 5,17–48, AnBib 71, Rom 1976.

–: Matthew and Ignatius. A Response to William R. Schoedel, in: Social History of the Matthean Community. Cross-Disciplinary Approaches, hg. v. D. Balch, Minneapolis 1991, 178–186.

MEISER, M., Die Reaktion des Volkes auf Jesus. Eine redaktionskritische Untersuchung zu den synoptischen Evangelien, BZNW 96, Berlin u. New York 1998.

–: Vollkommenheit in Qumran und im Matthäusevangelium, in: Kirche und Volk Gottes, FS J. Roloff, hg. v. M. Karrer u.a., Neukirchen-Vluyn 2000, 195–209.

MEISTAD, T., Martin Luther and John Wesley on the Sermon on the Mount, Pietist and Wesleyan Studies 10, Lanham (Maryland) u. London 1999.

MENN, ESTHER M., Praying King and Sanctuary of Prayer, Part I: David and the Temple's Origin in Rabbinic Psalms Commentary (Midrash Tehillim), JJS 52 (2001), 1–26.

MENNINGER, R. E., Israel and the Church in the Gospel of Matthew, AmUSt.TR 162, New York u.a. 1994.

MERK, O., Theologie des Neuen Testaments und Biblische Theologie, in: Bilanz und Perspektiven gegenwärtiger Auslegung des Neuen Testaments, FS G. Strecker, hg. v. F. W. Horn, Göttingen 1995.

MERKEL, H., Die Gottesherrschaft in der Verkündigung Jesu, in: Königsherrschaft Gottes und himmlischer Kult, hg. v. M. Hengel/Anna Maria Schwemer, WUNT I/55, Tübingen 1991, 119–162.

MERKLEIN, H., Die Gottesherrschaft als Handlungsprinzip. Untersuchung zur Ethik Jesu, FzB 34, Würzburg ²1981.

–: Jesu Botschaft von der Gottesherrschaft. Eine Skizze, SBS 111, Stuttgart 1983.

METZNER, R., Die Rezeption des Matthäusevangeliums im 1. Petrusbrief, WUNT II/74, Tübingen 1995.

MILLARD, A. R., Pergament und Papyrus, Tafeln und Ton. Lesen und Schreiben zur Zeit Jesu, BAZ 9, Giessen 2000 (engl. Original: Reading and Writing in the Time of Jesus, BiSe 69, Sheffield 2000).

MILLARD, M., Die Komposition des Psalters. Ein formgeschichtlicher Ansatz, FAT 9, Tübingen 1994.

MOO, J. D., Jesus and the Authority of the Mosaic Law, JSNT 20 (1984), 3–49.

MOODY SMITH, D., When did the Gospels become Scripture?, JBL 119 (2000), 3–20.

MÜLLER, H.-H., s. KINDT, T.

MÜLLER, KARLHEINZ, Beobachtungen zum Verhältnis von Tora und Halacha in frühjüdischen Quellen, in: Jesus und das jüdische Gesetz, hg. v. I. Broer, Stuttgart u.a. 1992, 105–134.

MÜLLER, KLAUS, Tora für die Völker, SKI 15, Berlin 1994.

–: Diakonie im Dialog mit dem Judentum, VDWI 11, Heidelberg 1999.

MÜLLER, MARKUS, Proskynese und Christologie nach Matthäus, in: Kirche und Volk Gottes, FS J. Roloff, hg. v. M. Karrer u.a., Neukirchen-Vluyn 2000, 210–224.

MÜLLER, MOGENS, The Hidden Context. Some Observations on the Concept of the New Covenant in the New Testament, in: Texts and Contexts, FS L. Hartmann, hg. v. T. Fornberg u. D. Hellholm, Oslo 1995, 649–658.

–: The Theological Interpretation of the Figure of Jesus in the Gospel of Matthew: Some Principal Features in Matthean Christology, NTS 45 (1999), 157–173.

MÜLLER, PETER, „Verstehst du auch, was du liest?" Lesen und Verstehen im Neuen Testament, Darmstadt 1994.

MÜNCH, CH., Die Gleichnisse Jesu im Matthäusevangelium. Eine Studie zu ihrer Form und Funktion, WMANT 104, Neukirchen-Vluyn 2004.

MUSSIES, G., Parallels to Matthew's Version of the Pedigree of Jesus, NT 28 (19986), 32–47.

NAGEL, W., Gerechtigkeit – oder Almosen?, VigChr 15 (1961), 141–145.

NAUCK, W., Salt as a Metaphor in Instructions to Discipleship, StTh 6 (1953), 165–178.

NEIRYNCK, F., Ἀπὸ τότε ἤρξατο and the Structure of Matthew, EThL 64 (1988), 21–59.

NEPPER-CHRISTENSEN, P., Das Matthäusevangelium. Ein judenchristliches Evangelium?, AThD 1, Aarhus 1958.

NEUGEBAUER, F., Die dargebotene Wange und Jesu Gebot der Feindesliebe. Erwägungen zu Lk 6,27–36/Mt 5,38–48, ThLZ 110 (1985), 865–876.

NEWMAN, JUDITH H., Lot in Sodom: The Post-Mortem of a City and the Afterlife of a Biblical Text, in: The Function of Scripture in Early Jewish and Christian Tradition, hg. v. C. A. Evans u. J. A. Sanders, JSNT.S 154 (= Studies in Scripture in Early Judaism and Christiantiy 6), Sheffield 1998, 34–44.

NEYREY, J., The Thematic Use of Isaiah 42,1–4 in Matthew 12, Bib. 63 (1982), 457–473.

NIEBUHR, K.-W., Gesetz und Paränese. Katechismusartige Weisungsreihen in der frühjüdischen Literatur, WUNT II/28, Tübingen 1987.

–: Jesus Christus und die vielfältigen messianischen Erwartungen Israels. Ein Forschungsbericht, JBTh 8 (1993), 337–345.

–: Bezüge auf die Schrift in einigen »neuen« Qumran-Texten, in: Mitteilungen und Beiträge 8, hg. v. der Forschungsstelle Judentum, Theologische Fakultät Leipzig, Leipzig 1994, 37–54.

–: Die Antithesen der Bergpredigt: Jesus als Toralehrer und die frühjüdische weisheitlich geprägte Torarezeption, in: Gedenket an das Wort, FS für W. Vogler, hg. v. Chr. Kähler u.a., Leipzig 1999, 175–200.

–: Tora ohne Tempel. Paulus und der Jakobusbrief im Zusammenhang frühjüdischer Torarezeption für die Diaspora, in: Gemeinde ohne Tempel – Community without Temple, hg. v. B. Ego, A. Lange u. P. Pilhofer, WUNT I/118, Tübingen 1999, 427–460.

–: Hellenistisch-jüdisches Ethos im Spannungsfeld von Weisheit und Tora, in: Ethos und Identität. Einheit und Vielfalt des Judentums in hellenistisch-römischer Zeit, hg. v. M. Konradt u. Ulrike Steinert, Paderborn 2002, 27–50.

NOLAN, B. M., The Royal Son of God. The Christology of Matthew 1–2 in the Setting of the Gospel, OBO 23, Fribourg/CH u. Göttingen 1979.

NOLLAND, J., The Four (Five) Women and other Annotations in Matthew's Genealogy, NTS 43 (1997), 527–539.

NOTH, M., Die israelitischen Personennamen im Rahmen der gemeinsemitischen Namengebung, BWANT III/10, Stuttgart 1928 (Ndr. Hildesheim u. New York 1980).

NOVAKOVIC, LIDIJA, Messiah, the Healer of the Sick. A Study of Jesus as the Son of David in the Gospel of Matthew, WUNT II/170, Tübingen 2003.

OEGEMA, G. S., Der Gesalbte und sein Volk. Untersuchungen zum Konzeptualisierungsprozeß der messianischen Erwartungen von den Makkabäern bis Bar Koziba, SIJD 2, Göttingen 1994.

–: Versöhnung ohne Vollendung? Römer 10,4 und die Tora der messianischen Zeit, in: Bund und Tora. Zur theologischen Begriffsgeschichte in alttestamentlicher, frühjüdischer und urchristlicher Zeit, hg. v. F. Avemarie u. H. Lichtenberger, WUNT I/92, Tübingen 1996, 229–261.

OEMING, M., Ist Genesis 15,6 ein Beleg für die Anrechnung des Glaubens zur Gerechtigkeit?, ZAW 95 (1983), 182–197.

ÖHLER, M., Elia im Neuen Testament. Untersuchungen zur Bedeutung des alttestamentlichen Propheten im frühen Christentum, BZNW 88, Berlin u. New York 1997.

–: Elija und Elischa, in: Alttestamentliche Gestalten im Neuen Testament, hg. v. ders., Darmstadt 1999, 184–203.

OLLEY, J. W., 'Righteousness' in the Septuagint of Isaiah: A Contextual Study, SBL Septuagint and Cognate Studies 8, Missoula 1979.

OLOFSSON, S., Law and Lawbreaking in the LXX Psalms – A Case of Theological Exegesis, in: Der Septuaginta-Psalter. Sprachliche und theologische Aspekte, hg. v. E. Zenger, HBS 32, Freiburg u.a. 2001, 291–330.

OSTEN-SACKEN, P. V. D., s. LENHARDT, P.

OSTERLOH, E., Gottes Gerechtigkeit und menschliches Recht im Alten Testament, TEH 71, München 1940.

OSTERMAYER, V., Die Bergpredigt – (K)ein Thema für Kinder in der Grundschule?, in: Salz der Erde. Zugänge zur Bergpredigt, hg. v. R. Feldmeier, BTPS 14, Göttingen 1998, 216–233.

OSTMEYER, K.-H., Der Stammbaum des Verheißenen: Theologische Implikationen der Namen und Zahlen in Mt 1.1–17, NTS 46 (2000), 175–192.

OTTO, E., »Um Gerechtigkeit im Land sichtbar werden zu lassen …« Zur Vermittlung von Recht und Gerechtigkeit im Alten Orient, in der Hebräischen Bibel und in der Moderne, in: Recht – Macht – Gerechtigkeit, hg. v. J. Mehlhausen, VWGTh 14, Gütersloh 1998, 107–145.

OVERMAN, J. A., Matthew's Gospel and Formative Judaism. The Social World of the Matthean Community, Minneapolis 1990.

PAMMENT, M., The Kingdom of Heaven according to the First Gospel, NTS 27 (1980/81), 211–232.

PARK, E. CH., The Mission Discourse in Matthew's Interpretation, WUNT II/121, Tübingen 2000.

PEABODY, D., A Pre-Markan Prophetic Sayings Tradition and the Synoptic Problem, JBL 97 (1978), 391–409.

PEARSON, B. W. R., The Book of the Twelve, Aqiba's Messianic Interpretations, and the Refuge Caves of the Second Jewish War, in: The Scrolls and the Scriptures: Qumran Fifty Years After, hg. v. C. E. Evans u. C. A. Porter, JSPE.S 26, Sheffield 1997, 221–239.

PESCH, R., »Er wird Nazoräer heissen«. Messianische Exegese in Mt 1–2, in: The Four Gospels 1992, FS F. Neirynck, 3 Bde., hg. v. F. van Segbroeck u.a., BEThL 100, Leuven 1992, II 1358–1401.

PETERSEN, W., Zur Eigenart des Matthäus. Untersuchung zur Rhetorik in der Bergpredigt, Osnabrücker Studien zur Jüdischen und Christlichen Bibel 2, Osnabrück 2001.

PHILONENKO, M., Das Vaterunser, UTB 2312, Tübingen 2002.

PICCIONE, ROSA MARIA, De Vita Mosis I 60–62. Philon und die griechische παιδεία, in: Philo und das Neue Testament. Wechselseitige Wahrnehmungen. I. Internationales Symposium zum Corpus Judaeo-Hellenisticum 1.–4. Mai 2003, Eisenach/Jena, hg. v. R. Deines und K.-W. Niebuhr, WUNT I/172, Tübingen 2004, 345–357.

PIETSCH, M., »Dieser ist der Sproß Davids …« Studien zur Rezeptionsgeschichte der Nathanverheißung im alttestamentlichen, zwischentestamentlichen und neutestamentlichen Schrifttum, WMANT 100, Neukirchen-Vluyn 2003.

POMYKALA, K. E., The Davidic Dynasty Tradition in Early Judaism. Its History and Significance for Messianism, SBL-Early Judaism and Its Literature 7, Atlanta, Ga. 1995.

POPKES, W., Die Gerechtigkeitstradition im Matthäus-Evangelium, ZNW 80 (1989), 1–23.

PREUSS, H. D., Die Psalmenüberschriften in Targum und Midrasch, ZAW 71 (1959), 44–54.

PRUSSNER, F. C., The Covenant of David and the Problem of Unity in Old Testament Theology, in: J. C. Rylaarsdam (Hg.), Essays in Biblical Scholarship, Essays in Divinity 6, Chicago u. London 1968, 17–41.

PRZYBYLSKI, B., Righteousness in Matthew and His World of Thought, MSSNTS 41, Cambridge 1980.

–: The Setting of Matthean Anti-Judaism, in: P. Richardson (Hg.), Anti-Judaism in Early Christianity, Bd. 1: Paul and the Gospels, Waterloo/Ont. 1986, 181–200.

PUECH, É., 4Q525 et les péricopes des béatitudes en Ben Sira et Matthieu, RB 98 (1991), 80–106.

–: Les Psaumes davidiques du rituel d'exorcisme (11Q11), in: Sapiental, Liturgical and Poetical Texts from Qumran. *Proceedings of the Third Meeting of the International Organization for Qumran Studies Oslo 1998*. Published in Memory of Maurice Baillet, hg. v. D. K. Falk u.a., STDJ 35, Leiden u.a. 2000, 160–181.

QUINN, K., The Poet and His Audience in the Augustan Age, ANRW II 30.1, Berlin u. New York 1982, 75–180.

RAD, G. von, Die Stadt auf dem Berge, EvTh 8 (1948/49), 439–447, auch in: ders., Gesammelte Studien zum Alten Testament, TB 8, München 1958, 214–224.

–: Theologie des Alten Testaments, 2 Bde., Einführung in die evangelische Theologie 1, München ⁸1982 bzw. ⁸1984.

RAU, E., Jesus – Freund von Zöllnern und Sündern. Eine methodenkritische Untersuchung, Stuttgart u.a. 2000.

REEG, G., Die Ortsnamen Israels nach der rabbinischen Literatur, BTAVO.B 51, Wiesbaden 1989.

REINMUTH, E., Neutestamentliche Historik, Forum Theologische Literaturzeitung 8, Leipzig 2003.

REISER, M., Die Stellung der Evangelien in der antiken Literaturgeschichte, ZNW 90 (1999), 1–27.

–: Sprache und literarische Formen des Neuen Testaments, UTB 2197, Paderborn u.a. 2001.

REPSCHINSKI, B., The Controversy Stories in the Gospel of Matthew. Their Redaction, Form and Relevance for the Relationship Between the Matthean Community and Formative Judaism, FRLANT 189, Göttingen 2000.

REUTER, E., „Nimm nichts davon weg und füge nichts hinzu!" Dtn 13,1, seine alttestamentlichen Parallelen und seine altorientalischen Vorbilder, BN 47 (1989), 107–114.

Rezeptionsästhetik. Theorie und Praxis, hg. v. R. Warning, UTB 303, München ⁴1994 (= ¹1975).

RIEGER, H.-M., Adolf Schlatters Rechtfertigungslehre und die Möglichkeit ökumenischer Verständigung, AzTh 92, Stuttgart 2000.

RIESNER, R., Jesus als Lehrer, WUNT II/7, Tübingen ³1993.

RITTER, W. H., Von der bildenden Kraft der Bergpredigt, in: Salz der Erde. Zugänge zur Bergpredigt, hg. v. R. Feldmeier, BTPS 14, Göttingen 1998, 173–215.

ROBERTS, C. H., Books in the Graeco-Roman World and in the New Testament, in: The Cambridge History of the Bible, Bd. 1: From the Beginnings to Jerome, hg. v. P. R. Ackroyd, Cambridge 1970, 48–66.

ROBERTS, L., The Literary Form of the *Stromateis*, The Second Century 1 (1981), 211–222.

ROBINSON, J. M., Die Logienquelle: Weisheit oder Prophetie? Anfragen an Migaku Sato, Q und Prophetie, EvTh 53 (1993), 367–389.

RÖSEL, CHRISTOPH, Die messianische Redaktion des Psalters. Studien zur Entstehung und Theologie der Sammlung Psalm 2–89*, CThM A19, Stuttgart 1999.

RÖSEL, MARTIN, Die Psalmüberschriften des Septuaginta-Psalters, in: Der Septuaginta-Psalter. Sprachliche und theologische Aspekte, hg. v. E. Zenger, HBS 32, Freiburg u.a. 2001, 125–148.

ROHDE, J., Die redaktionsgeschichtliche Methode. Einführung und Sichtung des Forschungsstandes, Hamburg 1966.

ROHLOFF, M., Gottes Liebe will Gerechtigkeit. Zur Grundlegung einer christlichen Sozialethik, Neukirchen-Vluyn 2000.

ROKÉAH, D., Justin Martyr and the Jews, Jewish and Christian Perspectives Series 5, Leiden u.a. 2002.

ROLOFF, J., Das Reich des Menschensohnes. Ein Beitrag zur Eschatologie des Matthäus, in: Eschatologie und Schöpfung, FS E. Gräßer, hg. v. M. Evang u.a., BZNW 89, Berlin u. New York 1997, 275–292.

–: Die lutherische Rechtfertigungslehre und ihre biblische Grundlage, in: Frühjudentum und Neues Testament im Horizont Biblischer Theologie. Mit einem Anhang zum Corpus Judaeo-Hellenisticum Novi Testamenti, hg. v. W. Kraus u. K.-W. Niebuhr, WUNT I/162, Tübingen 2003, 275–300.

ROTHFUCHS, W., Die Erfüllungszitate des Matthäus-Evangeliums, BWANT 88, Stuttgart u.a. 1969.

ROTTZOLL, D. U., Gen 15,6 – Ein Beleg für den Glauben als Werkgerechtigkeit, ZAW 106 (1994), 21–27.

Rückkehr des Autors. Zur Erneuerung eines umstrittenen Begriffs, hg. v. F. Jannidis u.a., Studien und Texte zur Sozialgeschichte der Literatur 71, Tübingen 1999.

RÜGER, H. P., ΝΑΖΑΡΕΘ / ΝΑΖΑΡΑ ΝΑΖΑΡΗΝΟΣ / ΝΑΖΩΡΑΙΟΣ, ZNW 72 (1981), 257–263.

RUPPERT, L., Jesus als der leidende Gerechte? Der Weg Jesu im Lichte eines alt- und zwischentestamentlichen Motivs, SBS 59, Stuttgart 1972.

RUSZKOWSKI, L., Volk und Gemeinde im Wandel. Eine Untersuchung zu Jesaja 56–66, FRLANT 191, Göttingen 2000.

RUZER, S., From "Love your Neighbour" to "Love your Enemy": Trajectories in Early Jewish Exegesis, RB 109 (2002), 371–389.

SACCHI, P., From Righteousness to Justification in the Period of Hellenistic Judaism, Henoch 23 (2001), 11–26.

SÆBØ, M., Sacharja 9–14. Untersuchungen zu Text und Form, WMANT 34, Neukirchen-Vluyn 1969.

SALDARINI, A. J., Matthew's Christian-Jewish Community, Chicago 1994.

–: Boundaries and Polemics in the Gospel of Matthew, Biblical Interpretation 3 (1995), 239–265.

–: Reading Matthew without Anti-Semitism, in: The Gospel of Matthew in Currrent Study, FS W. G. Thompson, hg. v. D. E. Aune, Grand Rapids, Mich. 2001, 166–184.

SALZMANN, J. CH., Lehren und Ermahnen. Zur Geschichte des christlichen Wortgottes-dienstes in den ersten drei Jahrhunderten, WUNT II/59, Tübingen 1994.

SAND, A., Das Gesetz und die Propheten. Untersuchungen zur Theologie des Evangeliums nach Matthäus, BU 11, Regensburg 1974.

–: Das Matthäus-Evangelium, EdF 275, Darmstadt 1991.

SANDERS, E. P., Judaism: Practice and Belief. 63 BCE–66 CE, London/Philadelphia 1992.

SATO, M., Q und Prophetie, WUNT II/29, Tübingen 1988.

–: Q: Prophetie oder Weisheit? Ein Gespräch mit J. M. Robinson, EvTh 53 (1993), 389–404.

SATTERTHWAITE, P. E., David in the Books of Samuel: A Messianic Hope?, in: The Lord's Anointed: Interpretation of Old Testament Messianic Texts, hg. v. ders. u.a., Exeter u. Grand Rapids 1995, 41–65.

SAUER, G., Die Messias-Erwartung nach Mt 21 in ihrem Rückbezug auf das Alte Testament als Frage an die Methode einer biblischen Theologie, in: Altes Testament und christliche Verkündigung, FS A. H. J. Gunneweg, hg. v. M. Oeming u. A. Graupner, Stuttgart u.a. 1987, 81–94.

SCHÄFER, P., Die Torah der messianischen Zeit, ZNW 65 (1974), 27–42, jetzt in: ders., Studien zur Geschichte und Theologie des rabbinischen Judentums, AGJU 15, Leiden 1978, 198–213.

–: Die messianischen Hoffnungen des rabbinischen Judentums zwischen Naherwartung und religiösem Pragmatismus, in: Zukunft in der Gegenwart, hg. v. C. Thoma, Bern u.

Frankfurt a.M. 1976, 95–125, jetzt in: ders., Studien zur Geschichte und Theologie des rabbinischen Judentums, AGJU 15, Leiden 1978, 214–243.

SCHALLER, B., Jüdische und christliche Messiaserwartungen, FÜI 76 (1993), 5–14, jetzt in: ders., Fundamenta Judaica. Studien zum antiken Judentum und zum Neuen Testament, hg. v. L. Doering u. Annette Steudel, StUNT 25, Göttingen 2001, 201–210.

SCHAPER, J., Der Septuaginta-Psalter als Dokument jüdischer Eschatologie, in: Die Septuaginta zwischen Judentum und Christentum, hg. v. M. Hengel u. A. M. Schwemer, WUNT I/72, Tübingen 1994, 38–61.

–: Eschatology in the Greek Psalter, WUNT II/76, Tübingen 1995.

–: Der Septuaginta-Psalter. Interpretation, Aktualisierung und liturgische Verwendung der biblischen Psalmen im hellenistischen Judentum, in: Der Psalter in Judentum und Christentum, hg. v. E. Zenger, HBS 18, Freiburg u.a. 1998, 165–183.

SCHELLONG, D., Christus fides interpres Legis. Zur Auslegung von Mt 5,17–20, in: Jesus Christus als die Mitte der Schrift, FS O. Hofius, hg. v. Chr. Landmesser, H.-J. Eckstein u. H. Lichtenberger, BZNW 86, Berlin 1997, 659–687.

SCHINKEL, D., Das Magnifikat Lk 1,46–55 – ein Hymnus in Harlekinsjacke?, ZNW 90 (1999), 273–279.

SCHLATTER, A., Die Kirche des Matthäus, BFChTh 33/1, Gütersloh 1930.

SCHMELLER, TH., Brechungen. Urchristliche Wandercharismatiker im Prisma soziologisch orientierter Exegese, SBS 136, Stuttgart 1989.

SCHMID, H. H., Gerechtigkeit als Weltordnung, BHTh 40, Tübingen 1968.

SCHMITZ, TH. A., Moderne Literaturtheorie und antike Texte. Eine Einführung, Darmstadt 2002.

SCHNABEL, E. J., Law and Wisdom from Ben Sira to Paul, WUNT II/16, Tübingen 1985.

–: Rhetorische Analyse, in: Das Studium des Neuen Testaments Bd. 1: Eine Einführung in die Methoden der Exegese, BWM 5, hg. v. H.-W. Neudorfer u. ders., Wuppertal u. Giessen 1999, 307–324.

SCHNABEL, E. J., Urchristliche Mission, Wuppertal 2002.

SCHNELLE, U., Auf der Suche nach dem Leser, VuF 41 (1996), 61–66.

–: Einleitung in das Neue Testament, UTB 1830, Göttingen [3]1999.

SCHNIEDEWIND, W. M., Society and Promise to David: The Reception History of 2 Samuel 7:1–17, New York 1999.

SCHNOR, L., s. FLÜCHTER S.

SCHOEPS, H.-J., Jesus und das jüdische Gesetz, in: ders., Studien zur unbekannten Theologie- und Geistesgeschichte, Göttingen u.a. 1963 (urspr. franz. in RHPhR 33 [1953], 1–20), 41–61.

SCHOLTISSEK, K., s. FABRY, H.-J.

SCHOTTROFF, LUISE, Gewaltverzicht und Feindesliebe in der urchristlichen Jesustradition, in: Jesus Christus in Historie und Theologie, FS H. Conzelmann, hg. v. G. Strecker, Tübingen 1975, 197–221.

SCHREIBER, S, Gesalbter und König. Titel und Konzeptionen der königlichen Gesalbtenerwartung in frühjüdischen und urchristlichen Schriften, BZNW 105, Berlin u. New York 2000.

SCHRÖTER, J., Jesus und die Anfänge der Christologie. Methodologische und exegetische Studien zu den Ursprüngen des christlichen Glaubens, BThSt 47, Neukirchen-Vluyn 2001.

SCHUNACK, G., Neue literaturkritische Interpretationsverfahren in der anglo-amerikanischen Exegese, VuF 41 (1996), 28–55.

SCHÜRMANN, H., „Wer daher eines dieser geringsten Gebote auflöst ..." Wo fand Matthäus das Logion Mt 5,19?, BZ 4 (1960), 238–250, jetzt in: ders., Traditionsgeschichtliche Untersuchungen zu den synoptischen Evangelien, KBANT, Düsseldorf 1968, 126–136.

SCHWARZ, G., ἰῶτα ἓν ἢ μία κεραία (Matthäus 5 18), ZNW 66 (1975), 268f.

SCHWEIZER, E., Matth. 5,17–20. Anmerkungen zum Gesetzesverständnis des Matthäus, ThLZ 77 (1952), 479–484, jetzt in: ders., Neotestamentica, Zürich 1963, 399–406.

–: Gesetz und Enthusiasmus bei Matthäus, in: ders., Beiträge zur Theologie des Neuen Testaments, Zürich 1970, 49–70 (engl. Fassung in NTS [1969|70]).

–: Noch einmal Mt 5,17–20, in: Das Wort und die Wörter, FS G. Friedrich, hg. v. H. Balz u. S. Schulz, Stuttgart u.a. 1973, 69–73, jetzt in: ders., Matthäus und seine Gemeinde, SBS 71, Stuttgart 1974, 78–85. Noch einmal Mt 5,17–20.

–: Nachtrag [1976], in: Das Matthäus-Evangelium, hg. v. J. Lange, WdF 525, Darmstadt 1980, 368f (der „Nachtrag" bezieht sich auf den dort abgedruckten Aufsatz: Gesetz und Enthusiasmus bei Matthäus [350–376]).

SCHWEMER, ANNA MARIA, Irdischer und himmlischer König. Beobachtungen zur sogenannten David-Apokalypse in Hekhalot Rabbati §§ 122–126, in: Königsherrschaft Gottes und himmlischer Kult, hg. v. M. Hengel./dies., WUNT I/55, Tübingen 1991, 309–359.

–: Studien zu den frühjüdischen Prophetenlegenden. Vitae Prophetarum, 2 Bde., TSAJ 49+50, Tübingen 1995–1996.

–: Jesus Christus als Prophet, König und Priester. Das *munus triplex* und die frühe Christologie, in: M. Hengel/dies., Der messianische Anspruch Jesu und die Anfänge der Christologie, WUNT I/138, Tübingen 2001, 165–230.

–: Prophet, Zeuge und Märtyrer. Zur Entstehung des Märtyrerbegriffs im frühesten Christentum, ZThK 96 (1999), 320–350.

–: s. a. HENGEL, M.

SCOTT, B. BRANDON/DEAN, MARGARET E., A Sound Map of the Sermon on the Mount, in: Treasures New and Old. Recent Contributions to Matthean Studies, hg. v. D. R. Bauer u. M. A. Powell, SBL Symposium Series 1, Atlanta, Ga. 1996, 311–378.

SEEBASS, H., Herrscherverheißungen im Alten Testament, BThSt 19, Neukirchen-Vluyn 1992.

SEELIG, G., Religionsgeschichtliche Methode in Vergangenheit und Gegenwart. Studien zur Geschichte und Methode des religionsgeschichtlichen Vergleichs in der neutestamentlichen Wissenschaft (Arbeiten zur Bibel und ihrer Geschichte 7), Leipzig 2001.

SEIDELIN, P., Der 'Ebed Jahwe und die Messiasgestalt im Jesajatargum, ZNW 35 (1936), 194–231.

SEIFRID, M. A., Gottes Gerechtigkeit im Alten Testament und bei Paulus: eine Skizze, JET 12 (1998), 25–36.

–: Righteousness Language in the Hebrew Scriptures and Early Judaism, in: Justification and Variegated Nomism: A Fresh Appraisal of Paul and Second Temple Judaism, Bd. 1: The Complexities of Second Temple Judaism, hg. v. D. A. Carson u.a., WUNT II/140, Tübingen 2001, 415–442.

SENIOR, D., Between Two Worlds: Gentiles and Jewish Christians in Matthew's Gospel, CBQ 61 (1999), 1–23.

SEYBOLD, K., Beiträge zur Psalmenforschung der jüngsten Zeit, ThR 61 (1991), 247–274, jetzt in: ders., Studien zur Psalmenauslegung, Stuttgart u.a. 1998, 46–74.

–: Der Prophet Jeremia. Leben und Werk, UB 416, Stuttgart u.a. 1993.

SHILLINGTON, V. G., Salt of the Earth? (Mt 5:13/Lk 14:34f), ET 112 (2001), 120f.

SIEGERT, F., Zwischen Hebräischer Bibel und Altem Testament. Eine Einführung in die Septuaginta, MJSt 9, Münster u.a. 2001.

–: Register zur „Einführung in die Septuaginta". Mit einem Kapitel zur Wirkungsgeschichte, MJSt 13, Münster u.a. 2002.

SIM, D. C., The Gospel of Matthew and the Gentiles, JSNT 57 (1995), 19–48.

–: Apocalyptic eschatology in the gospel of Matthew, MSSNTS 88, Cambridge 1996.

–: The Gospel of Matthew and Christian Judaism. The History and Social Setting of the Matthean Community, Studies of the New Testament and its World, Edinburgh 1998.

SKARSAUNE, O., The Proof from Prophecy. A Study in Justin Martyr's Proof-Text Tradition, NT.S 56, Leiden 1987, 17–131.

–: From Books to Testimonies. Remarks on the Transmission of the Old Testament in the Early Church, in: The New Testament and Christian-Jewish Dialogue, FS David Flusser, hg. v. M. Lowe, Immanuel 24/25 (1990), 207–219.

SKEAT, T. C., Early Christian Book Production: Papyri and Manuscripts, in: The Cambridge History of the Bible, Bd. 2: The West from the Fathers to the Reformation, hg. v. G. W. H. Lampe, Cambridge 1969, 54–79.

SMELIK, W. F., On Mystical Transformation of the Righteous into Light in Judaism, JJS 26 (1995), 122–144.

SNODGRASS, K., A Response to H. D. Betz on the Sermon on the Mount, Biblical Research 36 (1991), 88–94.

–: Matthew and the Law, in: Treasures New and Old. Recent Contributions to Matthean Studies, hg. v. D. R. Bauer u. M. A. Powell, SBL Symposium Series 1, Atlanta, Ga. 1996, 99–127.

SÖDING, TH., (unter Mitarb. von Chr. Münch), Wege der Schriftauslegung. Methodenbuch zum Neuen Testament, Freiburg u.a. 1998.

SONNTAG, H., ΝΟΜΟΣ ΣΩΤΗΡ. Zur politischen Theologie des Gesetzes bei Paulus und im antiken Kontext, TANZ 34, Tübingen u. Basel 2000.

SOLL, W., Psalm 119. Matrix, Form, and Setting, CBQ.MS 23, Washington 1991.

SOUČEK, J. B., Salz der Erde und Licht der Welt, ThZ 19 (1963), 169–179.

SPIECKERMANN, H., Recht und Gerechtigkeit im Alten Testament. Politische Wirklichkeit und metaphorischer Anspruch, in: Recht – Macht – Gerechtigkeit, hg. v. J. Mehlhausen, VWGTh 14, Gütersloh 1998, 253–273.

STAHL, R., Die glaubenden Gerechten. Rechtfertigung im Alten Testament, in: Gedenket an das Wort, FS für W. Vogler, hg. v. Chr. Kähler u.a., Leipzig 1999, 243–251.

STANDAERT, B., L'Èvangile selon Matthieu: Composition et genre littéraire, in: The Four Gospels 1992, FS F. Neirynck, 3 Bde., hg. v. F. van Segbroeck u.a., BEThL 100, Leuven 1992, II 1223–1250.

STANTON, G. N., Matthew as Creative Interpreter of the Sayings of Jesus, in: Das Evangelium und die Evangelien, hg. v. P. Stuhlmacher, WUNT I/28, Tübingen 1983, 273–287, jetzt in: ders., A Gospel for a New People. Studies in Matthew, Edinburgh 1992, 326–345.

–: The Origin and Purpose of Matthew's Gospel. Matthean Scholarship form 1945–1980, in: ANRW II 25.3, Berlin und New York 1984, 1889–1951.

–: The Origin and Purpose of Matthew's Sermon of the Mount, in: Tradition and Interpretation in the New Testament, FS E. E. Ellis, hg. v. G. F. Hawthorne u. O. Betz, Grand Rapids, Mich. u. Tübingen 1987, 181–192, jetzt in: ders., A Gospel for a New People. Studies in Matthew, Edinburgh 1992, 307–325.

–: A Gospel for a New People. Studies in Matthew, Edinburgh 1992.

–: Matthew: βίβλος, εὐαγγέλιον, or βίος?, in: The Four Gospels 1992, FS F. Neirynck, 3 Bde., hg. v. F. van Segbroeck u.a., BEThL 100, Leuven 1992, II 1187–1201.

–: Matthew's Christology and the Parting of the Ways, in: Jews and Christians. The Parting of the Ways A. D. 70 to 135, hg. v. J. D. G. Dunn, WUNT I/66, Tübingen 1992, 99–116.

STASSEN, G. H., The Fourteen Triads of the Sermon on the Mount (Matthew 5:21–7:12), JBL 122 (2003), 267–308.

STAUFFER, E., Die Botschaft Jesu damals und heute, DTb 333, Bern u. München 1959.

STECK, O. H., Israel und das gewaltsame Geschick der Propheten, WMANT 23, Neukirchen-Vluyn 1967.

–: Die erste Jesajarolle von Qumran (1QIsᵃ). Schreibweise als Leseanleitung für ein Prophetenbuch, SBS 173/1–2, Stuttgart 1998.

STEGEMANN, H., Die Essener, Qumran, Johannes der Täufer und Jesus, Freiburg u.a. 1993.

STEIGER, J. A., "Ihr seid das Salz der Erde" (Mt 5,13). Das Motto des Kirchentages 1999 im Spiegel der Auslegungsgeschichte (Chrysostomos, Luther, Herberger, Francke u.a.), Homiletisch-liturgisches Korrespondenzblatt 17 (1999), 157–174.

STEMBERGER, G., Einleitung in Talmud und Midrasch, München ⁸1992.

–: Psalmen in Liturgie und Predigt in der rabbinischen Zeit, in: Der Psalter in Judentum und Christentum, hg. v. E. Zenger, HBS 18, Freiburg u.a. 1998, 199–213.

STENDAHL, K., The School of St. Matthew, Uppsala 1954.

–: Quis et Unde? An Analysis of Mt 1–2, in: Judentum – Urchristentum – Kirche, FS Joach. Jeremias, BZNW 26, Berlin 1960 (²1964), 94–105, dt.: Quis et Unde? Eine Analyse von Mt 1–2, in: Das Matthäus-Evangelium, hg. v. J. Lange, WdF 525, Darmstadt 1980, 296–311.

STEUDEL, ANNETTE, Der Midrasch zur Eschatologie aus der Qumrangemeinde (4QMidr Eschatᵃ·ᵇ), STDJ 13, Leiden u.a. 1994.

STIEWE, M./VOUGA, F., Die Bergpredigt und ihre Rezeption als kurze Darstellung des Christentums, Neutestamentliche Entwürfe zur Theologie 2, Tübingen 2001.

STOLDT, H.-H., Geschichte und Kritik der Markushypothese, Gießen ²1986 (Göttingen ¹1977).

STRAUSS, H., Messianisch ohne Messias, EHS XXIII/232, Frankfurt/M. u.a. 1984.

STRECKER, G., Der Weg der Gerechtigkeit. Untersuchung zur Theologie des Matthäus, FRLANT 82, Göttingen 1962 (²1966; ³1971).

–: Das Geschichtsverständnis des Matthäus, EvTh 26 (1966), 57–74, jetzt in: ders., Eschaton und Historie, Göttingen 1979, 90–107.

–: Glauben und Handeln in der Theologie des Matthäus, in: ders., Handlungsorientierter Glaube, Stuttgart u. Berlin 1972, 36–45 (+66f [Anmerkungen]).

–: Das Gesetz in der Bergpredigt – die Bergpredigt als Gesetz, in: The Law in the Bible and in its Environment, hg. v. T. Veijola, SESJ 51 = Publications of the Finnish Exegetical Society 51, Göttingen 1990, 109–125.

–: Literaturgeschichte des Neuen Testaments, UTB 1682, Göttingen 1992.

STUHLMACHER, P., Gerechtigkeit Gottes bei Paulus, FRLANT 87, Göttingen ²1966.

–: Die neue Gerechtigkeit in der Jesusverkündigung, in: ders., Versöhnung, Gesetz und Gerechtigkeit. Aufsätze zur biblischen Theologie, Göttingen 1981, 43–65.

–: Jesu vollkommenes Gesetz der Freiheit. Zum Verständnis der Bergpredigt, ZThK 79 (1982), 283–322.

–: Biblische Theologie des Neuen Testaments, Bd. 1: Grundlegung / Von Jesus zu Paulus; Bd. 2: Von der Paulusschule bis zur Johannesoffenbarung, Göttingen 1992 u. 1999.

–: Zur missionsgeschichtlichen Bedeutung von Mt 28,16–20, EvTh 59 (1999), 108–130.

–: Matt 28:16–20 and the Course of Mission in the Apostolic and Postapostolic Age, in: The Mission of the Early Church to Jews and Gentiles, hg. v. J. Ådna u. H. Kvalbein, WUNT 127, Tübingen 2000, 17–44.

SUGGS, M. J., Wisdom, Christology, and Law in Matthew's Gospel, Cambridge 1970.

SUHL, A., Der Davidssohn im Matthäus-Evangelium, ZNW 59 (1968), 57–81.

SUTCLIFFE, F., One Jot or Title, Mt. 5,18, Bib. 9 (1928), 458–462.

SYREENI, K., The Making of the Sermon on the Mount. Part I: Methodology and Compositional Analysis, AASF.DHL 44, Helsinki 1987.

–: Matthew, Luke, and the Law: A Study in Hermeneutical Exegesis, in: The Law in the Bible and in its Environment, hg. v. T. Veijola, SESJ 51 = Publications of the Finnish Exegetical Society 51, Göttingen 1990, 126–155.

TALMON, SH., Typen der Messiaserwartung um die Zeitenwende, in: Probleme Biblischer Theologie, FS G. v. Rad, hg. v. H. W. Wolff, München 1971, 571–588, jetzt in: ders., Gesellschaft und Literatur in der Hebräischen Bibel. Gesammelte Aufsätze Bd. 1, InfJud 8, Neukirchen-Vluyn 1988, 209–224.

–: Biblische und frühnachbiblische Messias- und Heilserwartungen, Juden und Christen im Gespräch. Gesammelte Aufsätze Bd. 2, InfJud 11, Neukirchen-Vluyn 1992, 98–129.

TAYLOR, JOAN E., The Immerser: John the Baptist within Second Temple Judaism, Grand Rapids u. Cambridge 1997.

TEUBER, B., Sacrificium auctoris. Die Anthropologie des Opfers und das postmoderne Konzept der Autorschaft, in: Autorschaft. Positionen und Revisionen [DFG-Symposion 2001], hg. v. H. Detering, Berichtsbände Germanistische Symposien 24 (DVjs-Sonderband), Stuttgart u. Weimar 2002, 121–141.

THEISSEN, G., Gewaltverzicht und Feindesliebe (Mt 5,38–48/Lk 6,27–38) und deren sozialgeschichtlicher Hintergrund, in: ders., Studien zur Soziologie des Urchristentums, WUNT I/19, Tübingen ³1989, 160–197.

–: Jünger als Gewalttäter (Mt 11,12f; Lk 16,16). Der Stürmerspruch als Selbststigmatisierung einer Minorität, in: Mighty Minorities? Minorities in Early Christianity. Positions and Strategies, FS J. Jervell, Oslo 1995, 183–200.

–: Evangelienschreibung und Gemeindeleitung. Pragmatische Motive bei der Abfassung des Markusevangeliums, in: Antikes Judentum und Frühes Christentum, FS H. Stegemann, hg. v. B. Kollmann u.a., BZNW 97, Berlin u. New York 1999, 389–414.

THIEL, W., Die deuteronomistische Redaktion von Jeremia 1–25, WMANT 41, Neukirchen-Vluyn 1973.

–: Die deuteronomistische Redaktion von Jeremia 26–45, WMANT 52, Neukirchen-Vluyn 1981.

THOMA, C., Psalmenfrömmigkeit im Rabbinischen Judentum, in: Liturgie und Dichtung, hg. v. H. Becker u. R. Kaczynski, PiLi 1, St. Ottilien 1983, 91–105.

TILBORG, S. VAN, Mt 27,3–10: An Intertextual Reading, in: Intertextuality in Biblical Writings, FS B. van Iersel, hg. v. S. Draisma, Kampen 1989, 159–174.

TOURNAY, R. J., Seeing and Hearing God with the Psalms. The Prophetic Liturgy of the Second Temple in Jerusalem, JSOT.S 118, Sheffield 1991 (urspr. franz. Paris 1988).

TOV, E., Der Text der Hebräischen Bibel. Handbuch der Textkritik, Stuttgart u.a. 1997.

TREVETT, CHRISTINE, Approaching Matthew from the Second Century. The Under-Used Ignatian Correspondence, JSNT 20 (1984), 59–67.

TRILLING, W., Das wahre Israel. Studien zur Theologie des Matthäus-Evangeliums, EThSt 7, Erfurt 1959 (3. Aufl.: StANT 10, München 1964).

UNNIK, W. C. VAN, De la règle Μήτε προσθεῖναι, μήτε ἀφελεῖν dans l'histoire du canon, VigChr 3 (1949), 1–36, jetzt in: ders, Sparsa Collecta II, NT.S 30, Leiden 1980, 123–156.

–: Flavius Josephus als historischer Schriftsteller, FDV.N.F., Heidelberg 1978.

VAHRENHORST, M., »Ihr sollt überhaupt nicht schwören«. Matthäus im halachischen Diskurs, WMANT 95, Neukirchen-Vluyn 2002.

VANDERKAM, J. C., The Righteousness of Noah, in: Ideal Figures in Ancient Judaism. Profiles and Paradigmas, hg. v. J. J. Collins u. G. W. E. Nickelsburg, SBL.SCS 12, Chico, Calif. 1980, 13–32.

–: Einführung in die Qumranforschung, UTB 1998, Göttingen 1998.

VERMES, G., Jesus der Jude, Neukirchen-Vluyn 1993.

VÖGTLE, A., Die Genealogie Mt 1,2–16 und die matthäische Kindheitsgeschichte, in: ders., Das Evangelium und die Evangelien. Beiträge zur Evangelienforschung, KBANT, Düsseldorf 1971, 57–102.

–: Messias und Gottessohn. Herkunft und Sinn der matthäischen Geburts- und Kindheitsgeschichte, tP 4, Düsseldorf 1971.

VOUGA, F., Matthäus 5,17–20. Der Gott des Tausches und der Geist der Gabe: Das theologische und existentielle Programm der Bergpredigt, in: Was ist ein Text?, hg. v. Oda Wischmeyer u. Eve-Marie Becker, Neutestamentliche Entwürfe zur Theologie 1, Tübingen und Basel 2001, 43–64.

–: s. a. STIEWE, M.

WACHOLDER, B. Z., David's Eschatological Psalter 11Q Psalmsᵃ, HUCA 59 (1988), 23–72.

WALKER, R., Die Heilsgeschichte im ersten Evangelium, FRLANT 91, Göttingen 1967.

WALTER, N., Zum Kirchenverständnis des Matthäus, ThV 12 (1981), 25–45, jetzt in: ders., Praeparatio Evangelica. Studien zur Umwelt, Exegese und Hermeneutik des Neuen Testaments, hg. v. W. Kraus. u. F. Wilk, WUNT I/98, Tübingen 1997, 118–143.

–: Die Botschaft vom Jüngsten Gericht im Neuen Testament, in: Eschatologie und Jüngstes Gericht, hg. v. ders. u.a., FuH 32, Hannover 1991, 10–48, jetzt in: ders., Praeparatio Evangelica. Studien zur Umwelt, Exegese und Hermeneutik des Neuen Testaments, hg. v. W. Kraus u. F. Wilk, WUNT I/98, Tübingen 1997, 311–340.

WANKE, J., 'Bezugs- und Kommentarworte' in den synoptischen Evangelien, Leipzig 1981.

WASCHKE, E.-J., »Es ist dir gesagt, Mensch, was gut ist …« (Mi 6,8). Zur Frage nach dem Begründungszusammenhang einer biblischen Ethik am Beispiel des Dekalogs (Ex 20/ Dtn 5), ThLZ 118 (1993), 379–388, jetzt in: ders., Der Gesalbte. Studien zur alttestamentlichen Theologie, BZAW 306, Berlin u. New York 2001, 221–233.

–: Wurzeln und Ausprägung messianischer Vorstellungen im Alten Testament. Eine traditionsgeschichtliche Untersuchung, in: ders., Der Gesalbte. Studien zur alttestamentlichen Theologie, BZAW 306, Berlin u. New York 2001, 1–104.

WATSON, N. M., Some Observations on the Use of ΔΙΚΑΙΟΣ in the Septuagint, JBL 79 (1960), 255–266.

WEBER, R., Das „Gesetz" bei Philon von Alexandrien und Flavius Josephus. Studien zum Verständnis und zur Funktion der Thora bei den beiden Hauptzeugen des hellenistischen Judentums, Arbeiten zur Religion und Geschichte des Urchristentums 11, Frankfurt a.M. u.a. 2001.

WEIZSÄCKER, C. F. VON, Die Zeit drängt. Eine Weltversammlung der Christen für Gerechtigkeit, Frieden und die Bewahrung der Schöpfung, München u. Wien 1986 (danach zahlreiche Auflagen).

WENDEBOURG, DOROTHEA, Zur Entstehungsgeschichte der »Gemeinsamen Erklärung«, ZThK.B 10: Zur Rechtfertigungslehre, Tübingen 1998, 140–206.

WENDEBOURG, NICOLA, Der Tag des Herrn. Zur Gerichtserwartung im Neuen Testament auf ihrem altestamentlichen und frühjüdischen Hintergrund, WMANT 96, Neukirchen-Vluyn 2003.

WENDLING, E., Zu Mt 5,18.19., ZNW 5 (1904), 253–256.

WERNLE, P., Die synoptische Frage, Freiburg i.Br. 1899.

WHYBRAY, N., Reading the Psalms as a Book, JSOT.S 222, Sheffield 1996.

WICK, P., Judas als Prophet wider Willen. Mt 27,3–10 als Midrasch, ThZ 57 (2001), 26–35.

–: Die urchristlichen Gottesdienste. Enstehung und Entwicklung im Rahmen der frühjüdischen Tempel-, Synagogen- und Hausfrömmigkeit, BWANT 150, Stuttgart ²2003.

WILCKENS, U., Theologie des Neuen Testaments I. Geschichte der urchristlichen Religion, Teilbd. 1: Geschichte des Wirkens Jesu in Galiläa, Neukirchen-Vluyn 2002.

WILK, F., Jesus und die Völker in der Sicht der Synoptiker, BZNW 109, Berlin u. New York 2002.

WILLI-PLEIN, INA, Das Zwölfprophetenbuch, ThR 64 (1999), 351–395.

WILSON, G. H., The Editing of the Hebrew Psalter, SBL.DS 76, Chico, Calif., 1985.

WILSON, R. MCL., Studies in the Gospel of Thomas, London 1960.

WINDISCH, H., Der Sinn der Bergpredigt. Ein Beitrag zum Problem der richtigen Exegese, UNT 16, Leipzig 1929.

WOLF, N. CH., Wie viele Leben hat der Autor? Zur Wiederkehr des empirischen Autor- und des Werkbegriffs in der neueren Literaturtheorie, in: Autorschaft. Positionen und Revisionen [DFG-Symposion 2001], hg. v. H. Detering, Berichtsbände Germanistische Symposien 24 (DVjs-Sonderband), Stuttgart u. Weimar 2002, 390–405.

WOLFF, CH., Jeremia im Frühjudentum und Urchristentum, TU 118, Berlin 1976.

WONG, K. CH., Interkulturelle Theologie und multikulturelle Gemeinde im Matthäusevangelium, NTOA 22, Freiburg/CH u. Göttingen 1992.

WOUTERS, A., »... wer den Willen meines Vaters tut«. Eine Untersuchung zum Verständnis vom Handeln im Matthäusevangelium, BU 26, Regensburg 1992.

WREGE, H.-TH., Die Überlieferungsgeschichte der Bergpredigt, WUNT I/9, Tübingen 1968.

WÜNSCH, D., Evangelienharmonien im Reformationszeitalter. Ein Beitrag zur Geschichte der Leben-Jesu-Darstellungen, AKG 52, Berlin u. New York 1983.

YANG, Y.-E., Jesus and the Sabbath in Matthew's Gospel, JSNT.S 139, Sheffield 1997.

YARDENI, ADA, The Book of Hebrew Script. History, Palaeography, Script Styles, Calligraphy & Design, Jerusalem 1997.

ZAGER, D. u. W., Albert Schweitzer. Impulse für ein wahrhaftiges Christentum, Neukirchen-Vluyn 1997.

ZAGER, W., Reich Gottes in der Verkündigung und im Wirken Jesu, in: ders., Bergpredigt und Reich Gottes, Neukirchen-Vluyn 2002, 45–62.

–: Was kann Reich Gottes für uns heute bedeuten? Ein Dialog mit Albert Schweitzer, in: ders., Bergpredigt und Reich Gottes, Neukirchen-Vluyn 2002, 71–83.

ZAKOVITCH, Y., David's Birth and Childhood in the Bible and in the Midrashim on Psalms, in: Der Psalter in Judentum und Christentum, hg. v. E. Zenger, HBS 18, Freiburg u.a. 1998, 185–198.

ZELLER, H., Corpora Sanctorum, SKTh 71 (1949), 385–465.

ZENGER, E., Israel und Kirche im gemeinsamen Gottesbund. Beobachtungen zum theologischen Programm des 4. Psalmbuchs (Ps 90–106), in: Kirche und Israel heute. Beiträge zum christlich-jüdischen Dialog, FS E. L. Ehrlich, hg. v. M. Marcus u.a., Freiburg u.a. 1991, 236–254.

–: Die Nacht wird leuchten wie der Tag. Psalmenauslegungen, Freiburg u.a. 1997.

–: Dein Angesicht suche ich. Neue Psalmenauslegungen, Freiburg u.a. 1998.

–: Ein Gott der Rache? Feindpsalmen verstehen, Freiburg u.a. 1998.

–: u.a., Einleitung in das Alte Testament, KStTh 1,1, Stuttgart u.a. ³1998.

ZIESLER, J. A., The Meaning of Righteousness in Paul. A Linguistic and Theological Enquiry, MSSNTS 20, Cambridge 1972.

ZIMMERLI, W., Grundriß der alttestamentlichen Theologie, ThW 3.1, Stuttgart u.a. ⁵1985.

ZIMMERMANN, J., Messianische Texte aus Qumran. Königliche, priesterliche und prophetische Messiasvorstellungen in den Schriftfunden von Qumran, WUNT II/104, Tübingen 1998.

ZUCKSCHWERDT, E., Abermals: *Nazōraîos* in Mt 2,23, ThZ 57 (2001), 402–405.

ZUMSTEIN, J., Narrative Analyse und neutestamentliche Exegese in der frankophonen Welt, VuF 41 (1996), 5–27.

Stellenregister (in Auswahl)

1. Bibel

1.1 Altes Testament (einschließlich 'Apokryphen')

2. Frühjüdische Literatur

2.1 Philo von Alexandrien

2.2 Josephus

2.3 Jüdisch-hellenistische Literatur (alphabetisch geordnet)

2.4 Qumran

3. Rabbinisches Schrifttum

4. Griechische und römische Literatur

5. Antikes Christentum

Autorenregister

Duchrow, U. 13
Duling, D. C. 479, 481, 562
Dunn, J. D. G. 19

Ebeling, G. 5–10
Eckstein, H.-J. 109, 209, 261, 272, 362, 368f, 374, 379
Edwards, R. A. 42, 53, 63, 66
Egger, P. 303
Ego, Beate 514
Eising, H. 191
Eissfeldt, O. 128
Elbogen, I. 456
Elliger, K. 189, 531f
Ensor, P. W. 247
Evans, C. A. 456, 483, 492, 632
Eynikel, E. 212, 337, 388

Fabry, H.-J. 456, 462, 465, 577
Fantham, Elain 78, 82–84
Feldman, L. H. 282
Feldmeier, R. 3, 153, 155
Fensham, F. C. 189, 192
Feuillet, A. 265, 364
Fiedler, M. J. 124, 149, 439, 442, 458, 502, 505f, 509
Fiedler, P. 172, 197
Finkelstein, L. 457
Fischer, Irmtraud 517
Fischer, J. 209
Fisher, Loren R. 481
Flint, P. W. 462, 577, 598, 618
Flüchter S. 508
Flusser, D. 19, 272
Fohrer, G. 338, 474
Forbes, R. J. 186, 189, 200, 222
Foster, P. 23f, 30, 81, 107, 127, 122, 259, 265, 277, 279, 285, 290, 296, 336, 341, 346f, 350, 357, 361, 368, 377–379, 382, 384, 386, 416, 419, 426, 501
Fowler, R. M. 70
Frankemölle, H. 21, 25, 30, 49, 90, 97, 113, 117, 126, 128–130, 138, 148f, 199, 207, 234, 265, 268, 389, 407, 410, 426, 436, 439, 442
Frey, J. 57–59, 65, 84f, 87, 247f
Freyne, S. 19

Frickenschmidt, D. 74
Friedlander, G. 238
Friedrich, J. 117
Fritz, V. 189, 476, 488, 514
Füglister, N. 461
Fulda, D. 71

Gadamer, H.–G. 58
Gaechter, P. 159, 199, 217, 234, 238, 313, 354
Gamble, H. Y. 85
Gandhi, M. K. 15f
Garland, D. E. 107, 263
Gärtner, B. 100f, 131, 492
Gauger, J.–D. 317
Gay, G. 118
Gehring, R. W. 446, 451
Gench, Frances Taylor 105, 135, 242–245
Genette, G. 47, 56
Gerhardsson, B. 440
Germer, R. 189
Gerstenberger, E. S. 575
Gese, H. 135, 381, 421, 455, 473, 475, 573, 575, 583f, 594, 596
Gesenius, W. 510, 518, 546, 599, 610
Geyer, H.-G. 5
Gibbs, J. M. 130, 268, 402f
Gielen, Marlies 20, 23, 52, 54, 63, 66, 69, 74, 90, 99, 109
Giesen, H. 30, 106, 124, 126, 128, 138f, 147, 149, 177, 339, 426, 435f, 439
Gillingham, Sue 462
Giovannini, A. 190
Gleiss, F. 19
Gnilka, J. 22, 114, 117, 128, 153, 162, 165f, 186, 200, 203, 210, 235, 238, 243f, 265, 313, 337, 339f, 353, 358, 377f, 393, 416, 471, 476, 493, 612
Goertz, H.-J. 71f
Goldberg, A. 322, 457
Goldschmidt, L. 320
Goodacre, M. S. 88
Gordon, R. P. 563
Goulder, M. 88, 100
Grabes, H. 73
Grässer, E. 16, 170, 177
Grant, R. L. 315

Sach- und Personenregister

Hebräisches und aramäisches Wortregister

Griechisches Wortregister

τέλειος 390, 432
τέλος 427f

υἱὸς τοῦ ἀνθρώπου 98
ὑποκριτής 438

φθάνειν 115

φορτίον 262, 404f
φορτίζειν 262, 405

χαίρειν καὶ ἀγαλλιᾶν 170f
χορτάζειν 140, 146f, 416

ψευδοπροφῆται 163, 176

Wissenschaftliche Untersuchungen zum Neuen Testament

Alphabetische Übersicht der ersten und zweiten Reihe

Ådna, Jostein: Jesu Stellung zum Tempel. 2000. *Band II/119.*

Ådna, Jostein und *Hans Kvalbein* (Hrsg.): The Mission of the Early Church to Jews and Gentiles. 2000. *Band 127.*

Alkier, Stefan: Wunder und Wirklichkeit in den Briefen des Apostels Paulus. 2001. *Band 134.*

Anderson, Paul N.: The Christology of the Fourth Gospel. 1996. *Band II/78.*

Appold, Mark L.: The Oneness Motif in the Fourth Gospel. 1976. *Band II/1.*

Arnold, Clinton E.: The Colossian Syncretism. 1995. *Band II/77.*

Ascough, Richard S.: Paul's Macedonian Associations. 2003. *Band II/161.*

Asiedu-Peprah, Martin: Johannine Sabbath Conflicts As Juridical Controversy. 2001. *Band II/132.*

Avemarie, Friedrich: Die Tauferzählungen der Apostelgeschichte. 2002. *Band 139.*

Avemarie, Friedrich und *Hermann Lichtenberger* (Hrsg.): Auferstehung – Ressurection. 2001. *Band 135.*

Avemarie, Friedrich und *Hermann Lichtenberger* (Hrsg.): Bund und Tora. 1996. *Band 92.*

Baarlink, Heinrich: Verkündigtes Heil. 2004. *Band 168.*

Bachmann, Michael: Sünder oder Übertreter. 1992. *Band 59.*

Back, Frances: Verwandlung durch Offenbarung bei Paulus. 2002. *Band II/153.*

Baker, William R.: Personal Speech-Ethics in the Epistle of James. 1995. *Band II/68.*

Bakke, Odd Magne: 'Concord and Peace'. 2001. *Band II/143.*

Balla, Peter: Challenges to New Testament Theology. 1997. *Band II/95.*

− *The Child-Parent Relationship in the New Testament and its Environment.* 2003. *Band 155.*

Bammel, Ernst: Judaica. Band I 1986. *Band 37.*

− Band II 1997. *Band 91.*

Bash, Anthony: Ambassadors for Christ. 1997. *Band II/92.*

Bauernfeind, Otto: Kommentar und Studien zur Apostelgeschichte. 1980. *Band 22.*

Baum, Armin Daniel: Pseudepigraphie und literarische Fälschung im frühen Christentum. 2001. *Band II/138.*

Bayer, Hans Friedrich: Jesus' Predictions of Vindication and Resurrection. 1986. *Band II/20.*

Becker, Michael: Wunder und Wundertäter im frührabbinischen Judentum. 2002. *Band II/144.*

Bell, Richard H.: Provoked to Jealousy. 1994. *Band II/63.*

− No One Seeks for God. 1998. *Band 106.*

Bennema, Cornelis: The Power of Saving Wisdom. 2002. *Band II/148.*

Bergman, Jan: siehe *Kieffer, René*

Bergmeier, Roland: Das Gesetz im Römerbrief und andere Studien zum Neuen Testament. 2000. *Band 121.*

Betz, Otto: Jesus, der Messias Israels. 1987. *Band 42.*

− Jesus, der Herr der Kirche. 1990. *Band 52.*

Beyschlag, Karlmann: Simon Magus und die christliche Gnosis. 1974. *Band 16.*

Bittner, Wolfgang J.: Jesu Zeichen im Johannesevangelium. 1987. *Band II/26.*

Bjerkelund, Carl J.: Tauta Egeneto. 1987. *Band 40.*

Blackburn, Barry Lee: Theios Anēr and the Markan Miracle Traditions. 1991. *Band II/40.*

Bock, Darrell L.: Blasphemy and Exaltation in Judaism and the Final Examination of Jesus. 1998. *Band II/106.*

Bockmuehl, Markus N.A.: Revelation and Mystery in Ancient Judaism and Pauline Christianity. 1990. *Band II/36.*

Bøe, Sverre: Gog and Magog. 2001. *Band II/ 135.*

Böhlig, Alexander: Gnosis und Synkretismus. Teil 1 1989. *Band 47* − Teil 2 1989. *Band 48.*

Böhm, Martina: Samarien und die Samaritai bei Lukas. 1999. *Band II/111.*

Böttrich, Christfried: Weltweisheit – Mensch-heitsethik – Urkult. 1992. *Band II/50.*

Bolyki, János: Jesu Tischgemeinschaften. 1997. *Band II/96.*

Bosman, Philip: Conscience in Philo and Paul. 2003. *Band II/166.*

Bovon, François: Studies in Early Christianity. 2003. *Band 161.*

Brocke, Christoph vom: Thessaloniki – Stadt des Kassander und Gemeinde des Paulus. 2001. *Band II/125.*

Brunson, Andrew: Psalm 118 in the Gospel of John. 2003. *Band II/158.*

Büchli, Jörg: Der Poimandres – ein paganisier-tes Evangelium. 1987. *Band II/27.*

Bühner, Jan A.: Der Gesandte und sein Weg im 4. Evangelium. 1977. *Band II/2.*

Burchard, Christoph: Untersuchungen zu Joseph und Aseneth. 1965. *Band 8.*

– Studien zur Theologie, Sprache und Umwelt des Neuen Testaments. Hrsg. von D. Sänger. 1998. *Band 107.*

Burnett, Richard: Karl Barth's Theological Exegesis. 2001. *Band II/145.*

Byron, John: Slavery Metaphors in Early Judaism and Pauline Christianity. 2003. *Band II/162.*

Byrskog, Samuel: Story as History – History as Story. 2000. *Band 123.*

Cancik, Hubert (Hrsg.): Markus-Philologie. 1984. *Band 33.*

Capes, David B.: Old Testament Yaweh Texts in Paul's Christology. 1992. *Band II/47.*

Caragounis, Chrys C.: The Development of Greek and the New Testament. 2004. *Band 167.*

– The Son of Man. 1986. *Band 38.*

– siehe *Fridrichsen, Anton.*

Carleton Paget, James: The Epistle of Barnabas. 1994. *Band II/64.*

Carson, D.A., Peter T. O'Brien und *Mark Seifrid* (Hrsg.): Justification and Variegated Nomism.
Band 1: The Complexities of Second Temple Judaism. 2001. *Band II/140.*
Band 2: The Paradoxes of Paul. 2004. *Band II/181.*

Ciampa, Roy E.: The Presence and Function of Scripture in Galatians 1 and 2. 1998. *Band II/102.*

Classen, Carl Joachim: Rhetorical Criticsm of the New Testament. 2000. *Band 128.*

Colpe, Carsten: Iranier – Aramäer – Hebräer – Hellenen. 2003. *Band 154.*

Crump, David: Jesus the Intercessor. 1992. *Band II/49.*

Dahl, Nils Alstrup: Studies in Ephesians. 2000. *Band 131.*

Deines, Roland: Die Gerechtigkeit der Tora im Reich des Messias. 2004. *Band 177.*

– Jüdische Steingefäße und pharisäische Frömmigkeit. 1993. *Band II/52.*

– Die Pharisäer. 1997. *Band 101.*

– und *Karl-Wilhelm Niebuhr (Hrsg.):* Philo und das Neue Testament. 2004. *Band 172.*

Dettwiler, Andreas und *Jean Zumstein (Hrsg.):* Kreuzestheologie im Neuen Testament. 2002. *Band 151.*

Dickson, John P.: Mission-Commitment in Ancient Judaism and in the Pauline Communities. 2003. *Band II/159.*

Dietzfelbinger, Christian: Der Abschied des Kommenden. 1997. *Band 95.*

Dimitrov, Ivan Z., James D.G. Dunn, Ulrich Luz und *Karl-Wilhelm Niebuhr* (Hrsg.): Das Alte Testament als christliche Bibel in orthodoxer und westlicher Sicht. 2004. *Band 174.*

Dobbeler, Axel von: Glaube als Teilhabe. 1987. *Band II/22.*

Du Toit, David S.: Theios Anthropos. 1997. *Band II/91.*

Dübbers, Michael: Christologie und Existenz im Kolosserbrief. 2005. *Band II/191.*

Dunn , James D.G. (Hrsg.): Jews and Christians. 1992. *Band 66.*

– Paul and the Mosaic Law. 1996. *Band 89.*

– siehe *Dimitrov, Ivan Z.*

Dunn, James D.G., Hans Klein, Ulrich Luz und *Vasile Mihoc* (Hrsg.)*:* Auslegung der Bibel in orthodoxer und westlicher Perspektive. 2000. *Band 130.*

Ebel, Eva: Die Attraktivität früher christlicher Gemeinden. 2004. *Band II/178.*

Ebertz, Michael N.: Das Charisma des Gekreuzigten. 1987. *Band 45.*

Eckstein, Hans-Joachim: Der Begriff Syneidesis bei Paulus. 1983. *Band II/10.*

– Verheißung und Gesetz. 1996. *Band 86.*

Ego, Beate: Im Himmel wie auf Erden. 1989. *Band II/34*

Ego, Beate, Armin Lange und *Peter Pilhofer* (Hrsg.): Gemeinde ohne Tempel – Community without Temple. 1999. *Band 118.*

Eisen, Ute E.: siehe *Paulsen, Henning.*

Ellis, E. Earle: Prophecy and Hermeneutic in Early Christianity. 1978. *Band 18.*

– The Old Testament in Early Christianity. 1991. *Band 54.*

Endo, Masanobu: Creation and Christology. 2002. *Band 149.*

Ennulat, Andreas: Die 'Minor Agreements'. 1994. *Band II/62.*

Ensor, Peter W.: Jesus and His 'Works'. 1996. *Band II/85.*

Eskola, Timo: Messiah and the Throne. 2001. *Band II/142.*

– Theodicy and Predestination in Pauline Soteriology. 1998. *Band II/100.*

Fatehi, Mehrdad: The Spirit's Relation to the Risen Lord in Paul. 2000. *Band II/128.*

Feldmeier, Reinhard: Die Krisis des Gottessohnes. 1987. *Band II/21.*

– Die Christen als Fremde. 1992. *Band 64.*

Feldmeier, Reinhard und *Ulrich Heckel* (Hrsg.): Die Heiden. 1994. *Band 70.*

Fletcher-Louis, Crispin H.T.: Luke-Acts: Angels, Christology and Soteriology. 1997. *Band II/94.*

Förster, Niclas: Marcus Magus. 1999. *Band 114.*

Forbes, Christopher Brian: Prophecy and Inspired Speech in Early Christianity and its Hellenistic Environment. 1995. *Band II/75.*

Fornberg, Tord: siehe *Fridrichsen, Anton.*

Fossum, Jarl E.: The Name of God and the Angel of the Lord. 1985. *Band 36.*

Foster, Paul: Community, Law and Mission in Matthew's Gospel. *Band II/177.*

Fotopoulos, John: Food Offered to Idols in Roman Corinth. 2003. *Band II/151.*

Frenschkowski, Marco: Offenbarung und Epiphanie. Band 1 1995. *Band II/79* – Band 2 1997. *Band II/80.*

Frey, Jörg: Eugen Drewermann und die biblische Exegese. 1995. *Band II/71.*

– Die johanneische Eschatologie. Band I. 1997. *Band 96.* – Band II. 1998. *Band 110.*

– Band III. 2000. *Band 117.*

Frey, Jörg und *Udo Schnelle* (Hrsg.): Kontexte des Johannesevangeliums. 2004. *Band 175.*

Freyne, Sean: Galilee and Gospel. 2000. *Band 125.*

Fridrichsen, Anton: Exegetical Writings. Hrsg. von C.C. Caragounis und T. Fornberg. 1994. *Band 76.*

Garlington, Don B.: 'The Obedience of Faith'. 1991. *Band II/38.*

– Faith, Obedience, and Perseverance. 1994. *Band 79.*

Garnet, Paul: Salvation and Atonement in the Qumran Scrolls. 1977. *Band II/3.*

Gese, Michael: Das Vermächtnis des Apostels. 1997. *Band II/99.*

Gheorghita, Radu: The Role of the Septuagint in Hebrews. 2003. *Band II/160.*

Gräbe, Petrus J.: The Power of God in Paul's Letters. 2000. *Band II/123.*

Gräßer, Erich: Der Alte Bund im Neuen. 1985. *Band 35.*

– Forschungen zur Apostelgeschichte. 2001. *Band 137.*

Grappe, Christian (Ed.): Le Repas de Dieu – Das Mahl Gottes. 2004. *Band 169.*

Green, Joel B.: The Death of Jesus. 1988. *Band II/33.*

Gregory, Andrew: The Reception of Luke and Acts in the Period before Irenaeus. 2003. *Band II/169.*

Gundry Volf, Judith M.: Paul and Perseverance. 1990. *Band II/37.*

Hafemann, Scott J.: Suffering and the Spirit. 1986. *Band II/19.*

– Paul, Moses, and the History of Israel. 1995. *Band 81.*

Hahn, Johannes (Hrsg.): Zerstörungen des Jerusalemer Tempels. 2002. *Band 147.*

Hannah, Darrel D.: Michael and Christ. 1999. *Band II/109.*

Hamid-Khani, Saeed: Relevation and Concealment of Christ. 2000. *Band II/120.*

Harrison; James R.: Paul's Language of Grace in Its Graeco-Roman Context. 2003. *Band II/172.*

Hartman, Lars: Text-Centered New Testament Studies. Hrsg. von D. Hellholm. 1997. *Band 102.*

Hartog, Paul: Polycarp and the New Testament. 2001. *Band II/134.*

Heckel, Theo K.: Der Innere Mensch. 1993. *Band II/53.*

– Vom Evangelium des Markus zum viergestaltigen Evangelium. 1999. *Band 120.*

Heckel, Ulrich: Kraft in Schwachheit. 1993. *Band II/56.*

– Der Segen im Neuen Testament. 2002. *Band 150.*

– siehe *Feldmeier, Reinhard.*

– siehe *Hengel, Martin.*

Heiligenthal, Roman: Werke als Zeichen. 1983. *Band II/9.*

Hellholm, D.: siehe *Hartman, Lars.*

Hemer, Colin J.: The Book of Acts in the Setting of Hellenistic History. 1989. *Band 49.*

Hengel, Martin: Judentum und Hellenismus. 1969, ³1988. *Band 10.*

– Die johanneische Frage. 1993. *Band 67.*

– Judaica et Hellenistica . Kleine Schriften I. 1996. *Band 90.*

– Judaica, Hellenistica et Christiana. Kleine Schriften II. 1999. *Band 109.*
– Paulus und Jakobus. Kleine Schriften III. 2002. *Band 141.*

Hengel, Martin und *Ulrich Heckel* (Hrsg.): Paulus und das antike Judentum. 1991. *Band 58.*

Hengel, Martin und *Hermut Löhr* (Hrsg.): Schriftauslegung im antiken Judentum und im Urchristentum. 1994. *Band 73.*

Hengel, Martin und *Anna Maria Schwemer:* Paulus zwischen Damaskus und Antiochien. 1998. *Band 108.*
– Der messianische Anspruch Jesu und die Anfänge der Christologie. 2001. *Band 138.*

Hengel, Martin und *Anna Maria Schwemer* (Hrsg.): Königsherrschaft Gottes und himmlischer Kult. 1991. *Band 55.*
– Die Septuaginta. 1994. *Band 72.*

Hengel, Martin; Siegfried Mittmann und *Anna Maria Schwemer* (Hrsg.): La Cité de Dieu / Die Stadt Gottes. 2000. *Band 129.*

Herrenbrück, Fritz: Jesus und die Zöllner. 1990. *Band II/41.*

Herzer, Jens: Paulus oder Petrus? 1998. *Band 103.*

Hoegen-Rohls, Christina: Der nachösterliche Johannes. 1996. *Band II/84.*

Hofius, Otfried: Katapausis. 1970. *Band 11.*
– Der Vorhang vor dem Thron Gottes. 1972. *Band 14.*
– Der Christushymnus Philipper 2,6-11. 1976, ²1991. *Band 17.*
– Paulusstudien. 1989, ²1994. *Band 51.*
– Neutestamentliche Studien. 2000. *Band 132.*
– Paulusstudien II. 2002. *Band 143.*

Hofius, Otfried und *Hans-Christian Kammler:* Johannesstudien. 1996. *Band 88.*

Holtz, Traugott: Geschichte und Theologie des Urchristentums. 1991. *Band 57.*

Hommel, Hildebrecht: Sebasmata. Band 1 1983. *Band 31* – Band 2 1984. *Band 32.*

Hvalvik, Reidar: The Struggle for Scripture and Covenant. 1996. *Band II/82.*

Johns, Loren L.: The Lamb Christology of the Apocalypse of John. 2003. *Band II/167.*

Joubert, Stephan: Paul as Benefactor. 2000. *Band II/124.*

Jungbauer, Harry: „Ehre Vater und Mutter". 2002. *Band II/146.*

Kähler, Christoph: Jesu Gleichnisse als Poesie und Therapie. 1995. *Band 78.*

Kamlah, Ehrhard: Die Form der katalogischen Paränese im Neuen Testament. 1964. *Band 7.*

Kammler, Hans-Christian: Christologie und Eschatologie. 2000. *Band 126.*
– Kreuz und Weisheit. 2003. *Band 159.*
– siehe *Hofius, Otfried.*

Kelhoffer, James A.: Miracle and Mission. 1999. *Band II/112.*

Kieffer, René und *Jan Bergman* (Hrsg.): La Main de Dieu / Die Hand Gottes. 1997. *Band 94.*

Kim, Seyoon: The Origin of Paul's Gospel. 1981, ²1984. *Band II/4.*
– Paul and the New Perspective. 2002. *Band 140.*
– "The 'Son of Man'" as the Son of God. 1983. *Band 30.*

Klauck, Hans-Josef: Religion und Gesellschaft im frühen Christentum. 2003. *Band 152.*

Klein, Hans: siehe *Dunn, James D.G..*

Kleinknecht, Karl Th.: Der leidende Gerechtfertigte. 1984, ²1988. *Band II/13.*

Klinghardt, Matthias: Gesetz und Volk Gottes. 1988. *Band II/32.*

Koch, Michael: Drachenkampf und Sonnenfrau. 2004. *Band II/184.*

Koch, Stefan: Rechtliche Regelung von Konflikten im frühen Christentum. 2004. *Band II/174.*

Köhler, Wolf-Dietrich: Rezeption des Matthäusevangeliums in der Zeit vor Irenäus. 1987. *Band II/24.*

Köhn, Andreas: Der Neutestamentler Ernst Lohmeyer. 2004. *Band II/180.*

Kooten, George H. van: Cosmic Christology in Paul and the Pauline School. 2003. *Band II/171.*

Korn, Manfred: Die Geschichte Jesu in veränderter Zeit. 1993. *Band II/51.*

Koskenniemi, Erkki: Apollonios von Tyana in der neutestamentlichen Exegese. 1994. *Band II/61.*

Kraus, Thomas J.: Sprache, Stil und historischer Ort des zweiten Petrusbriefes. 2001. *Band II/136.*

Kraus, Wolfgang: Das Volk Gottes. 1996. *Band 85.*
– und *Karl-Wilhelm Niebuhr* (Hrsg.): Frühjudentum und Neues Testament im Horizont Biblischer Theologie. 2003. *Band 162.*
– siehe *Walter, Nikolaus.*

Kreplin, Matthias: Das Selbstverständnis Jesu. 2001. *Band II/141.*

Kuhn, Karl G.: Achtzehngebet und Vaterunser und der Reim. 1950. *Band 1.*

Kvalbein, Hans: siehe *Ådna, Jostein.*

Kwon, Yon-Gyong: Eschatology in Galatians. 2004. *Band II/183.*

Laansma, Jon: I Will Give You Rest. 1997. *Band II/98.*

Labahn, Michael: Offenbarung in Zeichen und Wort. 2000. *Band II/117.*

Lambers-Petry, Doris: siehe *Tomson, Peter J.*

Lange, Armin: siehe *Ego, Beate.*

Lampe, Peter: Die stadtrömischen Christen in den ersten beiden Jahrhunderten. 1987, ²1989. *Band II/18.*

Landmesser, Christof: Wahrheit als Grundbegriff neutestamentlicher Wissenschaft. 1999. *Band 113.*

– Jüngerberufung und Zuwendung zu Gott. 2000. *Band 133.*

Lau, Andrew: Manifest in Flesh. 1996. *Band II/86.*

Lawrence, Louise: An Ethnography of the Gospel of Matthew. 2003. *Band II/165.*

Lee, Pilchan: The New Jerusalem in the Book of Relevation. 2000. *Band II/129.*

Lichtenberger, Hermann: siehe *Avemarie, Friedrich.*

Lichtenberger, Hermann: Das Ich Adams und das Ich der Menschheit. 2004. *Band 164.*

Lierman, John: The New Testament Moses. 2004. *Band II/173.*

Lieu, Samuel N.C.: Manichaeism in the Later Roman Empire and Medieval China. ²1992. *Band 63.*

Lindgård, Fredrik: Paul's Line of Thought in 2 Corinthians 4:16-5:10. 2004. *Band II/189.*

Loader, William R.G.: Jesus' Attitude Towards the Law. 1997. *Band II/97.*

Löhr, Gebhard: Verherrlichung Gottes durch Philosophie. 1997. *Band 97.*

Löhr, Hermut: Studien zum frühchristlichen und frühjüdischen Gebet. 2003. *Band 160.*

– : siehe *Hengel, Martin.*

Löhr, Winrich Alfried: Basilides und seine Schule. 1995. *Band 83.*

Luomanen, Petri: Entering the Kingdom of Heaven. 1998. *Band II/101.*

Luz, Ulrich: siehe *Dunn, James D.G.*

Mackay, Ian D.: John's Raltionship with Mark. 2004. *Band II/182.*

Maier, Gerhard: Mensch und freier Wille. 1971. *Band 12.*

– Die Johannesoffenbarung und die Kirche. 1981. *Band 25.*

Markschies, Christoph: Valentinus Gnosticus? 1992. *Band 65.*

Marshall, Peter: Enmity in Corinth: Social Conventions in Paul's Relations with the Corinthians. 1987. *Band II/23.*

Mayer, Annemarie: Sprache der Einheit im Epheserbrief und in der Ökumene. 2002. *Band II/150.*

McDonough, Sean M.: YHWH at Patmos: Rev. 1:4 in its Hellenistic and Early Jewish Setting. 1999. *Band II/107.*

McGlynn, Moyna: Divine Judgement and Divine Benevolence in the Book of Wisdom. 2001. *Band II/139.*

Meade, David G.: Pseudonymity and Canon. 1986. *Band 39.*

Meadors, Edward P.: Jesus the Messianic Herald of Salvation. 1995. *Band II/72.*

Meißner, Stefan: Die Heimholung des Ketzers. 1996. *Band II/87.*

Mell, Ulrich: Die „anderen" Winzer. 1994. *Band 77.*

Mengel, Berthold: Studien zum Philipperbrief. 1982. *Band II/8.*

Merkel, Helmut: Die Widersprüche zwischen den Evangelien. 1971. *Band 13.*

Merklein, Helmut: Studien zu Jesus und Paulus. Band 1 1987. *Band 43.* – Band 2 1998. *Band 105.*

Metzdorf, Christina: Die Tempelaktion Jesu. 2003. *Band II/168.*

Metzler, Karin: Der griechische Begriff des Verzeihens. 1991. *Band II/44.*

Metzner, Rainer: Die Rezeption des Matthäusevangeliums im 1. Petrusbrief. 1995. *Band II/74.*

– Das Verständnis der Sünde im Johannesevangelium. 2000. *Band 122.*

Mihoc, Vasile: siehe *Dunn, James D.G..*

Mineshige, Kiyoshi: Besitzverzicht und Almosen bei Lukas. 2003. *Band II/163.*

Mittmann, Siegfried: siehe *Hengel, Martin.*

Mittmann-Richert, Ulrike: Magnifikat und Benediktus. *1996. Band II/90.*

Mußner, Franz: Jesus von Nazareth im Umfeld Israels und der Urkirche. Hrsg. von M. Theobald. 1998. *Band 111.*

Niebuhr, Karl-Wilhelm: Gesetz und Paränese. 1987. *Band II/28.*

– Heidenapostel aus Israel. 1992. *Band 62.*

– siehe *Deines, Roland*

– siehe *Dimitrov, Ivan Z.*

– siehe *Kraus, Wolfgang*

Nielsen, Anders E.: "Until it is Fullfilled". 2000. *Band II/126.*

Nissen, Andreas: Gott und der Nächste im antiken Judentum. 1974. *Band 15.*

Noack, Christian: Gottesbewußtsein. 2000.
Band II/116.

Noormann, Rolf: Irenäus als Paulusinterpret.
1994. Band II/66.

Novakovic, Lidija: Messiah, the Healer of the
Sick. 2003. Band II/170.

Obermann, Andreas: Die christologische
Erfüllung der Schrift im Johannesevangelium. 1996. Band II/83.

Öhler, Markus: Barnabas. 2003. Band 156.

Okure, Teresa: The Johannine Approach to
Mission. 1988. Band II/31.

Onuki, Takashi: Heil und Erlösung. 2004.
Band 165.

Oropeza, B. J.: Paul and Apostasy. 2000.
Band II/115.

Ostmeyer, Karl-Heinrich: Taufe und Typos.
2000. Band II/118.

Paulsen, Henning: Studien zur Literatur und
Geschichte des frühen Christentums. Hrsg.
von Ute E. Eisen. 1997. Band 99.

Pao, David W.: Acts and the Isaianic New
Exodus. 2000. Band II/130.

Park, Eung Chun: The Mission Discourse in
Matthew's Interpretation. 1995. Band II/81.

Park, Joseph S.: Conceptions of Afterlife in
Jewish Insriptions. 2000. Band II/121.

Pate, C. Marvin: The Reverse of the Curse.
2000. Band II/114.

Peres, Imre: Griechische Grabinschriften und
neutestamentliche Eschatologie. 2003.
Band 157.

Philonenko, Marc (Hrsg.): Le Trône de Dieu.
1993. Band 69.

Pilhofer, Peter: Presbyteron Kreitton. 1990.
Band II/39.

– Philippi. Band 1 1995. Band 87. – Band 2
2000. Band 119.

– Die frühen Christen und ihre Welt. 2002.
Band 145.

– siehe *Ego, Beate.*

Plümacher, Eckhard: Geschichte und Geschichten. Aufsätze zur Apostelgeschichte und zu
den Johannesakten. Herausgegeben von Jens
Schröter und Ralph Brucker. 2004.
Band 170.

Pöhlmann, Wolfgang: Der Verlorene Sohn und
das Haus. 1993. Band 68.

Pokorný, Petr und *Josef B. Souček:* Bibelausle-
gung als Theologie. 1997. Band 100.

Pokorný, Petr und *Jan Roskovec* (Hrsg.):
Philosophical Hermeneutics and Biblical
Exegesis. 2002. Band 153.

Porter, Stanley E.: The Paul of Acts. 1999.
Band 115.

Prieur, Alexander: Die Verkündigung der
Gottesherrschaft. 1996. Band II/89.

Probst, Hermann: Paulus und der Brief. 1991.
Band II/45.

Räisänen, Heikki: Paul and the Law. 1983,
²1987. Band 29.

Rehkopf, Friedrich: Die lukanische Sonderquel-
le. 1959. Band 5.

Rein, Matthias: Die Heilung des Blindgeborenen
(Joh 9). 1995. Band II/73.

Reinmuth, Eckart: Pseudo-Philo und Lukas.
1994. Band 74.

Reiser, Marius: Syntax und Stil des Markus-
evangeliums. 1984. Band II/11.

Rhodes, James N.: The Epistle of Barnabas
and the Deuteronomic Tradition. 2004.
Band II/188.

Richards, E. Randolph: The Secretary in the
Letters of Paul. 1991. Band II/42.

Riesner, Rainer: Jesus als Lehrer. 1981, ³1988.
Band II/7.

– Die Frühzeit des Apostels Paulus. 1994.
Band 71.

Rissi, Mathias: Die Theologie des Hebräerbriefs.
1987. Band 41.

Röhser, Günter: Metaphorik und Personifikation
der Sünde. 1987. Band II/25.

Roskovec, Jan: siehe *Pokorný, Petr.*

Rose, Christian: Die Wolke der Zeugen. 1994.
Band II/60.

Rothschild, Clare K.: Luke Acts and the
Rhetoric of History. 2004. Band II/175.

Rüegger, Hans-Ulrich: Verstehen, was Markus
erzählt. 2002. Band II/155.

Rüger, Hans Peter: Die Weisheitsschrift aus der
Kairoer Geniza. 1991. Band 53.

Sänger, Dieter: Antikes Judentum und die
Mysterien. 1980. Band II/5.

– Die Verkündigung des Gekreuzigten und
Israel. 1994. Band 75.

– siehe *Burchard, Christoph*

Salier, Willis Hedley: The Rhetorical Impact of
the Sēmeia in the Gospel of John. 2004.
Band II/186.

Salzmann, Jorg Christian: Lehren und
Ermahnen. 1994. Band II/59.

Sandnes, Karl Olav: Paul – One of the
Prophets? 1991. Band II/43.

Sato, Migaku: Q und Prophetie. 1988. Band II/29.

Schäfer, Ruth: Paulus bis zum Apostelkonzil.
2004. Band II/179.

Schaper, Joachim: Eschatology in the Greek
Psalter. 1995. Band II/76.

Schimanowski, Gottfried: Die himmlische Liturgie in der Apokalypse des Johannes. 2002. *Band II/154.*
– Weisheit und Messias. 1985. *Band II/17.*
Schlichting, Günter: Ein jüdisches Leben Jesu. 1982. *Band 24.*
Schnabel, Eckhard J.: Law and Wisdom from Ben Sira to Paul. 1985. *Band II/16.*
Schnelle, Udo: siehe *Frey, Jörg.*
Schutter, William L.: Hermeneutic and Composition in I Peter. 1989. *Band II/30.*
Schwartz, Daniel R.: Studies in the Jewish Background of Christianity. 1992. *Band 60.*
Schwemer, Anna Maria: siehe *Hengel, Martin*
Schwindt, Rainer: Das Weltbild des Epheserbriefes. 2002. *Band 148.*
Scott, James M.: Adoption as Sons of God. 1992. *Band II/48.*
– Paul and the Nations. 1995. *Band 84.*
Shum, Shiu-Lun: Paul's Use of Isaiah in Romans. 2002. *Band II/156.*
Siegert, Folker: Drei hellenistisch-jüdische Predigten. Teil I 1980. *Band 20* – Teil II 1992. *Band 61.*
– Nag-Hammadi-Register. 1982. *Band 26.*
– Argumentation bei Paulus. 1985. *Band 34.*
– Philon von Alexandrien. 1988. *Band 46.*
Simon, Marcel: Le christianisme antique et son contexte religieux I/II. 1981. *Band 23.*
Snodgrass, Klyne: The Parable of the Wicked Tenants. 1983. *Band 27.*
Söding, Thomas: Das Wort vom Kreuz. 1997. *Band 93.*
– siehe *Thüsing, Wilhelm.*
Sommer, Urs: Die Passionsgeschichte des Markusevangeliums. 1993. *Band II/58.*
Souček, Josef B.: siehe *Pokorný, Petr.*
Spangenberg, Volker: Herrlichkeit des Neuen Bundes. 1993. *Band II/55.*
Spanje, T.E. van: Inconsistency in Paul? 1999. *Band II/110.*
Speyer, Wolfgang: Frühes Christentum im antiken Strahlungsfeld. Band I: 1989. *Band 50.*
– Band II: 1999. *Band 116.*
Stadelmann, Helge: Ben Sira als Schriftgelehrter. 1980. *Band II/6.*
Stenschke, Christoph W.: Luke's Portrait of Gentiles Prior to Their Coming to Faith. *Band II/108.*
Sterck-Degueldre, Jean-Pierre: Eine Frau namens Lydia. 2004. *Band II/176.*
Stettler, Christian: Der Kolosserhymnus. 2000. *Band II/131.*

Stettler, Hanna: Die Christologie der Pastoralbriefe. 1998. *Band II/105.*
Stökl Ben Ezra, Daniel: The Impact of Yom Kippur on Early Christianity. 2003. *Band 163.*
Strobel, August: Die Stunde der Wahrheit. 1980. *Band 21.*
Stroumsa, Guy G.: Barbarian Philosophy. 1999. *Band 112.*
Stuckenbruck, Loren T.: Angel Veneration and Christology. 1995. *Band II/70.*
Stuhlmacher, Peter (Hrsg.): Das Evangelium und die Evangelien. 1983. *Band 28.*
– Biblische Theologie und Evangelium. 2002. *Band 146.*
Sung, Chong-Hyon: Vergebung der Sünden. 1993. *Band II/57.*
Tajra, Harry W.: The Trial of St. Paul. 1989. *Band II/35.*
– The Martyrdom of St.Paul. 1994. *Band II/67.*
Theißen, Gerd: Studien zur Soziologie des Urchristentums. 1979, [3]1989. *Band 19.*
Theobald, Michael: Studien zum Römerbrief. 2001. *Band 136.*
Theobald, Michael: siehe *Mußner, Franz.*
Thornton, Claus-Jürgen: Der Zeuge des Zeugen. 1991. *Band 56.*
Thüsing, Wilhelm: Studien zur neutestamentlichen Theologie. Hrsg. von Thomas Söding. 1995. *Band 82.*
Thurén, Lauri: Derhethorizing Paul. 2000. *Band 124.*
Tomson, Peter J. und *Doris Lambers-Petry (Hg.):* The Image of the Judaeo-Christians in Ancient Jewish and Christian Literature. 2003. *Band 158.*
Tolmie, D. Francois: Persuading the Galatians. 2005. *Band II/190.*
Trebilco, Paul: The Early Christians in Ephesus from Paul to Ignatius. 2004. *Band 166.*
Treloar, Geoffrey R.: Lightfoot the Historian. 1998. *Band II/103.*
Tsuji, Manabu: Glaube zwischen Vollkommenheit und Verwirklichung. 1997. *Band II/93*
Twelftree, Graham H.: Jesus the Exorcist. 1993. *Band II/54.*
Urban, Christina: Das Menschenbild nach dem Johannesevangelium. 2001. *Band II/137.*
Visotzky, Burton L.: Fathers of the World. 1995. *Band 80.*
Vollenweider, Samuel: Horizonte neutestamentlicher Christologie. 2002. *Band 144.*
Vos, Johan S.: Die Kunst der Argumentation bei Paulus. 2002. *Band 149.*

Wagener, Ulrike: Die Ordnung des „Hauses Gottes". 1994. *Band II/65.*

Wahlen, Clinton: Jesus and the Impurity of Spirits in the Synoptic Gospels. 2004. *Band II/185.*

Walker, Donald D.: Paul's Offer of Leniency (2 Cor 10:1). 2002. *Band II/152.*

Walter, Nikolaus: Praeparatio Evangelica. Hrsg. von Wolfgang Kraus und Florian Wilk. 1997. *Band 98.*

Wander, Bernd: Gottesfürchtige und Sympathisanten. 1998. *Band 104.*

Watts, Rikki: Isaiah's New Exodus and Mark. 1997. *Band II/88.*

Wedderburn, A.J.M.: Baptism and Resurrection. 1987. *Band 44.*

Wegner, Uwe: Der Hauptmann von Kafarnaum. 1985. *Band II/14.*

Weissenrieder, Annette: Images of Illness in the Gospel of Luke. 2003. *Band II/164.*

Welck, Christian: Erzählte ‚Zeichen'. 1994. *Band II/69.*

Wiarda, Timothy: Peter in the Gospels . 2000. *Band II/127.*

Wilk, Florian: siehe *Walter, Nikolaus.*

Williams, Catrin H.: I am He. 2000. *Band II/113.*

Wilson, Walter T.: Love without Pretense. 1991. *Band II/46.*

Wischmeyer, Oda: Von Ben Sira zu Paulus. 2004. *Band 173.*

Wisdom, Jeffrey: Blessing for the Nations and the Curse of the Law. 2001. *Band II/133.*

Wucherpfennig, Ansgar: Heracleon Philologus. 2002. *Band 142.*

Yeung, Maureen: Faith in Jesus and Paul. 2002. *Band II/147.*

Zimmermann, Alfred E.: Die urchristlichen Lehrer. 1984, ²1988. *Band II/12.*

Zimmermann, Johannes: Messianische Texte aus Qumran. 1998. *Band II/104.*

Zimmermann, Ruben: Christologie der Bilder im Johannesevangelium. 2004. *Band 171.*

– Geschlechtermetaphorik und Gottesverhältnis. 2001. *Band II/122.*

Zumstein, Jean: siehe *Dettwiler, Andreas*

Zwiep, Arie W.: Judas and the Choice of Matthias. 2004. *Band II/187.*

Einen Gesamtkatalog erhalten Sie gerne vom Verlag
Mohr Siebeck – Postfach 2040 – D–72010 Tübingen
Neueste Informationen im Internet unter www.mohr.de